长沙·雨花
CHANGSHA·YUHUA

雨花年鉴 2019

YUHUA ALMANAC

长沙市雨花区年鉴编纂委员会　编

方志出版社
Publishing House of Local Records

图书在版编目（CIP）数据

雨花年鉴．2019 / 长沙市雨花区年鉴编纂委员会编．—
北京：方志出版社，2020.6
ISNB 978-7-5144-4232-8

Ⅰ．①雨… Ⅱ．①长… Ⅲ．①区（城市）—长沙—
2019—年鉴 Ⅳ．① Z526.44

中国版本图书馆 CIP 数据核字（2020）第 101959 号

雨花年鉴（2019）

编　　者： 长沙市雨花区年鉴编纂委员会
责任编辑： 齐　笑

出 版 者： 方志出版社
地址　北京市朝阳区潘家园东里 9 号（国家方志馆 4 层）
邮编　100021
网址　http://www.fzph.org
发　　行： 方志出版社图书经销中心
电话（010）67110500
经　　销： 各地新华书店
印　　刷： 长沙市雅捷印务有限公司

开　　本： 889 × 1194　　1/16
印　　张： 30
字　　数： 1110 千字
版　　次： 2020 年 6 月第 1 版　　2020 年 6 月第 1 次印刷
印　　数： 001 ～ 500 册

ISBN 978-7-5144-4232-8　　定价：120.00 元

重要会议

2018年6月29日，雨花区庆祝中国共产党成立97周年大会　　（区新闻中心／提供）

2018年12月25日，中共长沙市雨花区委五届十六次全体（扩大）会议　　（区新闻中心／提供）

2018 年 12 月 27 日，长沙市雨花区第五届人民代表大会第三次会议　（伍珍玉／摄）

2018 年 12 月 25 日，政协长沙市雨花区第五届委员会第三次会议　（罗宁／提供）

2018 年 2 月 8 日，中共长沙市雨花区第五届纪律检查委员会第三次全体会议　　（区新闻中心／提供）

2018 年 1 月 18 日，中国共产主义青年团长沙市雨花区第四次代表大会开幕式　　（鲁聿霖／提供）

2018 年 2 月 9 日，2018 年区委经济工作暨安全生产生态环保工作会议　　（区新闻中心／提供）

2018 年 2 月 2 日，2017 年雨花区镇、街道党（工）委书记抓基层党建和意识形态工作述职评议考核会议　　（区新闻中心／提供）

2018年1月19日，雨花区2017年度绩效考核述职测评大会（区新闻中心／提供）

2018年1月29日，雨花区公安工作会议（李波／摄）

2018年2月22日，雨花区2017年度考核通报讲评暨2018年开局工作动员大会（区新闻中心／提供）

2018年2月28日，中共雨花区委政法工作暨全区扫黑除恶专项斗争会议　（龚洁颢／摄）

2018年3月1日，雨花区“蓝天保卫战”工作讲评会　（区新闻中心／提供）

2018年3月7日，雨花区农村集体产权制度改革领导小组工作会议　（区新闻中心／提供）

2018年3月7日，雨花区卫生计生工作大会　（曹利辉／摄）

2018 年 3 月 9 日，雨花区征拆扫尾清零工作调度会
（张丽／摄）

2018 年 3 月 15 日，雨花区司法行政工作暨党风廉政建设会议 （沈玮／摄）

2018 年 3 月 20 日，雨花区民政工作会议
（邓颖晴／摄）

2018 年 3 月 29 日，雨花区统战（民宗）工作会议
（曾锦／摄）

2018 年 4 月 13 日，雨花区组织工作暨城市基层党建年工作动员部署会（区新闻中心／提供）

2018 年 5 月 9 日，雨花区食品安全委员会 2018 年第二次全体会议（谢 芬／摄）

2018 年 6 月 1 日，雨花区重点项目征拆工作调度会（贺莹／摄）

2018 年 11 月 1 日，雨花区国土规划领导小组会第十八次会议（黄文博／摄）

2018 年 12 月 20 日，雨花区法治进校园座谈会（伍珍玉／摄）

2018 年 12 月 28 日，雨花区雨雪冰冻天气防范工作紧急调度会（区新闻中心／提供）

重大活动

2018年1月19日，长沙市委副书记徐宏源（前左二）调研雨花经开区（刘超超／提供）

2018年2月12日，湖南省副省长、省公安厅厅长许显辉（右三）督察查春节期间安保维稳工作（李波／摄）

2018年2月13日，湖南省副省长陈文浩（前左二）调研雨花区（杨 杨／提供）

2018年2月23日，雨花区承办教育部“网络学习空间人人通”中小学校长专项培训（何兵生／摄）

2018年2月27日，长沙市委副书记、市长，湖南湘江新区党工委书记胡忠雄（右二）督察火车南站地区春运工作（甘家法／摄）

2018年3月13日，湖南省委常委、长沙市委书记胡衡华（左三）调研雨花区基层党建工作 （区新闻中心／提供）

2018年3月13日，长沙市副市长廖建华（左一）督查雨花区工地扬尘治理 （秦俭／摄）

2018年4月13日，长沙市政协副主席龚振湘（前右二）调研雨花区基层医疗卫生服务体系建设 （曹利辉／摄）

2018年5月3日，雨花区健康教育馆开馆 （区新闻中心／提供）

2018年5月10日，湖南省委常委、宣传部部长蔡振红（左一）考察“非遗”项目 （黄靖宇／提供）

2018 年 5 月 10 日，首届雨花区产业创新创业大赛决赛现场　　（资料图片）

2018 年 5 月 29 日，中央驻长企业、省属企业"三供一业"分离移交工作推进会　　（赵佩／摄）

2018 年 6 月 15 日，长沙市副市长陈中（左二）调研雨花区健康教育工作　　（曹利辉／摄）

2018 年 6 月 19 日，湖南省人大常委会党组书记、副主任刘玉莲（前右二）调研雨花经开区　　（刘超超／摄）

2018 年 7 月 20 日，长沙市副市长、市公安局局长唐向阳（左一）调研公安工作　　（李波／摄）

2018 年 7 月 26 日，湖南省委常委、省委政法委书记黄关春（右二）慰问消防官兵　　（刘莉／摄）

2018 年 8 月 14 日， 全国城市黑臭水体治理工作座谈会观摩圭塘河（秦俭／摄）

2018 年 9 月 19 日，湖南昭泰集团“诺贝尔奖工作站”签约授牌（资料图片）

2018 年 9 月 19 日，湖南高桥大市场国际名酒街开业（资料图片）

2018 年 10 月 17 日，全国农村集体产权制度改革部际联席会议督查组督查雨花区农村集体产权制度改革试点工作（胡靖／摄）

2018 年 10 月 20 日，2018 湖南（高桥）第二届酒水食品展览会（资料图片）

2018 年 10 月 31 日，雨花区环卫局庆祝环卫工人节活动（吴峥嵘／摄）

2018 年 11 月 9 日，雨花区黑臭水体整治评估　（秦俭 / 摄）

2018 年 11 月 20 日，雨花区“15 分钟便民生活圈”工作调度会　（区民政局 / 提供）

2018 年 12 月 11 日，雨花区承办湖南省中小学德育工作会议　（何兵生 / 摄）

2018 年 12 月 18 日，省市人大调研雨花区一圈两场三道工作　（唐良云 / 提供）

2018 年 12 月 13 日，湖南省委书记，省人大常委会主任杜家毫（前左二），省委副书记、省长许达哲（前左三）调研雨花区绿心工作 （刘超超／摄）

2018 年 12 月 28 日，全省卫生计生监督机构规范化建设现场会 （曹利辉／摄）

2018 年 12 月 26 日，曙光路南延线通车 （熊其雨／摄）

财富雨花

地区生产总值及增速

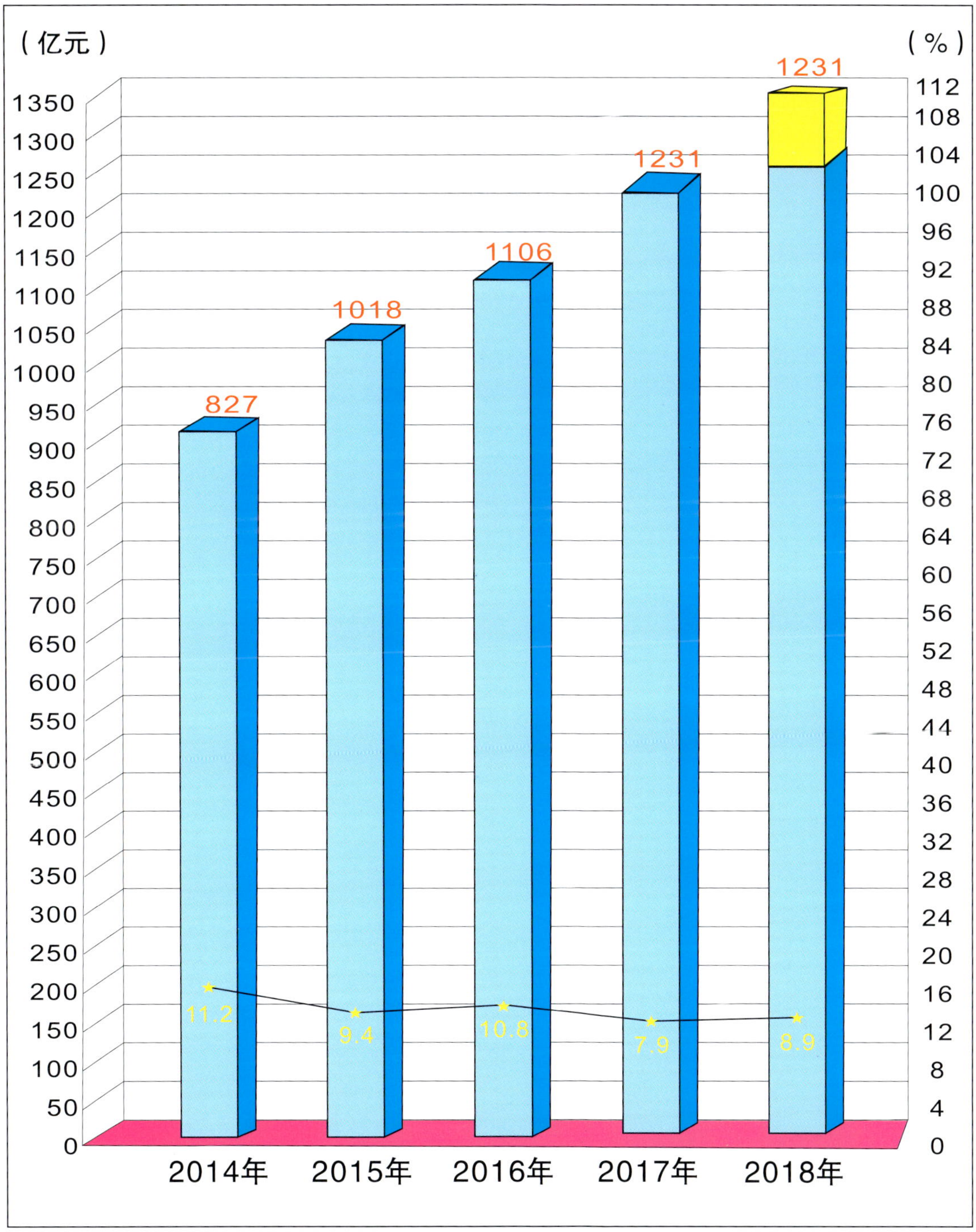

2014—2018 年长沙市雨花区地区生产总值示意图

规模工业总产值

单位：亿元

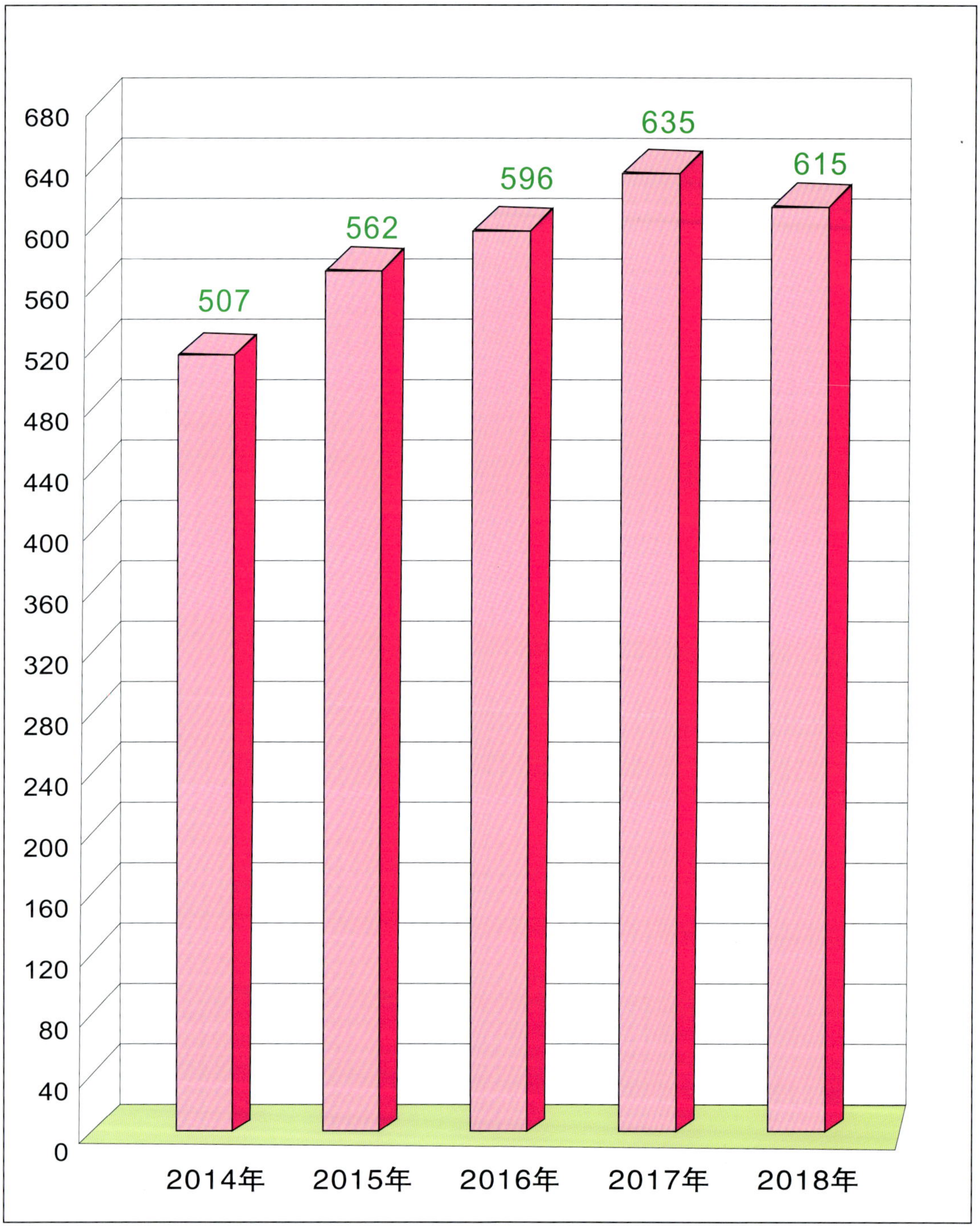

2014—2018 年长沙市雨花区规模工业总产值示意图

社会消费品零售总额

单位：亿元

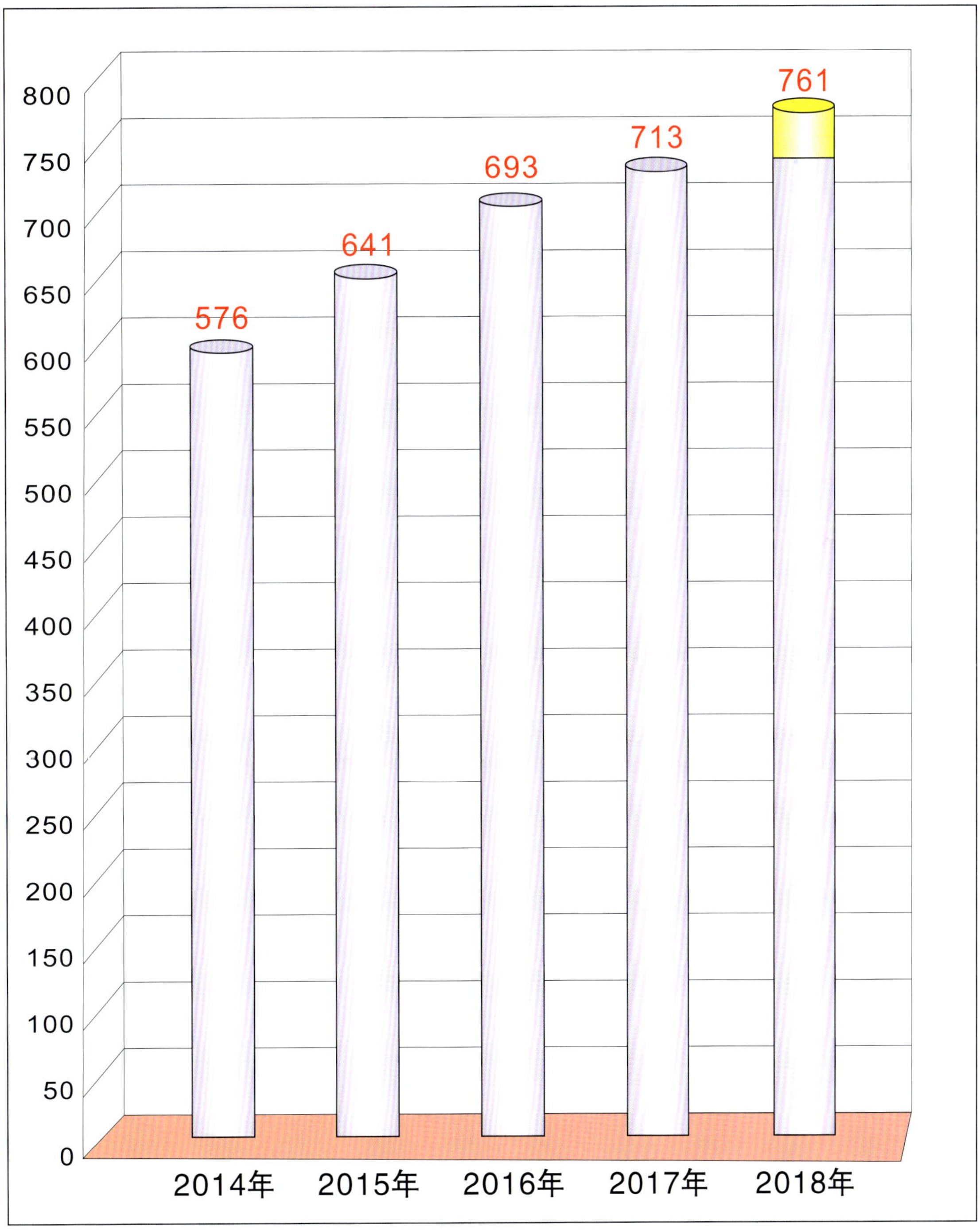

2014—2018 年长沙市雨花区社会消费品零售总额示意图

地方一般公共预算收入

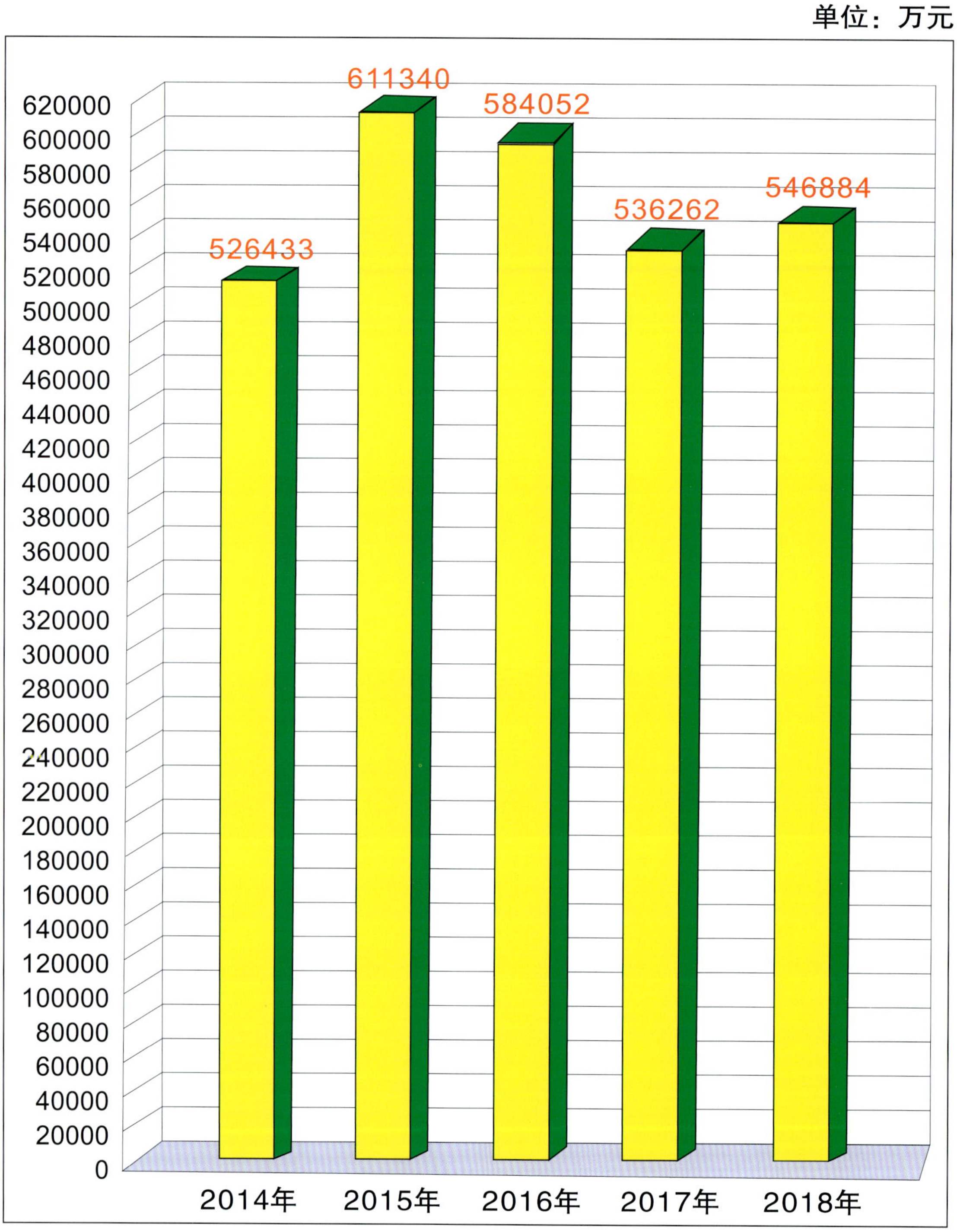

2014—2018年长沙市雨花区地方一般公共预算收入示意图

城镇居民人均可支配收入

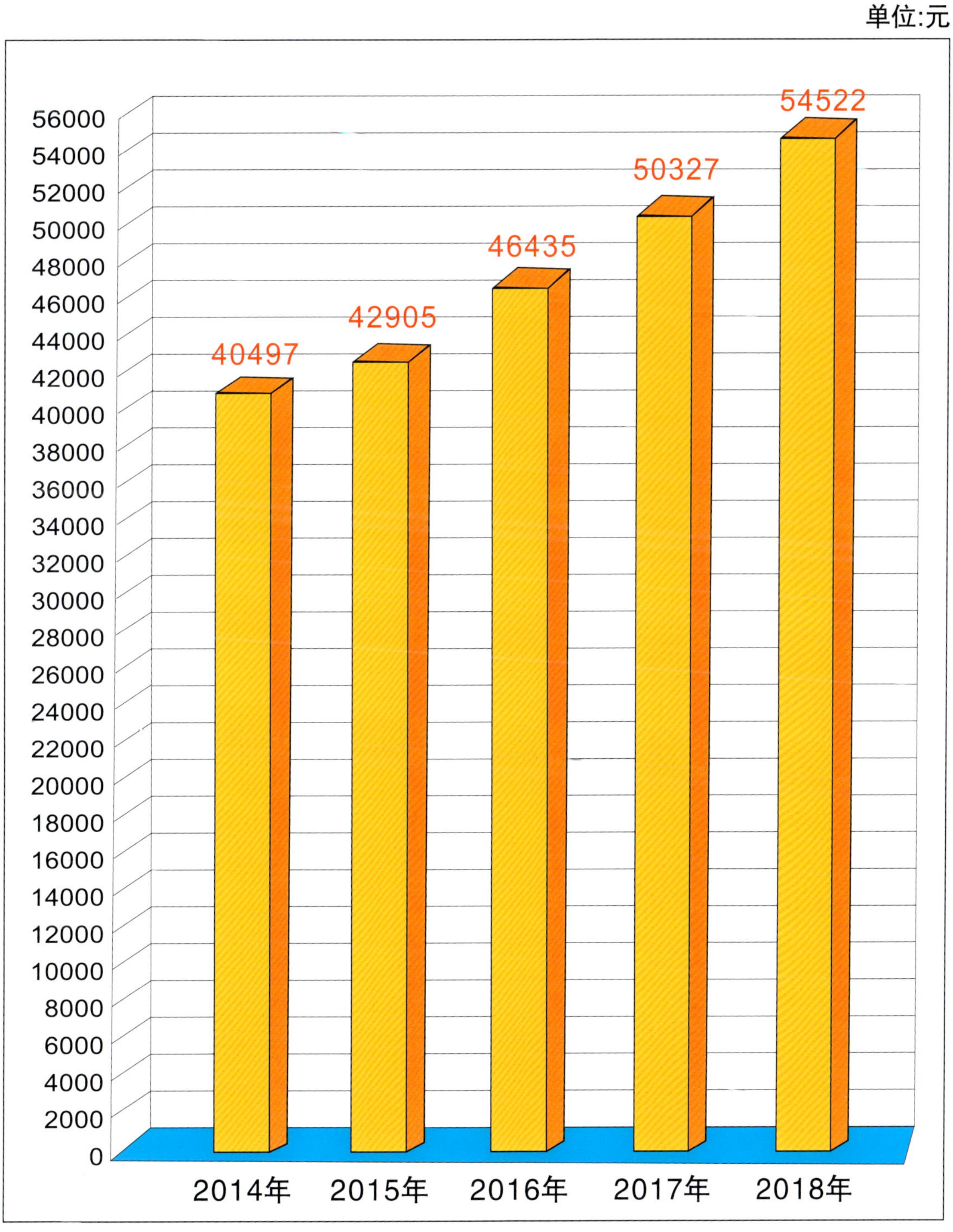

2014—2018 年长沙市雨花区城镇居民人均可支配收入示意图

2018 年 10 月 19 日，高桥大市场　　（黄磊／摄）

红星商圈　　（柯科／提供）

新红星大市场鸟瞰图　　（柯科／提供）

2018 年 4 月 26 日，东塘商圈夜景　　（杨杨／摄）

雨花非遗馆　　（柯科／提供）

①
② ③
④

①2018 年 3 月 15 日，雨花区“3・15”国际消费者权益日宣传活动（胡蓉／摄）

②2018 年 3 月 20 日，湖南中南智能装备有限公司开业（刘超超／摄）

③2018 年 3 月 21 日，失地农民专场招聘会（陈月／摄）

④2018 年 3 月 29 日，雨花区应急救援救在身边安全文化进校园活动（刘丽香／摄）

2018 年 3 月，雨花区在桑植县举办劳务协作脱贫专场招聘会 （吴峥嵘 / 摄）

2018 年 4 月 3 日，比亚迪项目新能源汽车智能工厂项目签约仪式 （刘超超 / 摄）

2018 年 4 月 3 日，雨花区税收优惠进园区励企大会 （彭芳 / 摄）

① ②
③
④

①2018年4月5日，湖南机器人产业集聚区鸟瞰图（刘超超／摄）

②2018年4月20日，2018中华茶祖节在神农茶都开幕（柯科／摄）

③2018年4月28日，雨花区开展职业病防治宣传周活动（刘丽香／摄）

④2018年6月1日，2018年度安全生产月活动（刘丽香／摄）

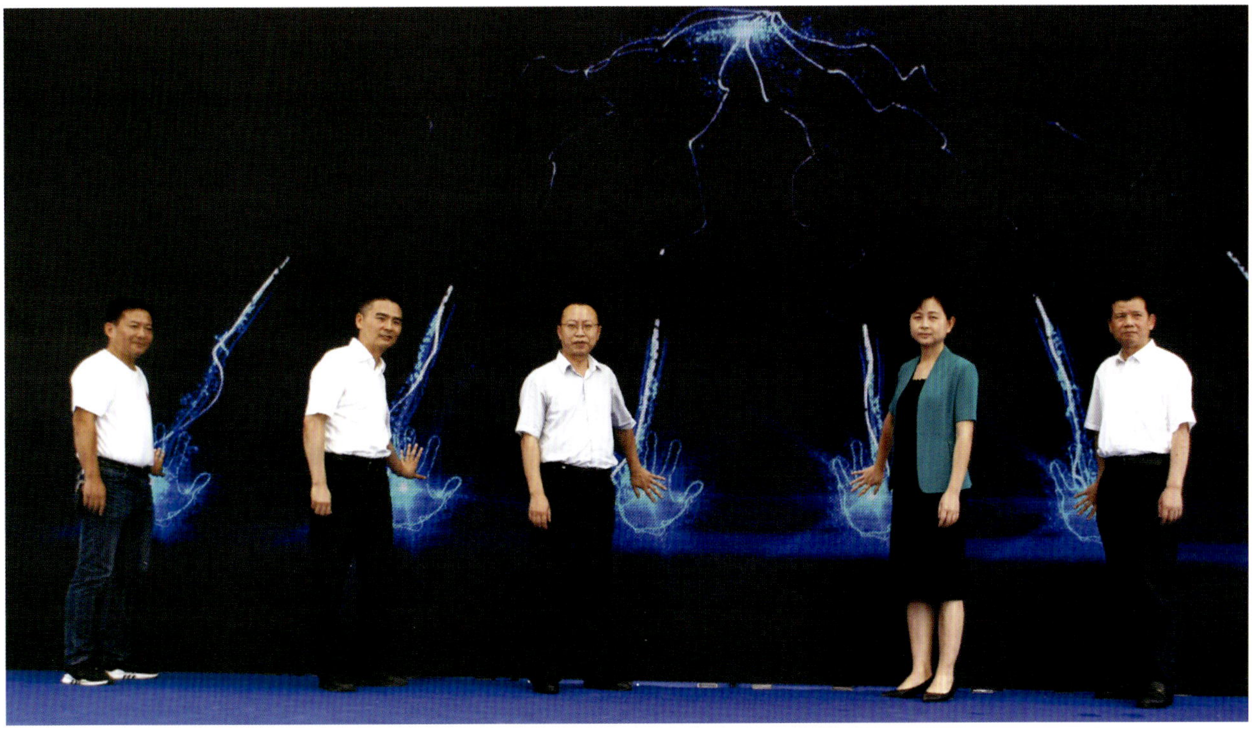

2018 年 6 月 15 日，雨花区安全生产宣传咨询日活动 （刘丽香／摄）

2018 年 6 月 15 日《请注意》栏目上线仪式（刘丽香／摄）

2018 年 6 月 22 日，大族激光智能装备制造基地项目签约仪式 （刘超超／摄）

2018 年 6 月 24 日，湖南省现代农业产业投资集团有限公司与红星实业集团有限公司签署战略合作协议（柯科／提供）

2018 年 7 月 20 日，雨花区税务局挂牌 （彭芳／摄）

2018 年 7 月 24 日，雨花区政府与长沙市万科房地产开发有限公司在上海签订协议 （钟志敏／提供）

2018 年 9 月 14 日，雨花区统计开放日暨四经普宣传活动 （程钰超／提供）

2018 年 9 月 20 日，第三届东盟·湖南名优产品交易会开幕式 （钟志敏／提供）

2018 年 9 月 27 日，2018 第四届中国果业品牌大会、第二届中国（长沙）优质果品博览会、第二届全国果业扶贫大会暨贫困地区果品产销对接会开幕式 （资料图片）

2018 年 10 月 23 日，雨花区 “安全用药月” 宣传活动 （谢芬／摄）

2018 年 11 月 28 日，雨花区企业安全生产班前会专项培训 （刘丽香／摄）

品质雨花

2018 年 1 月 23 日，长沙南站 （甘家法 / 摄）

2018 年 9 月 20 日，雨花区治安防控“万人大巡防”启动仪式 （李波 / 摄）

2018 年 6 月 2 日，湖南省文化厅颁授雨花非遗馆“湖南非物质文化遗产展示基地”牌 （柯科 / 提供）

2018 年 9 月 20 日，国内首家非遗主题书院——雨花非遗书院开馆 （黄靖宇／摄）

2018 年 5 月 22 日，东塘街道全国最美家庭分享好家风好家训 （周红／摄）

2018 年 5 月 29 日，圭塘街道冠军志愿者工作室成立 （吴伟／提供）

2018 年 12 月 20 日，长沙市项目观摩团考察湖南大族智能装备制造基地（刘超超／摄）

2018 年 1 月 30 日，雨花区春运工作暨交通运输安全生产“打非治违百日行动”工作部署会 （颜丹／摄）

2018 年 5 月 19 日，雨花区生态环境整治暨黑臭水体治理工作推进会 （李欣／摄）

2018 年 8 月 11 日，全市餐饮油烟整治工作调度会（李欣 / 摄）

2018 年 3 月 8 日，雨花亭街道“保卫蓝天 Woman 先行”活动（姚园园 / 摄）

2018 年 3 月 26 日，长沙石燕湖生态公园烧烤台拆除（辜鹏博 / 摄）

2018 年 3 月 28 日，雨花区“蓝天保卫战”宣传（秦俭 / 摄）

2018 年 4 月 3 日，督查侯照路、普洛斯等项目蓝天保卫战工作（秦俭 / 摄）

2018 年 4 月 24 日，益友会第一届大会暨“绿伞计划”启动仪式　（李欣／摄）

2018 年 4 月 29 日，长沙市市对区环保督察会议　（李欣／摄）

2018 年 5 月 10 日，区政协民主评议“蓝天保卫战”推进会　（罗宁／摄）

2018 年 5 月 16 日，混凝土搅拌站负责人集中约谈会　（秦俭／摄）

2018 年 6 月 7 日，深入学习贯彻党的十九大精神“蓝天保卫战，党员当先锋”主题党课比赛

（区新闻中心／提供）

2018 年 10 月 17 日，市环保局督巡查雨花区“蓝天保卫战”工作 （秦俭 / 摄）

2018 年 11 月 9 日，雨花区环卫局 “露天禁烧专项整治百日会战”宣传 （吴峥嵘 / 摄）

2018 年 11 月 23 日，长沙市建委检查雨花区蓝天保卫战工作 （秦俭 / 摄）

2018 年 1 月 8 日，雨花区税务局法治多功能室投入使用 （彭芳 / 摄）

2018 年 4 月 12 日，雨花区 “4·12” 纳税服务日活动 （彭芳 / 摄）

2018 年 7 月 13 日，杜花路道路工程完工 （熊其雨 / 摄）

二环线（人民路—劳动路）人行道
（黄芳/摄）

2018年10月26日，复兴村修复路面 （黄芳/摄）

复兴村路面 （黄芳/摄）

同升湖学校校内道路 （黄芳/摄）

2018年4月28日，环保西路整修 （黄芳/摄）

香樟路整修 （黄芳/摄）

①香樟路公交站设施集中维护（黄芳／摄）
② 2018 年 9 月 12 日，盲道修复（黄芳／摄）
③ 2018 年 1 月 28 日，雨花区园林局铲雪（黄菲／摄）
④桂花公园“廉”文化广场（唐叶／摄）
⑤桂花公园文化长廊（唐叶／摄）

沙湾公园映秀池和山林馆　　（魏勇／摄）

狮子山公园日影湖　　（唐叶／摄）

2018 年 9 月 21 日，栗塘小区　　（彭菊芬／摄）

2018 年 9 月 21 日，凤凰苑　　（彭菊芬／摄）

2018 年 9 月 21 日，鄱阳小区　　（彭菊芬／摄）

明昇壹城 （柯科／提供）

绿地之窗 （资料图片）

侯家塘街道嘉熙中心 （杨杨／摄）

石燕湖景区 （刘希贤／摄）

跳马镇杨梅河 （刘希贤／摄）

洞井龙舞 （张丽云／摄）

2018年4月2日，圭塘街道民间小河长启动式
（吴伟／提供）

2018年11月15日，新湘小学315名教师入住公租房仪式 （彭菊芬／摄）

2018年4月3日，东塘街道健康生活馆开馆
（周红／摄）

2018年2月27日，雨花亭街道爱心助学活动 （姚园园／摄）

2018 年 3 月 5 日，洞井街道学雷锋志愿服务
（张丽云 / 摄）

2018 年 7 月 1 月，和 + 共享图书馆开馆，雨花区委书记张敏（前右四），区委副书记、区长刘素月（前左一）出席仪式
（杨丽桦 / 摄）

2018 年 2 月 11 日，雨花区副区长刘江红（前右三）检查汽车南站过渡站春节前安全（李叶子 / 摄）

2018 年 8 月 22 日，执法人员开展打非执法行动（颜丹 / 摄）

违规混凝土搅拌车处置（吴峥嵘／摄）

渣土运输车辆检查（吴峥嵘／摄）

2018 年 6 月 14 日，黎托高速汽车站开展消防安全演习（李叶子／摄）

2018 年 11 月 30 日，天际岭隧道交通事故应急救援演练（刘莉／摄）

2018 年 11 月 23 日，雨花区首届微型消防站技能比武竞赛（刘莉／摄）

2018 年 6 月 9 日，雨花区消防救援车辆装备检查（刘莉／摄）

2018 年 3 月 27 日，雨花区市政局在黎郡社区植树　（黄芳 / 摄）

2018 年 5 月 23 日，长沙市防汛演练　（黄芳 / 摄）

抗洪救灾　（吴峥嵘 / 摄）

2018 年 7 月 12 日，城区防汛　（黄芳 / 摄）

2018 年 12 月 30 日，清除桂园立交桥积雪（吴峥嵘 / 摄）

2018 年 12 月 30 日，应急人员在环线桥面铺设麻袋　（吴峥嵘 / 摄）

2018 年 12 月 31 日，红旗路高架桥铲冰除雪　　（吴峥嵘／摄）

人机合作作业　　（吴峥嵘／摄）

2018 年 12 月 4 日，环卫应急队员快速处理作业　　（吴峥嵘／摄）

水车作业　　（吴峥嵘／摄）

机扫车作业 （吴峥嵘／摄）

雾炮车降尘 （吴峥嵘／摄）

道路清扫 （吴峥嵘／摄）

浏阳河大道与民主路交汇处东南角示范性公厕项目 （吴峥嵘／摄）

①	②	③
④	⑤	
⑥		

① 清除牛皮癣（吴峥嵘／摄）
② 2018 年 4 月 30 日，永定社区污水管道检测（黄芳／摄）
③ 2018 年 4 月 28 日，区市政局清掏桂花路泄水井（黄芳／摄）
④ 洞井商贸城社区清掏化粪池（黄芳／摄）
⑤马王堆路人行道侧平石井座井盖徒步整治（黄芳／摄）
⑥井盖施工（黄芳／摄）

幸福雨花

①	
②	③
④	

①2018 年 2 月 8 日，湖南第七届暨雨花区首届农民工春节联欢晚会（黄靖宇／摄）

②2018 年 2 月 5 日，雨花区"送春联、送灯谜、送日历、送演出、送非遗、送法律、送健康"七送活动启动仪式（黄靖宇／摄）

③2018 年 2 月 7 日，"我的中国梦·文化进万家"文化活动（姚园园／摄）

④2018 年 3 月 1 日，"我们的中国梦·文化进万家"猜灯谜到图书馆活动（黄靖宇／提供）

2018 年 6 月 22 日，第六届湖南艺术节三湘群星奖初选雨花区海选现场　（黄靖宇／摄）

2018 年 3 月 2 日，2018 年雨花区“我们的中国梦·非遗闹元宵”暨第二届“飞梦雨花”文化艺术节启动仪式　（黄靖宇／摄）

2018 年 7 月 7 日，第六届湖南艺术节三湘群星奖雨花区专场决赛　（黄靖宇／摄）

2018 年 5 月 24 日，第二届“飞梦雨花”艺术节之送戏曲送电影进社区活动启动仪式（黄靖宇／摄）

2018 年 5 月 24 日，雨花区“文化消费惠万家”活动启幕（黄靖宇／摄）

2018 年 6 月 21 日，红心向党“扎根生活沃土 服务基层群众”到人民中去文艺交流活动（黄靖宇／摄）

2018年9月25日，左家塘解街道“传播文明理念，引领网络风尚”网络传播活动（卢金慧／摄）

2018 年 10 月 26 日，雨花区第二届万人观影活动启动仪式（黄靖宇／摄）

①	②
	③
④	⑤

①2018 年 2 月 6 日，雨花亭街道 “书香送福、喜迎新春”活动 （姚园园／摄）

②2018 年 2 月 12 日，雨花公安分局 2018 年迎春文艺演出 （李波／摄）

③2018 年 6 月 21 日，白沙社区庆祝建党 97 周年文艺汇演 （秦俭／摄）

④2018 年 12 月，雨花区“全民监督、守望正义”廉洁动漫作品设计大赛 （吴峥嵘／摄）

⑤2018 年 6 月 22 日，雨花区文化消费惠万家系列活动之 “书香雨花” 消费季活动启动 （黄靖宇／摄）

2018年8月1日至9日，雨花区纪念纪念改革开放40周年暨2018年欢乐潇湘书法美术摄影展 （黄靖宇／摄）

2018年1月3日，长沙市图书馆雅塘分馆开馆仪式 （黄靖宇／摄）

2018年4月21日，德思勤24小时书店姚林君《姑娘，你活得太硬了！》见面会 （黄靖宇／摄）

2018年7月17日，“阅读伴成长·快乐度暑假”活动 （黄靖宇／摄）

2018 年 9 月 20 日，雨花非遗书院室内场景　　　　（黄靖宇／摄）

2018 年 12 月 26 日，阅读点亮梦想·书香滋养雨花——2018 年雨花区第十届“书香雨花”读书节系列活动之毛主席君子文化精神读书会　　　　（黄靖宇／摄）

2018 年 12 月 27 日，“阅读点亮梦想·书香滋养雨花”2018 年雨花区第十届“书香雨花”读书节系列活动汉字时空穿越之旅活动　　　　（黄靖宇／摄）

2018 年 12 月 27 日，阅读点亮梦想·书香滋养雨花——2018 年雨花区第十届“书香雨花”读书节系列活动非遗主会场活动现场（黄靖宇／摄）

2018 年 12 月 27 日，阅读点亮梦想·书香滋养雨花——2018 年雨花区第十届“书香雨花”读书节系列活动之《亲爱的女儿》亲子图书分享会　　　　（黄靖宇／摄）

2018 年 4 月 18 日，雨花区司法局 “4・20” 廉政文化节暨廉政法治演讲比赛 （沈玮 / 摄）

2018 年 4 月 20 日，“全民监督 守望正义” 雨花区第十三届 “4・20” 廉政文化节开幕式 （万时舟 / 摄）

2018 年 4 月 26 日，雨花区环卫局 “4・20” 廉政诗词朗诵比赛 （吴峥嵘 / 摄）

2018 年 8 月 27 日，雨花农商支行 “传递正能量 共圆农商梦” 主题演讲比赛 （余素梅 / 摄）

2018 年 11 月，雨花区直机关经典朗读比赛预赛 （吴峥嵘 / 摄）

2018 年 11 月 14 日，雨花亭街道红色经典诵读活动 （姚园园 / 摄）

①	②
③	
④	⑤

①2018 年 11 月 30 日，雨花区人民检察院参加区直机关诵读比赛（伍珍玉／摄）

②2018 年 5 月 18 日，"传承历史，服务当代"地方志系列宣传活动（唐清明／摄）

③2018 年 9 月 26 日，党史进社区活动（唐清明／提供）

④2018 年 3 月 7 日，雨花区女职工趣味运动会

⑤2018 年 4 月 18 日，雨花区税务部门健步走活动（彭芳／摄）

2018 年 5 月 15 日，雨花区检察院参加橘洲微型马拉松比赛　　（伍珍玉／摄）

2018 年 6 月 1 日，雨花区组队参加长沙市“公仆杯”篮球赛　　（黄靖宇／摄）

2018 年 6 月 10 日，雨花区社会主义核心价值观广场舞大赛　　（黄靖宇／摄）

2018 年 7 月 26 日，暑期免费开放足球培训　　（黄靖宇／摄）

2018 年 7 月，暑期免费开放游泳场馆　　（黄靖宇 / 摄）

2018 年 7 月，暑期免费开放羽毛球培训（黄靖宇 / 摄）

2018 年 7 月，雨花区暑期青少年篮球培训班　　（黄靖宇 / 摄）

2018 年 9 月 7 日，雨花区委办参加广场舞比赛活动　　（尹丹平 / 提供）

2018 年 9 月 15 日，全国群众登山健身大会（湖南雨花站）暨首届“健康雨花”全民健身旅游节　（黄靖宇／摄）

2018 年 10 月 19 日，雨花区承办长沙市第九届老年人运动会趣味体育比赛　（黄靖宇／摄）

2018 年 10 月 31 日，雨花区环卫局庆祝环卫工人节活动　（吴峥嵘／摄）

2018 年 11 月 2 日，首届“健康湖南”全民运动会羽毛球赛　（黄靖宇／摄）

2018 年 11 月 2 日，首届“健康湖南”全民运动会篮球赛　（黄靖宇／摄）

2018 年 11 月 3 日，长沙农商银行首届运动会雨花支行代表队 （余素梅／提供）

2018 年 11 月 9 日，雨花区组队参加长沙市体育系统滑雪教学交流赛 （黄靖宇／摄）

2018 年 11 月 14 日，雨花区全民健身知识大讲堂暨全民健身知识大赛 （黄靖宇／摄）

2018 年 11 月 18 日，长沙市“羽协杯”羽毛球赛雨花区代表队 （黄靖宇／摄）

2018 年 11 月 20 日，首届“健康湖南”全民运动会乒乓球赛 （黄靖宇／摄）

2018 年 11 月 22 日， 雨花区人民检察院参加区拔河比赛 （伍珍玉／摄）

《雨花年鉴》编纂委员会

《雨花年鉴（2019）》编辑部

《雨花年鉴（2019）》组稿人员

（按篇目顺序排列）

柳旻　孙琴　刘超超　朱晓云　刘莉　杨杨　曹利辉　柯戈
刘科明　李灿　柳美丽　向斌　任启友　康滔　毛明　谭洁
谭水平　易平　曾锦　刘麟　周艳红　周俊仪　唐清明　舒丹
罗奇林　彭超兰　刘青帝　刘娜　李杰　吴沛　蒋浩钧　袁远航
唐信　罗宁　万时舟　凌敏　鲁聿霖　吴杨　郭敏　吴萍
宁皇青　曾慧　龚洁颢　田小青　李波　丁翔　李永红　马理
刘新华　邓星　李思琪　秦俭　邹蛟　贺莹　张丽　陆红莲
李湘林　黄文博　周永平　彭菊芬　王海涛　余意　吴峥嵘　黄芳
黄菲　颜丹　甘家法　李欣　李情　王慧娟　胡予　刘拧
彭浪　程钰超　杨茂富　刘庆　刘丽香　赵森　胡蓉　黄芬
钟智敏　夏娟　赵佩　胡靖　周澳　彭芳　余素梅　何兵生
赵昊　黄靖宇　卓华英　李志　水玉洁　邓颖晴　吴文静　姚园园
易加方　黄磊　卢金慧　文涛　宋彧颖　吴伟　陈月　张丽云
唐良云　胡琼　陈岚　刘希贤

编辑说明

一、《雨花年鉴》以马克思列宁主义、毛泽东思想、邓小平理论、“三个代表”重要思想、科学发展观、习近平新时代中国特色社会主义思想为指导，坚持辩证唯物主义和历史唯物主义的立场、观点和方法，系统反映区雨花自然、政治、经济、文化、社会等方面情况。《雨花年鉴（2019）》记载2018年雨花区各部门、各行业的主要工作、重要事件，收录若干文献和统计资料。

二、本卷年鉴采用分类编辑法。设部目、分目、条目3个层次，部分方面下设子目，条目为记述基本层次。正文体例有概况、条目、附录、资料、图表等，以条目为主体。

三、本卷年鉴均由各部门专人撰写，领导审核，年鉴编辑部编辑人员加工整理后再反馈原单位核对，最后由编委会定稿。统计资料由区统计局提供。文稿中有些地区性、部门性数据，由于统计口径不同等原因，与统计局公布的可能不完全一致，请读者在查阅和引用时注意。

四、本卷《雨花区概况》中保留建置·区划内容，便于读者系统了解雨花区地情。

五、本卷年鉴资料收录时间为2018年1月1日至2018年12月31日；县级以上领导和区直单位、各街道负责干部名单以2018年12月31日在职者为准，有任免的分别予以注明。

总　　目

目 录

要 闻

大事记

雨花区概况

中共雨花区委员会

政协雨花区委员会

中共雨花区纪委

民主党派

法　　治

军　事

人民武装

人民防空

城乡建设

建设管理

重点工程

园区建设

经济监管管理

农业·林业·水利

财政·税收·金融

教育·科技

教育

科学技术

文化·体育

综述

文化

体育

医疗卫生

卫生行政

人　物

统计资料

附　录

索　引

Main Contents

Important news

Chronicle of events

Overviews of Yuhua District

Yuhua District Committee of the CPC

Yuhua District Standing Committee of people's Congress

Yuhua District people's Government

Yuhua District Committee of the CPPCC

Yuhua District Discipline Committee of the CPC

Democratic parties

Social groups

Public Security and Administration of Justice

Local Military

Urban and rural Construction

Urban Management

Industrial Park Construction

Economic Management and Supervision

Business & Travel & Service

Industry and Informatization

Agriculture & Forestry & Water Conservation

Finance & Taxation & banking

Education & Science and Technology

Culture & Sports

Health Care

Social Life

Street & Town

Figures

Statistics

Appendix

Indexes

要 闻

重大活动

【雨花区全面推进“三大攻坚战”】2018年，雨花区全面推进三大攻坚战。严控政府债务风险，“停、缓、调、撤”政府投资项目28个。配合国家统计局执法检查。提前化解非法集资风险7起。推进反炒房攻坚战，房地产市场平稳健康发展。打好“蓝天保卫战”“碧水保卫战”。圭塘河流域综合治理井塘段开工建设；圭塘河水质连续4个月达Ⅲ、Ⅳ类水标准，黑臭水体整治通过生态环境部、住建部专项督查，治理经验获得推介。中央环保督察“回头看”和省环保督察问题整改成效明显，绿心地区154家工业企业全面实现退出。突出精准帮扶，因户施策，跳马镇建档立卡贫困户除政策兜底外，其他全部实现脱贫，桑植县、龙山县等对口帮扶工作扎实推进。（柳 旻）

【环保督察整改】 2018年，雨花区把构建大环保格局作为全区生态环境保护最重要的工作来抓，把配合环保督察作为一把手工程来抓，把生态环境作为雨花的核心竞争力来培育。各级各部门空前重视，紧密配合，坚持将群众满意度放在第一位。雨花区出台《雨花区关于加强推进生态文明建设的决定》，制定《雨花区环境保护工作责任规定（试行）》《雨花区生态环境保护法定职责清单》和《雨花区生态环境保护问题问责办法》等文件，坚持环境保护“党政同责，一岗双责”，加强对全区生态建设和环境保护工作的领导。落实中央、省、市关于“强力推进环境大治理，坚决打赢蓝天保卫战”的重大决策部署，成立以区主要领导挂帅的“蓝天保卫战”工作领导小组，统筹推进全区“蓝天保卫战”工作。在全省率先推进环保网格化监管，大环保格局基本形成。贯彻落实中央和省、市决策部署，围绕环保督察、污染防治、河长制、“蓝天保卫战”等工作要求，持续推进环境保护，扎实进行问题整改。雨花区对中央环保督察交办的群众来电来信举报件所反映的问题，即知即查、立行立改，做到件件有着落、事事有回音，不断提升人民群众的获得感。雨花区强化责任担当，各部门单位对照各自职责，细化分解工作任务，周密安排、定人定责，确保问题整改到位；对所有交办、投诉及迎检相关问题，要求牵头领导坚持一线督办，责任部门对所涉及问题，第一时间核查处置，并在规定时限内办结回复。对市民反应强烈的环境污染问题进行整治，突出抓好各类专项整治；对违法违规行为，一律顶格处罚；对城管环保网格数字化指挥中心采集涉及城管领域的环境违法违规行为，及时立案、交办并督促处置到位。坚持问题导向，严抓落实整改，对环保督察组交办的问题，制定整改措施，落实整改责任，限时整改，确保整改一个，销号一个，一抓到底；对已经完成整改的问题，建立长效机制，完善好整改台账，巩固整改成果，防止问题反弹。

7月26日，雨花区召开迎接湖南省环境保护督察工作动员大会，传达中央和省、市关于环保工作的最新部署要求，以及湖南省第一环保督察组进驻长沙动员大会有关精神，部署迎接湖南省环境保护督察工作。区委副书记、区长刘素月表示，全区各级各部门要提高政治站位，切实增强配合督察的责任感和紧迫感，要站在打好、打赢污染防治攻坚战的高度，按照会议部署一项一项抓好落实；要坚持问题导向，切实增强问题整改的针对性和实效性；对于环保督察中发现的问题将严格实施问责办法，一律启动问责。区委书记张敏强调，全区各级各部门思想上一定要高度重视，要从讲政治、讲大局、讲规矩的高度，从增强“四个意识”（政治意识、大局意识、核心意识、看齐意识）、落实“三个坚决”（坚决服从以习近平同志为核心的党中央集中统一领导，坚决维护以习近平同志为核心的党中央权威，坚决贯彻执行党中央各项决策部署）、坚定“两个维护”（坚决维护习近平总书记党中央的核心、全党的核心地位，维护党中央权威和集中统一领导）的高度，把做好环保督察工作作为当前一项重大政治任务抓紧抓实，绝不能出现半点差池。行动上一定要认真细致，对督察中出现的问题要建立问题清单、任务清单、责任清单，强化督办落实，坚决做到不查清情况不放过、不处理问题不放过、不整改到位不放过、群众不满意不放过，确保件件有着落、事事有回音；要从严执法，对相关环境违法行为，一律从严处罚。责任上一定要压紧压实，要加强对环保督察工作的领导，始终按照环保督察的要求，坚决落实好“一把手”的责任，按照“党政同责”“一岗双责”要求，层层压实责任，破除“环保督察是环保部门的事情”思想，形成工作合力。要建立健全长效机制，总体提升环保督察中的好经验，好做法，强化环保宣传引导，实现标本兼治、常态长效，不断提高生态文明建设整体水平，努力实现经济社会发展与生态保护共赢。

8月2日，区委书记、区第一总河长张敏带队巡视圭塘河并察看省环保督察交办问题办理情况。张敏一行察看白田小区、跳马污水处理厂溢流沟渠整治现场、比亚迪汽车工厂车间、牛头桥箱涵、石碑大港排口，暗访天华安置小区垃圾站，现场察看京港澳高速公路噪声、标准化截污管网建设工程，以及废气排放、箱涵清理、圭塘河河段排口等问题整改情况，并叮嘱相关街镇、部门负责人，要系统研究，尽快实施，确保实效。张敏强调，做好圭塘河流域综合治理和各级环保督察交办件相关工作，要正视问题，痛下决心，科学统筹，拿出可行方案，尽快实施；要紧盯河段排口，监测重点排口，做到心中有数；要提高站位，全区各级各部门要在思想上引起重视，认识到生态环保的重要性和对群众造成的影响，把思想和行动统一到中央和省、市决策部署上，统一到区委、区政府的工作要求上，增强思想自觉和行动自觉，抓好工作推进和落实；要切实整改，结合基层党建引领社会治理、网格化等手段，坚决杜绝虚假整改、表面整改、敷衍整改；要关注环保督察反馈问题，强化源头治理，将工作落实见效；要压实责任，落实党政领导负责制，压实分管领导、河长和街镇的属地责任，强化协调配合，形成工作合力；要迅速整改环保督察交办问题，逐日会商调度，确保整改到位；要严格督查，高标准督查督办，发现并反馈问题，确保限期整改；要严肃追责，密切关注党员干部不作为、不履职，失职、渎职等行为，做到严肃查办。

8月3日，湖南省第二批第一环境保护督察组下沉雨花区开展督察。督察组听取雨花区生态文明建设与环境保护工作的详细汇报，要求要以此次环保督察为契机，对全区生态环境和环境保护工作突出问题进行全面排查、全面整改，对督察发现的问题不回避、不掩饰，做到即知即改、立行立改。督察组重点核查2017年中央环保督察交办件及群众投诉举报热点件的办理情况，现场查看天山水泥厂、中南智能、雨燕湖、京港澳万里时代、永定社区等环境问题处理情况。

8月8日，雨花区落实环保督察“回头看”。针对已整改到位的圭塘路绿草地食府进行“回头看”，对该单位进行油烟检测，现场检查发现其安装的静电式油烟净化设备和生物式油烟净化设备运转正常，并能提供清洗维护记录证明，餐厅生活污水经化粪池处理后排入市政污水管网，厨房油烟经双重净化后排放。

8月22日，雨花区召开省级环保督察整改工作调度会，通报省环境保护督察有关情况，中央环保督察与省环保督察问题重复件责任单位进行表态发言。会议决定从即日开始至9月底，雨花区将持续开展为期一个月的省级环保督察案件突出问题“十个专项”集中整治行动，确保建筑施工噪声污染、生活垃圾乱堆乱放等问题整改到位，不反弹、不复发，确保在8月底前完成省环保督察组交办转办案件办结销号和中央环保督察重复问题整改清零。刘素月强调，要充分发挥城管环保网格化功能，建立有效的工作运转机制；要进一步压实监管责任，强化噪声、油烟等污染源日常监管，把群众满意度放在首位，做到真正整改，公开整改。要大力宣传环保观念，尤其是中元节期间禁止群众在禁燃区燃放鞭炮，倡导使用电子鞭炮、文明祭扫。要发动市民争当环境保护的宣传者、实践者、推动者。要让市民知晓，环境保护是与每一个人息息相关的大事。

8月29日，刘素月现场督办省环保督查重复案件问题，重点就噪声、油烟等环保问题整改进行现场办公。刘素月现场督察高桥街道永定社区、天翼未来城、香南郡社区和大塘社区等地夜宵油烟扰民问题，左家塘街道曹家坡社区垃圾站和牛婆塘社区垃圾站噪声、气味扰民问题，树木岭菜市场秩序和新星小区麻将馆噪声扰民问题整改落实情况。刘素月表示，环保督察绝不能表面应付、虚假整改，要真抓实干，集中一个月的时间，让“十个专项”整治有看得见的成效，让污染源无处遁形，充分展示雨花人坚决与污染行为较真到底的决心，以及追求细致、极致的良好工作作风。

10月17日，雨花区召开大气污染防治特护期应对、省环保督察问题整改暨迎接中央环保督察“回头看”工作推进会。会议传达长沙市“蓝天保卫战”讲评暨特护期污染防治工作动员会精神，下发一系列工作方案，部署特护期污染防治工作，相关部门单位作工作汇报和表态发言。刘素月强调，要进一步提高政治站位，切实扛起打好污染防治攻坚战工作责任，坚决完成环保督察反馈问题的整改清零，保护好雨花的蓝天碧水净土。牢固树立以人民为中心的发展思想，解决老百姓身边的突出生态环境问题，不断增强人民群众的获得感、幸福感、安全感。要进一步明确目标，最大程度地保障和改善特护期空气质量，全力做好省级环保督察反馈意见整改，认真配合中央环保督察“回头看”；要明确责任，坚持“党政同责、一岗双责”，按照“管行业必须管环保、管业务必须管环保”的要求，全面压实分管领导、联点领导、街镇部门和企业的责任，广泛动员全社会积极支持、参与环境保护工作；要明确要求，坚持以群众的满意为导向，全力做好督察反馈意见办理工作，最大程度争取群众理解和支持，最大程度巩固全区环境治理基础。

11月9日，雨花区召开区委常委（扩大）会议，会议专题听取中央环保督察“回头看”工作。会议由书记张敏主持，全体区委常委、副区长及街道（镇）党政负责人和相关部门负责人参加会议。会议传达市委关于中央环保督察“回头看”会议精神，并对雨花区中央环保督察“回头看”交办件办理工作、省委巡视组交办件办理工作进行再动员、再部署、再落实。会议要求，全区要全力推动交办件的办理，全力抓好问题整改，务求取得扎实成效。张敏强调，要在认识上再提高、再深化，要深化政治自觉、思想自觉、行动自觉；要在工作上再落细、再做实，要加快交办件办理、抓实专项治理、建立长态机制；要在责任上再压实、再上肩，要坚持领导带头、要加强协同配合、要做到真督严办；要坚持不懈，用心、用情、用功做好群众工作，做到工作上再深入、措施上再抓实，坚持立行立改、一改到底，交出配合中央环保督察“回头看”和省委巡视的满意答卷。

11月16日，张敏、刘素月现场督查督办中央环保督察“回头看”交办件办理进展情况。前往麻园湾巷老旧居民楼、省人大社区、长沙卷烟厂、新华都万家城旁机场高速、长潭小区，就群众反映的居住环境、扬尘、噪声污染等问题，现场督查督办整改工作进度，听取群众意见建议，并与相关责任部门单位、街道负责人一道，商议解决的最佳办法。张敏强调，要以中央环保督察“回头看”为契机，对标对表、用心用力，扎实做好整改工作，做到群众有所呼，干部有所应，让群众生态获得感在家门口升级。要提高政治站位，以对人民负责，对历史负责的态度，不折不扣抓好问题整改。要按照整改要求，抢抓时间节点，狠抓责任落实，做到坚决改、迅速改、彻底改。要严防问题反弹，对整改到位的问题，要加强巡查，巩固成果。

（柳　旻）

【“一圈两场三道”建设】 2018年，雨花区围绕居民最关心、最直接、最现实的民生实事，铺排人民满意农贸市场建设、学校幼儿园建设、示范米粉（面）店创建、蓝天保护行动等十件民生实事。重点开展“15分钟生活圈”（即在步行、自行车、机动车15分钟可达范围内，配备生活所需的基本服务功能与公共活动空间，该范围内可以实现“幼有所育”“学有所教”“病有所医”“老有所养”“弱有所扶”，停车场、农贸市场，自行车道、人行道、文化步道“一圈两场三道”建设。

2月28日，刘素月调研“一圈两场三道”建设工作，现场察看火车南站东广场垃圾站、黎托安置小区垃圾站（拟建）、万家丽示范性公共厕所、圭塘河公园2号地面生态停车场、圭塘河公园地面立体停车场项目（拟建）、雨花亭古道（拟建）、砂子塘智能停车场，到砂子塘街道老年人日间照料中心日托照护室看望失能老人，了解养老机构的运营模式和管理情况。刘素月强调，要坚持以人民为中心的发展思想，着力做好社区“微心愿”“微设计”“微改造”，用心打造“一圈两场三道”，不断满足人民日益增长的美好生活需要，让民生福祉更加看得见摸得着；要带着责任和感情，以绩效考核与百姓刚性需要为抓手，不折不扣办好“一圈两场三道”等民生实事。她强调，责任单位要提高站位、迅速行动，拿出时间表、任务图，助推农贸市场、停车场建设等与社区提质改造一体化；要挖掘历史步道的文化内涵，让百姓看得见历史、望得见乡愁；要根据实际统筹兼顾、科学选址项目，提高建设标准、补齐民生短板；要通过民主协商，加强城市便民服务，打通服务群众“最后一公里”，让群众享受更便捷、高效、优质、实惠的民生福利，奋力推动财富品质幸福雨花建设实现新发展、开创新局面。区领导陈怀宇、王明玖、刘江红、蔡泽敏、吴平辉以及区政府办、区规划分局、区政府研究室主要负责人参加。

3月12日，刘素月主持召开全区“一圈两场三道”建设专题座谈会，市人社局、市城乡规划局相关处室介绍长沙市推进“一圈两场三道”有关情况；各责任单位、基层代表围绕雨花区加快建设“一圈两场三道”等便民设施提出意见和建议。刘素月强调，“一圈两场三道”是市委、市政府落实以人民为中心的发展理念的重点实事，也是雨花区加速完善便民设施的有利契机，资金上有扶持、绩效上有考核，责任部门和各街镇要迅速提高政治站位、积极主动参与谋划。要坚持以人民为中心的发展理念，以百姓需求为导向，着力解决基本服务机构、便民设施建设等问题，不断加强要素保障、稳步增进民生福祉，使“一圈两场三道”更加方便百姓生活。要盘清底数，具体项目牵头单位要以问题为导向，从宏观层面统筹摸底全区总体情况、存在问题，拿出两年目标和计划、列出公共设施清单；要画好圈子，街道要从微观层面厘清有什么和缺什么，公益设施是否齐全，要做到心中有数；要制订计划，责任单位要结合调研拿出具体实施的总计划和分计划，明确两年内建设什么、整合什么、提质什么，并倒排时间按质按量完成任务；要做好统筹，实施上要结合社区提质提档、项目建设等工作，逐级分解任务、明确完成时间，信息上要与“智慧雨花”建设相结合，搭建信息平台，让百姓随时知晓身边配套设施情况；要加速推进，及时安排资金、保证人员到位，将公共设施的长效运行和管理维护纳入绩效考核，做到建管并重，奋力推动财富品质幸福雨花建设实现新发展、开创新局面。区领导陈永高、陈怀宇、刘江红、蔡泽敏、段仁华、张学军，市人社局、市城乡规划局相关处室负责人及区直相关部门、街道、社区代表参加。

4月26日，刘素月、陈怀宇、易静等不发通知、不打招呼、直插现场督查提质改造后的桃花农贸市场，和经营者攀谈，鼓励对方经营上出特色、产品上差异化，着力提升服务管理水平，不断满足群众需求。刘素月强调，坚决贯彻落实长沙市委、市政府“一圈两场三道”相关精神，着力提高城市形象，提升群众幸福感、获得感。农贸市场提质改造是一项民生工程，各级各部门要坚持以人民为中心的发展思想，主动抓服务、办实事，不断满足人民日益增长的美好生活需要。

5月2日，雨花区召开“一圈两场三道”建设两年行动计划推进会，集中研究审议全区“一圈两场三道”建设方案，部署铺排各项建设任务。会议听取雨花区“一圈两场三道”建设工作情况汇报，审议《雨花区推进“一圈两场三道”建设两年行动计划工作方案（送审稿）》，与会人员提出建议并作表态发言。根据任务铺排，两年内，雨花区将打造95个“15分钟生活圈”；建设37个停车场，新（改）建30处农贸市场；修建177.76千米人行道，建设130.4千米自行车道，打造2条健身步道，打造2.7千米文化步道。2018年，建设“15分钟生活圈”10个，并打造两个示范圈，建设停车场21个，新（改）建农贸市场15处；修建人行道17条，建设自行车道13条，打造2条健身步道，打造文化步道1.7千米。刘素月强调，要提高站位，把“一圈两场三道”建设作为政治任务来抓、作为民生实事来抓、作为绩考重点来抓。要紧扣目标，做好前期工作，加快推进立项、可研等前期准备，确保快速开工；对社会投资的建设项目，要提前协调、争取支持，督促按照考核、建设要求稳步实施；要加快项目施工，确保按期投入使用；要做好整合文章，结合老旧社区提质改造、提质提档等，确保同步规划、合理配套、高效实施。要坚持标准，打造示范，在标准确定上主动对接、严格执行，确保标准不降低、不打折；要确保质量，发挥工匠精神，将项目打造成品质雨花的亮点元素；要创新理念，有效提升城市品质。要加强领导，确保工作有人抓、抓得实；要凝聚合力，落实各级责任，强力推进项目建设；要浓厚氛围，让老百姓了解建设动态，及时享受便捷、贴心的公共服务，提升群众的幸福感、获得感。区领导陈永高、王彦锋、黄健元、陈怀宇、王明玖、刘江红、易静、段仁华，相关区直部门及街镇负责人参加。

9月6日，召开区政府第25次常务会议审议通过《雨花区“一圈两场三道”建设管理办法》（以下简称《办法》），会议指出，“一圈两场三道”建设是市委、市政府部署的重点工作，是践行以人民为中心的思想、优化基层社会治理的具体举措。《办法》对全区“一圈两场三道”的规划、设计、建设及后续管理都作出全面规范，相关部门单位要统筹安排、抓好落实，并就2019年“一圈两场三道”建设工作进行早安排、早部署，通过调研了解群众真正需求。

9月12日，雨花区召开“一圈两场三道”建设工作调度会，会议通报前期“一圈两场三道”工作情况，安排部署“一圈两场三道”建设工作。刘素月强调，“一圈两场三道”建设作为市委市政府安排部署的重点工作之一，与民生福祉紧密相连，要以动真格的态度、见实效的目的全力推动工作开展。刘素月，要加快工作进度，责任部门对工程进度要心中有数，让进度较快项目继续“向前走”、进度较滞后项目极力“往前赶”，确保全面完成年度目标任务；要狠抓工程质量，对照标准、确保安全，尤其注重抓小抓细，让细节工作体现人文关怀、改善生活品质；要积极履行职责，牵头部门明确牵头责任，强化协调与督查，畅通上下级、同级部门信息交流机制，准确掌握上级部门工作要求，合理铺排各项工作；要全面支持保障，在人力、物力和资金方面全方位保障工作推进，同时加强新闻宣传，围绕百姓关注重点积极正面发声，学习借鉴其他区县良好的工作经验与方法，提高工作成效；要科学铺排工作计划，系统性制定“一圈两场三道”两年建设规划，对于2019年建设工作，通过民意调查方式，有针对性地征求群众意见，真正做到想群众之所想、急群众之所急、解群众之所困。

9月20日，雨花区召开“一圈两场三道”建设工作调度会。刘素月率观摩组集中观摩“一圈两场三道”建设示范点东塘街道浦沅社区、砂子塘街道砂子塘社区智能停车场以及赤岗小游园，与参与“一圈两场三道”建设的社区志愿者交流。会议听取全区各街镇关于“一圈两场三道”建设工作汇报。刘素月指出，“一圈两场三道”建设利在百姓，重在落实。要践行为民服务理念，传递为民服务温情，全面抓好“一圈两场三道”建设工作，用实实在在的民生效益提升群众生活幸福感与获得感。她强调，目标任务必须完成，要根据各项目进度快慢，科学铺排各项工作，确保年度任务全面完成；施工质量必须保障，要一手抓进度、一手抓质量，对照高标准、严要求开展项目施工，尤其要注重细节管理，通过细节工作体现人性化服务；工作责任必须落实，分管领导与各街镇要积极履行职责，按既定计划铺排工作并抓好落实；宣传氛围必须浓厚，利用各级媒体正面发声，宣传推介亮点工作，形成良好社会氛围；共建共管共享必须推动，规划上满足群众需求，设计上让群主做主体，管理上让群众参与，发动群众、志愿者及社会组织参与“一圈两场三道”建设管理与监督；治理水平必须提升，将“一圈两场三道”建设与智慧政务、网格化管理等重点工作系统联动、有序推进，提升工作成效；工作计划必须提前铺排，统筹布局、系统制定“一圈两场三道”两年建设规划，让“一圈两场三道”建设成为政府投资“总纲”，同时开展民意调查，有针对性地征求群众意见，实现问需于民、问计于民。

10月10日，全区“一圈两场三道”项目人行道清障整治工作调度会召开，副区长蔡泽敏主持会议，调度部署雨花区“一圈两场三道”项目人行道清障整治工作，他强调，各相关职能部门、各街道（镇），特别是各管线单位，一是要提高认识，正确看待，要把思想统一到市委、市政府坚决提升城市品质的要求上来；二是要全面落实，完成任务，要盯住时间节点，迅速行动，抓好落实，全面移除占用人行道、盲道并影响通行的所有障碍物，切实做到“还路于民”；三是要相互支持，全力配合，区城管、市政、园林以及各属地街道（镇）要全力跟进配合，大力支持，确保雨花区11月底以前全面完成2018年“一圈两场三道”项目人行道清障工作任务。市城管局市政处处长陈凯丰指出，雨花区“一圈两场三道”项目人行道清障整治工作要按照统一标准、统一设计以及先主后次、先次后支的原则，全面清除现状人行道的箱柜、杆线等影响群众通行的各类障碍，要加强常态化执法，实行精细化管理，打造标识清晰、连续成网、安全宜人、富有温度的人行步道系统，加快完善群众回家最后一公里步行体验，让老百姓出行更便捷、更绿色、更舒适。市城管局市政处副处长王健到会指导，区城管系统四局一队、各街道（镇）、相关管线单位有关负责人参加会议。

10月17日，雨花区召开“一圈两场三道”建设调度会，专题研究部署人行道、自行车道、历史文化步道建设工作。会议通报，雨花区31个“15分钟生活圈”全部启动，铺排的45个项目完成20个，20个生活圈配齐公共服务设施；配建停车场21座，建成14个；新（改）建农贸市场15个，6个建成营业；人行道新建任务11条122.76千米，基本完工6条，改建任务6条，13条道路完成维护、整改，122.76千米人行道完成57千米；自行车道改建4个项目完工2个项目，56.6千米自行车道已完成32千米；健身步道实施辅助设施建设，其他项目全力推进；历史文化步道施工建设。刘素月要求，“一圈两场三道”建设作为市委市政府安排部署的重点工作，与社会和谐、民生福祉息息相关。要坚定目标任务，各项目要紧盯年度目标、加快推进施工，确保项目建设11月底基本完工，12月上旬完成扫尾；要确保质量与环境，相关部门负责人要常下工地、看项目，在督促工期的同时，确保工程质量过硬、施工环境整洁；要注重工作沟通，真实准确向上级部门报送“一圈两场三道”建设相关信息，积极对接各级媒体宣传报道“一圈两场三道”亮点工作，形成良好舆论氛围；要切实解决问题，对影响项目建设的制约因素，相关部门要积极作为、破除障碍，努力上交“一圈两场三道”建设年度人民满意答卷。

10月30日，长沙市住建委调研员竺钦军一行调研雨花区自行车道建设。调研组一行实地考察雨花区工务局负责实施的新平路、柳树塘路新建两厢自行车道项目、雨花城市建设投资集团有限公司负责实施的自行车道轨道交通示范站点建设项目中的沙湾路、楠竹路自行车道建设项目，听取相关自行车道建设项目的推进情况、存在困难、经验做法及下阶段工作计划与措施等工作的汇报，并就有关问题进行交流讨论。

11月8日，雨花区召开“一圈两场三道”建设和“最多跑一次”改革工作调度会。刘素月指出，“一圈两场三道”建设和“最多跑一次”改革相辅相成，高效便民的政务服务是15分钟生活圈的重要建设内容，要实行两项工作两手抓、同步抓、重点抓。刘素月要求，“一圈两场三道”建设要加快滞后项目建设，压实责任、保障质量，确保各项目12月初全面完工；要合理铺排下年工作，深入街镇、社区开展精准调研，广泛提升“一圈两场三道”问卷调查市民参与量，重点研究垃圾站、公厕、三道织网等项目规划选址问题；要创新管理运营模式，积极盘活学校、企业、机关单位等公共基础设施和体育文化设施，做大资源增量、实现共建共享。

11月20日，雨花区召开“15分钟便民生活圈”工作调度会议，区民政局党组书记、局长尹江华通报2018年雨花区“15分钟便民生活圈”工作开展情况，部署和安排相关工作。区人民政府副调研员孙夙强调，下阶段工作要站位更高，抓紧进度，提前谋划，尊重民意，建管并重，做到一圈一特色，让居民群众切实感受到“15分钟便民生活圈”的工作成效。

11月27日，刘素月漫步沙湾路、杜花路，现场调研“三道”建设工作。刘素月指出，要现场调研踏勘，因地制宜，坚持一路一策，根据道路实际情况制定“三道”建设方案，积极打造道路示范点；要以人为本，优先保障人的通行空间，给广大市民带来实实在在的出行便利；要下“绣花”功夫，倡导“微改造”，不施行大拆大建，提升城市宜居品质。

11月28日，雨花区委书记张敏，区委副书记、区长刘素月，调研全区“一圈两场三道”建设进展情况，以及“最多跑一次”改革工作并召开调度会议。张敏一行前往区政务服务中心、井巷社区、浦沅社区、新星农贸市场，仔细察看政务窗口办事效率，免费速递服务窗口寄件数量、农贸市场提质改造情况，了解社区（村）综合窗口A岗、B岗设置情况等。刘素月指出，“一圈两场三道”建设要做好顶层设计，科学谋划、统筹铺排，确保按时按质按量完成建设任务；要主动对接，盘清项目底数，做到心中有数；要打造特色亮点，通过优化规划设计，完善配套设施，建设群众满意的民生工程。刘素月强调，推进“最多跑一次”改革，要加强资源整合，用好用活平台，确保事在网上办；要专题研究，细致梳理事项，将更多权力下放基层，让群众办事更便捷；要加大清理力度，简化办事所需材料；要优化“帮代办”服务，让企业和群众少跑腿。张敏强调，方便企业、群众办事，就是要让他们少跑腿、多省心；要始终坚持以人民为中心的发展思想，结合区情民情，为民办好实事，确保群众满意；要加快完成全年目标任务；要对标对表，抢抓时机，倒排工期，抓紧实施，确保早完成、早见效。要加大宣传，让群众知晓善用；通过主流媒体等平台，持续推广“15分钟生活圈”电子地图，提高群众知晓率和参与率；要提前谋划来年工作，切实做好顶层设计，科学铺排项目，不断夯实工作基础；要结合网格化工作，统筹部署“最多跑一次”改革，做到信息互通、资源共享。

2018年，雨花区打造“15分钟生活圈”31个，完成项目建设200余个；新(改)建农贸市场15个、停车场36个；建成人行道118千米、自行车道57千米、文化步道1.7千米、健身步道1条。

（柳 旻）

【社区提质提档】 2018年，雨花区推进贯彻落实市委、市政府关于《社区全面提质提档三年行动计划（2016—2018）》的决策部署，围绕“社区组织体系更加健全，民主管理制度不断完善，生活生态环境舒适宜居，公共服务水平明显提升，经费保障机制基本建立，综合承载功能有效发挥”的总体目标，推进社区全面提质提档，全面提升社区宜居环境、公共服务、社会治理能力等。按照“应提尽提、全面覆盖”的工作要求，将45个社区纳入提质改造范畴，坚持尽力而为、量力而行，高质高效推进社区全面提质提档工作，实现社区全面提质提档工作全民出资、全民出智、全民出力。

1月2日，长沙市社区全面提质提档联席会议办公室主任、市民政局副调研员杨文斌现场调研雨花区圭塘街道长重社区社区提质提档工作，实地察看长重社区公园、社区一区、社区辖区范围环线立交桥、社区阵地，听取社区汇报。杨文斌指出，要注重提升社区的整体品质，打造社区的特色文化，契合社区的特点及居民的思想文化进行创意、设计和推广，极力营造浓厚的特色氛围，让居民在潜移默化中深受影响，从而提升居民的整体素养。

1月24日，雨花区召开社区全面提质提档工作联席会议。副区长刘江红主持会议，会议听取区社区全面提质提档联席会议总协调、区民政局局长尹江华关于社区全面提质提档工作情况汇报，研究讨论《雨花区社区全面提质提档2018年工作思路》《雨花区2017年度社区全面提质提档“以奖代补”实施办法》《雨花区社区全面提质提档2018年建设名单》《关于表彰雨花区2017年度社区全面提质提档先进单位和个人的方案》等相关事项，同意在2018年春节后召开雨花区社区全面提质提档总结表彰暨工作部署会。区委副书记陈永高指出，2017年，雨花区紧扣市委、市政府要求，扎实有效推进社区全面提质提档工作，圆满完成市对区考核验收，全区各级各部门共同努力，雨花区社区全面提质提档工作整体评价高、特色亮点多，实现了年初预定各项目标。2018年社区全面提质提档工作，要领会新精神，按照市联席会议指示精神，坚持实事求是，创新工作方法，重点解决好社区交通、消防、排水等功能缺失问题；要贯彻新理念，始终坚持以人民为中心，既要做到工作尽力而为、量力而行，也要做到工作提质扩面、实现普惠，让群众共享改革发展成果；要明确新目标，充分结合城管老旧社区改造，加强分类推进，注重社会共建，确保2018年各项工作任务全面完成；要聚焦新要求，做到工作尊重民意、吸纳民智、顺应民情，让群众参与到规划设计、施工建设、效果评价等方面工作中来，真正把社区全面提质提档的民生实事办成民心工程，为全面建设现代化长沙和财富品质幸福雨花作出新的贡献。

2月27日，东塘街道召开社区全面提质提档工作部署会，根据社区实际情况进行分类指导，确保纳入社区提质提档改造计划的七里庙、芙蓉南路、东塘和新雨社区顺利完成提质提档工作。

3月5日，尹江华到跳马镇金屏社区实地调研指导社区提质提档项目，查看社区办公服务阵地情况，深入了解提质改造存在的问题，听取社区责任人关于提质改造工作的意见和跳马镇关于社区全面提质提档的相关情况汇报。

3月6日，侯家塘街道实地调研社区提质提档工作和社区阵地建设情况，现场查看枫树岸社区、梓园社区、活力社区、水院社区社区阵地建设情况，了解社区阵地建设和提质提档工作中遇到的问题，与社区书记、工作人员一起谋划社区提质提档整体规划。3月13日，侯家塘街道召开社区全面提质提档工作座谈会，参观学习广济桥社区、湘农桥社区、侯家塘社区的提质提档建设成果，通报全市2017年度社区全面提质提档工作考核结果，传达市、区两级的工作要求及相关会议精神，总结街道2017年社区提质提档工作，对即将进行提质提档的社区出谋划策会，2018年提质提档拟达标的枫树岸、活力、梓园、水院社区四个社区的书记依次汇报社区基本情况。

3月21日，圭塘街道召开2018年度社区全面提质提档工作推进会，传达区提质提档会议精神，组织学习《长沙市社区全面提质提档工作考核标准及计分办法（社区）》，宣读《圭塘街道2018年社区全面提质提档工作联席会议制度（讨论稿）》和《圭塘街道2018年社区全面提质提档项目建设操作指南》。5个纳入2018年提质提档社区负责人分别介绍本社区的改造思路、实施方案、提质提档计划项目表以及主要工作难点，街道提质提档各业务指导组及综合保障组结合社区实际和考核文件要求进行逐一发言。同日，洞井街道召开2018年度社区全面提质提档工作推进会。洞井街道新裕社区、南庭社区、歇马亭社区、商贸城社区、星苑社区、天际岭社区纳入社区全面提质提档改造。6个社区的主要负责人分别介绍各自社区提质提档项目的开展和推进情况，街道提质办对各社区关注的问题进行解答。街道组织各社区提质提档专干进行业务培训，针对考核标准和计分办法，从社区党建、人居环境、公共服务、和谐稳定进行详细解析，

3月15日，雨花区召开社区全面提质提档工作会议。副区长陈怀宇作全区社区全面提质提档工作报告，区政府副调研员师建新通报2017年度雨花区社区全面提质提档工作奖励等次情况，宣读2017年度社区全面提质提档先进个人表彰决定，砂子塘街道、歇马亭社区作表态发言。区委副书记陈永高高度肯定2017年社区全面提质提档工作，部署2018年雨花区社区全面提质提档工作，他指出，要全面铺排，按照市、区相关工作安排，45个拟达标社区必须全面启动规划设计、项目招投标、施工建设等各项工作，做到方案早敲定、措施早落实、难题早破解。要全速推动，按照区级主推、街镇主责、社区主体的工作要求，坚持共商共建享，确保4月底前全面开工建设，11月底前全面完成建设任务。要全局共建，区各相关部门要切实担负职责，加强业务指导和工作帮扶，确保全区“一盘棋”，形成合力攻坚的巨大合力。要全力创新，认真贯彻落实中央、省、市有关指示精神，坚持以人民为中心的发展理念，结合“一圈两场三道”等民生工程建设，确保提质提档工作协调发展，让群众切实提升幸福感、获得感。副区长蔡泽敏出席会议，区社区全面提质提档成员单位主要负责人，跳马镇、各街道党（工）委书记、分管提质提档工作副职，2017年和2018年提质提档社区主要负责人参加会议。

3月22日，区社区全面提质提档联席会议办公室道调研侯家塘街道、圭塘街道社区全面提质提档工作，走访侯家塘街道水院、活力、枫树岸社区、梓园社区，圭塘街道劳动东路、中南院等社区并与街道、社区负责人进行深入交流，听取相关工作情况汇报，就社区阵地建设、社会组织发展、社区规范管理、养老服务改革等工作提出意见建议。区社区全面提质提档联席会议总协调尹江华表示，社区全面提质提档是市、区政府实施的一项民生工程，也是一项基础工程、系统工程，涉及各方面的工作多且复杂，必须高标准定位、高要求推进。针对调研中发现的问题，要早安排，街道、社区两级要结合实际，及时研究制定工作

方案，认真做好规划设计、群众意见征求等工作；要早推进，要以问题为导向，量力而行，尽力而为，坚决克服等、靠、要的思想，加强协调沟通，围绕一圈两道三场、城市基层党建年、城市更新等主题，做好结合文章，全面整合资源，协同推进各项工作；要早落实，要对照最新的考核指标计分办法，聚焦群众需求，重点解决好社区阵地面积不达标、公共服务不便捷、基础设施薄弱等问题，要通过实施社区全面提质提档，真正让居民群众享有更高质量的服务，幸福感、安全感、获得感显著提升。

3月27日，洞井街道指导全面提质提档社区工作，察看新裕社区社区提质提档项目进展情况，南庭社区廉文化主题园——祥和园建设情况。

3月28日，雨花区召开2018年社区全面提质提档工作培训会。区政府副调研员孙夙主持培训会，尹江华作动员讲话，要求提高站位，思想认识上要更充分，要看到开展社区全面提质提档工作党和政府有要求，形势和发展有要求，人民群众有期待；要攻坚克难，工作推进要更抓紧，加快研究制定工作方案，拿出解决问题的对策措施，强化对薄弱社区的督查指导；要协调联动，机制保障要更强，做到组织领导高效、工作保障到位、督查考核严明。市民政局副调研员、市社区全面提质提档联席会议办公室主任杨文斌结合社区全面提质提档工作的新要求、新任务进行专题授课，重点解读人居环境考核项目的新变化，杨文斌表示，社区全面提质提档工作是市委、市政府的一项民心工程、德政工程，要求严、标准高，务必要深化认识、找准问题、抓住重点，做到措施得力、轻装上阵。社区全面提质提档工作要紧密结合市委、市政府的决策部署，认真做好老旧城区有机更新、油烟污染治理、“一圈两场三道”等民生工作的结合文章，扎实推社区人居环境明显改善，让群众感受幸福在家门口升级。要坚持以人为本，注重实效，要问需于民、问计于民、问效于民，切实有效地解决居民群众关心关注的问题，让社区生活更方便、更安全、更舒适；要坚持以文为魂，传承历史，老旧型、新楼盘型等不同类型的社区都要充分挖掘社区文化，通过组织丰富多彩的文化活动，进一步弘扬社区精神、凝聚社区力量，共建美好家园；要以共为要，形成合力，要按照“三主体一补充”“谁受益谁出资”的原则和方法，建立社会企事业单位等多方投入机制，整合城管、园林、环卫等各线资源，加强空中管线整治、油污治理、公共基础设施维护等工作，确保社区人居环境更净、更美。市民政局基政处处长罗文等就“公共服务”“基层党建”“和谐稳定”等考核项目内容进行专题授课。牛角塘社区分享提质提档经验做法。

4月10日，区民政局、左家塘街道实地调研左家塘街道营山巷社区党建和提质提档工作。察看社区党建工作阵地和提质改造项目建设情况，询问基层党建责任落实、社区带头人队伍和党务工作者队伍建设等情况。圭塘街道调研社区提质提档工作，听取劳动东路社区对社区建设基本情况的汇报，实地察看新世界创邸、新城新世界小区，了解社区提质改造亟待解决的问题。

4月11日，雨花区民政局调研指导洞井街道社区全面提质提档工作。调研组实地察看商贸城社区、南庭社区、歇马亭社区、星苑社区、新裕社区、天际岭社区全面提质提档开展情况。洞井街道党工委委员、政协联络处主任张敬向调研组介绍洞井街道社区全面提质提档整体工作开展情况，2018年洞井街道有6个社区纳入提质提档改造，任务很重。街道通过提前谋划，问计、问需于民，最终确定硬件、软件项目100余项，预计总投入资金1.1亿元。尹江华要求街道注意广泛收集民意，汇集各方力量，在阵地上合理布局，充分展示社区文化特色和亮点，同时深挖楼道文化和小区文化，力争打造出精致、精美、精细的“三精”社区。

4月12日，井湾子街道召开2018年度社区全面提质提档调度会，简介各社区提质提档基本情况，六个社区书记着重从提质提档项目内容、完成情况、经费预算及缺口、存在的问题四个方面进行汇报。

4月27日，杨文斌带队专项督查雨花区“应提尽提、全面覆盖”工作，实地考察东塘社区办公服务阵地，听取社区负责人关于社区提质提档现阶段开展情况和下步举措的工作汇报，询问提质改造存在的实际困难、主要问题及居民意见等；听取街道汇报四个提质提档社区的工作进展情况和实际存在的困难。实地调研洞井街道南庭社区廉政主题公园——祥和园、社区居民楼、社区办公阵地，查看南庭社区家廉文化公园、廉文化长廊、廉韵书社、居家养老服务中心等特色品牌阵地，座谈听取区、街道、社区负责人关于社区全面提质提档工作情况介绍。杨文斌认为，雨花区对社区全面提质提档工作谋划早、部署快、覆盖广、工作实。他指出，要澄清模糊认识，始终坚持把社区全面提质提档工作作为增进群众福祉的民生工程、城市治理的基础工程牢牢抓在手上，做到善始善终、善作善成，确保决心不变、力度不减；要突出工作重点，坚持因地制宜、民意导向，把群众关心关注的问题解决好，让群众生活更方便、更安全、更舒适；要做好结合文章，坚持软硬同步、全面提质，统筹推进“城市基层党建年”“老旧城区有机更新”“一圈两场三道”等重点工作，充分发挥资金效益，做到尽力而为、量力而行。

5月3日，侯家塘街道组织辖区提质提档社区，到天心区赤岭路街道芙蓉南路社区，芙蓉区文艺路街道识字里社区、荷花园街道荷晏社区，岳麓区西湖街道龙王港社区交流学习社区提质提档工作经验。

5月4日，东塘街道召开现场办公会，检查指导芙蓉南路社区提质提档工作，力争将芙蓉南路社区打造成为东塘街道精品示范社区。

5月10日，东塘街道召开社区提质改造部署动员会，传达区提质改造专项会议精神，并宣读《雨花区2018年老旧社区提质改造、都市园艺社区建设和特色景观街建设项目实施方案》。东塘街道芙蓉南路社区、新雨社区、七里庙社区、牛婆塘社区纳入雨花区环境综合提质改造社区，七里庙社区纳入都市园艺建设项目改造，此次提质改造将通过环境整治、楼栋整治、市政建设、绿化提质、完善基础设施进行。

5月23日，洞井街道召开社区提质提档工作半年度推进会，提炼和总结街道社区提质提档工作。2018年度提质提档的6个社区主要负责人汇报本社区提质项目进度、品牌打造、活动开展、氛围营造等情况。部署后段工作重点。

5月25日，侯家塘街道召开2018年社区提质改造方案讨论会。研究街道办事处和枫树岸和水院两个社区提质工作。

7月24日，谭慧慧，市政府副秘书长戴建文带领全市社区全面提质提档工作观摩团观摩洞井街道新裕社区三〇一佳园，实地察看三〇一佳园小区游园、羽毛球场、篮球场和社区便民服务站等，听取新裕社区介绍三〇一佳园提质改造情况。新裕社区与辖区内湖南省核工业地质局三〇一大队结成共建共享单位，探索“党建共建共融”服务模式，打造“小区党建示范性”社区，建立小区党员邻里活动中心、便民服务站、王嗲工作室，引入“群众健身驿站”项目，将小区改造为社区党群互助工作队，打造助业、助残、助学、助困、助老的党群联动“五助”项目，所有活动阵地均由三0一佳园小区无偿提供。

9月10日，谭慧慧、杨文斌一行调研砂子塘街道金科园社区提质提档工作。谭慧慧一行实地考察金科园的居家养老中心和社区新阵地，听取社区提质提档工作汇报，了解社区提质提档工作情况，对建工程项目进行指导，强调要结合居民需求，突出社区特色，要整合优化各方面资源，加大协调联动力度，既要保质量还要适当加快工期。调研同升街道同升湖社区提质提档工作，实地考察同升湖社区新阵地及小区建设，听取同升湖社区提质提档工作的情况汇报。谭慧慧了解社区的基本情况、提质提档的建设进度，对同升湖社区的新阵地建设等在建工程项目提出意见。谭慧慧指出，要以目标导向和问题导向相结合，要充分发挥党员群众的力量，要发挥社会公益组织作用。

10月31日，谭慧慧、杨文斌调研雨花区社区全面提质提档工作，实地查看歇马亭、香樟路、新星、新雨、砂子塘、红花坡等社区人居环境改造、公共服务中心、居家养老服务中心、农贸市场、文体活动中心等项目建设进展情况。谭慧慧强调，要紧盯目标，压实责任，加快推进项目建设，坚决打赢社区全面提质提档收官战；要以人为本，服务民生，全面提升居民群众的幸福感、获得感；要建管并重，夯实基础，推进居民自治，着力解决好群众关心的衣食住行以及物业管理难题；要整合资源，共提共享，充分调动辖区企事业单位资源，吸纳更多社会资金共同参与社区建设。同日，区委常委、区委办主任周海毅调研指导跳马镇社区提质提档工作，听取金屏社区关于社区提质提档工作的详细汇报，现场查看办公阵地、便民服务站等场所的建设情况。周海毅肯定金屏社区移风易俗、节俭操办婚丧喜庆事宜等工作的成绩，提出移风易俗是一场持久战，务必加大宣传，加强引导，营造全民参与、全民支持的良好氛围，树立文明新风，推进乡村振兴。周海毅要求，坚持以城市基层党建为引领，充分发挥党员参与社区全面提质提档工作的积极性、主动性；坚持以改善民生作为工作的出发点和落脚点，切实保障民生项目的建设，在确保社区各功能室完备的前提下真正将“便民”二字落到实处，不断提升社区居民的满意度和幸福感；坚持尽力而为、量力而行，结合社区实际，科学统筹资源，攻坚克难，以更有效的举措扎实推进社区各项工作，不搞形象工程和政绩工程，要做实事工程。

11月15日，区委副书记陈永高率领雨花区社区全面提质提档成员单位分管负责人，各街道（镇）党（工）委书记、分管负责人，45个提质提档社区主职共计120余人现场观摩井湾子街道香樟路社区、左家塘街道红花坡社区、砂子塘街道砂子塘社区全面提质提档工作，并实地参观社区居民楼栋、公共服务中心、多功能运动中心、居家养老服务中心等项目改造现场。召开雨花区2018年社区全面提质提档工作观摩推进会。尹江华代表区社区全面提质提档联席会议作社区全面提质工作情况报告。全区投入提质提档项目资金7亿余元，其中，引入社会资金预计约4亿元，社区提质提档在建施工项目404个，完工项目200个，人居环境改造项目整体进度超过70%，新裕、正圆、红花坡、同升湖、芙蓉南路等社区公共服务中心改扩建工程基本完成建设任务。陈永高指出，2018年是社区全面提质提档的收官年，必须以更大的决心、更强的魄力、更实的举措、更好的作风加快推进全区社区全面提质提档工作。他强调，目标任务要坚定不移，要认清社区提质提档工作有要求、群众有期待、考核有要求的客观现实，确保45个提质提档社区在12月中旬前完成各项目标任务，要在全部社区考核达标的基础上多争先进、多创示范，打造更多具有雨花特色的社区品牌；坚持“党建引领”，以基层党建年为契机，以创建“三零”街道、社区为目标，发挥好基层党组织战斗堡垒作用和党员干部的先锋模范作用。坚持“共建共享”，动员多元主体共同参与社区建设。坚持“建管并重”，化解社会矛盾，切实提升基层治理能力和公共服务水平。考核验收要“蝉联”第一。区提质提档办要加强统筹协调，相关成员单位要加强业务指导，各街道、镇要加强工作调度，确保提质提档工作进度跟得上、质量过得关；要完善好提质提档各类项目手续，做好项目施工安全防护，切实尊重民意，确保居民群众关心的房屋漏水、下水堵塞、交通拥堵、生活安全等问题得到有效解决，不断提升居民群众的幸福感、获得感、安全感。

12月4日至11日，由雨花区社区全面提质提档联席办牵头，联合区委督查室、区政府督查室、区委组织部、区综治办、区民政局、区城管局等部门对全区45个纳入2018年度全市社区全面提质提档考核的社区进行综合考核验收。此次验收严格按照《长沙市社区全面提质提档工作2018年度考核标准及计分办法（社区）》文件要求，分别从社区党建、人居环境、公共服务、和谐稳定、群众评价五个方面，采取实地察看、群众访谈、综合评估的办法量化计分。

12月27日，市文明办副主任杨立平率市社区提质提档考核验收组一行，对砂子塘街道砂子塘、金科园两个社区的提质提档工作进行考核验收。检查组实地察看社区硬件提质、社区阵地建设、社区小游园建设、社区环境改造、老旧小区改造等情况，了解社区软文化建设工作，听取社区专题汇报。检查组肯定街道提质提档工作，指出街道在提质提档工作中加强社区建设，提质居民生活环境。

2018年，雨花区高质高效推进社区全面提质提档工作，铺排建设项目732个，投入资金7亿元，其中撬动社会资金4亿余元。全年新建或改扩建35个社区办公阵地2.9万余平方米，新增停车位3084个，安装油烟净化装置4261台，整理空中管线管网1.9万余米，道路白改黑24.78万余平方米，房屋立面粉刷19.65万余平方米，增绿补绿9.94万余平方米。（柳　旻）

【雨花区深化农村集体产权制度改革】2018年，雨花区继续推进农村集体产权制度，通过清产核资、成员身份确认、股权量化、组建新型集体经济组织等程序，将农村集体经营性资产量化到村集体成员，发展多种形式的股权合作，让农民真正成为集体资产的所有者、管理者和受益者，真正实现“资源变资产，资金变股金”，从而增加农民的财产性收入。

1月11日，区农村集体产权制度改革试点工作领导小组召开改革试点工作推进会，区政府副调研员文洲主持会议、区农林水局局长、区农村集体产权制度改革试点工作领导小组办公室主任莫志刚介绍全区农村集体产权制度改革的工作举措，通报各涉农街道（镇）农村集体产权制度改革第一阶段的工作落实进度情况，安排部署2018年产权制度改革的工作内容；区农林水局农经科副主任科员黄敏解读《农村集体产权制度改革工作方案（示范文本）》；各涉农街道（镇）的行政主要负责人汇报本单位产权制度改革工作的开展情况，提出改革过程中遇到的困难和问题；市农委农村工作部原副部长、区产权制度改革领导小组高级顾问周文辉阐述雨花区开展农村集体产权制度改革的必要性，解答相关政策。副区长刘江红要求，严格按照党的十九大报告中提出的深化农村集体产权制度改革，保障农民财产权益，壮大集体经济的要求，推进产权制度改革工作，加强领导，深化意识，形成上下联动的良好机制。成立由主要领导亲自抓，分管领导具体抓，村集体经济组织负责人、村务监督委员会成员和成员代表共同组成的领导小组和工作班子，层层开展业务培训，扎实推进改革的各项工作。农改办要根据集体资产的不同类型和各试点的不同条件加强指导和业务培训，坚持问题导向，明确改革路径，找准改革的突破口和关键环节。在改革的推进过程中要尊重民主、倾听民意、维护民权、增加民利，充分发挥农民群众的聪明才智，因村制宜，打造特色，让改革的红利真正普惠到各地农民群众。

1月19日，雨花区在区政府举办农村集体产权制度改革清产核资业务培训班。培训由区农业林业水利局副局长周文主持，各涉农街道（镇）农村集体产权制度改革的分管领导及其工作人员、改制村主要负责人、村级农村集体产权制度改革工作人员共240人参训。雨花区农林水局副主任科员黄敏根据农业部关于开展清产核资的具体办法和《农村集体资产清产核资报表》的填报要求对相关表格的填写、汇总、审核、公示等步骤进行详细的讲解培训。区农村集体产权制度改革试点领导小组工作顾问、原市农委农村工作部副部长、副调研员周文辉就《雨花区农村集体产权制度改革工作方案（示范文本）》进行解读，对不同类型的改制村拟定改制方案的现实情况进行针对性的建议和指导，并进行现场答疑。

2月22日，刘江红组织召开农村集体产权制度改革工作调度会，刘江红要求，高度重视，严格按照党的十九大报告中提出的深化农村集体产权制度改革的要求来落实各项工作；梳理问题，对基层改制单位反映强烈、集中突出的问题及时予以答复；加强对接，强化与相关成员单位的沟通协调，理顺工作机制；严格督查，督查各改制村改制方案的制定情况，并根据工作成效予以相应宣传表扬或通报批评；打造亮点，挖掘先进经验，走出农村集体产权制度改革新路子，形成新的特色和亮点。会议通报改制方案的制定、全面清产核资和成员身份确认完成情况，全区涉及农村改制的53家单位（村、社区、集资委、公司）中，1个村出台改制方案；7个村初步拟订方案，待村民（股东）代表大会通过。11个村初步完成清产核资，26个村确定股权配置基准日。12个村初步认定成员名册，11个初步公示村名册，11个村经村民（股民）代表会议通过成员名册，7个村公示成员名册最终结果。

3月1日，区委副书记、区长刘素月，副区长陈怀宇专题调研农村集体产权制度改革试点工作，听取同升街道桃阳集资委和跳马镇关刀新村的情况汇报，走访跳马镇田心桥村农户张云松家庭，征求意见和建议。陈怀宇指出，责任单位必须高度重视，做好结合文章，统筹推进改革试点工作；要严格按照时间节点，确保各项任务落实到位、各程序完善到位、各个部门联动到位。刘素月强调各涉农街镇要切实提高站位、迅速铺排工作，让改革红利普惠于民；要主动梳理问题，及时答疑解难，重点解决共性问题，及时答复群众集中反映的诉求，民主协商妥善解决个性问题；要把握关键节点，严格按照文件精神，倒排时间、挂图作战，确保在规定时间完成改革任务；要善于借鉴成功经验，取长补短，查漏补缺，因地制宜进行改革，打造农村集体产权制度改革的雨花样本。

3月7日，雨花区召开农村集体产权制度改革领导小组工作会。与会人员观看《焦点访谈——底清账明，确权到户》的宣传视频，区农改办汇报全区农村集体产权制度改革工作情况，各涉农街镇就具体工作提出意见和建议。刘素月强调，要把握时间节点，高效推进，切实增强紧迫感和责任感，倒排任务、挂图作战、高效推进；要做好答疑解难，稳步推进，坚持因地施策、精准施策，按照有法依法，有规依规，无法无规依民的原则，认真研究、妥善解决；要借鉴成功经验，创新推进。借鉴其他地区先行先试、试点成功的经验，紧密结合雨花实际，创新制度机制，科学处理问题困难，打造农村集体产权制度改革的雨花样本。区委书记张敏指出，该项改革对增加农民财产性收入、推动乡村振兴、完善村民治理、保障农民权益意义重大。张敏强调，全区各级各部门要责任上肩、聚焦目标，推进改革向纵深发展，按时间节点完成改革任务。要进一步强化领导，分管领导和各街镇一把手要主动作为、亲自挂帅，统筹安排各项工作，并做到心中有数。要进一步深化认识，责任部门和街镇要因地制宜、因村制宜，注重政策和理论指导，切实做通群众思想工作，分类研究改革中的重点难点问题。要进一步明确目标，通过制定改制方案、全面清产核资、成员身份确认和合理配置股权，建立“归属清晰、权责明确、保护严格、流转顺畅”的现代农村产权制度，为改革试点作出探索。要进一步推进工作落实，农村集体产权制度改革时间紧、任务重，村支“两委”要充分尊重民意、倡导全民参与，做到认真细致、客观公正，让改革过程和结果经得起历史检验。

3月7日，区委常委、组织部部长龚畅主持召开会议，专题调度区农村集体产权制度改革相关工作。龚畅传达区委书记张敏在区农村集体产权制度改革领导小组工作会议上的讲话精神和要求，要求分管领导和相关科室全力配合该项改革工作。龚畅指出，改革前的方案中，明确各村改制方案中合作社要有党组织；改革中，必须坚持村支两委的领导，明确合作社董事长和书记由一人担任，不分设；集体经济组织机构有选举任务的，选举中要坚持党的领导，加强街镇对合作社班子选举的领导，压实街镇书记责任；将深化农村集体产权制度改革，纳入对各涉农街道镇的绩效考核范围，作为改革加分项，由改革办和农改办提出具体加分办法。

4月3日，区委督查室、区农林水局督查农村集体产权制度改革工作，听取街道农村集体产权制度改革工作进度、街道推进工作的主要做法以及遇到的问题、下阶段工做思路汇报。黎托街道七个涉改单位联点党政领导、改制单位负责人和专干以及农改办全体人员参加。

4月4日，区农村集体产权制度改革工作领导小组到洞井街道考核、指导集体产权制度改革工作。听取街道集体产权改制第一阶段的工作情况汇报，洞井街道天华、板塘、牛头、和平、鄱阳5个社区筹委会按照相关文件要求和“四定”程序制定符合社区筹委会实际又切实可行的集体产权改制方案，清产核资、集体经济组织成员身份界定工作同步推进。

4月11日，浏阳市农村集体产权制度考察团一行到雨花区考察学习农村集体产权制度改革工作，区农林水局副局长周文介绍雨花区农村集体产权制度改革的主要做法，并强调在改革推进过程中，既要维护农村基本经营制度，分类施策开展改革，又要发挥村民民主自主决策，充分调动农民朋友的积极性参与改革。考察团通过翻阅资料、听取介绍、交流互动等方式了解雨花区区农村集体产权制度改革的各项工作，就集体资产量化、成员身份确认和成立股份经济合作社等方面展开热烈讨论。

4月12日，湖南省农业委员会经管处副处长李辉带领湖南省农村集体产权制度改革工作组督查指导雨花区集体产权制度改革工作，查看洞井街道天华社区筹委会改革工作资料。听取洞井街道天华社区筹委会具体汇报改革方案的制定、清产核资、集体经济组织成员身份界定、科学配置股权等，了解集体产权制度改革工作遇到的各类问题，对洞井街道的集体产权制度改革工作进一步指导。督查组希望洞井街道，再接再厉，积极创新发展理念，以“发展壮大村集体经济”为宗旨推进集体产权制度改革工作；加大改制业务知识的学习力度，确保相关工作人员都能熟练掌握集体产权制度改革的政策规定、具体的方法步骤；坚持民主、公开、公正、公平的原则，做到程序规范、决策民主、群众满意，让农民成为改革的参与者和受益者。

5月28日，雨花区农村集体产权制度改革试点工作领导小组召开产权制度改革试点工作推进会。会议由区政府副调研员师建新主持，各涉农街（镇）分管副职参加会议。15个改革村的主要负责人介绍本村改革方案的制定情况、存在的问题及下一步工作计划，街、镇分管副职就改革工作的推进情况做补充发言。区农村集体产权制度改革试点工作领导小组高级顾问周文辉要求，要进一步提高认识，严格落实中央的文件精神；紧扣时间节点，不折不扣的完成改革任务；注意工作方法，充分发挥人民群众的主体作用；要进一步加强党政领导，做到党政一把手亲自抓改革。

6月12日，圭塘街道工委书记肖向东，工委副书记、办事处主任刘明生，工委委员彭可率圭塘村、月塘村、大塘村（以下简称“三村”）负责人及大塘村村民小组长到黎托街道取经学习做大做强村级集体经济经验，探讨集体产权制度改革及两安用地开发的高质量发展，听取黎托街道相关负责人对集体产权制度改革工作和两安用地合作开发的多种形式做经验介绍。“三村”负责人及村民小组长主动与黎托街道相关人员就制度改革和两安开发开展互动交流。肖向东对黎托街道倾囊相授、毫无保留的经验介绍表示感谢，认同黎托经验中关于两安用地开发的多元化合作模式，为圭塘街道的两安合作项目开发开阔了思路和视野，要求“三村”书记要将经验学进脑里、植入心里，要充分发挥圭塘街道的区位地理优势，将经验与实际融会贯通，比学赶超。

10月17日，全国农村集体产权制度改革部际联席会议督查组督查雨花区农村集体产权制度改革试点工作。督查组由农业农村部政策与改革司司长赵阳，司法部立法四局副局长郭文芳带队，省农委党组成员、副主任刘益平，省农委经管处处长、省经管站站长周立华，省农委经管处副处长李辉，市农村经营服务站站长郭志强，市农村经营服务站副站长刘光辉等陪同督查。督查组实地走访同升街道桃阳集体资产管理委员会，查阅产权改革的文件资料；召开座谈会。陈怀宇代表区政府向督查组领导汇报雨花区农村集体产权制度改革的整体工作情况，介绍全区推进改革的主要做法及先进经验及改革实际中的主要问题和实际困难，请求农业农村部在税费扶持、政策保障、法律支撑等方面给予更大力度的支持；龚畅汇报全区在成立股份（经济）合作社中加强党组织领导和进一步完善党组织建设的做法；同升街道桃阳集体资产管理委员会书记彭特介绍本村开展产权制度改革的推进特色。赵阳肯定雨花区高位推进、统筹部署、科学铺排、因地制宜的改革试点工作，希望雨花区能探索更多可复制、可推广、可借鉴的经验，形成改革试点和探索经验的有效结合，让农村集体产权制度改革真正成为促进村集体经济健康持续发展和增强农民群众获得感和幸福感的重要推动力。

10月23日，雨花区召开农村集体产权制度改革领导小组会议。会议通报，10月中旬，全区参加改革的53个村级单位，完成改革方案制定的有43个村，完成资产清查的有47个村，完成资产公示的有36个村，完成成员清查的有44个村，完成股权设置方案的43个村，完成股权配置的有21个村。刘素月强调，农村集体产权制度改革是实现乡村振兴战略、推动农民致富的重要抓手，各部门单位必须将改革工作抓好、抓实、抓细。刘素月指出，要有序推进，各单位根据时间节点，制定方案、倒排时间、挂图作战，确保在12月底基本完成改革工作任务，针对特殊个案要及时上报，并“对症下药”；要大胆尝试，在遵循相关法律法规和维护社会稳定的前提下，各改革村要根据自身实际情况，积极探索符合自身需求的改革方法和路径，争取更大改革工作成效；要全面保障，区农改办加强对各改革单位的业务指导和培训，同时强化与上级部门的对接，争取政策支持，此外区级层面落实经费保障，对按时保质完成的试点改革工作的单位予以相应奖励，促进改革工作平稳有序完成。

11月16日，全国农村集体产权制度改革试点推进会议，首次为北京市海淀区温泉镇股份经济合作联合社、山西省太原市杏花岭区窑头村股份经济合作社、湖南省长沙市雨花区井塘股份经济合作社等10个集体经济组织颁发登记证书，井塘村率先完成全面改革，成为全国第一批、湖南省唯一获得“农村集体经济组织登记证”的村级组织。（柳　旻）

【人民满意农贸市场建设】　2017年12月13日，雨花区政府召开建设“人民满意农贸市场”工作动员大会，宣布将启动三年行动计划，结合国家食品安全示范城市建设和社区全面提质提档契机，分三年新建和提质改造全区农贸市场，促进城乡农贸市场合理布局，打造一批产权清晰、证照齐全、经营有序、居民满意的示范性农贸市场，从总体上有效提升全区农贸市场建设和运营的标准和水平。财政2018—2020年安排农贸市场建设专项资金约5000万元，每年建设10家现代化、标准化农贸市场，每个街镇新建或提质改造1—2家示范性农贸市场。新建的政府投资类农贸市场，由区政府全额投资建设；新建并符合布点要求及建设标准的社会投资类农贸市场，“以奖代补”，定额奖励50万—60万元；纳入全区农贸市场建设三年行动计划清单的提质项目，由区政府按照“一市场一策”全额投资提质改造。根据“人民满意农贸市场”项目建设计划清单，2018年度，雨花区新建中城苑、川河苑、桃花苑、莲湖4个农贸市场，提质改造五一生鲜市场、赤新农贸市场、桂花农贸市场、活力生鲜市场、桃花农贸市场、曲塘路农贸市场、鑫东升农贸市场7个市场。

2018年，雨花区出台《雨花区建设“人民满意农贸市场”行动计划》《雨花区农贸市场管理考核奖励办法》《雨花区示范社区菜店建设标准、管理规范及奖励办法》等系列文件，推进建设人民满意农贸市场工作。

2月6日，雨花区委副书记、区长刘素月调度人民满意农贸市场建设提质工作，考察桃花农贸市场、湘天·禧悦汇、五一生鲜市场、广益农贸市场等，了解新建农贸市场的项目建设进度，察看市场的经营现状和硬件设施等，听取街道和市场负责人示范创建农贸市场的情况汇报，叮嘱各责任单位围绕中央、省委、市委城市工作会议精神，以城市精细化管理和社区全面提质提档为抓手，以创建国家食品安全城市为契机，把农贸市场的建设管理作为重点民生实事，使雨花区的农贸市场走在全市、全省前列。以“提升城市品位、促进食品安全、保障市场供应”为目标，让群众生活更舒心、更放心。刘素月强调，拟新建开放的农贸市场要把牢食品安全关，大力提升消费环境、诚信经营等服务水平；提质改造后的农贸市场要加强精细化管理，优化市场环境治理和市场内部管理；要采取多元化投资模式，注重农贸市场信息化、标准化、多元化，探索创新农贸市场建设长效管理机制，逐步形成布局合理、功能完善、管理规范、环境舒适的农产品市场格局，助推财富、品质、幸福雨花建设。

2月12日，刘素月调度人民满意农贸市场建设提质，现场察看红星农副产品大市场，了解配套建设的莲湖农贸市场建设情况，刘素月强调，要严格按照《雨花区农贸市场建设标准》，保证农贸市场建设品质，提升软硬件水平；要提高管理品质，实现智慧农贸信息化、食品安全标准化、经营业态多元化，打造雨花智慧农贸市场品牌，建设出省、市水准最高的农贸市场。刘素月考察砂子塘农贸市场，和社区居民交谈，了解市场行情和食品安全等情况。刘素月嘱咐区商务和旅游局等责任部门，要加强对接服务，保障各项建设工作进度按期推进；要加强对市场的管理指导，科学制定《雨花区人民满意农贸市场评比奖励办法》，将农贸市场建设工作纳入全区年度目标管理考核体系，让人民满意农贸市场经得起人民和社会的考验；要全面推进以人民为中心的发展思想，坚持在发展中保障和改善民生，不断满足人民日益增长的美好生活需要，以抓服务、办实事的主动作为，让群众获得感、幸福感在家门口升级。

3月14日至16日，雨花区人民政府副区长易静带领区商务局、区工商局、区食药监局、区城管局等部门，现场调研人民满意农贸市场建设提质工作。易静调研桃花苑、莲湖、砂子塘、赤新、桂花等11家农贸市场，听取街道、社区和市场负责人的意见，了解改造过程存在的问题和困难，并现场进行调度，保障农贸市场提质改造工作的顺利进行。对于新建的桃花苑农贸市场、莲湖农贸市场，易静要求建设方要做好前期调研，既要满足市民需求，又要考虑农贸市场的长远发展，要充分听取周边居民意见，让建设工作得到各方支持。对于正在改造的农贸市场，易静指出，要充分尊重市场负责人及经营业主对农贸市场改造的意见和建议，要严格按照《雨花区农贸市场建设标准》进行改造，保证农贸市场建设品质，提升软硬件水平；改造过程中要融合各部门指导意见，注重细节，严格把关，精心打造全区、全市农贸市场的标杆。

3月22日，同升街道新兴农贸市场2018年初步设计方案讨论会召开。

3月27日，东山街道黎托便民生鲜农产品市场提质改造初步设计工作会议召开。易静表示，农贸市场提质改造是市、区高度重视的民生工程，一定要高标准提质改造且有市场主打特色。要按照"四个统一"原则，即统一设计、统一招投标、统一监理、统一组织施工的要求进行建设，市场的设计要适应当前经营的要求，围绕通风、排水、采光三个核心做好一系列设计；在市场提质提档的过渡期，也要加强统一管理调度，遵守相关的规章制度，让居民消费能够在一个良好、和谐的环境中进行；各相关职能部门务必明确责任，积极配合，齐抓共管，街道、社区要责任上肩，按质按量完成农贸市场提质改造工作；农贸市场提质改造完成后，市场方要做出5年内不转向，不随意涨价的书面承诺，让人民满意农贸市场经得起人民和社会的考验，让雨花群众的幸福感真正在家门口升级。

4月9日，区委书记张敏，区领导刘素月、周海毅、易静、蔡泽敏实地走访调研农贸市场建设工作，仔细询问鲜开心农贸市场负责人经营及管理情况，张敏鼓励企业发挥示范带头作用，着力提升服务水平，在建设人民满意农贸市场工作中争当排头兵。张敏强调，要快速推进建设，加强要素保障，按照既定时间节点，倒排时间推进度，确保全面完成人民满意农贸市场建设任务；要确保质量，高质量、高标准建设人民满意农贸市场，营造让群众放心、舒心、开心的购物环境，让群众的获得感、幸福感在家门口升级。

4月11日，高桥街道新塘垅便民生鲜农产品市场提质改造设计评审会召开。

4月17日，黎托街道合丰便民生鲜农产品市场提质改造设计方案评审会召开。

4月24日，同升街道鑫乐升便民生鲜农产品市场提质改造设计方案评审会召开。

5月9日，高桥街道五一便民生鲜农产品市场提质改造技术交底会召开。

5月17日，黎托街道川河便民生鲜农产品超市提质改造设计方案评审会召开。

6月8日，同升街道场督促和指导洪塘便民生鲜农产品社区门店、新兴社区农贸市场提质改造工作。

6月10日，雨花区首家建成投入使用的智慧型农贸市场桃花农贸市场开业。市场建设面积2000平方米，有摊位44个、商铺21个。主要经营蔬菜、干货、水果、水产、肉类、熟食、粮米油面、副食品等群众日常所需的产品。桃花农贸市场的开业，为周边的居民提供不少创业、就业的机会，并拿出部分铺位免费给商户经营，市场不仅开设专程购物大巴，免费接送顾客前来购物外还开设微信购物群，提供送货上门服务，辐射周边7个小区，为周边居民提供便利。

6月19日，易静带队实地督查黎托、五一、新兴、莲湖农贸市场临时过渡市场运行管理和建设施工现场情况。易静要求，莲湖农贸市场临时过渡市场要加强临时过渡市场管理，注重卫生保洁，交通疏导，流动摊贩整治等工作，确保市场运行秩序良好；注重食品安全工作，市场负责人要引导米粉、卤菜、豆制品等经营户采购渠道必须正规，采购数额适量，注意冷链销售管理，并请食药监局加强对临时过渡市场食品安全的监督和指导街道、社区要督促市场做好临时过渡市场的安全生产和防暑降温工作。建设施工要在确保工程质量和安全的前提下，加快工程进度，确保如期竣工；要严禁低价中标，以降低工程质量牟利的现象发生，对于降低建设标准，以次充好的现象坚决打击；加强现场的监督管理，监理公司要坚持全过程、全时段的监督，对于不负责任的施工单位、监理公司，要进及时通报，并列入“黑名单”，不得在雨花区开展类似项目的施工、监理；街道、社区要协调好施工过程中发生的一切矛盾和纠纷，确保良好的施工环境。

6月30日，长沙市商务局党委委员、副局长毛鹏程，市场体系建设处黄睫处长一行检查指导雨花区农贸市场建设工作，检查桃花、新兴、黎托、五一农贸市场，肯定雨花区建设人民满意农贸市场工作所取得的成效，要求已营业的市场既要注重市场培育，以优惠措施吸引商户入驻，降低市场空置率，又要加大营销宣传，提升市场知晓率，以优惠的价格吸引消费者。临时过渡市场和在建市场要注重消防、食品、人员三个安全，确保不出任何大小事故，注重过渡期的市场管理，确保经营环境和经营秩序良好；坚持标准，注重质量确保验收合格；在要确保安全和质量的前提下加快工程建设进度，确保按时完成年度任务。

7月12日，雨花区召开人民满意农贸市场建设工作调度会，重点研究农贸市场建设、食品安全管理、垃圾分类处置等问题。雨花区将三年完成30家人民满意农贸市场新建和提质改造任务调整为两年完成，并按照2018年、2019年分别完成15家的计划推进，任务不减，时间缩半。刘素月指出，人民满意农贸市场建设是关乎民生幸福感与获得感的重要工程，是做好“一圈两场三道”工作的重要抓手，各部门单位要带着感情和责任全面抓牢抓实农贸市场建设。要注重规划，牵头单位组织相关部门全盘摸清基本情况，确保“15分钟生活圈”至少一圈一个农贸市场、一小区一个生鲜门店；要创新设计，吸引群众参与，针对不同阶层消费群体，“因地制宜”设计个性化农贸市场，发动街镇社区参与，打造具有生态安全、文化创意的人民满意市场；要强化管理，全面加强农贸市场食品进场把关、垃圾分类处置等事项管理责任，确保食品安全、环境良好、交易公平、秩序优良，积极创新管理模式、形成雨花经验，争创建设全国一流人民满意农贸市场。

8月28日，刘素月、易静调研农贸市场提质改造工作。实地查看同升街道鑫乐升农贸市场、同升街道新兴农贸市场、黎托街道合丰便民生鲜农产品市场、桂花农贸市场、左家塘曹家坡农贸市场、活力农贸市场6家农贸市场，询问了解农贸市场的土地产权性质、建设进度、招商入驻、后续管理运营等情况，现场协调解决项目推进过程中存在的困难和问题。刘素月强调，农贸市场提质改造是重大民生工程，各部门单位要高度重视，加大工作力度，有效推进农贸市场建设改造工作，确保如期完成提质改造任务；要创新理念，做好与相关部门现代化管理系统的结合文章，努力建设智慧型农贸市场；要强化管理，加大对农贸市场公共厕所、垃圾处理设施、活禽统一宰杀点等重点部位的提质改造，打造食品安全、环境良好、交易公平、秩序优良的群众满意农贸市场。要切实提高思想站位，坚持为民服务理念，充分认识到农贸市场提质改造工作的重要性和迫切性，全面推动人民满意农贸市场基础性建设和规范化管理。要在坚持建设标准的基础上，借鉴和吸取其他区县的优点；要重视食品安全工作，完善好肉类、熟食等摊位的防护设施设备；在建市场要加强过渡市场的管理；加强农贸市场后续管理，各职能部门要加强监管和指导，街道要落实属地管理，市场要压实主体责任，切实为居民提供一个干净整洁、环境优美、安全放心农产品的消费场所。

9月11日，黎托农贸市场完成提质改造，成功引入智慧化管理模式，安装智慧化信息显示屏，点击就能查询每个经营者的姓名、信用星级、销售的商品价格，实现市场监控、产品溯源、亮证经营、信息公示、电子支付一体化操作。黎托市场一侧配备垃圾分类装置，实现垃圾源头三化处理（无害化、减量化、资源化），大大减少市场产生的垃圾。

9月19日，长沙市商务局党委书记、局长高伟，副局长毛鹏程带队调研全市便民生鲜农产品供应体系建设工作，实地考察莲湖农贸市场，黎托农贸市场、合丰农贸市场以及融科东南海香南郡社区生鲜门店，了解雨花区农贸市场管理模式及垃圾分类处置等情况。高伟强调，各区县（市）要结合自身实际，围绕目标任务，坚持问题导向，加快推进便民生鲜农产品供应体系建设，打通农产品服务“最后一公里”；指导市场开办者抓好便民生鲜农产品供应体系建设项目的质量，完善基础设施和配套功能，特别是要优化市场内部布局，合理划定鲜、活、生、熟、干、湿功能交易区，对农贸市场环境进行全方位提升；要抓紧出台便民生鲜农产品供应体系建设项目验收办法，按照“完工一批，验收一批”的要求，实时跟进验收工作，及时兑现奖励；要积极探索建立常态化的高效监管机制，将日常监管责任压实到街道社区，强化部门协同，加大执法力度，加强专项整治，切实提升市场管理水平，确保农贸市场运营秩序。

12月25日，刘素月组织召开盒马鲜生项目专题调度会，会议听取和研究盒马鲜生长沙第一店——喜盈门店开业筹备情况的汇报及提请支持解决的事项，座谈交流盒马鲜生湖南总部的注册落户、税收归集、社零统计等事项，各参会单位和部门主要负责人对盒马鲜生提出的诉求进行详细回应，并提出可行性的意见和建议。刘素月表示，盒马鲜生湖南总部是雨花区重点引进总部型经济招商引资项目，其选址落户雨花、布局长沙，必将为雨花和长沙的商业注入新的活力，并要求各单位和部门要全力支持，全程服务，对照标准和要求加快落实各项工作，确保盒马鲜生长沙第一店和湖南总部更好更快发展。

12月25日，毛鹏程带队市直各部门有关负责人对雨花区2018年第三批已竣工的市场和社区门店进行验收复核，抽查村俚鲜生超市、新星农贸市场。通过会议座谈、资料审核、现场查看，长沙市复核组对雨花区农贸市场建设工作给予肯定，跳马、黎锦、新星、新塘垅、广益、活力、砂子塘7家农贸市场，社区门店村俚鲜生超市顺利通过市级复核。至此，雨花区共16家农贸市场（目标任务15家）、14家社区菜店（目标任务10家）通过市级复核，雨花区2018年建设人民满意农贸市场工作完成。　（柳　旻）

【圭塘河流域综合治理】　圭塘河是浏阳河汇入湘江的最后一条一级支流，是长沙唯一的城市内河，发源于跳马镇鸭巢冲水库（石燕湖），在黎托街道花桥汇入浏阳河，河道全长28.3千米，流域面积125平方千米，纳污面积约450平方千米（含天心、芙蓉等部分区域）。随着城市化快速发展，从20世纪70年代末开始，圭塘河逐步被污染，工业污染与过度开发让圭塘河污染日趋严重，河岸垃圾遍地、污水横流，水质黑臭，让人望而却步，掩鼻而逃。渐而被圭塘人称为“臭水沟”“龙须沟”。2016年，雨花区全面启动圭塘河流域综合治理，通过水质恢复、生态改造、生态引水等项目，实施圭塘河生态引水工程建设。围绕“铁腕整治、消除隐患、标本兼治、提升形象"的总体目标，推进圭塘河流域综合治理工作，全面实施“系统治理+精准治污、多部协同+一龙统筹、政府河长+民间河长、生态整治+产业融合、中国智慧+德国技术、平台融资+市场化运作”6+模式，逐步探索出“系统治河、长效治河、精准治河、合力治河”的雨花特色治河之路。2018年，雨花区继续推进圭塘河流域综合治理工作。

1月4日，长沙市河长办会同市成员单位组成考核验收组，通过听取汇报、查验资料、现场检查等形式，对雨花区河长制情况进行核查，查看黎托街道、高桥街道河长制办公室制度上墙，河长公示牌、社区（村）巡河记录及日常工作情况等工作。

1月5日，雨花区召开市对区河长制工作考核情况通报及迎接中期评估调度会，区河长制工作办公室通报市对区河长制工作考核情况及整改要求，各街镇主管领导作表态发言，副区长、区河委会办公室主任刘江红部署迎接市对区河长制中期评估，要求加强业务学习，确保从上到下对河长制工作了如指掌；做好方案，各级行动方案要具有针对性和操作性；利用微信公众号等多种形式落实宣传工作，营造工作氛围；整理考核资料，对表对标将资料准备齐全并分类清楚；搞好环境卫生，河道河岸环境卫生等工作形成常态化；要搞好专项督查，出现问题第一时间整改。

1月10日，雨花区政协主席冯聪龙率区政协主席会议成员实地考察圭塘河生态引水工程建设项目，主席会议成员一行从石燕湖大道生态景观塘出发，沿着生态景观带一路步行至白竹村铁炉塘，重点查看生态明渠、生态跌坎、景观桥梁、明渠入口等项目，察看引水工程浏阳河取水处和调度运行中心。冯聪龙指出，圭塘河生态引水工程建设既解决了圭塘河季节性缺水、提升水质环境，同时又提升了跳马地区的整体形象，是一项关乎民生福祉的实事、好事，要结合全域旅游、环境保护、景观建设、生态治理，做一篇精彩的结合文章，使其成为跳马、雨花乃至长沙一道亮丽的风景。

1月11日，区人大常委会主任龚景顺率主任会议成员实地察看圭塘河二期工程及跳马段引水工程，听取圭塘河流域公司的工作汇报，副区长陈怀宇作补充发言。龚景顺肯定圭塘河治理开发工作，建议圭塘河沿线后续开发治理规模要大，规格要高，模式要新；引进国际顶级文化公司置入圭塘河项目开放建设，提升文化品位。对圭塘河沿岸进行整体策划，分段设计，吸引更多的市民来参观，广聚人脉人气。龚景顺表示，区人大常委会将进一步关注圭塘河项目，争取市人大立法支持圭塘河的保护工作，借全市的力量支持圭塘河的长期管理。

1月16日，雨花区政协主席冯聪龙率主席会议成员一行到圭塘河流域开发建设有限公司调研。冯聪龙一行听取圭塘河流域开发公司和德国汉诺威水协的工作汇报，观看圭塘河井塘示范公园和红星片区城市更新设计的短片。陈怀宇，区人大常委会副主任、圭塘河流域综合治理指挥部常务副指挥长叶松介绍公司运行情况、取得的阶段性成效及存在的困难，同时希望区政协继续支持圭塘河流域开发公司的各项工作，积极向省市建言献策，加快推动工作进程。冯聪龙要求，圭塘河沿岸建设既要系统谋划更要超前思维，全方位协调推进圭塘河流域的开发建设，使之成为长沙的形象代言。区政协也将继续关注和支持圭塘河流域综合治理及红星城市更新工作，为雨花、长沙高质量发展贡献力量。在开发建设上要想更多办法，在责任落实上有更多作为，在实现突破上有更大力度，形成更强大的工作合力。

3月6日，雨花区委统战部、雨花区工商联在圭塘河岸滨水公园临河草坪共同主办“同心聚力以商助商发挥优势引资引智”——雨花区统一战线“圭塘河岸”品牌招商推介会。区委书记张敏代表区委、区政府致欢迎辞，通过短片方式向到场嘉宾们展示雨花区圭塘河全流域发展规划和各个项目所蕴含的商机，雨花区全域生态旅游公司、雨花城投悠游小镇、圭塘河流域开发公司井塘段城市双修及海绵示范公园等圭塘河流域各段项目方负责人分别作项目品牌推介，横店影院、普罗旺斯酒店、步步高超市3家已入驻商家代表上台发言，长沙市政协副主席、市工商联主席彭继球，市委统战部副部长、市工商联党组书记丁文，市工商联副主席刘立红，雨花区委常委、统战部部长成钢，区工商联主席叶松，副区长陈怀宇和签约商家一起举行签约触屏仪式。长沙市委常委、市委统战部部长谭小平发言强调，举办“同心聚力以商助商，发挥优势引资引智”招商推介活动，是雨花区统战工作的一项创新举措，要按照“生态+”的理念，在注重生态保护的前提下，创造一流的营商环境，大力开展招商引资引智，吸引更多优质项目落户，努力将每个项目都做到精致精美，做成品牌，努力将圭塘河岸打造成长沙一条美丽的风光带和经济带。

4月12日，长沙县委书记曾超群，县委副书记、县长张作林，县领导王国良、毛葵、彭正球等考察学习雨花区圭塘河流域综合治理成效，并就河长制工作经验现场“取经”。考察组一行参观圭塘河生态景观区二期、王家嘴泵站施工现场，相关区直部门负责人介绍圭塘河河道整治、截污控污、生态修复、示范项目建设等工作，并与考察组现场进行交流探讨。曾超群表示，圭塘河流域综合治理成效显著，生态环境得到了明显改善。长沙县将积极借鉴雨花区河长制工作理念与思路，结合自身实际，创新工作方式方法，推动长沙县生态文明建设和河长制工作深入发展。

4月26日，区委副书记、区长刘素月，副区长陈怀宇、易静等不发通知、不打招呼、直插现场专题巡视圭塘河，察看跳马集镇南侧圭塘河现状、跳马污水处理厂及周边污水收集管网、牛头桥区域河道、长塘路箱涵排口情况，询问圭塘河治理进度，嘱咐部门负责人铁腕治污、科学治河，实现以河治河、以河养河。专要提高政治站位，切实落实“河长制”，刘素月指出，圭塘河综合整治是“绿水青山”行动中的一个缩影，要深化流域治理，根据实际出具问题清单，敦促各方立行即改；要取缔违章建筑，杜绝污水、垃圾直排，从源头截断污染源，不断改善流域水质；要坚持铁腕执法，发现环保问题及时举报，用执法倒逼企业落实主体责任；要提高污水处理能力，加大技术监管，提高污水处理自动化、信息化、智能化；要加强绩效考核，建立健全督查机制，监督圭塘河辖区的日常管理和维护治理；要加大宣传力度，及时披露和曝光典型案件，形成集中整治违法排污企业的高压态势。

5月31日，区委副书记、区长刘素月一行查看圭塘河重要支流同升渠沟渠明渠入牛头桥箱涵口、同昕停车场旁的出水口、同昕停车场内部排污口、湘水郡同升路桥、振东路工地（看管网铺设）、养猪场、同升湖山庄沟渠，污水处理设施，现场查看圭塘河截污治污情况。召开2018年总河长会，听取设计单位汇报区级河流一河一策编制情况、区农水局汇报2018年河长制绩效考核工作要求，圭塘河指挥部通报区近期暗访发现的问题，各街（镇）总河长汇报河长制工作落实情况及下步计划。与会单位专题研究区管河流一河一策和绩效考核工作，区级河长对河长制工作做相关要求。刘素月表示，要层层压实“河长”责任，倒逼工作落实；河长制办公室要发挥牵头抓总作用，加强组织协调，督促相关部门单位落实好工作；要紧盯目标任务，聚焦治理重点，要把截污治污作为落实河长制工作的重中之重，迅速启动跳马、同升以及全流域的排口截污和治污工作；要铁腕执法，各部门要形成合力，铁腕执法，有力震慑；要强化督查考核，将河流各街（镇）段水质是否达标，关联到街（镇）绩效考核是否合格。

7月2日，刘素月巡视圭塘河下游河段，督查圭塘河流域综合治理工作。刘素月实地查看圭塘河华雅段河堤挡墙开裂垮塌情况，现场听取相关部门关于工程修复工作汇报，要求加快启动修复工程，确保施工和周边群众安全；巡查石坝路箱涵排口、王家嘴泵站排口、圭塘河入浏阳河河口，沿途了解河道水面垃圾打捞、污泥处置、泵站运行、水质监测以及部分河段拟建安全护栏等情况，重点询问排污口是否存在溢流现象，并指出要采取措施适当提高圭塘河入浏阳河河口水流流速，有效改善河口段水质。刘素月强调，要科学监测水质，优化圭塘河水质监测点，增加监测点数量，及时掌握水质监测情况；要全面落实河长制，对巡河发现的问题按清单交办，制定长效交办制度，全力抓好问题整改，做到巡查出的问题紧盯到位、交办到位、落实到位；巡河工作要避免“走过场”，严格将巡河发现问题按清单交办落实，确保问题及时解决、巡河巡出实效。要建立完善问责体系，全面实行“一河一表”、各街镇监测点一表、相关执法部门执法数据一表“4+2”工作制度，健全监管机制，对落实巡河工作不力单位或部门予以通报，倒逼治河责任落实、工作出实效，全面实现圭塘河水清、河畅、岸绿、景美的生态目标。

7月6日，雨花区领导调研圭塘河流域治理暨区第一总河长工作调度会召开，与会人员察看王家咀泵站排口、雨花区河道堤防管理站进水箱涵截污闸、圭塘河入浏阳河口、香樟路排口，详细了解圭塘河截污治污情况，并叮嘱相关街镇、部门负责人，建立长效机制，系统研究，统筹考虑，探索片区改造，确保实效。刘素月指出，各责任单位要落实“河长制”，切实抓好圭塘河流域治理工作，做到巡河要到位、整改要到位、执法要到位。张敏强调，要进一步务实举措，摸清底数，全方位、地毯式排查排污口和污染源，做到心中有数；要控制源头，加快绿心地区工业企业退出和畜禽养殖污染防控，抓好农村生活污水治理，杜绝垃圾直接倾倒、工业和生活污水直排现象；要强化治理，推进污水处理设施建设和改造，提高截污标准，紧盯重点区域，坚持“一处一策”，拿出可行方案，尽快实施；要严格执法，对乱排乱放、倾倒垃圾、私挖河道等行为较真碰硬，依法打击，顶格处罚，形成震慑；要全民参与，加大宣传力度，动员群众关注、支持、参与“河长制”工作；要适时公布工作进展，主动接受监督；要鼓励环保公益组织、群众，通过随手拍等形式举报违法违规行为。

8月14日，近50名国内黑臭水体治理专家徒步巡河，考察圭塘河。专家们沿圭塘河生态景观带二期由北往南步行，从河域垃圾清理、控源截污、清污疏浚、生态修复四个方面对圭塘河进行细致检阅。

8月21日，刘素月沿圭塘河跳马段一路踏步前行巡视圭塘河，重点督查圭塘河上游河段综合治理工作，查看跳马镇佳兆业旁箱涵及周边沟渠、池塘综合治理工作，关注跳马镇超量污水临时提升泵站控源截污承载力，沿途询问清淤河段工作进展情况，当场要求相关部门责令湖南红星盛业食品股份有限公司整改排污井污水外流问题并对其环境污染行为予以相应处罚。召开巡河工作会议，刘素月重点听取石牌大港智能排口设计工作情况介绍。刘素月指出，石牌大港作为雨花区智慧排口建设试点工程，相关部门要做好督促完善设计方案、加快立项招投标、快速启动征地拆迁等工作，推动项目早落地、早动工。同时要准确掌握智慧排口建成前后水质监测对比情况，验证智慧排口治污功能实效，助推圭塘河流域综合治理取得新成效。

9月18日，区委常委、常务副区长邹春林，副区长陈怀宇一行赴洞井街道、跳马镇考察石碑大港智能分流井工作，听取石碑大港智能分流井的设计方案，询问该建设项目的必要性、紧急程度以及实施后的效果，要求尽快实施，并对项目的立项、资金使用作出具体要求。邹春林、陈怀宇一行现场察看浏阳河曙光垸大堤，询问了解大堤各项工作的开展情况，听取浏阳河曙光大堤项目负责人汇报工作进度，陈怀宇就项目的目标、任务、时序提出要求。邹春林指出，大堤的各项工作要紧紧围绕“防洪抢险”这一中心点开展，优先进行防汛工程部分的建设，保障好垸内人民群众的生命财产安全；相关单位务必责任上肩，加快启动浏阳河曙光垸大堤的各项工作，依法依规按时间节点完成相关任务，保障好工程质量，全力确保浏阳河曙光垸大堤防汛安全大局稳定。

9月27日，刘素月巡视圭塘河，重点调度圭塘河排口维护及井塘示范公园建设工作。刘素月沿圭塘河西岸一路冒雨前行，从香樟路桥步行至曲塘路，沿途查看排口维护、水面保洁及堤岸卫生等情况，现场调度圭塘河井塘示范公园项目拆迁扫尾和建设工作进度，听取项目杆线迁改、拆迁腾地、拆违迁坟等工作情况汇报。刘素月强调，以强烈的使命感和责任感，坚持长效治理与专项整治相结合，坚决打赢“碧水保卫战”，守护绿水青山。要坚决打赢圭塘河保卫攻坚战，推行系统治理，全面铺排各项治河工作，抓好精准治理，采取针对性措施将问题逐个击破，实施铁腕治理，加大环保案件执法查处和宣传力度，形成良好社会氛围。要加快实施井塘示范公园建设，加紧推进项目设计、手续办理、施工建设等工作，确保2019年4月汛期前新河道投入使用。项目建设中面临的征地拆迁、企业搬迁、拆违结算等问题，相关部门要积极协调、全力配合，促进问题解决，确保项目顺利推进。

10月23日，刘素月巡视圭塘河，调研圭塘河流域综合治理工作。刘素月现场要求相关部门责成楼盘管理方立即采取措施，整改居民楼盘生活污水通过管道溢流至洞井街道牛头桥同升箱涵箱涵问题，未按要求整改到位则依据相关环保法规实施顶格处罚。刘素月肯定佳兆业箱涵治理成效和石燕桥污水溢流整改成果，要求进一步深化生态塘治理，尽量减少初期雨水下河污染，确保治理成效。刘素月现场强调，要继续加强日常巡河，保证截污效果，防止旧问题反弹和新问题出现。

10月19日，雨花区召开水污染防治百日攻坚战会议，重点就下阶段水污染防治、河长制落实、迎中央环保督察等工作进行再安排、再部署。刘素月强调，要真巡河，围绕河长调度、河长巡河、问题交办、联合执法等方面发力，落实抓污水直排、“清四乱”、及时上报信息等巡河具体工作，确保巡河出实效；要严执法，狠抓案件办理，对污染区域水环境的违规违法行为，发现一起、处理一起，采取顶格处罚，形成威慑效应；要实履职，分管领导责任上肩，部门履行行业监管职能，街镇履行属地管理职能，全区上下全面协作、形成合力；要强发动，积极号召群众、社会组织、民间河长参与水污染防治工作，发动各级媒体为水污染防治积极正面发声，努力营造人人保护水环境、防治水污染的良好氛围。自长沙市启动水污染防治百日攻坚战后，雨花区围绕做好截污治污、打击非法排污、整治周边环境目标，全面加强河流水质、入河排口、生活污水、工业企业排放、农业农村污染综合整治工作，水污染防治取得显著成效，控断面水质从原本的劣Ⅴ类，上升到8月份Ⅳ B类，9月份提升至Ⅲ类，10月份稳定保持在Ⅲ类。针对中央环保督查组要求整改问题，雨花区从治理工程建设、日常巡河、排口管护、卫生保洁等方面全盘发力，坚决确保原有的投诉问题不反弹、不出现重复投诉。（柳　旻）

【红星大市场迁建】2018年，雨花区继续推进红星农副产品大市场的迁建工作。

1月31日，湖南省重点办副主任彭小沙主持召开专题会议，协调省重点民生工程——红星全球农批中心配套道路（时代阳光大道东延线）征拆和建设工作。市工务局、市重点办分别汇报时代阳光大道东延线施工推进情况及有关协调工作，区政府汇报道路征拆情况及工作安排，湖南建工集团汇报墙体新材征收协议签订及拆迁腾地工作情况，红星实业集团简要汇报红星全球农批中心项目项目进展，提出加速道路建设的请求。彭小沙指出，“菜篮子”“米袋子”“果盘子”工程建设是实现人民对美好生活向往的有力支撑，实现人民生活品质提升的有效载体。省、市、区三级政府支持红星全球农批中心项目建设所取得的实效值得肯定，湖南建工集团作为国企在支持地方政府征拆工作中展示出了应有的担当精神。他要求，各有关单位要采取有力举措，按照确定的时间节点推进时代阳光大道东延线征拆和建设工作，确保红星全球农批中心进出要道如期竣工，有效保障新市场试营业通车需求。

3月1日，雨花区人大常委会主任、区红星市场迁建指挥部指挥长龚景顺主持召开红星全球农批中心工程建设调度会。红星实业集团总经理张承彦汇报红星全球农批中心一期、二期、三期工作推进总体情况及2018年工程建设安排，并提出请求指挥部协调支持解决的有关问题。指挥部副指挥长、工程建设组组长陈国强表示，工程建设组将按照区委、区政府和指挥部的决策部署，健全日常调度工作例会机制，就项目工程建设进行密集调度；协调推动新市场周边配套基础设施工程建设，重点协调好时代阳光大道东延线和红旗南路建设，推进二期周边柳树塘路、东山路与项目土方平整施工同步推进；解决好项目报建手续和权证办理问题，助推项目又快又好投入运营。龚景顺强调，工程建设组要协调好各方力量，当好项目“服务员”，必要情况下指挥部统一调度，全力保障好红星新市场一期年内试运营。

3月10日，龚景顺带队实地考察红星全球农批中心工地，并组织召开红星市场迁建工作现场调度会。区委常委、宣传部部长、指挥部常务副指挥长余宏卿主持会议，区委常委、常务副区长邹春林，副区长、指挥部副指挥长陈怀宇、王明玖，副指挥长陈国强，区发改局局长贺芳、区城乡建设局局长张学军等出席会议，区工务局、区征地办、区征收办、区农林水局、区交通局、区电商物流园、区红星市场迁建办、同升街道、跳马镇、区城投公司、红星实业集团等单位主要负责人参加会议。会议听取红星实业集团和跳马镇就红星市场迁建有关工作情况的汇报。与会单位进行问题解答和表态发言，出席会议的区领导就相关事项进行安排部署。龚景顺指出，各有关责任领导和责任单位要紧紧围绕区委、区政府确定的“一期试营业、二期完成主体工程建设”的工作目标，全力以赴抓紧推进市场迁建的各项工作任务。

4月8日，长沙市副市长邱继兴督察红星全球农批中心项目，现场办公调度项目建设。市政府副秘书长王体泽出席会议。市发改、住建、交通、商务、规划、国土、工务、城投集团、水业集团等市直部门负责人，副区长、指挥部副指挥长易静，区政府副调研员易云和，跳马镇政府等单位负责人参加会议。红星实业集团董事长罗跃汇报长沙红星农副产品全球采购中心项目推进进展情况，与会单位就项目推进中遇到的问题进行研究、探讨并作表态发言。邱继兴强调，各相关部门要进一步统一思想，与市政府推进农批专业市场升级换挡的行动保持步调一致，加快红星全球农批中心项目配套道路、供水、高速进出口收费站等设施建设。要进一步强化责任意识，增强工作执行力，在推进民生工程建设上主动作为、勇于担当，确保各项不因人员变动而出现空位、断档，多为干成、干好工作而出招、出力，确保市委、市政府自2014年以来大力推进的市场迁建工作不断取得实效。

4月24日，龚景顺组织召开红星市场迁建工作现场调度会议。余宏卿主持会议，陈怀宇、王明玖、易静等出席会议。区红星市场迁建办、拆迁总指挥部、财政、商务、农林水、城管、交通、工务、征地、电商物流园、征收、国土、规划、城投、东山街道、洞井街道、同升街道、跳马镇、红星实业集团等单位负责人参加会议。会议听取红星市场迁建工作有关情况汇报，调度红星新市场项目一期和二期征拆、工程建设，配套基础设施及白竹收费站建设，白竹拆迁群众安置等工作。龚景顺指出，长沙红星全球农副产品全球采购中心是商务部确定的全国农产品流通骨干节点，需锁定2018年一期试营业、二期完成主体工程建设的目标不放松。各指挥长要强化分线、分项工作调度，一事一研究，明确工作意见和举措。各相关单位要按照年度主要任务责任分解表确定的时序，做到责任上肩，勤沟通、勤汇报、勤请示，抓紧推进各项工作，确保区委、区政府的决策部署落到实处。（柳　旻）

【中国中部（湖南）农博会】 2018年11月1日，第十六届中国国际农产品交易会暨第二十届中国中部（湖南）农业博览会暨中国在长沙国际会展中心开馆。本届展会秉承“展示成果、推动交流、促进贸易”的办展宗旨和“精品、开放、务实”的办展原则，以“质量兴农、品牌强农、绿色发展、乡村振兴”为主题，集中展示“三农”思想农业农村经济取得的新成就，实施乡村振兴战略、推进农业供给侧结构性改革取得的新成果，推动农业贸易合作与发展。展出面积11.3万平方米，主题是“质量兴农、品牌强农、绿色发展、乡村振兴”，设立序厅（党的十一届三中全会以来农业农村改革成就展区）和乡村振兴展区、扶贫展区、各省综合展区、湖南市州展区、行业专业展区、品牌农业展区、特色产业展区、农垦展区、海峡两岸农业合作展区、国际展区以及室外的现代农业装备展区和综合配套服务区12个展区，其中，扶贫展区以“产销对接——让贫困地区农产品走出大山”为主题，设立“三区三州”展区、定点扶贫展区、环京津冀扶贫展区、大兴安岭南麓片区、赣南原中央苏区展区、扶贫产业园展区，来自全国15个省的200余家企业参展。首次设立电商扶贫展区，邀请阿里集团等5家电商入驻，与贫困地区参展企业直接联系对接。4000余家企业参展，参展产品1.6万种，展会设置乌干达、泰国两个主宾国，乌干达、印度、马来西亚、法国等20个国家和地区的200余家国外公司参展，10类800余种农产品集中展销。首次设置四川、河南、浙江三个主宾省，辽宁、黑龙江、广东、安徽、陕西等20多个省在展区设立主宾县，集中宣传区域农业特色。主宾国、主宾省、主宾县的三层布局设计，有效调动参与方的积极性，经贸合作成效超出预期，展会经济功能、文化效应、社会效益得到最大化发挥。

11月1日，第十六届中国国际农产品交易会暨第二十届中国中部（湖南）农业博览会的重大活动之中国乡村振兴战略高峰论坛在长沙举行。论坛由农业农村部和湖南省人民政府主办。来自国家部委、有关省（自治区、直辖市）农业农村部门、行业协会、新型农业经营主体的500位代表参加。农业农村部副部长屈冬玉作“走中国特色乡村振兴之路”的主题演讲。他指出，实施乡村振兴战略是站在新的历史起点，推动农业全面升级、农村全面进步、农民全面发展的总纲领，是调整失衡的工农关系、城乡关系，开启城乡融合发展的重大部署，是“工业反哺农业、城市支持农村”，补齐农业发展短板的新跨越。农业农村部门要从强基固本增定力、提质增效增潜力、深化改革增动力、发展服务增活力、改善环境增魅力、文化铸魂增合力、深化开放增实力、强化支撑增能力等八个方面为乡村全面振兴作出实实在在的努力。国务院发展研究中心副主任张军扩作“着力完善乡村振兴的体制环境”的主题演讲，他说，完善乡村振兴体制环境的核心是处理好政府与市场的关系，政府应当发挥好作用，并带动和促进市场作用的发挥。省委副书记乌兰表示，湖南将按照习近平总书记提出的“五个振兴”的要求，认真落实国家乡村振兴战略规划，充分吸纳本次论坛的理论成果，学习借鉴兄弟省市区先进经验，以更大的力度、更实的举措，谱写好乡村振兴的湖南篇章。浙江省农科院院长劳红武，中国工程院院士、国家杂交水稻工程技术研究中心主任袁隆平，中国农业大学副校长王涛分别作“践行两山理念、高质量推进乡村振兴”，“乡村振兴要守住粮食安全底线”，“乡村振兴、科教先行”的演讲。

11月1日，近20家企业亮相“品牌农产品品鉴会” 板块，以“讲品牌故事，品八方美食”为主题，通过品牌推介与产品品鉴活动，让生产商与采购商产生深度互动，有利于促进农产品产销对接，引导企业延伸农业产业链，引领时尚多元的消费文化，满足人民群众对美好生活的需要。同时，更好地提升农产品品牌影响力，促进农业转型升级，推动农业供给侧结构性改革。农交会5天展期里，展示全国27个省的105家企业、300余种初级农产品及加工产品，供采购商品鉴，其中，近60家企业在此举办推介会。

11月1日，湖南卫视举行“乡人乡味”第十六届农交会全国品牌农产品推介活动。活动由农业农村部、湖南省人民政府和湖南卫视联合主办，由何炅、李维嘉等领衔主持。农业农村部副部长屈冬玉，农业部原党组成员、纪检组组长朱保成，农业部原党组成员、中国农产品协会会长张玉香，农业农村部原党组成员、纪检组组长宋建朝，湖南省人民政府副省长隋忠诚，湖南省农业农村厅厅长、党组书记袁延文，长沙市委副书记、市长、湖南湘江新区党工委书记胡忠雄和兄弟省份副省长出席晚会。乌干达驻华大使 Chrispus Kiyonga 和多国农业部门负责人参加晚会，共同为农民站台，为优质农产品代言。11月4日晚在湖南卫视播出该晚会。

11月2日，第十六届中国国际农产品交易会暨第二十届中国中部（湖南）农业博览会和全球南南合作高层论坛在长沙国际会展中心开幕。农业农村部部长韩长赋主持开幕式，湖南省委书记杜家毫，联合国粮农组织总干事格拉齐亚诺等致辞。杜家毫代表省委、省政府和全省人民对盛会的举办表示祝贺。他说，两大展会和高层论坛在湘同时举办，不仅为湖南展示“三农”工作成果、推动湖南农业“走出去”“引进来”提供了重要平台，也为学习借鉴兄弟省区市及南南合作国家的农业农村发展经验提供了难得机会。湖南将以此为契机，全面贯彻习近平新时代中国特色社会主义思想和党中央“三农”工作决策部署，深入实施乡村振兴战略，深化农业国际交流合作，使湖南的农业农村现代化步伐迈得更快更稳健。格拉齐亚诺表示，中国长期以来一直与联合国粮农组织保持着密切合作，在南南合作中发挥着至关重要的作用。此次论坛的举办意义重大，希望借助这一平台，进一步推动南南合作各方加强交流互鉴，创新合作模式，共享发展成果。乌干达农业部部长塞姆皮贾，杂交水稻之父、中国工程院院士袁隆平在开幕式上分别致辞。中共中央政治局委员、国务院副总理胡春华出席开幕式并作主旨演讲。胡春华指出，作为世界上人口最多的发展中国家，中国在坚持立足国内基本解决吃饭问题的同时，积极参与农业发展国际交流与合作，取得了丰硕的成果。中方将秉持正确义利观和真实亲诚理念，进一步加强与各发展中国家的农业发展战略对接，积极培育新的农业国际贸易增长点，深化农业投资与产业合作，促进基础设施联通和农业人力资源开发，厚植合作基础。要弘扬多边主义和共商共建共享的全球治理观，提升发展中国家在国际粮农体系中的代表性和影响力，营造良好合作环境。中国将坚定不移全面深化改革和扩大开放，欢迎广大发展中国家抓住机遇，用好农交会平台，并积极参与下周在上海举办的首届中国国际进口博览会，不断拓宽合作的广度和深度。湖南省委副书记、省长许达哲，农业农村部副部长屈冬玉，省领导乌兰、胡衡华、谢建辉、隋忠诚、戴道晋，30个国家的部长级代表和大使、12个国际组织的负责人，国内15个省份的代表以及国内外高校、科研机构、农业企业等代表出席参加论坛。论坛通过《全球南南合作长沙宣言》。开幕式前，胡春华集体会见来华出席论坛的联合国粮农组织总干事格拉齐亚诺、国际农发基金总裁洪博、世界粮食计划署执行干事比斯利，就深化农业南南合作等交换意见。开幕式结束后，胡春华见证南南合作项目签约仪式，并赴国家杂交水稻中心进行调研。

11月2日，韩长赋、许达哲、隋忠诚巡视第十六届中国国际农产品交易会暨第二十届中国中部（湖南）农业博览会展馆。韩长赋、许达哲一行先后巡视扶贫展区、乡村振兴展区、各省综合展区、湖南市州展区、海峡两岸农业合作展区、国际展区的多个展位。在扶贫展区，花垣县十八洞村展出了村里的特色农产品，介绍农业扶贫的举措和成效，引得韩长赋、许达哲驻足良久。韩长赋指出，党中央、国务院着眼农业农村经济发展全局，把推进农业供给侧结构性改革作为农业农村工作的主线，全面部署实施了乡村振兴战略。农交会是中国最权威最具影响力的综合性农业展会，是中国农业发展巨大成就的集中展示、中国农业市场化的重要标志、中国农业对外开放的重要窗口。农博会是展示农业新技术、新产品、新成果，促进现代农业大交流、大合作、大发展的合作盛会。湖南可以依托这些重要平台，进一步加强农业领域对外交流合作，让更多优质农产品走出湖南、走向世界。希望湖南在推动“三农”工作中不断改革创新，为全国农业发展探索新经验、做出新贡献。许达哲指出，农交会、农博会的成功举行，是湖南与海内外加强合作、共享成果的重要契机，也是湖南加快农业创新开放发展的新起点。湖南要深入贯彻落实习近平总书记关于“三农”工作的重要指示精神，大力实施乡村振兴战略，着力推进农业现代化，加快推动湖南由农业大省向农业强省转型升级。要拿出更多有利于推进农业现代化和新型城镇化、有利于农民持续稳定增收、有利于农村社会大局稳定的改革举措和政策措施，促进湖南同国际国内各方在农产品贸易、农业科研、农机制造等领域的交流合作，坚持质量兴农、品牌强农，不断释放农业发展新动能。

11月2日，第十六届中国国际农产品交易会暨第二十届中国中部（湖南）农业博览会重大活动之一，由农业农村部主办、中国农业电影电视中心承办的的扶贫在行动——全国贫困地区产销对接大型公益活动举行。全国15位贫困地区的州长、书记、县长，现场展示并倾情推介本地最具特色农产品，24家助力团犀利发问、现场采购、完美帮扶，努力实现“土特产”和“大市场”的高效对接。活动紧紧围绕实施乡村振兴战略的目标，以地方独具特色的精准扶贫农产品推介为核心，重点突出“产销对接、三产融合、绿色共享、创新发展”的理念，以市场化、品牌化、信息化贯穿主题。现场实现销售额7亿余元。农业农村部副部长屈冬玉出席活动。屈冬玉指出，实施脱贫攻坚伟大工程，是实现全面建成小康社会的重大举措，也是全党全国全社会的共同责任。脱贫攻坚需要全社会的共同努力，特别是新型农业经营主体、商贸流通企业、电商平台、批发市场、市场信息服务机构和各级政府部门等要发挥各自的优势，拿出真本事，使出真功夫，深入参与贫困地区农产品产销对接行动，大力宣传推介和采购贫困地区优质农产品，教给农民干、做给农民看，带领农民实现标准化生产、规模化经营，促进贫困农户增收致富。“全国贫困地区产销对接公益活动”是农业农村发展的关键措施之一，要帮助广大贫困地区农民乃至全国农民把特色产业构建好，发动广大农民群众的积极性，凝聚起乡村振兴的强大合力，为实现“中国梦”贡献出各自的力量。

11月2日，“产自特定地域，彰显独特品质”第四届农产品地理标志品牌推介会在长沙国际会展中心举办行，农业农村部有关领导和嘉宾出席推介会并发言。昔阳小米等12个地标产品所在地政府领导或农业部门负责人进行推介发言。会议对汝阳红薯等14个获得国家农产品地理标志示范样板称号的单位进行授牌，并播放农产品地理标志大型纪录片《源味中国》第二季片花，张北马铃薯等一批遴选出来的地理标志精品进行现场展示和品鉴。

11月2日，乌干达受邀作为主宾国，在国际展区举办“国家日”推介活动，乌干达农业部部长文森特·巴穆兰加基·塞姆皮贾介绍当地特色农产品，组织项目推介、招商引资、采购需求发布、文艺演出等系列活动。活动由农业农村部农业贸易促进中心主任张陆彪主持，屈冬玉出席并致辞。湖南省人大常委会副主任向力力、省农业农村厅副厅长刘益平、长沙市人大常委会副主任芮英姿出席活动。主宾国泰国在国际展区举行，“国家日”活动，泰国农业与合作社部农业推广司副司长现场推介泰国的特色农产品。现场举行饱含泰国文化元素的表演、尝泰国农产品美食品尝、、泰国美食制作、交流洽谈，全方位展示泰国农业的优势和特色。

11月2日，“丽水山耕”区域公用品牌推介会举行。推介会由浙江省农业农村厅、丽水市人民政府共同主办，丽水市农业局、丽水市农业投资发展有限公司共同承办。丽水市农业投资发展有限公司与湖南嘉立股权投资集团有限公司签订品牌宣传与产品营销的战略合作协议，标志着“丽水山耕”区域公用品牌旗下的优质农产品将进入湖南长沙。

11月3日，湖南省休闲农业创新创意产品及精品线路推介活动举行，活动以“推介精品，提升品质”为主题，向全社会推介50个休闲农业创新创意产品和20条精品线路，并通过全媒体对外发布。50个创新创意产品分为菜品与饮食类创意、农园与景观类创意、产品与包装类创意、营销与服务类创意、其他类创意5大类，代表省内休闲农业产品较高质量的发展水平。20条精品线路遍及三湘四水，沿线景色优美，农庄产业特色突出、文化特征明显、品牌知名度高，是湖南休闲农业旅游线路的典型代表。

11月3日，“农交会”专场推介会举行。湖南品牌农产品推介会以“打造公用品牌、推动产业兴旺、促进乡村振兴”为主题，湖南省农业农村厅副厅长邹永霞、湖南省林业局局长胡长清介绍“湖南红茶”“安化黑茶”“湖南茶油”三大公用品牌的产品建设和产业发展情况，以及未来发展目标，26家企业分别签订湖南红茶、安化黑茶、湖南茶油产销合作协议，现场产销签约15亿元，农业农村部原党组成员、纪检组组长宋建朝和副省长戴道晋出席。陕西优势特色农产品推介会由陕西省农业农村厅主办，采取区域公用品牌和企业品牌结合的方式进行，咸阳市、安康市、渭南市白水县政府和咸阳天丰农业公司、白水兴华果蔬公司、咸阳泾渭茯茶公司、圣唐乳业公司等企业，介绍马栏红苹果、安康富硒产品、白水苹果等区域公用品牌产品和泾渭茯茶、圣唐羊奶粉等企业品牌产品，湖南细莫电子商贸有限公司、随州神龙茶业根茶有限公司、长沙新嘉涵食品有限公司、江苏南京鲜颂达果品有限公司分别与安康市紫阳县三生网络科技公司、安康市平利县供销社、安康市岚皋县明富魔芋生物科技开发公司、咸阳天丰农业科技有限公司签订电商扶贫、夏秋粗茶及土特产出口加工、芋产品购销、苹果供销订单，订单总额1.312亿元。榆林市农业局推介榆林的马铃薯、山地苹果、红枣、小米、绿豆、咖啡、胡萝卜、辣椒、猪肉、羊绒制品七大特色农业产业及产品，展示羊肉剁荞面、陕北说书、剪纸、面花等榆林特色美食和文化，13家企业现场签订总额为1423万元的供货合同和2000万元的合作协议。

11月3日，省委书记杜家毫，省委常委、长沙市委书记胡衡华，省委常委谢建辉，长沙市委常委、秘书长夏建平，副市长唐向阳、李蔚参观第十六届中国国际农产品交易会暨第二十届中国中部（湖南）农业博览会。杜家毫一行顺着人流逐一参观各个展区。他表示，这次农交会、农博会在湖南合并举办，既为展示湖南农业形象、推动“走出去”提供了重要平台，也为加强国际国内农业交流合作、学习借鉴国外办展布展成功经验提供了难得机会。要立足湖南实际，把握农业发展趋势，认真学习借鉴日本、韩国等国家发展精细农业的成功经验和农产品的质量标准体系、营销模式，坚持“一县一特”“一乡一品”，在农业机械化、合作化、科技化、产业化上下功夫，着力打造以精细农业为特色的优质农副产品供应基地，走内涵式现代农业发展道路。要高度重视、充分发挥展会对于一个地区的引领带动作用，加快完善综合配套设施，加强运营管理，努力争取承办更多有特色和有国际影响力的专业展会、品牌展会，进一步形成集聚效应，放大溢出效应，助力湖南开放崛起。

11月4日，第二十届中国中部（湖南）农业博览会的主要活动之一的西藏青稞和牦牛产业推介会在长沙国际会展中心举行。来自西藏自治区市县政府、农业企业共同向国内外客商推介青稞、牦牛等产品。西藏农牧科学院畜牧兽医研究所研究员、博士姬秋梅推介西藏牦牛。对西藏牦牛的生长环境、品种资源、加工现状和发展优势进行介绍。西藏吉祥粮农业发展股份有限公司、西藏春光食品有限公司、西藏山南市乃东区功德农产品开发有限公司、西藏高原之宝牦牛乳业股份有限公司、西藏阳光庄园农牧资源开发有限公司、西藏昌都市藏家牦牛股份有限公司等企业有关负责人先后走上舞台，介绍企业品牌产品。

11月5日，第十六届中国国际农产品交易会暨第二十届中国中部（湖南）农业博览会在湖南长沙国际会展中心闭幕。农业农村部市场与信息化司司长唐珂主持总结会，湖南省副省长隋忠诚作展会总结发言，全国农业展览馆馆长刘北桦、农业农村部农产品质量安全中心主任金发忠、湖南省农业农村厅厅长袁延文等出席。本届农交会交易额416亿元，中部农博会交易额266亿元。展会期间到会采购商和专业观众5万余人次，其中全球重点采购商40家，观展观众超过40万人次；会议评选发布农交会参展产品金奖299个，农博会袁隆平特别奖7个、农博会参展产品金奖53个。展会同期举办中国乡村振兴战略高峰论坛、全球农业南南合作高层论坛、全国品牌农产品推介活动、风险管理与农业品牌论坛、第四届全国农产品地理标志品牌推介会等13项重大活动，各领域专家学者、行业领军人物、著名企业家等汇聚一堂，从乡村振兴、精准扶贫、品牌建设、农业创新等多个方面，集思广益，为农业发展建言献策。各展团同期组织27场活动。会议宣布第十七届中国国际农产品交易会举办城市为江西省南昌市。（柳 旻）

【2017（湖南）“V力汇聚雨花”】 2018年1月11日，2017（湖南）“V力汇聚雨花”——全国大V看雨花活动启动，国内20余名微博大V们齐聚雨花区，走访高铁南站、圭塘河羽燕湖、砂子塘万境水岸小学、井巷社区、比亚迪新能源生产基地、中国长沙创新智造中心、雨花非遗民俗艺术街区等，亲身了解和感受雨花经济社会发展成效。1月12日，2017（湖南）“V力汇聚雨花”——（湖南）政务V影响力峰会在雨花区瑞吉酒店举行，行业专家学者、全国政务微博大V共同

探讨“互联网＋政务”发展态势和政务新媒体的管理运营策略。湖南省委网信办副主任屈贵全，雨花区委副书记、区长刘素月分别致辞。人民网舆情监测室秘书长祝华新探讨政府进行信息发布、突发事件处置和舆论引导的方式，成都市政务服务中心官方微博＠成都服务的负责人徐剑箫讲述他眼中的政务新媒体发展趋势，国务院国资委新闻微博＠国资小新的负责人闫永则分享官博养成实用手册。峰会颁发湖南政务新媒体飞跃奖、湖南政务微博城市竞争力奖，湖南十大政务机构微博，湖南十大党政新闻发布微博，湖南十佳公安微博等奖项，其中，“雨花发布”获湖南政务新媒体飞跃奖。“雨花发布”等10名微博大V一起点亮湖南政务新媒体雨花宣言，倡议湖南政务新媒体从业者深入学习贯彻中共十九大精神，讲述好湖南故事、传播好湖南声音、树立好湖南形象。湖南省公安厅副巡视员孔群，湖南省旅游发展委员会党组成员、副主任郭固权，湖南省公安厅交警总队党委副书记、政委杨能，永州市委常委、宣传部部长刘尤碧，雨花区委副书记陈永高，区委常委、宣传部部长余宏卿等出席峰会。（柳　旻）

【全省首家工业4.0创新中心】　2018年3月20日，湖南省机器人产业集聚区产业链项目合作对接暨湖南中南智能装备有限公司智能制造合作推介会，在湖南中南智能制造基地举行。湖南中南智能装备有限公司与西门子工业软件（上海）有限公司、保利民爆集团、中国航天科技集团、中纺工业协会、清华大学等8家单位成功签约，签约金额约5亿元。湖南中南智能装备有限公司与西门子工业软件（上海）有限公司携手打造全省首家工业4.0创新中心。湖南中南智能装备有限公司省国资委牵头成立的省属重点机器人及智能装备制造企业，以整体智能工厂解决方案及工业AI产品的开发与产业化为主营方向。未来，企业将按照“智能装备、智能工厂、智能互联”发展目标，在机器人及智能装备应用领域、推进智能机器人小镇和智能港口的智慧城市建设等方面开展产业研发制造。副市长李晓宏致辞表示，此次项目对接活动，对提升长沙智能制造解决方案供给水平、深入推进智能制造行动具有重大引领作用；希望湖南省机器人产业集聚区高质量抓好产业链招商，推动项目建设，优化营商环境，抓住长沙产业链建设的机遇“窗口期”，在智能制造行动中发挥示范引领作用。湖南省委常委、长沙市委书记胡衡华，中国纺织工业联合会党委书记高勇，在中国工程院院士俞建勇，中国机械工业联合会执行副会长宋晓刚等见证签约。长沙市领导程水泉、夏建平，雨花区领导张敏、刘素月、郭四军等出席。（柳　旻）

重大事件

【雨花区跻身全国百强区】　2018年10月8日，《人民日报》第12版以公告的形式，正式发布“2018年中国中小城市科学发展指数研究成果”。雨花区位列2018年度全国综合实力百强区第30位、2018年度全国绿色发展百强区第51位、2018年度全国投资潜力百强区第15位、2018年度全国科技创新百强区第72位、2018年度全国新型城镇化质量百强区第16位。11月21日，中国信息通信研究院主办“中国县域工业经济发展论坛（2018）”，会上发布《中国工业百强县（市）、百强区发展报告（2018年）》白皮书，雨花区排名2018中国工业百强区第19位，连续两年挺进全国20强，位列长沙内六区之首。2018年1—10月，雨花区（含中烟）规模以上工业增加值677.97亿元，同比增长7.3%；（含长烟）规模以上工业增加值240.80亿元，同比增长6.5%。1—9月，全区完成高新技术产业产值1221.2亿元，同比增速为16.9%，贡献率为37.6%。（柳　旻）

【雨花区推进“最多跑一次”改革工作】　2018年，雨花区按照市委市政府“四个一”（只上“一张网”、只看“一张表”、只进“一个厅”、“最多跑一次”）和“四办”（网上办、减证办、就近办、帮代办）的统筹部署，深入推进“最多跑一次”改革，利用互联网、大数据、云计算等新思想、新技术、新方法实现“线上线下一体化，一窗办成多项事”。对接使用长沙市统一的“互联网＋政务服务”平台，实现“一级平台，多级运用，互联互通，一网通办”，通过全市“一张网”上接省政府“互联网＋政务服务”一体化平台，下延街镇、社区（筹委会、村）政务服务平台，统一管理机制和评估标准，为群众提供横向到边，纵向到底的贴心服务，全面实现“一号申请、一窗受理、一网通办”的目标全面推行首席代表制、综合窗口AB岗、专用印章，统筹整合街道、社区政务服务载体，在全市率先实现“互联网＋政务服务”平台区、街镇、社区（村）三级同步上线，实现网上可办依申请类事项426项，就近可办事项236项，减少各类证明材料56项，全面推行帮代办服务，企业和群众办事更加便捷。

4月26日，雨花区委副书记、区长刘素月到区政务服务中心现场调研“最多跑一次”改革工作。刘素月围绕“最多跑一次”改革中涉及的“两集中、两到位”工作、“最多跑一次”事项梳理及办理方式等内容，察看区政务大厅阵地建设、便民服务设施设备，听取涉及审批、服务部门入驻区级政务大厅及分大厅设立情况的介绍。与联合委托、住房保障、城乡建设等多名窗口工作人员交流，询问窗口办理业务种类、名称和审批程序，了解审批中群众与审批单位的“见面”次数。4月29日，区政务服务中心组织召开全区范围内电子证照库建设工作部署会，推进电子证照库录入工作。

5月7日，雨花区组织召开“最多跑一次”服务事项梳理工作推进会。会议要求，部署开展“最多跑一次”事项梳理，是贯彻落实“最多跑一次”改革，为群众提供优质、高效、便捷公共服务的有效途径，全区各有关部门要践行政治任务抓紧办、形象工程细致办、系统工作协调办。服务事项梳理工作是“最多跑一次”改革的基础性工作，时间紧、任务重，各有关部门要严格按照时间节点，按时按量完成工作；要对照市级目录标准，做到对标要细、梳理要细，确保事项名称、办理流程与上级目录一致；事项梳理量多面广，是一项系统性工程，各有关部门要做到梳理过程多沟通，上报过程多沟通，办理事项多沟通。会议强调，“最多跑一次”改革是为民服务工程，全区要以实现企业和群众到政府部门办事“只上一张网、只看一张表、只进一个厅、最多跑一次”为目标，切实加强“最多跑一次”服务事项梳理工作。各有关部门要提高认识、高度重视，充分认识“最多跑一次”改革事项梳理工作的重要意义，认真对照市级目录并结合实际，按部署的时间节点和要求报送“最多跑一次”服务事项；不折不扣抓好落实，做到理清思路、摸清底数，规范程序、建章立制，搞好对接、协调一致。各有关部门要将此项工作作为当前工作的重中之重，成立专门机构，明确专人负责，确保事项梳理工作落实到位。雨花区行政审批制度改革工作领导小组成员单位负责人、33家区直相关单位分管副职和行政审批科科长参加会议。雨花区审改办、区政务服务中心、区法制办、区电政办四家单位按“先易后难、分批推进、承诺必行”原则，对各部门梳理上报情况面对面、逐单位、逐事项进行集中审核。通过审核确认，全区能实现“最多跑一次”事项405项，其中下沉基层办理民生类事项61项，涉及民政、人社、住保、残联等多个部门，群众可直接在街道或者社区办理；不列入“最多跑一次”清理范围的事项87项，取消的政务服务事项34项。5月22日，雨花区通过政府门户网站向社会一次性公布全区“最多跑一次”事项，提前4个月完成承诺目标，基本实现社会保障和公共服务领域全覆盖。5月25日，《湖南日报》头版以《雨花区“最多跑一次”跑出便民新速度”》为题报道。5月31日，雨花区率先全市全面启动“最多跑一次”。群众和企业到区政府办理405项“最多跑一次”事项，在申请材料齐全、符合法定受理条件时，从政府部门受理申请到作出办理决定、形成办理结果的全过程一次上门。区审批服务部门将通过即办件“窗口办理，立等可取”、承诺件“窗口申报，快递送达”的方式，实现全区“最多跑一次”事项“就近办”和“一次办”。区综合政务大厅将实行“免费邮寄送达”便民举措，凡进驻区政务大厅的“最多跑一次”事项，当场不能办结的，企业、群众可自愿选择证照和批复结果“免费邮寄送达”服务。免费邮寄送达，领证“不用跑”，有效解决企业和群众往返奔波、耗时耗力等诸多不便，让办事越来越省心、省力、省时。

6月7日，刘素月、邹春林调研“最多跑一次”改革，查看全区405项“最多跑一次”事项公示情况，与政务服务大厅身份证办理窗口、食药监政务窗口、邮政快递窗口工作人员交流，全面了解事项资料入窗、审批流程、邮递委托手续办理和寄递时间等办理过程，询问办事群众是否知晓“最多跑一次”，是否真正实现“最多跑一次”；垂询“12345”市民服务热线工作；实地查看圭塘街道圭塘社区405项“最多跑一次”事项中，下沉到街道社区的其中61项改革事项落地情况；听取区电子政务办公室汇报政府网站和“互联网+政务服务”平台（“最多跑一次”平台）建设情况，了解“互联网+政务服务”平台办件数据分析、监察统计、受办分离等功能介绍，现场查看相关职能部门网上业务办理情况。刘素月强调，要以“最多跑一次”改革优化营商环境，按照“马上办、网上办、就近办、一次办”工作要求，深入推进政务服务标准化、智能化、便民化，力争实现营商环境内五区夺第一目标；要抓好时间节点，加快推进政府网站改版升级和“互联网+政务服务”平台建设，确保新平台10月份全面上线运行；要加大学习宣传，“取经”相关区县先进工作经验，强化“最多跑一次”舆论宣传，提升群众知晓率，营造各部门比学赶超的良好氛围，推动改革成效全面覆盖基层和民生领域，切实增强群众幸福感和获得感。

7月11日，雨花区召开智慧政务、网格化、“最多跑一次”工作调度会，全面听取前阶段相关工作情况汇报，安排部署下阶段工作。刘素月指出，要明确目标，争取各项工作10月取得阶段性成果，“最多跑一次”改革走在全市前列，社会治理网格化基本实现“一网打尽”，智慧雨花平台全面搭建运行；要全速推进，各部门单位按照工作计划、倒排时间节点，抓好抓牢各项工作，分管领导每周调度，听取工作进度、处理瓶颈问题，确保工作全面快速推进；要转变观念，智慧政务、网格化、最多跑一次工作涉及体制机制变革、利益格局调整，要强化学习培训，带动党员干部观念转变，促进营商环境优化；要解决问题，围绕重点工作制定详细实施方案，对标杭州、荷塘，全面抓好工作落实，对落实不力、影响改革的部门单位列入负面清单，并予以通报，破除改革阻力，推动各项工作早出成效。

9月7日起，长沙市“互联网+政务服务”雨花延伸系统在东塘街道开始试点运营。至27日，系统受理498件政务服务事项。9月28日，雨花区召开“最多跑一次”工作调度会，再研究、再部署“互联网+政务服务”延伸系统建设运营、街镇及村（社区）政务服务平台标准化建设、综合窗口及工作人员管理等工作。会议明确，“互联网+政务服务”延伸系统将在全区正式上线。政务服务平台标准化建设将重点围绕事项标准化、服务标准化、管理标准化、设施设备标准化、配套服务标准化、工作机制标准化、管理制度标准化、评价体系标准化八个方面开展工作。雨花区将成立四个培训组，分批对街镇、社区窗口审批人员近700人进行相关业务培训及考核。刘素月指出，“最多跑一次”改革是全面深化“放管服”改革的生动实践，旨在打破公共服务藩篱，切实解决群众办事难问题。刘素月强调，要加快改革进度，改革工作要整体设计、全面推进，一周一调度工作机制不变，实时通报最新工作进展，对标学习杭州“最多跑一次”改革先进经验，力争10月份此项工作走在全市前列；要确保改革安全，“最多跑一次”改革涉及网络服务、印章交接等工作，要健全完善监督管理机制，加强技术、人员和制度防控，全面确保网络信息平台、印章工具管理等改革工作安全；要保障改革质量，政务服务工作与群众直接相连，要注重细节管理，提供贴心便民服务，同时加大政务窗口工作人员的业务培训与选拔力度，展示政府良好形象，让群众实现由“最多跑一次”最终到“一次都不跑”。

10月10日，刘素月专题调度“最多跑一次”改革，深入研究“互联网+政务服务”延伸系统建设运营、街镇及村（社区）政务服务平台标准化建设、行政审批服务专用章（专用账号）管理等工作。刘素月强调，要把“最多跑一次”改革作为优化营商环境的“牛鼻子”，严格按照中央、省、市“最多跑一次”改革要求，落实工作措施，优化营商环境，助推雨花高质量发展。要善于在工作过程中总结经验、提炼理论，更好地指导日后工作实践；要善于换位，“最多跑一次”改革与群众利益直接相连，要换位思考，站在群众角度想问题、做事情；要善于推进，“最多跑一次”改革客观要求简政放权，涉及利益格局调整，要学会借力打力，以减少工作阻力；要善于学习，吸收借鉴先进城市、“兄弟”区县“最多跑一次”改革宝贵经验，提高工作成效，争取更大工作成果。10月19日，雨花区编办、区政务服务中心、区电政办组织召开工作会议，明确长沙市“互联网+政务服务”平台雨花延伸系统相关工作要求与进程。

11月2日，雨花区召开“最多跑一次”系统平台上线动员会，雨花区“最多跑一次”区、街镇、社区三级系统平台同步正式上线，全区政务服务再次升级。至此；雨花区开展区级电子证照库目录清单与实施清单采集工作，完成32个部门191个电子证照目录收集；统一配备高拍仪、评价器190套，电脑300余台；完成政务大厅窗口A、B岗人员及26个部门单位行政审批负责人、首席代表近百人的系统操作培训工作。在省市一体化系统平台引用事项1736项中，雨花区“最多跑一次”系统平台实现事项引用率100%，实施清单填报率100%，发布率100%，依申请类的444项事项实现网上可办率100%。刘素月要求，“最多跑一次”系统平台上线是雨花区在“互联网+政务服务”改革上取得的阶段性的成果，要提高思想认识，增强行动自觉，认识到“最多跑一次”改革是推动“放管服”改革的重要抓手和优化营商环境的重要举措，用干部的改革工作“辛苦指数”换取群众的“满意指数”；要把握工作重点，推进落地见效，聚焦“四办”导向、配套文件落实和人才队伍建设抓好工作推进；要压实工作责任，加强组织保障，通过细化工作责任、加强协作联动、强化调度督查、浓厚舆论氛围，助推“最多跑一次”改革取得更大工作成效。新湖南、掌上长沙等主流媒体报道雨花区“最多跑一次”改革工作进行。（孙 琴）

【雨花区出台环境保护问题问责办法】

2018年7月18日，长沙市雨花区人民政府发布《长沙市雨花区环境保护问题问责办法》，正式实行领导干部环保问题处理落实不到位问责新规。这是雨花区第一部关于环境保护违法违纪行为处分方面的专门规章，首次对政府行政机关及其工作人员，以及企业的各类环境保护违反行为的量纪标准作出规定。《长沙市雨花区环境保护问题问责办法》，重在遏制各种环保违法违纪行为发生的势头，同时从源头上预防环保违纪违法行为的发生。该办法共五章15条，明确问责适用的范围、对象、原则、情形、方式、程序及结果应用等。问责按照“谁主管，谁负责”的原则，根据干部管理权限和职责分工，由各级党组织、纪检监察机关或者行政主管部门、任免机关进行责任追究。该办法是雨花区坚决打赢“蓝天保卫战”的系列行动中的重要环节，明确对生态环境损害问题进行问责，彰显雨花区坚守生态底线的信心和决心。环保督察期间，全区对涉嫌环境违法违规行为责令改正88起，立案处罚21起，总处罚金额102.7万元，立案侦查1件，行政拘留4人，17人因环境问题被追责问责。并在圭塘河流域生态文明体制改革试点、污水治理第三方运营、生态补偿机制、排污权交易试点、执法联动机制建设等方面取得创新性进展。

（柳 旻）

【雨花区工业企业退出绿心地区】

2018年，雨花区贯彻贯彻中央关于生态文明建设的总体部署，落实《湖南省长株潭城市群生态绿心地区保护条例》规定，高位推进绿心地区内的工业企业退出清零，全区应退出196家工业企业全部退出，其中关停154家，列入调规42家。雨花区根据《长沙市绿心保护问题分类处置实施方案》，分析绿心地区既有工业项目的土地审批、行政隶属、空间关系等，确定调整退出企业、转型退出企业、限期退出企业三大类，对各企业退出方式进行一企一策分类处置。符合绿心保护条例、绿心总体规划和相关规划的转型退出类的工业项目退出后的地块，作为非工业、非污染项目建设用地使用；符合限期退出类的工业项目退出后的地块，位于禁开区或限开区的严格按照绿心保护条例相关要求使用，位于控建区作为非工业、非污染项目建设用地使用。妥善开发利用工业项目退出遗留的闲置用地。区委、区政府主要负责人坚持每月调度，现场调研；雨花区成立“雨花区绿心地区工业项目退出工作指挥部”，从16个行政执法单位抽调20名业务骨干，全脱产推进退出工作。采取“四包一”模式（1个区直部门、1名镇领导、1名镇大办主任、1名村干部），压实责任，点对点开展退出工作。组织安监、环保、城管、国土、税务等职能部门开展联合执法，对违法企业进行强制关停、强制拆违。确定“先小后大、先易后难、先非法后合法”的工作思路。根据企业的具体情况，在实际操作中，采取“关闭一批、搬迁一批、转型一批”的办法，“一企一策”，精准施策。建立护绿巡查、举报奖励、应急响应处置、问题交办、诫勉谈话、整改销号等机制，落实部门的监管责任和街镇的属地责任，出台《雨花区绿心地区生态补偿暂行办法》和《雨花区跳马镇绿心地区工业企业退出奖补办法》，工业项目退出指挥部对照企业用地性质、产值规模、合法手续，制定一企一策，分类退出，分批奖补。下拨区级补偿资金1327.203万元；已兑现工业退出奖补资金965万元。组织相关职能部门为退出的工业企业，在工商变更注册、寻找新厂房、办理行政审批等方面提供全方位的服务，组织50余家企业赴岳阳、浏阳等地洽谈，从寻找新厂址、加快行政审批、转型升级等方面提供全方位服务，帮助企业尽快异地恢复生产，减免损失。12月14日，跳马镇绿心地区工业企业退出工作通过市整改办验收，全面完成整改任务。雨花经开区持续加大绿心地区生态修复力度，实施园区主干道两厢绿化工程，完成圭塘河生态景观提质改造等，新增绿地106万平方米。（柳　旻）

【狮子山公园开园】　2018年12月26日，雨花区狮子山公园正式开园，狮子山公园位于洞井、同升街道辖区内，由狮子山和桃花坡两个山体连成，地处仙岭路以东、时代阳光大道以南、万家丽路以西、万芙路以北合围区域，总用地面积约13.3公顷，绿化率为90.04%。公园定位于发挥“城市生态绿肺功能”的体育休闲专类综合性公园，公园内的休闲、娱乐、健身、观光项目环绕在绿色森林，市民可充分享受狮子山公园的蓝天、碧水、绿野、起伏山丘、多彩林带，以及多种珍稀植物带来的品鉴之美。公园于2017年11月30日动工兴建，充分利用原有地形及植物进行造景，原有直径10厘米以上的树木全部保留，大量引用“海绵城市”技术，为市民创造一个生态、健康的游园环境，建设成为一个生态可持续发展的典范。新建成的狮子山公园分为入口景观区、林荫散步区、活力运动区、滨水休闲区四大功能区；有东门生态景观、共同湖滨水景观、西门浮雕景观、运动中心生态广场景观、抱月亭生态景观、摘星楼生态景观六大特色景点。园内设有儿童活动场和青少年运动中心，可同时容纳600人休闲健身，旨在为市民游客打造结合自然体验和文化韵味的互动开放式山林公园。（柳　旻）

【洞井街道获评“湖南民间文化艺术之乡”】　长沙市雨花区洞井街道重视“洞井龙舞”省级非物质遗传项目的传承和保护工作。2002年，成立洞井第一支村民舞龙队，保留洞井龙舞的传统风格，溶入现代舞龙技巧。2012年，倡导舞龙队伍进校园，协助明德洞井中学成立第一支学生舞龙队，该校成为洞井龙舞传承训练基地，申报成为雨花区非遗传承基地，龙文化成为该校的特色教育。2017年，在洞井街道龙庭社区成立一支女子舞龙队，民间艺术进入社区。明德洞井中学参加全国中小学舞龙舞狮大赛，获2013年5月全国舞龙舞狮大赛第4名，2014年6月全国舞龙舞狮大赛规定套路金牌、双龙银牌，2015年7月全国舞龙舞狮大赛规定套路第3名，2016年5月全国舞龙舞狮大赛双龙金牌、表演奖金牌、长龙银牌。2017年7月，举办第五届全国舞龙舞狮大赛，获得金牌两枚。2018年5月，洞井街道以舞龙项目入选2018—2020年度“湖南省民间艺术之乡”，成为全省45个县（市、区）或乡镇民间艺术之乡中的一员。（柳　旻）

【“5个10”工程】　2018年2月9日，雨花区召开经济工作会议，会议确定“项目大攻坚 管理大提质”的工作主题，把产业项目建设作为全年经济工作重点。会议决定，2018年为雨花区“产业项目建设年”，全区开展“5个10”工程，即推进10个重大产业建设项目、10个重大科技创新项目和10个重大产品创新项目，重点引进10个500强（包括世界500强、中国500强、民营企业500强）企业项目和10名科技人才，全面打响项目攻坚战。（柳　旻）

领导视点

【杜家毫许达哲调研长株潭绿心地区】　2018年12月13日，湖南省委书记杜家毫，省委副书记、省长许达哲率队深入长株潭绿心地区，专题调研中央环保督察及督察“回头看”反馈绿心地区整改意见的落实工作。杜家毫强调，要深学笃用习近平生态文明思想，进一步统一思想，切实增强政治自觉和行动自觉，坚持实事求是、依法依规、分类施策，有力有序推动绿心问题整改到位，切实保护好绿心。省领导陈向群、傅奎、胡衡华、谢建辉、刘莲玉、陈文浩、张大方参加调研。在雨花经开区，杜家毫、许达哲一行实地考察园区比亚迪有关绿心工作。（刘超超）

【杨万明督察区法院】　2018年10月19日，最高人民法院党组成员、副院长杨万明带队督察指导雨花法院层法院司法责任制及其配套改革、以审判为中心的刑事诉讼制度改革等重点改革项目开展情况，实地考察雨花法院诉讼服务中心、科技审判法庭、执行指挥中心，检查院庭长办案相关台账、电子案卷及实物案卷，围绕审判团队组建、法官职级待遇、审判流程公开、庭审公开等多项司法改革重难点问题开展座谈。督察组对雨花法院积极推进司法体制改革所做的工作给予肯定，杨万明勉励雨花法院再接再厉，继续深入推进司法改革，推动审执工作取得新成就。省高院党组副书记、副院长张兰，市中院党组书记、院长肖新平，雨花区委副书记、区长刘素月，雨花区法院党组书记、院长凌云参会。（朱晓云）

【黄关春慰问消防官兵】　2018年7月26日，湖南省委常委、省委政法委书记黄关春在湖南省军区副政委喻军、省委副秘书长曾智夫、省委政法委常务副书记田福德、省民政厅副厅长杨薇、省委政法委办公室主任胡国雄、省双拥办副调研员肖志钦、省消防总队总队长万志祥、政治委员卢安生等陪同下，看望慰问雨花区消防大队官兵，黄关春询问官兵的执勤、训练、工作和生活情况，查看执勤车辆和消防装备器材，代表省委、省政府向雨花大队赠送“八一”慰问品，座谈听取长沙市消防支队、雨花区大队消防工作和部队建设情况汇报，了解全市火灾四项指数、消防队站和装备车辆建设情况。黄关春要求，各级消防部队要忠诚履行职责使命，不负党和人民重托，努力做好“三篇文章”。一是要做好“防”的文章。要始终把人民放在第一位，积极主动开展火灾隐患专项整治行动，积极整改存在的消防安全隐患，切实减少火灾事故的发生。二是要做好“消”的文章。要把消防队伍锻炼得更有素质、更具战斗力，做到能够快速出警、快速处置，确保将火灾控制在初期阶段，确保人民生命财产安全。三是要做好“建”的文章。在改革关键时期，要做好官兵教育引导，统一思想认识，坚定改革信心，确保思想不乱、工作不断、队伍不散、干劲不减。要持续加大消防投入，升级消防车辆装备，推进消防基础设施建设，不断壮大基层应急救援力量。长沙市消防支队支队长温国坤代表长沙支队全体官兵感谢省委、省政府的关心和厚爱。（刘　莉）

【胡衡华调研雨花区】 2018年2月7日，中共湖南省委常委、长沙市委书记胡衡华检查长沙火车南站地区春运相关工作，了解站区内交通组织和安全保障等工作，向坚守岗位的工作人员拜早年，勉励在岗值班的公安、武警、城管、交通、客管等工作人员和志愿者立足岗位、恪尽职守，把每一个细节服务到位，确保乘客返乡安全有序、便捷舒适。胡衡华强调，各级各部门要时刻绷紧安全这根弦，认真抓好春节保通畅、保运行、保稳定、保供应等工作，确保全市人民过一个安定、祥和、舒心的春节。中共长沙市委常委、市委秘书长夏建平，中共雨花区委书记张敏，区委常委、区委办公室主任周海毅，长沙火车南站地区综合管理办公室党组书记、主任吴平辉参加检查。

2月13日，胡衡华看望慰问砂子塘城管执勤岗看望城管队员、环卫工人，向他们致以新春问候和祝福。胡衡华说，千家万户的团聚，离不开大家的辛勤付出。大家放弃与家人团聚的机会，用汗水换来城市清爽整洁，在平凡的岗位上默默奉献，希望大家继续做好大气污染特护期道路保洁降尘工作，坚决打赢“蓝天保卫战”，营造更好更优的市容环境秩序。

3月13日，胡衡华调研雨花区社区党建引领社区治理工作。胡衡华一行现场考察联盟社区“网格党建”、左家塘街道牛婆塘社区“党风民情观测站”、长钢社区佳润新都小区业委会、监事会、物业公司共同参与的“四位一体”管理新模式，与基层工作人员、志愿者和社区居民面对面交流。他强调，要进一步创新基层党建，不断提升社区精细化治理水准；要积极探索社区直管党员、在职党员、流动党员分类管理工作机制，不断增强社区基层党组织的凝聚力和战斗力；要以改革创新精神探索加强基层党建引领社会治理的路径，推动基层党建工作全面加强、不断进步，为全面建设现代化长沙、推动高质量发展提供坚强组织保证。夏建平，中共长沙市委常委、组织部部长张宏益参加调研。

4月19日，胡衡华实地考察长城信息棚改项目，了解雨花区一季度经济形势和发展态势，调研经济社会发展情况。胡衡华希望雨花区在实现产业转型升级、城区品质提升方面再上新台阶。把产业升级这篇文章做出特色，加快构建现代化经济体系。向高端产业聚焦，做强机器人产业，把产业价值链体现出来，围绕高铁经济做文章，推动现代服务业高端化；向市场主体聚焦，培育创新生态，孵化高新技术企业；向营商环境聚焦，在制度创新、软环境优化上下功夫。把精明精细精美理念贯穿城市工作全过程，做细规划、做强功能、做高品质、做实管理。要始终坚持旗帜鲜明讲政治，在从严管党治党上引领示范，在政治建设、班子队伍、基层组织建设上见行动见实效，推动全面从严治党向纵深发展。始终坚持把人民对美好生活的向往作为奋斗目标，提升公共服务水平，保障好困难群众生活，增强人民群众安全感。要以更加务实的作风强力推动各项工作落地生根，在实现高质量发展上展示新作为。夏建平参加调研。

7月18日，胡衡华调研督查绿心保护问题整改工作，察看雨花区跳马镇长沙市人防工程防护设备厂车间内，与企业负责人就企业退出整改情况进行交流。他强调，要深入学习贯彻习近平生态文明思想，深刻认识保护绿心的重大使命，严格按要求完成绿心地区工业企业退出，以更大的决心、更有力的举措高质高效完成整改工作任务，守护好青山绿水、蓝天白云。要以对党、对人民、对历史高度负责的态度，以强烈的“四个意识”和责任担当，认真抓好中央环保督察反馈绿心保护问题的整改落实，全力打好打赢生态绿心保护这场攻坚战。要对标生态文明建设要求，认真正视当前存在的突出问题，严格对照销号标准，全面推进绿心区域现有工业企业的整治退出。要着力强化责任落实，严格绿心执法监管，依法处置违法行为，特别是要加强对已退出工业项目的常态化监管，坚决防止出现反弹。市领导夏建平、舒行钢、刘明理参加。

8月24日，胡衡华调研雨花经开区上半年经济社会发展情况，了解唐智科技湖南发展有限公司经营状况，听取企业发展诉求。他鼓励企业更加注重产品研发和市场拓展，以高质量产业项目支撑高质量发展，进一步打响品牌。胡衡华要求，要深入学习贯彻习近平总书记对湖南工作的重要指示精神，落实省委“四个走出来”的要求，牢固树立新发展理念，加快新旧动能转换，在推动高质量发展中展现新作为；要抓产业育动能，向产业链高端环节、优势领域重点发力，一手抓传统产业数字化、网络化、智能化发展，一手抓培育新动能、发展新经济；要牢固树立“精明增长”理念，努力做好“精细管理”文章，在推动高质量发展中展现新作为。市领导夏建平、廖建华参加调研。

12月20日，胡衡华率市委、市政府、人大、政协领导和各市直部门、区县（市）、园区负责人一行100余人考察观摩湖南大族智能装备制造基地。胡衡华一行听取大族激光智能装备集团总经理、湖南大族智能装备有限公司董事长陈焱汇报湖南大族智能装备制造基地情况，参观万瓦级激光切割机、热成型件三维五轴高速激光切割机、全自动激光切管机、激光焊接工作站、金属3D打印系统、激光清洗系统等系列大族重器，及自主研发的数控系统、功能部件等核心器件，观看大族激光企业文化长廊、荣誉墙，询问解激光加工设备创新亮点及具体应用。胡衡华希望大族激光带动上下游产业发展，形成激光智能装备产业集群，助推长沙持续高质量发展。

（柳　旻）

【张剑飞调研中南智能】 2018年9月4日，湖南省委常委、省国资委党委书记张剑飞调研雨花经开区中南智能装备有限公司，了解企业科技创新、生产经营、市场开拓等情况。张剑飞强调，智能机器人产业发展潜力巨大，中南智能要加快发展，抢占产业发展先机，把市场开拓放在首位，依靠科技创新提高市场竞争力；作为创新型科技企业，要不断创新机制体制，赋予管理团队充分的经营自主权，建立中长期激励机制，激发大家干事创业的积极性；省国资委及相关职能部门要加大帮扶力度，支持企业尽快做强做优做大。（柳　旻）

【刘莲玉调研生态绿心地区】　2018年6月19日，湖南省人大常委会党组书记、副主任刘莲玉，省人大常委会秘书长胡伯俊一行调研雨花区涉长株潭城市群生态绿心地区工作，实地察看机器人产业集聚区智庭园、比亚迪二期，听取区委常委、雨花经开区党工委书记郭四军汇报园区绿心工作的基本情况。刘莲玉肯定园区前期绿心保护所做的工作，强调绿心地区各级各单位要深刻认识保护生态绿心的历史使命和重要意义，雨花经开区要将生态园区建设摆在首位，高标准、严要求把好项目入园门槛，发挥园区智能产业优势，通过群策群力，保护好长株潭生态绿心。长沙市人大常委会党组书记、主任程水泉，长沙市委常委、市人民政府常务副市长舒行钢，雨花区委书记张敏，雨花区委副书记、区长刘素月，雨花经开区党工委副书记、管委会主任李国军，以及雨花区两型办、跳马镇等单位主要负责人参与陪同调研。（柳　旻）

【王柯敏调研全民健身工作】　2018年5月15日，湖南省人大常委会副主任王柯敏，省体育局党组书记、局长李舜，长沙市政协副主席、市体育局局长李平一行调研全省全民健身工作情况。王柯敏一行现场考察雨花区东山全民健身中心，肯定东山全民健身中心的配套设施、运营模式，鼓励其进一步统筹规划，推动全民健身活动向纵深拓展，提高全民健康素质和居民生活品质。王柯敏强调，要践行以人民为中心的发展思想，进一步提高全社会的认识，落实全民健身国家战略，努力提高全民健康水平。要抓住关键环节，突出品牌特色，重点抓好健身休闲、体育康复和体育旅游等特色优势产业，推动新时代全民健身工作迈上新台阶。要加强全民健身的法治保障，通过开展执法检查、听取和审议专项报告、专题调研等方式，推动全民健身法规的落实和完善。（柳　旻）

【许显辉督察安全工作】　2018年2月11日，湖南省副省长、省公安厅党委书记、厅长许显辉在省公安厅党委委员、副厅长、政治部主任吴巨培，长沙市副市长、市公安局局长唐向阳陪同下，督察长沙火车南站地区反恐防暴、联勤联动工作，察看长沙火车南站、联勤联动指挥中心，检查春运安全工作，走访慰问一线执勤民警、武警官兵。许显辉强调，公安事业的发展进步，饱含着广大公安民警特别是基层一线民警的心血汗水，也凝结着英模人物和广大民警家属的无私奉献。长沙公安英模辈出，各项公安工作富有成效，为维护国家政治安全、确保社会大局稳定、促进社会公平正义、保障人民安居乐业付出了巨大努力，做出了积极贡献。全省公安机关，要切实做好从优待警、爱警、暖警工作，努力让广大公安英烈家属生活得更加美好。全体民辅警、武警官兵要充分发扬艰苦奋斗的精神，时刻保持清醒认识和高度戒备状态，严密落实安全检查、武装巡逻、反恐处突、联勤联动等措施，全力维护火车南站地区的治安安定，确保群众过一个平安详和的新春佳节。10月3日，许显辉、唐向阳等督察雨花区国庆节安保维稳工作，看望慰问坚守一线的执勤民警。许显辉要求公安机关纵深推进“百日会战”，充分发动基层力量和治安积极分子参与巡防工作，做到“警灯不熄、巡逻不止”，确保社会大局安全稳定。（柳　旻）

【陈文浩调研侯家塘街道】　2018年2月13日，湖南省政府副省长陈文浩一行到侯家塘街道省核工业地质局调研工作并考察指导韶山路社区。省核工业地质局党组书记罗年、省核工业地质局局长何寄华、侯家塘街道工委书记王青春等陪同调研。陈文浩一行到韶山路社区，参观社区邻里坊综合文化服务中心和书香阁，听取关于社区“党建微家”“两代表一委员工作室”、老年人日间照料中心等阵地的建设和使用情况，并对社区的全开放式读书吧和老年人工作情况表示肯定。（杨　杨）

【胡旭晟调研昭泰集团】　2018年7月25日，湖南省政协副主席，致公党中央常委、湖南省委主委胡旭晟率省政协文教卫体和文史委员会、致公党湖南省委、省直相关部门负责人调研雨花经开区湖南昭泰医疗集团。参观昭泰医疗集团二楼、五楼的CMP实验室；座谈听取昭泰医疗集团创始人汤朝阳汇报昭泰集团生物医药创新领域的创业历程和生物医药科技成果及其产业化情况。胡旭晟强调，昭泰集团在科技创新领域取得的成果正在逐步产业化，希望昭泰集团聚焦主业，坚持创新与发展，依法依规，建设现代化企业，立足于湖南，尽快把各项医疗创新成果产业化。（柳　旻）

【胡忠雄调研雨花区】　2018年2月13日，中共长沙市委副书记、代市长、湖南湘江新区党工委书记胡忠雄到雨花区看望慰问坚守一线的劳动者，向他们致以新春问候和祝福。胡忠雄强调，加强管理提升服务，打造人民满意示范窗口。各级各部门要时刻绷紧安全这根弦，认真抓好春节保通畅、保运行、保稳定、保供应等工作，确保全市人民过一个安定、祥和、舒心的春节。区领导张敏、周海毅、王明玖参加慰问。

2月27日，胡忠雄在市政府秘书长张能峰，市政府政研室主任王德志等陪同下调研雨花区经济社会发展情况，实地考察雨花区城管环保网络化管理指挥调度中心、高铁会展新城高铁片区。胡忠雄肯定雨花区经济社会发展有思路、有氛围、有亮点、有成效。他指出，雨花区要突出经济建设、生态建设、网格建设、城市建设“四个建设”，进一步凝心聚力、夯实基础，打造国内一流现代化强区。要突出经济建设，围绕产业、园区、市场主体，将实体经济做大做强做优做实，重点加快新能源汽车和智能机器人两大产业突破性发展，聚焦生态旅游、养老休闲两大服务性产业；强化“权、人、钱、地”四要素保障，培育更多市场主体，推动园区“腾笼换鸟”，实现更集约、更有重点的发展。要突出生态建设，做好“保”“退”“治”三篇文章，像保护生命一样保护好“一心（绿心）一园（省植物园）两河（浏阳河和圭塘河）两湖（石燕湖和同升湖）”，以“壮士断腕”的决心和“偏向虎山行”的勇气，不折不扣完成生态绿心范围内工业企业退出任务，落实好“河长制”“湖长制”，治理好大气、水体、噪声、垃圾，打赢“蓝天保卫战”。要突出网格建设，按照“全网覆盖、一网打尽、网上办理、人网联动”要求，加快城乡网格全覆盖，实现党务、政务、社务、财务、商务“一网打尽”，让服务事项做到马上办、网上办，让网格化“活”起来，实现网格建设横向到边、纵向到底。要突出城市建设，着力解决便民设施建设管理问题，更方便百姓生活；大力振兴楼宇经济，增强楼宇承载产业能力；全力打好城市建设攻坚战，做好征、拆、改、治工作，进一步筑牢工作基础。

3月9日，胡忠雄调研全市教育工作，走访长沙职教基地长沙商贸旅游职业技术学院、长沙市电子工业学校、长沙汽车工业学校等职业技术院校，实地察看校园管理情况、教学设备设施、特色课程设置，了解各校办学条件、师资力量、经费投入和教学等情况，询问学校存在的困难和不足，现场探讨职业教育发展，与师生亲切交谈，鼓励学生发奋学习、努力成才，为长沙建设多做贡献。胡忠雄指出，职业教育要找准定位，明确目标，充分利用现有资源，进一步优化政策，变“招生”为“招工”，为服务本地经济社会发展培养更多人才。要让职业教育走向市场，以学校和企业合作的程度、深度、广度为核心内容，将校企合作的根本点体现在课程设置和课堂教学上，进一步解放思想，根据市场需求的变化而变化，面向社会、市场、企业整合资源，提高师资水平；进一步加大对职业教育的投入，在保障九年义务教育的基础上，将教育资源和财政资金进一步向职业教育倾斜。

5月29日，市委副书记、市长、湖南湘江新区党工委书记胡忠雄深入雨花经开区比亚迪汽车、中南智能装备、长沙智能机器人研究院、中国（长沙）创新设计产业园调研。胡忠雄强调，园区是长沙经济发展主战场、干部成长“赛马场”、改革开放示范场，要按照“两主一特”“一主一特”产业定位，加快产业链建设，在长沙高质量发展中再立新功；要进一步明确园区目标，按照“生态园区、千亿园区、特色园区”定位，瞄准新能源汽车和机器人产业，加快产业链建设发展；特别要将生态园区建设摆在首位，高标准、严要求，把好项目入园门槛，保护好长株潭生态绿心；要做实园区基础，进一步夯实“两图”（产业全景图、现状图）“两库”（项目库、客商库）“两池”（资金池、人才池）等基础工作，精准务实开展小分队招商、专业招商、敲门招商，确保招商效果；要强化园区项目，统筹推进重大产业、基础设施、民生项目建设，强化要素保障，推进“腾笼换鸟”，促进产业转型升级；要培育园区精神，当好“店小二”，视使命为生命、凭发展论英雄、以项目比能力、从担当看品格，以“一锤接着一锤敲、一棒接着一棒跑、一年接着一年干”的精神，为长沙经济发展做出更大贡献。

9月18日，胡忠雄调研长沙火车南站工作，走访东出站大厅、西出站大厅北侧排水管网及志愿者服务台、网格化管理点、联勤联动指挥中心等地，了解站区的运输和管理情况，看望慰问正在执勤的公安、武警和城管执法队员，嘱咐他们发扬优良传统，为站场的安全高效运行保驾护航。召开现场办公会，胡忠雄听取长沙火车南站工作情况汇报及存在的困难和问题，征询各级各相关单位的意见和建议，对下一步工作提出具体要求。他指出，长沙火车南站自2009年建成运营以来，极大地改善了城市交通环境，提升了城市品质，成绩值得肯定，但也存在管理机制不顺、服务意识有待增强等问题，与长沙经济社会发展和人民群众期盼仍有一定差距。胡忠雄强调，长沙火车南站不仅是方便旅客出行的重要通道，也是展示长沙形象的重要窗口；要进一步加强管理、提升服务，打造换乘便捷、交通畅通、管理规范的全国高铁枢纽示范点，不断提升人民群众满意度；要强化管理工作，认真听取群众意见，了解群众期盼，创新管理举措，确保有效实现“快进快出、大进大出”；要加大协同配合，长沙火车南站地区综合管理办公室要进一步发挥牵头作用，涉站区各管理部门要进一步加强沟通交流，主动对接协调，加速推进各项工作开展，严格按时间进度完成任务。要提升服务水平，始终坚持以旅客为中心，直面旅客反映集中的进出站不太便利等问题，优化交通枢纽通道，完善站场标牌标识，增强主动服务意识，充分发挥志愿者力量，为进出站旅客提供更加方便的咨询指引，打通服务旅客“最后一米”，打造人民满意示范窗口。副市长廖建华参加调研。

11月12日，胡忠雄督导雨花区“千人帮千企百日大行动”，实地走访大族激光科技股份有限公司、比亚迪项目建设现场，了解雨花区、雨花经开区“千人帮千企百日大行动”推进情况，并与唐智科技、克明面业等10家企业负责人座谈，听取企业发展中遇到的困难和问题。胡忠雄肯定雨花区“千人帮千企百日大行动”优化顶层设计、营造良好氛围、快速开展行动、取得实际成效。他强调，要以实体经济的振兴，激发长沙强劲发展动力；以企业的高质量发展，推动长沙高质量发展。雨花区各级各部门要抓住“帮”这个核心。进一步强化问题铺排，进行全面梳理，细化解决方案，通过帮扶让企业更有获得感。要紧盯“快”这个关键。坚持开局就是决战、起跑就是冲刺，担当作为、只争朝夕，实现“政府有形之手、市场无形之手、企业家勤劳之手”协同发力，真正做到“散是满天星、聚是一条龙”，切实解决好企业人才引进、要素保障、市场培育等重点问题，并实行科学考核机制，将“百日大行动”的100天效能发挥到最大。要奠定“实”这个基础。进一步强化精准施策、政策兑现，将各类惠企政策落到实处。技术创新是企业的生命，产品品质是企业的灵魂。要立足“一主一特”、聚焦22条产业链，突出加大对科研平台、成果转化的扶持力度，让科技创新成为长沙经济发展的“引爆点”；用好产业引导资金、融资担保资金、项目补贴资金、风险补偿资金，解决企业融资难题，让更多大项目、好项目在长沙落地开花，让更多大企业、好企业在长沙发展壮大。要强化“严”这道保障。把帮扶工作作为衡量执行能力和落实能力的重要标尺，严格纪律规定，严格考核考评，严格督查督办，建立长效机制，只给企业帮忙，不给企业添乱，给企业送上温暖，为发展增强动力。雨花区领导刘素月、邹春林、郭四军、曾红鹰陪同督导。

12月4日，胡忠雄到高桥大市场调研市场采购贸易方式试点工作，实地查看高桥大市场酒店用品城、现代商贸城、国际展贸中心等地市场采购贸易方式试点情况和“全球贸易中心项目”建设。他强调，高桥大市场为长沙物流、商贸、综合市场发展作出突出贡献，获批国家市场采购贸易方式试点来之不易，是加快推动长沙外向型经济发展的重大机遇、重要平台。要加快推进试点工作，用好用活政策利好，充分释放政策红利，推动新业态融合发展，形成一般贸易、跨境电商和市场采购多元模式融合发展格局。要确保顺利通过验收，把试点首单试单工作作为当前重中之重，全面开展“回头看”，确保各项工作不留盲区、不留死角，确保试点首单试单成功，力争在这次获批的五个国家试点市场中走在前列。要加快平台打造，商务、海关、税务、工商等部门单位和雨花区政府要协同发力，加快推进联网信息平台和外贸综合服务平台建设，为各类经营者提供一站式服务。要加快主体培育，既改造存量，引导支持现有公司、客户、采购商等大力发展对外贸易；又扩大增量，强化招商引资，多渠道组织宣传推介、采购对接等活动，吸引更多外地商品、贸易商、采购商集聚，形成发展生态链。各级各部门要自觉以支持国家试点为己任，合力打造优质发展环境；规划部门要做好顶层设计，发挥好高桥大市场的引领作用；交通部门要优化交通规划，解决片区交通组织问题；各关联部门要找准定位、强化责任，提供优质服务。高桥大市场要切实转变观念，创新运营机制，探索混合制发展新路径，进一步增强市场发展活力。

12月30日，胡忠雄视察指导长沙火车南站站区铲雪除冰保畅工作，要求进一步加强组织维护，加强应急调度，加强值班备勤，确保旅客、车辆安全顺畅出行；张敏等参加指导调度铲雪除冰保畅工作。（柳　旻）

【程水泉调研雨花区】 2018年1月15日至16日，市人大常委会主任程水泉带队赴深圳市开展人工智能及机器人产业链企业的招商拜访活动，考察大族激光、连硕教育、泰达机器人、大疆无人机等企业。向深圳的企业家推介长沙投资发展环境，寻求合作机会，促进产业发展。程水泉强调，长沙推进人工智能及机器人产业链建设，要加强产业的横线集聚和垂直整合，聚焦中高端关键链节，提升竞争力。雨花经开区作为湖南省唯一的机器人产业集聚区，要坚持有所为有所不为，围绕产业链精准精细精心招商，下大力气引进行业领军企业；要重视激励和发挥企业家精神，打造优质高效的政务环境、公开透明的营商环境，激发市场主体活力，让企业家放心投资、舒心创业、安心发展。

2月6日，程水泉到雨花区开展春节走访慰问活动，代表市委、市政府向困难职工、特困户、老红军、老干部送去新春祝福。程水泉一行看望慰问特困户李爱莲老人以及困难职工刘密群夫妻，询问其健康及收入情况，鼓励他们保持好的心态，增强生活信心、积极应对困难，通过自己的努力和政府的支持帮助，早日渡过难关，并祝愿他们度过一个温暖祥和的春节。慰问砂子塘干休所老红军吴国厚和赤岗冲干休所刘佩玖等老干部代表。程水泉要求切实增强责任感，不折不扣地把党委政府关于老干部工作的政策规定贯彻落实好，用心用情做好服务保障工作，让老干部在政治上有荣誉感、组织上有归属感、生活上有幸福感。

4月10日，程水泉调研雨花经开区重大产业项目，现场察看晓光新能源汽车车身装备及零部件智能制造工厂项目、智庭智造园项目、长沙智能机器人研究院、中国（长沙）创新设计产业园，详细了解进展情况及推进中的困难和问题，并与企业负责人进行座谈，协调相关市直部门现场办公，为项目建设、企业发展排忧解难。程水泉强调，要突出特色产业，发挥平台作用，强化共建共享，加快推进园区发展。雨花经开区要进一步集聚特色产业，坚持“一主一特”产业定位，在人工智能及机器人产业链上精准发力，在招商上突出以商招商、关键零部件招商、优势招商；在配套上着眼于企业需求，提供工业生产配套支持；在服务上强化省、市有关政策的落实落地，提供生产、生活方面的优质服务；入园企业要“不忘初心”，做大做强自身主业。要充分发挥研究平台作用，把握促进本土产业发展的平台设立初衷，积极对接企业发展，在服务好企业中共同成长。要加大园区企业间的共建共享力度，发力共建共享技术、科研成果，园区要建立见面会、协调会等沟通方式，促进企业、平台、职业技术院校之间相互交流对接，做到多使用本地产品和资源，形成产业发展合力。

7月30日，程水泉调研雨花经开区长沙泰达机器人有限公司、湖南驰众机器人有限公司、长沙科达智能装备股份有限公司、唐智科技湖南发展有限公司等机器人企业，了解企业研发、运营情况，与雨花经开区、机器人企业代表座谈。程水泉强调，要立足技术攻坚和市场拓展，着力发展机器人产业。充分发挥在机器人产业上的优势，面向市场推出有竞争力的产品，为全市机器人产业发展多做贡献。要不断加大技术攻坚力度。核心技术是现代企业在市场竞争中立于不败之地的关键所在。相关企业要强化创新意识，在既有技术基础上，盯住本行业最先进的应用需求、瞄准本领域最前沿的发展趋势，加大研发投入，释放技术潜能，把核心技术牢牢抓在手中，掌握发展壮大的主动权。要切实抓好市场拓展。好的技术成为好的产品，需要做好市场文章。机器人企业之间要加大交流沟通力度，实现资源共享，努力提升本行业的市场占有率；在向外出击的同时，也要注重目光向内，加大本地企业特别是具有技术优势的机器人产品需求调查，主动对接、主动服务，大力提升本地市场的占有率。雨花经开区要一如既往做好服务工作，树立“店小二”精神，从科研支持、平台支持、要素支持等方面，不断帮助企业排忧解难，为机器人产业发展铺就快车道。（柳　旻）

【徐宏源调研雨花区】 2018年1月19日，中共长沙市委副书记徐宏源调研雨花经开区汽车产业链建设及产业招商工作，实地调研比亚迪汽车有限公司、湖南晓光汽车模具有限公司，了解企业研发、生产、销售等情况。徐宏源肯定雨花经开区汽车产业链建设及产业招商工作，强调要认真落实湖南省委、省政府“产业项目建设年”部署要求，用全球视野和战略思维做好长沙汽车产业的建链、补链、强链工作，加快传统汽车产业提质升级，培育壮大新能源汽车产业，积极抢占汽车产业发展制高点，为全面建设现代化长沙做出新贡献。要进一步强化省会意识和省会担当，抢抓长株潭城市群汽车产业发展的机遇，积极推动长株潭产业协同发展，共同拓展汽车产业市场的内涵和外延。要建立以企业为主体、市场为导向、产学研深度融合的技术创新体系，切实加大研发投入，注重高技能人才培养，用持续创新的精神打造“百年老店”，将企业做大做强、做出品牌。要牢牢把握产业发展趋势、政策环境和市场需求，瞄准产业链各环节的战略合作伙伴，特别是还没有在长株潭投资的整车制造前30位、零部件全球细分行业前10位的企业，列出企业清单目录，在“精准、舍得、执着”上下功夫，高质量引资、引智、引才，推动长沙汽车产业迈向中高端。要贯彻落实绿色发展理念，加大新能源汽车在公交车、出租车、专用车、公务车等公共服务领域的推广应用，助推长沙空气质量明显改善，坚决打赢“蓝天保卫战”。要进一步营造有利于汽车产业发展的营商环境，建立与国际接轨的营商规则体系，率先打造公开透明可预期的营商政策环境，在同等条件下优先采购本地企业“两型”产品，助推本地和在长企业发展壮大。

6月7日，徐宏源带队调研雨花区社区全面提质提档工作，实地走访侯家塘街道枫树岸社区全面提质提档工作展板，听取社区负责人对街、区两级在社区全面提质提档工作进展及成果的汇报；实地调研社区新办公服务阵地及省政府宿舍梓园管理科提质提档成果。徐宏源强调，要始终坚持以人民为中心，听取群众的意见，提升居民参与度，通过社区全面提质提档，满足人民对美好生活的向往。徐宏源一行调研洞井街道新裕社区，听取区、街、社区关于2018年社区全面提质提档工作情况介绍。徐宏源强调，要发挥各类企事业单位、社会组织、志愿者参与社区全面提质提档工作的积极性、主动性；要结合老旧城区有机更新等工作，高标准提升改造社区道路、管网、通信、路灯等基础设施；要抓好农贸市场、停车场、幼儿园等民生项目建设。

8月15日，徐宏源调研雨花经开区汽车产业链及重大项目建设工作，现场调研比亚迪长沙公司，了解企业生产经营、技术研发等情况。徐宏源强调，要加快重大项目建设进度，持续建链、补链、强链，推动全市汽车产业转型升级，助推长沙经济高质量发展。市直部门和园区要纵深推进“放管服”“最多跑一次”改革，着力提升服务效能，切实把长沙打造成全国营商环境最好的城市之一。要加大扶持力度，帮助企业解决实际问题，全力支持企业做大做强。要加快推动公交车、出租车全电动化，扩大新能源汽车在公务车、环卫、物流等公共服务领域的应用规模，力争用3年时间逐步将全市巡游出租车、市政环卫车替换为纯电动汽车。要围绕“精准、舍得、执着”下功夫，面向整车制造前30位、零部件全球细分行业前10位企业开展重点招商，持续完善产业链结构，提升汽车零部件本地配套率，努力打造千亿级新能源汽车产业集群。他希望比亚迪长沙公司加快乘用车改（扩）建项目和卡车研究院项目建设进度，力争早日投产达效。要发挥在新能源汽车领域布局早的优势，将更多研发机构落户长沙，持续加大电池、电机、电控等核心技术研发投入，积极开发顺应市场需求的新产品，不断增强在国内国际市场的核心竞争力。

8月21日，徐宏源到雨花区万科金域华府街旁绿化项目和狮子山公园建设现场，实地察看绿化提质改造与项目建设情况，调研城乡绿化建设工作。徐宏源强调，要坚持以习近平总书记关于生态文明建设的重要讲话精神为指引，贯彻落实省委书记杜家毫“城市让生活更美好”理念，坚持以人民为中心的发展思想，着力在宜居、特色、品位上下功夫，切实做好城乡绿化与城市有机更新、“一圈两场三道”建设、社区全面提质提档的结合文章。要贯彻为民惠民理念，着重打造好街心转角、街巷庭院、集中居住区空间绿化等特色项目，通过拆墙透绿等方式打开公共空间，共享绿色生态，不断增强市民获得感。要突出工作重点，对标国际国内先进城市，加强规划设计和质量监管，打造具有湖湘特色、展现城市品位的城乡绿化示范工程，持续提升长沙城市品质。在设计、选种、建设等环节要坚持以简约实用为主，不贪大求洋，绿化项目中本地树种比例要保持在70%以上，切实降低后期养护成本，拉动本地花卉苗木产业发展，促进产业增效、农民增收。林业和园林部门要加强技术指导，项目施工单位要做到管种管活，确保植被3年内成活率达100%。要广泛动员人民群众与企业投工投劳，履行法定义务，在城市街心转角和农村房前屋后开展义务植树，营造全民参与生态文明建设的浓厚氛围。要将精明增长、绿色发展理念贯穿始终，突出精准绿化，科学合理推进城乡造绿复绿项目建设，着力提升城市形象和品质，让城乡居民共享长沙生态文明建设成果。

（柳　旻）

【高山调研雨花区】 2018年1月28日，长沙市委常委、市委宣传部部长高山，市委常委、市委统战部部长谭小平晚间督导雨花区除冰雪、保畅通工作，慰问坚守抗冰抢险一线的干部群众。强调要提高政治站位，迅速落实省、市有关雨雪冰冻天气防范应对工作的部署要求，把除冰雪、保畅通当作当前的头等大事来抓，做到守土有责、尽职尽责，打赢抗击低温雨雪冰冻天气这场民生之战、民心之战。要始终把人民群众生命财产安全放在第一位，切实落实网格联点责任，完善各项应对措施，抓好督促落实，最大程度减少低温雨雪冰冻天气造成的损失；要保障各主次干道、桥梁隧道、匝道等交通重点路段畅通，危房、厂房、农贸市场等重点区域安全，提前研判雨雪冰冻的灾害程度和可能对群众生产生活造成的影响；做好电煤、成品油、天然气等能源要素保障工作，偏远乡镇等冰冻重灾区、鳏寡孤独等特殊困难群体的慰问工作，把党和政府的关心关怀传递到广大群众心中。

5月2日，高山调研雨花区文创工作。高山走进长沙鼓风机厂厂房、车间，实地察看老鼓风机厂历史旧址，并对棚改项目建设相关工作作出指示。始建于1950年的长沙鼓风机厂责任有限公司，属原国家大型骨干企业，2014年6月，长沙市发改委对鼓风机厂搬迁新建工程项目立项做出批复同意，老鼓风机厂计划2018年底前整体完成厂区搬迁。该厂区被市政府列入棚户区改造范围，雨花区对长沙鼓风机厂棚改项目实施“原址修缮，修旧如旧”的旧厂“活化”改造工程，积极打造“雨花文化创意产业园”。随后，高山一行调研中国（长沙）创新设计产业园相关文创工作。（柳　旻）

【谭小平调研雨花区】 2018年5月9日，中共长沙市委常委、市委统战部部长谭小平陪同中央统战部第一期自由职业代表人士理论研讨班学员考察雨花非遗馆，参观长沙铜官窑、浏阳夏布、醴陵晶玉瓷等展馆，现场观看长沙弹词、长沙快板表演和被誉为“湘绣之母”的桃源刺绣。谭小平表示，长沙市委、市政府高度重视新的社会阶层人士统战工作。长沙将按照充分尊重、广泛联系、加强团结、热情帮助、积极引导的方针，进一步做好新的社会阶层人士统战工作，为全面建设现代化长沙凝聚新的力量、做出新的贡献。中央统战部八局副巡视员郭焕龙，湖南省委统战部副部长龙建湘等参加考察。（柳　旻）

【张宏益督察防汛工作】 2018年5月10日，中共长沙市委常委、市委组织部部长张宏益检查指导雨花区防汛工作，张宏益一行实地检查曙光垸大堤、李家山泵站、冬斯港村等地防汛备汛、物资储备、隐患点处置等工作，并走访部分群众。张宏益强调，要落实市委、市政府部署安排，扎实做好各项防汛准备工作，把安全防汛工作抓早、抓细、抓实、抓紧，确保人民群众生命财产安全。要狠抓防范重点，克服麻痹大意思想，加强山塘水库巡查值守，严防地质灾害，加强内河排涝运行分析，提高城市内涝应急处置能力；要压实工作责任，全力以赴备战，扎实做好防汛物资准备、隐患点排查、应急演练工作；要加强沟通协调，做到科学调度、顺畅协调，并确保气象、水文等资源信息即时共享。市领导袁黎明、石长松、李平参加检查。（柳　旻）

【黄佳惠调研区人大代表工作】 2018年4月9日，长沙市人大常委会副主任黄佳惠一行，主题调研雨花区“完善代表活动平台，充分发挥代表主体作用”工作。实地察看雨花区砂子塘街道人大工作阵地建设、野坡社区代表活动室，座谈人大代表工作。区人大常委会副主任谢爱龙围绕调研主题，从创新履职渠道、提高履职能力、完善规章制度、增强服务意识等四个方面，汇报区人大常委会相关工作情况。砂子塘街道人大工委、跳马镇人大主席团负责人进行相关情况介绍，两位市人大代表汇报履职情况。区人大常委会主任龚景顺结合雨花区代表工作的实际，提出相关工作建议。黄佳惠肯定雨花区人大代表工作有亮点、有特色，要求把代表活动组织好，发挥好代表平台的作用，使之成为代表学习的场所、培训的场所、交流的场所、工作的场所、接待群众的场所；街镇人大要发挥好作用，让代表活跃起来，形成有活力的代表团队。要把代表的作用发挥好，代表要经常性地提出高质量的建议，多联系群众，树立遵纪守法、履职为民的良好形象。要把代表履职服务好，各级人大要加强对代表的履职培训，为代表履职提供经费保障，将代表活动开展得有声有色。

（柳　旻）

【唐向阳调研公安工作】 2018年7月20日，长沙市副市长、市公安局党委书记、局长唐向阳调研雨花区公安工作，实地察看同升派出所基础设施、执法办案区和警务指挥室建设，了解派出所情报研判、天网监控实战应用等情况；检查派出所民警食堂，详细了解派出所日常后勤保障的质量及标准；了解派出所接处警工作流程，与基层民警同吃住、同工作，座谈派出所建设。（柳　旻）

【陈中调研雨花区】 2018年3月22日，长沙市副市长陈中现场调研雨花区小区配套幼儿园第一批移交工作，湘诚壹佰、城建投、嘉华房地产等6家开发商15所幼儿园与雨花区教育局签订移交协议；2所原高价幼儿园与区教育局签订举办普惠幼儿园协议。陈中察看山水庭院在建幼儿园建筑工地，肯定开发商支持小区配套幼儿园移交的积极态度；深入长塘里小学校园课外特色课堂，跟孩子们进行亲切互动，问候课后还坚守在教学岗位、为孩子个性化发展默默付出的老师。陈中表示，教育是最大的民生，幼儿教育是教育之始。小区配套幼儿园移交工作，是基本解决“入园难”“入园贵”问题、保障民生的迫切需要，也是推进教育扶贫、全面建成小康社会的重大举措。各单位要深刻认识其重要意义，切实履职尽责，坚定不移，努力回应人民群众对接受优质学前教育的期盼。

6月15日，陈中调研雨花区健康教育工作，陈中一行参观雨花区健康教育馆8个展厅，聆听讲解员对健康教育馆的介绍，体验“圭塘河风光带自行车虚拟骑行”，操作使用人体成分分析仪，观看现场“心肺复苏”示范操作，了解馆内的建设投入、设计理念。区卫计局党委书记、局长周宏伟汇报雨花区健康教育工作成果和推广“健康雨花”宣传阵地模式思路。陈中建议将雨花区的健康教育宣传模式在全市推广，打造更多的健康教育宣传场馆，提升居民健康素养水平。

（柳　旻）

【邱继兴调研雨花区】 2018年4月8日，长沙市副市长邱继兴督察红星全球农批中心项目，现场办公调度项目建设。红星实业集团董事长罗跃汇报长沙红星农副产品全球采购中心项目推进进展情况，与会单位就项目推进中遇到的问题进行研究、探讨并作表态发言。邱继兴指出，加快长沙红星农副产品全球采购中心建设，确保项目一期在2018年年内实现试营业，是贯彻落实市委、市政府决策部署的必然要求，是抓好、办好省、市重点“菜篮子”民生工程的必然要求。各有关单位为推进项目建设做了大量的工作，取得了一定的成效，值得肯定。项目推进也存在不少难啃的“硬骨头”，配套设施建设有所滞后。他强调，各相关部门要进一步统一思想，与市政府推进农批专业市场升级换挡的行动保持步调一致，加快红星全球农批中心项目配套道路、供水、高速进出口收费站等设施建设。要进一步强化责任意识，增强工作执行力，在推进民生工程建设上主动作为、勇于担当，确保各项不因人员变动而出现空位、断档，多为干成、干好工作而出招、出力，确保市委、市政府自2014年以来大力推进的市场迁建工作不断取得实效。市政府副秘书长王体泽出席会议。市发改、住建、交通、商务、规划、国土、工务、城投集团、水业集团等市直部门负责人，副区长、指挥部副指挥长易静，区政府副调研员易云和，跳马镇政府等单位负责人参加会议。

（柳　旻）

【廖建华调研雨花区】　2018年3月13日，长沙市副市长廖建华督查雨花区建筑工地扬尘防治工作情况，实地察看区管市政项目美联路施工现场，询问项目的建设情况，特别是“蓝天保卫战”扬尘防治工作开展情况。检查省管房建项目五江天街南区施工现场，了解工程的进度和建设情况，询问市、区对省管项目“蓝天保卫战”扬尘防治工作的检查，尤其是雨花区对省市管项目工地“蓝天保卫战”扬尘防治工作的日常检查和督促整改情况。陈中充分肯定雨花区“蓝天保卫战”扬尘防治工作的成果，要求持续推进落实“蓝天保卫战”工作。市住房和城乡建设委员会主任王伟胜，市质监站、市安监站、市建委执法局有关领导参加督查。12月31日，廖建华一行指导长沙火车南站站区铲雪除冰保畅工作，慰问和鼓励一线工作人员。

（柳　旻）

【彭继球调研社区提质提档】　2018年3月15日，长沙市政协副主席、市工商联主席彭继球，市工商联副主席田桂元，永州市双牌县政协副主席、县工商联主席陶思荣等一行到雨花区工商联开展综合调研。彭继球一行察看跳马商会办公阵地，听取跳马商会会长游兴国和部分企业家会员的工作汇报；考察雨花区全域生态旅游开发有限责任公司，区人大常委会副主任、区工商联主席叶松，区委常委、统战部部长成钢，跳马镇党委副书记、镇长刘志平和区全域旅游公司负责人陈萍分别汇报工商联工作情况、服务区域经济建设、规划生态绿色经济、统筹绿心地区工作、杨林新村组团情况和加快推进基层商会发展工作。陶思荣、田桂元就如何加强商会联系、促进多地交流以及绿心地区经济发展发表意见。彭继球提出，2018年工商联工作要推陈出新，以科技创新引领发展，推进街道商会、楼宇商会等区特色商会成型；要深化改革、完善服务，促进非公有制经济人士健康成长；加强基础设施建设，打造新产业金三角，形成粉丝效应；以商招商，积极对接经济实力强的企业，内外联动，做实做强，共谋发展；健全法制制度，处理好重难点和遗留问题；宣传推广优秀典型、做法，打造良好的舆论效应；建立科学考核机制，做好两型去留企业工作；打造“五个一百”，优化民营企业环境，营造良好的非公有制经济发展氛围，共促长株潭经济一体化发展。

（柳　旻）

【龚振湘调研医疗工作】　2018年4月12日，长沙市政协副主席龚振湘率市区县政协委员组成的民主评议调研组调研雨花区“加强基层医疗卫生服务体系建设”工作，实地考察跳马镇中心卫生院中医馆和东山街道社区卫生服务中心两个基层医疗机构的业务开展情况和场地建设、设施设备配备情况；座谈听取雨花区基层医疗卫生服务体系建设情况的汇报。龚振湘要求，加强基层医疗卫生服务体系建设；以民本情怀来重视基层医疗卫生服务体系建设；着力提升基层医疗服务能力；推动基层医疗服务体系建设中困难问题的解决。

（曹利辉）

大事记

1月

2日　雨花区绩效考核年度冲刺工作调度会。

4日　省水利厅副厅长、省防指秘书长、省防办主任罗毅君一行检查指导省交通职业技术学院项目深基坑和竹沙桥泵站自排涵闸防汛隐患整治情况。

5日　雨花区人民政府印发兵役登记工作通知。

8日　雨花区2017年度创建国家中心城市实现基本现代化暨绩效考核述职测评大会。

9日　雨花区五届人民政府第16次常务会召开，研究2018年区《政府工作报告》目标任务分解等工作。

10日　2017年度"雨花好干部"评选表彰大会召开，10名优秀典型干部获表彰。

11日　区农村集体产权制度改革试点工作领导小组召开改革试点工作推进会。

11—12日　雨花区承办"2017（湖南）V力汇聚雨花活动"。

12日　2017（湖南）"V力汇聚雨花"——（湖南）政务V影响力峰会在雨花区瑞吉酒店举行。"雨花发布"获湖南政务新媒体飞跃奖。

同日　雨花区全棚改征收住保工作会议。

15日　雨花区委全面深化改革领导小组第十八次会议。

18日　共青团长沙市雨花区第四次代表大会。

同日　雨花区2018年环委会第一次全体（扩大）会议。

19日　雨花区2017年度绩效考核述职测评大会。

20日　区城管政执法局开出全市垃圾焚烧行为第一笔最严罚单，顶格处罚某擅自焚烧垃圾的建设工地10万元。

22日　雨花区"蓝天保卫战"工作调度会。

30日　雨花区委书记张敏与桑植县委副书记、县长赵云海一行座谈对接扶贫协作工作。

同日　雨花区2018年春运工作会议。

31日　湖南省委督查室督查雨花区清理解决拖欠农民工工资相关工作情况。

2月

2日　雨花区2018年创建全国文明城市工作领导小组会议。

同日　雨花区2017年度镇、街道党（工）委书记抓基层党建和意识形态工作责任述职测评考核会议。

同日　公安部反恐局副巡视员吴鑫到长沙火车南站地区检查反恐防暴、联勤联动工作。

同日　雨花区第二届"飞梦雨花"文化艺术节在雨花非遗馆东广场启幕。长沙市政协副主席李平出席活动。

5日　雨花区重点工程建设领导小组会议。会议研究、讨论并原则通过《2018年长沙市雨花区重点项目投资计划》《2018年政府投资建设工程项目计划》，决定实施《雨花区重点工程建设项目勘察、设计质量及服务考评办法》。

6日　雨花区2018年教育工作会议。

8日　区委副书记、区长刘素月主持召开区企业上市工作领导小组工作会议。

同日　雨花区第五届纪律检查委员会第三次全体会议。

9日　雨花区经济工作暨安全生产、生态环保工作会议。190家企业和个人获23项产业扶持奖励。会议部署"蓝天保卫战"工作。

12日　区委常委班子2017年度民主生活会。

14日　区政府班子2017年度民主生活会。

22日　区委书记张敏，区委副书记、区长刘素月走访区党外人士服务中心。

23日　雨花区2017年度绩效考核通报讲评暨2018年开局工作动员大会。

26日　长沙市公安局雨花分局刑事科学技术室第三次被评为全国示范刑事科学技术室。

27日　区委政法工作暨扫黑除恶专项斗争会议召开。

3月

1日　雨花区"蓝天保卫战"工作讲评大会。

2日　雨花区“产业建设年”活动暨“五个一十”工作调度会。

同日　雨花区第二届“飞梦雨花”文化艺术节在雨花非遗馆东广场启幕。

6日　雨花区统一战线“圭塘河岸”品牌招商推介会。

7日　雨花区农村集体产权制度改革领导小组工作会。

8日　雨花区深入推进城市管理网格化工作调度会。

9日　雨花区召开征拆扫尾清零工作调度会。

同日　雨花区召开全区第一次电力建设工作推进会。

12日　雨花区“一圈两场三道”建设专题座谈会。

13日　雨花区“蓝天保卫战”工作研究会。

14日　共青团湖南省委书记汤立斌一行调研雨花区学校团教协作、少先队改革工作。

同日　雨花区第一条“海绵道路”万芙路（金井路—和升路）验收移交。

15日　雨花区扫黑除恶专项斗争工作部署会议。

19日　雨花区“蓝天保卫战”三月治标冲刺会。

20日　湖南省机器人产业集聚区产业链项目合作对接暨湖南中南智能装备有限公司智能制造合作推介会，在湖南中南智能制造基地举行。湖南省委常委、长沙市委书记胡衡华出席。现场签约项目8个，金额5亿元。

21日　湖南省科协党组书记、副主席刘小明一行调研雨花区基层科协组织建设工作。

22日　雨花区小区配套幼儿园第一批移交。湘诚壹佰、雨花区城建投、嘉华房地产等6家开发商15所幼儿园与区教育局签订移交协议，2所原高价幼儿园与区教育局签订举办普惠幼儿园协议。长沙市人民政府副市长陈中，长沙市教育局党委书记、局长卢鸿鸣，雨花区委副书记、区长刘素月等见证签约。

26日　区委书记张敏陪同省两型委领导调研长株潭一体化工作。

28日　雨花区召开园区建设工作领导小组会议。

29日　刘素月主持召开城管项目工作专题研究会，研究2018年雨花区老旧社区提质改造、“六位一体”提质改造、都市园艺社区、特色街巷、新建站厕等工作。

4月

1日　雨花区“蓝天保卫战”工作讲评大会。

2日　雨花经开区2018年产业发展大会。

3日　张敏、刘素月等调研防汛抗旱、防涝排渍工作，督查汛前准备情况。

3日　总投资30亿元的长沙比亚迪新能源汽车智能工厂改（扩）建项目开工。

4日　长沙市林业局局长唐曙光一行专题调研雨花区石燕湖省级森林公园“森林公园创新发展”。

8日　雨花区区管河流“一河一策”实施方案编制研讨会。

11日　山西省委统战部副部长刘海芸一行，在湖南省委统战部副部长龙建湘，长沙市委常委、统战部部长谭小平等陪同下，考察调研湖南雨花非遗馆。

12日　长沙县委书记曾超群，县委副书记、县长张作林考察雨花区圭塘河流域综合治理成效，交流学习河长制工作先进经验。

13日　雨花区“蓝天保卫战”$PM_{2.5}$专项治理调度会。

17日　国防科技大学前沿交叉学科学院政委张运炬少将等一行到雨花区对接军民融合等相关工作。区委书记张敏，区委副书记、区长刘素月等简要介绍雨花区建设发展情况。

18日　长沙市发改委党委书记、主任夏文斌一行调研雨花区经济社会发展和项目建设情况。

19日　国防科大前沿交叉学科学院副政委谢志光、政治工作处主任唐军一行到雨花区民政局探讨交流前沿科技转化民用技术等军民融合发展问题。

20日　雨花区第十三届“4·20”廉政文化节开幕式暨全民监督廉政公益广告词征集活动讲评会。

25日　“开放雨花 梦想直达”——长沙·雨花区域形象发布会暨新媒体中心启程仪式举行。

26日　区委副书记、区长、区总河长刘素月专题巡视圭塘河，专项督查提质改造后的农贸市场。

同日　湖南省人民检察院副检察长卢乐云调研雨花区侦查监督工作。

27日　雨花区消防工作会议。

5月

1日　中华人民共和国商务部“2018年冈比亚信息部官员及主流媒体研修班”——冈比亚影视传媒、广播电视、新闻出版、文化旅游相关政府官员及相关企业管理人员到湖南雨花非遗馆参观交流。

2日　雨花区“一圈两场三道”建设两年行动计划推进会。

3日　全区电力建设工作调度会。

4日　雨花区“蓝天保卫战”“三个月治标”工作讲评会。会议出台《雨花区“蓝天保卫战”大气污染环境违法行为举报奖励办法（试行）》。

7日　圭塘河河长制工作专题调度会。

8日　雨花区中央巡视组交办信访件办理工作调度会。

9日　中央统战部第一期自由职业代表人士理论研讨班考察调研湖南雨花非遗馆。

同日　第十四届中国（深圳）国际文化产业博览交易会在深圳会展中心开幕，湖南雨花非遗馆携土家织锦、蜡染书画、宝庆瓷刻、醴陵金煌瓷艺、洪源剪字等非遗项目集中亮相湖南馆。中央政治局委员、中央书记处书记，中央宣传部部长，中央精神文明建设指导委员会办公室主任黄坤明巡视雨花非遗馆展区称赞“这才是我们湖南的特色”，中央宣传部副部长孙志军为“洪源剪字”点赞，湖南省委常委、宣传部部长，省社科联主席蔡振红亲临现场指导工作。

11日　雨花区教育工作研究会。

17日　雨花区“蓝天保卫战”三年治本和臭氧防治工作研究会。

21日　雨花区委全面深化改革领导小组第十九次会议。

23 日　雨花区 2018 年“全国科技工作者日”活动。

25 日　第 99 届全国秋季糖酒会雨花区组委会工作会议。

27 日　雨花区征兵工作会议。

29 日　湖南省人民检察院副检察长丁维群调研雨花区捕诉一体改革工作。

31 日　湖南省环保厅厅长邓立佳调研雨花区环保网格化平台。

同日　雨花区 2018 年总河长会议。

6 月

5 日　雨花区 2018 年市对区考核体系讲解暨半年度市考核指标调度会。

12 日　雨花区人民满意农贸市场建设工作调度会。

14 日　长沙市环保局局长潘胜强带队督查雨花区臭氧控制工作。

15 日　雨花区 2018 年招商工作领导小组会议。

19 日　湖南省人大常委会到雨花区开展《湖南省长株潭城市群生态绿心地区保护条例》和大气污染防治“一法一条例”执法检查。

20 日　雨花区委理论学习中心组 2018 年第 5 次集体学习，深入学习习近平新时代中国特色社会主义思想关于文化工作重要指示精神，以及《中华人民共和国公共文化服务保障法》。

21 日　刘素月考察株洲荷塘区互联网 + 政务服务工作。

22 日　刘素月调研园区、街道政务服务工作。

26 日　雨花区“蓝天保卫战”臭氧防治专题调度会。

27 日　刘素月考察浏阳市、开福区“互联网 + 政务服务”工作。

28 日　长沙市政府秘书长张能峰现场调研观摩 15 分钟生活圈。

29 日　雨花区庆祝中国共产党成立九十七周年大会，会议表彰“五好”领导班子 10 个、先进基层党组织 30 个、优秀村、社区（筹委会）党组织书记 15 名、优秀党务工作者 55 名、优秀共产党员 100 名。

7 月

2 日　刘素月巡视圭塘河下游河段，督查圭塘河流域综合治理工作。

5 日　长沙市交通运输局党委书记、局长胡岳龙督查湖南省宾利旅游运输发展有限责任公司安全生产工作。

6 日　雨花区领导调研圭塘河流域治理暨区第一总河长工作调度会。

8 日　雨花区迎接中央环保督察“回头看”问题交办会。

11 日　雨花区智慧政务、网格化、“最多跑一次”工作调度会。

同日　湖南省国资委主任丛培模调研湖南华升集团子公司湖南中南智能装备有限公司。

12 日　雨花区人民满意农贸市场建设工作调度会。

13 日　雨花区征拆工作讲评会。

16 日　雨花区电网供电能力提升和“630 攻坚”工作推进会。

17 日　杜花路（沙湾路—京珠高速辅道）竣工通车。

18 日　教育部科学技术司司长雷朝滋、教育部科技司信息化处副处长任昌山调研雨花区教育信息化工作。

20 日　国家税务总局长沙市雨花区税务局挂牌仪式。

24 日　长沙市人民检察院党组书记、检察长王勋爵调研“捕诉一体”改革和诉讼监督工作。

25 日　区委理论学习中心组学习，资深媒体人、新闻官作《全媒体时代的舆论引导》主题授课。

26 日　雨花区迎接湖南省环境保护督察工作动员大会，会议下发《长沙市雨花区环境保护问题问责办法（试行）》。

27 日　区委常委会研究部署区第四次全国经济普查等工作。

8 月

2 日　区委书记张敏带队巡视圭塘河并察看省环保督察交办问题办理情况。

3 日　“大江奔流——来自长江经济带的报道”主题采访团走进雨花经开区，触摸“长沙智能制造”突出代表——长泰机器人有限公司的强劲脉搏。

8 日　雨花区针对已整改到位的圭塘路绿草地食府进行“回头看”。

10 日　雨花区启动为期 3 个月的跳马片区道路交通安全专项整治行动。

14 日　近 50 名国内黑臭水体治理专家徒步巡河，考察圭塘河控源截污、生态修复等。

22 日　湖南省委督查室副主任、调研员赵爱平带队到长沙火车南站地区督查暑运及环境综合整治工作。

25 日　湖南省第一环保督察组进驻雨花区，开展为期一个月环保督察工作。

26 日　区政府组织无证办学和违规办学机构联合执法行动，查处劳动西路沿线 14 家机构。

28 日　刘素月调研农贸市场提质改造工作。

29 日　刘素月现场督办省环保督查重复案件问题。

30 日　雨花区反炒房攻坚战工作会议。

9 月

4 日　雨花区食安创建省级评价动员会。

5 日　雨花区全区教育三年规划及雨花经开区办学工作研究会，雨花区未来三年计划新（扩）建中小学校 35 所，投入使用后共新增学位 54780 个。

10 日　雨花区庆祝第 34 个教师节暨优秀教师表彰大会，表彰在教书育人岗位上勤奋工作、表现突出的“优秀校长”“优秀教育工作者”“优秀班主任”“优秀教师”。

同日　湖南省欢送新兵入伍仪式在长沙南站举行。

11 日　雨花区党建引领问题化解创建“三零”社区现

场推进会。

12 日　雨花区“一圈两场三道”建设工作调度会。

13 日　雨花区举办“传承红色基因，汇聚强军力量”国防教育活动启动仪式。

14 日　雨花区禁毒工作会议。

15 日　2018 年全国群众登山健身大会（湖南雨花站）暨首届“健康雨花”全民健身旅游节在石燕湖生态公园启幕。

19 日　雨花区“蓝天保卫战”暨大气污染防治特护期工作调度会，下发“蓝天保卫战”责任落实长效机制、大气污染防治特护期实施方案、印刷包装企业挥发性有机物整治等工作方案，统一部署安排“蓝天保卫战”暨大气污染防治特护期工作。

20 日　雨花区举行社会治安防控“万人大巡防”活动仪式。

同日　雨花区召开“一圈两场三道”建设工作调度会。

27 日　2018 年第四届中国果业品牌大会、第二届中国（长沙）优质果品博览会、第二届全国果业扶贫大会暨贫困地区果品产销对接会在红星国际会展中心南广场开幕。

28 日　雨花区 “最多跑一次”工作调度会。

同日　城管执法队伍换着全国统一城管制式服装，城管执法执勤车辆喷涂新的城管行政执法标志。

29 日　雨花区镇、街道党建工作分管副职述职汇报会。

10 月

7 日　湖南省公安厅党委副书记、副厅长周赛保，长沙市副市长、市公安局局长唐向阳等调研长沙火车南站站区交通管理工作情况，慰问交警十四中队。

12 日　2018 年湖南长沙・西藏山南文化交流活动在湖南雨花非遗馆东广场举行。

13 日　全国政协常委、致公党中央副主席闫小培一行调研雨花区开展“青少年心理矫正”工作情况。

17 日　农业农村部政策与改革司司长赵阳，司法部立法四局副局长郭文芳，省农委党组成员、副主任刘益平，省农委经管处处长、省经管站站长周立华，省农委经管处副处长李辉，市农村经营服务站站长郭志强、副站长刘光辉等督查雨花区农村集体产权制度改革试点工作。

同日　雨花区大气污染防治特护期应对、省环保督察问题整改暨迎接中央环保督察“回头看”工作推进会。

19 日　雨花区水污染防治百日攻坚战会议。

24 日　长沙警备区司令员刘长进调研区人武部全面建设和年度工作情况。

25 日　湖南省交通运输厅政策法规处与雨花区交通运输局开展“支部共建”座谈。

26 日　中荷青少年校园足球国际研讨暨长沙市雨花区“全国青少年校园足球‘满天星’训练营”建设现场交流会在砂子塘新世界小学举行。

30 日　开展为期一个月的中央环保督察“回头看”工作。

11 月

1 日　第十六届中国国际农产品交易会暨第二十届中国中部（湖南）农业博览会在长沙国际会展中心举办。

2 日　雨花区“最多跑一次”区、街镇、社区三级系统平台同步正式上线，全区政务服务再次闪亮升级。

9 日　全区组织工作会议。

12 日　长沙市委副书记、市长胡忠雄督导雨花区“千人帮千企百日大行动”工作。

22 日　湖南省林业局党组书记、局长胡长清调研跳马镇绿心区造林绿化工作。

23 日　雨花区首届微型消防站技能比武竞赛活动在同升消防中队举行。

24 日　湖南省法学会诉讼法学研究会 2018 年年会在区检察院举行。

26 日　雨花区不动产登记中心窗口挂牌运行，并颁发长沙市首本集体土地不动产登记权证。

27 日　湖南省高级人民法院党组书记、院长田立文，长沙市中级人民法院党组书记、院长肖新平一行调研雨花区法院工作。

28 日　全区“一圈两场三道”建设进展、“最多跑一次”改革工作调度会议。

同日　湖南省委常委、宣传部部长、省社科联主席蔡振红到湖南雨花非遗馆进行调研，长沙市委常委、宣传部部长高山，雨花区委书记张敏，区委常委、宣传部部长余宏卿等陪同调研。

同日　长沙警备区司令员刘长进到长沙地矿医院，检查指导长沙航空职院 2016 级 900 余名定向培养士官体检工作。

30 日　雨花区非洲猪瘟防控专项行动调度会。

同日　长沙市交警部门联合雨花区应急办、雨花区环保局等单位开展隧道交通事故应急救援演练。

12 月

3 日　长沙市公益地图城市穿越挑战赛在雨花区东塘街道前坪开赛。

4 日　全区宪法日宣传活动。

5 日　雨花区在长沙航空职业技术学院举行 2018 年常委议军会议暨区领导“军事日”活动。

6 日　雨花区区域化党建联盟第一次联席会议。

7 日　雨花区区域化党建联盟成立大会暨第一次党建共建工作联席会议，授予长沙航空职业技术学院湖南航空馆、东塘街道政院社区爱国主义教育基地等 5 家单位“党员教育培训示范基地”称号，首批签约“双向认领”党建服务项目 131 个。

11 日　雨花区散煤整治工作调度会议。

同日　湖南省德育工作会议雨花区分会场展示活动在泰禹小学举行，来自全省 14 个地州市、区县教育局的 61 位嘉宾、200 余名德育工作者参加活动。

12 日　全区机构改革会议。

17日　全区食品安全暨创建国家食品安全示范城市年度绩效考核工作会议。

18日　圭塘路（曲塘路—香樟路）工程完成道路建设并全面开放交通。

21日　国家统计局调研雨花区第四次全国经济普查个体户清查登记开展情况。

23日　由共青团湖南省委、湖南省教育厅、湖南省少工委联合举办的湖南省首届少先队辅导员风采大赛在雨花区砂子塘吉联小学举行。

24日　雨花区举办首届欢迎退役军人返乡活动。在现场举办专场招聘会，13家企业提供258个工作岗位，对退役军人放宽条件，25名退役军人当场签订就业意向书。

25—27日　政协长沙市雨花区第五届委员会第三次会议召开。

26日　雨花区第五届人民代表大会第三次会议召开。

28日　省卫健委副主任彭振国率全省14个地州市卫计委和卫计执法局领导200余人，观摩砂子塘街道计生监督规范化建设工作。

29日　湖南省应急管理厅副厅长罗德龙检查长沙火车南站安全并组织座谈。

同日　国家民委命名左家塘街道牛角塘社区为“全国民族团结进步创建示范单位”。

30日　张敏、刘素月调度部署雨雪冰冻应对工作。　（柯　戈）

雨花区概况

自然理

【区域位置】 长沙市雨花区位于湖南省东部偏北，长沙市东南部，是1996年7月长沙市行政区划调整设立的新城区，雨花区名源于自长沙城东南古佛道圣地之名胜雨花亭，建制沿革于原长沙市郊区。2014年，境域范围为北纬28° 02′ 30″ ~ 28° 11′ 30″，东经112° 57′ 30″ ~ 113° 06′ 30″。边界线全长67.72千米，其中，与芙蓉区边界线13.10千米，与天心边界线18.80千米，与长沙县边界线35.82千米。2015年，长沙县跳马镇划归雨花区，全区面积扩大至304.9平方千米。东面以浏阳河为界，与长沙县㮾梨镇和黄兴镇相望，以跳马镇为界，与浏阳市柏加镇相邻；南部以跳马镇为界，与株洲市石峰区相邻，与湘潭市昭山镇接壤；西面以芙蓉路、韶山路（至井湾子）和井湾子街道与文源、青园两街街界、洞井街道与桂花坪街道街界、同升街道与先锋街道街界跳马镇与暮云街道姐界为界，与天心区接壤；北以人民路（识字岭至花桥）和浏阳河为界，与芙蓉区毗邻。（刘科明）

【地质地貌】 雨花区地域呈南北长、东西较窄的地理走向。地形呈波状起伏，地势南高北低，东南面黄狮山海拔146米，原为境内最高峰。跳马镇划入后，最高点金坑岭海拔274.6米，最低点浏阳河曙光垸海拔35米。全区地貌类型多样，主要为堆积地貌（平原）、侵蚀剥蚀地貌（岗地、丘陵）和侵蚀构造地貌（低山）。平原主要分布在洞井街道的白田铺至圭塘的溪谷平原和浏阳河黎托冲积平原；岗地主要分布在雨花亭街道、井湾子街道、同升街道、洞井街道、黎托街道和东山街道及跳马镇，跳马镇南边诸山与株洲隆起带相接。境内分布红色砂岩、砂砾岩、粉砂岩和页岩。全区成土母质以第四纪红土、河流冲积物为主。第四纪红土主要分布在洞井街道、井湾子街道、雨花亭街道一带，经垦殖后成为浅红黄泥、红黄泥、耕型红土红壤等土属，一般土层深厚，质地料黏，养分缺乏，呈酸性，耕性较差；河流冲积物主要分布于浏阳河两岸冲积平原，由其发育而成的土壤有河沙泥、耕型河潮土等土属，一般土层深厚，质地沙壤至壤土，呈酸性、微酸性或中性，肥力高，适种性广；紫色风化岩风化物零星散布于同升街道全境、洞井街道的和平、鄱阳、天华、牛头，黎托街道的大桥，东山街道的边山、侯照、由其发育而成的紫色土，土壤抗蚀力差，土层较浅，不耐旱、易拆裂，磷、钾含量较丰富。（刘科明）

【气候河流】 雨花区属亚热带季风性湿润气候区，由于位居盆地内部、距海较远、受冬夏季风转换、地势向北倾斜等因素的影响，冬冷夏热，季节变化明显。年平均气温为17.2℃，积温为5457℃。全年日照充足，年平均日照时数为1762.64小时，年平均无霜期为296 ~ 298天。全年雨水充沛，多集中在春夏两季，年均降水量为1361.6毫米。夏冬季长，春秋季短，夏季约118 ~ 127天，冬季117 ~ 122天，春季61 ~ 64天，秋季59 ~ 69天。春温变化大，夏初雨水多，伏秋高温久，冬季严寒少。3月下旬至5月中旬，冷暖空气相互交绥，形成连绵阴雨低温寡照天气。从5月下旬起，气温显著提高，夏季日平均气温在30℃以上有85天，气温高于35℃的炎热日，年平均约30天，盛夏酷热少雨。9月下旬后，白天较暖，入夜转凉，降水量减少，低云量日多。从11月下旬至第二年3月中旬，节届冬令，长沙气候平均气温低于0℃的严寒期很短暂，全年以1月最冷，月平均为4.4℃ ~ 5.1℃，越冬作物可以安全越冬，缓慢生长。2018年，雨花区年平均气温为18.23℃，极端最高温度为42℃，极端最低气温为–4℃；3月23日入春，4月28日入夏，9月22日入秋，12月6日入冬；年降水量1685.5毫米。境内有浏阳河、圭塘河、双溪港三大水系。浏阳河自长沙县团头河入境跳马镇，经黎托街道花桥进入芙蓉区后注入湘江，蜿蜒32.6千米；圭塘河位于长沙市的东南部，系浏阳河一级支流，也是最后一条支流，发源于雨花区跳马镇鸭巢冲（石燕湖水库），由南向北贯穿雨花区，在人民东路浏阳河大桥处汇入浏阳河，起止均在雨花区境内，全程约28千米，是长沙唯一的城市内河。双溪港水系发源于跳马镇百倍冲水库，流经复兴、关刀、三仙岭、喜雨、团然、冬斯港6个村进入浏阳河，全长22千米。（刘科明）

建置·区划

【中华民国时期“外四区”】 清末，长沙市郊区境地分属长沙、善化两县。民国元1912年起，统属长沙县管辖。民国前期，长沙城郊属长沙县管辖。民国15年（1926年）8月，长沙近郊区农民协会成立，11月，中共长沙近郊区委成立。民国16年（1927）3月，国民党湖南省党部正式划定长沙近郊区管辖范围：“云田全乡（现望城区谷山乡，岳麓区望岳街道金星社区以北，岳麓街道观沙岭社区以北）；麓山镇之清美、集思、同德、纯美五团（今岳麓区岳麓街道观沙岭社区以南，桃花社区以北，望岳街道金星社区以南、及天顶街道）；伏龙镇之三太、顺清、敦仁、顺福、靳江五团（今岳麓区岳麓街道桃花、天马、五星、靳江社区）；九峰镇之太平都十一团及静善上下七井、安静上下同仁六团（今天心区大托街道、南托街道、雨花区洞井街道、同升街道）；明道镇之一甲近甲、二甲朝阳、镇湘两团，三甲治安、永清、安清、河清四团（今雨花区黎托街道、东山街道，芙蓉区东岸街道，开福区洪山管理局和长沙县㮾梨镇）。5月21日长沙“马日事变”后，长沙近郊区被迫撤销。民国17年（1928）8月，长沙市政筹备处划勘市区范围，南至太乙寺、沙湖桥、雨花亭、金盆岭、李公庙，北至落刀咀，东至杨家山、湖渍渡，西循岳麓山脊往北，经溁湾镇、南冲至施家港。在沿界设立32处钢筋水泥标界，城区与标界之间地域成为郊区正式区划的基础。民国22年（1933年），长沙市政府成立。重新划勘市区范围：河东，北抵落刀咀，东抵沙湖桥，南抵猴子石；河西，南抵廖家垸子，北抵大同岭。城郊从长沙县划归长沙市内四区管辖，东郊为城一区第四坊，南郊为城二区第四坊，西郊为城三区第四坊，北近为城四区第三坊和第四坊。民国23年（1934），长沙城区继续扩大，湘江东岸，东抵湖渍渡、阿弥岭，北抵捞刀河，南抵百家河；湘江西岸，南抵靳江河，西抵小望城坡，北抵下大同岭与落刀咀隔江相望。民国27年（1938）8月，长沙市改区坊保甲制为镇（乡）保甲制因城区难以管辖城郊农村，故实行城区与城郊分治，城区划为8镇，城郊从城区划出，改建为文艺、金盆、岳麓、会春4乡，由市政府直辖，即为郊区建置之始。1939年2月，裁撤长沙市政府，城区镇和城郊4乡划归长沙县管辖。1941年10月，恢复长沙市政府，城区镇和城郊4乡重归长沙市管辖，并将4乡改建为4镇。1943年12月，废镇改区，4镇改为相应的四区，称“外四区”。（刘科明）

【长沙市郊区】 1949年8月4日，长沙和平解放，辖城东、城南、城西、城北、文艺、金盆、会春、岳麓8个区。10月，设立文艺、金盆、岳麓、会春人民区公所，直属长沙市人民政府领导，下辖37保，其中农业户14保、居民户11保，半农半居民户12保。1950年3月30日，设立长沙市人民政府郊区办事处，统辖文艺、金盆、岳麓、会春四区，是为郊区建置之始。境域与民国23年（1934）界址无甚变化，靠城区界址，东、南以铁路为界，北以兴汉路、湘春路为界，西以湘江东岸为界。总面积106平方千米，占长沙市总面积95%。6月，撤销郊区办事处，成立郊区工作委员会。8月，废除保甲制，农业、半农业地区划分为18个乡，分别建立乡人民政府，居民区设立11个居民委员会。其中，文艺区辖新合、滩头坪、桂花树、蓉园4个乡和韭菜园、新都、寿康里、衡湘里4个居委会；金盆区辖农改、沙湖、五福、新开、雨花5个乡和南大十字路、裕南街2个居委会；岳麓区辖靳顺、金顺、岳北、岳云、岳文、云麓6个乡和溁湾市、水陆洲2个居委会；会春区辖复兴、福安、永安3个乡和文昌阁、彭家井、留芳岭3个居委会。至此，郊区始有真正的政权体系和独立的行政区划。

1951年5月，从长沙县辖划入五乡，分别建立莲湖、自然、新农（划归金盆区）、东屯渡、藕塘、新化（划归文艺区）、涝湖、朝镇（划归会春区）、岳华（划归岳麓区）9个乡，郊区调整为4区27乡。1952年调整为4区24乡4街。12月，岳麓区水陆洲居委会划归城西区。1953年3月，郊区区划调整为4区22乡6个街道办事处。文艺区辖滩头坪、桂花树、新化、新合、藕塘5乡和东大路街道；金盆区辖沙湖、雨花、自然、新开、新农、莲湖6乡和麻园湾街道；岳麓区辖靳顺、金顺、云麓、岳文、岳华、岳北、岳云7乡和溁湾镇街道；会春区辖福安、涝湖、朝镇、洪西4乡和文昌阁、丝茅冲、伍家岭3个街道。8月，文艺区撤销东大路街道，居民划归城东区管辖，恢复蓉园乡建制；金盆区麻园湾街道划归城南区，恢复农改乡建置；会春区文昌阁街道和伍家岭、丝茅冲2个街道的居民区划归城北区，农民区改建为永福乡；岳麓区溁湾镇街道办事处改建为镇政府。至此，郊区下辖4区25乡1镇。1954年3月，长沙农场划归郊区管辖。9月，撤销郊区工作委员会，恢复郊区办事处。1955年7月，市内四区所辖2个高级农业社和5个初级农业社及尚未入社的菜农就近划入郊区各区、乡。1956年5月，郊区撤区并乡，撤销文艺、金盆、岳麓、会春四区，所辖各乡镇调整为文艺、金盆岭、雨花亭、会春、岳南、岳北6乡和溁湾镇，管辖长沙农场。10月，会春乡划分为会春、洪山2乡。7个乡下设24个高级农业合作社。11月，建立44个居委会，分属各乡镇人民委员会管辖。次年，析出洪山乡太阳升高级农业社，成立长沙市国营综合农场。1958年3月，长沙农场收归省、市管理。1958年9月，郊区撤销乡镇，建立工农兵学商五位一体，政社合一的人民公社体制，实行人民公社化。全郊设立东风、万年红、岳麓山3个公社，下辖19个大队和3个街道居委会，保留市国营综合农场。其中，岳麓山公社由岳南、岳北两乡和溁湾镇合并而成，下设6个大队和3个居委会。雨花亭乡、金盆岭乡合并为东风公社，下设5个大队；文艺、会春、洪山乡合并为万年红公社，下设8个大队。

1959年1月，撤销长沙市郊区并入长沙县。

1962年1月12日，恢复长沙市郊区建置，除辖原郊区地域外，另从长沙县划入部分近郊地区，辖岳麓区和雨花亭、东屯渡、伍黑路、岳麓山、洞井、南托、大托、高塘、㮾梨、长冲、黎托、望仙桥、望岳、谷山14个公社及㮾梨镇，共193个大队和3个居委会。10月，望仙桥公社分为望新、东岸两个公社，望岳公社分为望岳、天顶两个公社，并将天顶、大托、南托、洞井、望新、㮾梨、高塘、长冲8个公社和㮾梨镇划归长沙县。次年10月，又划出黎托、谷山、望岳3个公社，郊区下设1个区5个公社共48个大队和3个居委会。1964年，伍黑路公社改为上大垅公社，并将东屯渡公社渔场、岳麓山公社岳麓渔场、上大垅公社史家湖渔业队从所在公社划出，扩建为国社合营湘湖渔场、岳麓渔场和史家湖渔场（1966年更名为红色渔场）。1965年在岳麓山公社大干岭兴建长沙市养鹿场。1968年2月，雨花亭公社改名韶山路公社。3月，岳麓山公社湘江大队划归西区管辖。4月，郊区办事处改为郊区革命委员会。12月，综合、东屯渡2个国营农场和长沙市园艺场、市养鹿场划归郊区管辖。1970年，湖南农学院、农科院所属农场划归郊区，改建为团结、立新两个大队，划归东岸公社管辖。望城县境内国营东方红农场划归郊区，省高级兽医研究所下放郊区管辖，并与市园艺场合并为长沙市良种繁殖场。郊区下辖5个公社、5个农场、3个渔场、1个养鹿场，共50个大队，16个管区。1971年10月，市良种繁殖场划归市管（1973年分设为市园艺场和市畜牧农场）。1972年5月，岳麓山公社、岳麓渔场划归岳麓区。1973年6月重新划归郊区。12月，将岳麓山公社咸家湖、望麓桥2个大队和麓山大队及望岳公社望岳大队一部分划出，建成国社合营西湖渔场。1974年3月，国营综合、东方红农场划归市管，1975年，国营综合、东屯渡、东方红、畜牧农场，园艺场、养鹿场重归郊区管辖。1978年1月，1978年1月，长沙县大托、洞井、黎托公社和望城县望岳公社划归郊区管辖。至此，郊区行政区划相对稳定，辖9个公社、5个国营农场、4个国社合营渔场、一个养鹿场。

1980年，郊区革命委员会改为长沙市郊区人民政府。

1983年5月，郊区开展政社分设，建立乡、村政权的试点工作。韶山路公社改称雨花亭乡。1984年2月，历时25年的人民公社体制改制为乡人民政府。东屯渡公社更名为马王堆乡、上大垅公社更名福安乡，其余仍原名命乡，原大队改为村民委员会，生产队改为村民小组。此后，先后有红旗、桂花、新河、国庆、沙湖、赤岗、金盆、火星等村被征用。1990年，经市政府批准，成立火星镇。1993年6月，福安乡胜利村划归北区。10月，雨花亭乡石马村划归南区，望岳乡咸嘉湖划归西区。1994年12月，马王堆乡五一村划归东区管辖。

1996年6月，郊区下辖9乡1镇10场，90个村、9个居委会，28个管区（分场），即：马王堆乡（8村1居）、东岸乡（11村）、火星镇（6居）、黎托乡（12村1居）、大托乡（11村）、洞井乡（18村）、雨花亭乡（7村）、望岳乡（6村1居）、岳麓山乡（16村）、福安乡（1村）、东屯渡农场（4分场）、畜牧农场（2管区）、园艺示范繁殖场（1管区）、国营综合农场（12管区）、东方红农场（3管区）、湘湖渔场、西湖渔场（2工区）、岳麓渔场（2管区）、红色渔场、市养鹿场。（刘科明）

【长沙市雨花区】1996年6月19日，长沙市市辖区调整，撤销郊区，设立雨花区。7月10日，雨花区挂牌成立。雨花区下辖左家塘、侯家塘、井湾子、圭塘4个街道，黎托、洞井、雨花亭3个乡和高桥乡筹备领导小组。左家塘街道辖长钢、窑岭、湖橡、王公塘、长岭、湘农桥、阿弥岭一委、二委、妹子山一委、二委、曾家湾、桂花一委、二委、赤岗一委、二委、赤岗北路、曹家坡、营山巷、左家塘、牛角塘、官塘村、荷叶塘、红花坡、赤岗冲、狮子山一委、二委、树木岭一委、二委、梓园一委、二委、长塘里一委、二委、湘农桥、广济桥、韶山路、泉塘、东塘共37个居民委员会。侯家塘街道辖侯家塘、上、下麻园湾、廖家湾一委、二委（南大门）、枫树山、马家冲、政干校、雨花亭、省人大、七里庙、牛婆塘、涂家冲、野坡、新塘冲、茶园坡、梨子山、冶金院、砂子塘一委、二委、长沙卷烟厂、长沙锅炉厂、内燃机配件总厂共23个居民委员会；圭塘街道辖体院路、圭塘、大塘、中南院、航空路、医疗、长重一委、二委、雅塘冲一委、二委、三委、自然岭、正圆、鼓风、井塘、井巷共16个居民委员会；井湾子街道辖井圭路、卢家冲、中建五局、香樟路、红星、黑塘坡、赤岗岭、铁道、省路桥9个居民委员会；雨花亭乡辖自然、石马、井塘、莲湖、红星5村，洞井乡、黎托乡建置未变。高桥乡筹备领导小组辖高桥、友谊、五一、火焰4村。12月，雨花区本着"优化配置，城乡一体，成块连片，界限分明，便于管理，有利发展"的原则，进行区域微调，新设立东塘、砂子塘两个街道，保留左家塘、侯家塘、圭塘、井湾子4个街道建制，对城区街道作切块调整，以东塘广场为中心，以韶山路和劳动路为轴划为四块，东北角为左家塘街道，西北角为侯家塘街道，西南角为东塘街道，东南角为砂子塘街道，井湾子街道与雨花亭乡合并以乡建制，将洞井乡大塘、圭塘、月塘3个村划归圭塘街道。洞井乡改称为洞井镇。新建高桥乡，保留黎托乡。区域微调后，雨花区下辖6街3乡1镇，97个居民委员会，39个村。1997年7月，长沙市政府决定设立雨花亭街道和高桥街道，两乡建置撤销。

2000年7月24日，撤销侯家塘街道水电居委会，增设水院、电院和远东（后改称人民中路）3个居委会。8月31日，圭塘街道新设劳动东路居委会。9月15日，东塘街道增设伍桂塘居委会。到此，全区共有101个居民委员会。2001年10月，全区101个居民委员会，经过拆、并、改和新建，调整为76个社区居民委员会（简称社区，下同）。其中，左家塘街道辖18个社区，侯家塘街道辖13个社区，东塘街道辖9个社区，砂子塘街道辖8个社区，圭塘街道辖7个社区，雨花亭街道辖15个社区，高桥街道辖2个社区，洞井镇辖3个社区，黎托乡辖1

个社区。2003年，雨花亭街道新建融城苑社区。至此，雨花区下辖左家塘、侯家塘、东塘、砂子塘、圭塘、雨花亭、高桥7个街道办事处和洞井镇、黎托乡1镇1乡，77个社区居委会，39个行政村。

2004年，雨花亭街道新建三湘社区筹委会。2005年，高桥街道开展改社区改革试点工作，成立五一、高桥、友谊社区筹委会，新建火焰社区。雨花亭街道新建新星社区，红星村成立红星社区筹建委员会进行村改社区试点。2006年，新建圭塘街道雨花家园社区。撤销雨花亭街道双井社区成立井巷、井塘社区。2007年，圭塘街道航空路社区更名为美林景园社区。新建雨花亭街道德馨园社区。2008年，新建雨花亭街道自然社区筹委会、黎托乡黎郡社区筹委会。2009年，新建东塘街道华银园社区、洞井镇丰园社区、侯家塘街道活力社区、高桥街道高桥大市场社区，成立洞井镇莲湖社区筹委会、雨花亭街道井塘社区筹委会。雨花区辖7个街道办事处、1镇1乡，共有82个社区居民委员会，34个村民委员会，5个社区筹建委员会。

2010年，雨花区撤销洞井镇、黎托乡，以街道建制；撤销全区行政村建制成立社区筹委会。雨花区辖9个街道办事处，90个社区，37个社区筹委会。

2011年，雨花区调整部分街道行政区划，将洞井街道析置为洞井、同升两个街道办事处，将黎托街道析置为黎托、东山两个街道办事处，同时启用原与雨花亭街道合署办公的井湾子街道办事处，将雨花亭街道拆分为雨花亭、井湾子两个街道办事处。洞井街道新建景环社区、高升社区、湘天社区。黎托街道新建广益社区居民委员会和南雅社区。撤销高桥街道五一社区筹委会设立永定社区和永祥社区。撤销雨花亭街道红星社区筹委会并将红星农博社区更名为红星社区。

2012年1月，同升街道、东山街道、井湾子街道分别挂牌成立。年内，雨花亭街道新建香南郡社区、麻塘桥社区，井塘社区更名为曲塘社区。左家塘街道新建长铁社区、车站南路社区。同升街道新建同升湖社区。高桥街道新建五一社区。洞井街道新建植物园社区。是年底，全区辖左家塘、侯家塘、东塘、砂子塘、圭塘、雨花亭、高桥、洞井、黎托、同升、东山、井湾子12个街道。

2013年，设立圭塘街道泰安社区、景程社区，同升街道古樟树社区，黎托街道东澜湾社区，洞井街道龙庭社区、歇马亭社区，井湾子街道井湘社区，撤销东山街道黎郡社区筹委会设立黎郡社区。

2014年，设立左家塘街道嘉园社区，高桥街道鑫华社区，洞井街道南庭社区，井湾子街道井旺社区。雨花区辖12个街道，共105个社区，36个社区筹委会。

2015年，长沙市区划微调，长沙县跳马镇整体划归雨花区管辖。雨花区辖12个街道、1个镇，112个社区、35个社区筹委会，其中跳马镇辖跳马、关刀、嵩山、杨林、沙仙、复兴、双溪、三仙岭、石桥、喜雨、梅怡岭、曙光垸、冬斯港、白竹、石燕湖、新田、田心桥17个村，金屏、斑竹塘2个社区，423个村民小组。新建同升街道联盟社区。井湾子街道红星社区更名为红星村社区。

2016年，新建黎托街道黎锦苑社区、体育新城社区，东山街道黎雅社区、同升街道新聚园社区，井湾子街道湘莲社区、农博社区，洞井街道天际岭社区、星苑社区，圭塘街道金福社区。雨花区实行建制村合并调整，雨花亭街道自然社区筹委会与自然岭社区合并为自然岭社区、石马社区筹委会与雅塘村社区合并为雅塘村社区，高桥街道有益社区筹委会与鑫华社区合并为鑫华社区、高桥社区筹委会与金环社区合并为金环社区，圭塘街道大塘社区筹委会与泰安社区合并为泰安社区、圭塘社区筹委会与圭塘社区合并为圭塘社区、月塘社区筹委会与大塘社区合并为大塘社区，黎托街道大桥社区筹委会与广益社区合并为广益社区，花桥社区筹委会与东澜湾社区居委会合并为东澜湾社区，平阳社区筹委会与黎锦苑社区合并为黎锦苑社区。洞井街道天华社区筹委会与商贸城社区合并为商贸城社区；板塘社区筹委会与植物园社区合并为植物园社区。同升街道桃阳社区与景环社区合并为景环社区、新兴社区筹委会与新聚园社区合并为新聚园社区、同升社区筹委会与同升湖社区合并为同升湖社区，东山街道长托社区筹委会与黎郡社区合并为黎郡社区、黎托社区筹委会与南雅社区合并为南雅社区、东山社区筹委会、渔场社区筹委会与东山镇社区合并为东山镇社区，井湾子街道莲湖社区筹委会与井旺社区合并为井旺社区，跳马镇梅怡岭村、曙光垸村为合并团然村，杨林村、沙仙村合并为杨林新村，关刀村、嵩山村、双溪村合并为关刀新村。

2018年，设立同升街道仙姑岭社区。雨花区辖全区辖雨花亭、高桥、左家塘、侯家塘、东塘、砂子塘、圭塘、洞井、黎托、同升、东山、井湾子12个街道，洞井镇1个镇；计121个社区、19个社区筹委会、13个行政村。其中，雨花亭街道辖曲塘、雨新路、路桥、正圆、新星、自然岭、华云、雅塘村、香南郡、麻塘桥10个社区，井塘1个社区筹委会，自然、石马两个集体资产管理委员会。高桥街道辖金环、怡园、火焰、高桥大市场、五一、永定、永祥、鑫华8个社区，友谊、高桥两个社区筹委会。左家塘街道辖赤岗、长钢、曹家坡、长岭、阿弥岭、桂花、官塘冲、红花坡、湖橡、荷叶塘、牛角塘、曙光、树木岭、狮子山、王公塘、窑岭、营山巷、左家塘、长铁、车站南路，嘉园21个社区。侯家塘街道辖侯家塘、电院、泉塘、广济桥、麻园湾、枫树岸、湘农桥、廖家湾、韶山路、水院、活力、梓园12个社区。砂子塘街道辖茶园坡、野坡、砂子塘、桔园、梨子山、金地、白沙、金科园8个社区。东塘街道辖牛婆塘、枫树山、新雨、七里庙、芙蓉南路、东塘、省人大、政院、华银园、浦沅10个社区。圭塘街道辖长重、劳动东路、美林景园、体院路、圭塘、中南院、大塘、雨花家园、景程、泰安、金福12个社区，圭塘村、月塘村两个集体资产管理委员会和大塘湾实业有限公司。黎托街道辖辖广益、东澜湾、体育新城、黎锦苑4个社区，粟塘、合丰、潭阳、川河4个社区筹委会，花桥、大桥、平阳3个集体资产管理委员会。洞井街道辖高升、新城、商贸城、丰园、新裕、湘天、植物园、南庭、龙庭、歇马亭、星苑、天际岭12个社区，牛头、洞井、桃花、和平、鄱阳5个社区筹委会。井湾子街道辖冯家冲、赤岗岭、三湘、香樟路、德馨园、井湾子、融城苑、红星村、井湘、井圭路、井巷、井旺、湘莲、农博社区14个社区。东山街道辖东山镇、南雅、黎郡、黎雅4个社区，长托、黎托、东山、边山、侯照、渔场6个社区便民服务点。同升街道辖景环、同升湖、景环、古樟树、联盟、新聚园、仙姑岭6个社区，白田、洪塘、金井、新兴、同升、桃阳6个社区筹委会。跳马镇辖辖金屏、斑竹塘两个社区，跳马、关刀新村、杨林新村、复兴、三仙岭、石桥、喜雨、团然村、冬斯港、白竹、石燕湖、新田、田心桥13个行政村。

（刘科明）

【区治】 郊区区治位于人民中路245号，芙蓉路与人民路相交处的东南角，占地8229平方米。原有办公楼三栋，建筑面积9492.14平方米。因场地窄小，中栋办公楼于1991年下半年爆破拆除。1995年4月爆破拆除前栋办公楼，兴建综合楼。综合楼原设计为框剪结构，主楼28层，裙楼5层。因财力问题，1995年7月至1997年4月，建成主楼10层（地下三层，地上七层）、裙楼5层，建筑面积3万平方米。雨花区成立后，规划将区治从区的西北角迁建于区腹地。2002年2月与湖南弘欣置业有限公司联合，续建30层综合楼，面积2.6万平方米，由弘欣置业有限公司独资续建23层，其中8～14层归区政府所有，并将综合楼改成雨花大厦。

雨花新区治位于全区中心腹地，万家丽路与香樟路交汇处的东南角，东靠香莲路，南接玉竹路，西临火星大道（万家丽路），北傍香樟路。雨花区建区以后，原区治处在区的西北角顶端，且办公场地狭小，近半数的直属部门在区治外办公，群众到机关办事十分不便。同时，为加速雨花区腹地城市化进程，1997年12月，雨花区第一届人民代表大会一次会议提出抓好新区治的规划和建设，5年内完成整个机关搬迁的设想。2000年，新区治选址圭塘，2002年9月新区治奠基，2004年4月竣工。整个区治占地22万平方米，11个单体建筑，总建筑面积13.4万平方米。大院内还建有2万平方米的水、旱喷泉和1.2万平方米的山水园艺景观，大院西北角建有1.3万平方米水体喷泉和市民休闲广场。院区内绿化面积11.2万平方米，绿化率为53%。主楼及中心广场地下建有人防设施和356个车位的停车库。2014年，区政府接收位于香樟路的原湖南省武警总队直属支队营院改建为区政府“二办”，区民政局、区城市管理和行政执法局及其城市管理执法大队、区征地办公室、区食品药品安全监督管理局、区残联等单位迁往办公。（刘科明）

国民经济和社会发展

【综合】 2018年，雨花区经济发展质量和效益明显提升，主要指标稳居中部省会城区前列，综合实力跻身全国百强区第30位，较2017年上升1个名次，蝉联全省第一；工业实力排名全国百强区第19位；投资潜力排名全国百强区第15位，比上年上升两个名次。按含中烟湖南省工业公司口径实现地区生产总值（GDP）1330亿元，增长8.5%。按含中烟湖南省工业公司口径核算，全年实现地区生产总值（GDP）1888.16亿元，同比增长7.8%。其中，第一产业实现增加值5.28亿元，同比下降4.5%；第二产业实现增加值944.18亿元，同比增长4.7%，其中第二产业实现增加值901.96亿元，同比增长0.6%，第三产业实现增加值938.70亿元，同比增长11.5%。一、二、三次产业分别拉动GDP增长0、2.5、5.3个百分点，三次产业结构比为0.3 ∶ 50 ∶ 49.7，对GDP增长的贡献率分别为—0.2%、32.4%、67.8%。实现一般公共预算收入158.31亿元，同比增长7.1%。其中税收收入134.52亿元，占一般公共预算收入的比重84.9%，较上年提高2个百分点，非税下降14%。实现地方一般公共预算收入54.69亿元，同比增长2.6%。一般公共预算支出84.99亿元，同比下降4.3%。

（柳　旻）

【人口】 2018年，雨花区年末常住人口为92.74万人。其中，男性46.09万人，女性46.65万人，城镇化率为97.7%。户籍总人口为72.08万人。其中，城镇人口68.01万人，乡村人口4.07万人；男性35.53万人，女性36.55万人。出生9901人，人口出生率为14.04‰，自然增长率7.11‰；死亡4806人，死亡率6.06‰。（柳　旻）

【农业】 2018年，雨花区传统农业退出历史舞台，现代都市农业成为雨花农业的新面貌，以全域旅游为统揽，建设美丽乡村，北部跳马镇，初步形成布局美、产业美、环境美、生活美、风尚美的乡村格局；中心城区神农茶都文化产业园，是做茶业运营平台，打造集购物、品茗、休闲、旅游为一体的文化消费综合体。农林牧渔服务业总产值8.24亿元，同比下降4.5%，其中农业总产值7.54亿元，同比下降4.8%；林业产值为133万元；牧业总产值0.15亿元，同比下降2.6%；渔业总产值0.15亿元，同比下降3.6%；农林牧渔专业及辅助性活动产值为3950万元，同比下降6.2%。（柳　旻）

【工业和建筑业】 2018年，雨花区重点打造新能源汽车、机器人、电子信息等产业集群，以新能源汽车及零部件主导产业、机器人及智能装备特色产业为代表的智能产业蓬勃发展，雨花经开区跻身全省一类园区，成为“国家新型工业化产业示范基地（汽车产业）”“湖南工业机器人产业示范园区”全省唯一的“机器人产业集聚区”，长沙市人工智能及机器人产业链布局要求，人工智能及机器人企业增至190家，实现产值87亿元，增长28%。按含中烟公司长沙卷烟厂部分口径核算，全区实现规模工业总产值1235.06亿元，同比增长10.6%；规模工业增加值812.28亿元，同比增长5.5%。按含长沙卷烟厂口径核算，全区实现规模工业总产值614.35亿元，同比增长17.2%；规模工业增加值300.73亿元，同比增长5.6%。剔除中烟公司（不含两烟）实现规模工业总产值368.85亿元，同比增长26.8%。雨花经开区实现规模工业总产值335.03亿元，同比增长30.8%。

全年具有建筑业资质等级的企业完成建筑业总产值1698.32亿元，同比增长12.2%。其中，在外省完成的产值为1045.61亿元，同比增长6.8%。2018年建筑业实现增加值130.45亿元，同比增长6%。建筑施工面积15560万平方米，同比增长15.6%。（柳　旻）

【固定资产投资】2018年，雨花区完成重大项目投资260亿元，为年度计划的130%。引进航天科技、西门子工业4.0创新中心、新城控股、绿地集团、苏商集团、万科泊寓、步步高、大族激光等500强项目8个。实现固定资产投资固定资产投资同比增长10.0%，其中房地产开发投资同比增长14.2%。全区实现商品房销售面积273.91万平方米，同比下降18.3%，其中住宅销售面积231.83万平方米，同比下降12.8%；实现商品房销售额289.53亿元，同比下降5.9%，其中住宅销售额234.29亿元，同比增长1.3%。（柳　旻）

【国内贸易】2018年，雨花区实现实现社会消费品零售总额761.24亿元，同比增长8.4%，增速较上年提升3.6个百分点。按经营地统计，城镇零售额750.67亿元，同比增长8.3%；乡村零售额10.57亿元，同比增长15.7%。按行业统计，批发业实现零售额89.88亿元，同比增长8.2%；零售业实现零售额608.72亿元，同比增长8.2%；住宿业实现零售额5.23亿元，同比下降10%；餐饮业实现零售额57.41亿元，同比增长13.1%。限额以上单位实现社会消费品零售额272.97亿元，同比增长4.4%，占社会消费品零售总额的35.9%。大型商品交易市场稳定发展，全区拥有亿元以上商品交易市场11个。在限额以上批发零售单位零售额中，粮油、食品类同比下降13.1%；服装、鞋帽、针纺织品类同比增长3.0%；化妆品类同比增长1.8%；金银珠宝类同比增长13.6%；体育、娱乐类同比下降3.5%；中西药品类同比下降19%；石油及制品类同比增长37.4%；通信器材类同比下降37.4%；家用电器和音像器材类同比下降10.3%；汽车类同比增长7.2%。（柳　旻）

【对外经济和旅游】2018年，雨花区实现进出口总额（海关口径）11.87亿美元，同比增长13%。其中，出口总额10.87亿美元，同比增长14.3%；进口总额1亿美元，同比增长0.95%。实际利用外资7.44亿美元，同比增长7.6%；实际到位省外境内资金145.07亿元，同比增长17.5%。新签对外承包工程、劳务合作和设计咨询合同金额1.85亿美元，同比增长349.1%；实现营业额3.62亿美元，同比增长43.9%。实现旅游总收入381.14亿元。国内旅游人数为3156.41万人次，实现国内旅游收入372.49亿元，境外入境人数27.48万人次。（柳　旻）

【其他服务业】2018年，雨花区规模以上其他服务业企业共279家，营业收入合计为370.84亿元，同比增长12.3%，利润总额7.47亿元，同比增长8.5%，平均从业人数为6.15万人。（柳　旻）

【教育和科学技术】2018年，雨花区拥有普通高中4所，初中学校15所，增加1所，普通小学73所，增加2所，幼儿园200所，增加13所。普通高中在校生5277人，初中在校生20555人，普通小学在校生82196人，幼儿园在园幼儿35970人。全区各类民办学校109所，在校学生37612人。小学适龄儿童入学率100%，初中适龄人口入学率100%，高中阶段教育毛入学率100%。落实义务教育保障资金10.64亿元，同比增长8.6%。义务教育阶段合格学校建设8所。新（扩）建学校及公办幼儿园12所，提质改造标准化学校26所，新增优质学（园）位1.3万个。收回小区配套幼儿园53所，新增普惠制幼儿园学位9600个。超大班额全部化解。入选全国2018年校园足球“满天星”训练营，获评全国中小学校责任督学挂牌督导创新区。

新认定高新技术企业120家，实现高新技术产业增加值788.77亿元，同比增长12.7%；高新技术产业增加值占GDP比重提升4个百分点。稳步推进省知识产权强区创建，出台发明专利扶植政策，完成发明专利申请1350件，办结假冒专利案件74件。专利申请4395件，同比增加567件；授权专利2733件，同比增加334件；签订技术合同212项，同比增加2项，技术合同成交金额同比增长12.9%。（柳　旻）

【文化体育卫生】2018年，雨花区艺术表演团体26个，文化馆1个，公共图书馆1个。全年放映农村公益电影684场。档案馆1个，已开放各类档案1.3万卷（件）。开展全民健身项目34项次，全区全民健身运动参加人数60.8万人。年末拥有各类体育场16个，体育馆12座，运动场40个，游泳池26个。全力推进“书香雨花”建设，建成社区示范性综合文化服务中心10个，雨花非遗书院、和+共享图书馆投入使用。

2018年，雨花区拥有卫生机构534个。卫生技术人员18367人，同比增长4%，注册护士2840人，同比增长24.9%。医院、卫生院56个，床位1607张；社区卫生服务中心11个，床位590张；疾病预防控制中心、卫生监督检验机构、妇幼保健院各1个。完善基层医疗卫生体系，组建家庭医生工作室20家、家庭医生团队145个。实施居民健康“百千万”行动，打造居民健康场所100个，全省首家区级健康教育馆投入使用，成功创建全国流动人口基本公共卫生计生均等化服务示范区、全省首个全国健康促进区。（柳　旻）

【环境保护】2018年，雨花区扎实推进生态治理。全力配合中央环保督察“回头看”和省级环保督察，高度重视问题整改，群众举报件办结率100%。全面完成第二次全国污染源普查清查、入户、录入工作。全面完成绿心地区155家工业企业退出任务，落实生态基础性补偿区级资金1300余万元，推进矿山矿洞生态修复9处。打好“蓝天保卫战”，推进环保网格化管理，全面落实“六控”“十严禁”举措，狠抓特护期污染防治。空气优良天数270天，优良率76.9%，$PM_{2.5}$同比下降8.3%，PM_{10}同比下降

20.3%。打好“碧水保卫战”，压实区、街镇、社区（村）三级河长责任，发现并办结各类问题237个。完成圭塘河清淤疏浚9.2千米，实现跳马集镇全截污，全面启动同升湖片区综合整治、石碑大港智能化排口改造、劳动路北泵站建设。圭塘河水质连续4个月达到Ⅲ、Ⅳ类，浏阳河（雨花段）水质稳定达到Ⅲ类。圭塘河黑臭水体治理通过生态环境部、住建部专项督查，治理经验在全国推介。雨花区拥有烟尘控制区5个，面积47.60平方千米；环境噪声达标区3个，面积28平方千米。总体水质满足Ⅲ类、Ⅳ类、Ⅴ类标准的断面比例各33.3%。空气质量良好天数为277天，空气质量达标率76.9%；工业项目环保“三同时”执行合格率100%；工业固体废物综合利用率100%；城市生活垃圾无害化处理率100%；开工各类水利工程355处，同比增长73.2%，投入资金10662.34万元，完成土石方38万立方米。农村居民安全饮水率100%。城市公园绿地面积337.02万平方米，同比增长18.8%。

（柳　旻）

【安全生产】2018年，雨花区安全生产事故4起，死亡人数4人，亿元GDP生产安全事故死亡人数0.0029人。道路交通事故111起，同比下降1.8%。

（柳　旻）

【人民生活】2018年，雨花区城镇居民人均可支配收入达54522元，同比增长8.3%。其中，工资性收入28259元，经营净收入8135元，财产净收入4813元，转移净收入13315元。城镇居民人均消费支出为44948元。分类别看，食品烟酒消费11354元，占比25.26%；衣着消费2734元，占比6.08%；居住消费8503元，占比18.92%；生活用品及服务消费5776元，占比12.85%；交通通信消费4087元，占比9.09%；教育文化娱乐服务消费8488元，占比18.88%；医疗保健消费3158元，占比7.03%；其他用品和服务消费848元，占比1.89%。城镇住户年末每百户家庭拥有家用汽车65.5辆，家用电脑120台，接入互联网的计算机116.7台。人均自有住房面积40.4平方米。

（柳　旻）

【社会保障】2018年年末，雨花区城镇登记失业率2.06%，同比下降17.6%，实现失业人员再就业7757人。新增就业1.6万人，同比增长1.2%。其中，城镇新增就业1.55万人，同比增长2.1%。城镇职工基本养老保险参保人数17.79万人，城乡居民社会养老保险参保人数6.71万人，工伤保险参保人数13.1万人，失业保险参保人数12.12万人，生育保险参保人数12.94万人。

全区各类收养性社会福利单位收养人员941人，床位数1315张。城镇各种社区服务设施1019个，其中综合性社区服务中心126个。筹集社会福利资金430.6万元，直接接受社会捐赠85万元。全年发放城镇居民最低生活保障经费1956.02万元，城镇居民得到政府最低生活保障人数为3792人；发放农村居民最低生活保障经费416.6万元，农村居民得到政府最低生活保障人数为914人。农村低保覆盖率100%。棚户区改造3079套，同比增长45.24%。实现失业人员再就业6500人；全年新增就业人员1.58万人，其中城镇新增就业人员1.52万人。按区级口径计算，年末城镇基本养老保险参保人数为14.22万人，其中在岗职工参保人数12.41万人，退休人员参保人数1.81万人；参加工伤保险职工人数为11.56万人；参加失业保险职工人数为10.07万人；参加生育保险职工人数为10.67万人。

（柳　旻）

【城市品位】2018年，雨花区有效提升城市功能。纵深推进高铁会展新城项目拆迁扫尾，合丰两安商业地、合丰合作开发地、红旗路立交、黎托南路等一批重点项目实现清零；新城控股吾悦广场、绿地长沙城际空间站等启动建设。红星片区城市设计和控规修编取得阶段性成果，社会资本招标、征拆前期工作有序推进，城投9号地成功出让。圭塘河井塘段城市双修及海绵示范公园开工建设，生态景观区二期、三期工程全面竣工。雅塘片区洞井路、曙光路建成通车，雅塘冲路、车站南路启动建设，中城苑保障住房一区基本建成，雅塘村社区棚改项目完成拆迁腾地，石马公墓、回民公墓全部实现外迁，石马文化公园启动建设，东方红小学主体完工。跳马片区全面落实乡村振兴战略，成功纳入长沙南部片区战略规划，全面完成全国农村集体产权制度改革试点。以全域旅游为统揽，建设美丽乡村，稳步推进“五治”，喜雨村、石燕湖村等4个村创建市级美丽乡村示范村。社会资本参与精品民宿建设趋势良好，天石山庄民宿正式营业。浏阳河曙光垸大堤整治工程有序推进。电商物流园项目建设成效初显，新平路、柳树塘路、侯照北路建成通车，牛角冲路、侯照南路、侯家冲路基本建成。普洛斯、红星全球采购中心项目一期基本建成，宝湾、万科物流项目开工建设。主动服务地铁、湘府路快速化改造等省、市重点工程建设，扎实做好征拆、交通组织、施工环境保障等工作。圭塘路四标、嘉胜路、美联路等10条市政道路建成通车，小林子冲路、玉竹路、紫薇路等14条支路街巷完成提质改造，县道047、县道049改造任务基本完成。白田变电站、地铁5号线变电站、花容路等20个集体土地项目拆除腾地；华云、小林子冲、华狮二期等10个棚改项目拆除腾地。高桥、大塘等4个城中村完成改造，63个社区完成改造、实现提质。精准实施“一圈两场三道”建设，打造“15分钟生活圈”31个，完成项目建设200余个；新（改）建农贸市场15个、停车场36个；建成人行道118千米、自行车道57千米、文化步道1.7千米、健身步道1条；建成及提质改造垃圾站19座、公共厕所24座；在全市率先推出“15分钟生活圈”电子地图。提质京港澳雨花北互通绿化，完成新河路、鑫雅路等林荫道路建设，建成和平社区公园、雨花游园、仙岭游园等休憩场所，新增绿地34.55公顷。深化城市网格化管理，持续开展最严城管执法，严管重罚垃圾焚烧、渣土乱倾乱倒、违法建设和影响市容秩序行为，办理案件1.2万件，拆违20.1万平方米，整改违法用地77宗，清理闲置土地21宗。完成装修与大件垃圾资源化利用项目建设，公共机构垃圾分类、53个社区生活垃圾分类试点有序推进，生活垃圾量同比下降14.73%。雨花经开区完成环保大道、万家丽路等主干道提质改造，园区形象明显提升。（柳　旻）

深化改革

【概况】2018年，雨花区委改革办围绕区委全面深化改革工作目标和重点，完成10项重点攻坚改革事项和28项统筹实施改革事项。重要领域和关键环节改革取得突破，城市基层党建体制机制创新、“最多跑一次”、学前普惠教育改革工作走在全市前列；推进农村集体产权制度改革试点工作，率全省之先出台《农村集体产权制度改革工作方案》；企业上市服务体制机制创新、圭塘河井塘段城市“双修”及海绵示范公园建设、实施环保网格化管理、推进火车南站“智慧站区”建设管理、统一战线“双联双创”系列活动、创新楼宇经济发展模式获得省、市领导及相关部门肯定；高桥大市场采购贸易方式试点申报工作得到国家七部委联合批文。雨花区对全区38项改革任务，建立项目推进机制、动态考核机制、督查问责机制，将责任落实到部门、到岗位、到个人，形成改革“时间表”“路线图”“责任书”。区委书记、区委全面深化改革领导小组组长每季度主持，召开1次区委全面深化改革领导小组会议，推动重大改革项目落地；区委改革办每季度召开全面深化改革推进会1次，按月对标对账，找问题、定方向、明目标，确保各项改革任务顺利实施。组织召开全面深化改革专题培训班，邀请省委改革办专职副主任罗云寿、市委改革办常务副主任吴德峰为全区涉改部门单位及13个街道（镇）的分管领导及专干进行授课，启迪广大干部群众的改革思维方式和工作方法。组织改革优秀案例评选。开展“全面深化改革成果奖”和“全面深化改革创新奖”评比活动，提高各部门、各街道（镇）基层探索的积极性和主动性，通过鼓励改革、鼓励创新，把全面深化改革渗透到全区各系统、各领域、各层级，形成工作合力。组织开展改革开放40周年改革成果展暨优秀案例评选活动，通过大众评选、专家评选出“雨花区十大改革创新优秀案例”，在飞梦雨花微信公众号设立专栏、微信群、雨花政务网、雨花手机报等栏目向全区及时通报和宣传推介；组织拍摄“飞梦雨花·梦想直达”改革开放40周年宣传片；向省、市委改革办报送并采纳《改革简报》4篇，《庆祝改革开放40周年——开放雨花梦想直达》被《湖南日报》《长沙晚报》专题报道，形成强大声势和浓厚氛围。（李　灿）

【区委全面深化改革委员会领导小组第十八次会议】2018年1月15日，雨花区委书记张敏主持召开区委全面深化改革领导小组第十八次会议，学习贯彻中央和省、市最新改革精神，总结2017年改革工作，部署2018年改革重点。张敏强调，2018年是改革开放40周年，要增强改革的思想自觉和行动自觉，以“钉钉子”精神推进改革，要科学谋划、精心部署，确保抓一项、成一项，要在精准对焦中狠抓改革落实，把改革举措转化为发展推动力和群众获得感。会上，区委改革办及各改革专项小组组长汇报2017年工作成效及2018年工作思路；审议雨花区“2018年为改革点题”项目。会议指出，2017年以来，区委改革办和各涉改单位围绕《雨花区委深改组2017年工作要点》的目标和重点，推进9大类35项85小项改革任务，深入推进15个重点改革项目，全区改革工作呈现出有地位、有进步、有特色的局面。张敏强调，要领会精神，理清思路，深刻领会中央和省委、市委改革精神，一开年就要将改革重点事项与上级深度衔接；要聚焦重点，精准突破，盯紧改革重点领域、关键环节，实行精准突破，让改革创新成果在全国、全省有声音、有影响，可复制、可推广；要守土有责，担当使命，做到明责、尽责、问责；要宣传推介，放大效应，在改革中发现、培养、放大典型，总结推广全区改革过程中的特色和亮点，积极向上汇报，力争全区改革特色、亮点工作得到中央和省、市层面的肯定与推介。（李　灿）

【区委全面深化改革委员会领导小组第十九次会议】2018年5月21日，雨花区委全面深化改革领导小组第十九次会议召开，区委书记、区委全面深化改革领导小组组长张敏主持，传达学习中央、省委、市委深改委（组）会议相关精神，研究审议全区群团组织改革等工作。会议听取全区群团组织改革等相关工作汇报，审议通过《中共长沙市雨花区委全面深化改革领导小组2018年工作要点及责任分工》《雨花区2017年度全面深化改革创新成果奖名单》和《雨花区2017年度全面深化改革先进单位和先进个人名单》，以及全区群团组织改革等相关文件。会议强调，全区各责任单位要以习近平新时代中国特色社会主义思想为指导，全面贯彻党的十九大精神，强化省会城区意识、省会城区担当，以钉钉子精神，把全面深化改革推向纵深。2018年雨花区全面深化改革工作，要从推动雨花高质量发展的现实角度，从人民群众的期盼热度，增强深化改革工作的紧迫感，下定决心，攻坚克难。要紧盯改革重点，扎实推进，改出实效，责任领导和牵头单位要加大研究力度、调度力度、部署力度、推进力度。要加快推进改革节奏，不能等一等、看一看。要提高改革质量，对确定的改革事项，真抓实干，拿出管用措施，务求实效。全区各专项小组、各涉改部门及街镇，要主动担负改革的主体责任，主动谋、扎实抓、真正改，抓好改革的组织实施，细化分解任务，明确时间节点，层层压实责任，稳妥推进。要跟踪督察改革的落实情况，推介改革亮点和经验，真正将深化改革各项工作落实见效。（李　灿）

【雨花区全面深化改革培训班】2018年9月29日，雨花区举办全面深化改革专题培训班。区委常委、区委办主任、区委改革办主任周海毅作开班动员讲话，要求全体参训学员要充分认识全面深化改革专题培训学习的意义，珍惜难得的学习机会，不断提高改革工作的质效，努力推动全面深化改革再上新水平。湖南省委改革办专职副主任罗云寿作题为《把改革进行到底》的专题辅导，围绕“提高政治站位，树立战略思维，健全工作机制，大胆试点探索，坚持真督实察”五个方面，系统阐述全面深化改革的重大意义、目标任务、面临形势和总体要求以及改什么、怎么改的问题。长沙市委改革办常务副主任吴德峰作题为《一线改革者的系统性思维模型》的专题辅导，通过生动活泼的事例，精度和深度的理论支持，启迪广大干部群众的改革适应的思维方式和工作方法。参训人员评选“雨花区十大改革创新优秀案例”。（李　灿）

精神文明建设

【品质雨花建设】　2018年，雨花区打造具有浓郁地方特色的区域品牌形象，组织策划“开放雨花 梦想直达”雨花LOGO、H5页、VI系统、宣传片、核心区域精准宣传等“七位一体”社会宣传。深入宣传习近平新时代中国特色社会主义思想和中共十九大精神，认真做好庆祝改革开放40周年等主题宣传。开展丰富多彩的文明创建活动，每天下发1期工作简讯，督促各街镇社区通过公益广告、LED显示屏、微信短信等渠道，依托社会主义核心价值观主题阵地、市民学校等阵地向辖区群众宣讲创建工作。在重要节点倡导文明风尚，春节期间制作H5《致回家的我们》，点击量7万余次，中元节期间通过“飞梦雨花”微信公众号、手机报等形式下发文明祭祀倡议书，年度测评期间将排队礼让、移风易俗、文明养宠等文明要求制作为美篇、快闪视频，一天内点击量1.1万余次。（柳美丽）

【文明创建】　2018年，雨花区制定下发《雨花区2018年精神文明建设“七大工程”实施方案》《雨花区2018年精神文明建设“六大”综合管理整治行动实施方案》，重点实施推进社会主义核心价值观培育、典型推介、未成年人思想道德建设、示范阵地品牌打造、志愿服务提升引领、文明行为倡导、不文明行为整治“七大工程”，开展“牛皮癣”、网吧禁烟、建筑工地、农贸市场、户外广告、乱停乱放等六大专项整治行动，确保创建工作有思路、有计划、有方向。打造品牌阵地，培育浦沅、井巷、香南郡3个区级精神文明建设品牌社区，辐射和带动全区文明创建水平提升。湖南省志愿服务联合会项目协作中心落户雨花区。每月推出1个以上文明行为主题，由各街镇、相关部门牵头认领、组织承办。开展文明诚信、文明礼仪、文明出行、文明家风、文明家庭、移风易俗等主题活动12次，承办市级活动79次，主办区级活动178次。其中井盖涂鸦创意宣传环保理念、未成年人百米长卷手绘活动、“新时代身边雷锋”先进事迹报告会等20余个特色活动被中国文明网要闻专题报道。中国文明网要闻报道累计32条，发表经验文章13篇。制定《2018年雨花区文明创建绩效考核办法》，健全目标考核、督促检查、情况通报、奖优罚劣等各项制度，每季度对各街镇和相关部门开展工作考核，每次督查、每项工作成效按比例计入年终考核成绩，下发区督查通报21期。完善《雨花区文明城市建设以奖代拨经费实施细则》，为文明创建工作提供强有力的经费保障。在国检、省检期间，区委、区政府主要领导率先垂范，抓调度、抓督查、抓落实。专门成立文明创建迎检指挥部，坚持每天一调度，确保问题及时解决，工作有序推进。迎检期间，实行工作人员轮班制，确保24小时值守，做到领导联点到位、人员铺排到位、排查整改到位、责任落实到位，依据国检标准，开展联合执法8次、专项整治47次，整改问题628个，整改率100%。开展城乡环境“四洁”活动，全区60余个区直部门、13个街镇、上万名经营户、辖区群众和企业单位全面参与，确保主次干道、背街小巷、小区楼栋和辖区单位环境清洁全覆盖、无死角。完成国检任务，为保住长沙文明城市金字招牌贡献了雨花力量。（柳美丽）

【志愿服务活动】　2018年，雨花区深化学雷锋志愿服务活动。志愿服务提升引领，志愿者注册11.5万人。以党员进社区等为平台，推进党员、机关干部积极开展志愿服务活动，开展志愿服务活动321场，学雷锋主题活动363场，形成志愿服务的雨花模式。开展排队礼让传播活动、文明礼让座谈会、文明礼让宣讲会系列主题活动，不断壮大排队礼让劝导员队伍，在高铁南站、新建西路口、长岭路口、石燕湖风景区等人流量大的站点开展排队礼让活动千余次，打造牛婆塘社区等精品排队礼让示范点。培育和践行社会主义核心价值观，深入推进社会主义核心价值观项目建设，在原有《歌唱社会主义核心价值观》歌曲进校园、进社区、进企业、进商超的基础上，扩大歌曲的传唱范围，将原创歌曲作为KTV待机曲目和网吧待机页面。开展第二届《歌唱社会主义核心价值观》广场舞比赛和社会主义核心价值观主题征文比赛等丰富的活动，做到核心价值观无处不在、无时不有。“他乡美俱乐部关爱外来务工人员志愿服务项目”获评全国最佳志愿服务项目；东塘街道田胜华家庭获评全国“最美家庭”。成功推评“中国好人”1名，“湖南好人”4名、“长沙好人”11名、“感动中国之感动湖南人物”1名，湖南省“优秀志愿者”1名、长沙市“新时代好少年”3名，评选雨花区首届道德模范（提名奖）20名，“雨花好人”10名，第二届区级文明家庭36户，文明校园5个。（柳美丽）

【未成年人工作】　2018年，雨花区完善社区家庭教育辅导站、社区未成年人心理健康辅导站建设，健全区、街、社区（学校）三级心理辅导体系，实现未成年人心理健康教育网络化和全覆盖。邀请心理咨询师为所有街镇社区专干开展专业知识培训，强化未成年人心理健康辅导队伍建设。开展文明校园创建活动，区委宣传部、区教育局每月开展1次文明校园创建工作专项督查。打造市级未成年人心理健康辅导示范站2个，市级家庭教育服务示范站1个，市级乡村学校少年宫1个，市级文明（标兵）校园10个。组织全区未成年人开展“扣好人生第一粒扣子”“经典诵读”“我们的节日”等主题教育实践活动200余次，承办长沙市新时代好少年学习宣传活动暨地铁“新时代好少年”启用仪式。（柳美丽）

【雨花区创建全国文明城市工作领导小组会议】 2018年2月2日下午，雨花区召开2018年创建全国文明城市工作领导小组会议，研究部署全年文明创建工作任务。区委宣传部副部长、文明办主任戴江南汇报全区文明城市创建工作情况，报告请求审议的相关事项，区委常委、宣传部部长余宏卿对请求审议的相关事项作进一步阐述和说明，各与会部门单位及领导小组成员发表意见。区委副书记、区长刘素月指出，要突出工作重点，重视创建细节，将文明创建各项任务落小落细落实，在农贸市场整治、文明施工、移风易俗等创建工作上加大力度，切实推动新时代精神文明建设取得新成效。区委书记张敏强调，要珍惜来之不易的荣誉，要牢树精益求精的理念，要凝聚共创共建的合力，进一步打造创建品牌，从市民素质提升、城市品质提升、创建基础巩固等方面铆足劲、下大力，为迎接新一轮文明城市“大考”打好坚实的基础。2018年全区文明创建工作要全面贯彻中共十九大精神，以习近平新时代中国特色社会主义思想为引领，坚持培育和践行社会主义核心价值观，紧紧围绕《全国文明城市测评标准》，压实责任、协调联动、着眼长效抓创建，突出全域创建、全程创建、全员创建，不断巩固创建成果，拓展创建内涵，延伸创建领域，切实推动新时代精神文明建设取得新成效。全体创建全国文明城市工作领导小组成员、有关区创建领导小组成员单位主要负责人及跳马镇、各街道党（工）委书记参加。 （柳美丽）

【雨花区文明创建工作推进会】 2018年10月11日，雨花区召开文明创建工作推进会，全方位安排部署文明创建工作。区委副书记、区长刘素月要求，文明城市是含金量最重、综合性最强、影响力最大的荣誉品牌，也是区域营商环境的重要指标，老百姓幸福感、获得感的主要体现。各部门单位务必提高站位、狠抓整改、压实责任、强化督查，全力以赴做好各项文明创建工作，上交文明创建年度人民满意答卷。 （柳美丽）

【张敏督查全区文明创建工作】 2018年12月10日，雨花区委书记张敏带队督查全区文明创建工作开展情况。张敏一行察看鑫华社区一站式政务大厅、综合文化服务中心、人民调解室、市民学校等场所，检查便民药品及设施配备情况；察看南雅中学学生食堂，了解消防安全、食品安全、卫生保洁等，叮嘱责任单位抓好抓实相关工作；察看凤凰园农贸市场，询问市场现状、经营秩序、购物环境等。张敏强调，要下好“绣花”功夫，确保责任到位、力量到位、整改到位，把创建文明城市的过程，作为提高群众文明素质的过程。要提高站位，提升认识，各街镇、部门要把文明创建摆在突出位置，对标对表，细化措施，逐项推进，确保责任到位、力量到位、整改到位。紧盯重点部位、重点场所、重点环节，对乱停车、流动摊贩、小餐饮违规经营、市民不文明交通行为等，开展集中整治和集中管控，着力补齐短板，确保落实见效；要适时开展“回头看”，务求细节过硬、过细、过关。要压实责任，履行属地责任和业务职责，“一把手”亲自抓、全面抓，确保取得实效；各部门不间断开展暗访督查，确保问题早发现、早解决。 （柳美丽）

群众工作

【概况】 2018年，雨花区继续推行区直部门和街道（镇）联点社区（村）、部门带队领导和群工队员每月27日、28日下社区（村）驻点制度，各联点单位和群工队员深入基层、深入群众，开展“结对认亲”“与群众交朋友·帮基层解难题”“民情大走访·实事大联办”等活动。走访1.2万余人次、慰问帮扶困难群众6000余人次，解决涉及小区物业管理、电力、公交线路、停车难、市政道路、安全隐患、生态环保、就业、农民工工资等民生问题1500余件。致力打造群众工作“民意快线”升级版，进一步丰富品牌内涵，创新工作载体，全面开展建设“民意快线服务联盟”。民意快线服务联盟”以社区（筹委会、村）群工站为基础，以社区（筹委会、村）党组织为核心，吸纳辖区内各级党政机关、各类企事业单位、群众团体、“两新”组织等各种资源形成“1+N”模式，通过组织联带、队伍联建、事务联商、实事联办，最大限度实现资源整合。各驻区单位和社会公益组织积极加入“民意快线服务联盟”，对社区事务定期进行会商，在信访维稳、社区建设、城市管理、环保攻坚、项目建设、扶贫帮困等方面积极配合、出谋划策、出钱出力，“民意快线服务联盟”在基层治理和中心工作的重要作用得到初步呈现，《湖南日报》《长沙晚报》等主流媒体对此进行报道。服务中心工作，4月，开展“践行群众路线，助力蓝天保卫”主题活动，发动万余名党员群众投入环保宣传和志愿服务；开展“践行群众路线，助力蓝天保卫——群众大家谈”活动，广大居民群众通过摄影、书画、诗歌、散文、快板等方式，倡导节能环保健康的生活方式，为全区“蓝天保卫战”营造良好的社会氛围。9月，开展“民情大走访，实事大联办”主题活动，组织联点部门、街道（镇）的党员干部走访居民群众和驻区单位，问计于民、问需于民，服务企业发展，服务项目建设，服务民生实事。11月，开展“助力环保攻坚”主题活动，重点收集和解决一批群众反映强烈的环保诉求和问题。12月，动员全区各联点单位和群工队员，全力配合做好迎接全国文明城市测评和“扫雪除冰”活动。 （向　斌）

组织机构及负责人名录

·中共雨花区委员会·

书　记　张　敏
副书记　刘素月（女）
　　　　陈永高
常　委　王清政
　　　　龚　畅
　　　　王维宁
　　　　邹春林
　　　　郭四军
　　　　余宏卿
　　　　周海毅
　　　　成　钢
　　　　王彦锋（7月免）
　　　　刘瑞平（9月任）

·雨花区人大常委会·

主　任　龚景顺
副主任　谢爱龙
　　　　杨　平（女）
　　　　杨仕斌
　　　　叶　松（女）
　　　　李劲松

·雨花区人民政府·

区　长　刘素月（女）
副区长　邹春林
　　　　黄健元
　　　　陈怀宇
　　　　王明玖
　　　　张良欣（2月免）
　　　　刘江红
　　　　易　静（女）
　　　　蔡泽敏（2月任）

·政协长沙市雨花区委员会·

党组书记、主席　冯聪龙
副书记、副主席　康长萍（女）
党组成员、副主席　彭可佳
副主席　周凌云（女）
　　　　廖云伟
　　　　罗艳辉（女）
党组成员、秘书长　彭谱诚

·雨花区人民武装部·

部　长　刘瑞平
政　委　牟作明（8月免）
　　　　胡　斌（8月任）
副部长　温利锋

·中共雨花区纪委、雨花区监察委员会·

区纪委书记、监委主任　王清政
区纪委副书记、监委副主任　谢国富
　　　　许耀明
区纪委常委、监委委员　傅丹成（女）
区纪委常委　张建平
　　　　谢新德
　　　　王　勇（3月任）
　　　　张　磊（9月免）
　　　　李　婷（女，9月任）
区监察委员会委员　宁　毅　王　勇
　　　　曾爱云（4月任）
区纪委办公室主任　李　婷（3月免）
区纪委信访室主任　黄　坚（3月免）
区纪委第一纪检监察室主任　刘诺奇（2月免）
区纪委第二纪检监察室主任　曾爱云（2月免）
区纪委第三纪检监察室主任　黄　洪（3月免）
区纪委第四纪检监察室主任　宁　静（3月免）
区纪委案件审理室主任　曾伟波（3月免）
区纪委党风政风监督室主任　张艳君（3月免）
区纪委监委办公室主任　何红辉（3月任，试用期一年）
区纪委监委第一纪检监察室主任　宁　璐（3月任）
区纪委监委第三纪检监察室主任　黄　洪（3月任）
区纪委监委第四纪检监察室主任　曾伟波（3月任）
区纪委监委第五纪检监察室主任　陈　集（3月任）
区纪委监委第六纪检监察室主任　张艳君（女，3月任）
区纪委监委案件监督管理室主任　李　婷（女，3月任）
区纪委监委案件审理室主任　宁　静（女，3月任）
区纪委监委信访主任　黄　坚（3—9月任）
　　　　刘显明（9月任，试用期一年）
派驻区委办公室纪检监察组组长　胡永谦
派驻政协机关纪检监察组组长　侯　莉（女）
派驻区委组织部纪检监察组组长　李　芳（女，2月免）
　　　　李　敏（女，2月任）
派驻区委宣传部纪检监察组组长　黄够多
派驻区委政法委纪检监察组组长　段　萍（女）
派驻区政府办公室纪检监察组组长　黎　薇（女）
派驻区发展和改革局纪检监察组组长　廖丽莉（女）
派驻区财政局纪检监察组组长　郭　勇
派驻区城乡建设局纪检监察组组长　陈　超
派驻区城市管理和行政执法局纪检监察组组长
　　　　刘中华

·长沙雨花经济开发区·

工委书记　郭四军
副书记、管委会主任　李国军（9月免）
　曾红鹰（女，9月任）
长沙市委副秘书长　洪　健（援藏，正县级）
委员、管委会副主任　李剑刚（11月任）
　邓　波
　熊建良（11月免）
委员、工会联合会主席、企业党委副书记　傅建辉
委员、纪工委书记　姜泽红
委员、纪检监察室主任　李逾之
委员、规划建设局局长　刘　庄（女）
委员、同升街道工委书记　张　建（兼）（3月免）
主任助理　黄　晶（7月任，挂职一年）
办公室主任　莫　伟（9月免）
　张　磊（9月任，试用期一年）
招商合作局局长　余　忠
招商合作局副局长　刘黎黎（女）
经济发展局局长　宁　丽（女）
经济发展局副局长　高志勇　董　卫
工务局局长　廖昌规
社会事务局局长　杜　江
社会事务局副局长　王　浪
企业党委专职副书记　张蛟龙

·区委党校（行政学校）·

校　长　陈永高（兼）
常务副校长　周　敏（女）
副校长　李富山
　毛玉生
　张新义
　龚剑新（兼）
教研室主任　龚剑新
办公室主任　蒋　平（1月免）
　邓集林（1月任）

·长沙火车南站地区综合管理办公室·

党工委书记、主　任　吴平辉
党工委委员、副主任　肖建璋
副主任　夏晓波
党工委委员、纪工委书记　游　伟
综合管理部部长　赵　灿（女，10月免）
　黄　磊（11月任）
社会事务部部长　李朝晖
执法协调部部长　邓文欢
综合管理部副部长　范年慧
社会事务部副部长　袁　首（女）
执法协调部副部长　陈建军

·区委工作机构·

区委办公室
主　任　周海毅
常务副主任　胡　开（9月免）
　周洪灵（9月任，试用期一年）
副主任　言自平（兼）
　钟　波（兼）（4月免）
　黄春艳（兼）（女）
　杨　平（女）
　谢冬波（兼）
　单东霞（兼）（8月任）
督查室主任　谢冬波
政研室主任　钟　波（4月免）
政研室副主任　单东霞
改革办副主任　刘　艺（女）
　殷　昊（8月免）
　罗　宇（女，8月任）
区群众工作指导办公室
主任　曾振环（2月任，试用期一年）
副主任　杨　莎（9月免）
　喻浩浩
　李　茜（9月任，试用期一年）
区委机要局局长　尹美娜（女）
区委机要局副局长　王晓华（8月免）
　李章博（8月任）
区接待办公室主任　黄春艳（女）
区接待办公室副主任　杨　莎（9月任）

区委组织部
部　长　龚　畅
常务副部长　苏　波（常务，8月免）
　刘　虎（常务，8月任）
副部长　刘　虎（8月免）
　喻思旭（兼）（女，12月免）
　喻思旭（女，12月任）
　李　敏（女，8月任）
　蒋多利（兼）（女）
　李杏仁（兼）（女）
部务会成员　张锡泉
　徐　安（女）
　肖　瑞

区委非公有制经济组织和社会组织工作委员会
书　记　刘　虎（8月免）
　李　敏（女，8月任）
副书记　徐　端（8月免）
　周　扬（女，8月任）
　方　婷（女）（8月任）
　黄金山（兼）

程　缅（兼）
尹江华（兼）

区委基层党建工作领导小组办公室

主　任　刘　虎（兼）（8月免）
李　敏（女，8月任）
副主任　李　娜（女）

区绩效考核工作办公室

主　任　喻思旭（女）
副主任　徐　安（女）

区党员干部现代远程教育管理中心

主　任　肖　瑞（8月任）

区人才队伍建设工作中心

主　任　肖　瑞（8月免）
贺　耀（8月任）

区委宣传部

部　长　余宏卿
常务副部长　李绍萍（女）
副部长　戴江南（兼）（女）
别必雄（2月任）
文明办主任　戴江南　（女）
文明办副主任　常　晖
新闻中心主任　苏继纯（2月免）
吴　喆（2—9月任）
李鳗芝（女，10月任）
文化产业发展办主任　彭　畅　（女，10月免）
未成年人办公室主任　别必雄（2月免）
开　拓（3月任，试用期一年）

区委统战部

部　长　成　钢
副部长　李　芳（常务）（女，2月任，试用期一年）
程　缅
区台办主任　唐荣欢（女）
党外人士服务中心主任　李登高（12月免）

区委政法委员会

书　记　王维宁
副书记　王恩铣（常务）
陈大勇
潘　武（兼）
防范办主任　陈大勇
防范办副主任　周　晨
综治办主任　王　强
综治办副主任　徐国武
李练红
维稳办主任　潘　武
维稳办副主任　黄建文

区直机关工委

书　记　王　坤
副书记　王　石（女）
黄文钦
纪委书记　刘铁山

区机构编制委员会办公室

主　任　章　波（女）
副主任　黄　超
事登局局长　张俊飞
实名制信息中心主任　邹希敏（女）

区委老干部局

局　长　蒋多利（女）
副局长　徐科华
李　奕（女）
王海军（2月任）
活动中心主任　李玉琴（女）

区信访局

党组书记、局长　言自平
党组成员、副局长　张贻俊
张　良
党组成员　黄　乐
张　奎
副局长　宁资国
陈　明（2月任）
王　卓（2月任，试用期一年）
陈石泉（挂职）（2月任）

区史志档案局

党组书记、局长　夏　杨
副书记、副局长　周红雨（女）
副局长　尹亿民

·区人大工作机构·

区人大法制委员会

主　任　刘松山

区人大财政经济工作委员会

主　任　仇　莹

区人大常委会办公室

主　任　朱映凯
副主任　贺　耀（8月免）
王赞谊（女，10月免）
周　宁（8月任）
佘宗龙（10月任）

区人大常委会内务司法工作委员会

主　任　刘松山
副主任　陈　伟（女）

区人大常委会教育科技文化卫生工作委员会

主　任　刘素娟（女，10月免）
邹开其（10月任）

区人大常委会农业农村工作委员会

主　任　何小林（10月免）
赵　灿（女，10月任）

区人大常委会城乡建设环境保护工作委员会

主　任　邹开其（10月免）

刘素娟（女，10月任）
副主任　黄意平（2月免）
蒋　平（2月任）

区人大常委会选举任免联络工作委员会

主　任　郭彤莉（女）
副主任　李晓梅（女，10月免）
王赞谊（女，10月任）

·区政府工作机构·

区政府办公室

主　任　刘昌军（4月免）
钟　波（4月任）
副主任　李　文
张辉煌（兼）
朱江梅（兼）（女）
彭　灿（女）
杨万敏（4月免）
石　华（4月任）
王铁龙
钟　波（兼）
周洪灵（兼）（10月免）
熊　灿
杨　胜
黄　桦（女，3月任）
黄　坚（兼）（10月任）
区金融办公室主任　李　文
区电子政务办公室主任　张辉煌
电政办副主任　叶　坚（2月任）
电政办总工程师　周观佑（聘）
区法制办公室主任　朱江梅（女）
区法制办副主任　周子贤
区政府督查室主任　钟　波
区政府研究室主任　周洪灵（10月免）
黄　坚（10月任）

区发展和改革局

党组书记、局长　贺　芳（女）
副书记、副局长　黄　杰
罗龙忠（9月免）
副局长　王庭松（1月任）
肖　英（9月任）
骆　毅（9月免）
党组成员、总经济师　周舞云（女）
党组成员　周秋国
赖庆龙（9月任）
区两型社会建设综合配套改革办公室主任
杨万敏（4月任，试用期一年）
副主任　王庭松（9月免）
龚　错（9月任，试用期一年）

区教育局

党委书记、局长　张新卫
副书记、副局长　李长青
许慧芝（女）
委员、副局长　谢述飞
委员、主任督学　朱紫彪（女）
委　员　李宏伟
刘翔贵（2月任）

区科学技术局（知识产权局）

党组书记、局长　易光明
副书记、副局长　周德平
副局长　黄小元
李江涛
佘　伍（女）

区城乡建设局

党委书记、局长　张学军
副书记、副局长　吴军红
党委委员、副局长　黎顺利（女）
党委委员、总工程师　孔建军
党委委员　罗　能
罗明军（2月任）
副局长　张忠顺（2月免）
李　勇（9月任）
区建筑工程质量安全监督站站长　湛　滨
区城乡建设执法监察大队大队长　谢志强（9月免）
严　磊（9月任，试用期一年）
区物业维修资金管理中心主任　王　冰（女）

区民政局

党组书记、局长　尹江华
副书记、副局长　汤　勇
区政府督办员　李应强
党组成员、副局长　周果平
欧阳伟军
副局长　余铁光
党组成员　赖庆龙（11月任）
区生活无着人员救助管理站站长　李　玲（女）
社会救助局局长　黎岳林（11月免）
赖庆龙（11月任）

区司法局

党组书记、局长　梁云伟
副书记、副局长　杨　涟（女）
副局长　姚万军
党组成员、副局长　吴振明
党组成员　贺立云
黄　滔（2月任）
党组成员、工会主席　胡东晖

财政局

党组书记、局长　周　宏
副书记、副局长　喻小健
党组成员、经开区财政分局局长　陈　清（女）

党组成员、副局长　张孟晗
方金莲（女）
副局长　张　柱
党组成员　文艺明
刘勇志（8月任）
区财政评审中心主任　黄　华
区国库集中支付管理局局长　刘勇志
区非税收入管理局局长　游　斌

区人力资源和社会保障局

党组书记、局长　李杏仁（女）
副书记、副局长　李金国
党组成员、副局长　颜怀亮
周亮（女）
党组成员、社保中心主任　肖跃武
党组成员　彭　彬（女）
李小冬（11月任）

区环境保护局

党组书记、局长　钟智宏
副书记、副局长　蒋朝东
副局长　刘佩良
王　强
周吉成
邹志军（12月任）
党组成员　邓光明

区商务和旅游局

党组书记、局长　舒　畅（女）
副书记、副局长　李泽友
党组成员、副局长　周　彬
陈　敏（女）
唐妙玲（女，12月任，挂职一年）
副局长　胡　凯（1月任）
宁　丽（女）
易　蓓（挂职）
李　奕（挂职）

区文化体育新闻出版局

党组书记、副局长　程　献
局　长　王　琳（女）
副书记、副局长　刘望峰（女）
党组成员、副局长　邓　波
党组成员　陈　珊（女）

区文化市场综合执法局

局　长　邓　波
副局长　李景明（女）
李士杰
区公共图书馆馆长　汤海清
区文化馆主任　唐天明

区卫生和计划生育局

党委书记、局长　周宏伟（女）
副书记、副局长　龚文波
党委委员、副局长　陈云清
武振刚
李春云（女）
罗　宁（女）
陈泽香
张丽娜（女）
副局长　陈　军（兼）
陈　谨（兼）
区红十字会常务副会长　陈　军

区疾病和预防控制中心

主　任　周建湘
书　记　李中华（女）
副主任　邓　婷（女，5月免）
王沙娅（女，5月免）
何　韬
黄　芬（女，9月任）
范文广（9月任）

区卫生计生综合监督执法局

支部书记　陈琳波（女）
局　长　黎雪军

区妇幼保健计划生育服务中心（妇幼保健所）

支部书记、所长　陈　谨（2月免）
尹　平（2月任）
副所长　张　玲（女）
刘建伟（女）

区审计局

党组书记、局长　罗春晖
副书记、副局长　吴海林
曾振环（2月免）
党组成员、副局长　周　群（女）
副局长　杨胜艳（女，1月任）
政府投资审计中心主任　蔡　栋

区农业林业水利局（区委农村工作办公室）

党组书记、副局长　陈　智
局　长　莫志刚（9月免）
陈伟奇（9月任）
党组成员、副局长　周　文（女）
石　浩
伍　勇
戴　阳（12月任）
党组成员、总工程师　刘　群（女）
副局长　向荣立（1月任）
戴　阳（11月任）

区食品药品监督管理局（区食品安全管理办公室）

党组书记、局长　韩　哲
副书记、副局长　王　强
党组成员　张海清
陈晓东
党组成员、副局长　宋　明
王　强
邱晓峰

李海舟
副局长 李志忠
魏学峰（12月任）
党组成员、稽查大队大队长 肖佐邦

区城市管理和行政执法局
党委书记、局长 石远康
副书记、副局长 张 勇
石 华（3月免）
副书记 喻鹏飞（兼）
委员、副局长 易恒良
副局长 周祖辉
李 浬（9月任）
赵红专（12月任）

区城管执法大队
党委书记、大队长 石远康
教导员 喻鹏飞
常务副大队长 周新元
副大队长 季正章
姜胜才
王衡初（9月免）
徐 浪（9月任）
党委委员 陶建华
徐 浪
田 莺（女，2月免）
张 靖（女）
冀治宇（2月任）

区经济和信息化局
党委书记、局长 易方顿
副书记、副局长 魏 然
党委委员 喻向东
副局长 吴海平
李跃权（1月任）
廖 莎（女）

区交通运输局
党组书记、副局长 陈春华（女）
副书记、局长 赵正坤
党组成员、副局长 谭 波（女）
罗 宇（女，9月免）
许用方（女）
赵 迪
副局长 杨国辉（9月任，试用期一年）

区统计局
党组书记、局长 刘 波（女）
党组成员、副局长 钱永刚
韩彬彬（女）
副局长 朱 慧（女）
党组成员 吕 伟（2月任）
普查中心主任 吕 伟

区民族宗教和外事侨务局
党组书记、副局长 谢 锋
副书记、局长 冯 粤（女）
党组成员、副局长 刘 霞（女）

区安全生产监督管理局（安全生产委员会办公室）
党组书记、局长 刘 归
副书记、副局长 王映东
党组成员、副局长 周克难
刘 伟
杨绍炎
杨飞宇（女）
喻海奎
党组成员 刘建新
副局长 杨自强 刘志伟

区人民防空办公室
党组书记、主任 彭劲宇
副书记、副主任 周小英（女）
黄国富

区住房保障局
党委书记、副局长 李伟才
副书记、局长 李 悦（女，9月免）
局 长 莫志刚（9月任）
副局长 何 军
付光雄
刘真烝（女）
党委委员 赵文武

区政务服务中心
党组书记、主任 李建华
副书记、副主任 吴敌之
易 强
副主任 袁鸿斌

区工务局
党组书记、副局长 李 博
副书记、局长 黄练文
副局长 李清红（女）
邓 卓
张达唯（挂职）
党组成员、副局长 胡祥松
王 扬（女，11月免）
涂柏林（女，11月任）
黎春风（女，9月免）
党组成员 雷灵军（2月免）
邓 卓（2月任）
总工程师 资 伟
总会计师 缪卉芬（女）

区城市房屋征收和补偿办公室
党组书记、主任 张希林
副主任 刘 琨（女）
党组成员、副主任 陈 锐（9月免）
钟吉星（9月任）

区征地办公室

党组书记、副主任　彭聪颖（女）
主任　吴海军
党组成员　彭　文
副主任　柏珍柱（9月任，试用期一年）
　刘贤兵（9月免）
　蒋福山
　黄子洋（女，挂职）

区机关后勤服务中心

党组书记、副主任　周佳祥
副书记、主任　陈伯华
党组成员、副主任　钟小平
　李普得
　王玉文
　李朝晖（女）
政府督办员　邱小定

区物业管理中心（雨花城市建设投资集团有限公司）

党组书记　刘双果（12月免）
副书记　董正军（12月免）
副书记　邓　友（女）（12月免）
　彭　晖（12月免）
主任、董事长　董正军
副主任、总经理　刘双果
副主任、副总经理　邓　友（女）
　彭　晖
　罗红星
　马　晖（女）
纪检组长　李俊龙

长沙雨花现代电子商务物流管委会
（长沙雨花现代物流中心开发建设有限公司）

党工委书记、董事长　李国庆
副书记、主任、总经理　黄　超
委员、副主任、副总经理　方明星
　肖建国
副总经理　邹　鑫

区棚户区改造工作办公室

主　任　黄红军
副主任　黄　河（8月免）
　胡　杨
　黄子彧（挂职）（女）
　张　康（8月任，试用期一年）

区现代服务业发展办公室

主　任　万　多
副主任　谢建姣（女）

区市容环境卫生管理局

党委书记、副局长　刘新辉
副书记、局长　黎大强
党委委员、副局长　何伟华（2月免）
　赖庆龙（9月免）
　周　扬（女，9月免）
　陈　锐（9月任）
副局长　罗志德
　高稳固（2月任）
　郑　谨（9月任，试用期一年）

区园林管理局

党委书记、副局长　刘鹏飞
副书记、局长　李　勇
副局长　杜令德
　唐术江
　余勇峰（9月免）
　杨　志
　于新鑫（2月任）

区市政工程管理局

党委书记、副局长　吴　喆（9月免）
　罗龙忠（9月任）
副书记、局长　陶静湘
副局长　孙三林
　宋兴武
　周清香（女）
　王志爱
　李　勇（9月免）
　骆　毅（9月任）

·政协工作机构·

办公室主任　彭谱诚
办公室副主任　侯　莉（女）
群团联络委员会主任　汤艳辉（女）
提案法制委员会主任　邓运娥（女）
人口资源环境委员会主任　谢国文
文化教育卫生体育委员会主任　谢淑贞（女）
经济科技委员会主任　袁　林

·长沙市雨花区人民法院·

党组书记、院长　凌　云
副书记、副院长　彭智勇
副院长　梁　平
党组成员、副院长　宋月清（女）
　肖述华
党组成员　钟红梅（女）
党组成员、执行局局长　黄　森
党组成员、跳马法庭庭长　聂志强
审判委员会专职委员　蒋忠良
　张朝晖

·长沙市雨花区人民检察院·

党组书记、检察长　马贤兴

副书记、副检察长 吴正文
党组成员、副检察长 李　勇
曾永清
副检察长 张明秀（女）
党组成员 杨　东
党组成员、专职委员 姜　农

·社会团体·

区总工会
主　席 杨　平（女）
党组书记、副主席 秦勇忠（9月免）
李　悦（女，9月任）
党组成员、副主席 谭洪波
刘　伟
副主席 杨金花（兼）（女，11月任）
党组成员 郭绍炎
区妇女联合会
主　席 周智婷（女）
副主席 刘　娣（女）
共青团雨花区委员会
书　记 余静雯（女）
副书记 钟之兴
傅　利（挂职）（1月任）
吴希欣（兼）（女，1月任）
徐　卓（兼）（1月任）
彭　泽（兼）（1月任）
工商业联合会（总商会）
主席（会长） 叶　松（女）
党组书记、副主席（副会长） 程　缅
副主席（副会长） 戴　鹰（女）
区残疾人联合会
理事长 张福新
副理事长 肖曙光
蒙正国
区归侨侨眷联合会
主　席 邹　霞（女）
副主席 唐　平（女）
科学技术协会
主　席 彭　知（女）
副主席 易海清（10月免）
朱紫彪（兼）（4月免）
翔　贵（兼）（4月任）
彭飞龙（10月任）

·垂直管理单位·

长沙市公安局雨花分局
党委书记、局长 黄健元
副书记、政委 杜　剑
副书记、副局长 汪　琨（10月免）
师建伟（10月任）
党委委员、副局长 金志勋
祝新喜
成劲林
何建文（11月任）
陈昌和
周　巍
李振宇
委员、副政委、纪委书记 范　竹
长沙市工商行政管理局雨花分局
党委书记、局长 王金山
副书记、副局长 蒋苏阳
委员、副局长 周雄伟
李小群
胡逐波
委员、纪委书记 蔡建双
长沙市雨花区国家税务局
党组书记、局长 吕雅君（7月免）
副书记、副局长 李文虎（7月免）
副局长 张　靖（7月免）
邓曙光（7月免）
彭　欣（女）（7月免）
饶玉华（7月免）
纪检组组长 董　谦（女）（7月免）
长沙市雨花区地方税务局
党组书记、局长 周　兵（7月免）
副局长 邓　明（7月免）
周　歌（女）（7月免）
冯　斌（7月免）
纪检组组长、副局长 张左文（7月免）
工会主席 郝　玲（女）（7月免）
国家税务总局长沙市雨花区税务局
党委书记、局长 周　兵（7月任）
党委副书记、副局长 吕雅君（7月任）
李文虎（7月任）
党委委员、副局长 邓　明（7月任）
张左文（7月任）
张　靖（7月任）
周　歌（女）（7月任）
冯　斌（7月任）
邓曙光（7月任）
彭　欣（女）（7月任）
饶玉华（7月任）
党委委员、纪检组组长 董　谦（女）（7月任）
工会主席 郝　玲（女）（7月任）
长沙市国土资源局雨花分局
党组书记、副局长 文新平
副书记、局长 朱　光
副书记、副局长 杨凌云

党组成员、副局长 执法大队队长　　张立强
党组成员、副局长　　汤　菁（女）
党组成员、纪检组组长　　邓　勇

长沙市城乡规划局雨花区分局

局　长　　李定平
支部书记　　全学文
副局长　　孔　昶
执法大队大队长　　刘朝晖
执法大队副大队长　　陆　君（女）

长沙市质量技术监督局雨花分局

局　长　　杨　忠
副局长　　汤正国
段佑长（1月免）
吴　冕（1月任）

长沙农商银行雨花支行

总支书记、行长　　张　锴
委员、副行长　　邓志刚
杨　军（7月免）
刘　维（9—12月任）
协理员　　张中豪

区交警大队

大队长　　李智文（11月免）
陶里新（11月任）
教导员　　余卫东（11月免）
李　乐（11月任）
副大队长　　邱　波（11月免）
张　星（11月免）
李　林
彭星顺
李　卫（11月任）
李拓宇（11月任）

区消防大队

党委书记、教导员　　高　涛
副书记、大队长　　刘立宪
副大队长　　刘　强

·民主党派·

民革雨花区工委

主　委　　陈　泽

民盟雨花区工委

主　委　　叶　松（女）

民建雨花区工委

主　委　　莫志刚

民进雨花区工委

主　委　　夏晓波

农工党雨花区工委

主　委　　罗发明

致公党雨花区工委

主　委　　易　静（女）

九三学社雨花工委

主　委　　吴海军

·街道（镇）·

雨花亭街道

工委书记　　张杰军
副书记、办事处主任　　王广安
副书记、人大工委主任　　杨　丹
副书记、政协联络处主任、武装部部长
吴　波（12月免）
副书记　　刘国华（兼）
工委委员、纪工委书记　　刘　娟（女）
工委委员、组织委员　　韦育华（2月任）
工委委员、办事处副主任　　许文智（9月免）
工委委员　　彭　伟
李　娜（女）（兼）
王振凯（兼）
办事处副主任　　韦育华（女，3月免）
鲁伏华
曹永忠
刘贤兵（9月任）
人大工委副主任　　周　智

高桥街道

工委书记　　向　星（女）
副书记、办事处主任　　罗　闽
副书记、人大工委主任　　刘曙林
副书记、纪工委书记　　李　勇（2月免）
陈燕武（2月任）
副书记　　肖　朗（兼）
工委委员、副主任、政协联络处负责人　　肖上峰
工委委员、副主任　　杨远高
李铁新
彭飞龙（8月免）
办事处副主任　　钟志良（挂职）
邓　卓（2月免）
周　剑（女）
何伟华（2月任）
黄　河（9月任）
人大工委副主任　　黄　庆（女）

左家塘街道

工委书记　　周建雄
副书记、办事处主任　　聂文涛
副书记、政协联络处主任　　常　曙
副书记　　喻思旭（女，2月免）
邓集林（2月免）
高文武（兼）
刘洛嘉（挂职）（5月免）
徐建文
工委委员、人大工委主任　　莫正文

工委委员、纪工委书记	王　炯
工委委员、组织委员	苏继纯（2月任）
工委委员、办事处副主任	余勇峰（9月任）
工委委员	李德祥（2月任）
办事处副主任	李德祥
	李鳗芝（女，11月免）
	李文昭
人大工委副主任	陈丹丹（女）

侯家塘街道

工委书记	王青春
副书记、办事处主任	刘助斌
副书记、政协联络处主任	陈　勇
工委委员、人大工委主任	喻伯正
副书记	喻运科
	黄　亮（挂职）（2月免）
副书记、纪工委书记	陈燕武（2月免）
	李　勇（2月任）
工委委员、组织委员	田　莺（女，2月任）
工委委员	杨建立
	孙　雷（2月任）
办事处副主任	孙　雷
	陈志刚
	陈　朔（2月免）
	沈　静（女）（挂职）
人大工委副主任	刘　炯（女）

砂子塘街道

工委书记	刘燕妮（女）
副书记、办事处主任	陈伟奇（9月免）
	苏　波（9月任）
工委委员、人大工委主任	朱海波
工委委员、政协联络处主任	石　斌
工委委员、纪工委书记	董玲玲（女，2月免）
	吴志坚（2月任）
副书记	彭　冰（兼）
	董玲玲（女，2月任）
工委委员、组织委员	朱旻芙（女，2月任）
工委委员、副主任	丁志勇
	黄　磊（2月免）
	吴志坚（2月免）
办事处副主任	谭　琰
	井　璟（9月任，试用期一年）
	谢志强（9月任）
人大工委副主任	朱旻芙（女，2月免）
	陈　伟（2月任）

东塘街道

工委书记	黄　金（女）
副书记、办事处主任	陈建良（9月免）
	胡　开（9月任）
工委委员、人大工委主任	黄利萍（女）
工委委员、政协联络处主任	宁世平
副书记	张　卫（兼）
工委委员、纪工委书记	邹建娇（女）
工委委员	王　况
办事处副主任	寻伟阳
	佘宗龙（12月免）
	刘伟峰
	匡喜乐（女）
人大工委副主任	陈　伟（2月免）
	黄金山（女，2月任）

圭塘街道

工委书记	肖向东
副书记、办事处主任	刘明生
副书记、政协联络处主任、武装部部长	昌名林
工委委员、人大联络处主任	黄　蔚
工委委员、纪工委书记	李应飞
工委委员、组织委员	彭　可（2月任）
工委委员	杨　柳（女）
工委委员、办事处副主任	罗飞跃
办事处副主任	陈　泽
	杨　勇
	彭　可（2月免）
	贺丽琴（女）
人大工委副主任	朱红梅（女）

黎托街道

工委书记	王润虎
副书记、办事处主任	段灿军
副书记、人大工委主任	胡国强
工委委员、办事处副主任、政协联络工作负责人	邹　鹏
副书记、纪工委书记	彭　芬（女）
副书记	李建军（兼）
工委委员、办事处副主任	张光祥
工委委员、组织委员	陈　朔（2月任）
工委委员	谈奕麟（5月任）
办事处副主任	邹轶亮
	舒　运（2月免）
	史　良
	王　磊
	黄　宇（挂职）
	开　拓（挂职）（2月免）
	张文斌（挂职）
人大工委副主任	兰川烨

洞井街道

工委书记	张小军
副书记、办事处主任	宋　电
副书记、人大工委主任	文健雄
副书记、武装部部长	王金柱
副书记、纪工委书记	李　敏（女，9月免）
副书记	石永强（兼）
工委委员、政协联络处主任	张　敬（9月免）

工委委员、办事处副主任、政协联络处负责人 万建军

工委委员、纪工委书记	杨　文（9月任）
工委委员	张　琳（兼）
	肖　骞（挂职）（12月任）
工委委员、组织委员	黄　磊（2—9月任）
	王　杨（女，9月任）
办事处副主任	周永浩
	孙军涛（3月任）
	张　莹
	张　睿（9月任）
	黄　桦（女）
	张　科（挂职）
	王微艳（女）（挂职）
人大工委副主任	周凭姿（女）

井湾子街道

工委书记	肖司昊（9月免）
	龙峥嵘（9月任）
副书记、办事处主任	龙峥嵘（9月免）
	陈建良（9月任）
工委委员、人大工委主任	陈　昊
副书记、政协联络处主任、武装部长	李　卫
副书记、纪工委书记	陈　琳（女）
副书记	罗　跃（兼）
	王曙光（兼）
工委委员、组织委员	曾　频（女，2月任）
工委委员	黄　滔（2月免）
工委委员、办事处副主任	许文智（9月任）
办事处副主任	杨铁辉
	曾　频（女，2月免）
	刘舜乾
	黄　芳（女）
	许　浩（挂职）（2月免）
人大工委副主任	黄赤松

同升街道

工委书记	张　建（3月免）
	刘昌军（3月任）
副书记、办事处主任	邓　星
副书记、人大工委主任	曹旭鑫
副书记、政协联络处主任、武装部部长	陈　明
副书记	陈乾坤
副书记、纪工委书记	王红艳（女）
工委委员、办事处副主任	冀治宇（2月免）
	侯　宇
	雷灵军（2月任）
	刘革新
工委委员	王东山（兼）
办事处副主任	刘小龙
	师　俊（挂职）
人大工委副主任	王　宇（女）

东山街道

工委书记	杨钦涵
副书记、办事处主任	周少敏
副书记	刘泳麟
工委委员、人大工委主任	张　浩
工委委员、政协联络处主任	李　继
委员、纪工委书记	杨　文（9月免）
	张　敬（9月任）
工委委员、组织委员	孙俊宗（2月任）
工委委员、副主任	黎　华
	王　芳（女）
办事处副主任	孙俊宗
	杨国辉（挂职）（9月免）
	许　浩（2月任）
人大工委副主任	谭振波

跳马镇

党委书记	谭爱兵
副书记、镇长	刘志平
副书记	黄杰刚
	张业武（挂职）
党委委员、人大主席团主席	陈　萍（女）
党委委员、政协联络处主任、副镇长	林中胜
党委委员、纪委书记	黄杰刚（3月免）
	乔雪峰（3月任，试用期一年）
党委委员、副镇长	张四平（女）
党委委员、组织委员	文霄乾
人大主席团副主席	李　奕
副镇长	肖　英（女，8月免）
	张新良
	殷　浩（9月任）

中共雨花区委员会

重要会议

【区委全体会议】 2018年，中共长沙市雨花区委员会第五次代表大会召开4次全体会议。其中，区委五届十三次全体会议（3月23日召开）、十四次全体会议（8月27日召开）和十五次全体会议（9月22日召开）均通过相关人事任免决议。12月15日，区委五届十六次全体会议召开，受区委常委会委托，区委书记张敏向全会作工作报告。全会回顾总结2018年全区经济社会发展情况，安排部署2019年工作，会议确定2019年工作主题是“强化党建引领、攻坚项目建设”。全会强调，要精准研判，科学分析，切实增强“三个雨花”建设使命感和紧迫感；要凝心聚力，担当作为，奋力推动雨花各项事业再上新台阶；要持之以恒，从严从实，持续推进全面从严治党向纵深发展向基层延伸。

（任启友）

【区委常委会议】 2018年区委召开常委会议28次。

1月10日，研究2017年度“雨花好干部”评选表彰有关工作。

1月15日，研究区第四次团代会有关工作；传达贯彻全市环境保护工作暨强力推进环境大治理坚决打赢“蓝天保卫战”动员部署大会精神。

1月31日，传达学习省“两会”精神；传达学习中央政法工作会议及全国扫黑除恶专项斗争会议精神；研究区委经济工作会议有关事项；审议《雨花区“招商顾问”选聘方案》；听取全区党风廉政建设和反腐败工作汇报；审议市第十六次妇女代表大会区参会代表建议名单；审议区2018年组团赴台交流考察方案。

2月2日，审议镇、街道党（工）委书记抓基层党建和意识形态工作述职评议考核结果；研究干部人事有关工作。

2月4日，研究干部人事有关工作。

2月14日，听取2017年区绩效考核情况汇报。

2月26日，传达学习习近平总书记2018年新年贺词和2018年春节团拜会讲话精神；审议《关于深入学习贯彻党的十九大精神加快建设财富品质幸福雨花的意见》；审议区委常委班子民主生活会问题整改清单；听取长沙市总体规划（2017—2035）（雨花发展规划大纲）及轨道规划征求意见情况汇报；听取全区政法工作情况汇报；研究部署全国“两会”信访维稳工作。

3月13日，传达学习长沙市委书记胡衡华调研雨花区城市基层党建和社会治理工作讲话精神；听取全区办公室工作情况汇报，审议通过相关文件；传达全国全省全市宣传部长会议精神暨宣传思想文化工作情况汇报；审议《长沙市雨花区“强力推进环境大治理，坚决打赢蓝天保卫战”三年行动计划（2018—2020年）》和《关于成立长沙市雨花区“强力推进环境大治理，坚决打赢蓝天保卫战”工作领导小组的通知》；听取关于组建桑植帮扶工作队的汇报。

3月23日，传达学习全国“两会”精神；听取全区组织工作汇报；传达全市城市基层党建年社区党建工作动员部署会议精神及审议相关落实细则文件；传达全市老干部工作和关心下一代工作会议精神暨全区老干工作情况汇报；听取全区统战工作汇报；传达全市廉洁从政警示教育大会精神，听取区委反腐败协调小组工作汇报；听取全国“两会”特护期全区信访维稳工作情况汇报；听取区委第二轮巡察情况综合汇报；研究干部人事有关工作。

4月4日，研究部署“蓝天保卫战”、安全生产国土绿化、森林防火和防汛抗旱（防涝排渍）、中心城区禁限放烟花爆竹工作；传达湘办发电〔2018〕44号通知精神；传达市委常委会2018年第11次会议精神，研究部署巡视信访件交办工作；审议推进城市基层党建相关落实细则文件、优秀“五好”领导班子等评选名单，听取社区公共服务中心作息时间调整试点方案和2017年区管党费收缴、使用、管理情况汇报。

4月22日，传达学习湘发电〔2018〕9号文件和长办发电〔2018〕11号文件精神；讨论中共长沙市雨花区委、长沙市雨花区人民政府《关于开展违反中央八项规定精神突出问题专项治理工作的实施细则》。

4月23日，传达中央第八巡视组在雨花调研座谈会的指示精神；传达全市贯彻执行中央“八项规定”精神专项治理工作推进会议精神，学习省委《关于开展违反中央八项规定精神突出问题专项治理的工作方案》及市委《实施方案》，研究部署区相关工作；传达全市“蓝天保卫战”“三个月治标”工作讲评会精神。

4月25日，传达胡衡华调研雨花区讲话精神，研究部署重点任务分解落实工作；传达市委常委会2018年第12次会议精神，分析区一季度经济形势，研究部署经济工作；传达全省扶贫工作暨作风建设年动员大会精神，研究部署扶贫工作；传达中办发〔2018〕20号和湘办发电〔2018〕54号文件精神，听取全区“抓重点、补短板、强弱项”大调研活动开展情况汇报；研究全区防控化解政府性债务风险工作。

5月30日，研究网络安全和信息化、意识形态工作（区委网络安全和信息化领导小组会议）；审议《关于全面落实乡村振兴战略的实施方案》；审议2018年市对区绩效考核责任分解和2018年区内绩效考核体系；学习《地方党政领导干部安全生产责任制规定》。

6月21日，学习习近平总书记对脱贫攻坚工作的重要指示精神和李克强总理在湘考察时的重要讲话精神；审议《坚持生态优先绿色发展在深入实施长江经济带发展战略中推动雨花高质量发展的实施方案》，研究部署有关工作；研究全区优化营商环境相关工作；研究全区“一圈两场三道”建设相关工作；研究全区信访工作，部署中央巡视组交办信访件办理工作；审议建党97周年区级拟表彰对象，研究“七一”区领导集中走访慰问工作。

7月5日，传达湘办发电〔2018〕97号文件精神，听取区委第三轮巡察综合情况汇报，研究部署有关工作；研究全区城市基层党建工作；研究“八一”期间双拥工作；研究全区群众工作；研究全面小康工作。

7月26日，研究干部推荐事宜。

7月27日，分析半年度经济工作形势，研究部署区第四次全国经济普查相关工作；传达贯彻全省改善农村人居环境工作会议精神；审议《雨花区党委（党组）网络意识形态工作责任制考核办法》；审议《文明创建以奖代拨实施细则》；审议同升湖学校资产收购补充协议签订有关情况。

8月8日，研究部署中央第八巡视组巡视湖南反馈意见整改工作；重温习近平总书记对湖南工作重要讲话指示精神，部署深入学习贯彻有关工作。

8月27日，传达学习贯彻胡衡华调研雨花重要指示，部署有关工作；研究巡视整改有关工作；研究党务公开有关工作；审议《雨花区网络评论员管理办法》（修订稿）；听取区人民法院、区人民检察院党组工作汇报；研究干部人事有关工作。

9月22日，学习习近平总书记关于巡视工作的重要指示精神；传达十三届市委第四轮巡察情况通报会精神，听取区委第四轮巡察综合情况汇报，研究部署有关工作；研究中央巡视整改工作；传达学习湘办发电〔2018〕131号文件精神；研究绩效考核工作；听取“最多跑一次”改革工作情况汇报；传达“9·15”全省公安机关电视电话会议精神，通报市委政法委《关于文烈宏涉黑组织危害及原因分析》；审议《雨花区村务监督委员会操作办法》（送审稿）；关于开展村（居）“两委”成员违纪违法涉黑涉恶问题专项排查整顿工作情况汇报；研究干部人事有关工作。

10月26日，学习中共中央办公厅《关于统筹规范督查检查考核工作的通知》精神；听取全区食品安全工作情况汇报，审议《长沙市雨花区食品安全党政同责实施办法》《雨花区社区专职工作人员员额管理办法》《关于建立意识形态工作联席会议制度》，研究意识形态工作；审议《雨花区开展整治婚丧陋习推进移风易俗的工作方案》；传达全国、全省、全市组织工作会议精神，听取全区组织工作会议情况汇报；研究“千人帮千企百日大行动”有关工作；传达学习全省机构改革培训会议精神，审议《关于成立区委深化机构改革领导小组的通知》；研究部署配合省委第四巡视组巡视长沙有关工作；研究干部人事有关工作。

11月9日，研究配合中央生态环保督察“回头看”和省委巡视交办件办理工作。

11月20日，传达习近平在民营企业座谈会上的讲话精神，研究部署全区“千人帮千企百日大行动”有关工作；传达学习《中共中央办公厅关于陕西省委、西安市委在秦岭北麓西安境内违建别墅问题上严重违反政治纪律以及开展违建别墅专项整治情况的通报》精神，党中央、国务院和省委、省政府关于生态文明建设、绿色发展和环境保护的决策部署以及《长沙市环境保护工作责任规定（试行）》《长沙市“蓝天保卫战”责任落实长效机制》，长沙市水污染防治督察和现场办公会议精神，研究部署全区中央环保督察“回头看”有关工作；传达学习《防范和惩治统计造假、弄虚作假督察工作规定》精神，研究部署全区统计工

2018年7月5日，雨花区委常委会（扩大）会议　（区新闻中心／提供）

作；传达学习中央脱贫攻坚专项巡视工作动员部署会精神，杜家毫、刘永富、许达哲在全省深入学习贯彻习近平精准扶贫工作重要论述大会上的讲话精神，研究部署全区脱贫攻坚工作；传达学习全市宣传思想工作会议精神，研究部署全区宣传思想和意识形态工作；研究干部人事工作。

11 月 26 日，传达学习习近平总书记在十九届中央政治局第八次集体学习时的讲话，全国扫黑除恶专项斗争推进会议精神；中国工会第十七次全国代表大会、中国共产主义青年团第十八次全国代表大会、中国妇女第十二次全国代表大会、全省开放强省暨湘南湘西承接产业转移示范区建设推进大会会议精神；研究“法治雨花”建设有关工作；审议《关于建立领导干部开展谈话提醒情况报告制度的通知》《关于在全区党政机关开展廉洁家访活动的实施方案》；讨论通过区管干部的重处分决定；研究干部人事有关工作。

12 月 7 日，学习《深刻认识美国对华政策新动向　扎扎实实做好自己的事情》《长沙市雨花区食品安全党政同责实施办法》；传达市委十三届七次全会精神、全市配合中央环保督察“回头看”和省委巡视交办件办理及相关事项工作调度会精神，研究部署全区配合中央环保督察“回头看”和省委巡视交办件办理工作；听取区人大常委会党组、区政府党组、区政协党组工作汇报；研究社会公认评估有关工作；听取关于进一步规范全区集体土地征拆工作的汇报；听取万家丽南检查站人员违规收取钱物问题的处理情况汇报；研究干部人事工作。

12 月 15 日，审议区委五届十六次全体（扩大）会议工作报告。

12 月 21 日，听取学习贯彻落实《中国共产党支部工作条例（试行）》及党支部建设相关工作汇报；传达贯彻全市重大项目观摩点评会议精神；审议区五届三次人大会议区政府工作报告和区级财政预算报告；研究干部人事有关工作。（任启友）

【履行基层党建和意识形态工作责任述职测评大会】　2018 年 2 月 2 日，雨花区召开 2017 年度镇、街道党（工）委书记抓基层党建和意识形态工作责任述职测评考核会议，会议由区委副书记、区长刘素月主持。13 个街镇和雨花经开区、区直机关、区委非公有制经济组织和社会组织、区教育局、区卫计局、区城管局党（工）委负责人述职。参会人员对述职评议对象进行现场测评，并当场宣布综合评价结果。区委书记张敏一一进行现场点评，肯定成绩，点出不足，并提出下一步工作建议。张敏要求，要强化政治引领，把牢正确方向，着力抓牢政治建设，抓严党内政治生活，带头纠正“四风”；要强化组织功能，抓实基本建设，加强覆盖，建强基层，统筹推进；要强化先锋示范，凝聚发展合力，构建大党建工作格局，把握工作重点，发挥先锋模范作用；要强化责任落实，提升工作水平，带头履责，层层落实责任，管理监督到位。（任启友）

【区委经济工作会议】　2018 年 2 月 9 日，雨花区经济工作会议召开。会议兑现产业扶持奖励 7200 万元，从招商引资“红娘”到行业领军企业，从智能制造先锋到创新创意之星，190 家企业和个人分享 23 大奖项。会议修订出台雨花区 2018 年“1+2+1”产业扶植政策，会议明确，2018 年雨花区开展“5 个 10”工程，即推进 10 个重大产业建设项目、10 个重大科技创新项目和 10 个重大产品创新项目，重点引进 10 个 500 强企业项目和 10 名科技人才，全面打响项目攻坚战，全面实现项目大攻坚、管理大提质。（任启友）

【全区组织工作会】　2018 年 4 月 13 日，雨花区 2018 年组织工作暨城市基层党建年工作动员会召开。区委常委、组织部部长龚畅作 2018 年组织工作暨城市基层党建年工作动员报告，相关街道、社区等作典型发言。区委书记张敏强调，抓城市基层党建，是厚植执政基础的重要举措、创新基层治理的必然要求、增进民生福祉的重要途径，全区各级各部门要提高政治站位，坚决贯彻落实好中央和省、市城市基层党建工作部署要求，全面启动“城市基层党建年”，推动全面从严治党向纵深发展、向基层延伸。要深刻把握城市基层党建面临的新形势、新任务；坚持以党的建设贯穿、保障、引领基层治理，强化政治引领、组织引领、能力引领、文化引领；要务实举措，高标准、高质量推动各项工作落地生根，建强基层组织、严格教育管理、构建党建格局；加强组织领导，确保城市基层党建工作取得实效。（任启友）

【开局工作动员大会】　2018 年 2 月 22 日，雨花区 2018 年开局工作动员大会召开。会议讲评 2017 年度绩效考核“成绩单”，盘点干部干事的实绩业绩，筹谋 2018 年工作。2018 年，雨花区将全面打响项目攻坚战，积极开展“5 个 10”工程，即推进 10 个重大产业建设项目、10 个重大科技创新项目和 10 个重大产品创新项目，重点引进 10 个 500 强企业项目和 10 名科技人才。围绕群众最关心的问题，从人民满意农贸市场建设、学校幼儿园建设、蓝天保护行动、人行道提质改造等方面着手，全面推进十大民生实事。（任启友）

【省环保督察工作动员部署会】　2018 年 7 月 26 日，雨花区召开迎接湖南省环境保护督察工作动员大会，传达中央和省、市关于环保工作的最新部署要求，以及湖南省第一环保督察组进驻长沙动员大会有关精神，对迎接湖南省环境保护督察情况报告及工作进行部署。就做好环境保护督察工作，区委书记张敏强调，全区各级各部门思想上一定要高度重视，行动上一定要认真细致，责任上一定要压紧压实，机制上一定要突出长效，不断提高生态文明建设整体水平，努力实现经济社会发展与生态保护共赢。

（任启友）

【纪念建党 97 周年大会】　2018 年 6 月 29 日，雨花区庆祝中国共产党成立 97 周年大会召开，会议表彰基层党组织 40 个、先进个人 170 名。区委书记张敏强调，党建工作要对照区委明确的“八项重点任务”，抓出雨花成效。要把城市基层党建年建设，作为重要的政治任务来抓，推动基层党组织全覆盖，让每一名党员找得到家，让每个党组织都发挥战斗堡垒作用。。全面推行支部“结对帮扶”工作，切实解决一大批群众关心的实际困难和问题。“让我们的党建融入居民的生活，让群众感受到党建工作的温度。”他号召全区全体党员要对标先进、开拓进取、真抓实干，全面提升党建工作水平。（任启友）

【文明创建工作推进会】 2018年11月16日，雨花区召开文明创建工作推进会，全面安排部署2018年全区全国文明城市测评工作。长沙市委宣传部副部长、市文明办主任郭润葵讲解测评体系在方法、内容、方式、管理等方面的变化，提出明确任务、压实责任、抓好发动等要求。区委书记张敏强调，做好文明创建工作，要提高站位，坚定工作的信心决心；紧盯重点，推动工作的落细落实；压实责任，凝聚工作的强大合力。全体在职在家县级领导，相关区直部门单位、街道（镇）负责人参加。（任启友）

【武装工作会议】 2018年3月22日，雨花区2018年武装工作会议召开。会议总结全区2017年武装工作，安排部署2018年工作。区委书记、区人武部党委第一书记张敏强调，要牢牢把握听党指挥这个强军之魂，牢固树立“党管武装”的意识，把听党指挥作为最高政治准则；要不断夯实从严治军这个强军之基，适应武装工作新常态，围绕强军目标，立足实战准备，突出工作重点，抓好任务落实，全面提升全区武装工作的能力和水平；要着力推进军民融合这个强军之策，紧贴党委、政府中心工作，切实找准服务地方发展的切入点，为雨花经济社会发展做出新贡献。（任启友）

【“蓝天保卫战”工作讲评会】 2018年5月4日，雨花区“蓝天保卫战”“三个月治标”工作讲评会召开，会议传达学习市“蓝天保卫战”“三个月治标”工作讲评会精神，讲评雨花区“蓝天保卫战”“三个月治标”工作，安排部署雨花区“蓝天保卫战”工作。区委书记张敏强调，要进一步精准发力，加压奋进；加大执法力度，以严格的执法保障环境治理；务实治本措施，科学铺排，敢于合作，夯实基础，突出保障；加强宣传引导，让环保理念深入人心；强化督查问责，坚持问题导向，严格督查。会议出台《雨花区“蓝天保卫战”大气污染环境违法行为举报奖励办法（试行）》。12月28日，雨花区“蓝天保卫战”第四季度工作讲评暨2019年工作部署会召开，区委常委、区委办主任周海毅主持。张敏强调，“蓝天保卫战”工作越到后面越难，要从思想认识、方式方法、责任压实上再深化；突出抓好特护期，治理要再深化、应急要再细化、会商要再强化；打好下年攻坚战，要明确目标要求、务实治本措施、发动全民参与、强化监管督查。要严格对标，逐项整改、逐一验收，不折不扣地整改到位；进一步加强领导、加强统筹、加强调度、加强落实，精准施策、加压奋进，努力交出“蓝天保卫战”标本兼治的优异答卷。（任启友）

【安全生产和应急管理工作调度会】 2018年11月13日，区委书记张敏到区应急办、区安监局专题调研并召开调度会议，督查全区安全生产和应急管理工作开展情况。张敏强调，在任何时候都高度重视安全生产和应急管理工作；扎实做好安全和应急管理工作的基础性工作；加强安全生产和应急管理的日常工作；建立安全生产和应急管理的快速反应机制；加强部署工作的落实督查力度。（任启友）

工作纪要

【政策研究】 2018年，区委政研室起草《中共长沙市雨花区委全会工作规则》《中共长沙市雨花区委常委会工作规则》《中共长沙市雨花区委关于加强常委会自身建设的意见》《关于深入学习贯彻党的十九大精神，加快建设财富品质幸福雨花的意见》《坚持生态优先绿色发展，在深入实施长江经济带发展战略中推动雨花高质量发展的实施方案》等区委重要文件制度。撰写各类文稿200余篇，高质量完成领导讲话、会议文稿、重要汇报等各类文字起草任务。学习宣传贯彻十九大精神情况报告、市委书记胡衡华书记调研汇报材料、中央巡视组座谈发言、农村集体产权制度改革工作汇报材料等稿件，得到领导的肯定。牵头组织区委常委会议28次，办理《区委常委办公会议纪要》10期、《区委通报》3期。注重抓好区委重大工作成果和经验的总结，加大与中央、省、市各类媒体的对接力度，在各级报刊发表经验材料和署名文章10余篇。做好市委、市人大、市政府、市政协等领导来雨花考察调研的文稿任务，全力做好市对区项目观摩、农博会等重大活动服务。（康　韬）

【综合调研】 2018年，区委办公室坚持把调查研究作为服务区委和全区工作大局的重要抓手，按照省市“抓重点、补短板强弱项”大调研活动的总要求，推动大调研活动在全区的全面开展。撰写《统筹推进乡村振兴建设美丽幸福跳马》的调研报告，组织编印全区大调研优秀成果汇编，推动调研成果进决策、进讲话、进文件，实现调研成果综合效益最大化。编印《雨花调研》3期。关注区委和区委主要领导关心的点，深入基层，参与区委、区政府的重大决策的落实，了解各方面的反映，为领导出台政策提供重要依据。根据区委书记在全区街镇调研上的讲话录音，梳理党的建设、平安稳定、经济发展、项目建设、民生改善、工作方法6个方面工作体会，编印《区委通报》3期。推动调研成果进决策、进讲话、进文件，及时转化为推动当前工作和长远发展的政策意见、工作计划和具体措施，为区委科学决策、民主决策、依法决策当好参谋。（康　韬）

【督查工作】 2018年，雨花区委常委会专题研究督查工作，审定出台《中共雨花区委关于加强和改进新形势下党的督促检查工作的实施意见》，制定《2018年区委重点工作督查清单》，下发《雨花区2018年省委重点督查事项清单及市委、区委重点工作督查清单责任表》，加大重大督查事项的任务统筹、力量统筹和时间统筹。建立督查工作台账，指出存在问题、明确工作责任、下达整改任务、反馈整改效果，确保重大督查事项、重点整治任务的有序衔接、协同推进。按照“归口呈批、分工督办、统一反馈”的要求，运用互联网信息技术，开发应用“雨花区督查督办系统”网上协同平台，建立健全中央、省、市、区委领导指示批示事项归口办理机制，规范领导批示件的办理程序。迎接省市专项督查16次，开展区内决策督查专项查办68次；编发《雨花督查》专报15期，通报15期。高质量办理各级领导批示指示件226件，含省、市领导批示件23件；办理“问政湖南”424件，其中市委书记留言211件次、区委书记留言213件次，回复率100%。建立完善“雨花区督查督办系统”网上协同平台，开出第742单。在全区范围内开展督查、检查、考核专项清理工作，清理出督查检查考核事项234项，其中保留意见66项，合并意见118项，撤销意见50项，减少72%。（毛　明）

【保密工作】　2018年，雨花区委坚持把保密工作列入重要议事日程。区委保密委员会履行全区保密工作管理职责，坚持“保密工作无小事”的理念，定期听取保密成员单位工作情况汇报，及时解决保密工作中存在的各种实际问题，强化制度建设、日常管理、经费保障等，落实保密各项工作，被评为2018年度长沙市保密工作优秀单位。区保密委员会办公室邀请上级到区授课3次，为基层授课5次，“雨办讲坛”讲授保密常识1次。落实保密宣传工作，利用机关大院电子显示屏，每周一连续滚动播放宣传标语和保密常识；通过每周推送手机短信的方式，向全区科级以上领导干部普及保密法规5400余次；雨花大礼堂展出保密宣传展板36块，全区各单位组织观看。向长沙市国家保密局选送优秀文章136篇，为全市最多，区保密委员会办公室获优秀组织奖，机要局局长尹美娜《狠抓“四个转变”，做好保密宣传教育下行》一文获二等奖，李章博、谭洁等4人获三等奖，8人获优秀鼓励奖，所获奖项为9个区县之最。（谭　洁）

2018年3月16日，雨办讲坛第二期　（尹丹平／提供）

【全面建成小康社会推进工作】　2018年，雨花区紧扣全面建成小康社会的总体目标，主动作为，扎实推进。2018年面对全省全面小康指标考评体系大幅度变动的的情况，对全区小康指标进行全面梳理，并对困难指标责任单位进行了调研和对所有指标进行调度，及时了解掌握了全面小康推进情况，及时查找到工作推进薄弱环节，及时提出可操作合理化工作建议，及时加大向上对接力度。（康　韬）

【信息工作】　2018年，雨花区建立信息考核制度、信息采集联动制度等10余项信息制度，编制出台《雨花区党委信息工作手册》，从信息选题、收集、录入、编辑、报送、存档六个方面规范信息工作流程，形成指导全区党委信息工作的“操作指南”。建立“一天一刊发，一月一通报，一季一培训，一年一评比”的信息工作管理考核机制，每月通报各街道、部门信息采用情况。建立健全区、街道（部门）、社区三级信息服务网络，强化公安、国保、信访、维稳、消防等部门横向联动，构建横向到边、纵向到底、全员参与、高效灵敏的“大信息”网络格局。各街道（镇）、区直部门安排1名班子成员分管党委信息工作，配备1名专职信息员。定期召开全区信息员工作培训会和季例会，讲评信息情况，交流工作经验；各部门、街道（镇）的信息员每月跟班轮训，推进全区信息员队伍业务工作水平。发挥党委信息参谋服务、推动落实的职能作用，提升信息质量。坚持24小时信息值班备勤，紧急信息做到“快、准、全”，未出现一起迟报、漏报、瞒报、误报情况，连续7年保持全省、全市党委信息工作先进单位。区委办信息科每天编发《雨花要情》，对全区重点难点工作进行深入一线调研，不定期刊发《专报》，为服务领导决策提供有力依据。《长沙市雨花区“三个坚持”打造智能制造机器人产业园》《长沙市雨花区深入推进高铁会展新城建设》《雨花区三举措推进新旧动能转换》等信息先后被省、市委办公厅采用，切实构建起党委信息工作新格局。

（谭水平）

组织工作

【概况】　中共长沙市雨花区委组织部（简称“组织部”）负责全区组织工作、干部管理、党员教育工作。内设办公室、干部科、组织科（党代表联络处）、干部信息档案室、研究室；设区人才队伍建设工作中心、区绩效考核工作办公室、区委非公有制经济组织与社会组织工作委员会办公室3个二级事业单位。2018年，在职干部职工数26人，其中雇员3人；其中在职党员25人，退休老干部党员3人。办公地点设在雨花区人民政府机关大院1号楼外弧3层。

2018年，雨花区推进基层党建“一

号工程”，发挥党组织战斗堡垒和党员干部先锋模范作用，着力打造系统模范部门、组工过硬队伍；科学优化并创新绩效考核方式，全区绩效考核位列全市第三；加强和创新党建工作方式方法，夯实基层基础工作；在鲜明导向、严管厚爱、培育引进等方面下功夫，着力加强干部队伍建设，位列长沙区（县、市）委书记党建述职评议考核一等。区委组织部加强组工队伍建设，把政治过硬作为做好组织工作的前置条件，强化组工干部先学意识，通过部机关中心组、党支部集中学习，引导组工干部牢固树立“四个意识”、坚定“四个自信”，坚决做到“两个维护”。通过集中培训、专题研讨、业务集训，组织学习习近平总书记关于党的建设和组织工作重要思想。严格执行《“绝对忠诚”雨花组工队伍建设十条规定》，制定出台《建设讲政治重公道业务精作风好模范机关的方案》，保持“三项教育”成效，把全面从严治党要求落实到组织部门自身建设的全过程和各方面。严肃民主生活会、组织生活会等制度，经常性开展批评和自我批评，认真开展谈心谈话，努力锻造组工干部信念坚定的政治品格。严格推行“组工好干部”评选，着力打造忠诚干净担当的高素质组工干部队伍，营造创先争优的浓厚氛围。常态化开展“组工讲坛”和机关学习研讨活动，研讨交流，激发干部活力，提升组工干部心理素质和语言表达能力。搞好“传帮带”，充分发挥老组工干部的传帮带作用。开展业务知识技能竞赛活动，提升政策业务水平，注重用好信息技术，建好用好各类信息系统和服务平台，发挥大数据和互联网在优化管理服务、提升工作质效方面的重要作用。加大调查研究力度，要求组工干部深入基层，开展调研活动，对全区组织工作存在的热点、难点问题做到心中有数，形成高质量的调研报告，着力提升研究解决问题的能力。带头贯彻中央八项规定，力戒形式主义、官僚主义。推行部领导联系服务群众、谈心谈话制度，开展组工干部“直联支部”活动，强化部风监督员制度。严格执行“钉钉”软件考勤、日志管理和开门办公，加强工作落实的跟踪督察，确保抓紧抓实抓出成效。落实全省组织系统“作风建设年”要求，带头改进文风会风，带头改进调查研究，从严控制检查评比，把为基层减负落到实处。强化重点任务办结制度，加强部门效能建设。始终坚持对党忠诚、公道正派，做忠诚干净担当的表率，工作中不存私心、不徇私情，敢于坚持原则，敢于反映真实情况。积极参与精准扶贫、生态环保、社区志愿服务等活动，牢固树立组工干部公道正派的良好形象。

（易　平）

【党内统计】 2018年年末，雨花区党员总数29475名，其中女党员11843名，占40%；少数民族党员454名，占1.54%。年内新增党员3360名，其中发展党员406名，转入组织关系2950名；减少党员1726名，其中开除党籍13名，取消1名经多方查找确实无法取得联系的预备党员；死亡255名，转出组织关系1477名。党员中，1937年7月7日至1945年9月2日（抗日战争期间）入党的5人，1945年9月3日至1949年9月入党的17人，1949年10月1日及以后入党的29453人。在岗职工党员10339名，占35%；离退休党员9811名，占33%；其他党员7045名，占24%。研究生学历1335名，占4.5%；大学本科学历9138名，占31%;大专学历6300名，占21.37%；中专、高中、中技学历6623名，占22.47%；初中及以下6079名，占20.62%。35岁及以下党员7967名，占27.03%；36岁至45岁5349名，占18.15%；46至60岁6109名，占20.73%；61岁至70岁5223名，占17.72%；71岁及以上4827名，占16.38%。新发展党员中，女党员214名，占52.70%，少数民族党员14名，占3.45%。在岗职工285名，占70.2%；农牧渔民21名，占5.17%；其他100名，占24.63%。大学本科及以上党员157名，占38.67%；大学专科151名，占37.19%；中专、高中及中技76名，占18.71%;初中及以下14名，占3.45%。发展对象412名，其中，在岗职工291名，占70.63%；农牧渔民30名，占7.28%；其他91名，占22.09%。入党积极分子1161名，其中，在岗职工774名，占66.67%；农牧渔民109名，占9.39%；离退休人员5名，占0.43%；其他273名，占23.51%。

（易　平）

【组织建设】 2018年，雨花区强力推进基层党建“一号工程”，贯彻落实市委“城市基层党建年”部署要求，以城市基层党建为重点，打出强力推进基层党建组合拳，确保各项工作部署落细落实。通过年初定责、季度督责、半年述责、年底考责“四步工作法”，全面压实管党治党责任。创新基层党建考核评估，首次将民意测评纳入基层党建述职评议考核。实施周调度和挂图作战，街镇党政领导班子全部下沉到社区（村）分片包干任务，并按照7∶3的比例，分类评出“先进”和“后进”单位，促使街道社区书记自觉履行主体责任。建立区级、镇（街道）、村（社区）党建工作领导小组和党建联席会议，区委履行第一责任，镇、街道党（工）委履行直接责任，村、社区党组织履行具体责任，区、镇（街道）、村（社区）三级共同推进基层党建全面进步、全面过硬。以“组织体系建设”为重点，统筹推进各领域基层党建工作。全面推行以小区党支部为引领，物业公司、业委会、监事会等共同参与的“党建引领、多方共治”小区治理架构，建立小区党支部229个，实现物管小区党的组织和工作覆盖。强化党支部的引领，推行交叉任职，切实为小区居民群众解决实际困难。规范农村党组织设置，强化第一书记和驻村帮扶工作队伍建设。制定雨花区党建引领促乡村振兴实施方案，全区村级集体经济组织经济收入全部超过5万元。重点做好商务楼宇、商圈市场、园区及互联网行业等各领域党建工作，成立全省首家“互联网+”党支部，鑫融国际、华翼府等8家楼宇商圈市场列入全市建设计划，在全市率先建立新能源汽车、人工智能2个产业链党支部。开展党支部“五化”建设（支部设置标准化、组织生活正常化、管理服务精细化、工作制度体系化、阵地建设规范化），规范基层党支部“三会一课”纪实管理，支部主题党日、组织生活会、民主评议党员，实施“五化”党支部星级评定示范创建，授牌30个示范化党支部。采取上门走访、设立报到站等方式，加大对城市社区各类党员的兜底管理，社区直管党员18705人、在职党员14289人、流动党员1176人、离退休党员3884人、退役军人党员311人。党员县级领导示范带头，到联点支部进行宣讲127次。建立区、街道（镇）、社区（村）三级宣讲师资库163个，宣讲师资548人，建立“新时代讲习所”“青少年讲习点”“红色微宣讲站”“流动宣讲车”等学习载体，实现党员教育100%到位。开展党员“亮身份、强服务、争先锋”活动，开展先锋示范岗、岗位认领等评选。全区在职党员100%到居住地社区报到，深入参与社会治理，帮助解决居民难题。在全市率先出台社区专职工作人员员额管理办法，将1197名社区专职工作人员纳入员额管理，落实“三岗十六级”薪酬待遇，社区工作人员工资平均增长1万元。全区149名社区（村）书记全部建立规范的人事档案，由区委组织部集中管理。按照“有场所、有设施、有标志、有党旗、有书报、有制度”标准打造一批社区、村党建示范阵地。按照1个小区1个邻里中心的要求，全面推进邻里中心建设，打造邻里中心示范点79个，其中浦沅社区“六都邻亲”成为党建引领、邻里互助的品牌。加大村级经费保障力度，建立村、社区组织运转经费逐年递增机制，投入7亿元完成45个社区提质提档建设。组织全区3000余名党员干部定期开展民情大走访活动，深入社区家庭，走进项目车间。在街道、社区设立“民意直通车”“金点子信箱”等，全面收集群众的诉求和问题，收集整理涉及群众切身利益问题1600余个。建立问题化解机制，每个季度召开问题交办会，对收集的重点问题进行集中一对一交办，其他问题通过信访、群工部门，逐一交办到相关单位，明确具体责任和整改时间，问题解决一个销号一个。集中交办并全部解决城市管理、物业管理、环境污染、规划建设等161个民生问题，打造矛盾问题解决多元化的新样本。积极开展党建引领的“群众零上访、安全零事故、治安零发案”社区创建实践，有效提升基层工作凝聚力，快速解决一批民生问题，形成以韶山路社区、融城苑社区等为代表的一批“三零”社区典型，得到群众的支持和认可。 （易　平）

【“两新”组织党建】 2018年，雨花区推行两新工委“大工委”制，召开2次成员单位会、13次调度会，研究部署工作。深入两新组织走访调研100余次，解决天人安装公司办理变更手续难等问题5个。发挥“市两新综合服务平台”作用，为两新组织解决问题24个。投入两新党建专项经费352万元。分层分级开展党建业务，实现出资人（法人）、党组织书记、党建指导员和党员4支队伍全年轮训一遍。坚持“精准滴灌”理念，一企（社）一策推进“两个覆盖”。指导“金牌帮女郎”成立功能型党组织。新建两新党组织50家。选派专（兼）职党建指导员196名，实现工作指导全覆盖。调整清理43个“空壳”党组织，5家软弱涣散党组织全部整改到位。出台两新组织“五化”建设考核评分细则和星级评定工作方案，打造明珠旅游、明泰项目、中原地产等一批“五化”示范党支部。坚持区域共建，红星实业等7个两新组织成为首批区域化联盟成员单位。加强新兴领域和互联网党建工作，成立全省首家“互联网+”党支部。鑫融国际等8个楼宇商圈市场纳入全市建设计划，相关经验做法获《中国组织人事报》《非公有制企业党建》杂志推介。打造晓光“工匠学院”、比亚迪产业链现场教学点2个两新党员示范教育基地。响应“千人帮千企百日大行动”、项目建设、“蓝天保卫战”等中心工作，制定下发两新党建指南500份，率先全市建立新能源汽车及零部件等2个产业链党支部。发动比亚迪、红星实业、创新设计产业园等党组织赴浏阳淳口镇、跳马镇、永州江华县开展精准扶贫，助力104户449人增收奔康。组织策划捐资助学、就业服务等主题活动千余场，捐资捐物700余万元，树立雨花两新组织良好社会形象。（易　平）

【干部工作】 2018年，雨花区坚持“好干部”标准，严格执行《干部任用条例》相关规定，坚持“不唯资历唯能力、不看背景看背影、不讲成规讲成绩、不论口舌论口碑”的用人导向，将德才、人品、实效、公认作为评判标准。坚持事业为上、依事择人、人事相宜的原则，优先选用政治素质好、岗位匹配度高、工作实绩突出的干部。项目一线、维稳一线和服务群众一线提拔重用实绩突出的干部35人，占提拔干部总数的66%。2017年被评为“攻坚克难突击手”“雨花好干部”的19名在编干部中，提拔重用11人，占57.9%。迎接省委对区党政正职的政治建设考察，严把关口，严密组织市人大代表、区人大代表、区政协委员补选和人大、政协两会相关工作，完成工青妇换届改革，平稳有序推进机构改革，调整配强雨花城市建设投资、雨花国资经营、雨花经开开发建设、雨花经开创新投资4家国企领导班子，优化雨花经开区中层干部队伍。注重在经济发展主战场和服务群众最前沿去培养、锻炼和发现干部，抽调42批次367人参与项目拆迁、农博会、千人帮千企等中心工作，选派3名优秀干部赴桑植县开展对口帮扶。综合运用绩效考核、专题调研、巡视巡察、经责审计、信访举报等成果，既看优点亮点、更看缺点疑点，既看平时工作和履行岗位职责一贯表现，又看急难险重任务面前和关键时刻政治表现和政治担当，力求全方位、立体式、多角度、多渠道、多层次考察识别干部。充分发挥各基层党（工）委、党组的推荐把关作用，增强选人用人的政治性、准确性和科学性。落实《干部任用条例》《党委（党组）讨论决定干部任免事项守则》，规范动议提名、民主推荐、组织考察、讨论决定和任职使用等各环节流程。坚决落实“凡提四必”要求，落实选拔任用全程纪实、“双控预审”、任前公示等选人用人制度规定，研究制定《关于对区管干部进行提醒、函询和诫勉的操作办法（试行）》等制度文件，形成干部选任事前、事中、事后全过程监督机制。征求纪检监察等部门意见254人次。畅通电话、短信和信访等举报渠道，落实“一报告两评议”，营造风清气

2018 年 1 月 10 日，2017 年度“雨花好干部”评选表彰大会（区委新闻中心／提供）

正的用人环境。坚持严管和厚爱结合、激励和约束并重，激发全区干部队伍的积极性、主动性和创造性。突出加强对权力集中、资金密集、资源富集的重点部门、关键岗位干部，特别是一把手履职用权的监督，坚持“离任必审”，加强“任中审计”，探索“自然资源资产审计”，组织 38 名领导干部进行离任经济事项交接，对 5 名领导干部进行经济责任和自然资源资产审计。开展领导干部因私出国（境）清查，核查 1049 人次领导干部的因私出国境持证和出入境情况，确保证件集中保管率 100%，出入境审批率 100%。深入开展领导干部违规在企业兼职（任职）专项整治，对 1451 名领导干部在企业兼职情况进行清理规范。完善正向激励机制，营造争先进创一流氛围，深入开展五好科级班子创建和新时代新担当新作为、“三大攻坚战”先进典型评选活动，树立以东塘街道、财政局为代表的 10 个“五好”科级领导班子和以钟智宏、王润虎为代表的一大批担当作为的先进典型。落实干部谈心谈话制度，开展任前谈话、退休谈话 300 余人次，及时化解思想“疙瘩”，激励干部干事热情。落实干部人事档案管理制度，健全干部信息动态化常态化管理机制，开展干部人事档案专项审核，完成 6158 份干部人事档案材料整理装订，857 本档案专项审核整改。落实职务与职级并行制度，公务员和参公人员晋升职级 438 人，占公务员和参公人员总数的 34.5%，人均待遇增长 426 元。落实干部体检制度，执行干部休假制度，督促干部职工应休尽休。坚持培优育强，努力建设一支高素质专业化干部队伍。突出加强党性锻炼和提升专业能力，以“区域经济发展”“社会治理”“党的建设”“民主法治”等为主题，组织本地主体培训 13 个班次，依托复旦大学、厦门大学、河北大学、四川大学等重点高校异地培训 4 个班次，2710 人次受训。落实中央《关于适应新时代要求大力发现培养选拔优秀年轻干部的意见》，集中两个月时间深入开展年轻干部专项调研，全面细致掌握年轻干部情况，建立优秀年轻干部培养对象库，举办雨花区青年干部培训班，搭建年轻干部“成长夜话”交流平台，安排年轻干部到征地拆迁、项目建设、片区开发、扶贫攻坚等急难险重一线历练。大力培养选拔优秀年轻干部，提拔的 53 名干部中，35 岁以下 14 人，占 26.42%。贯彻省委“芙蓉人才行动计划”、市委“人才新政 22 条”，持续抓好人才政策宣传推介，组织人才新政进企业集中宣讲。加大高科技人才引进力度，实施“10 名科技人才引进工程”。加大人才服务保障力度，建立区领导与首批 8 名高层次人才一对一联系机制，召开柔性挂职人才座谈会，落实区引进人才提出的住房公积金、医疗铺底、职称晋升等诉求，增强人才归属感。（易　平）

【绩效考核】　2018 年，雨花区多措并举落实省、市考核任务。积极参与市考指标拟制工作。主动与市绩效办对接，多次组织统计等部门赴市绩效办建言献策，及时掌握指标拟制动态。省、市考指标任务进行责任分解，加大对重点指标及弱势指标的沟通衔接。严格实行绩效考核领导小组月调度、区主要领导季调度工作机制，按时间节点召开全区绩效考核调度会，及时通报各项指标完成进度及工作中存在的问题。做好指标工作进度跟踪、任务监测预警，区委督查室、区政府督查室联合督查各街镇工作情况，并通报督促整改。坚持区考服务市考导向，强化各部门配合联动，由市考牵头责任部门将工作任务分解到相关区直部门，设置配合市考及中心工作指标 26 项，其中涉及市考指标 24 项，较上年增加 9 个，确保市考任务层层分解。对内街和外街镇考核指标分别从 44 减少到 32 个、41 减少到 30 个，其中排名制指标从 9 项减少为 4 项，新设“防范化解金融风险”“一圈两场三道”建设等 6 个考核指标，把高质量发展、“三大攻坚战”和“三个雨花”建设的核心任务作为区考的重点内容。根据市考计分规则的变化，对市考排名制指标得一等或三等的在区对部门考核中从重加扣分，对得二等的适当予以扣分。规定扣分最低要求，赋予牵头市考责任单位更为灵活的考核权，促进考核责任上肩，提高考核的精准度。继续保留区对街镇排名制指标考核结果只分两等的设置，适当降低经济指标考核权重，提高民生事业考核权重，设置 8 项“负面清单”考核指标，强化底线约束。在区分内街、外街发展导向的基础上，对跳马镇设置“绿心地区工业企业退出”等特定指标，引导差异发展。（易　平）

宣传工作

【概况】　中共长沙市雨花区委宣传部（简称“宣传部”），正科级，负责全区宣传思想文化和意识形态工作。内设办公室、理论教育科、群众文化艺术科、网宣办。下属雨花区未成年人思想道德建设工作办公室、区新闻中心、区文化产业发展办公室 3 个二级事业单位。未成年人思想道德建设工作办公室为副科级事业单位；新闻中心为参公单位；文化产业发展办公室高配副科级。区精神文明建设指导委员会办公室（正科级）在区委宣传部内挂牌。编制 27 名，其中行政编制 9 名。2018 年，实有人数 45 人。其中在职在编人员 25 人（副处级 1 人、正科职 2 人、副科职 4 人、副科级 2 人、其他人员16人），退休人员4人，合同聘用人员9人。文明办抽调人员7人。宣传部机关党支部，党员27人，其中在职党员24人，退休党员3人。办公地点设在雨花区人民政府机关大院1号楼B座4层。

2018年，雨花区委宣传部坚持党建引领，坚持抓党建与抓业务同谋划、同部署、同实施，落实机关党建工作责任制。严格坚持“三会一课”制度，推进支部“五化”建设，坚持“一月一主题一特色”，开展主题党日活动，组织干部学习党的十九大精神、习近平总书记关于宣传思想文化工作的重要讲话精神、全国全省全市全区宣传思想工作会议精神等内容，开展中央八项规定精神和作风建设的专题讨论，强化党员干部理论武装。举办浙江大学长沙市雨花区意识形态安全和舆情管理专题研修班、全区网络意识形态和新闻舆论工作培训班、舆情应对与处置培训等系列培训，提升干部政治素养和业务素质。出台《全区宣传思想文化工作重大事项报告制度》，完善部机关日常管理制度，坚持民主集中制，健全集体决策制度，提升部机关内部管理水平。雨花区被评为长沙市2017年度建设更高水准全国文明城市工作突出贡献集体、红网2017年度手机报建设工作先进单位、红网2017年度红网云积极创新单位。区委宣传部被评为2017年度全市宣传系统绩效考核优秀单位。（柳美丽）

【理论教育】 2018年，雨花区落实落细意识形态工作责任制，确保主流舆论声音宏亮，牢牢掌握党对意识形态工作的领导。召开意识形态领域分析研判暨工作推进会，制定《意识形态工作责任制考核办法》，编写《意识形态工作应知应会知识汇编》，全面形成领导责任清单化、责任落实层级化、阵地管理台账化、督查考核常态化责任落实体系。建立意识形态工作联席会议制度、分析研判制度、督查考评制度、述职评议制度等十项制度。建立健全联席会议、分析研判、风险评估、调查处置、专项督查等机制。开展互联网、户外广告（信息发布）、学校思想、宗教思想等七大阵地专题调研，查摆整改风险隐患，传导责任意识。部领导班子主动落实意识形态工作责任制，加强部机关内部自媒体平台的管理，加强分管领域意识形态工作的分析、研判、调度，配合做好中央、省委巡视反馈意识形态领域问题整改。全区未出现一例责任事故（案例）。开展区委理论学习中心组学习14次，邀请资深媒体人、新闻官王惠，全国人大代表、长沙市雅礼中学校长刘维朝，市委党校教授伍贤华等专家授课，专题学习习近平新时代中国特色社会主义思想，习近平总书记关于精神文明建设、文化建设、学哲学用哲学、党务公开和网络管理等重要论述（讲话）精神，全国全省全市宣传思想工作会议精神等内容。组建宣讲队伍，广泛开展微宣讲进基层和“将改革开放进行到底”百姓宣讲活动。在火车南站东广场举办“点亮新时代 践行新思想 雨花新作为”微宣讲进基层主题宣讲活动，现场选取群众进行“百姓选讲百条金句”。编印《十九大精神口袋书》《习近平讲话摘要》、创作“勤学十九大，传颂迎新春”三句半、举办文体活动、开展主题征文，推动习近平新时代中国特色社会主义思想“天天见”“天天新”“天天深”。组织推荐宣讲员参加全市“微宣讲”竞赛，获得市复赛、市总决赛第一名。区委常委、宣传部部长余宏卿署名文章《领导干部要做学网懂网用网的行家里手》《坚持“五个精准”做好基层宣传思想工作》《湖南长沙雨花区打基层网信工作“主动仗”》被中宣部党建网采用，《领导干部要做学网懂网用网的行家里手》在8月2日《湖南日报》刊发，《以十九大精神为引领 做好基层意识形态工作》分别被2018年第5期《湖南宣传》（省级）、2018年第3期《学习导刊》（省级）和市委党刊《长沙通讯》采用。课题研究成果《建设高铁会展新城 放大高铁经济效应》被《长沙宣传》杂志2018年第11期刊发。（柳美丽）

【新闻宣传】 2018年，雨花区切实把握舆论导向，强化对外宣传，讲好雨花故事、传播好雨花声音，向全社会展现真实、立体、全面的雨花，不断提升雨花形象，正面宣传“有声有色”。组织策划“开放雨花 梦想直达”雨花LOGO、H5页、VI系统、宣传片、核心区域精准宣传等“七位一体”社会宣传。深入宣传习近平新时代中国特色社会主义思想和中共十九大精神，认真做好庆祝改革开放40周年等主题宣传。在主流纸质媒体刊发1544条，其中《人民日报》7条，《新华每日电讯》2条，《光明日报》7条，《经济日报》7条，《湖南日报》366条，《潇湘晨报》237条，《三湘都市报》167条，《长沙晚报》743条；在主流电视、电台媒体播发新闻1882条，其中中央电视台报道7条，湖南广播电视台《湖南新闻联播》91条，长沙广电新闻频道370条；在主流网络媒体刊发稿件2904条，其中红网报道1225条，星辰在线报道440条。《光明日报》报道《“空巢儿童”的乐园——长沙雨花区雨滴儿成长乐园演绎爱的故事》，重点推荐雨花区关注“空巢儿童”的实践经验。新华社刊发《不避寒雪，不求回报——长沙六旬党员5年义务巡山护林3000余次》，报道雨花区跳马镇金屏社区老党员邹正良义务巡山的事迹，阅读量突破26万条。《半月谈》刊发《两会观察·新时代民生探索新亮点》，推介雨花民生亮点邻家照护模式。中央电视台新闻频道《新闻直播间》推出“共抓大保护、不搞大开发”特别报道《直播长江》，以《圭塘河：昔日臭水沟变身生态河》为题，报道圭塘河从“龙须沟”变成生态河，成为市民休闲新去处和绿色城市新标杆的“秘诀”。《人民日报》刊发《湖南：给困境儿童家的温暖》，报道推介雨花建立困境儿童分类保障体系，让困境儿童走出困境。《经济日报》刊发《长沙市雨花区压实责任、科技助力、全民“参战” 环保发三箭共护“雨花蓝”》，报道雨花区打响雨花蓝天全民保卫战的具体做法。中央人民广播电台《新闻与报纸摘要》播报《奋斗者的新时代》，推介左家塘街道探索小区党建模式，化解都市冷漠症。人民网报道《首届“健康雨花”全民健身旅游节在石燕湖举行》，推介雨花区积极推行全民健身理念。中央电视台《晚间新闻》推出《胡春华出席第十六届中国国际农产品交易会等活动》报道，宣传在长沙国际会展中心举办的第十六届中国国际农产品交易会暨第二十届中国中部（湖南）农业博览会情况。《经济日报》刊发《农村集体产权制度改革稳步推进——农村集体经济组织首次领到“身份证”》，介绍雨花区井塘股份经济合作社的改革经验。《光明日报》刊发《郭存勇和他的雨花非遗馆》，重点推介雨花非遗馆建设发展的成绩。（柳美丽）

【舆论引导】 2018年，雨花区组建新媒体中心，建立全媒体集约化采编平台，建设《雨花手机报》、雨花新闻网、“飞梦雨花”微信公众号、“@雨花发布”微博号、“雨花发布”抖音号、“雨花时刻”客户端、“新雨花”新湖南频道、“智慧雨花”智慧长沙频道载体平台，实现“一次采编，多元生成，多样传播”格局，打通融媒体建设“最后一公里”。改版提质“飞梦雨花”、政务网、手机报，传播力、影响力持续扩大，全方位、多维度助推雨花形象“大提升”。“飞梦雨花”公众号在全省政务类微信排名中居前列。在全省网信办主任座谈会和新华网长三角“县级融媒体中心建设研讨交流会”上作典型发言。10月中旬，承办全省融媒体中心建设现场观摩会。接待8个市州县200余人次考察学习。制定《雨花区网络舆情管理工作实施办法》《雨花区重大事项舆情风险评估制度》等制度，提升全区舆情管理工作水平。建立“三预、三联、三报、三监测”网信工作机制。筹备成立区委网信机构，打造百余名网评员队伍，组织全区各单位部门单位宣传工作分管领导、宣传专干62人，赴浙江大学进行“雨花区意识形态安全和舆情管理专题研修班”培训。组织开展“雨花通讯课堂”、舆情报送系统工作培训及座谈会、舆情引导与应对等业务培训。网评员稿费、特护期值班等经费纳入财政预算。构建网络舆情监测报送系统。排查属地涉赌博类网站20余个，网络短视频服务平台5个，政治类有害信息1969条。通过舆情指挥系统报送舆情10317条，回复市里舆情100余条，交办街镇、区直部门舆情90余条。成功处置圭塘河水体污染、大V于建嵘“在长沙南站附近订酒店被套路”、校园集体“罚跪”、雨花区万家丽南路某执法站现“神秘人”等较大舆情事件，保持全区舆情稳定。落实中央、省委、市委对社会宣传的工作要求，根据重要时间节点统筹做好社会宣传工作。指导街道、社区（村）在辖区范围内的电子显示屏、社区宣传橱窗、主要大街、背街小巷、社区楼道广泛开展习近平新时代中国特色社会主义思想和中共十九大精神、庆祝改革开放40周年、产业项目建设年、坚决打赢“蓝天保卫战”、千人帮千企、“一圈两场三道”、第十六届农交会暨第二十届农博会等重要社会宣传。征订《人民日报》1354份，《求是》1193份，《光明日报》661份，《经济日报》694份，《湖南日报》3456份，《新湘评论》1733份，《新华每日电讯》1000份，《中国日报》242份，《中国新闻周刊》206份。（柳美丽）

2018年4月25日，长沙·雨花区域形象发布暨新媒体中心启程仪式

（柳美丽/提供）

【文化建设】 2018年，雨花区加快文化产业发展，中国（长沙）创新设计产业园获评市级文化产业示范园区，雨花非遗馆、湘水和天下获评市级文化产业示范基地，汇艺文创大楼获评市级文化产业示范楼宇，湖南广电黄土岭院文化产业园项目启动。制定《长沙市雨花区促进文化产业发展扶植奖励办法》，兑现奖励851.78万元。加大文化产业招大引强力度，新增5大奖励板块，鼓励文化产业创新创意创造；召开文化产业招商工作领导小组会议，重点推进网络传媒大厦、创新创业设计园、雨花非遗馆等项目招商。落实“文化惠民提标”工程，建设浦沅社区、丰园社区24小时自助图书馆；重点打造特色图书馆——雨花非遗书院，推进“三馆一中心”（文化馆、图书馆、非遗馆和全民健身中心）项目规建，采取“政企联姻”的方式，吸纳社会资本，建成并开放“和+”共享图书馆、引进宋旦汉字艺术博物馆落户雨花；依托梨子山社区群工站实施群众工作“民意快线”工程，帮助社区改善文化活动设施和便民设施，满足居民群众文化需求。修订完善《长沙市雨花区促进群众文化发展扶持奖励办法》，扶持奖励民办非企业文化服务机构4个、群众文艺团队14个、文艺精品37个、文艺人才3个，奖励资金近200万元，推进区域群众文化的繁荣与发展。围绕“我们的中国梦”“我们的节日”“飞梦雨花”文化艺术节、“书香雨花”读书节、“文化和自然遗产日”等主题和节日，打造原创文艺精品，《半条被子》获第27届金鸡百花电影节优秀剧本奖；《妈妈的爱》《纸飞机》获省优秀奖、市级金奖；《雨花亭》获2018年“新时代·新长沙”原创音乐作品征集活动银奖；参加第六届湖南艺术节选拔赛，获省奖1个、市奖11个；参加“欢乐潇湘”各类艺术评选、展览活动，获省奖省展9个，获市奖市展13个。《雨花亭》《长沙雨》在网络投票中成功

入选“长沙城市形象歌曲”，其中《雨花亭》获网络投票第一名。（柳美丽）

【雨花“非遗”民俗艺术特色街区建设】 2018年，雨花区推进雨花“非遗”民俗艺术特色街区建设，开发“木刻”“蜡染”等“非遗”体验项目30余个，孵化大学生创业项目10个，举办各类活动400余次，开展国际团队文化交流、中外文化体验接待70余次。雨花非遗夜市、非遗大舞台顺利启动，省委常委、宣传部部长蔡振红，市委常委、宣传部部长高山带队实地调研指导雨花非遗馆的建设。做好“雨花‘非遗’特色街区”官方微信公众号，实时更新宣传报道，通过平台宣传让更多人了解非遗、爱上非遗、传承非遗。打造非遗社会影响力，通过“非遗+教育”“非遗+互联网”模式，把非遗项目、非遗产品“聚焦起来”，通过直播、渠道产品代理、网络付费课程等营销方式，将非遗“推广出去”。雨花非遗馆被授予“全国中小学生研学实践教育基地”“湖南省巾帼手工创业就业孵化基地（首批）”“湖南省中小学生社会实践基地和研学旅行基地”“湖南省中华优秀传统文化教育基地”“湖南省非物质文化遗产展示基地”“长沙文化产业示范基地”等称号，成为湖南省具有引领示范效应的传统文化特色旅游新业态，是湖南省传统文化研学旅游服务标准化试点制定者。“天下非遗聚雨花”成为全市乃至全省的一张重要文化名片。雨花非遗馆董事长郭存勇入选2018“中国非遗年度人物100强”。叶水云、傅元庆的土家织锦作品《鸡盒子花》获2018年第十四届中国（深圳）文化产业博览交易会“中国工艺美术文化创意奖项”金奖，刘金铎的瓷刻作品《虔诚》获“中国工艺美术文化创意奖项”银奖。雨花非遗馆选送的文创作品《香乐合鸣》获2018湖南省旅游商品大赛商品类银奖。叶水云的《岩墙花》获第七届民间工艺美术“乡土奖”金奖。叶水云、陈利获评国家级“非遗”工作先进者。（柳美丽）

【宣传思想工作会议】 2018年11月30日，雨花区宣传思想工作会议召开。区委书记张敏强调，深刻领会习近平总书记在全国宣传思想工作会议上的重要讲话精神，把握好新形势下做好宣传思想工作的大局和方向，坚定担当举旗帜、聚民心、育新人、兴文化、展形象的使命任务，推动宣传思想工作不断前进。要准确把握关于宣传思想工作的科学判断，深刻认识“四个基础”和“四个前所未有”的局势，深入思考“正本清源”到“守正创新”的内涵要求，结合实际做好工作；准确把握关于宣传思想工作的精辟论述，明方向、找差距、担任务，推动工作强起来；准确把握关于宣传思想工作的重大部署，守方向、守立场、守根脉、守底线，把工作落细落小落实；准确把握关于加强党对宣传思想工作领导的明确要求。要牢牢把握新形势下宣传思想工作的使命任务，坚持旗帜鲜明讲政治，树牢“四个意识”、践行“两个维护”，深化认识、对标看齐，校准偏差、改进工作；坚持统一思想、凝聚力量，紧扣三大攻坚战、项目建设等，做到强信心、聚民心、暖人心、筑同心；坚持以人民为中心，打造更多文化精品，提供更好精神食粮；坚持守正创新，坚持正确方向、保持战略定力，把握新形势下宣传思想工作的规律和要求，求新求变开展工作。要围绕“三个雨花”建设，全力推动全区宣传思想工作重点任务落地见效，建设具有强大凝聚力和引领力的社会主义意识形态，坚持抓好理论武装、持续巩固主流舆论、有效进行阵地管理；培养担当民族复兴大任的时代新人，在坚定理想信念上下功夫、在践行核心价值观上下功夫、在弘扬时代新风上下功夫；更好满足人民精神文化生活新期待，不断推出文艺精品力作、不断推动文化产业高质量发展、不断深入推进文化惠民；进一步提升区域发展的软实力，依托合作平台、互动交流，扩大非遗馆、农博会等文化品牌影响；精心组织外宣活动，不断展示雨花新形象。要加强党对宣传思想工作的全面领导，为建设文化强区提供强有力的保障，坚持党的领导，压实各级责任，层层传导压力，形成全区“一盘棋”“大宣传”格局；全面从严治党，宣传思想战线要把管党治党作为政治责任，以政治建设为统领，全面推进思想、组织、作风、纪律、党风廉政建设，推动全面从严治党向纵深发展；加强队伍建设，不断掌握新知识、熟悉新领域、开拓新视野，增强“脚力”“眼力”“脑力”“笔力”，推动全区宣传思想工作再上新台阶。

（柳美丽）

【雨花区新媒体中心启程】 2018年4月25日，雨花区举行新媒体中心启程仪式，标志着开放雨花步入更多元、更全面、更专业的区域宣传新模式。银星艺术团表演原创歌舞《社会主义核心价值观》，播放区域形象宣传片，表演《我自豪，为我的雨花》原创诗朗诵，市委宣传部副部长、市社科联（院）党组书记朱锦辉，推出雨花区域形象和雨花区新媒体中心，诠释雨花区域形象LOGO：一列高铁飞驰而过，车头的“雨”字携手三大产业齐头并肩，蓝色代表的是新型工业、红色代表的是现代服务业、橙色代表的是都市农业，意寓着雨花这艘时代巨轮，正乘风破浪，逆流而上，驶向梦想的成功彼岸。长沙市委网信办副主任邹蓬，雨花区委副书记陈永高，区委常委、宣传部部长余宏卿参加活动。（柳美丽）

统一战线

【概况】 中共长沙市雨花区委统一战线工作部（简称“区委统战部”）主管雨花区统一战线工作，加挂中共长沙市雨花区委台湾工作办公室（长沙市雨花区人民政府台湾事务办公室）（简称“台办”）、长沙市雨花区归侨侨眷联合会（简称“侨联”）的牌子，区委统战部（台办、侨联）不设内部机构，设二级事业单位雨花区党外人士服务中心，全额事业编制3人。2018年年末，区委统战部在职在编人员11人，其中县级领导1人，正科实职人员4人，正科职待遇人员1人，科员1人，全额事业编制3人；雇员2人。退休干部6人。部机关与区工商联机关设立联合党支部，党员12人，其中在职党员9人（统战部7人，工商联2人）。办公地点设在雨花区人民政府机关大院1栋外弧2层。

2018年，雨花区以多党合作、“四同创建”、新的社会阶层人士统战工作、社会组织、基层网络统战为重点，以“双联双创”为工作抓手和主线，推进统战工作协调发展。统一战线“双联双创”活动得到全国政协常委、致公党中央专职副主席闫小培的肯定。区委统战部推动统战系统单位合署办公，打造同心恳谈室、会议室、档案室，统战文化墙，推行办公自动化，建立健全工作制度和服务流程，推动部机关各项工作运转顺畅有序，服务优质高效。强化对统战干部队伍的教育培养，部长带头为联点街道讲党课，为全体机关干部传授公文写作经验。深化统战干部联系结对党外代表人士制度，积极搭建实践锻炼平台，全力支持干部参加各类培训考察和挂职锻炼。组织学习《雨花区重大事项舆情风险评估制度（试行）》等相关文件精神和要求，制订和完善《意识形态工作责任制实施方案》《突发事件新闻应急处置机制》等制度。健全“两微一端”信息审核制度，对外信息发布程序严谨有序。及时对各种敏感话题、观点看法和思想倾向进行正确引导和教育，注重对各类统战工作对象强化“四个意识”和“四个自信”，做到及时掌握并正确处理统一战线领域各类意识形态舆情问题，未发生任何意识形态领域重大舆情事件。机关党支部认真执行“三会一课”、党员积分管理、主题党日活动制度，落实在职党员进社区工作。开展党员微信群在线知识抢答和评选最美党员笔记等活动。到韶山、西柏坡、宁乡青铜博物馆等地开展党员教育活动。对口联系东塘社区，积极参与铲冰除雪、帮扶慰问老党员和困难群众等党群活动。党员志愿服务结对长沙希望之家，为残疾人公益机构提供物力支持，有效发挥党组织和党员作用。

（曾　锦）

【多党合作】 2018年，雨花区民主党派成员1286人。区委强化大统战格局。区委书记张敏率领“四大家”主要领导，春节后上班第一天走访慰问各民主党派、党外知识分子联谊会主要负责人及统战系统各单位统战干部和统战成员。区委统战部召开全区统战工作会议、半年度工作调度会、部务成员（扩大）会，深入学习习近平系列重要讲话精神和治国理政新思想新战略。举办第二期党外中青年骨干培训班、全区民族业务工作培训会议，培训400余人次。以改革开放40周年、纪念“五一口号”发布70周年为契机，开展“肝胆相照跟党走、荣辱与共七十载”主题纪念活动；举行纪念中共中央发布“五一口号”70周年专题授课暨“不忘合作初心 继续携手前进”同心恳谈会。支持各民主党派开展“观故居，走多党合作之路”“重温历史，不忘初心”等学习交流活动。组织全区党外代表人士赴西柏坡纪念馆、中共中央旧址、中央统战部旧址等地开展“不忘合作初心，共谋雨花发展”“暑期谈心会”，充分发挥中国特色社会主义新型政党制度优势，切实加强同各民主党派的政治协商和多党合作。

（曾　锦）

2018年4月25日，“不忘合作初心 继续携手前进 同心恳谈会　（曾锦／提供）

【经济统战】 2018年，雨花区落实《区领导联系非公有制企业和非公有制经济人士实施方案》等文件，区领导与非公企业“阳光交友”。发展基层商会新会员154家。指导洞井、左家塘、侯家塘、砂子塘、雨花亭5家商会创建市级“四好”商会。成立全市首家省级园区商会雨花经开区商会。连续4年举办区工商联“同心杯”体育竞赛活动，为构建亲清新型政商关系搭建平台。传达学习全国工商联第十二次代表大会主要精神，促进非公会员深入学习十九大精神和习近平新时代中国特色社会主义思想。举办“千人帮千企业 百日大攻坚”推进会和政企座谈会、纪念改革开放40周年发展论坛活动，组织雨花区区域经济发展专题研修班、长沙市领军企业家（杭州）高级研修班。开展“雨花工匠大讲堂”、企业社保和个人所得税等涉企新政专题学习，教育引导非公有制经济人士。举办雨花区统一战线“圭塘河岸”品牌招商推介会，引进29个优质项目落户，整体商铺招商率95%以上。统一战线成员招商引资项目6个，投资金额32.4亿元。组织民营企业代表与郴州市、资兴市、株洲石峰区工商联开展工作交流、项目推介及友好商会缔结活动。区委统战部开展“上规模民营企业调研”“长沙市民营企业参与协同创新现状”“走访调研非公企业”“民营企业参与金融机构有关情况”“长沙工业云平台注册”“民营企业劳动关系监测”等系列调研活动，收集相关调研问卷291份，完成《民营经济在转型升级中发展壮大实体经济典型案例研究》等6篇调研报告。围绕区域经济发展，群众普遍关心的热点、难点问题，收集各类议案、提案30件，社情民意6篇。近6000家民营企业和个体工商户完成“万企入云”企业注册登记。

（曾　锦）

【党外干部工作】 2018年，雨花区委坚持把党外干部的教育培养、履职考察、提拔使用纳入重要议事日程，与全区干部工作统一部署，统筹安排，统一推进。走访各民主党派、知联会、工商联代表人士，深入了解各民主党派、知联会班子建设情况。落实党外干部培养选拔工作，人大、政协配备4名党外领导干部，3名党外领导干部实现岗位交流。开展特约监督工作，51家区直单位聘任特约人员300余人。选派3名非中共领导干部参加长沙市第12期非中共中青干部培训班，推荐吴建清、张明秀等党外领导干部加入长沙市知联会。会同人大、政协做好非中共人大代表和政协委员增补工作。长沙雨花非遗馆釉下五彩瓷艺术大师黄永平当选为国内工艺美术创作者国家级称号的中国工艺美术大师。致公党党员、湖南昭泰集团董事长汤朝阳获“全球湘商十大创新创业人物”。农工党党员、长沙市妇幼保健院生殖中心李建军主持完成的科研项目《育龄妇女不育症防治新模式探讨》获2018年第十五届湖南医学科技奖三等奖。全年提交政协提案60份，人大建议48份，调研报告62份，社情民意120篇，开展“爱心接力”“丰和公益联盟”“中山希望书屋”等服务社会活动100余场次，爱心捐款60万余元，捐物折合人民币200万余元。（曾　锦）

【民族宗教工作】　2018年，雨花区举办全区民族工作业务培训会，发放宣传手册和服务指南等资料。协调帮助15名少数民族流动人口随迁子女解决入学问题。牛角塘社区争创“全国民族团结进步创建活动示范单位”，通过国家民族事务委员会网站公示。高桥大市场“民族之家”获批“全省民族团结进步创建活动示范单位”。“新湖南”推介高桥街道少数民族流动人口服务管理工作经验。“民族团结进步行”活动走进桑植县扶贫帮困。举办高桥大市场第八届民族联谊会。全面贯彻执行党的宗教政策，常委会专题研究宗教工作，党的宗教理论、方针政策纳入区委中心组理论学习。落实“三级网络两级责任制”，建立宗教工作约谈机制。依法劝散7个基督教私设聚会点，妥善处理突发事件7起。举办党的宗教政策暨新修订《宗教事务条例》培训班，印发学习资料共7000余本。（曾　锦）

【同心工程】　2018年，雨花区持续开展“四同创建”。区委统战部构建区域化大统战格局，开展以“部务会成员联系民主党派（知联会），民主党派（知联会）联系街镇，同创一流业绩，共创特色品牌”为主要内容的“双联双创”活动，夯实统战基层基础，破解重点难点问题，推动工作创新发展，盘活基层统战工作“一盘棋”，形成调研课题14篇，打造统战工作新品牌15个。《实施双联双创 激活基层统战》的经验文章在《湖南统一战线》杂志上刊发。省委常委、统战部部长黄兰香批示，“雨花区‘双联双创’活动的做法措施实、亮点多，深度融合统一战线各方资源力量，推动基层统战工作持续创新发展，展现了新时代统一战线的新气象，值得推广。”重点联系和培养近100名新的社会阶层代表人士。推荐傅强、邓运姣等9名新的阶层代表人士加入市级新的社会阶层“百人会”。雨花非遗馆被评为全市首批新的社会阶层人士实践创新基地。中央统战部第一期自由职业代表人士理论研讨班考察雨花非遗馆。傅强获评全市、全省和全国“中国好人”。雨花非遗馆创建为市级同心创建示范点，侯家塘社区、浦沅社区创建为市级同心创建工作点，农工党党员、长沙群英会理事长傅强，九三学社社员、雨花非遗馆馆长邓运姣，致公党党员、湖南省宋旦汉字艺术博物馆馆长宋旦当选全市首届“同心人物”。长沙群英会承接湖南省志愿服务联合会项目协作中心项目。益友会和+共享图书馆举办各类活动卓有成效。涌现“圭塘河民间河长”“绿房子·童心氧吧”“和谐号”重点旅客服务联盟、“雨滴儿”儿童成长乐园、“同乐荟”志愿服务等一系列社会组织统战工作品牌。开展统一战线“同心助学·情暖桑植”活动，通过捐赠一批校服、资助一批贫困大学生、募集一批温暖包、捐建一批儿童乐园、提供一批就业岗位等项目，筹集40万元助学费用和总价值近130万元的爱心物资和设施设备，助力桑植县打赢脱贫攻坚战。《新时代统一战线实践创新品牌打造工作研究——以长沙群英会为例》，获市重点课题二等奖，《雨花区党外干部队伍建设的做法与体会》等多篇经验文章在省市委统战部内刊刊发。统战宣传、信息、调研工作任务均超额完成绩考任务，湖南卫视新闻频道、红网、“新湖南”、《长沙晚报》等多家媒体专题报道雨花区统战工作，全方位展示雨花统一战线“凝心聚力新时代”行动工作成果与作为。

（曾　锦）

【“同心汇”平台】　2018年，雨花区完善“网络+社会组织”统战形式，巩固“同心汇”两新组织赋能共享合作平台品牌，通过“网络统战”手段进一步团结和联合新的社会阶层人士，“同心汇”两新组织互动共享合作平台微信群两个，群员600余人，其线下“善言堂”主题活动分为“主题分享类”“交流合作类”“建言献策类”3种类型，组织“同心汇”两新组织赋能共享合作平台开展“善言堂”线下主题活动20余场次，积极参与或主动承接“同心汇”各类线下活动的非公企业单位和社会组织近百个。

（曾　锦）

【纪念“五一口号”】　2018年4月25日，雨花区纪念中共中央发布“五一口号”70周年会议召开，会议决定，雨花区在全区统一战线开展以“肝胆相照跟党走、荣辱与共七十载”为主题的“五个一”系列纪念活动（一次历史记忆、一次专题讲座、一次主题征文、一次同心恳谈、一次社会服务）。区委常委，统战部部长成钢要求，全区各民主党派和区知联会广大统战成员要深化同心理念，增进政治共识，要发挥自身优势，积极议政建言，要凝聚各方力量，服务发展大局。要紧紧围绕新时代雨花经济社会发展各项中心任务，进一步发掘和弘扬多党合作的时代价值，努力把中国特色社会主义参政党建设提高到新水平。全区7个民主党派、区知联会相关负责人和部分党外代表人士、各街镇分管领导及专干、全区统战系统各单位全体干部职工参加会议。（曾　锦）

【“和谐号”重点旅客服务联盟】　2018年，民进雨花区工委联合长沙群英会创建“和谐号”重点旅客服务联盟，全市50余家民主党派、社会组织、人民团体和高等院校，300余名党外人士为逾千名重点旅客免费提供爱心接力服务，解决重点旅客出行的实际困难。暑运期间，“和谐号”重点旅客服务联盟为长沙火车南站乘客提供咨询服务4万余次、文明劝导2万余次、协助购票1万余次，搬运行李8000余次。（曾　锦）

【成钢走访慰问统战对象】　2018年2月12日，雨花区委常委、统战部部长成钢走访慰问跳马镇统战对象，在长沙市大安寺与宗教界代表人士座谈，了解宗教场所建设情况和存在的困难，希望宗教界人士深入学习贯彻中共十九大精神和新修订的《宗教事务条例》，坚持以爱国爱教为原则，积极加强自身建设，团结教育信教群众，为全区统战工作和社会经济快速健康发展做出应有的贡献；成钢一行看望原国民党起义投诚人员周科生，蔡锷后代及侨眷贺遂宁。成钢指出，新时代新征程，做好新形势下的统战工作需要以更昂扬的姿态来承担使命，街（镇）统战工作人员要进一步强化责任意识和服务意识，加强沟通联络，提升服务水平，将党委政府的关心关怀落到实处，为巩固和助推统战工作汇聚力量，凝聚人心。区委统战部、区民宗外侨局、区侨联、跳马镇政府主要负责人一同慰问。（曾　锦）

对台工作

【概况】　2018年，雨花区学习贯彻习近平总书记对台工作重要思想，牢牢把握两岸关系和平发展的主题，秉持“两岸一家亲”理念，找准对台工作发力点，积极构筑对台工作新思路，依法管理涉台事务，在对台经济、对台交往交流、对台宣传、对台联络工作、投诉协调、对台基层基础工作等方面展现新作为，提升雨台两地的交流、交往与合作水平，为助推两岸和平发展，建设最美雨花做出积极贡献。组织台商代表参加区第二期党外中青年骨干培训班，进一步凝聚共识，协调处理涉台权益保护及求助案件14件，协助办理港澳台居民居住证67人次。（曾　锦）

【对台工作机制】　2018年，雨花区完善对台工作机制，围绕区委整体发展思路开展对台工作。涉台领域重要参访、交流、座谈、调研等活动，区委领导均高度关注，亲自参加，倾力指导。1月3日，雨花区召开区委常委会，专题听取区台办工作情况汇报。区台办坚持每个季度定期主动上门走访区政法委、法院、商务、人社、民政等相关部门和基层街道、社区联系对台工作负责人，及时通报沟通涉台工作事宜，畅通对台工作联席会议机制，确保涉台涉诉问题一律有问必答、有求必应，最大限度地争取各部门单位对涉台工作的高度重视和全力支持，凝聚全区对台工作合力，保护全区涉台人员及企业的合法权益，全区大对台工作格局更加健全。雨花区坚持为全区对台工作领导小组成员订阅《台湾工作通讯》《两岸关系》，坚持涉台重要文件、内刊和重要台情呈送区委对台工作领导小组负责人阅示的制度，使区领导进一步掌握党的对台方针政策和台海形势，及时了解全区涉台工作动态，更好地争取领导的重视和支持。（曾　锦）

【联络联谊工作】　2018年，雨花区深度发掘常驻台湾居民基本情况和两地居民往来情况，坚持定期约谈，不定期走访、交流座谈等联谊活动。举办“台商新春座谈会”“台商中秋联谊会”、走访台资企业、召开现场办公会等，了解台商台胞诉求，服务台商台胞。成立长沙市首个城区台协分会，入会台商台胞40余名。通过“雨花对台之家”微信群和电话联系，坚持为驻区重点台商、台胞、台属送上问候关心。春节前夕，区台办开展重点台商、台胞新春走访活动，走访慰问辖区内困难台属36户、台企16个、下拨6万元慰问金及近万元慰问物资。端午节前夕，区台办组织雨花台商协会到跳马镇敬老院开展慰问活动，送上价值1.1万元的慰问物资和慰问金。（曾　锦）

【交流交往】　2018年，雨花区注重以台引台，以商招商，寻求与台商、台资的交流和合作机遇，五次组团（派员）赴台考察学习，围绕重点工程和项目建设、全域旅游中心工作、推动精致农业及社会组织发展等方面，展示雨花名片，学习台湾地区的先进经验，增强台湾同胞对来雨花发展的信心。4月7—13日，区委常委、区纪委书记、区监察委员会主任王清政率团赴台考察，举办雅塘新城项目建设交流会。7月24日，参加在沪举行的雨花区重点片区及“一主一特”产业链招商专题推介会，走访上海南侨食品有限公司、上海市台协。第十四届湘台会期间，向台湾岛内和台商推介雨花的亮点项目和优势项目，红星实业集团有限公司红星农副产品大市场与台湾台东县湛捷绿能股份有限公司签订农业交流协议书，双方同意建立两地农业互访机制，定期举办农业合作发展会议。接待台湾聚美医学集团有限公司、台湾康益生医有限公司、小哈佛幼教集团、台北国际文化艺术交流协会、湖南福达道生投资开发有限公司、安迪国际集团、江苏同安健康产业发展有限公司等多家知名台资企业到雨花区考察。10月30日，台湾工商建研会代表团、台企联常务副会长团、中华经济区域战略发展协会团考察雨花非遗馆、跳马镇、雨花经开区创新产业设计园。（曾　锦）

【对台宣传工作】2018年，雨花区创新形式，发展与提升涉台教育及宣传。利用报纸、杂志、网络等平台，积极撰写对台宣传稿件《中共湖南省委台湾工作办公室官网》《中国台湾网》《长沙统一战线》《华夏经纬网》等市级以上杂志、网站刊用宣传稿件50余篇。开展“一基地一品牌一特色”创建活动，稻田中学获评市台办“一区县（市）一品牌，一特色”交流项目优秀单位。3月22日，召开涉台教育工作会议，铺排涉台教育工作，区委常委、统战部部长成钢要求，各基地要进一步提高政治站位、责任意识和工作水平，充分调动一切积极因素和力量，切实抓好涉台宣传教育工作。5月，在长沙市稻田中学举办台海形势报告会，增强对当前台海局势的正确认识和把握。10月，举办涉台知识教育“五进”活动巡展，着重宣传“九二”共识、《告台湾同胞书》《反国家分裂法》《国台办31条惠台措施》以及习近平关于两岸关系讲话精神，展示台湾精致农业、文创产业、以及风土人情，为更好地开展对台工作营造良好的社会氛围。各涉台教育基地组织开展涉台知识竞赛、涉台话剧比赛、涉台绘画征文比赛、涉台文化艺术节等活动30余场，弘扬爱国主义教育精神。稻田中学被评为湖南省涉台教育基地，长郡雨花外国语学校和圭塘街道美林景园社区评为区级涉台教育基地。涉台教育投入17万余元。（曾　锦）

【省台办调研雨花区对台工作】 2018年1月29日，湖南省台办主任肖祥清、副主任蒲祖泉及长沙市台办主任袁义和、副主任张克清等领导调研雨花区对台工作，走访慰问高桥国际商品展示贸易中心台湾优品生活馆及长沙市台协雨花分会（雨台之家），与馆长郭辉鸿及市场负责人进行了深入交流，详细了解企业的经营状况、经营环境，勉励企业“先扎根，再做大”，并向台资企业员工致以新春的问候。肖祥清充分肯定雨花区委、区政府给予对台工作的重视与支持。他指出，台湾青商会和高桥大市场的合作发展很有特色，雨台之家的成立很有意义，要通过这些平台，进一步加强与台商的联络、加强对台商的服务、加强对台企的宣传，把台湾商品引入前景广阔的大陆市场，将大陆的特产销往台湾，让海峡两岸经贸合作更加顺畅，交流交往更加密切。袁义和要求通过长沙市台协雨花分会和台湾青商会两个平台，引进更多台商到长沙发展，吸引更多台湾青年到长沙学习、就业、生活，为两岸融合发展做出更加积极的贡献。区委常委、统战部部长成钢代表区委感谢省、市台办领导对雨花对台工作的重视、支持与指导，他表示将进一步落实好对台工作各项措施，特别是充分利用好雨台之家这个平台和桥梁，切实服务好台商，宣传好台企，进一步推动雨台交流发展。（曾　锦）

【雨台之家】 2018年1月25日，长沙市台湾同胞投资企业协会雨花分会（雨台之家）成立大会暨揭牌仪式在高桥国际商品展示贸易中心举行，标志着长沙市城区第一家台协分支机构，雨花台协分会正式成立。雨花台协分会首任会长、台湾优品生活馆馆长郭辉鸿介绍协会的组织机构及职责，对雨花区在致力改善台商投资环境、增进生活福祉方面所做的努力表示感谢。市台协副会长兼副秘书长佟建华、湖南高桥大市场股份有限公司总经理罗晓分别致辞。区委常委、统战部部长成钢希望雨花台协分会成为一个团结和睦的家，为广大台商在雨花投资、创业、发展，提供实实在在的服务；雨花台协分会成为一座畅通无阻的桥，在服务会员、沟通政府、共创双赢方面，发挥更大的作用，做出更大的贡献。他表示，中共雨花区委将不遗余力地支持雨花台协分会，继续努力为广大台商朋友在雨花学习生活、旅游观光、投资兴业提供更为丰富、实在、贴心的服务，让雨花台协分会这个家更温暖，让雨花台协分会这座桥更畅通。长沙市台办副主任张克清对雨花台协分会的成立表示祝贺，指出雨花区的对台工作开展得有声有色，雨花台协分会的成立更是开全市之先河，希望雨花台协分会在长沙市台协的指导下，在雨花区台办领导下，为雨花、为长沙的经济社会发展做出积极贡献。张克清、成钢、佟建华、罗晓、郭辉鸿共同为长沙市台湾同胞投资企业协会雨花分会（雨台之家）揭牌。副区长张良欣，区政协副主席康长萍；市台协常务副会长高国轩等，高桥街道、区台办、区民政局相关负责人及雨花区台商代表参加活动。（曾　锦）

机构编制

【概况】 长沙市雨花区机构编制委员会办公室（简称“区编办”）是长沙市雨花区机构编制委员会的常设正科级办事机构，负责全区行政体制机制运行和机构改革以及机构编制日常管理等工作，列入区委的工作机构序列。下设二级事业单位区事业单位登记管理局（简称“区事登局”）和雨花区机构编制实名制信息中心。核定行政编制6名、事业编制6名，其中领导职数4名。2018年，在职干部职工数9人，退休4人；党员12人，其中在职党员8人。

2018年，区编办坚持以转变政府职能为核心，紧扣优化营商发展目标，以“放管服”改革为切入点，扎实推进党政机构改革，全面提升机构编制工作服务水平，为促进全区经济社会发展提供坚强的体制机制保证。区编办被授予区“群众新精神文明建设活动文明单位”“征拆工作服务支援单位”“维稳工作优秀集体”“群众工作‘民意快线’工程一类部门”。（刘　麟）

【行政审批制度改革】 2018年，雨花区坚持“放管服”三管齐下，围绕“一次办、马上办、网上办、就近办”便民服务目标，突出“最多跑一次”改革，着力优化营商环境。全面拓宽“一次办”领域，全区涉及31个部门的405个事项全部实现“最多跑一次”并率先对外公布，紧扣住企业群众生产生活密切相关的社会保障、养老医疗、就业创业等领域，基本实现社会保障和公共服务领域全覆盖。落实省市“互联网+政务服务”改革精神，全区在省市一体化平台中引用事项1744项（行政权力事项1540项、公共服务事项204项），事项引用率100%，实施清单填报率100%，发布率100%；依申请类事项437项，网上可办率实现100%。围绕构建“15分钟生活圈”目标，系统梳理全区“就近办”事项，全区236项审批服务事项实现“就近可办”（区直部门政务服务事项100项、垂管部门79项、党务村务社会事务57项），形成更加“极简便民”的审批服务模式，更大幅度畅通服务基层群众的“最后一公里”。聚焦“证明多、办事难”等痛点堵点问题，开展全区“减证便民”专项行动，持续以“减证”推动“简政”，出台《区直各单位取消证明材料事项清单》，首批取消证明材料56项，解决政务管理服务中要求提供的证明材料过多过滥等突出问题。编制“多规合一”事项目录并设置综合窗口，明确将涉及区发改局、区城乡建设局等6个部门18个事项纳入到市级平台并实施动态管理，深入推进“多规合一”改革，优化投资项目审批监管服务水平。（刘 麟）

【机构改革】 2018年，雨花区全面深化机构改革，构建简约高效管理体系。突出强调坚持党的领导、坚持以人民为中心、坚持优化协同高效、坚持全面依法治国的原则，抓好机构改革工作任务推进，调整优化区级党政机构设置和职能配置，构建简约高效的基层管理体制。对标党和国家机构改革的决定和方案，对全区机构设置、职能配置、人员编制等进行全面摸底，分类建立台账，做到家底清晰；逐一梳理涉改机构的职能职责、内设机构、人员编制等现状，开展综合分析和研判。深入部门一线调研，从机构编制管理所需、改革所急、群众所盼的问题入手，以问题为导向，通过现场查看、会议座谈、台账核对等方式，了解重点领域各类机构编制事项，为全力破解改革难题、提升机构编制工作水平奠定基础。开展对全区除学校、基层医疗机构、街镇二级事业单位外的100个事业单位的职能职责摸底清理工作，梳理出22家承担行政职能的事业单位，对照法律法规和权力清单进行逐一核对，形成汇总目录。根据全区机构改革工作领导小组的任务分工，抓好《机构改革方案》拟订、涉改单位领导职数申报等重要工作，严格按照时间节点申报市级审核审批，稳妥有序推进系列改革工作开展，确保实现“职责梳理零遗漏、机构优化显特色、人员编制保重点”的工作目标。抓好对应设置党委和政府机构，规范其他机构、人员编制和领导职数，统筹人大政协、事业单位、执法队伍和乡镇街道“两个对应、三个规范、四个统筹”，建立健全和优化区委对重大工作的领导体制机制，加强区委职能部门的统一归口协调管理职能，统筹优化区政府机构设置和职能配置，深化人大、政协机构改革和群团组织改革，深化事业单位改革（含区委区政府直属事业单位改革，部门所属承担行政职能的事业单位改革，其他事业单位改革），深化综合行政执法改革，深化乡镇（街道）机构改革。（刘 麟）

【机构编制管理】 2018年，雨花区强化机构编制管理，统筹谋划并全面优化全区公办幼儿园机构设置与编制核定，将原核定的全区公办幼儿园差额拨款事业编制予以上收，重新核定其全额拨款事业编制，系统梳理集团化办学经验情况并形成专题调研报告，通过集团化办学及编制再配备举措，为解决公办幼儿园“缺口大”“师资紧”“运转难”等难点问题提供机构编制保障。统筹调整区纪检监察信息中心、区人大代表服务中心、区政协委员服务中心、区人才队伍建设工作中心等系列重点领域的编制事项，为各项工作顺利开展做好服务保障。以机构编制实名制管理为依托，实现机构清、编制清、领导职数清、实有人员清，开具编单312份，涉及人数735人。统筹使用编制资源，积极主动服务大局，收回部分单位节余事业编制，缓解重点领域用编的供需矛盾。（刘 麟）

【事业单位登记管理】 2018年，雨花区完成设立登记15家，注销登记11家，补领登记1家，变更登记94家，登记量同比增长26%。完成机关、群团统一社会信用代码赋码14家，变更机关、群团统一社会信用代码信息3家，注销机关统一社会信用代码2家。办理中文域名326条，其中政务域名86条，公益域名263条，督促2家单位完善网站挂标工作，实现全区网站挂标率达到100%。（刘 麟）

【编外合同制人员管理】 2018年，雨花区率全省之先研发编外合同制人员管理实名制系统，建立集编外人员基础台账、网上申报审批、实时动态管理、综合数据统计分析等功能于一体的协同工作平台，通过大数据管理方式从严把控编外合同制人员管理的“入口关”，建立健全全区编外合同制人员“配备有依据、使用有程序、经费有标准、管理有制度”的科学管理机制。58个区直机关，13个镇街本级编外人员、区聘街用的“八大员”和教育系统中小学临聘教师人员基本纳入实名制系统管理。（刘 麟）

【服务群众】 2018年，区委组织部、区编办联合党支部与廖家湾社区实行结对帮扶工程。指导社区两个直管支部，3家非公党支部，两家社会组织支部，两家联合支部在优化设置、“三会一课”、管理服务、制度体系、阵地建设等方面开展“五化”建设达标工作；组织党员参与社区党支部集中学习、民主评议、“双述双评”活动。组织省儿童医院、鲁爷爷爱心室、孟妈妈青护园等7家驻区单位和社会组织成立“廖家湾民意快线服务联盟”，研究制定联盟的章程和议事规则，形成党建共建、资源共享、事务共商、实事共办、难题共解的服务机制。区编办开展“民情大走访，实事大联办”活动，收集意见建议20余条，办理实事4项，向区群工办上报意见清单两条。协助街道、社区共同逐个研究解决梓园大厦消防整改难到位、枫丹雅苑打造邻里中心场地有困难等实际问题。慰问社区困难群众36人次，慰问资金9000元。精准帮扶浏阳市社港镇新光社区贫困户4户，通过开展入户调查，逐户上门填报各类统计资料，调查了解帮扶对象生活开支、居住条件、家庭劳力和产业发展等情况，及时补充和完善档案内容，实现“一户一档”动态调整。坚持传统节日慰问帮扶对象，鼓励贫困户树立脱贫信心，发扬自力更生精神，激发改变贫困面貌的干劲和决心，靠自己的努力改变命运。因地制宜，因户施策，采取针对性脱贫措施，协助做好住房、医疗、教育“三保障”。（刘 麟）

党校教育

【概况】 中共长沙市雨花区委党校是区委领导下培养党员干部和理论骨干的副县级中专体制学校，长沙市雨花区行政学校是雨花区公务员和专业技术人员的重要培训基地，承担全区党员干部的培训和教育工作；两校合署办公，“一套人马、两块牌子”，简称“党校”。总建筑面积12500平方米，拥有办公楼一层13间，教学楼（教室

5间）、能容纳300人学习的多功能报告厅1个、装配电脑40台的多媒体教室一间，实训室一个，图书藏量2万册，光纤网络和教学监控相连，天地两网设备齐全。党校实行校委负责制，校长由区委副书记担任。下设办公室、理论教研室和行政后勤室，核定编制15人。2018年，在编在职干教职工14人，其中：副县级领导干部1人，正科实职领导干部4人，副科实职干部1人，专业教学科研人员7人，后勤保障人员1人。

2018年，雨花区委党校围绕打造一流品牌、创新一套机制、锤炼一支队伍、推出一批经验“四个一”办学目标，紧密结合区委、区政府的中心工作设置主体班次，科学安排培训内容，紧密结合雨花实际，积极开展难点、热点问题研究，致力将科研成果转化为决策依据。利用教学资源优势，积极开展送课下基层活动，推进学习宣传贯彻习近平新时代中国特色社会主义思想和十九大精神，提升学员们的党性修养、履行岗位职责等能力。

（周艳红）

【干部培训】 2018年，雨花区委党校建立和完善包括高校教师、上级党校教师、各级领导干部、专家顾问团成员、本校优秀教师、普通党员干部在内的师资信息库，为教学提供有力的师资保障。举办主体班20期，培训2669人次；联合办班87期，培训9493人。组织复旦大学区域经济发展培训班；厦门大学社会治理创新培训班；河北大学党的建设履职培训班；四川大学、浙江大学民主法治建设培训班等异地培训10个班次，其中红色基地西柏坡、井冈山、韶山4个班次。212名干部到西柏坡、井冈山、韶山开展党性教育感受革命先辈的党性修养和习近平视察时的初心教诲，358名干部到上海、成都、杭州、厦门、石家庄等地开展异地培训，感受一流学府的学习氛围，开拓视野，活跃思维，提升干部的综合素质。 （周艳红）

【教学管理】 2018年，区委党校按组织之需、岗位之需、个人之需设置培训内容，党的理论教育和党性教育课程纳入各培训班教程，形成以党的理论、党性修养、领导艺术、省市区情为主要内容的教学结构体系，以适应形势任务的发展变化和干部知识更新、能力提高的需要。突出推进学习宣传贯彻习近平新时代中国特色社会主义思想和十九大精神，习近平新时代中国特色社会主义思想和十九大精神的教学内容占主体班培训理论课教学的50%以上。实行“统一申报、统一标准、统一审核、统一管理”，规范经费管理。健全制度体系，优化工作流程，确保学校各项工作有章可循。严格落实考勤制度、重大事项民主决策制度、新课试讲评教制度、科研论文研讨审核制度及科研项目申报制度，提高党校工作服务大局的效能。科学制定教学方案，精选名师名课，提高培训的针对性、实效性。严格执行学员考核制度，对学员的综合考评更加科学，更加全面。把从严治学，“讲纪律、守规矩”严格落实在异地培训全过程，试行钉钉考勤定位平台，建立学员动向实时跟踪系统，提高学员管理效率和监控效果，未出现一例违纪现象和安全事故。健全“区委党校+基层党校+教学基地”三级培训模式，充分利用雨花区红星村“党建引领村级经济发展”金字招牌和红星村村史展览馆的硬件设施，联合市委党校全面升级红星村基层教学点，“红星向党”特色党性教育课程通过市委党校的验收，纳入省市党校的党性教育基地和基层教学点。 （周艳红）

【科研工作】 2018年，区委党校坚持科研服务区域中心工作，教师深入基层、面向一线，掌握最新一手资料，促使科研成果更加落地务实。借助宣传部门、政研部门、省市党校及科研院校的宣传推介平台，加快成果转化，将科研成果用到实处。科研成果进入区委政府决策视野2个。获省委党校理论研讨会科研论文二等奖2篇、三等奖1篇。参加市委党校理论研讨会获三等奖1篇。《加快转型升级，促进市场高质量发展——高桥专业市场转型升级的调研与思考》在《长沙决策咨询》2018年4月总第88期发表。

（周艳红）

【基层宣讲活动】 2018年，区委党校与宣传部紧密配合，组织骨干教师开展“四进”（进机关、进企业、进学校、进社区）宣讲活动，积极传播马克思主义中国化最新理论成果，当好学习宣传贯彻习近平新时代中国特色社会主义思想和十九大精神的先行者和布道者，全年到部门、街道、社区（村）、学校、企业宣讲60余场次，学习人数4100多人次。 （周艳红）

老干部工作

【概况】 长沙市雨花区委老干部局负责全区离休和副县级以上退休干部的管理服务，并对全区退休干部管理工作进行宏观指导，归口区委组织部管理。区关心下一代工作委员会办公室、区老干部活动中心为二级事业单位。核定编制10名，其中领导职数4名。内设政治待遇科、生活待遇科、老年教育科、办公室4个职能科室。2018年，在职工作人员12人，雇员7人，离休2人，退休7人。机关党总支下设机关在职支部、机关离退休支部、省属企业离休支部3个支部。办公地点设在雨花区机关大院。

2018年，区委老干部局全面学习贯彻中共十九大精神和习近平总书记系列重要讲话精神，全面落实《进一步加强和改进离退休干部工作的意见》，贯彻落实中央、省、市老干部工作会议要求，抓好离退休干部思想政治建设和党支部建设、落实离退休干部政治待遇和生活待遇、满足离退休干部多元化服务需求、创新平台载体，引导离退休干部为党和人民事业增添正能量，推动全区老干部工作稳步发展。政院社区老首长工作室党支部、长钢社区佳润新都党支部等4个离退休干部党支部被评为区先进基层党组织，禤祖贤、林翠春、曹仕荣被评为区优秀党务工作者，杨仁辉、陈谷山、步征、敬炎先、柳小娥、易嘉勋被评为区优秀共产党员。（周俊仪）

【老干部待遇】 2018年，雨花区召开离退休干部工委联席会议两次，业务培训、观摩交流4次，党组织书记讲党课36场（次），举办“银发先锋大课堂”两次，开展“不忘初心，牢记使命”“五老四教添新彩 言传身教润长沙”等主题教育、主题宣讲200余场，赠阅党报党刊6000余份、学习资料4000余册，103个基层党支部结合落实“三会一课”制度、主题党日，开展书记讲党课、初心故事会、红色教育等学习实践活动480余场次，广大离退休干部党员树牢政治意识、大局意识、核心意识、看齐意识“四个意识”，增强道路自信、理论自信、制度自信、文化自信“四个自信”，自觉成为党的坚定拥护者，4个离退休支部、9名离退休党员在全区“七一”表彰中获评先进。深化思想建设，通过党员轮训、党课竞赛、集中观影、诗书画展、主题征文等形式，学习贯彻习近平新时代中国特色社会主义思想。完善离退休干部就近学习、就近活动、就近得到关心照顾、就近发挥作用“四就近”服务工作网络，离退休干部依托离退休支部开展学习、宣讲、党课竞赛、关心下一代等活动，促进自身余热发挥，助力离退休支部规范发展，社区“四就近”覆盖率100%。落实中央和省市系列文件关于干部阅文参会、理论学习、参观考察、建言献策、住院慰问、整生祝寿、体检就医、帮扶救助、逝世悼念等各项制度，区委、区政府召开离休和县级退休干部迎春座谈会，汇报2017年全区经济社会基本情况并致以节日问候和诚挚祝福。区老干部局建立局班子成员与全区离休及副县级以上退休干部“结对联系”和家庭遭遇重大困难时必访、生病住院时必访、直系亲属去世时必访，春节慰问、住院慰问、定期联络、生日慰问“三必访、六慰问”制度，走访慰问老干部1000余人次，电话慰问1600余人次，收集老干部意见建议30余条，解决看病就医、医药费报销等生活实际困难20余起，发放慰问物资1.08万元、慰问金5.6万元。保障省属企业离休干部和遗孀活动经费32万元，帮扶离退休干部及无固定收入配偶（遗属）23人、慰问经费3.6万元，为离休干部报销医药费和住院费。离休干部：离休费保障机制、医疗费保障机制、财政支持保障机制“三个机制”运行顺畅。（周俊仪）

2018年10月11日，区老干部项目观摩活动（周俊仪/摄）

【“五老四教”工作】 2018年，雨花区深入推进“五老四教”（发挥老干部、老模范、老教师、老战士、老专家作用，开展形势政策、党的历史、思想道德、公民意识等四项教育）主题活动，开展“百场党课下基层”活动，向区直和街镇、社区（村）离退休党员集中送课46堂次，推动新思想进农村、进社区、进支部。基层“五老达人”积极加入“将改革开放进行到底”百姓宣讲团，发起开办讲习夜校、手绘初心书签等活动，凝聚起推动离退休干部党建工作的银发力量。老将军彭忠秋代表雨花区在全市离退休干部党支部书记讲党课竞赛中获一等奖，老教授岳湘灵获全市“微理论·微宣讲”比赛三等奖，获评“最美宣讲人”，先进事迹得到省市主流媒体专题报道。发动“五老”宣讲员600余人次，开展宣讲活动近900场次，参与群众近3万人次。继续发展和打造一批“发挥五老作用”示范阵地。东塘街道政院社区等6个社区获评全市发挥“五老”作用示范阵地。（周俊仪）

【关工委工作】 2018年，雨花区关心下一代工作委员会（简称“区关工委”）加强组织领导，完善区本级和街镇、社区（村）三级关工委组织架构，增拨区本级预算资金50万元，筑牢保障。召开2017年度工作总结暨2018年工作布置会，总结经验，明确目标。两次开展赴先进点、现场点观摩交流，邀请市关工委专家授课。紧扣青少年成长需求，积极打造关爱平台，禹娃营地、锦苗成长俱乐部、雨滴儿成长乐园、雨花非遗馆传统文化教育基地等优秀载体不断涌现。扶持关爱项目25个，拨付项目扶持经费32万元、扶持基层工作经费8.5万元，对全区592名贫困学子和困境儿童开展精准扶助30余万元，助力青少年健康成长。（周俊仪）

【协会工作】 2018年，雨花区各涉老协会积极开展各项工作。完成区老年保健协会和诗词书画协会换届。区老年保健协会紧扣“健康养生·争做阳光老人”主题活动，带动全区13个街镇140余个社区推动健康养老事业，催生出百花京剧社、金秋艺术团、常青树合唱队等一批有影响力的健康兴趣小组，健康生活理念深入民心。区诗词书画协会秉持讲政治、讲规矩、讲团结、讲大局、讲安全、工作争一流的“五讲一争”办会理念，引导广大会员讴歌新时代，举办“开放雨花·梦想直达”大型主题诗书画展，为全区干部群众送上一场文化盛宴。老科协积极组织省市专家送课下基层，为乡村振兴建言献策。区级协会引领基层80余支兴趣团队开展多样活动，同升街道老年舞蹈队在全省广场舞比赛中夺得全省第二、全市第一的好成绩，展示“老有所学、老有所乐、老有所为、老有所范”的银发风采，浓厚全区文明风尚。区老年保健分会、老科协联合长钢社区在社区红色港湾举行开展兴趣小组展示活动，展示老年人的健康向上、与时俱进的精神风貌和丰富多彩的晚年生活。举办“开放雨花·梦想直达”主题诗书画展活动，纪念改革开放40周年，点赞雨花新成就。

（周俊仪）

【全区离退休干部党建工作部署暨现场推进会】 2018年5月18日，雨花区委离退休干部工委组织召开全区离退休干部党建工作部署暨现场推进会，全区49位离退休党支部书记参加会议。与会人员实地观摩学习开福区伍家岭街道浏阳河社区邓学东先锋工作室、雨花区东塘街道政院社区老首长工作室。圭塘街道雨花家园小区离退休干部党支部书记罗自贤、左家塘街道长钢社区佳润新都小区党支部书记李铁军分别介绍离退休党支部运行及成效、离退休党建助推小区多方共治等特色工作经验。与会人员就离退休党建工作经费保障、活动开展、党员教育等具体问题进行交流发言和探讨。区委离退休干部工委书记、区委组织部副部长、老干部局局长蒋多利进行总结发言，全面分析离退休干部党建工作的整体形势、逐项梳理全年离退休干部党建重点任务，部署党员信息摸排、“七一”表彰申报和党支部书记微党课竞赛等具体工作，号召全区广大离退休干部党员在自觉自愿、量力而行的前提下，充分发挥政治优势、经验优势、威望优势，立足实际，积极参与主题宣讲、小区治理、志愿服务等活动。

（周俊仪）

【全区老干暨关心下一代工作推进会】 2018年5月22日，雨花区老干暨关心下一代工作推进会召开。区委常委、组织部部长龚畅，区关工委主任谭小杰，区委组织部副部长、老干局局长蒋多利到会并讲话。区关工委执行主任、相关区直部门老干工作分管领导、各街道（镇）老干、关工委分管领导、关工委执行主任、工作专干等80余人参加会议。与会人员实地观摩圭塘街道泰安社区禹娃营地、黎托街道黎锦苑社区锦苗成长俱乐部、同升街道古樟树社区雨滴儿成长乐园3个关爱平台阵地，听取阵地情况介绍和经验分享。谭小杰就总结回顾全区关心下一代工作开展情况，从唱响主旋律、坚守主阵地、突出主抓手、明确主课题等方面安排和部署工作。蒋多利铺排全区离退休干部党建、关工委和涉老协会、离退休干部管理服务等工作，详细解读有关政策。龚畅要求，全区各级各部门不折不扣落实各项政策待遇，坚持用脚步为亲，多走访；坚持带着感情，凭着良心做好老干部工作，不搞命令主义，不搞形式主义，更好地让老同志老有所养、老有所学、老有所为、老有所乐，为“三个雨花”建设凝聚宝贵的资源和力量。（周俊仪）

【“五老”金牌讲师送课进校园活动总结会】 2018年1月4日，雨花区“五老”金牌讲师送课进校园活动总结会在区老干局会议室召开。会议总结经验，探索发挥“五老”作用新形式、新领域及新时代青少年思想道德教育。区“五老”金牌讲师团团长胡义初概括总结2017年送课进校园活动“组织好、内容好、形式好，效果好”，活动开展顺利圆满；送课内容主题鲜明，紧扣十九大精神，突出爱国主义教育、励志教育、革命传统教育、感恩教育、家长教育等五大主题，切合实际需要；送课形式创新中小学生思想道德教育方式，优秀“五老”“跨界”中小学送课，探索发挥“五老”作用的新形式、新领域，有利于形成社会和学校共抓青少年思想道德教育的良好互动；授课内容和形式深受广大学生和家长的喜爱和欢迎，活动效果好。稻田中学原校长黄庆达表示送课进校园活动紧贴十九大提出的“教育是实现中华民族伟大复兴的基础性工程”，很有意义。根据其授课内容围绕“教、养、抚”，授课对象为家长，认为授课界别可进一步拓展至社区、企业、工厂；教育老专家袁俐认为授课界别应不断扩大，服务更多人群，内容和形式可根据“五老”的不同所长进一步丰富；80多岁高龄的原新疆《和田日报》副总编辑唐异常根据自己的授课情况提出，活动虽取得较好的成效，但也存在受众面不够普及、缺乏针对中小学生受众课前调查等方面的不足，可进一步扩大受众面，并提前调查了解不同受众群体喜闻乐见的授课方式，以达到更好的效果；东塘街道政院社区“老首长工作室”的彭忠秋教授分享“授课对象有数、授课内容有数、授课方法有数”“三有数”经验，根据授课对象选择授课内容和授课方式，充分体现以授课对象为中心的人本理念；徐佐林教授围绕其精品课题——爱国主义教育，谈及自己送课进校园的三大动力，即立德树人的实际需要、作为老党员、老教授应担负的责任及学生给予自己的肯定让自己更加热爱这份事业。讲师们结合送课过程中的所闻、所见、所想一致认为在物质生活水平越来越好的当下，如何使青少年形成健全的人格是全社会都应该关注并为之努力的课题，青少年的思想道德教育应摆在更加重要的位置。（周俊仪）

【关心下一代工作推进会】 2018年10月26日，雨花区关工委系统实地参观望城区雷锋路社区雷锋文化园、“雷锋驿站”“冯正哆工作室”等关心下一代工作阵地，学习经验；召开特色项目工作推进会，市关工委常务副主任姚五零、刘耀杰现场授课。雨花区关工委主任谭小杰具体安排重点工作。区委老干部局局长蒋多利主持会议，雨花区关工委、区教育局、各街道（镇）关工委主任及执行主任30余人参加。

（周俊仪）

【雨花区政情通报会】 2018年9月11日，雨花区离退休干部政情通报会召开。区委常委、组织部部长龚畅主持会议。区委常委、常务副区长邹春林通报2018年上半年雨花区社会经济发展情况，2017年，全区各项工作稳步推进，主要经济指标持续增长，片区开发和重点项目建设进展顺利，社会事业均衡发展，税收总量、生态环保、河道保洁、食品安全、安全生产等都在半年度考核中排名全市第一，区域经济社会发展呈现总体平稳、稳中有进、进中向好的态势。老干部们表示，将充分发挥自身的政治优势、经验优

势和威望优势，一如既往地支持区委、区政府的各项工作，为雨花建设献计献策、发光发热。（周俊仪）

【老干部意见征求会】 2018年12月12日，雨花区政府召开离退休老干部座谈会，就《政府工作报告》征求老干部意见和建议。雨花区委副书记、区长刘素月参加座谈会。会议简要说明《政府工作报告（征求意见稿）》起草过程、起草原则及主要内容。会上，与会离退休老干部一致认为，《政府工作报告（征求意见稿）》主题鲜明、立意深远、脉络清晰、内容详实，通篇贯彻习近平新时代中国特色社会主义思想，落实省委省政府、市委市政府及区委工作部署，客观总结雨花区2018年取得的成绩，科学铺排谋划2019年各项工作，具有很强的前瞻性、指导性和针对性，符合雨花发展实际、人民生活期盼。老干部们结合当前实际区情，从产业发展、乡村振兴、生态环保、民生改善、城市管理等方面，对进一步完善《政府工作报告（征求意见稿）》提出意见和建议。刘素月感谢老干部们对政府工作的支持理解和对《政府工作报告（征求意见稿）》的真知灼见，祝愿老干部们健康幸福。刘素月表示，雨花区的发展离不开老干部奠定的坚实基础，老干部了解雨花区的过去和现在，也能预见雨花区的未来，大家的鼓励是在岗在职党员干部干事创业的动力，希望老干部一如既往地关心、支持、监督政府工作，多建发展之言，多谋民生之计，多献务实之策。《政府工作报告（征求意见稿）》起草组将对老干部们提出的意见和建议逐条梳理、认真吸纳，力求使《政府工作报告》成为凝聚全区智慧、反映群众意愿、指导2019年工作的纲领文件。（周俊仪）

【书记讲党课竞赛活动】2018年5月30日，雨花区老干部局组织召开全区离退休干部党支部书记讲党课竞赛活动调度会。雨花区老干局家通报活动的组织、参赛选手等情况，并进行现场抽签。区政协原秘书长、区关工委执行主任、区“五老”金牌讲师团团长胡义初从讲稿的准备、讲演的注意事项等方面现场培训和指导，与会人员进行交流和探讨。区委组织部副部长、老干部局局长蒋多利进一步阐述离退休干部党支部书记讲党课竞赛活动的重要意义，强调街道（镇）、社区要高度重视，广泛宣传，全力保障好参赛各项后勤保障工作。6月8日，雨花区“不忘初心、牢记使命”离退休干部党支部书记党课竞赛活动举行。东塘街道政院社区离退休支部书记彭忠秋获得一等奖，其他选手分获二、三等奖。通过大众评委团的现场无记名投票表决，77岁的曹述球获比赛“最佳人气奖”。市委离退休干部工委专职副书记、市委老干部局副局长邓国强，市民政局党委委员、工会工委主任张龙洋，雨花区政协原主席苏伟，雨花区人大常委会原主任、区关工委主任、区老干部大学校长谭小杰，雨花区政协原秘书长、区关工委执行主任、区五老金牌讲师团团长胡义初，全区离退休干部党支部书记和各街（镇）老干工作分管领导、老干专干参加活动。（周俊仪）

【离退休干部党员集中培训】 2018年9月28日，雨花区委离退休干部工委、区委老干部局举办“银发先锋”大课堂暨全区离退休干部党建工作培训班，深入学习宣传贯彻中共十九大精神和习近平新时代中国特色社会主义思想，着力提升全区离退休干部党员政治建设、思想建设和党组织建设水平。区委离退休干部工委书记、区委老干部局局长蒋多利作开班动员。东塘街道政院社区离退休支部书记、国防科大原教授彭忠秋作《不忘初心保持晚节——为建设和谐社区美丽家园增添正能量》和《怎样做一名合格的离退休干部支部书记》主题讲座；中国演讲协会常务理事、长沙市最美宣讲人徐佐林教授作《不忘初心 牢记使命——在新的征程上奋勇前行》授课。全区22个区直部门离退休干部党支部的140余名老党员参加培训。（周俊仪）

【区老干部大学教学成果展演】 2018年10月19日，雨花区老干部大学举行“快乐重阳·歌声嘹亮”歌唱比赛暨教学成果展演活动。区老领导肖学源、王健、彭美尧、苏伟、戴国强、杜正国、谭小杰、李电晖，区委老干部局局长蒋多利等参加活动。从全校76个班级中脱颖而出的，秋韵合唱团、舞蹈队以及4个街道老年教育教学示范点参加展演获表演奖，侯家塘街道春雨艺术团演奏交响乐《红旗颂》，秋韵舞蹈队表演新疆舞《欢乐的手鼓响起来》和藏族舞《金色的大雁》，井湾子街道冯家冲社区展演排舞《撸起袖子加油干》，圭塘街道雨花家园社区男女声小组唱《天边》，左家塘街道长钢社区表演四人快板《十年征程话党建》。12支队伍参加歌唱比赛，表演雨花老干部大学校歌、葫芦丝演奏以及《把一切献给党》《我们走在大路上》《没有共产党就没有新中国》《鼓浪屿之波》《国家》等合唱曲目，声乐一班、形体五班获一等奖，唱歌一班、声乐二班等4个班级获二等奖，形体舞四班、声乐四班等6个班级获三等奖。（周俊仪）

【省委老干部局调研雨花区老干大学】 2018年3月15日，省委老干部局副局长龚健一行专题调研雨花区老干部教育阵地建设工作，参观区老干大学音乐、舞蹈、书画、器乐、电脑等班级教室和老干活动中心展示厅及各个功能室，听取雨花区老干大学硬件建设、办学规模、教学管理等情况介绍。龚健肯定雨花区老干大学与老干活动中心、涉老协会的集中管理模式。市委老干部局副局长唐安石，雨花区人大原主任、区老干大学校长谭小杰，雨花区委常委、组织部部长龚畅，区委组织部副部长、区委老干部局局长蒋多利等陪同调研并汇报工作。（周俊仪）

【市老干局调研雨花区老干工作】 2018年7月12日，长沙市老干局副局长唐安石、老干部教育处处长曾光、人事处处长李锋、组织宣教处副处长熊慧一行调研雨花区上半年老干工作。调研组一行慰问离休干部、雨花区劳动局原协理员刘觉平；听取雨花区老干部局局长蒋多利汇报雨花区上半年老干主要工作的开展情况和工作建议；

查阅相关痕迹化资料。唐安石肯定雨花老干工作领导重视到位、党建工作到位、“两项待遇”到位、作用发挥到位。建议基础工作做扎实，不折不扣落实老干部的各项待遇和政策，做好日常基础性工作；重点工作做新颖，加强离退休党支部建设，将其融入党建大工程中；搭建好平台，提供好服务保障，组织引导老干部为党和国家事业增添正能量，要通过走访、调研了解并解决老干部的个性化需求，尤其是精神文化需求；要以老干部的满意度作为衡量工作的标准，精准做好服务工作。（周俊仪）

【市老干局调研老年教育】 2018年11月7日，长沙市老干局副局长唐安石一行实地查看圭塘街道美林景园社区、井湾子街道融城苑社区及跳马镇斑竹塘社区，调研“发挥五老作用”和老年教育网络课堂运作情况，听取网络课堂的意见和建议。验收雨花区2018年度“发挥五老作用”阵地和老年教育网络课堂点。区委组织部副部长、老干部局局长蒋多利从“把底子澄清”“把日常督实”“把品牌提亮”等方面，向验收组汇报全区老年教育工作情况。唐安石肯定雨花区以老年人实际需求为导向，创新做好老年教育工作的做法，希望基层在党建引领下，有效做好老年教育结合文章，满足老年人的多样化需求。（周俊仪）

【市关工委调研特色项目建设情况】 2018年12月4日，长沙市关工委主任董学生、常务副主任姚五零一行调研雨花区关心下一代特色项目建设情况。董学生一行实地查看井湾子街道井湘社区儿童健康快乐家园和雨花非遗馆两个阵地建设情况，了解两个阵地关心下一代工作的开展情况。区关工委主任谭小杰汇报全区关工委工作，区委常委、组织部部长龚畅作补充汇报。董学生区评价雨花区党建带关建自上而下形成共识，规定动作全部完成、自选动作各具特色，组织机构延伸到位，购买社会服务组织力度大，五老基层组织建设扎实。（周俊仪）

【市关工委调研雨花区工作】 2018年4月19日，长沙市关工委常务副主任姚五零一行调研座谈雨花区“抓重点、补短板、强弱项”工作，雨花区关工委主任谭小杰围绕调研“城市基层关工委适应新世代，探索新规律，再上新台阶”及“以关心下一代项目化建设为龙头，推动关心下一代工作创新发展”主题，从关心下一代工作的经验做法、规律认识、面临的趋势挑战、运行机制改进、项目化运作建议、新时代工作着力点6个方面汇报工作，区关工委执行主任罗自贤、刘正前作补充汇报。同升街道党工委副书记、人大工委主任曹旭鑫专题汇报街道关工委特色项目“雨滴儿成长乐园”。市关工委调研组肯定雨花区关工委工作探索得出的经验规律，赞扬雨花区四大家老领导任执行主任联点工作制及通过“党建带关建”，借力、借势激活关工委工作的做法，“工作既务实又创新”。区委组织部副部长、老干局局长蒋多利参加座谈。（周俊仪）

【市关工委调研未成年教育服务工作】 2018年6月29日，长沙市关工委常务副主任姚五零，市关工委办公室副主任李洋调研雨花区未成年教育服务工作，实地考察东塘街道枫树山社区“爱Q乐园”青少年教育服务项目，参观社区未成年人活动馆、社区图书馆、电子阅览室、多媒体影音活动室、“爱Q乐园”及心语之家公益服务中心，姚五零对枫树山社区关工工作给予肯定，对“青枫义工”志愿服务团队的无私奉献精神给予高度评价，希望社区认真学习贯彻落实中共十九大精神和习近平总书记关心下一代工作的批示精神，结合枫树山社区少年现状，不断完善功能，加大工作力度。社区“青枫园”要立足未成年人教育实际需求，主要从课业辅导、科普教育、手工培养三方面着力，创新载体，推动未成年人智力发展，提高综合能力素质，为青少年健康成长提供良好的外部环境。区关工委主任谭小杰，区老干局局长蒋多利，区关工委执行主任罗自贤、刘正前、胡义初，东塘街道工委书记黄金、东塘街道办事处工委委员、人大工委主任黄利萍陪同调研。（周俊仪）

【区委组织部调研老干部工作】 2018年3月1日，雨花区委常委、组织部部长龚畅专题调研全区老干部工作，实地察看区老干部活动中心阵地建设及运行情况、听取区老干部局2018年工作思路汇报、逐条指导2018年全区老干部工作要点，龚畅肯定区委老干部局“付出了周到细致的服务，收获了老同志的认可，建立了深厚感情”，希望区老干部局增强服务意识，提升服务水平；加强老年教育，把老干大学办大办好；积极树立典型、培育亮点，把党建引领的方法贯穿至老干部工作全过程。（周俊仪）

【思齐教育关工委挂牌成立】 2018年3月16日，雨花区首家民办教育机构关工委长沙思齐教育咨询有限公司关心下一代工作委员会挂牌。雨花区关工委副主任胡义初传达省、市委的相关文件精神以及市关工委关于民营教育机构组建关工委的实施意见精神，区关工委主任谭小杰肯定长沙思齐教育咨询有限公司的办学模式和成果“有着强烈的党组织意识、教书育人意识和开辟未来意识”，希望加强关工委自身建设，建立健全关工委工作制度，确保关工委有组织、有人员、有计划、有活动、有记录、有总结、有制度、有经费；围绕教育培训抓好工作，立足教育发展的实际，服务青少年的不同教育需求，通过提供各类教育培训，帮助青少年全面发展、成才；发挥好关工委的职能作用，通过开展主题教育实践活动，加强青少年的思想道德教育，引导他们树立正确的世界观、人生观、价值观。长沙思齐教育咨询有限公司创始人李章表示将继续贯彻落实上级相关文件精神和要求，积极支持和参与关工委工作，不忘“让教育无忧”的办学初心，牢记“致力于成为一家有成色、有份量的教育机构”的办学使命，为培养德智体美劳全面发展的社会主义建设者和接班人而不断努力。（周俊仪）

【邵阳市老干部局学习考察雨花区】 2018年5月11日，邵阳市委老干部局副局长刘慧一行6人到雨花区学习考察，实地参观圭塘街道雨花家园社区老年大学、雨花家园社区阵地建设、居家养老中心、老年大学活动室；考察雨花区老干部大学多功能厅、各功能教室、阅览室、图书室、门球场、羽毛球场、老干部活动中心功能室，听取区老干部大学教学场地、教学设备、开班情况、师资力量、教学设置、学校管理、校园活动等情况介绍，讨论和交流推动老干服务精准化、精细化等问题。长沙市委老干部局副局长全晶莹，雨花区人大常委会原主任、老干部大学校长谭小杰，雨花区委组织部副部长、老干部局局长蒋多利陪同考察。（周俊仪）

【新疆建设兵团调研离退休干部党建工作】2018 年 11 月 14 日，新疆建设兵团党委组织部副部长、老干部局局长谢跃红一行 7 人调研雨花区离退休干部党建工作。参观东塘街道政院社区文化阵地、党建阵地、服务阵地、活动阵地。政院社区老首长工作室党支部书记彭忠秋介绍党支部建设情况，雨花区委组织部副部长、老干部局局长蒋多利介绍全区离退休干部党建工作情况，市委老干部局组宣处处长刘付强介绍长沙市离退休干部党建工作情况。双方就相互关心的问题进行共同交流和深入探讨。省委老干部局副局长龚健、孔寅湘，市委组织部副部长、老干部局局长罗玉环，雨花区委常委、组织部部长龚畅，东塘街道工委书记黄金以及省市区老干部局相关工作人员陪同调研。（周俊仪）

史志档案

【概况】 长沙市雨花区史志档案局（简称“区史志档案局”）为区委直属事业单位，主要职能是负责全区档案管理和保护、利用、档案宣教执法、史志编研及党史、区志宣传教育工作。内设办公室、档案馆、档案法制宣教科、史志科（党史办）4 个职能科室。核定编制 8 名，其中领导职数 3 名；全体在职干部职工数 14 人，其中引进人才 1 人，雇员 5 人；退休 8 人；党员 20 人，其中在职党员 12 人。办公地点设在雨花区人民政府机关大院文化中心。

2018 年 6 月 9 日，雨花区国际档案日宣传活动（刘玲／摄）

2018 年，区史志档案局围绕年初确定的史志档案工作要点，加大史志、档案宣教力度，加强编史修志和档案管理利用工作，以数字档案建设与年鉴编纂工作为重点，推动史志档案工作不断向前发展。2018 年，实现《雨花年鉴（2017）》公开出版，《红色记忆（第四辑）》出版，协调推进《黎托乡志》与《洞井镇志》的编纂工作，启动乡镇简志编纂工作。馆藏档案近 5 万余卷，全年利用档案卷宗 2800 余卷（件），接待各类咨询人数 3000 余人。做好“最多跑一次”政务服务事项的梳理与发布工作，按照区史志档案局职权清单，共有政务服务事项 8 项，其中列入“最多跑一次”的依申请类一项 1 项，非申请类的 7 项，全部在省政务平台上发布，发布率为 100%。（唐清明）

【党史工作】 2018 年，雨花区开展党史“四进”活动，在圭塘街道圭塘社区开展党史文化进社区活动，在社区开辟党史宣教阵地，向社区赠送大量党史宣传资料。开展“缅怀左公遗风，追寻红色故迹”红色主题教育活动，到跳马镇左宗棠墓地扫墓，寻访区内红色故迹——跳马镇石燕支部革命遗址，听 94 岁老奶奶和村内老党员介绍石燕支部的起源和历程及历史、文物价值。以“改革开放 40 周年”为主题，启动《红色记忆《第四辑》编辑印刷工作，于 10 月完成印刷发行。以“郊区工业经济发展“为专题，收集代表郊区工作经济发展的旧照 11 张，集中反映郊区改革开放前后的工业经济发展变化情况。对入选《长沙改革开放实录（第一辑）》的两篇文章《三湘第一村——红星村的改革发展经验》和《雨花区历届发展战略及其实现》进行反复修改完善，并上报。配合市委党史研究室推进红色基因库编辑工作，收集大量有关“红军两次攻打长沙”的文章资料。配合中国共产党长沙历史馆的建设，开展党史文物征集工作，通过查找自身档案、向社会广泛征集、与挖掘走访等各种方式，收集党史文物、展品、资料 20 余个（件）。（唐清明）

【地方志工作】 2018 年，雨花区开展庆祝国务院颁布《地方志工作条例》12 周年地方志宣传活动，向圭塘街道圭塘群众提供地方志知识与地情概貌的咨询服务，并免费赠送书籍资料。按照“一年一鉴”要求，推进年鉴编纂工作，完成《雨花年鉴（2017）》出版发行，《雨花年鉴（2018）》交方志出版社校审后定稿，进入印刷阶段。《黎托乡志》全面完成初稿，《洞井镇志》基本完成初稿，并对稿件进行初步校审。结合乡村振兴战略的要求，推进雨花区名镇志名村志文化工程。指导《长沙雨花经济开发区志》完成初稿，参与对该志书稿件的评审，形成评审意见两份。（唐清明）

【档案工作】 2018 年，雨花区数字

档案馆项目二期顺利进行，完成标的80%的图文扫描，待质检通过后挂接，提供利用。推进区档案局（馆）新馆建设，主动与区政府、区城建投公司等相关部门单位对接，配合区城投完成档案馆新馆建设相关事宜。参与省档案局组织的“6·9”档案宣传活动，根据谁执法谁普法的要求，加大档案相关法律法规的宣传，发放宣传资料500余份。分批举办全区各区直部门新任档案员培训班，为区工务局、区城建局、区城建投等涉及建设工程档案的单位的档案专干组织重点建设工程档案专题培训。针对社区档案工作人员不稳定、业务不熟等问题，将业务培训工作下移到街道，送课到基层，采取理论培训与现场实物教学为一体的方式，从政策解释到具体的业务操作进行详细讲解，现场解答问题。

（唐清明）

【党史文物征集】 2018年，为全面落实市委办公厅关于中国共产党长沙历史馆建设的要求，雨花区开展党史文物征集工作。区委常委、区委办主任周海毅专门调度，组织召开会议进行专题部署，明确由区史志档案局牵头，具体负责党史文物征集工作，在人员、经费等各方面进行保障。区史志档案局对区档案馆党史文物资料进行查找、归类与整理，形成党史文物清单。根据摸排结果，区档案馆的党史文物资料主要有民国时期的勋章、卖契、钞票，保存完整的1949年靳江区支部党旗，新中国成立后的滕代远、林一书信以及张平化书信等书信、报告等资料，有关红军攻打长沙的相关书籍照片资料，郊区社会主义建设的相关照片资料等。3月，印发《关于公开征集党史资料和文物的通知》，动员和依靠社会各界群众特别是离退休老干部，踊跃捐赠党史文献文物或提供征集线索，提供党史文物资料；8月，通过雨花手机报的形式扩大党史资料和文物征集的范围。区史志档案局对全区党史资源进行认真分析和梳理，根据梳理的线索，走访区内研究红军攻打长沙的老专家毛步高，查找相关原始资料；走访文物收藏爱好者退休干部刘虎其，对相关党史文物进行查找和梳理；与具有改革开放典型意义的友谊商场、高桥大市场进行对接，征集相关文物资料。截至2018年年底，收集党史文物、展品、资料20余个（件）。

（唐清明）

【档案接收与利用】 2018年，区档案馆接收区民政局2014—2016年婚姻档案634卷、退伍军人档案两份；区法制办文书档案44卷（其中目录5卷）；区政府办2017年文书档案155卷（其中目录4卷）以及1991—2015年补充的文书档案85卷（其中目录2卷）；雨花区高铁及配套设施协调指挥部会计档案一批，其中凭证94册、账簿31本，报表、对账单等其他会计档案17本。完成区编办移交的印章整理归档工作，整理归档印章1195枚。截至12月，为各重点项目提供建房、工程等档案900余卷，提供婚姻、退伍、病案、文书等档案查阅3000余人次，利用卷宗2800余卷/件，接待各类咨询人数3000余人。

（唐清明）

【《红色记忆（第四辑）》出版】 2018年3月，区史志档案局以“纪念改革开放40周年”为主题，向全区印发《红色记忆》征稿通知，启动《红色记忆（第四辑）》编印工作。至截稿日期，收集到各街道（镇）、区直部门、离退休老同志的文章20余篇。10月，由中共长沙市雨花区委员会主办、区史志档案局组织编纂的《红色记忆（第四辑）》完成出版。全书设党史答疑、经验探索、雨花足迹、赤子情怀、精神传承、民生巨变六个板块，共310页，23万余字，图片24张。该书既是区史志档案局贯彻落实党的十九大精神的重要载体，是做好党建、党史工作的抓手，有利于发挥党的历史以史鉴今、资政育人的作用，更好地为现实服务。

（唐清明）

【年鉴编纂培训会】 2018年3月9日，区史志档案局在区委党校教室三楼四教室举办《雨花年鉴》编纂培训会，全区各单位年鉴组稿人参加培训。会议由区史志档案局副局长尹亿民主持。区史志档案局史志科科长刘科明宣读《关于报送〈雨花年鉴（2018）〉稿件的通知》，对相关撰稿要求进行说明。史志科刘小华宣读《关于公开征集党史资料和文物的通知》，对党史文物和资料的文物征集范围、征集内容进行说明。史志科唐清明以《如何编写好〈雨花年鉴（2018）〉》为题授课，从什么是年鉴、如何组稿《雨花年鉴》、《雨花年鉴》稿件存在的问题及改进三个方面进行讲解，指导各单位年鉴组稿人具体编写稿件。尹亿民强调，年鉴组稿工作要提高认识、提升水平、提升能力。

（唐清明）

【档案业务知识培训】 2018年4月17—18日，区史志档案局开展为期1天半的全区档案业务知识培训，各区直部门、街道（镇）近百人参加培训。该次业务培训包括公务档案培训、重点工程档案培训与新任档案人员培训三方面的内容，其中前两项是2018年新增加的内容。为使培训取得最好的效果，区史志档案局在培训前广泛征求各部门单位的意见，对全区工程建设项目进行摸底，制定培训方案，有针对性地开展培训。通过该次培训，有利于提高全区档案工作人员的业务水平，推动全区档案工作规范化建设。

（唐清明）

【长沙市督查地方志工作】 2018年4月24日，市政府督查室、市地方志办联合对雨花区地方志工作情况开展专项督查。区政府副区长刘江红、区政府办副主任熊灿，区史志档案局主要负责人及相关工作人参加座谈会。区史志档案局副局长尹亿民作专题汇报。刘江红表示，雨花区地方志工作看得重、保障足、效果好，将严格落实好“一年一鉴”工作要求，保障好地方志事业健康发展，提升全区地方志工作整体水平。市地方志办副主任肖清平、贺国成分别从年鉴编纂与志书编纂两方面提出意见建议。市政府督查组组长王飞对雨花区地方志工作表示肯定，强调雨花区要进一步提高思想认识，加强组织领导，在人员、编制、业务等方面对地方志工作给予支持，发挥好地方志为经济社会发展服务的功能。

（唐清明）

【"5·18"地方志宣传活动】 2018年5月18日，为庆祝国务院《地方志工作条例》颁布12周年，区史志档案局以"传承历史，服务当代"为主题开展地方志系列宣传活动，通过让地方志进机关、进社区等场所，让更多人知志、读志、用志，扩大地方志影响。区史志档案局在区政府机关文化中心开辟地方志宣教的主阵地，摆放国务院《地方志工作条例》和《长沙市地方志事业发展纲要（2015—2020）》宣传展板，悬挂地方志宣传横幅标语，重点向区公共图书馆的读者们宣传地方志工作，并免费赠送《雨花区志》《雨花年鉴》《红色记忆》等宣传资料及地情书籍。在局党组书记、局长夏杨的带领下，到圭塘街道圭塘社区开展地方志文化进社区活动，在社区文化广场与公共服务中心分别悬挂宣传横幅，免费向社区群众赠送地方志宣传资料及书籍。区史志档案局同时利用新媒体的宣传作用，通过QQ、微信、微博等方式，宣传地方志工作。通过开展地方志系列宣传活动，有利于宣传依法修志，展示地方志工作成果，营造良好工作氛围。（唐清明）

【《雨花年鉴（2017）》公开出版】 2018年7月，由长沙市雨花区人民政府主办，长沙市雨花区年鉴编纂委员会编纂的《雨花年鉴（2017）》，在方志出版社的审核批准下公开出版发行。该书是一部系统反映雨花区2016年度自然、政治、经济、文化、社会等方面情况的年度资料性文献。《雨花年鉴（2017）》设30个部类：要闻、大事记、雨花区概况、中共雨花区委员会、雨花区人民代表大会、雨花区人民政府、政协雨花区委员会、民主党派、社会团体、法治、军事、城乡建设、城市管理、园区建设、经济监管管理、商务·服务业、工业、农业·林业·水利、财政·税收·金融、教育·科技、文化·体育、医疗卫生、社会生活、街道（镇）、人物、统计资料、附录、文献选录、专文选录、索引；119个分目；近1000个条目。全书共570页，94.7万余字；彩页62页，图片189张；正文插图91张；表格33个；随书附带光盘。（唐清明）

【党史进社区活动】 2018年9月26日，区史志档案局在圭塘街道圭塘社区开展党史进社区活动，邀请区"五老"讲师团团长胡义初以《民族崛起复兴，国家长治久安的重大战略决策——"一带一路"倡议解析》为题讲课。胡义初对"一带一路"的含义及产生背景、经济意义、政治安全意义进行阐述，强调"一带一路"倡议是构建一个全面实现中华民族伟大复兴之战略构想，是沿途国家共同繁荣之有益路径。（唐清明）

【档案执法检查】 2018年10月16日起，区史志档案局与区保密局、区委文电科联合开展为期4周的档案、保密和文电工作检查。该次检查采取各部门单位自查和检查组实地检查相结合的方式，共抽检区直各部门单位45家，13个街道、镇及各街道、镇所属社区（筹委会）、村166个。档案工作检查的主要内容是各单位档案工作机构的建立和专（兼）职档案人员配备情况，档案管理制度建立情况；档案库房与设施配备及档案安全保管情况；各门类档案收集与整理归档情况；街道、镇下辖的社区（筹委会）、村的建档情况。社区（筹委会）、村的档案采取统一由档案专干带2017年总目录及实体档案来街道迎检的方式，检查组通过总目录看收集情况，实体档案看整理情况来了解社区（筹委会）、村的建档情况；区直各部门单位则通过书面汇报、查看档案与库房等方式，检查组对发现的问题逐项记录，并进行现场指导，提出相关建议。检查的整体情况在全区进行通报。通过检查发现，区直各部门单位均已建档，部分单位有条件的已进行纸质档案数字化加工，逐步加强档案的服务功能。同时存在着部分单位档案未及时建档、收集不全、整理不规范、保管期限划分不准确、库房管理不严等问题。通过该次检查，有利于各单位增强档案法制观念，提升归档意识。针对检查中发现的问题，区史志档案局督促相关单位认真整改落实，并切实加强业务指导，提升各单位档案管理规范化水平。（唐清明）

【市党史部门调研雨花区】 2018年11月28日，市委党史联络组副组长唐得之、市委党史研究室副调研员廖军一行4人，调研雨花区党史工作和党史联络工作。区委常委、区委办主任周海毅，区政府副区长刘江红，区委党史联络组副组长李海清，区史志档案局党组书记、局长夏杨，高桥大市场股份有限公司副总经理彭志刚区史志档案局相关工作人员陪同调研。调研组实地考察高桥大市场，参观高桥现代商贸场、国际商品展示贸易中心、医药流通园、茶叶茶具城，现场了解各个市场的定位和特点，了解商户经营状况。调研组在湖南高桥大市场股份有限公司会议室召开座谈会。会上，观看高桥大市场宣传片；彭志刚重点介绍高桥市场的发展阶段及未来规划；夏杨汇报2018年雨花区党史和党史联络工作情况及2019年工作计划；周海毅表示要站在高处来看党史、跳出党史来写党史、创新方式来用党史、全力保障来抓党史；廖军就如何抓好雨花区党史工作和党史联络工作提出相关要求。唐得之对高桥大市场表示赞誉，对雨花区党史工作和党史联络工作表示肯定，强调要结合"不忘初心，牢记使命"主题教育活动抓好新时代的党史工作，要配合好中国共产党长沙历史馆的建设展示雨花区改革开放以来的重要成就。（唐清明）

机关党建

【概况】 中共长沙市雨花区直属机关工作委员会（简称"区直机关工委"）负责区直机关党务、党建工作。核定行政编制3名。2018年，区直机关工委在职在编干部6人，其中领导职数4名；雇员2人；退休干部7人。机关工委负责指导86个党支部工作（其中，党总支13个，党委部门机关支部11个、离退休支部16个），区直机关党员总人数1775名（不含党委部门机关支部党员），其中在职党员1406人，离退休党员369人。办公地点设在雨花区人民政府机关大院交通局4层。

2018年，区直机关工委加强机关党建指导和督查，强化机关意识形态建设，扩大党建宣传，浓厚机关党建氛围，深化党风廉政建设，不断提升党员干部政治思想水平，规范机关党组织建设，加强区直机关各党支部的组织力、战斗力、凝聚力，促进机关党建质量不断提升。坚持机关党建交叉检查和结对督导，实现现场督察165余次，全面规范机关党支部设置、组织活动程序；开展支部“五化建设”，新建和优化组织阵地40余个，申报市级“五化”示范性单位2个，区级规范化单位6个；组建若干党建联盟，机关支部与社区结对共建共计73组；组织区直机关在职党员进社区，实现1458名党员100%报到，参与志愿服务。认真组织发展党员工作，发展入党积极分子43人，预备党员19人，转正党员14人。（舒　丹）

2018年8月30日，机关大讲堂（廉政党课）（舒丹／摄）

【思想政治建设】　区直机关工委加强意识形态工作，严格执行党管意识形态原则，将意识形态工作纳入班子成员会议议程，认真研讨意识形态工作的部署；纳入季度交叉检查范围，制定细则加强意识形态工作指导和成效考核；纳入纪律监督检查范畴、领导班子和干部目标管理内容及绩效考核，以上率下严抓意识形态工作；纳入民主生活会和述职报告，实抓意识形态工作成效。制定和完善《雨花区直机关工委意识形态领域重大问题处置工作流程》《雨花区直机关工委网络舆情监测、研判、应对机制》《雨花区直机关工委信息公开和新闻发言人制度》《雨花区直机关工委政务新媒体管理制度》等规范性文件，设立雨花区直机关工委意识形态隐患台账。加强与机关各党组（委）的沟通、协调力度，加强机关党建力量，选取进取心强、责任心强，政治素质比较高、学历层次比较高的年轻干部任总支（支部）书记，区直机关55名党总支（支部）书记，均由班子成员兼任，部分支部书记为单位一把手或常委部门常务副职，选配党建专（兼）干85名。坚持支部书记月工作例会、新任支部书记任前谈话和工作排名末位约谈制度、季度交叉检查述职述评会议以及不同层次的培训，提升机关党务干部的工作能力。通过机关大课堂、“理论中心组”学习教育活动、“三会一课”、支部主题党日、支部主题讨论、集中学习等形式，深入学习中共十九大精神、习近平新时代中国特色社会主义思想。（舒　丹）

【党员干部教育】　2018年，区直机关工委开展基层党组织支部建设标准化、组织生活正常化、管理服务精细化、工作制度体系化、阵地建设规范化“五化”建设，做好机关党员干部教育、提升党务干部业务素质，开展系列教育培训活动。3月16日，举办区直机关党建专干业务培训班，按照“五化支部”建设标准，围绕学好党建业务，熟练工作程序，当好支部书记的参谋助手，提升机关党建管理水平等内容进行综合培训。5月9—10日，区直机关工委联合区委党校联合举办雨花区直机关党组织书记专题业务培训班，采用课堂理论教学，红色教育基地党性锤炼，示范点现场观摩等方式进行教学，增强书记的理论水平。6月7日，组织雨花区2018年度党员发展对象培训班，严把党员入口关、政治关，提升发展对象党性修养。7月6日，区直机关工委在区委党校一楼多媒体教室组织开展2018年区直机关大课堂活动，邀请国防科大教授，博士生导师刘凤健围绕《光辉的历程 宝贵的经验》主题授课，进一步提高区直机关党员政治素养。10月31日、区直机关工委组织区直机关55名机关党务工作者到平江县公安局、民政局观摩学习机关党建工作好经验和好做法，创新党建思路，开拓视野。（舒　丹）

【基层组织建设】　2018年，雨花区以推进机关党建“质量提质年”为重心，以规范基层党组织建设为重点，抓牢日常监督，抓实痕迹管理，建设“五化”支部，全面提升基层党组织的组织力。健全管理制度，形成长效机制。扎实推进“三会一课”、主题党日活动、党员领导干部双重组织生活等七项制度落地落实；着力在党费收缴、党员发展、支部换届、党务公开等工作上提升规范化水平；坚持党工委班子分组联系基层支部工作制度，加强日常指导和监督，推动区直机关整体水平的提质提档；坚持机关党员积分管理制度，严格落实党员自评、组织考评、群众测评，考核情况党支部审查、考核结果报党委审定，考核结果向全体党员群众公开“三评两审一公开”制度，提振党员主动性、积极性；坚持每月一次工作调度、一次党课宣讲，每季一次交叉检查、一次联点走访，每半年一次总结表彰和一次述职讲评“六个一”工程。召开月工作调度会议8次，联点支部走访沟通108次，围绕“蓝天保卫战·党员当先锋”等主题开展主题宣讲5场，敦促党建责任上肩。（舒　丹）

【党风廉政建设】　2018年，雨花区直机关持续加强党风廉政建设。区直机关工委3次召开会议，听取党风廉政建设工作汇报，分析和研究部署机关党风廉政建设工作，将机关党风廉政建设情况纳入党建工作季度交叉检查和机关党总支(支部)述职重点内容，强化党员干部的党风廉政教育，塑造风清气正的机关作风。组织党员干部参观杨开慧故居、胡耀邦故居等红色教育基地，邀请复旦大学、国防科大知名教授上廉政党课等，组织机关党员干部观看《邹碧华》等党性教育电教片，适时开展警示教育和党风廉政教育。机关各总支（支部）结合自身实际，组织开展以党风廉政为主题的“支部主题党日活动”54场次。加强日常督查和专项治理，在元旦、春节、端午、中秋、国庆及区“两会”期间等重要时间节点组织对区直机关的作风建设、会风会纪情况专项督查和明察暗访10次，发现问题及时纠正；，对区直机关党员干部落实中央“八项规定”精神、省“九项规定”、市“两规定一办法”等有关规定情况，组织开展作风建设明察暗访和专项督查8次，依规处理党员3名。（舒　丹）

【党员志愿服务】 2018年，区直机关工委开展“亮身份、强服务、争先锋”主题实践活动，通过佩戴党徽，创建党员示范岗、党员先锋岗，提升党员干部的服务意识、工作标准、工作效率。开展“学雷锋精神、树党员形象”志愿服务主题活动，打造“党性锤炼”志愿服务基地8个，各党总支（支部）为服务基地的老人和残疾儿童捐款、捐物（折价）30余万元；机关90名党员干部职工参加无偿献血；走访慰问机关老党员和生活困难党员、职工70人次，发放慰问金5万余元；组织“金秋助学”活动，帮扶贫困学生。（舒　丹）

【群团组织活动】 2018年，雨花区加强机关精神文明建设，坚持党建带群建，活跃机关党建文化氛围。2月24日，召开妇委会工作会议。3月2日，区直机关工会开展“三八”观影活动，为404位女会员赠送电影票。3月5日，区直机关工委举办“喜迎三八 关爱女性”健康养生知识讲座，聘请湖南省中医药大学第一附属医院治未病中心主任李晓屏讲授《固护阳气巧养生》，赠送健康养生书籍《黄帝内经与本草纲目中的女人养颜经》。3月7日，区直机关工委、区总工会、区妇联在东山全民健身中心开展“聚力新时代，展现新风采”迎“三·八”女职工趣味运动会。5至6月，开展“蓝天保卫战 党员当先锋”主题党课预赛选拔；6月7日，举办“蓝天保卫战 党员当先锋”主题党课决赛。6月8日，组织区直机关党员干部积极参与“保卫蓝天·共享绿色”环圭塘河风光带5000米健步走活动。6月21日，举办2018年“欢乐潇湘　品质长沙　幸福雨花”群众美术、书法、摄影作品征集活动。6月24日，组织单身工会会员参加区总工会“缘汇雨花”第五季单身职工联谊活动。11月30日，举办区直机关“传承中华文化，坚定文化自信”主题经典诵读比赛决赛活动。

（舒　丹）

【结对帮扶】 2018年，区直机关工委组建“民意快线服务联盟”，与联点斑竹塘社区共商共建，开展社区情况调研、群工队座谈等会议10场，推动党群共建。设立社区“4点半课堂”并赠书1000余册、启动“户外党建阵地”建设及护学岗三件实事。区直机关工委联合跳马镇斑竹塘社区党支部、斑竹塘社区民意快线服务联盟开展暑假夏令营国防教育进社区主题活动，增强青少年的国防意识。区直机关工委带领区交通局等6个支部，与复兴村组建党建联盟，开展结对帮扶，节假日慰问困难60户、党员40人，累计捐赠4万余元物资。（舒　丹）

雨花区人民代表大会

主要工作

【概况】 长沙市雨花区人民代表大会设法制、财经2个专门委员会，长沙市雨花区人民代表大会常务委员会（简称“区人大常委会”）设办公室、内务司法、教科文卫、农业农村、城乡建设、选举联络6个工作机构，区人大常委会办公室内设二级机构1个。12个人大街道工作委员会为其派出机构。2018年，常委会机关在职干部职工31人，雇员1人，离退休人员35人。

2018年，区人大常委会召开人民代表大会1次、常委会议10次、主任会议16次，听取审议专项工作报告10项，作出决议决定11项，开展专项工作评议1次、专题询问1次，组织考察和调研13次，任免工作人员66人。

（罗奇林）

【监督工作】 2018年，区人大常委会按照《中华人民共和国各级人民代表大会常务委员会监督法》的规定，依法监督、突出重点、注重实效，认真行使监督职权。落实区委“项目大攻坚、管理大提质”工作主题，重点监督支持政府铺排的项目，开展“项目推进雨花行”活动，推动东方红小学如期拆迁建设，圭塘路四标项目完成提质改造；组织代表调研考察高铁会展新城片区征拆招商及项目建设等3个重点项目，助力解决项目实施中的问题和困难；主任会议成员及部分委室负责人参与10余个项目建设，为“项目大攻坚”贡献人大智慧和力量。听取区税收收入和征管工作情况汇报，督促提高财政收入质量。听取区商务和旅游工作情况汇报，考察区电商物流园、新城控股吾悦广场等4个项目，支持招商工作招大引强选优，服务高质量发展。听取区经济和信息化工作汇报，调研湖南联盛网络科技股份有限公司等3家企业，督促区人民政府支持推动企业自主创新、搭建企业孵化平台、提升服务水平和管理实效。听取全区2018年1—6月政府性债务及平台公司债务资金情况和2018年防范化解政府债务风险工作汇报，督促区人民政府健全管理机制，主动防范化解债务风险。完善全口径预算监督体系，一般公共预算、政府性基金预算、国有资本经营预算、社会保障基金预算全部纳入审查监督范围。建立全流程预算审查工作机制，严把预算审查“四大关口”：邀请部分区人大代表、预算审查代表小组成员和预算审查专家库成员，提前介入、深度参与预算编制工作，严把预算编制“初审关”；听取审议预算执行和审计工作等报告，严把预算执行“监督关”；听取审议预算调整情况报告，严把预算调整“批准关”；听取审议批准决算报告，严把预算审批“结算关”。深入推进审计监督工作，督促政府完善管理机制和通报制度，听取审议区人民政府关于2017年度审计查出问题整改情况报告和审计查出问题的11个责任单位69个问题整改情况报告，并进行满意度测评，确保审计查出问题有效整改。创新开展预算联网监督工作，在全市区（县）率先建成并正式开通集查询、预警、分析、服务为一体的财政预算联网监督系统，实现人大对政府全口径预算由事前事后监督转变为实时在线全程监督，提升了预算审查监督的及时性、针对性、有效性。加大对雨花区对口扶贫地区及跳马镇精准扶贫工作的监督支持力度，开展“民族团结进步行暨精准扶贫桑植行”活动，组织部分人大代表捐赠资金52.3万元、护林服200件，送去扶贫项目1项；督促区人社局为跳马镇举办精准扶贫专场招聘会3场、培训农民工920人，将1078名建档立卡贫困人员全部纳入城乡居民医疗保险和大病保险范围。开展城市黑臭水治理及圭塘河流域治污、跳马镇绿心地区保护和工业企业有序退出、建安行业及项目工地降尘治噪工作调研，督促推进以“蓝天保卫战”为重点的环境保护工作。开展防汛救灾工作专题询问，向区人民政府及其12个区直部门和有关单位提出18个问题，并督促基本整改到位。开展3个月的基层医疗卫生工作调查，走访医疗单位86家、发放调查问卷3920张，召开基层医疗卫生专项工作评议大会，提出加大财政投入、落实配套政策、创新优化管理等3大建议，对区卫计局、财政局等8个单位开展满意度测评，推动解决基层医疗卫生工作存在的薄弱环节和问题。开展“三湘农产品质量安全行”“三湘环保世纪行”“三湘农民健康行”“三湘民族团结进步行”等活动，保障群众生命健康，推动农业农村发展，维护民族大团结。推进“司法公正长沙·雨花行”活动，主任会议成员听取区人民法院关于推进“基本解决执行难”及立案、信访工作汇报，督促区人民法院加大对解决执行难工作的探索和创新力度；听取关于检察机关恢复重建40周年暨司法改革工作情况汇报，支持深入推进司法改革。推进社会治理体系和治理能力建设，主任会议成员听取关于扫黑除恶专项斗争进展情况、防范和打击非法集资类案件情况汇报，推动扫黑除恶专项斗争取得阶段性成效，有效防范区域性金融风险。配合市人大对《中华人民共和国公共文化保障法》等3部法律的实施情况开展执法检查，完成对《长沙市养犬管理条例（草案）》等两部条例的征求意见活动，推动立良法、促善治。对区人民政府报备的8件规范性文件进行备案审查，维护国家法制的统一。受理信访案件25件，全部依法按政策转办、交办和督办，保障了群众的合法权益。（罗奇林）

【决定重大事项】 2018年，区人大常委会加强依法讨论决定重大事项工作。作出《长沙市雨花区人民代表大会常务委员会关于进一步监督支持人民法院解决执行难工作的决议》，明确提出充分认识执行难的重要性，着力健全监督协调机制，严格履行法院主办职责，增强部门工作合力，形成“党委领导、人大监督、政府支持、政法委协调、法院主办、部门配合、社会各界参与”的工作格局，为解决执行难问题提供坚强的法治保障。（罗奇林）

【决定与任免工作】 2018年，区人大常委会加强依法选举任免工作，坚持党管干部和依法任免相统一的原则，严把拟任命人员任前法律考试、任前调查、任前陈词、颁发任命书、向宪法宣誓等法定程序关，增加奏唱国歌仪式，确保人事任免程序更完善、任免更规范。受理市、区人大代表辞职10人、自行终止代表资格5人、补选14人，任命国家机关工作人员32人、免职34人。（罗奇林）

2018年12月26日，雨花区五届人大三次会议召开 （区新闻中心/提供）

【代表工作】 2018年，区人大常委会坚持开展“人大常委会联系代表，代表联系人民群众”的“双联”活动，推进代表活动室、代表微信群等联络平台建设，及时通报常委会公报、计划安排、审议意见及区情信息等，加强常委会委员与代表、代表与人民群众的联系。邀请代表列席常委会议35人次，参加防汛救灾专题询问、基层医疗卫生工作评议、长沙南部城市规划修编征求意见座谈、执法情况调研等活动205人次。落实代表履职档案工作，完善代表述职、代表履职登记办法和考勤考绩等制度，实现代表管理科学化、制度化、规范化。首次组织10名市人大代表雨花联组代表向区人大常委会述职，开展评议和满意度测评，增强市人大代表对原选举单位的关注度和履职责任感。组织64名区人大代表向原选区选民述职并开展民主评议，增强人大代表的代表意识、履职意识、接受监督意识。规范全区代表活动室和社区代表联络站建设，实现13个街镇人大代表活动室的全覆盖。开展市代表联组活动4次；组织市、区两级人大代表分别听取市、区“一府两院”上半年政情通报，共交办审议意见171件，保障了代表的知情权、监督权、建议权。围绕扶贫帮困、生态环境、医疗、教育等主题，指导各代表小组开展代表活动96次。指导市人大代表雨花联组代表向市人大提出高质量的建议，罗跃等7名代表提出的5项建议，被评为长沙市人大代表优秀建议。创新建立代表建议网上办理平台，完善“牵头领办、重点交办、跟踪查办、全面督办”工作机制，区五届人大二次会议期间和闭会期间代表提出的102件议案、建议均办理完毕，一批人民群众反映强烈的热点难点问题得到有效解决。（罗奇林）

【省市人大代表会前活动】 2018年12月18—19日，雨花区组织驻区的省十三届人大代表雨花小组、市十五届人大代表雨花联组全体代表，开展为期两天的会前集中考察活动，考察和+共享图书馆、井巷社区燕子岭公园、湖南大族激光智能制造基地等项目。召开集中视察座谈会，区委副书记、区长、刘素月通报雨花区2018年经济社会发展情况和2019年工作思路，区人大常委会主任龚景顺说明建议提交、参加代表大会等有关事项。区委书记张敏希望省、市人大代表一如继往关心、支持雨花发展，多为雨花发展鼓与呼、多为雨花发展建言献策、多为雨花传递好声音，表示要为代表依法履职做好服务保障工作，认真办好代表提出的建议议案。（罗奇林）

【雨花区开通预算联网监督系统】 2018年，雨花区人大常委会创新预算监督工作，在全市区（县）率先建成人大预算联网监督系统。12月14日，雨花区人大常委会举行区人大预算联网监督系统开通仪式。区人大常委会副主任杨平主持开通仪式。区人大财经委主任委员仇莹汇报人大预算联网监督系统筹备和建设情况，广东铭泰公司技术人员演示系统，区委常委、区人民政府常务副区长邹春林讲话。区人大常委会主任龚景顺指出，人大预算联网监督系统的开通，标志着雨花区预算监督工作开启“互联网＋大数据＋监督” 新模式，预算联网监督工作踏入全省“第一方阵”。预算联网监督系统的开通，提升了人大预算监督的针对性、实效性、及时性，更好地守护“国家账本”。龚景顺要求，要高度重视，充分肯定成绩；围绕难点热点，开展正确有效监督；规范使用管理，确保数据安全。龚景顺宣布，雨花区人大预算联网监督系统正式开通。区人大常委会主任会议全体成员，区发改局、财政局、人社局、审计局、统计局、税务局、金融办、电子政务办主要负责人出席开通仪式。（罗奇林）

重要会议

【雨花区第五届人民代表大会第三次会议】 2018年12月26日至28日，长沙市雨花区第五届人民代表大会第三次会议在雨花大会堂召开。会议听取和审议区《人民政府工作报告》《区2018年1—11月财政预算执行情况和2019年财政预算（草案）的报告》《区人大常委会工作报告》《区人民法院工作报告》《区人民检察院工作报告》，并通过关于5个报告的决议（草案）。大会表决通过《选举办法（草案）》，依照法定程序补选刘虎、李悦、赵灿为长沙市雨花区第五届人民代表大会常务委员会委员。会议指出，全区要围绕“强化党建引领、攻坚项目建设”工作主题，忠诚履职、担当作为，干在实处、走在前列，奋力推动“三个雨花”建设迈上新台阶。要深入学习贯彻落实习近平新时代中国特色社会主义思想，旗帜鲜明讲政治，强化核心意识、宗旨意识、法治意识；要坚持高质量发展这一根本要求，担当作为抓落实，踏踏实实干好工作，不驰于空想，不骛于虚声，用实际行动推动财富品质幸福雨花建设不断向前；要坚持推进组织建设和队伍建设，开创新局再出发，始终把加强自身建设放在突出位置，提高依法履职的能力和水平。会议强调，区委将一如既往地支持区人大及其常委会依法履行职能、开展工作、发挥作用。“一府一委两院”和政府职能部门要自觉接受、主动配合人大开展监督，不断提高依法行政、公正司法、严肃执纪的水平。全区各级党组织要充分认识做好新时代人大工作的重大意义，积极听取人大代表的意见建议，努力为人大依法履职创造良好环境，真正做到思想上重视、工作上支持、决策上尊重，切实营造尊重人大地位、支持人大工作的良好政治环境。（罗奇林）

【常委会议】 2018年，区人大常委会召开常委会议10次。

2月28日，区五届人大常委会第十二次会议表决通过关于提请决定任免黄意平等职务的议案；审议通过区五届人大常委会2018年工作要点（草案）；听取和审议关于长沙市雨花区2017年财政预算调整方案（草案）的报告。

4月23日，区五届人大常委会第十三次会议表决通过有关人事任免事项，决定接受刘新程辞去长沙市第十五届人民代表大会代表职务，接受张建辞去雨花区第五届人民代表大会代表职务；决定任命张浩为长沙市雨花区人大常委会东山街道工作委员会主任；决定免去刘昌军的长沙市雨花区人民政府办公室主任职务；决定任命钟波为长沙市雨花区人民政府办公室主任；任命曾爱云为长沙市雨花区监察委员会委员。会议组织学习《中华人民共和国宪法》《中华人民共和国监察法》《中共中央办公厅关于人大预算审查监督重点向支出预算和政策拓展的指导意见》。

5月17日，区五届人大常委会第十四次会议对区人民政府防汛救灾工作开展专题询问。

6月19日，区五届人大常委会第十五次会议组织市人大代表雨花联组代表向区人大常委会述职，并进行民主评议。

7月25日，区五届人大常委会第十六次会议表决通过有关人事任免事项，决定接受杨秋良辞去长沙市第十五届人民代表大会代表职务；听取和审议雨花区人民政府《关于2017年财政决算草案和2018年1—6月预算执行情况的报告》《关于2017年度区本级预算执行和其他财政收支的审计工作报告》。

9月14日，区五届人大常委会第十七次会议表决通过关于接受苏波等辞去长沙市雨花区第五届人民代表大会代表职务的决定；表决通过陈伟奇等职务任免的议案。会议传达学习全省市县两级人大常委会负责人学习班精神，重点传达学习省人大常委会党组书记、副主任刘莲玉作 “深入学习领会习近平总书记关于人民代表大会制度的重要论述，扎实推进全省人大工作高质量发展”专题辅导报告的精神。

10月29日，区五届人大常委会第十八次会议听取和审议《区人民政府关于2018年1—9月财政预算执行情况和2018年财政预算调整方案（草案）的报告》；听取区人民政府关于区五届人大二次会议议案和建议办理情况的汇报；审议通过《雨花区人民代表大会常务委员会关于进一步监督支持区人民法院解决执行难工作的决议（草案）》；表决通过《关于提请决定任免何小林等同志职务任免的议案》《关于提请任命伍小学等同志职务的议案》《关于提请接受肖司昊、何小林辞去雨花区第五届人民代表大会代表职务的议案》。

11月22日，区五届人大常委会十九次会议听取和审议区人民政府关于2017年度审计查出问题的整改工作情况汇报和2017年度审计查出问题整改责任单位整改情况汇报，对2017年度审计查出问题相关单位审计整改情况进行满意度测评。

12月14日，区五届人大常委会第二十次会议听取和审议关于召开区五届人大三次会议的有关事宜，原则通过区五届人大三次会议的日程和议程（草案）、区五届人大三次会议筹备工作报告（草案）、区人大常委会工作报告（草案）、质询案的提出和办理程序（草案）、议案和质询案提出截止时间的决定（草案）、代表资格审查报告（草案）、主席团成员和秘书长名单（草案）及特邀、列席人员建议范围。会议听取和审议区财政局局长周宏受区人民政府委托所作的《关于长沙市雨花区2018年1—11月财政预算执行情况和2019年财政预算（草案）的报告》，原则同意将《关于长沙市雨花区2018年1—11月财政预算执行情况和2019年财政预算（草案）的报告》提交区五届人大三次会议审议。会议讨论通过有关人事任免事项，补选吴英姿、徐煦、陈石红、李勇为雨花区出席长沙市第十五届人民代表大会代表；表决通过《关于提请接受李智文辞去长沙市雨花区第五届人民代表大会代表职务的议案》《关于提请免去宁毅等同志职务的议案》。

12月21日，区五届人大常委会第二十一次会议表决通过《关于提请接受陈泽珲辞去长沙市第十五届人民代表大会代表职务的议案》。（罗奇林）

【防汛救灾工作专题询问会】 2018年3月14日，雨花区人大常委会防汛救灾工作专题询问动员会召开，区人大常委会副主任杨仕斌主持会议。会上宣读《雨花区人大常委会防汛救灾工作专题询问的工作方案》；相关部门和镇及各街道办事处行政主要负责人作表态发言。副区长陈怀宇代表区人民政府表示，接受人大监督，配合人大共同推进政府防汛工作；认真落实防汛责任制，各行政一把手负总责；队伍和物资准备到位；加强巡查，尤其是险工险段及重点水库。区人大常委会主任龚景顺要求，认识要高，专题询问是人大常委会行使监督权的重要形式，对于实现人大常委会组成人员的知情权、督促政府改进工作、促进相互沟通和理解，具有重要意义；重点要明，明确为什么、明白怎么问、要落实跟踪问；举措要新，既要有规定的法定动作，又要有创新动作，要着力提高专题询问的效果；行动要快，各部门各街镇要迅速传达研究，迅速拿出应询方案，积极配合支持参与调研；领导要力，要加强领导，抓好落实，明确责任，健全机制，取得实效。区人大常委会主任会议成员、区政府办、区农林水局、区市政局、区财政局、区城乡建设局、区民政局、区环保局、区卫生计生局、区城管执法局、区交通运输局、区工务局、区国土分局、区交警大队、跳马镇政府及各街道办事处行政主要负责人以及镇人大主席、人大各街道工委主任及部分区人大代表参加会议。5月17日，雨花区五届人大常委会第十四次会议防汛救灾工作专题询问，这是本届区人大常委会的首次专题询问。会议播放雨花区防汛救灾工作纪录片，全面回顾2017年雨花区严峻汛情、争分夺秒抢险救援、千方百计安置群众、迅速开展灾后重建情况及2018年防汛救灾调研、整改情况。区人民政府副区长陈怀宇代表区政府从高度重视压实工作责任、强化整改消除安全隐患、充分准备做实防汛保障三个方面做防汛救灾工作情况汇报。区五届人大常委会组成人员和区人大代表围绕做好防汛救灾重要工作、重点地区、重大隐患、重点部位等方面，提出18个问题，区政府及12个区直部门，街道、镇的负责人应询，每个问题回答完毕后，由询问人员进行现场测评。龚景顺强调，开展防汛救灾专题询问，是贯彻落实十九大关于弘扬生命至上、安全第一思想，提升防灾减灾救灾能力的要求，回应群众对防汛救灾重大关切，又是作为地方权力机关，履行监督职责的创新之举。此次专题询问，是加强和改进防汛救灾工作的新起点，要让询问成为人大监督的常态，使应询得到广大代表的认可，把落实当作检验成效的标尺，整改要到位，督办要到位、提升要到位，全面提升防汛救灾能力，在新征程中展现新担当、彰显新作为。

（罗奇林）

雨花区人民政府

重要会议

【区政府第16次常务会议】 2018年1月9日，区五届人民政府第16次常务会召开，研究2018年区《政府工作报告》目标任务分解等工作。区政府办负责人通报2017年区《政府工作报告》目标任务完成情况，并对2018年区《政府工作报告》目标任务分解情况做出说明。会议指出，经区五届人大二次会议审议通过的《政府工作报告》，明确了总体要求、工作目标，是区人民政府向人大代表、政协委员和全区人民作出的郑重承诺，关系到政府的执行力和公信力，必须不折不扣兑现。充分肯定过去一年取得的成绩，会议原则通过2018年区《政府工作报告》目标任务责任分解表。雨花区委副书记、区长刘素月主持会议。刘素月强调，各责任部门要责任上肩，行动更迅速，进一步细化举措，主动担责，明确任务书、时间表、路线图，抓好项目建设、重点工程、民生实事；要工作上标，导向更明确，从高质量发展的要求、从人民的美好生活需要出发，坚持问题导向、法治导向、实干导向、效能导向，发扬工匠精神、开拓精神、钉钉子精神和民本精神；要督查上紧，考核更严格，采取实地督办、通报催办等方式倒逼目标任务加快落实，用优异成绩向区委和全区人民交上一份满意答卷，高质量建设财富品质幸福雨花。（彭超兰）

【区政府第25次常务会议】 2018年9月6日，区政府第25次常务会议召开。会议传达学习习近平关于政绩观和“三大攻坚战”的重要讲话、重要论述精神，会议强调，打好“三大攻坚战”是重大政治任务，也是转型升级的关键之战，要深入学习贯彻习近平关于“三大攻坚战”的重要讲话精神，以坚定决心打好防范和化解重大风险、精准脱贫、污染防治“三大攻坚战”；要树立正确政绩观，统筹抓党建、稳增长、调结构、惠民生等各项工作，始终站位全局谋工作推进，促进雨花经济社会持续健康发展；针对中央第八巡视组反馈具体问题，要全面整改、突出重点、取得实效。会议审议通过《雨花区“一圈两场三道”建设管理办法》，会议指出，“一圈两场三道”建设是市委、市政府部署的重点工作，是践行以人民为中心的思想、优化基层社会治理的具体举措。该办法对全区“一圈两场三道”的规划、设计、建设及后续管理都作出全面规范，相关部门单位要统筹安排、抓好落实，并就明年“一圈两场三道”建设工作进行早安排、早部署，通过调研了解群众真正需求。会议研究控压道路交通事故有关问题。会议表示，要通过大数据分析多次出现道路交通事故的重点企业、重点车辆、重点人员，明确牵头单位、压实监管责任、加大整治力度，确保全年实现道路交通事故总量下降10%和死亡人数下降15%的目标。会议听取第十六届中国国际农产品交易会暨第二十届中国中部（湖南）农业博览会筹备工作情况汇报，安排部署后续工作。（彭超兰）

【对接长沙市南部新城规划建设座谈会】 2018年3月6日，雨花区委副书记、区长刘素月主持召开对接长沙市南部新城规划建设座谈会，讨论研究雨花区对接融城发展等相关事宜。市两型办、市城乡规划局、市国土分局相关处室及相关编制单位负责人等提出雨花区对接南部新城规划的建设意见和建议。会议明确提出打造跳马两型示范区，加快发展全域旅游，建成农村公路50千米，推进107国道（雨花段）、南横线建设，完成曙光垸大堤建设，打造金屏特色小镇。刘素月指出，南部新城将迎来新一轮基础设施建设高潮，雨花区抢抓长沙市新一轮城市总体规划修编契机，着力优化布局、完善城市功能，让绿心“在发展中保护，在保护中发展”，使品质雨花成为“绿水青山就是金山银山”的生动实践。刘素月强调，要提高政治站位、加强协调配合，结合区内实际、主动对接省市，不折不扣对接好、落实好南部新城规划建设相关工作，谋划融城发展新蓝图；要聚焦长株潭一体化，对接株洲、湘潭等城市、形成优势互补，做好辐射、联动文章；要统筹城乡发展、明确功能定位，秉承生态、融城、城市更新发展理念，厘清产业布局、基础设施布局等功能分区；要将各方良策梳理成系统性成果，助力重点片区概念性规划落地，切实提高城市建设与发展品位，彰显省会意识、省会担当，使财富、品质、幸福雨花再创新局面。（彭超兰）

【“蓝天保卫战”工作调度会】 2018年1月22日，雨花区委副书记、区长刘素月主持召开区“蓝天保卫战”工作调度会。区环保局汇报当前雨花区蓝天保卫等相关工作的情况，介绍区蓝天办的组建与筹备情况。副区长王明玖铺排全区蓝天保卫的工作。会议指出，责任单位一把手要在思想认识上再提高，政治站位要再提升，要层层压实责任，将各项细节细化到位，全力以赴打赢“蓝天保卫战”。刘素月指出，推进污染防治攻坚战，首要任务就是大气治理。全区各级各部门要深入贯彻落实中央、省、市环保工作有关精神，强化责任担当，全力打赢“蓝天保卫战”，力争雨花的各项环保工作走在全市前列；区蓝天办要加强组织领导，做好统筹协调，当好“参谋部”“作战部”“指挥中心”，全力推进各项工作；要切实加强宣传教育和舆论引导，创新宣传方式，推动环保宣传进机关、进企业、进社区、进校园，着力增强群众的环保意识、参与意识；要以环保网格化和信息化建设为抓手，进一步夯实基层基础，探索构建长效监管机制，提升环境治理水平，切实增强群众生态获得感和蓝天幸福感。（彭超兰）

工作纪要

【综合调研】 2018年，雨花区政府办公室协助领导处理日常事务，参与协调各类重大事项。筹备区长办公会、区政府常务会，会前广泛收集议题、充分准备资料，会后整理决策意见、归纳存档，为议事决策、督办落实提供参考。紧盯“三大攻坚战”、重大项目建设、“一圈两场三道”建设等中心工作，组织开展调研30余次，形成一系列调研成果，为领导决策提供参考。做好综合文字材料起草和撰写工作，完成《政府工作报告》《经济工作报告》等各类文稿400余篇、100万余字。做好雨花形象推介，组织申报全国百强区创建工作，向上级报送政务信息183篇，被国办、省办采用10余篇，排名长沙市内五区第一。（彭超兰）

【政令畅通】 2018年，雨花区政府办公室提升精细办文、高效办会、协调服务的能力，规范发文处理程序和公文格式，依托办公协同平台，审核制发各类公文1069件，实现发文数量比上年下降10%；办理收文3238件，处理涉密文件36件，基本做到“案无积卷，事不过夜”。按照“零差错、零失误”要求，高效完成区政府常务会议、区长办公会议等重要会议会务工作。合理安排区政府领导公务活动，协助制订区领导周工作安排表50份，编撰大事记135条，发放会议通知和落实参会事项1908个（次）。（彭超兰）

【督查工作】 2018年，雨花区政府办公室围绕区委、区政府重大决策，深入一线、真督实查、跟踪问效，开展作风建设、“特护期”信访维稳、“蓝天保卫战”、征地拆迁、“一圈两场三道”建设、中央及省环保督察、“最多跑一次”、绿心地区企业退出、畜禽养殖、国土违法用地等专项督查，下发督办函160余件，形成督查专报70余份，保障政令畅通、令行禁止。承办省、市人大建议28件、政协提案23件，答复率和满意率100%，承办数量内五区第一；承办区人大代表建议102件、政协委员提案103件，答复率和满意率100%。

围绕区政府的重大决策部署和上级领导交办的任务，加大督查督办力度，编印《雨花区政府系统督查工作手册》；完善批示件办理工作平台，完善督查管理体系，将区交警大队、消防大队、跳马镇等承办单位纳入批示件办理平台，全区纳入系统的部门单位增至107家；全面督查“两河”截污工程、拆迁拆违、城市管理、安全生产、文明创建、重点工程建设等重点工作，绿心保护、违法土葬、立交桥下环境整治等专项工作，区长办公会及区长现场办公决策事项。牵头协调对接市政府各类督查20余次，做好国务院“稳增长、促改革、调结构、惠民生”专项督查，以及省政府稳增长重大政策措施落实情况专项督查组织衔接工作。办理领导批示件627件，其中省、市领导批示件34件，现场核实自然村堆土问题、违章搭建等问题，督促整改到位；交办省、市长信箱信件611件，均及时办理、及时回复，办结满意率较高；对督查中发现未及时整改到位的问题，进行跟踪督办。开展建议提案办理工作“回头看”行动，指导并督促承办单位查漏补缺，跟踪落实，务求实效；办理各级人大代表建议、政协委员提案190件，办结率100%，满意率99%。（彭超兰）

【金融工作】 2018年，雨花区政府办公室开展上市企业走访帮扶和拟上市企业培训，推荐8家公司纳入2018

2018年4月3日，雨花区首届“民间河长”论坛（区新闻中心/提供）

年长沙市拟上市企业后备库，推荐3家企业纳入2018年湖南省重点拟上市后备企业库，为辖区内企业争取省、市和区金融专项扶持资金。组织融资担保和小贷公司日常工作，积极组织招商工作。推进防范和打击非法集资工作，定期召开形势分析会议，开展风险排查，加大政策宣传力度，严密核查线索，加大打击和处置非法集资力度，广州服饰城清退99%。

（彭超兰）

【综合治税】 2018年，雨花区政府办公室完善信息共享长效管理机制，抓好涉税信息的采集，开展各项税源清理专项行动，清查税源单位2000余家，填制表格8463份，有效数据4070份，落地重点税源16家，转化异地税源239家，跟进异地企业78家。

（彭超兰）

【会展工作】 2018年，雨花区政府办公室指导红星国际会展中心举办各类展会105场，其中国际级展会2个，国家级展会6个、省级展会16个、市级展会81个，总布展面积93.17万平方米，接待参展观众超过244.42万人次，总成交额702.03亿元。举办各类展会105场，参展单位16655家，参展人数383万人次，成交总额371亿元。协助第十六届中国国际农产品交易会暨第二十届中国中部（湖南）农业博览会和全球农业南南合作高层论坛。

（彭超兰）

【应急管理】 2018年，雨花区严格落实值班制度，实行24小时专人值班、节假日领导带班、特护期双人双岗等各项应急值守制度，没有出现漏报误报迟报现象。（彭超兰）

【爱卫工作】 2018年，雨花区以“农村五治工作”、病媒生物防治工作为抓手，深入开展爱卫工作。制定下发农村“五治”工作方案，完成旱厕改造任务703座，卫生厕所普及率99.1%。做好农村生活垃圾分类和减量示范村的创建工作，跳马镇完成5个行政村的农村生活垃圾分类和减量工作。

（彭超兰）

【老干工作】 2018年，雨花区政府办公室组织老干部活动4次，对生病住院的老干部进行慰问10余次，按照省、市文件精神，及时调整离退休干部待遇并及时告知。（彭超兰）

信　访

【概况】 雨花区信访局负责受理、交办、转送、协调处理信访人提出的信访事项，承办上级和本级人民政府交由处理的信访事项，指导本级人民政府其他工作部门和下级人民政府信访工作机构信访工作。内设办公室、办信科、办案科、复查复核科、网络信访科、督查督办科6个职能科室；下设区人民来访接待中心，承担接访、办信、办案、复查复核、网络信访、督查督办等职能。核定行政编制5名，事业编制7名。2018年，在职干部职工21人，其中班子成员9人，一般干部5人，雇员7人；退休5人。局党支部，党员22人，其中在职党员17人，退休党员5人。办公地点设在雨花区政府大院人民来访接待中心1、2层。

2018年，雨花区召开区委常委会6次、区政府常务会2次，专题研究信访工作，召开全区性信访维稳会议16次。接待来区信访群众602批2733人次，其中集访39批728人次，初访办结率100%，接待批次比上年下降9%。办理领导信箱103件，人民建议49件，省、市转办来信件137件，网上投诉689件，处理复查信访事项52件，办结率均为100%。区信访局妥善劝返进京赴省到市非访群体，做好全国、省、市、区“两会”等特护期信访工作任务。按照控增量、去存量、减总量的总体思路，强化源头防控、积案化解、交办件办理，信访总量明显下降，进京非访同比下降39%，信访积案数量下降50%以上，完成中央第八巡视组、省委第四巡视组交办件办理工作，全国“两会”特护期实现进京非访“零登记”，进京越级访数量在市内五区最少，全区没有发生重大涉访群体性事件和极端恶性事件，3个街道成功创建“三无”（无进京非访登记和进京重复越级访、无到市级以上集访、无其他恶性事件）。区信访局获“长沙市五一劳动奖状”“五好领导班子”荣誉称号，办信工作在全省办信工作会议上做典型发言。（刘青帝）

【领导接访】 2018年，雨花区坚持县级领导坐班接访制度，印发《雨花区2018年县级领导坐班接访工作时间安排表》，每个工作日和重大特护期（含节假日）均安排一名副县级职以上（含）领导干部到区人民来访接待中心接待信访群众。落实领导接访日176个，接待群众450批1438人次。按照县级领导包案化解信访问题的安排，把坐班接访与包案约谈、预约接访相结合，通过党政领导接访集中解决中央、省、市、区交办的信访老案难案。区信访局做好会前准备、保障对接，交办反馈，确保领导接访批示迅速传达到责任单位，办理情况及时反馈到领导手上，推动接访领导的再次调度和协调，确保上访人的合理诉求得到有效维护。

（刘青帝）

【复查复核】 2018年，区信访局接到复查复核申请52件，同比上升73.3%，其中受理8件，不予受理40件，放弃申请4件。出具告知书52份，出具复查意见书2份，撤销重新办理告知书6份，不予受理告知书40份，所有书面材料均亲自送达信访人并由信访人签收。（刘青帝）

【领导包案】 2018年，雨花区落实突出信访问题及重点人员领导包案制度，83个案件重点落实区领导包案，对进京次数最多的前两名重点人员由区委书记、区长包案，严格落实定期约访、定期会商、定期督办机制。建立健全领导包案“八个一”（即至少上一次门，见一次面，谈一次话，组织一次情况调查，召开一次协调会，对所反映的问题作出一个明确的处理结论，提出一个合理的化解方案，出具一份答复处理意见）、“三个不放过”（即问题不查清不放过、问题不解决不放过、稳控措施不落实不放过）、“四个重新”（即重新组织专班、重新受理接访、重新调查审理、重新研究处理）、“五包”（即包发案情况掌握，包解决方案制定，包矛盾调处化解，包思想教育稳控，包落实停诉息访）的工作机制，推动县级包案领导带案下访，面对面听取信访人诉求，帮助查找问题症结，制定化解措施，做好解决诉求、解疑释惑、引导教育、帮扶救助等工作，确保问题妥善化解。包案领导，通过领导接访日、约谈会、上门走访等方式与所包信访对象见面，组织工作组召开协调会研究问题解决方案、救助方案、依法处理方案，成功化解圭塘街道肖某京、李某，砂子塘街道张某坤，高桥街道解某娇，洞井街道禹某桂等信访积案72件。（刘青帝）

【依法治访】 2018年，雨花区健全联席会议制度，完善依法治访联席会议工作机制，定期召集公、检、法、司、信访、维稳等职能部门进行专题会商。坚持全天侯、全方位的做好进京赴省到市的各类非正常上访处置，全国、省、市“两会”等各重点时段，提前筹划、周密部署，建立以化促稳、信息预警、沿线驻点等工作举措，确保社会大局平稳。进京非访登记若干人次，同比再次下降39%。健全联席办牵头、街道和公安治安力量联合行动的快速处置省市区非访工作机制，妥善处置赴省到市非正常上访23批895人次，到市集访37批2020人次，没有发生一例群体性重大恶性事件。（刘青帝）

【积案化解】 2018年，长沙市交办雨花区重点信访积案83件。雨花区坚持把“事要解决”作为控增量、减存量的有效手段，开展信访积案化解“百日攻坚”行动，化解信访积案72件。落实领导包案制度，区委书记张敏，副书记、区长刘素月切实履行“第一责任人”责任，包全区最难“钉子案”“骨头案”，上门走访信访对象，主动与军队退役人员见面座谈，深入一线慰问困难群众。张敏包雨花亭街道孙某等5个疑难案件全部化解，所包信访积案全部化解。区委、人大、政府、政协其他县级领导认真落实信访积案化解百日攻坚部署要求，亲自下访、调度、研究、协调，促使一部分沉积多年的信访老案得以彻底化解。区委工作碰头会6次专题研究信访积案个案处理方案，区联席会议坚持“一周一研究、一周一调度、一周一通报”工作机制，区信访局创新建立化解结案报告由责任部门主要负责人签字背书、积案化解结果纳入全区绩效考核工作机制，点对点短信报告制度，区信访局参与所有责任单位积案化解工作，与街道部门协同配合，有喊必到、尽职尽责，多方协调，全程跟进，全力推动积案攻坚。妥善排查化解涉法涉诉问题、企业军转干部问题、涉众型金融问题、征地拆迁及物业地产问题、企业改制问题、复退士兵优抚安置问题、城市出租车问题、教育资源配套问题8个热点领域信访问题，处置群体性事件200余起；通过走访慰问、帮扶解困、成立军人之家等措施，做好军队退役人员矛盾纠纷化解，确保该群体基本稳定。按照应救尽救的原则，给予7名信访对象支付救助金38万元，全部拨付到位。（刘青帝）

2018年6月26日，区委副书记、区长刘素月（右三）接待来访群众（刘青帝／摄）

【信访积案交办会】 2018年5月25日，雨花区党建引领社会治理信访积案交办会召开。会议向各街道、镇及相关区直部门交办信访积案107个。区委常委、区委组织部部长龚畅，区委常委、政法委书记王维宁出席会议并做工作部署。龚畅要求，充分认识到化解矛盾对党建工作的重要性，把信访问题交办下去，落实到每一个街道，每一个社区。要通过党建引领解决积案问题的化解，街道书记、主任要亲自抓，专题部署，制定专门的工作方案；要注意化解矛盾的方法，以基层党组织为核心，自治组织为主体，社会组织共同参与的方式，形成共建共享共治的社会治理结构。要明确时限要求，对问题的化解，要把握好标准关、质量关、时效关。所有的机关支部要与社区支部进行结对，开展结对帮扶；区直机关工委要将结对共建工作纳入到机关考核。要要打造一批示范，以最高的标准，形成三零小区、社区的基础上力争打造“三零”示范街道。王维宁从党的宗旨，党的法宝、党的思想建设，抓好党员干部教育四个方面阐述党建能解决信访问题。明确党建引领社会治理化解积案工作要实现基层组织建设全覆盖，让党的工作延伸每个社区、小区、楼栋；要将党建工作要求、思想渗透到人民群众中；要“真金白银，真抓实干”安心为群众解决问题；要发动广大群众，志愿者参与到社会治理当中。（刘青帝）

【巡视组交办件办理】 2018年，雨花区成立中央巡视组及省委巡视组交办信访事项办理工作领导小组，下设综合协调、督查督导、追责问责三个专项工作小组。建立责任单位自办、升级提档再办、领导交办领办、区委问责查办的四档交办件办理工作机制。区信访局负责承办中央巡视组及省委巡视组交办案件。办理过程中按照责任要厘清、事实要查清、群众要讲清、文字要写清、到期要办清的要求落实责任。承办中央巡视组交办112件，全部程序办结，息访息诉28件，其中市委书记胡衡华交办的6个重复信访件，息访息诉1件。承办省委巡视组交办信访件211件，全部程序办结，其中息访息诉或表示满意、理解的占80%以上。此次交办件办理工作，是对区重点信访问题的再次梳理，通过对重点信访问题的再次办理、再次调查、再次见面、再次答复，对信访人合理诉求进行解决，对无理诉求进行解释，对确实存在困难的给予帮扶，对违反法律法规的给予依法处理，真正做到“件件有着落、事事有回音”。

（刘青帝）

【雨花区联通国家信访局视频信访系统】 2018年4月，雨花区落实国家信访局《关于建设国家信访局视频信访系统有关事宜的通知》和湖南省信访局《湖南省视频信访系统建设标准规范》的要求，投入8.5万元，在雨花区人民来访接待中心一楼会议室安装视频接访系统。5月，该视频信访系统成功与国家、省、市信访局联通。该系统采取成熟、可靠、先进的视频技术，对开展中央、省、市、县四级视频会议、学习培训、会商接访、督查督办、应急指挥等工作提供高效便捷的方式，便于组织实施重点信访问题省、市、县三级联合会商和联合接访。该视频系统开通后，湖南省信访局通过该系统抽查雨花区县级领导接访坐班情况8次，区信访局全体人员参加国家信访局组织的视频业务培训会议两场。

（刘青帝）

人力资源和社会保障

【概况】 雨花区人力资源和社会保障局（简称“区人社局”）为正科级政府工作部门，负责全区社会保障、就业服务、人事管理、工资福利、人才服务、劳动监察、仲裁维权等工作。行政编制18名，其中领导职数5名，机关后勤服务编制1名。内设办公室、政策法规科（信访室、行政审批科）、综合管理科（公务员管理科）、工资福利科、社会保险管理科（征缴中心）、仲裁科、就业和培训科、基金监督科8个科室，下设社会保险服务中心、就业培训服务中心（创业指导中心）、医疗保险服务中心、劳动保障监察大队、城乡居民基本养老保险服务中心、人力资源公共服务中心6个二级机构，设置人力资源和社会保障经办大厅对外业务经办窗口17个。2018年，全体在职干部职工数100名，其中在职在编人员62名（含区人武部地方安置专项事业编制3名）、引进人才2名、雇员26名、劳务派遣人员5名、经区政府同意抽调社保站工作人员5名；离退休干部职工数20名。局党支部，党员77人，其中离退休党员18人。办公地点设雨花区万家丽路朝晖路499号。

2018年，坚持“民生为本、人才优先”的服务宗旨，着力攻克民生难点、回应社会热点、打造工作亮点，为全区经济发展、社会稳定和民生改善做出积极贡献，雨花区获评“长沙市创新创业带动就业示范区”；区人社局获评“长沙市机关党建工作示范点”“长沙市工人先锋号”“长沙市社会保障卡优秀服务大厅”“雨花区五好领导班子”“雨花区先进基层党组织”。

（刘　娜）

【人事人才】 2018年，雨花区加快人才高地建设，人才服务窗口发放2815位人才的租房、生活补贴1110.2万元，8人通过长沙市高层次人才认定、获得人才绿卡。申报省、市引智项目7个，争取引智经费55万元。完成农民工职业技能培训1215人、新增高技能人才72人。抓实董政、杨漾等10位科技创新人才的落地工作，全市首创举办首届人才联谊会。面向全社会公开招聘教师246名，选聘特殊人才、名优骨干教师39名，招考“零事故”。完成中小学教师中级职称评审216人、教育系统初级职称认定182人。完成1500余人次岗位异动备案。完成50名县级以下机关公务员职务与职级并行工作。妥善处理人事相关争议60余人次。完成机关事业单位工资晋级晋薪晋档6800余人次、工资异动800余人次。完成46名军转干部、10名退役士兵及家属的政策性安置工作。

（刘　娜）

【就业创业】 2018年，雨花区实施就业优先战略，开展“春风行动”“民营企业周”等专项活动，推进高校毕业生、被征地农民、就业困难人员等重点群体就业，较好完成伟创力、比亚迪等重点企业的用工服务。全区新增城镇就业15529人、失业人员再就业7082人、就业困难对象再就业3061人、新增农村劳动力转移就业452人、城镇登记失业率2.14%。积极服务失业人员和就业困难对象，确保就业援助政策落实到位，拨付就业创业补助资金295万元到全区120个社区，为2854位就业困难人员发放灵活就业社保补贴1464万元。全区累计建成国家级充分就业社区1个、省级充分就业社区18个，排名全市第一。创业带动城乡就业17773人、创业带动城镇就业10331人，指导25家初创企业申报长沙市创新创业带动就业示范项目，争取补贴213.56万元，新增创业担保贷款1550万元。依托创业三级服务网络、集中孵化器、创客空间等平台，组织100余场创业者活动，为1000余名高校毕业生提供创业政策、实用技能培训。组织第三届“中国创翼”创新创业大赛雨花区选拔赛，发放奖金15万元，被市人社局授予“优秀组织奖”，被《湖南日报》《长沙晚报》等媒体专门报道。井湾子街道、曙光社区获评湖南省创新创业带动就业示范街道、社区。（刘　娜）

【社会保障】 2018年，雨花区确保社会保障全面覆盖，正常参保单位1.35万余家，企业基本养老、医疗、工伤、失业、生育保险参保人数分别为15.16万人、16.14万人、11.51万人、10.33万人、11.14万人，机关事业单位养老保险在职参保人数6995人，参保城乡居民养老6.72万人、城乡居民医疗22.63万人。全区企业养老保险征缴基金19.6亿元，同级财政补助160万元，城乡居民养老保险1191.53万元，城乡居民医疗保险1.53亿元。被征地农民纳入84个项目6694人，社保资金收入1.14亿元，支出6.13亿元。放开户籍限制，灵活就业的外地居民可以参加区企业职工养老保险和医疗保险。全区1.9万企业退休人员养老金实现十四连调，人均养老金待遇1663元，丧葬费和抚恤金标准提高。城乡居民基本养老保险覆盖率超过96%，享受待遇1.95万人，基础养老金每月188元。严格把好退休审批关、待遇核发关，做到养老金发放准确、安全。优化审核流程，建立多岗复审的联合审批制度。改进发放方式，新申请退休人员97%以上采用社保卡发放养老金。落实企业退休人员社会化管理要求，政院社区、左家塘社区等5个社区建立快乐老年大学。受理社保卡申办13274人次，累计完成制卡27.56万张，新建井湾子社保卡服务大厅，全面实施管办分离。办理各类信访件200件、处理“12345”工单913件、接听“12333”服务热线5245个，群众满意度99.3%。全力推行“最多跑一次”工作，优化经办流程，让群众少跑路、让数据多跑路。开设医保异地就医备案窗口，引导符合条件的149位参保人员实现异地结算、1200人办理异地安置，解决参保人员“垫资医疗”“跑腿报账”的难题。（刘　娜）

【社保基金工作】 2018年，雨花区继续落实阶段性社保降费政策，企业职工基本养老保险单位缴费比例由20%降至19%；失业保险单位缴费比例由1%降至0.7%，个人缴费比例由0.5%降至0.3%，为企业及职工减少社保费5000万余元。按照“收支两条线”严格管理社保基金，开展社保基金专项检查活动，加强社保基金监管软件的实施应用，严厉打击欺诈行为。稽核企业参保3129人次，稽核漏报少报基数266.05万元，收回稽核款69.7万元。开展城乡居民养老保险待遇稽核专项行动，追回468人多发待遇66.52万元。加强医保基金审核监管，区人社局、区卫计局、区发改局联合检查区内医疗机构，加大打击骗取医保基金的力度。实行人脸识别系统进行养老金资格认证，认证率超过98%，有效杜绝养老金冒领现象，从源头上防止基金流失，追回5名重复领取待遇人员18.87万元。（刘　娜）

【劳动维权】 2018年，雨花区组织开展200余家企业进行薪酬调查，完成数量排名全市第一。日常巡视用人单位50家。畅通劳动者举报投诉渠道，受理群众举报、投诉274起，做到有案必查，有查必果，为503人追回劳动报酬290.89万元。坚持“调解为主、效率优先”原则，充分发挥调解技巧，切实维护劳资双方的合法权益，公平、公正处理劳动争议案件755起，为劳动者挽回经济损失2000余万元。开展清理整顿人力资源市场行动，对612家人力资源公司进行联合执法，查办违法案件4起、移交2起，责令退还劳动者押金8000元、罚款1550元。实行“支部＋企业”“党员＋农民工”模式，坚持“重预防、畅渠道、严执法、强制度”，切实保障农民工劳动报酬权益。成立由区委、区政府主要领导挂帅的保障农民工工资支付工作领导小组，出台考核办法、实施细则，形成部门联点、考核驱动的工作格局。制定《长沙市雨花区建设领域农民工劳动报酬保证金管理办法》《长沙市雨花区查处涉嫌拒不支付劳动报酬罪案件实施办法》《雨花区企业欠薪应急周转金管理暂行办法》，建立治欠保支长效机制。组织400余家用人单位开展4次劳动法规培训。采取分街道（镇）现场执法、集体约谈的方式，对103个在建项目进行全覆盖、无死角排查。办理农民工劳动报酬保证金核费169家，完成缴费1.36亿元。为312名农民工讨回工资、押金，补缴社保900余万元。代表区县参加人社部副部长邱小平长沙农民工工资支付工作调研座谈会，雨花区做法与经验获得肯定。（刘　娜）

【精准扶贫工作】 2018年，雨花区围绕就业扶贫全过程，健全跳马镇村级公共就业服务平台，严格按照“311”（每年为每名贫困劳动力提供3次职业介绍、1次就业创业指导、1次就业创业培训服务）就业援助标准，开展扶贫专场招聘会3场、培训班4个，培训学员900余人。有效衔接社会保险和精准扶贫，将跳马镇1078名建档立卡贫困人员全部纳入城乡居民医疗保险和大病保险。全区2760人纳入健康扶贫“一站式”结算范围，为616人报销费用182.3万元，报销比例94.7%。开展异地劳务协作，定期制作《雨花区用工服务指南》，组织比亚迪汽车、晓光模具等100余家重点企业赴张家界桑植、龙山等贫困地区开展招聘会7场、培训班2个。（刘　娜）

政务公开与政务服务

【概况】 雨花区政务服务中心为区政府直属事业单位，负责全区政务服务体系建设、政府信息公开、长沙市“12345”市民服务热线求助平台工作。内设办公室、督查科、业务科。单位编制数8人，领导职数4人。2018年，全体在职干部职工数18人，其中在职在编干部9人、引进人才1人、雇员8人。党员12人，其中在职党员11人。办公地点设在雨花区人民政府机关大院2号楼B栋一层。

2018年，雨花区政务公开政务服务工作紧跟改革大势，坚持以人民为中心的发展理念，带着坚定的信心出发，带着谋划发展的新思路新格局出发，为财富品质幸福雨花建设提供更加优质的营商环境。（孙　琴）

【行政审批】 2018年，雨花区落实《智慧雨花总体规划（2017—2020年）》《智慧雨花建设三年行动计划（2017—2019年）》，出台《关于加快推进“互联网+”政务服务工作实施方案》，加强政务诚信建设，实施、推进“最多跑一次”改革政务服务改革，在组织机构保障、标准体系制定、政务模式创新、事中事后监督等各层面各有突破。出台《长沙市雨花区推进“最多跑一次”改革试行工作方案》，在全市率先公布“最多跑一次”事项；配套出台《行政审批服务首席代表制度》《“互联网＋政务服务”延伸系统运行管理办法》《进一步推进镇（街道）及村（社区）政务服务平台标准化建设的通知》《长沙市雨花区政务服务人员管理与考核暂行办法》等文件，形成为较为完善的制度体系。指导东塘街道在全市率先就基层工作平台、综合窗口设置等方面进行摸索、改进、创新，积累工作经验。第一个实现全市“互联网＋政务服务”延伸平台区直部门、街道、社区三级同时覆盖。《湖南日报》《长沙晚报》、长沙新闻频频道等多家省、市主流媒体跟踪报道雨花区改革工作。按照“窗口综合受理、后台分类审批、统一窗口出件”的模式，简化环节、优化流程，通过流程再造，办事环节简化为“部门窗口受理、行政审批科室审批、首席代表决定、窗口办结告知”四个流程环节，承诺时限比法定时限提速50%以上。编制完成全区“最多跑一次”“就近办”“网上办”事项《目录清单》《实施清单》并进行软件编制、后台录入和系统配置。开展区级电子证照库目录清单信息采集工作，完成32个部门191个电子证照目录收集。完成湖南省“互联网＋政务服务”平台1736件权力清单及公共服务事项填报。完成事项清单后台录入、电子证照库等新技能、新概念培训20余次，参训人员1500余人次。全市率先实现“互联网＋政务服务”系统区、街镇、社区（村）三级同步上线审批，该系统受理办件近2万件，在线办理事项覆盖率、使用率及网上办件数量居全市九区（县市）前列。（孙　琴）

【政务服务】　2018年，雨花区出台《雨花区进一步推进镇(街道)及村(社区)政务服务平台标准化建设的通知》，全面加快推进事项标准化、服务标准化、管理标准化、设施设备标准化、配套服务标准化并确保全区街镇、社区（村）于12月底前完成政务服务标准化建设任务。全面推进行政权力在决策、执行、管理、服务、结果的公开，强化政策解读、积极回应关切、扩大公众参与。主动公开政府信息9042条，办理区政府信息依申请公开24件，均按时、依法作出公开回复；区政府信息依申请公开诉讼代理人出庭应诉6次，无复议、诉讼败诉情况出现。统筹整合内四塘(东塘、砂子塘、侯家塘、左家塘)政务服务中心、社区公共服务中心，审批站点由51个缩减到16个，全市率先实施“一中心服务多社区”，提升工作效能。街镇、社区（村）设置综合窗口，街道窗口由6—8个缩减到2—4个，社区窗口由3—5个缩减到1—2个，窗口人员精简一半以上，实现审批窗口“多窗变一窗”。精减审批环节，设立首席代表，启用行政审批专用章(专线帐号)，审批环节“多审变一审”。通过街道、社区“帮代办”专干下基层、上门服务，为群众提供“最多跑一次”服务，帮（代）办服务2万余件。进驻区政务大厅的“最多跑一次”事项，当场不能办结的，企业、群众可自愿选择证照或批复结果“免费邮寄送达”服务，免费为群众寄递办件结果物7000余件。升级“15分钟生活圈”电子地图，新增“就近办”“微社区”等模块，提供“跑零次”“最多跑一次”和“网上办”链接。全面梳理可下沉、可延伸至基层办理的政务服务事项，配合区编办以全市规范内五区“就近办”事项为基础，形成雨花区“就近办”事项，打通服务群众的“最后一公里”。（孙　琴）

【政府信息公开】　2018年，雨花区出台《雨花区全面推进政务公开工作方案》，以“五张清单”（权力清单、责任清单、流程清单、负面清单和行政审批中介服务事项清单）和“互联网＋政务服务”为重点抓手，部署全面推进行政决策公开、执行公开、管理公开、服务公开和结果公开，主动公开政府信息3万余条，区级政府回复政府信息依申请公开30件，无行政复议和行政诉讼败诉的情况。按照国家标准改版区政府门户网站政府信息公开专栏，印发《关于加强政府网站管理和内容保障工作的通知》《雨花区政务公开工作任务实施方案模板》，确保政务公开工作的深化与扩展。深化政府信息公开工作平台应用，政府信息公开目录管理系统覆盖全区56个区级部门单位，工作平台及工作流程进一步统一，政府信息公开目录分类体系和填报格式进一步规范，全区政府信息公开目录管理系统后台数据库初步实现通过数据交换平台互联互通、信息共享。组织开展政府信息公开培训，编制《雨花区政府信息公开宣传手册》《雨花区政府信息公开实务手册》等工作用书，建立健全工作机制及操作程序。聘请法律顾问，重点审查政府信息依申请公开答复的法律适用、公开事项和拟作出的回复实体内容、法律依据和程序，做到公开即公信。面向社会公开就业促进、扶贫解困、少数民族帮扶、教育助学、社会保障、医疗卫生、百姓安居、民生基础设施、生态环境、文化体育等民生工程建设项目名称、建设内容、建设年限、总投资及年度计划投资、项目业主单位、责任单位以及项目推进、完成情况等信息。主动做好政策解读，针对不同社会群体，采取不同传播策略，在第一时间发布政府重要会议、重要活动、重大政策信息，回应社会关切，增进社会认同。（孙　琴）

【“12345”市民服务热线】　2018年，全市36条部门热线、市长信箱并入市民热线平台，雨花区热线工单呈倍增态势。雨花区“12345”市民服务热线平台签收工单20605件，办理满意工单19942件，按时办结率100%，办结工单满意度96.70%，工单数量较上年增长53%，无市对区绩效考核指标扣分情况出现。雨花区召开“12345”市民服务热线工作培训会议，系统性学习培训热线工作，增强工单承办人员业务能力。应对新的工作要求，充实完善市民服务热线载体，依托“12345”市民服务热线建立健全政务服务事项数据库，发挥统一政务咨询投诉举报平台在解答群众和企业办事咨询中的作用。区政务中心就“群租房专项综合整治”“无证无照办学治理”“施工噪声及油烟污染”等诉求多、协调部门多、诉求满意率低的典型工单，专题报请主管热线工作副区长批示、派单，分管副区长召开专题调度会，组织调度实施，用以指导类似问题的案例解决。对热线承办工作涉及多个成员单位职责职权的工单，由各自办理变为牵头单位与配合单位协作办理，形成联合办件的长效机制，提升工作实效。按照“一月一通报”原则，将每月工单受理情况、各部门排名、转办工单热点以及常见问题分析都作出说明，对部分排名靠后、工单处理敷衍的单位采取分管领导约谈、通报批评等方式进行促进。实行靠前分析，分别对城管、城建、教育、环保、工商等热点、难点工单进行调研、跟踪办单情况，帮助分析问题或提出改进工作措施、办法的建议。探索将市民热线工作并入全区社会治理网格化综合管理体系，并进行多次调研。2月、5月、7月、8月、11月，雨花区热线工单办理综合得分排名长沙市第一名。（孙　琴）

【长沙市调研雨花区“互联网+政务服务”平台建设】 2018年4月3日，长沙市政务服务中心副主任雷泓调研雨花区“互联网+政务服务”平台建设工作。采取业务汇报与交流讨论相结合，调研区级和园区“只跑一次”和“全流程网办”事项清理梳理开展情况，区级自建“互联网+政务服务”系统、“网上办事大厅”等基础设施建设和数据对接可行性报告汇总，为全面落实“互联网+政务服务”做好准备；对存在问题和困惑进行答疑解惑，区审改办、区政务中心、区电子政务办以及雨花经开区等涉及“互联网+政务服务”工作责任部门的分管领导与相关科室负责人参加调研。（孙　琴）

【雨花区调研街道“互联网+政务服务”平台建设】 2018年5月22日，雨花区调研街道“互联网+政务服务”平台建设。雨花区政务服务中心、区电子政务办和软件合作单位选取地区较偏远的跳马镇和设施齐全的东塘街道、砂子塘街道等多个有代表性的社区作为调研点，交流讨论社区“长沙市基层工作平台”使用的基本情况和存在的问题；街道“智慧社区”建设的主要需求和计划；对新建“互联网+政务服务”平台的需求和建议以及街道及社区的网络设备、线路和设备使用的基本情况等问题。调研人员听取基层工作人员对于社区信息化建设工作的建议与意见，对存在问题进行讲解，对街道、社区业务系统平台建设的实际情况给予建议。（孙　琴）

电子政务

【概况】 长沙市雨花区电子政务管理办公室（简称“区电政办”）为区政府直属事业单位，负责全区电子政务、新型智慧城市发展战略拟定、规划和计划编制、项目实施管理，信息资源开发、电子政务建设应用以及智慧城市应用推进工作，区政府门户网站及集约化体系的建设与管理、政府信息公开工作以及信息安全保障等工作。内设综合科（办公室）、网络管理科、网站管理科、应用推进科、资源管理科5个职能科（室）。核定编制11名，其中主任1名，副主任1名；2018年，全体在职干部职工数11人，其中雇员6人；党员5人，其中在职党员5人。办公地点设在雨花区人民政府机关大院区委党校二楼。

2018年，雨花区围绕全区中心工作，根据《智慧雨花总体规划》《智慧雨花三年行动计划》，加强电子政务项目的统一规划、计划，规范电子政务项目管理，审查电子政务建设项目280件，退回及调整采购方案118件，节约财政资金超700万元。推进“智慧雨花”建设，打造“一中心四平台”。打造智慧城市运营中心，建设集“城市运行中心”和“应急指挥中心”于一体的调度指挥中心，建筑面积约750平方米，为领导决策、应急指挥、政务服务、社会治理、城市管理和产业经济等提供大数据应用。打造智慧协同办公平台，46个部门单位、7个市垂管部门、10个建设指挥部（议事协调机构）、13个街道（镇）部署无纸化办公系统，实现全区跨层级、跨部门之间的协同办公；打造智慧政务审批平台，全市率先启动“最多跑一次”区、街镇、社区三级系统平台同步上线，受理办件量列内五区第一；打造智慧数据共享平台，整理政务信息资源2236个，信息项33894项；打造智慧政府门户网站平台，获“2018年政府网站政民互动精品栏目奖”“2018年政府网站政务微信卓越奖”。区政府网站在第十七届（2018）中国政府网站评估指标和评估结果中，全国区县政府排名第28位。率先在全市推出雨花区15分钟生活圈电子地图，为市民提供个性化、便捷化、智能化服务。（李　杰）

【网络管理】 2018年，雨花区改善基础网络环境，提高网络管理水平，维护网络及终端2400余次，现场会议网络保障77次，配合机关单位完成终端设备和网络的调试800余次。配合市电政办推进“最多跑一次”工作，对全区150余个社区进行硬件部署和网络保障工作，改造全区基础网络环境工作，实地监督指导社区工作200余次。（吴　沛）

【项目审查】 2018年，区电政办按照《雨花区电子政务工程建设项目管理办法（试行）》（雨政办发〔2017〕33号）文件精神，严格执行“统一规划、统一标准、统一平台、集约高效、共享协同、安全可靠”的电子政务项目建设原则，全年共审查电子政务项目300余件，为区级财政节约资金约800万元。优化项目技术审查和管理工作，为项目建设把好“技术关”和“廉洁关”，避免重复建设和重复投资，切实提高财政资金使用效益。（蒋浩钧）

【网站管理】 2018年，雨花区全新建设政府网站。除在页面设计和内容展现上进一步凸显雨花特色外，搭建网站集约化管理平台，实现“内容管理系统”“统计分析系统”“单点登录系统”等八个系统和“互动交流中心”“数据应用中心”两个中心整合和集中展示；建设部署智能政务机器人“小雨在线”，新增智能搜索、无障碍浏览等功能。网站接入湖南省“互联网+政务服务”平台，推出雨花区“最多跑一次”专题，最大程度为企业和群众提供方便快捷的政务服务。雨花区政府网站排名全市2018年度政府网站绩效评估第一，雨花区人民政府被评为政府网站管理优秀单位。同步建设“幸福雨花便捷生活”微信公众号，通过“党建天地”“政务服务”“便民生活”三个栏目，方便群众通过手机随时了解党务政务信息、进行网上办事等，推进政府网站向移动端发展，适应分众化、差异化传播趋势，提高政府网站传播力、影响力。微信公众号关注人数7万余人。（袁远航）

【资源管理】 2018年，雨花区全面落实长沙市数据资源管理委员会关于推进政务信息系统整合共享工作的要求，开展政务信息资源目录梳理工作。7月2日，印发《长沙市雨花区政务信息资源共享管理暂行办法》，明确由区政府办负责全区政务信息资源共享工作的组织领导和宏观管理，区电政办负责政务信息资源的统筹规划、共建共享、安全监管和日常管理等具体工作。8月29日，雨花区召开全区政务信息系统整合共享工作会议，明确该项工作具体要求，区电政办专题培训政务信息系统普查及资源目录编制工作。12月，政务信息系统普查及资源目录编制工作完成。梳理自建信息系统33个，其中在用18个，在建8个，停用7个；整理政务信息资源2302个，其中可共享文件资源1030个、数据库表资源732个、接口资源69个、纸质介质资源393个；整理信息项33645项，其中无条件共享6341项、有条件共享23642项、不予以共享3662项，可公开信息项13985项。（袁远航）

【智慧雨花调度指挥中心建设】 2018年，雨花区按照《智慧雨花总体规划（2017—2020年）》及《智慧雨花建设三年行动计划（2017—2019年）》工作要求，推进“智慧雨花”建设，打造集“应急指挥中心”“网格化管理中心”和“大数据分析展示中心”于一体的智慧雨花调度指挥中心。5月，项目启动前期工作；9月，完成项目立项、可行性研究报告立项批复及编制、初步设计及投资概算编制、施工图纸设计等工作。10月，项目进入实施阶段，12月底，初步完成场所装修改造工程、硬件集成和软件平台建设工作，并上线试运行。该平台汇集公安、交通、教育、城建、水利等部门视频资源近9000路；对接“12345”市民服务热线、区长信箱、“互联网+政务服务”、智慧城管等政务信息系统13个；建立包含人口、法人等主题库的政务数据中心，建设今日雨花、智慧政务、智慧管理、智慧产业、智慧民生等专题分析的智慧应用模块，打造智慧雨花运行管理中心平台体系。（蒋浩钧）

【“15分钟生活圈”电子地图】 2018年，雨花区率先全市开发上线雨花区“15分钟生活圈”电子地图，推进和展示全区“一圈两场三道”工作。该地图利用公众服务电子地图信息技术手段，集成雨花区95个“15分钟生活圈”公共服务设施等特有资源，通过雨花区政府网站、微信公众号“幸福雨花便捷生活”、微信小程序3个途径为社会公众提供具备雨花特有信息资讯的新型公众地图服务，便利群众出行、提升生活品质。4月12日，雨花区召开电子地图数据采集会议，安排部署数据采集工作。6月，经过数轮数据采集、核对和补录，雨花区“15分钟生活圈”电子地图正式上线，录入公共服务设施信息1000余条，初步构建雨花区“15分钟生活圈”公共服务设施数据资源库，推动公共服务资源的集成和共享使用。11月，对雨花区“15分钟生活圈”电子地图进行二期建设，新增“两场三道”板块并录入相关设施点信息。公众通过电子地图，不仅能知晓家门口“15分钟生活圈”里的公共服务设施，还能根据地图提供的路径导航，第一时间找到停车场、农贸市场，人行道、自行车道、历史步道等也能精准显现。（袁远航）

【刘素月调研“最多跑一次”工作】 2018年6月7日，雨花区委副书记、区长刘素月，区委常委、常务副区长邹春林，副调研员陈立一行调研“最多跑一次”工作。区电政办主任张辉煌系统介绍网上政务服务系统审批办理流程、办件数据分析和监察统计功能等，解说基层工作平台“受办分离”模式，汇报“最多跑一次”改革进度。刘素月要求，要以走在全市前列为目标定位，按照“马上办、网上办、就近办、一次办”要求，深入推进政务服务标准化、智能化、便民化，积极探索搭建移动终端等智能化、信息化平台，以“最多跑一次”改革优化营商环境，将改革成效覆盖到基层和民生领域，切实增强人民群众的幸福感和获得感。（李　杰）

【雨花区政务信息系统整合共享工作会议】 2018年8月29日，雨花区政务信息系统整合共享工作会议召开。会议传达省、市工作要求，解读《长沙市雨花区政务信息资源共享管理暂行办法》和《长沙市雨花区政务信息系统整合工作实施方案》，会议要求，推进政务信息系统整合共享是上级有要求、群众有诉求、发展有需要的一项重要工作，各部门单位要提高政治站位、强化监督考核、加大技术支持，各参会人员既要听好培训、学好业务，也要认真传达会议精神、切实抓好工作落实。雨花区要抓住重点精准发力，坚持时间进度与质量效益并举，确保如期高质量完成工作目标。区电政办就政务信息系统普查及资源目录编制工作进行专题培训。（李　杰）

【全区硬件配备及网络标准化改造进度督查】 2018年10月17日，雨花区下发《长沙市“互联网+政务服务”平台雨花区延伸系统硬件配备及网络标准化改造相关进度表》，督促各街道（镇）完成硬件设备配备工作以及网络标准化改造工作，确保2018年10月31日前系统顺利上线运行。区电政办将会同区政务服务中心、区政府督查室按照“互联网+政务服务”平台网络保障、硬件配备工作调度会要求，开展专项督查工作，督查结果将以通报形式下发，并与全区信息化工作考核挂钩。（李　杰）

【区委组织部调研智慧党建工作】 2018年11月30日，雨花区委常委、组织部部长龚畅调研智慧党建工作。区电政办主任张辉煌介绍智慧雨花“一中心四平台”项目建设情况，现场演示“智慧党建”相关应用功能。龚畅表示，利用“互联网+”推动党建工作要讲究工作效率，党建资讯发布权威信息要精炼、准确，智慧党务要切实减轻基层工作人员负担，志愿服务活动可以与社会组织联合开展。智慧党建工作能够把握新形势新要求，创造出更多更好的智慧应用，为基层党建工作做出更多有益的探索。区委组织部副部长、区委两新工委书记、基层党建办主任（兼）李敏，区委两新工委副书记、组织科科长方婷，办公室主任朱剑锋等陪同调研。（李　杰）

消防救援

【概况】 长沙市雨花区消防救援大队（简称“区消防大队”）位于雨花区卉园路洞井小学旁，成立于1996年9月，前身系长沙市郊区公安分局消防股，后为长沙市雨花区公安消防大队，2018年10月，退出现役，建立长沙市雨花区消防救援大队，副团级单位，是集火灾防控、火灾扑救、抢险救援、社会救助等多种功能于一体的综合体系，担负252个重点单位、298.23平方千米、140万人口的消防安保任务。区消防大队由消防大队机关和红星、高桥、同升三个执勤中队组成，共16台消防车，3台皮卡车，2台执法检查车。共60名国家队消防员、43名合同制消防员，13名消防文员，共产党员55人。

2018年，全区共发生火灾111起，交通工具火灾37起，死亡1人，受伤5人，直接经济损失533.36万元，过火面积1241.7平方米，受灾户数5户。同期相比，火灾起数下降61.9%，死亡人数上升100%，受伤人数上升25%，直接财产损失下降6%。雨花消防大队获评“2018年度雨花区项目建设与帮扶服务保障红旗单位”“2018年度安全生产工作红旗单位”“2018年长沙市雨花区中小学校和幼儿园整治工作先进单位”，被长沙市消防支队评为“安全防事故先进大队”、高桥中队被市消防支队评为“执勤训练先进中队”“政治工作先进中队”“装备管理先进中队”；红星中队获评市级“青年文明号”“管理教育先进中队”；同升中队获评“执勤训练先进中队”；大队政治教导员高涛被评为“2018年春运工作先进个人”、大队参谋文满军被评为“2018年度经济工作先进个人”、高桥中队政治指导员王健被评为十佳指挥员、高桥中队战斗员罗闯被评为十佳训练标兵、红星中队战斗三班副班长刘皖湘被评为十佳消防员、红星中队驾驶员曾纯被评为十佳驾驶员。（刘　莉）

【执勤备战】 2018年，全区消防队伍共接警1898起，出动消防车3008辆次，出动消防指战员18271人次，抢救被困人员135人，疏散人员99人，抢救财产价值121万元。全区共制定和完善灭火预案150份，特种灾害事故处置预案10份；开展灭火演练160次，夜间演习18次。完成2018年春节元宵，“两会”，第四届中国果业品牌大会、第99届全国秋季糖酒商品交易会、改革开放40周年、建党96周年消防安全保卫。（刘　莉）

【基础建设】 2018年，雨花消防大队按照“保障有力”的总目标，规范后勤管理，提高装备建设水平，加强基层基础设施建设，改善消防指战员工作生活条件，为消防指战员日常生活和执勤训练提供充分保障。改善中队营区环境，对红星消防中队营区外前坪进行规划，合理安排车辆摆放，做到井然有序。全面贯彻落实省消防总队《关于推进中队小型影院建设的通知》精神，以提高队伍战斗力、构建和谐警营为目标，以丰富基层消防指战员文化生活，夯实队伍思想文化基础，全面营造轻松愉快的警营环境。推进洞井中心消防站建设和跳马消防站的建设。雨花区洞井中心消防站选址洞井街道桃花塅路以南、化工部长沙设计研究院以北，面积为20302.68平方米，为雨花城投18号社保融资用地，规划用途为二类居住用地，洞井中心消防站获得立项、可研批复、国土手续等，完成中心消防站红线的划拨，“三通一平”基本完成，项目进入招标程序；跳马消防站完成选址，通过政府立项。区消防大队多次跟区委区政府相关领导进行汇报，推动区政府组织相关部门负责人召开专题会议，进行沟通交流，竭力推动洞井中心消防站及跳马消防站建设进程。区消防大队争取财政预算3600万余元，大队严格贯彻落实《湖南省地方消防经费管理办法》，加强对消防经费用使用情况的管控，将主要财力主要用装备建设、营区建设，向基层倾斜，确保每分钱用在刀刃上，并坚持集体理财，自觉接受当地财政、审计部门的指导、监督和检查。支付长沙市消防支队为雨花消防大队购置的5台消防车经费600余万元，投入1037万元为洞井中心消防站购置消防车辆4台。（刘　莉）

【消防宣传】 2018年，雨花消防大队以政府购买消防宣传教育培训为契机，丰富消防安全宣传培训内容、形式。全区共举行大型宣传活动3次，发放宣传资料1万余份，在各类媒体进行10余次消防宣传，通过雨花消防微信平台向广大市民发送消防知识100余次，消防站对外开放12次，接待参观群众5000人，营造宣传教育的浓厚氛围。政府购买消防宣传外包服务对全区重点单位负责人，管理人，乡（镇）村两委近40万人进行培训。签订《政府购买消防宣传培训教育服务采购合同协议书》，区政府购买消防宣传培训教育服务采购总金额300万元，用以保障培训机构人员薪资、福利、交通办公、教学器材、资料印刷等各项费用的开支，由湖南省协成消防职业培训学校、湖南省人人居安消防安全服务有限公司和湖南省清大东方消防安全职业培训学校具体承办实施。通过“雨花消防”官方微信公众号和消防安全重点单位QQ群、微信群，抖音发送最新消防工作要求，定期开展提示性、警示性消防宣传。大队消防监督员全年不间断开展每周半日消防宣传活动，并记录备案。招募对消防工作热心、具有一定社会影响力的各界人士开展“全民消防我代言”活动。在各社区评选至少一位“社区消防宣传大使”，指导家庭居民开展火灾隐患自查自纠自改；开展“消防教育进军训”活动。（刘　莉）

【消防整治】 2018年，雨花区政府召开区长办公会，专题研究金凤滩、梓园大厦、开宇大厦、泰禹家园三期、上海城小区5家重大火灾隐患单位的整改工作，全力推进重大火灾隐患整改，确保全区火灾形势平稳。中江国际花城、和一商务酒店管理有限公司、华雅花园等三家重大火灾隐患单位实施挂牌督办。雨花消防大队配合参加雨花区政府组织绿心地区工业企业清退，国有中小学校产权处遗，幼儿园移交集中整治，清理整治无证办学等系列行动。开展今冬明春、易燔易爆化危场所、大型城市综合体、博物馆和文物建筑场所、电气火灾、电动自行车、KTV、夏季消防检查、养老机构、消防产品整治等消防安全综合治理专项行动。检查单位4525家，发现火灾隐患或违法行为10939处，督促整改火灾隐患或违法行为10905处，下发责令改正通知书2550份，下发行政处罚决定书129份，下发临时查封决定书88份，责令“三停”单位50家，拘留13人，罚款267.04万元。

（刘　莉）

【洞井中心消防站建设专题会议】2018年3月27日，雨花区政府组织召开区中心消防站建设推进会，专题讨论和研究雨花区中心消防站建设相关问题。代建单位区工务局汇报区中心消防站建设项目基本情况、存在的主要问题，以及建设的相关建议。区消防大队就相关问题补充发言；与会单位负责人结合本单位实际发表意见和建议。副区长王明玖要求各部门（单位）务必全力支持区中心消防站建设，大力协同解决好区中心消防站建设遇到的实际困难，确保建设工作顺利推进和任务按时完成。区委常委、常务副区长邹春林表态，区中心消防站项目用地问题，由区消防大队牵头并明确专人负责，区国土分局、区规划分局要全力支持、密切配合，争取高标准、高质量顺利完成区中心消防站建设工作；同意拆除洞井街道桃花村部，新建同样面积的桃花村部大楼，置换过渡期由区财政给予现有租金收入的补贴，其他产生的相关费用，由区财政审核后，区政府统筹安排；对中蓝长化出入道路启动征收、立项，区发改局要大力支持；各单位在区中心消防站建设手续办理及建设过程中，要认真梳理有关环节，加快办理、建设时间，提升工作效率，确保该项目按期、按质完工。区副调研员师建新、易云和等出席会议，区消防大队、区发改局、区城乡建设局、区民政局、区工务局、区征地办、区征收办、区国土分局、区规划分局、洞井街道、桃花村主要负责人参加会议。（刘　莉）

【王维宁检查消防安全工作】2018年1月2日，雨花区委常委、政法委书记王维宁带队检查消防安全工作，实地查看华雅国际酒店内消防设施配备情况，要求工作人员现场进行使用演示，实地检查消防控制室值班值守情况、消防通道畅通情况，听取酒店负责人关于本单位安全生产工作汇报。王维宁要求酒店要进一步加强节日期间安全工作，提高安全意识，强化安全责任落实，全面排查事故隐患，加强应急值守。王维宁一行现场查看位于万家丽路上的中石化长沙火星一加油站站内消防安全设施设备。王维宁要求，各经营单位要严格落实企业消防安全主体责任，切实增强安全意识，加强安全防范，督促安排专人不定期进行隐患排查；要完善消防设备设施和应急预案管理，确保安全通道畅通，有效防范火灾事故；高度重视冬季防火工作，深入开展消防安全大排查大整治，做到警钟长鸣，全力保障全街安全形势良好稳定。（刘　莉）

2018年12月29日，雨花区消防救援大队授旗授衔和换装仪式　（刘莉／摄）

【刘素月检查节前消防安全】2018年2月13日，雨花区委副书记、区长刘素月带队深入洞井街道红星花卉市场、红星大市场开展春节前消防安全检查，区政府办、区消防大队、区安监局和洞井街道相关负责人陪同检查。刘素月一行现场询问市场春节期间安全防范措施部署情况，实地检查市场部分经营门店用火、用电、用气等情况，查看灭火器、消火栓等固定消防设施器材运行、使用情况，抽查市场安全员和门店负责人灭火器使用常识，督导、检查市场内各疏散通道、安全出口和消防安全责任制落实等情况。刘素月要求，各部门、单位要高度重视安全工作，强化组织领导和责任落实，从严、从细、从实抓起，采取有效措施，不间断开展消防安全检查，确保辖区火灾形势稳定；区消防大队、区安监局等部门要加大排查整治力度，对人员密集场所、公共娱乐场所，重点行业领域加强监管和检查，严格查处各类消防安全违法行为；开展全方位消防安全知识宣传培训活动，在全区范围内广泛张贴《关于开展春节期间居（村）民楼院火灾隐患清查活动的通告》助力春节宣传，切实提高人民群众消防安全意识和单位场所的火灾防控水平。（刘　莉）

【万志祥督导冬春火灾防控工作】2018年2月13日，湖南消防总队总队长万志祥到雨花消防大队高桥中队春节走访慰问和督导检查，传递总队党委对基层部队的关心关爱，向基层官兵送上节日祝福和新春问候，指导部队加强执勤战备和火灾防控工作。长沙消防支队支队长温国坤、政治处主任马丽丽等参加慰问和督导。万志祥实地查看中队营房设施、车辆装备、执勤备战、正规化建设等情况，座谈了解辖区火灾防控重点、部队执勤战备、官兵节庆活动安排等情况。万志祥勉励全体官兵要恪尽职守，克服困难，充分发扬湖南消防铁军的优良作风，积极为维护地方经济社会发展，保障人民群众生命财产安全履职尽责。要坚决完成春节和“两会”消防安保任务，紧盯火灾防控靶心，以火灾高风险场所、“不放心”单位以及各类节庆活动场所为重点，深入开展消防隐患大检查，督促各级落实消防安全责任。特别是对不具备消防安全条件、严重威胁公共安全的场所，一律依法顶格处理；对不放心的场所，要落实临时监护措施，做到严防死守。扎实做好灭火救援准备工作，立足节庆消防安保和冬季火灾特点，全面强化执勤战备工作，切实从思想、人员、装备、训练和预案等方面落实各项执勤战备措施，要时刻做好灭大火、打恶仗准备，加强器材装备配备和战勤物资准备，加强第一出动调度和初战控火能力，确保一旦发生警情，部队能够快速反应、高效处置，切实守好火灾防控的最后一道防线，积极落实从优待警措施，春节期间，消防安保任务重，警力使用频繁，基层官兵长时间高强度执勤战备；各级要科学安排勤务，及时安排机关警力补充，统筹调配力量，节后及时调休。（刘　莉）

【雨花区首届微型消防站技能比武】 2018年11月23日，雨花区首届微型消防站技能比武竞赛活动在区消防大队同升中队举行，全区13个街镇的26支队伍，156名微型消防站队员参加技能比武。比武内容包括原地着装、水带连接、40米灭火折返接力跑、200米物资疏散4个项目。红星农副产品大市场微型消防站获得冠军，红星大市场花卉市场消防站和高桥大市场消防站分别获第二和第三名。活动全程采用现场直播的方式与场外群众进行互动，1.4万余人线上观看。比赛旨在帮助微型消防站队员掌握各项灭火措施和技能，提高微型消防站备战能力，为雨花区消防安全筑起一道坚实的“防火墙”。（刘　莉）

【交通事故应急救援演练】 2018年11月30日，区消防大队联合区安监局、区交警大队、区环保局、区环卫局、区救护中心等多个单位在家丽路天际岭隧道举行重大隧道交通事故应急救援演练。演练假设长沙市万家丽路天际岭隧道南往北东侧道路上，1台大客车与1台危化车发生相撞，危化车驾驶员现场报警，情况十分危急。接到报警后，长沙市公安局交通警察支队立即启动应急预案，组织相关民警到现场维护秩序、实施交通管制，消防、安监等应急联动救援单位陆续到达现场，迅速展开救援处置，为尽快抢救伤员，120救援部门出动直升机对伤者进行救治。红星中队接警后，立即出动2台泡沫水罐车，1台抢险救援车赶赴现场，到达现场后经火情侦察，罐体有轻微泄露，了解情况后，指挥员立即下达作战命令，水灌车铺设水带对罐车起火部位进行灭火并降温，高喷车发出泡沫进行灭火，抢险救援车负责对客车进行破拆救人，最后将被困人员成功救出。在各方应急救援力量的共同努力下，现场大火被控制，客车被困人员被成功救出。演练历时60分钟。整个演练过程有序紧凑，场景逼真，接近实战。演练结束后，总指挥对演练实效进行总结和点评。通过演练，有效检验全区各相关单位人员对道路交通突发事件的协调联动水平，全面提升全区应急救援单位的实战处置和综合保障能力。（刘　莉）

【雨花区消防救援队伍授旗、授衔和换装仪式】 2018年12月29日，雨花区消防救援大队举行消防救援队伍授旗、授衔和换装仪式。仪式在庄严的国歌声中拉开帷幕。大队党委书记、政治教导员高涛主持仪式，宣读授予消防救援衔命令，大队长刘立宪带领全体指战员面对中国消防救援队队旗集体宣誓。刘立宪勉励广大指战员要以此为新起点，树立新形象、展示新风貌，积极适应应急救援新体制新机制，以求实的精神、务实的作风、扎实的举措，高标准高质量推进各项工作。换装授衔是消防职业生涯中新的起点和里程碑，大队指战员纷纷表示将以换装授衔为动力，继续保持和发扬优良传统和作风，珍惜荣誉，恪守誓言，牢记宗旨，不辱使命。（刘　莉）

机关后勤

【概况】 雨花区机关后勤服务中心（简称“区后勤中心”）区政府直属正科级事业单位，负责区直机关大院机关食堂管理、办公用房及设施改造维修、安全保卫、物业管理、公务车辆管理、公共机构节能、国有资产管理、计划生育等后勤服务保障工作。内设办公室、公务车辆管理科、服务保障管理一科、服务保障管理二科、“二办”综合管理科、公共机构节能科、基建与招投标管理科、安保物业科、财务科9个职能科室。核定事业编制27名，其中领导职数4名。2018年，全体在职干部职工数职工26名（其中病休1名），政府雇员7名，退休干部职工29名。单位设党总支，辖在职党支部和退休党支部，党员42人，其中在职党员24人，退休党员18名。办公地点设在雨花区机关大院三号楼。

2018年，区后勤中心以“细化管理、优化服务、强化建设”为工作任务，抓好常规工作。以“优质、品质”的保障服务要求抓队伍建设和食堂管理、以“精细、精美”的管理标准抓物业日常工作和机关大院整体环境、以“规范、规矩”的严格程序抓基建维修、节能改造项目，推动区后勤中心的工作发展。再优化餐饮服务，调整骨干力量，建立信息反馈，实施食谱会商，开展食堂员工技术练兵活动，保证服务水平提档、用餐满意提升。开展创建国家级节约型公共机构示范单位，搭建“三位一体”的节能降耗工作平台，组织开展能耗统计培训会，精准监控能效质量。在区直机关大院等公共机构率先推行垃圾分类工作，逐步形成集中分类收集、运输、资源化利用和终端处置为一体的全过程管理体系。区后勤中心被评为国家级节约型公共机构示范单位、省级园林式单位、长沙市文明标兵单位。（唐　倩）

【食堂管理】 2018年，区后勤中心完善机关食堂物料采购验收、保管制度，确定定点供货商，统一供应食材，严格把好原材料验收关、检测关、复检关，使监督管理做到环环相扣、环环相连；完善食堂监控系统，实施无死角管理，保障食品安全，没有发生一起安全事故。通过定期开展食堂员工技能比拼、研制新式菜品、每月进行意见征求等方式，不断改进菜品式样，荤素合理搭配，为服务对象提供色香味美、营养健康的餐饮；组织员工进行礼仪知识、规章制度、基本技能、安全常识等方面的培训，对食堂员工管理实行工资与绩效挂钩，严格对出勤、综合评价、工作表现进行考核，激发员工积极性，打造高素质业务骨干队伍，能随时应对应急性后勤保障任务。机关大院、“二办”、人社局、公卫大楼4个食堂及包厢接待用餐75万人次，就餐满意率90%以上。安全保障共青团代表大会、市老年协会比赛活动等50多批次大型会议、培训接待餐。对食堂伙食改善、服务态度、环境卫生、综合评价开展问卷调查4次，征求意见箱收集意见12条，做到及时汇总、及时解决，不断提高服务满意度。

（唐　倩）

【安全保卫】　2018年，区后勤中心85881000客服电话，随时接收、受理服务。通过建立会务、保洁、绿化、设施设备维修等监管服务网络，每个项目责任明确到人、到点。每日、每周、每月、季度、年度服务保障情况，均有监管考核登记。落实大院消防、治安、安全管理责任，与区各单位部门和经营单位签订安全管理责任书，实行一把手责任制。建立健全安全制度规范管理，严格执行大院安防监督检查制度及隐患排查整改制度，严格落实留守备勤责任制，提高留守备勤在岗率，加大对重点时段、重点部位的巡逻检查力度；落实安全设备隐患排查制度化，每季度和节前组织相关人员检查机关视频监控室、电梯控制机房、食堂锅炉房、中央空调设备房等处，督察消防安全管理、水电设施设备运行、安全保卫、用水用电安全、绿化、环境保洁、公务车辆定点停放等安全防范措施，及时整改治安隐患。维护机关大院停车场地的秩序，缓解交通拥堵的“停车难”等问题，利用车辆门禁系统，确保停车场地的设备、设施和停放车辆的安全，加强人员出入和车辆停放管理，加强对大院、地下车库进出车辆及公车管理力度，逐步解决停车难问题。加强与物业公司沟通，加强安保力量配备，对进入机关外来人员严格询问、登记制度，实行人车分流，对进出办公区域的办事人员凭身份证登记进入。接待和有效阻止大型群体上访105次，成功处理小型上访、闹访、缠访600余次，做到治安消防管理零事故。（唐　倩）

【公车管理】　2018年，雨花区有公车298台。雨花区建立公务用车管理信息化管理平台，统一车辆标识，安装GPS全程监控，实现公务车辆管理使用全程在线记录。坚持持续性对车辆安全隐患的检查工作，积极配合区公车改革领导小组制定各项制度，完善各项实施方案，以信息化、平台化建设切实加强机要通信用车、应急用车等保留车辆的使用管理，确保公务用车配备使用严谨合规，节约高效。每月对驾驶员进行安全培训，提高驾驶员队伍素质，提升车辆保障服务水平。为全区各参改单位提供用车服务调度3500余次，派出车辆3660台次，提供大中型车辆租赁服务197次，为雨花区食品药品监督管理局租赁12台电动汽车作为执法执勤用车使用，缓解执法执勤单位用车紧张问题，公务与公车实现安全无事故。（唐　倩）

【物业管理】　2018年，雨花区后勤中心完善管理制度，强化服务措施，提高优质服务，推动物业管理工作发展。根据岗位轮换和新人员入职等实际，实行例会讲理论，在岗做示范的方式进行培训物业工作人员；签订目标责任书，责任到人，日程工作有秩序，操作有标准；安排专人按标准监督检查物业工作。“85881111”服务热线坚持实行24小时值班制，实现“一站式”即时服务，前台工作人员对来电来访业主的问题逐一进行解答并做好详实记录，对职责范围无法解决的问题，第一时间通知相关部门即时解决，做到及时率100%、满意率100%，合格率均达标、业主意见征询达99%；做好机关大院环境卫生维护，聘请45名保洁员对公共去污进行专业清扫，安排专人进行监督检查，保证地面干净、清扫及时、窗明几净；部门办公内部区域，实行部门清洁区承包责任制，坚持每日清扫保洁，通过每月开展定期检查评比等活动督促机关各部门搞好责任区卫生，保持机关整洁的环境；聘请13名组成专业队伍对绿化植物进行专业养护，实行分类管理和定期跟踪，建立奖勤罚懒制度，养护考核结果纳入职工年度考评，绿化养护工作逐步走上规范化、科学化管理的轨道，保证大院绿树成荫、碧草如茵的优美环境。坚持对机关大院所有管辖的设施设备进行周检、月保养、季试验、年维护，保障设施设备正常运转，提高设施设备使用寿命，对大院设施设备进行大型保养2次，安装维修3126次，大小会务保障611次，确保雨花区“两会”、共青团代表大会等大型会议顺利进行，满意率100%。（唐　倩）

【基建维修】　2018年，雨花区坚持“规范、安全、质量”的原则，细化目标责任，完善基建维修工程施工程序，新增基建维修项目档案资料室，规范工程管理和档案资料管理，统筹安排各项基建维修项目，狠抓基建维系安全管理，提升基建安全质量水平，确保全年工程项目顺利完成。受理各部门单位基建修改造项目及招标报告63份，签订维修改造合同44份、招投标采购合同8份。完成区纪委办公区维修改造、部分办公楼屋顶维修、机关公共卫生间改造等项目38个。

（唐　倩）

【计划生育服务】　2018年，区后勤中心注重强化沟通联系，建立56个部门单位计生工作联系网，宣传女性免费“两癌”筛查、免费产前筛查和新生儿疾病筛查等惠民政策，推进区机关大院晚婚妇女生育管理服务和人员计生审核工作。对区机关大院育龄妇女随访、全面放开“二孩”政策解释工作，做好机关大院和流动人口中婚育妇女得计划生育管理及优质服务；梳理机关大院2155名干部职工及雇员档卡信息，开展“生育关怀”活动，经常性地开展跟踪随访慰问服务，及时上报人口计生信息。上报怀孕信息24人次、生育信息28人次，随访慰问29人次，审核计生信息545人次，办理“生育服务证”22张。（唐　倩）

【垃圾分类】　2018年，雨花区按照“增进共识、完善制度、规范设施、自觉参与”的要求，高标准推进公共机构生活垃圾分类工作。成立党政机关垃圾分类工作领导小组，出台《雨花区公共机构垃圾分类实施方案》，明确党组书记负责垃圾分类整体工作调度，在区机关大院等公共机构率先推行垃圾分类工作，逐步形成集分类收集、运输、资源化利用和终端处置为一体的全过程管理体系。机关大院、“二办”、人社大楼、公卫大楼安装各类型分类垃圾桶316套、智能饮料有偿回收机2台，制作宣传板报6个，张贴海报60份、易拉宝20个，发放垃圾分类指导手册500册、温馨提示1000份、可回收环保袋500个等，加强对垃圾分类工作的宣传力度和督导力度，多途径宣传垃圾分类工作，提升广大干部职工垃圾分类意识。（唐 倩）

【公共机构节能】 2018年，雨花区搭建由政府职能部门、公共机构、节能企业“三位一体”的节能降耗监管工作平台，对机关大院办公楼分层和分区域进行安装（地下停车场、会议中心、食堂、空调机房等），做到即时查看机关大院每栋办公楼、每层办公楼的用电能耗数据，每周一监测、每月一对比，精确指导节能降耗工作。雨花区加强节能减排工作的管理和指导，多措并举挖掘节能降耗潜力。开展节约型机关创建，贯穿节能降耗宣传工作，营造节能氛围，落实节能降耗措施，夯实能耗统计基础工作，升级改造重要节能设施设备，探索合同能源项目改造模式，降低机关的水耗、电耗。加强车辆使用管理，严格水、电、气管理，实现公共机构节电、节水、节油指标同比下降的目标。通过全区公共机构统计总量123家，用能人数116638人，公务用车775辆；人均综合能耗同比下降3.62%；单位建筑面积能耗同比下降3.72%，人均水资源消耗量同比下降4.52%，年综合能耗量为1560.75折标准煤，同比下降3.54%。其中水、煤、汽油、柴油能耗总量降幅分别为0.91%、8.54%、10.63%和7.52%；因用能人数增多及天气因素的影响，全区用电量和天然气能耗总量分别增长13.36%、4.18%。区机关大院被评为2017—2018年度国家级节约型公共机构示范单位。（唐 倩）

【公共机构节能统计培训会】 2018年5月15日，雨花区能源工作领导小组公共机构节能办公室组织区直属各部门单位、各街道（镇）节能管理专干和能耗统计员，召开2018年度公共机构节能工作节能工作会议暨能耗统计培训，区机关后勤中心党组书记周佳祥主持会议。会议要求，多途径扩大节能宣传范围，广泛宣传节能知识，提高干部职工、群众的节能意识；深度调研，做好节能规划；夯实基础，做好节能数据统计；推广节能降耗新模式，做好节能新改造。要狠抓网络系统填报数据的重视度、准确度，在时间节点上认真填报能耗数据，及时梳理解决各单位节能管理专干反映的问题，实实在在把节能工作推上新台阶。（唐 倩）

【雨花区“节能宣传周”】 2018年6月11日，雨花区能源工作领导小组公共机构节能办公室联合区教育局，在圭塘小学举办“节能降耗 保卫蓝天”为主题的雨花区2018年节能宣传周活动启动仪式，通过倡议绿色出行、发放宣传手册、文艺会演、公益贴纸、短信微信等形式，广泛传播节能低碳宣传教育，倡导简约适度、绿色低碳的生活方式，普及相关节能环保知识。6月11日至17日全国第28个节能宣传周活动期间，雨花区制作长沙首个节能公益宣传视频《节能行动派——做最好的自己，留最美的风景给未来》，在各公共场所电子显示屏进行播放，宣传视频以“节能降耗 保卫蓝天”为主题，重点在节水、节电、低碳等方面向全社会倡导绿色节能理念，并邀请小学生担任宣传员，进行节俭文化和环保意识的宣传，动员广大青少年参与节能减排活动，提升低碳循环发展意识。（唐 倩）

【厨艺练兵比武】 2018年11月15日，雨花区机关后勤服务中心组织开展“用心烹饪制作、精心打磨美食”的厨艺练兵比武。借鉴公职人员考试流程，采取选手当场抽签、监委现场监督、操作封闭管理等方式，展现所有参赛选手综合素质和业务技能，评审组从菜品、面点的色、香、味、形质感，创新程度等方面，进行综合评分，公平公正的评选出本次比赛前三名，做到“学在岗位、练在岗位、比在岗位”，把选拔高技能人才与普遍提高机关食堂员工技能水平有效结合，全方位营造“比、学、赶、超”的氛围。

（唐 倩）

【雨花区接受节能考核】 2018年11月8日，国家机关事务管理局、清华大学、中科院组成联合考核组对雨花区机关大院争创国家级节约型公共机构示范单位进行现场考评验收，听取汇报，查看资料及实地验收雨花区机关大院中央空调节能系统等节能项目，综合评定雨花区的节能工作管理规范、服务精细，节能改造与运行、节能项目示范与推广、节能宣传教育等方面大力推进节约型机关工作，为节约型公共机构作出有益的探索与实践。

（唐 倩）

政协雨花区委员会

主要工作

【概况】 中国人民政治协商会议长沙市雨花区委员会（简称“区政协”）设办公室（委员服务中心）和群团联络、经济科技、文教卫体、人口资源环境、提案法制5个专门委员会。街道、镇设政协工作联络处。区政协机关行政编制16名，工勤编制3名，事业编制10名。2018年，在职在岗人员22人，雇员1人；退休干部24人；机关党支部党员34人。

2018年，区政协坚持深入学习贯彻中共十九大精神，邀请省委十九大精神宣讲团专家向全体政协委员作专题辅导讲座。组织学习《政协章程修正案》，将《习近平关于加强和改进人民政协工作的重要思想专题摘编》发至政协委员和政协之友。在全区政协系统开展“红心向党·务实为民·助力雨花”系列主题活动，组织部分委员、基层联络处主任分赴文家市镇、梁家河村等地开展党性主题教育，进一步筑牢同心聚力、共同奋斗的思想之基。评选出东塘、井湾子、高桥、同升、侯家塘街道5个“三好”政协联络处，各街镇基层政协联络处的平台载体和桥梁纽带作用得到充分发挥。坚持以学习培训提高履职能力，组织常委、委员赴四川大学，举办“民主法制建设专题培训班”，委员撰写建议文章和学习心得40余篇。邀请省政协云管理中心专家开展专题培训，杨建明、曾建勋等一批委员坚持通过“政协云”履职，在“政协云”开设“我身边的‘六优’委员”专栏，适时编发动态资讯62条，多条信息被选推到省级版面首页；雨花区“政协云”履职排名在全省稳步提升。全面接入“飞梦雨花”官微，更加广泛地宣传雨花好声音，扩大委员知情明政的渠道。在湖南日报、湘声报等各大主流媒体宣传报道152篇次，政协工作的社会影响力不断扩大，履职成果得到广泛认可。区政协搭建多个活动平台激发履职热情，委员自发成立各类兴趣活动小组，开展健步走、摄影、艺术品文物收藏、乒乓球等活动30余次。成立“雨花区政协读书会”，开展“品味经典·与你有阅”读书分享活动。全年开展专委会、街镇委员培训18次，组织委员学习、交流35次。委员参与全区政协系统各项活动千余人次。推选出18名“六优”政协委员和一批“真情五助”活动先进个人。委员彭知发挥科协界别优势，推动全省首个科普中国校园e站落户雨花；残联界别委员张福新积极为残疾人代言，争取政策，热心帮扶，推进雨花区多项残疾人工作走在全国、全省前列；工商联界别委员彭拥军关注环保，积极当好“民间河长”，践行公益，为雨花生态文明建设献计出力；委员吴尚、朱移生组织20余个志愿者开办的全公益和+共享图书馆成为长沙一道亮丽的文化名片；区政协常委刘雄捐建益友书屋、中山书屋、绿色同心书屋30余个，结对帮扶贫困学生近百名，带动许多爱心人士为公益出资出物出力，得到社会各界一致好评。陈旭、周智婷等一批委员长期致力于扶贫助学、爱心帮扶。开展专题走访、法制座谈、健康专场沙龙、“雨花精英献良策”等系列活动，在“同心互助·携手奔小康”活动中，刘金华、彭旭、吴勇等一批成员解囊相助，形成在广泛联谊中增进团结促进和谐、在服务发展服务民生中释放光热的氛围。接待北京、天津、广东等10余个省份政协组织就湿地生态修复、非遗文化传承保护、智能制造等学习考察30余批次。与成都市武侯区、西安市雁塔区、重庆市北碚区等地区政协组织就基层民主协商、委员工作室建设、界别作用发挥等进行深入学习交流，宣传雨花正能量，扩大雨花影响力。

（罗　宁）

【协商议政】 2018年，雨花区委、区政府高度重视协商民主工作，主要领导和分管领导多次参加相关协商会议，现场听取委员们的意见与建议，做出相关指示。区政协充分发挥人民政协作为协商民主重要渠道和专门协商机构的作用，认真履职，不断提升协商议政实效。出台《基层民情专题协商会实施办法》，针对基层群众反映强烈、矛盾较多的民情热点问题，构建以政协委员为核心的“5+X”多元协商主体，依托“和”系列智慧委员工作室开展“基层民情专题协商”。以东塘街道政院社区“和馨园”智慧委员工作室为试点，举行首场关于老旧小区停车难问题的专题协商会，政协委员、政协之友、区相关职能部门负责人和居民群众共聚一堂，面对面谈看法、肩并肩想办法，提出中肯建议10余条，通过协商有效解决小区停车难问题。由各街镇政协联络处搭平台，围绕全区校园周边环境问题、产教融合、社区居家养老等10余个问题开展民情协商，有效解决居民群众身边突出问题20余个，让群众真切感受到委员就在身边，政协真有作为。雨花区基层民情协商工作的经验在省市多个媒体刊发，《立足基层、立足实际，协商于民、协商为民》获得省政协理论征文三等奖。区政协收集社情民意121篇，上报上级政协90篇，民革省委和民革中央各采用1篇。黄晖、吴建安、邓子云等委员撰写的《关于进一步优化我市住房公积金合理使用的几点建议》《将我市出租车逐步电动化的建议》《调整花桥污水处理厂三期（远期）控规用地规划的建议》《建议对网约车进行实时监控》《未到期科研经费被收走的情况应引起高度重视》等10余篇信息被市政协采用和转办，相关建议被市直有关部门采纳。区政协对《关于加强基层食药监所装备配备，提升执法监管效率的建议》实施跟踪问效，助推雨花区落实长沙市创建食品安全示范城市工作。区政协就委员关注的优化机关大院停车等多个问题及时编发区级《社情民意》，均得到区政府主要领导的批示，一些建议得到实施。委员们通过政协云“微建议”专栏共提交70多条民情信息，并通过“微建议”与“12345”市民服务热线的及时对接，得到市、区的高度重视，做到反应快、处置快、回复快、效果好。王东华、何新海、王振新等委员“微建议”反映的关于韶山路中医附一医院附近地下通道提早开放等一批问题得到妥善解决。（罗　宁）

2018年12月25日，区政协五届三次会议　（罗宁/提供）

【视察调研】　2018年，区政协将“夯实公共文化服务基础，助推雨花文化强区建设”作为年度重点调研协商课题，组建以政协委员为主体，民主党派成员、专家学者和党政部门负责人参加的课题组。对全区13个街镇进行走访调研，分批组织区直相关部门、文化机构召开座谈会，赴兄弟区县及外地公共文化服务先进地区学习，形成1个主报告6个分报告，提出“九个更加”建议27条。政协主席会议成员围绕全区发展与改革工作、嵌入式家庭养老、圭塘河生态引水工程及生态治理、“一圈两场三道”建设、城市管理大提质等开展专题调研视察。组织委员参与南部片区规划专题协商，10余条建议得到采纳。参与市政协“以共享理念构筑长沙智能制造生态体系，促进实体经济高质量发展”专题协商调研，各专委会就雨花重点片区“多规合一”、运用大数据推进交通物流融合发展等，开展对口协商、界别协商10余次，形成一批主题明、观念新、质量高、可操作的调研成果和意见建议，上报市政协和区委、区政府。参与“千人帮千企百日大行动”，真心实意帮助企业解决实际问题。

（罗　宁）

【民主监督】　2018年，区政协探索创新政协民主监督的机制、形式，融协商、监督、参与、合作于一体，寓监督于各类政协履职活动之中，在参与中支持、在支持中服务、在服务中监督。围绕“打好污染防治攻坚战”，将“强力推进环境大治理、坚决打赢蓝天保卫战”作为贯穿全年的民主评议主题，通过召开专题座谈会、实地调研、专项监督、民主测评等方式，开展民主监督。以“开门评议”为原则，以政协委员为主体，特邀省内高校和环保企业组成专家组，吸纳善飞公益等十余家公益组织100余名公益人士共同参与。以现场找问题精准发力为导向，主席会议成员分别率评议组成员对13个街镇开展专题监督视察。组织210余名政协委员、政协之友开展“集中察看日”活动，现场督促解决问题68个，提出整改意见52条。以推动工作为评议目的，邀请省、市、区三级政协委员对全区“蓝天保卫战”进行民主测评、现场打分，巩固“蓝天保卫战”成果，得到省市媒体多次推介，助推雨花“蓝天保卫战”工作走在全市前列。协同市政协“加强基层医疗卫生服务体系建设”民主评议，组织市、区政协委员深入跳马镇卫生院、东山街道卫生服务中心等实地了解情况，多条意见、建议纳入市政协专题评议协商。组织对嵌入式家庭养老、住房保障、食品安全、现代农庄建设与特色农业发展等工作开展界别、对口协商，协商意见通过社情民意反映到市、区政府及相关部门，推动多个难点问题的解决。（罗　宁）

【提案办理】　2018年，区政协五届二次会议以来，共提交提案153件，经审查立案118件，合并后109件，办复率100%，满意和基本满意率

2018 年 3 月 29 日，东塘街道基层民情协商　（罗　宁／提供）

98.2%。九三学社雨花区工委《关于促进我区集体土地 103 号令安置工作的建议》，民进雨花区工委《关于整合力量成立火车站地区综合管养公司的建议》，宁丽、钟思婷、曹海强、宁世平、陈群粮、蒙正国等 11 位委员《关于老旧楼房小区安装电梯的建议》，陈军、蒙正国、汪爱国委员《关于进一步优化我区中小学法制副校长管理，加强预防和遏制校园欺凌事件的建议》以及井湾子街道政协联络处《关于新建农贸市场的建议》等 5 件区重点提案，分别由区委书记、区长批办，主席会议督办，解决一批群众反应强烈的热点难点问题。发挥驻区市政协委员的资源优势，将 7 份提案提交到市政协，其中《关于加快红旗路南延至洞株路建设的提案》被评为市级优秀提案。《关于绿心地区保护与发展》被省市政协列为重点提案，在市政协十二届二次会议上作专题发言，引起市委、市政府重视。省政协专题组织召开“绿心”集体提案省、市、区三级联合办理会议，省政协副主席赖明勇、市政协副主席段安娜等到会督办，促成《长株潭生态绿心地区保护工作职责分工方案》《长株潭生态绿心地区建设项目准入管理方法》《长株潭生态绿心地区总体规划实施督查制度》等文件的出台。区政协组织对 2017 年重点调研协商开展“回头看”。高度关注“关于加快社区筹委会向社区居委会转变”课题的政策制定，紧密跟进任务分解；《关于统筹推进高铁会展新城建设》的调研报告获得省政协二等奖。积极建言，争取将雨花电商物流园融入长沙临空经济区和南部片区规划，助推高铁会展新城片区重要项目建设加速，协商成果逐步得到转化。　（罗　宁）

【公益活动】　2018 年，区政协继续打造以“助残、助困、助学、助老、助业”为内容“真情五助 +”公益惠民品牌。在参与全区对口帮扶跳马镇贫困户活动的基础上，制定“同心互助・携手奔小康”行动方案，以“同心助困”“同心助学”“同心助业”“同心同行”行动为契机，助力桑植县脱贫攻坚和全面小康建设。主席会议成员和部分政协委员、政协之友赴桑植开展互助行动，全区政协系统捐款捐物 135 万余元，帮扶项目 10 余个，捐赠同心绿色书屋 3 个，就学帮扶贫困学子 55 名。密切关注桑植县、龙山县石牌镇、浏阳市社港镇新光村企业发展以及脱贫攻坚进展情况，把握农交农博会契机，开展产业对口帮扶，为全区对口扶贫工作贡献政协力量。推出“真情五助 + 增智・温暖・幸福雨花”系列活动，由政协委员牵头，益友会、群英会、帮女郎等公益组织发动社会各界人士参与。开展活动 150 余场次，为失地农民提供就业岗位 300 余个，走访困难家庭 200 余户，资助困难群众慰问物资金额近 300 万元，帮扶残疾人 200 万余元，资助孤儿就学 160 余人。黎托街道联络处持续关注失地农民就业，组织“真情五助 + 春风行动”；东山街道联络处心系环卫工人，开展“真情五助 + 温暖行动”；砂子塘街道联络处关爱残疾困难群体，举行“小康路上・与爱同行”助残主题活动，通过活动，拓展真情五助帮扶领域，彰显政协委员为民情怀。　（罗　宁）

【“和”系列智慧委员工作室】　2018 年，雨花区结合“政协云”平台，纵深、常态稳步推进全区各街镇“和”系列智慧委员工作室建设。区政协邀请 50 余名省市政协委员进驻区“和”系列智慧委员工作室，并召开专题联席座谈会，实现“三级联进、三级联动”。在侯家塘社区建立首个由政协委员个人名字命名的委员工作室——“周湘玉委员工作室”，基层民情协商“四微活动”（微协商、微建议、微讲堂、微帮扶）初见成效。打造东塘街道“和馨园”、井湾子街道“和享园”等一批“五佳”（规范运行佳、活动开展佳、化解矛盾佳、学习宣传佳、社会评价佳）智慧委员工作室。　（罗　宁）

政协会议

【区政协五届三次会议】　2018 年 12 月 25 日，政协长沙市雨花区第五届委员会第三次会议在雨花区会议中心召开。区委书记张敏，区委副书记、区长刘素月，区委副书记陈永高，区人大常委会主任龚景顺，区政协主席冯聪龙，全体在职县级领导、历届区政协主席和全体区政协常委在主席台就座；来自全区各条战线的 243 名政协委员及所有特邀、列席人员、政协之友成员参加会议。会议由区政协副主席康长萍主持。区政协主席冯聪龙受政协长沙市雨花区第五届委员会常务委员会委托，向大会报告区政协五届二次会议以来的工作情况，提出 2019 年的工作思路。区政协副主席周凌云受政协长沙市雨花区第五届委员会常务委员会委托，向大会报告区政协五届二次会议以来提案工作情况，提出 2019 年政协提案工作的思路。区政协副主席罗艳辉代表区政协宣读《2018

年度“三好”政协工作联络处、“六优”政协委员等先进集体和先进个人评选结果的通报》。彭拥军、邓子云、杨林波、周湘玉、周卷、刘一衡、杨铁辉、肖上峰等政协委员和政协之友围绕民主评议助力“蓝天保卫战”、用产教融城理念做强雨花职教品牌、大数据思维推进交通物流融合发展、如何利用政协云平台务实履职、破解跳马全域旅游建设用地难、促进雨花经开区工业地产项目、提高公共服务保障能力的建议、完善委员履职平台等作大会现场发言和书面发言。同时，朱移生、罗炜豪、邓运娇、谢凯等委员和政协之友就重点调研课题，围绕社会力量参与公共文化服务、发挥东山全民健身中心作用、打造“非遗雨花”及左宗棠保护与修复等作书面交流。12月27日，大会闭幕。张敏在闭幕式上讲话强调，全区政协组织和广大政协委员要毫不动摇坚持党的领导，把准方向、找准定位、盯准主题；要积极主动服务发展大局，立足调研谋发展、充分协商促发展、发挥优势助发展；要持之以恒增进民生福祉，带头察民情、带头解民忧、带头暖民心；要坚持不懈加强自身建设，注重改革创新、提升履职水平、强化能力建设。同心同德、和衷共济，锐意进取、埋头苦干，奋力开创财富品质幸福雨花建设新局面。（罗　宁）

【区政协常委会议】 2018年，雨花区政协召开常委会议4次，审议通过区政协2018年工作要点，通报“红心向党·务实为民·助力雨花”主题活动方案，通报政协雨花区第五届委员会各专门委员会调整后人员名单，传达全国、省市政协会议精神等。（罗　宁）

【政情通报会】 2018年7月27日，雨花区政协召开政情通报会，会议通报雨花区2018年上半年社会经济发展情况、专题学习《中国人民政治协商会议章程修正案》及“政协云”操作培训，区政协主席会议成员出席，全体政协委员和区政协机关干部参加。（罗　宁）

【基层民情协商会】 2018年3月29日，雨花区政协2018年第一次基层民情专题协商会在东塘街道政院社区“和馨园”智慧委员工作室召开，聚焦老旧小区停车难问题。区领导冯聪龙、康长萍、彭可佳、周凌云、廖云伟、罗艳辉、段仁华出席会议。驻东塘街道区政协委员，东塘街道办事处、区交警大队秩序科、街道城管办、相关社区负责人和居民代表参加协商。区政协各委室、各街道（镇）政协联络处观摩协商。各街道都就群众关心的热点问题开展基层民情协商。（罗　宁）

【公共文化服务专题协商】 2018年7月4日，雨花区政协召开“夯实公共文化服务基础，助推雨花文化强区建设”专题协商调研动员会。长沙市政协副主席、市体育局局长李平，省委改革督办专员、省政府参事、湖南师范大学教授朱翔，市文化广电新闻出版局党委委员贺平生，湖南德思勤投资有限公司董事长、雨花区专家顾问团成员龙固新等领导、专家应邀出席动员会。区人民政府副区长刘江红，区政协副主席康长萍、彭可佳、周凌云、廖云伟、罗艳辉出席会议。会议由区政协主席冯聪龙主持。（罗　宁）

【“蓝天保卫战”现场测评会】 2018年11月16日，雨花区政协常委（扩大）会上，全区13个街镇分管副职汇报“蓝天保卫战”工作，省政协委员、长沙市第三社会福利院院长贺吉清和100余名市、区政协委员现场听取汇报，并通过手机专门程序现场测评。（罗　宁）

【机关工会成立大会】 2018年10月29日，雨花区政协机关工会召开第一次会员大会。会议按照法定程序选举产生区政协机关第一届工会委员会、经费审查委员会和女职工委员会。选举侯莉为区政协机关第一届工会委员会主席。（罗　宁）

中共雨花区纪委

工作纪要

【概况】 中共长沙市雨花区纪律检查委员会（简称“区纪委”） 是党内监督专责机关，履行监督执纪问责职责；长沙市雨花区监察委员会是行使国家监察职能的专责机关，履行监督调查处置职责。区纪委雨区监委合署办公，简称“区纪委监委”。区纪委监委内设办公室、党风政风监督室、信访室、案件监督管理室、第一至第五纪检监察室、案件审理室、纪检监察干部监督室 11 个科室，下属事业机构一个。核定编制数 75 名。其中行政编制61名，事业编制14名，工勤编2名。其中纪委领导职数 11 名，派驻纪检监察组组长 9 人，室主任 11 人。2018 年，在职在岗 64 人，办公地点设在雨花区机关大院 2 号楼 4 层。

2018 年，雨花区纪委监委贯彻落实中纪委三次全会、省纪委四次全会、市纪委四次全会精神和区委决策部署，忠实履行党章和宪法赋予的职责，协助区委全面从严治党，推动新时代纪检监察工作高质量发展，全区党风廉政建设取得新成效，反腐败斗争取得压倒性胜利。 （万时舟）

【组织建设】 2018 年，雨花区加快推进纪检监察体制改革。坚持新老搭配、交叉搭配、资源整合、内部挖潜，充分发挥检察院转隶干部业务特长和优势，实现干部深度融合、人尽其才，形成互学互补的良好工作格局。聚焦主责主业，健全纪检监察运行机制。构建党统一领导、全面覆盖、权威高效的监督体系，实现对全体党员、党组织和所有行使公权力的公职人员的监督全覆盖，建立所有案件立案向区委请求报告制度。建立标准化的业务流程，树立程序意识制定和完善《关于机关执纪监督监察常用文书管理使用的规定（试行）》《谈话场所管理办法》《走读式谈话工作指南》等规章制度，严格使用办案措施，严格按照程序报批后使用留置措施留置15人。推进纪法贯通、法法衔接，探索“两个提前介入”模式，确保案件移送、人员移交、案件起诉等工作顺利进行。深化派驻机构改革，提升派驻监督质量，9 个派驻纪检组改名为派驻纪检监察组，赋予派驻组监察职能，实现对所有区直部门行使公权力的公职人员监察全覆盖。面向全区乃至全市全省选拔干部，扩展干部选任渠道。建立健全纪检监察组列席驻在部门重大会议制度、廉政档案管理制度、廉政谈话制度等内部管理制度，做到严格规范、严格管理、严格要求。派驻纪检监察组参与区直单位党风廉政考核，促进从严治党各项基础工作落到实处，强化“派”的权威和“驻”的优势。建立健全《请休假制度》《学习考试制度》《考勤制度》等内部管理制度，学习上级关于纪检监察干部行为规范的相关要求；建立纪检监察干部基本情况台账，完成副科级以上干部的廉政档案建设。使用“钉钉”手机 APP 管理机关干部上下班出勤、因公外出等情况，并组织不定期抽查。以“为主题开展纪法贯通　法法衔接”系列的学习培训活动。分批组织到中国人民公安大学、沈阳刑警学院、浙江大学进行集中培训，培训干部 100 余人次；举行业务知识竞赛 3 期，内容囊括监察法、新纪律处分条例及刑法和刑事诉讼法的相关法律条文，考试采用闭卷方式并全程监控，密封阅卷，以考促学提升干部依纪依规依法履职能力，考试合格率 100%；开设纪检沙龙，选定主题、筛选案例、设置问题，参与人员围绕主题及案例评判分析、各抒已见，主讲人现场点评、答疑解惑，提供更开阔的思路和更精准的技巧，提高办案能力。推进学习型机关建设，清涟书社添置书籍 3000 余册，方便干部随时借阅。提炼“拙诚笃实”的机关文化，分别赋予拙、诚、笃、实雨花内涵和雨花精神，通过机关文化墙、年度人物评选等活动，使“拙诚笃实”的精神根植脑海，深入人心。（万时舟）

【宣传教育】 2018 年，雨花区纪委监委聚焦主业，加强廉政文化建设。面向全社会开展全民监督廉政公益广告词征集评选活动，收到来自全国各地的投稿 12 万余件，经过初步筛选、第二轮评选、专家评选等环节选出入围作品 12 件，进行优秀作品展播与网络投票，扩大雨花区廉政文化建设的覆盖面。举行第十三届“4·20”廉政文化节，实现文化提炼和品质提升，提炼出“雨生百谷花开清莲”的文化内涵，提升廉政文化建设的“影响力”。主办第七届廉洁动漫作品设计大赛，征集作品121件，27件作品进入到决赛环节，丰富廉政文化建设“趣味感”。《黑白人生》《局长的钱包》《打虎与拍蝇》《家风相承清廉在心》等作品别出心裁，制作精良。由办公室牵头，多次召开新闻宣传专题调度会和研究会，区纪委机关、各派驻纪检监察组、各街镇纪（工）委贯彻落实会议要求，主动作为，开展党风廉政建设宣传报道工作，媒体上稿171篇次，其中《湖南日报》5篇次，湖南交通频道3篇次，三湘风纪网站24篇次，《长沙晚报》13篇次，长沙电视台12篇次，廉洁长沙网站（微信）114篇次。完善集中审核制度，各室、派驻纪检监察组、街镇纪（工）委撰写的稿件通过办公室宣传专干的内容把关后，通过相关部门初审、分管领导审核、常委审批三道审核才能上报，确保质量过硬，提高上稿率。实行一周一反馈，一月一通报，一季一考评，起到知差距、明方向、找方法的作用，进一步压实责任，形成宣传合力。（万时舟）

【党风廉政建设】 2018年，雨花区全面落实党风廉政建设责任制，推动党委主体责任和纪委监督责任（简称“两个责任”）的落实。制定《党风廉政建设主体责任和监督责任清单》，推行“清单＋纪实”制度，要求全区副科级以上干部对照“两个责任”清单内容，认真填写履职纪实手册。要求各级党委（党组）定期研究部署党风廉政建设工作，督促班子成员认真履职、严格遵守各项纪律规定，及时进行约谈，层层传导压力。坚持廉政谈话和约谈制度，对苗头性问题抓早抓小，及早提醒，防患于未然；建立签字背书制度，综合协调“两个责任”的贯彻落实，突出政治责任，紧盯“关键少数”，对标责任清单，完善责任制检查考核方案，做好责任制检查考核工作，切实发挥好考核指挥棒作用。以问责推动责任落实，坚持“一案双查”，违纪违规事实与主体责任、监督责任落实情况同步调查、同步处理，以常态化问责倒逼履责到位。10名党员干部因“两个责任”落实不力被问责。（万时舟）

【党风政风监督】 2018年，雨花区印发《落实中央八项规定精神政策一本通制度汇编》，开展违反“中央八项规定”精神突出问题、“雁过拔毛”式腐败问题、违规收送红包礼金、纠“四风”治陋习树新风、“互联网＋监督”、金融领域中以权谋私和违规参与涉砂涉矿等经营性活动问题、“提篮子”等专项整治。区纪委监委围绕整治群众身边的不正之风与腐败问题，组织开展督查82次，对每一张公务票据、每一间办公用房、每一次个人婚丧喜庆事项、每一台公车使用记录等逐一清理核实，发现问题线索1722个，违规资金52万余元。利用科技手段，通过“互联网＋监督”平台数据碰撞分析发现问题线索1839个，查实问题41个，追缴民生资金60990元。以中央、省委巡视问题整改为主线，针对巡视交办和自查发现的问题线索，建立清单总账，逐条逐项明确人员、措施、时限，全面压实责任。采取“周议日报”和“清单销号”制度，推进反馈问题的立行立改，在一对一、点对点整改落实的同时，注重查找问题根源，把解决具体问题与普遍性问题、显性问题与隐性问题、当前问题与长远问题结合起来，扎实做好“后半篇文章”。坚持严管与厚爱结合，建立领导干部开展谈话提醒情况报告制度，深入开展廉洁家访活动，及时对苗头性、倾向性问题进行提醒教育和督促整改，让“咬耳扯袖、红脸出汗”成为党员干部的日常和习惯，全年运用“第一种形态”201人次，占比69.3%。探索建立廉政风险信息库，构建廉政风险信息收集、评估、反馈“三位一体”的预警机制，使权力运行全程留痕，做好可控、可查、可纠，严防小问题酿成大隐患，扎牢制度的“笼子”。查处“雁过拔毛”式腐败问题41起，党纪政务处分41人，组织处理24人；查处违反“中央八项规定”精神案件22起，党纪政务处分22人，组织处理3人；查处“四风”问题25起，党纪政务处分29人；查实“互联网＋监督”平台投诉2起，党纪政务处分5人，组织处理1人。对5起典型案例进行通报，形成震慑。围绕“三大攻坚战”和扫黑除恶专项斗争，积极主动担当作为，提供坚强纪律保障。深入开展扶贫领域腐败和作风问题专项整治与“一季一专题”集中治理，查处相关问题8起，组织处理8人；针对中央、省环保督察和市“蓝天保卫战”突出问题，深入调查分析问题原因，分10批次问责41人，其中党纪政纪处分1人，下发专项通报警示全区；扫黑除恶同反腐败斗争、基层“拍蝇”结合，排查隐藏在黑恶势力背后的“关系网”、“保护伞”，党纪政务处分4人。（万时舟）

2018年4月20日，雨花区第十三届“4·20”廉政文化节开幕式（万时舟/摄）

【案件查办】 2018年，雨花区打造全民监督体系。通过来信、来访、来电、微信、网络“五位一体”，建设覆盖纪检监察系统的检举举报平台，依托微信公众号等新媒体，开通“扫码举报”“一键举报”功能，实现随时随地举报。纪检区监察机关接受群众信访举报160件次，其中上级转办交办116件，本级受理44件，办结136件，办理中24件，同比增长25%。区纪委监委坚持无禁区、全覆盖、零容忍，重遏制、强高压、长震慑，进一步加大审查调查力度，保持惩腐肃贪高压态势，查办“围猎”干部的行贿犯罪12人。查办的高桥街道五一村案中，严厉打击受贿对象的同时，行贿人陈某犯行贿罪、挪用资金罪，被判处有期徒刑八年，并处罚金10万元，追缴开发商非法所得1.85亿元。坚持发现问题和巡视整改相结合，做好巡视交办件办理，承办中央第八巡视组交办件16件，办结16件，立案7件，处分处理18人；承办省委第四巡视组交办件38件，办结38件。组织开展三轮巡察工作，巡察区直、街（镇）党组织17个，延伸巡察村、社区党组织20个；巡察发现问题389个，巡察反馈问题224个。区委常委扩大会议直接通报巡察情况，区委书记、区长根据巡察整改清单约谈相关责任单位7个，办结单位问题线索23个，立案26人，党纪政纪处分20人，结案率98.9%。用好监督执纪“四种形态”，采用批评教育、诫勉谈话、轻处分等方式，及时由党组织出面“咬咬耳朵”“扯扯袖子”，让违纪人员“红红脸”“出出汗”；对严重损害群众利益的行为，及时采取党纪轻处分、组织调整甚至党纪重处分等方式坚决予以纠正。区纪委监委处置各类问题线索372件，立案161件，同比增长20.1%。运用约谈函询、谈话提醒予以了结的211件，占比59.3%；给予党纪轻处分和组织处理的107件，占比30.1%；运用第三种形态处理的29件，占比8.1%；运用第四种形态处理的9件，占比2.5%。 （万时舟）

重要会议

【区纪委五届三次全会】 2018年2月8日，中共长沙市雨花区第五届纪委第三次全体会议召开。会议深入学习贯彻习近平新时代中国特色社会主义思想、中共十九大精神和中央、省、市纪委全会精神，现场观看记录片《勿忘初心——长沙典型贪腐案件警示录》。区委副书记、区长刘素月主持会议，要求各级党组织和纪检监察组织要提高站位，抓好学习贯彻，要主动担当，压实“两个责任”，各级党组织切实担负起主体责任，各级纪检监察组织正确运用监督执纪“四种形态”，强化监督执纪问责；要狠抓落实，建设“三个雨花”，坚持问题导向，根据自身实际研究制定落实举措，以风清气正的政治生态保障雨花高质量发展。区委常委、区纪委书记、监委主任王清政作题为《深入贯彻落实党的十九大精神坚定不移推动新时代全面从严治党向纵深发展》的工作报告，报告从全面从严治党重点发力、党内监督责任深化落实、作风建设深入推进、纪律审查力度持续加大、自身建设不断强化5个方面总结全区2017年党风廉政建设和反腐败工作取得新进展新成效；从加强政治建设、持之以恒纠正“四风”、扎实推进纪检监察体制改革、着力深化标本兼治、打造过硬纪检监察干部队伍5个方面部署2018年全区党风廉政建设和反腐败工作进行。区委书记张敏强调，推进全面从严治党，必须从“四个伟大”的新高度进行把握、必须坚持和加强党的全面领导、必须始终保持永远在路上的战略定力和政治定力。要始终不渝以党的政治建设为统领，旗帜鲜明讲政治；要持之以恒转作风改作风，保持党同人民群众的血肉联系；要坚持无禁区、全覆盖、零容忍，奋力夺取反腐败斗争压倒性胜利；要坚持和完善监督体系，强化自我监督实效，推进巡察、派驻、监察三个监督全覆盖，构建党统一指挥、全面覆盖、权威高效的监督体系；要以坚定的理想信念和铁的纪律，打造忠诚干净担当的纪检监察队伍。全体县级领导，区纪委委员，街镇、区直各部门党政主要负责人、各派驻纪检监察组组长参加会议。 （万时舟）

民主党派

民革雨花区工委

【组织建设】 2018年，中国国民党革命委员会雨花区工作委员会（简称“民革雨花区工委”）换届。学习中共十九大会议精神、民革省委、市委相关文件要求及民革的历史。开展多种形式主题教育实践活动，组织部分党员到重庆与江津区民革市委开展交流学习，参观民革省委党员之家，增进党员对民革的发展和社会主义建设的了解和认识。发展党员6人，平均年龄35岁。各支部建立党员之家5个，基层社会服务基地2个。区工委委员徐煦增补为市人大代表，刘雄增补为雨花区政协常委，尹哲瑶增补为雨花区政协委员。（曾　锦）

【参政议政】 2018年，民革雨花区工委组织两次参政议政培训，邀请市政协的专家和民革市委领导为党员讲课，提升工委党员参政议政能力。参加民革市委、中共雨花区委、区政府和区委统战部的各项参政议政工作。结合雨花区“两会”，号召工委人大代表、政协委员积极谏言献策，提出有质量、上档次的议案、提案。吴建安获得雨花区政协社情民意先进个人，政协委员钟思婷提案获雨花区政协优秀提案。常航《法院通过网络拍卖房产存在三方面的问题有待重视》被省政协采纳，吴建安《建议对网约车进行实时监控》被评为长沙市政协优秀社情民意。民革四支部撰写社情民意43篇，其中被民革中央、省、市、区采纳11篇，成为民革雨花参政议政的标杆。（曾　锦）

【服务社会】 2018年，民革雨花区工委积极服务社会，开展一系列志愿服务活动。蓝马甲志愿者服务队获武广南站最佳志愿者队伍称号，中山希望书屋列为市委打造品牌。各支部全方位开展社会服务，赴双峰开展捐资助学，捐建石门洞国学校电子图书室，到跳马镇开展爱心帮扶活动、精准扶贫等社会活动，民革网站及各界媒体予以报道。民革党员在“五一口号”演讲比赛、“同心杯”气排球比赛、中山杯羽毛球比赛、抗战老兵关爱活动中充分展现民革雨花风采。（曾　锦）

民盟雨花区工委

【组织建设】 2018年度，中国民主同盟雨花区工作委员会（简称“民盟雨花区工委”） 召开区工委班子工作会议，围绕纪念改革开放40周年、长沙民盟成立70周年主题铺排2018年工作。开展“不忘合作初心，携手砥砺前行”系列主题思想教育活动，参加纪念长沙民盟成立70周年会议，赴长沙县黄兴镇、宁乡市、云南等地开展缅怀先烈活动，重温历史。各支部定期开展组织生活会，学习贯彻两会、民盟市委会议等精神，召开民主评先评优会议。充分利用网络平台，在支部QQ群、微信群，做好各种活动的宣传报道，把学习教育活动和积极宣传民盟结合起来。（曾　锦）

【参政议政】 2018年，组织盟员撰写人大、政协建议和提案13个，开展社会调研活动30余次。工委主要负责人叶松、罗艳辉等参加区党委、人大、政府、政协重要工作协商，参加区各类专题协商会和征求意见会，就事关雨花区经济社会发展的问题发表意见和建议。民盟雨花区工委与区政协共同举行重点片区“多规合一”专题协商会议，调研市轨道交通集团。杨建明获得2017年度雨花区政协“社情民意先进个人”。黄快生主持的《城镇0~3岁托幼事业发展对策建议》获盟省委立项课题，《统一战线参与乡村振兴长效机制研究》获市委统战部立项课题，被评为民盟长沙市委2017—2018年度参政议政优秀工作者。银样军、黄尚喜、黄庆、谢华平等获评民盟长沙市委2017—2018年度优秀盟务工作者。龙江、唐曼红、夏小天、吕建伟等盟员获民盟长沙市委2017—2018年度优秀盟员。曹斌率领长沙市第二十一中学学生桥牌队参加“百千万工程”全国桥牌通信赛总决赛，指导学生孙一博在青年组个人赛中为湖南省获得桥牌总决赛史上首枚金牌。（曾　锦）

【服务社会】 2018年，民盟雨花

区工委发挥智力资源优势，助力脱贫攻坚，参与雨花区统一战线“同心助学，情暖桑植”活动，爱心捐款2万余元。筹资7万元赴云南文山地区开展“烛光行动”，传承少数民族非物质文化遗产，开展助学行动。联合区卫计局开展“烟草和心脏病”主题宣传活动，倡导居民劝阻吸烟、主动戒烟。开展支部服务社会活动，开展义诊进社区活动，举办健康保养科普课，为老年公寓高龄体验活动提供专业指导。发挥孟妈妈桥梁作用，“天籁列车”基金为雨花区100名听障人士捐赠总价值20多万元的助听器。“孟妈妈青护园”通过黄丝带帮教系列行动推动和谐湖南建设，多次组织开展未成年人帮教、普法安全教育、禁毒宣传等活动，社会服务品牌效应显著。设立“同心育蕙教育基金”，连续6年奖励优秀师生，改善学校办学条件。“‘绿房子·童心氧吧’关爱青少年志愿服务活动”在枫树山东南海小学顺利举行。主办“七彩夏日　快乐成长”青少年暑假活动，引导学生和家长参与社区自治，为全市中小学生社会实践提供有益的经验。开展图书共享和名师大讲堂活动，鼓励盟员立足本职，发挥优势，传播正能量，弘扬主旋律，在建设书香长沙的过程中，彰显民盟的责任与担当。（曾　锦）

民建雨花区工委

【组织建设】　2018年，中国民主建国会雨花区工作委员会（简称“民建雨花区工委”）　召开工委会、工委扩大会6次，商议、安排工委的各阶段性工作。结合纪念改革开放40周年，纪念“五一口号”发布70周年，组织各支部会员参加市委会组织的纪念活动。引导会员学习民建会章、会史，学习习近平关于民营企业座谈会的讲话，发扬民建传统，参加各种社会公益活动，奉献爱心，回报社会。学习《民建长沙市委工委考核办法》，推进组织建设的科学化、规范化和制度化。落实《民建长沙市委关于区工作委员会工作条例》精神，发展新会员4人，预备考察2人。向民建市委推荐后备干部、中青年骨干会员，建立后备人才梯队。（曾　锦）

【参政议政】　2018年，民建雨花区工委组织民建的政协委员参加民主评议“蓝天保卫战”“集中观察日”活动，通过分组暗访，发现问题，助推整改，民主评议，助推雨花区“蓝天保卫战”活动开展。在环境保护和精准脱贫发力，助力雨花区水环境治理，长株潭绿心保护和桑植携手奔小康精准扶贫。报送信息20余条，部分信息被长沙政协、民建省委等部门选用。（曾　锦）

【服务社会】　2018年，民建雨花区工委依托组织优势，发挥党派特色，打造民建社会服务品牌。与区委统战部、圭塘街道联合新城新世界夸克仓库原创设计创客空间，打造“青年手艺人联盟”，为文创产业注入年轻新思维。向民建立承应急救援抢险队，捐赠价值两万余元的应急救援物资。筹集近5万元善款帮助桑植县水流村发展芦花鸡养殖产业，帮助桑植开展脱贫致富工作。（曾　锦）

民进雨花区工委

【组织建设】　2018年，中国民主促进会雨花区工作委员会（简称“民进雨花区工委”）完善内部管理制度，明确班子分工，实行工作例会制。明确岗位职责及工作目标，积极营造领导班子内部有序联系的氛围。健全与区委统战部、与基层支部所在单位的沟通联系机制。加强政治学习，通过聘请专家授课，走出去、坐下来等形式组织会员学习，邀请中共十九大代表吴晓红宣讲中共十九大精神，经济学专家张早平教授开展参政议政培训。选派会员参加民进中央、省、市委，以及市区各级部门开展的各类培训班，受训会员40人。在中共雨花区委纪念“五一口号”发布70周年活动上，夏晓波作为党派代表作《不忘合作初心，携手砥砺前行》发言。发展新会员7名，其中杨吉华、谢莉、秦汉被民进省委确定为优才。（曾　锦）

【参政议政】　2018年，民进雨花区工委坚持“有思有为、集智聚力、顺势而为、开拓创新”的工作方针，围绕建设学习型参政党，努力加强自身建设。会内人大代表、政协委员积极履行参政议政职能，写出多篇高质量提案。夏晓波《关于整体规划建设长沙火车南站周边路网的建议》《关于整合力量成立火车南站地区综合管养公司的建议》列为区政协重点提案，《破解瓶颈难题　深耕片区发展　加快打造“开放崛起新高地、品质长沙新标杆》获区政协优秀调研报告。陈红撰写的《建议改变小学生书包过重的现状》被评为民进中央2017年度参政议政成果三等奖。区人大代表袁首参与由区人大组织的基层卫生医疗系统的评价，通过实地调查、听取汇报、召开座谈会、查阅相关资料、开展问卷调查等形式，掌握街道基层医疗卫生基本情况。4名政协委员参加　“蓝天保卫战”民主评议工作，助推大气污染防治工作。夏晓波在政协五届二次会议作《如何发挥民主党派及社会各界作用的建议》大会发言。20多名会员担任特约人员，充分发挥民主党派的民主监督作用。杨柏群主持课题《长沙市体育传统项目学校优秀教练员培养机制研究》结题，获湖南省体育科学学会重点课题结题获一等奖。（曾　锦）

【服务社会】　2018年，民进雨花区工委积极开展服务社会的活动。组织会员参加“三八”妇女节环西湖联谊健走活动、羽毛球比赛、庆民进市委成立60周年文艺演出和书画展，丰富业余生活，加深了解，增进感情。其中羽毛球比赛获第二名，庆民进市委成立60周年文艺演出获长沙市委副书记徐宏源和市政协副主席李平的高度肯定。组织会员代表近80人赴长沙县开展考察学习活动。联合东山街道创立“东山畅言社”，为解决社区居民关心的热点难点问题，建言献策。同心百课进基层继续向街道、社区、周边其他区县延伸，讲师团成员开展讲座70余次，为近1.5万人送去知识、健康和爱心。各支部积极开展社会服务活动，重点打造“和谐号”重点旅客服务联盟，开展白血病病房献爱心活动，安全知识讲座进校园活动。开展爱老助残公益活动，向长沙县青松养老院捐献物资约2万余元。参与雨花区统一战线“同心助学，情暖桑植”活动，爱心捐款1.48万元。组织会员参与“中华血液公益行”湖南省人民医院站活动，“萤火生命成长共同体”“送教上门”等活动，开展丰富多彩的扶贫扶智的活动。（曾　锦）

农工党雨花区工委

【组织建设】　2018年，中国农工民主党雨花区工作委员会（简称“农工党雨花区工委”）组织各总支、支部主委及党员参加农工党省委、市委及区统战部开展的理论学习和社会服务活动20余次。市中心医院总支和市妇幼保健院支部委员会获农工党省委“先进基层组织”称号。6人被授予农工党省委优秀党员，江南英被评为优秀党务工作者，傅强评为“身边的榜样”。组织21名党员参加中共长沙市委组织的纪念“五一口号”发布70周年座谈会，并选派代表作发言。组织全体党员大会，集中学习习近平在全国政协十三届一次会议联组会议上的讲话精神，重温　“五一口号”的由来和意义。组织党员分批次参加新党员培训班、党外中青年骨干培训班、纪念中共中央“五一口号”发布70周年暨学精神学党章学党史知识竞赛、十九大征文活动、“不忘初心余、携手前行”主题演讲比赛、暑期谈心等活动。完成工委5个支部140多名党员的信息档案整理，完善党员基层基础管理台账。（曾　锦）

【参政议政】　2018年，农工党雨花区工委结合工作实际和存在的问题开展多次社会调研活动，向农工党市委、区政协、区统战部提交提案、社情民意、通讯稿件38篇。其中，2篇政协提案、2篇社情民意被市政协采用。《顺应新形势科学合理设置交通信号灯的建议》被市工委采用，《网络统战工作》被市工委采用，在《长沙统一战线》发表。选派党员参加市工委社情民意培训班。特约人员积极履行民主监督职责，多次去对口单位听取情况介绍，提出意见和建议，发挥监督作用。（曾　锦）

【服务社会】　2018年，农工党雨花区工委充分发挥行业优势，服务社会。筹集“同心助学，情暖桑植”助学款2.17万元。组织党员到张家界等地开展的扶贫活动。各支部赴高新区、雨花区、开福区、芙蓉区、岳麓区、天心区及宁乡市等区县社区、村，积极开展义诊、文艺表演、健康教育讲座等活动。开展医患友好开放日活动，潇湘晨报头版头条、星辰在线、湖南卫生计生新闻周报等多家主流媒体进行了报道。组织支部组织党员和党员家属发起“保卫蓝天，关爱环卫工人”的公益动，为环卫工人送上防暑慰问物资。定期走访慰问困难老党员以及党员家属。（曾　锦）

致公党雨花区工委

【组织建设】　2018年，中国致公党雨花区工作委员会（简称“致公党雨花区工委”）推进党组织规范化建设，工委班子专题研究部署，定期开展学习活动，对四个支部进行活力指数测评，激发各支部工作积极性。培养发展党员10名。以纪念中共中央发布“五一口号”70周年为契机，开展讨论会、征文等系列活动，邀请专家进行授课，通过系列活动，重温历史，继承和发扬多党合作优良传统。开展形式灵活多样，内容丰富多彩的教育实践活动，赴红色革命教育基地参观学习，缅怀革命先烈。组织党员参加民主党派党员培训班、省委理论学习中心组专题、侨法学习活动、雨花区党外中青年骨干培训班、暑期谈心会等活动，在培训学习中，通过党员之间、党派之间的沟通交流，展示致公党员的风采，提升党员参政履职能力。（曾　锦）

【参政议政】　2018年，致公党雨花区工委人大代表、政协委员积极履职，提交信息稿件13篇，完成“五一口号”征文2篇，撰写社情民意15篇，省政协采纳1篇。《重温“五一口号”·不忘初心普新篇》获致公党中央纪念“五一口号”征文一等奖。区政协委员积极参加政协调研、考察走访活动。区人大代表、委员听取并审议雨花区政府上半年工作报告，为雨花发展建言献策。党员申志华利用国药集团资源，发挥桥梁纽带作用，谋划推进湖南省政府与中国中药有限公司就深化中医药、药品流通等产业合作举行会谈，中共湖南省委副书记、省长许达哲出席座谈会；主持的《应用区块链技术提升农产品流通效率》课题，被列为致公党长沙市委、湖南省委联动重点课题，纳入省委统战部“直通车”课题；主持的粤港澳大湾区课题，被列为2018年省政协三号提案，得到许达哲的批示。党员蔡鑫莹牵线搭桥、全力协助腾讯（长沙）智慧产业总部项目落户湘江新区。（曾　锦）

【服务社会】　2018年，致公党雨花区工委推助推精准扶贫，对口帮扶桑植县，向“我想有个家”安居工程等项目捐款，党员刘立强捐款10万元，李雷激、刘溪共捐款5.1万元，方荣国捐款2万元。区工委向桑植县桶车学校捐赠近6万元建设致公蓓蕾书屋，捐赠4万元资助贫困大学生。精准帮扶跳马镇贫困户，实现1户贫困户脱贫。对口联谊三湘社区，走访慰问部分困难群众家庭，捐赠慰问物资3.7万元。看望、慰问长沙市第二社会福利院孤残儿童。通过街道、党派和社区共建共治共享，为侯家塘社区解决各类民情问题16件，结对帮扶群众20户，集中走访慰问3次，常态化走访27余户，开展就业援助月专场招聘会、“保卫蓝天，人人有责”等特色群众活动10场次，召开民情恳谈会和民生主题协调会19次。同心社区侯家塘社区实现“零上访，零重大安全事故，零重大刑事案”，成为全街最早的“三零”社区。推动落实“雨花非遗”木偶皮影进柬埔寨工作。党员欧阳帆在柬埔寨金边成功开办得月楼品牌餐饮店，“让湘菜飘香世界，让世界品味湖南”。（曾　锦）

九三学社雨花区工委

【组织建设】 2018年，九三学社雨花区工作委员会（简称“九三学社雨花区工委”）积极参加社市委和区委统战部组织的学习活动，组织工委成员深入学习中共十九大精神。组织工委成员深入开展“不忘合作初心，继续携手前行”主题教育活动，指导各支社围绕纪念“五一口号”发布70周年广泛深入讨论。指导各支社做好新社员的发展工作，发展6名新社员。积极组织社员参加全区统一战线主题培训班。 （曾 锦）

【参政议政】 2018年，九三学社雨花区工委积极参加中共雨花区委、区政府和区委统战部召开的各种协商会、座谈会，广泛收集意见。引导区工委人大代表和政协委员关注民生和热点问题，提出建议和提案8份。九三学社区工委被评为“坚持和发展中国特色社会主义学习实践活动全省先进集体”“真情五助+”活动先进集体。联点丰园社区“和善园”被评为区政协“和”系列智慧委员工作室。社员卢廿廿、黄湘获评雨花区“六优”政协委员，仓萍被评为“真情五助+”活动先进个人。《关于做大做强机器人产业集聚区的建议》《关于加强联动，加速雨花科技发展的几点建议》等提案被评为政协优秀提案。邓子云主持的《关于湖南省大数据产业发展的对策建议》获湖湘智库论坛“十大金策”优秀成果奖。通过座谈、走访等形式，深入调研全区征拆工作，形成《关于全面实施阳光征拆助推区域经济发展的调研报告》，为全区集体土地征拆工作出谋划策，《关于促进我区集体土地103号令安置工作的调研报告》被区政协列为今年1号重点提案。督促35名九三特约监督员，本着公开、公平、公正的原则，积极主动参加对相关单位的政风行风民主评议等情况的督查。 （曾 锦）

【服务社会】 2018年，九三学社雨花区工委整合雨花非遗馆资源，发挥九三成员优势，打造雨花非遗馆“同心实践基地”。打造丰园“同心社区基地”，参与开展“助学、助困、助残、助老、助业”系列活动，共同画好社区同心圆。打造浦沅社区“社员之家”基地，成为开展社区服务活动的同心平台、区工委参政议政的前沿阵地。做实“沁心幸福工作室”品牌，开展关于婚姻家庭、情商管理、心理学等主题的公益讲座36场，获长沙市妇联2018年长沙市“妇女儿童之家”优秀品牌案例二等奖。开设社区“24小时自助书吧”，将定期组织开展图书漂流、阅读分享、互助帮扶等一系列志愿服务活动。参加“同心助学、情暖桑植”活动，区工委组织各支社社员募集资金4万元，其中傅琼琼捐助2万元，邓运姣长期扶助贫困学生1名。 （曾 锦）

群众团体

总工会

【概况】 长沙市雨花区总工会（简称“区总工会”）为群团组织，主要职能是维护广大职工的合法权益；建立和发展各级基层工会组织，协助各级党组织对工会干部进行管理；参加企事业单位的民主管理；帮助职工提高综合素质；组织实施送温暖工程开展扶贫帮困活动，维护全区的改革、发展和稳定；做好女职工保护工作，维护女职工的特殊利益。下设二级事业单位区职工服务（帮扶）中心。2018年，区总工会在职干部职工13人，其中行政编制4人，事业编制2人，改非1人，兼职副主席1人，挂职干部1人，雇员4人；退休6人；党员14人，其中在职党员9人。办公地点设雨花区政府机关大院内信访大楼三层。

2018年，雨花区全面推进工会改革工作，深化劳动竞赛和教育培训，提升职工整体素质；强化组织建设，服务社会经济发展大局；强化职工帮扶维权，推进劳动关系和谐。开展劳动竞赛，推进创新创业。开展“安康杯”竞赛，强化安全意识。关心关爱劳模，弘扬先进示范作用。多措并举，稳步推进深化改革。加强组建，健全“小三级”工会网络。推行工资集体协商，保障职工权益。加强工会经费收缴力度，提高工会经费使用效能。开展帮扶慰问，为困难职工办实事。开展形式多样活动，促进职工身心健康。

（凌　敏）

【组织建设】 2018年，雨花区印发《雨花区总工会深化改革实施方案》，按照坚持正确方向、坚持问题导向、坚持服务大局、坚持职工为本、坚持基层为重、坚持改革创新的基本原则，建立专职、挂职、兼职相结合的工会干部队伍。选举基层工会干部为区总工会兼职副主席，劳模及一线职工代表进入区总工会委员、常委。区总工会依托镇（街道）、（村）社区工会组织，通过建立行业工会、楼宇工会、基层联合工会等方式，新建工会组织601家，新增会员2.9万人。洞井街道办事处、雨花区思齐培训学校两家基层工会获评2018年全市工会“职工书屋示范点”称号。区信访局、红星实业集团有限公司、区社会福利中心、长沙市威龙保安服务有限公司、长沙克明面业有限公司获“长沙市五一劳动奖状”称号；湖南晓光汽车模具有限公司唐博杰、中建五局第三建设有限公司廖飞、区城市管理和行政执法局石远康获“长沙市五一劳动奖章”称号；区劳动保障监察大队、唐智科技湖南发展有限公司高铁动车组安全监控系统项目组、湖南驰众机器人有限公司工程部、湖南省泰达机器人制造有限公司工程研发中心获“长沙市工人先锋号”称号。

（凌　敏）

【职工素质】 2018年，雨花区举办“聚力新时代·展现新风采”女职工趣味运动会，50支队伍千余名女职工参加比赛；开展为3000余名职工送电影活动；举办“保卫蓝天·共享绿色”环圭塘河风光带5000米健步走活动，1800名机关干部职工参加活动；举办“缘汇雨花”第五季单身职工联谊活动，各基层工会400余名单身职工参加，27对单身男女职工现场牵手成功；举办“鼓干劲、立新功、创佳绩”职工拔河比赛，80余支代表队1200余名职工参加；举办“不忘初心·砥砺奋进”企业职工学习宣传贯彻党的十九大精神知识竞赛；举办“打赢蓝天保卫战·争当环保排头兵”企业职工知识抢答赛；举办“比武赛技能·做岗位能手”养老护理员职业技能竞赛，100余家企业8000余名职工投身劳动竞赛活动。开设安全生产、消防知识等各类培训班14次，培训职工1400余人次。组织开展育婴师、美容师、茶艺师培训，180余人参加培训，合格学员可获得省人社厅颁发的资格证书。举办全区工会经审工作业务培训班，区工会第四届经审委员会委员、部分区直属工会经审主任等60余人参加培训并开展财务交叉检查工作。

（凌　敏）

【职工权益维护】 2018年，雨花区推进“安全生产月”活动深入开展，发挥工会组织作用，举办“全面压实企业安全生产主体责任”企业职工安全生产知识竞赛。在金炬实业股份有限公司和湖南晓光汽车模具有限公司开展“珍爱生命　拒绝毒品”进企业、近职工为主题的禁毒宣传教育活动。开展“春季要约行动”启动仪式及业务培训班，注重培养工资集体协商、职代会典型企业。签订工资集体协议77份，覆盖企业2082家、职工2.5万人。金炬实业股份有限公司、湖南湘府新都大酒店有限公司获评长沙市职代会和工资集体协商典型示范企业。定期召开劳模座谈会，走访慰问困难劳模，组织劳模赴南宁、厦门等地进行疗养。开展“中国梦·劳动美”雨花区劳模宣讲团进企业宣讲活动，充分发挥劳模的引领示范作用，近100名职工参加活动。（凌　敏）

【职工帮扶】　2018年，雨花区坚持春送岗位、夏送清凉、秋送助学、冬送温暖，开展春节走访慰问困难职工；走访慰问单亲、特困女职工；金秋助学以及大病救助等帮扶活动，慰问困难571人次，慰问金92.76万元。开展职工住院医疗互助活动，组织2万余名职工参加互助医疗活动，为874人次申请医疗补助金68万余元；为2名女职工申请女职工特殊疾病保障补助金2万元。在高温季节开展“清凉一夏、关爱同行”慰问活动，为6000余名一线职工送去价值50万余元防暑物资。（凌　敏）

【区总工会四届三次全体会议】　2018年11月16日，雨花区总工会第四届委员会第三次全体会议召开。会议经民主程序选举李悦、杨金花（兼职）为区总工会第四届委员会副主席，经协商李悦任区总工会第四届女职工委员会主任，增补李杏仁、周宏伟任区总工会第四届女职工委员会委员，增补王芳为区总工会第四届委员会常委，张冬霞、黄杰刚补选为区总工会第四届委员会委员。会议学习省人大常委会副主任、省总工会主席周农《在全省工会传达学习贯彻中国工会十七大精神大会上的讲话》，召开雨花区总工会第四届常委第二次全体会议，审议通过区总工会聘请兼职会计事项和《区职工服务（帮扶）中心帮扶资金发放审批办法（试行）》《区总工会对下补助经费管理办法（试行）》。（凌　敏）

【考察交流】　2018年4月12日，省总工会干部学校副校长唐朝阳带领全省规模以上企业工会主席岗培班一行约100人考察雨花区非公企业工会规范化建设情况，实地考察长沙雨花经开区中国（长沙）创新设计产业园、长沙克明面业有限公司。唐朝阳及岗培班学员表示，雨花区考察交流为开展工会工作提供经验和思路。（凌　敏）

【省总工会调研女职工工作】　2018年10月16日，省总工会女职工部主任科员唐雁群，市总工会女职工部主任科员周菲菲调研长沙克明面业股份有限公司女职工工作，调研组现场观摩面业生产线、文化馆，走访察看女职工工作现场，参观亲子关爱室，听取了长沙克明面业工会女职工工作开展情况汇报。唐雁群表示，长沙克明面业工会从关心女职工、切实替女职工排忧解难的角度出发，超前谋划创办亲子关爱室，值得肯定。区总工会党组书记李悦等参与调研。（凌　敏）

【市总工会督查工资集体协商工作】　2018年11月19日，长沙市总工会党组成员、副主席汪中会，市总工会基层工作部部长李智调研督查雨花区工资集体协商工作开展情况，听取雨花区2018年工资集体协商工作情况汇报，实地察看长沙威龙保安服务有限公司2018年职代会、工资集体协商工作以及创建模范职工之家工作开展情况。汪中会要求，雨花区要继续保持本地特色；更深入、全面、细致地总结工资集体协商、模范职工之家工作，形成更多指导性的经验和做法；充分发挥集体协商在促进劳动关系和谐稳定中的基础性作用。区总工会党组书记、副主席（常务）李悦，区总工会副主席谭洪波参与调研督查。（凌　敏）

【市总工会督查困难帮扶工作】　2018年10月16日，长沙市总工会党组成员、经费审查委员会主任向欣，市总工会权益保障部部长张孟检查雨花区开展困难职工解困脱困等专项资金使用管理和精准建档情况，实地查看困难职工建档立卡及相关资料，随机抽取20户困难职工进行电话访问，到5户困难职工家中面对面交谈，实地了解困难职工情况。检查组充分肯定区工会困难职工解困脱困工作，强调要精准聚焦、持续发力，做到“四个精准”“三个到位”，帮扶责任落实到位、责任人对接到位、责任人政策掌握到位。（凌　敏）

【知识竞赛活动】　2018年5月16日，区总工会举办“打赢蓝天保卫战·争当环保排头兵”企业职工知识抢答赛活动，进一步加深企业职工对“蓝天保卫战”的认识与理解，传播蓝天保卫行动，倡导绿色生活、低碳出行理念，在全区各基层工会、广大职工中营造

2018年6月8日，雨花区蓝天保卫健步走活动　（刘萍／提供）

"同呼吸、共命运，坚决打赢蓝天保卫战"的良好氛围。（凌　敏）

【母婴关爱室建设】 2018年，区总工会选定人口较密集、女职工人数较多、条件较成熟的喜盈门范城作为标准化母婴关爱室创建点，对原有的母婴关爱室进行改造升级，增加专业设备，完善规章制度，落实管理责任，为备孕期、怀孕期和哺乳期的女职工免费提供私密、干净、舒适的休息环境和哺乳场所。11月15日，在喜盈门范城母婴关爱室通过市总工会的现场验收，正式挂牌"长沙市标准化母婴室建设点"。（凌　敏）

2018年5月4日，雨花区"奋斗青春·筑梦蓝天"五四主题演讲比赛（鲁聿霖／摄）

共青团

【概况】 中国共产主义青年团长沙市雨花区委员会（简称"团区委"），为正科级行政单位，是雨花区各级团组织的领导机关，核定行政编制3名，领导职数2名，2018年，在职干部3人，雇员2人；党员4人。办公地点设在雨花区人民政府机关大院1号办公楼。

2018年，团区委围绕项目大攻坚、管理大提质，以群团改革为契机，以服务青年为重点，以品牌活动为特色，充分发挥团组织优势，各项工作取得新的突破。创建市级青年文明号5家，省、市级雷锋工作站5家，有30多个先进单位和个人受到国家、省、市、区团组织的表彰。全区评选出五四红旗团委4家、五四红旗团支部4家、优秀共青团干部3名、成为优秀共青团员3名。（鲁聿霖）

【组织建设】 2018年，团区委学习贯彻中共十九大精神、习近平总书记系列重要讲话精神、全国"两会"精神、团十八大精神，参加区委理论中心学习组学习、学习贯彻党的十九大精神培训班等各种专题学习20余场，组织团线干部，学习《办文工作业务指南》《业务工作流程指南》等业务书籍，完善自身知识体系和业务能力。组织党团员干部参观反腐倡廉教育基地。落实党风廉政建设主体责任，明确单位主要负责人"一岗双责"具体内容、工作任务和责任边界。召开"三重一大"专题会议8场，规范"三重一大"制度建设，严格遵守五个"必须"要求。开展"提篮子"等专项整治工作。全区147个村（社区）团支部完成集中换届，学校、医院、银行、志愿者组织等单位团组织负责人纳入村（社区）团组织班子，全面实现基层团组织班子年轻化、高学历、结构优的目标。加强学校战线团队工作，通过严格落实初中团学比例30%、高中团学比例60%两个关键比例，提升团队工作在学校工作的重要性，突出团员先进性、光荣感。校地合作取得新突破，与长沙民政学院等5所职业院校团委建立密切联系，在长沙民政学院和航空职业技术学院建立青年志愿者服务阵地，明确长期合作关系。完成青联、青企协的换届工作，定期召开区青联常委会、区青企协理事会，通过举办专题活动增强组织凝聚。推进少先队活动课建设和学校少工委建设改革试点工作，得到团中央、团省委一致好评。（鲁聿霖）

【帮扶弱势青年】 2018年，雨花区成立预防青少年违法犯罪工作领导小组，建立街道、社区、学校三级贯通的联动工作机制，为青少年健康成长保驾护航，全区青少年（未成年人）犯罪、涉罪率低于前三年平均值。发挥综治考核杠杆作用，加强重点青少年群体服务管理系统使用，开展保护青少年合法权益特色活动30余次，接听咨询电话1000余次，跟踪服务特殊群体100余人。开展"杜鹃花开·情满三湘"义卖活动，"爱心捐赠零花钱"、希望工程"一元捐""圆梦行动"和"金秋助学·圆梦雨花"助学帮扶活动，募集价值80万元的现金和物资存入长沙市青基会，用于捐助全市贫困学生。9月至10月，连续开展两场"金秋助学·圆梦雨花"助学活动，资助辖区贫困应届高中毕业生和中小学生25名，发放助学金9.3万元。举办"相约青春·让爱发声"等婚恋交友活动，为单身青年干部、教师、企业青年提供交友、婚恋平台。与长沙市雨花区青年创业者协会合作举办"最美青年创客""第六届长沙创业沙龙"等64场创业创新主题活动，为评选出的优秀项目提供创业资金扶持和创业政策扶持，为3400名创业青年提供创业帮扶，鼓励青年创新创业。（鲁聿霖）

【青少年群体教育服务】 2018年，雨花区以"智慧团建"为重点，以"雨花青年之声""雨花共青团"微信公众号、共青团雨花区委微博、"青年之家"云平台等服务平台建设为依托，实现共青团工作线上线下全面融合，引领青少年的思想。通过第一时间宣讲最新政策，更新青年时事，回应社会热点问题，正面引导舆论。发微信公众号100余篇，回复社会热点问题2000余条，浏览总量在10万次以上。结合青年特点，在微博、微信上开展社会主义核心价值观体系学习教育、理想信念教育、思想道德教育活动，通过教育引导青年，把青年团结在团组织周围，永远跟党走；更新各街道、各社区组织的青年活动，为青年群体传播正能量。“雨花共青团”微信公众号在全省县区级团委微信影响力排行榜中位列前十，关注粉丝超过1万人。团雨花区委智慧团建工作完成13个街道镇团（工）委、471个团支部、14所雨花区辖管中小学的组织信息完善和团干部信息录入工作。评选尹文芳等15名长沙市“青年岗位能手”，为广大青年职工成长搭建更加广阔的舞台。推选井湾子街道三湘社区、湖南省麦当劳叔叔之家患儿家庭援助中心等5个社会组织阵地为市级青年文明号。创建砂子塘街道社会组织实践园示范性基层团组织、跳马镇斑竹塘社区示范性团支部等5个示范团组织。创建创建南雅社区青年之家、广益社区公共服务中心等5个区级青年之家，夸克仓库独立设计加速器“青年之家”、雨花区青年志愿者之家两个市级青年之家。（鲁聿霖）

【服务青年创业就业】 2018年，雨花区推进雨花区创业型城市创建工作，推动就业，服务创业，推进商业繁荣，成就青年创业者的事业。举办“自兴人工智能培训课程”“开港啦——融沙龙：小微企业金融服务专场”“第六届长沙创业沙龙”等创业创新培训会31场，服务创业青年1280名。开展“最美青年创客”评选及其他一系列活动，为评选出的优秀项目提供创业资金扶持和创业政策扶持，鼓励广大青年创新创业，巩固“最美青年创客”活动品牌。深化与湖南红星网、《长沙晚报》、长沙政法频道等媒体的战略合作，发表各行业、各领域优秀青年典型，推动青年岗位能手、优秀青年志愿者典型报道10余篇。成立由法院、公安、城管等一线岗位优秀青年、企业精英、教师骨干联合组成的青年讲师宣讲团，宣讲“习近平总书记系列重要讲话精神”“蓝天保卫战”等工作20余场，青年受众3000余名。开展现场学习交流会，青年创新大讲堂等活动，多渠道宣传先进青年事迹，引导各行业青年立足岗位、建功立业。（鲁聿霖）

【志愿服务】 2018年，雨花区完善雨花区青年志愿者协会，规范志愿者工作流程和服务，提高青少年志愿服务的水平。系统开展调研需求、协调资源、完善规划、制定方案等工作，把志愿服务常态化、制度化。强化青年志愿者服务能力，邀请培训机构、老师对青年志愿者开展培训4次，900余名志愿者参加。开展“奋斗青春·筑梦蓝天”五四主题演讲比赛，60余个部门和街镇的100余名干部、教师参加比赛。从湖南师范大学、湖南农业大学等学校招募志愿者，提供翻译、讲解、引导等不同志愿者岗位，服务2018年农交（博）会工作。组织13支志愿服务队伍，每天20人，为高铁南站旅客提供暑运志愿服务，日均服务旅客5000余人次。完善社区“雷锋号”志愿者工作站、雷锋超市等公益阵地10余家。团区委、桑植团县委成立“雨花区·桑植县青年创客之家”，助推桑植县培育小微企业，帮助桑植青年创业者提供市场信息、创业指导，目前入驻小微企业20余家。积极参与群众工作。团区委结对社区困难居民8户，收集、办理群众反映的民生问题16个，办结率100%。（鲁聿霖）

【团代会】 2018年1月18日，共青团长沙市雨花区第四次代表大会第二次全体会议，应到代表220名，实到代表209名。根据《中国共产主义青年团章程》等有关规定，会议采取无记名投票的方式选举产生共青团雨花区第四届委员会委员34名。共青团雨花区第四届委员会第一次全体会议，应到委员34名，实到委员32名，选举产生团区委常务委员会委员13名、书记1名、专职副书记1名、挂职副书记1名、兼职副书记3名。共青团长沙市委书记叶妙代表团市委热烈祝贺，她希望雨花区各级团组织以史为鉴，高举旗帜，更加明确团工作的责任和使命；关爱青年，主动作为，不断提高服务青年的工作水平；志存高远，砥砺前行，勇挑长沙建设发展的时代重任。区委副书记陈永高希望全区各级团组织和广大团员始终做信念坚定、志存高远的表率；始终做敏于求知、创新创业的表率；始终做奋发作为、真抓实干的表率；始终做明德至善、严于律己的表率。区领导龚畅、李劲松、王明玖、康长萍等参加会议。（鲁聿霖）

【庆祝五四青年节】 2018年5月4日，雨花区举办“奋斗青春·筑梦蓝天”五四主题演讲比赛决赛，庆祝五四青年节。决赛评出一等奖一名、二等奖两名、三等奖三名、优秀奖二十名。共青团长沙市委副书记周坤、雨花区委副书记陈永高、雨花区人民政府副区长蔡泽敏，雨花区各部门分管共青团工作副职，各级团组织团委书记，青年志愿者协会代表以及各战线团员青年代表观摩决赛。雨花区委副书记、区长刘素月寄语全区青年，希望广大团员青年，从自己做起，从身边做起，践行绿色发展理念，共呼吸，共奋斗，共同打赢“蓝天保卫战”，并祝全区青年节日快乐。（鲁聿霖）

【农博（交）会志愿服务】 2018年11月1日至5日，第十六届中国国际农产品交易会暨第二十届中国中部（湖南）农业博览会和南南合作会议在长沙国际会展中心举办。雨花区在8个场馆、登录厅、主会场以及地铁站等重要位置明确54个志愿服务点，根据不同要求，配备翻译、讲解、引导、接待、会务服务、咨询等不同志愿者。从湖南师范大学、湖南农业大学、长沙民政学院、长沙航空职业技术学院等学校招募志愿者总人数312人，5天投入748人次志愿服务，日均150余人次，其中开幕式当天投入志愿者162人。（鲁聿霖）

妇女联合会

【概况】 长沙市雨花区妇女联合会（以下简称“区妇联”）行政编制3名，

其中领导职数2名。2018年，在职在岗人数6人，其中干部3人，雇员2人，劳务派遣1人；退休1人。区妇联党支部，党员5人，在职党员4人，雇员党员2人，退休党员1人。办公地点设在雨花区人民政府1号楼。

2018年全区妇女工作围绕促进妇女发展和维护妇女权益两条工作主线，在组织建设、事业发展、宣传工作、维权工作、妇儿工委等方面开展一系列工作，积极稳妥地推进妇联改革，服务妇女儿童，促进妇女、儿童、家庭各项事业的发展，实现新跨越，被评为全省妇联系统宣传工作先进单位。开展垃圾分类系列宣传活动，聘请专业老师为社区开展14次“垃圾分类”宣教大讲堂活动。家庭教育大讲堂和“幸福大讲堂”授课72堂。“阳明家训”大讲堂巡讲16堂。开展妇女小额担保贷款工作，为14名妇女发放小额担保贷款140万元，培育一批妇女小额担保贷款受益典型。组织开展小儿推拿、育婴、插花、手工编织等适合女性创业就业的技能培训；整合资源，发挥雨花非遗馆民间手工女艺人作用，推进妇女居家就业、灵活就业，培育一批巧手创业、灵活就业的优秀典型。

（吴　杨）

【组织建设】 2018年，区妇联坚持坚持党建引领，不断深化妇联改革，起草《雨花区妇联改革实施方案》，由区委办发文推进实施，全面完成区妇联改革涉及到七个方面20项工作任务。街道（镇）妇联主席由街道（镇）领导班子中女性成员兼任，配备1名专职副主席，专职副主席享受同级中层干部待遇；社区（村）妇联主席全部进“两委”。在机关事业单位、园区企业、社会组织、商务楼宇、专业市场等领域新建51个妇女组织，并指导开展工作。开展中共十九大和中国妇女十二大精神宣讲活动，开展“巾帼初心耀三湘”主题宣传教育活动，通过思想引领，引导全区广大妇女听党话，跟党走。打造区妇联微信公众号平台，通过微信公众号，向广大妇女传达党和政府的好声音、好政策，宣传优秀典型，传递正能量，引导女性自尊、自信、自立、自强。微信公众号综合影响力排名全省区县级妇联第四。严格落实党委意识形态（网络）工作责任制，全年未发生负面舆情事件。按照“七有”标准，指导街道（镇）完成妇联组织区域化建设改革。加大“示范妇女儿童之家”和优秀品牌项目培育力度，评选出区级“示范妇女儿童之家”5个和优秀品牌案例5个，创建市级“示范妇女儿童之家”3个，“谦谦女社”“沁心幸福工作室”等3个品牌项目分获市级优秀品牌案例一、二、三等奖。开展寻找“最美家庭”和“最美女性”活动。评选出“最美孝老爱亲家庭”“最美书香家庭”“最美助廉家庭”“最美公益家庭”“最美两型环保家庭”“最美平安家庭”100户，其中区级“文明家庭”36户，区级“两型示范家庭”10户，市级“文明家庭”4户、市级“最美家庭”4户，市级“五好家庭”1户；推荐市级“两型创建家庭”200户。评选出“最美敬业女性”“最美创业女性”“最美公益女性”和“最美孝老爱亲女性”共50名，激励全区女性在“三个雨花”建设中树立新风尚，创造新业绩。

（吴　杨）

【妇女活动】 2018年，雨花区组织多种形式的妇女活动。雨花区直机关工委、区总工会、区妇联联合开展“聚力新时代，展现新风采”迎“三八”女职工趣味运动会。举办街道、社区（村）妇联组织区域化建设改革现场观摩推进会暨业务培训班。引入全国知名公益项目——赋权式儿童安全“五防”课程。以培养儿童自我保护意识，全面提升儿童应对险境的技能为使命，教育儿童尽可能地避免来自性侵、拐卖、校园暴力、灾害、意外五个方面的伤害。开展“巾帼读书会”，读书会每周三晚固定在和+共享图书馆开展两个半小时活动，采取“诵读会”“读书分享会”“读书沙龙”“旗袍书会”“书法悦书堂”等方式，每个月共读一本好书，分享交流体会，开展活动19期，受益女性2000余人。引入全国妇联中国儿童基金会“为明天插上翅膀”综合素质提升项目。该项目以一年为一阶段，由中国儿童基金会投入200万元资金，15所小学和15个村、社区开设67个培训班，为2000名困境儿童每人送去100个课时的免费优享教育资源，给他们以关爱和滋养，丰富充实社区的“四点半课堂”。雨花区妇联授牌雨花非遗馆和湖南金职伟业现代家庭产业发展有限公司为雨花区巾帼创业就业示范基地，培养输送创业就业女性近万名。组织全区基层妇联干部培训，学政治理论，强业务能力，广泛开展“巾帼心向党，建功新时代”建议征集活动。开展中共十九大和中国妇女十二大精神宣讲活动，带领全区妇女沿着党指引的方向阔步前进；开展“巾帼初心耀三湘”主题宣传教育活动，引导广大妇女接受红色湘女精神洗礼，增强爱党爱国情感。开展技能培训，组织开展小儿推拿、育婴、插花、手工编织等适合女性创业就业的技能培训。

（吴　杨）

【关爱妇女儿童】 2018年春节前夕，区妇联为161名一线环卫女工送去慰问物资。春节期间，走访慰问困难妇女家庭58户，送去4万余元慰问金和过年物资。3月，区妇联联合人社部门举办“春风送岗惠民生，精准服务真扶贫”春风行动，提供就业创业、妇女维权等政策咨询服务，发放宣传资料3000余份，引导和支持妇女就近就业，72家企业提供岗位2000余个，现场达成就业意向205人。“六一”期间，开展“陶响未来，春蕾助学”的帮扶活动，为45名贫困儿童提供2.7万元的助学金并赠送书籍和陶笛，免费开设陶笛公益课程。6月，开展省人大社区端午走访慰问活动。6月28日，全国知名公益项目——赋权式儿童安全“五防”课程在砂子塘万境水岸小学正式启动，培养儿童自我保护意识，全面提升儿童应对险境的技能，教育儿童尽可能地避免来自性侵、拐卖、校园暴力、灾害、意外等五个方面的伤害。区妇联选派200名教师和家长志愿者进行培训，在40所学校开设此课程，开展儿童普及教育，构建“家庭、学校、社会”三位一体的安全教育格局，受益儿童2万余人。12月，区妇联做好“两癌”免费检查及贫困救助。按妇女病普查每人80元、妇女“两癌”筛查每人200元的标准，为全区近7万适龄妇女免费检查。为全区10名身

患“两癌”疾病的特困妇女开展救助活动，为她们送上2万元救助金。（吴　杨）

【维护妇女儿童权益】　2018年，区妇联接待各类来电咨询115例，接待信访群众796人次，接待信访案件263起，事事有回音，件件有结果。开展妇女儿童权益保护、婚姻家庭纠纷调解调适、妇女维权重点难点案例处理与实操等培训。开展“三八维权周”活动，编印《妇女维权法律法规手册》6000册，购买《中华人民共和国反家庭暴力法》读本并印制维权宣传折页各2万份，发放到基层。开展禁毒宣传活动，以“平安家庭”创建为依托，深化“禁毒宣教进万家”活动，宣传禁毒法律法规和毒品预防知识。巾帼志愿者孟繁英带领志愿者走进湖南坪塘强制隔离戒毒所，为600余位戒毒学员送去关怀。创造性地开展妇女儿童维权工作，为困难妇女提供法律援助，成功处理数起具有典型性、影响较大、严重侵害妇女儿童权益的信访案件。区妇联获全省“巾帼暖人心”维权创新项目审评第二。（吴　杨）

【领导调研】　2018年2月，长沙市妇联副主席石莉波一行在雨花区妇联主席周智婷陪同下慰问特困妇女。5月，市妇联副主席石莉波、市政府妇儿工委办专职副主任周献一行深入雨花区跳马镇新田村，调研雨花区“儿童之家”建设情况。6月，湖南省妇女干部学校校长刘艺到井湾子街道调研指导基层妇联组织区域化建设和改革创新工作。7月，市妇联党组成员、副主席周小春，组联部部长龚艳，组联部副部长文庆林、长沙市政和社会工作发展中心主任狄琼一行5人到雨花区调研座谈。11月，全国妇联第十二届执行委员会委员、长沙市妇联党组书记、主席文方，到雨花区进行中国妇女第十二次全国代表大会精神宣讲。12月，省人大法制委、常委会法工委党支部联合东塘街道省人大社区党总支共同开展反家庭暴力宣传活动，省人大常委会法工委副主任胡雪清，省人大机关党委专职副书记黎小荣，省妇联权益部部长彭迪，区妇联主席周智婷，东塘街道工委书记黄金等参加活动，现场30位居民参与。（吴　杨）

【区妇联第三届二次执委会议】2018年12月29日，雨花区妇联第三届二次执委会议召开。会议区听取街道、镇妇联工作汇报，替补、增补尹平等16名区妇联第三届执委。妇联主席周智婷作大会工作报告，回顾总结2018年全区的妇女工作，部署2019年工作。市妇联党组成员、副主席周小春宣讲中国妇女十二大精神，对新增执委进行“履职培训”。会议组织区妇联全体执委调研跳马镇新型职业女农民创业就业基地，开展女性素质提升培训课程。（吴　杨）

【网络名人走基层】　2018年9月3日，“美丽绽放·潇湘行——网络名人走基层访妇情，话改革赞成就”活动在长沙雨花非遗馆启动，中国妇女报社副总编辑金勇主持启动仪式，湖南省妇联党组书记、主席姜欣出席启动仪式并讲话，省妇联宣传部部长钟斌，长沙市妇联党组书记、主席文方，雨花区委副书记陈永高，区妇联主席周智婷参加启动仪式，并陪同现场考察活动。网络名人走基层活动采访团一行到雨花非遗馆湖南省巾帼手工创业就业孵化基地参观女红协会、浏阳夏布、湖南湘绣研究所、女书馆、香道馆等场馆，了解雨花非遗馆内女性手工艺品企业发展状况。“中华一刀剪”洪源表演一刀剪出《网络名人走基层》。姜欣介绍，省妇联实施“芙蓉匠心计划”重要举措，启动创建百个手工编织基地，培育千名巧手带头人，带动万名农村妇女巧手创业就业”，让更多农村妇女真正实现“巧手脱贫的“百千万工程”，湖南省巾帼手工创业就业孵化基地入驻企业16家，成为集手工艺产品展示展销、技能培训、研发设计、业务洽谈、企业孵化“五位一体”的全方位女性创业就业服务平台。（吴　杨）

【社区健康生活馆开馆】　2018年4月3日，湖南省首家社区健康生活馆在东塘街道开馆营业。长沙市妇联党组书记、主席文方，长沙市卫计委宣传处处长邓桂林，雨花区委副书记陈永高，区政府副区长刘江红、区妇联主席周智婷，雨花区东塘街道工委书记黄金等为生活馆揭牌。东塘街道健康生活馆位于牛婆塘社区裕华名苑小区3栋，是一家非营利性的健康生活馆，上下两层，面积240平方米。馆内开设健康生活馆、颐养e家、悦动天地、健步花苑四大主题空间，包括健康保健区、医疗互动区、疾病预防区、健康生活区、合理膳食区五大功能区，集体验式健康教育、健康促进和公共服务于一体，满足居民群众多元化的健康需求。活动现场，东塘街道与辖区医院代表签订医联体合作协议，街道整合辖区医疗机构和街道社区卫生服务中心的医疗资源，选派专家教授定期来馆里坐诊，湖南省第二人民医院负责双向转诊、远程互动，湖南省地矿医院负责中医推拿、针灸理疗，街道社区卫生服务中心负责健康档案管理和慢性病、多发病等公卫服务。文方向东塘辖区妇女赠送包含16项免费体验项目的健康大礼包。10名医生进社区义诊，为100余名居民提供一对一的检查、咨询服务。（吴　杨）

科学技术协会

【概况】　雨花区科学技术协会（简称“区科协”）组织开展全区科普工作。核定编制3名，其中领导职数2名。2018年，在职干部职工5人，其中正科级领导1人，副科级领导1人，主任科员1人，科员1人；雇员1人。党支部，党员4人。办公地点设在雨花区人民政府关大院2号楼3层。

2018年，雨花区按照“搭建平台、资源共享”的工作思路，以“大联合、大协作”的工作方式，围绕区域工作中心，着力开展科普宣传。重点突出科普示范创建、科普网络机制优化、科普信息化建设、科普益民惠民行动、科协机关党建创建五个方面，全民科学素质行动进一步普及深入。区科协不断深化改革，切实履行“为科技工作者服务、为创新驱动发展服务、为提高全民科学素质服务、为党和政府科学决策服务”的职责，全面加强自身建设。区科协作为全市唯一代表，被典型推荐做全省科协组织体系建设试点工作经验交流；主席彭知被评为长沙市科协系统内五区科协机关唯一优秀科技工作者。（郭　敏）

【组织建设】 2018年，雨花区充实区全民科学素质纲要实施工作领导小组，落实《雨花区全民科学素质行动计划纲要实施方案（2016—2020年）》，制定《雨花区雨花区科协系统深化改革实施方案》，并召开相关会议进行任务分解。召开雨花区科学技术协会第三届常委会第四次、第五次会议，调整充实科协组织领导机构。区科协加强内部建设，完善内部考核机制、内部工作机制、对街道绩效考核，提升综合素质与实力，全区镇、街，大部分村、社区、学校设有科普宣传设施。开展对街道科协、社区、学校的走访、调研活动，通过走访、调研及时掌握街道科协、社区、学校的实情。参照“全国科普示范城区”创建标准，加大投入，突出重点，全面提高科普硬件设施建设水平，形成具有区域特色的品牌，助推全区科普事业的发展。探索和服务社会治理创新，为砂子塘街道、井湾子街道融城苑社区、雨花亭街道雨新路社区引入互联网信息技术及智慧云服务管理平台，打造服务基层、服务群众的智能终端入口，夯实科普工作基础。（郭　敏）

【科技普及】 2018年，区科协充分调动、利用区内、区外资源、上下联动、协作，创新科普服务载体、活动方式，因地制宜地把科协工作植入雨花区相关部门、企业、社区、学校。2月27日，区科协联点侯家塘街道与“孟妈妈青护园”在平和堂前坪举办“真爱生命远离毒品”主题的科普宣传活动，发放宣传册300余份，宣传单2000份，悬挂宣传标语6条。2月28日，区科协联点洞井街道天际岭社区举办“我们一起看世界”生态科普活动。3月21日，在树木岭小学组织开展“大手牵小手，科普进校园”的关爱进城务工人员随迁子女志愿服务活动，省科协党组书记、副主席刘小明代表省科协向该校赠送价值4.8万元的机器人、2000余册科普书籍和100套学习用品。5月14日，雨花区在长沙市第十五中学开展校园科普活动——无人机上演“空中芭蕾”。5月20日，区科协指导雨花亭街道办事处在香南郡社区举办以“助残扶老、健康科技”为主题的大型宣传活动。5月21日，雨花实验小学开展“环保、创新、未来”“科普大篷车”进校园活动。5月24日，雨花家园社区举办防灾减灾、消防安全、安全生产等科普知识讲座，社区请专业人士制作防灾减灾、消防安全、安全生产PPT，用生动的视频案例知识及警示片配音讲解居民液化气使用须知。5月30日，区科协联合井湾子街道在湘莲社区前坪开展“食品安全科普活动进社区”宣传活动，活动通过展示食品安全知识展办，发放《中华人民共和国食品安全法》以及食品安全知识宣传折页等方式向居民传授科普知识，指导居民应对生活中的食品安全问题，增强广大消费者的食品安全自我保护能力。6月7日，区科协在香南郡社区举办科普专干培训，邀请江苏联著有限公司的陈燕蟠作专题辅导，雨花区街道、社区以及学校近百名科普工作人员参加培训。7月13日，区科协联合雨花亭街道香南郡社区党总支以及雨花区枫树山东南海学校，在社区召开青少年科普知识宣讲活动。9月15日，雨花区科协联点融城苑社区在社区科普文化广场开展“我们的节日——中秋”雨花区志愿服务活动之“讲文明、树新风、除陋习”系列活动暨“科普垃圾分类·共同守护蓝天”主题活动，引导居民积极践行文明、节约、绿色、低碳的生活方式，共同建设和谐宜居的生态环境。10月15日，区科协联合农博社区组织辖区居民开展“普及科学知识，节能低碳从我做起”科普宣传活动，倡导青少年、居民群众在日常生活中养成节水、节电、节能的好习惯，共同享受低碳环保、科学健康生活，提高节能减排、低碳生活从我做起的公众意识。10月20日，区科协联点东山街道黎雅社区开展“美丽雨花，垃圾科普我先行”主题志愿活动，倡导争当垃圾分类工作的实践者、宣传者和践行者。10月26日，区科协党支部联合香南郡社区党总支开展“参与垃圾分类党员率先垂范”主题党日活动。（郭　敏）

2018年5月23日，全国科技者日活动（郭敏/摄）

【科技服务】 2018年，区科协牵头组织区科技局、区经信局、区中小微企业服务中心等单位开展科技需求摸底调查，将需要了解掌握大数据和物联网有关技术需求报送至市科协有关部门。区科协与雨花经济开发区联动，支持湖南晓光汽车模具有限公司、北京航天13所等企业申报建立省、市级院士专家工作站，帮助其申报有关资料，湖南晓光汽车模具有限公司被认定为湖南省院士专家工作站。推荐湖南伊鸿健康科技有限公司评为长沙市海智计划工作站。邀请长泰机器人有限公司董事长杨漾、长沙科技职院副院长成奋华、绿色湘军环保协作平台主任郑亚国、全国新能源节能减排公共服务平台秘书长张正军等8位科技工作者座谈，围绕智能制造、高铁新城建设、治理大气污染等谋良策出实招。组织开展“科技工作者建言”论文评选活动，《建议出台政府规章规范垃圾分类》《提高市民科学素养，助推国家创新创意中心》《促进长沙创业服务业发展的建议》在市政协《社情民意》刊发。（郭　敏）

【科协会议】　2018年4月3日，雨花区科协第三届常委会第四次会议召开，会议研究部署2018年科协工作。会议审议通过有关人事变更事项，朱紫彪不再担任雨花区科协副主席（兼职）、第三届常委会委员，翔贵担任雨花区科协副主席（兼职）、第三届常委会委员。会议解读《雨花区科协系统深化改革实施方案》和《雨花区科协2018年工作要点》的征求意见稿。区委副书记陈永高强调，科协工作要坚持党建引领，做到思想超前务实、更具发展理念；坚持发展引领，做到紧贴区委、区政府的中心开展工作；要坚持绩效引领，做到勤勉尽责、力争取得最佳成绩，为加快建设财富、品质、幸福雨花，打造中部领先、国内一流的现代化强区作出科协人应有的贡献。10月31日，雨花区科协第三届常委会第五次会议召开。区委组织部远教中心主任、干部科科长肖瑞宣读区委有关文件，介绍区科协副主席提名人选的情况，会议审议并通过彭飞龙的任免提名，彭飞龙进行表态发言。副区长刘江红感谢区委对科协班子的重视，要求科协进一步团结务实，围绕区委、区政府中心工作，突出新技术、新业态、新模式、新产业“四新”经济，切实做到服务企业、服务基层社区、服务人民群众，敢于担当、奋发有为，为建设财富品质幸福雨花再立新功。会议通报区科协2018年的工作情况，提出2019年的工作思路。全体常委进行讨论发言。（郭　敏）

【“全国科普示范县”创建】　2018年，雨花区推进全国科普示范县（市、区）创建活动，区科协继续常态化使用街道科协、科协常委会、《全民科学素质纲要》成员单位三大平台，全面推动科普工作在全区开展。率全市之先在18个社区建设　“科普e站”，有政院、香南郡、火焰、自然岭4个社区“科普e站”示范点、1个全省首家校园　“科普e站”示范点。组织开展“全国科普日”“青少年科技节”等活动，在全区形成区、镇街、社区、学校“上下联动、共同参与”的科普宣传工作格局。连续3年被评为“长沙市全国科普日活动优秀组织单位”。采取“分类指导、规范运行、培养典型、以点带面”的办法，不断推进“科普示范社区”“科普带头人”“科普示范基地”创建工作。成功创建为首批2016—2020年度“全国科普示范城区”，第三次蝉联“全国科普示范城区”，成为长沙市内五区中唯一获此殊荣的城区。桂花、华银园、枫树山、廖家湾、香南郡社区创建为“全国科普示范社区”，政院、梨子山等13个社区获“省级科普示范社区”称号，赤岗、自然岭等37个社区被评为“市级科普示范社区”。长沙市航空职业技术学院科普馆被评为湖南省科普教育示范基地、雨花区育景景观苗木科普示范基地被评为市级科普示范基地，龚学荣、周文斌、黄笛进被评为市级农村科普带头人，长泰机器人有限公司董事长杨漾被评为长沙市第四届优秀青年科技人才，枫树山小学游景博被评为长沙市优秀青少年科技创新人才。（郭　敏）

【社区科技节】　2018年11月29日，雨花区科协、雨花区民政局与东塘街道政院社区联合长沙市爱乐社工服务中心于举办“体验、创新、成长”政院社区首届社区科技节，政院社区和育新小学的100多名青少年及社区居民参加。社区科技节以政院社区为平台、社会组织为载体、社会工作专业人才为支撑，提升社区青少年的资源运用能力，激发青少年对科技的兴趣，培养科技创新精神。社区青少年们观看长沙市善飞智能科技服务中心无人机表演，长沙市科大佳园军休站“快乐联盟”社工站电子积木、激光打靶、磁力钓鱼、气浮球、水下通信等科技体验，长沙圆之旅旅行社大头儿子机器人展示，学习制作万花筒，领略科技的魅力，感受科技带来的热诚与震撼。（郭　敏）

【全国科普日启动式】　2018年9月19日，雨花区2018年全国科普日启动式暨校园e站揭牌仪式在砂子塘万科魅力之城小学举行。现场播映展现雨花区科普工作成果的科普短片《创新·生活》，砂子塘万科魅力之城小学孩子与家长共同演绎科普情景剧《垃圾分类我知道》，长沙市科协党组成员、副主席易方为全省首家“校园e站”——砂子塘万科魅力之城小学“校园e站”揭牌，副区长刘江红宣布2018年全国科普日雨花区主场活动正式启动。与会人员参观体验学校科学社团、校园e站、创客教室，观看科普作品展览和无人机表演以及各学校奇思妙想的创客作品。区直有关部门、各镇、街科普工作者、学校师生及家长代表300余人参与活动。（郭　敏）

【省科协调研雨花区工作】　2018年3月21日，湖南省科协党组书记、副主席刘小明一行到雨花区调研基层科协组织建设工作。调研组一行参加主题为“大手牵小手，科普进校园”的关爱进城务工人员随迁子女志愿服务活动，活动现场，刘小明代表省科协向树木岭小学师生捐赠各类科普书籍2000册。调研组来到高桥街道火焰社区、砂子塘街道调研科普信息化工作。长沙市科协党组书记、副主席李范坤主持召开座谈汇报会，雨花区委副书记陈永高代表区委、区政府致欢迎辞，各有关部门负责人进行发言，长沙市政协副主席、科协主席邓自力提出工作要求。刘小明强调，科协工作一定要紧紧围绕党委、政府中心工作开展，一定要坚持以人民为中心的发展思路，一定要加强科协基层组织建设，真正把科协组织建设成为对科技工作者有强大吸引力凝聚力，能够为党委政府和社会各界提供高质量科技类社会化公共服务产品的群团组织。（郭　敏）

【“全国科技工作者日”活动】　2018年5月23日，“保卫蓝天我有一‘技’”雨花区2018年“全国科技工作者日”活动在区政府会议中心中型会议室举行。洞井街道商贸城社区的居民代表表演自创快板《山清水秀赞雨花》，4位科技工作者代表分别就“利用绿色技术治理城市$PM_{2.5}$和臭氧污染”“绿顶蓝天行动”等作精彩的发言，提出许多防治污染的科技之策、治本之策。雨花区委副书记、区长刘素月希望全区广大科技工作者，聚焦发展，做创新发展的先行者；服务民生，做科学知识的传播者；求真务实，做弘扬科学精神的践行者。长沙市科协党组书记、副主席李范坤肯定雨花区科协和科技工作者强烈的大局意识和责任担当、智慧力量，要求科协工作要进一步围绕中心、服务大局，要凝聚广大科技工作者的磅礴力量，奋进新时代。湖南省科协党组成员、副主席张辉学强调，雨花区科协要在区委、区政府的高度重视支持下，努力为生存环境、蓝天碧水汇聚各方面的人才，为打赢“蓝天保卫战”做出应有的贡献。区委副书记陈永高，区政府副区长刘江红，区政府副调研员盘正元出席，区直有关部门、各镇、街道、社区、科技环保企业、科普志愿者等约200名科技工作者参加活动。部分镇、街、社区的代表与环保科技企业进行现场洽谈，签订意向协议。（郭　敏）

归侨侨眷联合会

【组织建设】 2018年，雨花区归侨侨眷联合会（简称“侨联”） 深化“两学一做”学习教育，组织侨联委员开展“党建带侨建，红歌颂党恩”学习教育活动。组织班子成员、侨联委员、商会会员、老侨代表、归侨侨眷专题学习中国侨联十代会精神。鲁爷爷侨之家工作室持续开展十九大精神学习、延安精神宣讲和国学经典文化传承活动近60场，在跳马镇斑竹塘社区，侯家塘街道廖家湾社区和砂子塘街道砂子塘、梨子山社区，建立国学教育基地。（曾　锦）

【社会服务】 2018年春节前夕，雨花区开展“三侨联动迎春”活动，50余名归侨侨眷欢聚一堂，共迎新春。春节走访慰问归侨侨眷人士70余人，下拨慰问金额8万元。举办“侨爱之名，你我相约”老侨集体生日会，“情牵老侨，欢聚重阳”活动。组织十余名欧美同学会会员、新侨代表到雨花非遗馆开展“传承湖湘文化、感受非遗魅力”主题活动。邀请市侨联涉外涉侨律师服务团成员邓蓉对“一法两办法”进行解读。开展“同心共济　以侨会商”学习交流活动。通过银侨之家项目，为60余名老侨送去家政助洁、情感慰藉、家庭医生等精准服务近500小时，协助老侨处理办理归侨证件和归侨补贴，帮助就业，解决子女上学问题等，做细做精为老侨服务工作。申报5名双百扶贫帮扶对象，获得3.5万元市级帮扶金。慰问生病住院归侨侨眷和离世老侨家属10余人。市侨联主席陈慧调研雨花区重点侨资企业，为明珠旅游、京津文化、人和律所提出建议意见。区侨联调研湖南大李子公司、科拓股份、艾吉仑环保、和天集团等企业，鼓励支持侨商兴业。（曾　锦）

工商业联合会

【概况】 长沙市雨花区工商业联合会（总商会）（简称“区工商联”）是雨花区委领导下面向工商界、以非公有制企业和非公有制经济人士为主体的人民团体和商会组织，具有统战性、经济性、民间性质的社会团体组织和民间商会，是党委和政府联系非公有制经济人士的桥梁纽带，是政府管理和服务非公有制经济的助手，工商联工作是统一战线工作和经济工作的重要内容。正科级机构，核定行政编制2名，其中领导职数2名。

2018年，区工商联树立和贯彻落实新发展理念，坚持非公有制经济人士健康成长、非公有制经济健康发展“两个健康”工作主题，积极履行职责，扎实开展各项工作，推动区工商联工作持续健康发展。（吴萍　宁皇青）

【组织建设】 2018年，雨花区工商联把学习宣传贯彻习近平中国特色社会主义思想作为首要政治任务，帮助非公经济人士充分了解、掌握、用好支持民营企业发展壮大的精神和政策，引导广大非公有制经济人士坚定发展信心，凝聚发展共识。举办纪念改革开放40周年发展论坛。邀请长沙市“五老”金牌讲师团讲师徐佐林对中共十九大报告关于决胜全面小康与构建亲清新型政商关系、市委党校法学副教授伍贤华对十三届全国人大一次会议通过的《中华人民共和国宪法修正案》专题授课，帮助广大会员企业正确把握国家战略部署和大政方针，弘扬宪法精神、培育宪法意识。组织上海复旦大学雨花区区域经济发展专题研修班、浙江大学长沙市领军企业家（杭州）高级研修班、雨花区统一战线中青年代表人士理论研修班；安排会员企业参加市工商联举办的商业秘密保护、非公有制企业法律风险管理、新经济新模式、新疆兵团第六师五家渠市招商引资等讲座和推介会。举办“千人帮千企业　百日大攻坚”推进会和政企座谈会，开展“雨花工匠大讲堂”、企业社保和个人所得税等涉企新政专题学习。全面做好非公经济人士思想政治工作，引导广大非公有制经济人士坚定发展信心，凝聚发展共识，实现企业转型创新发展。（吴　萍　宁皇青）

【参政议政】 2018年，区工商联积极作为，多渠道发挥工商联参谋助手作用。配合区委统战部开展非公有制经济人士民主监督、综合评价工作。推荐26位政治素质好、参政议政能力强的非公有制经济人士担任区直相关部门的“特约人员”，对10余名拟推荐为市、区人大代表、政协委员的非公经济代表人士进行综合评价。开展“上规模民营企业调研”“长沙市民营企业参与协同创新现状”“走访调研非公企业”“民营企业参与金融机构有关情况”“长沙工业云平台注册”“民营企业劳动关系监测”等系列调研活动，收集相关调研问卷291份，通过问卷调查、实地考察和调研座谈等形式，收集非公企业家对党委政府的意见建议，完成《民营经济在转型升级中发展壮大实体经济典型案例研究》等调研报告6篇。开展政府部门、央企、国企和大型民营企业拖欠中小微企业账款情况摸底，收集上报94家企业涉及170余个项目的拖欠账款情况，及时为上级相关部门决策提供依据，维护会员企业合法权益。开展雨花区“万企入云”企业注册工作，推动民营企业和个体工商户注册登记。发动、引导工商界人大代表、政协委员围绕区域经济发展，群众普遍关心的热点、难点问题，扎实调研，收集议案、提案30件，社情民意6篇；区工商联向市工商联提出集体提案《关于从制度设计层面推动工商联所属商会发展的建议》为题。开展“走基层商会，建商会合作工作协调机制”调研活动，推进建设跳马商会服务全域旅游、同升商会汽车消费节等基层商会品牌项目，打造商会品牌特色，扩大商会和会员企业在省、市、区的影响力。（吴　萍　宁皇青）

【服务社会】　2018年，雨花区优化环境、着力服务，多措并举助推非公有制经济发展。举办“同心聚力以商助商　发挥优势引资引智”雨花区统一战线“圭塘河岸”品牌招商推介会，70个项目签约悠游小镇，签约金额1.66亿元，店铺招商面积4.63万平方米，整体商铺招商率95%以上。建立重大产业招商引资信息库、客商库、项目库，聘请8名招商顾问，赴上海、深圳等地举办或参加各类大型专题招商活动7次，引进各类项目173个，其中新城控股、绿地智慧城、苏商集团、西门子工业4.0项目等500强企业4个。组织会员企业代表与郴州市、资兴市、株洲石峰区工商联开展工作交流、项目推介及友好商会缔结活动，搭建区域间商会双赢互动交流、招商引资平台；组织兼职副主席、副会长和各基层商会分管工商联工作负责人到泰阳医药等副会长企业观摩学习，促进企业彼此间的相互了解和合作共赢。举办“不忘初心、携手同心、共话发展”女企业家商会“三八”联谊活动，联手区女企业家商会，发出“共建企业发展生态圈”倡议书；连续6年组织总商会常委会员企业家进行健康体检；紧紧围绕三大攻坚战、非公企业实际需求，开展“善言堂”线下系列主题活动（建言献策类、主题分享类、交流合作类）20余场，千人次参与；举办“同心杯”气排球比赛，构建“亲”“清”新型政商关系。发动各基层商会和非公有制经济代表人士回馈社会，向全区基层商会和非公有制经济人士发起参与雨花区统一战线“同心助学·情暖桑植”活动的倡议，为桑植县教育基金会募集助学爱心款20.99万元，其中总商会为桑植县长潭坪和麦地坪小学捐赠价值6.45万元的校服。携手湖南省军区、湖南省邮政分公司等驻桑植扶贫工作队，与地方龙头企业鼎力合作，发起并开展“雨花扶贫桑植，邀您爱心采购”黄皮土豆等系列活动。举办各类人才招聘会10余场，针对性提供工作岗位，解决困难家庭成员就业问题。区工商联定期走访联点社区困难群众家庭，实地了解社区存在的问题和困难，以米、面、油等生活必需品和慰问金解决困难群众生活，拨付3万元建设新裕社区“同心书屋”；组织、发动各基层商会和非公有制企业开展形式多样的光彩事业和慈善公益活动，得到社会各界的一致好评。

（吴　萍　宁皇青）

【基层商会】　2018年，雨花区强化基层商会基础建设。区总商会制订2018年全区工商联会员发展计划表，召开执委会，吸收新执委4名（其中常委1名），发展新会员154家，坚持数量和质量并重，有组织、有计划、有目标地将一批素质好、实力强、有活力、热心商会工作的企业家充实到会员队伍。健全完善会员组织数据库，规范会员档案管理，会员登记台账和全区工商联执、常委数据库资料及时补充完善和更新，动态掌握会员企业发展基本情况和主导产业、行业分布情况，为区委、区政府制定有关非公经济发展政策提供依据。推进班子建设好、团结教育好、服务发展好、自律规范好四好”商会建设，新创建左家塘、侯家塘、砂子塘、雨花亭5家市级“四好”商会。成立全市首家省级园区商会雨花经济开区商会，优化园区营商环境，搭建联谊交流、抱团发展的有效载体。（吴　萍　宁皇青）

【园区商会成立】　2018年11月29日，长沙雨花经济开发区商会成立大会召开。会议听取商会筹备组前期筹备工作汇报，审议并通过《长沙雨花经济开发区商会章程》，选举产生雨花经济开发区商会第一届理事会，理事50名，副会长12名，秘书长1名和会长1名，长沙比亚迪汽车有限公司总经理周晓州当选会长。雨花区人大常委会副主任、区工商联主席叶松现场授牌。雨花经开区党工委委员、管委会副主任李剑刚代表雨花经济开发区党工委、管委会祝贺商会成立，希望商会从明确定位、明确职能、履行责任三个方面，坚持正确的办会方向，不断提升企业的发展层次，更好地服务企业，维护会员合法权益，增进相互交流。在资金筹措、项目审批、技术改进、企业管理、生产经营等方面，积极为企业提供更优质、更高效的服务。雨花区委常委、统战部部长成钢希望，经开区商会找准定位，加强自身建设；搭建平台，充分发挥商会职能作用；争取各方支持，创造商会发展良好环境，为雨花经开区争创“千亿国家级园区”做出应有贡献。长沙市工商联党组成员、副主席张明刚要求，雨花经开区商会充分倾听企业诉求，真真切切的帮助企业解决发展中面临的问题；要积极构建“亲”“清”政商关系，塑造良好形象，发挥商会作为，打造特色品牌商会，为非公经济发展凝心聚力。区委统战部副部长、工商联党组书记程缅等出席会议。

（吴　萍　宁皇青）

【“圭塘河岸”品牌招商推介会】2018年3月6日，雨花区委统战部、雨花区工商联　“同心聚力以商助商发挥优势引资引智”——雨花区统一战线“圭塘河岸”品牌招商推介会在圭塘河岸滨水公园临河草坪举行。雨花区委书记张敏代表区委、区政府致欢迎辞，推介会通过短片方式展示雨花区圭塘河全流域发展规划和各个项目所蕴含的商机，雨花区全域生态旅游公司、雨花城投悠游小镇、圭塘河流域开发公司井塘段城市双修及海绵示范公园等圭塘河流域各段项目方负责人推介项目品牌，横店影院、普罗旺斯酒店、步步高超市代表入驻商家发言。长沙市委常委、市委统战部部长谭小平强调，一个地方、区域的竞争优势得力于营商环境的优良，营商环境不仅指良好的政务环境和政策环境，也包括生态环境、人文环境。要按照“生态+”的理念，在注重生态保护的前提下，创造一流的营商环境，大力开展招商引资引智，吸引更多优质项目落户，努力将每个项目都做到精致精美，做成品牌，努力将圭塘河岸打造成长沙一条美丽的风光带和经济带。市政协副主席、市工商联主席彭继球，市委统战部副部长、市工商联党组书记丁文，市工商联副主席刘立红，雨花区委常委、统战部部长成钢，雨花区人大常委会副主任、区工商联主席叶松，雨花区人民政府副区长陈怀宇等和签约商家一起举行签约触屏仪式。（吴　萍　宁皇青）

残疾人联合会

【概况】　长沙市雨花区残疾人联合会（简称“区残联”）为正科级事业单位，主要职能是为残疾人提供代表、服务和管理保障。内设办公室、组宣文体部、康复部、教育就业部、维权部5个部室。核定编制3名，其中领导职数2名。2018年，在职干部职工数9人，其中科级领导3人，主任科员1人，科员3人，专业人才1名，雇员1名；退休人员3人。区残联党支部，党员9名，其中在职党员7人。办公地点设在香樟路592号（区政府二办一号楼）。

2018年，雨花区全面贯彻落实“发展残疾人事业，加强康复服务”的总要求，出台《关于雨花区提升残疾人保障水平的实施意见》，在康复中心建设、残疾人“订单式”培训、兜底保障等方面提出具体措施，在全市甚至全省残联系统起到了示范引领作用。开展“互联网+政务服务”有关工作，梳理残疾学生和贫困残疾人家庭子女就学补助、农村残疾人危房改造补贴、0~14岁残疾儿童康复项目申请、残疾人公交爱心卡办理、残疾人机动轮椅车燃油补贴、“中华人民共和国残疾人证”核发、残疾人创业扶持7个事项。全面开展“十百千万”工程，成功引进就业社会公益组织两个，定单式培训残疾人98人，帮助35名残疾人实现就业；投入144万元，在12个街道试点建设12个残疾人康复中心，投入131万元，对284名智力、精神和重度残疾人开展居家托养和机构托养服务，投入110万元，对458户重度残疾、一户多残、老残一体等特困残疾人家庭的兜底保障工作；利用重大节日慰问残疾人2200余户，为2915名重度残疾人发放节日慰问金116.6万元；投入16.5万元，为全区8253名残疾人购买人身意外伤害保险。中残联副理事长王梅梅、省残联理事长肖红林、市残联理事长刘增三高度评价雨花区残疾人工作，《中国残疾人》杂志专题报道雨花区残联精准保障工作，雨花区获2018年度长沙市残联残疾人工作红旗单位。（曾　慧）

【雨花区残联主席团第二次会议】2018年8月1日，雨花区残联召开第五届主席团第二次会议，雨花区残联第五届主席团副主席、理事长张福新代表雨花区残联第五届主席团作工作报告，会议通过选举办法，全票通过选举雨花区人民政府副区长陈怀宇为雨花区残联第五届主席团主席、选举雨花区政府办副主任、电子政务办主任张辉煌为雨花区残联第五届主席团副主席。陈怀宇表示，进一步提升残联工作站位；进一步抓好工作创新；进一步抓好自身建设。（曾　慧）

【组织宣传】　2018年，雨花区组织专（兼）职委员培训8次，培训人员320余人次；更新残疾人信息8000余条，创建明星社区50个社区。开展残疾人走访慰问活动20余场，走访慰问残疾人1200名。开展“全国助残日”“国际残疾人日”助残活动60余场，捐赠爱心善款物质130万元，有效辐射残疾人群5000余人。《长沙晚报》、长沙文明网等多家媒体专题报道侯家塘街道、左家塘街道助残活动。肢体残疾人肖卓作获全国“创翼”大赛活动个人一等奖；选送3名运动员参加湖南省第十届残疾人运动会，获得10金4银的成绩，创历史最好成绩；肢体残疾人杨新湘等人主演的小品《敬礼》获湖南省第九届残疾人艺术会演一等奖。发挥5个协会的桥梁纽带作用，推动残疾人精神生活健康发展，盲协组织200余人到长沙音乐厅欣赏交响乐；肢协成立合唱团打出自己的影响；精亲协组织300余人的大型家长讲座，邀请北京的专家对自闭症儿童家长进行专业培训；聋协成立柔力球训练队编排节目获得省级大奖多处表演；推荐善行四十佳典型，爱丽康复中心、残疾人廖建明、叶朝文等分别获得长沙市“善行四十佳”爱心机构、自强模范和优秀基层残疾人工作者等荣誉。专干徐昊、郭艳、唐黎在组成雨花区代表队获第二届全国残疾人专职委员知识竞赛中获团体第三名，唐黎、徐昊获“学习之星”二等奖。在省市区相关网站和媒体刊发新闻报道和信息240条，宣传雨花区残疾人工作。（曾　慧）

【康复工作】　2018年，投入经费810万元，开展残疾儿童康复救助和“光明关爱”等服务项目，试点建成12个残疾人康复中心，1400余名残疾人得到有效康复，辅具适配率90%、康复服务率93%，居全市残联前列。实施0~17岁残疾儿童有效康复训练360名；提供0~17岁残疾儿童康复救助60名，训练进度100%；为60名中风偏瘫、脊髓损伤患者提供住院救助；为85名白内障、40名胬肉、5名眼底患者免费实施手术，为42名低弱视力患者适配助视镜，为730户贫困残疾人免费适配辅具，为14名有需求的残疾人装配假肢，开展康复服务活动32次，有效服务残疾儿童1200人次。（曾　慧）

【残疾人教育就业】　2018年，雨花区开展残疾人就业政策落实、教育助学及培训等工作。核定按比例安排残疾人就业单位171家，征收残保金7800万元，核定就业残疾人282人；审核新增残疾人“两补”（困难残疾人生活补贴和重度残疾人护理补贴）人员610人次；救助残疾学生和贫困残疾人子女269人次，救助残疾大学生、高中生63名，贫困残疾人家庭子女59名，发放就学救助金39万元；集中组织66名志愿者，为28名残疾儿童开展“送教上门”工作，适龄适学残疾学生入学率100%；开展“就业援助月”系列活动，组织招聘会13场，其中残疾人就业专场招聘会4场，提供残疾人就业岗位1000个，60名残疾人成功获得就业岗位，130名残疾人成功签订就业意向；成功扶持5名残疾人创业，发放创业补贴5.14万元，为6名残疾人个体工商户发放养老保险补贴1.2万元。（曾　慧）

【残疾人就业招聘】　2018年1月，雨花区启动“就业帮扶、真情相助”主题“就业援助月”活动，走访登记失业残疾家庭20户，登记失业残疾人25名，其中10名登记失业残疾人纳入区残联年度培训计划。2月1日，雨花区2018年就业援助月专场招聘会在侯家塘街道红旗广场举行，活动现场设置法律援助台、政策咨询台，发放就业宣传资料，为求职者提供就业帮扶服务，邀请书法名家书写对联。设立残疾人就业培训服务台，面对面为残疾人提供就业服务、法律咨询和政策讲解，便于及时掌握残疾人就业、培训的需求与动态，有利于就业服务的精准化施策，30余家企业参与残疾人招聘，困难群众300余名、残疾人90余名现场咨询、应聘。长沙市人力资源和社会保障局就业局局长易伟军、副局长张军，长沙市残疾人联合会副理事长任铁强，雨花区人社局局长李杏仁、副局长周亮，雨花区残疾人联合会理事长张福新、副理事长蒙正国出席招聘会。（曾　慧）

【残疾人就业培训】　2018年，雨花区开展残疾人技术培训，通过职业指导、职业测评、现场招聘等方式，提供就业渠道，解决就业难题。6月19日，雨花区农村残疾人实用技术培训班在同升街道古樟树社区开班，长沙市京鑫培训学校进行为期7天的花卉园艺师培训，21名残疾人参加培训。8月21日，首期残疾人订单式就业培训班开班，同升街道、洞井街道、跳马镇等周边贫困残疾人群参加为期6天的培训，学习面试技巧、社交礼仪、职场写作等相关内容。8月27日，第二期残疾人订单式就业培训班在长沙市京鑫培训学校开班，左家塘、砂子塘、高桥、东塘、侯家塘等街道贫困残疾人学员25人，参加为期5天的培训，学习物业管理、物业服务、工作技能等相关内容。11月21日，第三期残疾人订单式就业培训班在长沙市京鑫培训学校开班。各街镇贫困残疾人学员25人参加为期一周的培训，学习物业管理、物业服务、工作技能等相关内容。（曾　慧）

【残疾人维权】　2018年，雨花区落实残疾人信访工作机制，妥善办理“12345”“12385”热线残疾人合理诉求，依法维护残疾人的合法权益，确保残疾人群体稳定；继续免费为残疾人提供法律咨询服务，落实残疾人法律顾问坐班制度，为残疾人提供法律援助保障和服务70余次，有效挽回经济损失20余万元；开展“阳光信访”工作，切实维护残疾人合法权益诉求，残疾人来信来访办结率100%；认真开展知法、懂法、用法工作，组织法律法规知识讲座5次；为192名肢体残疾人发放燃油补贴5万元，为67名残疾叭叭车主发放安置补助20万元，投入70万元，对雨花亭街道正圆社区和80户困难残疾人家庭实施无障碍改造，长沙新闻频道专题报道。（曾　慧）

【康复托养机构管理】　2018年1月16日，长沙市残联副理事长曾军率队评审雨花区爱萌特殊儿童康复中心等7家康复机构，检查残疾儿童康复项目实施情况。检查组查看7家康复机构训练场地，听取工作情况汇报，了解康复训练情况，查阅机构建设资料及残疾儿童康复训练档案资料。3月6—8日，雨花区残联走访和调研区6家残疾人托养机构，认真检查机构安全生产的情况，指导机构开展业务工作评。4月10日，雨花区残联组织辖区内17家康复、托养机构负责人及财务工作人员召开工作会议，全面总结2017年雨花区残疾人工作，安排和部署2018年残疾人各项工作，对机构财务人员进行专业培训。8月1—20日，雨花区残联对雨花区晨阳、雨聆、博爱融合、爱萌、星苑5家定点残疾儿童康复机构开展安全隐患排查，检查各家康复机构项目打卡、消防设施、食品安全相关管理情况。（曾　慧）

【残疾人工作会议】　2018年3月30日，雨花区2018年度残疾人工作会议召开。雨花区残联副理事长蒙正国解读《2018年雨花区残疾人工作要点》，雨花区残联副理事长肖曙光宣读雨政办发〔2018〕13号《关于雨花区提升残疾人保障水平的实施意见》文件，提出贯彻落实的规定要求，区残联个业务部门具体安排2018年各项任务指标。区纪检派驻组专干杨文豪传达市残联党风廉政建设会议精神。区残联理事长张福新部署2018年度工作。区政府副调研员孙夙在出席会议并讲话。（曾　慧）

【扶贫帮困】　2018年，雨花区投入374多万元，开展残疾人“两补”政策落实、困难残疾人节日慰问和救助、“连千村帮万户及扶贫工程”和无障碍改造等工作。审核残疾人基本信息7059人次，完成智力、精神和重度残疾人托养284人次，慰问困难残疾人2200余户，为全区8253名残疾人购买人身意外伤害保险，兜底保障458名特困残疾人基本生活，跳马村10户困难残疾人得到有效帮扶，浏阳市3户贫困家庭已经成功脱贫，对口帮扶桑植县残联工作正式启动，方案和经费已经落实到位。办理残疾证977本，爱心公交卡305张，对1个社区、93户贫困残疾人家庭进行无障碍改造，发放各类残疾人辅助器具224件，安装各类抓杆、扶手136根，休闲桌椅8套，大理石长椅36张，铺设走廊扶手226米，安全护栏562米，平整社区地面并铺设工艺砖块368平米。长沙新闻频道专题报道雨花区无障碍改造工作。（曾　慧）

【“连千村帮万户扶贫工程”工作】　2018年　，雨花区推进长沙市残联“连千村帮万户扶贫工程”、　确定对口帮扶跳马镇跳马村，稳定实现贫困残疾人不愁吃、不愁穿，平等享受基本医疗、基本养老、教育、住房和康复服务；区残联走访跳马村14户贫困残疾人家庭，了解残疾人家庭基本生活、发展生产方面遇到的主要困难和问题以及残疾人的帮扶需求，确定较为贫困的10户残疾人家庭为雨花区残联“连千村帮万户扶贫工程”的帮扶对象，扶持贫困残疾人家庭收入达到或者接近长沙市平均收入水平，从而实现稳定脱贫。雨花区残联根据各自的贫困情况，制订帮扶计划，形成一户一策，为残疾人提供个性化的帮扶服务，并对帮扶过程中涌现出来的先进典型和感人事迹进行全方位的宣传报道，以扩大扶贫工程的社会影响力，强化扶贫效果。（曾 慧）

【街道残疾人康复中心建设】 2018年，雨花区落实《关于雨花区提升残疾人保障水平的实施意见》，在12个街道试点建设残疾人康复中心。5月7日至5月9日，雨花区残联调研12个街道，实地查看康复中心建设项目建设场地，了解各街道残疾人康复中心的选址和建设情况，听取各街道的意见和建议，并提出相关建设要求。5月30日，雨花区召开残疾人康复中心(站)试点建设工作调度会。雨花区残联理事长张福新强调，严格落实建设标准，规范资金使用，确保残疾人康复中心（站）建设工作如期按质保量完成，并就场地建设、器材采购等方面明确残联和各街道的职责，会议征求对《雨花区街道、社区残疾人康复中心规范化建设标准（试行）》《雨花区街道、社区残疾人康复中心（站）管理制度》的意见和建议。（曾 慧）

【庆祝“国际残疾人日”】 2018年12月，雨花区组织开展系列助残活动，庆祝第27个“国际残疾人日”。1日，雨花区举办首届残疾人演讲比赛，40名肢体残疾人参赛。长沙市残联组宣文体部部长李梅担任主持。2日，雨花区举办“与孤独症共生活”的家长培训活动，中国第一家自闭症服务机构北京星星雨教育研究所创始人田惠萍为机构自闭症孩子家长讲授专业课程，宣传自闭症专业知识，传授专业的康复技巧，400名自闭症孩子家长参加。雨花区爱萌特殊儿童康复中心成为北京星星雨定点“移动课堂”基地，长沙市残联康复部部长朱阳辉授牌雨花区爱萌特殊儿童康复中心为“长沙市雨花区精亲协家长学校”。雨花区盲协、雨花区肢残人协会，侯家塘街道广济桥社区、廖家湾社区，左家塘街道赤岗社区围绕“国际残疾人日”开展观影、踏青、免费义诊等多种类型的活动，丰富残疾人的业余生活。（曾 慧）

【“全国助残日”主题活动】 2018年5月18日，雨花区政协、雨花区残工委于在砂子塘金地社区广场举行“真情五助，幸福雨花”之“小康路上，与爱同行”助残主题活动，全面庆祝第28次“全国助残日”。砂子塘街道办事处主任陈伟奇致欢迎辞，市残联副理事长任铁强讲话。政协委员与10户困难残疾人家庭结对帮扶，湖南品真会传播有限公司资助与慰问贫困残疾学生20名。雨花区肢残协会、盲人协会、聋人协会、智亲协会和精亲协会表演各具特色的文艺节目。会场设置残疾人才艺展示区、免费眼科检查区、爱心义卖区、公益主题助残互助项目区和政策宣传区。区政协主席冯聪龙，副主席康长萍、周凌云，区政府副调研员孙夙等出席活动。（曾 慧）

【自闭症日主题宣传活动】 2018年4月2日，雨花区开展第11个世界自闭症日主题宣传活动。雨花区爱萌特殊儿童康复中心在雨花区圭塘河举行“蓝色行动，保卫蓝天”自闭症日宣传活动，包括自闭症儿童、家长、老师、社会爱心人士和志愿者在内的500人参与活动。雨花区星苑自闭症培训中心在营盘路小学举办亲子运动会，爱心家长带着孩子和自闭症儿的家庭一起协力完成操场上的每个运动项目，让孩子们有锻炼和融合的机会。长沙市博爱融合教育中心举办“小跳蚤，大爱心”亲子义卖活动，近600名家长、400余个幼儿和60名老师参加爱心义卖活动。长沙市爱福自闭症教育中心在南郊公园举办“陪伴两小时”自闭症日公益徒步活动，400余位妈妈、自闭症儿童参与。长沙市晨阳自闭症康复中心举办 “有你我们不孤单”爱心义剪活动。（曾 慧）

【手机在线翻译业务培训】 2018年12月20日，雨花区举办成才手语手机在线翻译残疾人信息无障碍服务业务培训，区残联理事长张福新主持，湖南成才职业培训学校校长张喜红介绍“成才手语手机在线翻译APP”，讲授手机在线翻译手语系统的操作与运用，该软件由长沙市残疾人联合会支持并指导湖南成才职业培训学校研发，旨在落实国务院《“十三五”加快残疾人小康进程规划纲要》，建设聋人信息交流无障碍环境，为残疾人提供在线手语实时翻译服务、线上预约线下翻译服务、聋人社交资讯分享、在线翻译APP使用培训服务、在线免费咨询与答疑服务、软件技术支持等多项残疾人信息无障碍服务。区残联全体工作人员、街道（镇）残联理事长、专干、社区（村）残疾人专职委

2018年5月18日，雨花区全国助残日活动（曾慧／摄）

员、兼职委员、专干 186 人参加培训，长沙市残联副理事长任铁强、维权部部长樊莉红出席。（曾 慧）

【雨花区动态更新工作推进会】 2018 年 7 月 4 日，雨花区残联召开全区动态更新工作推进会，会议解读《关于做好 2018 年雨花区残疾人基本服务状况和需求信息数据动态更新工作的通知》和《关于在全区集中开展违规残疾人证专项清理工作的通知》，点评全区动态更新工作，安排布置推进动态更新工作和精准康复工作，征求残疾人节日慰问等重大事项意见。各街道、镇残联主席和专干参加会议。（曾 慧）

【《关于雨花区提升残疾人保障水平的实施意见》出台】 2018 年 3 月 22 日，长沙市雨花区人民政府办公室下发《关于雨花区提升残疾人保障水平的实施意见》（雨政办发〔2018〕13 号文件）。全文涵盖指导思想、目标任务、主要任务、工作要求四个方面，涉及人社、财政、民政、卫计、残联等多个区直部门，提出在街道、社区试点建设残疾人康复中心 12 个，支持新建民办康复托养机构 1 个、引进就业创业公益组织 2 个，打造服务保障残疾人的“长沙标准”“长沙样板”“长沙模式”的目标，力争实现有康复需求的残疾人康复服务率 75% 以上，有劳动就业能力的残疾人就业率达到 35%，适龄适学残疾学生入学率、医保覆盖率、基本生活兜底保障达到 100%，全面落实提高残疾人就业率、加强残疾人康复托养中心建设、提高残疾人生活保障水平三项主要任务。（曾 慧）

【盲人欣赏音乐会】 2018 年 10 月 30 日，雨花区组织 200 余名盲人到长沙音乐厅参加音乐会，欣赏布达佩斯交响乐团演奏的冯·苏佩《轻骑兵序曲》、施特劳斯的《蓝色多瑙河》、柴可夫斯基的《天鹅湖组曲》、任光的《彩云追月》等名曲，庆祝第 35 届国际盲人节。雨花区残联现场发放五节盲杖 100 余根；长沙市图书馆带领盲人们参观视障图书馆并办理借阅登记。长沙市残联办公室主任刘志勇、组宣部部长李梅、维权部部长樊莉红，雨花区残联理事长张福新等出席活动。（曾 慧）

【王梅梅调研政府购买助残服务工作】 2018 年 11 月 21 日，中国残疾人联合会副理事长王梅梅一行 3 人，调研雨花区政府购买助残服务试点工作，听取雨花区残联工作情况汇报，了解雨花区政府开展购买助残服务试点工作；实地考察洞井街道丰园社区“丰和公益”残疾人庇护中心，参观机构残疾人康复室、手工坊等多个功能区域，与现场进行康复训练和手工制作的残疾人交流。王梅梅对机构积极开展集残疾人康复、托养、就业于一体的综合性服务给予高度评价，鼓励机构充分利用好政府提供的有利资源和优惠政策，切实发挥好社会组织的承接功能，积极为政府分忧，为残疾人搞好服务。湖南省残联理事长肖红林、长沙市残联理事长刘增三、雨花区人民政府副区长陈怀宇陪同调研。（曾 慧）

【《中国残疾人》杂志专题刊发雨花区脱贫攻坚工作】 2018 年第 1 期《中国残疾人》杂志以《扶贫看精准 服务促民生》为标题，专题刊发雨花区脱贫攻坚工作。全文分为“创业扶贫 开辟增收渠道”“精准康复 化解后顾之忧”“精准发力 聚焦攻坚难点”三个板块，用残疾人真实的案例，叙述雨花区残联采取的有效对接举措：深入贯彻落实省市各项惠及残疾人群体的优惠政策，逐步形成涵盖基本养老、基本医疗和最低生活保障的残疾人社会保障体系，瞄准残疾人的真实需求，使他们真正享受到社会的便利和温暖。（曾 慧）

【市残联调研雨花区残疾人工作】 2018 年 4 月 11 日，长沙市残联党组书记、理事长刘增三，党组成员、副理事长任铁强一行调研雨花区残疾人工作，走访调研雨花区跳马残疾人康复中心和雨花区梦想家园残疾人综合服务中心，全面了解了机构的运营发展与服务残疾人的情况；听取雨花区残联工作情况汇报和对全市残疾人工作的意见和建议。任铁强点评雨花区残联工作。刘增三认为，雨花区残联班子成员对残疾人有感情、对工作有激情、对事业有担当，工作可圈可点，亮点纷呈，发挥了“领头雁”的作用，特别是争取区委、区政府重视支持，出台《关于雨花区提升残疾人保障水平的实施意见》，为全市残疾人工作提供了有益经验，市残联将在全市进行推介。雨花区残疾人工作，要不断提高政治站位，学习贯彻习近平新时代中国特色社会主义思想，全面加强党对残疾人工作的领导，牢固树立以人民为中心的发展思想，做残疾人的贴心人、娘家人；不断争创一流业绩，紧盯短板弱项，解决残疾人事业发展不平衡不充分的问题，打造为残服务的“雨花标准”、独具匠心的“雨花样板”、特色明显的“雨花品牌”，推动残疾人各项工作走在全省、全国前列，不断总结提升可复制、可借鉴、可推广的工作经验；断增强服务本领，进一步加强自身建设，深入基层和残疾人家庭，察实情、办实事、解实难、出实效，带领残疾人齐奔小康。（曾 慧）

【市残联验收 “明星社区”创建工作】 2018 年 10 月 23 日至 25 日，长沙市残联党组书记、理事长刘增三一行检查验收雨花区 2018 年度残疾人工作“明星社区”创建工作。检查组抽检 15 个社区，采取集中听汇报、查看资料、询问专职委员等方式，实地查看残协办公室、制度上墙，康复站、活动室、无障碍设施等硬件设施；了解社区专职委员履职情况，查看相关台账资料，全面了解残疾人服务工作情况。检查组认为雨花区星级社区创建及其他工作非常务实，走在全市前列。基础扎实、资料翔实、服务务实，专职委员待遇落实很好，工作积极性很高，涌现出很多社区助残典型和社区优秀专职委员，基层组织建设稳打稳扎，一年一个新台阶。检查组希望社区通过创建工作，进一步加强基层组织建设，提升服务残疾人的工作能力和水平。（曾 慧）

【市残联验收无障碍改造工作】 2018 年 10 月 15 日，长沙市残联维权部部长樊莉红、副部长李勇对雨花区2018年残疾人无障碍改造工作进行终期验收，实地察看雨花亭街道正圆社区公共服务中心、残疾人康复室、老年活动室以及小区道路、社区公园的无障碍设施配置情况，听取雨花区残联、街道和社区就无障碍社区改造工作的情况汇报；走访左家塘街道官塘社区曾银秀、高斌两户残疾人家庭，听取他们对残疾人无障碍改造工作的建议与意见。检查组肯定雨花区残疾人无障碍改造工作，称之为长沙市范围内残疾人无障碍改造工作的典范和表率。（曾　慧）

【市残联慰问残疾人】 2018年2月6日，长沙市残联副理事长任铁强带领市残联教就部部长李奕霞、维权部副部长李勇走访慰问雨花区砂子塘街道一户多残家庭张好、夏永丰家庭和廖建民、冒志红家庭。为两户残疾人家庭送上慰问金和米、油等物资。（曾　慧）

【陈怀宇调研雨花区残联工作】 2018年3月14日，雨花区政府副区长陈怀宇、副调研员师建新、孙夙调研区残疾人工作情况，听取2017年度残疾人工作情况汇报和2018年度残疾人工作部署与安排。陈怀宇要求，坚持“以人为本”，真心关爱残疾人；依托平台，做好服务，打造特色；统筹兼顾，切实利用“一圈两场三道”等实事工程做好结合文章，切实践行“以人民为中心”的思想，推动残疾人工作的发展。（曾　慧）

【衡阳市政协调研残疾人综合服务中心】 2018年5月11日，湖南省衡阳市政协副主席汪维一行专题调研雨花区残疾人综合服务中心，实地查看中心建设场地，了解服务中心工作开展和项目实施情况以及建设远期规划。汪维表示，雨花区残疾人综合服务中心在各级残联的指导下，充分利用社会资源，帮助残疾人提升自身能力，支持残疾人实现常态化生活、参与社会发展、共享社会成果，是一个专业化、社区化的残疾人服务综合体。长沙市残联理事长刘增三、雨花区残联理事长张福新等陪同调研。（曾　慧）

【栖霞区残联考察学习残疾人工作】 2018年7月17日，江苏省南京市栖霞区残疾人联合会一行6人考察学习雨花区残疾人工作，雨花区残联理事长张福新向调研组介绍雨花区残疾人工作整体情况，重点介绍雨花区残疾人就业、托养、培训以及购买服务的工作情况，双方进行业务交流。调研组一行参观雨花区残疾人综合服务中心内晴天公益就业援助中心和怡馨家园精神康复会所2家机构，听取机构工作人员情况汇报，与机构工作人员进行业务交流，了解残疾人服务机构的运营情况，了解残疾人就业、培训、康复、托养工作的相关经验做法，与残疾人朋友进行面对面的交流。（曾　慧）

法　治

政法工作

【概况】　中共长沙市雨花区委政法委员会（区社会管理综合治理委员会办公室），主管全区政法和社会管理综合治理工作。区委维护稳定工作办公室在区委政法委员会内挂牌。区委政法委内设办公室、执法监督室、社会管理综合治理基层基础科，下设二级机构雨花区法学会办公室（区法制教育中心）。核定行政编制14名，其中领导职数3名，事业编制3名，工勤编制1名。中共长沙市雨花区委防范和处理邪教问题领导小组办公室（区人民政府防范和处理邪教问题领导小组办公室）（简称“区防范办”）是区委、区政府防范和处理邪教组织问题的部门管理机构，归口区委政法委员会管理，行政编制6人，领导职数2人。2018年，区委政法委（含区防范办），退休干部6人，党员25人。

2018年，雨花区打造“最具安全感、公平感、正义感的城区”，确保不发生影响社会稳定的重大事件，不发生危及会议安全的暴力恐怖事件，不发生重大恶性刑事案件，不发生侵害会议代表人身和财产安全的案件，不发生影响重大的交通、消防和治安事故，不发生有影响的涉外事件，不发生内部安全事故和队伍违纪违禁事件“七个不发生”，全面推进平安雨花、法治雨花和过硬队伍建设，提升司法公信力、提高政法工作能力水平，切实履行政法职能，推进社会治理能力现代化，为区域经济社会发展提供坚强政法保障。坚持政治建警，严肃开展党内生活，坚持“两学一做”学习教育制度化常态化。政法机关开展基层服务，全区政法干部联系群众家庭2989户，干群关系更加密切。狠抓纪律作风，建立健全区委政法委纪律作风巡查机制和人民群众反映问题及时核查制度，教育引导政法干警养成纪律自觉，对违纪行为早发现、早提醒、早纠正，立案处理政法干警15人，其中政纪处分15人，查纠问题9个，队伍风气更加清正。区委政法委制定队伍建设计划，组织赴多地学习先进经验，连续五年举办政法系统“平安杯”篮球比赛，区法院与湖南师范大学共建法官助理培训基地，区检察院开展检察官讲坛、技能比武，区司法局开展岗位练兵、业务竞赛，区公安分局组织开展走访慰问受伤及困难民警、辅警，举办迎春文艺演出等，凝聚警营正能量，提升队伍战斗力。涌现出“工作至生命最后一刻”的基层民警朱新成、“全国法院办案标兵”靳晓、“全国模范司法所长”李娜等一批优秀政法干警。（龚洁颢）

【维护稳定】　2018年，雨花区强化国家安全观念，确保社会大局稳定。组织开展重大事项社会稳定风险评估50起，收集研判情报信息6200余条，处置不稳定事件苗头592起，正圆动力配件厂、“水总”、龙骧巴士、家润多超市员工维权、市妇幼医疗纠纷、枫树山小学学生意外死亡等一大批涉及群体多、社会关注度高、维稳风险大的信访问题得到稳妥处置和化解，“两节”、全国“两会”等一系列“特护期”平稳渡过，进京非访同比下降39%。深化对敌反邪斗争，整合延伸维稳、国安、反邪工作力量，在全区163个社区（村）、4个市场、19家医院、14家政法单位、379个区内重点单位创建情报信息员队伍，巩固安全稳定人民防线。全面摸清涉邪人员底数，推进反邪宣教工作，建立重点对象“100人档案”，打击处理邪教人员3名，教育转化21名，顺利实现“三个零指标”（零发案、零滋事、零反复）工作目标。开展安保维稳“百日会战”，加强对危害公共安全违法犯罪行为的打击力度，39名涉嫌酒驾、毒驾等危险驾驶行为人被判处徒刑。开展严打暴恐活动专项行动，核查涉恐线索11条，抓获涉恐嫌疑人1名。开展消防安全专项整治，区内火灾起数及直接财产损失分别同比下降61.8%、7.1%，人民群众安全感进一步增强。（龚洁颢）

【平安建设】　2018年，雨花区夯实基层基础工作，组建专业巡防600人、义务巡防1.5万余人的队伍，全面建立“专群结合”巡防工作格局。连续开展“平安创建”，评选出一批“平安家庭”“平安单位”，表彰一批平安志愿者，社会平安“共建共享”深入人心。推进“雪亮工程”“天网工程”，建成联网视频监控3500路，新增人脸识别摄像头350个，区铁路护路联防指挥中心和长沙东站分中心建成运行，立体化治安防控体系初具规模。完善“三调联动”工作制度，建成人民调解委员会187个，专业调解组织21个，在政法各单位设立涉法涉诉信访窗口，引导律师参与代理和化解涉法涉诉信访问题，矛盾纠纷多元化解机制基本形成。全区政法单位调解矛盾纠纷14120件，发放司法救助资金91.1万元，为群众挽回经济损失1.02亿元。对群众反映强烈的八类侵财性案件、“黄赌毒”等重点问题实施专项打击，对车站路、城南路等重点地区开展专项整治，对吸毒人员、社区矫正人员、肇事肇祸精神障碍患者等重点人员加强服务管理，立刑事案件9517起，刑事拘留1406人，立治安案件15318起，治安拘留2373人，查获吸毒人员1073人，缴获毒品59.2千克，刑事案件数降至近10年最低。（龚洁颢）

【司法公正】 2018年，雨花区稳步推进司法体制改革工作，区法院、区检察院推进内设机构改革，完成人财物统一上收和人员转隶，员额法官、检察官司法责任制落地生根。区法院推进速裁机制改革，开展执行攻坚行动，审执结案件22287件，有效维护司法权威。区检察院推进认罪认罚从宽试点，施行刑事检察“捕诉一体”办案机制，受理审查起诉1370件2061人，工作经验在全国推广。开展执法司法规范化检查，组织召开政法机关案件协调会49次，连续5年集中评查政法单位执法司法案件150件。加强司法审查监督，政法机关依法确认违法、撤销或变更行政行为为24件，建议行政执法机关向公安机关移送4件4人。加强法治宣传教育，落实“七五”普法规划，推进“谁执法谁普法”责任制，10余名检察官走进荧屏“以案说法”，公安机关针对缠访闹访等行为依法训诫和处理362人，引导群众依法办事、理性维权。优化公安行政审批服务，实现窗口“一站式”、网上“指尖式”、线下“家门口”办理新体验。推进区诉讼服务大厅建设，推行网上立案，开辟残疾人、社会弱势群体绿色通道，诉讼人足不出户即可咨询立案事宜、提交诉讼材料。完善公共法律服务体系，与14家律师事务所签约，实现社区（村）法律顾问100%覆盖。服务项目建设，依法对平阳村安置地、省林业科学研究所、石马村安置房等项目7户被执行人实行强制措施，为区域发展提供有力的司法保障。（龚洁颢）

【扫黑除恶】 2018年，雨花区落实中央部署，按照“有黑扫黑、无黑除恶、无恶治乱、无乱强基”要求，以开展扫黑除恶专项斗争为抓手打造更高水平的平安雨花，被评为长沙市扫黑除恶专项斗争优秀区县。2月27日，雨花区召开区委政法工作暨全区扫黑除恶专项斗争会议，部署区委政法工作暨全区扫黑除恶专项斗争。区委常委、政法委书记、区扫黑除恶专项斗争领导小组组长王维宁，区人大常委会副主任李劲松，区人民政府副区长、区公安分局局长、区扫黑除恶专项斗争领导小组副组长黄健元，区政协副主席周凌云，区公安分局政委杜剑出席会议。区委政法委全体副科职以上干部，区法院、区检察院、区公安分局、区司法局全体班子成员，各街道（镇）党（工）书记、分管政法工作副职、综治办主任，社区（筹委会、集资委）党组织负责人、综治专干，区综治委成员单位分管负责人，各公安派出所所长参加会议。5月15日，召开区扫黑除恶专项斗争领导小组全体（扩大）会议，研究推进全区扫黑除恶工作。7月31日，雨花区召开扫黑除恶专项斗争工作调度会。会议传达中央、省、市扫黑除恶专项斗争工作有关精神，通报全区上半年扫黑除恶专项斗争工作情况，研究部署党员干部涉“黄赌毒”情况专项摸排行动；明确扫黑除恶专项斗争工作重点。12月26日，雨花区召开扫黑除恶专项斗争情况通报会。2018年，雨花区涉黑涉恶犯罪立案257起，打击处理208人，打掉涉恶团伙9个，依法对“5·5”涉黑涉恶犯罪等4起案件提起公诉与判决，对整顿软弱涣散基层组织3个，对严肃处理涉“黄赌毒”党员干部18名。（龚洁颢）

【万人大巡防启动】 2018年9月20日，雨花区举行社会治安防控“万人大巡防”活动仪式，雨花区组织专业巡防员和巡防志愿者1.2万余人，通过24小时全天候、无盲区巡逻，形成“错时巡防、民警带队、看门守栋、佩戴袖章”的平安大巡防工作格局，为全区治安防控保驾护航。该举措是雨花区推进扫黑除恶专项斗争的重要步骤，维护改革发展稳定大局的创新抓手。区委副书记、区长刘素月，市公安局常务副局长车丽华，区委常委、政法委书记王维宁，副区长、区公安分局局长黄健元出席启动仪式。（龚洁颢）

【创建全国禁毒示范城市工作推进会议】 2018年10月25日，雨花区创建全国禁毒示范城市工作推进会议召开。雨花区副区长、区禁毒委副主任、区公安分局局长黄健元主持会议。会

2018年9月21日，雨花区反邪教万人签名暨反邪教警示进校园、防范邪教宣传周活动启动仪式（龚洁颢/摄）

议传达全省三年禁毒大行动总结表彰暨部署新一轮禁毒人民战争会议精神，要求各参会单位要认真组织学习传达，细化举措，切实打好新一轮的禁毒人民战争；洞井街道、高桥街道、区公安分局及区教育局分管责任人汇报本单位创建工作及禁毒相关工作进展情况；区委政法委副书记、区禁毒办主任陈大勇安排部署加速推进全区创建工作。区委常委、政法委书记、区禁毒委副主任王维宁要求，进一步提高政治站位，认清禁毒的严峻形势，本着对社会、对人民、对历史、对未来负责的高度责任心抓好禁毒工作；通过扎实开展工作，立足创建全国禁毒工作示范城市的目标，全力推进，引领雨花区禁毒工作迈上新台阶；加强禁毒宣传，积极提高群众参与“禁毒人民战争”的参与度，加大对重点人员、重点场所及重点行业的管控力度，并为禁毒工作的阵地、人员和经费提供保障；各单位要既各司其职、各负其责，又协同作战、合力攻坚，提升各类社会组织、社会禁毒协会、辖区企业及驻区单位的参与度。（龚洁颖）

法治政府建设

【概况】 雨花区人民政府法制办公室（简称“区法制办”）为正科级单位，归口区人民政府办公室管理，负责监督指导全区依法行政工作，协助或承担政府立法工作，指导与监督行政执法，规范行政执法行为，统筹全区行政执法责任制落实工作，依法进行规范性文件管理工作，对区政府重大决策、签订的合同协议、重要工作提供法律服务、出具法律意见、进行法律审查，承办以区政府为主体的行政复议、行政应诉、国家赔偿工作等。行政编制4名，其中领导职数3名。

2018年，区法制办紧紧围绕区委、区政府的中心工作和工作重点，以科学发展观为指导，按照年初既定的目标，落实责任，扎实工作，全面推进依法行政，建设法治政府提供有力的服务和保障。（田小青）

【政府法律顾问工作】 2018年，雨花区落实《长沙市法律顾问管理办法》规定，聘请坐班律师服务日常工作，补充法制办人员力量。立足全区层面有效预防和控制法律风险，着力推进法律顾问制度，区直部门及街镇基本普及政府法律顾问。区法制办作为政府法制部门，严把法律政策关，充分发挥参谋助手作用。区法制办审查文件279份，着力加强政府文件的合法性、规范性和严肃性。为有效预防和控制法律风险，审查、修改政府合同53份。（田小青）

【规范性文件管理】 2018年，雨花区按照《湖南省规范性文件管理办法》《长沙市规范性文件制定规则（试行）》要求，严格执行规范性文件制定程序，确保规范性文件的合法性和规范性，杜绝损害社会公众利益的规范性文件出台。出台政府规范性文件9件，备案部门规范性文件1件。依法向市政府和区人大常委会报送备案，报备及时规范。（田小青）

【行政复议与诉讼】 2018年，区法制办推进行政复议规范化建设，畅通行政复议渠道、加大调解和解力度，化解矛盾。坚持以事实为依据，以法律为准绳，严把复议案件质量关，及时妥善处理涉及交通运输纠纷、征收土地纠纷、政府信息公开纠纷，着力发挥行政复议在防范和化解行政争议、构建和谐社会中的积极作用，处理行政复议案件47件；代理区政府作为被申请人的行政应复议案件4件。组织相关部门领导出庭应诉、落实案件执行，代理区政府办理行政诉讼应诉案件72件，组织区领导出庭应诉7件。（田小青）

【行政执法监督】 2018年，雨花区规范行政处罚、行政许可的办理程序，提升行政执法水平，进一步推进依法行政工作，日常加强对各行政执法单位的执法监督与指导。严格按照规定，组织新进执法人员参加执法资格考试，配合省、市法制办对全区符合要求且通过考试成绩合格的行政执法人员颁发行政执法证。开展区直行政执法单位案卷集中评查活动，对区直行政机关的行政处罚案卷和行政许可案卷进行评查、考核打分，指出案卷中存在的问题和错误，书面下达改进建议。（田小青）

【化解信访矛盾纠纷】 2018年，区法制办坚持列席参会讨论重大信访事项，每周参与领导信访接待日活动，现场解答信访法律问题。针对涉法涉诉信访，客观出具法律意见书，为领导决策、解决信访问题提供法律参考。针对信访问题比较集中的事项，通过走访群众听取意见，与区直部门、各街道、社区相关人员进行座谈，邀请专家学者召开论证会等多种形式了解情况、提出建议。服务拆迁拆违及征地补偿安置工作，为拆迁拆违工作提供法律支持，提出专业意见与法律指导，对相关文件进行合法性审查，确保拆迁拆违工作依法开展。（田小青）

【行政审批事项改革】 2018年，区法制办推进审批服务便民化，按照省市法制办的要求完成本级规范性文件设定的证明事项清理工作；作为“最多跑一次”减证工作的参与单位，进一步规范证明材料，在行政许可申请和公共服务事项方面减少烦琐环节和手续，推进减证便民和行政服务。（田小青）

公　安

【概况】 长沙市公安局雨花分局（简称“公安分局”）设指挥中心（办公室）、政治工作办公室（含机关总支、工会、团委）、纪委（监察室）、后勤保障科4个综合管理机构，法制科、警卫科、刑事侦查大队、第一治安管理大队、第二治安管理大队、第三治安管理大队、经济犯罪侦查大队、禁毒大队、国内安全保卫大队、网络安全保卫大队、人口与出入境管理大队、单位内部安全保卫大队、巡警大队、城管大队14个执法勤务机构，辖左家塘、侯家塘、东塘、砂子塘、高桥、雨花亭、圭塘、洞井、黎托、同升、井湾子、东山、跳马13个派出所。2018年，民警745人，其中男民警651人，女民警94人；

职工7人，保安职工两人。副处级8人，正科职75人，副科职177人（含中队长40人，指导员48人）。机关警力66人，占总警力的8.9%；基层实战单位警力686人（大队250人，派出所436人），占总警力的的92.1%。辅警509人，其中男性459人，女性50人。

2018年，公安分局围绕“建设财富、品质、幸福雨花，打造中部领先、国内一流现代化强区”的奋斗目标，突出党建引领，强化政治建警，聚焦警务改革，深化打防管控，完成各项工作任务，确保全区社会治安大局持续稳定。以党建带队建，实施党建工作标准化工程，细化民主生活会、组织生活会和发展党员的环节要求，转正党员10人，发展党员10人。严格执行双重组织生活制度，分局党委成员以普通党员身份参加组织关系所在支部组织生活并带头讲授党课。开展党性教育活动，深入推进党支部“五化建设”，创建东山派出所党建示范点。牢牢把握“规定动作不走样，自选动作补短板”基本原则，全面推进政治建警。突出问题导向，通过本人查、会议议、督察纠等方式，收集汇总752名民警、529名辅警各类问题4423个，对查摆出的问题，深入剖析原因，明确努力方向，限期进行整改。通过对问题的查摆、分析、整改，加强相互监督，明晰整改责任，分局政治生态明显改善，严格督察问责，受理督查涉警投诉158起，停止执行职务4人，禁闭3人，受理纪检涉警投诉24起，警示提醒11人，告诫约谈1人，诫勉谈话24人，党纪、政纪处分19人。

（李　波）

2018年2月28日，2018年雨花公安工作会议　（李　波/摄）

【队伍建设】　2018年，公安分局落实《经常性思想政治工作规范》，围绕公安中心工作，立足本职、多措并举，不断加强和改进思想政治工作。每月考核各单位队伍建设情况，考核成绩作为绩效评估及年度评优、评先的重要依据。完成职务职级并行72人，工资晋级166人，工资晋档680人，警衔工资60人。完成2017年、2018年上半年加班补贴申报，2018年车补、物业补贴发放到位。办理警衔晋升63人，公务员登记手续10人，退休手续24人以及人员异动121人次。完成2014年至2018年退休人员63人次的视同缴费年限审核，转正定级手续11人，公务员信息采集统计788人，档案材料入库3488张。狠抓民辅警的作风养成，全面规范“钉钉”软件操作流程，发放“钉钉口袋书”1280份，落实请示报告制度，强化“钉钉”数据分析运用。常态化开展警民恳谈，加强民意监督，改进工作作风。对有违纪违规苗头现象的民辅警实行重点管控，重点帮扶61人，成功解除帮扶12人。推进警营文化建设，激发队伍活力，依托分局十一大文体协会，开展警营文体活动。组织开展“金盾杯”篮球赛、迎春文艺演出等系列活动。出台教育训练计划，各单位教导员为教育训练工作的第一责任人，具体负责教育训练工作的组织实施；各单位确定一名民警作为训练工作的兼职联络员，做到训练工作时时有人抓、有人管。优化教育训练模式，在全局范围遴选20名民警组建分局警务实战兼职教官团队，编制培训课目“菜单”，开展送教上门8期，受训民辅警500余人次。组织参加上级各类调训任务463人次，组织40名领导干部和业务骨干参加中国刑警学院经侦培训班、公安大学公安改革创新培训班、江西干部学院党性锻炼培训班、中国政法大学法制专题培训班等对口跟班学习。雨花分局代表队获全市公安机关应急处置能力比武集训建筑物搜索项目第一名。邀请膳食专家为分局食堂制定科学、营养、健康的膳食结构和菜谱，改善民辅警的饮食。组织各类健身活动，参加瑜伽班800人次、舞蹈班160人次，参加基本体能测试2800人次、423名民警进行健康体适能检测，1012人次参加“健康习惯养成记”活动，108人次参加“健康管理培训班”。为女民警、辅警购买妇女健康险，为10名因公负伤民警办理工伤手续，开展健康体检，全警体检预约率100%。民警心理健康测评覆盖率100%。针对“心理健康测验”和“抑郁指数测验”重点人员，对112名心理预警人员进行谈心谈话。强化民辅警执法权益保障，督办侵犯民辅警权益案件26件，处理违法犯罪嫌疑人31人。争取湖南省中医药大学第一附属医院的配合支持，完善民辅警因公负伤、紧急救助“绿色通道”。落实民警生日慰问“四个一”活动，慰问生日民警752人；“七个节日”慰问实现网上一键式购买、送货到家；为民警提供每人832元洗衣服务经费，实现上门服务。落实慰问、优抚等工作，发放慰问金、维权抚恤金、医药补助费246人次60余万元。　（李　波）

【公安法制宣传】　2018年，长沙市公安局雨花分局运用“网、报、台、微”宣传矩阵，加强公共正面宣传。采取多种形式，充分挖掘、培养和选树一批民警身边的先进典型，组织各级媒体及时跟进宣传报道，产生强烈的社会反响和示范效应。以政治建警先进典型、“雷锋式”系列争创活动为载体，选树刑侦大队以及圭塘派出所朱新成、高桥派出所肖文庆等一批先进集体和优秀个人。做好表彰奖励工作，坚持以基层一线为重点，18 个集体、263 名民警获得嘉奖以上表彰奖励，派出所占奖励名额总数 52.94%。雨花分局刑事技术室连续三次被公安部评为全国示范刑事技术室，雨花区副区长、分局党委书记、局长黄健元受到公安部通报表扬。在《人民公安报》刊发该局深入学习十九大及圭塘派出所学习十三届全国人大一次会议精神等稿件；在《雷锋》杂志刊发该局《以雷锋精神统揽队伍建设》、东山派出所安志《剑胆琴心逞英豪》等先进事迹；组织央视等新闻媒体宣传报道“1·24”特大跨省系列电信网络诈骗案、“4·5”特大跨境电信诈骗案、“十四载命案追凶”等案件。在湖南经视等省市新闻媒体刊播新闻报道 126 篇（条），开展新闻宣传策划 4 次，组织媒体进行专访 16 次，拍摄宣传片 1 部，制作发放宣传展板、海报 578 份。“雨花公安”微信公众号粉丝量突破 1 万，发布信息 218 条，其中原创微信 140 条。“雨花公安”官方微博发布信息 345 条，答复、处理、反馈信息 198 次。高桥派出所民警肖文庆《赤脚追捕嫌疑人》，被中国长安网、湖南公安等新媒体广泛转载，得到社会各界高度关注和点赞。加强涉警舆情处置工作，监控并妥善处置涉警舆情 237 条、敏感事件 126 起，未形成区域性的负面涉警舆论热点。成功处置的“12 岁女孩公交车上被尾随遭性侵怀孕”网络舆情，被评为“2018 年度十大网络舆情逆转事件”。（李 波）

【社会治安防控】 2018 年，公安分局推进“雪亮工程”，在全区新增 350 路的人脸识别系统，实现对全区重点部位、复杂公共区域、人员密集场所的视频全覆盖。推进 WIFI 嗅探、电子围栏等系统建设，扩展信息采集渠道。统筹推进“大巡防”“大管控”“大整治”三大举措，在全市率先启动“党政领导、公安主导、群众参与”的“万人大巡防”，梳理和分级管控“一体化”重点人员 3630 余人，排查重点场所、单位 260 余家，化解矛盾纠纷 2350 余起，整治安全隐患 2300 余处。围绕全国、省、市“两会”安保等敏感节会、时段，搜集掌握深层次预警性情报信息 410 余条，化解不安定因素 200 余起，稳妥处置各类群体聚集维权事件 80 余起。原长沙正圆动力配件厂堵门事件处置经验在全市推介。为主侦破“5·15”专案，参与侦破“11·20”“12·26”专案。强化关注人员管控，采集新增流入关注人员 1660 余人，采集信息 1.1 万余条，每日在控关注人员近 400 人，排查管控采集率、合格率、及时率、准确率均为 100%。核查涉恐线索 10 余条，抓获涉恐嫌疑人 1 人。打造以治安二大队为主力、巡警大队为支撑、派出所为补充的专业处突队伍，组织合成演练，确保快速响应、积极应对、高效处置。在火车南站启动“十一位一体”的联勤联动工作机制，建成全省首家联勤联动综合治理中心，集“指挥同台、通讯同频、视频同网、信息共享”于一体，统一调度、扁平指挥、协同作战。推动“星城快警”巡逻机制落实，按照“屯警街面、动中备勤、武装巡逻、快速反应、高效处置”工作原则，常态组织开展定点警戒、巡面控要、机动增援，确保核心区域、重点部位实现快速反应。加强邪教重点人员管控，对 303 名重点人员开展“敲门行动”，并分门别类谈话教育、逐人完善工作档案，逐人制作视频资料光盘留档，进一步澄清底数，夯实基础。完成中央领导到湘等警卫任务 50 余批次，出动警力 3400 余人次，确保绝对安全、万无一失。完成“5·5”专案庭审、国际马拉松比赛等大型活动安全保卫任务 100 余场次，出动警力 5700 余人次，全程“零差错、零事故、零失误”。（李 波）

【社会治安管理】 2018 年，公安分局依法关停涉黄涉赌场所 200 余家，打击处理违法犯罪嫌疑人 1011 人，同比上升 41.6%。成功侦破“5·17”外籍妇女卖淫等一批有影响力的案件。针对市级重点整治地区车站南路沿线，区级重点整治地区红星大市场及周边、汽车南站及周边等地，会同区政府相关职能部门开展针对性、大规模、多层次集中整治。通过“每旬一会战、每周一出击”，消除一批不稳定、不安全因素。推进缉枪治爆专项行动，侦破涉枪涉爆案件 19 起，是 2017 年的 1.11 倍；缴获枪支、管制刀具、仿真枪支 252 支（把），是 2017 年的 4.36 倍；打击处理违法犯罪嫌疑人 20 余人。成功侦破“6·3”网络贩枪专案。取得良好的政治效果、法律效果和社会效果。强化治安保卫重点单位治安督导，治安保卫重点单位内部侵财案件发案同比下降 65%。发挥“校园警务室”职能，落实“一校一警”，在重点时段安排“护学岗”执勤，开展校园法制安全教育 280 余次，排查、整治校园周边治安乱点 330 余处，化解涉校纠纷 140 余起。深化“平安医院”建设，开展检查 260 余次，整改安全隐患 130 余处，协助化解医患纠纷 130 余起，侦破涉医案件 2 起，刑事拘留 2 人。落实寄递物流实名登记、开箱验视、过机安检“三个 100%”制度，检查物流寄递企业（门店）1370 余家次，排查并整改内部隐患 340 余起。强化民爆物品、散装汽油、剧毒化学品管理，确保危爆物品监管工作落实到位。全面落实“放管服”工作要求，出入境证件新证办理从原来的 10 个工作日压缩为 7 个工作日。狠抓公安行政审批窗口“一站式”、网上“指尖式”、线下“家门口”办理措施落实，办理户口业务 6 万余人次、身份证 8 万余人次、出入境证件 7.9 万余人次，分别同比上升 16.91%、1.91%、0.51%。推广“96111”便民服务桥，有效关注量 15.46 万人，出入境证件网上预约办理率 98%。强化行业场所管理服务，狠抓旅馆业住宿人员、网吧上网人员信息实名登记，查处不依法登记和上传信息旅馆 770 余家，依法取缔 60 余家，行政拘留 15 人，在旅馆内抓获网上逃犯 19 人。持续推进“一标三实”信息采集工作，综合运用“96111”便民服务桥推广、窗口采集、二维码管理等方式，采集信息 84.74 万条。推进车禁门禁及访客系统建设，完成 140 余个小区、120 余家单位的系统建设，收集、上传信息2676.03万条。推进火灾防控工作，对群租房、养老机构、中小学校、高层建筑、KTV等场所开展火灾隐患综合治理，加快微型消防站建设，确保全区火灾形势安全可控。检查单位3万余家，督促整改火灾隐患或违法行为6.6万余处，行政拘留80余人。全区发生火灾事故110余起、直接财产损失510万余元，同比下降61.86%、10.61%。 （李 波）

【刑事犯罪打击】 2018年，公安分局强力扫黑除恶，开展砂石、土方工程建设、党员干部涉“黄赌毒”和金融三个领域涉黑涉恶违法犯罪专项摸排，摸排收集涉黑涉恶线索87条，核实（办结）82条。涉黑涉恶犯罪立案265起，打击处理犯罪嫌疑人217人。摧毁涉恶团伙10个，打击处理团伙成员98人。聚焦大案要案，坚持命案必破，发生命案9起，破案率100%。严重暴力犯罪案件立案114起，破获73起，破案率64%，刑事拘留152人，同比上升38.18%。严打侵财犯罪，保障人民群众财产安全，抓获侵财犯罪嫌疑人824人、打掉侵财犯罪团伙107个、侦破侵财案件2495起，同比分别上升14.29%、64.62%、27.36%。侦破部督“11·28”、省督“1·24”网络电信诈骗案件。推进堵源截流，严打制毒犯罪，开展“净边”行动，夯实易制毒化学品管理，构建对涉毒违法犯罪的严打高压态势。侦破毒品刑事案件216起，同比上升8.54%；抓获涉毒犯罪嫌疑人192人，同比上升7.26%；强制隔离戒毒271人，裁决社区戒毒237人，缴获毒品54.1千克。开展“云端2018”、打击涉众型经济犯罪等专项行动，立涉众型案件4起，办结3起，新发案件办结率75%；消化年前受理未立案件3起，消化率100%；办结积案25起，办结率83.33%。侦破“7·5”假冒注册商标、“10·25”非法经营和“12·13”制贩假币专案。深化国家食品安全示范城市创建等中心工作，依法打击各种阻扰执法、暴力抗法行为，通过“打团伙、斩链条、端窝点”，快侦、快捕、快诉，有力震慑食药环违法犯罪行为，侦破污染环境案件、食药案件、烟草案件41起，打击处理违法犯罪嫌疑人41人。 （李 波）

【网络安全监管】 2018年，公安分局推进“天网工程”（三期）建设，完成2090余路视频建设验收并投入实战应用，建成公共监控摄像头7000余个，联网社会面公共监控探头1600余个，整合电子卡口1200余路。规范“天网工程”运维管理，系统前端在线率始终保持在95%以上。依托“天网工程”人像比对系统比中犯罪嫌疑人122人，通过视频侦查推送案件线索数142条，形成战果106条。全力推进网技工作转型升级。紧密围绕“净网·2018”专项行动，坚决遏制淫秽色情信息传播，打击网上传播淫秽色情，打掉一盘踞在雨花区酒店内进行网络招嫖组织外国人卖淫的犯罪团伙。严密关注网络舆情，扎实做好舆情管控工作。全年，分局共提供情报信息380条，其中104篇被公安部采用，111篇被省公安部十一局采用，125篇被公安厅采用，上报境外涉及领导人的各类政治谣言样本2561条，通过采用217条。 （李 波）

【基础业务保障】 2018年，公安分局狠抓刑事案件“三统一”（统一入口、审核、出口）工作，完善执法监督管理体系，通过前移监督关口，执法办案质量不断提升。推进受立案管理室与执法监督中心建设。开展单警装备配带使用专项整治，重点纠正民警在执法工作中存在的不良习惯及不作为、缓作为等行为，提升辖区群众满意度，满意度得分连续两年明显提升。加强初信初访工作，解决重信重访问题，办结各级交办信访件679件，其中中央巡视组交办23件、省委巡视组交办24件，信访积案13起。开展局领导接访50余次，化解重点疑难积案40余起。投资120万元建成分局机关智能枪弹库并投入使用。新型智能枪弹库运用指纹技术、智能化管理系统，实现枪械管理网络化、智能化，枪柜、审批统一化，提高枪械管理的自动化程度，将公务用枪管理制度紧密融合系统，实现公务用枪使用、储存全方位高度安全的管理。清理整合办公用房，解决民辅警备勤休息用房不足的问题，实现“民警每人一张床”的工作目标。新购置警车28辆、租赁新能源车21辆，全部配发至基层单位。全高清化升级改造各单位电视电话会议系统和执法办案区域。投资180万元，推进机关院落配电房及双电源改造工程，高压变电房、变压器及高低压配电设备全部更新，接入双向电源。落实“公安派出所建设三年行动计划”，持续推进左家塘等4个派出所提质改造工程建设，完成东澜湾等23个警务室提质改造、雨花亭派出所过渡用房改造工程。扎实推进全区“一村一辅警”工作，通过内部挖潜在全区15个社区筹委会和13个村先行配备6名辅警，其余22名辅警上报市局招聘培训。（李 波）

【服务社会】 公安分局主动服务辖区重点工程建设，成立重大项目建设治安保卫工作领导小组，建立完善“情报信息预警、矛盾排查化解、联合督办检查”机制，做好征拆、棚改、施工环境保障等工作。每项重点工程设立一个由局领导牵头的工作专班，依法打击处理强揽工程、阻工等违法犯罪嫌疑人68人次。强化环保服务，全力配合中央环保督查“回头看”、省级环保督查工作，参加各类整治行动1000余次，出动警力8000余人次，化解各类矛盾纠纷41起。全面打响“蓝天保卫战”，开展禁燃限放烟花爆竹行动，出动巡查车辆4000余台次、警力9000余人次，检查门店5000余家次。受理查结涉烟花爆竹行政案件70余起，行政处罚70余人，罚款3.7万余元。整治取缔烟花爆竹零售网点60余家，全区仅存烟花爆竹零售网点55家。12月底，全市启动强冷空气及低温雨雪冰冻天气Ⅲ级应急响应，长沙市公安局雨花分局迅速做好防范应对工作，分局副科职以上干部全部取消休假，维护治安秩序，打击违法犯罪，与辖区街道、社区一起积极抢险救灾。 （李 波）

【省公安厅督察“百日会战”】 2018年11月15日，省公安厅安保维稳“百日会战”第一督察组组长王建平、副组长刘孝钧一行3人检查督导雨花分局安保维稳“百日会战”工作情况。

省厅督察组一行仔细查看分局安保维稳"百日会战"工作台账，对洞井、同升、左家塘、高桥等派出所检查情况进行讲评，强调要坚决打好打赢安保维稳"百日会战""联合战""持久战"和"歼灭战"。（李　波）

【省委政法委调研指导党建工作】 2018年11月22日，省委政法委研究室主任袁新天率队调研基层党建工作，实地查看东山派出所党建宣传栏、党建活动室、综合警务指挥室、非警务事项分流室、执法办案区和户政接待窗口，查阅派出所党建基础台账、《基层党组织工作手册》，了解派出所党建、接处警、非警务事项分流等工作开展情况，召开党建工作调研座谈会。袁新天对东山派出所支部以"抓党建、带队建、促业务"取得的成绩表示肯定，并提出党建工作从细节着手、从创新入手、从亮点特色效果宣传寻求突破上的意见和建议。（李　波）

【侦破"11·28"专案】 2018年1月8日，长沙市公安局雨花分局在半年多缜密经营基础上，派出160余名警力分为17个抓捕组，分别在长沙、娄底、南京等地的17个藏匿窝点实施精准抓捕，成功侦破部督"11·28"专案，打掉一特大新型网络投资诈骗团伙，抓获团伙成员23名，查获现金40万元、手机70余台，冻结账户资金440万元。经审讯查明，该网络投资诈骗团伙非法获取公民信息后，通过微信聊天以"比特币""炒外汇"等投资形式招揽受害人到其提前制作好的虚假网站进行投资、理财以及合伙购买彩票赚钱，并通前期实现少量盈利取得受害人信任，当受害人注入大量资金后，该团伙成员就后台操作致其亏损，达到诈骗目的。（李　波）

【破获电信网络诈骗案】 2018年1月24日，长沙市公安局雨花分局在广州市公安局天河分局的大力支持下，在市局刑侦支队、网技支队、反电诈中心的强力支撑下，成功打掉一特大跨省网络电信诈骗团伙，抓获并依法刑事拘留犯罪嫌疑人63人，扣押涉案电脑80台，涉案银行卡9张，涉案金额1358万元。经审讯查明，2017年11月起，犯罪嫌疑人林铁锋等人以广州祥灵阁商品信息咨询有限公司为伪装进行公司化运作，通过在网络平台上以推销虚假"法器"、介绍"法事"服务等手段对数百名受害人实施诈骗。（李　波）

【侦破毒品案】 2018年1月28日，在云南警方的协助下，在市局禁毒支队和网技支队的支持下，长沙市公安局雨花分局禁毒大队侦破一起特大跨境运输、贩卖毒品案，抓获2名犯罪嫌疑人，查获毒品麻古51.3千克，成功斩断一条从"金三角"途径云南、中转长沙转运至湖北的贩毒通道。（李　波）

【抓获"猎狐"对象】 2018年2月6日，在部、省、市"猎狐办"的组织指挥下，长沙市公安局雨花分局采取多种手段加大劝逃抓捕工作力度，成功将潜逃泰国四年的犯罪嫌疑人袁某某押解回国，这是2018年全省"猎狐行动"抓获的首名境外逃犯。2013年至2014年间，犯罪嫌疑人袁某某伙同他人多次利用虚假合同骗取泸州老窖集团"资源交换业务"款2亿元，造成泸州老窖集团1.5亿元损失。（李　波）

【侦破电信诈骗专案】 2018年5月10日，在海南、福建警方的积极配合下，在湖南（长沙）反电诈中心的大力支持下，长沙市公安局雨花分局历时一个多月的缜密经营，在海南、福建两地的8个抓捕组开展集中收网行动，成功侦破"4·5"特大跨境电信诈骗专案，抓获犯罪嫌疑人8名，破获冒充公检法电信诈骗案件100余起，涉案金额累计1000万余元，冻结涉案资金600万余元。（李　波）

【打掉跨国卖淫团伙】 2018年5月21日，在市局网技支队的大力支持下，长沙市公安局雨花分局网安大队联合左家塘、侯家塘、东塘、砂子塘等派出所通过主动经营、协同作战成功破获"5·17"网络组织、介绍外籍妇女卖淫案，打掉一跨国卖淫团伙，抓获涉案人员19名，其中刑事拘留5名、监视居住1名、行政拘留7名，对6名外籍违法行为人依法拘留审查。（李　波）

【抓获在逃14年的命案逃犯】 2018年9月28日，长沙市公安局雨花分局刑侦大队通过深入分析研判，前往海南守点布控，抓获在逃14年的命案逃犯杨某（男，35岁，湘阴县人）。2004年9月28日22时许，张某师（已判刑）因同"闵海渔村"酒店厨师易某、何某发生口角纠纷，遂纠集杨某等人持水管等凶器窜至"闵海渔村"酒店旁的停车场殴打易某、何某2人。随后，保安罗某等人上前劝架制止，上述人员转而对罗某实施殴打。其间，杨某掏出随身携带的匕首，将罗某刺伤（致死）。之后杨某"漂白"身份，往广东、海南等地逃离。（李　波）

交通管理

【概况】 2018年，长沙市公安局交通管理警察支队雨花大队（简称"雨花交警大队"）民警159人（含6人借调），辅警99人（含4人借调），协勤66人，职工1人。大队设综管、122、停管3个内务中队；1~13中队、机动铁骑14个勤务中队。雨花交警大队坚持党建引领政治建警，强化支部"五化"建设，以政治学习为重点，集中开展政治理论学习26次，严格落实"集中政治学习"制度，做好规定动作，增加自选动作，深化作风养成。打造"快乐工作、幸福生活"的警营文化氛围，为全体民警、辅警提供365天的饮食保障，开放洗衣室、洗车房、理发室、健身房、心理咨询室、阅览室、羽毛球馆、篮球场、休闲花园等场所，延长开放时间至晚上九点，方便一线民警回队理发洗衣。开展各类文体活动，把组织关爱送到民警心里，营造"家"文化氛围。严格落实一岗双责，以身边人、身边事为典型，高度重视和深刻反思党风廉政建设工作。深入一线找问题，对找问题抓整改，细化措施促提升，形成常态化、长效化、制度化工作格局。（丁　翔）

【交通警务管理】 2018年，雨花交警大队深化科技应用，创新警务改革，打造实战、实效、实用的情、指、勤、督一体化现代警务机制。严格占道施工的事前把关、事中监管和事后评估，科学谋划，减少占道施工对交通影响。利用自主警情功能，及时对拥堵路段进行预警干预，快速处置。在雨花辖区占道施工不断增多和机动车保有量不断增大的双重压力下，高德拥堵指数为1.43，与上年同期持平，维持交通秩序的平稳。运用交管指挥调度平台，进行二次研判分析，及时将警情推送到民警手中，查获重点违法车辆424台。利用公安集成指挥平台查处各类违法车辆525台，违法抓拍172526起。优化勤务运行机制。由67个勤务执守点、25个护学岗，3个线路大铁骑巡逻和2个夜间勤务点组成的“网格化+大铁骑巡逻+夜间勤务”模式，实现时间上的全时管控、空间上“点、线、面”全面覆盖。运用执勤执法监管系统，建立民警执法足迹档案，对民警工作履职状况进行精准画像。深化“放管服”改革，进一步优化窗口设置，做好一窗式服务，一个窗口排一次队即可完成本地异地违法的全部办理。处理非现场简易程序交通违法时取消复印件，采用高拍仪对相关证件拍照存档；业务窗口处理交通违法时未携带纸质驾驶证的，允许驾驶人当场登录“湖南公安服务平台”微信端或APP端，调取其本人电子驾驶证并交由民警查验，办理相关业务。大队将“96111”便民服务桥的推广使用作为深化便民服务工作的重要举措，倡导推广“96111”平台等网上办理，让群众一次也不跑。122中队推广量排名高居全支队第一。大队注意从市长热线、“96111”、支队长信箱等平台接纳群众建议，开展道路优化工作。韶山路城南路口毗邻市妇幼保健院，路口不规则，交通通行效率不高，大队秩序部门积极采取措施进行优化。

（丁 翔）

【交通安全管理】 2018年，雨花区交警大队围绕“城市治乱象，农村保平安”思路，扎实推进交通秩序综合整治。大队开展城区隐患排查7期，排查道路安全隐患点段112个。排查跳马地区道路交通安全隐患97处，区政府投入资金2000余万元进行治理。加大乱源整治力度，重点打击“平头货车”占道贩卖物品、城市“三族”等不文明交通行为。处罚“平头货车”119台次，查处涉及“三族”人员案件19起，其中办理全市第一起针对城市“三族”人员的行政警告和行政拘留处分，对治理城市乱象起到震慑作用。组织中队成立专班，重点治理劳动路树木岭路段长期存在商贩占道经营，车辆随意违停，影响周边车辆通行的情况，对违停车辆进行抄牌处罚200余台次，发放违停宣传单300余份，并派专人进行守点，发现有违停占道及时介入处置。分控中心配合开展视频巡查，及时发现调度，该路段通行状况大为改观，通行效率大幅提升。区政府牵头联合交运、安监等五部门在跳马农村公路区域开展联合整治工作。共出动执法人员3680人次，检查重点车辆2721台，扣押车辆309台，对5名驾驶员交通违法行为处以记12分的顶格处罚。大队根据事故案例分析、群众反馈和民警前期摸排情况，对雨花辖区所有涉及亡人道路交通事故的重点路段路口进行全面排查，一案一分析、一案一治理，为有效预防道路交通事故打下基础。雨花辖区事故报警数54917起，没有发生较大交通事故，交通事故死亡人数下降18.86%，交通安全形势总体平稳。开展交通安全宣传教育，组织新闻报道217场次，刊播新闻稿件658篇次，其中122中队侦破的逃逸事故以及礼让斑马线整治行动均被央视频道进行报道。反映雨花交警除暴雪，保畅通的暖心朋友圈经湖南交警总队转发后，2315万人次点击阅读，69668人次点赞。建成雨花交通安全主题公园，开展主题安全宣讲76批次，受教育群众4000余人次，成为雨花区交通安全的一张重要名片。精准监控舆情，抓住黄金四小时主动发声应对网上舆情，在执法力度超以往的情况下，基本没有出现较大影响负面舆情。

（丁 翔）

检 察

【概况】 雨花区人民检察院（简称“区检察院”）内设刑事检察一局、刑事检察二局、刑事检察三局、民事行政检察局、检务监管局、检务保障局等6个机构。核定政法专项编制62名，其中领导职数7名。2018年，在职在岗政法专项编制干警55人，其中员额检察官34人、检察官助理8人、司法行政人员8人、司法警察5人；工勤编制人员1人，雇员48人；退休人员17人；党员61人，其中在职党员45人。办公地点设在雨花区人民政府机关大院内。

2018年，雨花区人民检察院积极推进内设机构精减重构和“捕诉一体”办案机制改革。内设机构整合、办案组织组建、人员分类管理和“捕诉一体”办案机制等改革有序铺开，全面运行以司法责任制为核心的司法体制改革

2018年10月8日，区检察院升国旗暨新任员额检察官宣誓仪式 （伍珍玉／摄）

新机制。5月29日，最高人民检察院《领导参阅件》全文转发雨花区人民检察院内设机构和“捕诉一体”改革的做法。7月16日，检察长马贤兴作为全国唯一基层检察院代表到北京向最高人民检察院张军检察长汇报。9月，中国检察出版社出版雨花区人民检察院编写的《捕诉合一思索与实践》一书，成为全国“捕诉一体”改革的首本专著。雨花区人民检察在各类媒体发表案件报道154篇。检察长率先开办微信公号“山虎说法”，撰写推送案例分析、法治评论等各类文章103篇，宣传法治，弘扬诚信，传播社会主义核心价值观和中华传统文化主流价值。7名检察官成为中央电视台“社会与法”“今日说法”和湖南经视“经视说法”等栏目的点评嘉宾；8人接受中央电视台、湖南卫视、长沙政法频道等采访。12月17日中央电视台“社会与法”频道播出马贤兴评说“婚姻法司法解释二第24条”的错误性和该解释得以根本修正的积极意义节目，产生全国性影响。区检察院、区教育局共同承办全国快乐学法雨花现场赛，两名检察官和3名小学教师到延安参加全国快乐学法大赛总决赛，获得团体赛亚军。10名检察官担任雨花区20所中小学校法治副校长，开展“送法进校园”活动，引导和培养青少年从小养成自觉学法守法、遇事找法、解决问题靠法的理念，共建法治文明校园。（李永红）

【刑事犯罪打击】　2018年，雨花区人民检察院受理审查逮捕案件913件1344人，经审查，批准逮捕746件1100人；受理审查起诉案件1370件2061人，向法院提起公诉1262件1892人。批准逮捕故意杀人、绑架、强奸等严重暴力犯罪嫌疑人60人、起诉49人。批捕“两抢一盗”等多发性犯罪342人，起诉423人。批准逮捕利用电信网络手段实施诈骗和金融诈骗犯罪96人，起诉21人。依法严惩“黄赌毒黑拐骗”违法犯罪活动，推进扫黑除恶专项斗争，批准逮捕涉及黑恶势力犯罪案件4件62人，提起公诉2件69人。11月，雨花区人民检察院对“5·5”特大涉黑案件依法提起公诉。该案系省人民检察院督办、长沙市开展“扫黑除恶”专项斗争以来的首起涉黑大案，涉案人员55人，涉及组织、领导、参加黑社会性质组织罪、组织卖淫罪等10项罪名。12月，该案55名罪犯由区人民法院作出判决。服务保护实体经济和民营企业工作，依法起诉强揽工程、强迫交易、违法阻工等刑事犯罪13人。批准逮捕侵犯民营经济犯罪4人，起诉9人。依法惩治合同诈骗、组织领导传销等犯罪，批捕非法吸收公众存款、集资诈骗犯罪25人，起诉26人。办理涉众广、影响大、社会危害十分严重的林某某等人特大电信诈骗案，批捕55人，起诉59人。办理普济医院林某耀、林某雄等23名涉案人员虚开药品、制作阴阳病历骗取国家医保基金近900万元的系列案。妥善办理涉企案件，慎用强制措施。突出打击妨碍公司企业管理秩序的犯罪，对侵犯非公企业和非公经济人士合法权益犯罪批捕4人，起诉5人。特别注重为实体经济发展和实体企业家提供司法服务和保障。对钻法律和政策空子，借助虚拟经济体、网络融资平台，滥设关联公司、影子公司等进行非法吸存、集资诈骗、洗钱套现等违法犯罪活动坚决予以查处和打击。对未成年犯罪嫌疑人以“教育为主、惩罚为辅”，采取社会调查、心理辅导、跟踪帮教、犯罪记录封存等措施，将教育、感化、挽救和预防贯穿办案全过程。对未成年人案件受理审查逮捕39件57人，作出不批捕决定20件23人，起诉28件46人，相对不起诉8件8人，附条件不起诉两件7人。（李永红）

【刑事法律监督】　2018年，雨花区人民检察院继续加强诉讼活动法律监督，维护公平正义。坚持适时提前介入、案件信息通报共享，建立重点案件跟踪、量刑建议等监督机制，强化对有案不立、以罚代刑、非法取证、量刑畸轻畸重等问题的监督。监督公安部门立案11件，纠正漏捕18人、漏诉4人，对侦查活动提出纠违意见11件，被采纳并纠正10件；发挥“捕诉一体”机制的优势，承办检察官向侦查机关列出详细证据补充清单，紧盯不放，确保侦查取证质效。将社区矫正执行档案、矫正小组、矫正方案、教育学习、社区服务、是否重新犯罪等12项指标纳入检察监督范围。对全区583名社区矫正对象逐一登记造册，定期核查。发出检察建议19份，口头纠正50余次。对5名严重违反社区矫正规定的在矫人员建议撤销缓刑，依法收监执行。办理财产刑执行监督案件3件，羁押必要性审查案件受理47件47人、立案43件43人、采纳26件26人。（李永红）

【民事行政检察】　2018年，雨花区人民检察院办理民事行政裁判生效判决监督、审判人员违法行为监督、执行监督、督促履职、支持起诉和公益诉讼案件88件。加强与区国土分局、区环保局、区食药监局、区城管局等职能部门的日常联络和协作配合，将公益诉讼线索摸排和案件调查前移。对同升街道一非法占用农用地的物流园立案调查并依法对相关单位发出检察建议，督促其正确履职，该物流园得以拆除和复绿。借助“食品安全护苗行动”“蓝天保卫战”等专项行动，发出检察建议37份。6月，雨花区人民检察院在长株潭城市群生态绿心地区调查时发现，跳马镇沙仙村周某某、张某某、文某某在未办理任何土地使用手续的情况下，违法占用耕地违章搭建钢结构厂房，用于仓储和产品加工。雨花区人民检察院快速行动，赶赴现场，固定相关证据，并向跳马镇人民政府、市国土资源局雨花分局发出诉前检察建议，督促依法对其违建厂房全部拆除并复绿。（李永红）

【检察长出庭支持公诉】　2018年5月3日，长沙市雨花区人民法院公开开庭审理苏其污染环境案，区人民检察院检察长马贤兴以公诉人身份对该起案件出庭支持公诉。被告人苏某自2017年春节后至2017年10月31日期间，在未取得环境影响评价文件、未办理环保相关审批手续、无任何污染防治设施情况下，在其租赁的位于长沙市雨花区东山街道侯照社区一民房内，非法进行电镀加工。电镀加工过程中所产生的废水直接排放到下水沟，后又采用没有建防漏设施的渗坑进行排放。经检测，被告人苏某在电镀加工过程中排放的废水超过国家电镀污染物排放标准，且含有六价铬、锌等重金属有毒物质。经法院审理认定，检察机关指控苏某犯污染环境罪，事实清楚，证据确实；因其认罪态度较好，从轻判决苏某犯污染环境罪，判处有期徒刑1年6个月、并处罚金1万元。

（李永红）

法　院

【概况】 长沙市雨花区人民法院（简称“区法院”）内设刑事审判庭、民事审判一庭、民事审判二庭、综合庭、执行工作局、未成年人审判庭、立案庭、审判监督庭、土地房屋征收审判庭、跳马人民法庭、行政审判庭、办公室、监察科、研究室、政工室、法警队。（非诉行政案件执行局挂牌在土地房屋征收审判庭。政法专项编制数115个。2018年，在职干部数110人，其中政法专项编制人数108人，事业编制人数2人。领导职数（副科职以上）25人。党员人数95人，退休干部数24人。

2018年，区人民法院忠实履行宪法法律职责，推进司法改革，坚持走内涵式发展道路，提升法院队伍能力素质和专业化水平。推进内设机构改革，加快审判业务部门扁平化管理和行政部门整合，努力实现人员配置最优化、办案效能最大化。整合资源深化繁简分流，精细分工力促专业审判。丰富司法改革内涵，提升专业化水平。《人民法院报》整版报道湖南法院执行工作。法院研究室参加全省法院调研工作暨第十五届理论研讨会五篇论文获奖，获得全省法院理论研讨会“组织工作先进奖”，并被正式授牌为湖南省法院青年法学研究基地。未成年人审判庭获评2013—2017全省法院先进集体。

（朱晓云）

【刑事审判】 2018年，区法院受理刑事案件1623件，审结1576件。严惩黑恶势力，审结被告人胡某等涉恶犯罪案件3件24人；首次采用3名法官+4名陪审员的大合议庭，审理长沙市扫黑除恶专项斗争涉黑第一案——被告人梁某杰等55人组织、领导、参加黑社会性质组织等10项罪名一案。坚持反腐败力度不减，依法审结长沙市城市建设开发公司原经理吴某超受贿、贪污案。加大对酒驾、毒驾等危险驾驶行为的打击力度，审结危险驾驶罪案件330件。审结集资诈骗、非法吸收公众存款罪案件19件，涉案金额5.1亿元，依法维护群众合法权益和正常经济秩序。加强未成年人司法保护与犯罪预防，审结未成年人犯罪案件43件61人。

（朱晓云）

【民商事审判】 2018年，区法院受理受理民商事案件15506件，审结14402件。把防范金融风险摆在突出位置，及时向金融机构传递金融案件裁判新规则，发挥司法裁判的规则引领作用，审结金融借款、民间借贷、保险等金融案件5092件，维护金融市场秩序。运用司法手段，制定《关于全力保障和服务民营经济健康发展的措施》，保护民营经济发展、保护企业家权益。主动介入23家供应商诉家润多公司的系列案件，成功调解31起并及时解除对家润多公司相应账户的保全查封，保障企业正常运转。积极服务供给侧结构性改革，妥善处理湖南商康医药电子商务有限公司、湖南正大轻科机械有限公司等企业破产重整、清算案件，促成企业再生和多方共赢。

（朱晓云）

【行政审判】 2018年，区法院积极支持“放管服”改革，监督行政机关履行法定职责，努力促进法治政府建设。受理行政案件246件，审结222件。履行司法审查监督职能，依法确认违法、撤销或变更行政行为24件，维护行政相对人合法权益。加大行政争议协调力度，协调化解行政案件16件，促进行政争议实质性解决。发布行政审判白皮书，及时向行政机关反馈审判中发现的行政执法突出问题。服务全区项目大攻坚，加大对征地拆迁、行政执法等案件的协调力度，做好释法明理工作，促使25户被征收人主动腾房。对多次沟通无效的被执行人，依法采取强制执行措施，保障长电宿舍及省苎麻棚改项目、长岭市政宿舍地块棚改项目及平阳村、石马村生活安置用地项目等全区重点项目的顺利推进。

（朱晓云）

【案件执行】 2018年，雨花区人大常委会专门出台《关于进一步监督支持人民法院解决执行难工作的决议》，为决胜“基本解决执行难”提供有力保障。区法院受理受理执行案件7968件，执结7333件。规范执行行为，运用统一的执行办案网络平台，实现在线全程监控。加强网络查控，发起金融、车辆等查控82万次，实际保全金额15亿元。加大财产处置变现力度，网络司法拍卖成交198件，成交额3.21亿元，为当事人节约佣金1324万元。加大执行惩戒力度，将1671名被执行人纳入失信人员名单，限制高消费221人次，限制乘坐飞机468人次，限制乘坐动车、高铁965人次；103名失信被执行人迫于信用惩戒压力履行义务。拘留失信被执行人69人，2人因拒执罪被判处刑罚。

（朱晓云）

【雨花法院成立环境资源合议庭】 2018年 6月5日，省高院环境资源庭副庭长、调研员伍胜，市中院党组成员、副院长邹剑钧，雨花区政法委书记王维宁等到雨花区法院跳马法庭参加“春雷行动·环境资源合议庭揭牌仪式主题活动”及新闻发布会。雨花区法院环境资源合议庭挂牌跳马法庭，由院长凌云担任审判长，归口集中审理涉及环境资源保护的案件，为全区生态文明建设提供可靠的司法保障。揭牌仪式后，雨花法院召开新闻发布会，发布近年来审理的环境保护相关案件。

（朱晓云）

【获评“示范法院”】 雨花区法院高度重视诉讼服务中心建设，着力打造“一站式”诉讼、“零距离”服务的智慧诉讼服务中心：完善基础设施建设，实现诉讼服务的提质升级；搭建诉调对接平台，深化纠纷多元化解决，形成诉讼引导、诉调对接的纠纷解决合力；依托现代通信、信息技术，提升诉讼服务的智能化、信息化、便捷化水平，开通“12368”诉讼服务热线，为人民群众提供多方位的“互联网+”

诉讼服务。2018年7月18日，雨花区人民法院法院获评“全省诉讼服务中心建设”。（朱晓云）

【省高院调研区法院】 2018年11月27日，省高院党组书记、院长田立文一行到雨花区法院调研。长沙中院党组书记、院长肖新平，雨花区委副书记、区长刘素月，区委政法委书记王维宁参加调研。田立文一行考察雨花法院诉讼服务中心、执行指挥中心、科技审判庭、法官图书室、干警食堂等场所及设施，了解相关工作情况，鼓励法院干警为当事人提供更优质的法律服务。田立文对雨花法院干警在案多人少、压力巨大的情况下，仍然保持昂扬的精神状态给予高度评价，对该院在区委的坚强领导下，攻坚克难、奋勇争先，审判执行、司法改革、队伍建设等各项工作均取得不错的成绩，给予充分肯定。田立文要求，思想认识上要高站位，要始终坚持党对法院工作的绝对领导，坚持公正司法，忠诚履行审判职责，积极践行司法为民，扎实推进改革创新，锤炼过硬法院队伍，为雨花区域经济发展提供优质的司法服务和坚强的司法保障。

（朱晓云）

司法行政

【概况】 雨花区“法治雨花”建设工作领导小组办公室设在区司法局。雨花区司法局负责全区“法治雨花”建设、法治宣传教育、人民调解、法律援助、社区矫正、安置帮教工作。内设办公室、基层工作科、法律服务工作管理科（行政审批科）、法制宣传教育科、社区矫正工作管理科5个职能科（室）；下设雨花区法律援助中心；下辖13个基层司法所，其中左家塘司法所、侯家塘司法所、黎托司法所、东山司法所4个司法所为副科级机构。专项行政编制38名，其中领导职数4名。2018年，区司法局在职干部37名，雇员48名、劳务派遣人员12名，退休干部9名，党员43名。办公地点在雨花区人民政府一号楼B栋4楼。

2018年，区司法局发挥司法行政职能作用，加大全民普法力度，推进社会矛盾化解，加强特殊人群管控，健全公共法律服务体系，为建设财富雨花、品质雨花、幸福雨花营造和谐稳定的社会环境和公正高效的法治环境。被中华全国人民调解员协会评为“2018度人民调解宣传工作先进集体”，东塘街道人民调解委员会被省司法厅评为“全省优秀人民调解委员会”，贺佩、王平获评“全省优秀人民调解员”，李军获评“全省三调联动解纠纷、防控风险促发展”专项调解活动先进个人。（马　理）

【法治雨花建设】 2018年，雨花区落实党政主要负责人履行推进法治建设第一责任人职责规定，区委常委会第25次会议听取“法治雨花”建设工作汇报。雨花区落实“谁执法，谁普法”普法责任制，完成“七五”普法中期检查任务。注重法治建设成果推介，《法治雨花　铿锵前行》一文被长沙晚报专版刊登。区“法治雨花”建设工作领导小组办公室印发《关于在全区大力开展宪法宣传教育活动的实施方案》，举办全区国家工作人员“学习宪法　尊崇宪法”知识竞赛；联合区教育局开展全区中学生“学宪法　讲宪法”演讲比赛。利用“12·4”国家宪法日暨首个“宪法宣传周”，开展系列宪法进机关、进街道、进社区、进企业、进学校活动，营造尊崇宪法、学习宪法、遵守宪法、维护宪法、运用宪法的氛围。区委理论学习中心组召开（扩大）学习会议，学习贯彻《中华人民共和国宪法》《中华人民共和国民法总则》。全区6968名国家工作人员参加年度学法考法，合格率达100%。开展“3·15”消费者权益保护、“青少年法治宣传教育周”、“农村法治宣传教育月”等主题宣传活动80余场次，发放宣传资料近4万份。积极运用新媒体普法，8月，“雨花司法行政”微信公众号正式上线运行，拓宽普法宣传覆盖面。（马　理）

【人民调解】 2018年，雨花区坚持和发扬“枫桥经验”，深入开展“四防四查化纠纷、千乡万村创四无”专项调解活动，努力实现矛盾不上交。全区组织矛盾纠纷集中排查活动7次，全力做好涉黑涉恶问题线索摸排工作。全区各级人民调解组织调处矛盾纠纷5535件，其中疑难复杂纠纷185件，防止群体性上访77件、防止群体性械斗15件，防止民转刑案件39件，为人民群众挽回经济损失1.25亿元。推进行业性、专业性人民调解组织建设，完善人民调解、行政调解、司法调解联动工作机制，规范雨花区医疗纠纷调解中心工作，加强驻雨花区交警大队调解室和驻公安派出所调解室建设。推进基层司法所规范化建设，省司法厅复查验收确认，洞井司法所保留“湖南省模范司法所”称号；东塘、圭塘、左家塘司法所保留“湖南省规范化司法所”称号。落实人民调解以奖代补制度，严格按区政府文件要求发放人民调解以奖代补资金。加强人民调解员业务培训和岗位练兵，获长沙市2018年度人民调解业务技能比武三等奖。（马　理）

【社区矫正】 2018年，雨花区接收社区服刑人员553人，解除矫正534人，年末在册社区服刑人员489人。开展审前社会调查评估672件，收监执行3人。接收刑满释放安置帮教对象791人，服刑人员信息核实率、预释放信息回执率达到100%。每月定期召开社区服刑人员监管安全分析会议，分批、分片组织社区服刑人员到公益劳动基地开展行为规范教育。运用现代科技手段，对全区在册社区服刑人员实施人脸识别定位手机和电子手环监管，在线率长期保持在95%以上，有效防止人员脱管、失控。加强社区矫正信息化建设工作，8月、11月，雨花区在全省社区矫正信息化考核中获得第一名。落实政府购买社会服务。在跳马镇辰午山庄建立社区服刑人员公益劳动基地和刑满释放人员过渡性安置基地，积极为社区服刑人员、刑满释放人员提供社会适应性帮扶、就业技能培训等服务。与湖南省德馨社会工作服务中心合作，为社区服刑人员提供心理辅导，建立社区服刑人员心理档案500余份。与长沙孟妈妈青少年保护家园合作，深化开展“情暖高墙·关爱孩子”联合帮扶活动，为72名困难社区服刑人员和刑满释放人员送去帮扶物资和慰问金，帮助其顺利融入社会、预防重新犯罪。（马　理）

【公共法律服务】 2018年，雨花区实现区、街道（镇）、社区（村）公共法律服务实体平台全覆盖。社区（村）一级依托居民、商户、小微企业、基层组织建设“法润三湘”公共法律服务志愿点1524个。组织开展“法润三湘”公共法律服务志愿者活动两次。社区（村）法律顾问覆盖率100%，推进“互联网+”公共法律服务，建立社区（村）法律顾问“微信群”，实现沟通全天候、服务零距离。社区法律顾问到岗服务4384次，提供法律咨询或举办法治讲座5410次，参与矛盾化解1968次。全力服务征拆工作，安排20余名律师在东山法律维权工作坐班服务，接受法律咨询320次，参与调解纠纷28件，涉及金额50万余元。推进律师调解试点工作，区司法局、区人民法院印发《关于开展雨花区律师调解工作的实施方案》，组建60人律师调解员团队，建立区公共法律服务中心、区人民法院、跳马镇公共法律服务工作站暨跳马法庭3个律师调解工作室，律师参与调解案件40余件，达成调解协议经司法确认3件，为当事人挽回损失百万余元。5月，办理3个区属律师事务所、51名律师年检注册初审。为湖南国风德赛律师事务所1名律师、湖南超前律师事务所两名律师、湖南凯威律师事务所3名律师办理调出。对区属律师事务所、法律服务所开展“双随机一公开”检查，区属律师事务所及律师零投诉。落实“最多跑一次”政务服务事项的梳理与发布工作。按照区司法局职权清单，依申请服务事项12项，无需申请事项20项，在区政务服务中心设置司法行政临时窗口，每年3月、5月开放，配备首席代表、AB岗工作人员。（马　理）

【法律援助】 2018年，雨花区法律援助中心办理法律援助案件494件（其中民事案件271件、刑事案件223件），接待法律咨询1000件，代书65件，为88名未成年人、3名老年人、168名农民工、100名妇女等弱势群体提供法律援助，办理认罪认罚案件3件。3月8日、3月15日，洞井街道法律援助工作站分别以“保障妇女合法权益”“保护消费者合法权益”为主题开展专题法律援助宣传活动；5月3日，砂子塘法律援助工作站开展“维护公平正义，法律援助在您身边”法律援助维权宣传，发放环保宣传袋1200余个，法律援助宣传指南2000余册。加强法律援助案件质量管理，案件回访率、受援人满意率均达100%。《法律援助温情扶正误入岐途的单亲少年》被“新湖南”等媒体报道，多次收到受援人感谢和锦旗。（马　理）

2018年7月27日，雨花区驻派出所人民调解工作推进会　（沈 玮／摄）

【国家宪法日宣传活动】 2018年11月29日，雨花区“法治雨花”建设工作领导小组办公室、区司法局联合洞井街道高升社区在高升法治广场举行“12·4”国家宪法日暨首个宪法宣传周宣传活动。雨花区委常委、政法委书记王维宁莅临指导。活动以“忠于宪法　服务人民”为主题，旨在普及宪法知识，增强全区人民尊崇宪法、学习宪法、遵守宪法、维护宪法、运用宪法的行动自觉。（马　理）

【学法考试】 2018年7月，雨花区“法治雨花”建设工作领导小组办公室印发《关于做好2018年度全区国家工作人员学法考法工作的通知》，指导、推进全区国家工作人员学法考法工作，截至9月，全区6968名国家工作人员参学率100%、学时完成率100%。10月24日，雨花区2018年度国家工作人员学法考法工作圆满完成，全区6968名国家工作人员参考合格率100%。考法内容涉及《湖南省“七五”普法2018读本》《公民宪法学习读本》、法律法规、以案释法等，通过网上学法考法，提高全区国家工作人员学法用法积极性，达到以考促学、以学促用的普法目的。（马　理）

【市司法局考察法治阵地】 2018年10月26日，全市基层司法行政工作现场推进会召开，市司法局党委书记、局长尹小英，党委副书记、副局长骆正平，各区县（市）司法局局长等一行40人参观考察雨花区高升法治文化广场法治文化阵地建设。尹小英一行认为高升法治文化广场紧扣“法治”主题，结合地方发展实际，因地制宜布局，展示了法治雨花建设成效。（马　理）

【社区服刑人员被收监执行】 社区服刑人员尹某缓刑期间严重违反社区矫正监管规定。2018年10月，区司法局根据区人民检察院收监执行检察建议书向区人民法院提请对尹某撤销缓刑，收监执行；11月16日，区人民法院向区司法局下达对尹某收监执行《执行通知书》。区司法局立即派员到井湾子司法所将尹某押解至长沙市第二看守所收监执行。对社区服刑人员尹某的收监执行，彰显了法律的权威和社区矫正刑罚执行的严肃性。（马　理）

【两岸基层调解员考察人民调解工作】2018年6月8日，第十届海峡论坛·两岸基层调解员一行参观考察雨花亭街道调委会驻交警队调解室，中华全国人民调解员协会副会长兼秘书长李冰，《人民调解》杂志社副主编孟婷婷，湖南省司法厅副厅长傅莉娟，湖南省司法厅基层工作处处长周桥，长沙市司法局党委副书记、副局长骆正平，雨花区委常委、政法委书记王维宁一同参与交流。来自台湾和其他地区的基层调解员们与驻交警大队调解室调解员探讨更好推进人民调解工作进，交流两岸基层调解的方式、方法，个人经验。（马　理）

【雨花区宪法知识竞赛】2018年7月27日，雨花区“学习宪法　尊崇宪法”法律知识竞赛决赛在雨花大会堂举行。比赛由区“法治雨花”建设工作领导小组办公室、雨花区司法局主办，100余名国家工作人员参加竞赛，经过初赛选拔，有10支代表队进入决赛。左家塘街道代表队获得一等奖，区人民法院代表队、区疾控中心代表队获得二等奖，区后勤服务中心代表队、区卫计局代表队、区城管执法大队代表队获得三等奖。比赛促进国家工作人员学习贯彻宪法、依法行政、依法办事的氛围，为深化“法治雨花”建设奠定基础。（马　理）

【中学生宪法演讲比赛】2018年5月31日，雨花区“法治雨花”建设工作领导小组办公室、区司法局、区教育局联合主办雨花区中学生“学宪法讲宪法”演讲比赛决赛，全区15所中学的15名学生在雅礼雨花中学参赛。比赛邀请雨花区委政法委、区司法局、区教育局相关负责人担任评委。举办中学生宪法演讲比赛，是加强青少年宪法宣传教育的举措，推动中学生学习宪法、尊崇宪法、遵守宪法、维护宪法、运用宪法。（马　理）

【公共法律服务体系建设会议】2018年3月30日，雨花区公共法律服务体系建设暨律师参与调解工作会议在区会议中心中型会议室召开。各综治成员单位、各街道（镇）分管副职，区人民法院立案庭、诉讼服务中心、区法律援助中心负责人，司法所所长、社区书记、主任代表及全体社区法律顾问律师、律师调解员共计190余人参加会议。会议由区人民政府副区长、区公安分局党委书记、局长黄健元主持。区司法局党组书记、局长梁云伟总结回顾2017年全区公共法律服务体系建设成效，部署2018年工作任务。区人民法院党组副书记、副院长彭智勇宣读区人民法院、区司法局《关于开展雨花区律师调解工作的实施方案》。区委政法委常务副书记王恩铣宣读区委政法委、区司法局《2017年度雨花区“十佳”社区法律顾问和公共法律服务工作点建设先进单位的通报》。区委常委、政法委书记王维宁要求各相关部门单位重视、整合公共法律服务资源，完善公共法律服务实体平台，为律师调解提供便利条件，更好满足群众对提升公共法律服务质量的需求。（马　理）

军　事

人民武装

【概况】 中国人民解放军长沙市雨花区人民武装部（简称“区人武部”）为正团级单位，隶属于中国人民解放军长沙警备区。区人武部设部长、政治委员、副部长，内设军事科、政治工作科、保障科，若干名；除部长、政委、副部长和军事科科长外，其余人员均为文职。区内街、乡、镇、企事业单位设立基层人武部，地方编制，编配专职部长、干事各1人，接受同级党委和区人武部的领导。全区基层武装部若干个，配备专武干部若干人；建有若干个民兵营。境内驻军有国防科技大学前沿交叉学科学院、军委装备发展部驻长沙地区军代室、陆军装备部驻长沙地区军代室、海军驻湖南地区军代室、火箭军驻长沙办事处、国防科大军职以上退休干部休养所、湖南省军区樟木坝干休所、长沙警备区左家塘干休所等。

2018年，区人武部深入贯彻军委主席习近平关于强军目标和能打胜仗的新要求，以军事斗争准备为龙头、以能打胜仗为主题，按照“一季度主抓整组备案、二季度主抓专项集训、三季度主抓征兵动员、四季度主抓演习考核”的部署展开工作，狠抓党委班子和干部队伍建设、民兵军事训练、国防动员机制和后勤保障能力，人武部全面建设和全区民兵预备役工作稳步推进。　（刘新华　邓　星）

【坚持党管武装】 2018年，雨花区坚持党管武装的优良传统，把武装工作作为雨花长治久安体系和治理能力现代化建设的重要组织部分，区委坚持议军会议、军事日活动、述职制度和调研制度，坚持优先听取武装工作汇报，优先审批武装工作文件，优先参加武装工作活动，优先解决武装工作难题；实行区委主要领导现场办公制度，研究破解武装工作的重点、难点问题。党管武装绩效考评向国动委成员单位延伸，区委书记兼任中共雨花区人武部委员会第一书记。区人武部将党管武装、国防动员、国防教育、军民融合等重要事项报请区委常委会列入重要议题，定期研究解决出现的问题，形成党管武装工作常态化落实机制。协调区委有关部门组织全区各级党管武装绩效考评，在民兵组织中预设党组织，加强基层武装部和民兵队伍党的建设，充分发挥党管武装工作职能，全面加强基层武装部和民兵组织建设。　（刘新华　邓　星）

【思想政治建设】 2018年，区人武部按照“学懂弄通”要求，以党委中心组带机关干部采取分专题集中学习、个人自学、深入研讨等方式，全面系统学习领会十九大精神，重点领悟新时代习近平强军思想。深入学习军委党的建设会议精神，坚持结合党委工作深化学习成果。利用组织生活、征兵工作会、民兵整组、新兵役前训练等时机，组织党员、专武干部、民兵、预定新兵通过阅读解放军报新闻通稿，观看《回望延安》专题纪录片、听讲座等形式，学习十九大精神、习近平强军思想和军委党建会议精神，铸牢知党、信党、爱党、跟党走的思想基础。开展“不忘初心、牢记使命”“传承红色基因、担当强军重任”主题教育和“做时代新人、当强军先锋”群众性实践活动，把“两学一做”活动常态化、制度化，彻底肃清郭徐流毒影响，凝聚强军兴军的正能量。区人武部组织全体干部认真学习上级下发的讲课提纲和学习资料，开展讨论交流。部领导找干部逐个谈心交心，引导大家积极投身军改大潮，接受党的考验，3名干部自觉接受组织挑选，坚决服从组织安排。部党委成员及时与新进6名转改干部谈心交心，积极解决生活困难，提高思想觉悟，正确对待身份和岗位的变化，全身心投入工作。

（刘新华　邓　星）

【部队管理】 2018年，区人武部组织干部职工学习新修订的共同条令、军委国防动员部6个规范性管理文件和省军区安全常识读本，开展“条令条例学习月”活动和“百日安全活动”，增强官兵法治意识和依法管理能力。进行节日战备和安全教育，明确各自职责和行动流程；布置节日期间安全管理工作，强调安全管理重点；对节日战备和安全工作提出严格要求。紧盯“人车枪弹密、水火电钱网、油酒黄赌毒、涉外涉地方”17个要素，突出人员管控、车辆动用、枪弹管理、信息保密等重点领域安全管理，严防事故案件发生。人武部坚决落实新政新规，严守财经纪律，加强经费监管，规范公务接待，杜绝违规违纪问题。进一步加强军地联系与沟通，加强网上舆情应对，及时处置各类突发事件，切实保证本单位安全稳定。坚持现役干部和文职人员常态化训练落实，注重加强国防动员业务理论学习，参加省军区、警备区“非转专”培训、“湘江—2018”演习，坚持工作日1小时体能训练。第四季度，在重点迎接民兵调整改革检查的情况下，人武部合理筹划训练计划，在与警备区跟训的基础上，加强军事体育、实弹射击等课目训练。全体现役干部、文职人员参加警备区组织的年终考核，取得较好成绩。（刘新华　邓　星）

【民兵整组】　2018年，雨花区完善工作机制，按照“任务牵引、平战结合、突出重点、建用一致”的工作原则，推进民兵整组工作，努力构建平战一体的新型民兵力量体系，全面提高基干民兵的应急应战能力。1月，区人武部组织雨花区委、区政府有关部门领导，各基层武装部部长以及单位全体干部职工，参加湖南省军区2018年度开训动员暨民兵调整改革部署电视电话会议，酝酿新年度落实会议精神的工作规划。成立由区委常委、常务副区长邹春林为组长民兵整组工作领导小组，召开部署会、调度会。召开全区预编单位专武干部座谈会，确定民兵整组工作实施方案。2月，雨花区召开民兵整组暨业务培训工作会议，宣读《雨花区2018年民兵组织整顿工作方案》，明确整组工作新要求，部署全区2018年民兵整组工作任务，进行整组业务培训。下发整组工作业务手册。各编组单位迅速召开会议，成立相应的领导小组，部署任务，全面铺开整组工作。区人武部领导和机关干部分三组深入全区基层单位指导民兵整组工作，采取“边部署、边对接、边调研、边调整”的方法，深入各编组单位和企事业单位进行潜力调查，收集各单位对整组工作的意见建议。区人武部主动与预备役部队、国防动员各专业办联系，共同拟定整组方案，采取由户籍地编组向属地编组、传统领域编组向高新产业领域编组、单纯人员编组向人装结合编组等拓展的新举措，充分挖掘潜力。按照预备役、基干民兵、国防动员专业队伍、普通民兵的顺序，统一编组，确保不交叉重复。优先把退伍军人和素质好的青年编入队。采取“撤销、合并、赋予任务”等方法，优化民兵组织结构，基干民兵组织有计划有重点地调整到重点目标、行业系统、高新产业领域，采取大型国有企业单独编、中小企业联合编、重要目标守点编，街道按照属地编的方法，一定程度解决“有组织无兵、有兵无组织”的问题。3月，区人武部通过潜力调查，组织初选基干民兵进行体检和政治考核，最终确定基干民兵若干，完成上级赋予的民兵编制任务。4月，区人武部完成民兵整组宣传教育工作计划，组织全区各基层单位因地制宜采取各种方式进行落实。整组工作于4月底完成，在警备区组织的“民兵整组工作验收”交叉检查中，得分排名第一。开展民兵调整改革“回头看”迎检工作，集中统筹，分资料准备、硬件建设、现场督导和电话抽查等四个方面进行全面整改。专门向区领导汇报民兵调整改革工作存在的，组织再动员、再部署，组织全区各街镇武装部长、编组单位负责人召开迎检部署会，明确任务，传导压力，对省军区工作组指出的逐条整改问题。经过调整改革，雨花区组建基干民兵，包括应急力量、专业力量、特殊力量。预建党支部、党小组、中共党员占比33.05%；退役军人占比33.36%，均达到30%的标准。（刘新华　邓　星）

【民兵训练】　2018年，区人武部对整组后的民兵组织，严格组织军事专业训练。4月15日至21日，雨花区组织若干人参加警备区民兵操舟机手骨干集训，学习操舟机基础理论、冲锋舟驾驶技能、抢险救灾组织实施方法、水上救生等，4月23日至5月4日，区人武部会同区防汛抗旱指挥部组织在浏阳河潭阳洲段进行为期9天的民兵冲锋舟集训，各街道（镇）选派70名民兵参训，参训民兵学习抗洪抢险理论，以抗洪抢险为背景，演练冲锋舟基本操作、离靠岸、复杂水情驾驶、水上救生等科目。5月14日至5月25日，区人武部组织民兵应急分队维稳处突训练，基层单位选派的若干名应急分队民兵参加队列、擒敌拳、警棍盾牌操、紧急出动演练和政治教育等集训，经考核合格率达到100%。6月25日至7月6日，区人武部组织民兵交通运输分队和保交护路分队集训，全区若干名交通运输民兵、若干名保交护路民兵参训。集训采取集中组训、在岗训练、以勤代训相结合方式，进行政治教育、安全管理教育、队列训练、民兵战备常识、军事理论、轻武

2018年11月16日，区民兵应急连进行专业训练　（区人武部／提供）

器射击理论、射击瞄准训练、战术训练、实弹射击、伪装与防护、卫生与救护、简易通信、交通法规、军事运输保障知识、车辆警戒与伪装（夜训）、装卸载（含夜训）、汽车驾驶技能（含夜训）、车辆编队行进、车辆自救与互救、紧急出动、车辆运输保障行动（含夜训）等。7月20日，区人武部组织民兵应急分队紧急拉动训练，按实战要求，应急分队民兵实施携带必带的行装器具、紧急集合，徒步拉动，执行维稳处突任务。8月4—13日，区人武部组织若干人开展民兵教练员训练，采取理论学习、集中授课、讲解示范、组织训练、考核验收、总结讲评等方式，学习政策法规、队列教学法、单兵战术、擒拿格斗术、战伤救护、识图用图等。9月3—7日，雨花区选派两名民兵参加全省基干民兵特殊力量（网络情报信息）分队集训，进行队列训练、国防形势教育、政策法规宣讲、网络攻防知识学习、轻武器实弹射击等。10月11日至11月4日，区人武部组织民兵防空分队集训，参训民兵若干名，集训采取走训方式，具体内容为政治教育、队列训练、防空兵常识、射击基础知识、双37高炮性能与操作、伪装与防护、对空观测器材性能与操作、小高炮诸元测定仪性能与操作、单手操作训练、1米测距机手训练、班协同训练、排协同训练和班、排战术训练。经考核，参训民兵均达到考核标准要求。11月1日，雨花区民兵防空分队参加警备区在长沙县某驻军训练场举行的民兵防空分队比武，获6个单项中3个第一、2个第二、2个第三和炮班第二的成绩。11月15日至17日，区人武部组织区民兵应急连强化训练，区民兵应急连若干名民兵全体参训。集训采取走训形式进行，内容主要包括政治教育，民兵调整改革基础知识背记、考核，应急装备器材操作使用，拉动点验流程演练等。

（刘新华　邓　星）

【兵役登记】　2018年，雨花区积极做好兵役登记工作。1月，区征兵办印发兵役登记工作通知，明确提出兵役登记工作指导思想、登记对象、方法步骤和主要任务。登记对象为年满18岁至22岁的男性公民（本人自愿的放宽到17岁，大学专科毕业生放宽到23岁、本科毕业生放宽到24岁）。区人武部协调区各有关部门，完成组建领导机构、制定计划方案、印制登记资料；组织基层单位传达部署任务、进行业务培训、展开宣传发动、开设兵役登记站、搞好保障等兵役登记准备阶段工作。区人武部组织各街道（镇）、驻区高校武装专干兵役登记培训，传达学习上级有关兵役登记文件精神，讲解兵役调查的具体内容和登记的严格要求，培训网上兵役登记操作方法。协同区各有关部门、组织各基层单位认真进行兵役调查和登记。对符合应征条件的对象进行初审初检、界定类别，对选定的预征对象发放证书，进行预备役登记分类。全区适龄应征青年登记率100%。5月31日，完成兵役登记实施阶段工作。6月，区人武部抽查和指导各基层单位兵役登记工作，组织各单位对准确的数据资料进行统计整理，并与工作总结一同上报。随时接受省军区、警备区对兵役登记情况的抽查。完成兵役登记检查验收阶段工作。

（刘新华　邓　星）

【兵员征集】　2018年，雨花区以提高兵员质量为核心推进征兵工作。贯彻落实省、市征兵工作会议精神，召开雨花区征兵宣传工作会议，统筹区内各类宣传资源，运用电视、网络、微信等现代传媒和横幅、墙报、标语、宣传手册等传统手段，加强征兵宣传和发动。基层武装部采用多种方式大力宣扬雨花籍优秀军人，用身边人、身边事感染熏陶应征青年，增强军人荣誉感，激发参军热情。区人武部针对发动初期大学生应征报名人数较2017年同期减少的情况，5月30日至6月1日，联合区委、区政府相关部门，把辖区高校作为宣传主阵地，广泛开展征兵宣传进校园活动。进入驻区8所高校调研督导，重点了解高校征兵宣传工作，指导各高校围绕“大学生特别是大学毕业生”“发动引导从长沙应征报名”，发动征兵工作人员和班级辅导员进班级、进寝室、进楼栋，面对面、点对点地向大学生宣讲从军意义，诠释征兵政策，努力提高大学生应征报名数量。长沙民政职业技术学院征兵工作方案和《致雨花区大学生的一封信》被省“征兵工作动态”推荐转发。雨花区完成征集男性义务兵任务，其中大学生比例94.8%。人武部推进义务兵家庭优待金城乡一体化，协调落实退役军人免费职业技能培训，开展退役军人就业推荐会活动，做好惠兵服务工作。利用春节、“八一”等节日表彰宣传立功受奖现役军人及家庭，开展上门送喜报、悬挂“光荣军属”牌、定期走访慰问、召开批准入伍大会等活动。9月10日，区人武部配合省、市征兵办在长沙高铁南站承办2018年度全省新兵入伍欢送仪式。区每批新兵起运都组织欢送仪式。营造浓厚的拥军优属氛围，以感染教育应征青年。

（刘新华　邓　星）

【学生军训】　2018年，雨花区成立由分管教育的副区长担任组长的中学军训工作领导小组，按照军训工作要求明确责任分工、规范训练内容等具体事项。人武部按照“高级中学必训、初级中学选训”的原则，对驻区所有中学的参训意愿及招生数量进行摸底核查，精准掌握受训对象情况。将所有组织军训的高中、初中2.7万名新生均纳入帮训范围。严格遵循《高级中学学生军事训练教学大纲》要求，组织区教育局领导，各中学分管领导、老师座谈，广泛征求意见，合理安排学生军训内容，对各校上报的军训实施方案逐一审核把关。开训前，区人武部会同区教育局检查训练场地、训练器材及食宿、医疗等保障工作，对部分不符合要求的立即整改。由于参训学生较多及部分学校场地有限，导致教练员及校外训练场地需求较大，人武部现地考察协调辖区及周边部队、高校和各类培训基地，为学校提供训练场地；培训40名民兵作为军训教练员；协调长沙航空职业技术学院等高校派出教练员，进行“四会”教学能力考察；协调区公安分局对所有拟帮训教练员进行政治考核，确保教练员政治素质合格；应学校请求，协调国防科技大学教授进行国防教育等。训练展开后，会同区教育局组成三个工作组，由部领导带队，分片对各校学生军训情况进行检查督导，重点检查军事训练计划落实情况、安全管理工作、教练员队伍和老师跟班等情况。建立每日报告制度，在训学校每日采取微信、电话等方式向人武部报告训练情况，人武部核准汇总后向警备区报告，有效保证军训质量，圆满完成军训任务。（刘新华　邓　星）

【国防教育】　2018年，雨花区发挥人民武装力量巩固基层政权、应急处突救援的重要职能，为雨花区经济社会发展保驾护航。区人武部以军地合署办公、军地联动开展全民国防教育。开展第十八个“全民国防教育日”启动仪式，军地领导、学生代表、各界社会人士400余人参加；制作国防知识展板20块，在街道、学校、党政机关等人口密集区进行巡展；在全区高校中开展“爱我国防”大学生演讲比赛，遴选推荐27名选手参加长沙市比赛活动；结合学生军训工作，编印《雨花区中学生军训手册》，将国防教育知识融入其中，全区2.7万余名参训学生人手一册，间接受众8万余人；举行新兵欢送仪式，营造参军光荣、关心国防的氛围。区人武部建立由军地有关部门领导组成的国防设施保护领导机构，加大法规宣传力度，按要求划定国防设施保护区域，组织对重要国防设施周边安全环境隐患治理，加强执法检查，维护国防设施安全。区人武部与民政部门做好军人抚恤优待工作，落实退役士兵优待、优抚政策并做好其就业培训和安置；采取多种形式，对全区现役军人家庭进行走访慰问，在全区营造尊重军人、关心军属、热爱军队、支持国防的氛围。区人武部在精准扶贫、抢险救灾、应急处突等方面，发挥自身优势，彰显突击作用。继续开展“双带双促”活动，引导退役军人参与家乡建设、带头维护稳定，凝聚正能量、扩大影响力。做好军地平安创建工作，协助地方维稳、信访等部门做好涉军维稳工作。湖南济泓环保科技有限公司杨军辉、雨花区辉强苗圃罗铁强、长沙市众众农业科技有限公司李熙、长沙市天心区罗家土钵菜馆司马冰夫获评“长沙市退役军人自主创业先进个人”，雨花区华国苗圃严维获评“长沙市优秀退役军人”。（刘新华　邓　星）

【区委常委议军会议】　2018年12月5日，雨花区在长沙航空职业技术学院举行2018年常委暨区领导“军事日”活动，区委常委，区人大、政协主要领导，区人武部领导，各街道工委（镇党委）书记、主任（镇长）、武装部长，区直有关部门主要领导80余人参加。长沙航空职业技术学院院长朱厚望、党委书记陈勇等陪同参加“军事日”活动。“军事日”活动安排升国旗仪式；观看学院定向培养的士官方队分列式表演；参观各型飞机，学习航空知识；参观在该院设立的湖南省国防教育基地、湖南省爱国主义教育基地等。区委书记张敏主持召开区委常委议军会议。会议传达学习习近平新时代强军思想及市委常委议军会议精神，听取区人武部工作汇报，研究人武建设等有关问题。会议要求要不断提高党管武装工作水平，加快推进军民深度融合发展，努力营造拥军强军良好氛围。会议明确进一步加强党管武装工作问题，建立学生军训工作机制问题，将“智慧动员”纳入智慧雨花总体规划问题，随军随调家属安置问题等。（刘新华　邓　星）

【区武装工作会议】　2018年3月22日，雨花区武装工作会议召开。区委书记张敏，区委常委、常务副区长邹春林，区人武部部长刘端平、政委牟作明、副部长温利锋，区国防动员委员会成员单位负责人，各街镇主要负责人、武装部长，驻区院校、企事业单位武装部长等参加。会议传达学习上级有关文件精神，总结2017年武装工作，表彰先进单位和个人，安排部署2018年武装工作。张敏讲话，要求牢固树立“党管武装”意识，全面提升全区武装工作能力和水平。（刘新华　邓　星）

【区征兵工作会议】　2018年7月27日，雨花区征兵工作会议召开。区政府副区长刘江红，区人武部部长刘端平、政委牟作明、副部长以及区委、区政府有关部门，各街道（镇）负责人等参加会议。温利锋简要总结2017年度征兵工作，全面部署2018年度征兵工作任务；刘江红提出征兵工作要求。会议强调，要紧紧围绕“大学生比例在90%以上、大学毕业生比例力争达到35%、退兵率控制在1%以内”的征兵工作目标，坚持一手抓大学毕业生增加、一手抓退兵数减少，严格落实征集任务和征集要求，确保“五率”考评走在全市前列。（刘新华　邓　星）

【欢迎退役军人返乡】　2018年12月24日，雨花区举办首届欢迎退役军人返乡活动。区人武部部长刘端平代表区领导和家乡人民欢迎退役老兵们返乡，感谢他们带回荣誉和力量，带回部队好精神和好传统，鼓励他们退役不退志、不退色，为建设美丽家乡做出新贡献。退役军人代表表示回家乡建功立业的志向。区民政部门领导介绍退役军人就业的优惠政策。区人事部门为退役军人精准对接企业，现场举办专场招聘会，13家企业提供258个工作岗位，对退役军人放宽条件，25名退役军人当场签订就业意向书。区委副书记陈永高等领导与若干名退役军人参加。（刘新华　邓　星）

【定向培养士官入伍】　2018年12月28日，长沙航空职业技术学院举行2016级定向培养士官入伍欢送会，军兵种、武警部队接兵干部，省军区、警备区、区人武部有关领导，学院有关部门负责人、教师代表以及2016级全体士官学员参加。通过政审、体检、文化成绩考核、体能测试、技能鉴定等多方面选拔，定向培养士官（女士官）入伍实习半年，涉及飞机维修、导弹维修、飞机控制设备仪表、电子应用技术、通用航空设备维修、无人机应用技术等8个专业。实习结束后，赴全国各军队单位服役。（刘新华　邓　星）

人民防空

【概况】　雨花区人民防空办公室（简称“区人防办”）为区政府工作部门。内设综合科、工程管理科（行政审批

2018 年 12 月 1 日，雨花区人防知识进校园活动　（李思琪／摄）

科）、指挥通信科（宣传教育科）。核定编制 6 名，其中领导职数 4 名。2018 年，全体在职干部职工 8 人（含改非领导 2 名），政府雇员 1 人；退休干部 3 名；党员 10 人，其中在职党员 5 人。办公地点设在雨花区人民政府机关大院一号楼。

2018 年，区人防工作在在省市人防办、区委、区政府的正确领导下，围绕“不忘初心、牢记使命”这一主题，切实增强责任感和使命感，充分发挥人民防空的职能作用，不断提升履行“战时防空、平时服务、应急支援”使命任务的能力，各项工作指标均顺利完成。（李思琪）

【人防工程】 2018 年，雨花区人防工程面积在各街道、镇均有分布，新增面积及总计面积都居全市之首。对新增人防工程，及时悬挂人防标识牌，与维护管理责任单位进行交接。推行“3+1”模式，即“区、街道、社区 + 人防工程维护管理单位”四位一体共同做好人防工程的管理，提高人防工程检查精度和效率。开展人防工程安全隐患大排查，确保全区人防工程巡查到位、安全监管有力。探索人防安全生产管理新模式，在大都市商业街进行试点，由物业公司与经营户联合组建第一支人防志愿者队伍，主要承担大都市人防工程的安全、消防巡查、安全保卫、重大险情应急救援工作；在大都市商业街组建人防志愿者队伍，结合人防工作特点，以安委办的名义下发《雨花区人防工程安全生产专项整治工作方案》，各责任单位各负其责，进一步压实人防工程责任单位的主体责任。（李思琪）

【防空警报器】 2018 年，雨花区防空警报器若干台，其中电声型若干台、电动型若干台、数字型若干台，实行定岗、定人、定责维护管理防空警报器；实现城区无缝覆盖。区人防办全面检查防空警报器维护管理情况，逐台检查，逐项对照，做到心中有数，检查中发现存在的问题及时提出指导意见、整改措施，确保警报器都处在安全、良好的运行状态，未发生损坏、丢失、锈蚀现象，平时完好率达到 100%。（李思琪）

【人防宣教】 2018 年，雨花区在井湾子街道井湘社区集中开展“5·12”防灾减灾日宣传活动。设立人防咨询台、摆放人防宣传展板、向路人发放宣传册，进行防空防灾知识宣传。探索人防宣传新模式试点，试行与专业机构合作开展人防宣传进社区、进校园的人防宣传教育活动四场，相关活动的开展情况在红网等媒体推介。对接区委宣传部门策划讲“老人防工程故事”的方式，7 月在湖南卫视推介报道，扩大人防工作的社会影响力。通过微信竞赛答题、宣传板报比赛等方式，提升人防宣传教育的整体效果。结合“11·1”防空警报试鸣日，开展“改革开放四十年　人民防空新发展”宣传板报比赛，通过微信扫一扫参与人防知识小竞赛等。（李思琪）

【人防行政执法】 2018 年，区人防办组织开展执行人防法律法规情况的自查，配合长沙市的检查。依申请审批人防工程拆除、报废、改造 2 处；完成警报器拆除迁移审批工作 1 处；参与2018年度全区行政执法案卷评查；配合相关部门妥善处理区委督查室交办群众投诉 1 起。（李思琪）

【防空警报试鸣】 2018 年，雨花区人防办提前谋划，提早准备，开展防空警报试鸣宣传活动。10 月 26 日，区人防办召开人防宣传周暨警报试鸣工作培训会。会议安排部署 2018 年度防空警报试鸣工作，明确各街道、各警报器单位的任务分工，会议要求，各单位要要高度重视，加强对防空警报试鸣工作的组织领导，切实认真准备人防宣传周暨“11·1”警报器试鸣工作；严格按照《雨花区人民防空办公室关于做好“11·1”全区防空警报器试鸣工作的通知》，把警报试鸣的准备工作做好、做扎实，发现问题，及时解决，确保控制设备、警报器及线路处于良好状态，做到在规定时间内圆满完成鸣放任务，确保 11 月 1 日警报试鸣的鸣响率达 100%，保证全区防空警报器所在社区或单位，都有 1 名以上志愿者在警报鸣放现场，协助警报鸣放，并组织相关人防知识的宣传，确保年度警报试鸣工作圆满完成。11 月 1 日，配合“11·1”全省防空警报试鸣，通过悬挂横幅、摆放展板、发放人防宣传资料等方式，普及人防知识，解答市民咨询，让居民群众了解突发事件的种类、特点和危害，预防与避险等知识，增强应急反应能力、应急处置能力以及自救能力。在全省的人防警报试鸣活动中，警报器鸣响率达到 100%。（李思琪）

城乡建设

建设管理

【概况】 雨花区城乡建设局（简称“区城建局”）内设办公室、计财科、行政审批科（区建设工程招投标管理工作办公室）、行业管理科（区职业技能鉴定办）、安全管理科（区房屋安全鉴定办、区装饰装修管理办）、设计和工程技术管理科（区建筑节能管理办公室）、物业监督管理科、燃气热力管理科 8个职能科室。下设二级机构雨花区建筑工程质量安全监督站、雨花区城乡建设执法监察大队、雨花区物业维修资金管理中心。2018年，全体在职干部职工数40人，领导职数5人、二级机构领导3人；其中副县级领导1人，人才引进2人，政府雇员10人；退休老干部20人。局机关党支部，党员33人，离退休党支部，党员14人。办公地点设在雨花区人民政府机关大院3号楼。

2018年，区城乡建设局履行区级建设行政主管部门职能职责，有序推进各项工作。与市住建委、区民生实事办、区城管局、区工务局、区城投、雨花经开区对接自行车道建设考核标准、任务及项目铺排，及时督促相关责任单位按要求推进自行车道建设工作，按时完成56.6千米自行车道建设，其中新建7条8.6千米，改建8条48千米（其中织网30.2千米）；跳马镇34户四类重点贫困户（五保户、低保户、残疾人贫困户、建档立卡户）实施危房改造，财政补贴每户6万元。落实项目帮扶，确保重点工程和重点项目顺利推进。加强建设领域安全监管，做好配合中央环保督察组“回头看”工作，坚决打赢“蓝天保卫战”。有效落实房价调控工作，做好城镇污水、排水等相关工作。完成行政审批简化工作，29项行政许可和有关审批事项列为“最多跑一次”，4项事项下沉社区，施工图审查实现零跑路，11项行政审批等事项纳入多规合一。制定《雨花区建筑工地整治行动实施方案》和《雨花区物业小区文明创建工作实施方案》，把建筑工地和物业小区作为创建工作的中心，强化细化管理措施，使文明创建工作落到实处。督查建筑工地168个项目，发现问题290余处，整改基本到位；督查物业小区500余次，下发整改通知书130余份，在省检测评中获得较好成绩。处理领导批示（阅）、交办件（含市长信箱）、网络舆情110余件，区长信箱30余件，信访平台转办件20余件，“12345”市民服务热线1000余件，做到接访处置到场率100%，信访工作回复率100%，信访案件办结率100%。全局学习纪检监察知识，获“雨花区“学条例 知敬畏 促廉洁”纪检监察知识抢答赛一等奖。（秦 俭）

【行业管理】 2018年，雨花区建安企业881家，其中一级总承包企业13家，新增企业140余家，全区建安企业完成生产总值160亿元，区城乡建设局抓好企业资质审批的事后跟踪服务与管理，引导企业加强诚信建设，加强安全生产管理，强化企业安全生产主体责任的落实，相继完善建筑企业信息管理系统、建筑行业统计报表管理系统、企业一体化平台管理系统。加强建筑市场管理，落实项目帮扶，办理建筑施工许可项目43个，造价16.99亿元，总建筑面积85.3万平方米。区管建筑工程招投标项目71个，工程造价12.64亿元。完成项目设计审查38个，初步设计批复14个，建设项目施工图审查备案19个。在建工地视频监控和扬尘在线监测系统成功地与市级平台对接，省市58个项目、区级22个项目纳入在线监控，实现省、市、区信息共享。压实燃气热力企业安全生产主体责任、建立完善城镇燃气安全管理网格、狠抓瓶装液化气站点日常管理、普及燃气安全常识教育进家庭，严格落实安全生产属地管理责任，狠抓管道热水器升级换代和燃气安全隐患整改工作，连续三年燃气安全零责任事故。（秦 俭）

【安全管理】 2018年，区城乡建设局定期召开安全工作形势分析会，全面部署安全生产工作。开展每季度区管建筑工地建设工程质量安全专项检查、春节后复工检查、雨季汛期安全检查等一系列专项检查，开展多种安全生产整治行动，抽查在建区管项目21个，下发停工通知书5份、机械设备限制使用通知书6份、整改通知书

38份，有效地预防安全生产事故发生。排查和治理建设领域安全隐患的，检查危房约122栋次（D类危房71处，C类危房51处），挡土墙、护坡约32处。开展既有建（构）筑物安全隐患治理工作，为辖区内所有安全隐患治理提供技术支持和服务，治理安全隐患11个。督导建安企业建立安全生产管理机构，配备安全生产管理人员，促使企业依法履行安全管理职责。督促企业压实安全生产主体责任，依法对企业安全生产进行季度检查。督导企业认真抓好特种作业人员、安全生产“三类人员”的教育培训，督导企业认真抓好上岗技术工人的全员培训和安全教育。从严抓好区管建筑工地食堂食品安全管理工作，确保工地从业人员的身体健康和生命安全。组织安全生产宣传和教育活动，在喜盈门范城北广场进行现场宣传，发放宣传资料，解答群众提问。组织全区建安企业负责人开展安全生产培训1次，组织区管建设工地和混凝土场站负责人开展安全生产培训两次，组织全区燃气站点负责人开展安全生产培训1次。依法严厉打击非法经营液化气行为，组织执法行动36次，取缔非法黑气点32个，开展燃气安全专项整治4次，查处和整改严重安全隐患279处，制作下发燃气安全宣传海报4万余份。（秦　俭）

【质量安全监管】　2018年，雨花区全面推行质量安全监督规范化工作，提高监督工作水平。受监在建新建和续建项目42个，其中房建项目19个20.18万平方米，市政基础设施项目16个13088米，挡土墙边坡、装饰装修、提质改造等其他项目7个。受监率100%、合格率100%。完善精细化监管、监督工作流程和应急预案，建立标准化示范工地，健全监管工作制度，明确监督注册、日常监督管理、约谈警示、工程项目竣工等阶段工作程序和监管要求。加强监督人员的日常评价和考核，所有项目签订质量终身承诺书。（秦　俭）

【物业监管】　2018年，雨花区指导各街道（镇）建立物业管理事中事后监管工作机制，探索“部门指导、街道负责、网格管理、综合协调”的物业管理工作新机制。发挥社区物业专职社工的“前哨”作用，督导物业企业提升物业服务质量，做好文明创建、垃圾分类等工作，指导监督物业服务项目落实“公共部分收益及使用”定期公示工作，按时按量完成《物业服务企业自律信息》和《物业服务企业信用信息》的统计报送，及时更新物业服务项目档案476套。新成立业主委员会近40个，超额完成市考指标雨花区须新成立24个业主委员会的要求。受理房屋维修资金业务近500件，组织现场外勘600余次，申请、划拨资金近1500万元，办理房屋维修资金业务数量位居全市第一。新建小区党小组、业委会委员、业主监事会、物业服务企业人员“四位一体”物业小区20余个，推进全区物业管理水平；摸索改进社工队伍的使用管理方法，出台《雨花区社区物业专职社工管理办法》，发挥物业专职社工在物业管理工作中的作用，社区物业专职社工参与矛盾调解近3万次，在创建文明城市、构建和谐社会中充当重要角色。制订《雨花区物业小区高层建筑电缆井火灾隐患排查工作方案》等通知，经常性开展专项安全检查，组织电梯、电缆井、电动自行车充电、消防系统等专项安全检查10余次，及时发现、整改问题，维护小区安全稳定，预防和减少物业小区可防性事件发生。（秦　俭）

【执法监察】　2018年，区城乡建设局通过日常巡查与重点查处相结合，调查各类违法违章工程46个，下达执法文书115份，执法覆盖率和证据收集有效率均达到100%；受理和处置各类违法装饰装修投诉500余起，全年未出现行政复议或行政诉讼的案件和群众投诉。制定《长沙市雨花区建筑施工扬尘防治工作方案》，扬尘治理纳入常态化工作，出动人员1442人次，检查项目589次，立案处罚施工现场黄土裸露等问题比较严重的战备路道路工程等项目35个，罚款77万余元。其中对中建·凤凰台、五江天街南区两个市管项目按照《中华人民共和国大气污染防治法》顶格处罚10万元。通过铁腕执法，形成高压态势，对环境违法行为零容忍，全区建筑工地施工环境明显改善。（秦　俭）

【环保督察整改】　2018年，区城乡建设局分建筑工地和物业小区两大组12个小组取消双休日，下沉各个工地和物业小区，对扬尘治理、噪音扰民、文明施工、小区垃圾、油烟扰民等问题进行地毯摸排，提前发现和解决问题，中央环保督察组“回头看”督查期间，出动巡查人员400余人次，下沉检查建筑工地、混凝土搅拌站、物业小区，配合区委区政府、区环委、区环保局、区委督查室现场检查10余次。承办中央案件26件（主办件5件：碧桂园时代广场施工扰民问题2件，长沙周边郊区的散、乱、污水泥灌包水泥厂与小建材加工厂扰民问题1件，中建凤凰台项目扬尘污染问题1件、森林雅苑要求建立垃圾站问题1件），办结率100%。区内部件12件（主办件5件：都市兰亭小区道路施工泥土污染1件，高升路尘土环境破坏1件，裕天国际工地噪音扰民1件，香樟新都东南侧楼盘施工噪音扰民1件，丹枫丽舍工地外面扬尘扰民1件），办结率100%。（秦　俭）

【房产办证处遗】　2018年，雨花区完成火焰安置小区、洞井商贸城栋证发放；整改利璞大厦项目消防，验收合格后办理不动产权证；曙光家园项目经过市、区两级的协调和专项申请报告，土地出让金和税费顺利缴纳，并修改土地出让合同，申请办理栋证。区委督查室、区法院等多部门进驻融程花园酒店，督促、协调开发商和业主解决租金返还问题和产权办证事宜。2010年底建成并投入使用的体育新城沙湾路8号恒丰天湘华庭小区居民房产证发放完成。（秦　俭）

【房价调控】　2018年，雨花区继续稳控房价。区主要领导召开反炒房专题会议3次，及时传达市房地产调控相关精神，分析房地产市场形势和问题，制定《雨花区反炒房攻坚战工作方案》，建立区房地产市场调控工作联席会议制度，由区长负总责，分管副区长主抓；区城乡建设局负责具体实施，区发改局、区公安分局等部门及各街镇配合。明确监管和执法重点，深入在建以及有入市销售计划的楼盘进行政策解读和宣传，营造打赢反炒房攻坚战的氛围。对在售楼盘进行地毯式执法排查，配合市住建委对房地产中介机构、在售楼盘公积金贷款情况进行全面摸排；对所有开盘楼盘认筹、摇号、认购等销售过程进行现场执法监管，确保无违法违规行为。会同市住建委执法局对涉嫌捂盘的合能枫丹丽舍进行重点执法督查。化解业主和开发商之间的矛盾，解决光城尚东湾、明昇壹城、泰禹云开壹品、合能枫丹丽舍、保利大都汇、半山壹号、蓝光幸福满庭等项目出现的精装修、虚假宣传、捂盘惜售、合同霸王条款、延迟交房、栋差较大及开发商可能存在资金链断裂等房地产市场信访、舆情问题。通过对重点楼盘约谈、宣贯楼市相关新政、控制网签、促推低价房源、高低对冲等措施，达到稳控房价在2016年10月份水平的保量限价的调控目标。（秦　俭）

【黑臭水体整治】 2018年，雨花区依托河长制工作设立黑臭水体监督热线、监督公示牌，建立保洁、巡查、截污、处置等长效管理机制，实施黑臭水体整改24处（含沟渠等）。投资约1070万元对圭塘河下游段原位、华雅段、经开区段3千米、跳马段4.2千米、佳兆业小区箱涵等进行清淤整治，投资约300万元进行水面保洁、岸线保洁环境大整治，通过日常巡查和及时处理反映的问题，推进黑臭水体整治“长治久清”，及时调查、核实处理市民投诉10余起，基本实现建成区长治久清，水质基本得到稳步改善。（秦　俭）

【城镇污水、排水治理】 2018年，雨花区落实《长沙城区及乡镇污水截污治污专项工作方案》，投资3185万元，启动11项截污治污工程。投资约400万元新建王家咀泵站闸门，解决了污水溢流入河问题；协调芙蓉区投资约600万元新建亭子岗泵站智能化闸门，解决芙蓉区污水溢流入河问题；投资约800万元实施同升支流水系的截污工程；投资120万元实施跳马超量污水临时截污工程；投资150万元实施金屏安置区、朱家桥安置区的截污工程；投资130万元实施同升、佳兆业、比亚迪等箱涵及管网的排查；投资50万余元实施石碑大港、长塘路、香樟路等排口治理；投资35万元租赁2台中联重科MBR一体化污水处理设备，跳马污水处理厂日处理能力由600吨提升至1600吨，出水标准由一级B提升至一级A；投资30万元在跳马镇与雨花经开区交界处新建应急净化湿地1个；投资850万元在圭塘河下游段新增6台微生物治理设备；投资20万元在圭塘河下游段安装15台增氧曝气系统。（秦　俭）

【既有多层住宅增设电梯联审】2018年6月，雨花区出台《长沙市雨花区既有多层住宅增设电梯实施方案》，分阶段推进相关工作，7月至12月组织摸底试点，2019年1月起实施。明确区城乡建设局牵头承办，负责一站式受理增设电梯审批，协调规划、质监、消防等部门并联审批、集中竣工验收。区城乡建设局开展工作社区调研、召开工作推进会、征求意见会，将审批流程在政府门户网站公示，印制服务指南1万份，下发到各街道社区政务大厅；加强长沙市其他内四区横向联系，一并探讨，力求工作流程、审批环节上保持一致。（秦　俭）

【液化气站点管理】 2018年1月2日，雨花区城乡建设局燃气科与雨花亭街道安监站联合开展燃气安全排查，依法取缔井塘社区咀角组无证经营瓶装液化气经营点，依法扣留非法经营钢瓶13个，其中15千克实瓶11个、空瓶1个，4.5千克实瓶1个。1月8—12日，区城建局联合街道燃气管理部门出动检查人员40人次，集中对洞井、井湾子、雨花亭片区进行拉网式排查整治，突出检查整治液化气经营网点存放报废钢瓶、私自倒灌气、灭火器具过期等重大安全隐患，集中打击“黑气点”和“黑车”，检查瓶装液化气销售网点28个，检查发现安全隐患38处，下达整改通知11份；关停无证非法经营瓶装液化气销售点5个，下达非法瓶装液化气经营门店告知书3份，依法没收非法经营的液化气钢瓶146个，对无证经营户进行初步调查处理。1月23日，区城乡建设局组织召开全区瓶装液化气安全管理工作会议。会议剖析长沙市区最近发生的3起液化气事故原因教训，下发《关于切实加强液化气供应站安全管理工作的紧急通知》。会议强调，全区各级燃气管理部门、各液化气经营企业必须深刻吸取事故教训，坚决遏制重大燃气事故，进一步加强全区瓶装液化气安全管理工作，强力推进企业落实安全生产主体责任，在全区范围内立即开展瓶装液化气安全隐患排查整治行动。市燃气热力管理局及市燃气协会两名高级工程师就抓好液化气门店安全监

2018年1月15日，区城乡建设局工作铺排会　（秦俭／摄）

管和燃气事故应急处理进行安全宣讲和辅导授课。长沙市燃气热力管理局局长赵志勇，区委常委、区政府副区长王彦锋出席会议。各街道（镇）分管领导、燃气管理部门的负责人，进入雨花区市场的瓶装液化气经营企业负责人、安全和市场管理部门的负责人，全区液化气供应站负责人等150人参加会议。1月30日，长沙市燃气热力管理局，雨花区城乡建设局，雨花区交通运输局，洞井街道办事处和洞井派出所联合依法查处湖南雪纳新能源有限公司桃花村供应站负责人邓某某运输经营瓶装“黑气”违法行为，查获涉嫌非法运输危险品面包车一台，暂扣非法经营液化气钢瓶实瓶41个(其中包括明令禁用由螺丝瓶改装的钢瓶26个、报废瓶3个，过期未检瓶12个)。2月6日，区城建局、雨花亭街道安监站、雨花亭派出所依法查处雨花亭片区自然村两个涉嫌非法存储经营瓶装液化气站点，暂扣非法经营液化气钢瓶91个，其中包括明令禁用的螺丝瓶10个，过期未检瓶32个。（秦　俭）

【违规装修查处】 2018年1月18日，区城乡建设局会同黎托街道、黎托派出所、体育新城社区以及小区物业等部门，对雨花区白沙湾嘉园小区群众反映比较集中的违规装修问题联合执法行动，3户擅自将房间或者阳台改为卫生间、厨房间等违规装修被现场强制拆除，得到小区业主的支持与称赞。

（秦　俭）

【农村危房改造】 2018年，雨花区制定《2018年雨花区农村危房改造实施方案》，区城乡建设局、区民政局、区残联、区扶贫办及跳马镇等相关部门对拟纳入的危改对象进行逐户上门摸底确认，确认危改对象39户，并进行村、镇、区三级公示，按照“一户一档”的要求建立危改户档案。8月21日，区城乡建设局、跳马镇政府督查区农村危房改造工作，检查农村危房改造相关政策文件落实情况。抽查跳马镇喜雨村、冬斯港村及团然村，检查村级资料，审查纳入农村危房改造的对象及确定对象的过程，随机抽取5户危改对象，上户核对危改户的户籍人口状况、住房状况及其他情况。督查组要求，尽快完善资料，按相关要求和流程落实到位；跳马镇要进行一次全面摸底排查，摸清底数，对一些特殊情况和问题及时收集并向上级汇报。严格标准，严把危改工程质量，杜绝在危改过程中发生安全事故。区纪委派驻区城乡建设局纪检监察组全程监督。12月，雨花区集中验收跳马镇农村危房改造任务完成情况。区城乡建设局、区民政局、区残联、区扶贫办、跳马镇等单位相关人员组成两个验收小组，对具备条件的26户危改户进行逐户走访核实，实地检查改造工程竣工、房屋改造质量安全、农户搬迁入住、旧房拆除等情况，现场填写验收表并拍照存档；督察未竣工危改工程抢抓工程进度，确保施工安全和工程质量；对不符合验收标准的住房，向危改户提出整改意见及时，督促整改。区纪委派驻区城乡建设局纪检监察组和跳马镇纪工委全程监督验收工作。（秦　俭）

【区建筑公司改制】 2018年，雨花区推进区建筑公司改制工作。区建筑公司和在职职工签订解聘协议（仅1名尚未签定），失业保险金、退休职工的补偿款基本支付，改制工作进入扫尾阶段。有关公司现有房屋处理、应收款清收、应付款处理、公司资产的移交，改制人员的扫尾处理、公司名下5家独立法人企业注销，提请区改制指导小组专题研究，陆续推进。

（秦　俭）

【黑臭水体整治工作模拟督查】 2018年8月14日，生态环境部、住房和城乡建设部率参加全国城市黑臭水体治理工作座谈会成员一行模拟督查雨花区圭塘河沿河现场黑臭水体整治工作。督查组一行观看心圭塘河流域治理情况视频，沿圭塘河二期由北往南重点考察河流水面及堤岸卫生、沿线排口管护、羽燕湖环境整治及生态引水工程规划等情况，听取圭塘河开发公司介绍圭塘河流域的整体规划、项目建设、截污治污、生态修复、环境整治、监管执法等情况，交流讨论黑臭水体整治方法及技术措施。督查组提出，圭塘河黑臭水整治应从全流域考虑，注重整治工作的系统化、层次化，不断总结经验，不断提高治理成效，确保截污、清污到位，持续改善水环境质量，实现整体环境优化，为市民营造更好的生活环境。

（秦　俭）

【紧急部署扬尘治理工作】 2018年4月3日，长沙市住建委执法局、市住建委蓝天办对雨花区城郊结合部（黎托街道侯照村和东山街道）在建工地蓝天行动情况进行暗访检查，雨花区城乡建设局蓝天办派员参加。暗访组检查市管项目、区管项目、无手续项目共9个，下达限期整改通知　3份，停工整改1份。当晚，区城乡建设局蓝天办紧急集体约谈侯照路一标、二标、侯照路、宝湾电商物流、牛角冲路、万科仓储、普洛斯物流7个项目施工单位、监理单位负责人，电子物流园管委会分管负责人，分析“蓝天保卫战”三个月治标任务工作目标，具体分析城郊结合部区域内建设项目“蓝天保卫战”形势，通报每个项目扬尘控制中存在的问题和整改要求，限期整改。

（秦　俭）

【建设管理工作对接会】 2018年3月13日，雨花区城乡建设局组织召开2018年雨花区建设管理工作对接会。会议由区城乡建设局党委委员罗能主持，区工务局、区市政局等建设相关部门分管负责人参加会议。会议总结2017年全区城乡建设管理工作，解读《关于进一步加强我市市政基础设施项目设计管理的通知》等相关文件精神，针对区管项目建设工程招投标、施工许可办理、工程变更管理、“多规合一”信息平台试运行、政府购买施工图审查服务等工作开展过程中存在的问题进行专题讨论，各建设相关部门纷纷发言。会议要求，各建设单位应认真履行好主体责任，加强设计前期管理，确保设计质量；进一步加强标后监管，规范事后审计，做好痕迹化管理工作；加强对接，简化流程，为各建设单位提供优质服务。

（秦　俭）

【混凝土搅拌站交通安全整治工作推进会】 2018年5月16日，雨花区城乡建设局组织召开全区混凝土搅拌站交通安全整治及“蓝天保卫战”工作推进会，集中约谈搅拌站企业负责人及车队负责人。会议由区城乡建设局党委书记、局长张学军主持，区交通运输局、区交警大队、区建筑工程质量安全监督管理站相关领导和全区13家混凝土搅拌站企业负责人及搅拌车队负责人参会。会议解读《长沙市雨花区重点车辆专项整治工作方案》，讲述多起搅拌车安全运输事故案例，要求各搅拌车队引以为鉴，把安全工作放在第一位，总结安全运输经验，严格落实安全措施，加强驾驶员安全教育培训，合理安排生产运输，避免搅拌车交通安全事故的发生，办理好进出城区搅拌车通行证。各搅拌场站要严格落实降尘措施，做好预拌混凝土搅拌设备、设施结构安全可靠性检测鉴定工作，各场站办理好污水排放证等。张学军要求，城乡建设局将加强与各部门的配合和信息共享，进行联动执法；严厉处罚违反安全生产相关法规的混凝土搅拌站企业；搅拌车驾驶员要遵规守纪，严防交通安全事故的发生；各搅拌场站要积极投入到“蓝天保卫战”工作中，严格落实相关要求。（秦　俭）

【安全生产集体约谈】 2018年6月22日，雨花区城乡建设局组织雨花区建设领域安全生产活动月、“蓝天保卫战”、文明创建工作推进会暨和平安置房项目质量安全标准化观摩会，对全区13家搅拌场、23家重点建筑企业、区在建项目负责人集中严厉约谈。区属二级以上建安企业质量安全生产负责人、区各在建项目建设、施工、监理单位负责人、区13家混凝土搅拌站负责人等200余人参加观摩会。会议由区建筑工程质量安全监督站站长湛滨主持。会议观看建设领域安全生产警示教育宣传片，介绍和平安置房项目的基本情况，强调并部署“蓝天保卫战”、文明创建、迎接市安委安全生产督查等相关工作，区城乡建设局党委书记、局长张学军表示，会议既是几项工作布置会，更是对施工企业和搅拌场站安全生产的集中约谈，责令鲁湘搅拌场站停业整顿。区人民政府副区长王明玖要求，企业要牢固树立安全意识，安全生产是底线，安全就是效率，安全就是讲良心；切实担起安全责任，做到明责、担责、负责；铁腕整治安全事故，加强巡查监管、联合执法、顶格处罚；对安全生产有问题的企业要建立淘汰机制和黑名单制，树牢安全意识，强化安全责任，杜绝安全事故。洞井街道党工委书记张小军、和平社区筹委会书记吴超、湖南东方红建设集团有限公司领导参会。（秦　俭）

【既有多层住宅增设电梯工作推进部署大会】 2018年6月29日，雨花区人民政府副调研员文洲组织区政府办、区城乡建设局、区质监分局、区规划分局，区消防大队以及各街道（镇）分管负责人召开雨花区既有多层住宅增设电梯工作部署大会，学习新出台的《长沙市雨花区既有多层住宅增设电梯实施方案》，部署全区既有多层住宅增设电梯工作。明确区城乡建设局牵头承办，负责一站式受理增设电梯审批，协调城乡规划、质监、消防等部门并联审批、集中竣工验收。明确时间节点，2018年7—12月组织摸底试点段，2019年1月起实施阶段。文洲强调，既有多层住宅增设电梯，对改善和提升住宅的居住品质、完善住宅的使用功能、提高居民的生活质量、解决年老体弱住户出行难等问题，有着积极的社会意义，更是一项重要的民生工程。要高度重视，加强领导，街道统筹做好组织协调工作；要稳扎稳打，逐步铺开；认真开展调查摸底工作，启动试点工作；要理顺关系，公开透明；把宣传工作做好，将既有多层住宅增设电梯审批流程在政府门户网站公示，方便建设主体（单位或个人）办事，依法依规做好相关服务工作，为群众办好事。（秦　俭）

【白沙小区业主委员会培训】 2018年7月27日，雨花区城乡建设局在联点社区白沙社区开展物业管理专题培训，特邀区物业维修资金管理中心主任王冰授课，王冰以“业主委员会在物业管理中权利和义务”为主题，重点讲解业主对物业的管理权限，业主行使物业管理权，业主委员会履行权利3个问题，理顺开发商、物业服务企业、相关责任部门、业委会四者的职责义务。区城乡建设局党委委员、总工程师、机关支部书记孔建军，联点干部盛燕出席，社区物业片区、小区党组织、监事会、业主委员会相关负责人30余人参加。（秦　俭）

【小区公共收益公示情况暗访】 2018年9月1日至15日，雨花区物业管理联席会议办公室采取不定期暗访的形式，督查全区物业小区的公共收益公示情况，提高物业小区公共收益的公开化、透明化，增加小区业主对物业小区管理的知情权、参与权，减少物业矛盾纠纷。9月3日，开展第一次专项督查，督查组分6组抽查雨花区12个街道的60个物业小区，考核各小区公共收益公示情况，重点检查公示地点和公示内容。对每个检查点进行远景、近景拍摄二张图片留底取证，街道、社区物业管理负责人，物业服务企业当场签字，现场指出存在的问题，责令限时整改。通过暗访督查，摸清物业小区管理的实情底数，调动各责任部门的工作积极性。（秦　俭）

【混凝土场站专项检查】 2018年9月6日至11日，雨花区城乡建设局党委书记、局长张学军带领雨花区建筑工程质量安全监督站、区城乡建设局安全科相关负责人对雨花区13家混凝土生产场站进行安全生产、监督执法、扬尘污染等集中检查。逐一检查每个混凝土场站的预拌混凝土设备、结构设施、临建设施的安全性能、实验室检测设备的有关证照、资质和质量管理情况、车辆管理情况、扬尘防治情况、关键岗位人员到岗履职情况、安全检查台账等，对个别场站出现的沉淀池四周防护栏杆设置不到位、沉淀池未及时清理、场内洒水降尘频次不够，室内材料堆场降尘喷雾设备未正常开启、安全生产培训教育不及时不到位等问题提出处理意见，下发8份整改通知书要求限期整改完成，要求各企业在各项安全和扬尘治理工作上要明确分工、责任到人，确保安全生产零事故、质量管控不留死角、扬尘污染集中整治行动落实整改到位。

（秦　俭）

【建设领域安全培训】 2018年12月10—11日，雨花区举办雨花区建筑施工质量管理、安全生产及文明施工业务培训，要求吸取安全事故的教训，举一反三，防患于未然；在建项目、建安企业、混凝土搅拌站要全面排查，加强隐患治理；混凝土搅拌站要杜绝无牌无证、超速超载、漠视安全生产的情况，冰冻雨雪等极端气候要停工停产停运、减员减荷减速、防滑防冻防塌；质量安全监督机构要开展冬季质量安全大检查行动，落实安全生产责任、消除安全隐患、打击违法违规建设行为，确保岁末年初建设领域安全生产。多名业内知名专家和上级主管部门的业务骨干讲授危险性较大的分部分项工程安全管理规定、建筑施工易发事故防治、建筑起重机械设备安全管理、施工工地扬尘防治、建筑工程安全监理报告制度、关键工序验收、安全生产班前会制度的落实等内容。区管在建项目建设、施工、监理单位、预拌混凝土搅拌站、区属建安企业的质量安全负责人230余人参加培训和考试。

（秦　俭）

【建设领域业务培训】 2018年3月7日，雨花区召开“全区建设领域安全生产、‘蓝天保卫战’再动员再部署暨质量安全业务培训会议”，街镇、相关区直部门以及建筑企业、混凝土搅拌场站和各在建工地项目的建设、施工、监理单位负责人共100个单位约220余人参加培训。区质量安全监督站站长湛滨主持会议，雨花区副区长王明玖、区城乡建设局局长张学军参加会议并发言。局蓝天办工作人员讲解建设领域扬尘治理及预拌混凝土搅拌站的“蓝天保卫战”工作内容，局质安站工作人员培训建设工地项目质量管理、安全生产和节后复工检查要求。会议发放雨花区建设领域“蓝天保卫战”工作手册和“同呼吸、共奋斗，坚决打赢蓝天保卫战”宣传海报各500份。

（秦　俭）

【刘素月检查监测平台运行情况】 2018年1月18日，雨花区委副书记、区长刘素月督查、指导雨花区在建工地与混凝土搅拌站视频监控和扬尘在线监测系统指挥中心，逐一查看监控平台上每个项目的扬尘监测数据，了解视频监控和扬尘在线监测系统的运行情况，听取区建筑工程质量安全监督站负责人汇报平台建设和在建工地扬尘污染防治工作，要求区城乡建设局尽快将视频监控和扬尘在线监测系统与市级平台进行对接互通。副区长王明玖、区城乡建设局党委书记、局长张学军以及区政府办等相关部门负责人陪同检查。

（秦　俭）

【区人大考察在建工地扬尘在线监控平台】 2018年3月29日，雨花区人大常委会主任龚景顺一行考察区城乡建设局在建工地扬尘在线监控平台，听取区建筑工程质量安全监督站汇报扬尘在线监控平台的建设情况和运用扬尘在线监控平台对在建工地进行实时扬尘监测及督促问题整改的工作情况。交流和探讨建设方向及扬尘实时监测治理方式。区人大检查组要求，进一步完善在建工地扬尘在线监控平台的建设，加强实时监控，创新建立扬尘污染防治长效机制，实现从治标到治本、从专项治理到常态化监管的转变，助力“蓝天保卫战”。

（秦　俭）

【王明玖调研城乡建设局工作】 2018年3月5日，雨花区政府副区长王明玖调研区城乡建设局。听取区城乡建设局党委书记、局长张学军简要汇报局工作人员机构情况，2017年取得的主要成绩，2018年的主要工作思路，听取各线负责人关于物业管理、建筑业的发展、建设领域的行政执法、建筑领域行政审批、安全隐患治理意见。王明玖要求，同心同德打造一流团队，加强党建引领，加强党性修养，加强理论学习，珍惜工作岗位；众志成城创一流业绩，在提升行政审批效率、加强监管能力、树立执法权威、确保绩效领先上下功夫；真心实意奉献一流服务，在服务好民生，服务好项目、企业，服务好部门上下功夫。

（秦　俭）

【区领导检查安全生产工作】 2018年4月28日，雨花区分两组督查、指导建设领域“五一”节前安全生产工作。区委常委、副区长王彦锋带队检查和平安置房建设项目，详细查看项目现场安全生产情况，查阅相关安全管理资料，要求项目部切实加强“五一”期间应急值班工作，确保过节期间不发生任何安全事故。副区长王明玖带队查看李洞中学建设工地施工现场的安全生产状况，询问安全管理情况，要求各责任主体单位务必将安全生产摆在第一位，施工现场要加强安全生产管理，做好安全防护、文明施工和扬尘污染防治等工作；检查旺坤家园外墙瓷砖脱落安全隐患整治项目隐患治理情况，要求隐患治理过程中涉及整治内容调整和造价问题应尽快报区长办公会议定，确保及时有效的消除安全隐患；查看长液液化气植物园供应站门店的灌装液化气的灌装和存储情况，要求加强门店消防设施的配备。9月27日，王明玖带队检查国庆节前建设领域安全生产工作，检查中城苑保障性住房等建设项目工地食堂食品安全、施工现场安全生产管理及扬尘污染防治工作，指出存在的问题，提出整改要求。王明玖要求，工地食堂必须把好食品安全关，要做好防蝇、防虫等工作；施工现场一定要加强重大危险源管控，要注重细节、确保安全，同时要严格落实“蓝天保卫战”的相关要求，确保降尘措施落实到位。

（秦　俭）

【市住建委调研城乡建设工作】 2018年4月9日，长沙市住建委调研员竺钦军、市城建科研院副院长谭建辉、市住建委总工室及市前期办相关负责人一行调研雨花区市政基础设施建设前期管理工作情况。竺钦军一行听取雨花区市政基础设施建设统筹调度、2018年市政项目计划铺排、设计审批工作及项目建设前期工作情况汇报，分析探讨开放式街区理念和《长沙市开放式街区建设导则》。竺钦军提出市政基础设施前期管理工作应坚持以人为本的理念，要加强市、区两级市政基础设施项目的对接，注重项目设计的精细化，加快推进城镇基础设施建设。雨花区委常委、副区长王彦锋要求相关单位应及时处理各类问题和矛盾，坚持高标准、高水平、高质量推进城市基础设施建设，优化建设统筹管理服务，提升市民生活品质和城市品位。7月4日，竺钦军、市前期办及市住建委总工室相关领导一行调研雨花区的自行车道、断头路及瓶颈路建设工作，听取区城乡建设局、区工务局汇报自行车道、断头路及瓶颈路建设工作情况，考察杜花路自行车道建设项目并召开现场工作会议。竺钦军对雨花区自行车道、断头路及瓶颈路建设工作给予充分肯定，并提出应严格按《长沙市人民政府办公厅关于印发长沙市“一圈两场三道”建设两年行动计划（2018—2019年）的通知》要求进行自行车道设计和施工，充分考虑自行车道建设的连续性和系统性，构建安全、连续、便捷、舒适、高效的自行车交通系统，倡导绿色出行，提升人居环境质量，促进宜居城市发展。9月18日，长沙市住建委党委书记、主任王伟胜，市住建委副主任陈杰刚等一行8人调研区城乡建设工作，区城乡建设局党委书记、局长张学军汇报雨花区工地扬尘治理、黑臭水体整治、污水处理设施建设、房地产市场监管、自行车道建设、物业监管和断头路瓶颈路建设等工作开展情况，区农林水局、区环保局、区工务局、区市政局、区城建投和圭塘河流域公司交流各线工作。王伟胜表示，雨花区委区政府高度重视建设领域工作，做到底子清楚，执行力非常强，工作有成效，区城乡建设局的牵头协调作用做到了全市领先；面对建设领域繁杂的工作，要保持定力，坚持坚持再坚持，按标准抓好各项工作，造福一方百姓，在城乡建设上使百姓有获得感；认清当前形势，做到不松劲，不泄气，打好各战役的攻坚战。副区长王明玖陪同调研。10月30日，长沙市住建委调研员竺钦军、市前期办及市住建委总工室相关领导一行调研雨花区自行车道建设工作，实地考察区工务局负责实施的新平路、柳树塘路新建两厢自行车道项目，雨花城市建设投资集团有限公司负责实施的自行车道轨道交通示范站点建设项目中的沙湾路、楠竹路自行车道建设项目，听取雨花区自行车道建设项目的推进情况、存在困难、经验做法、工作计划与措施等工作汇报，交流讨论有关问题。调研组一行要求各实施单位要加快施工进度，确保按质按量完成2018年建设任务。（秦　俭）

【市住建委检查雨花区工作】　2018年4月27日，由长沙市住建委建设市场处处长戴亮带队，市住建委执法局、市质监站、市招标办和市造价站等单位组成检查组到雨花区进行打击转包违法分包行为检查和项目标后稽查工作，随机抽取两个区监管项目，实地察看谊三期安置小区一标段的项目部和普洛斯物流园的建设现场，重点检查项目建设单位和项目的施工总承包、专业承包（分包）、劳务企业。检查后进行情况反馈，雨花区总体情况较好，未发现违法发包、转包、违法分包、挂靠和围标串标等违法行为，点评项目管理中存在的合同备案、安全文明措施费落实情况等问题，对下放项目进行“放管服”业务指导，强调各责任方要对相关问题及时加以整改，区城乡建设局要进行督促整改复查，加强后续工程建设的监管，促进建筑市场健康有序发展。（秦　俭）

【市住建委检查节能工作】　2018年11月6日，长沙市住建委建筑节能、绿色建筑与墙材革新工作检查组专项检查雨花区建筑节能、绿色建筑与墙材革新的工作情况，听取雨花区情况汇报，查阅李洞中学项目相关资料，查看和检测其建筑节能施工质量现场。肯定雨花区绿色建筑审查管理机构力量、配套管理制度及管理模式等方面取得的成绩，指出抽查项目在保温材料、窗墙面积比及保温板见证取样送检等方面存在的问题。（秦　俭）

【市住建执法局督查雨花区】　2018年3月13日，长沙市住房和城乡建设行政执法局副长局彭峻、高德堂一行7人到雨花区开展行政执法服务对接与执法督查工作，区城乡建设执法监察大队大队长谢志强汇报雨花区城乡建设局2017年放管服工作，房地产市场、建设市场、供排水、装饰装修等行政执法服务工作及2018年工作计划，雨花经济开发区管理委员会委员、规划建设局局长刘庄作雨花经开区行政执法服务遇到的工作瓶颈和困难说明，相关科室负责人就各线工作进行发言。彭峻要求，加强日常执法巡查和监督；加强处置力度，违法必究；加强队伍建设，提高服务水平；加强市区两级联动，不留盲区。区城乡建设局党委委员罗明军、区建筑工程质量安全监督站站长湛滨，相关科室负责人参加会议。（秦　俭）

【市环保局督查“蓝天保卫战”工作】　2018年10月17日，长沙市环保局副局长李中秋一行督查雨花区“蓝天保卫战”工作，检查五江天街建设项目的裸土覆盖、洗车设施、垃圾清理等扬尘治理情况，要求项目单位要严格落实企业主体责任，积极完成“蓝天保卫战”各项工作措施。检查中城苑农民保障性住房建设项目的落实扬尘治理“8个100%”的情况，现场抽问工地工作人员对“8个100%”熟悉情况，查看黄土覆盖、场内自动冲洗设施、场内喷淋、道路硬化、信息公示等情况，检查组要求项目建设单位、施工单位和监理单位以及政府相关职能部门在特护期要积极应对高污染天气预警，严格落实建筑工地扬尘治理的工作措施，规范工地管理，把扬尘治理及“蓝天保卫战”各项工作落到实处。（秦　俭）

【岳麓区考察物业管理工作】　2018年4月20日，岳麓区政协副主席彭首志带领政协、住建局领导一行9人调研考察雨花区物业管理工作。考察组考察左家塘街道长钢社区佳润新都小区，听取社区工作情况介绍和物业管理工作经验。召开座谈会，区物业维修资金管理中心主任王冰介绍雨花区物业管理情况及推动物业改革的相关工作，区城乡建设局局长张学军解答物业管理过程中的热点、难题。区政协副主席廖云伟陪同考察。（秦　俭）

重点工程

【概况】 长沙市雨花区工务局（简称“区工务局”）为区政府直属事业单位，负责联系省、市重点工程管理、全区重点工程建设项目年度计划编制、市政道路等基础工程项目建设及改造的组织实施、区政府部分投融资项目的建设（或代建）实施和监督管理、已建设项目的后期改造等工作。内设办公室、计划科、报建科、总工室、市政工程管理科、房建工程管理科、财务科、项目综合协调办公室。2018年，工作人员65人，其中在编事业单位工作人员19人，人才引进6人，退役士官1人，雇员及现场工程师39人；退休干部1人。办公地点设在雨花区人民政府机关大院二号楼外弧三层。

2018年，雨花区铺排项目94个，其中续建、新建项目37个，总投资5.91亿；预备项目37个；前期研究项目20个。区工务局制定《雨花区重点工程建设项目用地范围内违规卸土管理办法》《雨花区重点工程建设项目勘察、设计质量及服务考评办法》等多项规章制度，修订《雨花区重点项目建设操作指南》《合同示范文本》等，进一步优化局内管理。工程变更均严格按照洽商程序和审批权限，进一步规范财务流程，及时清理应收账款。实现基础工作有力夯实，业务流程有序规范，项目建设有效提质。与各片区指挥部签订安全生产责任书，组织安全生产培训大会两次，定期和不定期地开展安全巡查300余次，排查各类隐患400余个。完成新平路、柳树塘路、万侯路等项目护坡修复工程。组织召开“蓝天保卫战”扬尘污染治理专题调度会议20余次，检查在建项目160余次，发现整改问题约300个。处理“省长、市长、区长”信箱、网络信访及“12345”市民热线工单等500余件，其中“12345”热线工单400余件，满意率99%以上。受理人大代表建议和政协提案21件，做到见面率100%、答复率100%、满意率100%。开展铲雪除冰行动、文明劝导，慰问项目工地农民工，志愿人次200余人次。抽调3人配合全区拆迁工作。开展浏阳市新光社区扶贫工作，8户帮扶对象人均年收入4000元。走访怡园社区困难群众200余人次，提供经费5万元，打造怡园社区“520”党群活动中心，开展“手绘明信片记录家园蝶变·雨花区怡园社区提质提档焕新颜”文明创建活动，绘制明信片记录怡园社区的“前世今生”。持续深化“书香工务”活动，开设“读书角”，统一购置各类政治和业务学习书籍，倡导干部职工开展私藏图书共享活动，添置书籍500余册；组织“分享会”。以“我向大家推荐一本好书”为主题组织“读书沙龙”“科室读书会”等分享交流活动，组织读书心得评比活动，被区委宣传部评为“书香机关”。（邹　蛟）

【重点工程建设】 2018年，雨花区工务局承担市政道路项目包括新建、续建道路项目管理25条，实现杜花路、新河路、光明路、景园路、圭塘路四标、新平路、柳树塘路、高升路、嘉胜路、美联路10条市政道路建成通车，通车里程约8.3千米。川河路、桂花平路、紫薇路、消防站配套道路、景观路、同升湖提质改造、北冲路提质改造7个项目正式开工建设。实现郡阳小学、李洞中学、和平小学风雨操场扩建等3所学校项目投入使用。推进芙蓉路培训大楼、圭星小学、东方红小学、古樟社区提质改造、和顺苑提质改造等多个项目建设。完成8个省市重点工程项目征拆及建设请款7435万余元，保障时代阳光大道东延线、先锋路等项目的征拆进度，为省市重点项目征拆工作奠定坚实基础。新建新河路、圭塘路等12条道路的人行道19.13千米；新建杜花路、侯照路等6条道路的自行车道，其建设规模为9.17千米。完成木莲冲路、砂子塘B—7、榕树路、大港路等15个项目扫尾协调工作。完成新平路、柳树塘路护坡抢险，万侯路护坡及人行道修复工程，名昇壹城学校出入便道工程、环保学院护坡抢险工程施工中。万芙路海绵城市项目验收移交，七条未移交道路整改项目全部完工并完成验收移交及结算报审工作。（邹　蛟）

【项目设计】 2018年，区工务局制定《雨花区重点工程建设项目勘察、设计质量及服务考评办法（暂行）》，提升项目勘察、设计的质量，从源头上减少工程变更，节约政府投资。取得可研批复13个、概算批复10个、初步设计批复5个；完成施工图设计项目10个、重大设计变更技术审查项目2个、方案研究项目10个、规划调整项目2个。6月，启动《2019年政府投资建设工程项目计划》的编制工作，年底形成计划的第五稿，初步铺排项目103个，预计年度投资约6亿元。（邹　蛟）

【项目报建】 2018年，区工务局提高报建效率，推动项目建设。委托报

2018年区工务局作风建设大会　（邹　蛟/摄）

建机构进行报建，争取审批部门支持，尽可能“并联”审批事项，提高效率。取得新建项目立项批复31个、项目正式红线5个、项目工程规划许可证9个、项目施工许可证10个。重要节点62个，比上年增加18%。（邹　蛟）

【项目协调】 2018年2月，区工务局成立项目综合协调办公室，负责省、市重点工程联络服务、征拆及断头路、瓶颈路等对接协调工作。进一步紧密配合区内征收部门开展征收工作，及时掌握和推动征拆进度，确保尽早的腾地，为项目进场提供便利。联络和对接侯照北路等14个项目的征拆进展，跟进重点节点近40个。协助发布官寺冲路等10个项目的征地、征收公告。完成新星小学等13个的项目征拆请款约1.2亿元。（邹　蛟）

【造价管理】 2018年，区工务局报送预算项目68个，结算项目129个。完成同升湖周边道路提质改造等7个项目招标控制价编审，造价总额约1.45亿元，完成麻园湾小学扩建等15个项目的结算评审，工程造价约3.4亿元。（邹　蛟）

【招投标与合同管理】 2018年，区工务局发包项目312个，市交易中心招标项目20个，在区公共资源交易中心发包项目13个，局小型项目发包项目270个。审核合同415份，完成签订近400份。修订小型项目委托发包单位库，确保招标和发包工作的公开、公平、公正、廉洁和高效。（邹　蛟）

【市政工程管理】 2018年，区工务局完成美联路等5条道路的自来水迁改工程；完成高升路等6条道路的电力或电信迁改工程；完成曙光路等12条道路的路灯电源安装或临时照明工程。完成万芙路三标竣工验收移交；完成六号路等10个项目区内验收移交；完成雀园路等3个项目预验收移交。（邹　蛟）

【万芙路全线通车】 2018年3月14日，雨花区第一个“海绵道路”试点项目万芙路（金井路—和升路）完成正式验收移交。长沙市城管局综合规划处主持移交会，市城管局质监中心、市政处、市容处，市公安局交通警察支队，市城建档案馆，雨花区工务局、区市政局、区环卫局、区交警大队及该项目建设、施工等单位对项目整体质量作出总结与评价，一致认为该项目符合竣工验收标准，同意移交。万芙路（金井路—和升路）是雨花区第一条融入“海绵城市”理念设计的城市主干道，建设内容主要包括道路建设及排水、亮化等附属工程，道路两厢配套下凹式绿地，既达到排涝减渍功效，又尽显生态和谐景观。道路拉通后，万芙路实现从先锋路到和升路全线贯通。（邹　蛟）

【杜花路全线通车】 2018年7月17日，雨花区杜花路沙湾路—京珠高速段竣工通车，为两侧的杜花苑小区、樱之谷小区，以及建设中的同馨雅宛、万里时代商业住宅区等多个周边小区居民提供出行便利。杜花路全长2800米，东起高铁南站前广场，西至万家丽路，是连接高铁新城和长沙主城区的东西向次干道。杜花路沙湾路—京珠高速路段西起沙湾路，东至京珠高速西辅道，全长945米，规划路幅宽30米。杜花路全线通车后，将完善长沙火车南站周边路网、畅通区域交通微循环，缓解香樟路、曲塘路、劳动东路、长沙大道等多条东西向道路的交通压力，为实现高铁新城片区与主城区无缝对接，并带动高铁新城片区的发展奠定良好的交通基础。（邹　蛟）

【圭塘路全线通车】 2018年12月18日，圭塘路四标项目工程完成道路建设，圭塘路全面开放交通。圭塘路四标位于雨花区圭塘街道，项目南起香樟路，北至曲塘路，道路全长1010米，规划路幅宽36米。2017年下半年动工建设，建设内容为道路新建西半幅18米，提质改造东半幅18米；工程内容包括道路、雨水、污水、照明、交通、绿化、综合管线及相关配套设施。圭塘路的建成有效缓解片区交通拥堵、出行难的问题，利于完善雨花区路网结构，促进配套的城市基础设施建设，提升城市环境、推动区域经济发展。（邹　蛟）

【光明路基本完工】 光明路道路工程位于湖南推进“长株潭一体化”的核心区域，是湖南参与泛珠经济合作的前沿阵地，西起东二环（下匝道），经国友路、上光路、紫薇路，止于马王堆路，规划全长993.125米，规划路幅宽度为26米，各交叉口处采用渠化展宽，展宽段路幅宽为33米，设计时速度30千米。2017年10月，动工兴建，进行路基换填、管网等隐蔽工程的施工。2018年7月，完成路基路面工程。11月，基本完成道路交安、绿化、亮化等配套设施工作。（邹　蛟）

【支路12—9道路工程移交】 2018年12月26日，雨花区工务局组织召开支路12—9道路工程区内验收移交会议，雨花区市政局、区园林局、区环卫局及雨花区交警大队等职能部门参加会议。各职能部门一致认为该道路基本达到验收移交标准，同意施工单位按照各部门意见进行整改后移交。支路12—9道路工程项目位于雨花区香樟东路两厢片区，是长沙市总体路网规划中一条南北向城市支路，道路全长372米，规划路幅宽度为12米，工程内容主要包括道路、排水、交通设施、亮化工程等。该项目于2016年6月正式开工建设，2017年4月竣工通车。该道路的竣工，标志着武广片区路网更加完善，改善了城市交通微循环，一定程度上缓解沙湾路、花侯路等道路的交通压力。（邹　蛟）

【雀园路道路工程预验收】 2018年12月10日，雨花区工务局组织召开雀园路道路工程预验收移交会议，市城管局综合规划处、质监中心、交通设施处、市政处、市容处、市园林局、市交警大队、区交警大队、区市政局、区园林局、区环卫局等职能部门参加会议。各职能部门对该道路验收移交发表意见，一致认为该道路基本达到验收标准，待施工单位整改后完善正式验收移交工作。雀园路是长沙市总体路网规划中一条东西向城市支路，本次设计段东起万家丽路，西至省农机局，道路全长480米，规划路幅宽度为20米，工程内容主要包括道路、排水、交通设施、亮化工程等。项目全线拉通后将改善城市交通微循环，缓解万芙路、环保路、时代阳光大道等主干道的交通压力。（邹　蛟）

【桂花坪路项目开工建设】　2018年5月9日，雨花区发布桂花坪路（万芙路—高升路）道路工程施工招标公告。6月27日，雨花区工务局、雨花区洞井拆迁建设指挥部与桂花坪路（万芙路—高升路）道路工程施工单位湖南金诚建设有限公司、监理单位湖南华兴建设管理有限公司负责人，举行简单的进场交接仪式，该项目正式进入实施阶段。桂花坪路，位于洞井街道，西起万芙路，东至高升路，长323米，规划路幅26米，属于城市次干道，是《雨花区2018年政府投资建设工程项目计划》的新建项目，也是在建项目李洞中学的配套道路。桂花坪路（万芙路—高升路）项目工程造价约1200万元，施工内容为道路工程、排水工程、亮化工程、绿化景观工程、交通设施工程以及相应的配套设施等。桂花坪路项目作为区域性市政基础设施，为周边小区居民及即将完成建设的李洞中学的教职工、学生出行提供更大的便利。（邹　蛟）

【北冲路提质改造项目完成招标】　2018年11月2日，北冲路（曲塘路—井塘路）提质改造项目招标在长沙市公共资源交易中心完成。该项目位于雨花亭街道，北起曲塘路，南至井塘路。路幅宽30米，长222米，建设内容包括道路工程、排水工程、绿化工程、交通工程、照明工程以及相应的市政和城管等一体化配套设施。该路段为临时半幅水泥砼路面，东侧为英郡年华小区，西侧为融科东南海小区。北冲路的提质改造纳入重点工程建设计划。（邹　蛟）

【古樟树社区提质改造项目完成招标】　2018年2月5日，雨花区同升街道古樟树社区提质改造项目招标工作在长沙市公共资源交易中心顺利完成。湖南天茂景观建设工程有限公司被确定为该项目的第一中标候选单位。该项目位于环保路汇金路交叉口西北角，总建筑面积3130.94平方米，包括篮球场、网球场及体育器材室和更衣室等地上建筑，建筑面积190.72平方米，地下车库2940.22平方米。建设内容包括排水、消防、供配电、电气、道路硬化、绿化等。该项目的建成将改善社区内占道停车的现状，打造和谐的居住环境，提高居民生活水平，提高社区品质，提升城市形象。（邹　蛟）

【景观路项目完成招标】　2018年7月3日，景观路（新河路—湘府路）道路工程建设项目在长沙公共资源交易中心完成招标，湖南长沙丁字建筑（集团）有限公司被确定为本项目的第一中标候选单位。该项目长约369米，规划路幅宽度20米，系城市支路。建设内容主要包括道路、排水、亮化、绿化景观、交通设施工程以及相应的配套设施。道路东侧的湘府路进行快速化建设，西侧的新河路建成，北侧为托斯卡纳小区，南侧为水岸·天际小区。（邹　蛟）

【紫薇路项目完成招标】　2018年7月11日，紫薇路（长沙大道—光明路）道路工程建设项目在长沙公共资源交易中心顺利完成招标，长沙市市政工程有限责任公司被确定为本项目的第一中标候选单位。项目北起长沙大道，南至光明路，全长1032.273米，规划路幅宽度20米，为城市支路。建设内容主要包括道路工程、排水工程、绿化工程、交通工程、照明工程以及相应的市政和城管等一体化配套设施的施工。（邹　蛟）

【林科路和豹塘路建设项目技术方案评审】　2018年11月2日，雨花区召开林科路（双塘路—时代阳光大道）和豹塘路（万芙路—高升路）两个建设项目的技术方案设计评审会。林科路是横跨雨花区洞井街道和同升街道的南北干道，该项目的建成有效缓解万家丽路天际岭隧道段的交通压力；豹塘路是连接雨花区与天心区的交通要道，该项目的建成将进一步完善片区交通系统。会议由区城乡建设局主持，市规划局、市住建委、市交警支队、市城管局、区发改局、设计勘察单位和专家参加会议。评审专家和职能部门在听取设计单位方案汇报后逐一点评，对设计成果进行全面评审，提出审查意见，经过进一步论证，形成专家组意见。设计单位表示，将认真梳理、提炼专家的评审意见，进一步细化完善方案，确保项目方案设计更加科学合理，更加环保经济。（邹　蛟）

【国友路、文学路方案设计评审】　2018年11月7日，雨花区国友路（文学路—石坝路）、文学路（国友路—政修路）道路工程方案设计评审会召开。会议由区城乡建设局主持，长沙市住建委、市规划局、市城管局、区发改委等相关职能部门及专家参加。与会各方针对项目方案设计文件存在的问题提出意见。会议一致认为项目的设计内容齐全、设计深度满足要求、质量等级良好，同意通过方案设计评审。国友路（文学路—石坝路）道路工程全长约536米，宽度18米，为城市支路；文学路（国友路—政修路）道路工程全线长约323米，宽度18米，为城市支路。两条道路均位于高桥街道友谊社区。评审为区工务局督促设计单位修改完善方案设计文本，加快编制可研报告，开展下一阶段设计工作奠定基础。（邹　蛟）

【锦源路项目初步设计评审】　2018年4月11日，锦源路（圭塘路—圭塘河）道路工程初步设计评审会召开。会议由雨花区城乡建设局主持，长沙市住建委、市规划局、市交警支队、市城管局、市路灯所、雨花区园林局、区市政局、区海绵办等相关职能部门及专家参加。雨花区工务局介绍项目前期开展情况，设计单位汇报初步设计内容，参会各职能部门及专家评审项目初步设计。会议一致认为该项目设计内容齐全、设计深度满足要求、质量等级良好，同意通过初步设计评审。锦源路（圭塘路—圭塘河）道路位于雨花区雨花亭街道，西起圭塘路，东至圭塘河风光带路，长542米，宽18米，为城市支路。该项目是2018年断头路、瓶颈路考核项目。（邹　蛟）

【支路 12—3 道路工程】 2018 年 10 月 31 日，支路 12—3（官寺冲路—京珠高速辅道）道路工程正式取得划拨红线图，获得国有土地使用权。该项目位于雨花区东山街道黎托社区，西起官寺冲路，东至京珠高速辅道。道路全长 260 米，宽 12 米，是 2018 年重点工程项目之一。项目建成后，可以从支路 12—3 进入京珠高速辅道，将改善区域内交通网络，方便居民出行，推动城市化进程。（邹　蛟）

【雨花中心消防站建设项目】 雨花区中心消防站建设项目位于长沙市雨花区桃花塅路以南，万芙南路以北，金海路以东。规划总用地面积为约 2.31 公顷（34.69 亩），拟建面积约 1.5 万平方米，包括应急指挥中心、中队部、综合训练馆等建筑及设施。2018 年 10 月 26 日，雨花区中心消防站建设项目取得总图批复。11 月 2 日，取得初步设计批复。11 月 19 日，雨花中心消防站建设项目取得正式红线。12 月 24 日，雨花区中心消防站建设项目在长沙市公共资源交易中心顺利完成招标。12 月 28 日，雨花区中心消防站建设项目取得市规划局工作联系单。（邹　蛟）

【两所学校投入使用】 2018 年 8 月，长郡雨花外国语第一附属小学（鄱阳小学）、稻田特立实验中学（李洞中学）投入使用，新增学位 3000 余个。两所学校由雨花区工务局 2017 年建设，融入最新的海绵城市理念，结合学校场地，设计透水铺装、植草沟、下沉式绿地和雨水收集池等设施，实现校园域内水文条件的稳定，有效改善校园及其周边的水生态和水环境。长郡雨花外国语第一附属小学（鄱阳小学）项目位于洞井街道万芙路以北，和升路以西，按完全小学标准进行建设，设 36 个班级，每班 45 人，可容纳学生 1620 人。学校占地面积 19067.62 平方米（28.6 亩），项目总建筑面积 17496.42 平方米，其中地上建筑面积 14630.28 平方米，地下建筑面积 2866.14 平方米；地上 5 层，包括 3 栋教学楼、1 栋科教综合楼、食堂、大门、风雨操场及其他室外附属工程，地下 1 层；项目总投资约 6200 万元，2018 年预估投资 3000 万元；稻田特立实验中学（李洞中学）项目位于洞井街道高升路以西，桂花坪路以北，建设规模为一级普通中学标准，主要建设内容包括综合办公室、图书馆、教学楼、食堂、报告厅、体艺馆、地下车库及人防等主体建筑、装饰和安装工程建设以及 200 米运动场、室外篮球场与排球场各 1 个，配套建设室外给排水、供配电、绿化、道路硬化、弱电系统等附属工程建设。总投资约 9000 万元，2018 年预估投资 6000 万元。学校占地面积 26067.97 平方米（39.1 亩），总建筑面积 20674.38 平方米，由 7 栋上部建筑和 1 个地下室组成，设计规划班级为 36 个，可提供 1800 个学位。（邹　蛟）

【和平小学风雨操场改扩建项目】 2018 年 3 月 29 日，雨花区洞井街道和平小学风雨操场改扩建建设项目招标在长沙公共资源交易中心顺利完成，湖南北山建设集团股份有限公司被确定为本项目的第一中标候选单位。10 月 17 日，和平小学风雨操场改扩建建设项目取得建筑工程施工许可证。建设内容包括新建风雨操场 6000 平方米、活动室及教师食堂等配套工程。11 月，完成 1 号教学楼、地下室、门卫室的建设，2 号教学楼进行建设。（邹　蛟）

【圭星小学及幼儿园项目】 2018 年 10 月 16 日，圭星小学、圭星幼儿园建设项目招标在长沙市公共资源交易中心完成。项目位于雨花区万家丽路以西，湘府路以北，占地面积约 1.4 万平方米（21 亩），建筑面积 15670 平方米，总投资超过 8000 万元，圭星小学按 18 个班规模规划设计，圭星幼儿园按 9 个班规模规划设计，预计 2019 年 12 月完成建设。该项目按照海绵城市设计标准，融入绿色建筑理念，采用雨水回收、屋顶太阳能等节能、环保技术。（邹　蛟）

【东方红小学基础工程完成】 2018 年 3 月，雨花区组织区政府办、区教育局、区工务局、区征地办、区征收办、雨花亭街道以及井塘社区筹委会相关负责人，专题调度项目建设工作。5 月 16 日，东方红小学建设项目取得建筑工程施工许可证。7 月，东方红小学项目进场进行土方外运，11 月，教学楼主体工程完成 5 层楼板浇筑，12 月，该项目所有基础工程完工。该项目位于雨花区雨花亭街道，占地面积 2.02 公顷（30.33 亩），建筑面积 16722.49 平方米，建设内容包括 1 号教学楼、2 号食堂综合楼、传达室及地下车库等配套工程，将新建 42 个班。（邹　蛟）

【鄱阳小学施工建设调度会】 2018 年 7 月 10 日，雨花区鄱阳小学施工建设调度会召开，会议研究项目建设相关问题，明确目标，明确方案，明确时间，安全、文明施工，倒排工期，加快推进，2018 年确保秋季投入使用，顺利开学，保障社会民生。区工务局、区教育局、区财评中心及施工单位等相关负责人参加会议。（邹　蛟）

【环线小学方案评审】 2018 年 8 月 2 日，环线小学方案评审会召开。会议由市规划局副总规划师王建国主持，雨花区工务局、设计院等相关单位负责人参加。市规划局和评审专家听取区工务局关于该项目的概况介绍和设计单位的方案汇报，提出进一步优化功能分区和整体布局、结合场地特征改进校园竖向设计、将北入口作为主出入口等建议。（邹　蛟）

【花侯小学方案评审】 2018 年 9 月 19 日，花侯小学方案评审会在市规划局高铁分局组织下召开。会议由市规划局高铁分局主持，评审专家、市住建委高铁新城办事处、市交警支队、市园林局等职能部门、设计院相关负责人参加。会议听取雨花区工务局关于该项目的概况介绍和设计单位的方案汇报，会议肯定方案的设计理念和创新尝试，提出优化各单体的功能布局、细化校园场地的竖向设计、优化建筑色彩的搭配、降低色彩的明度等建议。（邹　蛟）

【劳动路小学方案评审】 2018 年 11 月 29 日，劳动路小学方案评审会召开，长沙市规划局主持。会议听取雨花区工务局关于该项目的概况介绍和设计单位的方案汇报，评审专家、市园林局、市教育局、市规划局、区教育局、及设计院相关负责人参加。市规划局和评审专家经过认真研究和讨论，肯定方案的设计理念和创新尝试，提出复核地下室出入口位置，优化建筑单体各功能用房等相关建议。（邹　蛟）

【芙蓉路小学入选　“一星绿色建筑”】2018年10月24日，芙蓉路小学项目获得湖南省住建厅颁发的全省首批一星级绿色设计标识证书，为雨花区首个获得绿色设计标识的建筑。该校建筑材料多采用实用节能产品，内墙为加气混凝土砖块砌成，外窗采用断热铝合金 Low—E 中空层隔热玻璃窗，整个校园建筑节能率近7成。主体大楼顶安装接收太阳能的集热器与系统循环装置，由太阳能集热器接收能量，通过特定循环方式，热能用来加热生活用水；如光照不足，空气能辅助加热装置热水，最大化地利用太阳能，培训楼太阳能提供17%生活热水，综合楼太阳能提供23%生活热水，每年节约电费5万元。校园绿地布置下凹式雨水收集装置，绿地通过渗透管与雨水收集池相连，屋顶雨水经管道流入收集池，收集池中的雨水经过净化处理后，供整个校园景观、绿化和道路使用，每年就可节水9000立方米，节约水费约4万元。（邹　蛟）

【区重点工程领导小组会议】2018年2月5日，雨花区重点工程领导小组2018年第一次会议在区政府召开，区委书记、领导小组组长张敏主持会议。会议研究、讨论并原则通过《2018年长沙市雨花区重点项目投资计划》《2018年政府投资建设工程项目计划》，并就《雨花区重点工程建设项目勘察、设计质量及服务考评办法》的实施等问题做出决议。张敏强调，区重点工程建设要提高政治站位，紧扣区委、区政府部署的“项目大攻坚、管理大提质”工作主题，各项目建设责任主体单位要纵向到底，做到项目实施紧扣市、区各级投资铺排和考核要求；横向到边，做到紧密配合、积极作为、及时反馈，推进重点工程建设上新台阶。区委副书记、区长、领导小组常务副组长刘素月指出，重点工程项目铺排要更加科学、设计要更加精准、建设要更加强调品质，培养“品质”意识、弘扬“工匠”精神，让雨花区重点工程建设不断超越自我，继续走在前列。区委常委、常务副区长、领导小组副组长邹春林，副区长、领导小组副组长陈怀宇、王明玖出席会议，区纪委监委、雨花经开区等15个部门、单位负责人参加会议。（邹　蛟）

【土方工程专题会议】2018年3月13日，雨花区工务局组织召开李洞中学、高升路（杉木冲路—桂花坪路）、桂花坪路（万芙路—高升路）土方工程问题的专题会议，区财评中心以及施工、监理单位相关负责人参加会议。高升路位于李洞中学东侧，北起杉木冲路，南至桂花坪路，长292米，规划路幅宽33米；桂花坪路位于李洞中学南侧，西起万芙路，东至高升路，长330米，规划路幅宽26米，均为李洞中学进出的配套市政道路。会议各方进行认真讨论并达成一致意见，确定前述相邻三个项目土方工程量的确认方式，解决不同项目施工单位的建设时序和配合问题，杜绝项目土方重复计量的可能性，为加快工程项目建设进度提供有力保证。（邹　蛟）

【交通微改造专题研究会】根据市政府对《雨花区人民政府关于万家丽路高架与长沙大道连接路段交通微改造的请示》批示意见，2018年7月11日，万家丽路高架与长沙大道连接路段交通微改造专题研究会召开。会议由市住建委主持。会议听取长沙市规勘院作的交通微改造设计方案汇报，征集参会各方的看法和意见，一致认为万家丽路高架与长沙大道连接路段交通微改造的建设很有必要，下一步在报市政府明确项目建设主体后，再进一步深化设计、完善程序，加快项目实施。市工务局、区工务局、区交警大队、上海城建市政集团、深圳新城市规划建筑设计公司等相关单位参加。

（邹　蛟）

【区领导调研重点工程项目】2018年1月9日，雨花区委书记张敏现场调研林科路（湘府路—时代阳光大道）、清新园周边道路项目建设情况，听取区工务局等责任单位关于清新园建设项目与林科路顺接问题，了解长沙威兴风机水泵有限公司林科路临时出入口等问题。区委常委、区委办主任周海毅，区纪委、区城管局、区环卫局、区征收办等单位相关负责人参加。3月1日，副区长王明玖等调研区工务局。区工务局局长黄练文简要汇报局工作机构情况、2017年取得的主要成绩、2018年的工作思路和项目建设过程中遇到的问题或困难。王明玖要求，树立民生、工匠、高效、质量、安全的良好理念；结合施工条件、群众需求、自身施工能力科学铺排任务；高起点规划，设计要精准、科学，要有亮点、有灵气；在符合相关政策前提下加快手续办理进度，打好提前量；高效率组织施工，施工时，要注重文明、安全、质量和效率；理顺工程监管，做好质保期内的监管和资金结算的监管；项目移交要做到建成一条移交一条，建立一套项目移交的流程和标准。4月24日，区委常委、常务副区长邹春林听取区工务局（重点办）重点工作情况汇报，调度区重点工作。黄练文汇报局内及重点办急需解决的芙蓉路培训大楼建成交付使用、圭塘派出所老办公楼提质改造、荷叶冲路西段设计取费等26个问题。会议对重点问题逐一研究，明确解决思路和具体办法。副区长王明玖、刘江红，区人民政府副调研员文洲，区教育局、区财政局、区工务局、区城建投、区财评中心、东塘街道、圭塘街道、圭塘派出所、体院路社区、浦沅社区等相关单位负责人参加会议。4月28日，王明玖现场检查和调度李洞中学建设项目，查看现场起重吊装机械、脚手架、临时用电、卸料平台等重大危险源，以及“蓝天保卫战”相关工作落实情况，要求施工方在保证安全、质量的前提下，抓住有利天气，加快施工进度，确保秋季开学目标顺利达成。5月21日，王明玖组织召开市、区重点工程考核项目征拆调度会。黄练文汇报市、区重点工程考核项目石坝路、川河路、官寺冲路、嘉胜路及车站南路征拆方面存在的问题和困难，相关街（镇）

表态发言，区直部门明确责任，会议研究项目问题，明确突破方法。王明玖要求各单位高度重视，各司其职，科学铺排，合理调度，综合施策，齐心协力，共同抓好落实，确保市、区重点工程考核项目有序推进，按期完成。区政府办、区政府督查室、区绩效办、区发改局、区工务局、区征地办、区物流园、区征收办及区国土分局主要负责人、雨花亭、砂子塘、高桥、黎托、东山街道及跳马镇政府主要负责人和分管负责人、武广新城和雅塘新城指挥部相关负责人参加会议。7月25日，王明玖慰问李洞中学和鄱阳小学等建设工地一线劳动者，调研项目建设情况。王明玖要求高度重视高温天气下的生产安全，科学合理安排施工进度和作息时间，做好后勤保障，为一线劳动者工作生活创造良好条件。建筑工人既要确保施工有序推进，又要劳逸结合，注意防暑降温。

（邹　蛟）

【区人大考察“项目推进雨花行”项目】2018年3月16日，雨花区人大考察“项目推进雨花行”项目，实地考察圭塘路四标、东方红小学等“项目推进雨花行”项目，听取区工务局、区教育局、雨花亭街道等部门有关圭塘路四标、东方红小学及林科路项目的推进情况汇报，研究项目推进存在的问题，明确推进措施及具体的时间节点要求。副区长刘江红明确东方红小学要按照2019年春季开学的目标推进，对圭塘路四标、林科路项目存在的问题提出解决建议。副区长王明玖表示，区重点工程建设工作一定借力“项目推进雨花行”契机，紧盯目标不动摇，坚持问题导向，正视困难全力以赴，确保项目建设任务圆满完成。区人大常委会副主任叶松要求加强协调，倒排时序，强化督办，确保实效。区人大常委会主任龚景顺要求，圭塘路四标、东方红小学、林科路项目推进是要加强领导，大力调度；盯紧问题，攻坚克难扎实跟进，按季度督办，确保向人大代表交上满意的答卷。区人大城环资委、区政府办、区人大城环资委兼职委员、部分区人大代表参加考察。

（邹　蛟）

【合同示范文本汇编】2018年7月，雨花区工务局着手编制《长沙市雨花区工务局建设工程合同示范文本汇编》，规范区工务局工程建设过程中的合同管理，优化合同审批、签订流程。10月23日，建设工程合同示范文本修改专题研讨会召开，区工务局副局长李清红主持会议，区财政局、区审计局、区工务局、区财评中心等单位相关负责人及区工务局特约法律顾问参加会议。会议重点对《合同示范文本汇编》前期征求意见过程中未能达成一致，以及涉及国家和地方最新政策法规或操作上可能存在争议的条款，进行认真的磋商和斟酌，最后基本定稿。《长沙市雨花区工务局建设工程合同示范文本汇编》涉及工程施工和服务两大类合同32种，收录合同32份，近100万字，其中新增合同文本11份。对雨花区其他重点工程建设单位的合同管理有示范和参照意义。

（邹　蛟）

征　地

【概况】长沙市雨花区征地办公室（简称“区征地办”）为正科级全额拨款事业单位，负责雨花区内集体土地征地补偿安置工作的组织、实施、协调、监督和管理。内设综合科、财务科、安置科、征拆科4个职能科室，核定编制数13名。2018年，全体在职干部职工数20人，其中在编干部9人，挂职1人，人才引进1人，雇员5人，劳务派遣2人，短期聘用1人，借调1人。办公地点设在区治大院二号楼。

2018年，雨花区集体土地征地补偿安置工作紧扣工作主题，突出重点，加大征拆力度，推进项目建设。区征地办办理各类批示件、督办件57件，办结“12345”市民热线4件，办结率100%。起草办理各类文件25件，以区政府名义下发规范性文件2件，以区政府名义向各上级单位发函、发请示23件，无退件情况，受区政府办委托接待全国各类学习考察团4个。参与行政诉讼案21起，行政负责人均出庭参与应诉，无行政诉讼败诉或者行政复议被撤销、改变、确认违法的情况。全面接受审计监督，三年账目审查无违规情况。全面落实政务公开，依法依规开展政务服务工作，及时将三公经费、征地公告、党政动态等信息在政务网上公开公示，全面接受监督。2018年6月14日第13版《长沙晚报》，以《攻坚拆迁，腾出发展空间》为题大篇幅报道雨花区高铁会展新城片区的集体土地征拆工作。

（贺　莹）

【基础工作】2018年，雨花区全面规范征地拆迁工作程序，设定14个工作步骤，按步骤倒排时序。迁坟程序前置，征地公告发布后同步发布迁坟公告，一并调查登记、上图。按程序发布三个公告，相关业务部门在发布实施公告前进行联合会审，对拆迁过程中的各类补偿问题进行会审认定。重点把握实施公告关，发布实施公告后再启动签约拆房，实行集中签约。实行拆迁补偿三轮会审，将通过会审认定的拆迁补偿资金一次性纳入补偿告知书，在实施公告中发布，原则上实施公告发布后不再调整补偿告知书内容。严格审核拆迁安置对象、大病困难救助对象，按照客观真实、从严从紧的要求，由村（社区）、街道、派出所、区国土分局、区征地办进行联合认定。委托第三方评估机构进行钢混结构专业鉴定，由拆迁对象提出申请并预交押金，避免出现普遍申请、造成行政成本浪费的现象。全过程公开拆迁补偿安置执行，全补偿公示。所有项目按照统一要求制作公示板，在指挥部显要位置和拆迁区域，对拆迁补偿情况进行三榜公示。在完成调查登记后进行第一榜公示，公示拆迁对象调查资料，包括房屋情况、人员情况、权证情况等；在发布征求意见公告后进行第二榜公示，公示一轮会审认定的拆迁补偿资金并征求意见；在发布实施公告后进行第三榜公示，公示三轮会审认定的所有房屋拆迁补偿资金，包括补偿、奖励、困难补助、大病救助等，三榜公示后房屋补偿资金原则上不再调整，真正做到阳光透明、公平公正。发布征地公告19个、征地通告11个，做好社会稳定风险评估报告30件，征地公告严格按相关规定及时在政务网上进行公示，做到阳光征拆。区征地办坚持“定期接访、

2018 年 1 月 29 日，区征地办公室扫除冰雪（贺莹／摄）

及时解决”的工作模式，每周三安排业务骨干在区信访局接待来访群众，中共十九大召开期间，每天派人在信访局处理来信来访。在征拆现场、各指挥部和机关办公室针对群众的疑惑进行耐心疏导，做好解释和安抚工作。接待群众来电来访 40 余次，办理省信访平台来信来访 24 件，“12345”平台市民热线处理 3 件，处理政府信息公开 10 件，回复区长信箱、市长信箱 7 件，全年无重大群体信访事件，最大程度上争取征拆群众的理解和支持。（贺　莹）

【项目征拆】　2018 年，雨花区严格执行“三公告一登记”和“三榜公示”工作制度，坚守政策底线，坚决做到手续不到位，资金和安置方案不到位的，不发布征地公告、不实施项目拆迁。坚持由村、街镇、国土、征地四家联合对拆迁对象进行认定，并加大阳光公示力度。对所有项目概结算调整资金专户管理，专款专用；严格审批流程，所有资金拨付的审批权严格程序执行，逐级把关，层层监督，会议决定，主管区长审批，杜绝“打人情牌”等违规现象出现，并及时、足额支付各项费用，做到零差错。及时组织多个部门联合审核被征地农民保障住房资格，并将相关资料报存档，严格按政策、程序审核被征地农民纳入医、社保。实施集体土地征拆项目 64 个，涉拆合法房屋 1036 栋，涉及征地面积 350.87 公顷（5263 亩），拆除合法房屋 534 栋，完成拆除清零项目 22 个，腾地 63.47 公顷（952 亩）。其中省市区重点征拆项目 35 个，完成侯家冲路（红旗路—杨子路）、红旗路立交桥（湘府路口）、黎托南路、雅塘冲路、地铁五号线变电站、白田变电站等 18 个项目的拆除清零。白田变电站项目作为“630”电力攻坚重点项目，区街社区强力调度，采取集中签约模式，5 天内 12 栋合法房屋实现签约清零，一个月内实现拆除清零，创下雨花新速度。红旗路立交桥（湘府路口）项目紧密调度，边拆迁，边提供施工作业面，确保按时进场施工，协同维护施工环境，确保施工的顺利进行，指挥部攻坚队队员加班加点，一天一铺排，一个月内完成项目的全面清零腾地。同升街道环保大道东延线项目 83 栋、雨花经开区拆迁农民安置房用地项目 3 栋，13 天实现签约清零；雨花亭街道自然村儿童福利院项目 10 栋，9 天实现签约清零；雅塘冲路（自然村段）15 栋，14 天实现签约清零。（贺　莹）

【安置保障】　2018 年，雨花区完成圭塘月雅苑二期、雨花亭瑞景苑、井湾子莲景苑 3 个保障住房安置小区的分房交房工作，分房 448 套、安置 572 人；累计分房 41 批次，17581 套，平稳安置 23711 人。促进桃花苑二期、川河苑、中城苑 3 个在建保障住房项目加快建设，预计房源 5924 套，可安置 8030 人；发放延期过渡费 2117.27 万元，确保被征拆群众安心过渡。纳入社保体系 2606 人，缴纳社保资金 19042 万元，累计纳入 31885 人，纳入社保率 99%；解缴社保资金 290559.8 万元，解缴率 96%。全面放开回购模式，实现回购 260.75 人，回购面积 20740 平方米，补贴金 7705 万元。（贺　莹）

【住房申购资格会审】　2018 年，雨花区全面推动项目拆迁，确保拆迁群众的切实利益，做到拆迁与安置同步，做好住房申购资格会审工作，由区征地办牵头，会同区国土分局、区卫计局及相关街道、社区开展保障住房申购资格联合会审，依法依规审核申报对象的征拆人口入册、户籍性质、独生证、半边户、世居非农资格等情况，对少部分申报家庭的申报材料不够齐全情况，第一时间通知申报家庭补齐材料，严格把关重报、漏报人口的保障住房资格审核。3 月 22 日，区征地办、区国土分局、区卫计局、洞井街道、牛头社区、板塘社区等，进行桃花苑二期保障住房申购资格联合会审。涉及牛头代拆项目 45 户 191 人、沪昆动车所扩征 12 户 49 人、京珠高速环护林 3 户 15 人、板塘储备地 19 户 86 人、城投 26 号地 2 户 10 人、万家园 1 户 4 人、城投 19 号地 5 户 23 人。4 月 23 日，区征地办、区国土分局、区卫计局、黎托街道、合丰社区等单位，对已拆迁对象的保障住房安置资格进行联合会审，涉及 7 个项目 78 户，共 336 人，其中纯农 266 人，独生证 50 人，半边户 16 人，世居非农 4 人。4 月 25 日，区征地办、区国土分局、区卫计局、黎托街道、粟塘社区等单位对已拆迁对象的保障住房安置资格进行联合会审，涉及 3 个项目 56 户，324 人，其中纯农 275 人，独生证 40 人，半边户 5 人，世居非农 4 人。5 月 30 日至 31 日，区征地办、区国土分局、区卫计局、黎托街道、平阳社区、川河社区等单位联合会审黎托街道保障住房安置对象，涉及 135 户 521.5 人，其中纯农 421 人，独生子女证 81.5 人，半边户 13 人，世居非农 6 人。8 月 2 日至

3日，区征地办、区国土分局、区卫计局、黎托街道、潭阳社区等单位对潭阳整村项目拆迁对象的保障住房安置资格进行联合会审，并对报审对象提出的关于独生证、安置指标、回购政策中的疑难问题进行解答。会审涉及70户286人，其中纯农222人，独生子女证54人，半边户9人，世居非农1人。9月19日至20日，区征地办、区国土局、区卫计局、黎托街道等单位对征地拆迁农民安置资格进行联合会审，审核90余户352人，其中纯农303人，半边户15人，市居非农4人，独生子女证30人，潭阳整村拆迁项目基本审核完毕。（贺　莹）

【保障住房分房大会】 2018年1月19日，雨花亭街道井塘村井塘苑保障住房第四次分房大会召开。圭塘河综合整治项目的拆迁户85户参加分房，分房86套，其中80平方米户型47套；100平方米户型1套；120平方米户型15套；140平方米户型23套。2月7日，莲景苑第五批分房工作会议召开，35号地拆迁户6户31人参加分房，分房25套，其中80平方米户型14套，120平方米户型11套。7月13日，井塘村井塘苑第五次分房大会举行，圭塘河综合整治项目拆迁对象62户对象参加分房，分房62套，安置66人，其中80平方米户型57套、140平方米户型5套。10月31日，月塘社区月雅苑分房大会举行，储备2号地、储备27号地项目拆迁对象5户参加分房，分房8套（100平方米户型），安置10人。11月8日，莲景苑第六次分房大会举行，涉及建设路、城投22号地、城投9号地、莲湖村6号地、莲湖村4号地项目拆迁安置对象41人，分房37套，其中80平方米户型29套、100平方米户型1套、120平方米户型6套、140平方米户型1套。（贺　莹）

【雨花区多措并举保障拆迁安置】 截至2018年年底，雨花区应按103号令拆迁安置的在籍农业人口有45780人（不含独生子女证、半边户、世居非农），已拆已安28367人，其中保障住房安置23711人，纯货币安置4656人。已拆待安农业人口有12351.5人，待拆待安17538人，待安置人口数29931.5人。雨花区积极探索，创新工作思路，采取“双轨制”，因地制宜实施货币化安置。在征拆量不大、安置房源基本饱和的环科园、同升、井湾子、圭塘等片区采取保障住房和政策性货币补贴同步进行、自主选择的方式实施安置。政策性货币补贴标准全市统一：按照每人85平方米的安置面积，每平方米1500元的价格进行货币补贴；按照每人5万元标准给予购房补助。两项共计17.75万元，全区采取政策性货币补贴安置449人。2014年在高铁片区首次试行房源回购方式予以安置，回购标准按村集体经济组织成员80+5平方米、“半边户”80平方米、“世居非农”40平方米的基准模式，分别按30万元、20万元、7.5万元进行回购。2015年7月起在潭阳片区试行“30+2”的标准实施房源回购，对于采取房源回购的对象，回购后两年内购买本行政区域范围内的商品住房的对象给予自购住房补助，农村集体经济组织成员和半边户1个指标最高补助2万元、世居非农1个指标最高补助1万元。2017年1月起在高铁片区放开“30+2”的回购模式，2018年在全区全面放开，回购标准从“30+2”直接调整为32万元，“半边户”为22万元，“世居非农”为8.5万。回购人数4656人，发放回购资金127358万元；发放自购住房补助资金100万余元，潭阳洲片区回购率36%。（贺　莹）

【集体土地征地安置社保工作调度会】 2018年3月2日，雨花区集体土地征地安置社保工作调度会在区拆迁建设总指挥部二楼会议室召开。会议安排部署2018上半年市对区绩效考核项目、指标及任务安排、本年度雨花区分房工作计划铺排等工作；研讨各街道2018年安置社保工作；研讨安置房源不足急需确定选址定点、全区创新统筹安置、回购政策全区平衡考虑、社保纳入人口审批严格把关、加快社保资金拨付等系列问题，确保工作落实到位。区征地办、区国土分局、区人社局、区城投、东山街道、黎托街道、洞井街道、同升街道、雨花亭街道、井湾子街道、圭塘街道等单位领导及安置、社保工作专干与会。（贺　莹）

【征拆扫尾清零工作调度会】 2018年3月9日，雨花区征拆扫尾清零工作调度会召开，动员全区上下振奋精神、强化担当、乘势而上，全力以赴打赢征拆扫尾清零攻坚战。副区长王明玖分析征拆工作形势，安排部署2018年度征拆工作，提出统一思想抓征拆、倒排时序抓推进、集中力量抓攻坚、健全机制抓调度、阳光征拆抓公平等要求；街镇党工委书记汇报国有、集体土地征拆项目扫尾清零工作进度，并作表态发言。区委副书记、区长刘素月要求，打赢征拆扫尾清零攻坚战，要做到人员到位，所在单位要顾全大局，迅速交接工作，确保征拆人员迅速到岗；领导到位，联点县级领导和区直部门、街镇一把手，要进行专门调度、逐项铺排任务，迅速开展工作；服务到位，责任部门要组团服务、下沉一线，强化服务意识、注重协调配合；保障到位，服务保障要更加主动、及时；督查到位，要严格督查人员到位情况、项目进度情况、责任落实情况，及时通报督查结果。 区委书记张敏强调，再接再厉，掀起2018年征拆工作新热潮，咬定目标不放松，按时间节点完成征拆任务；要有攻坚克难的勇气，认真细致抓实抓细、统筹安排各项工作，发扬啃“硬骨头”的精神，全力破解难题；严格执行文件政策、耐心做好解释工作，并发动群众力量，严厉打击地方黑恶势力，切实扫除发展障碍；形成相互赶超的氛围，各级各部门要拿出时间表、任务图，比项目进度、赛征拆力度；服从指挥调度、加强绩效考核，稳妥解决个性和共性问题，用项目建设大推进助推财富、品质、幸福雨花再上新台阶。区领导陈永高、冯聪龙、王清政、龚畅、邹春林、周海毅、成钢、谢爱龙、文洲、易云和，相关区直部门及街镇负责人参加。（贺莹　张丽）

【征拆项目扫尾清零工作推进会】 2018年4月20日，雨花区征拆项目扫尾清零工作推进会召开，会议总结项目拆迁扫尾清零工作，客观分析存在的困难问题，安排部署下一步工作，会议进一步动员全区上下深化认识、坚定信心，全力以赴、攻坚克难，推动全区征拆工作强势突破、扫尾清零、全面推进。副区长王明玖安排部署工作，提出统一思想、坚定工作目标；多措并举、全力扫尾清零；厚积薄发、力推阳光拆迁；抓住关键、创新工作方法；正确引导、营造良好环境等具体要求。各街镇党工委书记就未按时完成扫尾清零任务项目作情况说明。区委副书记、区长刘素月强调，本次会议是对前段征拆工作的集中展示和检阅，既是一次交账会、点评会，也是一次部署会、鼓劲会。要紧盯项目任务完成时间节点，压实责任，进一步加强干部的督查考核，确保打好打赢征拆扫尾清零这场硬仗，完成年初确定的目标任务。区委书记张敏要求，认清当前形势，3月9日专项调度会召开以来，全区各指挥部、街镇主动作为、攻坚克难，拆迁工作取得了一定成效，但从总体进度、推进力度、工作状态来看，与预期目标还有差距；要全力推进工作，提振精神、稳步推进、依法依规、防范风险，确保“零上访、零事故、零违纪”；要层层压实责任，加强调度、抓好节点、落实人员、严格督查考核，强化用人导向，确保工作在一线推进、问题在一线解决、作风在一线锤炼、业绩在一线创造。区领导陈永高、龚景顺、冯聪龙、王清政、龚畅、王维宁、邹春林、余宏卿、周海毅、李国军、刘端平、刘江红、易静、文洲、易云和，相关区直部门及街、镇主要负责人等参加会议。（贺莹　张丽）

【重点项目征拆工作调度会】 2018年6月1日，雨花区重点项目征拆工作调度会召开，会议传达贯彻落实5月29日省委常委、市委书记胡衡华调研高铁会展新城时的指示精神，铺排部署全区重点项目拆迁工作。区委副书记、区长刘素月主持会议。副区长王明玖逐一铺排30个省、市、区重点项目拆迁任务，并结合省、市工作要求以及当前征拆形势做出部署和要求。街道（镇）党工委（党委）书记逐一进行表态发言。区委书记张敏强调，市委非常重视重点项目工作进展，各街镇要将市里交办的重点项目拆迁摆在首位，抓紧完成征拆任务。要在时间节点上完成任务，加快程序推进，个案问题及时研究；要敢于面对、要攻坚克难、要有责任担当，千方百计、万般心思、周密安全地搞好拆迁，要抓住关键，沉到村组，把工作做深、做透；要关心爱护干部，也要严格督促检查，密集调度，加强督查考核。刘素月强调，要紧扣节点，快速拆迁；强化只争朝夕、时不我待的紧迫感、责任感，紧盯目标，倒排时间，确保按期完成拆迁任务；要精准施策，科学拆迁；集中精干力量拆迁，加强政策培训和宣传引导，坚持“一把尺子量到底”“一碗水端平”；要强化合力，保障拆迁。发挥支村两委作用，统一村组思想，合力推进拆迁。注重协调配合，以拆违、排违等多种手段保障拆迁，切实抓好工作落实。区领导冯聪龙、王清政、王维宁、邹春林、黄健元等出席会议，跳马镇、雨花亭街道等8个涉农街镇党政主要负责人，区政府办、区征地办、区征收办、区棚改办、区交通局、区工务局、区国土分局等单位负责人参加会议。（贺　莹）

【征拆工作讲评会】 2018年7月13日，雨花区征拆工作讲评会召开，会议集中听取集体土地、国有土地征拆工作进展情况，再分析、再动员、再部署征拆工作。区委副书记、区长刘素月主持会议，副区长王明玖总结全区征拆工作情况，安排部署工作；相关街镇负责人分别就辖区征拆项目任务作表态发言。区委书记张敏强调，征拆工作进入攻坚期，全区各级各部门要聚焦问题、压实责任、快速推进，确保完成全年目标任务。要坚定信心，保持定力，拿出只争朝夕的精气神；扎实努力，找准工作重点、难点和突破口，打开工作局面；要形成合力，把困难和问题想得深一点。要注重方法，突出攻坚重点，集中力量、集中时间攻坚扫尾项目以及重点项目，明确时间节点，确保快速完成；要坚持依法征收，刚性执行政策，坚持“一把尺子量到底”；要做好群众工作，通过做好宣传引导、政策解释工作，带动项目进展；要确保安全稳定，做到方案稳妥、工作严密、查看细致，确保不发生任何问题。要压实责任，指挥长和副指挥长要责任上肩，敢于担当，靠前调度，科学研判、引领攻坚；各街镇、部门要落实责任，紧密配合，积极作为，形成合力，做到接受任务不讲条件、执行任务不讲困难、完成任务不打折扣；要严格督查，加强督查项目进度，督查干部作风、干事状态；要强化激励导向，做到干与不干不一样，让有为者有位，为担当者担当。刘素月强调：征拆工作事关全区的建设和发展，各责任部门单位要进一步传导压力、压实责任、凝聚合力。盯紧目标任务，特别是省、市铺排的重点任务，要倒排时间，倒逼任务，全力攻坚，确保按照时间节点完成任务。强化责任担当，联点县级领导要切实发挥牵头抓总的作用，用好资源优势，搞好组织协调，抓好统筹调度；各街镇一把手要切实履行好主体责任、属地责任，对项目、对个案都要亲自铺排调度，该对接的要主动对接，该协调的要亲自协调。区直部门等后盾单位要强化服务意识，注重协调配合，在服务保障上更加主动、及时、到位。善用司法手段，要宣传好新的补偿标准，切实加大宣传力度，统一口径、统一解释，打消老百姓对个人部分调整的疑虑。要严格执行政策。要善用强拆手段，对已经进入司法程序、具备执行条件的拆迁项目，要在科学制定方案、周密安全组织的前提下，果断出击、加快实施，切实达到执行一个、震慑一片的效果。区领导龚景顺、冯聪龙，相关区直部门及街镇负责人参加会议。（贺莹　张丽）

【雨花区部署市级重点项目督拆工作】 2018年4月14日，雨花拆迁建设总指挥部组织召开工作例会，研究部署市级重点项目督拆工作、相关会议筹备工作和区级课题调研工作。与会部门对前期工作开展情况、遇到的问题及本周的工作安排作汇报。吴海军针对市政府重点督办的各重点项目督拆工作进行全面分析和科学铺排，进一步明确时间节点，厘清责任任务，加大督办力度。针对区级重点调研课题“创新征拆机制，实现快进快出”，各参会人员展开热烈讨论，全面分析征拆工作及阳光征拆的实施，对调研报告的撰写提供意见。区征地办主任吴海军强调征拆工作有序推进的重要性、必要性，要求后段重点加强重点项目的督拆力度，做好相关会议的筹备工作，高质量完成区级调研课题。区拆迁建设总指挥部各办、区征地办、区国土分局相关人员参加会议。

（贺　莹）

【区人大考察高铁新城片区发展】 2018年7月19日，雨花区人大常委会主任龚景顺一行实地考察地铁6号线花桥线、园博家园、绿地城际空间站等项目，了解考察高铁片区征拆及规划招商建设的工作进展情况。高铁片区涉及雨花区17.8平方千米，自长沙市103号令实施以来，累计清零项目221个，涉拆人口2.67万人，拆除合法房屋7600余栋，完成腾地面积约1400公顷（2.1万亩），核心片区实现基本清零。高铁新城片区将打造成集休闲体验式时尚购物中心、特色风情商业街、高端住宅为一体的城市综合体；以国际跨境贸易总部基地、智慧总部基地以及绿色低碳生活区为主的中国中部高铁经济创新发展示范区。

（贺　莹）

【助残义卖活动】 2018年5月15日，雨花区征地办、区司法局共同主办希望之家学雷锋志愿服务暨“5·20”全国助残日义卖活动，为希望之家机构学员周国民解决生活中大小便障碍问题购买自动冲水马桶和解决残疾学员们在下雨刮风天气里正常、安全出行购置接送车辆。活动通过励志演讲、轮椅舞蹈、残友励志演说、捐赠仪式、答谢爱心单位、媒体报道等多种形式，促使更多公众关注、了解残障人士，整合社会各方资源来帮助见证残障人士的成长历程。区征地办向长沙市希望之家脊髓损伤者服务中心捐赠善款六千元。

（贺　莹）

征　收

【概况】 长沙市雨花区城市房屋征收和补偿管理办公室（简称“区征收办”）负责组织实施雨花区范围内城市房屋征收和补偿及拆迁拆除工作。归口长沙市雨花区城乡建设局管理，全额拨款正科级事业单位机构，核定编制15名，领导职数3名，内设办公室、征收科、补偿科、财务科、拆除科。办公地点设香樟路592号区政府二办一号楼四层。

2018年，区征收办名列市对区国有土地征拆绩效考核工作内五区第一，获区“征拆工作要素保障先进单位”“项目建设与帮扶红旗单位”“重点工程建设协调服务工作先进单位”等称号。

（张　丽）

【征收项目】 2018年，雨花区实施国有土地征拆项目35个，其中棚改项目16个(含扫尾项目9个)，基础设施项目19个，涉及征收私房604户，单位37家(公房203户)。签约330户(含公房52户)、腾房389户、拆除房屋面积6.7万余平方米，完成雅塘村社区等10个项目的结算工作。完成雨花亭华云机器厂、侯家塘小林子冲、砂子塘梨子山长电、东塘华狮二期、左家塘衡器厂、雨花亭雅塘村社区、井湾子长橡D地块6个扫尾项目拆除腾地。左家塘长岭市政2户私房、2家单位未签约；劳动路BCD地块因原市级招商引资遗留问题和省属企业改制遗留问题，25户私房、5家单位未签约。实施棚改项目7个，涉及征收514户私房，7家单位151户公房，征收房屋面积约4万平方米。其中，4个项目发布征收决定公告，雨花亭街道雅塘村小学、井湾子街道省机械化东四楼模拟征收项目、东塘街道天心煤建项目3个棚改项目签约清零；井湾子街道长仪项目签约117户，剩余1户私房未签约，公房待启动；稳步推进雨花亭街道长沙汽车制造厂和大吉门窗、井湾子街道二十三冶（一期）项目。实施基础设施项目19个，涉及征收68户约5万平方米，其中高桥街道劳动路北污水泵站、石坝路和政修路，洞井街道和圭塘街道湘府路高架桥，黎托街道七里小学、车站南路6个项目完成拆除腾地；雨花亭街道雅塘冲路实现签约41户，腾房31户，签约率87.2%；推进花容路等12个项目。待启动项目21个。

（张　丽）

【征收管理】 2018年，雨花区完善“市级统筹、区直主导、街道实施、社区配合、群众参与”的征拆模式，区棚改征收拆迁建设指挥部整体调度全区征拆工作，项目指挥部、街道指挥部具体实施，集中攻坚。棚改、住保、民政等职能要素部门突出问题、专题研究，共同商讨、积极化解，高效推进项目。书记、区长按重要时间节点适时调度、分管区长按项目推进情况专题调度、联点县级领导和街道“一把手”坐镇项目指挥部密集调度，全面强化调度机制，确保项目按期保质推进。修订区对街道（镇）绩效考核细则，加强督查、压实责任，以考促征。对项目推进过程中存在的非经营性资产移交、军产、未登记建筑合法性认定等问题进行全面梳理、分类、汇总，区主要领导亲自进行协调，召集相关部门进行专题研究讨论，形成具体解决方案，真正做到实质性推进征收工作。征收决定发布前，多途径、多渠道做好政策解读，全方位开展房屋调查工作，科学制定房屋征收补偿方案，做到征收政策深入人心，事实调查清晰明了，补偿方案制定精准。征收决定发布后，严格把关政策，依法规范操作，绝不敷衍塞责、变形走样，做到“一把尺子量到底”。根据征收进度依法进行信息公开，实时公布征收公告、签约进度、征收补偿款等相关情况，做到“公平”“公正”“公开”，打消被征拆对象“不患多寡患不均”的疑虑。依法依规办理公告等征收程序及文书197次，组织召开征收补偿方案论证会、听证会、社会稳定风险评估会等会议23次。区征收办完成行政复议、民事诉讼、行政诉讼案件应诉工作46例，无一例违法情况。申请法院强制执行12户，4个扫尾项目完成拆除腾地清零。实行领导包案督办制，专人负责处理信访，坚持依法办理信访，服务协调同行，做到矛盾不激化、事态不失控，接待和处理“12345”市民热线工单等信访案件213例630余人次，长重、长摩等一系列信访问题取得重大突破。

（张　丽）

【雨花区拆除工作会议】 2018年12月26日，雨花区国有土地上在拆、在运项目安全工作调度会议召开。会议对在拆、在运的天心煤建、雅塘村小学、雅塘冲路、梨子山长电宿舍、省机械化东四楼地块、市政宿舍项目的围档、渣土清运、交地等相关工作进行全面部署安排，确保安全工作落到实处。征收办主任张希林主持，区棚改办副主任张康，区征收办项目负责人，左家塘、东塘、砂子塘、雨花亭等街道相关负责人及拆除公司责任人参加。

（张　丽）

【国务院督查雨花区棚改项目】 2018年8月27日，国务院第十八督查组持续扩大内需和高水平开放对口服务小组实地督查雨花区小林子冲、雅塘村社区2个棚改项目，详细核查项目手续办理、资金拨付、征拆推进等具体情况，督查组一行对抽检情况表示认可。省、市发改委及市住保局相关负责人陪同，雨花区副区长王明玖，区棚改办、区征收办、侯家塘街道、雨花亭街道等单位负责人参加。（张　丽）

【市绩效办抽查国有土地征拆项目】 2018年11月28日，长沙市绩效办和市征收办抽查核实雨花区国有土地征拆棚改项目考核指标，实地察看雨花亭街道雅塘村社区、雅塘村小学，井湾子街道长沙橡胶厂、长仪地块、省机械化施工公司（东四楼）等棚改项目听取项目腾房情况、存在的问题和困难的介绍，了解各项目考核指标完成情况，并对各项目扫尾工作提出具体指导意见。区政府副区长王明玖、区征收办、区绩效办、雨花亭街道、井湾子街道相关负责人陪同抽验。

（张　丽）

【市征收办调研雨花区国有土地征拆项目】 2018年12月29日，长沙市征收办相关领导调研雨花区国有土地征拆项目腾地情况，实地察看雨花亭街道雅塘冲路和井湾子街道省机械化东四楼项目的拆除、腾地完成情况，听取项目腾房情况、存在的问题和困难的介绍，并对各项目扫尾工作提出具体指导意见。（张　丽）

【市征收办调研国有土地征拆信访工作】 2018年9月19日，长沙市征收办副主任符美田调研区征收办国有土地征拆信访工作，重点了解雨花区中央巡视组交办的涉拆信访件办理情况，要求：要进一步高度重视，加强组织领导，注重实际，突出重点，依法依规解决涉拆信访问题。（张　丽）

【刘素月调研棚改项目工作】 2018年3月26日，区委副书记、区长刘素月，副区长王明玖，副调研员刘广平一行调研国有土地征拆工作。刘素月深入劳动东路两厢棚改项目BCD地块、雅塘村社区棚改项目、井湾子街道长橡棚改项目D地块，听取街道负责人关于项目扫尾清零进度、存在的问题及工作计划，明确解决问题的具体方案，鼓励各项目再接再厉，攻坚克难。刘素月强调，要结合全区2018年度棚改续建、新建项目和国有土地上基础设施项目任务，层层压实责任、紧盯既定目标、切实摸清底数，确保打赢国有土地扫尾清零攻坚战。要统筹安排，做到有所侧重，各项目要积极对接省市，集中力量奋力冲刺，加快各项工作的推进进度，确保按时完成任务。要盯紧目标，坚持问题导向，采取“一天一汇报”的工作机制，报备项目工作进展及存在问题，及时争取多方支持；要形成合力，加强要素保障，推进非经营性资产移交、房源筹措等工作，全速推动项目扫尾清零；要传导压力，提高工作精准度，明确进度表、责任书，把项目扫尾清零作为改善雨花投资环境、促进项目落地的载体，以征拆大突破来实现项目建设的大推动，实现雨花经济社会又好又快发展。区政府办、区政府督查室、区政府研究室、区住保局、区征收办、区棚改办、区法院、区民政局、区经信局等相关部门和街道主要负责人参加调研。9月11日，刘素月调研棚改项目工作。实地察看井湾子街道长仪片区棚改项目，雨花亭街道雅塘村小学棚改项目、汽车制造厂棚改项目和左家塘街道长岭市政棚改项目，仔细了解各项目进展情况、存在的瓶颈问题及工作计划。刘素月强调，要紧扣年度目标任务，攻坚克难，以问题为导向，多方协调、形成合力，加快推进各棚改项目；要加大政策宣传力度，加强舆论引导、传递正能量，创新务实制定政策，最大限度释放政策红利；要关注群众切身利益，帮助群众解决实际问题，积极争取群众对棚改的支持、理解和配合；要着眼发展大局，坚持高质量、高标准、高要求做好棚改征收工作，助力雨花全面发展。棚改工作关乎城市发展和民生改善，要咬紧目标、坚定信心、科学铺排、全面推进，积极

2018年5月22日，长沙市副市长廖建华（前中）调研棚改项目　（张丽／摄）

服务区域发展大局。（张　丽）

【陈永高调研项目扫尾清零工作】2018年4月9日，区委副书记陈永高实地调研长橡棚改D地块扫尾清零工作进展情况。听取井湾子街道汇报项目推进情况，陈永高强调，要凝心聚力，统一思想，千方百计围绕完成任务；要集中力量，加速攻坚，加大拔钉扫尾力度，以舍我其谁的决心和勇立潮头的信心，争取尽快完成2018年棚改扫尾清零工作并启动。区政府办、区民政局、区住保局、区征收办等相关部门和街道主要负责人参加调研。（张　丽）

【王明玖调研棚改征收项目】2018年10月12日，副区长王明玖带领区征收办、区棚改办主要人调研井湾子街道省机械化东四楼模拟征收项目、长仪地块项目，雨花亭街道雅塘村小学项目，左家塘街道市政宿舍项目和劳动东路两厢BCD地块。听取街道对项目进展及存在问题的情况汇报。王明玖强调，各项目指挥部要再接再厉，攻坚克难，切实做到政策统一，坚持公开公平公正的原则，积极主动上门做好群众的思想宣传工作，争取群众的支持和配合，加大督搬督拆力度，加紧与各职能部门对接，争取早日全面完成征收任务。11月13日，王明玖一行调研井湾子街道长仪地块项目、省机械化东四楼模拟征收项目，雨花亭街道雅塘村小学项目，左家塘街道市政宿舍项目和劳动东路两厢BCD地块。王明玖对项目清零中存在的具体问题明确解决办法，对项目集中腾房拆除提出具体要求，强调要加大工作力度，加快工作进度，力争项目尽快清零腾地。（张　丽）

【黄浦区到雨花区交流学习】2018年11月16日，广州市黄埔区人民政府副区长黄建强一行到雨花区交流学习，现场考察潭阳洲片区征拆工作，座谈听取雨花区国有土地、集体土地征拆工作基本情况介绍，双方就推进征收工作进行交流和研讨，考察团希望两地继续加强交流，相互借鉴，共同推动两地征收工作迈上新台阶，取得新佳绩。区政府副调研员文洲、市国土局征地拆迁处处长付煜，区政府办、区征收办、区征地办、区国土分局、黎托街道等单位负责人陪同参加。（张　丽）

【资兴市考察雨花区城市建设工作】2018年4月20日，资兴市人民政府党组成员、副市长杨发一行，考察雨花区棚户区改造、城市综合体建设等工作。考察团一行实地察看雨花亭街道雅塘村社区棚改项目和长沙市鼓风机厂棚改项目，了解项目在依法和谐征收、项目推进等方面的经验做法。座谈听取区棚改办汇报全区棚改工作，双方就棚户区改造、住房保障、项目建设等方面工作进行交流和研讨。副区长王明玖，区政府副调研员刘广平，区政府办、区城乡建设、住保、城投、征收、棚改、国土等部门负责人参加座谈。（张　丽）

棚　改

【概况】长沙市雨花区棚户区改造工作办公室（简称“区棚改办”）为区政府办公室的全额拨款二级事业单位，核定事业编制5名。长沙润雨棚户区改造投资有限公司（简称“润雨棚改公司”）主要负责全区棚户区及旧城区改造工作。长沙市雨花棚改投资有限责任公司（简称“雨花棚改公司”）主要负责全区新一轮棚改项目的改造工作。

2018年，省下达雨花区棚改考核任务1236户，完成1236户，完成率100%；市下达的棚改考核任务2689户，完成2740户，完成率101.5%。获评长沙市内五区绩效考核一等单位，长沙市棚改先进单位。（陆红莲）

【工作实绩】2018年，雨花区定期召开全区征拆工作讲评会、区领导密集现场调度棚改项目，推动棚改征拆工作开展。推进新建项目征收签约。雅塘村小学项目、省机械化东四楼模拟征收项目、天心煤建项目100%完成签约，实现当年启动，当年签约清零。长仪地块项目9月28日发布征收五公告，签约116户，私房仅剩2户未签约。华云、小林子冲、衡器厂、华狮二期、雅塘村社区、长橡D地块项目实现腾地清零，长岭市政、劳动东路BCD地块等项目有序推进。提供项目实施保障，获得融资授信24.32亿元，到位资金9.73亿元，其中长沙鼓风机厂棚改项目5.41亿元，劳动东路配套部分0.72亿元，新启动的雅塘三地块、天心煤建、长仪地块、省机械化东四楼地块放款3.6亿元。长城信息、长钢项目完成国有土地使用权收回及成本结算上报。市规划局进行省话剧团项目前期方案文本设计，待通过后按新控规指标进行出让。梨子山、小林子冲、雅塘村社区项目的控规指标调整工作同步推进。湖橡晨兴家园和一汽颐兴家园两个棚改安置项目剩余房源向无力购买合适商品房的被征收户倾斜，从国资集团名下购买36套棚改安置房，从岳麓区调配诚兴园10套经济适用房用于棚改拆迁安置，促进项目征收签约。（陆红莲）

城市投融资开发

【概况】长沙市雨花区物业管理中心（简称“区物管中心”）、雨花城市建设投资集团有限公司（区城建投融资中心）实行“两块牌子、一套人马”的管理模式。内设办公室、人力资源部、党群纪检部、战略发展部、财务部、报建部、招标合约部、技术部、工程一部、工程二部、预结算部、综合协调部、物业管理部、分房办、资产运营部16个职能部门；下辖：长沙市雨花农业综合开发有限责任公司、长沙市雨博文化传播有限公司、长沙市三力置业有限责任公司、长沙市三力物业管理有限公司、长沙市雅塘新城建设投资有限公司、长沙市黎托新城建设开发有限责任公司、长沙市雨花城投报建咨询公司、长沙市雨花城市配套实施建设有限责任公司8个子公司；合伙企业1个：长沙长银雨花城投投资合伙企业（有限合伙）；合资公司1个：湖南绿地城花发展有限公司。2018年，工作人员109人，其中在编干部职工17人（其中领导职数7人）、退休4人、引进人才2人，政府雇员8人，招聘公司雇员78人；党员人数35人，其中在职党员31人（物业中心15人，城投集团16人），退休党员4人。办公地点设在长沙市雨花区圭香路瑞景苑4号栋。

2018年，区物业管理中心（区城建投融资中心）融资24.45亿元。完成农民保障房建设48.7万平方米；分房交房448套，安置人口572.25人，安置面积46383.55平方米；完成黎托、雨花亭、洞井和同升街道267人的回购安置，回购面积21240平方米，发放回购资金7862.5万元；销售保障住房车位314个，销售金额960万元。雅塘片区融资9亿元，投入12亿元。圭塘河生态景观区二期一标段全面竣工、二标段完工90%，三期工程全部完工。道路提质改造工程后的韶山路、芙蓉路、长沙大道进入维护管理期，香樟路（韶山路—万家丽路段）除电力下地工作施工外，其余部分已竣工验收。市民之家项目完成基坑旋挖桩及冠梁施工。长沙卷烟厂职工家属区“三供一业”物业维修改造项目选择庆海小区作为试点，完成设计方案评审。（李湘林）

【项目建设】 2018年，雨花城市建设投资集团有限公司投入资金约670万元，承建的保障房项目桃花苑二期（建筑面积9.9万平方米）竣工，进入分房交房阶段。川河苑（建筑面积38.8万平方米）完成建设。中城苑项目（建筑面积36.4万平方米）2号基坑全部封顶，1号、3号基坑顺利推进。园博家园、东升家园、27号地限价商品房的前期立项、可研、方案设计工作全部完成。完成自行车道织网改造30.2千米，新建自行车道20千米。配合区停车办开展全区停车场建设工作，完成配建停车场21处，泊位4244个，完成率117.56%；建设公共停车场15处，泊位3062个，完成率为127.58%；圭塘河立体停车场（463个泊位）完成立项、可研、地勘、设计方案报审等前期工作。（李湘林）

【融资工作】 2018年，雨花城市建设投资集团有限公司加强与金融机构的对接，进一步拓宽融资渠道，融资24.45亿元（含绿地城花0.95亿元），其中发行公司债券15亿元、银行贷款9.45亿元，主要用于项目建设和本息偿付。11月28日，获得中国银行间市场交易商协会10亿元PPN批文。（李湘林）

【资产运营】 2018年，雨花区物业管理中心加大物业招租力度，盘活空置资产，确保国有资产保值增值。公司资产经营收入2840万元、物业租赁及管理收入1300万元。销售保障住房车位314个，销售金额960万元。充分利用圭塘河生态景观区的生态优势、区位优势，完善悠游小镇项目商业配套，提升自身品牌价值，悠游小镇多渠道招商补位，开业率提升至90%以上，人流量较开业初期提升近300%。利用财税政策，明确保障住房为“经济适用房”，获得税费减免按照涉地面积、土地持有时间和税费标准计算，节约土地使用税6000万余元。推进保障住房城市基础设施配套费返还工作，与市财政、国土、规划、非税等部门沟通对接，康景园项目汇缴至市财政局的城市基础设施配套费2046.89万元返还区财政1753.46万元。与区政府、相关街道及村集体多方沟通与协商，莲景苑、黎雅苑所欠购房款1138万元足额收缴到账。（李湘林）

【安居工程】 2018年，雨花区物业管理中心完成完成井塘苑、莲景苑和月雅苑3个项目6批次的分房交房工作，分房交房448套，安置人口572.25人，安置面积46383.55平方米。完成申报且拨付到账回购补贴资金800.7万元，完成黎托、雨花亭、洞井和同升街道267人的回购安置需求，回购面积21240平方米，发放回购资金7862.5万元。投入1000万余元，对黎锦苑东片区、黎雅苑、莲景苑、瑞景苑、桃花苑一期5个保障住房小区实施绿化提质改造，打造高质量居住环境。（李湘林）

【土地报建】 2018年，雨花城市建设投资集团有限公司围绕项目建设计划，加大与规划、国土、街道等相关部门的协调配合，完成城投14号、26号、27号地的拆迁腾地约19公顷（285亩）；协调跟进城投4号、11号、22号、107号地的拆迁进度；完成保障住房月雅苑、桃花苑、莲景苑等项目的规划实测报告，市民之家总图，园博家园、东升家园可研以及方案评审会，雅塘片区地块调规等项目的前期报建手续；完成黎雅苑、太和园、黎锦苑、桃花苑、莲景苑物业配套用房性质变更和部分保障住房的非税验收等相关工作；完成城投7号、9号地的挂牌出让，完成城投12号、26号、27号地挂牌出让的前期准备资料；完成中城苑、市民之家项目的土地红线，确保项目的实施。（李湘林）

2018年11月23日，区城建投进行素质拓展训练（杨丽桦／摄）

【圭塘河流域综合治理】 圭塘河生态景观区位于圭塘河中游，占地近千亩，绿化面积50万平方米，是圭塘河流域重要的生态走廊，是雨花区重要的“城市绿肺”和大型生态公园。2018年，雨花区继续推进圭塘河流域综合治理项目，充分融合“海绵城市和城市双修”理念，二期一标段全面竣工、二标段完成90%；三期工程全部完工。生态景观区整体效果凸显，城市景观美轮美奂，成为周边市民休闲旅游的首选地。 （李湘林）

规划管理

【概况】 长沙市城乡规划局雨花区分局（简称“区规划分局”）为正科级垂直管理单位，核定定编制13名。内设办公室、规划审批室、规划监察室3个职能科室，下辖规划监察执法大队。2018年，有工作人员19人，其中正式在编10人，区规划分局聘用人员6人，市政府雇员1人，区政府雇员2人；中共党员11人，民主党派1人。硕士3人，大学本科10人，大学专科2人，中专2人。国家注册房地产估价师1名，注册规划师1名。

2018年，区规划分局建立和健全各项规章制度，将39项具体工作分解到人，明确责任领导和经办人员；召开分局例会45次，共同研究规划编制、批后管理、临建审查、拆违鉴违、信访安全、廉政建设等日常工作，形成会议纪要，上传至一站式平台，接受大家监督；加强“学习型”机关建设，订阅《规划师》《建筑师》等各类专业书籍。办理来文780件，办理发文311件，办理会议470个，办理人大建议12件，政协提案10件。获2018年度市规划局绩效考核先进单位，区绩效考核先进单位等称号。 （黄文博）

【规划编制】 2018年，雨花区落实《长沙市城市总体规划（2020—2035年）编制改革工作方案》要求，成立由区长统筹主导，各部门联动协作，设计单位负责技术支撑的工作领导小组，通过召开区委常委会、区长办公会、区人大、区政协意见征求会以及各职能部门专题座谈会等，完成《雨花区发展规划大纲》编制工作。加强顶层设计，推进完善规划成果、改善表达方式、明确建设时序，顺利通过《雨花区城乡建设四年行动计划》《雨花区控制性详细规划实施评估》的招投标工作，完成编制成果。推动“多规合一”“城市设计”“城市双修”等专项工作，践行“精明增长”“紧凑城市”“海绵城市”发展新理念，统筹推进红星片区城市双修、圭塘河流域海绵城市建设、南部新城战略定位、跳马绿心地区全域旅游以及浏阳河曙光垸大堤加固提标、风光带的建设、金屏特色小镇的打造等；推动低效片区、城中村、棚户区的腾笼换鸟、二次开发，加快实现布局优化、产业转型、环境改善，促进雨花发展有质量、城市更宜居。全力助推“一圈两场三道”建设工作，按照“一社区一规划”的原则，制定《雨花区“一圈两场三道”两年行动计划》。选派专人抽调到南部片区指挥部工作，结合跳马镇总规、暮云东、西、南片控规以及修编的雨花环保工业园东、西片、天心环保工业园片控规，开展土地利用、产业布局、综合交通、重点项目等规划设计，严格落实上位规划、为南部片区控规全覆盖和控规提升发挥引导性作用；明确跳马全域旅游的规划定位和发展思路；贯彻落实“多规合一”要求，整合主体功能区、土地利用、环境保护、林地与耕地保护、水资源、生态旅游资源等规划，争取实现“一个规划一张图”，为南部片区发展出谋划策。 （黄文博）

【规划审批】 2018年，区规划分局受理报建38次，核发建设工程规划许可证16本，面积37550.51平方米，其中农民安置房1本，面积12844.1平方米，临时建设15本，面积24706.41平方米）；核发跳马镇农民建房乡村规划许可证287本、面积66336平方米。无越权审批行为，案卷正点率、合格率达100%。出台《长沙市雨花区既有多层住宅增设电梯实施方案》，进一步明确区级各有关职能部门的职责分工和保障措施；组织召开既有多层住宅增设电梯相关工作协调会，稳步推进老旧小区加装电梯办理程序。按照简化、便民的原则，既有住宅增设电梯采取“一窗受理，并联审批”的方式，在区住房城乡建设部门设立专门窗口一窗受理，区住房城乡建设、规划、质监、消防等部门运用并联审批、信息共享的方法优化流程，方便群众。服务跳马镇村民建房的规划审批工作，多次派专员赴跳马镇，通过现场办公的方式，集中对农民建房申报资料进行初审，并多次联合雨花区国土局和跳马镇人民政府进行用地选址和放线定位现场查验。 （黄文博）

【规划执法】 2018年，区规划分局接管批后管理项目数65个、受理批后管理案卷165卷，现场放线89次，正负零复验36处，竣工核实项目工程93处，建设跟踪检查56次，竣工测量89次，现场公示132次，下达《责令停止建设通知书》12份，移送区城管部门案件23件，完成第十七期、第十八期、第十九期卫星图斑的核查工作，核查卫星图斑2728处（其中第十七期1079处、第十八期919处、第十九期730处），处理信访403件（其中包括省网上平台信访9起、市局转办信访件13起、12345工单件299起、市长信箱8起、区长信箱20起、网络问政11起、来信来文11起、信息公开8起、电话信访24起），完成专业技术鉴定195起，鉴定违法建筑面积46.01万平方米。 （黄文博）

【规划服务】 2018年，区规划分局通过社区提质改造、启动公园建设、清退绿心地区工业企业、清理整治中小学和幼儿园、研究长风文化创业产业园等专项服务，为区委、区政府及建设单位出谋划策。针对雨花区辖区内规划布局的34个110千伏以上变电站，含原规划已控17个，规划新增17个，按照“布得准、落得下、送的出”的工作要求，通过前期实地查勘，召开电力设施布局规划调度会，充分听取各街道和相关部门的意见，确保变电站选址工作得以落实。邀请市规划局领导现场办公2次，为民办实事、解难题，确保全区重点工程基础配套设施和民生项目顺利推进；4次邀请编制处、信息中心和勘测院编制中心的技术骨干，指导雨花区“一圈两场三道”的规划设计；9次邀请建四处、重点处、执法支队负责人解决雨花区名都花园、美林景园的信访问题；3次邀请建五处、总工室负责人现场调研、深入村组，为大桥村、天华村、花桥村、友谊村等城中村改造项目和城市有机更新出谋献策。（黄文博）

【《雨花区规划发展大纲（初步方案）》出炉】 2018年1月30日，长沙市城乡规划局雨花区分局牵头雨花区16个相关职能部门组织召开《雨花区规划发展大纲（初步方案）》（以下简称“《大纲》”）专题研讨会，配合《长沙市城市总体规划（2017—2035）》的编制。《大纲》围绕雨花区“中部交通枢纽开放门户”“中部现代服务经济中心”“国家人工智能集聚新区”“最美两型生态幸福家园”的精准战略定位，规划形成“一廊三带、三心六区”的空间发展结构，并就涉及本次总规编制的8项具体问题，提出17项待解决诉求及修改意见。2035年，雨花区有望打造成为“中部绿色人文智慧现代城区标杆”。《大纲》在人口规模和用地方面进行详细调研，对雨花区未来17年人口发展趋势进行科学分析，确定规划建设用地规模；《大纲》围绕“以人为本”的生态理念，优化内部生态廊道，构建连续山水格局，以湘江与绿心构建的山水生态廊道为依托，打造大型生态文化公园簇群；保护圭塘河水系连续，以圭塘河城市双修示范点为标准建设；将浏阳河支流水系——新桥河水系纳入规划进行保护；建议将省植物园在总规中的性质调整为城市公园，免费向市民开放，恢复省植物园周边的绿地，重新打造植物园南大门和西大门，通过公共空间的衔接将自然山水引入到城市当中。《大纲》建议京广铁路下穿，释放城区地面空间；将汽车南站按照省级综合交通枢纽进行规划升级；建议7号轨道交通在汽车南站与红星市场站之间新增1处站。拟对跳马范围内的500千伏变电站移出集中建设区；统筹推进高铁会展新城开发建设，着力推进雨花经开区产业聚集以及加速推进跳马全域旅游开发建设，重点就红星片区、雅塘片区、跳马镇以及电子商务物流园提出发展构想，为总规编制提供参考依据。（黄文博）

【助推“一圈两场三道”建设工作】 2018年，长沙市城乡规划局雨花区分局派专员分三个工作小组，协助湖南大学设计团队深入区内各街道、社区进行实地调研，以填写调查表格的形式，清查摸底现有街道、社区内各项公共设施现状、存在问题及发展意向。通过市政府常务会议、区长调研、区属各职能部门专题座谈、征求街道及社区意见、项目反馈落实责任等多个过程，雨花区形成“一圈两场三道”两年行动计划初稿。计划两年内新建停车场37座（含老旧社区改造项目4个）；新建农贸市场8处、原址提质改造22处；新建人行道17处、改建46处；新建自行车12处、改建4处，并以曲塘社区、嘉园社区为试点，逐步推进计划落实。明确责任与分工，构建由区政府—部门（街道）—社区所形成的3级责任体系，将目标、任务逐一落实到责任单位，做到项目落实可监测、可考核，确保计划稳步实施。（黄文博）

2018年1月30日《雨花区发展规划大纲》研讨会（黄文博／摄）

【规划公示工作制度】 2018年5月以来，长沙市城乡规划局雨花区分局探索创新，全面落实规划公示工作制度，狠抓关键环节履职，构筑全方位、多形式、一体化的规划公示管理服务体系，通过自我加压的“三多”工作法，维护公众权益，倾力打造“阳光规划”新形象。雨花区规划分局组建雨花区规划公示工作交流微信群，邀请长沙市城乡规划局相关处室、长沙市规划监察执法支队、雨花区各街道办事处的相关领导和工作人员32人入群。分局执法大队大队长与副大队长分头带队，严格执行每项公示以照片、文字形式，在群内实时报告公示内容、粘贴地点、参与人员等信息，确保规划公示工作在行政管理层面全面公开，接受各级监管。深入执行规划公示进社区制度，要求每项公示必须通知到社区；严格按照综合现场人流情况以及征求社区工作人员意见的方式，确定粘贴地点。不管是几张图纸还是几十张图纸，均根据实际情况在施工现场各人流可达方位、社区、物业公司、售楼部等显著位置进行选贴，平均每项公示粘贴点3处。主动面对复杂项目中的维权群众，让矛盾纠纷在审批前提前暴露，充分保障当事人和利害关系人的合法权益。对于打电话咨询的群众，耐心解答，一次性告知其维权或提交意见的途径；对于亲身前来访问的群众，热情接待，仔细确认反馈意见是否留有联系方式、是否申请听证、是否有其他诉求等易忽视的信息；对于对公示内容有疑惑的群众，多管齐下，通过委托社区工作人员沟通、结合法律法规一对一讲解、连同执法支队和建审四处召开协调会等方式，消除群众对日照、间距、高度、配套等热点问题的疑虑。雨花区规划分局经办规划公示项目32个，其中8个项目收到群众及相邻单位的反馈意见，直接在公示现场收到反馈意见的4个，准备召开或已经召开听证会的项目有6个。（黄文博）

【违规加层自行拆除】 绿地新都会项目12栋用房规划审批层数为2层，建筑面积606平方米。建设单位未经规划行政主管部门批准擅自在12栋二层的基础上局部加建第三层，增加建筑面积约170平方米，并完成梁板柱及屋面结构的施工。雨花区规划监察执法大队在检查中发现后，于2018年3月7日对其下达《责令限期改正通知书》；3月26日对其拒不停工情况下达《责令停止建设通知书》，责令其停止违法建设并拆除违规加建部分。5月3日向建设单位下达《行政处罚立案通知书》，要求其依据《长沙市城乡规划局行政处罚程序规定》，按要求尽快提交行政处罚立案资料。7月19日，该违规加建部分完全拆除。（黄文博）

国土资源

【概况】 长沙市国土资源局雨花区分局（简称“区国土分局”）为市垂直管理单位，承办雨花区农用地转用、征收、征用、使用的前期工作和国有土地划拨、使用的前期工作，组织辖区内拆迁补偿具体实施工作；开展国土资源动态巡查，做好国土资源跟踪管理、地质灾害防治，负责辖区内土地、矿产违法案件的查处；承办农民建房和居民房原宅基地的改、扩建，临时用地报批等工作；编报区域内土地利用年度计划，负责基本农田保护区划定和基本农田保护管理工作等工作。内设办公室、监察室、财务科、信访科、用地科、地籍科、征地拆迁科，下辖执法大队、征地拆迁事务所及中心、黎托、洞井和跳马4个管理所。2018年，全局在职在编干职工46人；退休人员17人；聘用人员62人。党员57人。办公地点设雨花区香莲路69号。

2018年，区国土分局贯彻落实省、市国土资源工作会议精神，坚持服务区域经济社会发展，保发展与保资源、积极主动服务与严格规范管理有机结合，狠抓各项工作目标任务的落实，向复议受理机关提交《行政复议答复书》6件，出庭应诉及参与限期腾地听证19次；收到来信24封，接收中央第八巡视组交办10件，国务院大督查交办87件，“四大攻坚”活动交办17件，省委第四巡视组交办8批21件，所有事项都圆满办结，有效提高国土资源执法公信度和规范化水平。充分利用地球日、土地日等重要纪念日，多渠道、多方式宣传国土资源法律法规。加强政务信息工作，及时向省厅、市局、区“两办”报送政务信息。开展文明创建活动，申报创建省级文明单位，在大桥和浦沅社区开展文明劝导活动。突出党团、工会组织的引领作用，开展了趣味运动会、千里健走、大合唱、工间操等深受干职工喜爱的活动，切实增强干部队伍凝聚力、向心力。获得区绩效考核先进单位，市局绩效考核先进单位等双优成绩。（周永平）

【保障用地】 2018年，区国土分局坚持为产业服务、为民生服务、为发展服务，保障发展用地。对全年准备实施的重点工程、基础设施及重点产业项目提前拟定用地计划，及时上报，确保项目建设依法用地。开展重点项目挂牌出让前期准备、区级上会等工作，立项审查22个，发布拟征地告知书30个，征地面积38.5766公顷，其中占用耕地11.0476公顷。严格按规定开展临时用地的审批工作，进一步规范临时用的审批程序，将每宗临时用地提交区国土规划领导小组会议讨论决定，做到临时用地审批无差错，审批东晨土石方工程有限公司和磊达土石方工程有限公司卸土场、湖南千州路桥有限公司临时用地手续，有效保障项目发展用地。（周永平）

【征地拆迁】 2018年，雨花区依法依规依程序推进征地拆迁工作。全年审批征地项目22个，发布《征收土地方案公告》19个，完成《征收土地方案通告》报批项目10个，发布《征地补偿安置方案征求意见公告》17个，发布《征地补偿安置方案实施公告》14个，上报省人民政府审批农用地转用、土地征收等方案34个。铺排集体土地项目64个，涉拆合法房屋1036栋，涉及征地面积350.87公顷（5263亩），拆除合法房屋469栋，完成17个项目拆除清零。其中，涉及省市区重点征拆项目35个，实现拆除合法房屋256栋，完成侯家冲路（红旗路—杨子路）、红旗路立交桥（湘府路口）、黎托南路、雅塘冲路、地铁五号线变电站、白田变电站等12个项目的拆除清零。白田变电站项目作为电力攻坚重点项目，区街社区强力调度，采取集中签约模式，12栋合法房屋实现5天签约清零，一个月内实现拆除清零，创下雨花新速度。（周永平）

【土地执法】 2018年，雨花区开展土地巡查636次，发现违法行为89起，当场制止70起。对已关闭矿山进行定

2018年10月26日，长沙市不动产登记中心雨花区中心挂牌运行（周永平/摄）

点定期巡查，切实做到对各类土地违法行为的早发现、早报告、早制止。抓好土地违法违规问题整改，对2016年、2017年、2018年武汉督察局督察反馈整改不到位的85个卫片图斑进行整改，区国土分局严格按照“一宗一策”要求，落实整改，整改到位宗数比、面积比达到要求，维护全区用地秩序。突出案件查处，提升打击违法用地的震慑力。向区公安分局移送四马冲片石场、圭塘河引水工程、长沙锦佳环保科技有限公司、涛睿门窗厂4起严重违法案件；向区人民检察院报备近两年国土资源违法行为涉嫌触犯刑法相关规定的7宗案件（线索）。（周永平）

【闲置土地处置】 2017年武汉督察局认定的雨花区10宗，处置到位宗数比为90%，面积比为95.45%。2018年认定历年来闲置土地雨花区55宗，处置到位19宗，面积比45.55%，顺利通过武汉督察局闲置土地督查。市对区绩效考核明确的25宗闲置地，处置到位21宗，处置到位宗数比为84%，面积比为93.25%，均已超过80%。（周永平）

【耕地保护】 2018年，雨花区制定《雨花区人民政府耕地保护责任目标考核实施细则》，将耕地保护纳入到区绩效考核中，充分调动各级保护耕地的积极性。按照统一规范文本，签订区—镇一级以及镇—村一级《耕地保护责任书》；跳马镇14个村签订镇—村一级的《基本农田保护责任书》，确定雨花区耕地保有量不少于3866公顷，永久基本农田保护面积保持不少于3505公顷的保护目标。为有效解决守红线和促发展之间的矛盾，对全区耕地指标库实施常态化管理，积极主动开展耕地指标来源网上竞拍、协议购买工作，与洪江市对接协议购买30.73公顷（461亩）建设用地增减挂钩节余指标；按期完成历年来32个项目74.79公顷的旱改水承诺兑现，有效保障各项目耕地指标手续办理工作的顺利开展。（周永平）

【雨花区不动产登记中心揭牌】 2018年10月26日，长沙市国土资源局雨花区不动产登记窗口挂牌启动运行，窗口受理集体土地所有权登记、集体建设用地使用权及建（构）筑物所有权登记、宅基地使用权及房屋所有权登记3项业务。市国土资源局副局长舒桂秋、区人民政府副区长王明玖为不动产中心揭牌。当日，为申请对象颁发长沙市首本集体土地不动产登记权证。（周永平）

【法治宣传活动】 2018年5月28日，长沙市国土资源局雨花区分局在大桥社区设置宣传点，现场宣传讲解国土资源管理法律法规、安全生产、信访条例等相关知识，发放《农村土地确权登记发证常识手册》《生态文明知识手册》，提高群众对自然资源的认知程度和责任意识，号召更多的群众积极参与保护耕地、保护环境的行动，共同守护美丽家园。（周永平）

住房保障

【概况】 长沙市雨花区住房保障局（简称“区住保局”）为区政府直属事业单位，主要负责贯彻落实住房保障工作政策、法规，全区住房保障发展规划、建设计划，辖区内保障性住房建设的协调工作，管理和分配全区保障性住房，负责全区经济适用房货补凭证及资格单的审核，全区廉租房租赁补贴和实物配租的审核，全区棚改安置补贴和VIP购房奖励的审核，全区公共租赁住房的筹集和审核，区属单位住房货币化补贴的申报和审核等，协助做好保障性住房的物业管理。内设办公室、计财科、安居办、登记审批科、住房管理科5个职能科室。核定编制17名。2018年，全体在职干部职工数23人，其中雇员7人；局内设2个党支部，共有党员24人，在职党员14人，退休党员10人。办公地点设在区治大院综合楼B座一、二层。

2018年，区住保局建设任务全面落实，粟塘小区第六期项目、万家园项目投入使用；第一批限价商品房牛头村棚改安置项目计划建设房源460套，项目主体建设完工，进入定价程序；两个老旧公租房小区提质改造竣工。深化“最多跑一次”改革，审批全面提效提速。15万棚改安置补贴审批新增187户，累计保障5090户。累计支持解决征收个案99户，为推进征拆项目清零提供强有力保障。完成职工住房补贴第一批次176家5690人以及原未申报、漏报补报职工的住房补贴发放工作，累计发放金额6500万余元；完成2013年之前已下发批复未发放补贴的职工资料核查落实以及发放工作。解决“夹心层”人员住房困难问题，在优先保障符合条件的特殊困难家庭条件下，将“青年教师、公交司机、企业困难员工”纳入保障体系，为区教育局临聘教师、龙骧巴士公交司机、比亚迪无房员工定向配租606套房源。开展公租房摇号选房工作，现场特邀请区纪委、区新媒体中心以及保障对象代表进行三方监督，保障阳光选房。对全区5个公租房小区2445户持续开展上户清查工作，联合多部门、物业公司、居民自治委员会采取常态式逐户走访，清理腾退违规对象54户，收缴租金277.75万元。截至2018年底，雨花区保障性住房已建有5个公租房小区7970套，分配区政府产权756套，企业自建50套，超额完成配住任务，入住率100%，列全市第一。（彭菊芬）

【保障性住房项目建设】 2018年，雨花区保障性住房建设结转项目按计划投入使用。其中粟塘小区项目建设公租房8栋1512套，建筑面积8万平方米；万家园项目建设公租房4栋1500套。鄱阳小区及天凯东苑小区两个老旧公租房小区提质改造竣工，解决了住房漏水、道路不平整、基础设施落后等方面的问题。（彭菊芬）

【住房保障审批】 2018年，雨花区公共租赁住房实物配租新增339户，累计保障4010户；经济适用住房实物安置58户；廉租房租赁补贴新增4户，累计保障1536户；经济适用房货币补贴（5万元、8万元）新增审批27户，累计保障6913户。雨花区国有土地货币安置被征收户购房VIP奖励新增审批470户发放2331万元，累计审批

2018 年 11 月 15 日，区住房保障局督察牛头保障房　（彭菊芬 / 摄）

4146户发放金额2.0662亿元。（彭菊芬）

【保障性住房管理】 2018年，区住房保障局将历年取消资格未腾退200户情况全部摸清后，确定劝退一批、引导一批、强腾一批的工作策略，清理腾退违规对象54户。采取外围宣传教育结合上门工作上门服务的方式，催缴2018年前所欠租金3.2万元。集中整治凤凰苑凤凰佳园小区因紧靠南雅中学出现的违规转租转借现象，将多起转租现象及转租苗头及时纠正扼杀，对发现转租的住户做工作要求及时腾退，承诺不再违规，对辖区内公租房安全巡查2500人次，实施房屋维修38处，组织消防培训及演练4次，收缴公租房租金277.75万元。（彭菊芬）

【干部职工住房货币补贴】 2018年，雨花区完成职工住房补贴第一批次176家5690人以及原未申报、漏报补报职工的住房补贴发放工作，累计发放金额6500万元；完成2013年之前已下发批复未发放补贴的职工资料核查落实及发放工作，全区职工住房补贴工作完成率100%。（彭菊芬）

【公租房属地管理工作调研】 2018年3月22日，为落实《长沙市住房保障服务局关于明确公租房后续管理调研任务的通知》，雨花区住房保障局到粟塘小区，调研探讨公租房属地管理问题。同升街道、新聚园社区相关负责人详细介绍粟塘小区推进属地管理的现状及可行性、过程中遇到的实际困难，提出相应的措施，呼吁各级政府加强对属地管理公租房小区社区人员力量及资金的各方面配备，确保公租房小区有人管、属地管理部门有能力管。调研组指出，粟塘小区租户大多是弱势群体，他们对社会保障、社会救助、就业培训、医疗养老等公共服务的需求更加迫切，无论如何加大扶持都不为过，要进一步明晰公租房管理的责、权、利，明确对公租房小区的政策倾斜，加大对公租房管理的人财物的投入。（彭菊芬）

【首批公租房摇号选房】 2018年3月28日，雨花区首批公租房摇号选房工作启动。本次摇号选房活动分28日、29日两天进行，全区113户保障对象参与328套公租房源摇号分配，分配对象为雨花区申请公租房并通过资格审批，符合非定向公租房保障条件的保障对象。摇号选房系统在30秒内随机产生3套备选房号，分配对象选定其中1套房号，并进行现场登记确认。若未选择房源，将视为放弃选房，一年内不能再次选房。分配房源为雨花区全市最大公租房小区——粟塘小区新建房源21栋、25栋、27栋共328套，面积从40平方米到60平方米不等。租房价格实行阶梯保障制度，月收入低于1893元申请户，月租金1元/平方米，月收入低于2524元高于1893元申请户，公租房月租金6元/平方米。区住保局副局长刘真烝表示，在公租房分配上力求做到公开透明，另一方面将通过实行网格属地管理、引导租户自治、引入外包服务等举措，全面强化公租房后续管理，积极打造公租房分配管理“雨花样本”。（彭菊芬）

【公租房保障对象年审】 2018，雨花区住房保障局持续开展长达2个多月公租房保障对象动态管理审核工作，对雨花区在册2272户3825人公租房保障对象的家庭人口、住房、收入、是否购车等情况进行资格复查。经审核符合条件的继续予以公租房保障，不符合的将按政策要求取消其公租房保障资格，确保公租房保障实现公平保障。截至2018年12月12日，发现家庭人均收入超标45户，已购房34户，已购车4户，申请人或家庭成员死亡15户，申请人户口迁出1户。核查廉租房租赁补贴在保对象268户，承租直管公房5户，有房产的26户，有车辆信息的26户。（彭菊芬）

【公租房转租转借专项整治行动】 2018年11月21日，雨花区住房保障局联合街道、社区及公安、城管、环保等部门以天凯东苑公租房小区为起点站，开始为期一个多月的公租房转租转借专项整治行动，重点整治涉及公租房转租转借、改变用途如开麻将馆、面馆等、闲置6个月以上违规行为以及因购房、死亡取消资格未腾退行为。清理发现4户购车、4户购房、16户死亡、3户转租、1户疑似转借违规行为。（彭菊芬）

【区领导调研公租房项目】 2018年6月5日，雨花区人民政府副区长王明玖带队调研雨花区公租房项目，区住房保障局、东山街道、洞井街道、同升街道及相关社区负责人参与调研。王明玖实地察看凤凰苑、粟塘等公租房小区以及在建万家园项目，沿路听取相关建设与管理工作汇报。王明玖要求，高度重视住房保障工作，坚持在发展中改善民生。要加大资金投入，社区、街道、部门要重视对公租房小区进行资金倾斜，共同提升各公租房小区管理水平；要理顺管理机制，针对租住人员来源结构复杂问题，要加强与市局协调对接，尽快理顺市与区、各区相关部门之间的权责；要重视租户反馈。针对公租房小区存在水压不强等维修反馈，王明玖现场交办相关社区，要求尽快解决到位。（彭菊芬）

【垃圾堆放集中清理整治行动】 2018年7月13日，雨花区住房保障局联合同升街道新聚园社区、派出所、城管、环卫及小区物业，对粟塘小区15栋1209室住户闵先生垃圾堆放问题进行集中清理整治。工作人员细致耐心劝解，安抚住户稳定情绪，并为住户安排工作，致力解决住户实际困难。由20余人组成的清理小分队对楼栋内堆放的垃圾进行全面清理和整顿，清理出楼栋垃圾8车，其中存在大量长期难以清除的垃圾。（彭菊芬）

【粟塘小区综合整治会议】 2018年10月8日，长沙市住房保障服务局、雨花区住房保障局、同升街道等多部门在粟塘小区召开综合整治会议。粟塘小区已入住4000余户，大多数为低收入居民，其中低保户800余户，三无人员16人，居民人口主要来自天心、开福、芙蓉、雨花区，人口结构复杂，管理难度相对较大。为全面整治小区违法行为，建立管理秩序，实现小区零发案、零安全事故、零上访目标，雨花区住房保障局、同升街道将联合公安部门、城管部门持续开展集中整治行动。重点对公租房用途经营麻将馆的行为进行排查建档，对违法违约行为进行批评教育，对于涉嫌赌博的依法予以取缔，加强对小区违章搭建、乱堆乱放、店外经营、流动摊档等不文明行为予以整治。（彭菊芬）

【香港住房署考察团实地学习调研】 2018年10月24日，香港住房署考察团实地参观调研雨花区凤凰佳园小区，香港住房署考察人员参观保障房家庭，了解凤凰佳园小区的特色特点，以及配套设施，周边环境。香港住房署考察团向雨花区住房管理人员介绍香港地区公租房的运营和管理现状，为雨花区保障房管理提供经验。（詹冰）

【315名教师拎包入住公租房】 2018年11月15日，雨花区315名教师入住公租房仪式在新湘小学举行，长沙市教育局党委委员、工会主席陈仕强，长沙市住房保障局党组成员苏自立、雨花区人民政府副区长刘江红，以及相关职能部门负责人，公租房相关学校校长、工会主席及入住教师代表出席入住仪式。仪式由雨花区教育局党委书记、局长张新卫主持。雨花区为区教育局定向配租公租房294套，为全区符合条件的无房教职工解决安居问题。第一批入住教师315人，个人入住218人，家庭入住97户，分别来自区属50余所中小学校。每位入住老师月缴213元，就可和另一位老师一同入住一套71平方米的公寓。

（彭菊芬）

城市管理

行政管理

【概况】 雨花区城市管理和行政执法局（简称"区城管执法局）主管全区城市管理工作，内设办公室、计财科、基础设施科、市容科、基层指导科、政工科、行政审批科、渣土办、拆控违科9个职能科室，下有全额拨款二级事业单位长沙市雨花区数字化城市管理指挥协调中心和雨花区城市管理综合执法大队。核定行政编制15名，领导职数6名，事业编12名。2018年，在职干部职工数25人，其中行政编制13人，事业编制10名；乡科级领导6人，副主任科员1人，科员18人；引进人才1人，雇员5人，退休10人。局党支部党员30人，其中在职党员24人，退休党员6人。办公地点设在雨花区人民政府二办。

2018年，区城管执法局紧紧围绕"三个雨花"建设目标，认真贯彻落实中央、省、市、区各项工作部署，团结奋进、夯实基层基础，开拓创新，转变管理与服务方式，攻坚克难，在"蓝天保卫战"、中央环保督察、文明创建、项目建设、拆违控违、生活垃圾分类试点等重点工作中主动担当、尽责履职，取得新成效。（王海涛）

【项目建设】 2018年，雨花区启动建设项目27个。完成洞井街道新城社区、井湾子街道融城苑社区、东塘街道芙蓉南路社区、砂子塘街道砂子塘社区和桔园社区、左家塘街道红花坡社区、圭塘街道大塘社区、同升街道景环社区、雨花亭街道新星社区、跳马镇金屏社区10个老旧社区提质，立面改造房屋近30栋，油漆粉饰粉刷2.5万平方米，屋面防水改造近10万平方米，排水管网改造1.3万米，道路"白改黑"近20万平方米，增设停车位近千个、休闲座椅80余套、便民晾衣架400余处、路灯近300盏，彻底解决老旧社区脏、乱、差问题，构建水畅、路平、灯亮、绿美的新环境。完成红花坡社区、七里庙社区、新星社区、三湘社区、枫树岸片区5个都市园艺社区建设，对社区内公园、空地等进行绿化、景观提质，引入都市园艺等元素，打造宜居社区环境。推进"三道"建设，改建人行道99.32千米、新建人行道19.23千米、改建自行车道48.7千米、新建自行车道9.1千米，1.7千米文化步道基本完工。（王海涛）

【专项整治】 2018年，雨花区以"蓝天保卫战"、中央环保督察"回头看"、省级环保督察为抓手，以市容秩序、油烟污染、渣土扬尘、餐厨垃圾、违法建设、早夜市为主要内容，以人民路、劳动路、韶山路、芙蓉路、万家丽路等主要路段，高铁南站、汽车南站过渡站、东塘商圈、农贸市场等重要区域为重点开展常态化执法整治。全力配合做好"两节两会"、湖南糖酒会、大气污染防治特护期、第二十六届农交会暨第二十届农博会、全球农业南南合作高层论坛等重大活动期间的执法保障工作。受理、处置市数字化平台下派案件约13万条，对主次干道、重要路口开展视频巡查，处置监控采集有效立案3173条、专业巡查队伍采集立案约4.8万条。办理行政处罚案件约1.25万起，罚款约880.5万元，其中办理市容乱象类案件约1.1万起罚款157.8万元，违章建筑类案件5起罚款417.7万元，渣土类案件754起罚款224.7万元，环保噪音类案件107起罚款41.95万元，焚烧垃圾类案件106起罚款17.35万元，餐厨类案件173起罚款14.72万元，露天烧烤类案件30起罚款2万元，油烟类案件5起罚款3.5万元，户外广告类案件52起罚款1.85万元。其中，对跳马某村民开出特护期首张焚烧秸秆个人罚单，对明昇壹城焚烧垃圾行为罚款10万元成为全市首笔最严罚单，明昇壹城执法被各大媒体报道。（王海涛）

【控违拆违】 2018年，雨花区保持拆违控违高压态势，坚持以违法建设"零增长"、违章建筑基本清零为目标，严格管控违法建设，加大对跳马、同升等重点区域，别墅区、洋房、农安小区等住宅小区巡查力度。下发督办函227份，拆除违法建设451处18.3万平方米；处置"12345"市民热线等违建交办28件，依法处置规划图斑、国土图斑82处，完成中央巡视组交办件5件。（王海涛）

【城市网格化管理工作】 2018年，雨花区制定《关于进一步提升城管环保网格化管理的实施意见》，以城管网格化智能平台为框架，结合环保管理需要，全面整合城管、环保网格资源，实现城管环保一体化，打造城管环保网格化升级版。建立完善网格管理体系，明确城管53类立结案标准、环保50类立结案标准，将全区调整为158个大网格、453个网格单元，实现全覆盖。将网格员队伍划分为专职网格员、执法网格员、兼职网格员、志愿者网格员，实行分类管理。添购2台设备，完成软件升级优化，提高系统稳定性和可靠性。在社区及车站、市场、公园等处公布微信公众号，实现居民群众一键投诉，受理市民微信投诉787条。查处各类城管环保问题约34万个。

（王海涛）

【生活垃圾分类管理】 2018年，雨花区制定《雨花区生活垃圾分类制度实施方案》等文件，指导53个社区进行生活垃圾分类试点，率先全市研究制订创建标准、明确宣传规范、开展全区培训与现场观摩、下拨试点经费。开展主题宣教活动350余场，街道、社区自发编排“垃圾分类进万家”快板、“变废为宝服装秀”、垃圾分类情景剧、环保运动会等特色节目，提升宣教效果。投放四分类垃圾容器2470个，设置大件垃圾和装修垃圾暂存点72处、垃圾分类小屋33个，打造枫树山、麻塘桥、井旺社区、鑫华等10个示范社区，试点覆盖面32.5%，覆盖44万余人。建成装修建筑垃圾项目并完成技改升级，分类处置装修（建筑）垃圾3000余吨。处理园林绿化垃圾7900吨，树枝树叶类、可腐类垃圾回收利用4637吨。建成黎托农贸市场果蔬垃圾处置项目，日均处理能力500千克，基本实现果蔬垃圾就地消化。大件垃圾分类处置项目，投入运营，提升垃圾资源化利用率。全区生活垃圾产量49.03万吨，较上年减量8.26万吨。

（王海涛）

【省职业病防治院提质改造】 省职业病防治院小区始建于20世纪90年代，为湖南省职业病防治院宿舍区。小区296户，常住人口1500余人，占地1.28万平方米。2018年，雨花区将其纳入社区提质改造试点，投入740万余元，改造小区道路、下水系统，新建排水管、污水井、化粪池、绿化景观，综合提质改造配套设施。完成排水改造，新建化粪池10座，院内砌筑路沿石，绿化基本覆盖；完成6栋、12栋、5栋、11栋、9栋栋间道路硬化，透水砖基本铺贴完成。提质改造完善功能配套，改善人居环境，提升宜居品质，服务百姓民生，实现“风尚良好，环境优美，居住安宁，服务便捷，文体活跃”现代新型社区目标。（王海涛）

【历史文化步道建设】 2018年，雨花区建设砂子塘路—曙光南路历史文化步道，区城管执法局具体负责项目建设。砂子塘路—曙光南路呈“L”形布列，曙光南路有20世纪五六十年代建成的长沙锅炉厂、长沙拖拉机配件总厂等6家大型工矿企业，砂子塘路两侧学校众多，教育资源丰富，文化底蕴浓厚。改造后的曙光南路步道，北起砂子塘路，南到新建东路，全长约900米，以展现工业记忆为主，步道两侧以文字、照片、工业老物件等方式再现红火的生产场景。砂子塘路步道西起韶山中路、东至曙光中路，全长约800米，以体现文化教育为主，道路两侧建筑以白色、青灰色、浅黄色的现代风格为主，辅以中式元素点缀。通过挖掘雨花传统工业文明和文化教育资源，砂子塘路—曙光南路历史文化步道成为展现雨花工业历史及文化教育的靓丽名片。（王海涛）

【行政审批改革】 2018年，雨花区推进城管执法局行政审批“两集中、两到位”工作。实行审批事项集中化，行政审批科集中所有业务科室涉批事项，梳理审批服务事项11项，其中新增公共服务事项3项，9项行政许可合并调减为6项；所有审批服务事项全部进窗办理，实现服务事项、办理程序、申报材料、承诺时限全方位、全过程公开。实行审批流程简约化，减少不必要审批环节，所有进窗事项在对外公布的法定期限基础上缩减50%，围挡广告审批许可的法定期限10个工作日，承诺期限为3个工作日，缩短70%。实现所有事项在窗口“一口受理”“一次性告知”“一站式”办结，授权一名班子成员与审批科长为“首席代表”AB岗依法确定审批意见，专门刻制行政审批专用章，由审批科长直接管理与使用。“首席代表”每天到窗口现场审批受理相关业务，提高办理效率。办理行政许可审批1895件，其中市政类办证664件、园林类办证98件、围挡广告类审批44件、广告招牌登记类审批248件、临时占用街道两侧户外宣传类审批841件，没有发生因不予行政许可而引起的行政复议和行政诉讼。行政审批“两集中、两到位”改革在全区“最多跑一次”系统平台上线动员会上典型推介。

（王海涛）

城管执法

【概况】 长沙市雨花区城市管理综合执法大队（简称“区城管执法大队”）为参照公务员法管理的正科级全额拨款事业单位，负责城市管理方面的重大行政执法工作的组织实施，相对集中行使规划、市容环境卫生、城市园林绿化（不含园林公园）、环境保护、工商、公安交通、市政道路、户外广告、国土等9个方面的全部或部分行政执法权。内设办公室（含110接处警室）、法制科（含处罚中心）、政工科（含纪检监察室）、督查科4个职能科室；下设辖区执法中队、纠察应急中队20个执法中队。核定参公事业编制234名，领导职数7名。2018年，在职干部234名，辅助执法人员（特勤队员）313名，党员人数218名。

2018年，区城管执法大队以建设品质雨花为目标，以最严城管执法为工作主线，开展城区立面专项整治、桥下空间专项整治、占道施工围挡专项整治、人行道清障专项整治、渣土扬尘专项整治、乱吐乱扔、车窗抛物不文明行为专项整治、夜市专项整治、餐饮油烟专项整治、大气污染防治等一系列执法行动。加大控违拆违、执法办案力度，强化数字化城管平台案件处置及城管110接处警工作，在服务区域经济发展，省市两会期间维稳，农博会、马拉松等重要活动期间维稳，巩固文明创建成果上提供执法保障。行政处罚案件办案数和罚款数位居全市前列；承办行政复议案件3件；处理“12345”案件5620条；受理市、区两级信访件265件，督办件批办件22件，办理人大代表建议、政协委员提案件17件，省委第四巡查组交办问题5个。获评火车南站地区2018年春运工作一等单位，2018年度雨花区中小学校和幼儿园整治工作先进单位，2018年生态环境保护工作（“蓝天保卫战”）一等单位，2018年区城市管理工作先进单位，2018年区项目建设与帮扶服务保障先进单位。（余　意）

【控违拆违】　2018年，区城管执法大队推进拆违控违工作，对历史违法建筑按照五年计划有序拆除，对新增违法建筑坚持零容忍，发现一处，拆除一处。协助指导各街道（镇）拆违控违，拆除计划内违法建筑451处18.3万平方米，计划外违法建筑92处5.3万平方米；下发拆违控违督办函260份，均处置完成；按期处置其它各类交办件9件。立案调查违法建筑案件150余处，向规划发咨询函113份，违法建筑进行处罚300万元。

（余　意）

【环境综合整治】　雨花区城管执法大队综合整治市容环境，以渣土运输、扬尘污染、“两河”流域水污染、焚烧垃圾、规范工地市场管理、违规户外广告、发光字、桥下空间整治、人行道清障、乱吐乱扔、车窗抛物不文明行为整治、落实“门前三包”责任、强力整治违法建筑9个方面为主要内容，涵盖市容卫生、街面管理、基础建设各个方面。加强中午、白晚班交接空档巡逻，实行全天24小时值班制。办案12525起，罚款880.57万元，其中乱吐乱扔类案件1299起，罚款2.60万元，门前三包类案件147起，罚款2.8万元，店外经营类案件466起，罚款17.15万元，占道经营类案件1364起，罚款34.10万元，渣土类案件754起，罚款224.7万元，噪音类案件107起，罚款41.95万元，市政道路类案件30起，罚款6.49万元，园林绿化类案件2起，罚款4.73万元，市容环卫248起，罚款12.44万元，洗车场类案件4起，罚款1500元，机动车占道类案件7733起，罚款77.33万元，户外广告类案件52起，罚款1.86万元，餐厨类案件173起，罚款14.72万元，违章建筑类案件5起，罚款417.71万元，焚烧垃圾类案件106起，罚款17.35万元，露天烧烤类案件30起，罚款2万元，油烟类案件5起，罚款金额3.50万元。

（余　意）

2018年9月17日，雨花区委副书记、区长刘素月（前右二）调研文化步道　　（区城管执法局／提供）

【日常执法】　2018年，区城管执法大队组织日常市容巡查，加大对流动摊贩、店外经营、违章占道停车、违法设置临时性户外宣传等违法行为的整治和查处力度；建立健全领导机制、督查机制、约谈机制、长效机制，实现夜市执法和管理的常态化。强化夜间市容管控，处置各种违法违规行为，维护夜间市容市貌及城市管理正常秩序。合理调整各中队执勤模式，优化夜间执法力量，强化夜间执法效果，各中队每天安排1名执法人员及2名特勤队员，负责辖区晚23时至次日8时期间的市容秩序控制及接处警工作，有效控制夜间市容秩序，实现全天候无空档市容秩序管控。大队夜市管理执法工作在全市的执法干部培训班上做经验发言。通过宣传引导，推广餐桌文明礼仪，倡导餐饮行业提供安全供餐、市民节约用餐行为；通过严厉打击违法违规处置和运输餐厨垃圾的行为，有效杜绝垃圾油重复利用流入广大老百姓的餐桌。组织餐厨垃圾执法行动162次，捣毁潲水油窝点5处（黎托1处、东山3处、跳马1处），办理案件173件，处罚金额14.72万元。（余　意）

【广告招牌整治】　2018年，区城管执法大队加大巡查力度，对时效性较强的违章户外广告尤其是临时性户外广告及时发现、及时制止、及时拆除；对所有户外广告案卷实行“一案一卷”，确保执法行为公平；全面摸底清查全区户外广告，建立完善以户外广告设置期限、规格和所有者为主要内容的动态管理台账；重视安全施工工作，做到大型广告拆除有行动方案和应急预案，切实加强户外广告拆除环节的施工保障和安全监督。拆除违章户外广告招牌1171处，拆除面积40485.8平方米。（余　意）

【渣土扬尘污染专项整治】　2018年，区城管执法大队严格办案程序规范渣土执法，加强渣土运输工地出入口管控、重点路段巡查值守，开展常态化专项整治行动，做好渣土运输、噪音扰民等涉及环保督察和群众举报案件整改处置，实施联合执法200余次，组织并参与违规工地、渣土运输车辆的整治行动，查处案件754件，罚款224万元。与交警、运政、环卫等职能部门开展常态化联合整治，完成洞株路等集中攻坚专项整治行动，联动机制进一步紧密，注重安全警示教育，邀请新闻媒体定期开展集中宣传，执法过程中着重突出环保、渣土运输管理相关法律法规宣传教育，减少违法违规现象的发生。（余　意）

【人行道清障专项整治】　2018年，区城管执法大队加大人行道违章停车抄牌处罚力度，对城区主要干道车行道、人行道、公共广场范围内违规设置的地锁、占道亭棚、U形杆等进行全面清除。抄牌非法占用人行道停放的机动车24759台次（其中锁车2975台次，拖车187台次），罚款77.32万元。吊离违法占用人行道的各类亭棚43个，拆除非法在人行道设置的地锁、麻石墩、隔离球等路障300余处，通过整治清障行动，人行道基本实现无障碍通行，秩序得到进一步规范。

（余 意）

【文明创建迎国检工作】 2018年，区城管执法大队开展“不文明行为”专项整治、校园周边市容环境秩序整治、人行道清障专项执法整治等行动，着力美化市容环境，规范城市秩序。迎国检期间，区城管执法大队将每天7:00至23:00做为市容重点控制时段，实行不间断执法巡逻和重点路段全员上路守点，严格按照测评标准管控主次干道市容市貌。（余 意）

【迎环保督查工作】 2018年，区城管执法大队制定工作方案，明确目标，落实责任，做好迎接环保督查工作。省级环保督查期间，完成省级环保督查组交办的信访件57个，其中牵头办理6个，全部按期处置到位。中央环保督察“回头看”期间，受理中央环保督察交办件47.75件，主办办结5.75件、协42件办。受理区内交办件76件，主办办结38件，协办38件。办理环保类相关案件260件、罚款48.17万元。

（余 意）

【“蓝天保卫战”】 2018年，雨花区强力推进渣土扬尘、餐饮油烟、露天烧烤、垃圾焚烧、违规夜市及散煤等专项整治。区城管执法大队组织开展各类整治行动470余次，立案查处涉及环保大气污染类执法案件830余起，罚款约226万元。自8月份起，大队联合相关职能部门及街道，在洞株路开展为期100天的专项整治，严管严惩渣土处置各环节中出现的违规行为。取缔露天烧烤，规范夜市经营。每周进行不少于两次的集中整治，取缔夜间流动摊贩1700人次，取缔石燕湖景区露天烧烤场1处，全区夜间市容效果得到保障。严控餐饮油烟污染，重罚燃烧垃圾行为。大队对明昇壹城燃烧垃圾行为作出罚款10万元的处理，是全市“蓝天保卫战”开展以来第一次对焚烧垃圾行为处以顶格处罚。配合各街（镇）收缴散煤炉具2648个，全年办理垃圾、秸秆焚烧106起，罚款17万余元；办理油烟类案件5个，处罚3.5万元；露天烧烤86个，处罚3万余元；制止鞭炮燃放29起，震慑违法违规行为，推进了“蓝天保卫战”工作顺利开展。（余 意）

市容管理

【概况】 区市容环境卫生管理局（简称“区环卫局”）主管全区市容环境卫生事业。负责全区维护范围内的主次干道清扫保洁、环卫基础设施维护、垃圾运输和渣土管理工作。主要负责947万平方米的主次干道、179.4万平方米的主次干道绿化带、133座垃圾站、75座公厕、36座人行地下通道、9000多个果皮筒等日常维护，以及对街道社区环卫工作的日常考核。有垃圾运输车111台、机扫车46台、微型机扫车2台、大洒水车85台、小洒水车101台、抑尘车4台。内设党政办、环卫科（下设信息中心）、人事科、基建科、计财科、安委办、物业科和机修科8个职能科室，辖渣土管理所和左家塘、侯家塘、砂子塘、东塘、圭塘、雨花亭、井湾子、洞井、高桥、东山、同升、黎托13个环卫所。核定编制163名，其中领导职数6名。2018年，在岗正式职工124人，退休149人，临聘人员2000余人；局党委设6个支部，共有党员104人，其中在职党员82人。办公地点设在雨花区曲塘路70号。

2018年，区环卫局不断完善工作机制，创新工作方法，环境更洁净、群众更满意的良好局面。持续推进精细化网格化清扫清洗作业，全力保障冰雪期重要交通节点的安全通畅，落实重大活动的环境卫生保障要求，突出重点部位和特殊时期，强化长沙火车南站、汽车南站等重点区域及周边的市容环境卫生的保障。严格落实环保督查相关工作要求，出动14万余人次，通过大清洗、大考核、大整改等举措，整改道路扬尘污染问题9221处，助力“蓝天保卫战”，保卫“雨花蓝”。积极办理、回复各类交办案件，基本实现办结满意率100%，所有的投诉和信访均得到解决。完善站厕设施布局，对老旧站厕进行升级改造，提升功能的完备性、使用的便利性。（吴峥嵘）

【环卫作业】 2018年，区环卫局推进精细化清扫清洗作业，修订和完善《2018年雨花区环卫局网格化责任分工表》，划分清扫保洁网格1450个，环卫设施网格240个，机械作业网格80个，督查管理网格60个。日均出动大小水车140余台、机扫车40余台，出动人数14万余人次，对责任区进行无死角、全覆盖式的清洗，维护干净整洁的市容市貌。建立大清洗机制，出动大、小水车和雾炮车进行清洗降尘作业，每周五下午、周六和周日开展夜间全覆盖大清洗，周一至周五当天上午，视路况科学调度机械作业车辆，优化作业频次，确保主次干道不少于4次降尘。$PM_{2.5}$指标达到黄色预警状态时，人休车不休，全部机械作业车辆24小时运转，确保降尘效果。完善业务管理制度和考评方案，实现机械作业考核过程到机械作业效果的转变，充分发挥属地所的机械调度管理作用。健全职能科室抽查、各所分管负责人督查和管理人员巡查的三级督查考核机制，将日常业务的具体巡查划片包干，责任到人；坚持公平、公开、公正的考核原则，采取一天一通报、一周一总结、一月一讲评的督查考核方式，每个月组织各所负责人开展业务讲评。以信息平台数据化考核为主要抓手，以人员现场巡查为有机补充，全天24小时全域覆盖对作业效果进行督查、考核，严抓痕迹管理，每项工作过程有记录，效果有照片，发现问题立即整改到位。通过实时整改反馈机制，推进全方位、全覆盖、无缝隙的信息化考核管理，确保检查有记录，整改有复查，处罚有依据；通过全面清点、临时抽查、反复回查、步行陪查等多种形式开展一线人员网格化考核工作，推进主次干道提标提档。优化垃圾清运流程和管理机制，全区垃圾日产日清，清运垃圾49.03万吨。春运期间每天出动垃圾清运车辆清运长沙火车南站和汽车南站周边垃圾转运站、垃圾斗生活垃圾350余车、1970余吨。每月定期或不定期对系统内垃圾运输车和社会车辆的车容车貌开展督查工作，查处内部车辆违规21起，查处社会运输车辆9起。4月1日前，完成局属垃圾车和社会挂靠车GPS设备接入至市固废智能监管指挥平台的工作。（吴峥嵘）

【渣土管理】 2018年，区环卫局落实长沙市人民政府《关于全面防治大气污染的通告》，将“十严”渣土整治与“蓝天保卫战”相结合，从源头、运输途中、消纳场地全方位管控，渣土管理与执法排名全市各区年度第二。通过严管重罚和集中整治进行控尘，对未完工的65处工地、各渣土运输企业1000余台渣土运输车辆的运输和消纳过程，开展“白、晚班无缝对接”和“8个100%排查”的全覆盖巡查与管理，重点整治车辆超限超载、闯禁、不按指定线路行驶等行为，从重打击渣土车辆不按线路行驶、不按指定场所消纳等违规行为，查处工地各类违规现象583处，下达停工整改通知单73次，约谈企业负责人5次。新勘方工地74处，方量200万余立方米；新办回填项目34处，可回填方量79.4万余立方米。（吴峥嵘）

【环境综合整治】 2018年，区环卫局开展“牛皮癣”大清除行动，清除粘贴式牛皮癣360处、牛皮癣残迹700处，覆盖涂鸦式牛皮癣230处。1月24日至2月2日，使用工业盐272吨、麻袋4500个，出动机械撒盐车辆91车次，人工配合撒盐车1680车次，清扫员18200人次，完成除冰抗雪工作。9月，开展“垃圾站异味扰民”集中整治行动，建立常态清洗保洁和清运机制，对辖区范围内约179万平方米的绿化带卫生开展清底整治行动，确保高质量、高效率做好中央环境保护督查“回头看”和省级环保督查交办件的后续整改工作。10月，全局对照《2018年雨花区环卫局文明创建迎检工作方案》要求，全力保障实地测评等创建任务的迎检效果。全力保障省、市、区各类督查线路。迎接各类重大线路检查112次，完成各项检查任务。12月，抛洒融雪剂385吨，铺设麻袋、草垫6000条，完成铲雪除冰任务。（吴峥嵘）

【设施建设】 2018年，雨花区完善基础设施，按照“一站一特”“一站一景”的原则开展前瞻性规划，加强外街站厕设施的建设，完善站厕设施布局；逐步拆除内街交通不便、扰民情形的站厕，在社区公园新建站厕进行置换；对老旧站厕进行升级改造，提升功能的完备性、使用的便利性。建成五一、友谊、木莲3座垃圾站；完成20座老旧提质改造站厕和2座示范性公共厕所厕建设。维护维修地下通道等设施设备950余次，维修站厕3700余次、果皮桶1200余次，方便市民出行，维护城市整洁。24小时保洁维护垃圾站厕，采取“一站厕一台账”，每套站厕每天全面清洗2次、定时开启除臭设备配合点檀香、管理员每天巡查1次，确保站厕内外整洁、无异味，未发生一例站厕投诉。（吴峥嵘）

2018年11月22日，环卫工人风采（吴峥嵘/摄）

【环卫信息化建设】 2018年，区环卫局受理处置市数字化平台案卷1187条，区平台案卷194条，实现零返工，保持每月双百的成绩。受理处置“12345”市民服务热线派单494件、24小时制的“城管110”市民投诉360余条，实现办结满意率100%。回复市长信箱投诉12条、区委书记信箱投诉1条，处置省环保督查案卷主办件5条、协办件6条；中央环保督查回头看主办件1条，协办件4条；区内信访件主办件3条，协办件4条，处理信访局转发件2件次。所有的投诉和信访均得到解决。区环卫局邀请区政府办、区城管局、区电政办等部门多次研讨平台升级建设工作。7月，区环卫局委托湖南大学编制《雨花区环卫局信息化平台升级改造项目可行性研究报告》。10月18日，区长常务会通过环卫信息化平台升级改造立项。（吴峥嵘）

【服务群众】 2018年3月，区环卫局组织工作人员前往桑植县参加区人社局举办的“春风送岗惠民生，精准服务真扶贫”劳务协作脱贫专场招聘会。区环卫局联点德馨园社区，联系群众骨干、困难群众、重点工作对象9人。区环卫局制作和发放便民联系卡，坚持群众工作日制度，积极收集问题，上报工作信息，探讨解决方案；每季度召开民情恳谈会，总结工作，分析问题，谋划工作。以群工站为基础，成立“民意快线服务联盟”平台，区环卫局党员与辖区党员、志愿者、爱心人士等相互联盟，推动社区的发展，更精确化地服务居民群众，收集意见建议100余条，承诺为民办实事6件。发动社区党员、楼栋长收集群众意见，利用民情意见征集表，召开居民代表、楼栋长座谈会，通过微信、网络意见箱、热线电话等载体收集群众问题。划拨资金用于德馨园小区南门地面维修，解决南门积水严重的问题。组织干部职工在德馨园小区进行大扫除，采取措施灭蚊灭鼠，改善居民生活环境。做好困难群众、党员的走访帮扶，和社区一起开展廉德广场送春联、爱心年货节、为患病群众爱心筹款、暖冬饺子宴等形式多样的“民意快线”主题活动。（吴峥嵘）

【火车南站东广场垃圾站投入使用】2018年4月12日，长沙市火车南站东广场垃圾站投入使用。该垃圾站总投资近450万元，最高日处理垃圾量96吨，垃圾进站经压缩后再运往中转场，效率可提高五六倍，极大缓解火车南站地区垃圾处理压力。该垃圾站于2016年开始建设，2018年春运期间试运行。是长沙市城区内最大规模的新型垃圾站。火车南站东广场垃圾站按照新型建造理念，根据用地面积大小结合周边需求，采用多机位，建筑外观设计更加美观且贴近周边环境，垃圾站配备除臭、通风、灭虫、网络监控自动控制报警等系统，使用垃圾全密封压缩设备，垃圾站完全密闭式作业，有效地防止垃圾二次污染，做到既环保又无臭味，同时无泄漏。

（吴峥嵘）

【智慧公厕】2018年1月15日，雨花区圭塘河生态景观区香樟路段公共洗手间投入使用，该洗手间面积约120平方米，设男厕、女厕和第三卫生间。第三卫生间比普通家庭的卫生间稍大，解决一部分特殊对象如厕不便的问题，设有专门为儿童设计的小便池、充满童趣的洁具等。该公共洗手间设有可折叠的儿童座椅和婴儿护理台，方便更换婴儿尿不湿、衣服。座便器墙上有手扶栏杆，方便行动不便的人群使用。设挂衣钩、行李架等人性化等设施。该公共洗手间配备中央空调、除臭设备、热水器、电动门、音响、吹风机、饮水机等，提供免费Wifi。配备人脸识别厕纸机，机器通过屏幕识别人脸自动出纸，解决如厕需要，避免个别浪费厕纸的行为。（吴峥嵘）

【环卫工人节庆祝活动】2018年，雨花区开展一系列活动，庆祝湖南省第23届环卫工人节，调动环卫工人的工作积极性，唤起市民爱护环境卫生的意识和对环卫事业的关心与支持。10月25日，雨花区环卫局班子成员带领工作人员深入基层，看望长期奋战在一线的环卫工人和特困职工，致以节日的问候和祝福。10月26日，区环卫局开展“尊重环卫工人，传递环卫文明”宣讲活动，设置五个宣传点，向市民发放倡议书，宣扬文明和环保理念。10月31日，在石燕湖生态旅游风景区举行游艺活动，以开展有益身心健康的游艺活动形式进一步增强干部职工相互协作、相互配合的团队精神，不断增强队伍的凝聚力和战斗力，丰富环卫职工的生活，提供交流平台。11月22日，开展“缅怀革命先烈 追寻红色足迹”参观学习活动，组织近三百名“环卫之星”参观杨开慧纪念馆和任弼时纪念馆，重温爱国革命情怀。（吴峥嵘）

【蔡泽敏调研环卫工作】2018年5月7日，雨花区副区长蔡泽敏率区政府办、电政办和环卫局一行到开福区环卫局考察“智慧环卫信息化平台”工作，重点参观开福区智慧环卫信息化平台。考察结束后，蔡泽敏一行在雨花区环卫局四楼会议室听取雨花区环卫局平台改造方案汇报。蔡泽敏指出，构建智慧环卫信息化监管平台将环卫作业管理模式由原来的粗放型管理转变为信息化精准管理，引进和升级智慧环卫业务管理系统，既是大势所趋，也是环卫事业的迫切需要；区环卫局要学习总结开福区环卫局依靠信息化平台的优秀管理经验，进一步整合区城管、电子政务、环保、城建等部门现有的信息资源，充分利用，不断完善平台的建设和设计，提升雨花环卫工作的管理水平；要进行多层次、多层面的讨论和研究，高度统一，使雨花区智慧环卫业务管理平台要既能满足一线需求，也要适应与市、区其它系统的对接，做成集先进性、扩展性、可操作性和系统兼容性完美一体的平台，打造省、市，乃至全国最优化的智慧环卫信息化平台。（吴峥嵘）

市政管理

【概况】长沙市雨花区市政工程管理局（简称“区市政局”）为区直属差额拨款正科级事业单位，全面负责辖区道路面积622万平方米，人行道205万平方米（主干道22条82.8千米；次干道和支路141条134.8千米）和排水管网710千米的管理维护任务（含未纳入市、区财政预算的雨花经开区范围120.47万平方米道路和武广片区94.2万平方米道路以及跳马镇1.74万平方米）。内设办公室、政工人事科、督查效能室、财务科、路政管理科、设备管理科、后勤保障科、工程建设科、维护管理科9个职能科室。核定编制76名。2018年，全局在职干部职工49人，随军家属1人，引进人才1人，退休职工71人，聘用人员117人（其中机关聘用人员52人，聘用民工46人，市政公司19人），党员64人（其中退休职工党员21人），办公地点设在香樟路592号。

2018年，区市政局推进城区道路环境集中整治，及时、快速处置路面坑洞、翻浆、龟裂，加大排水管网清掏疏浚力度，确保城区道路路面平整、人行道养护及时、无障碍设施完好、排水管网畅通，保障辖区市政道路设施的高效运转。完成14条支路街巷提质改造；时代阳光大道截污干管清淤；对川河路、花侯路等18条道路排水管网进行清淤疏浚；对圭塘河沿线20余千米的排口进行清淤维护。办理审批474起，办理排水入网验收16起；应急处置自来水公司47处、新奥燃气公司35处爆点抢修工作。迎接各级领导检查工作20次，做好糖酒会、农博会的线路维护保障任务，完成保障线路的隐患排查和整治工作。协助长托指挥部征拆工作，完成拆迁任务25户。全区粪污无害化处理三年改造计划全部落实到位。办结市区领导信箱22件，领导批示批办件26件，人大、政协提议案15件，办结率100%。（黄 芳）

【基础工作】2018年，区市政局全面实行辖区主次干道常态化巡查，数字化案卷来单11237条，及时派遣和督促办结7573条，受理并办结110投诉问题33条，“12345”投诉问题884余条,大城管井座井盖问题处理501条，对巡查发现的翻浆、坑洞、积水和井座下沉等各类问题做到及时处置；全力服务辖区重点工程建设，指导电力“630”攻坚任务施工4处，开辟项目帮扶绿色通道10个，完善企业政务服务渠道和措施；建立动态工作管理台账，督促和整治围挡33处。曲塘路地下通道建设工程竣工并交付使用；提质改造小林子冲路、玉竹路、卉园路等14条支路街巷，完成沙湾路（长沙大道—曲塘路）“六位一体”提质改造工程前期手续。全面配合、落实中央环保督查整改和黑臭水体治理，对圭塘河时代阳光大道（牛头桥至圭白路）约2.5千米箱涵进行检测和清淤，清运淤泥3000余立方米；推动装修垃圾资源化利用处置，接收、处置装修垃圾2750余吨；完成二环线（人民路—劳动路）人行道提质改造；区提议案交办的跳马镇、劳动东路、香樟路3座人行过街设项目启动前期手续办理和施工；完成韶山路3个路口、天际岭隧道南北掉头口、沙湾路与曲塘路安装人行隔离护栏等交通疏导项目；制定《“一圈两场三道”人行道专项实施方案》，严格附属综合管线挖掘审批制度，分阶段提质改造城市主次干道中老旧以及不符合标准的人行道，逐渐拆除或迁移厢柜亭等人行道障碍物，对已建成且现状良好的人行道路段，加大日常维护管理力度，确保人行道设施完好、绿色畅行。完成韶山路、香樟路、花侯路等19条道路人行道清障调查，整治、改建完工99.32千米。强化干部职工法治宣传教育和安全生产教育培训，抓实机关安全管理、综治维稳、节能减排和后勤保障，做好机械设备的维护整修，保障全局工作的整体稳定运行。（黄　芳）

【维护管理】 2018年，区市政局依托网格化管理，突出精细化作业，提升市政道路日常维护管理水平。完成路面修复11万余平方米，修复人行道及盲道9.9万余平方米，调修侧平石1.6万余米，修复隔离设施643处，调整各类井座634套，更换各型井盖、沟盖板660块，清掏化粪池1348座。完成长托路、万家丽路道路路面沉陷和管网应急改造；对全区690千米管网进行检测，实施时代阳光大道1200米截污干管清淤，川河路、花侯路等18条道路排水管网清淤疏浚2.3万余立方米；对圭塘河沿线20余千米的70个排口进行清淤维护，部分排口增设滤网，做好河道清淤和截污控源工作。对62处社会路口进行硬化处理；启动全区2292套窨井整治改造，完成60座老旧化粪池改造任务。（黄　芳）

【城区防汛】 2018年，区市政局立足于早准备、早安排、早部署，积极组织防汛应急演练，开展隐患排查，制定《雨花区城区防涝排渍工作方案和应急预案》，全面落实物资储备及人员应急保障，实行汛期内24小时值班制度。汛期前，分区划片，对重要排水管网、检查井和低洼易积水区域，全面排查疏浚，确保防汛排涝设施运行良好、设备运转正常。汛期成立管网QV及机器人检测队伍，及时清淤疏浚排水管网，全年疏浚管网13万余米，清掏泄水井3.9万余座次，清淤520余吨，保障排水管网安全通畅。严格督办湘府路快速化改造、地铁建设等重点工程周边的防涝排渍情况，出动人员500余人次，设备110台次，排除险情60余处，改造小型排水堵点170余处，确保城区安全度汛。（黄　芳）

【化粪池管理】 2018年9月至12月，区市政局集中改造东塘街道、砂子塘街道、左家塘街道、侯家塘街道、雨花亭街道及圭塘街道的60座化粪池，减轻老旧社区防涝排渍的日常维护压力，完善小区的基础设施，提高所在小区居民的生活品质。改造工程预算1099.51万元，实际结算费用906.73万元。改造工程包含清掏和拆除老旧化粪池、建设新化粪池、铺设管道及修复周边市政基础设施等。对全区6903座化粪池进行无害化粪污清理，项目预算999.54万元。施工人员用专业清理设备将除臭剂喷入化粪池，用吸污车将化粪池内的所有污物吸出，吸污车在吸附的过程中将固体、垃圾、水分类处理，固体分袋装好后进入工厂作为有机肥料进行深度加工后再次利用；垃圾直接运送到垃圾处理场；水经过过滤后排放到指定地点。该项目的全部竣工，减少污物对环境造成的污染，循环利用资源，标志着雨花区粪污无害化处理三年改造计划全部完成。（黄　芳）

【支路街巷提质改造工程】 2018年，区市政局提质改造梓园路、小林子冲路、玉竹路、卉园路、洞和路、紫薇路（朝晖路）、同升湖路等14条支路、街巷。提质改造项目预算10899.51万元，改造工程包括对原有道路、排水系统、综合管线、园林绿化、亮化、化粪池及其他配套设施进行综合提质。

2018年3月16日，区市政局参加长沙市防汛演练　（黄芳／摄）

改造工程总里程 11.31 千米，摊铺沥青路面 15 万余平方米，人行道改造 5.2 万余平方米。（黄 芳）

【同升湖学校校内道路改造】 2018 年 11 月，区市政局提质改造同升湖学校的校内道路，改造工程预算 177 万元，项目拆除砼路面及构筑物后将恢复砼路面，调整并补充缺失侧石，调整井座、井盖、明沟，路面摊铺沥青，摊铺沥青面积约 1.2 万平方米、增设并施划标志线及其他附属设施。该项目便利全校师生日常出行，美化校园环境，减少学校的安全隐患。（黄 芳）

【二环线人行道提质改造】 2018 年 9 月，区市政局提质改造人民路—劳动路范围内的东二环及韶山路，改造工程预算 1599 万元，改造总长度 3.2 千米，改造工程更换、人行道、空坪、树池及人行道上的部分井盖整理管线，人行道改造 20557 平方米。提质改造工程人行道更加美观、整洁，消除老旧设施的安全隐患，方便周边居民的日常出行。（黄 芳）

【复兴村修路】 2018 年 10 月 26 日，区市政局出动干部和职工 45 名、专业设备 10 余台、油料 100 余吨对通往复兴村小学的沥青道路主干路道路进行修复。对施工起止点位置道路切边铣槽，将现有路面已开裂位置进行热沥青灌缝处理，洒布车喷洒乳化沥青，再采用摊铺机进行沥青混凝土摊铺罩面，压路机压实，修复公路近 1000 平方米，排除孩子们上下学回家的不安全因素。（黄 芳）

【群众工作】 2018 年，区市政局联点黎郡社区。开展党建进社区活动6次，深入社区现场办公 8 次，上门走访 180 余户次，重点帮扶困难重病、孤寡老人、空巢老人家庭等特困对象 30 余户，春节、端午节、中秋节等传统节日上门走访座谈、发送手机慰问短信、赠送慰问物资，了解社情民意，解决突出问题，联络群众感情，提供便民服务。收集、处理群众反映的医疗费用报销、地下停车库管理、电梯维修、墙壁开裂、物业用房、就业就学、管道堵塞等共性问题14件。协助社区开展“爱心助残、传递温暖”赠送黄手环活动。为黎郡社区解决民生实事 10 余件，其中，清淤疏浚化粪池 3 座、下水井 14 座；清掏排水沟槽 60 余米；对小区化粪池进行粪污无害化处理 1 次；改造、砌筑下水井 1 座；停车场出入口路面改造 15 平方米；康景园、熙春园停车棚消防通道划线约 240 平米；出动工程车 1 台协助社区清运建筑垃圾；完成社区多条车行道路面破损修复；解决熙春园 6 栋架空层绿地硬化约 200 平方米；完成雨花区教育局第六幼儿园道路破损修复；红黄蓝幼儿园与圭塘二小区中间道路盲道隔离墩迁移工作中。（黄 芳）

园林绿化

【概况】 长沙市雨花区园林管理局（简称“区园林局”），为区政府直属事业单位，负责辖区内 678.9 万平方米公共绿地管理与维护，办理树木砍伐、移栽、绿地占用手续，承接园林绿化工程，负责区绿委办的工作。代管市属沙湾公园和桂花公园。内设办公室，维护管理北、中、南所，维护管理科，查勘科，绿委科，工程技术科，财务科和后勤保障科。2018 年，职工 99 人，科级领导干部 6 人，其中在职人员 51 人（含人才引进 1 人、无编聘用 2 人），退休人员 48 人。设立局机关党支部、维护所党支部和退休党支部，共有党员 43 人（其中预备党员 1 人），办公地点设在雨花区曲塘路 19 号。

2018 年，雨花区园林局坚持精细维护、依法护绿、品质建设，铺排项目 70 个，除城乡绿道、森林生物防火隔离带、绿色共建共享工程不计面积外，三年造绿绿化建设面积 38.73 公顷，新增绿地 34.55 公顷，建成区绿化覆盖率 40.77%。园林绿化业务考核排名全市第一，获征拆工作服务支援单位、项目建设与帮扶服务保障红旗单位、重点工程建设协调服务工作先进单位、“环保世纪行”活动一等单位等荣誉。（黄 菲）

【绿化维护】 2018 年，区园林局升级数字化城管二级平台，突出重点网格，定点定责定期养护；修剪整形长塘路、圭塘路、嘉雨路行道树，绿化提质和高标准维护长沙大道、沙湾路、花候南路、曲塘社区公园。绿化微改造重要道路 6 条，提升绿化景观效果；屋顶绿化实行“建管一体”，维护效果获得专家肯定；开展维护盲区排查，对6条道路的绿化进行除杂、清除死株；抓好重大活动保障，重要节假日摆（换）花 120 万盆；整治社区公园 39 个，设立公益广告牌 515 处，修复健身器材 110 处、园林设施 40 处。补栽乔木 8800 株，灌木苗 25 万株，草花 3.3 万平方米，草皮 5.3 万平方米，行道树修剪、抹芽 4.2 万株，水车浇水 1.5 万车次，药车打药 1300 车次，人工打药 50.2 万平方米，施肥 547.3 万平方米，除杂 760.5 万平方米，中耕作围 3.5 万个，抽沟 1.45 万米，修复树围石 5315 个，花坛边 3900 米。加大绿地积尘冲洗力度，增设浏阳河水源地隔离护栏，对环保监测点燕子岭公园设立微喷，确保空气质量；排查黄土裸露问题并及时复绿，整改问题 453 个，补栽乔木 2556 株、灌木 2.1 万株、花卉 5400 平方米、草皮 8700 平方米，绿网覆盖防尘 1.27 万平方米。推进园林垃圾分类，回收可利用园林垃圾用于生物电厂发电、制作有机肥，建筑垃圾、废土等进行无公害填埋，处理园林绿化垃圾约 7900 吨，树枝树叶类、可腐类垃圾回收利用约 4637 吨。对事故高发中央花坛安装隔离护栏约 7000 米，对遮挡交通信号灯的 35 处 97 株乔木进行修剪，保障交通安全；完成 18 条道路移交，绿地面积 238017 平方米，15848 株行道树；建成未移交绿化项目纳入日常考核，向相关建设单位发函 52 件，督促整改到位，整改率 90% 以上；提前介入武广片区通车未移交项目，投入经费约 200 万元；办理办结各类建设工程的配套绿化验收项目 6 件，绿地面积 3.56 万平方米。邀请湖南农业大学教授吴铁明，在沙湾路（劳动路—曲塘路）西侧对维护线职工现场授课，开展悬铃木与香樟的修剪培训。组织维护线中层干部、维护科督查员、维护所单元网格长及部分班组长一行 23 人，到天心区学习绿化管养先进经验。

多次参加市园林局组织的城市园林养护、地被选择、维护管理转型等方面的培训。完善园林绿化网格化管理工作体系，安排专人24小时值守数字化信息平台，加强案卷的接收、下发和反馈工作，保证信息及时流畅；积极协调、密切配合维护所的工作，坚持“一日一归总、一周一调度、一月一清零”，确保案卷及时处置。办理“12345”工单来单228条，按期办理率100%，满意度100%；市、区平台数字化总案卷数1318条，其中应结案数766条，结案766条，按期结案率100%，一次性结案率100%。量化督查考核标准，实行维护所班组长、局维护管理科、局考核领导小组三级巡查制，严格对照考核标准兑现奖惩；实行网格化监管，实现日常维护责任无缝覆盖；根据月生产计划和双创路段、必检路段等区域的主次把握督查重点、督查线路，每日上路巡查，记录《督查日志》，及时将督查内容、督查重点、督查线路、督查日志、月绩效考核相关表格和小结点评等发布至“雨花园林”群共享，接受全局干部职工的监督。（黄　菲）

【工程业务】　2018年，区园林局对三年造绿大行动涉及的绿化项目，对外实行公开、公正遴选招标，符合条件的申请人均可参加项目投标。建成林荫道路3条，林荫广场3个，林荫停车场4个，城市公园、游园5个，立体绿化1.75万平方米，街心转角两个，街巷庭院两个，大型居住区内外空间1个。（黄　菲）

【查勘审批】　2018年，区园林局严把树木移伐和毁绿许可关，重点对在绿地私搭乱建行为重拳出击，查处占绿毁绿、园林110案件115起；配合区“三定三抓”工作任务，查勘审批56件；“12345”市民热线48件。协助区市政局处理开展人行道清障，将占用人行道箱柜、杆线等基础设施移至绿化带内；围绕“最多跑一次”审批服务、“互联网+”平台，进一步完善行政审批事项，并在互联网发布。

（黄　菲）

【绿委办工作】　2018年，雨花区推进三年造绿计划，完成环城绿带生态圈长沙大道雨花互通出入城口绿化提质。建成狮子山公园、和平社区公园，雨花游园、仙岭游园2个小游园；建成大型居住区内外空间绿地1个，乡村公园1个；完成香樟兰亭（香樟路与圭塘路西北角）街角游园、沙湾路石坝路口街角游园街心转角两个。建成空间绿化2万平方米，劳动东路和韶山路花卉特色道路两条、火车南站东、西广场特色花坛两个、新建巷、旭辉广场商业街特色街巷庭院两个。创建东塘街道政院社区、井湾子街道井湘社区、黎托街道体育新城社区、高桥街道鑫华社区、雨花亭街道麻塘桥社区5个绿色示范社区，创建跳马镇关刀新村、冬斯港村、新田村3个绿色示范村庄；在兴安路（黄谷路—环保路）沿线开展大型义务植树活动，栽种香樟、桂花等苗木1500余株。建成万芙路、杜花路、圭塘路林荫道路3条、林荫广场3个、林荫停车场3个。出台《雨花区古树名木保护办法》，对全区古树名木进行普查，建档挂牌，组织单位和个人开展古树认养认护活动；对半岛蓝湾和省国税局两株古树进行复壮救护。（黄　菲）

2018年3·12植树节　（黎英/摄）

【桂花公园】　桂花公园于1995年正式开园，总占地面积1.73公顷（26亩）。桂花公园管理处（简称“桂花公园”）为差额拨款正科级事业单位，负责公园内绿地养护和管理、设施维护管理、园内游览与娱乐项目组织管理，公园内安全防护和园内保洁工作，办公地点在桂花路97号。下设综合科、人事宣教科、财务科、办公室。在编职工27人，其中书记、主任1名，副主任2名，纪检员1名；其他9人（临聘人员5名，劳务派遣2名，退伍下岗再就业人员2人）；退休职工25人。设立1个党支部，共有党员22人（含6名退休党员）。2018年7月13日，按长政办发〔2018〕8号文件精神，由市属公园下放至雨花区政府管理，委托雨花区园林管理局代管。（黄　菲）

交通运输

【概况】　长沙市雨花区交通运输局（简称“区交通运输局”）为区政府直属事业单位，负责全区从事道路货物运输、搬运装卸、运输服务、三类汽车维修业的开业申请及管理工作，维护交通运输市场秩序，对辖区内农村公路进行改造和养护。内设办公室、财务科、运输管理科、运输稽查科、公路管理科、政策法规科6个职能科室。核定编制27名。2018年，在职干部职工87人，其中正式干部职工24人，无编聘用1人，政府雇员20人，局雇用12人，劳务派遣30人；退休11人。局党支部，有党员29人，其中在职党员23人，退休党员7人。办公地点设在区治大院3号楼三、四层。

2018年，雨花区交通运输局加强非法营运执法，对非法营运车辆保持高压执法态势，针对非法营运的时间及特点采取不同执法方式，确保执法到位。开展物流市场专项整治，坚持白天与夜晚检查相结合，巡查与执法相结合，服务与处罚相结合，规范物流门店经营行为，坚持处罚与教育相结合，通过严格执法，加大法律威慑力，提高警示教育作用。被火车南站地区综管办评为2018年暑运工作先进单位、2018年上半年“最严管理”专项行动先进单位；2018年“书香雨花”之书香机关；2018年度生态环境保护工作一等单位；2018年度征拆工作服务支援单位。（颜　丹）

【运输市场管理】　2018年，区交通运输局推进“最多跑一次”改革、“互联网+政务服务”等要求，梳理权力清单事项，简化办事流程，公开办理要求，提高服务效率，将行政审批事项向政策法规科（加挂行政审批科）和区政务大厅交通窗口集中；行政审批时限压缩至法定时限的一半。受理道路运输经营许可782户，配发道路运输证1057本，年审车辆3917台，通过商事平台接收、办理信息869条，办证率、办结率均达到100%。梳理、公布10项共15个依申请类政务服务事项，非申请类由原来的125项调整至57项，制定发布实施清单和流程。登录长沙市政务服务平台，进行网上录入、审批，推进“四办”（马上办、就近办、一次办、网上办）工作，推进审批服务便民化。通过驻点巡查与路面执法相结合、白天清查与夜晚巡逻相结合，出动检查人员5296人次，检查物流企业3540家次，检查危货运输企业40家次，检查车辆800台次，查扣危险货物2154件，立案调查车辆85台，处罚金额40万余元。以“蓝天保卫战”行动为契机，持续开展机动车维修行业专项整治，开展检查行动153次，出动人员775人次，检查汽车维修企业405家次。全面完成辖区内一、二类维修企业烤漆房VOCs治理82家（挥发性有机物治理67家，搬迁3家，查封4家，拆除烤漆房8家）。（颜　丹）

【非法营运治理】　2018年，雨花区以汽车南站过渡站、火车南站周边营运秩序整治为重点，规范客运市场运输行为，加强对客运班线车辆乱班乱线、站外上下客或者沿途揽客的行为进行整治。严格落实节假日期间24小时领导带班值班制度，狠抓客运市场的管理，规范执法，制定完善客运运营管理日常监督检查登记表，召开“两客一危一校调度会暨两客一危一校‘压实企业主体责任年’培训会”，出动90人次，对辖区内9家客运企业进行日常监督检查。加强对校车公司的管理，严格审查校车线路，对3家校车公司、119台校车线路进行审核。“三考”期间，出动45人次在辖区内5所校园周边共进行5次重点巡查，查扣涉嫌非法营运车辆12台次，维护“三考”期间的交通运输秩序。全年查扣非法营运车辆509台次。（颜　丹）

【农村公路工作】　2018年，雨花区出台《雨花区农村公路建设实施细则》，明确农村公路建设启用双投模式（即由镇村提供合格的路基，区级负责路面建设），促进乡村振兴政策落实，减少镇村投入，提升农村公路质量。完成农村公路50千米，第二期农村公路安保工程建设129千米，X047、X049提质改造20.7千米，落金坝桥、宋家坝桥、大水坝桥、王坝桥4座农村公路桥梁建设。对省计划5.861千米脱贫攻坚通自然村道路建设进行现场核实，完成验收4.178千米，完工1683千米。怡天建材至振华路提质改造项目、洞株公路降噪林项目及洞株公路振东路水毁边坡支护项目完成招投标工作，进入施工准备阶段；Y320、S210、X050提质改造大修项目完成前期工作，进入办理招投标手续；路警联合超限超载临时检测点建设项目、C451路面大修工程及2018年农村公路安全生命防护工程（第三期）项目办理前期手续；原绕城高速万家丽路出口关闭，恢复路面，新出入口改建工作办理相关手续。将“路长制”工作实施至村道、乡道，乡道、村道覆盖率分别为100%、58%。建立区有路政员、镇有监管员、村有护路员的“三员”路产路权保护队伍，完善并实施路长制公开制度、交办督办制度、会议制度、巡查制度，确保道路安全通畅，防范事故的发生。（颜　丹）

【公交都市建设】　2018年，雨花区加快推进公交都市建设工作，改造港湾式公交中途站改造工作6个，超额完成任务。建设公交专用道8.9千米。位于雨花区赤岗冲的湖南龙骧巴士智能运营管控中心完成长沙创建“国家公交都市建设示范城市”必检点验收。协调市交通运输局调整、开通公交线路10余条，填补公交空白，实现群众绿色出行。（颜　丹）

【超限超载治理】　2018年，区交通运输局加强源头企业监管，落实源头企业治超主体责任，与重点源头企业签订《雨花区货运源头企业合法装载承诺书》，开展日常巡查，出动1595人次，检查源头企业360家次。在洞株公路安装并启用治超非现场执法系统，提升执法效率，减少超载车辆的通行，实现科技治超。（颜　丹）

【安全生产工作】　2018年，雨花区落实“一岗双责”工作责任，全面开展交通运输领域安全生产检查。督促运输企业落实安全生产主体责任，加强对重要时段的安全监管。开展交通安全进社区活动，牛婆塘社区制作道路交通安全宣传栏，开展宣传教育活动，提升辖区居民交通安全意识。举办全区道路交通运输系统安全生产专题培训班，宣贯《湖南省生产经营单位安全生产主体责任规定》，结合重点时段特护期、安全生产月咨询日等活动，印发宣传资料1.4万余份，广泛普及新安全生产法律知识和应急处置常识，区交通运输局联合黎托高速汽车站举办2018年车站灭火与紧急疏散演练，提升员工应急救援能力。道路交通运输领域实现“零事故、零死亡”的目标。（颜　丹）

【“百日整治”】　2018年8月10日，雨花区开展跳马片区道路交通安全专项整治“百日行动”，成立由区委常委、常务副区长邹春林任组长，区人民政府副区长、区公安分局局长黄健元，区人民政府副区长陈怀宇、王明玖、蔡泽敏，区人民政府副调研员文洲、陈立任副组长的雨花区跳马片区道路交通安全专项整治领导小组。百日整治行动由区安委办与区交通运输局牵头，联合区城管综合执法大队、区巡警大队、区交警大队、区环卫局、跳马镇等单位，抽调认真负责、业务能力强的72名队员充实到联合执法队伍中，采取“四班三运转”的模式，实现全天候、全时段的整治行动。联合执法队伍分成两组，每组四个班，每班任命一名班长牵头负责，带领每班人员认真履职。区安委办每天安排2名人员督查，对人员在岗、尽职履责情况进行记录。建立联席会议制度，定期研究查处车辆的处罚措施，研究专项整治行动的方向。执法人员在执法过程中，采取设卡守点和流动巡查相结合的工作机制，以洞株公路和暮石公路为重点，辐射周边双仰线、老洞株线、跳宋线、跳茅线等进出跳马的主要道路，对过往的货运车辆、渣土车辆、混凝土车辆、客运车辆、面包车、小轿车等逐一排查，对发现有疑似违法行为的车辆进行严查。对弃车逃跑，意图逃避处罚的驾驶员，采取锁车蹲守的措施，直到车主出现接受处罚；对破坏公共财产，抢车逃跑的驾驶员，采取公安立案，作为治安案件进行调查处理。对无牌、拼装、违法运输建筑垃圾拒不改正，不按规定路线行驶的车辆，一律扣押；对超速超载，未经核准擅自处置渣土、运输渣土沿途撒漏的车辆，一律顶格处罚；对无证驾车、妨碍公务的驾驶员，一律扣留；对发生亡人事故车辆所属单位，一律停产停业整顿3个月；对经停产停业整顿仍不具备安全生产条件的企业，一律关闭；对拒绝、阻碍执法部门依法实施监督检查，构成犯罪的，一律追究刑事责任。11月9日，雨花区跳马片区道路交通安全专项整治“百日行动”全面结束，实现全面降低农村道路运输安全风险，实现“一个不发生、两个明显下降”的工作目标。整治行动出动执法人员4620人次，累计检查重点车辆3844台，扣押车辆236台，其中查扣载货汽车179台，未带证件的货车40台，渣土车13台，水泥罐车2台，未贴年检标志的货车2台；拖拉机4台、三轮摩托车等其他车辆100台，扣押证件11本，实施简易处罚261起，查处酒驾4起，扣押证件6本，对7名驾驶员违法行为处以记12分的顶格处罚，对无牌无证摩托车驾驶员行政拘留5人，有效地减少道路交通事故的发生。区交通运输局联合跳马镇政府在百日整治行动基础上，深入开展跳马片区严厉打击面包车非法从事客运经营专项整治行动，制作30条“打非”宣传横幅悬挂在跳马镇各村主要交通路口、重要路段，普及乘合法车乘安全车的相关知识，提高广大农民群众的安全乘车意识和自我保护意识，宣传严厉打击非法营运的措施和手段，震慑非法经营者，为深入开展“农村打非”行动营造良好的舆论氛围，建立良好的群众基础。（颜　丹）

2018年12月30日，区交通运输局在新洞株公路扫雪除冰（颜丹/摄）

【2018年春运工作部署会议】　2018年1月30日，雨花区2018年春运工作暨交通运输行业安全生产“打非治违百日行动”工作部署会议召开，会议安排部署雨花区交通运输系统“打非治违百日行动”及2018年春运工作，火车南站地区综管办、洞井街道、黎托高速汽车站代表重点部门和单位进行发言。区人民政府副区长刘江红强调，抓好春运工作是当前的头等大事，明责才能尽责，严爱才是真爱，用心才能虚心，全力才能全胜，要强化措施，营造露头就打的工作氛围。做到宣传引导到位、源头管控到位、联合执法到位、督促检查到位。建设和谐、平安、畅通、温暖春运，要加强组织领导，压实工作责任；要严格检查执法，确保效果；要广泛宣传发动，营造良好的舆论氛围；要严肃事故查处，严格责任追究。区春运工作领导小组成员单位分管负责人；各街道、镇分管负责人及专干；雨花区辖区内“两客一危”运输企业、货运代理企业、货运站场、维修企业负责人，区公路建设项目、跳马镇安防工程建设项目负责人及区交通运输局全体干部职工参加会议。（颜　丹）

【2018年春运工作总结会议】　2018年3月29日，雨花区2018年春运工作总结暨交通运输安全生产专题培训会议召开。区春运领导小组办公室主任、区交通运输局局长赵正坤全面总结春运工作，2018年春运工作从2月1日开始，至3月12日结束，历时40天，全区铁路、公路共安全发送旅客737.5万人次，春运工作取得零事故、零伤亡的佳绩，实现“安全有序、畅通和谐”的春运目标。会议表彰春运先进单位和先进个人。雨花区人民政府副调研员师建新要求以更加坚定的信心推进交通运输工作；以更加有为的担当推进交通运输工作；以更加惠民的举措推动交通运输工作。长沙市安全生产监督管理局副调研员冯卫开展《湖南省生产经营单位安全生产主体责任规定》专题讲座。区春运工作领导小组成员单位分管负责人；各街道、镇分管交通运输工作副职和专干；辖区内“两客一危”运输企业、货运代理企业、货运站场、维修企业负责人，区公路建设项目、跳马镇安防工程建设项目负责人；区交通运输局全体干部职工共计200人参加学习。（颜　丹）

【重点运输企业春运动员会】 2018年12月14日，雨花区召开2019年度“两客一危一校”重点车辆春运动员会，雨花区重点运输企业负责人和驾驶员代表参加会议。雨花区交警大队副大队长彭星顺总结2018年交通运输安全工作，要求各重点运输企业一定要保持高度的风险意识、忧患意识，把交通安全作为2019年春运工作的重中之重，严格强化落实安全生产的主体责任。雨花区交通运输局副局长杨国辉要求，各公司负责人和驾驶人要坚决克服侥幸麻痹心理，高度重视春运道路交通安全工作，切实落实各项措施，确保春运道路运输安全，预防和减少各类道路交通运输事故的发生，确保出行平安。坚决遏制重特大事故发生，全力打造“平安春运”，最大限度地为广大人民群众出行提供良好的出行环境。（颜 丹）

【非洲猪瘟防控工作专项行动】 2018年11月19—23日，雨花区重大动物疫病防治指挥部办公室组织开展非洲猪瘟防控工作专项行动。区交通运输局联合动检、农水局、交警、各街镇等部门，在黎托高速口、桃阳高速口、李家塘高速口、团头高速口设置4个防控非洲猪瘟重点检查点，实行24小时值班负责制。行动期间，各部门相互协调，将所有经过哨卡的生猪及生猪产品运输车辆进行登记并严格落实检查、消毒等措施，将违法违规调运的车辆移交相关责任部门进行处理。检查车辆684台次。（颜 丹）

【雨花区全力备战雨雪冰冻天气】 2018年12月30日，区政府副区长陈怀宇组织召开区交通运输局、区农林水局等部门会议，要求各部门迅速行动起来，积极做好应对低温雨雪冰冻天气工作。由区交通运输局牵头，制定相关应急方案，成立4个组（运力保障组、道路畅通保障组、物资保障及信息报送组、督查落实组），分工负责。全区农村公路除冰铲雪工作按照“县道县管、乡道乡管、村道村管”的原则，明确区、镇、村三级的责任，确保农村公路条条路畅通。准备应急物资，包括盐5吨、铲子100把、挖掘机2台、车辆6台，砂5吨，石100吨，木屑50袋，麻、草袋500个，警示标牌、设备等100块。安排人员对全区主要农村公路进行排查，加大对交通流量较大以及临水临崖等危险路段的安全隐患排查工作，对发现有交通安全隐患的路段，建立安全隐患台账，重点巡查、重点监控，对路面损毁严重暂时不能立即修复的，及时制定抢修方案，力争最短时间内进行抢修，并安装相应的提醒、警示标志，确保万无一失。（颜 丹）

【区政协调研交通运输工作】 2018年1月9日，雨花区政协副主席彭可佳带队专题调研2018年交通运输工作。区交通运输局局长赵正坤汇报区交通运输局人员、职能职责、2017年工作开展情况、2018年工作思路等。彭可佳要求，要理清职能职责，在现有人员的基础上，克服困难，抓好2018年工作，全面完成任务；要以跳马区划调整和区委、区政府“项目大攻坚、管理大提质”为契机，解决好交通运输局存在的问题，在确保安全的基础上，完成区委、区政府交办的各项任务。（颜 丹）

【支部共建座谈会】 2018年10月25日，湖南省交通运输厅政策法规处支部书记、处长李曙光率政策法规处一行6人与雨花区交通运输局开展“支部共建”座谈，听取雨花区交通运输局基本情况介绍，了解雨花区交通运输局党建工作、依法行政工作、“放管服”改革工作开展情况，了解基层单位（党组）工作现状，听取基层单位（党组）对省直单位工作的意见建议，学习基层单位（党组）好的经验做法，交流、讨论加强党的建设、做好依法行政工作和推进“放管服”改革。李曙光强调，要全面加强党的建设，充分发挥堡垒作用，夯实党的基础工作，对标强建设，抓载体强建设；要全面加强党对经济工作的领导，要研判新形势，把握新变化，适应新要求；要以人民群众是否满意检验党建工作成效；希望通过结对，两个单位都能出成效，研究一批实际问题，反映基层实际情况，解决工作实际难题，推进党建工作上台阶。（颜 丹）

火车南站地区综合管理

【概况】 长沙火车南站位于京港、沪昆、渝厦（建设中）三线交汇的“中间点”，连接23个省会城市，连通京津冀、长三角、粤港澳、云贵川等经济功能区，隶属广铁集团的国家级特等站，有13个站台，28条股道，每天开行高铁511趟，其中始发102趟。是集高铁、地铁、城市航站楼、磁浮、长途汽车、公交车、出租车、网约车和东、西广场“八站两广场”格局交通枢纽，是湖南最大的窗口。站区有长沙南站、轨道集团、交通集团等49家驻站单位，涉站的管理单位有100家，其中长沙南站、轨道集团、龙骧黎托汽车站等运营维护单位21家，区公安分局治安三大队、城管火车南站中队等执法管理单位21家。长沙火车南站地区综合管理办公室（简称“火车南站综管办”）是长沙市政府和雨花区政府派驻高铁南站地区牵头管理单位，为区人民政府承担行政职能的全额拨款事业单位，主要负责火车南站地区交通秩序管理、市容秩序管理（不含环卫、市政、园林管理和维护作业）、治安秩序管理、经营秩序管理及其综合服务“四管理一服务”工作；负责火车南站等铁路部门、政府有关职能部门、企事业单位的综合协调工作；牵头火车南站地区公共配套设施管理和维护的协调工作。管理区域的范围为：北至曲塘路，南至香樟路，西至黎托路，东至川河路；站内管理按照“滴水为界”与火车南站等部门协商确定。内设综合管理部、执法协调部、社会事务部。核定事业编制30名，其中领导职数10名。2018年，全体在职干部职工数30人，雇员3人，其中党员19人。协警120名，区公安分局、区交警大队、区城管综合执法大队、区交通运输局4家执法部门派驻常驻站区正式执法人员36名。办公地点设黎托综合客运枢纽四层。

2018年，长沙火车南站到发旅客7200万人次。长沙火车南站地区综合管理办公室围绕“扮靓湖南窗口，打造全国标杆”的总体目标，主动作为、攻坚克难，窗口形象持续改善，服务品质持续提升，得到省、市、区领导的高度肯定和广大旅客市民的认可。获“湖南省文明窗口单位”“长沙市文明标兵单位”“雨花区先进基层党组织”等称号。（甘家法）

【站区管理】 2018年，火车南站综管办两次向中国铁路总公司汇报对接关于长沙南站整体提质改造工作，争取解决火车南站排水排污不畅、电梯等设施设备老化缺失、商业氛围过多过杂等“老大难”问题。组织开展“电梯革命”“厕所革命”等专项整治行动，站区200台电梯实行统一编号管理，提质改造厕所9个；拆除候车室全部悬挂广告及安检大厅扶梯两侧商业广告，将出站通道所有商铺移至两侧，站内商铺、展位、广告实现提质减量；对地下排水管网、落客平台排水沟进行提质改造，对站区周边11处绿化带进行补损植绿，修复1号应急停车场破损地面3处。落实武警、公安联勤联动机制，实行武警、公安联勤武装巡逻，组织开展反恐防暴专项督查，督促站区业主单位增设反恐防暴设施，防撞麻石球增加至1150个，更换治安执勤岗亭6个，更换警灯12副。组织公安、交警、城管、运政等执法管理单位，持续实施治安、交通、城管、经营等四个“最严管理”，开展“扫黑除恶”“百日整治”等专项整治，不定期开展联合整治行动，查处喊客拉客人员3421人，其中治安拘留170人，查扣黑车430445台，违停抄牌、锁车42271起，劝导不文明行为24255起，办理四乱案件295起，规范共享单车10202辆。（甘家法）

【站区服务】 2018年，综管办主动与长沙火车南站、轨道集团、龙骧集团等站区业主单位及公安、交警、城管、运政等驻站执法管理单位沟通协同，联手发力，召开联席会议12次，现场调研调度50余次。协调推动在全国高铁站区率先开通网约车专用上客区、共享汽车专区，方便旅客选择自助交通出行；率先建成网格化服务管理综合应用平台，构建网格管理联勤联动工作机制，站区综合治理更加精细高效；率先建设高铁旅客进地铁免安检专用通道，旅客出行更加便捷舒适；联合长沙火车南站启动“智能车站”建设，开展“畅通工程”；在东、西进站口安装自助实名制核验闸机，实现旅客刷脸进站，缩短验证等候时间；增设20分钟急客优先专用通道，派驻4名志愿者长期提供引导服务，引导应急旅客快速进站乘车；增加部分标识标牌，出站口增加大型换乘指引标牌，站台安装电子车厢引导屏，通过手机APP及微信公众号，为旅客提供车站大屏、站内导航等服务信息；每天组织10余名志愿者到站区为旅客提供服务，全年65个志愿服务团队，3900余名志愿者参与站区旅客服务，服务旅客近100万人次。（甘家法）

2018年2月7日，湖南省委常委、长沙市委书记胡衡华（前右二）考察长沙火车南站（甘家法/摄）

【春运、暑运工作】 2018年春运，从1月21日开始，至3月1日结束，共40天，站区到发旅客755万人次，日均到发18.9万人次，到发总量比上年同期增长9%，客流最高峰日为2月23日（正月十九），到发旅客24.8万人次，较上年最高峰日增加2.3万人次，再创春运历史新高。2018年暑运，从7月1日起，8月31日结束，站区客流持续高位运行，客流特点以旅游探亲流、学生流、务工流为主。长沙火车南站地区到发旅客1321万人次，同比增长9%，日均到发21.4万人次（比2017年暑运日均增加2万人次），最高峰日达到24.1万人次。站区没有一名旅客滞留，没有一起安全治安事件，没有发生大面积交通拥堵。（甘家法）

【高铁进地铁免安检通道】 2018年，为进一步优化客流组织，火车南站地区综管办牵头协调长沙南站和市轨道集团，建成启用高铁旅客进地铁免二次安检，方便旅客便捷换乘，提高旅客通行效率。将高铁北1号出站口与地铁6号出入口无缝连接，将高铁南1号出站口与地铁7号出入口无缝连接，高铁出站旅客可以从免安检专用通道直接换乘地铁，不需要进行再次安检。改乘其他交通工具的旅客从高铁北4出口、南4出口出站。出站层东西通道免安检区域采用围挡封闭，每个区域设置了单向出站门供有需要的旅客使用，同时设置2个应急门，在紧急情况时及地铁运营结束后由地铁保安全部打开。2019年春运期间，有近100万名旅客免除二次安检便捷换乘，有效提升进出效率。（甘家法）

【网约车通道】 2018年7月，长沙火车南站地区综管办牵头，在火车南站东广场试运行网约车专用通道，完成网约车专用通道的车辆自动识别系统建设、进出口岗亭安装、标识标牌更改、网约车上客区改造等各项工作。火车南站地区网约车专用通道是全国首条高铁站区网约车专用通道，开创高铁站区配套完善网约车交通设施的

“先河”，有效解决站网约车与旅客“人等车，车等人”的困局，规范站区网约车运营，进一步打击“黑车黑的”。成为全国高铁站区与交通枢纽学习的样板。（甘家法）

【“和谐号”党建联盟】 2018年，长沙火车南站站区19个党组织联合成立“和谐号”党建联盟，有19个“共产党员突击队”和“共产党员志愿服务队”，42个“共产党员先锋岗”，611名共产党员，设立8个网格联合党支部，构建高铁站区共建共治党建共同体，以党建引领站区服务管理提升。“和谐号”党建联盟经验做法受到中组部的充分肯定，9月24日在湖南省基层党建工作简报第14期刊发，广铁集团在湖南省18个高铁站区进行推广。（甘家法）

环境保护

【概况】 雨花区环境保护局（简称“区环保局”）负责组织编制全区环境保护规划、计划，开展污染减排工作，负责环境污染的防治、建设项目的环保审批、环境问题的统筹协调和调查处置、环境执法及现场监管、环境监测、环境统计、环境宣传教育、自然生态、城郊结合部环境综合整治和核辐射安全的监督管理工作。内设办公室、污染监督管理科（加挂行政审批科牌子）、污染总量控制办、宣教法规科4个职能科室，核定编制8名。下设区环境监察大队（加挂环境应急办公室牌子）、区环境保护监测站两个二级机构。环境监察大队为副科级参公事业编，核定编制12名；区环境保护监测站为事业编，核定编制9名。2018年，区环保局在职干部职工28人，其中在职在编干部10人，引进人才1人，雇员15人，劳务派遣人员2人；退休6人。区环境监察大队在职12人，区环境保护监测站在职9人。局党支部党员36人，其中在职党员28人。办公地点设在雨花区人民政府大院2号办公楼5层。

2018年，雨花区完成生态环境保护项目21个，其中大气污染防治项目9个，水污染防治项目5个，土壤污染防治项目7个。全年空气质量优良天数277天，优良率76.9%；地表水水质较往年明显改善，浏阳河雨花段水质基本达到考核标准。圭塘河水质持续改善，从8月起全部达到考核标准；土壤环境风险和农村面源污染得到有效管控；区域噪声达国家声环境标准。区环保局全面贯彻环境主体责任，深入落实绿色发展理念，以改善环境质量为核心，以解决突出环境问题为重点，扎实推进生态环境保护工作，全区环保战线实干善为，环境质量持续改善，生态环境保护各项工作取得新的进展。开展“党员项目管理”活动，将局内各项工作划为若干个项目由党员干部认领包干，局党组跟踪进度、季度讲评、年度考核，作为评先评优、推荐干部重要依据；局机关党支部获评“五化党支部”，“政治生日寄语”征集活动获区直机关一等奖；局领导班子获“五好班子”提名奖；雨花区环境监察大队被评为长沙市环境监察工作先进集体，黄平被评为长沙市环境监察工作先进个人；余辉入选雨花好人之敬业模范。建成城管环保一体化网格管理体系，经验向全省全市推广，全年上报环保网格化案件3.7万余起，办结率99.5%。（李　欣）

【环境管理】 2018年，雨花区注重环境保护工作顶层设计，区主要领导常态化听取环保工作汇报。区委常委会、区委碰头会、区政府常务会、区长办公会研究部署环保工作20次。区人大专题评议生态环保工作。区政协对“蓝天保卫战”开展民主评议，6名政协委员作为特约监督员忠实履职，受邀参与宣教活动和环境执法等；环保责任落实到位。常态开展考核督查，出台《雨花区生态环境保护（“蓝天保卫战”）考核办法》，各单位落实环保责任、“蓝天保卫战”、环境问题整改、污染源普查等工作情况作为区绩效考核的重要依据；全市率先出台《雨花区环境保护问题问责办法》，对履职不力，工作不到位的严格追责问责。主办中央环保督察“回头看”信访交办件114件，办结率100%；协办信访交办件36件。下沉督察雨花经开区17家企业和跳马绿心地区，情况良好。责令整改35家、立案处罚7家，罚款18.09万元，移送刑事拘留1人，移交刑事线索1个，约谈39人、问责7人。主办省级环保督察信访交办件156.5件、督察组交办件5件，办结率100%。责令整改企业30家，立案处罚7家，处罚金额126.72万元，移送行政拘留1人，问责9人。省环保督察反馈问题涉及雨花区7大方面39项，雨花区牵头整改6项，全部达到时序进度要求；配合市级整改的33项。（李　欣）

【环境治理】 2018年，雨花区推进“蓝天保卫战”。实现58个省市管工地和22个区管工地扬尘在线监控对接，各工地均设有环保责任公示牌；采购租赁雾炮车对重点区域不间断降尘；渣土管理实行夜间派驻制，所有渣土车必须经派驻人员检验合格方能出场；完成社会路口硬化62处，硬化面积2.6万平方米；区环保、交警、交通部门联合开展大型综合整治行动，查处混凝土车172台，运砂车21台，重型车辆6735台；113家汽车维修行业和28家印刷行业企业全部完成治理，整治速度和数量全市第一；2533家各类餐饮门店净化设施全部安装到位，超额完成老旧社区油烟净化设施升级改造；完成43家“散乱污”企业治理；重点区域重点行业错峰生产制度得到落实；开出全市首个工地垃圾焚烧最严罚单（10万元），对个人垃圾焚烧施行顶格处罚2000元；采取奖惩并举形式清退三环内所有62家烟花爆竹门店；红星花卉市场65家过冬燃煤锅炉改造和拆除完成，均用上环保油锅炉。东塘街道成为全市首个无燃煤街道；加强对成品油生产流通质量监督检查，发现整改问题8处，严厉打击非法生产、添加、进口、销售不合格油品行为。全年发现并整改问题50652个，立案处罚1475家，立案侦查3件，罚款1465万元，行政拘留46人，刑事拘留4人，约谈49人，问责7人。投入近百万元高标准建设园区大气污染在线监控设备；率先引进航天宏图公司开展雷达扫描污染源，实现精准治污；探索推进重点区域环境托管，与天得一公司合作，通过光触媒产品催化降解氮氧化物，VOCs等污染因子，降低$PM_{2.5}$浓度，提升空气质量。全面落实河长制，“政府河长＋民间河长”巡河制度常态化；圭塘河全面消除劣V类水，摘掉30年的劣V类水帽子；投资10亿元、占地40公顷的井塘海绵城市示范公园PPP项目进展顺利；生态引水工程调水784万立方米，有效解决圭塘河地表径流不足问题；顺利通过中央黑臭水体治理专项督查，全市率先完成黑臭水体整治效果评估验收，圭塘河作为长沙市治理典型在生态环境部官网进行推介；推进河道保洁工作，浏阳河环境卫生全市第一；抓好全区4948处小微水体管护工作，跳马镇新田村张公塘成为内五区首个“无污染、无违建、无垃圾、无淤积”管护示范点。有效管控土壤环境风险和农村面源污染，全市率先完成疑似污染地块调查任务和土壤重点企业自行检测；“绿盾2018”自然保护地监督检查专项行动完成，存在问题一一对单销号；妥善处置湖南正圆厂土壤污染事件，危险废物、废液安全转移，违法行为得到查处；启动绿心退出企业土壤环境修复工作；强化危险废物监管力度，危废管理绩效考核中获内五区第一、全市第二；顺利通过市级农村固体垃圾处置补助资金专项督查。全区噪声均达到国家声环境质量标准。以中央、省环保督察交办的噪声问题整改为切入点，加强对交通运输、建筑施工、社会生活、工业企业等领域的重点噪声排放源管理，特别是交通噪声的整治力度。会同多部门开展“三考”和“新三考”静音专项执法行动。

（李　欣）

【环境监管】　2018年，雨花区构建完善全覆盖网格化监管体系，网格员队伍1000余人，每天约400人在线，发现环保问题即通过“网格通”APP上报。环保问题梳理后制定具体50个处置事项，分为A、B、C、D四个处置等级，分别对应社区、街道、区和市级部门处置。以网格系统为支撑，通过高科技手段，对网格员在岗情况、履职情况、履职效果进行智能化监督管理。通过网格环保问题有效上报数、处置率等，结合网格化管理日常工作，科学化考评。环保网格化监管工作经验向全省、全市推广。更新污染源随机抽查动态信息库，掌握辖区所有污染源底数，采取抽签方式确定被抽查排污单位名单，双随机抽查监管污染源企业130家。开展“长株潭蓝天利剑”、燃煤锅炉清零、散煤整治、成品油环境污染、挥发性有机物VOCs、长江经济带化工污染等专项执法行动；全年行政处罚金额540万元，列长沙市内五区第一。开展长沙经济固体废物大排查行动以及废弃铅酸蓄电池行业、产废单位、经营单位专项执法；每月至少组织相关部门和各街镇开展一次重点领域环境监管执法行动。大气污染防治特护期，每周至少开展一次综合执法或专项执法，对市蓝天办、市环委办督办交办的问题坚决整改到位。全年按照市环委会部署开展综合执法21次，专项执法行动54次，日常监管执法150余次；按照市蓝天办部署开展综合执法1235次，专项执法7619次。加大对涉水违法行为查处，立案处罚9件，罚款120万元，移送行政拘留4人。立案查处环保部门职能一般行政处罚案件62件，罚款540万元，四个配套办法案件11件；移送行政拘留案件8件，移送刑事案件4件。受理各类环境投诉400余件，化解比亚迪公司废气扰民投诉。信访回复及时、处置程序规范，无信访积案、未发生群体事件及越级上访事件。

（李　欣）

2018年9月2日，区环保局召开环保法规解读会　（李欣/摄）

【环保宣教】　2018年，雨花区开展多种形式的环境保护宣传活动。组织“‘6·5’环境日”“保护环境，保卫蓝天”“保卫蓝天，我有一计”“圭塘河健步走”等大型宣传教育活动20余次，发动人员5万人次。大型环保主题活动6次，发动人员5000余人次。率先全市打响全民“蓝天保卫群众战”，印发、张贴“同呼吸、共奋斗”主题海报　8万份、手册20万份、公告6万余份。在主流媒体刊播“蓝天保卫战”报道500余篇，确保每天都有“雨花声音”。

（李　欣）

【环境监测】　2018年，雨花区完成全年各类应急监测、执法监测任务；新增1处雨量监测及19　处排口流量监测设备；圭塘河6处断面新建6个24小时水质在线监测设备；市控空气监测子站建设前期准备工作全部完成；覆盖全区13个街镇和经开区的16个空气小微站建成使用，每日发布监测数据；五江天街、环保学院周边大中型餐饮门店点位安装油烟在线监控设施51个，可通过手机、电脑平台直观监测数据。

（李　欣）

【污染源普查】　2018年，雨花区有序推进污染源普查工作。选聘普查员、普查指导员参加市、区集中培训，召开全区相关企业340人参加的第二次全国污染源普查入户动员暨技术培训会议，启动入户试点。通过发放资料、悬挂横幅、电子显示屏滚动播放、新网络媒体等多渠道广泛宣传。两办督查室、区污普办对各单位机构建设情况、生活源锅炉清查、工业企业清查、入河排污口清查等情况开展联合督查，确保工作效果。全年完成入户调查、数据录入审核，环保专网上报率达到100%，其中生活源锅炉140台、工业源337个、入河排污口9个、集中式污染处理设施3个，移动源40个，新增行业659家（其中加气站4家，科院院所及高等院校19家，4S店及汽修厂192家（规上113家、规下79家），医疗机构444家（规上63家、规下381家），完成年度任务，顺利通过国家、省、市的专项督查。（李　欣）

【生态系统保护】　2018年，雨花区加大生态系统保护力度。按照“先小后大、先易后难、先非法后合法”的原则，通过联合执法、转型升级、易地搬迁等方式推进绿心地区工业企业退出工作。全区应退出196家工业企业全部退出，其中关停154家，列入调规42家。拨付市、区两级生态补偿资金2307万元，发放两批46家企业的奖补资金432万元。持续开展三年造绿行动，完成环城绿带生态圈、城乡公园、增花添彩、绿色共建共享、林荫工程等重点工程，新建城市公园两个、小游园两个和乡村公园1个，空间绿化面积两万平方米，完成5个绿色示范社区、4个绿色示范村庄和20个绿色示范庭院创建；建成林荫道路3条、林荫广场3个、林荫停车场3个，绿化维护考核内五区第一。7座矿山矿坑获省两型委生态修复项目准入。倒土填坑鑫旺矿山1个、四马冲矿山两个，冬斯港矿山两个，中核公司完成龟坡第一、二、三阶梯喷洒种子层，旺兴矿坑办理相关手续。（李　欣）

【应急演练】　2018年11月30日，长沙市交警部门联合雨花区开展隧道交通事故应急救援演练。现场模拟万家丽路天际岭隧道南往北东侧道路上，一辆大客车与一辆危化车（油罐车）发生相撞，危化车撞击受损冒烟，车内有多人不同程度受伤，危化品驾驶员现场向122和120报警，接到报警后，长沙市交警支队立即启动应急预案，雨花区委、区政府组织相关应急联动救援单位陆续赶到现场，雨花区环保局接到上级命令，立即启动突发环境事件应急预案，时响应，按应急方案赴现场开展环境空气、水质监测与现场监察工作。（李　欣）

【生态环境保护委员会会议】　2018年1月18日，雨花区2018年生态环境保护委员会第一次全体（扩大）会议召开。副区长王明玖传达长沙市环境保护工作暨强力推进环境大治理坚决打赢“蓝天保卫战”动员部署会议精神，全面部署环境治理工作。区生态环境保护委员办公室主任、区环保局局长钟智宏安排大气特护期工作、水土污染防治、打赢“蓝天保卫战”等重点工作。副区长黄健元部署全区限放禁放烟花鞭炮等工作。区委副书记、区长刘素强调，强力推进环境大治理，坚决打赢“蓝天保卫战”工作非常重要，是市委市政府重大决策部署。雨花区务必要深入贯彻落实上级指示精神，进一步统一思想、压实责任，强化举措、精准发力，全力打赢污染防治攻坚战特别是“蓝天保卫战”，确保雨花环保工作走在全市前列。要突出抓好顶层设计，按照既定的方案，细化到具体项目、具体措施、具体要求，明确责任单位、实施单位、完成时限，确保全年工作掌握主动、精准施策；要坚决抓好控车、控排、控烧、控尘、控煤、控油“六控”措施，精准发力，以铁的决心、硬的举措抓好落实、抓出成效；突出责任落实到位、铁腕执法到位、调度考核到位、引导宣传到位“六个到位”，把目标任务分解到岗、落实到人，确保每个责任环节都有人抓、有人管；敢于动真碰硬，该整改的整改，该关停的关停，切实营造不敢违法、不能违法、不想违法、自觉守法的社会氛围；把打赢“蓝天保卫战”体现到考核体系中，对没有完成目标任务的单位，一定要从严问责、从严追责，确保各项措施落到实处；切实加强宣传教育和舆论引导，推动环保宣传进机关、进企业、进社区、进课堂，着力增强全民环保意识。会议原则通过《雨花区“强力推进环境大治理，坚决打赢蓝天保卫战”三年行动计划（2018—2020）》方案及12个子方案（讨论稿）和雨花区“强力推进环境大治理　坚决打赢蓝天保卫战”工作领导小组（讨论稿）。区委常委、常务副区长邹春林，区委常委、副区长王彦峰，雨花区经开区管委会副书记、主任李国军，区人大常委会副主任叶松，区政协副主席彭可佳出席会议。区生态环境保护委员会成员单位行政主要负责人、分管负责人和各街镇行政主要负责人，分管负责人及环保站长共83人参加会议。（李　欣）

【迎接中央环保督察“回头看”问题交办会】　2018年7月8日，雨花区迎接中央环保督察“回头看”问题交办会召开。区委副书记、区长刘素月传达市环委办《关于印发杜家毫书记对当前生态环境保护工作主要指示精神的通知》及市突改办《关于转发中央环保督察“回头看”通报典型案例的通知》，学习全省、市、州长视频会议精神及市政府常务会议、市长办公会要求，细化部署迎接中央环保督察“回头看”、省级环保督察、“蓝天保卫战”、黑臭水体治理、绿心工业企业退出、畜禽退养等工作。刘素月要求：各单位、各部门要提高站位，切实深刻领会习近平生态环境保护工作思想。问题整改要到位，严禁虚假整改；执法要到位，执法要严要实；提高能力，管业务要管环保，要不断提高环保业务能力；抓好整改，问题一件件过，不整改到位绝不放过；要压实责任纪律，治污先治人，责任不实，担当不力的将严格问责追责。区委书记张敏强调，要清醒认识存在的问题；要根据问题查摆原因，寻找方法，决不能敷衍了之；要认认真真面对问题，扎扎实实解决问题；要进一步提高政治站位，要将上级政策、要求、精神上升到思想上，落实到行动上，务实解决突出环境问题；要切实抓好问题的整改，要以雷厉风行的作风坚决整改问题，决不能阳奉阴违、决不能走形式打折扣、决不能态度暧昧，坚决真抓实改；要加强调度督察，书记区长不定期进行明察暗访，区分管领导一周至少两次调度督查，各街镇要两天一研究会商，部门要每日部署、巡查。各单位主要负责人要做到心中有数。对责任不实、行动不力的要严肃追究责任绝不手软。区委常委、区委办主任周海毅，区政府相关分管副区长及有关区领导出席会议。雨花经开区、各相关部门主要负责人，各街镇党政主要负责人参加会议。

（李　欣）

【迎接省环境保护督察工作动员大会】2018年7月26日，雨花区迎接湖南省环境保护督察工作动员大会召开。会议传达中央和省、市关于环保工作的最新部署要求，以及湖南省第一环保督察组进驻长沙动员大会有关精神，部署迎接湖南省环境保护督察工作。会议印发《长沙市雨花区环境保护问题问责办法（试行）》。区委副书记、区长刘素月表示，环保督察是对雨花区生态环境工作的全面检验，也是对全区履行环保责任的有力指导和极力鞭策，更是提升环境治理的难得机遇。全区各级各部门要提高政治站位，切实增强配合督察的责任感和紧迫感，要站在打好、打赢污染防治攻坚战的高度，按照会议部署一项一项抓好落实；要坚持问题导向，切实增强问题整改的针对性和实效性；对于环保督察中发现的问题将严格实施问责办法，一律启动问责。区委书记张敏强调，全区各级各部门思想上一定要高度重视，要从讲政治、讲大局、讲规矩的高度，从增强“四个意识”、落实“三个坚决”、坚定“两个维护”的高度，把做好环保督察工作作为当前一项重大政治任务抓紧抓实，绝不能出现半点差池。行动上一定要认真细致，对督察中出现的问题要建立问题清单、任务清单、责任清单，强化督办落实，坚决做到不查清情况不放过、不处理问题不放过、不整改到位不放过、群众不满意不放过，确保件件有着落、事事有回音；要从严执法，对相关环境违法行为，一律从严处罚。要加强对环保督察工作的领导，始终按照环保督察的要求，坚决落实好“一把手”的责任，按照“党政同责”“一岗双责”要求，层层压实责任，破除“环保督察是环保部门的事情”思想，形成工作合力。上项目、抓发展，都要把环保作为前置条件。要建立健全长效机制，总体提升环保督察中的好经验，好做法，强化环保宣传引导，实现标本兼治、常态长效，不断提高生态文明建设整体水平，努力实现经济社会发展与生态保护共赢。（李　欣）

【查处圭塘河水体污染事件】2018年1月7日，雨花区环保局接群众举报，圭塘河河面出现大量红色血水。区环保局会同相关部门迅速到达现场调查。经调查查明，系长沙市总平清洁服务有限公司驾驶员何某某，驾驶牌照为湘AC8857的罐车，非法将从某公司托运的牲猪血水，排往雨花经开区振东路的雨水管道，导致圭塘河大面积污染。经委托湖南华科环境检测技术服务有限公司对W1圭塘河10#排口进行采样检测，检测结果显示，化学需氧量为每升604毫克、氨氮为每升55.3毫克、色度为128倍，超过国家排放标准。按照《中华人民共和国环境保护法》第六十三条第三项及《行政主管部门移送适用行政拘留环境违法案件暂行办法》第五条的有关规定，区环保局将案件移交雨花区公安分局。雨花公安分局对直接责任人何某某处以行政拘留15日。区环保局依据《中华人民共和国水污染防治法》第八十五条第一款第四项和第二款，对长沙市总平清洁服务有限公司处以罚款10万元。（李　欣）

【某污染地块环境安全应急处置】湖南正圆动力配件有限公司在将其新、老电镀车间厂房拆除过程中，污染地块治理措施不完善，并擅自启动污染地块修复项目施工建设，委托圭塘建设有限公司在厂区内实施止水帷幕施工，启动售楼部建设，致使地块受到破坏，发生环境风险。2018年7月，雨花区环保局接管对湖南正圆动力配件有限公司现场监管职责，积极采取措施，对污染地块环境风险进行应急处置；转运污染地块电镀收集池内废水，在厂区内安装临时污水处理设施，建设环境应急池、应急沟等，定期对废水进行处置检测，以排除环境风险；对“未批先建”环境违法行为进行查处。对其处以罚款125.33万元，约谈公司主要负责人；责令依法办理环评手续，公告审批情况。（李　欣）

【查处违法排污】2018年6月15日，区环保局环境监察人员现场，发现杨某某、孙某某、孙某某3家货车维修站在维修期间将废矿物油、废机油滤芯、废机油壶等危险废物露天储存、堆放在室外，部分废矿物油通过隐蔽雨水沟渠、渗坑的方式排放，造成周边环境污染。区环保局依法委托第三方检测公司对该3家货车维修站附近的雨水沟渠和渗坑废水进行现场采样，检测结果显示：污染物石油类含量为每升45900毫克，超过国家排放标准。3人涉嫌通过渗井渗坑排放有毒有害物质，其行为触犯《中华人民共和国刑法》第三百三十八条和《最高人民法院、最高人民检察院关于办理环境污染刑事案件适用法律若干问题的解释》第一条第（五）项和第十五条第（一）项的有关规定，涉嫌环境污染犯罪。区环保局依法将杨某某、孙某某、孙某某移送公安机关。（李　欣）

园区建设

雨花经开区

【概况】 长沙雨花经济开发区（简称“雨花经开区”）的前身为湖南环保科技产业园，是湖南省人民政府批准成立的省级开发区，2003年开园建设；2006年国家对开发区清理整顿后予以保留，国家发改委命名为长沙雨花工业园区；2012年3月5日，湖南省人民政府办公厅对全省开发园区进行统一规范命名，改为长沙雨花经济开发区。中共长沙雨花经济开发区工作委员会、长沙雨花经济开发区管理委员会，分别为市委、市政府的派出机构，合署办公，为正县级机构，委托区委、区政府管理。内设办公室、招商合作局、经济发展局、规划建设局、工务局、社会事务局、纪检监察室7个职能科室，原安监局于2017年6月调整为安委办。派驻机构有财政分局、城管中队、交警中队、国税分局。核定编制38名；全体在职干部职工数40人，其中正县级干部3人（含1人援藏），调研员1人，副县级干部5人，正科级11人；中共党员39人，致公党员1人，退休干部数1人。

2018年，雨花经开区推动“招商引资看雨花、项目建设看雨花、改革开放看雨花，非公党建看雨花、精准扶贫看雨花”，完成全年目标任务。完成规模工业总产值335亿元，同比增长31%；实现规模工业增加值89亿元，同比增长17.1%；完成固定资产总投资85亿元，同比增长26.9%；完成进出口额1.83亿美元，实际利用外资2.05亿美元，纳税过百万的企业119家，实现全口径税收26.89亿元，同比增长33.91%。雨花经开区重点发展的新能源汽车及零配件主导产业、人工智能传感器及机器人特色产业“一主一特”产业产值占规模工业总产值占比80%。在市对园绩效考核中位列省级园区中第二、内五区第一，在全市重大产业项目观摩评比中排名第一。获评全市建设用地节约集约“优秀”等次。园区拥有省、市技术中心18个，其中省级以上7个；市级院士工作站2家，企业申请专利总数为630件，累计增长8%（申请数量排名市内省级开发区第一）。4月，长沙市比亚迪汽车有限公司“比亚迪新能源整车扩产项目”和湖南晓光汽车模具有限公司的产业项目“新能源汽车车身装备及零部件智能制造工厂”入选湖南省100个重大产业建设项目；长沙克明面业有限公司获长沙市“五一劳动奖状”；湖南晓光汽车模具有限公司唐博杰获长沙市“五一劳动奖章”；唐智科技湖南发展有限公司高铁动车组安全监控系统项目组、湖南驰众机器人有限公司工程部、湖南省泰达机器人制造有限公司工程研发中心获评长沙市“工人先锋号”。 （刘超超）

【招商引资】 2018年，雨花经开区围绕主特产业链签约引进三类“500强”项目4个，新增新能源汽车产业链项目34家，总投资额约37亿元，新增人工智能传感器及机器人产业链项目49家，总投资额约38亿元。引进总投资额30亿元的长沙比亚迪新能源汽车智能工厂改（扩）建项目和全国首家比亚迪（新能源）卡车研究院；吸引近40家电池研发、驱动系统、电控系统、充电桩等上下游配套、关联企业落户园区。深入调研人工智能及机器人产业链招商，形成产业发展报告；聘请日本工业影像协会代表理事木浦幸雄、大族激光智能装备集团总经理陈焱等专家担任园区招商顾问；举办长沙人工智能企业沙龙等专业技术研讨会，参加世界机器人大会等专业峰会；以小分队分赴北京、上海、深圳等地开展点对点敲门招商，对接企业超100家，拜访、接待客商近2000人次。3月，签约引进世界500强项目——西门子工业4.0创新中心；省重点机器人企业——中南智能基地投产。6月，签约引进全球细分领域10强项目——大族激光智能装备生产基地，推动项目于9月投产。对接中交路桥集团、中建集团等央企区域总部项目5家；成功策划园区26号、27号地块出让，吸引绿地、佳兆业等近20家大型房企竞拍，最终由中建集团以17.45亿元（熔断价格）拍得该地块。 （刘超超）

【项目建设】 2018年，雨花经开区新引进的30个产业投资建设项目，总投资120余亿元，完成投资50亿余元，项目个数和投资体量在内五区中排名第一，产业项目占比 80.46%，在内五区中排名第二。其中大族激光项目 9 号工厂用时 37 天建成投产、10 号工厂用时 20 天建成投产。（刘超超）

【企业服务】 2018 年，雨花经开区发布《长沙雨花经开区振兴工业实体经济扶植奖励办法》。4 月，召开 2018 年产业发展大会，奖励兑现 1400 万余元；出台《长沙雨花经济开发区管理委员会关于支持工业企业智能化技术改造项目资金拨付实施细则》《长沙雨花经济开发区关于振兴工业实体经济扶植奖励办法的实施细则》；开展企业家精神提质工程，在晓光模具“工匠学院”搭建企业家交流平台；成立雨花经开区公益法律服务中心，制作《雨花经开区服务指南》；由园区主要负责人带队到桑植县洪家关白族乡，为比亚迪公司召开专场招聘会，与白族乡 23 个村签订劳务合作协议。（刘超超）

【放管服改革】 2018 年，雨花经开区制定出台《雨花经开区推进最多跑一次改革试行方案》《投资建设项目审批事项目录》《“多规合一”改革推进方案》《长沙雨花经开区行政审批管理办法》等；对各类事项流程进行再优化，各类事项办结总时限由 523 日缩减至 240 日，审批流程整体提速 54% 以上；搭建园区企业“一站式”服务中心，将园区承接的涉及发改、经信、住建等 19 个市区直部门的 55 项行政职权和 29 项非行政审批企业服务事项，分别整合纳入行政审批、政策咨询兑现、帮（代）办三个服务窗口；推进“全员都是服务员”行动，实行“一对一”的管家式服务，班子成员以及 140 余名干部职工点对点联系园区 800 余家企业；对引进的企业项目实行“保姆式”的跟单服务，从工商注册到落地生产的全流程帮代办；按照企业化、扁平化的理念推动平台公司转型改革，设立开发建设公司和创投运营公司，公司班子成员于 12 月 29 日到位；出台《企业“一站式”服务中心窗口及工作人员管理办法》《企业“一站式”服务中心工作考核办法》等，规范行政审批行为。（刘超超）

【高新技术企业认定】 2018 年，雨花经开区争取或到位各类资金（含协助企业申报的资金）近 5000 万元，涉及发改、经信、科技等专线专项，市级科技计划立项 7 个，区级科技计划立项 21 个，新认定高新技术企业 21 家；在知识产权工作方面，企业申请专利总数为 630 件，累计增长 8%（申请数量排名市内省级开发区第一）。（刘超超）

【金融服务】 2018 年，各大金融机构为雨花经开区企业提供融资服务约 300 余笔，授信约 26 亿元，发放贷款资金约 13 亿元；降低企业融资综合成本，融资成本基本控制在银行基准上浮 30% ~ 50%；辅助园区企业挂牌新三板 1 家。（刘超超）

2018 年 4 月 2 日，雨花经开区产业发展大会（刘超超／摄）

【基础设施建设】 2018 年，雨花经开区完成雨花经开区城市景观提质改造项目一期（万家丽路、环保大道）、振东路、万家丽路等 24 条道路路灯设施整改、园区 32 号地支路污水管网改造、“蓝天保卫战”、长泰公司厂区内边坡垮塌治理、圭塘河经开区段闸坝前清淤、比亚迪厂区内管道清污工作、振华路下穿京珠高速桥排涝、比亚迪厂区二期南侧钢结构食堂拆除、比亚迪厂区复绿、宏泰厂房拆除及复绿、振华路充电站拆除及复绿、万家丽南路南段互通收费站恢复工程等 21 个项目。启动环保大道东延线、89 号地机器人集聚区、赵家冲堰塞湖排水工程、长郡雨外扩建工程等项目。（刘超超）

【环境整治】 2018 年，雨花经开区对 54 号、87 号、88 号、89 号地块以及黄谷路、环保大道东延线等黄土裸露处采用覆盖绿网、种植草籽等方式，覆盖和复绿 34 处 44 万平方米。用时 6 天拆除某企业 37 号厂房 2.5 万平方米，完成拆除该企业食堂 3000 平方米、清除水泥地面 3 万平方米及复绿 7 万余平方米。查处违规渣土车辆 44 台，共罚款 8.83 万元。（刘超超）

【拆迁安置】 2018 年，雨花经开区完成白田变电站、环保大道东延线和 96 号地同升村保障住房项目拆迁，征地面积约 13.47 公顷，协议拆迁面积 15.33 公顷，共拆迁腾地约 28.8 公顷，拆迁人口 469 人，拆迁资金约 2 亿元，按时完成市政府 630 攻坚项目拆迁。完成环保大道东延线跳马段国有土地和集体土地前期拆迁资料和现场勘定放桩等前期系列工作。（刘超超）

【安全生产管理】 2018 年，雨花经开区完成安全、消防培训 15 场，组织指导企业开展各类培训 48 场，参加人次 4600 人；召开安全生产工作会议，400 余家单位参加会议，签订“安全生产责任书”，首次对园区安全生产工作优秀单位和个人进行奖励；发放压实企业安全生产主体责任宣传册 2000

余份；组织园区近100家单位参加职业病防治宣传周活动；组织企业参加雨花区安全生产月活动；组织开展企业安全隐患排查，“三同时”专项检查企业8家；年度执法检查企业数82家，日常排查企业数236家；配合区安监和市安监安全生产执法检查处罚企业5家，处罚金额3万元；安全排查园中园企业数126家。雨花经开区全年未发生亡人责任事故。（刘超超）

【公司运营】 2018年，园区公司围绕“一主一特”产业发展需要开展工作，确保南庭城果人才公寓一二期、白田佳苑隔音屏、金井提质改造项目建设完成。湖南大族智能装备制造基地于2018年12月20日顺利迎接市对区项目观摩活动。南庭城果回款约2000万元并顺利办结所有房产证出证工作。康庭园完成招商约4000平方米，回款约7000万元。设计城入驻近80家设计及相关企业。雨花经开区启动平台公司整合转型，清理整顿园区融资平台公司，将8家公司整合转型为2家。根据雨花区平台公司整合转型方案，整合后园区保留1家平台公司即开发公司，1家一般经营性公司即湖南南庭投资有限公司。湖南南庭和创投资发展有限公司、湖南南庭物业管理有限公司注销合并到湖南南庭投资有限公司，其余4家公司注销。4家注销公司分别于6月底、7月初和8月中旬登报公示，2家合并公司于7月初登报公示。8月17日，长沙雨花经开区新兴产业引导基金企业登报注销。（刘超超）

【园区产业发展大会】 2018年4月2日，雨花经济开发区2018年产业发展大会在湖南省机器人产业集聚区智庭园9号栋厂房召开。市经信委、区委、区政府、区直相关部门负责人，雨花经开区企业代表，银行、券商、担保、律所等服务机构代表，基层党员及群众代表，街道代表，驻园单位代表，园区全体干部职工1000余人参会，会议由雨花经开区经济发展局局长宁丽主持。大会以“匠‘新’引领，‘智’创未来”为主题。区委常委、雨花经开区党工委书记郭四军讲话。会上发布《长沙雨花经开区振兴工业实体经济扶植奖励办法》，表彰一批先进企业和个人，兑现市级相关政策。奖项设置发展贡献奖、最佳成长奖、“小巨人”企业奖、上市培育奖、营商环境奖、统计入规工作补助、规模工业上台阶补助、清洁生产补助、企业用电补助、优秀企业家、科技带头人、雨花工匠、发展贡献先进个人奖、“3635”人才计划补助、人才引进补助等16个表彰奖励项目，奖金总额1400万余元。长沙市比亚迪汽车有限公司、湖南晓光汽车模具有限公司、长沙长泰智能装备有限公司等120余家企业获奖，周晓州、杜俊鸿、蔡自兴、方东明等130余名企业家、科技带头人和企业工匠获奖。20余家银行、券商、担保、律所、会所等服务机构代表现场办公，重点在降低企业融资成本、推动企业上市、企业服务提速等方面为企业解决问题。大会结合“打赢蓝天保卫战”行动，对企业的安全生产和“蓝天保卫战”进行正面宣传，发布倡议书。（刘超超）

【长沙市工业设计行业会议在雨花区召开】 2018年1月24日，雨花经开区中国（长沙）创新设计产业园召开长沙市工业设计协会第一次会员大会与第一届理事会第一次会议。长沙市工业设计协会是由湖南同天投资管理有限公司、湖南东方时装有限公司（国家级工业设计中心）、长沙太阳鸟游艇有限责任公司（省级工业设计中心）、长沙基准机电产品设计有限公司、长沙亿旭智能科技有限公司、广东顺德东方麦田工业设计有限公司湖南分公司六家单位共同发起成立的长沙首个工业设计行业组织协会。首届会员全体出席大会。会议表决通过协会《长沙市工业设计协会章程》《长沙市工业设计协会选举办法》《长沙市工业设计协会会费标准与管理办法》等多个事项，选举出协会的理事、监事和相关负责人。中国（长沙）创新设计产业园运营商、湖南同天投资管理有限公司总经理邵继民全票当选为协会第一任会长。邵继民表示将带领协会在推动设计人才培养、湘籍人才返乡、设计企业合作以及推动设计与制造对接等方面发挥作用。（刘超超）

【银企座谈会】 2018年1月26日，雨花经开区举办新春银企座谈会。区委常委、雨花经开区党工委书记郭四军参加座谈。会上，30余家驻长金融机构、券商代表与园区金融机构负责人、园区10余家企业代表就“产业项目建设年”加强金融与项目精准对接，拓宽企业融资渠道，提高金融服务实体经济的质效等进行探讨交流。银行金融机构负责人就加强金融合作、设置金融网点、推进产业发展基金建设发言。（刘超超）

【智能制造合作推介会】 2018年3月20日，湖南省机器人产业聚集区产业链项目合作对接暨湖南中南智能装备有限公司智能制造合作推介会举行。省委常委、市委书记胡衡华出席，参观园区机器人项目。现场签约项目8个，金额5亿元。在中南智能揭牌现场，实现与西门子工业软件、潍柴动力、保利民爆、中国纺织工业联合会、清华大学等8个智能制造产业项目顺利签约，签约金额5亿元。市政府、中南智能和西门子共建的工业4.0创新中心属湖南省首家，将推动湖南省智能制造集群产业发展。（刘超超）

【园区企业获第四批“长沙市智能制造试点示范企业”称号】 2018年3月15日，长沙市公布第四批智能制造试点企业名单，雨花经开区长沙长泰智能装备有限公司、湖南驰众机器人有限公司、湖南省泰达机器人制造有限公司、湖南优拓智能信息科技有限公司、湖南创研智能装备有限公司、湖南乾康科技有限公司、湖南锐智工业设备有限公司、湖南沛科交通工程技术股份有限公司、湖南湘能电力强弱电实业有限公司、湖南长步道光电科技有限公司10家企业上榜。“长沙市智能制造试点示范企业”是推动长沙市工业高质量发展的推手，对加快推进长沙市智能制造工作，提高制造业水平，促进产业转型升级具有作用，获此称号的企业在进行智能制造改造升级过程中可获得市政府的支持。

（刘超超）

【大族激光中西南智能装备制造基地项目投产】 2018年6月22日，大族激光中西南智能装备制造基地项目在雨花经开区签约。该项目是大族激光在长沙投资的产业项目，是长沙市人工智能及机器人产业链的重要延链、补链、强链项目。项目场地面积6000余平方米，依托中南大学、湖南大学共同组建大族数控研发基地，建立月产量50台(套)智能激光设备生产基地。项目投资约2亿元，预计年产值10亿元。9月27日，湖南大族智能装备制造基地竣工投产。湖南大族智能装备制造基地能生产包括高精高速激光切割机、三维五轴激光加工设备、折弯机等产品。（刘超超）

【长沙比亚迪新能源汽车智能工厂改（扩）建项目开工】 2018年4月3日，长沙比亚迪新能源汽车智能工厂改（扩）建项目签约暨开工动员在长沙比亚迪公司轿车生产基地举行。市经信委、雨花经开区、长沙比亚迪三方签署协议，长沙比亚迪投资30亿元启动智能工厂改建项目，对整车生产四大工艺产线进行全面升级。省委常委、长沙市委书记胡衡华宣布项目开工。改扩建后的新能源汽车智能工厂主要生产三款车型——比亚迪元新款、元EV、宋MAX混动版。新能源汽车智能工厂改（扩）建项目将主要对原有冲压、焊接、涂装等厂房内生产线进行自动化、智能化改造，大批量采用业界领先的智能机器人。同时，增建冲压、焊接、涂装二期生产厂房，利用原有总装生产厂房建设总装2号生产线，改建检测线、物流中心、发车厂房等生产配套项目，改建发动机、塑料件、油箱及驱动电机控制器、电源、充电盒、充配电总成、水泵等电动汽车零部件配套项目。（刘超超）

【比亚迪卡车研究院项目落户雨花经开区】 2018年6月27日，雨花经开区与比亚迪卡车研究院签约，比亚迪卡车研究院项目落户园区。雨花区委常委、雨花经开区党工委书记郭四军，长沙比亚迪汽车有限公司党委书记、行政负责人周晓州等见证签约。比亚迪卡车研究院项目预计2021年全面建成。（刘超超）

【仙岭路（唐智科技南门段）提质改造工程】 2018年12月3日，雨花区仙岭路（唐智科技南门段）提质改造工程完工。该工程于2018年11月进场施工，建设内容为拓宽现有水泥道路、对仙岭路北侧绿化带提质改造、场地内建筑生活垃圾的清理等。该项目的完成，方便唐智科技公司员工的出行并改善周边的整体形象。（刘超超）

【韩国JDC考察雨花经开区】 2018年4月2日，韩国JDC（国土交通部—济州国际自由城市开发中心）投资开发本部长朴贤哲、未来投资处部长李武绿一行到雨花经开区参观考察，省商务厅调研员胡长春，雨花经开区党工委委员、管委会副主任魏建良及园区招商局相关负责人陪同考察。朴贤哲一行实地考察比亚迪新能源汽车生产基地，了解比亚迪公司新能源客车、乘用车、商用车等项目及相关领域的成果和经验，就新能源汽车、智能尖端科技等项目与园区相关单位代表进行研讨，从政策、政务服务、市场、技术等方面进行座谈。朴贤哲表示，韩方期待以该次会面为契机，建立新能源产业、技术交流平台，加强双方经验交流。4月10日，20台比亚迪eBus—7纯电动巴士在韩国济州岛投入运营，这是济州岛知名景区牛岛的首支纯电动巴士车队，是韩国规模最大的一支中型电动巴士车队，是东北亚国家单批最大规模的电动客车交付。6月20日，韩国JDC及韩中友好交流协会考察团一行到园区进行经贸交流访问，与雨花经开区招商局、比亚迪公司就园区建设运营、产业培育、新能源汽车产业等进行研讨。韩方由济州国际自由城市开发中心理事长李光熙率队到园区考察，深度考察园区规划建设、产业布局、企业扶持培育等方面成功经验，探讨有利于推动双方交流合作的创新模式，搭建合作交流的桥梁。（刘超超）

【雨花区委调研产业链建设推进工作】 2018年1月31日，区委书记张敏到雨花经开区专题调研产业链建设推进情况。张敏对湖南先步信息股份有限公司、长沙科达智能装备股份有限公司实地调研，了解企业在技术研发、行业应用、市场开拓、技术服务等方面情况。座谈会上，机器人企业代表就产业链建设和企业发展提出意见和建议。张敏强调要抓住比亚迪龙头企业，深耕晓光模具等新能源汽车及零部件产业链配套企业的发展；要围绕机器人产业、紧盯核心关键零部件，在营商环境、园区形象、区位优势、政策制订等四个方面塑造新的优势；要加快企业培育和成长；要加快园区的“腾笼换鸟”，坚持自身转型和借力转型相结合；要加快园区调规的进度，着力解决园区下一步发展的资金瓶颈问题。（刘超超）

【雨花区政府调研雨花经开区】 2018年6月14日，雨花区委副书记、区长刘素月到雨花经开区，就企业发展现状、科技创新情况、科技项目申报等内容进行实地调研走访。刘素月一行走访唐智科技和科达智能两家高新技术企业，通过参观生产车间，与企业负责人、技术人员现场交流，了解企业的产品研发、产学研合作、高科技人才引进、知识产权保护以及科技项目申报等情况，对企业下一步的科技创新和发展战略提出意见和建议。在区政府会议室召开专门的主题会议。雨花经开区党工委副书记、管委会主任李国军指出，园区采取一系列措施来促进企业科研创新活动的发展。刘素月指出，要分别从科技相关数据的统计与分析着手，从对企业的走访和服务发力，采取各种措施推动企业高质量发展。6月22日，刘素月到雨花经开区企业“一站式”服务中心调研，深入了解园区“最多跑一次”改革落实情况。刘素月强调，园区要进一步优化已承接事项的审批流程，提升业务技能水平，强化承接能力，梳理区级涉企行政审批事项，区各相关部门要积极配合、支持园区。（刘超超）

【省国资委调研华升中南智能】 2018年7月11日，湖南省国资委主任丛培模到湖南华升集团子公司湖南中南智能装备有限公司调研。丛培模一行参观中南智能展厅和智能制造车间，深入了解了公司基本情况、科技创新、业务拓展情况，召开座谈会。中南智能公司总经理杨漾汇报公司上半年经营及技术创新情况。华升集团党委书记、董事长、中南智能董事长刘政汇报华升集团及中南智能上半年主要经营指标完成情况。从培模要求，华升集团在董事会授权、股权激励、职业经理人制度试点等机制创新方面为中南智能发展创造更好条件，鼓励中南智能做好发展方向、发展定位、核心技术研发、新技术产业化、资金保障等规划。（刘超超）

【湖南昭泰医疗集团“诺贝尔奖工作站”签约授牌】 2018年9月19日，湖南昭泰医疗集团“诺贝尔奖工作站”签约授牌仪式举行。湖南昭泰医疗集团“诺贝尔奖工作站”是雨花经开区成立的第一家医疗性质的诺贝尔奖工作站。湖南昭泰医疗集团与2013年诺贝尔医学奖获得者托马斯·聚德霍夫、2006年诺贝尔物理学奖获得者乔治·斯穆特（美国科学院院士）、法国国家健康与医学研究院院士吉尔斯·帕格斯合作签约，建立“托马斯·聚德霍夫诺贝尔奖工作站”，致力于开发新一代癌症治疗技术产品。（刘超超）

【《长沙雨花经济开发区志》终审验收】 2018年10月26日，长沙市地方志办公室党组成员、副主任张列群等评审专家一行终审验收《长沙雨花经济开发区志（2002—2015）》。园区调研员陈建新、园志主笔、各部门园志工作人员参会。会议由市地方志办公室党组成员、副主任贺国成主持。会议听取园区志书编纂工作情况介绍，各评审专家分别就志稿存在的问题提出修改意见和建议。市志办对志书提出要求：要从讲政治的高度确立编修精品志书的目标；完善园志的补充修改，严格统稿把关；确保质量，按时完成出版发行。《长沙雨花经济开发区志（2002—2015）》记录2002年7月至2015年12月园区开发建设的发展历程。全志设12章52节73目1述2记5附录1图集，约34.2万字。

（刘超超）

雨花电商产业园

【概况】 长沙市雨花现代电子商务产业园（简称“雨花电商产业园”）是由区人民政府投资兴建的园区，规划面积约11.73平方千米。长沙市雨花现代电子商务物流管理委员会（简称“区现代电商物流管委会”）为正科级机构，负责编制园区中长期发展规划和年度工作计划，制定园区产业规划和组织实施；负责项目引进、招商引资、对外贸易、对外经济技术合作交流及相关服务工作、协助企业申报争取上级优惠政策；负责办理项目规划、国土、立项、环境测评、能源测评等手续；负责协助处理土地统一开发、利用和管理；负责协调基础设施建设、拆除违章建筑、拆迁安置及矛盾调处工作等管理工作。内设办公室、规划报建部、工程建设部、综合协调部、融资财务部、招商合作部、综合管理办公室7个职能科室。核定事业编制15名，其中领导职数4名；全体在职干部职工数42人，其中正科职干部2人，副科职干部2人，其他在编干部5人，聘用人员33人；党员15人。办公地点设在雨花区东山街道侯照村部。

2018年，雨花现代电子商务产业园围绕招商引资、项目推进、基础建设中心工作，完成土地统征27公顷，物流地产企业普洛斯、宝湾、万科落户园区。（李　情）

【手续办理】 2018年，仓储4号、5号地于9月21日完成农用地转征手续并取得省政府批单及红线。仓储6号、7号地项目完成农用地转征市局二阶段审批。仓储1号地西、仓储9号地项目完成调查红线及用地预审工作。PPP二期杨子路项目于8月23日完成农用地转征手续并取得省政府批单及红线。二期侯照路、柳树塘路项目完成农用地转征市局二阶段审批。二期创业路、黄梅冲东路项目完成调查红线及用地预审工作。（王慧娟）

【拆迁腾地】 2018年，雨花电商产业园完成侯家冲路、侯照南路等6个项目清零扫尾工作，启动仓储4号、5号地和侯照路3条道路拆迁，全年拆除房屋20栋，做好89名涉拆群众的拆迁补偿工作。（李　情）

【招商引资】 2018年，雨花电商产业园接待来访客商216人次；参加重大项目招商活动2次。通过优中选优，完成签订招商协议6家，意向协议1家，湖南本土企业丰彩、养天和、华泽集团、长沙市禧相连家具有限公司、长沙宏泰置业有限公司、湖南大坤建设工程有限公司6个项目的成功落地，7月24日在长三角洽谈周会议上与申通快递签订框架协议。10月，部门专门组织力量，在原有服务体系的基础上，迭代开发园区招商服务体系工作流程2.0版。（胡　予）

【产业项目建设】 2018年，长沙红星农副产品球采购中心项目计划总投资约50亿元，控规113.33公顷，其中项目一期投资约15亿元，用地42.07公顷，总建筑面积约50万平方米，截至2018年12月，红星全球采购中心项目一期基本建成，累计完成建筑面积约51.5万平方米。普洛斯长沙雨花物流园项目A1双层库完成主体65%，场内运输道路、绿化等附属工程完成约90%，A2、A3单层库、倒班楼完成。宝湾、万科2个仓储物流项目开工建设，建筑面积约21.8万平方。配合市级重点项目时代阳光大道、战备路、红旗路（湘府东路－战备路）基本完成路基工程；区级重点项目侯照北路、新平路、柳树塘路3条道路建成通车，川河南路有序推进。（李　情）

【PPP项目建设】 2018年，雨花电商产业园采取政府与社会资本合作的PPP模式，将控规范围内10条待建道路（分三期14段建设）及配套管网设施“打捆”建设。一期（4条道路）牛角冲路、侯照路、侯家冲路于年底基本建成，杨子路完成部分路基。3月29日，成立电商产业园PPP项目管理办公室，负责PPP项目合同执行阶段项目全过程的监管和合同履约；监管项目参与方责任、义务的履行情况；协调园区内部部门和相关区职能部门工作推进。7月21日，道路PPP项目建设进度专题调度会召开。会上，PPP项目总承包单位汇报在建的侯照南路、牛角冲路、侯家冲路、杨子路等道路的工程进度，以及亟须解决的主要问题。会议对道路建设过程中存在的问题进行研究，明确解决方案和责任人。涉及征地拆迁、协调当地村民等问题，会议明确请侯照社区给予支持。11月28日，雨花现代电商产业园道路基础设施建设PPP项目一期侯家冲路（红旗路—杨子路）、牛角冲路（红旗路—殡仪馆西入口）成功取得建筑工程施工许可证，这是雨花区发出的第一张PPP项目施工许可证。（李　情）

【资金运行】 2018年，雨花电商产业园通过对接银行贷款、申请贷款展期、争取政策扶持等方式广开渠道筹措资金5.24亿元，在保障园区开发建设资金需求的同时，支付市级重点工程时代阳光大道代征资金2.16亿元。（李　情）

【控违控渣】 2018年，雨花电商产业园组建11名队员的特勤队伍并购置2台专用巡逻车和统一购买服装和装备。开展业务知识培训和定期的业务和技能考试提升队员业务素质。园区综合管理办公室与东山街道城管中队开展大型联合整治行动8次，查获违规渣土运输车辆20台。配合中队办理各类案卷32起，处罚金额4.59万元。建立渣土消纳场夜间值守制度，全年值守73人次，制止违规倾倒渣土50次。（刘　柠）

【绿心地区企业退出工作】 2018年，雨花电商产业园承接长沙天山水泥有限公司、湖南固泰混凝土有限公司、长沙宏泰置业有限公司3家企业。8月，召开天山、固泰搅拌场选址专题调度会，研讨项目选址、临时用地许可证、林业砍伐手续等事项。天山、固泰选址园区30号地，宏泰选址园区仓储新增3号地，均实现快速顺利落户。（李　情）

【川河南路（殡仪馆东入口—时代阳光大道）项目】 川河南路（殡仪馆东入口—时代阳光大道）项目是雨花区2018年重点要办的民生实事之一，项目征拆过程中因道路建设将占用殡仪馆国有土地问题亟需解决，市殡仪馆、区工务局与园区等部门多次召开专题会议讨论研究项目推进中存在的问题，并实地踏勘协商解决办法。2018年5月23日，市殡葬事业管理处主任黄智谋，区工务局党组副书记、局长黄练文，区现代电商物流管委会党工委副书记、主任黄超，区征收办等相关单位人员，就川河南路（殡仪馆东入口—时代阳光大道）建设将占用殡仪馆国有土地事宜进行实地踏勘，沟通协商相关问题的处置办法。经过共同协商，基本明确川河南路规划路幅线内占用殡仪馆国有土地补偿事宜及道路西侧边坡共同处置办法等。6月5日，雨花现代电子商务产业园召开川河南路进场专题调度会。市殡葬事业管理处、区工务局、区电商产业园、区征收办、跳马镇、白竹村等相关单位人员参会。相关单位就川河南路进场前期准备工作进行讨论研究，重点研究项目一标段和二标段目前存在的水系、路网、杆迁等相关问题。区政府副调研员刘贤宏强调，川河南路施工进场要科学铺排、建立机制、确保安全。6月10日，该项目动工。川河南路（殡仪馆东入口—时代阳光大道）采用沥青混凝土路面，全长1178米，路幅宽度为26米，为城市次干道，北起长沙市殡仪馆东入口，南至时代阳光大道，是贯穿园区东部的重要道路，是红星全球采购中心项目污水排放管网的主要载体。该道路工程区域以山地、林地为主，地势起伏较大，属低丘陵地形。（李　情）

2018年3月28日，长沙市商务局党委书记、局长高伟（左二）一行调研长沙雨花现代电子商务物流园（李情／提供）

【宝湾物流项目】 宝湾物流项目位于雨花现代电子商务产业园仓储3号地及其新增用地一，规划用途为工业仓储用地，总用地面积91067平方米，总建筑面积97066平方米，由4栋双层库组成，总投资约5亿元。2018年1月3日，区现代电商物流管委会就宝湾物流项目现场建设召开施工队伍进场对接会，该项目进入全面建设阶段。区现代电商物流管委会、东山街道、侯照社区及宝湾物流项目等相关负责人参加会议。会议就项目施工进度、水保、环保、安全、拆迁的遗留问题、渣土管理等各方面进行安排部署，提出相关要求。参会人员表示将合力为宝湾物流项目顺利建设提供良好的施工环境。10月31日，专题调度宝湾建设项目会议召开。区发改局党组副书记、副局长黄杰，雨花宝湾国际电商物流港相关负责人及区现代电商物流管委会全体班子成员参加。区现代电商物流管委会党工委副书记、主任黄超传达区委、区政府关于全市重大项目推进会议的有关要求，会议听取宝湾项目相关情况汇报，项目进行土方平整及前期手续办理。会议研究并明

确该项目下步工作目标任务。区现代电商物流管委会党工委书记李国庆要求抓好项目进度，确保各项指标任务全面完成。（李　情）

【新平路、柳树塘路项目】　新平路、柳树塘路两个项目是市、区两级重点工程项目，是为省级重点民生工程红星全球采购中心修建的配套基础设施项目，位于雨花区跳马镇内。其中新平路北起柳树塘路，南至时代阳光大道，长904米，路宽30米，为城市支路，设计车速每小时40千米，车道数为双向4车道，项目投资估算约为4095万元。柳树塘路西起新平路，东至红旗路，长445米，路宽30米，为城市支路，设计车速每小时40千米，车道数为双向4车道，项目投资估算2039万元。新平路、柳树塘路是加强红星全球采购中心与雨花现代电子商务产业园道路联系的重要通道。项目建成向南可通往时代阳光大道，向西连接红旗路，有利于优化园区路网布局，缓解周边部分道路交通压力，促进片区电商、物流等产业的快速集聚发展。2018年7月24日，雨花现代电子商务产业园内的新平路（柳树塘路—时代阳光大道）项目、柳树塘路（新平路—红旗路）项目顺利取得建筑工程施工许可证。两条道路的路基工程基本完成。（李　情）

【侯照北路二标】　侯照北路二标位于雨花现代电子商务产业园，呈南北走向，北起战备路，南至牛角冲路，全长600米，设计车速50千米/小时，路幅宽36米，双向6车道。2018年7月29日，侯照北路二标（战备路—牛角冲路）施工现场开始铺设沥青路面。侯照路是雨花现代电子商务产业园开工建设的第一条货运物流主干道路，是普洛斯项目的基础配套道路。（李　情）

【园区项目征拆调度会议】　2018年3月15日，雨花现代电子商务产业园召开项目征拆工作调度会。会议由区政府副调研员刘贤宏主持，区工务局、区征地办、区电商产业园、区征收办、区国土分局以及东山街道、侯照社区等单位负责人参加会议。会议专题研究电商产业园项目建设亟须解决的拆迁遗留问题和2018年度征拆任务。区现代电商物流管委会党工委书记李国庆就征拆项目基本情况和2018年征拆项目计划进行汇报。参会人员针对2018年的项目征拆清零扫尾工作及推进新启动项目提出建议。刘贤宏指出，要加快扫尾，加快手续办理，推进拆迁进程。4月8日，雨花现代电子商务产业园召开项目征拆工作调度会，专题研究电商产业园项目建设中的拆迁遗留问题。李国庆就征拆项目基本情况和拆迁工作进展情况进行汇报。各单位参会人员针对个案问题提出建议。区政府副区长易静指出，剩余扫尾工作要安排专人进行个案研究推进，力争完成所有清零扫尾任务。5月3日，易静现场调研雨花现代电子商务产业园项目征拆工作。该次调研分别对侯照路、物流园新增3号地、侯照南路、侯家冲路、牛角冲路、杨子路项目内的拆迁问题个案逐个查看、研究并落实到专人攻坚。李国庆就拆迁工作进展情况进行汇报。易静指出，要确保项目建设有序推进、征拆工作顺利完成。（李　情）

【维龙物流控股有限公司考察园区】　2018年5月9日，维龙物流控股有限公司常务副总裁陈国毅、副总裁王志斌等一行实地考察雨花现代电子商务产业园，了解园区规划和地块具体情况，实地考察相关项目，洽谈项目合作事宜。陈国毅表示，将对项目选址进行评估，快速推进双方合作项目落地。意大利维龙投资公司是意大利最大的物流仓储设施提供商，重点专注于工业仓储设施的开发和投资。维龙中国基本组建起覆盖长江三角洲、京津渤海湾、珠江三角洲、东北、中部和西部的物流平台网络。（李　情）

【苏商集团到雨花区考察交流】　2018年5月9日，苏商·华辰建设集团董事局主席钟贵林、CEO王宁、第五集团董事局主席刘海峰等一行到雨花现代电子商务产业园洽谈基础设施建设项目。钟贵林介绍苏商集团的发展历程、合作模式及项目分布。苏商集团拥有国家公路、市政、水利、园林绿化等多个总承包及若干专业承包一级资质，以高速公路、海底隧道、跨海大桥、港口、码头、市政和水利工程项目等基础设施投资与建设为核心产业。区现代电商物流管委会党工委书记李国庆讲解园区规划、地块和建设情况，表示将对项目进行评估，推进双方合作。钟贵林表示将助力园区开发建设。（李　情）

【华泽集团到雨花区进行项目洽谈】　2018年7月20日，全国民营500强华泽集团有限公司携合作伙伴湖南开口笑酒业有限公司、长沙海达酒类食品批发有限公司等企业到雨花现代电子商务产业园就项目入园事宜进行洽谈。区现代电商物流管委会党工委书记李国庆，党工委副书记、管委会主任黄超，区商旅局副局长周彬等参加座谈交流。华泽集团总裁助理贺明就集团发展历程进行介绍。参加会议的多家意向企业均表达合作意向。各企业负责人围绕企业在经营中遇到的困难、需要解决的问题和推动园区形成全面发展新格局建言献策。李国庆对园区规划、地块和建设情况进行讲解，表示将加快推进对项目的评估，推进双方合作。（李　情）

经济监管管理

宏观经济管理

【概况】 雨花区发展和改革局（简称“区发改局”）为正科级区政府工作机构，内设办公室、发展规划科、投资管理科、价格管理科，归口管理区“两型社会”建设配套改革办公室和区公共资源服务中心，下设区产业办、区能源局2个二级事业单位，区物价检查所为局派出机构。核定编制30名，其中局机关行政编制8名，领导职数5名、工勤编制1名；两型办行政编1名（领导职数1名）、物价检查所行政编制8名、产业办事业编制4名、能源局参公事业编制1名，交易中心事业编制制4名。2018年，区两型办调整为区人民政府直属公益一类事业单位，核定全额拨款事业编制8名。区发改局在职干部职工27人，退休干部14人。局党支部党员33人，其中退休干部职工党员9人。办公地点设雨花区政府2号楼。

2018年，雨花区紧扣“项目大攻坚、管理大提质”工作主题，着力稳增长、调结构、促改革，实现全社会固定资产投资同比增长10%以上；完成服务业增加值938.7亿元，同比增长11.5%；实现规上其他营利性服务业营业收入61.89亿元，增速18%。区发改局承担的改革课题《创新楼宇经济发展新模式，促进服务、要素和效益的集聚，打造具有雨花特色的品质楼宇——基于雨花区楼宇经济的调研》成果经验获《省改简报》刊发肯定；重大项目建设成效多次在《湖南日报》、《湖南新闻联播》等省市媒体宣传推介，重大项目建设获全市内五区第一名；雨花区人民政府获评长沙市2018年度“五个100”工程推进优秀单位。绿心保护及工业企业退出工作、“蓝天保卫战”控煤工作均在《潇湘晨报》、湖南都市频道、长沙电视台等省市媒体宣传推介；区发改局获“区‘五好’领导班子”荣誉称号。（彭　浪）

【经济研究】 2018年，雨花区加快促进雨花区楼宇经济发展，打造高端服务业和总部经济集聚区，完善既有产业体系，制定出台《长沙市雨花区促进楼宇经济发展扶植奖励办法》及其实施细则，实行奖励与楼宇产生的区级经济贡献总量及增量紧密挂钩，从引进国际（内）知名物业、产业基地、提质改造等5个方面奖励扶植楼宇运营（服务）主体，加快楼宇资源优化整合，实现经济效益、社会效益和环境效益的有机统一。引导楼宇运营（服务）主体从“比硬件、比地段、比租金”转向“比软件、比品质、比服务”，更好发挥楼宇运营（服务）主体在招商引资、物业服务、楼宇提质改造、选商择商等方面的积极性，提升楼宇招商品质、环境品质及平台品质。通过政策扶持、机制引导，激活楼宇经济的竞争力，提高二次招商转化率和楼宇经济贡献率。（彭　浪）

【项目服务】 2018年，雨花区紧扣“项目大攻坚、管理大提质”工作主题，创新工作机制，有序推动项目建设，按照“片区为主、联点牵头、分级负责”原则，确定经开区、各街镇14个项目帮扶工作组，搭建工作构架。深化县级领导联系项目制度，结合“千人帮千企百日大行动”，围绕企业需求，做好项目精准服务。铺排重点产业项目137个，计划总投资3491.43亿元，年度计划投资667.78亿元；重点帮扶项目69个，其中纳入市重点项目库的项目42个，计划总投资1090.9亿元、年度计划投资226.7亿元。区发改局作为区帮扶指挥部办公室，通过集中交办、急事即办等方式，召开专题调度会议60余次，专题调研项目200余次，会同各要素保障部门办结或答复项目问题124个，红星农副产品全球采购中心等45个项目实现全面复工，高铁新城吾悦广场等23个新建项目推进顺利。（彭　浪）

【项目策划】 2018年，雨花区推进“产业项目建设年”活动，坚持“项目为王”，重点抓好省“五个100”项目、省重点建设项目、市领导联点产业链项目、市重大项目和区“五个10”项目推进，建立“清单式台账”，实施“精细化管理”，以项目建设的实物量支撑区域投资的增长量。106个市级重大项目年度计划投资199.4亿元，完成投资302亿元，占年度计划投资的151%以上；35个新建项目全面开工建设；

2018 年 2 月 8 日。雨花区委经济工作会议会场　（区新闻中心 / 提供）

19 个预备项目全部完成可研批复；18 个项目实现竣工投产，全面超额完成重大项目建设年度目标任务。加强政府投资项目审查力度，确保方案更科学、投资更准确、造价更节约。通过在线审批平台共办理项目审批（立项、项目建设书和可研批复）216 件，投资总额 69.18 亿元；可研、概算审查共审减金额 2.23 亿元，审减率为 3.6%。对于社会投资项目，推行“放管服”和“最多跑一次”改革，办理项目备案 160 件，简化流程，提高效率。（彭　浪）

【协调服务】 2018 年，雨花区紧跟国家宏观经济政策，准确把握政策资金投向，超前谋划包装项目，围绕重点突破，最大限度地争取上级资金支持。积极协调，主动作为，依靠政策突出关键抓对接，争取各类资金政策。针对国家、省推出的重点投资计划，积极对接策划、主动申报争取，争取国家服务业发展引导中央预算内资金、省预算内“大众创业万众创新”示范建设专项资金、省“135”工程建设奖补资金、保障房配套设施中央预算内资金、政法基础设施建设项目中央预算内资金、市农村公路提质改造专项补助等各级各类资金 2259 万元。其中，爱尚通城 O2O 微商城平台项目争取国家服务业发展引导中央预算内资金 600 万元；北冲路争取到保障房配套设施中央预算内资金 300 万元；雨花经开区工业广房建设项目获取省“135”工程建设奖补资金、圭塘派出所申请到政法基础设施建设项目中央预算内资金、湘雅二医院骨科生物医用材料湖南省工程实验室争取到省预算内“大众创业万众创新”示范建设专项资金；跳马镇农村公路项目争取到市农村公路提质改造专项补助 341 万元；长沙有色冶金技术中心争取市创新平台建设专项补助 50 万元。推荐湖南可孚等 8 家企业申报成为市级技术中心；磁浮技术研究中心等 3 家企业申报省工程研究中心；推荐长沙有色冶金设计研究院有限公司申报省级企业技术中心；雨花经开区研发设计服务集聚区和高桥大市场商贸商务集聚区成为长沙市现代服务业示范集聚区。创新楼宇经济发展“243”模式，围绕“实现最大化的‘平方米’效应”，搭建现代服务业示范楼宇、亿元楼宇两个载体，建立党建引领规范化、联席服务常态化、示范带动品质化和政策扶持精准化四个机制，实现产业集聚、服务集聚、效益集聚三个目标，培育亿元楼宇 2 栋和千万级税收楼宇 12 栋，15 个项目纳入国家级现代服务业试点。（彭　浪）

【项目招标】 2018 年，雨花区公共资源交易中心严格执行《雨花区工程建设项目招投标管理规定》和《雨花区小型工程建设项目实行简易发包程序管理规定》，规范招投标和发包管理，区平台成功服务各级各类项目 425 个，交易额 2.55 亿元。（彭　浪）

【物价管理】 2018 年，雨花区加强重大节日、防控非洲猪瘟期间市场巡查，做好房地产领域涉价信访维稳工作，加大商品房销售行为监管力度，对新开盘楼盘的销售情况及时进行价格行政执法检查，严格遵守价格会商机制，严格加强监管，严查各类不规范行为，办结各类举报投诉 1189 起，按时办结率 100%。办理涉案物价格认定 348 例，标的金额 841.46 万元。完成主要粮油食品价格、日用工业品价格、房地产价格报送工作，报送价格监测数据 21114 条、月和年分析 13 篇、信息 1 篇。（彭　浪）

【能源管理】 2018 年，雨花区严格落实能源安全生产监管职责，巡查管线 33 次，应急处置株洲中油阀室燃气泄露、团然村第三方施工危害管道安全等突发事件 4 例，实现长输油气管道隐患排查整改率 100%，确保全区油气长输管道安全。围绕“三个月治标、三年治本”目标任务，区发改局牵头开展燃煤污染治理工作，开展综合执法 262 次，专项执法 552 次，出动执法人员 53442 人次，检查执法对象 39579 家，收缴煤炉 5084 个，散煤 70164 千克，全区基本实现燃煤清零。红星花卉市场 65 个燃煤锅炉集中整改为使用新能源环保油工作获市蓝天办、市能源局肯定。（彭　浪）

【“两型”建设】 2018 年，雨花区贯彻落实《长株潭城市群生态绿心地区总体规划》，强化生态绿心保护工作，按照“生态优先、主动保护”原则，建立健全绿心保护机制，建立绿心地区项目库，严格控制项目建设，严格执行产业项目绿心准入程序，严把项目准入关，受理准入申请项目 50 个，通过准入 40 个，省、市审批中 2 个；严格控制绿心地区毁林卸土行为，对他山石农庄、同升联盟洗砂场负责人吴某等 5 人实施刑拘或判刑。落实生态专项资金 2809.77 万元，推进矿山矿洞生态修复 9 处，成立雨花区绿心地区工业企业退出指挥部，推进绿心地区工业项目退出工作。印发《雨花区跳马镇绿心地区工业企业退出奖补办法》，对退出的工业企业的奖补形式分为按时退出奖和按期搬迁补助，完成绿心地区工业企业退出 154 家。全年违法违规用地仅 1 例，同比下降 95%。投入 990 万元完成 6000 户老旧社区家庭餐厨油烟净化设施安装，广获市民好评。开展以“没有垃圾、只有放错的资源”为主题的两型生活知识讲座。广泛发动机关、企业、学校、社区、家庭等开展“两型”示范创建，指导黎托街道等5家单位开展“两型”认证。（彭　浪）

【重点帮扶项目问题集中交办】 2018年4月17日，雨花区2018年重点帮扶项目问题集中交办会召开。区发改局党组书记、局长贺芳回顾前期项目问题办理情况，对26个项目集中交办。区教育局等15个交办问题承办单位进行表态发言。区委常委、常务副区长邹春林表示，各责任部门要充分认识项目帮扶的重要意义，主动作为，切实抓好项目帮扶工作，做好汇报，确保相关工作落实到位；责任上肩，明确与会人员是第一责任人；加快推动问题的解决，要在办结时限前以书面形式上报办理情况。（彭　浪）

【绿心保护工作推进会】 2018年11月15日，雨花区委常委、常务副区长邹春林组织召开雨花区绿心保护工作调度会。区两型办汇报雨花区绿心地区生态补偿、中央环保督查组反馈的涉及绿心问题的整改，以及老旧社区居民餐厨油烟整治工作。区直相关部门单位和街镇提出相关工作意见和建议。邹春林强调，绿心地区工业企业退出是落实习总书记生态发展理念，南部片区开发的重大决策措施，绿心绿肺是雨花区的宝贵财富，保护好绿心能有效助推“财富雨花、品质雨花、幸福雨花”的建设。绿心地区生态补偿工作按长沙市人民政府相关文件精神严格落实；中央环保督查组反馈的涉绿心有关问题要加快建立常态化监管机制，落实街道属地责任、部门监管责任，联合督查，要限期整改；餐厨油烟整治工作要做细做实，提前完成老旧社区改造任务，为百姓获得感的提升和绩效考核的顺利进行提供保障。雨花经开区、区两型办、区城建局、区财政局、区农林水局、区城管执法局、区环保局、区国土分局、跳马镇等部门单位相关负责人参加会议。

（彭　浪）

统　计

【概况】 雨花区统计局主管区域内国民经济与社会发展统计工作、监测经济运行，区人民政府工作部门，核定编制5名，其中领导职数3名。区统计普查中心为区统计局所属参公管理事业单位，全额拨款，副科级，编制5名，其中领导职数1名。区统计局调查队为区统计局所属参公管理事业单位，全额拨款，事业编制4名，与区统计普查中心合署办公。2018年，区统计局在职干部职工数29人，其中正科级领导3人，副科级5人，一般干部8人，引进人才2人，雇员11人，退休8人。局党支部，党员22人，其中在职党员19人。办公地点设在雨花区人民政府机关大院二号办公楼五层。

2018年，统计工作纳入对区直部门、街道的绩效考核。区统计局开展“作风过硬、管理有序，强化业务、提升服务”活动，加强内部管理，改进机关作风，提高工作效率，促进统计工作全面发展。制定《雨花区街道（镇）统计工作综合考评标准》，考核结果作为评先评优、省市级示范站推选的重要依据。区统计局有统计工作人员29人。长沙雨花经开区、12个街道和跳马镇均建立统计站，各统计站均配备2名以上专职统计员，共有专职统计员42名。每个社区配备统计员1名。区统计局围绕建设财富、品质、幸福雨花目标任务，落实《防范和惩治统计造假弄虚作假督察工作规定》等文件精神，坚持党建引领，全面深化统计改革，优化统计服务，提升统计数据质量。区统计局专人对接小康办、绩考办、现服办，推进小康、绩效、现代服务业等三大考核；主动与上级部门衔接，全面掌握考核构架，精研考核办法，获悉考核对象一手资料，及时动态预测分析，积极献计献策、全力做好服务；牵头开展社会公认评估，通过收集、整理、反馈居民群众意见建议，进一步改进部门工作方式方法，提高办事效率，提升居民群众满意度。（程钰超）

【数据统计】 2018年，按含湖南中烟工业公司口径（含中烟），雨花区实现地区生产总值1888.16亿元，同比增长7.8%。其中，第一产业实现增加值5.28亿元，同比下降4.5%；第二产业实现增加值944.18亿元，同比增长4.7%；第三产业实现增加值938.70亿元，同比增长11.5%。一、二、三次产业分别拉动GDP增长0个、2.5个、5.3个百分点，对GDP增长的贡献率分别为—0.2%、32.4%、67.8%，三次产业结构比为0.3 ∶ 50 ∶ 49.7。城镇居民人均可支配收入54522元。按含长沙卷烟厂口径（含长烟），全区实现地区生产总值1340.74亿元，同比增长8.8%。三次产业结构比为0.4 ∶ 29.6 ∶ 70，第三产业占GDP比重比上年提高3.3个百分点。按常住人口计算，人均地区生产总值为147707元，比上年提高4948元。雨花区实现一般公共预算收入158.31亿元，同比增长7.1%。其中税收收入134.52亿元，占一般公共预算收入的比重84.9%，较

2018年7月2日，省统计局科研所党支部、区统计局党支部共建活动（程钰超/提供）

上年增长2.0%。实现地方一般公共预算收入54.69亿元，同比增长2.6%。一般公共预算支出84.99亿元，同比下降4.3%。（杨茂富）

【统计基础建设】 2018年，雨花区建立以政府统计为主、部门统计为辅的大统计格局。区统计局内部机构健全，街道（镇）、园区统计站均按“六有”要求建设。全区各部门、社区都明确兼职的统计人员，负责统计相关的各项工作，向统计部门提供数据。区统计局在“统计一体化服务平台”下开发的《雨花区单位网格监测平台》将通过不同授权提供给区领导、相关部门和街道、网格员，扩大服务对象，让所有用户在授权范围内均可方便、快捷地获得统计信息。平台有“全、活、新”等特点，拥有数据查询、监测预警、单位信息及统计资讯四大模块，开发考核指标预警等模块，系统管理员可根据需要随时扩展用户、定义补充指标、开发相应的监测预警模块，为区域经济发展提供工作服务，发挥统计的信息咨询作用。探索网格化管理维护统计基本单位名录库新模式，推进“互联网＋统计网格化管理”的数字化技术整合，成立课题组，申报“2018年度全省统计科研课题”，经专家评审后，2018年度湖南统计科研105个立项课题中，雨花区统计局的《基于网格化理念的经济活动单位统计管理研究》课题作为唯一一个区级统计单位获批入项，课题研究报告上报省统计局科研所。（程钰超）

【统计服务】 2018年，雨花区加强统计宣传工作。《中华人民共和国统计法》宣讲列入区委党校领导干部学习培训课程，区统计局报送统计信息127篇，其中省网采用6篇，市网采用33篇，区政务网采用17篇，手机报采用1篇，雨花要情采用8篇，统计分析10篇被市网采用。9月，结合第四次全国经济普查精心策划“中国统计开放日”活动，多方位多角度开展统计法治宣传。重点做好《统计法实施条例》《统计上严重失信企业信息公示暂行办法》等法规的宣传普及。每季开展重点企业走访活动，全面了解企业的经营情况、发展状况、遇到的困难和相关诉求，认真为企业提供精准服务工作。走访企业40家，收到企业诉求31条。7月，区委书记张敏带队到中建五局举办专题座谈会，有效解决企业实际问题。通过走访活动开展，增强企业在雨花区发展的信心。结合区域经济发展，进一步做好专业预警分析和小康指标监测，更好的精准服务企业，为区委、区政府提供绩效考核决策服务。紧扣“全面准确、客观真实”的统计主旋律，编辑出版《雨花统计》《雨花统计公报》《雨花统计年鉴》，用全面真实的统计数据及统计分析服务于领导决策。做好专业预警分析和数据监测，以民调民生、投资、建筑业、区域产业链等为研究课题，从不同的角度，多层次地做好经济形势分析，专题调研分析《加大R&D 经费投入 提升科技创新水平》得到区政府领导的重视，为区委、区政府科学决策提供参谋依据。对街道和大型企业统计专业人员，根据不同的行业，分专业、分批次组织年报培训。定期开展“统计大讲堂”等培训交流活动，提高专业统计人员的基本业务技能。统计局严格按照《定期报表业务流程》规范操作，规范工作流程，加强审核，不断提高数据质量。全面落实联网直报和“企业一套表”，分批次分层次指导街道对企业单位清查工作，采用电话答疑、QQ互动、上门服务督导等形式，局机关专业人员深入企业逐条信息进行确认核实，纠正调查单位的错误信息，在业务指导上实行一对一服务，并建立健全企业数据核查表，全面夯实统计数据源头质量。落实年度报表、季度报表、月度报表制度，各专业联网直报率均达100%。（程钰超）

【统计业务培训】 2018年底，雨花区统计局组织街道和报表企业统计专业人员召开2018年度专业培训会。对辖区内规模工业、商贸业、房地产、固定资产投资、建筑业、能源和高新技术、科技年报、劳动工资、服务业2018年年报及2019年定期报表人员进行业务培训，1500余家定期报表企业，按一套表的要求分专业、分批次组织培训，企业统计员到会率98%以上，培训会由市、区统计局专业人员授课。通过培训，使企业进一步了解年报、定报和经济普查工作的基本流程，增长业务知识，提高业务工作能力。会上表彰2018年报表工作先进单位30个、先进个人159名、优秀记账户15户。（程钰超）

【统计法制工作】 2018年，雨花区制定《雨花区统计局2018年统计法制工作要点》，重点抓好统计数据质量和统计法制工作。深入学习贯彻落实中央《关于深化统计管理体制改革提高统计数据真实性的意见》《统计违纪违法责任人处分处理建议办法》《防范和惩治统计造假弄虚作假督察工作规定》等重要文件精神，开展“双随机”执法检查和统计巡查，做好统计法治工作，实行法制监督。（程钰超）

审 计

【概况】 雨花区审计局系正科级区政府工作部门，负责对区本级预算执行和其他财政收支情况进行审计监督，对区直属党政机关、事业单位、群众团体和依法属于审计机关监督对象的其他单位的主要负责人任期经济责任进行审计监督，对全区政府投资和以政府投资为主的建设项目招标控制价（上限值）进行审核等。内设办公室（综合计划科）、查证科、审理科、执行科、经济责任审计科、投资审计科。核定行政编编制10名，领导职数5名。辖二级机构政府投资审计中心，副科级事业单位，核定事业编制9名。2018年，在职干部22人，其中在职在编15人，雇员7人。退休干部7人。支部党员20人，其中在职党员14人。

2018年，区审计局围绕“发展、改革、安全、绩效”目标，依法履行审计监督职责，建立审计整改台账机制，明确问题清单、责任清单、整改清单，实行对账销号和清单式管理，制定审计整改“路线图”；加强对未完成整改的问题跟踪督促，提升审计整改效率，向全区通报审计查出问题整改完成进度及情况，制定审计整改

"压力表"；建立向人大报告审计查出问题整改情况机制，相关责任单位一把手向区人大常委会报告本单位审计查出问题整改情况，并接受人大满意度测评，促进审计查出问题整改落实，制定审计整改"考核单"。完成区政府批复的审计项目计划13个，查处管理不规范金额80173万元、违规金额382万元、损失浪费金额275万元，收缴和归还原渠道资金645万元，移送案件线索4起，提出审计建议65条，督促被审计单位健全完善相关制度20个，1个审计项目被评为湖南省优秀审计项目。（刘　庆）

【财政审计】 2018年，区审计局关注财政支出绩效、财政政策贯彻落实、存量资金盘活、专项资金管理使用等情况，完成2017年度区本级预算执行及其他财政收支审计。关注精准扶贫资金管理使用情况及实施效果，实施跳马镇扶贫资金审计。落实"蓝天保卫战"有关决策部署，审计区环保局2017年度预算执行情况。针对发现的问题，审计提出有针对性的建议和意见，积极督促被审计单位整改落实，推动进一步健全公共财政管理体系，维护区域经济安全运行。（刘　庆）

【政府投资审计】 2018年，区审计局严格落实区长办公会会议纪要〔2017〕14号和上级关于政府投资审计转型升级的文件精神，及时调整职能，全面退出项目招标文件联审，项目招标控制价审核，集体土地征收杆线迁改项目结算审计，项目设计变更方案审查以及项目结算过程中的联席会议、材料设备询价、竣工验收等管理活动，回归监督本位，把主要精力放在对社会、经济、文化、环境影响较大的项目上，更加有针对性的提高政府投资项目的投资绩效。强化对保障住房、造绿复绿、跳马镇美丽乡村建设等重点项目和工程建设领域全过程的审计监督，密切关注基本建设程序执行、建设单位内控制度建设，以及项目招投标、合同签订和工程变更管理等情况，着力查找投资结构不合理、重复建设、损失浪费等问题，促进提高政府投资效益。强化对区财政预决算投资评审中心的监督，开展项目评审质量审计，及时指出问题、提出建议，促进规范投资评审行为。（刘　庆）

【经济责任审计】 2018年，区审计局落实《雨花区领导干部离任经济事项交接办法》《雨花区领导干部经济责任告知和承诺办法》，对区园林局李勇等5个单位7位领导干部进行经济责任审计，重点关注领导干部履行经济责任、遵守财经法规、遵守作风建设和廉洁从政相关规定情况，按要求向区纪委、区委组织部提交审计结果，为考察任用干部提供重要参考依据。（刘　庆）

【内部审计】 2018年，区审计局为内审人员订阅《中国审计报》《审计研究》等学习资料，组织内审人员参加上级审计机关组织的各类培训，以上门指导、电话及信息沟通等方式加强日常指导，年底组织开展内审项目质量检查和评优，促进提高内审工作质量。全区内审机构开展内审项目20余个，其中区审计局全过程指导开展2个。（刘　庆）

【审计结果公开】 2018年，区审计局将审计结果公开列入年度工作要点，拟定公开计划，严格按照《审计结果公布办法》规定的流程进行层层审批。2017年度区本级预算执行和其他财政收支审计、区环保局2017年度预算执行情况审计、高桥村高福星小区三期工程1#~27#结算审计在政府门户网站公布结果，广泛接受社会各界监督。（刘　庆）

【专项审计】 2018年，区审计局对全区两安用地合作开发项目进行监督和指导，对全区两安用地政策性返还资金进行审核把关，加强对合同履行情况、资金拨付环节的监督，维护人民群众利益和社会大局稳定。对2016年至2017年政府性债务和相关国有企业债务情况进行专项审计，重点关注政府性债务举借、管理和防范化解风险等情况，指出存在的问题，提出加强管理的意见和建议，供区政府决策。（刘　庆）

【审计整改】 2018年，区审计局注重对共性问题和重点问题进行深入分析，从审计角度提出有针对性的意见和建议，为区政府决策提供参考。及时将审计报告、《审计要情》、审计工作汇报等综合性材料呈区政府主要领导审阅，区委、区政府主要领导对审计事项做出重要批示9次。向区政府专题汇报洞井、东山等4个街道的审计情况并提出加强财政管理的意见。区财政局充分调研，多方征求意见，印发《雨花区关于规范街镇财务管理的操作细则》，对街镇预算管理、收入管理、支出管理、工程建设项目管理等方面的具体操作流程做出明确规定。区卫计局出台《雨花区社会抚养费征收管理制度》《雨花区计划生育奖励扶助专项资金管理制度》，东山街道出台《退休人员返聘管理办法》《工程建设项目操作细则》等。建立审计查出问题整改情况定期通报机制，通报审计查出的问题，及时跟踪审计意见、建议落实情况，积极督促被审计单位按审计要求整改问题、落实建议，全年督促被审计单位制定和健全完善相关制度20个。（刘　庆）

2018年7月27日，区审计局党支部主题党日活动
（苑莹／摄）

【基础工作】 2018年，区审计局建立班子成员联系项目制度，每位班子成员联系1~2个审计项目，负责项目的组织、协调和廉政监督。重大项目启动前、重大节日前夕，通过召开专题会议、发送廉政短信等方式提醒审计人员绷紧廉洁从审之弦。健全廉政纪律告知制度，向被审计单位宣读《审计人员“十不准”工作纪律》，在政府网站和被审计单位公示项目名称、审计内容、审计组成员和监督电话等，接受监督。通过召开座谈会、个别访谈、问卷调查等方式，跟踪了解审计组遵守审计现场纪律情况，对苗头性问题及时予以警示。发挥审计反腐利剑作用，将审计发现的某街道违规报销学习考察费用、违规向非预算单位拨付资金及某部门工作人员截取财政资金的问题，及时向区政府报送《审计要情》，得到区政府主要领导批示，定期向全区通报审计查出问题的整改情况，发挥审计警示作用。加大对违法违规行为的查处力度，向区纪委移送案件线索4起。强化审计质量控制，将查处大案要案、揭示体制机制制度层面问题作为审计工作重中之重，集中力量突破重大问题和线索，查实某部门工作人员截取财政资金80万余元等重大问题。加大运用计算机辅助审计工作力度，通过财政联网审计分析系统，采集分析、远程监督各预算单位财政财务收支的真实性、合法性。健全完善《审计项目时限管理规定》《优秀审计项目评选办法》《重大审计事项集体审定制度》等业务制度，强化审理工作，提出审理意见200余条，组织召开业务会议10次，确保审计项目事实清楚、定性准确、处理处罚适当。“东山街道工委原书记陈怀柏、办事处原主任杨钦涵任期经济责任审计”获市优、省优，多个计算机审计成果和审计案例获市优，全年无行政复议和行政诉讼。 （刘 庆）

安全监督

【概况】 长沙市雨花区安全生产监督管理局（简称“区安监局”）负责全区安全生产工作。内设办公室（综合监管科、宣教科），人事财务科，危险化学品、烟花爆竹、矿山安全监管科（行政审批科），工贸职安科，执法大队（政策法规科），应急管理科6个职能科室。核定行政编制10名，事业编制8名，工勤编1名。2018年，在职干部、职工数33人，其中，正式干部职工20人；引进人才1人，雇员8人，劳务派遣1人；退休3人。局党支部党员25人，其中退休党员3人。办公地点设在人民政府机关大院1号楼B栋第五层。

2018年，雨花区高度重视安全生产工作，紧紧围绕“减少一般事故、防范和遏制较大事故”的工作目标，认真落实党中央、国务院和省市关于安全生产工作的一系列决策部署和安全生产法律法规，强化宣传，强力执法，综合整治，最大限度地保障人民群众生命财产安全，区域安全生产形势总体平稳可控。 （刘丽香）

【安全宣教】 2018年，雨花区坚持群策群力，资源共享，调动各街镇、相关部门、重点企业的积极性，探索全社会参与的新模式，全区投入1200万余元，打造具有本土特色和前沿创新的安全宣教品牌和阵地，区安监局被《中国应急管理报》评为全国安全生产宣传教育先进单位。依托晓光模具公司工匠学院，打造雨花区首个安全体验基地。建成“安全体验馆”，由生活安全体验馆、企业安全生产体验馆、室外安全体验场组成，分别包含项目10个、23个、12个，涵盖诸如地震体验平台等广泛而全面的安全内容，让更多的人通过体验安全、学习安全知识，从“要我安全”向“我要安全”转变。通过电路短路体验、电极夹手体验、触电体验、化学品体验、气缸伤害体验等，让“门外汉”们瞬间了解伤害，推动宣传教育由“说教式”向“体验式”转变。在公交、地铁、磁浮移动电视上播放，覆盖长沙市75%约2200辆城市公交车，4400块液晶显示屏；覆盖地铁1、2号线站厅、站台、列车屏幕3366块，每天影响100万余人次。节目代表湖南参加全国2018年安全生产月特色宣教活动评比。以黎托街道“7·25”较大事故为原型制作微电影《如果》，通过红网、腾讯视频、微信公众号等传统媒体、新媒体和自媒体传播，并组织安委成员单位、辖区企业集中收看，受众8万人次。通过发生在身边的血泪安全事故，感染人、教育人、启发人，警示社会珍爱生命、关注安全。成立雨花安全生产宣讲团，组织各级安全生产宣讲员开展安全流动课堂活动，将安全知识送进企业、社区、机关、校园。针对行之有效抓基层安全、企业安全、居民安全等问题，宣讲团成员根据丰富的工作经验，分门别类撰写企业篇、监管篇、综合篇等30余个课件，通过典型事故案例、操作程序讲解、政策规范解读等提高企业安全意识，提升基层安监人员发现隐患能力和监管执法水平，提高群众安全意识，提升应急避险能力。流动课堂开展65余场，受众9000余人次。举办职业健康安全管理培训班，宣讲职业病防治法律法规标准知识、职业病危害预防和控制的基本知识、用人单位职业卫生管理知识、工伤保险相关知识，100余家用人单位的150余名企业的主要负责人和职业健康管理员参加。开展应急救援“救”在身边”活动，招募校园安全小卫士，成立雨花区首支红领巾队伍，将安全知识送进83所中小学、幼儿园，提升中小学生自救互救能力。开展“我是安全小主播”活动，在全市中小学和幼儿园招募小主播，吸引3000余个家庭报名参加，实现通过学生影响家庭，家庭影响单位，单位影响行业，以点带面，促进社会安全。开展压实企业主体责任活动及安全文化示范企业创建，联合比亚迪等重点企业开展安全生产宣传周、职业病防治周、有限空间培训、应急演练、安全文化建设等系列活动，发放安全宣传资料18万余份，培育市级安全文化示范企业两家。雨花区整合资源、整合资讯、整合资金，深化与各类媒体的交流合作。通过媒体，发布稿件625篇次，促进全民安全文化素质的提升。以街镇为单位，以社区（村）为依托，每个街镇建立50~200人不等的安全信息员队伍，全区1500人，通过“喊一喊、劝一劝、报一报”的巡查、排查、宣传职责，实行全区域网格化安全管理。

利用红袖章、夜莺小分队、零点行动组、楼栋长、志愿者巡查队伍，上门入户，为居民提供贴心的安全服务。开展“平安来敲门”消防安全入户宣传活动，在全社会逐步营造全民“讲安全、重安全、懂安全”的良好氛围和习惯。

（刘丽香）

【安全监管】 2018年，雨花区进一步压实街镇属地责任、部门监管责任和企业主体责任，完善健全党政同责、一岗双责、齐抓共管体系，提升全民安全责任意识。分批次、分行业进行全方位的安全生产主体责任大培训895场，参训人数10万余人。元旦前后，落实《长沙市雨花区安全生产委员会关于区领导带队检查安全生产工作的通知》和区领导安全生产责任清单，全体区委常委按照联点街镇、区政府班子成员按照所管行业领域，分别带队开展安全生产检查。19位区委、区政府班子成员，开展带队检查25次，检查企业42家，发现并整改问题41处。区安委办、区安监局坚持计划执法和联合突击执法有机结合，排查、整改安全隐患，打击非法违规行为，确保全区安全稳定。区安委办组织各执法部门制定年度执法计划，报区人民政府批复同意后公布实施，计划涵盖建设、农林水、交通、安监、国土、质监、交警、消防等行业企业，覆盖13个街道（镇），8000余家企业。1月5日，区安监局举办2018年度安全生产计划行政执法专题培训班，解读安全生产行政执法要求和标准，逐条剖析企业监督检查的24项内容，发放《中华人民共和国安全生产法》读本、《中华人民共和国职业病防治法》读本、《工作场所职业卫生监督管理规定》等学习资料540份。76家计划执法单位负责人及各街道（镇）安监人员100余人参训。组织集中执法行动5532次，立案1218起，处罚到位3451万元，行政拘留176人，抓捕犯罪嫌疑人85人。区安委办组织开展“强执法防事故”、打非治违“百日行动”“春雷”“飓风”“霹雳”“清缴”等行动4586次，出动执法人员8590人次，检查生产经营单位4719家，排查整改隐患982处，责令停产整顿企业31家，取缔非法生产经营建设单位25处。区安监局检查企业2763家，实施简易处罚128起，立案查处29起，处罚金额134.23万元。

（刘丽香）

【应急救援】 2018年，雨花区印发《长沙市雨花区生产安全事故灾难应急救援预案》，做到生产经营单位编制的各类应急预案与相关人民政府及其部门的应急预案相衔接。在雨花家园社区建设集办公、应急指挥、模拟观摩、培训于一体的雨花蓝天救援基地，依托街道、社区和企业，建立各级各行业的民间应急队伍。区安监局会同教育局，联合雨花蓝天救援队对全区81所中小学、幼儿园开展事故应急救援培训和演练。（刘丽香）

【高温季节安全生产工作】 2018年，雨花区多措并举，严抓高温季节安全生产工作。自主制作上线全国首创安全意识观察类节目《请注意》，以“请注意你的身边有危险”提醒广大市民注意身边的安全隐患；开展各类安全生产应急演练和培训讲座，受教育人数10万余人次。各部门、各街镇分行业、分地区组织1000余家重点企业负责人和安全管理人员，进行集中约谈，观看警示教育片，传达中央、省市区安全生产系列决策部署和工作要求，学习企业安全生产主体责任的主要内容，提醒企业落实高温季节安全防范措施，指导排查治理各类安全隐患。建立雨花区安全生产专家库，对高温季节重点行业领域企业开展暗访，发现隐患136处，整改率95.6%。采取“四不两直”方式，综合督查街镇安全生产，发现并督促整改问题75条。加强高温季节安全生产监管执法，各部门、各街镇出动执法人员6712人次，检查生产经营单位2685家，立案202起，罚款金额774.60万元。认真研判高温季节安全生产形势，突出道路交通安全重点领域，开展跳马片区道路交通安全专项整治行动，每天分三班24小时设点守卡和机动巡查，严厉打击道路交通非法违法行为。出动执法人员648人次，检查重点车辆823台，扣押96台，实施简易处罚40单，对5名驾驶员违法行为处以记12分的顶格处罚。

（刘丽香）

【安全生产工作会议】 2018年2月9日，雨花区2018年经济工作暨安全生产工作会议召开，全体县级领导，各部门、各街道（镇）主要负责人、分管副职、财政所长、安监站长，各社区（筹委会）村书记、主任、规模以上企业负责人1000余人参加会议。区委常委、常务副区长邹春林主持会议。区委副书记、区长刘素月简要回顾2017年安全生产工作，分析面临的严峻形势，要求全面压实企业主体责任、街镇属地责任、部门监管责任和区领导分管和联点责任，共同维护雨花安全稳定的发展环境；突出重点行业（领域）、重点企业、重点部位（环节）、重点时段，采取宣传警示与严格执法

2018年3月21日，雨花区全面压实企业安全生产主体责任年培训班（刘丽香／摄）

相结合的工作模式，强化群众参与，严厉打击非法违法行为；深入贯彻中央和省市关于安全生产领域改革的要求，抓好遏制较大事故试点等重点工作攻坚克难，确保实现“大幅减少一般事故、坚决遏制较大事故”的工作目标。区委常委、区委办主任周海毅宣读《关于2017年度全区安全生产工作考核结果的通报》；邹春林传达学习省委副书记、省长许达哲对近期几起较大事故的批示精神，再动员、再部署打非治违“百日行动”，提出全国“两会”、春节及节后复工复产等工作的明确要求。会议表彰2017年度安全生产工作优秀单位、优秀个人。区委书记张敏强调，区委区政府将安全生产与经济工作一起表彰、一起部署，就是要求全区要在抓好高质量发展第一要务的同时，必须抓实安全稳定第一责任。全区上下要牢固树立生命至上的理念，坚守“发展绝不能以牺牲安全为代价”的红线；要认真抓好责任清单的落实，坚决落实领导的决策担当责任、部门的直接监管责任和街镇的属地管理责任，真正做到人人有责、人人明责、人人履责、失职追责；要坚决压实企业主体的责任，全区必须以压实企业主体责任为出发点和落脚点，促使企业从“要我安全”向“我要安全”转变。（刘丽香）

【雨花区第2次安委会例会】 2018年6月6日，雨花区安委会召开第2次安委会例会暨“强执法防事故”行动推进会。会议由区政府副调研员陈立主持，各街道（镇），区安委会各成员单位分管负责人参加会议。区安委办常务副主任、区安监局局长刘归从事故防控、执法处罚、宣传教育等方面总结讲评工作情况，部署专家明查暗访隐患交办整改、安全生产宣传月活动、强执法防事故行动、高温季节安全防范、市对区半年考核、贯彻落实《地方党政领导干部安全生产责任制规定》等工作。区委常委、常务副区长邹春林强调，全区执法虽严但效果不佳，工作虽实但基础不牢，防控虽密但事故不少。面对上级要求越来越高、市考形势越来越严、竞争压力越来越大的严峻形势，全区务必做到执法要严，要按计划完成执法、重实效推进执法、多部门联合执法，确保有效果、有威慑、有影响；基础要实，宣传教育、主体责任、日常工作都要层层落实到位；督查要真，要坚持开展“四不两直”巡查、坚持专家参加暗访、坚持督查结果运用，确保市对区半年度考核取得优异成绩。

（刘丽香）

【区委常委会专题研究安全生产重点工作】 2018年4月4日，雨花区委书记张敏主持召开第五届区委常委会第43次（扩大）会议，专题听取、研究和部署全区安全生产重点工作。区委常委会全体组成人员、区人民政府领导班子出席会议，各街镇党工委书记、行政主要负责人及区安委会成员单位行政主要负责人参加会议。区政府各位副区长安排部署分管行业领域的安全生产工作。区委常委、常务副区长邹春林总结回顾安全生产工作情况，通报当前安全生产工作的形势，安排部署清明节期间及下阶段安全生产重点工作。区委副书记、区长刘素月强调，务必抓好重点行业领域的事故防控，坚决守住不发生较大事故的底线；务必加强应急值班值守和信息报送。张敏要求，责任要再压实，进一步健全“党政同责、一岗双责、齐抓共管、失职追责”，要强化县级领导分管责任和联点责任，压实街镇的属地责任、部门的监管责任和企业的主体责任，要真正做到各负其责、各司其责、尽职尽责；重点要再突出，要坚持源头管控，关口前移，加强安全隐患排查，加大执法处罚和打非治违力度。坚决杜绝烟花爆竹、道路交通、建筑施工、消防等行业领域的非法违法现象；基础要再夯实。要深入推进“压实企业安全生产主体责任年”活动，强化人防物防技防、应急管理、教育培训等基础工作，全员、全面、全过程、全天候宣传安全，引导安全，关注安全，切实巩固安全生产的根基。（刘丽香）

【区委常委会专题学习《地方党政领导干部安全生产责任制规定》】 2018年5月30日，雨花区委书记张敏主持召开区委常委第14次会议，传达学习《地方党政领导干部安全生产责任制规定》（以下简称《规定》）。区委常委、常务副区长邹春林通报全区贯彻落实情况，区委副书记、区长刘素月建议在道路交通、消防、建设等重点领域要进一步强化管理、完善设施、防范事故。张敏强调，要认真学习贯彻好《规定》，将其纳入中心组学习和领导干部培训内容，要通过宣贯浓厚工作氛围，提升安全意识，提高依法治安的能力；要严格落实《规定》，进一步完善区委区政府党政领导干部责任制清单，全体班子成员要对照职责，主动作为，担负起“促一方发展、保一方平安”的政治责任；要从严抓好安全生产监督执法，加强日常检查排查，聚焦重点行业、重点领域，抓实隐患排查整改，从严处罚各类非法违法生产经营行为，要加强督查督促确保安全生产效果。

（刘丽香）

【安全生产重点问题约谈会】 2018年6月20日，雨花区召开安全生产重点问题约谈会，集中分析上半年安全生产事故、吸取教训，安排部署下半年安全生产重点工作。区委副书记、区长刘素月指出，安全生产约谈会既是事故分析会，又是工作交办会。当前全区安全生产形势严峻，上半年安全生产小事故频发喻示监管不到位、安全隐患多，各部门要以此敲响警钟，落实安全生产“一把手”工程，全面抓好安全生产工作。刘素月强调，要分析事故原因，抓住重点区域、重点行业，尤其强化驾驶员安全生产培训，确保责任落实到位；要加大执法力度，开展为期半年的安全生产大整治，形成一周一次联合执法、一月一次综合执法工作机制，并对相关部门执法情况进行一周一通报；要加强沟通协调，各分管领导分头抓好交通运输、建设工地等领域专项整治工作，出台方案、形成合力，杜绝同类安全事故再次发生；要强化安全生产督查，以问题为导向，督查交办工作落实情况，并将此作为追责依据，提前防患安全生产事故发生。区领导邹春林、黄健元、陈怀宇、王明玖、蔡泽敏参加会议。

（刘丽香）

【省“两会”期间安全生产工作专题调度】 2018年1月15日，雨花区委书记张敏组织召开安全生产专题调度会，听取全区安全生产工作情况汇报，调度省“两会”期间安全生产工作。区安监局局长刘归传达省市相关会议精神及领导讲话精神，汇报2017年及近期雨花区安全生产情况，安排部署下阶段安全生产重点工作。各部门、各街镇结合实际，分析研判安全生产形势，并就抓好工作落实表态发言。张敏强调，要用鲜明的政治态度做好安全生产工作；要思想上高度重视做好安全生产工作，要经常抓、认真抓，要有耐心、有恒心、有决心；要全面排查安全生产隐患，经常排查、建立台账、预防为主，要心中有数，将精准的理念贯穿安全生产工作当中；要认真做好安全隐患的整改，督促检查要经常、隐患整改要过硬、执法打击不手软；要加强督查，两办督查室和区安委办要每天督查情况、每天反馈信息。区委副书记陈永高，区委常委、区委政法委书记王维宁，区委常委、区委办主任周海毅，区政府副区长黄健元、陈怀宇出席会议，各街镇党工委书记和区委办、区政府办、公安、消防、交通、教育、交警、建设、安监、民政、人社、火车南站综管办等部门行政负责人参加会议。（刘丽香）

【雨雪冰冻天气防范工作紧急调度】 2018年1月5日，雨花区委常委、常务副区长邹春林组织召开雨雪冰冻天气防范工作紧急调度会。区政府副调研员陈立主持会议。区安委办、区应急办传达学习省市相关会议、文件精神，部署雨花区低温雨雪冰冻灾害安全防范和应急工作。邹春林强调，全区上下要深刻吸取2008年冰灾的经验和教训，从讲政治讲党性的高度，思想重视，要认真分析研判，提前部署，周密安排，全力做好雨雪冰灾的应对，确保万无一失。抓通信、交通、供气、供电、供水、旅游、校车安全，确保城乡道路和桥梁畅通；抓隐患排查，确保建（构）筑物、临时建筑、危房、棚户区、停车场等场所的安全排查，及时消除隐患；抓群众生产生活安全，确保物资充足，农作物安全越冬；值守到位，加强雨雪冰冻天气预警预测，充实应急物资和人员，确保反应灵活，保障有力。各级领导干部要带头值班，确保信息畅通。相关部门单位及各镇街负责人50余人参加会议。（刘丽香）

【安全生产工作调度会】 2018年12月3日，雨花区召开专题会议传达中央、省、市有关会议精神，安排部署全区安全生产工作。会议要求，全区各相关部门和企业单位要深刻吸取河北省张家口市“11·28”重大燃爆事故教训，切实做好危险化学品安全生产工作，有效防范和坚决遏制重特大事故发生。区委副书记、区长刘素月强调，安全生产责任重于泰山，全区各部门单位要认真贯彻落实中央、省、市部署要求，坚守底线思维，强化红线意识，全面抓好安全生产工作。要提高思想认识，各级各部门进一步牢固树立以人民为中心的发展思想，始终绷紧安全生产这根弦，从根本上减少事故发生，保护群众生命财产安全；要强化隐患排查，坚持隐患就是事故，事故就要处理，开展常态化排查，深入到枝梢末节，确保排查“全覆盖”、隐患“全清零”；要突出工作重点，突出抓好建设、交通、教育、消防、危化品及人员密集场所等重点行业和重点区域的安全生产工作管理，维护社会稳定和谐；要加强应急处置，完善应急预案，强化应急演练，遇有突发事故迅速开展安全救援，严防事故后果扩大升级，全面筑牢安全生产防线。（刘丽香）

【安监系统培训班】 2018年1月9日，雨花区安监局组织全区安监系统90余名执法人员进行执法系统（三期升级）业务培训，旨在切实提高各单位安全生产监管人员的综合监管能力，促进执法人员系统操作、文书使用等水平进一步提升。区安监局局长刘归做培训动员，强调根据湖南省安监局办公室《关于协助做好安全生产行政执法管理系统（三期升级）试运行工作通知》要求，雨花区被选为唯一参与安监执法系统（升级）试运行的区县单位，体现了省、市安监局对雨花区安全生产行政执法工作的高度重视。要充分发挥优势条件，多使用、多操练，要能在全省范围内起到学习借鉴的作用。在前期3个月的试运行过程中，各单位必须严格按照要求，认真学，用心学，规范系统操作，多提宝贵意见。各单位必须在思想上高度重视执法工作，以依法治安为核心，切实抓好工作落实；要认真学习相关法律法规，熟练系统操作流程，规范执法方式方法，提升执法业务水平；要将学到的业务知识灵活地运用到实际执法检查工作当中，以学促做，学有所效。3月14日至16日，雨花区举办安监系统培训班，全面强化安监系统教育培训。培训邀请市级领导及专家，围绕安全管理与综合监管、安全生产形势与法律法规、行政执法知识、应急管理与隐患排查、安全意识与管理等方面展开，并结合基层安全生产工作的实际情况，通过典型案例分析与讨论，提高培训的实用性。全区街道（镇）、社区（村）200余安监人员参加培训。（刘丽香）

【粉尘防爆、有限空间专题培训】 2018年6月22日，雨花区安监局举办粉尘防爆、有限空间作业安全管理专项培训班，社区、街道基层安监人员以及相关企业负责人270余人参训。长沙市安监局副局长李志兵出席。区安监局局长刘归做动员并讲授以粉尘防爆、有限空间为重点的安全生产常识课。长沙市比亚迪汽车有限公司安环部部长、注册安全工程师张瑗讲授有限空间专业课，以企业口口相传的形式描述有限空间“先通风、再检测、后作业”的安全管理知识和经验。与会人员进行粉尘防爆、有限空间作业安全管理知识考试。（刘丽香）

【安全生产班前会专项培训】 2018年11月28日，雨花区企业安全生产班前会专项培训在晓光工匠学院一楼党员活动中心举行，雨花经济开发区120家企业的法人代表、安全负责人、安全管理人员及班组长参加活动。雨花区安监局局长刘归发言并宣讲安全生产法相关知识。学员们分组参观晓光工匠学院的室外安全体验场和室内安全实训场，通过现场机械压伤体验、电路短路体验、劳保正确穿戴体验、安全帽穿戴体验、安全带拉伸体验、密闭空间体验等数十种室内、室外安全体验教具。晓光工匠学院专职讲师结合企业和班组岗位工作特点，讲解工匠学院研发的专题安全班前会课程——《安全生产班前会知识及操作要点培训》，讲述安全班前会在安全生产当中的重要作用、班前会六大步骤、各步骤操作要点、安全生产班前会上的“八个必讲”等。（刘丽香）

【烟花爆竹经营领域整治】 2018年，雨花区实施三环内烟花爆竹零售门店清退工作，明确6月1日前三环内烟花爆竹零售门店退出经营。区政府设立20万元专项奖励基金，奖励6月20日之前退出经营的业主。区公安分局停止审批三环以内各经营门店的配送运输许可。区安监局对三环内各经营门店既有产品存量进行摸底登记，定期检查，确保三环内的烟花爆竹总量只减不增；约谈辖区内烟花批发公司，明确要求不再向三环内供货；设立提前注销登记绿色通道，通过精简行政流程，甚至服务上门，快速处理注销登记业务，实现做通一个迅速注销一个。区工商分局和区质监分局加大对烟花爆竹产品质量和包装标准的检查。各街镇轮番上门进行《雨花区烟花爆竹零售门店提前注销经营证照奖励措施》禁燃宣传。1月25日，雨花区召开雨花区整治烟花爆竹经营领域非法违法行为专项行动调度会。区公安分局、区安监局、区工商分局、区质监分局、区交通运输局和各街道（镇）分管领导参加。各部门依照各自监管职责对安全生产“打非治违百日行动开展进行通报交流。同日，区安监局依法暂扣转移洞井街道商贸城糖酒批发市场22栋377号杨杨商店非法的储存烟花爆竹，公安部门立即依法传唤当事人。为汲取“2·3”安乡县非法生产烟花爆竹爆炸事故教训，雨花区印制《烟花爆竹危害大——有奖举报》专题海报和《烟花爆竹经营户安全告知书》1万份发放至各街镇、社区（村）、经营门店，居民小区，物业、广场等人员密集场所，利用街镇、社区宣传栏、宣传标语、横幅、手机短信、QQ群、微信公众号、电视媒体等多种方式开展烟花爆竹打非治违宣传活动。2月6日起，区安监局联合跳马镇安监站、综治办、派出所、工商所对跳马镇辖区开展为期一周的烟花爆竹领域联合执法大检查，对跳马全域15个村和社区各经营门店和超市实施“地毯式”打非治违排查，特别就进行突击检查。检查门店16家，查处未取得“烟花爆竹经营（零售）许可证”的门店4家，收缴烟花爆竹156件，其中儿童类烟花46件。跳马镇派出所立案处理相关涉事人员。3月27日，区安监局组织召开烟花爆竹行业和危险化学品行业压实企业主体责任动员培训大会，区安监局向烟花爆竹经营户宣达上级行政指令，明确三环以内的烟花爆竹（零售）经营户在2018年底退出市区经营，三环以内不再核发新证，并不再进行换证审批；区治安大队负责人告诫经营户，其在销售烟花爆竹产品时应提醒顾客安全燃放，按照政府相关规定进行燃放。4月3日，区安监局联合公安分局治安大队组织召开雨花区禁止和限制燃放烟花爆竹工作推进会，雨花区域内经营的7家烟花爆竹批发公司和平安保险公司负责人参加会议。会议明确，烟花爆竹批发公司做好不合格产品的回收、销毁处理工作；对退出门店未售出的烟花爆竹存量产品进行回收，停止三环以内的零售门店供货，配合区政府做好清明期间的文明祭扫工作。公安部门停止对运输车辆的审批。平安保险公司依据保险购买相关条款规定，对提前退出但“烟花爆竹（零售）经营许可证”仍在被保险期间的，做好退费工作。5月31日，雨花区三环内62家烟花爆竹零售门店全部清退，比预计时间提前1个月。（刘丽香）

【危化经营单位安全“体检”】 2018年4月9日，雨花区安监局邀请省级安全专家为辖区内45家危险化学品经营单位进行全方位的安全体检，重点对加油加气站、气体充装站、液氨制冷冷冻库三类危化企业的生产经营现状进行科学、客观的安全评价，提出安全生产建议，解决企业在安全生产管理中存在的安全检查不专业、隐患排查不彻底、整改指导不会做的问题。安全专家组按照“全覆盖、全领域、全过程、全时段”的要求，对辖区所有高危企业逐部位、逐岗位、逐环节进行排查，重点对企业危险源监管情况、安全设施硬件投入情况、软件资料管理情况、安全隐患整治情况、应急救援配备完好情况等逐项进行检查。5月9日，湖南安全生产科学研究有限公司出具雨花区45家高危行业企业的事故隐患排查诊断报告，通过识别和评价风险点，发现各类隐患约200条，其中5条重大隐患。专家将排查出来的隐患种类进行分级分类管理，并形成整改意见，制定整改方案和措施。（刘丽香）

【重点车辆专项整治】 2018年5月9日，雨花区委常委、常务副区长邹春林专题调度渣土车、混凝土搅拌车和“两客一危一校”等重点车辆专项整治工作，雨花经开区、城建、安监、农林水、商务、交通、交警、城管、消防等部门主要负责人参加。会议明确由区交警大队牵头，城建、城管、交通、安监等部门对辖区的所有混凝土搅拌站和渣土运输企业企业法人、安全专干进行集中警示约谈；由区交通局和区城乡建设局分别牵头，联合区交警、城管、安监对辖区内的所有混凝土搅拌站和渣土运输企业开展执法检查，进一步压实企业主体责任。组织辖区内所有渣土车、混凝土搅拌车和“两客一危一校”企业负责人和驾驶员参观雨花区交通警示教育公园、观看警示教育片，并由相关行业部门进行业务辅导，从而层层压实行业企业责任，增强企业负责人和驾驶员安全意识，确保道路交通安全。邹春林提要求，各部门清醒认清当前安全生产严峻形势，切实做好事故防控；坚持问题导向，针对重点行业领域开展专项整治，重点关注和排查想不到、看不到的领域与部位，坚决堵住监管盲区与死角；加大监管执法力度，压实行业与属地责任，做好全区交叉检查工作。5月11日，雨花区集中警示约谈区内57家渣土运输企业法人和安全专干，开展针对渣土车、混凝土搅拌车和“两客一危一校”等重点车辆专项整治第一步。区交警大队通报全区道路交通事故情况并对企业人员提出工作要求；区交通局和区城管执法局就“压实企业主体责任”强化内部管理进行强调；区公安分局和区环卫局就渣土车抗法和监管工作提出要求。区安委办常务副主任、区安监局局长刘归要求，认清当前形势，在大环境的压力下，要加强内部管理，做好宣传教育,强化安全意识;认清事故代价，现阶段事故赔偿成本巨大，违法处罚从重，要加强运输车辆安检，强化驾驶人员教育；认清整治要求。（刘丽香）

【跳马片区道路交通安全专项整治】2018年8月10日至11月9日，雨花区安委办组织交通、安监、交警、城管、环卫和跳马镇集中对跳马片区进行24小时交通专项整治行动。雨花区成立规格高的专项领导小组，区委常委、常务副区长邹春林任组长，其他副区长任副组长，区交通运输局、区城管综合执法大队、区交警大队、区环卫局、跳马镇、区巡警大队等部门主要负责人为成员。72名执法人员，分成两个小组八个班，突出洞株公路、暮石公路，全天候、全时段通过设点守卡和机动巡查相结合的方式，以“严管重罚”为原则开展大型运输车辆的安全整治。整治行动期间，对无牌、拼装，违法运输建筑垃圾拒不改正、不按照规定路线行驶的车辆，一律扣押；对超速超载，未经核准擅自处置渣土，运输渣土沿途撒漏的，一律顶格处罚；对无证驾车、妨碍公务的，一律拘留；对发生亡人事故车辆所属单位，一律停产停业3个月；对经停产停业整顿仍不具备安全生产条件的，一律关闭；对拒绝、阻碍执法部门依法实施监督检查,构成犯罪的,一律追究刑事责任。期间，出动执法人员4620人次，检查重点车辆3844台，扣押车辆236台，其中查扣载货汽车179台，未带证件的货车40台，渣土车13台，水泥罐车2台，未贴年检标志的货车2台；拖拉机4台、三轮摩托车等其他车辆100台，扣押证件11本，实施简易处罚261起,查处酒驾4起,扣押证件6本，对7名驾驶员违法行为处以记12分的顶格处罚，对无牌无证摩托车驾驶员行政拘留5人，跳马片区实现交通事故率下降100%。（刘丽香）

【新平路边坡隐患整治查勘督办】2018年5月3日，雨花区安委办联合区城乡建设局、区国土分局、区现代电子商务物流园管委会和相关街道，对新平路（时代阳关大道—柳树塘路）的施工区域护坡垮塌隐患进行现场查勘和督办整治，区政府副调研员刘贤宏参加。区城建局和区国土分局的专家现场对隐患进行分析，工地及护坡施工方通报该隐患的相关情况和整治进展，形成由工地项目施工方密切监控隐患的发展，加大力度在雨季前完成永久性支护工程的统一意见。刘贤宏要求，施工方务必按照既定的整改方案，迅速将护坡隐患整治到位；隐患属地区现代电子商务物流园管委会务必派人对该隐患进行巡查，在隐患整改完成前，对相关道路进行封闭；各职能部门按照行业监管原则务必积极配合属地管理部门提出权威性的整改建议和意见。（刘丽香）

【查处非法加油点】2018年3月15日，接群众举报：长沙大道与花候路交界处轨道公司4号地块上一无名停车场内疑似有非法销售成品汽油的安全隐患。区安监局联合区交运局、区交警大队以及黎托街道火速赶到现场，经查验，该重大危险源系违法者通过改装的厢式货车作伪装，将非法改装的油罐藏于车辆腹中，以私接电线的方式，雇佣未经安全培训的社会闲杂人员提枪给车辆加油并收费。违法现场无任何安全措施，构成重大安全隐患。该行动历经9小时，出动50名执法人员，出动4辆执法车，1台油罐车，1台拖车，1台洒水车，转运5146.34升汽油，拖走非法改装的厢式四轮货车1台。6月13日，雨花区安委办组织区安监局、区交运局、雨花亭街道城管办、安监站等部门单位对雨花亭街道雅塘村一居民点内非法储存环保油行为进行联合执法。该非法窝点没有办理相关法律手续，不具备安全生产相关资质，在30个平方米的狭小空间内非法存储1.08吨的甲醇和237个各类分装瓶罐，且有疑似将醇基油与硝化棉混合掺杂非法生产固体酒精的行为，作业现场无任何安全措施，具有安全隐患。区交运局对可疑车辆进行暂扣，并拖至指定停车场；区安监局对非法的危险化学品进行收缴，并运送至指定储存场所；雨花亭街道城管办收缴该窝点用于非法生产的器具，并作为证据先行登记保存，且已转运至指定仓库。（刘丽香）

【安全知识进校园活动】2018年3月29日，雨花区安全生产监督管理局与区教育局主办“应急救援‘救’在身边”应急救援培训公益活动启动仪式在雅境中学展开，拉开全区安全知识进校园活动的序幕。市安监局党组成员、副局长刘金泽，市安监局党组成员郭朋芳，雅境中学校长金虎成参加活动。区安监局局长刘归致辞，并与与会嘉宾为新成立的首支雨花区红领巾救援队员们授予勋章和队旗。雨花区将以红领巾应急救援队为主导力量开展应急救援微课堂，区安监、教育部门和区蓝天救援队共同建立急救知识培训机制，全覆盖对全区中小学、幼儿园开展应急救援知识普及培训，完善学校应急救援体系，提高中小学师生的自救互救能力。（刘丽香）

【《职业病防治法》宣传周启动】2018年4月28日，雨花区《中华人民共和国职业病防治法》宣传周启动仪式在红星商圈步步高超市前坪举办。长沙市安全生产监督管理局副局长李志兵、副处长贺坤明参加。雨花经开区、各街道结合辖区工作特点，充分利用展牌、画报及微信微博新媒体等方式，广泛使用宣传用语和职业卫生健康教育核心信息，开展现场宣传活动，以健康企业建设为抓手，宣传和传播职业病防治和健康知识。职业卫生专家现场免费为群众进行职业健康检查，发放职业健康宣传资料，开展职业健康咨询。（刘丽香）

【安全生产月启动仪式】2018年6月1日，2018年雨花区“安全生产月”启动仪式在雨花区东山街道黎郡社区中心广场举行。区政府副调研员、区安委办主任陈立，区安委办常务副主任、区安监局党组书记、局长刘归，各安委成员单位、各街道安监站站长，各社区代表和企业代表，以及辖区内群众近200人出席仪式。现场表演小品、独唱、舞蹈等节目，穿插安全知识有奖抢答环节，通过互动的形式与在场群众进行安全知识的普及，提高群众"安全生产"的参与度。（刘丽香）

【安全生产宣传咨询日】 2018年6月15日，由雨花区安委会主办，雨花区安监局和圭塘街道办事处承办的2018年长沙市雨花区安全生产宣传咨询日暨《请注意》栏目上线仪式在雨花市民广场举行。市安监局局长胡春山，区领导刘素月、邹春林，陈立出席活动，区安委成员单位、各街镇负责人及安全信息员、企业代表、蓝天救援队等300余人参加活动。活动以《同心同圆中国梦》开场秀拉开序幕。内场活动紧扣安全主题，以情景剧、快板、歌舞、诗歌朗诵等群众喜闻乐见的方式呈现，寓教于乐普及安全知识。举行《请注意》栏目上线仪式，《请注意》是由区安监局与长沙电视台移动电视频道携手全国首创安全意识观察类节目，当日上午11时在长沙新闻频道进行首播。节目以新闻资讯、主持人口播和小专访串联的形式，充分挖掘百姓关注的安全题材，普及交通安全、消防安全、危险化学品、烟花爆竹安全、出租房安全、电梯安全、儿童安全、职业病危害、应急救援9个方面安全知识。活动现场，区安监局授予参与《请注意》栏目拍摄的30名小朋友"安全小主播"的称号。通过对小朋友的安全理念的深入渗透，实现"教育一个小孩，影响一个家庭，提升一个社区，覆盖整个社会"的效果，营造浓厚的社会安全文化氛围。活动现场设置安全体验区和咨询区，体验区包括区安监局与晓光模具联合打造的安全生产户外体验馆，以及消防部门设置的VR体验馆。现场群众踊跃参与，身临其境感受体验，增强应急自救和避险能力。咨询区由各行业部门、街镇设置30个咨询台，通过向市民发放安全知识宣传单和宣传品，普及安全知识，同时现场解答市民关于安全的各类疑问。（刘丽香）

【《安全生产法》宣传周活动】 2018年12月6日，雨花区《中华人民共和国安全生产法》宣传周活动在湖南晓光模具汽车有限公司启动。区安监局党组书记、局长刘归作宣传动员，宣讲《中华人民共和国安全生产法》知识，特别安全生产典型案例。与会人员分组参观体验工匠学院的安全实训场，观摩工匠学院研发的专题安全班前会课程和现场班前会实操。各街镇基层安监工作人员与企业代表120余人参加活动。（刘丽香）

【行政执法质量考评】 2018年4月4日，雨花区代表长沙市迎接湖南省安监局行政执法质量考评。考评组检查雨花区安全生产行政执法规范性文件制定、安全生产行政许可（审批）和计划执法到位情况，抽查5份行政许可案卷、38份行政处罚案卷和3份事故调查案卷，从执法规范、办案程序、证据锁定、法律适用、事故调查等方面工作的实际开展情况与区安监局有关领导进行沟通交流。省安监局政策法规处处长李兵荣认为，雨花区安全生产行政执法工作，全面推行委托执法、简易程序处罚模式，率先制作行政处罚案例警示录，抓好"一体两翼"工作落实。雨花区敢执法、能执法、执好法，执法力度大、执法水平高，实现了全年未发生一起直管行业生产安全事故，值得肯定。（刘丽香）

【区领导检查春节前安全生产工作】 2018年2月13日，雨花区委书记张敏带队督查砂子塘街道春节前安全生产工作，区安监局、砂子塘街道主要负责人参加。张敏要求，企业负责人一定要落实好企业安全生产主体责任，坚持"以人民为中心"的安全发展理念抓好安全生产工作，进一步健全完善安全设施，加强员工培训，抓实应急演练，确保人民群众度过平安祥和的新春佳节。全区安全生产工作必须强调意识为先，要进一步加强到户到人的安全宣传培训，实现全员全面全程全天候；必须盯紧道路交通、建设、烟花爆竹、危险化学品和消防等重点领域，对重点企业和重点部位的排查检查要长期坚持、顶真碰硬、扎实过细，绝不能走过场；必须加强对安全工作执行情况的督查，确保"最后一米"不掉链子。（刘丽香）

【区领导调研安全生产工作】 2018年4月27日，区委书记张敏就全区安全生产工作赴湖南白沙运输有限公司、区安监局等单位进行调研，并对安委会成员单位面临的问题现场办公。张敏强调，做好安全生产工作，意识要强，要警钟长鸣，严抓严管，时刻绷紧安全生产之弦，切实增强抓好安全生产的使命感和责任感；检查要细，县级领导要发挥表率作用，落实一岗双责，不间隙检查安全隐患，落实痕迹化要求，发现和解决问题；要抓住重点场所、重点行业领域、重点企业，实现源头管理；监管要严，敢于较真碰硬，查处各类违法违规行为，整改重大隐患，做到从严处罚、绝不手软；责任要明，落实《地方党政领导干部安全生产责任制规定》，强化党政领导责任，夯实属地责任，加强部门监管责任和企业主体责任，建立健全隐患排查机制，开展应急管理、教育培训、安全生产意识宣传等基础工作；整改要实，隐患整改不能等、不能拖，要确保又快又好；强化值守，提前做好预警预防，密切关注雨情、水情，严格落实汛期和节日期间领导干部到岗带班、24小时在岗值班和安全生产信息日报送制度，做好应急队伍、装备、物资准备工作，做到有备无患。全区各级各部门要时刻绷紧安全之弦，做到意识要强、检查要细、监管要严、责任要明、整改要实、强化值守，确保全区社会大局平安稳定。区领导邹春林、周海毅，相关区直部门负责人参加。（刘丽香）

【区领导督查安全生产工作】 2018年9月28日，雨花区委副书记、区长刘素月督查节前安全生产工作，查看山体护坡应急抢险工程，现场指出山体下移与周边居民无序建造地下架空层息息相关，相关部门要加大违规行为打击力度，加快安全隐患治理，切实保障人民群众生命财产安全；现场查看万家丽路隧道口南、万家丽路与双塘路交汇处道路交通整治情况，要求要全面搜查道路安全隐患点，加快设立道路安全警示标牌、标志，加大安全生产宣传力度，提高风险防患意

识，尤其强化雨天道路巡查力度，想方设法下降道路交通事故率，全面提升道路安全指数。（刘丽香）

【区领导督办安全隐患整治工作】 2018年2月27日，雨花区委常委、常务副区长邹春林检查督办东塘街道大都市地下商业街安全隐患整治工作，邹春林一行对大都市地下商业街的安全管理机制、消防设施器材配置、巡查值守情况、微型消防站运行状况等进行现场检查，针对商业街存在的安全管理不规范、现场消防安全隐患和人员安全意识不高的问题，邹春林要求，相关部门迅速约谈企业负责人，敦促主体责任上肩；区安委办牵头研究制定相应的整改方案，各部门单位各司其职，密切配合，按期整改到位；举一反三，迅速在全区面上开展更加深入细致的安全生产排查，确保安全隐患"发现及时、整改到位"。 区政府副调研员陈立、区消防大队、区安监局、区工商分局、区人防办、区商务和旅游局、东塘街道等单位负责人参加检查。（刘丽香）

【区领导调研安全生产和应急管理工作】 2018年11月13日，雨花区委书记张敏，区委常委、常务副区长邹春林到区安监局和区应急办现场调研安全生产和应急管理工作，召集各街镇主要负责人在区委常委会议室调度部署工作。区安委办汇报安全生产工作。邹春林指出"较大事故就是底线、就是'红线'、就是'一票否决'"，要求遏制较大事故、加大执法力度、压实主体责任。张敏强调，在任何时候都要高度重视安全生产和应急管理工作，提高思想认识，层层压实责任，建立健全体制机制，提升监测预警和应急处置能力，提高全民忧患意识和自纠能力，做到居安思危，思则有备；做好安全生产、应急管理的基础性工作，加强值班、完善预案、经常演练，确保做实做细做全；加强安全生产、应急管理的日常工作，不间隙检查安全隐患，落实痕迹化要求，及时发现和解决问题；建立安全生产、应急管理的快速反应机制，重在响应速度和处置水平；加强对部署工作的督查落实，要认识到位、责任上肩、强化担当，把安全生产、应急管理作为否决全盘的工作做实做细做全。（刘丽香）

【职业病危害因素检测】 2018年，市安监局下达雨花区职业病危害因素检测任务指标70家，雨花区开展《中华人民共和国职业病防治法》宣传周活动，在人口流动性大的商圈充分利用展牌、画报、微信微博新媒体，印发职业健康宣传资料等方式进行广泛的宣传教育，引导企业关注职业健康，主动开展工作场所职业病危害因素检测；组织职业健康安全管理脱产培训班，有100余家单位130余人参加为期两天的脱产培训，并通过考试取证，实现持证上岗；开展职业卫生执法年专项行动，共检查存在职业病危害的企业59家，下达责改文书34家，整改到位。完成检测职业病危害因素94家，占全年任务的134%。（刘丽香）

【企业职工安全生产知识竞赛】 2018年6月29日，雨花区总工会、雨花区安监局联合举办2018年雨花区"全面压实企业安全生产主体责任"企业职工安全生产知识竞赛决赛。全区1000个企业职工代表队参加第一阶段笔试筛选，最终12支优秀企业代表队进入第二阶段抢答赛。知识竞赛分为个人必答题、抢答题、风险题、附加题、观众答题五个部分，内容涉及《中华人民共和国安全生产法》《中华人民共和国职业病防治法》等安全生产法律法规政策。经过4轮紧张角逐，最后选出一等奖一组，二等奖四组，三等奖七组。（刘丽香）

【首届微型消防站技能比武竞赛】 2018年11月23日，雨花区首届微型消防站技能比武竞赛活动在区消防大队同升中队举行。来自全区13个街镇的26支队伍，156名微型消防站队员参加技能比武。区委常委、政法委书记王维宁，区消防大队、区安监局等单位负责人出席并观摩比武竞赛。井湾子街道红星农副产品大市场微型消防站获得比赛冠军。（刘丽香）

工商行政管理

【概况】 长沙市工商行政管理局雨花分局（简称"区工商分局"）负责雨花区内工商行政管理工作。内设办公室、计划财务科、政策法规科、企业和个体私营经济监督管理科、反不正当竞争科、消费者权益保护科、网络交易监督管理科、广告监督管理科、市场规范管理科、信息技术科、人事教育科及离退休人员管理服务科（工会、妇委、关心下一代协会）、机关党委（团委）、纪检监察室。设经济检查局、商事登记局（行政审批科）两个直属行政机构。下设洞井、井湾子、雨花亭、高桥、左家塘、砂子塘、侯家塘、圭塘、跳马、黎托、东塘11个工商所.核定行政编制11名、工商所行政编制110名、其中领导职数6名；机关全额拨款事业编制25名，机关后勤服务编制7名（人员只出不进）。2018年，在职干部149人，离退休干部48人。党员162名，其中在职党员126名。

2018年，市工商局雨花分局坚持以五大发展理念为引领，以商事制度改革为统揽，以加强事中事后监管为主线，以服务经济社会发展为目标，推动工商行政管理工作不断向前发展。（赵 森）

【商事主体登记注册】 2018年，区工商分局推行"最多跑一次"改革，实行"一厅办理、一站导办、一窗受理、一网通办、一次办结、一单速达"，59项涉企事项中，55项实现"最多跑一次"，4项达到"一次不用跑"；联动9个区级部门，对16项区县级审批事项，按照规定简化审批材料和流程，推进"证照分离"改革事项落地实施；开启"审核合一""容缺登记"工作模式，将企业设立登记平均办结时间缩短到2.5天；推行"多证合一"改革，推进"43证合一"登记制度改革，实行"一窗受理，并联审批、一照一码、信息共享"的工作模式；推行全程电子化登记改革，为185家企业核发电子营业执照；与创业园区协作实施集群注册，推广"一照多址"备案制度，托管的集群企业2200户；按照依法合理、便捷高效、企业自治、风险可控原则，核准办结简易注销企业 515 户。全区新增商事主体 2.49 万户，其中私营企业 1.01 万户，同比增长 7%，辖区商事主体总量为 16.15 万户，商事主体总量居全市内五区之首。（赵　森）

【商事主体监管】 2018 年，雨花区推进以“双随机、一公开”为核心的抽查监管。食品领域联合抽查企业 47 户，部分流通领域随机抽查企业 141 户，年报公示信息与直销企业联合抽查企业 2406 户，公示信息抽查个体 4442 户，抽查比例 5.12%，7036 户抽查结果全部在网上公示。推进以电子地理为基础的精准监管，按月通报标注及回访数据，标注市场主体 16.24 万户，标注率 100%，完成新增回访商事主体 2.67 万户，完成回访信息录入 2.66 万户，回访录入率 99.58%。推进以社会共治为目标的信用监管。年报应报企业 4.58 万户，实报 3.9 万户，年报率 85.25%；组织归集 2.37 万户市场主体信用信息；将 7700 户企业列入异常名录，1098 户企业移出异常名录，出具信用证明 73 份；开展“僵尸企业”清理工作，对 822 户企业启动吊销程序，作出吊销其营业执照的处罚决定；督促辖区内设有网站企业在年报公示中如实申报网站信息，对未报、漏报进行核查处理，完成涉网市场主体信息整改 1080 户，注销网站 71 户。开展大型打击传销集中清查 15 次，日常清查 51 次，清查楼盘、小区 167 个，确认挂牌涉传出租屋 262 户，捣毁涉传窝点 215 个，解救受害群众 27 人，驱散劝返涉传人员 825 人，录入打击传销信息系统 674 人。检查各类经营户 2.9 万户，清理出无照经营 2756 户，补办营业执照 1633 户，下发责令改正通知书 1543 份，抄告相关部门 3049 户，依法取缔 156 户，立案查处无照经营案件 6 起，无证抄告率 100%。出动执法人员 1678 人次，开展“蓝天保卫战”专项执法行动 13 次，联合执法行动 114 次，整治生产、销售散煤市场主体 43 户，收缴、销毁煤炉 1080 个。开展房地产、医疗等广告专项整治行动 4 次，监测、检查展示牌、灯箱等户外广告 300 余条次，检查楼宇 60 余个，发现并整改不规范公益广告 6 处，约谈物业公司 5 家。抽检瓷砖 10 批次，玩具、皮鞋 8 批次，眼镜 10 批次，管材 8 批次，饮水机 5 批次，燃气灶 5 批次，家具 15 批次，对 20 个不合格批次、15 名经营户进行立案调查。一般程序案件立案 175 件，行政处罚 70 件，不予行政处罚 56 件，万元以上的案件 28 件，十万元以上的大要案 5 件，罚没 162.63 万元，70 件行政处罚案件全部公示，公示率 100%。（赵　森）

【服务企业发展】 2018 年，区工商分局利用浮动抵押、股权质押、融资租赁等形式，为企业搞好融资登记服务，办理动产抵押登记 21 件，抵押融资 34739.97 万元；注销抵押登记 10 户，归还融资 16490.78 万元。推荐评选省级“守重企业”81 家，推荐评选长沙市“守重企业”150 家。加大红星美凯龙的党建工作力度，组织召开红星金典商圈党建座谈会，265 家企业将党建工作纳入企业章程。开展集贸市场整治、经营性公共场所的营业执照、校园周边环境整治、违法广告整治、公益广告宣传、窗口服务建设，有序有效推进文明创建工作。3 月 29 日，开通企业登记网上预约业务，市民通过长沙市商事服务信息平台或长沙双创 APP 在线预约。（赵　森）

【消费者权益保护】 2018 年，雨花区紧紧盯住涉及民生、老百姓关注度高等重要商品质量，提高家装材料、家用电器、母婴用品、日化用品、电线电缆、汽车配件、家具等商品质量的抽检、监管执法。健全消费纠纷多元化解机制，在长沙喜盈门建材有限公司成功设立长沙市首个、全国第四个“ODR”企业，实现企业在全国网上与消费者自行调解消费纠纷；启动红星商圈创建“诚信经营·幸福长沙”放心消费示范商圈活动，促进企业诚信自律的经营；“12315”受理消费者投诉举报 9811 件，办结率 95.47%，投诉调处满意率 90.53%；组织开展“品质消费　美好生活”“3·15”国际消费者权益日系列宣传活动，在红星通程商业广场等 11 处设点咨询答疑、受理投诉举报，组织对投诉举报量排名前十的企业进行集中约谈，开展消费体验活动两次。加大农贸市场文明创建宣传氛围，组织第三方每月对农贸市场文明创建工作开展暗访，督促整改存在的问题 4564 个，确保农贸市场在全国文明城市迎检中不扣分。（赵　森）

【工商登记“最多跑一次”改革】 2018 年 5 月 2 日，雨花区启动工商登记“最多跑一次”改革，包括企业名称预先核准、有限公司设立、变更、注销登记等 55 项最多跑一次的业务服务，只要申请材料齐全且符合法定形式，都能实现“最多跑一趟”。区工商分局推行预约办理、网上办理，现场取号办理试行仅限公司股东和办事企业员工办理。注册大厅设置 12 个预约窗口，群众通过网络预约，大大节省办事的时间，提高办事效率，并且大厅每天 100 个名称核准号，电子营业执照和换照不需要取号，一天业务号 268 个，只要材料齐全，符合法定形式，都只需“最多跑一次”，企业可在 2.5 个工作日内全程办结。设置咨询导办台，咨询导办台工作人员与银行工作人员一起服务，把工商登记服务从政务大厅延伸到银行网点，方便广大企业和办事群众就近自主选择银行网点免费代办工商登记业务，也可及时告知群众银行开户办理流程及融资新政，双向惠民；导办台的工作人员负责发放表格、咨询问题，并且提供电脑、打印设备让企业可以自助服务。导办台工作人员可对材料进行预审，没有拿到号或者预约在等待叫号的企业可以在导办台进行资料预审，确保企业在进窗前把资料做好，进窗后一次通过。（赵　森）

【雨花区互联网监管与服务示范区工作推进会】 2018 年 4 月 27 日，雨花区互联网监管与服务示范区工作推进会在区工商分局召开，全区 40 余户网络经营企业参加会议。雨花区拟用 3 年时间，围绕“放、管、服”，以商事改革为引领，优化网络市场营商环境；以社会共治为为基石，提升线上线下监管水平；以典型示范为目标，强化政策资源保障力度，完善创业扶

持条件，打造新型监管模式，打造具有吸引力的国际化、法治化、便利化网络市场营销环境。（赵　森）

【雨花区打击传销联席会议】 2018年5月29日，雨花区打击传销、非法集资工作推进会议在区会议中心召开。区综治办、区政府办、区教育局、区民政局、区财政局、区金融办、区政府督查室、区法院、区检察院、区公安分局、区工商分局分管负责人、各街道办事处（镇）主管副主任（副镇长）、区公安分局派出所主管副所长、经侦支队负责人、区工商分局工商所长，经济检查局负责人参加会议。区政府副区长易静要求，提高思想认识、加强综合治理、认真落实信息通报和举报奖励两个机制。区工商分局副局长胡逐波代表区打传工作联席会议办公室专题部署年度整治传销集中行动，明确工作重点：不断加大重点地域整治力度；深入开展网络传销专项整治行动；严厉查处三类传销案件；扎实推进无传销社区创建工作；持续拓展宣传教育渠道；全面加强直销企业管理。区金融办安排打击非法集资工作。洞井、井湾子、雨花亭、黎托、圭塘、同升街道办事处主管副主任和雨花亭派出所主管副所长就在打击传销、非法集资工作中存在的问题、下步工作发表意见建议。（赵　森）

【区领导调研工商分局政务服务工作】 2018年7月26日，区委副书记、区长刘素月调研工商分局政务服务工作。刘素月现场查看窗口业务办理情况、网上办事预约情况、导办服务情况，听取商事登记局负责人关于业务办理和网上预约等情况的介绍，探讨进一步化繁为简、深入推进“最多跑一次”改革落地落实，不断优化营商环境等工作。（赵　森）

【区领导调研农贸市场建设工作】 2018年8月28日，区委副书记、区长刘素月、调研全区农贸市场建设工作，副区长易静陪同调研，区商务局、区城管局、区工商分局等部门参加调研。刘素月一行实地调研鑫乐升、新兴、合丰、桂花、曹家坡、活力市场，对农贸市场建设和提质改造工作给予肯定，要求在坚持建设标准的基础上，借鉴和吸取其他兄弟区县的优点；重视食品安全工作，完善好肉类、熟食等摊位的防护设施设备；在建市场要加强过渡市场的管理；加强农贸市场后续管理，各职能部门要加强监管和指导，街道要落实属地管理，市场要压实主体责任，切实为居民提供一个干净整洁、环境优美、安全放心农产品的消费场所。（赵　森）

【流通领域电取暖器具专项整治】 2018年2月24日至4月30日，雨花区在全区范围内开展流通领域电取暖器具专项整治行动。区工商分局统一部署，制定整治方案，召开专题会议，整治高桥、红星等市场低端产品如电烤火箱、小太阳式取暖器、鸟笼式电取暖器等标识不合格、涉嫌“三无”产品、部分经营户未能提供有效进货渠道证明等安全隐患，依法处罚当事人4名，及时消除安全隐患，保护消费者合法权益。（赵　森）

【医疗美容机构广告专项整治】 2018年3月15日至30日，雨花区集中开展打击非法医疗美容广告的专项检查行动，检查证照是否齐全，是否有未经卫生计生部门审查和按照《医疗广告审查证明》违法发布医疗美容广告的行为。出动执法人员96人次，执法车辆24台次，检查电视、广播、报刊等媒体17家，检查广告72条；检查湖南瑞澜整形美容、长沙爱思特医疗美容医院、长沙美莱医疗美容医院、长沙伊百丽美肤连锁阳光分院等医疗美容机构12家。（赵　森）

【房地产市场广告专项整治】 2018年4月27日至5月20日，雨花区组织开展房地产虚假违法广告整治专项行动两次，出动执法人员88人次、车辆22台次，清查33家房地产经营企业在销售楼盘，　责令改正涉及投资回报广告语的楼盘广告两处。检查楼宇电梯广告和店堂宣传图片，责令整改不规范广告4处；拉网式排查各主次干道、车站、地铁口、电梯、LED显示屏、霓虹灯等户外广告及大型户外立柱广告，重点巡查韶山南路、长沙大道、万家丽南路、湘府东路、劳动东路等主次干道以及德思勤购物中心、运达中央广场、凯德购物广场、保利MALL购物广场、喜盈门范城等主要楼盘。发现房地产中介市场行业准入门槛低，中介公司大量出现，虚假“限时代卖”“限时委托”扰乱中介市场等问题，现场拆除“限时代卖”广告宣传牌两家。（赵　森）

【户外广告集中整治行动】 2018年8月至11月，区工商分局开展虚假违法户外广告集中整治行动，对户外大型LED电子显示屏和广告牌进行全面摸底，按照属地监管原则，建立健全“局所联动，以所为主”的属地监管机制，强化各工商所的直接监管责任，要求各所通过分片包干、建立台账、重点监测、定时巡查等方式，将虚假广告整治具体工作任务量化分解到片区，落实到个人。组织广告经营主体参加广告法规培训，签订守法经营承诺书，要求全区LED显示屏和户外广告牌的发布单位在发布各类广告时要讲政治、严守意识形态舆论导向、要符合社会主义精神文明建设和弘扬中华民族优秀传统文化的要求，公益广告内容要出新出彩，以真实、合法、健康的表现形式表达广告内容。在巡查中及时纠正不规范公益广告内容两条。（赵　森）

【雨花区“红盾护农”行动】 2018年3月，雨花区落实省工商局红盾护农工作要求，制定《2018年雨花区合同帮农工作方案》，开展合同帮农工作，出动执法人员46人次，出动执法车辆25台次，对辖区内25家农资经营户进行检查，其中有5家未开展农资销售。查处违法销售不合格农资产品案件1起，没收不合格“高又高”钙镁磷土壤调理剂5吨；没收违法所得434.5元，处罚款2450元。（赵　森）

【打击销售考试作弊器材专项行动】 2018年5月22日至6月10日，区工商分局组织开展打击销售考试作弊器材专项行动，重点整治辖区内各类通讯电子产品市场的无照经营，销售涉嫌用于考试作弊的无厂名、厂址、生产许可证的“三无”电子产品和器材以及进行相关虚假宣传和贩卖所谓考试试题、答案的小广告等违法违规行为，出动执法人员60名，检查经营户20余户。未发现有销售考试作弊器材的经销商家。（赵　森）

质量技术监督

【概况】　长沙市质量技术监督局雨花分局（简称“区质监分局”）内设办公室、质量和监督科、标准计量科、特种设备安全监察科4个职能科室。编制数8名，其中领导职数3名。2018年，局干部职工5人；党员人数7人。办公地点位于长沙市雨花区香樟路592号1号楼。区质监分局获评全省依法办事示范窗口单位。2018年，区质监分局被评为雨花区安全生产工作优秀单位，获市垂直管理单位绩效考核一等奖。（胡　蓉）

【质量监督管理】　2018年，区质监分局对辖区内9家食品相关产品生产企业监督抽查6批次，检验合格率100%；重点工业产品抽样送检40批次，抽检结果100%，监督检查3C强制认证企业20家。开展“质监利剑”专项执法行动，联合市局稽查支队查处位于湘府东路与扬子路交叉处的东山街道候照村附近的无证生产餐具洗涤剂的黑窝点两家。出动执法人员90余人次，组织开展在用锅炉使用安全、机动车检测机构的专项整治以及联合省局组织的车用油随机抽查，针对存在的安全隐患的4家锅炉使用单位场下达责令整改通知书，责令企业立即进行整改。完成按时间节点退出搬离跳马镇绿心地区工业企业5家；配合跳马镇政府组织专项执法行动查封不配合退出工作的企业。（胡　蓉）

【特种设备安全监管】　2018年，区质监分局制定《关于落实企业安全主体责任加强基层电梯安全监管工作的通知》，督促辖区内电梯等特种设备使用单位每季度定期向所在社区报送设备自查情况，街道、社区每季度定量对辖区设备实施抽查，切实落实企业主体责任和街道、社区属地监管责任。开展特种设备安全　“七进”活动，组织参与“3·15”消费者权益保障相关宣传、电梯安全宣传周等活动，发放各类特种设备安全宣传资料5000余份，接受现场答疑300余人次，主导拍摄《请注意之电梯安全篇》特种设备安全宣传纪录片，通过媒体普及特种设备安全知识。区政府组织相关部门调研杭州市余杭区进行智慧电梯监管和老旧住宅小区加装电梯，形成调研报告，推进落实杭州经验落地。完善辖区重点单位的动态档案，出动特种设备安全监察人员560余人次，检查特种设备使用单位295家，下达特种设备安全监察指令书92份，处理特种设备安全投诉129起，投诉处理率和回复率100%。（胡　蓉）

2018年3月15日，国际消费者权益日雨花区质监分局宣传点　（胡蓉／摄）

【计量监管】　2018年，区质监分局及时处理各类与民生直接相关的水、电、油、气等各类投诉，受理各类计量投诉9起，现场执法行动53人次。协同经视频道、都市频道、政法频道3家媒体对红星大市场、莲湖市场等计量器具公正使用情况展开现场执法行动。对辖区内的计量器具生产企业、计量器具修理企业、计量标准建标单位，采取单位自查与监督检查相结合的方式，现场检查企业6家。结合“5·20”世界计量日，分局在雨花区政府政务中心等人流密集场所粘贴宣传海报，在雨花区政府、丰彩好润佳超市、红星大市场等场所的电子显示屏上滚动播放世界计量日宣传标语18条，其中雨花区政府播放四天，丰彩好润佳超市播放一天，红星大市场播放一个月。增强社会各界的计量法律法规意识，形成社会重视计量、关注计量的浓厚氛围。对雨花污水处理厂等4家企业开展用于环境监测的计量器具的专项检查工作，落实环境监测用计量器具使用单位的主体责任。检查山水健康管理中心微生物实验室，增强基层医疗卫生机构的计量法制意识，提高对医用计量器具的监管水平。（胡　蓉）

【标准化工作】　2018年，湖南省智能制造标准化委员会秘书处准落户雨花区，拟由中南智能装备有限公司承担秘书处工作，将推动雨花区制造企业积极参与国际国内标准制修订，增强雨花区企业在行业内的话语权。雨花区将质量部门对企业的奖励、扶持政策归口到《长沙市雨花区促进区域产业发展扶植奖励办法实施细则》，在全市率先制定的质量提升补贴、标准创新补贴政策，以标准化的思维，连续三年对企业标准体系建设和创新进行补贴，促推企业转型升级，达到培育新动能，引领新发展，催生新效益的目的。雨花区组织企业开展企业产品标准自我声明公开的学习和宣传活动，组织召开全区标准化培训会议，推动企业标准自我声明公开，在企业标准信息公共服务平台上完成194项标准的自我声明公开，其中国家标准2项、行业标准2项、地方标准2项、企业标准188项。加强宣传引导，与街道联合组织标准化培训4次，230人次参加。帮扶1家小微企业成功申报“两创”扶持资金，指导和办理17家省级标准化项目资金，争取省级项目专项经费132万元。（胡　蓉）

食品药品监管

【概况】　雨花区食品药品监督管理局（雨花区食品安全委员会办公室）（简称“区食药监局”“区食安办”）为正科级区政府工作部门，负责区食品安全委员会日常工作，承担全区食品安全综合协调职责，组织、指导、协调、监督查处全区食品安全重大事故，组织开展食品安全重大整治和联合检查。内设办公室、食品药品安全综合管理科、政策法规科、食品生产安全监管科、食品流通安全监管科、餐饮服务安全监管科、药品医疗器械监管科、保健食品化妆品监管科8个职能科室和所属事业单位稽查大队。2018年，单位编制数71名，领导职数11名；在职干部65人；退休干部6人；党员60人。

2018年，雨花区推进食品药品行政审批改革，推动从行政许可事权下放、流程简化、服务优化，13个基层食药监所顺利承接食品经营许可和小餐饮经营许可。落实“最多跑一次”改革，对小餐饮店、小食杂店许可实行告知承诺制，将其现场核查后移到发证后的事中核查事后监管中，进一步缩短办证时限。组织行风政风义务监督员和特约人员，对辖区内食品药品行政许可和行政执法工作进行依法行政和廉洁行政的回访，定期搜集建议和反馈意见。区食药监局以“创建国家食品安全城市”为契机，坚持“抓创建、保安全、惠民生”，全面提升监管工作水平。完善监管机制，提高执法效能，构建共治格局，实现食品药品安全全年“零事故”的目标，确保人民群众饮食用药安全。（黄　芬）

【基础工作】　2018年，雨花区以东塘、砂子塘等街道为试点，按照属地原则，将整个辖区划分为三级网格，街道（镇）为一级网格，社区（村）为二级网格，以单位、门店、楼栋片区为单位划分三级网格。街道（镇）将学校周边、农贸市场、“三小”门店等重点巡查任务派单至各二级网格，社区食安专干对三级网格进行业务指导，网格员逐门逐户进行食品安全宣传和检查。成立区食药监局红星大市场、高桥大市场食品安全管理办公室。由企业出资，区食药监部门把关，劳务派遣公司公开选聘20名食品安全管理员，并由区食药监局统一培训、管理、考核，初步建立职业检查员队伍，常驻红星、高桥市场进行食品安全监管，协助承担日常监管、飞行检查、交叉互查等任务。以社区（村）居委会为单位，对辖区涉食企业进行整体评估，每月发布食品安全红黑榜。辖区涉食企业食品安全管理检查排名前20%的上红榜，未落实好食品安全管理制度，且整改不到位的上黑榜。同时明确奖惩机制，实行动态更新管理，食品安全“红黑榜”覆盖全区170个社区（村）。（黄　芬）

【食品安全城市创建】　2018年，雨花区出台《长沙市雨花区食品安全党政同责实施办法》，区、街（镇）两级党委、政府将食品安全工作列为重要议事日程。区委常委会、区政府常务会多次听取食品安全工作情况、研究解决食品安全重要问题，部署推进创建工作。区委书记张敏多次实地调研或作出重要批示；区委副书记、区长刘素月多次主持召开会议，研究部署食安工作；区委常委、宣传部部长余宏卿作为区委联系食品安全工作负责人，多次带队督查，对各街道（镇）食安工作进行指导；区政府分管副区长易静坚持每月调度，经常深入学校、幼儿园、企业、市场、门店等督导工作；区人大常委会主任会议成员定期视察，提出意见和建议；区政协主席会议成员经常调研，强化民主监督。将食安创建工作纳入全区绩效考核和对街道（镇）、部门领导班子的考核，权重达到3%，实行“一票否决”。各街道（镇）、食安委成员单位落实食品安全责任，构建起“党政同责、三级联动、全域创建”的工作格局。补强创建力量，5名抽调到外的回归岗位，从区工商分局抽调4人；解决基层食药监所执法车辆的问题，推进全区创建工作。建立每周召开一次工作例会，开展一次县级领导带队督查、印发一期督查通报，人手一本《食安创建操作手册》，“四个一”制度，全力推进“百日攻坚战”。完善推行社区食品安全“红黑榜”；完善高桥、红星两大市场的驻场办建设；深化网格化管理，融入“智慧雨花”建设项目；开展行政执法和廉政回访；开展“护苗杯”学校食品安全厨艺大赛；打造新农家乐食品安全示范点。集中力量，按照网格化监管要求，严格对标，围绕重点区域、关键环节、重要时段，强化措施，查漏补缺，逐一清零。对群众反映的“一桌餐”“私房菜”等热点、难点问题，加大查处办案力度。持续开展形式多样、载体丰富的全覆盖创建宣传，在省级评价验收反馈问题清单上，未发现有明显个性问题，顺利通过省级评价验收。（黄　芬）

【食品安全监管】　2018年，雨花区完善构建区、街（镇）、社区（村）三级食品安全监管网络，实现对全区3万余家食品药品生产经营单位的监督检查全覆盖。推行网格化监管和标准化现场检查，健全监管信息档案，开展风险等级评估，建立风险隐患排查和监管措施清单，辖区2万余家食品、食用农产品、保健食品、食品添加剂生产经营主体监管覆盖率100%。组织开展“一桌餐”、“私房菜”、学校幼儿园、养老机构食堂、酒类产品、农贸市场、美容医疗机构、中药材及中药饮片、网络销售处方药、养老机构食堂、农家乐及景区餐饮服务等专项整治30余项，出动执法人员8000人次。加强网络订餐平台监管，规范网络经营行为，清退违规餐饮单位。强化托幼机构、养老机构、建筑工地、医疗机构食堂等集中用餐单位食堂管理，保障集体用餐安全。加强小作坊、小餐饮和小摊贩的许可和备案管理。核发食品小作坊生产许可证9本，小餐饮经营许可证4814本，查处无证食品生产经营作坊、门店40余家。规范农村集体聚餐管理，探索“中央厨房+流动餐车+服务公司”的服务模式，引导农村集体聚餐走正规化、专业化、公司化经营道路。实施学校及周边食品安全综合治理，建立食安、教育、综治、公安、城管等部门共同参与的校园及周边食品安全综合治理机制，辖区学校、幼儿园全部悬挂食安综治公示牌，全面落实食品安全校长负责制。打响农安小区食品安全监管、农贸市场食品安全管理、小餐饮全面提质和涉食门店亮化“四大攻坚战”，重点区域食品安全状况得以持续改善。加强检验检测，重点时段、重点产品、重点环节检验检测13959批次的任务，合格13932批次，合格率为99.80%。其中，定量3664批次，合格率为99.50%；定性10295批次，合格率为99.91%。每周一至周五在红星大市场、树木岭市场等6个食品安全宣传点进行“你建议，我抽检”活动，通过充分运转13个基层食药监所快检室和农贸市场、生鲜超市的30所快检室，完成食品安全快速检测27200余次，发现并及时处置不合格食品23次；委托第三方检验检测公司湖南省农产品加工研究所对农贸市场、大中型生鲜超市食用农产品抽检4万批次，合格率为99.8%，不合格食品54批次，均依法处置。（黄　芬）

【药品医疗器械化妆品监管】 2018年，雨花区加强药品医疗器械化妆品监管，检查药品零售药店 146家，立案查处2家，没收非法药品价值约3000余元，共处罚金1万余元。责令整改执业药师不在岗销售处方药的现象12家次。加强检查各类医疗机构380余家，责令整改11家，立案处罚5家，没收非法药品价值1000余元，罚金4000余元。检查各类医疗器械生产企业经营企业110余家，立案查处2家，没收违法经营的医疗器械价值6000余元。专项检查医疗美容门诊部15家，立案查处2家，没收非法医疗器械价值1500余元，处罚金6万元。开展中药材及中药饮片专项检查，抽检各类中药材50批次。开展网络销售处方药专项整治行动，检查从事网络销售的药品医疗器械经营企业14家，查处2家。检查化妆品经营企业近两百家，检测化妆品10个批次，对抽检不合格或存在安全隐患的产品，一律采取停止经营、下架等有效行政措施，及时处置，严防问题产品再次流入市场。立案6起，罚没总额5.16万元。（黄　芬）

【稽查执法】 2018年，雨花区开展校园及周边食品安全“护苗行动”、网络食品“清网行动”、保健食品“护老行动”，以及小作坊、火锅店、畜禽水产品等七大专项整治行动，出动人员5万人次，检查各类食品生产经营单位1.5万家，及时排查整改安全隐患，规范市场经营秩序。开展“清源”“净流”“扫雷”农村食品安全专项治理，严厉整治使用禁限用农药、瘦肉精、违禁药物和私屠滥宰、制假售假、销售过期食品等违法行为，取缔“黑窝点”40余个。建立食品药品行政执法与刑事司法衔接工作制度，组织召开区食安办、区法院、区检察院、区公安分局联席会议。通过实施案件信息公开、线索移送和行刑对接工作机制，加大对主体责任人的惩罚力度，严厉打击食品药品违法犯罪行为。查办各类食品安全违法案件267起，移送司法机关案件两起，罚没总额732万元；办结生产销售假冒伪劣食品案件116起，货值金额386.12万元；生产销售假、劣药案件 17起，货值金额3万元；生产销售不符合标准的医疗器械2起。畅通“12331”热线、网络问政平台等多种投诉举报渠道，落实有奖举报制度，受理投诉举报1759起，兑现奖励1.7万余元。（黄　芬）

2018年5月29日，雨花区考点学校及周边食品安全状况督查　（谢芬／摄）

【民生实事项目】 2018年，雨花区13个基层监管所全部完成规范化建设，业务用房、设施配备、执法用车均达标。推进“明厨亮灶”工程，完成餐饮单位（含学校、幼儿园食堂）“明厨亮灶”建设1108家，小餐饮“透明厨房”提质建设496家。启动农贸市场三年提质改造工程，建设15家“人民满意农贸市场”和一批示范社区菜店。投入资金51万元，引导豆制品、米粉和湿面销售门店建立冷链配送、冷藏销售的“封闭运行”模式。实施食用农产品产地准出和市场准入衔接机制，引导批发市场、大型生鲜超市与基地签订对接合同和质量安全协议，全区对接市内外种养殖基地70余家。将示范社区菜店、示范米粉（面）店建设纳入社区提质提档重要项目，升级打造鸿铭示范商业街、五江天街等 “食品安全示范街”和“绿色环保餐饮示范街”。（黄　芬）

【非洲猪瘟防控】 2018年11月7日，雨花区开展“防控非洲猪瘟，保障食品安全”专项整治行动，全力打好非洲猪瘟疫情防控攻坚战，守护人民群众“舌尖”上的安全。雨花区食药监局召开非洲猪瘟防控工作专题会议，制定下发相关文件，成立以党组书记、局长韩哲为组长的应急领导小组，安排部署防控工作，层层压实责任，各街道（镇）协同作战，多措并举防控非洲猪瘟疫情。检查餐饮服务单位 542 家，排查批发市场和农贸市场 56 个，商场超市 163 家，检查肉品冷冻库 32 个，肉制品生产企业 12 家，查处问题肉品 5.89 吨。（黄　芬）

【区食品安全委员会委全会】 2018 年，雨花区食品安全委员会召开 4 次全体会议。2 月 7 日，第一次全体会议召开。区食安办主任、区食药监局局长韩哲作 2017 年工作报告，提出 2018 年整体工作思路，安排部署工作安排。区食药监局副局长王强通报第四季度和年度考核情况，通报奖励 2017 年三、四季度食安创建工作考评排前的街道。区委常委、宣传部部长余宏卿指出，2017 年食品安全工作成绩看得见，但是在宣传不到位、监管不到位、抵制缺乏勇气、法律存在盲区等问题，必须紧绷食品安全这根弦，全面提升食品安全水平。区人大常委会副主任杨仕斌，区食安委副主任、区人民政府副区长易静出席会议。区直有关部门分管副职，各街道（镇）分管副职、食安办主任，区食药监局全体班子成员、各科室（队）负责人、各食药监所所长参加会议。5 月 9 日，第二次全会召开，韩哲传达全市食品安全食品小作坊等六大专项整治会议精神，分析存在的主要问题，安排部署相关工作。杨仕斌宣读《区食品安全委员会办公室关于表彰 2017 年度食品安全工作先进单位、先进个人和示范单位的通报》。各街道（镇）分管负责人向区人民政府副区长易静递交食品安全工作责任状。余宏卿指出，2018 年是长沙市创建国家食品安全示范城市的攻坚之年、冲刺之年，要紧紧围绕保障人民群众饮食安全这一中心任务，坚持稳中求进工作总基调，扎实抓基础，主动补短板，着力强监管，坚决守住不发生系统性区域性食品安全事故底线，全力推进创建国家食品安全示范城市工作。区政府副调研员刘贤宏、肖集林出席会议。8 月 10 日，第三次全会暨迎接市对区食安创建工作半年度考核动员会召开。韩哲报告区食品安全及食安创建工作情况，分析当前形势和存在的问题，动员部署工作。区委副书记陈永高要求，全心投入，认识再提高，要积极回应群众期盼，以对发展负责、对稳定负责的态度，抓好食品安全创建工作和市对区半年度考核绩效工作，打造一块食品安全的“金字招牌”；全力以赴，措施再到位，要树立全区“一盘棋”思想，加强统筹调度，突出全程监管，深入推进小作坊、小餐饮、农贸市场等七大专项整治行动，坚持“从农田到餐桌”保障食品安全，严防、严管、严控食品安全风险；全面保障，责任再强化。要按照“党政同责、一岗双责”的总体要求，进一步压实工作责任，开展专项行政效能监察，督查各责任单位工作进度、落实情况，定期开展综合测评，通报测评结果。区教育局、区农林水局、区城管局、雨花亭街道、黎托街道、东塘街道作表态发言。易静出席会议。10 月 12 日，第四次全体会议召开。肖集林主持会议，会议传达长沙市食安办的相关工作会议精神，重点安排部署迎接省对区县（市）食安年度考核工作，对全区小餐饮“透明厨房”提质建设、“一桌餐”“私房菜”专项整治进行再动员、再部署。余宏卿强调，各级各部门要严格按照“党政同责”的要求，切实担起业务责任和属地责任；要围绕建立风险隐患排查整治的长效机制，进行大整治，勤管理，严打击，把食品安全问题消灭在萌芽状态；加大媒体宣传力度，畅通投诉举报渠道，大力开展行业诚信自律教育等，号召市民自觉维护食品安全、参与创建食品安全示范城市。杨仕斌出席会议。（黄　芬）

【食安创建工作推进会议】 2018 年 4 月 18 日，雨花区食安创建工作推进暨小餐饮“透明厨房”提质工程动员部署会议召开。会议由区政府办副主任黄桦主持。区食安办主任、食药监局局长韩哲总结 2017 年区食药监局食安创建工作情况，传达全市食安创建工作系列会议暨全市小餐饮“透明厨房”提质工程工作会议精神。区食药监局党组副书记、副局长王强部署食安创建重点工作。区人民政府副区长易静要求，2018 年是长沙市创建国家食品安全示范城市全面攻坚之年，全区务必全面打响食安创建攻坚战，将五个“进一步”落到实处。区食安委相关成员单位，各街道（镇）分管副职、食安办主任，区食药监局班子成员，各科所队负责人等参加会议。（黄　芬）

【迎接食安创建省级评价动员会】 2018 年 9 月 4 日，雨花区迎接食安创建省级评价动员会召开，区委常委、宣传部部长余宏卿主持会议。区委副书记、区长刘素月强调，要提高政治站位，以更加坚定的自觉抓好创建工作；要突出工作重点，以更加务实的举措抓好创建工作；要提振干事状态，以更加有为的担当抓好创建工作。区人民政府副区长易静，区人民政府副调研员刘贤宏、肖集林出席，区食安委部分成员单位，各街道（镇）相关负责人，全区农贸市场及部分企业负责人参加。

（黄　芬）

【市对区食品安全绩效考核工作部署会】 2018 年 12 月 6 日，雨花区迎接市对区食品安全暨食安创建年度绩效考核工作部署会召开。会议通报省对区（县）食品安全工作考核结果，分析考核中发现的不足和问题，解读迎接市对区年度绩效考核工作方案，对迎检工作作安排部署。副区长易静要求，迎检工作时间紧迫、形势严峻、任务艰巨，各级各部门要凝心聚力、迅速行动，再动员、再部署，再掀食安创建高潮，确保年度考核“进一类，争一名”。区人民政府副调研员刘贤宏、肖集林出席，区食安委各成员单位、各街道（镇）分管负责人及食安办主任，区食药监局全体班子成员，各科室（队）负责人，各食药监所所长参加会议。

（黄　芬）

【市对区食品安全绩效考核工作调度会】 2018 年 12 月 21 日，雨花区迎接市对区食品安全暨食安创建年度绩效考核工作调度会召开。区食安办主任、区食药监局局长韩哲简要总结区食安委相关成员单位的工作，部署迎接市对区食品安全及食安创建年度绩效考核工作。区人民政府副区长易静要求，严格按照标准进行全面“回头看”，进一步压实责任，进一步细化工作，进一步查漏补缺，做到不漏项，不扣分，多加分，全面做好各项迎检准备；各项工作要全面再加压，做到工作完成到位，资料完善到位，沟通对接到位，应急准备到位，全力以赴扎实做好食安创建年度绩效考核工作，争取实现“进一类、争一名”的目标。区政府办、区教育局、区农林水局、区卫计局、区城管执法局、区公安分局、区工商分局、区质监分局等相关负责人进行讨论发言。（黄 芬）

【食安创建工作问题清零交办会】 2018年7月20日，雨花区食安创建工作问题清零交办会召开。区食安办主任、区食药监局局长韩哲报告前一阶段食安创建工作情况，安排部署下阶段工作。区委副书记陈永高要求，各相关部门和街道（镇）要全力做好现场迎检工作，集中人员和精力，尽快采取有效措施，确保在8月20日前实现学校、幼儿园及周边食品安全问题清零，大中专院校、市属中学食品安全问题清零，农贸市场食品安全问题清零，食品生产企业食品安全问题清零，农安小区食品安全重点问题清零，主次干道涉食门店亮化任务清零，小餐饮“透明厨房”提质建设任务清零。部分成员单位和街道（镇）负责人向区人民政府副区长易静递交食安创建工作问题清零责任书，为齐心协力抓好食安创建全面迎检工作表明态度。区委常委、宣传部部长余宏卿出席，区食安委部分成员单位主要负责人，各街道（镇）主任（镇长）、分管领导及食安办主任，区食药监局全体班子成员，各科室（队）负责人，各食药监所所长等参加会议。（黄 芬）

【食安创建问题清零落实情况督查】 2018年7月26日，雨花区人民政府副调研员刘贤宏、肖集林带队督查各街道创建国家食品安全示范城市问题清零落实情况，采取听汇报、查阅相关资料和现场随机检查的方式，围绕重点区域、重点对象，对照创建验收标准，抓薄弱环节，找问题症结，并及时督促限期整改，确保食安创建工作真正做到“问题清零”。（黄 芬）

【“三考”期间食品安全】 2018年6月，雨花区食药监局严管学校周边食品安全，重点监管高考、中考期间给考生供餐的酒店、学校食堂，要求学校严格落实食品安全主体责任，切实加强食堂安全管理，严把食品原料采购、贮存、清洗、烹饪、备餐、餐饮具清洗消毒保洁和食物留样关，确保学生饮食安全。落实考点学校食堂专人负责制度，提前派驻工作人员，从索证索票制度、从业人员健康管理制度等落实情况，对设施设备运行情况等各环节进行逐项检查，及时排除隐患。安排工作人员对学校食堂的菜谱、食品原料采购、食品加工烹调过程、配餐等实行全程跟踪检查，确保符合规范要求。安排快检人员对食品原料进行快速检测，严把食品原料质量关，确保学生饮食安全。保障期间，检测食品原料56批次，合格率100%，食品留样63份，保障6000余人次餐饮食品。（黄 芬）

【农安小区整治行动部署会】 2018年7月27日，雨花区召开农安小区食品经营场所专项治行动部署会。区政府副调研员刘贤宏，区政府副调研员肖集林出席，区工商分局、区城管执法局分管负责人，区食药监局全体班子成员，涉农安小区街道（镇）分管负责人、食安办主任等50余人参加。区食药监局相关负责人汇报农安小区食品经营场所存在的问题，统一部署专项整治行动。区政府副调研员刘贤宏强调，提高认识，充分认清形势，敢于当担，敢于去干，强力攻下食安创建堡垒；各街道（镇）要及时召开宣传会，多方位、多角度宣传，充分调动食品经营户的积极性。掌握标准，现场整改；全面实施标准化现场检查，着力规范行业秩序，对不符合标准的门店要求当场整改。各街道（镇）、相关部门要加强协调配合，做到条块联动，无缝监管。各级各部门要进一步压实责任，各司其职，各负其责。（黄 芬）

【无证无照餐饮单位专项治理】 2018年8月中旬至11月底，区食安办、区食药监局、区工商局、区税务局联合在全区开展“一桌餐”“私房菜”等无证无照餐饮单位专项治理。8月20日，雨花区召开“一桌餐”“私房菜”等无证无照餐饮单位专项治理工作部署会。此项工作由区食安办牵头，食药监、工商、税务及各街（镇）联合开展，计划利用3个月时间，全面治理“一桌餐”“私房菜”等无证无照餐饮单位，坚决查处和取缔非法经营单位，严厉打击偷税漏税行为，提高餐饮业质量安全水平，助力创建国家食品安全示范城市。8月31日，长沙市食药监局、雨花区食药监局联合开展“一桌餐”“私房菜”等无证无照餐饮专项整治行动，现场查处两家无证经营私房菜馆。（黄 芬）

【“3·15”国际消费者权益日宣传】 2018年3月15日，雨花区食药监局在红星通城商业广场开展“3·15”国际消费者权益日宣传咨询暨“诚信单位、街区、示范店”评选活动启动仪式。设立宣传咨询台、设置宣传展板、发放宣传资料，宣传食品药品安全知识，现场接受居民的咨询与投诉，吸引数百群众的热情参与。活动旨在提高广大消费者的思想认识，鼓励社会公众对食品药品违法行为进行举报，形成人人重视食品药品安全的氛围。区人民政府副区长易静出席。（黄 芬）

【“3·31”主题宣传日】 2018年3月31日，雨花区“3·31”全国食品药品投诉举报主题宣传日暨食品安全“进校园、进社区”系列活动启动仪式在高桥大市场举行。现场发放《食品药品投诉举报知识手册》和“12331”爱心环保袋；设置“你建议、我抽检”环节，特别开辟真假食品药品比对专区，市民现场体验食品安全快速检测，了解识别真假食品、药品、保健食品以及化妆品等食品药品安全知识；详细介绍“12331”投诉热线、投诉举报方式、投诉举报受理范围、投诉举报奖励办法，现场接受市民朋友咨询与投诉．区人民政府副区长易静，区食药监局党组书记、局长韩哲，高桥街道党工委副书记、办事处主任罗闽，区教育局党委委员李宏伟等出席活动。

（黄　芬）

【市食药监局指导餐饮监管工作】 2018年3月6日，长沙市食药监局副局长陈明南调研雨花区餐饮监管工作，雨花区食药监局副局长李志忠、区食安办副主任吴伟民，部分基层食药监所负责人参加调研。陈明南听取雨花区餐饮监管工作汇报，并就监管体系建设、机构设置、监管难点、提升监管水平等方面与基层食药监所负责人进行交流。陈明南强调，要相互协调，履职尽责，做到勤监管、真监管、会监管、监管有合力；要加强校园周边、农贸市场等重点环节监管力度，积极开展食品安全专项整治，查清问题隐患，研究解决办法，实现常态化管理；要加快推进“明厨亮灶”工程、食品安全责任保险等重点工作，不断完善食品安全责任体系，规范食品安全市场秩序，加快提升全区食品安全质量。

（黄　芬）

【河南省食药监局考察食品安全工作】 2018年3月9日，河南省食药监局考察团考察雨花区食品安全工作。考察团实地查看家润多超市朝阳店快检室、信息公示牌、食物溯源体系以及克明面业文化展示厅、机器设备、生产加工操作间等，了解各单位在原料来源、工艺流程、食物贮存等方面的食品安全保障情况。考察团对雨花区食品安全工作给予高度评价，希望双方能够增进交流、互相学习、积极探索，分享彼此的食品药品监管新思路、好办法，共同提升两地食品安全监管工作水平。湖南省食药监局副巡视员欧阳黎明，省食药监局办公室主任李春华，市食药监局局长郭塨，长沙市食药监局副局长谭志国，雨花区委常委、宣传部部长余宏卿，区食药监局局长韩哲等陪同考察。（黄　芬）

【区领导调研鲜开心农贸市场】 2018年4月9日，雨花区委书记张敏，区委副书记、区长刘素月，副区长易静调研鲜开心农贸市场。张敏一行走访蔬菜、肉类、熟食等区域，听取街道、农贸市场相关工作人员关于鲜开心农贸市场食安创建的工作简要汇报，并按照最新《创建国家食品安全示范城市相关考核体系》中确定的测评内容对市场进行督查。张敏强调，要根据《创建全国食品安全示范城市》中的要求，及时调整，明确重点，切实加大工作力度、落实工作举措、分解责任到人，确保创建工作取得圆满成功。（黄　芬）

【区领导督查食安创建工作】 2018年12月12日，雨花区人民政府副区长易静带队督查食安创建工作，重点专项督查同升、洞井、井湾子等街道的生产企业、农贸市场、学校及周边地区。区政府办、区食药监局、区教育局、区城管局、区工商分局等相关负责人陪同。易静一行督察同升街道长沙市雨花区建安食品厂，听取该食品生产经营单位相关负责人的工作情况汇报，检查持证经营、台账记录、员工培训、行为规范等情况；参观食品生产车间，检查安全生产组织机构、应急处置措施、消防通道和消防器材等；检查洞井街道牛头农贸市场的环境卫生情况、市场快检室建设情况，随机抽查几家小食品、蔬菜、肉品、家禽等经营摊位和门店，对摊位和门店索证索票制度落实情况、食品保质期、店内环境卫生进行检查，对部分门店存在的问题督促其迅速整改。检查井湾子街道长沙市雨花实验中学的食堂环境卫生、购销台账、检验检测、食品留样、食品安全培训等情况，随机抽查3家校园周边食品经营门店。易静提出，要严格执行食品安全管理制度，严把食品原料采购关，规范食品加工操作，确保做好餐用具的消毒工作和个人卫生，努力实现校园食品安全“零事故”“零投诉”。

（黄　芬）

商务·旅游·服务业

商务

【概况】 雨花区商务和旅游局（简称“区商旅局”）为区政府直属正科级单位。内设办公室、商业贸易科、外经外贸科、招商科、重点招商项目服务科5个职能科室，下设1个二级机构商业旅游办（加挂雨花区投资促进中心牌子）。核定编制17名，其中领导职数6名；全体在职干部职工数28人，其中雇员8人；退休3人。局内设立一个党支部，有党员18人，其中在职党员16人。办公地点设在区政府机关大院1号楼3楼B座。

2018年，雨花区完成实际到位外资7.43亿美元，同比增长7.55%，完成年度任务的100.35%；完成外商直投3426万美元。引进市外境内资金完成固定资产投资342.9亿元，同比增长12.1%，完成年度任务指标的100.34%。完成实际到位省外境内资金145.07亿元，同比增长17.4%，完成年度任务指标的104.22%；完成外贸进出口总额11.87亿美元，同比增长13%，完成年度任务的103.7%。完成社会消费品零售总额761.24亿元，同比增长8.4%。（钟智敏）

【招商引资】 2018年，雨花区委、区政府出台《关于将招商引资作为经济工作第一抓手推进财富雨花建设的工作意见》，将招商引资列为赶超发展的“一号工程”，区领导5次率队赴上海、南京、深圳、徐州等地考察洽谈招商引资项目，接洽500强企业等重要客商32批次，推动西门子工业4.0（中南智能）创新中心、新城控股·吾悦广场、绿地长沙城际空间站、苏商集团湖南苏太华华辰建设有限公司等13个“500强”项目实现引进。全区引进企业项目603个，其中新城控股·吾悦广场项目、绿地长沙城际空间站等综合地产项目实现摘地或开工；东方悦邻MALL、广大环球家居广场等大型商贸项目开业；湖南捷易医学检验所项目、友阿喜乐地城市奥莱进行内场装修；易生活湖南分公司、上海盒马有限公司网络科技有限公司长沙第一分公司等现代服务业企业完成登记落户。举办“湖南省机器人产业集聚区产业链项目集中开工仪式暨湖南中南智能装备有限公司智能制造合作推介会”、“人工智能和机器人产业发展座谈会”“圭塘河岸”品牌招商推介会、“雨花 & 万科政企对话沙龙活动”、雨花区首批“招商顾问”聘任仪式暨招商引资座谈交流会、“开放雨花·梦想直达2018年长沙市雨花区重点片区及“一主一特”产业链招商专题推介会、“省联商协会2018年度第三次秘书长联席会议暨雨花区产业招商推介会”产业链招商活动7场；参加“全国知名民营企业携手湖南助推中部崛起大会”“首届长株潭一体化区域合作联席会议”“湖南—长三角经贸合作洽谈周”省级招商活动3场，其中，在湖南—长三角经贸合作洽谈周上成功签约覆盖地产开发、基础设施投资建设、区域性总部、新零售及电商物流、生物医药等7个重大产业项目，总投资205亿元；各招商工作组考察和拜访北京外企德科、苏商集团、金地集团、万科集团等企业和客商30余批次；接待万达、红星美凯龙、佳兆业、福中、龙湖、招商蛇口、苏宁等重点企业和客商120余批次。专题协调解决红星爱琴海购物公园用地调整、丰彩投资物流产业园项目配套比例提升、凝露饮料有限公司进行外资增资等重点项目及问题20余次。雨花区楼宇招商竞赛活动去库存量368521.58平方米，完成率111.37%。与戴德梁行、盘古智库等投资咨询机构以及驻京办、驻沪办、驻深办及其商协会等单位签订招商战略合作协议；在全市率先聘请吴京生、张克科、李钊、木浦幸雄等8名境内外知名人士担任第一批雨花“招商顾问”。（钟智敏）

【商贸流通】 2018年，雨花区推进建设人民满意农贸市场工作。雨花区建设领导小组坚持“一周一通报、一月一调度、一季一讲评”，区委书记张敏，区委副书记、区长刘素月到鲜开心、桃花、莲湖等农贸市场现场指导和督查市场建设工作，副区长易静对15家农贸市场逐一进行现场调度并协调解决建设中的问题和矛盾。商务和旅游局坚持从实际出发，主动对标省、市要求，从改善购物环境、加强食品安全监督、提升市场品质等方面精准发力，推进农贸市场“菜篮子”焕新颜，列入2018年建设和提质改造计划的15家农贸市场全面完成任务，完成便民生鲜农产品社区门店建设13家。雨花区巩固福满星城·乐购雨花节会品牌效应，区商务和旅游局引导各街道、协会、企业根据自身特色和亮点，策划、举办集传统节日、民风民俗、长沙本土消费等方面在内的各类特色商贸节会活动，“约惠夏日·乐购雨花”第十一届雨花区福满星城大型商超购物消费节活动、“约会金秋、乐购雨花”第五届同升商圈汽车消费节活动以福星红包花花GO、抖红全城、亲子假期、“1元嗨购”等形式新颖的子活动吸引广大消费者，节日消费成为雨花区消费品市场发展的新亮点，对繁荣雨花区消费市场、促进消费增长、提振消费信心起到推动作用。雨花区将对电商企业的扶植纳入区域产业发展扶植办法中进行统筹安排，在电子交易平台建设与电商企业入驻产业园方面都明确扶植力度，给予政策支持。引导通程控股、步步高等重点传统企业向电商企业转型升级，加大与国际接轨力度；应推尽推，争取上级扶植资金，推荐7家电商企业参与2018年长沙市电子商务专项资金项目申报，申请支持资金近300万元。推荐6家物流企业纳入长沙市供应链体系建设试点项目。（钟智敏）

【外经外贸】 2018年，雨花区积极应对严峻的国际、国内贸易形势，通过精准走访重点企业、召开座谈会及业务培训宣讲会、开展奖励兑现、出台扶持政策等方式，加大对区内外经贸企业的扶植和培育力度，帮助企业解决发展壮大过程中存在的困难和问题，引导雨花区内企业进一步扩大对外贸易规模，提升国际市场竞争力。开展外贸企业走访30余次；开展外贸业务培训3次，200多家外贸企业和市场商户约450人参加培训；研究出台《雨花区开放型经济发展专项资金管理办法》及相关使用细则，大力推进区域开放型经济发展步伐。加强内外贸融合发展，促进区域经济转型升级，全力推进高桥大市场“市场采购”贸易方式试点申报工作，9月29日，商务部联合国家发改委等7部门发函明确在湖南高桥大市场推进市场采购贸易方式试点工作，高桥大市场正式获批全国第四批市场采购贸易方式试点单位，成为全省唯一获批的市场。（钟智敏）

【张敏等会见阳荣华】 2018年1月10日，雨花区委书记张敏会见神州长城医养投资有限公司董事长阳荣华等，双方就“神州长城医养产业总部大厦规划建设方案”进行友好洽谈。阳荣华表示，神州长城医养投资有限公司拟在雨花区投资打造国内首个医养健康CBD，建设集医养产业孵化园区、专科医院等于一体的项目，引入与医疗相关联的上中下游产业，带动周边产业经济发展。区委副书记、区长刘素月就雨花区的区域发展情况做简要介绍，就该公司的科技成果转化、后期经济价值等经济效益及价值进行了解。张敏强调，区商旅局、区城建投融资中心等责任单位应责任上肩、加强对接，明确目标、做好服务，为后续工作的铺排、落地打下坚实基础，在政策扶植、项目服务等方面依法给予企业相关支持。（钟智敏）

【张敏赴上海考察】 2018年1月16—18日，雨花区委书记张敏一行到上海招商引资，考察合作企业和推介招商引资项目、学习城市建设管理经验。在新城控股集团股份有限公司，与该公司副总裁汪娟等座谈交流和洽谈，重点听取长沙高铁会展新城·中央商务区的新城·吾悦广场项目汇报，交流和洽谈企业发展情况与新城·吾悦广场规划、设计及落地等事宜，现场推介重点招商引资项目。在红星美凯龙家居集团股份有限公司，与该公司董事长车建新等座谈交流和洽谈，共同见证雨花区鄱阳生产安置用地项目签约，听取车建新分享红星美凯龙文旅项目，张敏现场推介跳马全域旅游和特色小镇项目。考察团一行实地参观考察爱琴海购物公园与2050、2500未来家居和城市体验馆，了解企业和项目情况；实地参观和考察城市规划建设与管理，学习先进的城市开发与运营模式、经验。（钟智敏）

【易静率团考察市场采购贸易试点情况】 2018年3月7—10日，雨花区政府副区长易静率区“市场采购”试点办、区商旅局、雨花现代电子商务物流管理委员会、湖南高桥大市场股份有限公司等单位组成的考察团，赴广州花都、浙江义乌考察调研市场采购贸易方式试点运行情况。考察团一行参观花都海关市场采购贸易监管场所及国检查验场地、花都港综合办公楼区、中国皮具箱包博物馆、义乌港、义乌国际小商品市场等地，了解花都、义乌市场采购贸易服务中心及联网信息平台建设、海关国检公共监管试验区等情况。3月7日，花都区委常委、常务副区长罗干政，花都区商务局党委书记王耀均介绍花都推行市场采购贸易方式的基本现状、未来发展规划、跨境电商、金融服务等相结合的工作情况。3月9日，义乌市委常委、副市长（挂职）董士虎，义乌市商务局党组书记、局长王碧荣，义乌市商务局党委委员寿升第接待考察团一行。王碧荣就义乌市整体情况作介绍，寿升第介绍和阐述市场采购的来由、义乌推进市场采购贸易方式试点的进程和意义，以及义乌市场采购的现状和发展规划。3月10日，浙江省国贸供应链有限公司介绍市场采购贸易方式操作实例，对物流、通关等流程进行讲解。考察期间，易静重点就市场采购贸易方式试点的报关方式、出口商品审核前置、采购商培育及平台大数据分析运用等工作进行了解。易静表示，湖南高桥大市场将积极学习广州、义乌等其他试点市场的经验做法，加快推进高桥大市场市场采购贸易方式试点工作。（钟智敏）

【外贸重点企业代表座谈会】 2018年3月22日，区商旅局召开“坚定信心 抢抓机遇，推进全区外贸稳步发展——雨花区外贸重点企业代表座谈会”，邀请中国电建集团中南勘测设计研究院有限公司、中国能源建设集团湖南省电力设计院有限公司、长沙湘佳金属材料有限公司、湖南海利化工股份有限公司等15家区内重点龙头外贸企业代表座谈。区商旅局党组书记、局长舒畅，副局长陈敏及外经外贸科相关人员参加会议，会议由陈敏主持。各企业代表就各自2017年的外贸情况进行总结分析，对2018年的外贸整体形势作预估和研判，明确2018年进出口的目标和举措，提出企业发展中需政府协调解决的问题以及对区级外贸发展政策的意见和建议，区商旅局就部分企业反映的问题作现场解答。舒畅表示，2018年区商旅局将引导重点外贸企业通过开发新市场、提升技术创新、参加境内外大型展会等方式来拓展市场。该次会议是区商旅局在“创新引领　开放崛起”形势下探索外贸发展的重要途径。（钟智敏）

【省商务厅调研贸试验区先行先试工作】 2018年3月23日，湖南省商务厅副巡视员毛七星率省委改革办、省商务厅、长沙市商务局、市国检局等相关部门负责人实地走访红星全球农批中心和高桥大市场，调研雨花区开展自贸试验区先行先试工作。区政府副区长易静汇报雨花区开展自贸试验区推广复制经验的有关情况和先行先试工作中存在的问题、建议及请求。红星农副产品大市场总经理胡超、高桥大市场股份有限公司副总经理叶启宏分别补充汇报市场基本情况、先行先试的主要做法及相关请求。市国检局调研员欧阳健、市商务局副局长汪东华就红星口岸建设政策瓶颈、市场采购便利化措施、联网信息平台建设、海关国检监管区建设等发表意见。毛七星肯定雨花区在自贸试验区经验复制推广及先行先试工作中取得的成绩：雨花区选准、选对培育外贸主体项目；加大先行先试力度，提升市场国际化水平；要提前引进平台和国际采购商，拓宽外贸业务。（钟智敏）

【毕马威长沙分公司开业】 2018年5月9日，毕马威长沙分公司在雨花区举行开业仪式。湖南省商务厅投资促进局局长王庭恺，长沙市政府副市长邱继兴，市商务局局长高伟，市科技局副局长陶红，雨花经开区党工委副书记、管委会主任李国军、雨花区政府副区长易静出席。毕马威以长沙分公司为中心，服务辐射整个长沙市及湖南省和周边地区，为本土企业提供全方位的专业服务，助力中部地区实施战略崛起。（钟智敏）

【易静带队走访重点企业】 2018年7月3日，雨花区政府副区长易静一行到湖南友谊阿波罗商业股份有限公司（简称“友阿集团”）开展“重点走访、精准服务”调研活动。友阿股份董事、党委副书记许惠明等企业负责人介绍企业的发展情况和经营理念——连通线上线下，打造新零售平台，“回归百货”的理念改革，提出友谊商城、友阿百货、雨花区的新项目——友阿城市奥莱店在发展和建设中遇到的问题和难处。双方就推进项目建设及改进、提升传统零售业的经营模式等问题进行交流探讨。易静对友阿集团所提出的消防、交通设施建设、东塘商圈繁荣提质等问题作出解答和部署，要求与会各部门街道负责人为企业提供优质服务。7月20日，易静带队到长沙市绿叶农产品贸易有限公司、湖南好护士医疗器械连锁经营有限公司和湖南科源医疗器材销售有限公司开展“重点走访、精准服务”调研活动。两家企业的负责人对企业的发展情况、下一步的发展规划、发展需求及需要政府协调解决的问题进行介绍。区政府就物流、用地和公司上市等问题征求企业的意见。易静指出，区政府会服务好区内重点企业，为辖区企业提供政策、资源等方面的支持与服务。9月18日，易静带队到中海油湖南销售有限公司开展“重点走访、精准服务”调研活动。企业负责人对企业的发展情况、下一步的发展规划及需要政府协调解决的问题进行介绍。与会人员就营造良好营商环境进行互动交流。易静表示会为辖区企业提供政策、资源等方面的支持与服务，解决招商引资、人才绿卡、租金补贴等问题。10月8日，易静带队走访沃尔玛（湖南）百货有限公司，开展“重点走访、精准服务”活动。企业负责人对企业经营状况、发展规划及相关诉求做介绍。与会人员就营造良好的营商环境以及企业未来发展选址进行交流。易静表示将对企业新店在雨花区范围内选址给予政策、资源、服务等方面的支持。（钟智敏）

【雨花区重点片区及“一主一特”产业链招商专题推介会】 2018年7月24日，“开放雨花·梦想直达”——雨花区重点片区及“一主一特”产业链招商专题推介会在上海华亭宾馆举行。长沙市政府副市长邱继兴，市商务局局长高伟，市经信委党委书记、主任黄滔，长沙市驻上海办事处主任苏准，长沙市南部片区建设工作协调领导小组办公室副主任罗超纲，区委书记张敏，区政府副区长易静，雨花经开区管委会副主任邓波等，长沙高铁会展新城管委会、长沙市武广新城开发建设有限责任公司等相关部门单位的主要负责人，以及50余家跨国集团、500强企业、商协会、台商协会代表，近100人参加活动。会议由区商旅局局长舒畅主持。会议在雨花形象宣传片《飞梦雨花》中拉开序幕。张敏指出，雨花区深入推进产业转型，持续优化营商环境，搭建更为广阔的平台，与各企业界的精英携手共建财富、品质、幸福雨花。易静介绍雨花区区情以及对雨花区重点片区、雨花经开区“一主一特”产业链及相关政策做重点推介。四大国际会计师事务所之一普华永道咨询有限公司现场发布长沙市雨花区投资营商环境评估报告。苏商、申通、美凯龙作为该次重点项目签约企业的代表表达对投资雨花的信心和决心。邱继兴对雨花区发展提出建议。区政府与苏宁控股集团、苏商建设集团有限公司、长沙市万科房地产开发有限公司、红星美凯龙家居集团股份有限公司、福中集团有限公司、申通快递有限公司、上海捷易生物科技有限公司等签订合作协议。七个项目涵盖综合地产开发、基础设施投资建设、区域性总部、新零售及电商物流、生物医药等产业，项目计划投资金额205亿元人民币。（钟智敏）

【2018年第三期外贸业务培训会】 2018年7月26日，雨花区2018年第三期外贸业务培训（海关宏利+电子口岸业务）举行，旨在帮助雨花区外贸企业提高外贸业务操作水平，适应新的政策环境，熟悉机构改革后报关流程，提升海关年审等业务操作技能。60余家外贸企业参加培训。星沙海关

培训官尹远主讲政策红利，湖南电子口岸（长沙）公共服务平台讲师肖璐主讲关检融合统一申报和税费电子支付系统培训。重点讲解出入境检验检疫职能划入海关后相关业务变化及8月1日启用的全新报关单填写等具体内容。（钟智敏）

【雨花区“福满星城”购物消费节】 2018年7月31日，以“约‘惠’夏，乐购雨花”为主题的第十一届雨花区“福满星城”购物消费节在东塘友谊商城西广场启动，购物消费节持续到10月初。组委会为该次购物消费节定制的“抖音乐购舞”在开幕式上发布。该次消费节包括福星红包花花GO、抖红全城、清凉出行、亲子假期、甜蜜七夕等主题活动，向消费者发放近40万元“福星红包”。7月31日至8月25日，家润多朝阳店、赤岗店推出跳蚤市场、爱生活·爱运动、“暑”我活动当“鲜”、酷夏·乐翻天等趣味暑期文化夜市活动。8月1—19日，锻造卡路里亲子派对在凯德广场进行。8月17—19日，通程金色家族、通程奥特莱斯、通程喜乐汇、红星通程百货、东塘友谊商城、家润多朝阳店等雨花区购物节参与商家，推出“乐购雨花·甜蜜七夕”活动，包含七夕购物有礼、折上折、七夕来配对、浪漫交友墙、七夕定制、秀出恩爱新老照片对比照、月老祈福、七七抢金节、银饰DIY等活动。8月10—12日，通程红星店推出“全民疯抢节”等活动。（钟智敏）

【平台项目建设研讨会】 2018年8月7日，雨花区举办湖南高桥大市场市场采购贸易方式试点联网信息平台建设研讨会。研讨会由区政府副调研员肖集林主持，长沙海关、省工商局、省发改委、省税务局、省外管局、区财政局、区商旅局、区电政办以及省信息化相关专家参加会议。区商旅局党组书记、局长舒畅介绍雨花区开展市场采购贸易方式试点工作的进度及联网信息平台建设的相关背景，第三方设计单位做项目汇报。参会的专家及部门负责人就联网信息平台数据对接、系统安全、资源配置及端口等问题进行探讨、交流。（钟智敏）

【刘素月调研人民满意农贸市场提质改造工作】 2018年8月28日，区委副书记、区长刘素月调研全区农贸市场建设工作。刘素月到鑫乐升、新兴、合丰、桂花、曹家坡、活力6家农贸市场进行实地查看，询问了解这些农贸市场的土地产权性质、建设进度、招商入驻、后续管理运营等情况，现场协调解决项目推进过程中存在的困难和问题。刘素月要求，借鉴和吸取其他区县的优点；重视食品安全工作；在建市场要加强过渡市场的管理；加强农贸市场后续管理。（钟智敏）

【第五届雨花区同升商圈汽车消费节】 2018年9月19日，“约惠金秋　乐购雨花”暨第五届雨花区同升商圈汽车消费节在黄谷路奥迪4S展厅启动。该消费节由雨花经开区管委会与区商旅局主办，同升街道、洞井街道、圭塘街道联合承办。该届消费节通过政府搭台，企业唱戏，消费者收益的形式，结合市民消费升级、追求生活品质的消费理念，打造主题活动丰富，参与品牌多样，活动传播广泛的升级版消费节。该届消费节纳入包括同升街道、洞井街道、圭塘街道辖区内的20家汽车销售企业；活动前期推出“一元购车·嗨翻全城”的众筹购车、“助力雨花　为我加油”等线上活动。消费节包括“汽车团购月”“汽车团购节”“试驾双重好礼”等主打优惠购车活动，有十万油卡及出境游大奖抽取，有服务明星评选、同升商圈论坛等系列活动。（钟智敏）

【第三届东盟·湖南名优产品交易会在雨花区举行】 2018年9月20—24日，“东盟潇湘·创新共赢”2018东盟·湖南名优产品交易会在长沙红星国际会展中心举行。此次交易会集中展览展示东盟和湖南的优势产业和特色产品，搭建东盟和湖南贸易投资的长效性发展平台，全面深化东盟湖南经贸交流与合作，在融入“一带一路”大框架下，引领和推动东盟与湖南的经贸交流。该交易会由省商务厅、市政府主办；雨花区政府、长沙县政府，湖南红星国际展览有限公司承办；省商务厅泰国、老挝、越南、柬埔寨商务代表处及湖南名优特协会协办。交易会期间举行多场产商对接会。该届交易会展览展示面积约1.2万平方米，主要设东盟国家主题展区和湖南市州展区、品牌企业展区；参展范围包括农副产品类、工艺品类、休闲旅游类、家居及日用品类、机械及工程设备、美容保健类、高新技术及电子产品类七个类别。（钟智敏）

【雨花区建设人民满意农贸市场第三批市级复核顺利通过】 2018年12月25日，市商务局副局长毛鹏程带队市直各部门有关负责人对雨花区2018年第三批已竣工的市场和社区门店进行验收复核。该次抽查项目为村便鲜生

2018年12月6日，湖南高桥大市场采购贸易方式“首单首试”仪式
（钟智敏／摄）

超市、新星农贸市场。通过会议座谈、资料审核、现场查看，市复核组对雨花区农贸市场建设工作给予肯定，该次共7家农贸市场（跳马、黎锦、新星、新塘垅、广益、活力、砂子塘），1家社区门店（村俚鲜生超市）顺利通过市级复核。截至2018年12月25日，雨花区有16家农贸市场（目标任务15家）、14家社区菜店（目标任务10家）通过市级复核。（钟智敏）

旅　游

【概况】 2018年，雨花区着力发展全域旅游。主办2018年“幸福雨花微旅行”活动启动仪式暨第一季“雨花文化创意游”活动，邀请150余名来自基层单位和窗口企业的市民感受雨花工业创意游、生态创意游、文化创意游体验路线，展示雨花区旅游业与一、二、三产业融合发展的最新成果。发布“雨花文化创意游设计大赛”，征集游记创作、路线设计、摄影作品三类作品。打造品牌节会，指导石燕湖景区举办第二届狂欢泼水节，7—10月节会期间接待游客21万余人次，其中8月接待量较2017年同比增长198%，经营收入较2017年同比增长210%。指导湖南省植物园举办第十四届樱花节，3—4月节会期间接待游客30万余人次，单日接待量最高达3万人次。在中国中部（湖南）农业博览会上设计布展，结合乡村振兴与全域旅游主题，以乡村景观、“非遗”文化动态展示雨花区全域旅游及经济社会发展成就。借助名企荟萃、万商云集的糖酒会平台，组织酒店配合糖酒会相关工作，节会期间全区提供服务的5家酒店总人流量32.52万人次。完成等级景区、星级酒店、星级旅行社复核工作以及旅行社信誉等级评估工作。推进“厕所革命”，在乡村旅游区（点）建成旅游厕所3座，共35个厕位。联合省植物园开展“安全文明旅游宣传月”等特色宣传培训活动，将扫黑除恶工作融入日常。（钟智敏）

【商贸和旅游行业安全生产工作暨培训会议】 2018年5月4日，区商旅局牵头组织召开全区商贸和旅游行业2018年度安全生产暨培训会议。会议由区政府办副主任黄桦主持，各街（镇）分管负责人和区内重点商超、等级景区、星级酒店、旅行社、二手车、再生资源、加油站企业负责人共160人参加培训。区商旅局党组书记、局长舒畅回顾总结2017年商贸旅游行业安全生产监管情况，对2018年安全生产工作做安排部署，着重就“压实企业安全生产主体责任年”活动进行铺排。区政府副区长易静强调企业在安全生产中要做到“六个到位、六个提高”，即规划到位，提高谋划水平；责任到位，提高组织能力；制度到位，提高管理水平；落实到位，提高执行能力；监管到位，提高服务水平；宣传到位，提高安全意识。（钟智敏）

【旅游产业融合业务培训会】 2018年11月19日，“推进全域旅游创建，加速产业融合发展”雨花区旅游产业融合业务培训会在雨花非遗馆举办。湖南华旅国盛规划设计院院长、首席旅游规划师潘铁军为全区旅游新业态以及等级景区、星级酒店、旅行社等重点旅游企业授课，向参会企业解读全球旅游格局、中国旅游经济以及雨花旅游业态创新三个主题内容，基于对雨花区生态、人文、乡村、工业、休闲等旅游资源的研究分析，梳理出雨花区全域旅游发展面临的六个核心问题，找出对应突破路径，提出精准定位、全域竞合、资源整合、特色IP、微型景区、新奇体验、主题游憩、深度休闲、消费主导、品质为王十个建议。该次培训会为雨花区全域旅游发展和旅游产业融合提供了专业理论支撑。（钟智敏）

【旅游行业安全生产专项检查】 2018年，区商旅局创新开展旅游企业安全生产服务外包工作，采取区商旅局督促，外包公司定期巡查的方式，对辖区内旅游企业存在的安全隐患进行仔细排查和系统评估。3月27日，区商旅局副局长胡凯带队，会同服务外包单位，对长沙市天洋大酒店、长沙市华宇大酒店等星级酒店开展安全生产专项检查，检查组重点检查星级酒店的安全制度、应急预案、电梯、监控中心、机房、水泵房等，要求星级酒店严抓安全生产。4月28日，区商旅局牵头，会同区安监局、区质监分局、跳马镇、洞井街道、安全生产服务外包公司，对长沙市石燕湖生态旅游景区、湖南省森林植物园开展安全生产联合检查。检查组一行深入石燕湖景区、省植物园的重要游乐场所，对游乐设施设备的安全性能，以及各项游乐项目的有关证照、安全检查台账进行逐一查看，对可能存在的安全隐患现场提出处理意见。5月11日，区商旅局会同安全生产服务外包公司，对长沙神农大酒店、湖南五华酒店、湖南金赋大酒店、湖南金叶神农大酒店、长沙市华宇大酒店、长沙市天洋大酒店等星级酒店开展安全生产专项检查。7月18日，区政府副区长易静带队对石燕湖生态旅游景区开展安全生产工作专项督查。7月31日，市旅游局联合区商旅局对湖南金源阳光酒店有限公司、湖南新康辉国际旅行社有限责任公司、长沙明珠国际旅游股份有限公司开展安全生产专项督查。9月7日，区商旅局牵头，会同区安监局、区质监分局、区城建局、跳马镇，对石燕湖生态旅游景区开展安全生产联合检查。9月18日，区商旅局牵头，会同洞井街道，安全生产服务外包公司对湖南省森林植物园景区开展安全生产联合检查。12月25—26日，区商旅局牵头，会同区环保局、区安监局、区质监分局、跳马镇、洞井街道，对石燕湖景区、湖南省植物园开展安全生产联合检查。（钟智敏）

【“踏春赏樱·文明出行”活动】 2018年4月1日，雨花区“踏春赏樱 文明出行”活动在湖南省森林植物园启动。30名小志愿者按照分工的不同分成劝导、宣传和清扫三支小分队，接受来自区商旅局指导老师的志愿服务培训，随即投入到志愿服务中。宣传组的小志愿者向每一位市民们发放文明旅游的手册，介绍文明旅游的有关事项，根据省森林植物园的特色进行特异化宣传。清扫组小志愿者到花圃草地之中，拾起烟头、槟榔渣等小垃圾。劝导组小志愿者在现场演绎如

何正确的赏花。活动中，引导市民群众书写文明旅游微心愿。（钟智敏）

【“幸福雨花微旅行”活动】 2018年6月27日，2018年“幸福雨花微旅行”活动启动仪式暨第一季“雨花文化创意游”活动拉开帷幕，向市民展示雨花区旅游业与一、二、三产业融合发展的最新成果。150余名雨花旅游体验师分别乘坐3台旅游大巴从圭塘河生态景观带悠游小镇发车，体验“幸福雨花微旅行”之工业创意游、生态创意游、文化创意游3条深度体验游路线。2018年度“幸福雨花微旅行”活动包含雨花文化创意游、都市亲子雨花微旅行、雨花乡村旅游论坛及颁奖活动三大主题活动，结合每个主题活动，区商旅局推出系列创意精品路线。12月28日，“幸福雨花微旅行”成果展示会暨旅游企业发展研讨会在雨花非遗馆举办。雨花区旅游新业态以及等级景区、星级酒店、旅行社等重点旅游企业参加会议。雨花非遗馆、晓光工匠学院、创新设计产业园作为优秀企业代表发布旅游精品线路设计成果，专家围绕“旅游产业融合中雨花如何定位？如何针对定位做好宣传及接待服务？旅游产业融合过程中，企业如何找对市场，做好营销？”等问题为旅游企业提供发展建议。“幸福雨花微旅行”手绘地图统筹雨花全区文化游、休闲游、体育游、工业游、生态游等17项旅游资源，在雨花区各旅游新业态、重要景点及交通门户发放，让更多人共享雨花全域旅游建设成果。“雨花文化创意游设计大赛”征集的游记创作、路线设计、摄影作品三类作品，丰富雨花区旅游产品供给。“推进全域旅游创建，加速产业融合发展”雨花区旅游产业融合业务培训会梳理出发展面临的六大核心问题并给出对应突破路径，以顶层设计引领旅游行业转型升级。（钟智敏）

【“五一”旅游市场】 雨花区等级旅游景区“五一”节假日期间接待游客3.77万人次，实现旅游收入337.63万元。节前，区商旅局对辖区内重点旅游企业开展安全生产专项检查；指导辖区内石燕湖景区、省植物园、雨花非遗馆等企业开展集中宣传。假日期间，湖南省植物园3天累计实现旅游总收入39万元，接待游客1.8万人次；石燕湖景区3天累计实现旅游总收入298.63万元，同比增长148%，接待游客1.97万人次，同比增长127%。全区旅游市场有序运营，实现安全生产零事故，“12301”及其他投诉平台接到1起辖区内相关旅游投诉，企业第一时间与游客沟通和解。（钟智敏）

【国庆黄金周旅游】 2018年国庆黄金周期间，雨花区通过《长沙晚报》推出国庆黄金周特别报道“秋日好，去雨花微旅行”，推介文化创意游、生态创意游、工业创意游三条精品旅游路线；通过“12301”国家智慧旅游公共服务平台实时反馈游客诉求；以游乐设施等特种设备为检查重点，紧盯重大隐患整治和重大风险管控，对旅游企业开展安全生产专项检查。国庆期间，雨花区等级旅游景区接待人数11.43万人次，同比增长165.73%，经营收入891.1万元，同比增长206.78%。（钟智敏）

现代服务业

【概况】 长沙市雨花区现代服务业发展办公室（简称“区现代服务业办”）是由区政府主管的正科级事业单位。主要职责是负责雨花区打造中国中部现代服务业中心和国家级示范基地培育各项工作，具体包括现代服务业规划编制、服务平台打造、政策制定、举办各类现代服务业推介会、负责培育以现代物流业、电子商务业、金融服务业、专业服务业、会展服务业、服务外包业等为代表的现代服务业企业。机构核定编制5名，其中领导职数2名。区现代服务办不设内设机构。党员3人，其中在职党员3人。办公地点设在区政府机关大院1号楼。

2018年，雨花区现代服务业顺应经济发展新常态，以转型创新发展为主线，采取跨部门联动协同机制，贴近现代服务业发展需求，优化营商环境，激发现代服务业企业经营活力。（夏　娟）

【现代服务业中长期规划】 2018年，优化《雨花区现代服务业总体发展战略规划》和《雨花区现代服务业核心片区规划》，明确雨花区现代服务业发展目标和路线图，打造出长沙德思勤商务区、高桥大市场商贸商务集聚区、雨花研发设计服务集聚区等现代服务业示范集聚区，跻身2018年度全国综合实力百强区第30位。起草《雨花区服务业占比两年提升计划》，经区政府常务会议审议通过，计划到2020年，全区实现服务业增加值突破1000亿元以上，占比超过70%。（夏　娟）

【“三百工程”重点项目】 2018年，培育帮扶“互联网+”物流园等9个“三百工程”重点项目，吉祥人寿保险股份有限公司等16家“三百工程”企业，湖南商会大厦等11栋“三百工程”重点楼宇。（夏　娟）

【现代服务业示范集聚区】 2018年，雨花区提升现代服务业发展能级，引导服务业集聚、集约发展，进一步推动产业结构优化升级，按照“一核两带五组团”布局，加强和完善现代服务业示范集聚区建设。2018年1月，高桥大市场商贸商务集聚区、雨花经开区研发设计服务集聚区成功获批长沙市第一批现代服务业示范聚集区。高桥大市场是湖南省唯一的千亿级商贸产业集群，形成以商贸流通为核心，电子商务、文化创意、旅游休闲、现代金融等生产性和生活性服务业功能集聚发展的现代服务业示范集聚区，覆盖湖南省70%的日用品交易。长沙研发设计城引进以工业设计、智能设计为主，以建筑旅游设计、包装平面设计为辅，以及3D打印、模具设计、设计人才培训机构、知识产权服务机构等产业链上下游企业，引进研发设计类企业60余家，联合产学研合作高校14家。长沙德思勤商务区于2016年11月获批湖南省第二批现代服务业示范集聚区。长沙德思勤城市广场包括大型商业中心、国际五星级酒店、甲级写字楼、淘宝城、主题商业街、电视直播大厅、环球影视城、国际学校、高档公寓等诸多业态，集高档购

2018 年 5 月 15 日，雨花区现代服务业数据库培训 （师佳／摄）

物、时尚淘宝、商务办公、金融、政务、会务、餐饮、娱乐、教育、居住十大功能于一体。 （夏　娟）

【市级现代服务业引导资金】 2018 年，雨花区引导服务业项目申报国家、省、市服务业专项资金，制定出台《雨花区关于建立上级现代服务业专项引导资金项目申报及资金监管制度》，形成项目、街道、区直部门三级联动的资金申报与监管机制。1 月 31 日，省发改委实地调研 2018 年国家服务业引导资金项目——爱尚通程 O2O 微商城平台建设项目。3 月，市发改委实地走访获批 2017 年长沙市现代服务业引导专项资金项目单位，开展现场绩效评价。 （夏　娟）

【现代服务业数据库】 2018 年，雨花区利用现代服务业数据库系统，整合有效资源、推介商务楼宇，为商务楼宇及重点产业分析提供数据依据，帮助现代服务业企业查询合适的楼宇资源；5 月 15 日，雨花区现代服务业发展办组织开展全区现代服务业数据库培训，各街道（镇）数据库相关录入人员参加培训。 （夏　娟）

【现代服务业发展工作会议】 2018 年 5 月 30 日，区现代服务业办、区发改局组织各街道（镇）分管负责人召开专题会议，共商雨花区现代服务业发展方向和工作重点。会上，就 2018 年服务业发展工作进行分析，提出工作举措：做好对企业的服务工作；促进服务业重点龙头企业和优质企业稳步发展；开展辖区服务业企业走访。会议明确并进一步梳理工作任务，抓住重点环节，制定措施，促进全区服务业高质量发展。 （夏　娟）

【"定期走访，精准服务"活动】 2018 年，区现代服务业办走访长沙广电、联通沃悦读、九州瑞通等重点服务业企业，了解企业需求，帮助企业解决困难。9 月 18 日，区政府副区长易静带队前往联通沃悦读科技文化有限公司开展"重点走访、精准服务"调研活动。 （夏　娟）

工业和信息化

【概况】 长沙市雨花区经济和信息化局（简称“区经信局”）为区政府直属事业单位，主要负责全区工业经济以及信息化工作，同时承担对规模以上工业和信息化企业的管理职能。内设办公室、经济运行科、企业服务科、工业节能科4个职能科室，下设中小企业服务办公室1个二级机构，设区改革改制事业单位退休人员管理办公室、区推进新型工业化工作领导小组办公室、区电力设施建设和保护工作领导小组办公室、区创业创新工作领导小组办公室、区属集体企业改制工作领导小组办公室、区社会职能分离工作领导小组办公室、区电力“专改公”工作领导小组办公室6个议事协调机构。核定编制13名（其中二级机构中小企业服务办公室有编制4名），领导职数5名；全局在职干部职工14人，其中中共党员12人。局退休人员11人，其中党员9人。有雇员5人，2名非党员。办公地点设在区政府机关大院2号楼B座2层。

2018年，雨花区（不含两烟）完成规模工业总产值386.85亿元，增长26.8 %，完成规模工业增加值98.4亿元，增长15.3%，高于全市7.1个百分点。含中烟，完成规模工业产值1235.06亿元，完成规模工业增加值812.28亿元，增加值增长5.5%。工业实力位居全国百强区第19位，排名全省第一，工业和信息化工作连续三年排名内五区第一。区经信局对2017年中央环保督察交办的重点案件天山水泥厂环保污染治理情况进行4次回头看检查，就雨花区工业涂装、机械制造、印刷等3个行业的规模以上工业企业推进使用低挥发性原辅材料进行调查摸底；与区属集体企业、区域规模工业企业签订安全生产责任状105份，开展安全生产专项督查10次，区域规模工业企业没有发生一起安全生产事故；接待来信来访12件/次，其中重度访8件/次，为群众解决问题5件/次，群众满意率90%；协调市国资委、市公改办，推动涉及雅塘片区车站南路拆迁建设的市属集体企业长沙量具厂的清算工作，打破阻碍片区及道路拆迁建设的瓶颈。（赵　佩）

【工业运行】 2018年，雨花区制定出台《雨花区关于支持工业智能化技术改造项目资金拨付细则》（试行），对雨花区智能制造企业智能化技术改造资金项目按照比例与市级补助资金进行配套。对园区、街镇辖区内规模工业企业运行情况加强监测，对重点企业工业运行情况实时了解，加强运行分析研判，把握运行趋势。对企业出入规情况进行摸底，摸底清查区域内小型工业企业生产经营情况，发现和培育小微企业，搞好跟踪服务，及时引导企业入规。加强退规企业排查，确保优质企业不退出。与园区街镇要做好退规企业的全面排查，及时掌握每家可能“退规”企业的生产经营状况。（赵　佩）

【企业服务】 2018年，区经信局帮助企业争取项目申报资金，推荐企业申报湖南省移动互联网产业发展专项资金项目、长沙市企业挂牌“新三板”等多层次资本市场项目扶持资金项目等多个项目。按照“三到”（企业不叫不到、随叫随到、服务周到）的要求，开展“我为企业代言”示范活动，明确局机关支部党员联点产值规模前12的规模以上工业企业（不含中烟公司），对企业进行“一对一”帮扶。完善优化平台服务体系，以区中小微企业服务中心为依托，联动街道、园区、示范楼宇，指导成立多个后台统一、服务资源共享、各具特色的中小企业服务站点。区经信局与服务中心联动全区街镇、园区和示范楼宇，在区内建成并投入使用服务站点6个。（赵　佩）

【创业创新】 2018年，雨花区成立长沙市小微两创企业融资路演平台雨花工作站点，以公益性结合市场化服务的模式，与区内各创客空间、众创空间、孵化器深度合作，开展雨花区首届投融资路演活动——《路演英雄》活动。组织“创客中国”创新创业大赛。推荐新世界创邸小微企业创业基地、中国（长沙）创新设计产业园等3家企业申报长沙市小微企业创业基地项目，获扶持额度共279万元；推荐长沙市雨花区中小微企业服务中心等8家企业申报小微企业创业创新公共服务项目，获扶持额度共148万元。阿里巴巴创新中心、夸克仓库、中国（长沙）创新设计产业园特色鲜明、发展势头好，夸克仓库、中国（长沙）创新设计产业园均被评为全国小微企业创业创新示范城市核心基地创业基地。（赵 佩）

【分离移交】 2018年，雨花区需完成39家中央驻长企业“三供一业”分离移交、14家省属企业“三供一业”分离移交、1家中央驻长企业退休人员社会化管理试点工作及市属企业扫尾清零工作任务。截至2018年年底，完成46家中央企业88个生活小区“三供一业”分离移交协议签定及5家市企业社会职能分离移交扫尾工作。省属企业32家35个小区“三供一业”分离移交完成。市属企业办社会职能分离移交工作进入全面扫尾阶段，中央驻长企业、省属企业职工生活小区物业分离移交协议全部签订。（赵 佩）

【电力建设】 2018年，雨花区电力“630攻坚”项目星城—树木岭双回220千伏线路工程、云红Ⅱ线π入星城220千伏线路工程、林海220千伏变电站进出站道路建设、林海220千伏变电站110千伏送出工程全部完成。（赵 佩）

【“千人帮千企”百日大行动】 2018年，雨花区成立“千人帮千企百日大行动”工作领导小组，由区委书记任顾问，区委副书记、区长任组长。组建15个“千人帮千企工作小分队”，负责上门开展企业帮扶工作，小分队共走访企业600余人次，发放宣传资料400余份，解决各类问题200余个。（赵 佩）

【“万企上云”工作】 2018年，区经信局、各街镇和村、社区工作人员一起，通过政策分享会、政府网站、微信公众号、工作QQ群、微信群、短信、发放宣传资料等多渠道、多形式对“万企上云”工作进行政策解读和政策宣传，动员高桥、红星两大市场和各商圈的示范楼宇等一起助推中小微企业上云注册，顺利完成市经信委下达的6月30日前达到6000家企业上云注册量的工作要求。（赵 佩）

【和包支付】 2018年，区经信局联合各相关部门、街道、镇配合移动公司向广大市民宣传、推广“和包支付”app，全区“和包支付”下载量33.7万注册任务量。（赵 佩）

【分离移交工作会议】 2018年1月8日，雨花区召开全区社会职能分离移交工作推进会。区政府副区长张良欣及相关单位负责人参加会议。区经信局及左家塘街道、砂子塘街道汇报前期全区分离移交工作开展情况及存在的问题，总结移交协议签订的经验和教训，表示将尽快与企业进行沟通协商，确保分离移交工作按时有序进行。张良欣对下一步工作进行部署，要求做好长沙市公共交通投资控股管理集团有限公司职工生活小区社会职能分离移交工作，并指出要剥离企业办社会职能是全面深化国企改革的重要项目之一；做到非经营性资产应交尽交，兑现小区前期维修费用承诺；区政府要统筹小区提质改造等相关工作。5月29日，雨花区“三供一业”分离移交工作推进会在区会议中心中型会议室召开。区政府副区长易静、副调研员肖集林出席会议，市企改办、市水业投、国网长沙供电公司、相关区直部门、街镇分管负责人及有关企业负责人参加会议。区分离办副主任、区经信局副局长吴海平总结前期分离移交工作进展情况，明确2018年全区分离移交的工作目标、进度和要求。各街镇递交目标责任书。易静强调，要提高政治站位，确保任务完成，确保统一规范，确保平安稳定。9月12日，雨花区召开2018年驻区省属企业办社会职能分离移交工作推进会。市企改办督查部部长彭亚辉、易静出席会议并讲话。会议由肖集林主持，区直相关部门、街道及省属企业分管负责人参加会议。区经信局局长、区分离办主任易方顿通报前期工作的基本情况，对后段工作进行安排部署；彭亚辉提出建议；易静从要高度重视、精心组织、加快推进三个方面做强调。（赵 佩）

【电力建设工作推进会】 2018年3月9日，雨花区召开全区第一次电力建设工作推进会。区委副书记、区长刘素月，区政府副区长王明玖、蔡泽敏及相关单位负责人参加会议。会上，区电力建设工作领导小组办公室汇报全区电力建设工作进度及后段工作安排，国网长沙供电公司介绍雨花区电力建设相关情况并提出可行性工作建议，领导小组各成员单位进行表态发言，对雨花电力建设提出建议和工作思路。刘素月就雨花区电力建设工作中占地补偿腾地、电缆隧道施工、变电站选址规划等问题，明确责任部门，要求各责任部门在规定的期限内加强配合，确保电力建设项目顺利推进。（赵 佩）

2018年4月17日，区人大常委会主任会议听取区经信局工作情况（赵佩/摄）

【雨花区产业创新创业大赛】 2018年4月8日，2018首届雨花区产业创新创业大赛（创客中国·雨花赛区）启动，4月20日止，通过微信公众号、电话、邮箱及区内创客空间推荐等方式咨询、报名的有200余家企业及创业团队，报名的企业和团队涵盖人工智能、机器人、智能制造、移动互联网、新能源及生物医药等多个行业。4月27日，2018首届雨花区产业创新创业大赛（创客中国·雨花赛区）海选在雨花区中小微企业服务中心会议室进行。海选采取评分加异议讨论相结合的方式按照创新性、成长性、市场、创业团队、风险应对5个维度进行评判。经大赛组委会评委两轮评选，最终评选出24个项目进入区级决赛。大赛期间，根据服务能力、业绩及服务开展情况，雨花区小微企业创新创业工作领导小组办公室评选出8家优选服务机构，其中创业基地3家：分别是阿里巴巴创新中心（长沙）、新世界夸克仓库原创设计创客空间及D1设计工场众创空间；优选服务企业5家，分别是：湖南邦卓科技发展有限公司、湖南楚天律师事务所、湖南金慧睿信息科技有限公司、深研社、尤尼泰税务师事务所。5月10日，2018首届雨花区产业创新创业大赛（创客中国·雨花赛区）决赛暨2018年雨花区企业服务系列活动发布会在雅士华美达广场酒店5楼紫荆厅举行。省经信委总经济师熊琛、中小企业服务指导处处长夏俊辉；区政府副调研员肖集林、市中小企业服务中心理事长左军以及各区直部门相关负责人、企业家、投资人、创业者、专业人士、学生代表共200余人参加活动。业界知名的创业导师、咨询专家、创投专家、高校教授对参赛项目进行评审，湖南牙博汇医疗咨询管理有限公司项目牙博汇科技平台获得一等奖，奖金1万元；湖南伊鸿健康科技有限公司项目“掌中测”便携式移动快速诊断平台、湘能楚天电力有限公司项目BIM装配式集中成智能变电站的研发与应用获得二等奖，奖金各5000元；纳威尔（长沙）智能科技有限公司项目全自动片剂检测机、湖南英格斯坦智能科技有限公司项目“贴膜大师”手机自动贴膜机器人获得三等奖，奖金各3000元；阿里巴巴创新中心（长沙雨花）和D1设计工场众创空间获得优秀组织奖，奖金各2000元；衡润门店众创空间获得伯乐奖，奖金1000元。所有获奖选手将获得参加6月份举行的“创客中国”长沙市复赛的参赛资格。7月25日，省决赛上，雨花区湖南伊鸿健康科技有限公司的“掌中测”疾病快检仪项目获得优胜奖。（赵　佩）

【“千人帮千企百日大行动”工作调度会】 2018年12月12日，雨花区“千人帮千企百日大行动”工作调度会举行。区委副书记、区长刘素月指出，要做到“企业所需、帮扶所能”，打通政策落地“最后一公里”，明确政府和企业职责，提升企业反馈意见办结率，构建“亲”“清”政商关系，建立健全交办机制；要求开展一次业务大比武、一次业绩大排名、一次工作大抽查、一次帮扶大宣传活动，确保各项工作落实到位。区委书记张敏强调，要紧盯目标、保持氛围、解决问题、建立机制、严格要求，主动问需于企、问计于企，用心用情用力做好帮扶工作。（赵　佩）

农业·林业·水利

综　述

【概况】　长沙市雨花区农业林业水利局（简称“区农林水局”）为区政府工作部门，全额拨款行政单位，主要职能是负责全区农业、林业、水务、蔬菜、畜牧、水产、农村经营管理、农机、移民等方面的行政管理与相关技术服务、业务指导工作。内设办公室（行政审批科）、林业科（区森林防火指挥部办公室）、水利水建科（区防汛抗旱指挥部办公室）、畜牧水产科、农经科5个职能科室，下辖长沙市雨花区动物卫生监督所（加挂长沙市雨花区动物疫病预防控制中心和长沙市雨花区跳马镇动物防疫站）、长沙市雨花区跳马电排站（加挂圭塘河生态引水运行中心）、长沙市雨花区合丰堤委会（加挂长沙市雨花区河道堤防管理站）、长沙市雨花区河长制工作办公室（加挂长沙市长善垸雨花区堤委会）、长沙市雨花区农机监理站（加挂长沙市雨花区农业服务中心）、长沙市雨花区林业站（加挂长沙石燕湖森林公园管理办公室）全局在职职工数136人，其中人才引进2人、政府雇员14人、二级机构临聘人员51人，核定编制数90人，实有在编人员82人。办公地点设在区政府机关大院东南角。

2018年，区农林水局贯彻落实中央、省、市农村工作会议精神，坚持以“四个全面”为统领，转变作风，强化服务，有计划、有步骤地开展各项工作。　　（胡　靖）

【精准扶贫】　2018年，雨花区推进跳马脱贫攻坚，深入贫困户调研，因户施策，落实教育帮扶、健康帮扶等一系列帮扶政策，推进产业帮扶、就业帮扶等措施，完成脱贫6户23人的目标任务。截至2018年年底，跳马镇有建档立卡贫困户378户1078人，已脱贫334户1019人，未脱贫44户59人。其中已脱贫的334户建档立卡贫困户中，产业帮扶200户、就业帮扶222户、教育帮扶128户、医疗健康帮扶328户、危房改造47户、综合保障性帮扶310户、生活条件改善103户、社会帮扶139户，有171户接受扶志教育。对未脱贫的44户逐一制订脱贫计划，其中产业发展9户、教育助学5户、医疗救助5户、危房改造2户、社会保障43户。2018年，雨花区对口帮扶浏阳市社港镇新光村、浏阳市镇头镇、龙山县石牌镇和桑植县，支持帮扶资金2820万元。在对口帮扶新光村方面，12个区直部门、72名领导干部与60户贫困户组成帮扶对子，开展“一对一”结对帮扶活动，完成29户贫困户易地搬迁。发展2家专业合作社，推广秀珍菇等特色种植、支持黑山羊等规模养殖，形成“合作社＋基地＋贫困户”发展模式。在对口帮扶龙山县石牌镇方面，推进项目援建，2018年援建项目8个。依托雨花区驻石牌镇就业培训服务站，定期发布就业信息，举办培训和招聘会等活动2次，2018年“春风送岗，幸福同行”活动，成功推荐150余人到长沙就业。在对口帮扶桑植县方面，重点支持桑植白茶产业发展，引导神农茶都、高桥大市场、红星大市场为桑植白茶优惠提供展销平台。成功引进电商平台公司与葛根生产企业落户桑植县。搭建就业平台，在桑植县众创空间挂牌成立“雨花区就业创业帮扶中心”，建立1个智能制造人才培训基地，多次组织开展招聘会，帮助贫困户就业。　　（胡　靖）

【实施乡村振兴战略】　2018年，雨花区严格按照“产业兴旺、生态宜居、乡风文明、治理有效、生活富裕”的总要求，出台《雨花区全面落实乡村振兴战略实施方案》，突出发展壮大新型村级集体经济和农村人居环境“五治”（治厕、治垃圾、治水、治房、治风）两大抓手，完成农村人居环境年度目标任务，4个创建村获评市级美丽乡村示范村，全国农村集体产权制度改革试点工作基本完成。2018年1月17日，《湖南日报》专版报道《雨花区实施乡村振兴战略纪实》。　　（胡　靖）

【“大棚房”问题专项清理整治】　2018年，雨花区出台《“大棚房”问题专项清理整治工作实施方案》，组织相关区直部门单位和涉农街镇对全区“大棚房”问题开展拉网式排查，区农林水局主要负责人多次深入现场反复核查，建立相关台账，清理发现4处违规问题，按照上级相关要求，逐个制定整治整改方案，督促整改。

（胡　靖）

【脱贫攻坚“三走访三签字”工作】 2018年11月15日，雨花区委书记张敏到跳马镇看望慰问贫困户，开展脱贫攻坚“三走访三签字”工作。张敏一行走进彭伏军、严海军、邹海清等贫困户家中，了解其家庭、就业和收入情况，倾听大家的意见和建议。张敏指出，做好脱贫攻坚工作，要切实摸清底数；做好精准扶贫，确保扶贫对象精准、项目安排精准、资金使用精准、措施到户精准、因村派人精准、脱贫成效精准；开展产业扶贫，通过种植花卉苗木、养蜂、劳务输出等方式，让贫困群众脱贫致富。（胡　靖）

【农村集体产权制度改革试点】 雨花区在2017年被确定为全国农村集体产权制度改革第二批试点单位，到2018年年底，全区参加改革的53个村级单位，完成资产清查的有53个；完成集体经济组织成员清查的有48个；完成集体股权配置的有48个，其中有12个改革村已实现分红，分红的累计金额达16.85亿元。雨花亭街道井塘村顺利领取由农业农村部部长韩长赋亲手颁发的全省首张集体股份经济合作法人登记证书。（胡　靖）

【农村集体产权制度改革清产核资业务培训】 2018年1月19日，雨花区在区政府举办农村集体产权制度改革清产核资业务培训班。培训由区农林水局副局长周文主持，各涉农街道（镇）农村集体产权制度改革的分管领导及其工作人员、改制村主要负责人、村级农村集体产权制度改革工作人员共240人参训。会上，对相关表格的填写、汇总、审核、公示等步骤进行讲解培训，对《雨花区农村集体产权制度改革工作方案（示范文本）》（雨农改办发〔2018〕1号）进行解读，对雨花区不同类型的改制村拟定改制方案的现实情况进行针对性的建议和指导，进行现场答疑。（胡　靖）

【农村集体产权制度改革领导小组工作会】 2018年3月7日，雨花区召开农村集体产权制度改革领导小组工作会。区委书记张敏强调，全区各级各部门要推进改革向纵深发展，按时间节点完成改革任务。与会人员观看《焦点访谈——底清账明，确权到户》的宣传视频，区农改办汇报全区农村集体产权制度改革工作情况，各涉农街镇就具体工作提出意见和建议。

（胡　靖）

【全国农村集体产权制度改革部际联席会议督查组督查雨花区】 2018年10月17日，农业农村部政策与改革司司长赵阳，司法部立法四局副局长郭文芳，省农委副主任刘益平，市农村经营服务站站长郭志强等相关负责人到雨花区督查农村集体产权制度改革试点工作。督查组实地走访同升街道桃阳集体资产管理委员会，查阅产权制度改革的文件资料并召开座谈会。区政府副区长陈怀宇向督查组汇报雨花区农村集体产权制度改革的整体工作情况，请求农业农村部在税费扶持、政策保障、法律支撑等方面给予支持；区委常委、组织部部长龚畅就雨花区在成立股份（经济）合作社中如何加强党组织领导和进一步完善党组织建设向督查组领导进行汇报；同升街道桃阳集资委书记彭特则介绍该村开展产权制度改革的推进特色。赵阳要求雨花区探索更多可复制、可推广、可借鉴的经验，努力形成改革试点和探索经验的有效结合。（胡　靖）

农　业

【农产品质量安全监管】 2018年，雨花区未发生一起重大农产品质量安全事故。完成农产品质量安全检验监测4.5万余批次，蔬菜农残检测合格率100%，“瘦肉精”阳性、畜禽水产品药残检出率均为零。（胡　靖）

【动物防疫】 2018年，雨花区未发生一起重大动物疫情事故。完成生猪产地检疫2263头，生猪屠宰检疫63万头，监督处理不合格生猪379头，生猪屠宰检疫率100%。完成免疫注射猪瘟疫苗1.2万头、生猪五号病疫苗1.2万头、生猪蓝耳病疫苗1.2万头、禽流感疫苗9.2万只，免疫率均达应免数的100%。免疫犬只狂犬病1.3万只。提前谋划、调度，积极应对非洲猪瘟疫情。

（胡　靖）

【农村集体经济】 2018年，雨花区农村土地承包经营权确权登记颁证工作进入扫尾阶段，颁证1.3万余本。发展土地合作型经济，指导和支持跳马镇三仙岭村利用村集体所有的土地入股组建1家土地合作社。发展物业经济增收，对有条件的社区（筹委会），利用集体土地合作开发建设酒店、写字楼、商铺、仓库等，通过返还物业收取租金，使集体资产增值。盘活集体资产增收，利用原有的集体资源，开展承包租赁经营，使集体资源发挥效益，实现保值增值。（胡　靖）

【农业领域综合执法】 2018年，区农林水局加强与公安、工商、质检、食药监局、城管等部门配合，强化农业领域综合执法。在农产品质量安全执法方面，立案查处违法案件22起，结案20起，移送公安机关2起。其中办理动物卫生监督案件15起，没收销毁不合格动物产品1.3余吨，联合食药监、公安、工商、城管等部门开展打击生猪私屠滥宰联合执法行动12次，办理非法屠宰案件6起，取缔私屠滥宰窝点15个，收缴未经检疫的白板肉2余吨、活猪30余头、私屠乱宰工具100余套。在林业执法方面，配合市林业执法大队办结林业行政案件4宗，配合市森林公安局办结林业刑事案件2宗，配合调解林权纠纷24起。重点配合处理同升湖小区违规毁林的环保督查交办案和长沙通途运输有限公司（长沙他山石生态农业发展有限公司）毁林卸土违法行为。（胡　靖）

【农村人居环境整治】 2018年，雨花区加强学校、敬老院、卫生院及居民集中区等人口密集区的污水处理设施建设，杜绝污水直排，降低污染物总量。加强畜禽养殖污染治理，跳马镇实行畜禽全面退养。跳马镇辖区内破损、垮塌的沟塘渠坝纳入小农水建设，恢复各类农村水体的自然连通。

对侵占水域岸线行为开展5次大型联合执法，修补破损管网33处，对部分排污口进行封堵作业。在跳马镇污水处理厂加装两台污水处理设备。对跳马镇内卫生厕所进行全面摸底调查，计划分两年全面完成改厕工作，其中2018年437个，2019年实现卫生厕所普及率达100%的目标。建立10个村级集中收集点，完成15个村（社区）垃圾分类回收中心建设，取缔路边垃圾池1500余个，更换分类垃圾桶3000余组，增加垃圾收集车辆40余台。按照每人150户的标准，配套专职保洁员上户收集垃圾并进行分类宣传，创建3个省、市级垃圾分类村（团然村、田心桥村、石燕湖村）。拆除新建违章14处，面积2730平方米。落实最新建房监管审批制度，审批办理乡村建设规划许可证约600本。结合跳马全域旅游，引导居民进行湖湘特色民居改造，发展民宿产业。加大道路、水利、健身、医疗卫生等基础设施建设投入力度，推动农村基础设施提档升级。组织跳马镇、村（社区）两级干部、所有党员签订“文明节俭操办婚丧喜庆事宜承诺书”，成立红白理事会，严格落实相关章程、制度。通过宣传海报、宣传栏、短信、微信等方式进行宣传，发放宣传彩页1万余份，开展“节俭养德、文明新风”主题活动，开设文明礼仪、厚养薄葬等专题的“跳马新课堂”。（胡　靖）

【现代都市农业】　2018年，雨花区搭建花卉苗木产业发展和服务平台，引入高端花卉苗木产业链项目，发展集花木生产、研发、交易、观光会展、教育为一体的田园综合体项目，加快花卉苗木产业转型升级。结合跳马全域旅游，与红星美凯龙、中惠旅等社会资本方进行对接，启动跳马金屏文旅小镇项目和跳马曹家冲“樱花谷”民俗生态旅游区项目，与湖南现代农业产业控股集团进行对接。（胡　靖）

【非洲猪瘟防控】　2018年，雨花区组织对辖区内生猪养殖户、屠宰场、无害化处理场所、冷链企业等重点场所开展全面排查工作。监督指导全区生猪养殖、贩运等生产经营户严禁违规调运易感动物和动物产品。排查养殖环节5万余头，屠宰环节生猪25万余头，监督无害化处理中心处理死因不明的生猪178余头。红星冷链排查生猪产品338.6吨，采样送检230余批次。对辖区内红星冷库等4家冷库以及佳宴等6家动物产品加工企业的自有冷库进行排查，排查封存生猪产品171.69吨，采集生猪产品样397份和环境样72份送市动物疫病预防控制中心进行检测，其中检测发现一例非洲猪瘟核酸阳性的生猪产品并将该样品同批次的生猪产品进行无害化处理，经区防指组织的联合专家组验收合格，恢复经营。通过发放明白纸、告知书、防治手册，张贴挂图，悬挂横幅等形式，向辖区生猪定点屠宰场、大型冷库、农贸市场、养殖户、贩运户等大力宣传非洲猪瘟防控知识，引导其主动做好高温消毒灭源工作，发放宣传资料5000余份，消毒药品1500余件。与屠宰企业、冷藏企业、经营户、贩运户签署《非洲猪瘟防控承诺书》，严防染疫生猪进入养殖和屠宰环节。组织对辖区的泔水、餐厨剩余物饲喂生猪情况和猪血为原料的血液制品生产猪用饲料的饲料生产厂家进行清查，发放200余份《严禁用泔水喂猪告知书》到各养殖户。联合跳马镇对辖区唯一一家饲料生产厂家湖南昌业生物科技有限公司进行清查，经查，该公司为做预混料的饲料生产企业，并无以猪血为原料的血液制品生产猪用饲料。监督指导辖区冷库及加工企业自有冷库进行消毒，对红星冷库等4家冷库、佳宴等6个加工企业自有冷库进行全面消毒、检查进出车辆8325辆，实施消毒8325辆。对同超物流和高桥冷链两家冷库消毒设备和消毒措施不完善、进出库登记不规范的单位企业监督整改到位。监督指导辖区定点屠宰场进行全面消毒，督促红星盛业出动消毒车辆74台次、人员1623人次每天对场内，加工车间、待宰圈、无害化处理车间清洗消毒两次，对进出红星盛业的12754台次车辆进行清洗消毒。对辖区养殖户发放消毒药物共160余件，发放养殖户消毒明白纸300份。采购扑杀器、消毒药、消毒机等防疫应急物资。区重大动物疫病防制指挥办公室和区动物疫病预防控制中心实行24小时领导带班和专人值班制度。全区在高速公路出口和辖区交接处设立非洲猪瘟防控临时检查站，四部门联动24小时执勤。（胡　靖）

【冷库动物产品分销换证工作】
2018年，雨花区按照分销换证相关流程执行，要求换证的动物产品经营方建立完善的产品出入库记录，动物产品入库时主动接受查证、验物。全年入场查验、换证分销冷冻产品160万吨，检测冷冻动物产品样品1020份。

（胡　靖）

【屠宰场防疫监管】　2018年，雨花区对红星盛业监督检查400余次，每日监督公司做好场地、加工车间、待宰圈、无害化车间、车辆的清洗消毒并做好记录，非洲猪瘟防控期间，督促公司改造原有进场消毒通道，在公司大门口新建一个消毒通道，督促公

2018年1月5日，区农林水局2018年工作务虚会　（胡靖／摄）

司新购3台电动高压消毒机。全年没有发生一起动物疫情。（胡　靖）

【兽药及生物制品监管】 2018年，雨花区开展兽药及生物制品经营企业(户)监管工作，重点检查经营企业(户)资质、生物制品专库建设、进销台账建立、是否销售伪劣违禁过期药品等方面。全年开展监督检查37次，下达整改2次，立案处罚2起，规范兽药经营环节的进货台账记录，上传信息至国家兽药可追溯系统，全区18家兽药、生物制品经营企业，全部完成二维码追溯系统安装使用。（胡　靖）

【病死动物无害化处理监管】 2018年，雨花区出台《长沙市雨花区动物无害化处理体系建设实施方案》。明确在原跳马镇动物防疫站站房建设病害动物收集贮存转运中心，采取劳务外包的方式，委托第三方对雨花区病死动物进行无害化处理。屠宰场无害化处理检疫不合格生猪379头，不合格动物产品14765千克，肉牛瘦肉精阳性1头，不合格羊246只，三腺25413.6千克，养殖环节无害化处理病死生猪2头。要求驻场官方兽医现场监督、强化生产经营者主体责任。处理乱抛乱弃死因不明生猪2头、绵羊1只、斑鸠1只、狗1只，处理乱抛乱弃畜禽产品两批共1250千克，均按照相关规定做好无害化处理（深埋或焚烧）、消毒等工作。加强生猪定点屠宰环节病害猪无害化处理补贴资金申报管理，定期或不定期开展病害猪无害化处理督查、确认。（胡　靖）

【生猪屠宰执法】 2018年，雨花区发放《私屠滥宰入刑风险大，遵守定点屠宰是出路》宣传资料200余份，开展生猪非法屠宰"扫雷行动"8次，查处取缔窝点12个，立案6起，收缴生猪肉产品2余吨，屠宰工具100余套，移送公安部门追究刑事责任2起，公安机关依法追究刑事责任3人。（胡　靖）

【春秋两季集中免疫工作】 2018年，雨花区对全区养殖场（户）、农贸市场、兽药饲料经营门店、冷库进行调查摸底。召开工作部署会，对春防、秋防工作进行部署，提出工作要求。全年免疫注射猪瘟疫苗1.3万头、猪口蹄疫疫苗1.3万头、猪高致病性蓝耳病疫苗1.3万头、禽流感疫苗9.6万羽，鸡新城疫疫苗9.5万羽、羊小反刍兽疫疫苗240只、牛羊口蹄疫疫苗300头。下社区开展狂犬病集中免疫活动，集中免疫犬只1.6万余只。对辖区内1家4000羽以上的规模禽场进行监测，监测结果为阴性。查看规模禽场的免疫记录、消毒记录、无害化处理设施和处理情况，各规模禽场消毒措施严格，无害化处理到位。（胡　靖）

【生猪定点屠宰及动物产品经营监管工作会议】 2018年1月25日，雨花区2018年生猪定点屠宰及动物产品经营监管工作会议在红星冷链六楼会议室召开。区动物卫生监督所相关人员，红星盛业、红星冷链、同超冷链、高桥冷链、辖区内活禽交易市场相关负责人参加会议，会议由区动监所所长王光辉主持。会上，相关企业负责人就2017年工作总结及2018年如何落实企业安全生产、动物疫病防控主体责任作交流发言；区动监所相关人员就2017年雨花区动物疫病防控、动物及动物产品检疫及经营监管工作作总结，对2018年工作作部署，提出要求，为长沙国家食品安全示范城市创建工作提供助力；保证足额经费、足够设备，专人负责食安工作；坚决不屠宰病死（害）动物，确保畜禽产品质量安全；严厉打击屠宰、贩运、经营病死畜禽的违法行为。（胡　靖）

【农业投入品打假专项行动】 2018年3月12—19日，雨花区动监所开展"3·15"农业投入品打假专项行动，深入辖区兽药店、饲料店等开展专项监督检查。该次行动对全区27家兽药店、12家饲料店、5家水产养殖户开展监督检查。与各经营企业（户）、水产养殖户签订质量安全承诺书。（胡　靖）

【官方兽医培训会】 2018年3月29日，雨花区2018年官方（执业）兽医培训会在跳马镇天赐园书院酒店召开。辖区内官方兽医、执业兽医、区动监所全体职工参加培训。会议邀请市动物卫生监督所副所长谭镜明，市动物疫病预防控制中心刘增再授课，区动监所所长王光辉主持。会上，谭镜明就动物卫生监督执法办案技巧作专题授课，讲解动物卫生监督执法试用法律的基本要求，分析相关法律实例。刘增再就主要动物疫病防控作专题授课，分析动物疫病防控形势，介绍主要动物疫病防控策略，重点介绍动物布鲁氏菌病的防控、狂犬病的免疫和人员的防护，提高雨花区官方兽医人员的业务水平和执法办案能力。（胡　靖）

【动物诊疗机构监管】 2018年3月底，雨花区完成动物诊疗许可证年审工作，辖区动物诊疗机构均按要求报告上年度动物诊疗活动情况。对全区动物诊疗场所开展全面摸底和监督检查工作，完善动物诊疗机构档案，做到一点一档案，并全部录入湖南动物卫生监督信息平台。全年开展日常监督检查100余次，办理宠物诊疗案件2起，没收违法所得及罚款1万余元。制定雨花区动物诊疗机构创建示范门店活动和开展动物诊疗机构专项整治行动实施方案，将动物诊疗机构日常监督检查评定纳入示范门店创建。加强雨花区动物诊疗机构兽药使用环节的监管，对发现的制度不健全、记录不完整等现象进行整改。（胡　靖）

【布病防控工作部署会议】 2018年6月13日，雨花区2018年布病防控工作部署暨布病防控知识培训工作会议在区委党校一楼多功能会议厅召开。区政府副调研员师建新参加并作工作部署。会议由区农林水局党组书记陈智主持，区直各有关部门、各街道（镇）相关负责人参加会议。会议通报雨花区2018年布病防控情况，下发并学习《雨花区动物布鲁氏菌病监测净化示范区建设实施方案》。师建新强调，各街道（镇）要成立相应的领导小组，把布病防控工作纳入重要议事日程，区直各有关部门要协同作战。培训邀请市动物疫病预防控制中心公共卫生科科长刘增再授课，从布病常识、布病流行现状、防控策略、防控措施等方面对动物布鲁氏菌病进行讲解。该次培训，普及了布病防控知识，为开展布病防控工作打下基础。（胡　靖）

【农机安全生产教育培训】　2018年9月4日，区农林水局在跳马镇组织开展农机安全生产教育培训会议。会上，区农林水局干部组织农机驾驶员们对农用拖拉机及驾驶员安全监理规定进行集中学习，针对严禁“三驾”（酒驾、醉驾、毒驾）违法行为；严禁违法载人；严禁非法营运；严禁违规拖拉机上路行驶；严禁无牌、报废机动车上路行驶；严禁驾乘摩托车不戴头盔上路行驶“六个严禁”的严管措施进行逐条着重解释。区农林水局副局长向荣立就湖南省发生的两起农用机动车较大交通安全事故进行通报，要求大家吸取教训，强调要高度重视农村交通运输安全，加大打击各种违法违规行为，全面强化法规教育。（胡　靖）

林　业

【森林资源保护】　2018年，雨花区完成27千米森林防火生物隔离带二期建设和环城绿带跳马段建设，完成“五边”植树绿化153.33公顷，完成辖区22个小班黄土裸露地、矿山矿洞等调查摸底；对全区范围的一枝黄花进行清理，清理面积10.67公顷。年初，在森林病虫害监测中，发现跳马镇杨林新村等区域有部分（含疑似）病死松树，确认为松材线虫疫情后，全区启动松材线虫病疫情防控Ⅲ级应急响应，落实防控资金60万元，组织专业除治队伍全范围清除处理；全年零火灾事故。（胡　靖）

【森林防火工作会议】　2018年1月23日，雨花区森林防火指挥部于组织各涉农街道、跳马镇召开森林防火工作调度会。会上，区农林水局局长莫志刚就森林防火工作作安排部署；跳马镇、各涉林街道负责人表态发言；区政府副区长刘江红重点要求在加强宣传、加强值班值守、做好预案、及时处置、强化管理、严格追责等方面落实到位，做好护林巡查、消防队伍准备、扑火装备物资准备、火险火患等的整改落实，确保春节和全国“两会”期间全区不发生森林火灾事故。（胡　靖）

2018年1月23日，雨花区森林防火工作调度会（胡　靖／摄）

【森林防火专项督查】　2018年2月8日，市林业局党组成员、总工程师恭映璧带领市林业局森林防火专项督查小组到雨花区督查指导森林防火工作，区农林水局党组成员、副局长石浩，跳马镇人大副主席李奕等一同参加。督查小组现场查看森林防火重点地点的森林防火人员、防火设备设施和防火宣传等情况。恭映璧强调，雨花区要仔细排查森林火险隐患，将相关的人员、设备设施和宣传部署到位。2月11日，区政府副区长、区森林防火指挥部指挥长刘江红，区农林水局局长、区森林防火指挥部副指挥长莫志刚带队督查跳马镇森林防火工作。刘江红一行对石燕湖森林公园、凤凰山陵园等防火重点区域逐一进行检查，现场仔细询问跳马各村在森林防火安全采取了哪些预防措施，要求镇、村加强森林防火巡查工作，加大宣传工作，加强对春节期间上坟、燃放烟花爆竹的管控。2月13日，市林业局局长唐曙光，恭映璧一行到雨花区督查春节期间森林防火工作。刘江红，区农林水局、跳马镇主要负责人陪同督查。唐曙光一行现场听取跳马镇重点防火单位石燕湖森林公园春节期间森林防火工作准备情况，重点对该公园的森林防火宣传开展、人员、设施、应急预案、责任落实等工作情况进行督查，就雨花区如何切实抓好森林防火工作提出要求：加强宣传，控制火源，设备、人员安排到位，值班扎实，常过问、常督查。（胡　靖）

【市林业局调研雨花区林业工作】　2018年7月12日，市林业局党组书记、局长唐曙光一行到雨花区跳马镇对花卉苗木产业、生态湿地建设、义务植树基地建设、林产加工行业等林业工作进行调研。唐曙光一行到跳马镇育景山庄、关刀新村花木大市场、求实苗木场、圭塘河生态引水工程湿地建设项目、井旺社区义务植树基地以及湖南欧林雅服饰责任公司，指出雨花区的花卉苗木产业的转型升级重点在于引入高端花卉苗木产业链项目，优化产业结构，强化科技支撑，创新经营模式；雨花区的湿地建设要更多地将力量投入到自然生态建设；希望井旺社区义务植树基地的义务植树模式能进行推广；希望湖南欧林雅服饰责任公司进一步创新，促进雨花区的林产加工行业的发展。（胡　靖）

【省林业局调研雨花区绿心地区造林绿化工作】　2018年11月22日，省林业局党组书记、局长胡长清一行到雨花区跳马镇调研绿心区造林绿化工作。胡长清一行重点察看龟坡废弃矿场生态修复工程、复兴村火烧迹地造林项目，现场了解项目工程具体情况，提出生态修复措施意见，肯定雨花区造林绿化、绿心区林业资源保护、生态修复方面所做的工作。市林业局党组书记、局长唐曙光，区政府副调研员师建新等相关人员全程陪同调研。（胡　靖）

水　利

【水利防汛】　2018年，雨花区各级各部门压实各级防汛责任，开展汛前安全工作大检查，加强水利防汛体系建设，做好防汛抢险物资储备和抢险队伍演练，加强防汛值班值守，有效应对雨情汛情。通过抓好水利项目安全生产和工程质量管理，加强业务指导，确保水利工程建设和运行零事故，市水务局在2017—2018年度水利建设质量工作考核情况的通报中，雨花区被评定为A级单位。（胡　靖）

【河长制工作】　2018年，雨花区出台《圭塘河流域综合治理四年行动计划》，明确短、中期治河任务20项。区级河长巡河100余次，发现并交办问题245件，办结229件；出台圭塘河流域管理办法，整合执法力量，对企业、单位或工地等违法偷排行为严格执法，出动3208人次、立案处理198件，罚款158.7万元；加大对圭塘河的治理和投入力度，实施和铺排各类治理措施24项，涉及投资28.5亿元；建立健全“属地为主、上下联动、部门协作”的河道保洁工作体系，投入资金近800万元专项开展河道砍青、排口保洁、水面维护、“清四乱”等工作；投资1470万元，对9.2千米圭塘河河段分8段开展底泥清淤疏浚，清除淤泥6万余立方米；圭塘河引水运行中心运行3817小时、调水849万立方米，有效解决圭塘河生态基流不足的问题。浏阳河（雨花段）、双溪港持续稳定保持在Ⅲ类水，圭塘河入河口水质一改过去长期劣Ⅴ类局面，水质连续四个月稳定在Ⅲ～Ⅳ类。（胡　靖）

【防汛抢险技术培训】　2018年4月13日，雨花区防汛抗旱指挥部组织开展防汛抢险技术培训，邀请市水务局副调研员肖志海、市防办副主任陈集中进行授课。街道（镇）分管水利工作负责人和专干、堤委会和水管站全体工作人员、社区（村）主管水利工作负责人和专干、水库管护员及信息员参加培训。授课专家主要从防汛基本知识、水库防汛调度、山洪灾害防御和巡堤查险、抢险救灾等方面进行培训。通过培训，有利于增强大家防汛责任意识和防汛业务知识，提高防汛抢险和应对突发险情的处置能力。（胡　靖）

2018年9月28日，圭塘河巡河　（胡　靖／摄）

【抗洪抢险演练】　2018年4月23—28日、5月2—4日，雨花区防汛抗旱指挥部组织由70人组成的民兵应急分队，在浏阳河潭阳洲段开展为期9天的应急演练，主要开展抗洪抢险理论学习、冲锋舟水上驾驶和水上救援训练。（胡　靖）

【“一河一策”实施方案编制研讨会】　2018年4月8日，雨花区组织召开区管河流“一河一策”实施方案编制研讨会。会上，区河长制工作办公室负责人、技术专家分别就区管河流“一河一策”实施方案的专题设置、编制进展、存在问题等进行汇报，参会人员对“一河一策”实施方案进行讨论，重点对每条河流在防洪保安、水污染防治、水资源利用等方面结合全流域治理理念开展研究。区农林水局局长莫志刚对编制工作进行部署，强调要结合实际，找准问题，精准施策。该次会议为区管河流“一河一策”实施方案的精准编制明确了目标与措施，为河流治理有效开展夯实了基础。（胡　靖）

【防汛备汛工作会议】　2018年4月27日，区委书记张敏在区农林水局组织召开防汛备汛工作会议。区委常委、区委办主任周海毅，区政府副区长、区防指常务副指挥长陈怀宇，区农林水局、区市政局等部门主要负责人参加。会议听取区农林水局局长莫志刚、区市政局局长陶静湘关于2018年防汛备汛工作情况汇报。张敏强调，要加强隐患整改，严防山洪、地质灾害，加强防汛物资储备，加强防汛设施设备维护，严格落实防汛责任制，加强防汛应急队伍演练，落实大堤砍青除杂，加强防汛督查，严格防汛纪律。（胡　靖）

【圭塘河河长巡河】　2018年9月29日、30日，区政府副区长、圭塘河河长陈怀宇带队，率区农林水局、区市政局、圭塘河流域指挥部、圭塘河流域开发公司相关负责人、巡河员共20余人开展巡河。该次巡河从圭塘河下游段——入浏阳河口开始，全程徒步、逆流而上，巡查长度28.3千米。发现40余项待整改问题，均进行现场交办。陈怀宇指出，圭塘河治理必须依靠各职能部门和各街、镇的力量，务必认真履职，严格执法。（胡　靖）

【水库大坝白蚁综合治理】　2018年11月29日开始，区农林水局对百倍冲水库等18座水库进行综合治理。针对水库大坝结构，以及其周围的白蚁危害情况，工作人员根据“以防为主，防治结合，综合治理”的原则，采取挖巢法、钻孔施药、药物回填、药物诱杀等技术措施，对大坝进行白蚁综合治理。（胡　靖）

财政·税收·金融

财　政

【概况】 雨花区财政局为区政府综合经济部门，负责组织、协调全区财源建设、编制年度预算草案并组织预算执行、管理非税收入、国有资产、政府内外债务等全区财政工作。内设办公室（财政信息科）、综合科（税政法规科和津补贴工作办公室）、预算科（财源建设管理办公室）、财政监督管理局（绩效评价科）、行政政法科（农业科和对外经济贸易科）、教科文科（企业科）、社会保障科、经济建设科（金融与债务科）、政府采购监督管理科（资产管理和控制社会集团购买力办公室）、街道财政管理科（会计科）10个职能科室和区财政投资评审中心、区国库管理局（区工资统发中心）、区非税收入管理局3个二级机构，以及财政局雨花经开区财政分局1个派出机构。设13个财政所。核定编制54名，其中行政编制20名，事业编制33名，工勤编制1名；2018年，全系统有在职在编干部职工50人，人才引进3人；退休干部6人；党员47人。办公地点设在区政府机关大院一号楼B座。

2018年，雨花区抓财税收入征管，财税收入稳步增长，全力保障各项重点支出需要。区财政局获湖南省预算绩效管理工作一等奖、省市县财政管理工作绩效考核A级、“五好”领导班子，长沙市行政事业单位资产清查工作先进单位、长沙市公共资产管理工作一等单位、企业财务快报工作先进单位、雨花区文化产业工作先进单位、招商引资工作先进单位、春运工作优秀单位、项目建设与帮扶服务保障红旗单位、安全生产工作优秀单位、重点工程建设协调服务工作先进单位、全面深化改革先进单位、创建更高水准全国文明城市先进单位、创新创业先进单位等荣誉。（周　澳）

【财源建设】 2018年，雨花区完成一般公共预算收入158.31亿元，同比增长6.45%，占地区生产总值的8.3%。收入总量继续领跑全省城区，收入质量连续三年稳定提升。雨花区加强税务、财政、工商、镇街等部门的协调配合，集中力量，联动出击，依托第四次经济普查，组织“百日会战”税源清理专项工作，实现征管到位，确保税源落地，避免税收流失。组织开展重点企业走访活动，全面了解企业经营情况，掌握税收动态，帮扶企业解决发展难题，共促税收增长。通过对社会投资类项目的台账管理，紧跟项目进度，督促税收入库，有效避免税收流失。（周　澳）

【财政支出】 2018年，雨花区恪守“持家有道”的准则，建立全面规范透明、标准科学、约束有力的预算制度。推动部门预算精细化、科学化，刚化预算执行，强化预算约束。对各部门交通费、会议费、接待费、差旅费进行同期对比，掌握各部门单位“四费”的开支情况，坚持“三公”经费只减不增，杜绝一切不合理开支。按相关文件要求，从严把好支出关口，通过厉行节约，遏制行政性支出增长。恪守“民生优先”的准则。持续改善民计民生，增大对公共服务和社会事业投入，推进社会和谐发展，重点保障了支农、社保资金的需要，大力支持医疗卫生、社会保障、教育等支出，支出结构进一步得到优化，公共财政的作用更加凸显。恪守“突出重点”的准则。全力保障区重点工作、中心工作。立足财政本职，搞好重点投入的主体作用和资金的导向作用，全力支持重点工程建设，重点保障征地拆迁、基础设施建设项目资金。积极支持开展生态环保建设、乡村振兴等，发挥财政资金的导向作用，为助力“蓝天保卫战”、持续改善生态环境质量、落实乡村振兴战略提供有力保障。（周　澳）

【财政管理】 2018年，雨花区健全区政府债务管理和风险应急处置工作机制，设立区防控化解政府债务风险工作领导小组，统一领导全区政府债务管理工作。出台《长沙市雨花区防控化解政府债务风险工作方案》，明确“统一领导、分类施策”的基本原则、提出“确保我区政府债务可承受、可持续，守住不发生区域性、系统性风险底线”的目标任务，从妥善化解存量、严格控制增量、规范平台发展、强化考核问责四个方面对工作任务进行具体分解，责任到单位。摸清债务家底，全面掌握债务规模及债务结构。全面核查PPP、政府购买服务和政府投资基金项目，有条不紊进行清查整改。区财政局、联合区审计局走访督查全区融资平台公司债务管理工作开展情况，理清债务底子、严控债务总量，积极组织铺排、消化债务存量。制定平台公司转型方案，积极推进平台公司整合转型工作。完善政府采购机制，按照“应编尽编”的原则，在部门预算中编列当年采购项目的政府采购预算，随同部门预算“二上”一并报送，未纳入年度政府采购预算、未进行调整或未追加政府采购预算的，不得实施政府采购。严格采中程序审批。按照“先配置、再采购”的原则预审政府采购项目，从严控制无资产配置计划的项目原则，要求项目实施单位需按程序报告区政府后再报财政审批，达到严格审批程序，规范管理的目的。区财政局、区电政办邀请专家组织预算验收专项检查，通过长期有效的监督检查提升采购单位对货物验收的水平，提高供应商履约意识。强化财政监督，密切关注财政资金使用、财税政策执行以及财经纪律落实情况，制定2018年财政监督重点检查计划，加大民生资金监督检查力度，重点开展涉农资金、卫生和环保等涉及民生领域资金和重大项目的监督检查，确保专项资金的使用效益。（周　澳）

【资金管理】 2018年，雨花区制定《雨花区关于规范街镇财务管理的操作细则》《雨花区社保基金存放银行机构招标管理暂行办法》等资金管理办法，切实加强财政资金管理，规范财政资金拨付程序。区财政局建立日常盘活存量资金机制，清理财政专户存量资金，加强转移支付结转结余资金管理，加大财政专户存量资金的安排力度。成立财政对外借款清理工作领导小组，全面展开国库往来资金清理工作。结合当年账本记录，咨询多方会计人员，联系各项债务借款单位核对账务，明晰债务，逐笔制定还款方案。强化财政投资评审工作职能，加大对政府投资项目的监管力度，严格评审、提高效率，发挥财政资金使用效益。推进预算绩效目标管理，实现绩效目标管理在区直部门和街镇的全覆盖。扩大自评范围，所有区直部门的整体支出和单笔资金达到50万元的项目支出都开展自评，项目自评扩大到大预算列支和追加预算的项目支出。重点评价范围进一步拓宽。选取部分建设领域项目资金和社保基金开展重点评价，实现预算绩效管理覆盖所有资金。（周　澳）

【华融湘江银行长沙分行乔迁入驻雨花区】 2018年1月15日，华融湘江银行长沙分行乔迁新址、入驻雨花区湘府东路208号万境财智中心，新营业部1月8日正式对外营业。华融湘江银行是一家由湖南省人民政府和财政部控股的中国华融共同注资组建的国有性质银行，2010年10月成立，总部位于长沙，是湖南唯一一家省级法人银行。其长沙分行成立于2010年12月，是华融湘江银行成立后设立的首家分行，被总行确立为全行“战略发展区”分行。该行下辖支行19家，社区支行6家，网点机构已实现全市九大行政区（县、市）全覆盖，全行资产总值近350亿元，一般性存款余额突破300亿元，各项贷款余额208亿元，业务规模位列华融湘江银行旗下15家分行级机构第一位，资产质量优于银行业平均水平，主要业务指标均符合或优于监管标准。该行成立后，累计向长沙地区投放表内外信用总量超过1000亿元，缴纳税收5.81亿元，有力支持了地方经济社会发展和财政税源建设。入驻后，雨花区政府将秉承“长期合作、互惠互利、共谋发展”的原则，携手华融湘江银行长沙分行立足雨花，融入雨花，全力支持区域经济与社会发展。（周　澳）

2018年11月29日，区财政局政府会计制度软件培训　（区财政局／提供）

税　务

【概况】 雨花区国家税务局负责雨花区范围内的国税征管，设办公室、财务管理科、监察室、人教科、党办、工会、信息中心、征收管理科、税政法规科、纳税服务科、收入核算科、税源管理一科、税源管理二科、税源管理三科、税源管理四科、退税科16个科室，辖井湾子、高桥、东塘、左家塘、经开5个税务分局。雨花区地方税务局为市垂直管理单位，负责雨花区范围企事业单位、个体工商户、建安房地产项目以及负有纳税义务的自然人的地方税、费（金）征管和服务工作。内设7个行政科室，2个税源管理科，3个税源风险评估科，3个直属机构（其中2个直属行政机构，1个直属事业机构），外派7个税务分局。2018年7月20日，国家税务总局长沙市雨花区税务局（简称“区税务局”）挂牌成立，实行以国家税务总局为主与省（区、市）人民政府双重领导管理体制，为正科级单位。下设内设机构13个，派出机构11个（5个税务分局，6个税务所），事业单位1个。核定编制540人，其中领导职数6名；

全体在职干部职工数491人，退休109人。局内设立机关党委，22个党支部，共有党员415人，其中在职党员359人。办公地点设在雨花区湘府中路108号、雨花区韶山中路577号。

2018年，区税务局选举成立第一届机关党委、机关纪委以及工青妇等群团组织，组建设立22个党支部。构建“条主责，块双重，纵合力，横联通，齐心抓，党建兴”的党建工作新格局。改进完善绩效考评指标体系，有效解决改革前后绩效成绩衔接、国税地税考评融合等问题。整合人事信息系统，490名人员信息按最新状态和要求调整到位。整合集成印章使用、车辆管理、财务管理、请休假等制度，规范资产处置、政府采购、退税审批以及津补贴发放等，扎紧扎密制度笼子。开展“三项制度”试点工作，打造法治多功能室，实现全程录音录像、采录和外网视频联络。开展违反中央八项规定精神突出问题专项治理，对收送红包礼金等进行“回头看”，开展作风建设督查，发送廉政提醒6次。以内部控制监督平台上线运行为抓手，加强疑点核查和执法监督。严格执行税务机构改革的各项纪律要求，贯彻落实《中国共产党纪律处分条例》，用好“四种形态”，开展谈话提醒（咬耳、扯袖）35人次，开除公职处分1人，税收一案双查5户，提出意见建议数12条。紧紧围绕上级工作部署，大力组织收入，深化改革攻坚，夯实征管基础，优化纳税服务，各项工作齐头并进。（彭　芳）

【新机构挂牌成立】 2018年，雨花区落实中央实施税务机构改革的决定，雨花区国税地税两家多次碰头协商，制定《新税务机构挂牌工作实施方案》，细化19个主要任务52个具体措施的责任清单，挂图作战、对标对表。7月17日，局领导和4个综合部门实现集中办公，新媒体平台、门户网站、税收规范性文件等工作整合清理到位。7月20日，新组建的国家税务总局长沙市雨花区税务局举行挂牌仪式，标志着原长沙市雨花区国税局、地税局正式合并，雨花税收工作揭开全新的篇章。雨花区委常委、常务副区长邹春林，国家税务总局长沙市税务局联合党委委员、副局长梁健共同为国家税务总局长沙市雨花区税务局揭牌。国家税务总局长沙市雨花区税务局联合党委书记、局长周兵主持挂牌仪式。国家税务总局长沙市税务局联络（督导）组成员，雨花区委、区政府有关部门负责人，国家税务总局长沙市雨花区税务局领导班子及部分税务干部代表参加挂牌仪式。（彭　芳）

【征管体制改革】 2018年，雨花区严格按照国税地税征管体制改革工作方案，对照机构改革“六项纪律”要求，坚持“稳”字当头，坚持一切行动听指挥，严格对照省市局的时间表、路线图，建立改革总台帐，实行工作清单制，对表销号、到点验收，完成7月20日新机构挂牌、10月25日“三定”落地等重大改革事项，为改革工作有序开展提供坚实保障。将做好思想政治工作放在重要位置，召开军转干部、干部代表等多个专题座谈会，广泛听取干部职工的诉求。实现“三个谈心”全覆盖，有的放矢地解疑释惑、疏通心结、提振信心。深入学习中央、总局和省局一系列改革讲话精神，开展“四合”大讨论。对原国税、原地税的固定资产、办公设备、办公用房等进行全面登记盘查，促进资产账务和实物管理权责匹配。在长沙税务干部学院开展两期全员税收知识培训，有效加速业务融合。认真落实个税改革、社保费和非税收入业务的政策宣讲、系统推广、数据清理、操作培训等准备工作，确保改革各项工作落地。（彭　芳）

2018年7月20日，雨花区税务局升旗仪式（彭芳/摄）

【税收收入】 2018年，雨花区严格按照“精细预测、分类指导、科学统筹、稳定增长”的要求，坚持依法治税，注重分析挖潜，严格查征堵漏，税收收入保持稳健增长。组织各项收入1925107万元，同比增收326444万元，增长20.42%。其中，省局计划口径收入入库1911949万元，同比增收325215万元，增长20.5%；区政府计划口径收入入库1268684万元，同比增收125819万元，增长11.01%。税务部门按月分析税收计划执行情况，按季召开税收分析专题会，充分利用好金三系统数据集成优势，完善由收入核算部门牵头，税政、征管等部门参与的税收分析机制，增强组织收入工作的主动性、预见性。严格按要求做好企业所得税按月、按季预缴申报管理，确保申报率100%，差错率0%。12万元以上个税自行申报21315人，申报人数首次突破两万人，同比增长17.53%，居全市系统首位。建立“企业申报、税务征收、环保协同、信息共享”的工作机制，环保税稳步开征。抓好土地增值税预征管理和清算管理，巩固清算“四级审核”成果，完成房地产土地增值税清算项目23个，清算入库24374万元，同比增长808.8%。针对2016年以来发票开具收入与申报收入比对不符、近几年亏损500万以上企业等重点，通过摸排筛选数据，精准有效开展风险核查。加强增值税发票管理，发起4批次认证后失控发票企业核查，补缴税款 2329.41 万元。对“二次逾期申报处罚率”进行重点监控，对已在金三系统进行过催报、责令限期改正处理的纳税人，严格按规定进行处罚。（彭　芳）

【税收征管】 2018 年，区税务局全面清理、调整基础数据、国标行业、自然人数据以及纳税期限，基本实现原国税和原地税金三系统数据的一致性。清理单位纳税人登记等 124 个业务事项所需 1107 项资料，取消税务登记验证、换证和非居民企业认定三类事项，保证改革前后税收征管工作有序衔接、平稳运行。“三定”后调整税源数据 243575 户，金三系统并库数据清理 21326 条，为后期征管工作打下良好基础。按照“对外放权、对内控权”的思路，将风险防控与日常税源管理相结合。全年完成本级和上级部门推送的 25 批次 366 户风险应对任务，入库税款、罚款及滞纳金 7861 万元，抵减增值税留抵税额 94.71 万元，弥补企业所得税亏损额 11608 万元。办理跨区域协作任务 160 余条，发起跨区域协作任务 284 条。强化个体工商户税收定期定额征收管理，在国地税金三系统中实行征收方式一致、核定标准一致、缴税期限一致。全年签订委托代征协议 69 户，征收税款 9880 万元。（彭　芳）

【办税服务】 2018 年，雨花区全面推行“一厅通办”，深化“放管服”改革，着力优化营商环境，认真落实 153 项办税事项“最多跑一次”。开展纳税信用等级评定工作，53537 户企业参与评定。开展线上线下“分层次”教学和“点餐式”培训，举办 30 期纳税人学堂，近 2 万名纳税人乐享税收政策公开课。组织“纳税服务日”“创响三湘　税励园区”“成长税月　你我同行”等主题活动，制作“幸福税月，一路有你”税收宣传公益广告，开展“千人帮千企百日大行动”，组织“问需求、优服务”纳税人座谈 3 场，走访企业 2317 户，整改、解决意见建议 21 条。把落实减免税政策作为释放政策红利、减轻企业负担、服务地方发展的有力举措，简化规范审批、备案程序。10 户企业享受增值税留抵退税“红包”10471 万元，21 户享受房土两税困难减免 1236 万元，办理出口退税 55313 万元，同比增长 25.43%，土地增值税清算退税 7 户，退税 2187 万元。（彭　芳）

【个税改革】 2018 年 9 月，区税务局成立个税改革领导小组，设立个税改革集中办公室，严格对照上级 6 个方面 26 项改革事项和第二阶段工作方案，制定实施方案，明确改革路线图、时间表、责任人。开展个税新政培训，培训扣缴义务人 47618 户（有税户 4487 户）。其中组织各类纳税人学堂 17 场，培训个税扣缴义务人 6000 户次，办税服务厅面对面辅导 1450 次，上门走访及座谈 85 户次，视屏推送 40083 户次。以公文的形式向区委、区政府请示，改变财政统发单位个人所得税财政统发统扣模式，回归单位自行办理全员全额明细申报并进行专项附加扣除，得到区委区政府和区财政等部门的大力支持。推动扣缴客户端软件按期全面上线，督促扣缴义务人及时进行升级，密切关注软件应用情况，开展自然人身份信息核验与修正，做好数据清理工作，对省市局下发的 11000 余条数据逐一核实清理，提高自然人基础信息及申报数据质量。（彭　芳）

【“金三”并库数据清理】 2018 年，区税务局成立“金三”并库工作领导小组，进行全面统筹、领导、组织、协调和监督，及时研究解决系统并库工作过程中的重大政策和管理问题等，确保金税三期系统并库上线工作顺利开展。制定《金税三期系统并库工作方案》，明确工作目标、组织领导、工作任务、时间安排、工作要求。制定详细的工作作业图，细化并库工作内容，明确工作任务和时间节点，将任务进行分解，细化到人、落实到人。抽调业务骨干组建“金三”并库集中办公团队，统筹安排数据清理工作，采取集中人员清理和税务分局、税务所自行组织清理的方式进行。集中办公团队通过 RTX 群下发工作任务，开展业务督导，并按日通报各部门工作进度。各部门负责人亲自部署、亲自过问，督促落实工作进度，清理数据 21326 户次。（彭　芳）

【社保费和非税收入征管职责划转】 2018 年，区税务局按照“人心不乱、队伍不散、干劲不减、工作不断”的要求，拟定社保费划转工作方案，准确把握职责划转的指导思想、基本原则、任务分工和工作要求。开展社保费工作划转调研，重点关注当前城乡养老、医保征缴工作存在城乡居民参保缴费意识不高，基层征缴工作人员工作量大、积极性不高等问题。向区政府定期汇报工作进展，积极争取支持，与人社部门建立联络机制，按险种分工的不同，确定“一对一”联络方式，就政策宣传、数据交流互通有无。完成第一批社保数据清理，确保社保费 2019 年 1 月 1 日顺利划转。（彭　芳）

金　融

【概况】 长沙农村商业银行股份有限公司雨花支行（简称“雨花支行”）是长沙农商银行下辖的 14 家一级支行之一，主要经营范围是中国银行业监督管理委员会依照有关法律、行政法规和其他规定批准的业务，经营范围以批准文件所列的为准。支行内设综合管理部、运营管理部、授信与风险管理部、公司金融部、零售金融部 5 个职能部室，辖 10 个二级支行、1 个营业部。2018 年年末，支行在职员工 141 名，其中员工 115 名，留用工 9 名，业务岗位劳务派遣工 17 名；研究生学历 20 名，本科学历 82 名，大专及以下学历 39 名；退休员工 25 名。党员 80 名。支行机关办公地点设在雨花区政府大院内。

2018 年，雨花支行大力发展业务，不断优化内部管理，加强风险防控，推进各项工作。组织员工参加首届“新春员工联谊会”、“不忘初心·携手共进”石燕湖拓展训练活动、“传递正能量·共圆农商梦”主题演讲比赛、首届员工运动会、“长沙红色半程马拉松比赛”等活动，获得总行首届员工运动会团体冠军，增强员工的团队合作意识、集体荣誉感和使命感。组织开展近两年考上全日制本科以上大学的员工子弟及家长的座谈会、退休员工“炭河古城一日游”重阳节活动，传统节日及员工生日时，为工会会员发放蛋糕卡、读书卡等工会福利，通过增强人文关怀，营造了风清气正、和谐融洽的工作氛围。（余素梅）

2018年5月5日，长沙农商银行雨花支行员工开展拓展训练（余素梅/提供）

【经营管理】 2018年，雨花支行优化城区网点，重新装修营业部，铁桥支行迁址，撤销航院、职教城两个自助银行，拓宽同升支行办公区域；推进跳马片区布局，12家金融便利店“Q惠邻”开业；杨林支行、冬斯港支行完成立项。部署人民银行结算账户影像系统上线，企业开户服务由人工跑腿转为柜台上传影像资料，客户体验和服务效率明显提升。优化人力资源管理，提拔二级支行行长7名，选拔团队长14名，实行中层干部集中学习制度，提升中层干部整体实力。组织各类技能培训50余次，培训2186人次，为员工提供业务技能比赛等展现自己的平台，鼓励员工进修和考证，为员工提供更广阔的发展通道。出台绩效考核办法和竞赛活动方案，“全员营销”“多劳多得”。提前谋划2019年工作，部署客户营销、市场拓展、存款增长等重点工作。（余素梅）

【业务发展】 2018年，雨花支行抓住省市唯一共建平台的发展机遇，推进“政务金融”，拓展基础客群，提升基础获客能力。4月，雨花支行成为长沙农商银行中唯一一家代理省、市、区三级国库集中支付业务的支行，12月，以第一名的成绩成功中标“2019—2021年雨花区社保基金存放银行机构定点采购项目”。营销湖南金科房地产、明大投资、浙江东阳天娱、中南院、比亚迪、科创信息等一批优质客户。支行对公存款余额346864万元，较年初净增45924万元，对公存款日均较年初净增4.63亿元。加大节庆营销力度，积极储备白名单客户，重点保障社保卡发放。各项储蓄存款余额335604万元，净增29579万元；日均储蓄存款31.83亿元，净增1.56亿元。有效客户净增4888户，优质客户净增683户，累计发放并激活社保卡57692张。对接湖南金科、中天集团、天健集团等楼盘按揭项目，发展按揭贷款；发放就业小额贷款73笔金额1178万元，促进就业、维护稳定、保障民生。开展“决战50天”信用卡营销活动，择优选拔17名年轻员工带领支行和机关部室冲刺三季度7000张信用卡、600户Q支付任务，新增信用卡发卡8777张，激活3955张，新增Q支付796户。营业部探索政银、银企合作模式，积极营销财政、税务等政务客户，争取财政性资金、社保资金、非税收入、民生专项资金等项目资金，承接省、市、区各级国库直接支付业务44.32亿元、汇缴个人及单位非税收入25.10亿元；通过“一案一账户”系统向申请人发放案款199笔，实现“让数据多跑路，让群众少跑腿”的社会效益；抢先把握财税体制改革红利，开立区级机关事业单位社保缴费汇缴账户1个。环科园支行依托雨花经开区“产业发展大会”“银企座谈会”等平台积极对接企业，以高效、快捷、便利的服务方式，为园区企业注入信贷资金1.5亿元，支持日晶电器、南泥湾农产品等一大批中小微企业发展，该支行日平存款净增2.37亿元，得到雨花经开区管委会表彰，并成为总行首批表彰的行业专营支行之一。木莲路支行的“喜盈贷”、圭塘支行的汽车分期贷款、跳马支行的“安居贷”、井塘支行和铁桥支行的住房按揭贷款初步形成规模。（余素梅）

【风险防控】 2018年，雨花支行实行双线管理模式，严把新放贷款准入关，有序、稳健投放信贷资金。加强到逾期贷款管理，对存量不良贷款和关注类贷款，实施“一户一策”“每户到人”，严格控制不良贷款反弹新增，至12月末，表内不良贷款余额3482.70万元，不良占比0.99%，比年初下降0.9个百分点。以总行“压不良、控风险”活动为契机，加强不良贷款的清收及处置力度。全年核销不良贷款4笔5061万元，收回表外不良贷34笔1715万元。充分发挥稽核检查作用，通过柜面交叉检查、常规稽核检查、对检查整改情况进行“回头看”、开展离任审计等措施，构筑内控防线，开展出国（境）、离岗经济责任审计28人次。把牢人防，完善技防、物防，努力构建“领导班子、安保人员、全行员工”三位一体的安防体系；坚持柜面经理“每日一查”、支行行长“每周一查”、安全专干“每月一查”及节前重点检查；召开安全保卫联防会，协调邻里关系，做到群防群治，实现全年无事故、零案件。（余素梅）

教育·科技

教　育

【概况】 雨花区教育局（简称“区教育局”）是雨花区政府主管全区教育工作的职能部门。内设办公室、基础教育科、政工人事科、计财科、基建规划科、综合科、监察室、民办幼教科、教育督导室、教育工会、学生科（团委）、整治办12个职能科室；下设教育公共服务中心、教育科学研究所、艺术体育科技中心、会记核算中心、考试中心、信息技术与装备中心、教育后勤办、素质教育基地8个二级机构。机关行政编制19名。其中：局长（乡科级正职）1名，副局长（乡科级正职2人，乡科级副职1人）3名，党委委员（主任科员）1名，主任督学（乡科级副职）1名，党委委员1名。引进人才1人，雇员1人。在职17人，退休29人。办公地点设区政府机关大院二号楼。

2018年，雨花区教育工作坚持立德树人，推进综合改革，深化素质教育，全区教育事业发展迈上新台阶。雨花区有中小学校85所（中学13所，小学69所，民办学校3所），幼儿园210所（公办幼儿园25所），在职教师4122人，学生108022人，幼儿35133人。民办培训学校99所。获评全国中小学责任督学挂牌督导创新区、第六届全国中小学生艺术展演优秀组织奖、全国青少年学生法治知识网络大赛杰出组织奖、全国青少年“五好小公民”主题教育读书活动先进集体、全国生命教育先进单位、全国新技术支持下个性化学习赛课活动优秀组织奖等成绩。雨花教育工作在市级及以上媒体报道367次。湖南省政府办公厅主办的《调查与研究》第11期以《努力办好人民满意的教育》为题，专版推介雨花区教育工作。人民网、《中国教育报》《湖南日报》《湖南教育》《长沙晚报》推介雨花区教育工作。存在问题和困难有：入学压力大，近年来雨花区生源一直保持高速增长，入学矛盾突出；2018秋季比2017年秋季新增7383人；由于入学生源的持续高速增长，学校项目建设压力大；教师编制紧缺，伴随生源持续增长，教师紧缺矛盾突出。（何兵生）

【教育教学】 2018年，雨花区开展42场“菜单式”德育培训，提升德育工作实效；家校助力学生成长，稻田中学、砂子塘小学等获评“长沙市优秀家长学校”；承办湖南省德育工作会议，雨花区德育工作在大会作经验推介。出台《雨花区中小学教育教学质量奖励方案》，关注学校全面管理和学生整体素质提升评价，通过常规视导、精准帮扶、教研员示范、生命化课堂教学竞赛等举措，促进教育教学质量提升。2018年，雨花区高考二本上线607人（一本220人），高二学业水平考试一次性合格率97.51%，排名全市第一；中考一次性合格率96.4%，全市第二；体育中考合格率97.35%，全市第一。长塘里小学代表长沙市参加全国第三届“基础教育信息化”交流展示活动，获教育部副部长杜占元肯定。（何兵生）

【民生服务】 2018年，雨花区公办园和普惠性民办园共158所，占园所总数的79%，15分钟生活圈，都有普惠性民办园或公办园。残疾儿童毛入学率94.2%，小学、初中适龄人口入学率100%。做好大班额化解工作，超大班级全部化解，大班额总数由274个下降到177个。资助学生1.9万余人，金额800万余元。完成稻田特立中学、砂子塘启新小学等9所新校、扩建项目建设，总投资8.4亿元，新增学位13680个。完成26所义务教育标准化学校建设，长郡雨花外国语左家塘学校、枫树山明昇小学、杨林小学等9所学校获评“优秀”等级。印发《雨花区学校建设三年（2019—2021）规划》，未来三年雨花区计划投入26亿元，新、扩建学校35所，新增学位5.5万个。推进小区配套幼儿园移交工作，完成实物移交65所，市整治办专版推介“雨花经验”。引导民办学校规范发展，湖南省无证办学整治工作会议上，区教育局作为唯一代表推介经验。雨花区28位教师到新疆、洞口支教，15所城区优质学校结对跳马学校。

（何兵生）

【教育治理】 2018年，区教育局获评“雨花区创建更高水准全国文明城市突出贡献单位”。砂子塘万境水岸小学、枫树山鸿铭小学等学校创新环保宣讲、环保创意作品工作受到好评。组织1.2万余名学生参加素质拓展培训；遴选14家研学服务机构，加强监管指导，区教育局在全市研学工作会上作经验介绍。开展阳光服务专题培训和工作点评，为家长、学生、社会服务，收到咨询、投诉事项688件，办理满意度100%。全年处理集访169次，电话接访近2万人次，接待来访群众1.5万人次，做到件件有回应，事事有落实。完成第六届督学换届，重点开展质量监测、校园安全、有偿补课和招生入学等督导，规范办学行为。承办“全国快乐学法大赛长沙市雨花区现场赛”。《法治日报》以《法治之光照亮青春成长路——长沙市雨花区青少年法治教育入脑入心》为题，专版推介雨花区法治教育经验。

（何兵生）

【区域特色】 2018年，雨花区按照“新三好（健好身、读好书、写好字）”思路，引领学生全面发展。抓实阳光体育大课间，确保学生每天锻炼一小时以上，学生肥胖率、近视率降低，均低于全国平均值。组建35所学校构成的雨花区“大阅读”联盟，举行“秋天的诗会”教师读书展示，砂子塘魅力之城小学在全市教育系统推介书香校园建设经验。砂子塘吉联小学、德馨园小学、砂子塘天华寄宿制学校获长沙市“爱阅读善表达”学生素养大赛团体一等奖。组织全区中小学校长、教师参加“两笔字”比赛，掌上长沙专题报道，点击量30万余。作为全省唯一区县入选“全国青少年校园足球‘满天星’训练营“，长沙市一中雨花新华都学校获湖南省运动会足球赛乙组冠军，德馨园小学获中国足协主办的“我爱足球”比赛全国总冠军、长沙市青少年校园足球联赛冠军；和平小学、桂花树小学入选全国青少年校园篮球特色学校。周南雨花中学、枫树山小学作品分别获“第十四届全国宋庆龄少年儿童发明奖金奖”。《湖南日报》以《立德树人、静待花开》为题，专版推介雨花区全面育人的创新举措。

（何兵生）

【教师队伍建设】 2018年，雨花区9位教师获评市级先进个人、480位教师获评区级“四有”好老师。新进教师285人，其中“名优特”以及骨干教师29人。出台《雨花区卓越教师队伍建设实施方案》，引领教师专业发展，42人认定市级卓越教师，169人认定区级卓越教师，雨花区有各类名师工作室22个。“一师一优课，一课一名师”活动中，雨花区获得市级以上优课136节，其中省部级优课数量位居全省区县第一。泰禹小学承办“中国少年培育学校联盟成立大会暨第四次人文教育研讨会”，面向各级领导和全国各地500余名校长推介雨花教育经验。湖南都市频道《校长说》《名师说》栏目，推介雨花区名校长和名教师的典型事例，《中国教育报》推介雨花教师培养经验。为无房教师申请294套公租房，获评“长沙市教育系统教师幸福工程建设和校务公开民主管理先进单位”。

（何兵生）

【教育工作会议】 2018年2月6日，雨花区2018年教育工作会议在雅境中学报告厅举行。区人大常委会副主任杨仕斌、副区长易静、区政协副主席廖云伟、区政府副调研员盘正元以及区教育局全体机关干部，局直属二级事业单位副职以上，各学区书记、学区教研主任，各中小学校、幼儿园书记、副校（园）长以上，民办教育党支部书记、民办教育联组长参加会议。会上，区教育局党委书记、局长张新卫围绕“新时代·新作为，奋力开启雨花教育发展新征程”作2018年教育工作报告，提出2018年教育工作五个重点目标：供给更好、结构更优、质量更高、负担更轻、品牌更亮，四点希望：让阅读成为习惯，提升学习力；让团结成为习惯，提升协同力；让落实成为习惯，提升执行力；让知足成为习惯，提升幸福力。易静对教育工作提出要求，着力缓解招生入学矛盾，着力破解教育发展难题，着力保证学生身心健康，着力规避教育安全风险，着力加强党风廉政建设，建立教师发展全新机制。杨仕斌做总结讲话。会前，砂子塘泰禹小学校长李臻、长郡雨花外国语学校校长刘翔贵在校长讲堂上发言。会上，通报2017年全区教育系统绩效考核的结果，对11个获奖单位代表进行现场颁奖。

（何兵生）

【团省委调研少先队工作】 2018年3月14日，团省委书记汤立斌带队到砂子塘小学调研少先队工作。团省委少年部部长陈艳英，团市委书记叶妙，区委副书记陈永高，区政府副区长、区少工委主任刘江红，区教育局党委书记、局长张新卫，团区委书记余静雯等参加调研。陈永高主持调研座谈会，张新卫就雨花区少先队工作进行汇报，刘江红对雨花区少先队工作的组织制度化、队伍专业化、队员培养时代化及立德树人系统化等情况作汇报。汤立斌指出，少先队工作要与教育工作进行融合，要进一步落实少先队工作改革，少先队工作要落实在日常教学中，进行“社会主义核心价值观”教育，落实“爱国主义教育”进校园，培养一支专业化、有保障的辅导员队伍。

（何兵生）

【小区配套幼儿园专项整治第一批移交签约】 2018年3月22日，雨花区小区配套幼儿园专项整治第一批移交签约，湘诚壹佰、雨花区城建投、嘉华房地产等6家开发商15所幼儿园与区教育局签订移交协议，2所原高价幼儿园与区教育局签订举办普惠幼儿园协议。市政府副市长陈中，市教育局党委书记、局长卢鸿鸣，区委副书记、区长刘素月等见证签约。该次配套幼儿园专项整治工作，有利于促进教育持续健康发展和儿童健康成长的护苗行动。

（何兵生）

【余宏卿调研学校思想阵地建设工作】 2018年3月28日，雨花区委常委、宣传部部长余宏卿带队调研学校思想阵地建设工作。余宏卿评价区教育局思想上高度重视、思路清晰、措施扎实、主题教育有特色，学校思想阵地工作“有章法，有思路，有效果”，并要求：强化强调思想认识；做实做优培育工程，提升教师队伍整体素质和鉴别能力；防准防住系统风险，重点防范网络自媒体、课堂教育、社科阵地、校园宣传出版、纪念活动、舆情炒作、

校园周边、重点人员等风险点；管牢管好学校阵地。（何兵生）

【张敏调研全区教育工作】 2018年5月29日，区委书记张敏调研全区教育工作，区委常委、区委办主任周海毅，区政府副区长刘江红参加调研。张敏到砂子塘启新小学(潭白小学)建设工地，要求施工企业科学组织施工，在加快建设进度的同时，保证工程质量和施工安全，确保学校如期投入使用；到砂子塘泰禹小学的禹滴书屋、师生陶艺展区、体育馆、3D打印展区、泰禹少年邮局、李臻校长工作室等，看望慰问师生，调研办学等相关工作。张敏要求，加强队伍建设，选好校长和班子队伍，加强师德师风教育，加强党员教育管理；加快学校建设，确保满足入学需求；要促进均衡发展，培育更多教育品牌；确保教育安全。（何兵生）

【教育部调研雨花区教育信息化工作】 2018年7月18日，教育部科学技术司司长雷朝滋、教育部科技司信息化处副处长任昌山调研雨花区教育信息化工作，省教育厅副厅长应若平，市教育局党委书记、局长卢鸿鸣，区政府副区长刘江红，区教育局党委书记、局长张新卫等参加调研。雷朝滋一行参观长塘里小学学校教育信息化创新举措以及校园足球、写字教育、社团活动等学校特色活动。雷朝滋指出，在全面推进教育信息化的同时，不能忽略书法教育，学校将信息技术和写字教学深度融合，做得很好，值得推广；智慧课堂就是培养“慧美”学生最佳阵地，对于“慧美”学生培养，要继续作更深入、更细致的探索；小学阶段要重点呵护好学生好奇心和想象力，让学生能够轻松地学，让学习更智慧。（何兵生）

【庆祝教师节】 2018年9月10日，雨花区庆祝第34个教师节暨优秀教师表彰大会在雅境中学召开。区委副书记、区政府区长刘素月，区人大常委会副主任杨仕斌，区政府副区长刘江红，区政协副主席廖云伟，区教育基金会理事长吴承志等出席并为获奖代表进行颁奖。区教育局全体机关干部；局属二级机构党政负责人；各学区书记、各中小学校、幼儿园党政负责人；“四优”教师获奖者；民办幼儿园、民办培训学校联组长约400余人参加大会。区教育局党委书记、局长张新卫致辞。刘素月肯定雨花教育人的业绩，勉励大家要有远大理想，有高尚情操，要有扎实学识，有仁爱之心。吴承志宣读《雨花区教育局2018年度“四优”先进个人评选结果通报》，480名优秀教师获“优秀校长”“优秀教育工作者”“优秀班主任”“优秀教师”称号。同升湖实验学校校长孙培文、砂子塘吉联小学教师张珉英两名获奖代表进行发言。（何兵生）

【中荷青少年校园足球国际研讨会在雨花区召开】 2018年10月26日，中荷青少年校园足球国际研讨暨长沙市雨花区“全国青少年校园足球‘满天星’训练营”建设现场交流会在砂子塘新世界小学举行。活动由区政府主办，区教育局、区教育局艺术体育科技中心、砂子塘新世界小学承办，湖南湖湘青少年体育俱乐部、湖南航盛足球俱乐部、北京水柔风文化发展有限公司协办。指导单位为省教育厅、荷兰皇家足球协会、湖南省足球协会、市教育局和市体育局。交流会启动仪式由区政府副区长刘江红主持。区教育局党委书记、局长张新卫在欢迎辞中重点介绍雨花区校园足球的发展情况及取得的成绩。省教育厅体艺处调研员、学生体育协会秘书长金彪指出，青少年足球发展将以系统的联赛为依托，以学校为基本单位；以强身健体为出发点；以团队合作为目标，努力营造健康的校园足球文化，培育品学兼优、德智体美劳全面发展并具有足球专长的优秀后备人才。市体育局党委书记李文格宣布“全国青少年校园足球‘满天星’训练营”启动。启动仪式结束后，荷兰皇家足球协会专家教练就中荷青少年足球训练进行研讨交流，同时开出足球训练课进行展示。雨花区高度重视青少年足球运动，就青少年足球“满天星”训练营工作，在人力、物力、财力上给予大力支持。全区有训练营分营四个，各年龄段区队8支，在训人数260人，2018年8月被认定为湖南省唯一的全国青少年校园足球“满天星”训练营。（何兵生）

【湖南省德育工作会议雨花区分会场展示活动】 2018年12月11日，湖南省德育工作会议雨花区分会场展示活动在泰禹小学举行，来自全省14个地州市、区县教育局的61位嘉宾、200余名德育工作者参加活动。省教育厅基教处处长王玲，市教育局党委委员、副局长缪雅琴，区政府副区长刘江红等参加活动。活动中，展示泰禹小学手舞龙表演、乒乓球训练，禹娃们制作的创意美食，“禹艺交响乐团”交响乐演奏；区教育局党委委员刘翔贵作《立德树人，让每个生命出彩》的德育经验汇报；雨花学子展示雨花“新三好”、七彩研学、传统文化进校园、“蓝天保卫战”、心育与德育

2018年11月17日，雨花区教育局钢笔字、粉笔字比赛（何兵生/摄）

融合等雨花德育特色节目。该次活动，通过主题表演、实践体验、现场互动等形式，紧扣雨花区“生命德育”特色，凸显雨花区德育内涵与成果。（何兵生）

【湖南省首届少先队辅导员风采大赛在雨花区举行】 2018年12月23日，湖南省首届少先队辅导员风采大赛在雨花区砂子塘吉联小学举行。各市（州）通过层层比赛，选拔出70名优秀辅导员参加比赛。全省各地州市主管少先队工作的领导、总辅导员、少先队工作骨干和大中队辅导员们共300余人观摩比赛。该次大赛围绕立德树人的根本任务，聚焦思想引领、政治启蒙主责主业，选树一批少先队辅导员典型，全面推进湖南省少先队工作改革。大赛由市少工委、市教育局、团市委共同承办，区少工委、区教育局、团区委协办，欧阳爱湘全国少先队名师工作室执行。省少先队总辅导员、省少工委副主任徐芳，团市委副书记、市少工委副主任康然，区政府副区长、区少工委主任刘江红，区教育局党委书记、局长张新卫等参加活动。团省委少年部部长、省少工委常务副主任陈艳英致辞。该次风采大赛分为少先队基础知识测试、少先队活动案例讲解、主题演讲、团队风采展示、少先队工作情景处理答辩、少先队活动辅导员技能交流等环节，在两天半的赛程中为全省的少先队辅导员提供相互交流学习、共同进步的平台。大赛邀请中国少先队工作学会副会长、原团中央《辅导员》杂志社社长兼总编柯英，中国少先队工作学会副会长，原浙江省少先队总辅导员魏慈瑛等专家担任评委。（何兵生）

【新年文艺汇演】 2018年12月29日，雨花区教育局庆祝改革开放四十周年暨新年文艺汇演在田汉大剧院举行。一段讲述雨花教育四十年历程的宣传短片拉开文艺演出帷幕。演出包含生命交响、美丽绽放、筑梦前行三个表演篇章。上演泰禹小学、天华寄宿制学校、万境水岸小学编制齐全的交响乐团和民族管弦乐团演奏交响乐，砂子塘小学、枫树山小学、雨花实验小学的小型民乐团演奏新民乐，砂子塘小学第六都校区的舞蹈《幸福娃》、湘天小学和天华寄宿制学校男子群舞《母亲的河》、一中雨花新华都学校舞蹈《且吟春雨》、雨花教师舞蹈团群舞《映山红》，砂子塘吉联小学戏曲表演唱《说唱脸谱》，红星实验小学的合唱《热带的地方》《日夜欢唱》、砂子塘万科魅力之城小学《地球大合唱》、砂子塘东澜湾小学童声合唱《美丽世界》、雨花教师合唱团合唱《我的深情为你守候》《好日子》等节目。

（何兵生）

科学技术

【概况】 长沙市雨花区科学技术局（区知识产权局）（简称“区科技局”）为区政府行政单位，主要职能是负责全区科技成果转化、科技平台建设、科技项目及资金管理、科技计划的申报及审核、科普宣传、专利申报指导、知识产权的宣传与保护等工作。核定编制6名，其中领导职数3名，机关后勤服务编制1名；全体在职干部职工12人，其中雇员4人；退休7人；党员15人，其中在职党员7人；在职预备党员1人。办公地点设在雨花区人民政府机关大院内。

2018年，区科技局贯彻落实新发展理念，紧紧围绕“项目大攻坚、管理大提质”工作主题，深入实施创新驱动发展战略，拓展科技发展空间，加强科技创新能力建设，优化科技创新环境，推进知识产权强区建设，促进科技资源总量稳步增长。完成规上工业企业研发经费投入9.24亿元。在2018年湖南省拟兑现研发财政奖补资金公示中，雨花区拟兑现的奖补资金为2971万元，占到全省的8%。雨花区位列全国科技创新百强区72位；获评“全省知识产权工作先进区”。

（赵 昊）

【科技工作】 2018年，通过高新技术企业认定143家，完成高新技术产业产值2037.88亿元，同比增长15.96%。2018年底下达的长沙市2017年认定高新技术企业研发经费资金补贴中，雨花区有79家企业获得补贴，共计资金976万元。认定及备案的孵化器共5个，场地总面积59920平方米；认定众创空间3个，总面积为22022平方米；湖南省儿童医院的“儿童急救医学湖南省重点实验室”、长沙有色冶金设计研究院有限公司的“湖南省有色冶金智能制造工程技术研究中心”等6个省级科技创新平台通过省科技厅的立项，新设立1家市级科技创新平台。有长沙航空职业技术学院航空馆被认定为“长沙市专业科普场馆”。全区有12家企业与高校、科研院所签订合作协议。全年完成技术合同交易登记额33.97亿元。审核企业科技项目验收资料50家，38个科技项目通过验收。2018年区级科技计划项目共立项74项，其中区“5个10”重大科技专项10个、重点项目45个、一般项目19个，支持资金954万元。

（赵 昊）

【知识产权工作】 2018年，雨花区完成发明专利申请1427件，增长24.85%。开展“双打”执法行动767次，出动执法人员4377人次，立案查处“双打”案件203件，办结案180件，捣毁生产假冒商品窝点5个。其中，办理假冒专利案件74件、著作权侵权案件3件。（赵 昊）

【区科技局系列走访调研】 2018年3月13日，区科技局党组书记、局长易光明带领副局长黄小元、余伍等一行到湖南元亨科技股份有限公司，作为系列调研活动的第一站。湖南元亨科技股份有限公司副总经理吴哲兴介绍，2018年公司申报的科技项目是“冷却设备智能制造系统研究应用”，该系统通过实现无人化生产，能够大幅减少人工，提高工作效率，降低生产成本，为市场提供高质量、高性价比的产品。易光明向企业传达省、市、区政府对于科技企业发展和人才引进的相关政策，希望企业能够再接再厉，创造更好业绩。3月15日、16日，易光明一行走访调研中机国际工程设计研究院有限责任公司、中南勘测设计研究院有限公司。中机国际工程设计研究院有限责任公司申报的科技创新项目是“生态环境监测与污染治理”，通过运用新一代信息技术及科学管理理论，对传统水务、河湖管理、黑臭水体治理、防洪应急措施等领域进行一体化系统集成及全生命周期的最优化管理，以有效应对自然灾害和生态危机。中南勘测设计研究院有限公司申报的科技创新项目为“防洪安全监测预报预警与应急响应关键技术研究”，项目是以长沙市2017年洪涝危机中凸显的防洪安全不达标为背景，力求通过监测、模拟、预报、预警等装置实现全方位立体感知，提高城区防洪预警与应急能力。黄小元、余伍就项目进展及遇到的问题进行询问和解答。易光明表示，将贴心为项目实施做好服务和协调工作。3月20日，易光明一行到长沙有色冶金设计院有限公司，就该企业有色冶金矿产设计产品列入区科技重点计划和R&D经费进行调研。长沙有色冶金设计院有限公司负责人介绍企业项目的研发情况、项目建设进度，进行现场演示。易光明强调“五个一十”重大科技创新项目的落实要求，希望企业把项目做成具有示范和推动作用的标杆。3月23日，易光明走访调研中国建筑第五工程局有限公司。在企业首席工程师李水生的带领下，参观企业的展厅，了解企业的发展状况。中国建筑第五工程局有限公司申报的科技创新项目是“BIM协同设计管理平台研发”。项目负责人从平台建设背景、项目主要技术内容、成果的技术水平及创新点方面对项目做全面介绍。易光明希望企业能加强对项目的管理，加快推进项目进度，加大科技投入力度。3月27日，易光明一行走访调研长沙智能机器人研究院有限公司，参观该公司麓山创新工坊的科技展厅，就整个工坊的功能布局、运营模式、服务理念、创业项目团队入驻以及各平台建设开展情况和取得的成效等，听取企业项目负责人的汇报。易光明指出麓山创新工坊要加大发展力度，为雨花区孵化毕业更多企业；并鼓励孵化团队加强知识产权建设，提高专利申报的数量和质量。3月29日，易光明一行走访调研湖南南庭投资有限公司。湖南南庭投资有限公司申报的科技创新项目是“湖南省创新设计服务平台研究建设与应用示范项目”，以康庭园项目为载体，总建筑面积约10万平方米。已建成中小设计企业集聚区、国际设计合作中心、设计研发总部集聚区、湘籍人才返湘创新创业示范区，其中，中小设计企业集聚区（约5万平方米）投入使用。区科技局领导班子重点解读省、市科技部门关于科技创新和科技成果转化的优惠政策及市级孵化器的申报政策，表示将加大科技投入和服务力度，为全区的科技事业发展做好服务。（赵　昊）

【刘江红走访调研区高新技术企业】

2018年3月28日，区政府副区长刘江红到雨花经开区调研2018年区重大科技创新项目进展情况。刘江红一行到湖南晓光汽车模具有限公司，对公司的发展历程、项目研发、技术亮点等方面进行全面了解，深入生产车间实地了解生产技术及流程。刘江红指出，在专业技术方面，应不断缩小与德国、日本等发达国家的差距；在人才引进方面，要建立合理的用人机制。刘江红一行到克明面业股份有限公司，强调食品企业要更加注重品质、品牌和品位。8月31日，刘江红调研雨花区高新技术企业湖南海利集团。湖南海利集团党委书记、董事长刘卫东介绍企业的基本情况、经营现状以及存在的困难和问题，对企业实施的重点科技创新项目逐一讲解。刘江红就企业发展、科技创新等问题进行交流。易光明就雨花区出台的扶植政策就“研发投入奖”“高新技术企业认定补贴”等方面做解答。12月5日，刘江红一行调研雨花区高新技术企业中国中铁五局集团第一工程有限责任公司调研。刘江红与中国中铁五局集团第一工程有限责任公司总经理曹振兴交流沟通，了解企业发展情况，倾听企业在发展过程中的困难与问题，并现场调度，明确相关部门帮扶任务。刘江红表示一定会进一步优化企业发展环境，帮助企业更好的应对经济下行压力，在困境中实现平稳健康发展。（赵　昊）

【雨花区知识产权宣传月活动启动式】

2018年4月24日，雨花区知识产权宣传月启动式在中国（长沙）创新设计产业园举行。该启动式由区知识产权局、雨花经开区经济发展局和长沙知识产权保护中心联合举办，长沙七源知识产权代理有限公司、湖南兆宏专利事务所承办，区相关部门分管领导、各街道负责人及辖区内200余家企业主管参加活动。启动仪式后，组织企业知识产权工作业务培训，邀请市知识产权保护中心副主任谭凯、长沙民政职业技术学院法律系知识产权资深教授刘学军和七源专利事务所吴婷分别就知识产权快速确权审核的流程企业商业秘密保护攻略和企业知识产权贯标相关政策解读等主题进行授课辅导，并开展互动交流。（赵　昊）

【雨花区科技活动周】　2018年5月10日，区科技局召开2018年科技活动周暨科技计划项目申报工作部署会议。区直有关单位分管负责人、各街（镇）科技工作分管负责人、专干以及部分科技企业相关负责人40余人参加会议。会议由区科技局党组书记、局长易光明主持。会上，区科技局副局长黄小元对《2018年长沙市雨花区科技活动周方案》进行解读，就科技活动周期间系列活动的相关工作进行安排和部署。区科技局副局长余伍就2018年雨花区科技计划项目申报、高新技术企业认定申报、市科技创新创业大赛活动、湖南省企业研发财政奖补资金申报、市“工业科技特派员”申报、市科技创新小巨人企业申报等相关工作进行说明。易光明强调，要高度重视，细化方案；要精心组织，务求实效；要认真总结，不断提高。5月21日，2018年雨花区科技活动周启动仪式暨科技企业推介活动在雨花经开区管委会二楼大会议室举办。该次活动由区政府主办，区科技局、区经信局、雨花经开区经济发展局、区中小微企业服务中心、区科学技术协会、区老科技工作者协会联合承办。市科技局党组成员、副局长周一平，区委副书记陈永高，区政府副区长刘江红，雨花经开区党工委副书记、管委会主任李国军，区政协副主席罗艳辉，经开区党工委委员、管委会副主任邓波，区政府副调研员盘正元，区教育局、区经信局、区卫计局、区科学技术协会等科技领导小组成员单位及各街镇科技工作分管负责人和工作人员，以及科技企业负责人等共160余人参加活动。该科技活动周以“科技创新·强国富民”为主题，加入人工智能等前沿高端科学技术成果，设计“人工智能及机器人产业链‘专家订诊’、科技企业经验交流、科技工作业务培训、科普知识进社区、科普基地开放”等系列科技活动，通过挖掘科技本身“新颖、有趣、实用”等内涵，唤起公众重视科技、参与科技、使用科技的热情，增强全社会的科技意识和科技品质，提高科技工作者的科技素养和从业能力，使科技能够更好地服务于经济发展和民生保障。启动仪式上，周一平讲话；陈永高宣布2018年雨花区科技活动周正式启动；刘江红致辞。该次启动仪式安排雨花区2017年中小学生创客大赛获奖作品颁奖环节，对获奖的3个优秀组织奖、8个一等奖作品进行现场颁奖。中国建筑第五工程局有限公司、中机国际工程设计研究院有限责任公司、湖南普斯赛特光电科技有限公司作为雨花区优秀科技企业代表，以现场播放宣传片、语言解说、分发企业资料的方式进行企业推介。5月23日，区科技局、雨花经开区、雨花区中小微企业服务中心共同组织辖区内的80余家企业代表，开展科技企业经验交流活动，系2018年雨花区科技活动周系列活动之一。企业代表们依次参观唐智科技湖南发展有限公司、湖南晓光模具有限公司、中南先进光机电创新中心，听取3家单位从公司简介、技术创新、平台建设、人才培养、管理创新等几个方面的创新创业经验介绍。参加活动的企业代表们表示将3家单位创新创业的经验带回去，加快提高本单位创新能力，推进企业快速发展。（赵　昊）

2018年5月23日，科技活动周——科技企业交流活动（赵昊/摄）

【专利行政执法检查】 2018年6月12日，区知识产权局对辖区内大型超市、商场等地开展专利执法检查开展专利行政执法检查。在专利行政执法检查中，执法人员检查平和堂东塘店、家润多超市朝阳店、赤岗店等食品、日常用品、日化用品、五金交电、家用电器和儿童玩具等数十类共1500余件商品。执法人员对标注专利标识或专利字样不合规的23种商品进行登记、调查取证，下达协助调查通知书，要求超市负责人在规定时间内提供有效专利证明材料、专利缴费发票和专利产品进货合法来源等资料。7月3日，区知识产权局执法人员对辖区内砂子塘街道沃尔玛购物广场、步步高超市和高桥街道商品批发市场、华润万家超市等场所开展专利行政执法巡查行动。执法人员主要对生活用品、儿童玩具等数十类2000余件商品进行检查。对专利标注标识不规范或涉嫌假冒专利的玩具遥控机器人、水杯等23种商品进行登记和拍照取证，对超市下达了协助调查通知书，要求超市负责人在规定时间内提供有效专利证明材料、专利产品进货合法来源等资料。8月13、14日，区知识产权局联合井湾子、圭塘、黎托等街道开展辖区内的专利执法检查行动。执法人员主要检查日用品、儿童玩具、电器等商品，对标注专利标识或专利字样的30余种商品进行登记、调查取证。9月26日，区知识产权局联合东塘街道经济办对东塘街道辖区内超市、药店进行专利突击检查。经过排查，发现并确认涉嫌假冒伪劣产品6件，主要商品种类集中在儿童玩具及生活日用品上，工作人员与相关负责人沟通并让其于规定时间内提供相应证件与资料备查。（赵　昊）

【刘素月调研雨花区高新技术企业】 2018年6月14日，雨花区委副书记、区长刘素月调研高新技术企业发展。刘素月走访唐智科技湖南发展有限公司、长沙科达智能装备有限公司两家高新技术企业，与企业负责人、技术人员进行交流，了解企业产品研发、产学研合作、高科技人才引进、知识产权保护以及科技项目申报等相关情况，对企业下一步科技创新和发展战略提出意见和建议。刘素月指出，要加强统计，真实掌握高新技术企业各方面发展情况；要加强走访服务，为企业排忧解难；要强化调度，集中解决调研走访中发现的问题，加大高新技术企业宣传力度。（赵　昊）

【市知识产权局督查知识产权工作】 2018年7月13日，长沙市知识产权局党组书记、局长孙进率市政府督查组（第二组）到雨花区对知识产权强市创建和软件正版化工作推进情况进行专项督查。区政府副区长刘江红率区政府办、区知识产权局、区财政局、区电子政务办等单位负责人陪同督查。督查组听取区知识产权局党组书记、局长易光明作的专题汇报，查阅雨花区落实知识产权强市、强区创建工作机制建设、创建工作保障、工作任务实施等方面情况，随机抽取区委办、区环保局、区工务局等3个部门办公电脑正版软件使用和管理情况，参观知识产权密集型企业环康环保科技有限公司推进知识产权工作规范化管理情况。孙进希望雨花区能够发扬“领导重视、机构健全、措施过硬、保障有力”的优势，进一步提高思想认识、做好对接工作、创建特色工作，加大对智能制造的保护，提高知识产权对经济社会发展的贡献率。（赵　昊）

【《长沙市雨花区发明专利补助实施办法》出台】　2018年7月13日，雨花区出台《长沙市雨花区发明专利补助实施办法》。新的实施办法重点突出对发明专利的补助，大幅提高补助标准，按照授权一次性补助的原则，国内发明专利补助由1000元/件提高到4000元/件，PCT国际发明专利补助由2000元/件提高到8000元/件。设置发明专利大户补助项目，对年发明专利授权量超过10件至30件以上的单位，按照等次分别给予2万元至6万元不等的补助。（赵　昊）

【湖南昭泰医疗集团“诺贝尔奖工作站”成立】　2018年9月19日，湖南昭泰医疗集团“诺贝尔奖工作站”签约授牌仪式在湖南昭泰医疗集团总部成功举行，这是雨花区成立的第一家医疗性质的诺贝尔奖工作站。湖南昭泰医疗集团成立于2017年，公司位于雨花经济开发区，是湖南昭泰集团旗下子公司。公司集研发、生产、销售于一体，是湖南省精准医疗科技创新企业的新秀。作为一家专业从事细胞免疫治疗的高科技生物医药公司，湖南昭泰在生物医药领域拥有多项全球领先的自主知识产权核心技术。该次分别与2013年诺贝尔医学奖获得者托马斯·聚德霍夫、2006年诺贝尔物理学奖获得者乔治·斯穆特（美国科学院院士）、法国国家健康与医学研究院院士吉尔斯·帕格斯合作签约建立“托马斯·聚德霍夫诺贝尔奖工作站”“乔治·斯穆特诺贝尔奖工作站”和“吉尔斯·帕格斯科学工作站”，致力于开发更先进的新一代癌症治疗技术产品，推进中国精准医疗创新领域的持续发展。（赵　昊）

【科技计划项目专家评审工作】　2018年11月2日，区科技局组织召开2018年度区科技计划项目会议评审，来自国防科技大学、中南大学、湖南大学、湖南师范大学及长沙理工大学相关领域的20位专家对65个申报项目进行答辩评审。评审会上，分为4个组，每一组由5位专家构成，3位技术专家，1位风险投资专家和1位财务专家。各位专家围绕项目的创新性、产品的市场前景、企业的研发能力、财务规范等方面进行审查。专家们通过听取项目申报单位的汇报、提问互动等环节，形成专家评审意见，专家意见成为区级科技计划项目立项的重要依据与参考。该次共评审区级科技项目共65个，其中，重大专项4个，重点项目54个，一般项目7个，涵盖智能智造、医药、信息技术、现代农业等多个行业。

（赵　昊）

【科技计划项目部门综合评审工作】　2018年11月9日，雨花区科技计划项目综合评审开评。该次评审由区科技局牵头组织，区纪委、区财政局、区农林水局、区卫计局、区环保局、区安监局、区经信局、区法院、区质监分局共同参与。会上各单位对已经通过专家会审的项目再一次进行联审，各相关职能部门分别从入选企业的环保、安全生产、产品质量监督、企业诚信、技术创新、税收贡献、企业发展等多个维度开展评价。2018年的科技计划项目部门综合评审新增区卫计局1个职能部门；着重从参评企业的诚信以及产品质量监督情况进行审查。

（赵　昊）

【政策宣讲培训大会】　2018年12月20日，区科技局、区统计局、区经信局、雨花经开区经济发展局联合组织召开“千人帮千企百日大行动”R&D经费统计及财税政策宣讲培训大会。全区各街（镇）工业统计负责人及科技专干、雨花区联网直报平台已填报研发经费的企业统计员、2018年新认定高新技术企业负责统计工作的主管等250余人参加培训。会上，区科技局党组书记、局长易光明做动员讲话。区政府办副主任、区“千人帮千企百日大行动”工作领导小组办公室主任黄桦则就“千人帮千企百日大行动”的意义、要求、开展情况、要达到的效果等方面做阐释。市科技局发展规划处处长曾敏解读收集研发经费投入数据的重要意义，重点回答加大研发经费投入对企业发展的诸多益处。市统计局社会处副处长邓细锋则就企业R&D经费的有关知识、具体的统计方法等方面展开系统培训，针对雨花区研发经费统计工作方面存在的问题做一一说明。湖南金科财智管理顾问集团李承勇应邀就研发经费归集及加计扣除操作实务进行授课。该次培训，让企业对“研发经费投入”有了更直观、更清晰的认识，对工作流程和要求有更深理解，提高政府服务企业的效率和针对性。

（赵　昊）

文化·体育

综　述

【概况】　雨花区文化体育新闻出版局（简称“区文体新局”）负责全区文化体育新闻出版工作。内设办公室、公共文体艺术科、文化产业科（市场科，加挂行政审批科），核定行政编制7名，其中领导职数4名（另备案1名）。正科级二级事业单位区文化市场综合执法局（参公管理），核定事业编制8名，其中领导职数2名；副科级二级事业单位文化馆，核定事业编制3名，其中领导职数1名；副科级二级事业单位公共图书馆，核定事业编制5名，其中领导职数1名；参公管理二级事业单位文物管理所，核定事业编制1名。全局有干部职工50人，其中在职干部24人，引进人才1人，雇员15人，退休10人；全局党员30人，其中在职党员24人，退休党员6人。办公地点设区政府机关大院文化中心。

2018年，区文体新局紧扣“繁荣城市文化、建设国际文化名城”和“建设财富、品质、幸福雨花”战略目标，落实意识形态责任制和《中华人民共和国公共文化服务保障法》等法律法规，统筹推进文化体育新闻出版各项工作。全区公共文化服务体系更加完善，文体实事工程惠及群众；文化艺术活动丰富多彩，原创文艺精品国家级、省级奖项；全民健身体育事业发展实现新突破；文化遗产保护完好并获传承发展；文化市场平安健康有序；文化产业持续健康发展。举办全国群众登山大会暨“健康雨花”全民健身旅游活动；原创电影剧本《半条被子》获金鸡百花奖；图书馆顺利通过国家一级馆评估；1人被提名为全国“非遗”年度人物；打造全国首家特色书院“雨花非遗书院”、　打造“非遗”全国示范基地1个、体育、“非遗”“扫黄打非”等省级示范点示范基地5个；探索体育场馆运营和文化消费试点两个“雨花模式”在全市推广；获国家级奖2个、省级奖16个、市级奖48个。各项工作被《中国文化报》《中国日报》、人民网、新华网、中国文明网等主流媒体广泛宣传报道，其中国家级报道41篇次，省级报道51篇次，市级报道66篇次。（黄靖宇）

【文体实事工程】　2018年，雨花区建成圭塘景程、圭塘雨花家园、洞井新裕、洞井南庭、跳马金屏、东塘芙蓉南路、砂子塘金科园、左家塘红花坡、同升古樟树、井湾子湘莲10个示范性社区综合文化服务中心并免费开放；推进公共图书馆中心馆—总分馆建设和农家书屋转型升级，深化免费开放，创新开展活动；投放体育实事工程项目101处（市级健身路径44套、区级健身路径11套、国民体质监测点两个、健身驿站两个、健身步道1条、乒乓球桌30台、篮球架11个），年底全部投放到位。（黄靖宇）

文　化

【文化活动】　2018年，雨花区举办“杜鹃花”艺术月暨“飞梦雨花”文化艺术节、湖南省第七届暨雨花区首届农民工春节联欢晚会、第六届湖南艺术节“三湘群星奖”初选雨花区专场、长沙市第六届公益电影放映月暨雨花区第二届万人观影活动、雨花区“送文化送电影送戏曲”进社区下乡等系列雨花文化品牌活动。开展雨花区春季、暑期（少儿）、秋季公益文化培训班，培训门类涵盖声乐、舞蹈、瑜伽、太极拳、少儿非遗体验、少儿美术、少儿口才等10余个门类。（黄靖宇）

【文艺作品创作】　2018年，雨花区扶持文艺作品创作。原创电影剧本《半条被子》获第27届金鸡百花电影节少数民族题材优秀剧本奖。原创舞蹈作品《妈妈的爱》获第六届湖南艺术节群众文化活动“三湘群星奖”省级舞蹈专场优秀奖、长沙市选拔赛舞蹈专场金奖。原创音乐作品《雨花亭》获第六届湖南艺术节群众文化活动“三湘群星奖”长沙选拔赛音乐组银奖、2018年“新时代·新长沙”原创音乐作品征集活动银奖。甄选原创优秀作品参加2018年“欢乐潇湘　品质长沙”群众美术、书法、摄影大赛、第六届湖南艺术节“三湘群星奖”省市选拔赛等各类文化艺术赛事，获省奖省展9个、市奖市展13个。（黄靖宇）

【文化市场管理】 2018年，雨花区接受文化市场政策落实和行政审批规范化全国督查（各省交叉检查）。实行“一个岗位对外”制度，履行“一次性告知制”，建立健全四级网格化管理，全年受理在线行政审批58件、行政备案5件、行政变更15件，网上在线办理各类审批件办结率100%，群众满意率100%，行政审批整体提速50%。落实商事制度改革和“多证合一”并联审批工作。开展网吧错时执法40次，130余人次参加，检查经营单位470余家次，立案调查30余起。开展“清朗暑假2018”网吧集中整治、娱乐演出市场“春雷”整治、意识形态隐患排查和“扫黄打非”“净网”“护苗”“秋风”等专项整治行动以及禁毒、扫黑除恶、“蓝天保卫战”等宣传活动，检查文化市场经营单位3000余家次，办理行政处罚案件84起，行政罚款40余万元，没收非法、违禁出版物4000余册。打造“扫黄打非”省级示范点两个，获评长沙市“扫黄打非”工作先进集体；文化执法全市第一，被推荐为“全省文化执法先进单位”。

（黄靖宇）

【文化产业发展】 2018年，雨花区制定《雨花区文化消费试点工作方案》，落实专项资金100万元，按照雨花区“文化消费惠万家”系列活动方案，开展“非遗雨花”“书香雨花”“健康雨花”和“文创雨花”等文化消费专项活动，多家媒体争相报道，惠及群众3万余人，带动区域文化消费提质升级，文化消费试点“雨花模式”在全市推广，获评长沙市“国家文化消费试点工作先进单位”。56家文化单位参与长沙市国家文化消费试点合作单位的申报工作，其中36家成功入选，20家文化单位获市“十大品牌”“十大创意”“十大地标”“十大节会”、先进单位等奖项；8家文化企业获区文化消费先进单位奖；参与完成2017年度区域产业发展政策兑现审核工作，4家新建文体场馆获区扶持经费10万元。4月27日，雨花区新增湖南德思勤书店有限公司等16家单位成为第二批国家文化消费试点合作单位。会同区委宣传部文产办全力推进湖南广电黄土岭院项目和雨花“非遗”民俗艺术特色街区建设，省文化厅、市委宣传部分别授牌雨花非遗馆“湖南省非物质文化遗产展示基地”“长沙市文化产业示范基地”。全年引进高度教育等3家限上文化企业。

（黄靖宇）

【全民阅读】 2018年，雨花区推进“书香雨花”建设，出台《关于深入开展全民阅读活动，加快推进“书香雨花”建设的实施意见》，科学布点阵地建设，新增丰园、浦沅两个自助图书馆；新增雅塘分馆、丰园自助馆、浦沅自助馆、南庭分馆、雨花非遗书院分馆5家图书分馆；新建区人大阅读花园1处机关阅读花园，重点打造国内首家非遗主题书院——“雨花非遗书院”，集非遗产学研于一体，共有区级中心馆1家、总分馆9家、自助图书馆2家、特色书屋1家、机关阅读花园3家、公园阅读花园1家，雨花区“1+13+X”全民阅读推广服务体系基本形成。“和+”共享图书馆、止间书店、德思勤24小时书店、悦阅书店、悦道书店等社会书店汇入。以“书香雨花”读书节系列活动为载体，结合春节等传统节日和世界读书日、母亲节、儿童节等主题，开展“我们的中国梦—文化进万家”猜灯谜到图书馆、法律法规新政科普宣传、“世界读书日”、“亲子阅读，在书中与心灵相会”阅读推广、“书海导读”新书推荐（12期）、图书漂流（4次）、“书香校园”快乐阅读日（34场）等系列全民阅读活动；组织开展亲子插花沙龙、“书香雨花——阅读伴成长·快乐度暑假”儿童数字阅读体验、“我是小小管理员”暑假社会实践等活动；“和+”共享图书馆、止间书店、德思勤24小时书店、悦阅书店、悦道书店等社会书店共同参与开展全民阅读活动。（黄靖宇）

【文物保护】 2018年，区文管所开展文物安全巡查180余次，检查文物单位400余处；与辖区内有文物点的街道（镇）分别签订文物保护责任书；完成张文忠墓迁移工作；完成2018年雨花区不可移动文物巡护员培训；完成第八批全国重点文物保护单位、第十批省级文物保护单位申报材料上报；完成《石马铺陕西忠义官弁兵夫合墓展示利用内容大纲》《茶林塘粮仓历史文化调查及展示利用建议》《白果桥历史文化调查及展示利用建议》《长沙石马铺文化主题公园内容设计》4个文物调研项目；启动石马铺陕西忠义官弁兵夫合墓修缮工程；启动白果桥修缮工作。区文体新局联合长沙县文物局、长沙市开福区文体新局开展文物安全交叉检查，分别检查长沙县陶公庙、黄兴故居、徐特立故居、雨花区左宗棠墓、明王室墓群、开福区开福寺、湖南自修大学旧址等文物点。

（黄靖宇）

【“非遗”传承】 2018年，雨花非遗馆入驻非遗项目359个、传承人200余名，3个非遗项目入选区级名录。开设雨花非遗书院、非遗夜市，组织开展“我们的中国梦·非遗闹元宵”暨第二届“飞梦雨花”文化艺术节启动仪式、2018雨花区“非遗雨花”消费季活动启动式、弘扬中华优秀传统文化·传承特色民族技艺——2018年雨花区“非遗进校园”主题活动启动仪式、“多彩非遗　美好生活”——2018年湖南省“文化和自然遗产日”主场活动启动式暨长沙雨花非遗展演周活动、“新时代·新生活·新传承”——2018长沙市文化和自然遗产日暨雨花非遗展演周活动、“我们的节日·中秋”——雨花非遗夜市启幕暨雨花非遗书院揭牌活动、2018年湖南长沙西藏山南文化交流等活动。雨花非遗馆挂牌“全国中小学生研学实践教育基地”“湖南省中小学生社会实践基地和研学旅行基地”“长沙市最具特色休闲旅游街区”；洞井龙舞项目获评2018—2020年度“湖南民间文化艺术之乡”；雨花非遗馆郭存勇被提名全国“非遗”年度人物。（黄靖宇）

【雨花“非遗”春晚】 2018年1月19日，雨花非遗馆举办“非遗”春晚，“非遗”传承人、手艺人、热爱传统文化参与。湖南雨花非遗馆创始人郭存勇和馆长邓运姣现场颁发奖金两万元，表彰瓷刻大师刘金铎的代表作《泳坛之花》再度获得金奖。1月25日，雨花非遗馆举办2018“我们的节日　传承人春晚”。晚会上演各种形式的节目，活动现场特为非遗传承人、馆内优秀商户和员工颁发奖状和奖金。宝庆瓷刻传承人刘金铎、堆字牌匾技艺传承人刘上四等近 20 位非遗实践者获奖。

（黄靖宇）

【雨花非遗展演周】 2018 年 6 月 2 日，“多彩非遗·美好生活”2018 年湖南省“文化和自然遗产日”宣传展示系列主场活动暨雨花“非遗”展演周在雨花区“非遗”民俗艺术特色街区启动，拉开全省“非遗”展演展示系列活动的序幕。活动包括启动仪式、“非遗”展览展示、“非遗”论坛、“非遗”体验等板块，现场汇集全省 14 个市州的 60 余个经典“非遗”项目，观众逛湘展、尝湘味、看湘戏、承湘俗。雨花“非遗”展演周有传统的“非遗”歌舞表演，有“抖转新遗”专题讲座、“当青春遇见非遗”创意“非遗”作品展和“非遗该不该潮”非遗辩论赛。市民可逛“陶先生约会瓷女士”陶瓷精品展，近距离欣赏醴陵釉下彩、宝庆瓷刻和长沙铜官窑；可带上传家陶瓷让专家现场鉴宝；可参加“万人品非遗美食”活动，一站吃遍 14 个市州的非遗美食。

（黄靖宇）

【“雨花非遗书院”揭牌】 2018 年 9 月 20 日，区公共图书馆重点打造的国内首家非遗主题书院——“雨花非遗书院”在雨花非遗馆揭牌。揭幕仪式上，雨花非遗书院举办猜谜大会和月饼 DIY 分享会，在书院的中厅演绎区上演“我们的节日——中秋”主题音乐诗歌会。雨花非遗书院占地 600 余平方米，配备开放式阅览坐席 100 余个，每天 9 时至 21 时向读者免费开放。其中，综合阅览室 406 平方米，藏书 3 万余册，设有湖湘文化区、非遗图书区、非遗体验区、非遗演绎区、少儿阅读区、畅销书籍区、精品文创区、休闲娱乐区等，提供开架阅读、书籍外借、参考咨询、文献检索等服务，并实现全市通借通还。中厅演绎区 200 平方米，定期开展非遗讲座、非遗展示，播放非遗电影、演出非遗戏剧等。作为国内首家非遗主题书屋，雨花非遗书院集非遗产学研于一体，下设产业研究部、研发设计部、拓展服务部，以及非遗研学中心 1 个、非遗传承基地 8 所、非遗体验基地 30 个。书院提供日常免费开放之外，致力于探索“书院 + 教育”“书院 + 创新”“书院 + 研学”“书院 + 文创”等多元发展模式，定期开展湖湘文化（长沙故事）讲座、非遗书院大课堂、传统工艺公益体验等，让老百姓从书院中更多地了解非遗文化。

（黄靖宇）

【雨花非遗夜市】 2018 年 9 月 20 日，“我们的节日·中秋”——雨花非遗夜市启幕仪式在雨花非遗馆东广场举行，标志着全国首个“非遗夜市”开幕，同时发布雨花非遗馆吉祥物“小飞非”和“天下非遗聚雨花”主题曲。雨花非遗夜市是长沙市唯一一家大型非遗文化街区，设有非遗美食、非遗舞台、非遗驿站、非遗文创、非遗体验基地等板块。非遗舞台遴选湘剧、花鼓戏、皮影、弹词、丝弦、山歌、快板、歌舞、杂技等 14 个市州的“非遗”项目，每天下午、晚上各安排一场演出。非遗驿站以小木屋为驻点，邀请 14 个市州代表性非遗项目传承人长期入驻，现场展示、展演非遗。非遗文创空间，牵线专业文创团队与非遗传承人，让非遗和文创有效融合；非遗体验基地，开设非遗体验课程，由非遗传承人现场传承非遗技艺。雨花非遗夜市试营业时间为 18:00 至 22:30，统一着装、统一桌椅、统一摊位、统一餐车、统一开闭市时间、统一服务人员上岗证、统一环卫设施和统一照明设施等，重点加强场地、食品、摊位的卫生监管。

（黄靖宇）

【雨花非遗馆冬至非遗庙会】 2018 年 12 月 22 日，2018 年雨花非遗馆冬至非遗庙会举办。在雨花非遗书院，有“国学传承，尊师重教”古装古礼古课体验；有苗鼓、太极、古筝、猜词互动等民俗节目，六艺、滩头年画、扎染、剪纸、香道、长沙铜官窑、木工等非遗体验项目，臭豆腐、肉夹馍、甜酒、炕土豆等传统美食。雨花非遗馆东广场设有 VR 互动体验专区，这是 VR 嘉年华首次入驻冬至非遗庙会。

（黄靖宇）

【雨花区七送活动】 2018 年 2 月 5 日，“我们的中国梦·文化进万家”——雨花区“送春联、送灯谜、送日历、送演出、送非遗、送法律、送健康”七送活动启动式在洞井街道丰园社区中心文化广场举行。该活动由区委宣传部、区文明办、区文体新局主办，洞井街道、区公共图书馆、区文化馆承办，13 个街道（镇）文化站、雨花非遗馆、长沙市歌舞剧团协办，洞井街道丰园社区具体执行。区政府副区长易静出席活动，区文体新局全体机关干部、各街镇分管文化副职、文化站长、洞井街道党政班子成员及各社区负责人、雨花区书法家协会代表、

2018 年 10 月 11 日，雨花区文体新局安全生产工作会议 （黄靖宇／摄）

长沙市歌舞剧院的表演者、雨花非遗传承人代表、媒体代表及丰园社区居民1000余人参加活动。主会场设四个活动区，演艺区由市歌舞剧院专场演出，内容包括歌舞、器乐、戏曲等；年味区有书法名家、社区书法爱好者、剪纸艺术家为居民义务写春联，剪窗花；为居民展示春节传统习俗，体验磨豆腐、打年糕、包饺子、炸臭干子等民俗活动；在灯谜区，社区居民可自由选择灯谜，猜中者可获奖品；宣传区的宣传展板依次排开，以一图读懂的形式简明扼要宣传文化体育新闻宣传工作相关法律、法规、新政。

（黄靖宇）

【农民工春节联欢晚会】 2018年2月8日，湖南省第七届暨雨花区首届农民工春节联欢晚会在长沙市实验剧场举行。雨花区农民工代表、环卫工代表、文化志愿者服务队代表、他乡美俱乐部代表、新市民代表等在现场观看晚会。晚会由省文化厅、省就业和农民工工作领导小组办公室指导；省文化厅文化志愿服务总队、市文明办、市文广新局、区委、区政府联合主办；区委组织部、区委宣传部、长沙市群众艺术馆、区文明办、区人社局、区文体新局、省文化厅文化志愿服务总队务工文化分队联合承办。节目均由农民工兄弟姐妹自编自创自演，包括《山里来了扶贫人》《想在雨花安个家》等的节目。活动开展给农民工提供一个展示自我的平台，为他们带来精神文化大餐。（黄靖宇）

【第二届“飞梦雨花”文化艺术节】 2018年3月2日，2018年“我们的中国梦·非遗闹元宵”暨第二届“飞梦雨花”文化艺术节在雨花非遗馆东广场开幕，现场上演踩高跷、划旱船、大头娃娃、蚌壳精、洞井舞龙等民俗节目；设置一条200米的灯谜长廊；雨花非遗馆竹编、棕编、蜡染、剪纸、造纸等非遗项目免费开放；浏阳油饼、冰糖葫芦、沩山擂茶、长沙臭豆腐等各类小吃的制作和试吃。区公共文化事业管理领导小组对2017年雨花区优秀群众文艺团队、文艺精品、文艺人才、民营文化服务机构予以表彰。其中，《快乐的乘务员》获2017年长沙市百姓大舞台总决赛金奖，《绿色的约定》获2017年长沙市“新人新歌”大赛金奖。5月24日，雨花区“文化消费惠万家”暨第二届“飞梦雨花”文化艺术节“送戏曲、送电影”进社区活动启动仪式在雨花非遗馆中厅举行。（黄靖宇）

【雨花区“三湘群星奖”甄选活动】 2018年6月21—22日，第六届湖南艺术节“三湘群星奖”初选雨花区专场（海选）在雨花大会堂举行。各街道（镇）文化站初赛选送的49个文艺节目轮番上场竞演，有戏曲、声乐、舞蹈、器乐、情景歌剧等表演形式。经过角逐，有14个节目晋级区级决赛。7月7日，第六届湖南艺术节“三湘群星奖”初选雨花区专场（复赛）活动在湖南税务高等专科学校弘学楼举行。活动评审团由7位省内业界专家组成，区纪委、区委宣传部相关负责人组成监督组进行全程监督，比赛顺序由抽签决定，从区级海选胜出的14个精彩节目再次激烈角逐，评出金奖1名、银奖2名、铜奖3名、优秀奖7名，并从获奖作品中甄选精品节目参加市级决赛。

（黄靖宇）

【美术、书法、摄影作品展】 2018年，雨花区举办纪念改革开放40周年暨2018年“欢乐潇湘　品质长沙”雨花区美术、书法、摄影作品展。活动持续近两个月，征集到原创作品300余幅。经过雨花区美术家协会、雨花区书法家协会、雨花区摄影家协会专家的集中选评，从所有作品中甄选出美术、书法、摄影三个品类130幅原创优秀作品，8月1—9日，优秀作品在雨花区文化活动中心一楼展厅展出举行。接待参展群众3000余人次。

（黄靖宇）

【“世界读书日”系列活动】 2018年4月21—23日，雨花区公共图书馆与德思勤24小时书店联合举办“世界读书日”系列活动，包括新书签售及分享、“漂流书”活动等，为读书人、爱书人提供闲置书交流平台。4月22日，区文明委举办“蓝天小卫士”暨“我是文明小读者”活动，500余名小小志愿者将白菜叶、西瓜皮装进注水的罐子，掺入红糖，生成酵素，在活动现场用酵素换取环保书籍。孩子们在操场上摆起“跳蚤书市”，再利用旧文具旧书籍。井湾子街道开展“图书漂流瓶活动”，居民携带正版八成新书籍到街道图书馆分享与传播，就能带走一盆绿萝。德馨园社区开展“不负春光，‘阅’来越好”阅读活动，亲子导师罗清秀带头分享阅读感悟。现场开辟“在世界读书日遇见另一个自己”图书角。雨花辖区部分社区相互签订合作协议，约定定期交换图书资源，开展读书交流会，实现资源共享、好书共读、以书会友的目的。推出“书香雨花”品牌，在微信公众号、区政务网发出阅读倡议，区文明委定期开展优秀读书心得评选和“我最喜爱的一本书”年度好书推荐等活动。4月23日，“长南·爱心服务区提质改造暨2018世界读书日特别活动鱼书计划·阅读书屋启动仪式”在长沙火车南站举行。湖南新华书店集团旗下的湖南图书城在长沙火车南站候车厅内设立鱼书计划·阅读书屋，占地300平方米，陈列图书近万册，供旅客免费阅读，阅读书屋内设有旅客休闲区、阅读区、儿童阅读区、母婴室等区域。通过提供免费阅读场地以及开展各类图书阅读分享等活动方式，回归阅读本体，以书为媒，倡导全民阅读，共建书香高铁。（黄靖宇）

【猜灯谜活动】 2018年3月1—3日，雨花区公共图书馆开展“我们的中国梦—文化进万家”猜灯谜到图书馆活动。区图书馆将1500条灯谜赠送给5个图书馆分馆及部分街道，将传统文化送进街道社区图书馆，为居民提供相互交流的平台，宣传各项文化法律等知识，让居民群众感受到民族文化的博大精深，体会到传统文化的魅力。

（黄靖宇）

【自助图书馆开放】 2018年，雨花区公共图书馆向社区延伸，推出“24小时自助图书馆”，集数字化、智能化、人性化为一体，实行“平等、开放、免费”的公共图书馆服务理念。5月16日，雨花区首个自助图书馆——洞井街道丰园自助图书馆开放，馆内上架文学、经济、科学、生活等各类图书2000余册，配备自助借还系统、自助办证系统、智能安全检测系统、智能环境控制及监控系统等专业设备，读者在门口刷卡机上刷读二代身份证即可入馆自助阅读、办证、借书、续借、还书和下载电子图书。7月23日，东塘街道浦沅社区浦沅自助图书馆开放。

（黄靖宇）

【“和+”共享图书馆开放】 2018年7月1日，雨花区政府投资建造、中烟公司捐赠开放经费、益友公益促进会具体运营，三方共同打造的“和+”共享图书馆，以“空馆集书”的方式，在羽燕湖畔面向社会开放，通过共享一本有温度的书传递公益、环保和阅读的美好生活理念。“和+”共享图书馆倡导图书共享、全民阅读、共同参与，将打造成集阅读、培训、展览、举办论坛等多功能于一体的综合性图书馆，市民可在此免费阅读休闲。（黄靖宇）

【执法案卷制作培训】 2018年1月18日，区文化市场综合执法局在文化中心电子阅览室组织开展案卷制作培训，通报市、区法制办、市执法局2017年度卷评审情况，学习文化部《文化市场综合行政执法案卷评查办法（试行）》，讨论交流案卷制作过程中存在的“卷内目录填写不规范”“未使用统一规范的封面”“未使用规范文书”“立案呈批缺少程序立案依据”4类共性问题以及“案由表述不准确”“处罚决定书未引用法律原文”等个性问题，剖析送审的5本案卷，查找存在问题的原因，学习兄弟单位案卷，并就案卷办理过程中应注意的事项进行重点说明。（黄靖宇）

【娱乐印刷行业培训】 2018年6月6日，雨花区娱乐印刷行业安全生产、文明创建、意识形态工作培训在区会议中心中型会议室举行。该次培训旨在吸取湖南金鹰卡通影视有限公司录制场地幻影片场火灾事故教训，落实省、市、区有关安全生产要求，强化经营业主法规意识及安全生产主体责任。培训邀请湖南省协成培训学校教员进行消防安全管理、防火、灭火以及逃生方法技巧等内容的授课。（黄靖宇）

【文物安全巡护员培训】 2018年7月20日，区文体新局在原中冶长天办公楼（雨花区一般不可移动文物），组织相关街道开展2018年度文物安全巡护员培训。区文体新局党组书记、副局长程献强调文物保护安全工作要做到“一坚持三突出”（即坚持日常巡查，突出重点时期、重点时段和重点单位），指出雨花区文物巡护员工作中存在职责不清、情况报告不及时、巡查记录填写不够规范等问题，提出加强能力建设，加强制度执行和加强督查考核的要求。市文物局安全科唐今跃分析文物安全形势，讲解文物安全隐患的主要表现形式，提出文物安全工作的重点，对巡护员安全巡查的内容提出要求。区文管所所长靳文学习文物安全法律法规和文物安全应急预案。湖南省人人居安消防培训的教官向巡护员演示消防器材的使用，以现场教学的方式对中冶长天办公楼讲解消防安全检查知识。（黄靖宇）

【白果桥修缮工作】 2018年6月下旬，雨花区组织专家召开白果桥修缮工程勘察设计方案专家论证会，启动白果桥修缮工程。白果桥（文物编号：430121—0025）位于雨花区跳马镇白竹村白果树组，为雨花区县级不可移动文物保护单位。2017年跳马镇内涝，白果桥出现损毁。2018年初，将白果桥修缮工程上报区长办公议并获批准。

（黄靖宇）

【陕西忠义官弁兵夫合墓修缮】 陕西忠义官弁兵夫合墓修缮工程位于雨花区雅塘片区，项目招标控制价为1661568.32元，项目建设单位（比选人）为区园林局。2018年4—8月，陕西忠义官弁兵夫合墓经历周边环境清理、修缮工程设计方案审批、专家评审等一系列程序。8月，陕西忠义官弁兵夫合墓修缮工程完成施工，进入竣工验收阶段。（黄靖宇）

【张文忠墓迁移工作】 2015年，雨花区雅塘片区综合改造项目被列入长沙市重点工程建设计划，回民墓需整体迁移至开福区汉回村回民公墓，张文忠墓处于该改造项目范围内。为确保文物安全，维护民族团结，区文体新局对张文忠墓进行调查研究，并多次到株洲征求张文忠家属和株洲伊斯兰教协会的意见，2017年11月组织相关专家召开张文忠墓迁移方案专家论证会，修改完善迁移方案。2018年1月，迁移方案公示，公示期限内无任何单位或个人提出不同意见。8月，雨花区完成与开福区的对接，将雨花区一般不可移动文物张文忠墓迁移至开福区。

（黄靖宇）

【雨花区第二届万人观影活动】 2018年10月26日，长沙市第六届公益电影放映月暨雨花区第二届万人观影活动启动仪式在保利国际影城喜盈门店举行。区道德模范和家庭代表、优秀志愿者代表、区文体系统干部职工代表、基层文化工作者代表、特殊家庭人员代表等参加活动。活动现场播放公益电影《追鹰日记》，拉开“十万群众进影厅”“优秀影片展映”“特定人群优惠观影”“优惠观看同步商业片”“优秀国外影片展映活动”“提质改造公益电影室内数字固定放映点”等八大电影惠民活动序幕。雨花区采取“影院让利、政府补贴、十元观影”的方式让居民可以同步优惠观看商业片电影，为群众准备公益电影卡券。

（黄靖宇）

【“书香雨花”读书节十年庆典活动】 2018年12月27日，“我们的中国梦湖湘文化进万家”之“阅读点亮梦想·书香滋养雨花”——2018年雨花区“书香雨花”读书节十年庆典在雨花非遗书院演绎中厅举行。活动旨在加快落实打造书香城市、构建现代公共文化服务体系的系列部署和要求，全面推进全民阅读活动。全国中小学舞龙舞狮教育示范学校、湖南省非物质文化遗产基地——明德洞井中学表演龙舞；“书香雨花”视频展示雨花区近10年来推动全民阅读工作所做的尝试及取得的成果；一批年度“书香雨花”先进单位和家庭获颁荣誉证书。活动向区辖22个社区图书室赠送精品图书1.1

万册，启动免费借阅流通活动。区公共图书馆、“和+”共享图书馆、宋旦汉字艺术博物馆、德思勤24小时书店等设立分会场，同步推出系列主题阅读活动。（黄靖宇）

体　育

【概况】 2018年，雨花区组织开展“雨花区首届健康湖南全民运动会”；承办2018年全国群众登山健身大会(湖南雨花站)暨首届“健康雨花”全民健身旅游节；举办“歌唱社会主义核心价值观”全民健身广场舞大赛(海选赛)、“全民健身知识大讲堂暨雨花区全民健身知识大赛”；组队参加长沙市第九届老年人运动会、长沙市“公仆杯”篮球赛、长沙市“羽协杯”羽毛球赛；参加长沙市全民健身广场舞大赛获金奖；参加市体育局举办的游泳教学赛、滑雪教学赛。暑期政府购买服务向中小学生免费开放游泳馆，提供足球、篮球、羽毛球、乒乓球等免费培训，惠及3万余人。参加“全民运动健身模范城市”创建，探索出全民健身场馆建设与运营的“雨花新模式”在全市推广，东山全民健身中心挂牌“湖南省全民健身示范基地”。（黄靖宇）

【暑期免费开放及培训项目开展】 2018年7—8月，雨花区开展政府购买服务向中小学生免费开放游泳场馆和培训项目工作，向中小学生开放3家游泳馆以及篮球、足球、羽毛球、乒乓球等多个项目的免费培训，40天接待中小学生26650余人次。区直部门、街道、社区联动，定期和不定期对开放场馆进行安全检查和督查，开放期间未出现一起安全事故。8月6—20日，暑期青少年篮球公益培训班在区政府篮球场举办。（黄靖宇）

【全民健身广场舞大赛】 2018年9月10日，雨花区“歌唱社会主义核心价值观”全民健身广场舞大赛复赛在雨花非遗馆东广场举行。15支参赛队伍及观众共3000余人，参与活动。雨花区通过“歌唱社会主义核心价值观”全民健身广场舞大赛，展示中华人民共和国成立69周年和改革开放40周年以来的伟大成就。大赛分初赛、复赛两部分，经过三个多月的宣传、全区发动和筹备，从全区各单位队伍中海选遴选出15支队伍参加区级复赛。大赛设特别奖1名、一等奖2名、二等奖3名、三等奖4名、优秀组织奖6名。全场齐唱雨花区原创歌曲《歌唱社会主义核心价值观》。广场舞大赛上演开场舞《中国美》，承载中华民族伟大复兴梦想的《我们的中国梦》《中国梦世界梦》，表现人民对党、对祖国深情感恩的《再唱山歌给党听》《我和我的祖国》，展现中华人民共和国成立69周年、改革开放40周年伟大成就的《美丽中国》《厉害了我的国》等，同升街道群星艺术团《刘大娘笑呵呵》获得冠军。（黄靖宇）

2018年11月，首届“健康湖南”全民运动会羽毛球赛调度会　（黄靖宇／摄）

【首届“健康雨花”全民健身旅游节】 2018年9月15日，2018年全国群众登山健身大会(湖南雨花站)暨首届“健康雨花”全民健身旅游节在这里启动。“群众登山组”和“体育旅游组”共2000余名运动爱好者参与活动。选手完成相应挑战或体验后，可获得由组委会颁发的荣誉证书和纪念奖品。该次活动由中国登山协会、省体育局主办，省登山运动协会、市体育局、区政府承办。这是该项全国性登山项目首次落户长沙城区。雨花区首届全民健身旅游节从9月15日持续到10月底，相继推出包括篮球、羽毛球在内的17个参与度高、普及性强的经典运动项目，以及欢乐泼水节、激情空中漂流、千人水枪大战、全民嬉水运动会、啤酒主题晚会、休闲农庄游等20多个主题活动。该次登山健身大会选址在石燕湖生态公园内的全省首条绿心负氧离子步道，步道总长10千米，包括环湖、登山步道和骑行道，是全省首条位于长株潭绿心，最长的环湖林荫步道。9月15日，首届“健康湖南”全民运动会大力士选拔赛(长沙站)暨雨花区全民健身旅游节之“百城康祺杯”大力士比赛在长沙石燕湖民族歌舞广场举行。该次比赛分为男子组、女子组，65名参赛选手。设100千克硬拉、卧推、105千克翻轮胎、100千克推雪橇、40千克抱球过肩、500千克狂暴搬运6个比赛项目。经过4小时的比拼，男子组、女子组分别角逐出一、二、三等奖。出席领导为获奖选手颁发奖励证书及奖品。（黄靖宇）

【雨花区首届“健康湖南”全民运动会】 2018年11月2日，2018首届“健康湖南”全民运动会雨花分场开幕式在东山全民健身中心举行。活动涵盖篮球、羽毛球、乒乓球3个比赛项目，有100支代表队参与。全体裁判员秉承“严肃、准确、公平、公正”的原则，营造公平有序的竞赛环境。运动会胜出的运动员有机会参加市级选拔赛和全省总决赛。11月10日，雨花区首届“健康湖南”全民运动会篮球比赛闭幕。区法院篮球队经过4轮6场的赛事，在39支参赛队伍中脱颖而出，获得全区第一名的成绩。（黄靖宇）

医疗卫生

卫生行政

【概况】 雨花区卫生和计划生育局（简称“区卫计局”）为区政府直属正科级全额拨款行政单位，负责全区医改、医政、卫生监督、疾病预防控制、妇幼保健、中医药、卫生和计划生育宣传、健康教育、基层卫生、红十字会等业务工作的管理、指导。区卫计局内设办公室、规划与信息科、医政医管科（行政审批科）、公共卫生科（区卫生应急办公室）、基层卫生科及中医药管理科、计划生育基层指导科、计划生育家庭发展科、流动人口服务管理科，生育协会、区红十字会办公室。下设区健康促进中心、区卫生和计划生育局会计核算中心、区疾病预防控制中心、区卫生计生综合监督执法局、区妇幼保健计划生育服务中心。管理11个街道社区卫生服务中心（其中圭塘、井湾子、左家塘、侯家塘4个中心为民办中心）、1个乡镇中心卫生院。辖区有三级医院5家，二级医院14家，一级医院36家，社区卫生服务站58家，村卫生室45家，门诊部180家，诊所141家，医务室44家。辖区范围内注册卫生技术人员18333人，其中区内发证机构注册执业（助理）医师2718人，注册护士2829人。区卫计局机关行政编制16名，其中领导职数4名。机关后勤服务编制1名。有干部职工42人，其中在职在编32人（含红十字会）、青年引进人才1人、政府雇员9人。局班子成员11人（含两名政府督办员）。局机关离退休人员19人、黄兴医院离退休人员132人。党员257人，其中在职党员168人。全区有13个街道（镇）卫计办、173名社区（村）卫计专干、139名流动人口协管员。

2018年，区卫计局完成新设医疗机构设置审批36家、到期换发《医疗机构执业许可证》104家、完成医疗机构年度校验420家；发放“放射诊疗许可证”10本、“母婴保健执业许可证”10家、“母婴保健技术合格证”55人次、办理执业（助理）医师注册登记2283人（含变更注册）；护士注册登记4457人（含变更注册和延续注册）。成功创建为全国健康促进示范区、国家级妇幼健康优质服务示范区、全国流动人口基本公共卫生计生服务均等化示范区、全国流动人口动态监测调查优秀单位。雨花区在全国健康促进县区经验交流会上做典型发言。

（曹利辉）

【中医药管理】 2018年，雨花区成功创建为湖南省基层中医药工作先进单位。邹济南等4名老中医成为长沙市第二批中医药专家经验传承工作指导老师，遴选徐玉斌等5位继承人，签订师承协议，顺利通过市卫计委组织的2018年师承工作考核。落实中医备案诊所“宽进严管”政策，备案中医诊所26家。将中医药内容融入家庭医生签约服务，组织各基层医疗卫生机构家庭医生团队成员，开展各类中医药培训21次，培训1480余人次。开展中医药确有专长报考、初级审核，接受93名考生报名，采用第三方电话调查方式进行考生信息核查，严把考生资格审核关。

（曹利辉）

【基层医疗卫生管理】 2018年，雨花区规范基层医疗卫生机构基本公卫服务，省级考核排名第六。以市人大、政协调研为契机，反映基层医疗卫生机构工作中的困难和问题，缓解基层人才引进难、稳定难，基层卫生配套政策支持力度不足等问题。将基本公卫服务纳入机构校验督查项目，限期整改校验中发现的问题；疾控、妇幼等公共卫生机构加强对基层医疗卫生机构从业人员的培训和督导。洞井街道社区卫生服务中心办公大楼投入使用。引入社会资本举办黎托、同升街道社区卫生服务中心，民办黎托街道社区卫生服务中心运营。全区建立家庭医生团队134个，家庭医生社区工作室20个，签约居民25.56万人，常住人口签约率30.98%；0—6岁儿童、65岁以上老年人等重点人群21.67万人，签约13.29万人，签约率61.35%。农村建档立卡贫困人口签约1234人，签约率100%。

（曹利辉）

【流动人口服务】 2018年，雨花区依托卫计联手医疗架构，创新惠民服务体系，为全区流动人口提供生殖健康保健、优生优育、孕情保健以及法律援助、子女入托入学、社会救助等各项服务。开展流动人口均等化示服务范创建工作，6月，雨花区成功创建为全国流动人口基本公共卫生计生均等化示范区；9月，雨花区嘉盛物业服务有限公司和圭塘小学被评为全国流动人口健康促进示范企业和示范学校。开展春节期间“把健康带回家”流动人口关怀关爱专项行动，在宣传教育、卫计均等服务、健康促进、帮扶救助、信息采集、数据清理等方面加大工作力度。与衡阳蒸湘区、湘潭雨湖区等地开展区域协作，协同为流动人口办理一、二孩服务登记，落实免费技术服务，生殖健康服务，健康教育，比对流动人口数据等。完成流动人口动态监测工作，区卫计局被评为全国流动人口动态监测优秀单位。（曹利辉）

【基层指导】 2018年，区卫计局加强人口信息化建设，在全区建立计生队伍“四级工作网络”；强化技能培训，采取集中培训与分级、分类培训相结合的方式，组织信息化应用、计生统计、流管等业务知识集中培训10次。优化网上办事流程，规范各级计生依法行政窗口建设，截至9月30日，完成2018年度一孩服务证登记4452本、二孩生育服务证登记5391本、再生育服务证审批184本。审核各级文明社区创建、干部提拔任用、评优评先等各类资格单位589个、个人1910人次。（曹利辉）

【基本药物制度】 2018年，区卫计局落实财政补助，确保基层医疗卫生机构正常运转，实行实际销售补助和经费定额补助。推动基本药物制度全面落实，开展专项督查，促进基层医疗机构合理用药。规范药品采购，完善基本药物购销流程，制定基本药物配送企业遴选制度，严格实行基本药物配送企业遴选，组织专家对参与遴选的药品配送企业资质进行严格的审核，由区纪委、区人社局、区财政局全程参与遴选会的监督和指导，遴选配送企业7家。集中网上采购，严格执行两票制。强化基层培训，促进基本药物合理使用。加强宣传引导，提高群众对基本药物的认知度。6个政府办社区卫生服务中心和跳马镇中心卫生院门诊人次49.8万人次，较2017年上涨17.09%。（曹利辉）

【计划生育】 2018年，雨花区推进计划生育基层群众自治示范创建工作，创建1个省级1个市级基层群众自治先进街道，2个省级6个市级基层群众自治先进社区，成功申报高桥省级流动人口计生协会示范点；为7万余独生子女家庭购买计生系列保险102万元，理赔43.6万元；为计生特殊家庭209人发放住院护理补贴26.4万元；围绕“5·29”协会活动周、“7·11”世界人口日及各种传统节日，组织动员各级计生协会和广大会员开展形式多样的群众活动，对计生困难家庭进行走访慰问。整合民政、人社、住建、教育等职能部门为计生特殊家庭提供政策咨询、社会救助、家政对接等多项帮扶服务，奖扶工作准确率100%，惠及23084人，帮扶资金2426.2万余元。雨花区户籍的失独家庭居民，在区内各街道社区卫生服务中心（跳马镇卫生院）门诊就诊或住院治疗，由区财政出资给予每人每年累计1000元的专项定点医疗补助。发挥辖区“孙建华志愿者联盟”、“同心工作站”、爱心企业、志愿组织等社会资源，开展系列亲情帮扶活动，引导社会力量关爱帮扶特殊家庭。（曹利辉）

【红十字会工作】 2018年，雨花区开展救灾、救助、救护工作，下发各级红十字会救助款物约16.55万元，71个社区1830名困难群众受益。强化应急救护培训，提高居民自救互救能力，开展初级救护员培训206名，红十字CPR+AED培训165名；开展应急避险、救护知识普及培训活动290余场、培训2.4万余人。推进无偿献血、造血干细胞及遗体捐献工作，无偿献血4614人次，10余名自愿者进行遗体器官捐献登记；注册志愿者400余名，参加健康咨询、义诊和各项便民利民助民的社工服务活动。（曹利辉）

【全区卫生计生工作大会】 2018年3月7日，全区卫生计生工作大会召开。副区长刘江红简要介绍2017年卫生计生工作取得的成绩，要求全区卫计系统全面落实卫计惠民工程，实施“居民健康百千万行动”，做实家庭医生签约服务，加大失独家庭帮扶力度，精准实施健康扶贫工程；全面打造健康雨花品牌，提升慢性疾病防控、医疗卫生服务、公共卫生监管、中医药服务、基层医疗卫生机构硬件建设等工作；全面提升卫计服务效能；重点做好全国流动人口均等化示范区、国家慢病防控示范区、湖南省卫计综合监督执法示范区创建工作。会议通报2017年度卫生计生工作奖惩情况，优秀基层单位代表上台发言分享经验，区计生综治部门、各街道负责人递交“雨花区2018年度计划生育目标管理责任书”。市卫计委党委副书记、副主任王新良要求，雨花区卫计工作要突出重点，加强基层医疗服务能力建设；推进医改，把家庭医生各项服务、医联体建设落到实处；预防为主，加强公共卫生、疾病防控、妇幼健康、计生管理服务工作。（曹利辉）

【传染病防控和卫生应急工作会议】 2018年2月1日，雨花区召开2018年冬春季传染病防控和卫生应急工作会议。会议由区卫计局局长周宏伟主持。会议通报传染病防控疫情分析报告，安排防病和卫生应急工作。区政府副区长易静强调工，要强化责任意识，及早安排部署；要落实综合措施，抓好疫情防控；要做好应急准备，加强安全防范；要抓好应急值守，及时报告信息。（曹利辉）

【春夏季防病工作部署会】 2018年4月23日，雨花区突发公共卫生事件应急处置和防病工作领导小组组织召开春夏季防病工作暨结核病防控工作部署会。区直相关部门、各街道（镇）分管副职、各社区卫生服务中心（卫生院）主要负责人、长沙市中心医院及辖区各大、中专院校、高中分管校领导等共76人参加会议。区疾控中心对全区2018年一季度传染病疫情及突发公共卫生事件进行通报与分析。区卫计局传达全市结核病防控紧急会议精神并就全区疾病防控工作进行安排部署。区政府副区长刘江红从思想意识、联动协作、监督执法、日常管理、

防控处置和舆论引导六个方面进行工作强调。（曹利辉）

【危重症孕产妇评审及母婴安全工作会议】 2018年12月17日，由雨花区妇幼保健计划生育服务中心主办，省脑科医院承办的2018年全区危重症孕产妇评审及保障母婴安全会议在省脑科医院会议室召开。会议由区妇幼保健计划生育服务中心主任尹平主持。评审采取主管医师介绍相关病例诊治情况，专家询问、现场评议的方式进行。评审专家们对辖区内发生在脑科医院的危重症孕产妇开展评审，指出诊疗救治过程中存在的瑕疵，对需要完善和改进的地方提出整改措施和评审意见。区卫计局副局长陈泽香强调：要高度重视母婴安全工作；要落实母婴安全行动；要做好母婴安全督导；要稳定妇幼人员队伍。（曹利辉）

【全省卫生计生监督机构规范化建设现场会在雨花区召开】 2018年12月28日，全省卫生计生监督机构规范化建设现场会在雨花区召开。会议总结2016年以来全省卫生计生监督机构规范化建设工作情况，交流学习6个试点区县经验，安排部署下一阶段工作。省卫健委综合监督处处长王兵主持会议，雨花区委副书记陈永高致辞，区政府副区长刘江红作经验交流。国家卫健委监督中心主任胡光强调要提高监督工作水平，促进监督机构规范化建设。省卫健委副主任彭振国强调，做好监督机构规范化建设，要争取党委政府重视，全面加强体系建设，加快运用信息化手段，完善体制机制建设。与会人员参观区卫监执法局“十室一中心”建设成果、砂子塘街道、梨子山社区规范化现场，全省首家区级健康教育馆；考察学习规范化建设。省卫生健康委相关处室负责人，省监督局班子成员，各市州卫生计生委分管领导，执法局局长，各区市县卫生计生局、监督执法局主要负责人共200余人参加会议。（曹利辉）

【“流感”规范化诊疗培训班】 2018年2月2日，区卫计局在雨花区公共卫生大楼举办“流感”规范化诊疗培训班。区医疗机构协会，驻区一级医院、社区卫生服务中心、跳马中心卫生院业务院长、内科主任约90人参加培训。培训班邀请湖南省儿童医院感染科主任罗如平，根据2018年版《流行性感冒诊疗方案》规范，对基层机构医务人员如何“早期识别、规范诊疗、及时转诊”流感患者进行讲解。（曹利辉）

【关怀关爱专项行动】 2018年1月22日，雨花区在全面开展“把健康带回家”流动人口卫生计生关怀关爱专项行动。各街道（镇）开展健康讲座、健康技能培训20余场次；提供现场义务诊疗10余场次、接受健康体检1000余人次；在高铁南站、汽车南站、高桥大市场等流动人口密集地设置健康宣传咨询点20余个、滚动播放健康宣传片600余次，组织流动人口集中观看《把健康带回家》公益广告和宣传片10余次；发放健康宣传资料10万余份、健康包870余个；开展健康慰问与帮扶活动78人次；组织开展跳绳、文艺汇演等健康主题活动68场次。此次专项行动，有利于雨花区落实流动人口基本公共卫生计生均等化服务，倡导健康生活理念围。（曹利辉）

【市卫计委调研雨花区】 2018年3月7日，市卫计委副主任吴敏泉一行到雨花区调研卫计监督执法三级网络建设工作。调研组现场察看区综合监督执法局、砂子塘街道办事处等，了解监督执法三级网络建设工作情况。座谈听取雨花区监督执法三级网络建设工作的情况汇报。区卫计局党委书记、局长周宏伟表示，2018年雨花区将做到思想认识到位、保障到位、指导到位。4月27日，市卫计委副主任厉卫东一行调研雨花区卫生计生综合监督执法体系建设并座谈。厉卫东要求雨花区从起点高、体系全、举措新、运行实、保障力、责任清、推进快七个方面入手总结经验做法，做到全市推广。（曹利辉）

【省卫计委督导雨花区】 2018年3月20日，省卫生计生委流管处处长李志源一行督导雨花区创建“全国流动人口基本公共卫生计生服务均等化示范区”工作。督查组考察雨花区流动人口健康促进学校枫树山融科东南海小学和流动人口健康促进社区牛婆塘社区的健康生活馆，对雨花区流动人口子女心理健康教育工作开展与健康生活馆中四大主题空间和五大功能区的卫生计生服务功能和针对流动人口开展的活动给予肯定。督查组在东塘街道办事处会议室听取汇报。区卫计局党委书记、局长周宏伟就政策保障、服务创新，特色探索、工作成效四个方面对流动人口基本公共卫生计生服务均等化工作作汇报。李志源要求，更高标准抓创建；创新品牌抓推广；做好后续工作。5月22日，李志源一行督查雨花区流动人口卫生计生动态

2018年6月21日，雨花区在全国健康促进县区经验交流会上做典型发言（曹利辉/提供）

监测工作。李志源一行到圭塘街道月塘村集体资产管理委员会，查看动态监测样本点调查员入户调查和现场录入工作；听取圭塘街道、雨花区和长沙市流动人口卫生计生动态监测工作开展的情况汇报，提出要求：抓好流动人口动态监测工作的每个环节；抓好调查工作的质量关；确保动态监测工作在基层落细落实。7 月 31 日，湖南省卫生计生综合监督信息化评审暨机构规范化建设推进会在雨花区公共卫生大楼召开。区卫计综合监督执法局局长黎雪军汇报雨花区卫生计生综合监督信息化建设工作情况。参会人员对省卫生计生综合监督信息化涵盖的社区协管、四级监督系统进行评审，认为雨花区实现“适用、管用、够用”的工作目标，下阶段要协调推进综合监督信息化与规范化建设速度，完善机制与制度建设，强化成果运用与延续，提升监督效果与水平。区卫计局副局长陈谨表示，雨花区将完善工作机制、抓好工作落实，保障信息化和规范化工作做出成效、做出样版、做出经验。会议对《湖南省卫生健康层级监管平台业务规范（征求意见稿）》进行讨论。10 月 8 日，省卫生计生委巡查组一行到雨花区，对基本公共卫生服务、基本医疗、院感管理、家庭医生签约服务等工作进行巡查督导。10 月 9 日，巡查组在区政府会议中心 303 会议室召开巡查点评反馈会，巡查组组长田清良从领导重视、班子坚强、工作扎实、效果明显四个方面对雨花区的基层卫生工作取得的成效给予肯定，对下一步工作提出要求。周宏伟进行表态发言；市卫计委副书记王新良对各区县卫计局和基层医疗机构提出工作要求。11 月 27 日，省卫健委副主任彭振国到雨花区调研卫生计生监督机构规范化建设工作。调研组实地查看以医疗机构模拟执法室、二次供水实训教学室、长沙市卫生计生综合监督决策指挥中心雨花分中心为特色亮点的规范化建设成果。周宏伟对雨花区以“体系化建设、信息化保障，推进雨花卫计综合监督执法规范化运行”的情况进行汇报；市卫计委副主任厉卫东阐述长沙市以体系建设为抓手促进机构规范化的具体做法。彭振国强调，雨花区要以助力健康湖南为目标，为全省卫生计生监督机构规范化建设提供样板。（曹利辉）

【基本公共卫生服务项目省级考核】 2018 年 3 月 24—25 日，省卫计委基卫处副处长章小林等一行 8 人组成考核组，考核雨花区 2017 年度基本公共卫生服务项目执行情况。3 月 24 日，考核组听取雨花区基本公共卫生服务工作情况汇报会。会议由市卫计委基卫处处长胡勇主持。区政府副区长刘江红，市卫计委基卫处副处长宁娟，区财政局副局长张孟晗，区卫计局领导班子成员及相关科室长，各局属二级机构负责人、各基层医疗卫生机构负责人共 60 余人参会。副局长刘江红致欢迎词。区卫计局党委书记、局长周宏伟介绍 2017 年度雨花区基本公共卫生服务项目、资金管理等方面的情况以及取得的成效。考核组到高桥、砂子塘街道社区卫生服务中心进行实地考核，通过采取查阅资料、查阅信息化系统，对服务对象随机拦截问卷调查以及电话调查等方式，对雨花区的基本公卫服务项目开展情况进行进行全方位的考核。3 月 25 日，考核反馈会在砂子塘街道办事处五楼会议室召开。考核组对雨花区基本公共卫生服务的开展情况给予肯定。章小林表示，通过考核，可以看出基层医疗卫生机构从业人员的整体素质较高，与服务对象联系密切、服务到位，群众依从性较高，基本公共卫生服务项目执行到位情况较好，资金管理规范，拨付及时，乡村医生岗位补贴是其他市所没有的项目，应该继续予以保持。通过这次考核，有利于雨花区卫计系统将会提升服务工作水平。（曹利辉）

【基本药物制度和药事管理培训会议】 2018 年 4 月 8 日，区卫计局组织召开基本药物制度和药事管理培训会议。跳马镇、东山街道、洞井街道卫计办主任、全区各政府办街道社区卫生服务中心分管基药负责人、药剂科负责人、各村卫生室负责人 70 余人参加培训，培训会由区卫计局副局长陈军主持。培训会邀请市卫计委药政处处长张治秋，市第三人民医院药剂科科长、主任药师张明香授课。张治秋从区县卫计行政部门、乡级医疗机构、村卫生室等层面讲解实施基本药物制度和基层药事管理的基本知识、政策法规及注意事项，就基本药物制度的绩效考核工作进行讲解。张明香从药品供应、药品养护保管、药品调配使用、处方点评、不良反映等方面对基层药事管理进行解读。该次培训会对雨花区基层医疗卫生机构药事管理工作具有较强专业指导性。（曹利辉）

【雨花区健康教育馆开馆】 2018 年 5 月 3 日，雨花区健康教育馆揭牌开馆。省卫计委疾控处处长陶学永、省卫计委健康教育宣传中心主任虞江丽，省疾控中心党委书记黄跃龙，市卫计委党委书记、主任周敏，区政府副区长刘江红参加开馆仪式，区卫计局、局属二级机构班子成员，各街道（镇）卫计分管、卫计办主任，街道社区卫生服务中心（卫生院）负责人参加仪式。雨花区健康教育馆是湖南省第一家区级健康知识科普馆，总投资近 500 万元，于 2018 年 3 月竣工，寓科学性、普及性与知识性于一体。馆厅占地近 500 平方米，分为序厅、8 个主厅和尾厅，旨在树立大卫生、大健康的观念，通过展板、视频、模型、仪器等多种途径，采取直观式、交互式、体验式等科普教育方式，普及健康卫生知识，倡导健康文明生活方式，提升全社会健康素养水平。（曹利辉）

【应急救护知识培训】 2018 年 6 月 7 日，雨花区红十字会、区老年科协在区老干部大学四楼会议室联合举办应急救护知识培训。区老年科协全体理事、各分会常务副会长、各街道（镇）以及相关部门老干专干、“银发论是”团队成员等 60 余人参加培训。培训现场发放《应急救护知识手册》，区红十字会三位救护师，着重就老年常见意外伤害的防治以及现场心肺复苏术理论进行讲解，对现场提出的问题进行答疑解惑。理论课后，参训人员分成三个小组，进行心肺复苏技术的实际操作演练。该次培训，有利于大家了解老年人意外伤害的预防知识，掌握应急救护技能。（曹利辉）

【创建全国中医药先进工作城市部署会】 2018年7月31日，雨花区区级中医药工作联席会议暨长沙市创建全国基层中医药工作先进城市工作部署会召开。区卫计局副局长陈军汇报雨花区中医药各项工作；区卫计局党委书记、局长周宏伟就市级创建工作提出要求；参会单位表态发言。区政府副区长刘江红要求各单位“创建幸福雨花要以人民为中心，创建中医药先进单位也要以人民为中心”，从提高政治站位、广泛宣传发动、压实工作责任、加快整改落实四个方面为创建工作指明方向。（曹利辉）

【卫计综合监督执法三级网络工作稽查】 2018年9月29—30日，区卫计局副局长陈谨，区卫计综合监督执法局局长黎雪军等领导带队，分四个组对各街道（镇）卫计办2018年上半年卫计综合监督执法三级网络工作情况开展稽查。稽查内容包括各街道卫计办的卫计综合监督执法经费、人员配备、培训例会、案件办理、档卡建立、信息报送、特色亮点工作等。重点稽查各街道卫计办监督员及社区卫计监督协管员开展日常监督和巡查工作情况，每个街道抽查2名协管员的卫计监督协管手册记录情况；对各街道卫计办简易程序案件办理情况进行检查和指导；对各街道卫计办一户一档建立情况进行纸质资料和网络信息上报的核对。（曹利辉）

疾病预防

【概况】 雨花区疾病预防控制中心（简称“区疾控中心”）位于雨花区中意一路772号雨花区公共卫生大楼内，办公楼面积5188.5平方米，为区卫生和计划生育局二级机构，政府全额拨款的副科级事业单位。负责全区疾病预防与控制、突发公共卫生事件应急处置、卫生监测、疫情报告及健康相关因素信息管理、健康危害因素监测与控制、实验室检测检验与评价、健康教育与健康促进、技术指导与应用研究等工作。内设办公室、财务科、质量管理科、传染病防治科（应急办）、免疫规划科、地慢病健康教育科、结核病艾滋病防治科、公共卫生科、检验科。核定事业编制30名，雇员编制25名。2018年，在职在编干部25人，雇员25人，退休职工29人。党员33人，其中在职党员19人。

2018年，区疾控中心围绕“健康雨花”建设，开展“居民健康百千万行动”，巩固“全国健康促进示范区”工作成果。每月编印《雨花区疾病防控工作质量通报》，定期集中讲评，将工作完成情况排名、细化，确保横向对比、纵向加压，促进工作强劲推进。加大指导力度，对各街道（镇）及区直相关部门开展督导6大类30次，深入基层，面对面指导到位。形成街道牵头、部门联动、专业部门技术支撑的疾病防控工作局面，确保工作落到实处。依托免疫规划信息化建设，率全市之先实现疫苗冷链在线实时监测预警。学校疾病防控工作模式在省、市相关会议上进行经验交流介绍，雨花区防病工作管理联动机制在全市推广。在长沙市严重精神障碍管理治疗工作中，报告患病率指标、患者规律服药率指标均排名全市第一。获“县级甲等疾病预防控制中心”“2018年度全省艾滋病防治工作先进单位”“2018年度全省疾控系统新闻宣传工作先进单位”“长沙市中东呼吸综合征疫情处置卫生应急演练团体一等奖”“长沙市严重精神障碍管理治疗工作先进集体”“长沙市雨花区‘学习宪法，尊崇宪法’法律知识竞赛二等奖”等荣誉。（卓华英）

【疫情监测】 2018年，雨花区网络直报医疗卫生机构29家，每月疫情报告率100%，无零缺报单位。区疾控中心审核传染病报告卡55381张、死亡报告卡7480张，网络报告及时率100%，审核及时率100%，综合率100%；处理预警信息455条，处理及时率100%；报告现住址为雨花区的甲乙丙类传染病20种16257例，发病前五位的病种为流行性感冒、手足口病、流行性腮腺炎、其他感染性腹泻病、梅毒，占总报告数的90.04%。无甲类传染病报告；报告乙类传染病14种2013例，死亡5例；丙类传染病6种14244例，无死亡病例。报告现住址为雨花区的死亡病例4339例，死因居前三位的疾病是循环系统疾病、肿瘤、呼吸系统疾病，死亡病例网络报告及时率、审核及时率均为100%。定期对所有网络直报医疗机构开展传染病、死亡病例的报告管理督查，所有网络直报医疗机构开展1次传染病及死亡病例的全覆盖式漏报调查，抽取6家网络直报医疗机构每季度开展法定传染病漏报调查。（卓华英）

【重点传染病防控】 2018年，区疾控中心组织开展涵盖基层新发传染病防控及死因监测技术、急性传染病防控、应急技术管理、突发公共卫生事件应急处置、冬春季学校传染病防控等相关知识培训5次。及时调查处置聚集性疫情118起，突发公共卫生事件5起。接诊腹泻病例2233例，检测病例1401例，采集外环境和食品标本90份开展霍乱弧菌监测，均未检测出霍乱弧菌。报告本地手足口病4991例，无本地死亡病例。对湖南省人民医院报告的1例本地手足口病重症病例及时开展流行病学调查并完成个案调查表。及时有效处置外地手足口病重症病例1例。犬伤门诊接诊暴露后预防处置犬伤病例4311例，无本地病例报告。对医疗机构报告的5例外地疑似狂犬病病例，及时开展流行病学调查、指导疾病防控及采样送检工作，排除4例，确诊1例。报告并有效处置肾综合征出血热病例12例、疑似钩体病病例1例，下拨肾综合征出血疫苗800人份。监测报告不明原因肺炎住院总病例87089例，因发热肺炎病例数19398例，重症肺炎病例总数3096例，因重症肺炎死亡数66例。主动监测完成率100%。对湘雅二医院报告的1例外地登革热疑似病例的留宿场所开展蚊媒应急监测，对长沙市传染病医院报告的1例境外输入性登革热本地确诊病例开展蚊媒应急监测。开展人感染H7N9禽流感监测15次，其中，在红星家禽市场开展职业暴露人群血清学监测1次，采集样品22人份；开展禽流感常规监测6次，采集禽类饮水、环境类便涂抹样、动物咽拭子/肛拭子样品共180份；开展禽流感强化监测8

次，采集禽类饮水、清洗禽污水等环境样本24份，通过检测所有样本结果均为阴性。（卓华英）

【免疫规划】 2018年，区疾控中心专题培训各接种点的预防门诊负责人、免疫规划专干4次，145人次。全区接种疫苗570826剂次，其中一类疫苗385523剂次，二类疫苗185303剂次，处置疑似预防接种异常反应事件93起，未发生任何预防接种安全事故。调查处置免疫针对性疾病病例270例，其中AFP病例34例、麻疹疑似病例39例、风疹疑似病例105例、流脑病例2例、乙脑病例30例、百日咳病例60例。全面实施入托入学儿童查验预防接种证工作模式，接种证查验配合度和疫苗补种效果大幅提升，查验学校74家、托幼机构333家，入托入学新生33630人，查验率100%，其中持有接种证人数33562人，应补接种证51人，实补证51人；接种记录完整人数21629人，应补种疫苗12192剂次，实补种11734剂次，补种率96.24%。完善《疫苗和冷链设备管理制度》，委托国药控股物流公司开展疫苗的代储代运工作，安排专人负责管理。所有二类疫苗均按规定从省公共交易资源平台购进，使用疫苗数据库管理系统进行电脑管理，确保帐苗相符。下发一类苗疫苗359397人份，二类疫苗235939支。区疾控中心制定《雨花区接种长春长生公司狂犬病疫苗续种补种方案》，为接种过长春长生公司狂犬病疫苗且尚未完成接种程序者，免费续种其他公司合格疫苗，并对接种者进行跟踪观察，提供咨询服务。（卓华英）

【性病、艾滋病防控】 2018年，报告现住址为雨花区的性病6种1514例，报告发病率为204.51/10万。其中报告HIV感染者/AIDS患者142例，发病率为19.18/10万；累计报告HIV感染者/AIDS患者796例，存活在访753例，其中男性663例，女性90例。4家艾滋病自愿咨询点（VCT）均运行良好，完成咨询检测589人次。对黎托强制戒毒所新入所的273名被监管人员开展梅毒、丙肝及艾滋病病毒抗体筛查。完成国家级孕产妇HIV监测任务400名，哨点监测完成率100%。12家HIV初筛实验室均运行良好，筛查重点人群及自愿检测者230994人，其中筛查性病病人10080人，受血或输血液制品者28761人，术前检查者90008人，孕产妇35694人，自愿检测者9240人，其他57211人；初筛阳性者312人，确证检测70人，确认阳性者42人。对艾滋病高危行为人群开展预防艾滋病、性病宣传教育、监测等干预工作，发放宣传资料1万余份。按照国家相关文件要求，对42例艾滋病住院治疗患者的住院治疗费给予60%的区级治疗报销，对223名HIV感染者/AIDS患者共发放电话补助费约14万元。（卓华英）

2018年4月13日，雨花区首届"智飞杯"预防接种家长课堂演讲比赛（卓华英/提供）

【结核病防控】 2018年，雨花区非结防机构报告肺结核病例或肺结核疑似病例508例，经核实报告重卡106例，追踪到位179例，其他到位85例，转诊140例，转诊到位131例，总体到位395例，总体到位率95.87%，转诊到位率93.57%。区疾控中心每两个月对各街道社区卫生服务中心及卫生院结核病防治工作督导1次，每季度对定点医院督导1次。登记活动性肺结核患者273例，成功治疗268例，成功治疗率95.60%。启用软件系统管理抗结核药品，每月及时报送药品报表，准确率100%。及时调查核实结核病预警信息60条，对身份为老师或学生的病例开展追踪和处置。开展中小学和大中专院校的新生结核病筛查统计和分析工作，对109所学校进行结核病防控督查，提出防控指导意见；调查处置学校结核病散发疫情99起、聚集疫情1起，督促相关学校严格落实晨午检、因病缺课登记、消毒通风及健康教育等防控措施，做好患病学生的休复学管理和PPD试验强阳性学生的告知工作，疫情均得到有效控制，未造成疫情流行和传播。（卓华英）

【慢性病防控】 2018年，雨花区制定《雨花区国家慢性病综合防控示范区建设实施方案》，启动国家慢性病综合防控示范区创建，组织联络员会议和专干培训，完成4266人的慢性病社会因素调查评估工作，开展"三减三健"专项行动，持续推进健康支持性环境建设。以国家基本公共卫生服务规范等指导方案为支撑，对目标人群进行筛查、评估登记、建档管理和随访，做到慢性病、重性精神疾病个案"一人一病一档案"。全区建立居民健康档案770659份，建档率93.46%。其中，老年人档案67323份，年度体检老年人41048人，体检率60.97%；管理高血压患者档案50416份，健康管理率51.67%；管理糖尿病患者档案20098份，健康管理率53.33%。累计录入重性精神疾病患者国家系统在册档案3746份，发现报告率4.54‰，在管档案3655份，发现管理率97.57%。报告新发肿瘤病例数1400例，报告发病率202.90/10万，报告恶性肿瘤死亡病例979例，死亡率141.88/10万。开展城市癌症早诊早治项目，完成临床筛查2005例，其中，肺部627例、乳腺398例、胃部314例、肠部254例、肝部412例。（卓华英）

【地方病防控】 2018年，雨花区开展“4·26”全国疟疾日和“5·15”防治碘缺乏病日系列宣传活动；对1例恶性疟病例开展调查核实、实验室检测及复核，及时报送流行病学个案调查表及调查小结。对7例外地报告的本地疟疾病例开展疫点调查处置；完成“三热”病人的疟原虫血片镜检548例；培训指导各街道社区卫生服务中心（卫生院）开展碘缺乏病监测和碘缺乏病健康教育宣传工作，完成200名儿童的尿碘、盐碘含量检测和甲状腺容积B超检查、100名孕妇尿碘、盐碘含量检测以及结果分析和上报工作；对14例布鲁氏菌病患者开展采样筛查、流行病学个案调查和健康教育工作。（卓华英）

【卫生监测】 2018年，雨花区开展生活饮用水、餐饮具、医疗机构消毒质量及公共场所等日常监测，采集样品3154份，检测合格3070份，合格率97.34%。监测生活饮用水562份，检测合格555份，合格率98.75%，每季度在雨花区政府网站公示管网末梢水水质信息。开展食源性疾病监测，上报食源性疾病病例1620例。区食源性疾病主动监测哨点医院采集标本165份，调查乳与乳制品致食源性疾病病例3例。开展食品安全风险监测，完成早餐食品、粽子、即食儿童食品、蜜饯、学校饮用水、月饼、花生、大米与蔬菜、自制面包与蛋糕9大类161份样品的监测采样。举办以“健康中国，职业健康先行”为主题的《中华人民共和国职业病防治法》宣传周启动仪式暨职业健康现场咨询活动。对52家放射诊疗机构开展调查，登记造册，建立本底资料。开展病媒生物密度监测，安排专人负责，合理布点，及时报送监测报表，布放鼠密度监测夹3600个，其中有效夹3337个，捕鼠6只，总密度0.18%；布放蚊密度监测灯80盏，捕捉到蚊子1906只，密度每小时3.97只；布放蝇密度监测笼40个，捕获蝇类311只，平均密度为每笼7.775只；布放蟑螂密度监测粘蟑纸720张，回收粘蟑纸702张，阳性粘蟑纸数27张，侵害率为3.8%，捕获蟑螂32只，平均密度每张0.05只。区教育局、区疾控中心、街道社区卫生服务中心（卫生院）三方联动监测学校直饮水，相关单位人员组成监测采样小组，按照分片包干负责的原则，对辖区90所中、小学校及幼儿园集中采集直饮水样品96份，合格率100%。（卓华英）

【健康教育】 2018年，雨花区成为全省第一个评估结果优良的健康促进县区。雨花区组织开展“5·31”世界无烟日、“9·28”世界狂犬病日等重点卫生计生宣传日主题活动24场，参与人数2万余人。组织开展“蓝天保卫战·大气污染防治”“中医养生”“健康中国，职业健康先行”“老年自我保健知识”“春季流感预防”“三减三健”等百人以上健康知识讲座38场次，参与人数近5000人。印制《公众防护$PM_{2.5}$科普宣传册》《烟草和心脏病》《癌症预防十大知识》《健康素养66条》等健康知识小册子和折页10万余份。参加市卫计委举办的健康科普大赛，推荐作品24个，其中科普达人秀3个、科普图文9个、视频类12个。开展“居民健康百千万行动”，对涵盖社区、医院、学校、机关、企业、健康步道、健康主题公园、健康小屋等100个健康场所开展现场督查，提供专业指导。打造雨花区健康教育馆、东塘健康生活馆、丰园社区健康一条街等一批特色亮点的健康场所。对同升街道和井湾子街道两个健康监测点及时开展居民健康素养调查，完成健康监测1000人次。接待省内卫计系统专题考察学习21批次，接待学生团体和辖区居民两万余人次，有效发挥“示范”效应，助推“健康雨花”品牌，促进居民健康素养水平的整体提升。（卓华英）

【学校防病工作】 2018年，雨花区创新学校防病工作模式，建立横向到区直各部门、纵向到街（镇）、社区（村）的疾病防控工作网络体系，成立成员单位工作联席会议机制和联点联片工作组，合力推进学校、托幼机构疾病防控工作。区疾控中心两次召开大中专院校及连锁托幼机构校（园）长疾控工作部署会，实施校（园）长、副校长任前培训制，强化各校（园）长第一责任人意识，推进各项疾病防控政策和措施落实。制作《突发公共卫生事件应急处置》《学校、托幼机构传染病防控工作》《疫源地消毒操作流程》等疾病防控宣教视频发到学校每日播放，同时编印《学校、托幼机构疾病预防控制指导手册》（第一、二、三版）、《传染病防控家长告知书》、《家长疾病防控指南》等指导性工具书发放至全区各学校、托幼机构。区疾控中心、区教育局四次组织全区中小学校、托幼机构开展卫生老师岗前培训，提升卫生老师专业技能。实施学校防病班级负责制，压实班主任的防病主体责任，强化晨午检、预防接种证查验、督促疫苗补种工作。联合教育、食药监、街道等部门，及时处置各类疫情118起，将疫情控制在萌芽状态。在传染病高发期，通过雨小卫、雨花疾控、微信群、短信平台等及时向学校和家长发布疾病防控提示信息。（卓华英）

【免疫规划冷链信息化建设】 2018年，区疾控中心推进免疫规划冷链信息化管理，采购64台价值10余万元的远程温度监控仪，配备到全区各预防接种门诊、产科单位，实时监控冷链设备温度和温度异常报警等，随时了解掌握全区冷链设备温度情况，提高冷链监测能力。采购一批价值50万余元后补式冷库和台式小型医用冷藏柜，配备到各预防接种门诊，提高接种单位的疫苗储存能力。推进预防接种购买社会服务工作新模式，7月3日起正式委托国药控股物流公司进行疫苗代储代运工作，确保疫苗配送冷链安全。（卓华英）

【疾控业务培训】 2018年，雨花区积极开展疾控业务培训。1月11日，区疾控中心组织开展人感染H7N9禽流感防控暨传染病管理工作培训，市疾控中心流行病防治科刘如春和传染病管理科胡伟红授课。各街镇卫计办主任、各级医疗机构传染病管理科科长及专干、各街道社区卫生服务中心（镇卫生院）公卫科科长、死因监测专干共77人参加培训。4月27日，区疾控中心举办区免疫规划业务培训，市疾控中心胡强、罗美玲两位专家对免疫规划信息系统管理中常见的问题和相关工作要求及麻疹疫情调查与处置等相关工作进行授课，辖区13家预防接种门诊、14家“两苗”产科接种单位的免疫规划管理专干及新进人员共计60余人参加培训。5月9日，区疾控中心举办食源性疾病监测工作培训，解读《雨花区食源性疾病监测方案实施细则》，具体演示“食源性疾病监测报告系统”操作，辖区内21家医疗机构相关科室负责人、业务骨干参加培训。6月7日，区疾控中心开展卫生应急技能培训暨卫生应急演练，讲解传染病调查与控制、学校结核病调查处置及麻疹疫情处置，各参训人员随机组成六个队依次进行模拟演练，区疾控中心应急机动队员和辖区街道社区卫生服务中心（卫生院）的公卫人员共50余人参与培训及演练。7月13日，区疾控中心开展基本公共卫生服务和城癌项目培训会，市疾控中心慢病科科长胡劲松和精神卫生资深专家陈珊授课，围绕进一步落实国家基本公共卫生服务规范(第三版)中慢性病、严重精神障碍患者管理及健康教育项目的实施等内容展开，各社区卫生服务中心（卫生院）的公卫主任及慢病、精神卫生、健教、城癌专干共48人参加培训。9月12日，区疾控中心开展疟原虫制片和镜检技术培训，由检验科专业人员讲解疟原虫血片的制作流程、注意事项，在雨花区公卫大楼实验室进行血涂片制作的现场操作和演示，湖南省中医药大学附属第一医院、长沙市中心医院及辖区街道社区卫生服务中心（卫生院）承担疟原虫制片和镜检工作的疟疾防控人员共14人参加培训。9月29日，区疾控中心举办严重精神障碍管理治疗项目培训班，邀请雨花区精神卫生专业技术指导机构的洞井精神病院精神科专家彭露进行授课，重点就2018年精神卫生管理工作的规范要求、各精神卫生防治机构职责、居家精神病人管理及应急处置进行介绍，辖区各精神卫生医疗机构、各街道（镇）卫计办、各街道社区卫生服务中心（卫生院）的精防专干共41人参加培训。11月1日，区疾控中心组织召开慢性病防控社会因素专项调查培训，由地方性慢性病科专业人员授课，主要培训问卷调查方式、技巧及问卷的录入等内容，各街道社区卫生服务中心(卫生院)的分管领导、公卫科长及慢病、老年人专干和各街镇卫计办联络员共75人参加培训。

（卓华英）

卫生监督

【概况】 雨花区卫生计生综合监督执法局（简称“区卫监执法局”）是由政府全额拨款的、实行参照公务员法管理的副科级事业单位，为区卫计局二级机构，负责实施卫生计生专项整治和日常监督检查；对公共场所卫生、生活饮用水卫生、学校卫生及消毒产品和涉及饮用水安全产品进行监督检查；对医疗机构、采供血机构及其从业人员的执业活动进行监督检查，对医疗机构、采供血机构、疾病预防控制机构的传染病疫情报告、疫情控制措施、消毒隔离制度执行情况、医疗废物处置情况和菌（毒）种管理情况等进行监督检查，查处违法行为等工作。内设办公室（法制稽查科）、综合监督一科、综合监督二科、综合监督三科等4个科室。核定编制25名，其中领导职数2名；全体在职干部职工30人，其中雇员7人；退休干部2人；党员17人。办公地点设在雨花区公共卫生大楼。

2018年，区卫监执法局创新构建“覆盖城乡、职责明晰、运转高效、执法有力”的监督执法新机制，维护行业秩序、保障市民身体健康。获“卫生计生综合监督执法工作优秀单位”等称号，在2018年度市对区卫计综合监督执法稽查考核中名列第一名。全年办理行政处罚案件305件，其中一般程序立案63件，结案63件，罚没29.52万元；办理简易程序案件242件。投入经费45万元，配备执法终端包33个，出台《执法全过程记录工作办法》《执法终端设备管理使用办法》，实现执法过程全程记录；投入经费39万元，配齐社区（村）协管巡查流量，实现协管信息随时报，街镇监督全覆盖，区级执法重点抓的三级覆盖；印发《关于实施公告场所卫生许可告知承诺的通知》。

（李　志）

【医疗机构监督】 2018年，区卫监执法局检查医疗机构500余家，下达卫生监督意见书800余份；医疗执业结案16家次，罚没14.17万元。开展打击非法行医行动30余次，出动执法人员180余人次，打击无证行医行为7人次，立案查处机构非法行医行为3家次，罚没8.89万元，取缔“黑诊所”2家。抽查“双随机”单位88家，完结率100%。检查医疗美容机构36家次，对湖南某美医疗美容医院有限公司和某喜医疗美容有限公司雨花门诊部2家机构未取得“医疗机构执业许可证”擅自开展医美诊疗活动的行为进行立案查处，没款6万余元。检查口腔专科机构65家，下达卫生监督意见书50余份；对3家存在严重问题的口腔专科医疗机构进行立案查处，罚没0.85万元，没收口腔医疗器械4件。开展健康体检医疗机构专项督查，对长沙某健康咨询有限公司阳光门诊部安排医师跨专业执业的行为予以立案查处，罚款0.2万元。

（李　志）

【传染病防治监督】 2018年，区卫监执法局下达卫生监督意见书和指导意见书500余份；对检查中发现较重问题的单位立案3起，结案3起，罚款2.04万元。针对预防接种工作存在的个别接种单位没有按时登记疫苗储存冰箱温度问题对医疗机构法定代表人（负责人）予以指导整改。对8家违法传染病管理的单位进行立案处罚，共罚款2.56万元。

（李　志）

【公共场所卫生监督】 2018年，区卫监执法局下达意见书500余份，立案20家，结案20家，罚款金额2.78万元。推进公共场所卫生监督量化分级工作及信息公示工作。除三个月内新办证店铺外，公共场所量化评级率100%。开展集中式餐饮具专项整治行动，开展日常卫生监督8次，联合监督抽检5次，突击检查5次，下达卫生监督意见书5次。完成双随机重点监督82家，关停27家，其中游泳场馆10家，美容美发10家，沐浴场所2家，住宿3家，商场2家；抽检不合格18家，其中游泳场馆9家，美容美发2家，沐浴场所2家，住宿场所5家，抽检结果均进行公示。开展宣传培训，培训人员300余人，发放资料1000余份。开展树木岭社区禁烟控烟宣传，助力雨花区“蓝天保卫战”，发放资料200余份，粘贴禁烟指示牌10余张，悬挂横幅2张。开展“主动监测，知艾防艾，共享健康”宣传2次。（李　志）

【饮用水卫生监督】 2018年，区卫监执法局出台《雨花区学校直饮水管理办法》《雨花区学校直饮水工作考核计分办法》，联合区教育局下发《关于进一步规范分质供水单位行政许可工作的通知》，加强对长翔、水杯子等提供直饮水服务的企业在备案、涉水产品日常维护等方面的管理。对二次供水单位进行拉网式摸底排查。检查二次供水单位293家，对22家管理不到位单位，下达卫生监督意见书责令整改，对5家二次供水单位进行立案处罚。对无管理主体和老旧小区供水设施老化达不到办证条件二次供水单位向区政府专题报告。开展生活饮用水卫生安全培训，培训供水单位负责人218人。（李　志）

【学校卫生监督】 2018年，区卫监执法局检查306所学校（含托幼机构）。组织开展学校结核病防治培训1次，发放宣传材料100份，检查学校结核病防治工作90家，责令改正5家。开展学校卫生专题培训，培训学校（含托幼机构）后勤负责人、卫生老师及直饮水管水人员，区、街道（镇）监督员300余人。开展校园及周边环境综合治理集中整治行动，“三考”期间，对10家考点学校开展卫生监督现场检查，重点检查学校饮用水卫生和传染病防控工作，下达卫生监督意见书13份。（李　志）

【职业病防治与放射监督】 2018年，区卫监执法局开展《中华人民共和国职业病防治法》宣传周活动。出动宣传车3台，制作宣传版6块，接待咨询劳动者80余人，发放宣传资料220余份。检查放射诊疗机构32家，下达卫生监督意见书30余份，立案1家，罚款0.15万元。（李　志）

【计划生育执法】 2018年，区卫监执法局处理外地移送的两非线索，开展调查“两非”案件5次，对长沙某生殖妇产医院有限公司非法开展非医学需要选择性别的人工终止妊娠行为进行立案查处，没收违法所得0.45万元，罚款1.5万元，对责任人何某给予警告及罚款1.1万元处罚。（李　志）

【基层建设】 2018年，雨花区投入经费11.8万元，开展“十室一中心”建设，规范设置警示约谈室/听证室、陈述申辩室/询问调查室、警示教育室/合议室、档案室、罚没物品暂存室、快速检测室、执法装备室/应急物资储备室、图书室、更衣室/值班室、雨花区卫生计生综合监督决策指挥中心，实现用房齐备、设施一流。投入经费99万元，建设区级卫生计生综合监督决策指挥平台，出台《雨花区卫生计生综合执法远程监管建设方案》，对医疗美容机构、大中型医疗单位、社区卫生服务中心、中型及以上宾馆、游泳场馆、生活饮用水单位、餐饮具消毒企业的主要过程和重点环节实施在线监控监测。（李　志）

【首批卫计综合执法终端配发】 2018年1月11日，雨花区首批卫计综合执法终端配发仪式在区公共卫生大楼7楼会议室举行。市卫监执法局副局长黎湘伟、区卫监执法局局长黎雪军、卫计综合三级网络试点街道及部分街道卫计办主任、区卫计局卫计监督员共60余人参加。中国电信湖南分公司代表应邀出席并进行执法平台演示。雨花区卫监执法局从试点工作方案入手到首批设备配发到位历时45天完成此项工作，效率全市第一。此次执法终端配备工作耗资49万元，采购执法终端99台、执法记录仪33台、蓝牙热敏式便携打印机33台。2月6日，卫计综合执法终端暨全过程记录平台系统培训班在区公共卫生大楼举行，省卫生计生综合监督局调研员刘晓雄、市卫生计生综合监督执法局局长钟伟、区卫生和计划生育局副局长陈泽香到会指导。（李　志）

【三级网络建设】 2018年2月26—28日，区卫监执法局班子成员对13个街道（镇）进行三级网络体系建设调研。3月1日，区卫监执法局围绕“推进三级网络建设”主题召开会议。会议由区卫监执法局局长黎雪军主持，区卫计局副局长陈瑾参与会议。黎雪军传达市卫监执法局对2018年工作要求和区政府副区长刘江红提出的“绩效为王、民生为本、创新为要、服务为先”的工作要求。参会人员就卫生计生综合监督三级网络建设人才培养、如何更好地与街道融合执法、如何规范执法等展开讨论。黎雪军要求要开创监管新思路凝心聚力谋发展。3月7日，市卫计委副主任吴敏泉，市卫计综合监督执法局局长钟伟一行调研雨花区卫计监督执法三级网络建设工作。3月15日，市卫计委综合监督处处长孙智慕一行到调研卫计综合监督执法体系建设并组织座谈。4月27日，市卫计委副主任厉卫东一行调研卫生计生综合监督执法体系建设并座谈。（李　志）

【长沙市基层卫生计生综合监督执法体系现场会在雨花区召开】 2018年6月13日，长沙市基层卫生计生综合监督体系建设现场会在雨花区砂子塘街道召开。市卫计委副主任厉卫东主持会议，雨花区政府副区长刘江红致辞。区卫计局党委书记、局长周宏伟介绍卫计综合监督执法体系建设工作经验；宁乡市卫计局相关负责人做经验发言。与会人员实地观摩砂子塘街道卫计办、砂子塘街道梨子山社区卫计综合监督执法工作，观看卫计综合监督执法全过程记录平台演示。市卫计委党组书记、主任周敏强调，全市要全面深入推进卫计综合监督执法体系建设，做好以下几方面工作：要强化基础保障，完善基层体系；要创新执法手段，加大查处力度；要多措并举，切实提升执法水平；要强化执法效果。市卫监局班子成员，各区县卫计局局长、分管副局长，各区县卫监局局长，雨花区卫计局相关人员、区卫监执法局全体人员；区各街道（镇）办事处分管负责人、卫计办主任等共100余人参加会议。（李　志）

【雨花区卫生计生监督机构规范化建设试点工作暨决策指挥平台初审会】2018年10月22日，雨花区卫生计生监督机构规范化建设试点工作暨决策指挥平台初审会在区公共卫生大楼召开。区卫计综合监督执法局局长黎雪军汇报雨花区规范化建设试点工作情况，通过长沙市卫生计生综合监督决策指挥平台雨花分平台对被监管对象、街道卫计办、一线监督员进行视频巡查、会议连线和指挥调度；省卫计委综合监督处处长王兵对雨花区工作表示肯定并提出要求。市卫计委副主任厉卫东要求雨花区集中精力，以能力建设为重点、以信息化建设为手段、以机制建设为保障，进一步夯实三级网络基础、完善规范化建设各项工作，确保机构规范化建设顺利通过国家验收，实现全省示范，全国一流。市卫计综合监督执法局局长钟伟、区卫计局副局长陈谨、卫计综合监督执法局书记陈琳波和省电信公司、北京红云公司等相关人员参加。（李　志）

【卫计监督协管员手机流量配发仪式】2018年11月16日，湖南省首个社区（村）卫计监督协管员手机流量配发仪式暨省卫生健康层级监管平台“社区版”系统软件首期培训班在雨花区举行。省卫生计生综合监督局调研员刘晓雄，区卫计局副局长陈谨，区卫监执法局局长黎雪军、副局长陈高，街道（镇）卫计办、各社区（村）卫计监督协管员200余人参加。雨花区作为全省卫生计生综合监督信息化和卫生计生监督机构规范化建设试点单位，通过网格联动、信息助推、三级共建，建成“覆盖城乡、职责明晰、运转高效、执法有力”的卫计综合监督执法体系，维护行业秩序、保障市民健康。雨花区为该次社区（村）协管流量配发投入资金40万余元，开通协管账号200余户，为全省首个实现将卫计综合监督执法信息通过手持终端从社区（村）—街道（镇）—区（县）逐层直报的区（县）。（李　志）

【学校卫生专题培训会议】2018年11月27日，雨花区2018年学校卫生专题培训会议在长沙环境保护职业技术学院举行，会议由区卫监执法局主办，井湾子街道承办。全区300余所学校及托幼机构后勤负责人、卫生老师及直饮水管水人员，区、街道（镇）监督员参加会议。省卫监局学校卫生监督处处长杨家明，市卫监执法局学校卫生监督科科长许杰夫，区卫计局副局长陈泽香、陈谨，区教育局党委委员刘翔贵参加会议，区卫监执法局副局长刘三云主持会议。会上，陈泽香、刘翔贵、杨家明对规范学校卫生管理、预防传染病疫情、饮用水污染及突发公共卫生事件，保障师生身心健康等方面先后作讲话。许杰夫对学校卫生监督工作及传染病防控进行授课，水杯子公司总经理易显早对校园直饮水工程技术进行介绍及培训。该次培训会，有利于规范和提升全区学校及托幼机构传染病防治、生活饮用水、教学环境卫生工作，加强各学校及托幼机构后勤负责人、卫生老师、直饮水管水人员的责任意识，提高各级监督员业务水平，促进各学校及托幼机构卫生规范化管理。（李　志）

2018年11月27日，湖南省卫生健康委员会副主任彭振国调研雨花区卫生计生监督机构规范化建设工作（李志／摄）

【湖南省首张“告知承诺制”公共场所卫生许可证在雨花区颁发】2018年12月6日，湖南省首张“告知承诺制”公共场所卫生许可证在雨花区颁发。区卫计局党委书记、局长周宏伟，区政务服务中心主任李建华共同颁证。为进一步深化“放管服”改革，雨花区在全省率先实行告知承诺制度，即在申请公共场所卫生许可证时，如果申请材料齐全、符合法定形式，且书面承诺申请材料与实际一致的，免除现场审核环节，当场审核、当场发证。（李　志）

妇幼保健

【概况】长沙市雨花区妇幼保健计划生育服务中心（雨花区妇幼保健所）（简称“区妇幼所”）为副科级全额拨款事业单位，是区卫计局的二级机构，主要负责全区妇女保健、生殖保健、孕产妇保健、儿童保健、婚前保健服务；负责全区计划生育技术服务、健康教育、妇幼卫生信息统计；负责街（镇）、社区（村）、区辖围保医院及幼儿园的保健管理等工作。内设机构有8个：分别是妇保科、儿保科、婚检科、计指科、检验科、健教科、信息科、办公室。核定编制48名，其中领导职数1名；全体在职干部职工数47人，其中雇员20人；退休12人；党员19人，其中在职党员17人，办公地点为雨花区公共卫生大楼内。

2018年，雨花区妇幼健康服务工作围绕全区卫生计生中心工作，结合卫生计生事业发展规划，全面加强妇幼健康服务能力建设，保障民生工程顺利实施。以加强出生缺陷防控工作

和推进妇幼健康民生实事为重点，改善服务质量，提高服务效能，全面落实“两纲”工作任务。（水玉洁）

【妇女保健】 2018年，加强高危孕产妇管理及救助力度，实行区、街两级管理，一般高危街道管理，每月随访一次，2017年有高危孕产妇9145（未分娩的2663），≥20分1624人（未分娩的475人），年度新增红色预警3人（已经平安分娩1人），橙色预警473人、黄色预警6344人。全区为26986孕产妇进行免费检测，落实补助经费180.87万元。在全市率先制定雨花区高危孕产妇温馨便民卡，发放至高危孕产妇手中。卡上有区、街两级高危专干的联系方式及孕期相关温馨提示。以社区（村）为末端管理单位，对流入外地孕产妇使用统一的委托书，实行委托管理，指定专人负责。对区内寄居外地的21名孕妇，由区妇幼所书面形式委托当地妇幼保健机构进行管理，并电话与孕妇及单地妇幼保健机构保持联系，保证追访到位。落实高危孕产妇筛查登记制度，全年10家产科医院报告活动性高危4203人，填报新增孕情卡23401张，平安分娩26563人，抢救危重孕产妇427人。定期组织开展危重孕产妇评审、死亡孕产妇评审、助产机构妇幼健康服务围产会议，邀请驻区医院产科主任全部参加会议。开展农村妇女“两癌”（宫颈癌和乳腺癌）和妇女病查治工作，明确市妇幼保健院为确诊转诊单位并签约。农村适龄妇女免费“两癌”筛查按每人140元由区财政足额保证，妇女病普查按每人80元由街道财政安排。适龄妇女“两癌”免费检查完成筛查人数27169人，补助经费1953.32万元，妇女病普查应查8605人，实查17331人，查出4例乳腺癌（小叶原位癌1例，浸润性导管癌3例），4例宫颈癌（原位腺癌2例，浸润癌2例），卵巢癌1例；CIN1—15例，CIN2和CIN3共20例，所有癌症和高风险病人都进行追访和登记。洞井、东山街道社区卫生服务中心及跳马镇中心卫生院按月做好农村孕产妇住院分娩补助，补助到6月30日分娩的对象1171人，35.4万元。（水玉洁）

【儿童保健】 2018年，雨花区5岁以下儿童死亡率1.78‰，婴儿死亡率1.52‰，新生儿死亡率1.143‰，新筛率99.7%，听筛率98.9%。规范0~6岁儿童健康管理，每季度对社区散居儿童保健工作进行督导，召开儿童保健工作例会实时通报工作情况。对全区转诊的高危儿进行专案管理，分社区责任到人，及时随访，及时结案。全区推广托幼机构“互联网+”平台建设。儿童保健门诊入园体检13424人，托幼机构工作人员体检4667人，体检率100%。对新办托幼机构进行卫生保健评价，对全区30%托幼机构进行卫生保健综合评估。与雨花区寸草心社会服务中心共同开办“绿房子”，为前来体检的幼儿提供公益性心理关怀和咨询服务，为全区幼儿身心健康成长提供全面保障。（水玉洁）

【出生缺陷综合防治】 2018年，雨花区推进婚前医学检查与婚姻登记一条龙服务，提高婚前医学检查率，免费婚检8882人。利用“一站式”服务模式宣传免费孕前优生检测政策及孕前优生健康检查的重要作用，免费孕前优生检查3908人；围绝经期免费取环480例；发放爱心助孕卡124张；管理高危孕妇9677人。重点对实验室的操作规范提出更高要求，连续4年在省计生委组织的室间质评中取得5项检查结果准确率为100%的成绩。对准备怀孕和早期妊娠的妇女免费增补叶酸（包括流动人口），实行区妇幼所、驻区助产机构、各街道社区卫生服务中心、街道计生等多方位同时发放；完善区、街（镇）、社区（村）三级台账，对叶酸的领取、发放及服用情况及时进行登记，逐级汇总上报。全年免费发放叶酸35238瓶，服用率99.70%，依从率96.02%。配合市产前筛查中心对184名唐氏筛查高风险孕妇进行孕期追踪随访，督促进行产前诊断，召回率88.6%。（水玉洁）

【计划生育技术服务】 2018年，雨花区组织全区计生服务人员进行4次培训，对街道社区卫生服务中心、辖区产科机构进行2次计生督导。实行“三送三上门”（送避孕药具入户、送宣传资料入户、送优惠政策入户，计生政策法规宣传上门、术后跟踪随访上门、扶贫帮困上门）模式，每月定期上门随访，定期定点进行查环查孕。全年举办人口学校、孕妇学校、家长培训班312期，制作和维护计生宣传板、标语、折页等共计15万份；联合市妇幼在东山街道进行爱心助孕义诊宣传活动。配备计划生育药具储存仓库，设置常温库和阴凉库，加装降温空调机和除湿器，保证药具仓储管理规范达标。完善并规范全区13个街道（镇）的药具报表报送制度，与专业配送公司签订合同，开展药具集中配送服务，

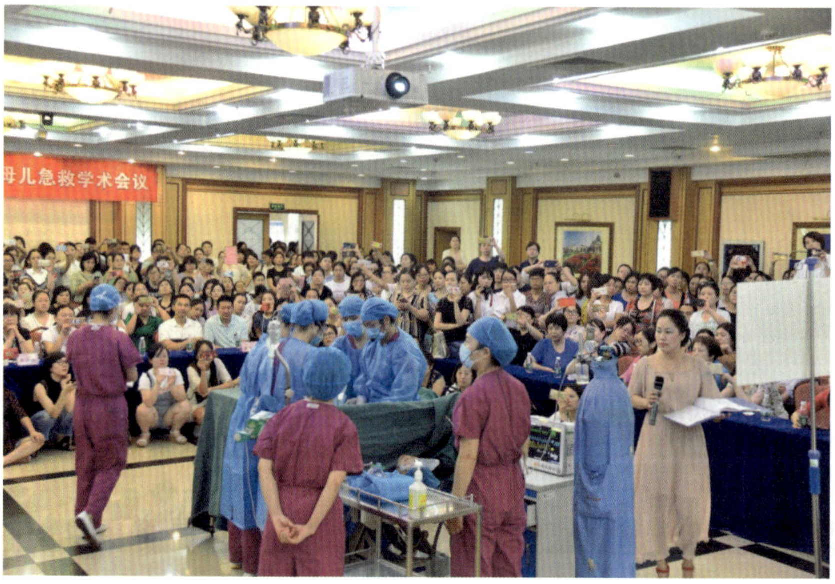

2018年7月27日，全区危重孕产妇急救演练（水玉洁/摄）

畅通发放渠道。对全区药具一体机进行摸底清理，重新安装5台药具免费领取机。区妇幼所药具服务站集中配送发放避孕药具105万余盒，累计发放人数54万余人。（水玉洁）

【健康教育】 2018年4月24日，区卫计局对助产医疗机构及街道社区卫生服务中心、乡镇卫生院的妇幼专干、信息专干、分管领导就2018年妇幼健康教育作重点培训。印制10万份宣传折页，5千份海报下发到街道社区卫生服务中心、各社区（村），普及妇幼健康知识。各街道、各单位通过粘贴海报、更新宣传栏、孕妇学校人口学校、家长学校课堂讲座、召开辖区单位、物业公司和村组信息员会议等形式，向育龄妇女宣传"十免十优"（免费健康教育及优生咨询，免费计划生育基本项目技术服务，免费妇女病查治，免费婚前医学检查，免费叶酸增补，免费孕前优生健康检查，免费爱心助孕，免费孕产妇艾滋病、梅毒和乙肝检测，免费产前筛查，免费新生儿疾病筛查）和"两癌"筛查、省市健康民生项目、妇女病查治的内容、作用、意义。开展妇幼健康教育进社区、进学校活动。利用"三八"妇女节、爱耳日、爱眼日、世界卫生日、世界艾滋病日、世界早产儿日、母乳喂养周、出生缺陷预防宣传周、世界避孕周等主题宣传日（周）到社区、企业开展健康宣教活动，不定期到校园普及儿童常见病知识和生殖健康知识。开展健教活动17次，其中与爱萌自闭症中心联合开展"蓝色行动·保卫蓝天"关注自闭症儿童公益活动，有200余名家长及自闭症儿童参与。全年孕期健康教育参与率51.5%，母婴保健核心知识知晓率90.8%。（水玉洁）

【妇幼保健信息工作】 2018年，雨花区强化"五位一体"信息系统的规范管理，保证信息数据真实准确。增强各级人员的信息安全意识，加强对数据安全的管理，信息安全责任到人。各级医疗卫生保健机构配备相应的硬件设施，全部使用IE8、IE9浏览器，直报系统的密码定期更改，账号、密码有登记并规范保管，安排信息专业人员定期对电脑进行安全性维护。直报数据按季度、年份及时导出做好数据备份，加强涉密信息的保密工作。建立妇幼卫生信息安全管理工作应急预案。每季度对新系统使用情况开展信息质控及工作督导。指导辖区内各助产机构明确分管领导，确立专（兼）职妇幼卫生信息员，相关数据的收集、核实和填报。区、街两级均明确专人负责实行报表报送制和二审制，区、街、社区三级做到各项工作有原始登记、汇总统计及总结分析。街（镇）及助产机构每季度第一个月的8、9日到区妇幼所集中报表，各专业科室负责资料审核、咨询、指导、动态掌握等工作，严格孕产妇死亡、儿童死亡、出生缺陷及危重孕产妇个案调查表的收集、审核上报流程，确保数据的一致性和准确性。区妇幼保健所每季度接收表格后，与区计生局、市殡仪馆核对出生死亡数据，将不符数据与名单反馈到街道社区卫生服务中心逐个调查、落实情况，再次反馈到区妇幼保健所。每季度对辖区各街道社区卫生服务中心进行一次全面的监测督查工作，并利用下街道（镇）的机会随时对妇幼信息数据进行抽查，对每次抽查过程中发现的问题进行及时纠正，对个别妇幼信息工作比较薄弱的医院、街道社区卫生服务中心进行重点督查。（水玉洁）

【免费产前筛查、新生儿疾病筛查工作】 2018年，雨花区NIPT免费检测：完成人数8019人；产前筛查完成11370人；其中高风险和临界高风险698人，产前诊断668人，产前诊断率95.5%，因确诊缺陷终止妊娠6例；新生儿疾病筛查完成11163人；耳聋基因筛查完成6963人。获市卫健委授予的省市重点民生实事项目工作成绩突出单位和长沙市出生缺陷防治工作成绩突出单位。民生项目资金补助1485万元，惠及广大妇女儿童。（水玉洁）

【危重孕产妇及新生儿救治能力建设】 2018年，加强雨花区危重孕产妇及危重新生儿救治中心长沙市中心医院的能力建设，组织专家进行2次救治中心评估并授牌，在长沙市中心医院开展全区危重孕产妇急救演练，参与观摩学习人数500余人。（水玉洁）

【妇幼保健督导】 2018年，区妇幼所组织对辖区11所社区卫生服务中心及跳马镇卫生院的妇幼信息、基本公卫、重大公卫、健康民生项目等共进行6次督导与指导；组织专家团队对辖区助产机构产科质量、爱婴医院及计划生育技术服务、妇幼信息、出生医学证明管理重大公卫项目和省市健康民生项目等进行督导3次；对辖区"三网监测"医院长沙市妇幼保健院、长沙市中心医院每季度进行一次危重孕产妇监测、出生缺陷监测、5岁以下儿童死亡监测。（水玉洁）

社会生活

民政事务

【概况】 雨花区民政局主管雨花区政府社会行政事务，负责区属内救灾救济、基层政权和社区建设、城乡低保、福利彩票发行、社会组织、优抚安置、流浪救助、殡葬工作等方面的工作。内设办公室、计财科、基层政权和社区建设科、优抚安置科、社会福利科、社会事务科、社会组织管理科；有区社会救助局、生活无着人员救助管理站、社会服务管理中心（雨花区社会工作局）、社会福利中心（雨花老人之家）4个二级机构。共有编制36名（行政编制7名，机关工勤编1名，参公编制8名，全额拨款事业编制20名），其中，区社会救助局有参公编制8名，区生活无着人员救助管理站有事业编制7名，区社会服务管理中心有事业编制11名，区社会福利中心有事业编制2名。有在职在编干部35人，退休干部12人。局内设立一个党总支部：机关党支部和退休党支部，有党员39人，其中在职党员31人、退休党员8人。办公地点设在雨花区人民政府机关大院1号楼1楼。

2018年，雨花区民政工作树立“民政为民、民政爱民”的工作理念，按照全省“五化”民政（人本化、法治化、标准化、信息化、社会化）建设工作要求，推进全国社区和居家养老服务改革，推进基层治理创新，保障困难群众基本生活。获湖南省“五化”民政建设先进区，连续第十六年获评全市目标考核先进单位。区社会福利中心获“长沙市五一劳动奖状”。

（邓颖晴）

【社会救助】 2018年，雨花区顺利完成低保专项治理工作，低保动态管理退出农村低保85人、城市低保146人，新增农村低保15人、城市低保83人。农村低保中有38户46人被列入社会保障兜底脱贫对象，人均补差水平440元/月。全年城乡低保累计保障37694户次，60043人次，发放资金2540万元。推进“一站式”结算，明确湖南省地矿医院等6家医院为区医疗救助定点医院。全年累计医疗救助1652人次，救助金额780万元。主动对接市第二、第三福利院，拓宽区内精神病人转诊渠道，全年精神障碍患者住院救助260人次、救助金额42.6万元。精神障碍患者药物救助5857人次、救助金额67.5万元。聘请第三方机构对全区553名特困人员自理能力进行评估，率先全市实现特困供养人员住院、门诊等费用兜底，全年特困供养6635人次，发放资金483.2万元。临时救助713人次，发放资金241万元。为流浪乞讨人员提供食宿2582人次，提供乘车凭证620人次，提供医疗救助12人次，护送返乡25人次。（邓颖晴）

【救灾救济】 2018年，雨花区开展春节慰问，支出慰问金687.2万元，惠及全区6000余困难群众。完成区、街道、社区三级自然灾害信息员队伍建设工作，安排救灾备用金50万元。推进自然灾害生活救助资金社会化发放，按要求组织入户调查，实行倒损房屋恢复重建补助，将16万元救灾资金按规定发放到每一位受灾群众的手中。对辖区浏阳河、圭塘河及水库进行隐患大排查，加大宣传力度，印制宣传资料及海报，组织“5·12”防灾减灾宣传周活动及“10·13”国际减灾日的宣传活动，在井湾子街道井湘社区、东塘街道浦沅社区开展集中宣传活动。指导井湘社区、浦沅社区积极创建国家减灾示范社区。（邓颖晴）

【福利慈善】 2018年，雨花区安排专项资金77万元组织开展“暖心工程”“烛光工程”“安心工程”等慈善送温暖活动。做好“城乡低保家庭尿毒症患者援助”“友阿知青困难帮扶”“强生助孤”“金叶慈善医疗卡”等慈善项目申报、审核及补助金发放工作。筹集慈善资金65万元。全年慈善项目救助387人次，发放救助金167万元。福彩销售实现销售额8470万元。全年发放残疾人两项补贴810.26万元，其中困难残疾人42149人次505.78万元，重度残疾人护理补贴38060人次304.48万元。联合区财政局、区残联开展困难残疾人生活补贴和重度残疾人护理补贴清理认定，全区识别总人数8104人。在儿童福利方面，办理收养登记11起。出台《长沙市雨花区孤儿基本生活费发放实施细则》，从

2018年1月起孤儿基本生活费提标到低保标准的2倍，每人每月1100元，发放散居孤儿52人次17.16万元。开展孤弃儿童养育情况大排查，对市第一社会福利院集中供养的99名孤儿进行情况登记。组织对全区10个儿童之家开展督导并进行指导培训。困境儿童分类保障工作得到《人民日报》、人民网、《中国妇女报》、《中国青年报》、新华网、中国民政、中央电视台等多家媒体报道或转载。（邓颖晴）

【老龄工作】 2018年，雨花区推进全国社区和居家养老服务改革试点，出台《长沙市雨花区加快发展居家养老服务三年规划》《长沙市雨花区加快推进嵌入式社区小型养老机构建设的实施意见》等文件。提高老年补贴标准，百岁老人500元/月，80～89岁老人100元/月，90～99岁老人200元/月，发放高龄津贴6.5万人次2052万元。办理老年人优待证5876本，为15055名高龄老人制作孝心卡。出资78.98万元为17550名80周岁及以上和“五类特殊困难老人”购买意外伤害险。加强基层医疗卫生机构与养老机构、社区居家养老服务中心合作，建立社区卫生服务中心（站）与老年人家庭医疗契约关系3.5万人，重点为社区高龄、重病、失能、部分失能以及计划生育特殊家庭等行动不便或困难老年人提供上门巡诊、社区护理、健康管理服务。打造雨花区“虚拟养老院”，建设覆盖全区的为老服务信息平台，对21244名高龄、空巢独居、失能伤残、贫困老人等特殊困难老年人能力筛查评估，完成12.3万人老人信息采集，完成87名低保老年人家庭适老化改造，组织居家养老政府购买上门服务2558人次94.6万元。开始“嵌入式”试点，采取“小区连锁化共享”模式，依托为老服务信息平台，整合家政、医药、日用等商家资源，租用内城区成熟小区一楼300平方米以下物业，开办嵌入式社区小微型养老机构13家。（邓颖晴）

【婚姻登记】 2018年，雨花区创新婚姻登记服务，专门成立婚姻家庭法律咨询室，聘请律师提供免费婚姻辅导及法律咨询服务，办理结婚登记4704对，离婚登记2726对，补发婚姻证件935对。（邓颖晴）

【殡葬管理】 2018年，雨花区推进移风易俗，开展殡葬领域问题专项整治，采取“二停一公告一接收”加快推进跳马镇“凤凰山陵园”历史遗留问题处理。落实殡改惠民直补政策，全年直补610人次68万元。（邓颖晴）

【区划地名】 2018年，雨花区规范区划地名管理，开展全国第二次地名普查成果转换工作，聘请地名文化专家进行典志修订，完成智新路等9条新建道路命名。（邓颖晴）

【基层政权和社区建设】 2018年，雨花区在全区29个村安装村务公开栏，组织开展村务公开“亮栏”行动。建立健全村（居）民会议、村（居）民代表会议、社区协商议事会等议事制度，充实完善村（居）务监督委员会职能，牵头修订《雨花区村务监督委员会工作规程》，与各街道、镇签订“雨花区居（事）公开和民主管理工作目标责任书”，探索建立公众参与利益调处机制、社区社会组织内部治理机制、驻社区单位共建机制。通过新建、改建、扩建、购买、项目配套及租赁等多种方式解决，实现31个社区达标任务全面完成，创建市级示范社区6个、市级精品社区6个、市级示范村1个、市级试点村2个。在同升街道、侯家塘街道各选取两个社区进行“延时服务制度”试点。组织开展社区公共服务中心整合工作，将砂子塘、左家塘、东塘、侯家塘4个街道共51个社区公共服务中心进行整合，整合后的社区公共服务中心共16个。牵头组织制定《雨花区社区专职工作人员员额管理办法（试行）》，建立社区员额人员档案，加强对全区社区专职工作人员的统一管理。举办雨花区基层社会治理研修班，提升基层社区干部队伍的服务能力。（邓颖晴）

【社会组织工作】 2018年，雨花区坚持社会组织培育发展和监督管理并重，全区备案和登记社会组织1508个。启动“党建引领·创益雨花”支持社会组织、社工机构参与公益慈善项目，协调区财政资金200万元，对48个项目立项资助。推进社工站建设，鼓励社会组织、社工机构积极参与社工站项目承接。支持社工人才队伍建设，举办社会工作职业资格水平考前培训班，156人通过社会工作职业资格水平考试并获得初中级社工证。（邓颖晴）

【优抚军休】 2018年，雨花区享受政府定抚定补的优抚对象1699人，定时足额发放各类优抚经费3549.6万元。开展优抚医疗“一站式”服务，按政策为全区57名1～6级无工作残疾军人报销医疗费约112.6万元，为其他重点优抚对象发放医疗补助费 32.3万元。做好评残追烈和对各类申请享受抚恤补助待遇优抚对象的审核、审批工作，为45名伤残人员办理评残申报和换（补）证手续，新增优抚对象103人。开展关爱优抚对象活动，开展“爱心献功臣”走访慰问，组织军队退役人员座谈会，烈士纪念日期间对烈属家庭进行走访慰问，给予困难帮扶，下拨专项经费80万元，组织40名重点对象开展优质短期疗养活动等，开展退役军人和其他优抚对象信息采集和悬挂光荣牌工作，全年发放各项军休经费共3027.3万元。（邓颖晴）

【退伍安置】 2018年，雨花区接收复员退伍军人档案255份。接收市级统筹指令性安置事业单位退役士兵10人，接收转业士官29人，落实转业安置在街道社区退役士兵工资福利待遇。对安置清理工作进行回头看，督促省林业局、省体育局、省卫计委、市公安局等单位接收安置单位退役子弟4人。落实退役士兵优待政策，发放各种优待、补助经费1468.42万元。做好下岗（失业）转业志愿兵和转业士官再就业和生活困难帮扶工作。组织选岗招聘会，拨付工资、生活解困、养老金补差资金696.1万元，下拨街道（镇）退役军人服务中心工作经费65万元。（邓颖晴）

【专项救助行动】 2018年1月26—28日，雨花区生活无着人员救助管理站联合街道、乡镇重点对辖区内立交桥、街角、车站、公园、涵洞等地，开展地毯式街面巡查救助流浪、乞讨人员，共出动救助车辆10余次，劝导生活无着流浪乞讨人员35余人次，助10余人次长期在外流浪人员顺利返乡，送医救治2人次，发放棉衣30余件，棉被30余床，食品40余份。（邓颖晴）

【民政工作会议】 2018年3月20日，雨花区2018年民政工作会议召开。会上，区民政局党组书记、局长尹江华作全区民政工作报告；区政府副区长陈怀宇强调，要建立和完善特困救助、临时救助、慈善救助等制度，加强社会组织建设、深化基层民主自治等工作；要争创全省“五化”民政示范区，统筹推进“一口式”平台、社区全面提质提档、养老服务业发展、“15分钟便民生活圈”等工作，优化办事流程，创新社区治理，探索雨花养老“邻家在线+邻家照护”新模式；要争取上级对民政民生保障的投入和支持，加强部门协作配合和督导考核。会议分别表彰2017年拥军优属、社区建设工作先进单位和先进个人。（邓颖晴）

【养老机构负责人管理工作培训会】 2018年3月9日，雨花区召开养老机构负责人管理工作培训会。区民政局党组书记、局长尹江华带领局社会福利科和全区10家养老机构负责人实地参观长沙县青松老年公寓，考察老人住养区、青松医院、党史文化园、诗词文化园等。区民政局副局长余铁光组织召开养老机构负责人管理工作座谈会，听取各养老机构服务情况和今后打算。余铁光指出，要提供多样化、专业化、精细化和人性化的服务，加强安全防范，落实制度，责任到人。（邓颖晴）

【社区全面提质提档工作会议】 2018年3月15日，雨花区社区全面提质提档工作会议召开。区委副书记陈永高，区政府副区长陈怀宇、蔡泽敏，区政府副调研员师建新出席会议。陈怀宇作全区社区全面提质提档工作报告。师建新通报2017年度雨花区社区全面提质提档工作奖励等次情况，宣

2018年11月15日，雨花区社区提质提档观摩推进会 （邓颖晴/摄）

读2017年度社区全面提质提档先进个人表彰决定。砂子塘街道、歇马亭社区分别作表态发言。区委、区政府拿出近5000万奖励社区提质提档工作，左家塘、洞井等街道分获一、二、三等奖。陈永高强调，45个拟达标社区必须全面启动规划设计、项目招投标、施工建设等各项工作；确保4月底前全面开工建设，11月底前全面完成建设任务；加强业务指导和工作帮扶；结合“一圈两场三道”等民生工程建设，确保提质提档工作协调发展。3月28日，2018年社区全面提质提档工作培训会召开。市民政局副调研员、市社区全面提质提档联席会议办公室主任杨文斌，市民政局基政处处长罗文应邀进行专题授课。杨文斌重点就人居环境考核项目的新变化进行解读，强调社区全面提质提档工作要做好老旧城区有机更新、油烟污染治理、一圈两场三道等民生工作的结合文章，推进社区人居环境明显改善。罗文等市区领导和专家分别就“公共服务”“基层党建”“和谐稳定”等考核项目内容进行专题授课。2017年提质提档示范社区牛角塘社区分享经验做法。11月15日，陈永高率领全区社区全面提质提档成员单位分管负责人，各街道（镇）党（工）委书记、分管负责人，45个提质提档社区主职共120余人现场观摩井湾子街道香樟路社区、左家塘街道红花坡社区、砂子塘街道砂子塘社区全面提质提档工作，实地参观社区居民楼栋、公共服务中心、多功能运动中心、居家养老服务中心等项目改造现场。陈永高强调，目标任务要坚定不移；建设成果要大放光彩；考核验收要“蝉联”第一；安全稳定要绝对坚守。（邓颖晴）

【市民政局调研雨花区民政工作】 2018年3月9日，市民政局党委书记、局长陈昌佳到雨花区调研民政工作，与区民政局领导班子成员进行交谈。区民政局党组书记、局长尹江华分别就2017年雨花区民政系统主要特色亮点工作和2018年民政工作思路进行汇报。陈昌佳对雨花区2017年度民政工作给予肯定，强调要践行“民政为民、民政爱民”的理念，着力增进民生福祉，做实民生获得感文章，提升基本民生保障和基本公共服务，推进城乡社区治理创新，打造公共服务圈。（邓颖晴）

【省民政厅调研雨花区民政工作】 2018年3月15日，省民政厅社会救助管理局副局长刘灵芝一行到雨花区专题调研临时救助工作。区民政局副局长阳伟军对雨花区临时救助工作进行汇报，就临时救助对象的鉴定、救助的方式、救助的标准三个方面提出意见建议。3月21日，省民政厅政策法规处处长喻建中一行到雨花区调研“五化”民政建设工作。区民政局党组书记、局长尹江华汇报雨花民政工作基本情况及特色亮点工作。喻建中建议，要实事求是地做好资料归整建档等工作；充分挖掘工作中的先进经验做法；推进

民政工作在保障和改善民生、创新基层治理、维护大局稳定等方面的积极作用；以法治化民政建设为重点，做好民政普法宣传、行政执法、政策创制等方面的工作。4月12日，喻建中带队，中南大学和省社科院专家评估组通过采取听取汇报、查阅资料、实地查看、民意调查等形式对雨花区“五化”民政建设进行全面系统的验收评估。尹江华向评估组介绍雨花区“五化”民政建设工作情况。喻建中指出，雨花区“五化”民政建设在前期省民政厅组织开展的预评估工作中取得较好成绩，该次验收既是再调研、再督促，也是再核查、再落实。6月25日，省民政厅发出表扬信肯定雨花区“五化”民政建设工作，确认雨花区为2017—2018年度“湖南省五化民政建设先进县（市区）”。10月17日，省民政厅福慈处副处长李永胜带队到雨花区督查养老院服务质量建设工作，重点督查雨花区永济老年养护院。检查组查阅养老机构的管理制度、日常检查巡查记录等资料，实地察看养老机构的居住、饮食卫生、消防安全、特种设备安全等情况，将检查情况与相关养老机构进行反馈和交流。（邓颖晴）

【民政部调研雨花区民政工作】2018年3月29日，民政部社会福利和慈善事业促进司副巡视员王辉一行到雨花区雨花亭街道雨新路社区湘水一城长者之家、雨花区社会组织孵化基地和东塘街道和润老年养护院调研，看望入住养老机构老人，询问老人情况，对雨花区嵌入式社区养老、医养结合服务给予肯定，并希望雨花区落实“以人民为中心”理念，贴心为每位老人做好服务，鼓励社会力量参与养老，降低准入门槛，简化行政审批手续，诚心做好服务保障。（邓颖晴）

【青青期教育主题培训】2018年3月24日、25日，区民政局组织儿童之家项目督导团及10个儿童之家相关负责人开展“爱与生命”青春期教育主题培训会议。会议邀请社会工作师、二级心理咨询师谭雪明进行专题授课。培训围绕青春期性教育基本理念、核心知识与形式框架、青春期性教育活动带领者的基本素养与活动带领技巧、青春期性教育活动单元示范、青春期生理变化、性病的防治、关于爱情等内容展开。（邓颖晴）

【社会组织立体支持模式建设研讨会】2018年3月30日，新时代社会工作发展暨“三级联动”（区级、街道、社区）社会组织立体支持模式建设研讨会在雨花区孵化中心多功能会议室举行。市民政局人事（社工）处副处长喻莎，区民政局党组书记、局长尹江华，长沙民政职业技术学院社会工作学院副教授刘战旗出席研讨会。会上，尹江华指出，要构建“三级服务”社会组织党建工作体系，完善政府购买、公益创投、专业评估三项机制，加大社会组织孵化培育扶持力度。刘战旗作“共建共享——在十九大精神指引下推进社会工作发展”的主题分享。喻莎讲话勉励各社会工作从业者。（邓颖晴）

【清明殡改集中宣传日活动】2018年4月3日，区民政局牵头组织全区各街（镇）、社区、白理事会组织和志愿者在高桥街道永祥社区、洞井街道星苑社区广场等13个集中点开展2018年清明殡改集中宣传日活动。活动坚持以“推动殡葬改革，服务保障民生”为主题，号召居民群众在清明节期间开展“邻里守望，文明祭扫”志愿服务活动。全区13个集中点近1500人参加，发放殡葬管理小手册等宣传资料6万余份，悬挂宣传横幅200余条，摆放宣传展板150余块，组织宣传节目50余个。（邓颖晴）

【江西省民政厅调研雨花区工作】2018年4月21日，江西省民政厅厅长刘金接一行到雨花区调研医养融合工作，省民政厅副厅长陈慈英、福慈处处长李鄂辉，市民政局局长陈昌佳、福利处处长谭卓华，区民政局党组书记、局长尹江华等陪同调研。在雨花区和润老年养护院，刘金接了解养护院的管理及工作细节并与老人交淡，对雨花区“医养融合”新模式给予肯定。（邓颖晴）

【社会组织公益创投项目征集活动】2018年4月24日，雨花区启动“党建引领·创益雨花”支持社会组织、社工机构参与公益慈善项目征集活动。该次征集的项目突出“党建+公益”特色，项目范围分七个服务类：社会组织党建品牌服务、“蓝天保卫战”群众宣传服务、社会救助服务、社会福利服务、社会工作服务、扶贫救灾服务和社区服务。申报项目的社会组织、社工机构，应当具备下列基本资格条件：一是2017年12月31日前在区民政局依法登记的；二是具有独立银行账号，健全的财务和资产管理制度，有合法的收入来源；三是具有相关专业人才项目团队和较强的执行能力；四是建立社会组织党组织且作用发挥明显，获得民政等级评估、开展公益服务取得良好社会效益的组织优先。该次公益创投项目申报截止日期为5月3日，区民政局根据申报情况，对所有申报项目进行评审、确定立项、监督项目实施、提供项目培训、督导、开展评估验收。（邓颖晴）

【雨花区基层社区治理专题研修班】2018年5月27日，雨花区基层社区治理专题研修班在厦门大学开班。区民政局党组书记、局长尹江华，厦门大学深圳研究院干部培训中心主任李智出席开班仪式。在开班仪式上，李智介绍培训期间的课程设计。尹江华进行培训动员。该次研修班时间为期一周，来自雨花区各街道（镇）的学员共60人参加培训。（邓颖晴）

【养老护理员职业技能竞赛】2018年6月20日，雨花区2018年养老护理员职业技能竞赛在区社会福利中心举行。区民政局党组书记、局长尹江华，区总工会党组成员、副主席谭洪波，区民政局副局长余铁光出席活动，区内11家养老机构30名队员参加竞赛。竞赛以“比武赛技能，做岗位能手”为主题，以《养老护理员国家职业标准》为依据，邀请长沙市民政职业学院和湖南师范大学医学院专业教授担任评委，分为理论考试和技能操作两部分，技能操作采用绷带包扎法为外伤老人进行止血包扎，由护理员模拟实景操作。经过角逐，区社会福利中心、湖南龄家照护养老产业发展有限责任公司、雨花区永济老年养护院分别获得团体一、二、三等奖，陈望满、戴楚兰、毛秀凤等选手分别获得一、二、三等奖。（邓颖晴）

【新入职社会救助专干业务培训】 2018年7月11—12日，雨花区2018年新入职社会救助专干业务培训班举行。25名新招录社会救助专干参加业务培训。区民政局党组成员、副局长阳伟军作开班动员讲话。区民政局救助局业务科、综合科科长及相关业务骨干分别就最低生活保障、临时救助、医疗救助、精神障碍患者药物救助、特困供养、住房保障家庭收入认定等业务工作进行政策解读和业务培训。全体学员到砂子塘街道政务服务中心的社会救助“一门受理、协同办理”窗口现场观摩。培训班专门邀请雨花亭街道社会救助站副站长交流工作经验。（邓颖晴）

【雨花区社会救助宣传周活动】 2018年9月14日，雨花区“阳光救助暖万家、‘五化’民政惠民生”社会救助宣传周活动启动仪式在雨花亭街道通程喜乐汇广场前坪举行。活动旨在打造雨花“阳光救助、科学救助、和谐救助”新模式，利用多种形式的宣传平台，拓宽社会救助宣传渠道，增强社会救助宣传力度。区政府副调研员孙夙，区民政局党组成员、副局长阳伟军以及雨花亭街道主要负责人，区社会救助局全体工作人员、各街道（镇）社会救助工作者、志愿者服务团队和文艺团队、辖区居民群众参加启动仪式。歌舞《越走路越宽》拉开宣传活动的序幕，活动设置专业医疗救助机构现场义诊、炫酷机器人表演、义剪等活动。活动中穿插社会救助知识问答，邀请市社会救助局综合科科长田哲为全区的社会救助专干进行低保、特困供养、医疗救助、临时救助等政策培训和解答，开展社会救助专干专业知识大比拼。活动发放宣传单2.6万余份、“社会救助政策”宣传手册8000本、悬挂横幅、竖立展板、电子屏幕播放宣传片等多种形式，面向社会各界宣传各项社会救助政策。（邓颖晴）

【全区社会救助业务培训】 2018年12月25日，区民政局社会救助局组织召开全区社会救助业务培训暨工作部署会。区社会救助局全体人员及各街（镇）社会救助站副站长、专干参加会议。会上，区社会救助局业务科、综合科科长分别就2019年1月实施的社会救助方面的相关新政策进行培训，对2019年1月实施的城市低保金“和包支付”、城市低保系统迁移、困难对象春节慰问、临时救助等工作进行部署。区社会救助局局长赖庆龙着重强调，加强政策业务的学习，把握政策，坚持标准，热情服务；加强沟通协调和工作统筹。（邓颖晴）

民族事务

【概况】 雨花区民族宗教和外事侨务局（简称“区民宗外侨局”）为区政府直属事业单位，主要职能是负责全区民族宗教和外事侨务方面的事务管理，宣传民族、宗教、外事、侨务法律、法规和政策并开展执法工作。核定全额事业编制5名，实有5人；领导职数3名，实有3人；雇员数额1名，实有1人；党员6人，其中在职党员6人。办公地点设在区政府机关大院1号楼B栋1楼。

2018年，区民宗外侨局全面贯彻落实党的民族宗教方针政策和中央、省、市民族宗教工作会议精神，深化民族团结进步教育，加强各民族交往交流交融；坚持中国宗教的中国化方向，引导宗教与社会主义社会相适应；坚持以服务意识推进外事侨务管理，维护全区民族宗教外侨领域和谐稳定。（吴文静）

【民族工作】 2018年，雨花区抓好民族政策知识宣传教育。发放《政策民族常识宣传手册》和《少数民族流动人员服务指南》，举办全区民族工作业务培训会，宣传党的民族理论、民族政策、民族基本知识和相关法律法规。贯彻落实关于加强少数民族流动人口服务管理相关文件精神，坚持“党建＋服务＋管理”工作理念，打造少数民族流动人口服务管理“高桥模式”。省民宗委在《湖南民族宗教工作》刊物上刊发高桥街道少数民族流动人口服务管理工作经验文章，“新湖南”对服务管理工作经验进行推介。深入开展摸底调查，全面摸清了辖区范围内来长少数民族人员底数；走访慰问少数民族困难群众，春节期间共走访38个少数民族困难家庭，协调帮助15名少数民族经商务工人员子女解决入学问题；根据相关规定，做好普通高校招生享受民族优惠政策考生资格审核和公民变更民族成份审核工作，今年共审核符合资格的考生140名，符合更改民族成份的公民6名；开展民族团结进步创建活动，指导牛角塘社区民族工作提质提档，作为长沙市唯一参评单位，获批全国民族团结进步创建示范单位；结合文明社区建设，高桥大市场“民族之家”对活动阵地硬件提质，软件提档，作为长沙市唯一参评单位，获批全省民族团结进步创建示范单位。参加区人大组织的民族团结进步行活动，赴桑植扶贫帮困。举办“民族团结一家亲，优秀文化共传承”主题活动暨高桥大市场第八届民族联谊会，促进各民族同胞交往交流交融。回民公墓外迁工作平稳有序，共迁出墓葬667家（吴文静）

【民族工作业务培训】 2018年6月13日，雨花区召开民族工作业务培训暨工作经验交流会。全区民族宗教工作领导小组各成员单位分管副职、街道、跳马镇统战专干以及民族工作重点社区（村）主任共计120余人参加。市民宗局民族处处长赵萍以《民族政策理论及民俗民风》为题向与会人员进行专题业务培训。左家塘街道和牛角塘社区分别介绍其民族团结进步创建工作的经验。与会人员到省级统一战线同心社区、全省民族团结进步创建活动示范单位——牛角塘社区进行现场观摩，参观社区的民族风情伞街、民族文化墙、民和亭、民族事务服务窗口、民族工作室、民族剪纸工艺室等社区民族文化建设成果。

（吴文静）

【市民宗局调研雨花区民族工作】 2018年3月9日，市民宗局副局长张晓鸣一行调研雨花区民族宗教工作。区政府副调研员肖集林、区民宗外侨局局长冯粤、跳马镇党委委员文宵乾参与调研。张晓鸣一行在跳马镇进行实地调研，召开座谈会。会上，冯粤、文宵乾分别汇报雨花区和跳马镇民族宗教工作情况。肖集林表示雨花区将高标准抓好工作落实，维护全区民族宗教领域和谐稳定。张晓鸣提出要求，要严密排查民族宗教领域风险隐患；要依法妥善处理突发事件；要加强网络舆情管控。4月3日，市民宗局党组书记、局长罗伟到雨花区石马回民公墓外迁指挥部进行现场调研，在雅塘新城三年改造指挥部召开石马回民公墓外迁工作调度会。会上，项目指挥部办公室汇报回民公墓外迁工作进展情况以及下阶段工作部署安排，市伊协作相关情况说明，区政府副区长易静就回墓外迁工作的几个具体问题提请会议进行研究。会议明确2018年4月底前完成回墓外迁的扫尾清零工作。罗伟要求，各相关部门单位加强配合，形成合力，把握时间节点，促进回墓外迁扫尾工作平稳顺利完成。罗伟一行到清泉寺进行现场指导，针对寺庙的建筑安全、烟花爆竹燃放管控等情况进行实地督查，围绕清泉寺的规划、重建和寺庙管理等相关工作与清泉寺住持进行沟通。6月21日，市民宗局党组成员刘立新在黎托街道占白龙王庙和大安寺进行实地调研，在大安寺召开专题调研座谈会。会上，冯粤、文宵乾分别汇报雨花区和跳马镇民间信仰场所管理和普法宣传工作情况。刘立新提出要求：要抓好意识形态工作；要做好宗教领域安全工作；要推进宗教工作“三级网络两级责任制”落实。7月10日，罗伟一行到雨花区调研民族团结进步创建工作，查看高桥大市场“民族之家”和牛角塘社区两个创建点。调研组一行实地调研高桥大市场“民族之家”，大市场民族工作领导小组办公室主任蒋维汇报民族工作的开展情况，就“民族之家”开展的联谊、慰问、帮扶活动作重点介绍。罗伟询问少数民族经商务工人员在高桥大市场创业就业、子女就学等多方面的情况。调研组到牛角塘社区，查看民族文化墙、民和亭、民族工作室、民族风情彩伞街等阵地，观看社区民族工作宣传片，了解牛角塘社区民族团结进步创建相关工作情况。罗伟指出，在完善阵地方面，要注重与社区文化建设有机结合；在提升服务水平方面，要注重在服务中引导，在引导中服务。10月26日，市民宗局副局长彭晓军、民族处处长赵萍调研指导雨花区高桥大市场民族工作。调研组听取相关负责人汇报后，赵萍对新阵地提质提档建设方案提出修改建议，就民族业务相关内容进行指导。彭晓军提出建议，提升服务少数民族流动人员水平；加强与社区建设的共建共享；融合“党建+服务+管理”的理念。（吴文静）

2018年6月13日，雨花区民族工作业务培训暨工作经验交流会（吴文静/摄）

【省民宗委调研雨花区民族工作】 2018年4月18日，省民宗委监督检查处处长龙毅一行到雨花区左家塘街道牛角塘社区调研民族团结进步创建工作。龙毅一行在民族活动室观看牛角塘社区民族团结进步创建工作宣传片，就“同心花·同心梦”民族文化墙提档升级设计方案进行讨论和交流；实地查看社区民族文化建设情况。龙毅希望社区在加强少数民族流动人口服务管理方面出先进经验，营造民族团结氛围，彰显长沙民族工作的特色和亮点。7月13日，龙毅一行到牛角塘社区指导民族团结进步创建工作，查看民族文化墙、民和亭、民族工作室、民族阅览室、民族风情彩伞街等阵地，观看民族团结进组创建活动宣传片，重点了解社区在创建活动中采取的措施、获得的经验和取得的成效，就创建过程中还需改进的问题和相关单位负责人进行讨论。龙毅提出建议，要提高政治站位；凸显特色亮点；巩固和发展民族关系。（吴文静）

【新疆驻湘工作组调研高桥街道】 2018年8月8日，新疆驻湘工作组副书记牟鹏等一行4人到雨花区高桥街道调研。区民宗外侨局局长冯粤，高桥街道党工委副书记、办事处主任罗闽，以及高桥街道分管政法、统战、城建等工作的相关负责人一同参加。牟鹏一行现场走访新疆籍务工经商人员店面和户外摊点，了解新疆籍务工经商人员的经营情况。召开座谈会，罗闽汇报高桥街道在外来务工人员特别是新疆籍务工经商人员服务管理方面所做的工作。高桥街道其他负责人就社会治理和环境保护方面的工作进行交流和沟通，对如何加强工作提出建议。冯粤希望高桥街道能朝着“民族团结好、经济发展好、社会治理好、环境保护好”的四好工作目标努力。牟鹏提出意见，要落实责任，依法依规管理；要排忧解难，诚心诚意服务；要搭建平台，整合优质资源，促进文化融合，增进民族情谊。（吴文静）

【高桥大市场第八届民族联谊会】 2018年11月30日，雨花区举办“民族团结一家亲·优秀文化共传承”主题活动暨高桥大市场第八届民族联谊会。省委统战部民宗处处长彭天忠，市民宗局副局长彭晓军，区委常委、统战部部长成钢，区人大常委会副主任、工商联主席叶松以及市区两级民族联谊会、高桥大市场负责人，以及雨花区少数民族群众代表50余人参加活动。活动中，大家参观长沙市示范性综合实践基地民族民风馆、李自健美术馆，举行高桥大市场2018年度“民族工作先进个人”颁奖仪式、民族知识抢答赛，开展趣味互动游艺活动。（吴文静）

【首届新疆籍少数民族国语培训班】2018年12月18日，新疆驻湘工作组联合区民宗外侨局在井湘社区会议室举行雨花区首届新疆籍少数民族国语培训班开班典礼。驻湘工作组党委书记、组长石建，区民宗外侨局局长冯粤，工作组其他成员和60余位新疆籍人员参加活动。石建要求，为创造享福生活打下坚实的语言基础；为促进民族交往维护民族团结做出贡献；通过相互激励帮助取得共同进步；尊师重道树立新疆人良好形象。冯粤勉励全体学员学有所成，学有所乐。学员代表木合塔尔发言。该届培训班班主任由工作组成员沙比提·吐尔逊担任，聘请专业的双语教师授课，使用新疆出版社正规教材《新编汉语入门·中小学教师双语短期强化教程》，历时3个月。（吴文静）

宗教事务

【宗教政策法规宣传培训】2018年，雨花区举办党的宗教政策暨新修订《宗教事务条例》培训班，对民宗系统干部，街道（镇）统战委员、统战专干、宣传专干，社区（村）书记，宗教教职人员，骨干信众等200余人进行专题培训；向街道（镇）和宗教活动场所印发《十九大知识应知应会300题》和新修订《宗教事务条例》共7000余本；结合法治雨花建设，做好社会层面的宗教政策法规宣传。（吴文静）

【宗教场所管理】2018年，对全区教职人员身份进行信息摸底调查，完善人员台账。活动管理上严把审批关，严格执行宗教活动报备审批程序，要求各场所举行宗教活动必须在规定的时间内要求提出申请，并到相关部门进行备案。督促宗教场所建立完善财务制度，对各宗教活动场所实行财务监督和管理。开展全区宗教基础信息数据库复核工作，开展宗教场所清查工作，摸清民间信仰场所、基督教学习小组、基督教私设聚会点底数，建立完善工作台帐。加强宗教领域隐患排查，及时发现问题，形成隐患清单，对每项隐患治理任务实行交办制、台账制、销号制、通报制管理。（吴文静）

【全区宗教基础信息数据库复核和场所赋码工作部署会】2018年1月5日，雨花区召开全区宗教基础信息数据库复核和场所赋码工作部署会。区民宗外侨局局长冯粤、副局长刘霞，各宗教活动场所负责人、具体工作经办人参加会议。会上，刘霞传达长沙市宗教基础信息数据复核和场所赋码工作会议精神，对数据库复核的规范填报进行说明，对宗教活动场所、宗教教职人员的有关佐证材料提出明确要求。冯粤要求宗教活动场所教职人员，要统一思想，明确责任，把握节点。（吴文静）

【区委调研宗教思想阵地管理工作】2018年2月27日，区委常委、宣传部部长余宏卿到清泉寺、大安寺对宗教思想阵地管理工作进行专题调研。调研中，场所负责人介绍场所在人员培训、安全管理、活动开展等方面的情况。调研组在大安寺召开宗教思想阵地专题调研座谈会。会上，区民宗外侨局党组书记谢锋、跳马镇党委委员文宵乾、同升街道党政办副主任肖琳汇报本单位宗教思想阵地管理工作情况。余宏卿对2018年宗教思想阵地管理工作提出要求：要统一宗教思想阵地意识形态工作认识；要增强宗教领域意识形态工作的责任感和使命感；要强化宗教思想阵地意识形态工作的管理举措。（吴文静）

【宗教活动场所专项督查】2018年4月2—3日，区民宗外侨局局长冯粤带队对重点宗教活动场所进行专项督查。督查中，要求各场所要规范信众燃香行为，倡导文明敬香，安排专人进行日常巡查，杜绝火灾隐患，妥善保护文化资源和生态环境，维护宗教活动场所和民间信仰场所的文明安全秩序。5月30日，区民宗外侨局党组书记谢锋带队到清泉寺、大安寺、丰田古寺、团头河福音堂开展消防安全督查，对场所消防设施、消防器材、电器设备、线路布局、大殿用火、应急配置、消防安全通道等情况进行全面检查。8月23日，区委统战部常务副部长李芳，谢锋对全区宗教活动场所的和谐寺观教堂创建活动和“中元节”期间禁燃烟花爆竹情况进行督查，指导宗教教职人员进加强对《中华人民共和国宪法》《中华人民共和国国旗法》《中华人民共和国宗教事务条例》等法律法规的学习，落实“蓝天保卫战”工作要求。9月13日，李芳、冯粤对清泉寺“宗教政策法规学习月”活动开展情况和场所安全管理情况进行督查，向宗教界人士和信教群众致以中秋慰问。（吴文静）

【大安寺危房重建协调会议】2018年5月17日，雨花区政府副区长易静召集区城乡建设局、区民宗外侨局、区国土分局、区规划分局、区“两型办”和跳马镇相关负责人召开大安寺危房重建协调会议，会议由区政府办公室副主任黄桦主持。易静一行现场查看大安寺念佛堂、地藏殿、藏经殿等危房建筑，查阅相关房屋的证件和资料。相关单位就大安寺危房重建问题进行协商。大安寺住持释悟心对危房重建事项进行说明。相关负责人分别对大安寺危房重建进行业务指导，表示将全力支持寺庙重建工作。易静表示，与会单位要加强工作衔接，确保危房重建审批工作依法依规，施工过程又好又稳。（吴文静）

【市委统战部调研督查雨花区宗教工作】2018年6月8日，市委统战部副部长、台办主任袁义和一行对雨花区宗教工作进行调研督查。调研督查组一行在跳马镇团头河福音堂和长沙市大安寺进行实地调研督查，与区、镇、村、宗教场所负责人，就宗教工作“三级网络两级责任制”落实情况和场所的安全隐患进行探讨和交流。袁义和提出要注重解决宗教活动场所存在的问题和困难，压实“三级网络两级责任制”工作责任，引导宗教与社会主义社会相适应。（吴文静）

【新修订《宗教事务条例》专题培训班】2018年9月6日，雨花区举办党的宗教政策暨新修订《宗教事务条例》专题培训班。区委常委、统战部部长成钢，区民族宗教工作领导小组各成员单位分管副职，各街（镇）宣传委员、宣传专干、统战专干，各社区（村）书记，各宗教活动场所、民间信仰场所负责人，宗教教职人员和部分骨干信众共250余人参加培训。成钢强调，增强做好宗教工作的紧迫感；提高宗教工作法治化水平；维护宗教领域安全稳定。省民族宗教委员会法规处周琼进行专题授课，讲解宗教的基本概念、新修订《宗教事务条例》基本内容和网络宗教舆情，引用实例进行阐释。通过该次培训，有利于提高基层工作人员运用科学理论指导宗教工作实践、解决宗教领域问题的能力。（吴文静）

外侨事务

【外事工作】2018年，雨花区以雨花非遗馆为重点，申报湖南省涉外交流基地。做好区内湖南元亨科技股份有限公司等企业邀请外国人到长沙初审工作。履行“加强因公出国管理”责任，落实因公出国（境）因事定人、个人限次、人事相符等措施。农博会期间，抽调专人协助外事组和观众组织组的工作，承接主宾国泰国的外宾接待任务。（吴文静）

【侨务工作】2018年，雨花区做好侨情普查，加大侨法宣传力度，区民宗外侨局、区侨联、致公党雨花区工委（“三侨”联动）联合举办归侨侨眷权益保护法宣传活动。落实老年归侨侨眷关怀爱护工作，年初举办老年归侨和侨眷新年团拜会，年中举办上半年度老年归侨生日会，协调帮助区内老归侨刘玉芳、余金娇、陈素英三人申请生活补贴，妥善处理华侨王光祥在洞井街道投资经营相关事宜。顺利办结区政协五届二次会议《关于请求加强重视、关怀照顾老年归侨侨眷的提案》。（吴文静）

【徐正宪慰问雨花区百岁侨眷】2018年2月5日，省外事侨务办公室党组书记、主任徐正宪一行到雨花区井湾子街道三湘社区慰问百岁侨眷颜腾芳，送上慰问物资和节日祝愿，。徐正宪省希望社区能进一步发挥优势、积极作为，做好归侨侨眷的贴心人，切实为他们排忧解难。（吴文静）

街道·镇

雨花亭街道

【概况】 雨花区雨花亭街道地处雨花区“腹地开发”和长株潭三市融城的前沿阵地，北起南二环、劳动东路，西至韶山南路，南抵香樟路，东临万家丽路，是城区建设改造的攻坚区域。2018年，街道辖区面积8平方千米，常住人口近7.5万人，辖曲塘、雨新路、路桥、正圆、新星、自然岭、华云、雅塘村、香南郡、麻塘桥社区10个社区，井塘1个社区筹委会，自然、石马2个集体资产管理委员会，有政府机关、企事业、驻区单位400余家。街道内设党政办、经贸办、社会事务办、综治办、城管办、卫计办、财政所，二级事业单位有社区公共服务中心、综合文化服务中心、安全监督管理中心、征收安置服务中心、人民来访接待暨矛盾纠纷调处中心，街道机关核定行政编制16名，其中领导职数11名，机关后勤服务人员事业编制仅1人，二级事业单位事业编制核定38名。有在职行政编15人，事业编31人。

2018年，中央环保督察“回头看”期间，投诉件3件，完成区“一减两无”目标。雨花亭街道获基层人力资源和社会保障平台标准化建设优秀街道、长沙市计划生育基层群众自治先进街道、长沙市无偿献血组织工作先进单位；正圆社区获基层人力资源和社会保障平台标准化建设优秀社区。

（姚园园）

【街域经济】 2018年，雨花亭街道完成财政收入9.81亿元，同比增长20%；完成固定资产投资42亿元，其中现代服务业42亿元；实现限上社会消费品零售总额同比增长8%。全街投资项目15个，其中：续建项目7个，新建项目7个，待建项目1个，占地近73.33公顷。推动五江天街（南）、正圆世贸、圭塘河流域城市海绵公园等在建项目，投资额约130亿元。按照区委“一核两带五组团”战略部署（“一核”即由红星片区、高铁新城及湘府路两厢构成的马头形区域，定位为中部现代服务业核心区、高端城市功能集聚区；“两带”即浏阳河文化旅游产业带与圭塘河生态经济带；“五组团”即高桥组团、东塘组团、雅塘组团、经开区组团、跳马组团），街道构建以西南向（留山路香樟路）楼宇经济带为龙头，东北向（二环线—劳动路万家丽路）雅塘片区腹地开发为中心的“街双向”发展格局。西南向引进税收3000万元以上的企业湖南天人安装建设有限公司，与法国铂尔曼国际大酒店、斯普瑞斯、沃尔玛、大润发超市等知名企业签订意向合同，广电地产长沙总部、江坤置业江域置业、长沙有色冶金设计研究院、中铁上海设计院长沙分院等公司入驻；东北向，规划中城苑保障住房附近1000米长的“石马老街”（商业步行街），五江天街（北）美食小镇、融科东南海、万坤图财富广场、乐尚城等项目投入使用，雅塘新城进行开发。（姚园园）

【城建城管】 2018年，雨花亭街道共16个征拆项目，包括8个续拆、8个新启动项目。提前15天完成华云机械厂、雅塘村社区2个棚改项目整体交地；9天内推动雅塘村小学宿舍棚改签约清零；2个月内完成自然村3个协议拆迁项目（洞井路、雅塘冲路、儿童福利院）签约拆除腾地工作；雅塘冲路（石马村段）、雅塘冲路扩征、中城苑补征3个集体土地项目按期清零倒地；雅塘冲路棚改、自然107、车站南路（曙光路—劳动路）、石马中城苑安置住房扩征4个项目全面扫尾；大吉门窗、汽车制造厂2个棚改项目相继发布征收第三、第四公告，长沙市第一福利院（置换地）项目启动签约，洞井路、曙光路年底通车。2018年，雨花亭街道采集并处置各类案卷4万余件，受理数字化平台案卷2万余条，整治劝导店外经营、流动摊贩5800余次，拆除违章建筑16575平方米，清运垃圾堆物900余车、裸露垃圾百余吨，清除“牛皮癣”1万余处，清理河滩2000余米。麻塘桥社区通过长沙市“绿色示范社区”验收，香南郡、路桥纳入社区垃圾分类试点。（姚园园）

【环境保护】 2018年，雨花亭街道出动环保执法人员1.4万余次，检查门店7000余家，发现并整改问题700余个，深入大气污染防治，实现“三个月治标、三年治本”目标任务；全面铺开全国第二次污染源普查，完成辖区生活源锅炉及533家工业企业前期清查工作；严格落实河长制，河道巡查1000余次，组织清河行动40余次，搬迁涉污企业1家，深化水污染防治；开展“静音”“造绿”系列行动，新增绿地面积0.43公顷。（姚园园）

【社会事业】 2018年，雨花亭街道推进“互联网+”“最多跑一次”政务事项改革，完成辖区12个政务服务点的设施设备和网络改造；受理市民热线转办工单1500余件，实现98.5%的综合办理满意率；52家企事业单位、社会组织纳入“民意快线服务联盟”工程，结对帮扶207名党员群众，解决民生问题62件。依托社保、低保政策兜底，救助各类困难群体4156名，发放资金402.86万元，新增城镇就业1196人，获得2018年“中国创翼”创业创新大赛优秀组织奖；依托民政事业，发放助学、助残、慰问、优抚等各类津补贴306.87万元，帮扶特殊困难群体1263户，香南郡社区入选市级残疾人工作三星级社区；“双联双创”之“绿房子——童心氧吧青少年关爱服务”项目及相关课题获得肯定；安置征拆对象177人，分房148套，发放征拆安置延期过渡费648万元；拨付8万余元助力跳马镇关刀新村15名特困户发展畜牧养殖，及时解决5户贫困家庭的饮水、居住困难；落实卫生计生“十优十免”惠民政策。开展各类创建活动22次，街道文化站成功申报湖南省第一批文化消费试点单位。重点铺开“一圈两场三道”重大民生工程，按照2个已编码项目，结合3个社区提质提档，投资4000万余元，完成正圆社区、新星社区公共服务中心的重新布局、改造及华云社区人居环境改造工程；新建地下停车场2个，新增停车位1253个。分步完成自然、石马、井塘三个村的改革实施方案制定、清产核资相关工作。井塘村率先完成全面改革，成为全国第一批、湖南省唯一获得“农村集体经济组织登记证”的村级组织。加快推进小区配套幼儿园整体移交工作，5所私立幼儿园顺利移交，移交经验在全区推广；联合辖区单位，成立14个街、社两级调委会，向外驻派3个调解室、2个专业调解委员会。驻区交警大队调解室作为亮点品牌，接受第十届海峡论坛·两岸基层调解员一行参观考察。（姚园园）

【综合治理】 2018年，雨花亭街道开展打非治违、隐患排查各类安全检查和整治180余次，检查生产经营单位及场所2600余家，排查并整改安全隐患150处，实现安全生产零事故，路桥社区成功创建市级消防宣传示范社区；全年进京信访人次同比下降18.6%，宗教领域私设聚会点劝散工作得到落实；历时5个月，化解原长沙正圆动力配件有限公司3500余名退休安置人员含600余名涉军对象的打砸工厂、聚众堵门的群体性事件，成为全省处置群体性事件的典型优秀案例。（姚园园）

【基层党建】 2018年，雨花亭街道完成全街42名雇员员额管理的审计核定、人事系统创建运行及10个社区103名专职工作人员的审核登记工作。整合“庭苑党员之家”“清风讲习所”等社区党建品牌，加强习近平新时代中国特色社会主义思想理论学习；围绕全区“抓组织建设、重党员管理，强基层党建”发展思路，以“八项重点任务”为统揽，全面铺开辖区2084名党员信息采集工作，完成15个新增社区党支部换届选举及12个小区党支部建设，成立10个邻里中心，发展任命24名兼职委员；深化华翼府楼宇非公党建品牌建设，推动“百企互联”新模式向万坤图经验复制、更新升级，接待长沙市委组织部、浏阳市委组织部、张家界武陵源区委组织部等多家单位参观学习；发动辖区企业爱心资助2名贫困学生，探索非公企业与精准扶贫相融合的生动实践。街道有非公和社会组织党支部23个，新成立6家非公党支部，撤销6家支部，整体迁出一个党支部。湖南明泰项目管理有限公司党支部、湖南楚瑞工程咨询有限公司党支部资助跳马镇关刀小学两个学生从小学1年级到大学毕业的全部学费和生活费。（姚园园）

【正圆动力配件厂环保整治】 2018年5月31日，部分原长沙正圆动力配件厂改制后下岗、退休人员（含部分涉军人员）围堵湖南动力配件公司大门，导致该公司正在实施的环保搬迁和环保治理受阻，致使企业蒙受较大损失，同时土壤治理二次污染可能破坏长沙市饮用水源。雨花亭街道对接协商，安抚疏导，对接维权群众，共召开调度协商会议20余次，请求市直各相关部门进驻正圆现场8天收集群众诉求2次，上门入户疏导50余次，侧面帮扶关怀100余人，约谈劝导涉军人员30余人次；为正圆所有相关人员争取环保奖励。11月2日，在公安机关牵头，街道配合下，顺利打开被堵大门，环保整治有效进场。（姚园园）

【雅塘片区征拆】 雅塘村小学宿舍棚改项目：2018年8月21日发布征收

2018年2月1日，雨花亭街道2018年度工作务虚会（姚园园/摄）

决定，9月20日启动集中签约，首日签约过半，三日内签约率75%，9日内签约清零，12月3日腾房清零。该项目是雨花区年度启动新项目中第一个签约清零、第一个腾房倒地的项目。8月中旬，市政府重点督办，雅塘冲路（自然段）、洞井路调规项目两个市级重点工程必须在10月份交地，洞井路二栋房屋必须先行拆除，市儿童福利院项目应同期腾地。三个项目均因农地转征问题手续未完备，只能采用协议拆迁方式，必须主动求得群众自愿拆房。任务下达后，雨花亭街道抽调精干力量，5天内完成所有国土外业调查及资料收集。9月30日洞井路调规进度节点两栋房屋签订自愿拆除协议并拆除。在新政策明确后，10天集中攻坚签约，11月10日，全面实现三个项目67栋私房签约清零，30天内完成全部房屋拆除交地。（姚园园）

【保障圭塘河流域湿地公园开工建设】“圭塘河流域湿地公园”是省、市重点民生、环保、生态项目，征地面积15.13公顷，受制于全市耕地指标问题，手续不完备，属于协议拆迁项目。同时，面临井塘村拆迁时限长、项目多、遗留问题多的村情、民情、社情。2018年，雨花亭街道通过两个月时间完成76栋私房和谐协议拆迁，保障项目顺利进场施工。全面拆除过渡房7600余平方米，搬迁机械化施工公司场地5000余平方米，清表青苗8公顷，迁改坟墓50余座，将项目用地全面交付施工。（姚园园）

【长沙市图书馆雅塘分馆开馆】2018年1月3日，“书香雨花”之雨花亭街道全民阅读节暨长沙市图书馆雅塘分馆开馆仪式在雨花亭街道雅塘村社区举行。长沙市图书馆雅塘分馆系雨花区首家社区图书馆，占地面积100余平方米，馆藏文史哲类、儿童读物等书籍1万余册，开设集多功能媒体报告区、借阅区、少儿阅读区、电子阅览区、文化共享区、读书心愿区于一体的公益文化服务配套区域。读者在雅塘分馆办理借阅卡后，在雅塘分馆借阅的书籍，可在市图书馆归还，在市图书馆借阅的书籍，可在雅塘分馆归还，即雅塘分馆与市图书馆一卡互通。雅塘分馆建设是雅塘村社区群工站年初制定的“承诺办事”活动的三件实事之一，得益于区人社局、区文体新局、福彩基金、惠民资金和社区自筹的资金支持，投入使用后，雅塘分馆与社会组织广通阅读全民推广中心签订合同，采用“图书馆+”的模式，安排专人在平台上通过定期的开放和维护，为广大读者提供便捷、优质的免费服务，推广全民阅读。（姚园园）

【张敏调研雨花区亭街道】2018年5月14日，区委书记张敏调研雨花亭街道项目建设等经济社会发展工作，就具体问题现场办公。张敏现场察看车站南路项目、洞井路项目和曙光路项目，了解项目进展等相关情况，强调要加快征拆，确保早腾地、早建设、早完工。座谈会上，张敏强调，要确保平安稳定，确保不出现较大安全生产事故；要攻坚项目拆迁腾地；要切实加强城市管理，打造样板示范街；要坚决打赢“蓝天保卫战”，发动执法力量下沉网格履职，及时发现解决问题；要抓好基层党建，发挥单位党员在小区的模范作用，合理利用架空层建设活动阵地；努力带好队伍。6月27日，张敏就征地拆迁、项目建设等工作到雨花亭街道雅塘片区调研。张敏现场察看石马安置住房中城苑项目、雅塘村社区棚改项目、雅塘村洞井路建设现场，以及曙光路、石马文化公园、雅塘新城三年改造指挥部等，了解雅塘片区控制性详细规划和片区整体开发情况。张敏强调，要抓紧完成年度目标任务；要确保资金需求，加快资金调度和组织工作；加快项目招商；要维护好施工环境；要由项目拆迁向片区拆迁转变，由棚改向城中村改造转变，通过片区整体开发，打造更加优美的片区形象。11月28日，张敏一行调研雨花亭街道“一圈两场三道”建设项目的新星社区农贸市场。（姚园园）

【雨新路社区新时代“讲习所”开讲】2018年5月29日，雨花亭街道“信访法治宣传”进社区暨雨新路社区新时代“讲习所”开讲启动仪式在雨新路社区举行。新时代“讲习所”采用现场讲习模式：既以学习宣传贯彻习近平新时代中国特色社会主义思想作为主线，又统筹考虑基层实际和诉求热点，将文明风尚、移风易俗、美丽乡村建设、环境卫生整治、生态环境保护、致富经验交流等一系列“接地气”的内容和党员群众在学习、生产、生活等方面所需的知识技能纳入讲习范畴。活动现场，宣读学习习近平新时代中国特色社会主义思想的倡议书，对《中华人民共和国宪法修正案》进行解读；进社区报到的在职党员向居民发放党风民情卡，“一对一结”对帮扶22户困难居民。（姚园园）

【麻塘桥社区垃圾分类工作】2018年5月31日，市城管局副局长胡刚一行调研雨花亭街道麻塘桥社区创建市级垃圾分类示范社区工作。6月14日，麻塘桥社区在香樟鑫都小区活动广场开展“联盟单位齐上阵，党员志愿庆端午”大型户外活动，组织未成年人学习垃圾分类知识，辖区的在职党员和相关单位省有色金属局幼儿园、垃圾分类公司万容公司等参加活动。活动现场，工作人员和幼儿园儿童进行趣味垃圾分类活动，向居民群众发放垃圾分类指导手册并现场指导居民。7月20日，社区党支部、社会组织银发族、社区垃圾分类工作小组共同组织辖区居民参在香樟鑫都小区与垃圾分类课堂培训、入户指导、垃圾桶站点投放指引活动。活动开始前，社区垃圾分类工作小组社工给参与活动的小朋友进行相关讲解培训，介绍垃圾分类的重要性、分类方法、资源回收利用、废弃物处置等环保知识，以及香樟鑫都作为垃圾分类试点小区以来所实施的工作情况。培训完成后，鼓励小朋友们成为小区垃圾分类的倡导者，把刚在课堂上学到的分类知识用到实践中，带动邻里、父母参与垃圾分类。（姚园园）

【人口日主题活动】2018年7月10日，“阳光救助暖万家，健康行动惠民生”人口日主题活动在雨花亭街道华云社区举行。活动中，雨花亭街道卫生服务中心与华云社区5户困难家庭签订“家庭契约式服务协议书”，按照协议书居民在不便出门就医的情况下可预约家庭医生上门问诊，享受优先就诊、优先转诊等一系列便利就医的服务形式。同时卫生服务站可为其家庭成员提供健康评估、预防保健等指导性服务。华云社区向另外5户困难家庭发放价值1000元的医疗健康卡，持卡人员可凭卡可在卫生服务中心进行常规体检，可享受免费家庭医生签约、免挂号费、免费长沙市中心医院绿色转诊通道等。（姚园园）

【路桥社区开展环保宣传活动】 2018年7月23日，雨花亭街道路桥社区开展“垃圾分类，从我做起”主题宣传活动。近200名学生及家长参与活动。活动现场，路桥社区书记李杏红解读垃圾分类工作的意义，宣读倡议书，现场图解垃圾分类相关标识标志，组织学生们进行分类垃圾桶的辩识和分类投放的演练。现场活动设置生活垃圾分类有奖问答环节。孩子们组成志愿服务小分队，到商业街门店和居民家中发放派送《长沙市生活垃圾分类指导手册》，累计发放分类手册800余份。该次活动，使小志愿者们学习到生活垃圾分类知识，有利于自身养成垃圾分类习惯，并督促家人一起参与垃圾分类投放。（姚园园）

【闫小培调研“青少年心理矫正”工作】 2018年10月13日，全国政协常委、致公党中央副主席闫小培一行到雨花亭街道调研“青少年心理矫正”工作，省教育厅副厅长、致公党湖南省委副主委应若平，区委常委、统战部部长成钢，区政府副区长、致公党市委常委、致公党区工委主委易静等参与调研。调研组一行实地查看雨花亭街道香南郡社区的寸草心社会服务中心阵地和绿房子父母儿童接待中心，以及枫树山东南海小学“绿房子·童心氧吧”驻校社工工作室。座谈会上，闫小培结合“青少年心理矫正”调研课题的有关问题，与寸草心社会服务中心等相关单位负责人进行沟通交流。闫小培认为，寸草心社会服务中心在关怀青少年心理和生理健康方面做了多年的探索和实践，打下了非常好的基础，期望该机构能够将关怀青少年心理生理健康这项工作继续坚持做下去，机构成员要注重接受持续的专业培训，要将各种青少年心理教育咨询案例及时整理归档，通过不断积累形成数据库。寸草心社会服务中心是雨花亭街道办事处培育和发展的一家专业化社会服务组织，于2015年正式注册。雨花亭街道每年拨付20万余元的专项资金购买该组织的专业服务，并且依据服务内容逐年递增，致力于青少年健康成长工作的有序发展。该中心2016年起进驻香南郡社区和枫树山东南海小学开展社会服务，2017年在香南郡社区成立湖南首家“绿房子父母儿童接待中心”，2018年在雨花区委统战部和民盟雨花区工委的指导下深入开展“双联双创”活动，开辟“绿房子·童心氧吧”项目，将服务范围拓展至枫树山东南海小学、锦源小学等辖区学校。绿房子父母儿童接待中心专注于呵护0—4岁幼儿心灵成长，帮助幼儿完成一个初级的社会化过程，帮助缓解分离焦虑，发现早期自闭症等问题。自2017年首家“绿房子”公益项目落户雨花亭街道以来，通过采取“三三三制”，在每周二、四、六上午，开放三个小时，三名专业老师在社区绿房子里开展亲子交流活动，累计接待4000余人次。“绿房子”成为家长和0—4岁儿童沟通和共同成长的乐园。枫树山东南海小学建立的寸草心学校社会工作室，是长沙市第一家第三方专业机构进驻小学，为小学生身心健康发展搭建学校、家庭、社会组织一体化关爱平台的工作室。寸草心团队为学校2300余名学生、200余名老师、1000余名家长提供社工、心理咨询、法律等方面的专业服务；为2300余名学生建立心理档案，进行需求评估；开展团体活动100余次，个案180人500余小时，教师团建30余场，家庭治疗近40次，家长培训100余场。（姚园园）

【红色经典诵读主题活动】 2018年11月14日，“书香雨花”之“朗读者”——红色经典诵读主题活动在雨花亭街道举行。由路桥社区带来的《少年中国说》拉开现场朗读的序幕。活动朗诵《沁园春雪》《我的祖国》《岳阳楼记》《七月的天空》《没有共产党就没有新中国》《走进新时代》等作品的节选，朗诵形式有独诵、情景朗读等。活动邀请区委党校教师莫冉以“党和中央的顶层设计”“基层政府的工作落实”“党员干部的责任担当”为主题进行宣讲。（姚园园）

高桥街道

【概况】 雨花区高桥街道位于雨花区东北部，东临浏阳河支流圭塘河，南接劳动东路，西靠京广铁路，北至人民东路，总面积4.71平方千米，总人口16万人，其中，常住人口3万人，流动人口13万人，下辖高桥、友谊2个集资委和火焰、金环、怡园、高桥大市场、五一、永定、永祥、鑫华8个社区，有省邮政局、长沙海关等驻街单位28家，有高桥大市场、高建市场、高桥汽配城等综合（专业）型市场8个。街道设党政综合办、党建群工办、经济发展办、社会事务办、社会管理综合治理办、城市管理办、环卫办、人口与计划生育办、财政所、安全监督管理中心、征收安置服务中心、人民来访接待暨矛盾纠纷调处中心、司法所、市场管理办、两保站及政务服务中心、食品药品监督管理所。街道机关工作人员104人：在职在编干部实有47人（其中行政编15人、事业编32人），随军家属2人，挂编学生1人，临聘人员32人，司法所5人，两保人员13人（7人在街道机关），食药监所4人。全街有党员1311人。街道办事处位于雨花区万家丽中路88号。

2018年，高桥街道围绕“全面建设财富、平安、品质的幸福新高桥”目标，攻坚克难、锐意进取，各项工作实现有序发展。高桥街道获评长沙市铁路护路先进单位；高桥街道鑫华社区获评湖南省计划生育基层群众自治示范村居、市级绿色示范社区、长沙市创新创业带动就业示范单位，高桥大市场社区获评湖南省最佳志愿服务社区，金环社区获评长沙市残疾人工作五星社区，火焰社区获评长沙市和谐社区。湖南高桥大市场获批国家市场采购贸易试点市场。

（易加方　黄　磊）

【街域经济】　2018年，高桥街道完成财税总收入8.6亿元，社会固定投资20.8亿元，限额以上社会消费品零售额40亿元，完成高新技术产业产值13.1亿元。碧桂园时代广场、正荣悦玺、新城新世界四期、锦湘国际星城四期等产业项目建设进展顺利，锦湘国际配套学校美联枫树山小学完成建设并移交。区精准扶贫项目神农茶都桑植白茶文化街成功立项。区财政投资300万余元完成五一生鲜市场、新塘垅农贸市场、一号小区农贸市场的提质改造工程。广大环球家居市场入驻悦欣商业广场，实现招商落地和对外营业。按照“龙头企业拉动、配套企业跟进、产业集群发展”的思路，成功引进企业22家，商务楼宇去库存26390平方米。12月，湖南和顺集团股份有限公司税证关系迁入高桥街道。完成全国第四次经济普查单位清查工作，清查法人单位10940家、个体户20898家。

（易加方　黄　磊）

【城建城管】　2018年，高桥街道推进友谊片区拆迁安置扫尾工作，完成总任务的90%，61栋多层安置房封顶，完成517户已拆村民抓阄分房。美联路（万家丽路—沿河路）及轨道交通5、6号线华雅站、朝晖路站和东郡站进行施工建设。成立城管系统项目建设指挥部，启动牛串岭小区、红粉墙小区、周南雨花中学教师宿舍楼等老旧小区提质改造；东二环人行道、紫薇路、朝晖路等道路市政设施提质改造；老旧开放式无物业管理小区1068座化粪池无害化疏浚处理等项目。鑫华、怡园、金环3个社区创建长沙市生活垃圾分类工作示范、试点社区。规范门前三包管理问题1.2万余起，城管执法办案1068件，罚款11.71万元，清理清运共享单车1.5万余台次，拆除违规亭棚（围栏）160余个、违规户外广告牌450余块、新建（在建）及历史违建3530平方米。对五一片区、涟源家电百货城、永定夜市规范点、农贸（生鲜）市场等进行专项整治20余次。成立街道“蓝天保卫战”工作领导小组，通过广泛宣传、网格巡查、执法监管，对建筑工地、餐饮油烟、露天烧烤、燃煤等开展联合执法专项整治51次，出动9126人次，整治问题775起，街道辖区燃煤灶具销售门店退出清零，烟花爆竹销售门店全部转型，永定美食街申报创建长沙市精品夜市规范点。

（易加方　黄　磊）

【社会事业】　2018年，高桥街道新增城镇就业人员1057人，失业人员再就业431人，就业困难对象再就业209人，新增农村劳动力转移就业74人，新增创业主体906个，带动城乡就业2383人，征缴居民养老保险24万元，创业贷款150万元，怡园社区创建为市级退休人员社会化管理服务基地。开展文明创建工作，涌现出“湖南好人”于乾坤等先进典型。发放独生子女保健费18.8万元，计划生育特殊家庭补助金35.5万元，老年护理补贴5.3万元。为育龄妇女增补叶酸2230人次，孕妇产前筛查补助360人次，新生儿疾病筛查补助320人次。组织无偿献血，全年参与人数1000人次，成功献血360余人次，获市无偿献血先进单位称号。（易加方　黄　磊）

【综合治理】　2018年，高桥街道开展安全生产大检查，检查经营单位1592家，下达整改通知书401份、行政处罚文书11份，罚款1.06万元，清退烟花门店8家，转运违规烟花306箱，取缔违法气站2家，收缴违规液化气303瓶。全面清查市场，收缴“三无产品”189个。处理交办函6宗、投诉件3宗。组织消防应急演练100余场。全年未发生一起安全生产事故。围绕创建国家食品安全示范城市，组织培训经营户8000余人，办理食品经营许可证1313本，处理投诉举报235起，立案29起，罚没入库26万余元。成功调解矛盾纠纷627件，避免多起群体性事件和民转刑案件的发生，接待群众来访来信199批922人次，办理中央巡视组交办件13件，办理省委巡视组交办件22件，办理网上来访105件，成功调处信访问题及息访息诉6件，信访事项办结率100%。全年侦破各类刑事案件479起，刑事拘留99人，治安拘留368人。每周四晚，街道党政领导带队，机关各大办工作人员一同下到联点社区开展安全生产“零点行动”，仔细排查安全隐患，加大安全知识宣传，发动指导企业开展隐患自查工作。（易加方　黄　磊）

【基层党建】　2018年，高桥街道邀请区委常委、常务副区长邹春林，区检察院院长马贤兴等到街道授课，共开展党课学习4次，党工委中心组（扩大）理论学习6次，开展“微宣讲·微理论”活动5次。组织全街干部职工观看纪录片《厉害了，我的国》《社会主义有点潮》等节目。强化社区党组织核心功能，以党建引领基层社会

2018年5月16日，区委书记张敏（中）调研高桥街道　（黄磊/提供）

治理，形成“党总支（党委）建在社区、党支部建在小区、党小组建在楼栋”的党建格局。完善街道“大工委制”和社区党组织“兼职委员制”，扩大市场企业、社会组织“两个覆盖”，新增小区党支部12个。成立怡园社区上河国际阳光“520”党群服务中心。全年培养入党积极分子58名，发展党员31人，培训党组织书记、“两委”成员、党务骨干1000余人次。提质提档“民族之家”阵地，以“党建＋管理＋服务”为工作主线，搭建“一站、一家、三队伍”的工作体系，与新疆驻湘工作组签订长期友好合作协议。组织全体党员干部认真学习党内法规，组织干部职工参观长沙廉政警示教育基地，民主评议党员1200余人，处置不合格党员3人。举办第三届高桥街道“阳光伙伴”优秀团队评选活动。

（易加方　黄　磊）

【社区提质提档】　2018年，高桥街道全面推进社区提质提档工作，高桥大市场社区、怡园社区被评为市级提质提档工作先进社区，鑫华社区被评为市级提质提档工作达标社区。高桥大市场社区以打造“高桥七彩光公益服务中心”为特色亮点，成立七彩光志愿服务队，举办“弘扬雷锋精神，共筑和谐社区”“齐动员、共担当，坚决打赢蓝天保卫战”等主题活动，获得“湖南省最佳志愿服务社区”称号。怡园社区以“幸福怡家亲，友善新邻里”为主题打造高品质社区，推进社区阵地、残疾人康复中心、居家养老服务中心、西子商业文化广场改造等项目建设。鑫华社区围绕“家”文化撬动社区治理和服务，践行“以爱筑家·幸福鑫华”理念，完善社区党建、综合文化活动中心等阵地。

（易加方　黄　磊）

【城市网格化管理】　2018年，夯实“1+N+X”网格基础，对网格员工作轨迹、日常巡查、案卷处置进行精准分析管理，联防联控、联勤联动。完善智慧街道管理指挥调度中心建设，运用市区街三级联网、天网视频、移动监控、“网格通”APP等智能设备，实现人员管理、事件统计、数据分析等智能化。全年巡查上报城管网格通案卷20312件，有效处置率98.8%；巡查上报环保网格通案卷2669件，有效处置率98.6%。2018年市数字化采集立案10248件，区巡查采集立案3621条，有效结案率均为100%；市民投诉城管环保类问题360件，投诉人满意率97.5%。（易加方　黄　磊）

【张敏调研高桥街道】　2018年5月16日，雨花区委书记张敏，区委常委、区委办主任周海毅就项目建设、土地征拆、社会治理等到高桥街道调研。街道工委书记向星陪同调研。张敏一行实地察看友谊拆迁指挥部、广大环球项目、他乡美俱乐部等，询问工作进度，与社区工作人员进行交流。座谈会上，张敏指出，街道下阶段要在村民安置、平安稳定等方面持续发力，按照节点完成既定目标；强调要致力于抓好区域安全稳定，打造平安街道；致力于提升城市建管水平，打造品质街道；致力在发展中保障和改善民生，打造幸福街道。5月28日，区委书记张敏，区委常委、常务副区长邹春林，区委常委、区委办主任周海毅，区政府副区长陈怀宇等到高桥街道神农茶都现场调研。张敏了解神农茶都的概况、布局、市场运作模式以及雨花区精准扶贫项目—桑植白茶文化街的规划方案；在顺天然易泡门店参观互联网智能煮茶机。座谈听取街道、社区及神农茶都负责的情况介绍。邹春林、周海毅、陈怀宇等区领导对神农茶都市场建设和发展提相关建议和要求。张敏要求：要充分考虑老百姓的利益最大化和平台的持久运营；要切实担当责任，努力促进市场繁荣；要高度统一思想认识，加强物业管理。6月13日，张敏和桑植县县委副书记熊卫国走访调研神农茶都。7月31日，张敏走访调研湖南科源医疗器材销售有限公司。（易加方　黄　磊）

【中药材鉴别专业知识培训】　2018年7月13日上午，市食药监局、高桥街道高桥大市场社区、高桥医药流通园联合高桥中药材市场开展中药材鉴别专业知识培训活动。高桥医药流通园商户代表100余人参加培训。活动邀请湖南省药品检验院药材专家刘曙对商户进行中药材鉴别专业知识培训。刘曙对常见药材品种的真伪、优劣的鉴别以及正确的储藏方法和商户们进行解说，并根据相关法律法规强调对药品不允许加工与炮制，就商户们提出的问题，进行现场答疑解惑。通过该次活动，有利于提高高桥中药材市场从业人员业务素质，加强中药材质量管理，发挥高桥中药材市场的优势和特色。（易加方　黄　磊）

【高桥街道与新疆驻湘工作组】　2018年10月11日，高桥街道邀请新疆驻湘工作组党委副书记、副组长牟鹏及工作组成员召开新疆籍少数民族人员服务管理工作座谈会，区民宗外侨局局长冯粤，街道工委书记向星，工委副书记、办事处主任罗闽，街道分管综治、城管、民宗工作党政成员以及部分社区、站所队负责人参加会议。与会社区、站所队及街道分管综治、城管工作负责人分别就辖区内新疆籍少数民族人员服务管理工作相关情况及存在的问题进行汇报交流。罗闽表示，在驻湘工作组的指导和帮助下，增强街道做好辖区新疆籍少数民族人员各项工作的工作信心。冯粤对下阶段工作发表意见。牟鹏介绍驻湘工作组相关情况，针对大家关心的问题进行回复。向星明确要求：增强服务的针对性；增强服务的规划性；增强服务的经常性；增强管理的有效性。新疆驻湘工作组与高桥街道签订合作协议，协议主要包括建立联席会议机制、建立维稳处理机制、建立交流互动机制、建立宣传教育机制、建立服务管理机制等五个方面，本着“联合协作、优势互补、互助共赢”的原则，建立长期稳定、全面的友好合作关系，共同推进高桥辖区新疆籍少数民族人员服务管理工作，维护辖区民族团结和社会稳定。（易加方　黄　磊）

左家塘街道

【概况】　雨花区左家塘街道地处雨花区北部，总面积7.80平方千米，人口114737万人，其中常住人口97230

人、流动人口17507人。辖赤岗、长钢、曹家坡、长岭、阿弥岭、桂花、官塘冲、嘉园、红花坡、湖橡、荷叶塘、牛角塘、曙光、树木岭、车站南路、长铁、狮子山、王公塘、窑岭、营山巷、左家塘21个社区。街道内设党政综合办公室、财政所、司法所、重点办、经济发展办公室、社会管理综合治理办公室、城市管理办公室、人口和计划生育办公室、社会事务办公室、安监站。街道党政机关核定行政编制16名，核定领导职数11名，核定工勤人员1名，核定二级事业单位事业编制38名。2018年，街道机关工作人员63人：在职在编干部实有44人（其中行政编13人、工勤编2名、事业编29人），临聘人员19人。全街党员4003人。街道办事处驻长沙市雨花区桂花路271号。

2018年，左家塘街道围绕“项目再攻坚、基础再夯实、管理再提质”的工作主题，致力于经济提质增效、城市品质建设、增进民生福祉、抓实党建工作，推进各项工作。左家塘街道获评全省计划生育基层群众自治先进街道、湖南省人口和计划生育群众居民自治示范街道、长沙市精准帮扶帮教优秀团队、长沙市健康养老先进街道、长沙市“真情五助+”活动先进集体；桂花社区获评国家“创建无邪教示范社区”称号、长沙市先进基层党组织，桂花社区公共服务中心获评2017年度“湖南省巾帼文明岗”称号，曙光社区获评湖南省创新创业带动就业示范典型、长沙市全面提质提档工作先进社区，牛角塘社区获评第六批全国民族团结进步创建示范单位、全国社区学雷锋志愿服务联络工作示范站；窑岭社区刘娟娟家庭获2017年长沙市“文明家庭”称号。（卢金慧）

【街域经济】 2018年，左家塘街道完成税收收入13.48亿元，完成固定资产投资9.7亿元，社会消费品零售总额15亿元，外贸进出口18300万美元，实际到位外资4050万美元，新增四上单位12家。开展“千人帮千企”项目帮扶活动，优化营商环境，帮助项目解决各类问题15个，建发·中央悦府、东方悦邻MALL项目竣工并投入使用，鹏程家园完成主体竣工，长沙衡器厂和市政宿舍项目实现全面扫尾清零。引进东方悦邻MALL商业提质改造项目和长城人寿保险有限公司湖南分公司等重要税源企业。长城人寿入驻中邦国际楼盘并完成工商注册、办理税务申报手续。（卢金慧）

【城建城管】 2018年，左家塘街道引进湖南道顿公司投资1.5亿元，对2万平米的老旧楼房进行改造，打造“东方悦邻MALL”综合体，引进企业110余家，解决街道400余居民就业，预计产生年营业额3.5亿元。对牛角塘、官塘冲、阿弥岭、狮子山、赤岗等社区的楼栋路面、下水管网、化粪池实施改造，新建立体停车场一个，改建停车点2处，新增停车位200余个。对辖区内的主次干道、重点区域进行24小时不间断的巡查、疏导、整治，全年暂扣违规经营工具、取缔占道经营现象1200余处，劝导教育门店主、流动摊主6300余人次，纠正各类违规数千起，整治拆除大型户外违规广告、招牌、楼顶发光字73块。出动人员7183人次、巡逻车810台次，开展“蓝天保卫战”专项执法46次，收缴散煤近4吨，销毁煤炉503个，拆除燃煤锅炉3处；查处违规夜市、露天烧烤162处，整改油烟污染餐饮门店72家，推进2万户老旧社区居民家庭餐厨油烟净化治理工作；15个建设工地全面落实“8个100%”，获得全区现场测评满意度第一名。开展配合中央生态环境保护督察“回头看”工作，对中央环保督察回头看的18个问题均及时整改到位，落实整改中央环保督察交办件9件，湖南省环保督察交办件19宗，全部按要求办结。依托街道数字网格化中心，上传各类环保问题7550条，做到及时整改结案。完善街道数字化平台系统，加大数字化城管案件快速反应和处置效率，城管数字化采集案件52914件，市区数字化平台立案13467件。数字化信息结案率和整改率每月都达到100%。10月份在长沙市城管月度集中考核中获得全市第五名，在雨花区月度城市管理考核中有3个月获评全区第一名。（卢金慧）

2018年9月3日，左家塘街道“歌唱社会主义核心价值观”全民健身广场舞比赛（卢金慧/提供）

【社会事业】 2018年，左家塘街道对1165名低保对象发放各类救助资金590万余元，医疗救助191人，救助金额约65万元，城镇新增就业1424人，发放创业担保贷款160万元。深化“七彩社区”建设，结合“一圈两场三道”等民生工程建设，对红花坡、官塘冲、左家塘、王公塘、长岭、营山巷等6个社区进行提质提档。牛角塘、嘉园社区获评长沙市全面提质提档示范社区，长钢、狮子山、荷叶塘、赤岗社区获评长沙市全面提质提档工作先进社区。全街投入1.2亿元，打造红花坡文体品质生活园，新建阿弥岭社区日间照料中心，引进“乐来龄”养护院和“快乐老人”大学等养老机构。承办市、区级精神文明创建活动20次，顺利迎接创建省检，王宏霞上榜11月份“湖南好人”。牛角塘社区获评湖南省唯一的“全国民族团结进步创建示范社区”。（卢金慧）

【综合治理】 2018年，左家塘街道妥善处置彭某香等人的信访问题，在全国两会等特护期期间，实现零进京上访的目标。加大对“黄赌毒”犯罪专项打击力度，推动扫黑除恶工作深入开展，街道刑事发案率与上年相比下降34.48%。在全街67个物业小区成立业委会32个、监委会9个，以共治促共建，协调处理小区矛盾420余次，化解城南郡、锦绣世纪小区电梯问题，恒达新老物业交接矛盾调处等矛盾纠纷。完成街域范围内烟花鞭炮店全部退出工作，整治包括牛角塘人大宿舍护坡、官塘冲石长铁路公司护坡等重大安全隐患10余处。（卢金慧）

【基层党建】 2018年，左家塘街道开展“六习”活动，学习贯彻习近平新时代中国特色社会主义思想。专题分析研判意识形态领域情况，建立健全舆情预警研判、风险评估等机制，上报舆情2800余条，及时处置网络舆情事件19次。29个党支部达到“五化”建设标准。新建小区党支部28家，打造“邻里中心”21个。探索创新“街区党建”模式，将“总支建在街区、支部建在门店”，发挥党建引领作用。开展“百千万”大走访活动，推进“三零”社区创建，创新党员进楼栋、民情哨岗、居民说事吧等载体，走访2579户，解决问题2024个，完成上级交办的39个矛盾问题，占全区交办件的36.45%。对一批社区书记主任和大办主任岗位进行调整，组织召开青年干部座谈会，开展“五过硬”（信念过硬、政治过硬、责任过硬、能力过硬、作风过硬）团队和干部评选活动。（卢金慧）

【居家养老服务】 2018年，左家塘街道以社区提质提档为契机，实施惠民工程，推进居家养老服务中心建设。1月16日，狮子山社区居家养老服务中心建成启用。狮子山社区是一个铁路系统老旧社区，居民以老年人为主，社区根据居民人口老龄化特点，新建900平方米的街道首个居家养老服务中心，并配备医疗床位，提供家庭医生工作站、康复室、棋牌活动室、电子阅览室、书法室、老年餐桌等一系列功能室，为辖区内老人提供助餐、助行、助浴、助闲、助医及康复理疗等服务。2月24日，桂花社区居家养老服务中心启用，中心引进社工服务团队，由60名专业义工和志愿者组成长沙首个社区“养老管家”团队，为社区60岁以上老人24小时提供助医、助餐等线上＋线下的涵盖老人居家养老所需的30余项服务，让社区老人在家门口就能获得周全的专业照料。（卢金慧）

【红花坡文体品质生活园】 2018年，左家塘街道探索以政府撬动社会资本进入，引进社会资金6900万元将原阀门厂改建成红花坡文体品质生活园，整个园区占地3.53公顷，建筑面积2万平方米，集篮球、游泳、羽毛球等健身训练与幼儿园等教育配套一体，面向周边居民开放共享。（卢金慧）

【东塘商圈迎春文化节】 2018年2月7日，长沙市文明办、雨花区文明委、左家塘街道牛角塘社区联合举办“东塘商圈迎春文化节”，旨在弘扬中华民族传统文化，展示非物质文化遗产魅力。东塘火宫殿准备1000片臭豆腐，行政总厨、厨师长、副厨师长等多位工作人员为居民当场烹制。省歌舞剧院上演《刘海砍樵》和《补锅》等民族歌舞。孩子们表演爵士舞组合《bang bang》。“东塘商圈湖湘文化代言人”齐白石后裔画家齐石坚，将自己的画作“醉虾”赠送给雨花区赤岗冲小学和东塘火宫殿等单位。社区文化志愿者、“中国好人”谭映天夫妻，现场为市民剪狗年迎春吉祥剪纸。爱心单位东塘火宫殿、社区卫生服务站、图兰朵花园酒店、南仁医院、湖南省佛慈基金会捐款5000元，给5位家庭困难的孩子送去温暖。（卢金慧）

【文明治丧殡改宣传活动】 2018年4月3日，“推动殡葬改革服务保障民生”文明治丧殡改宣传活动在左家塘街道嘉园社区芒果天地前坪举行。该活动由左家塘街道办事处主办、嘉园社区、车站南路社区、狮子山社区、红花坡社区、长铁社区、树木岭社区、官塘村社区承办，吸引近300名居民群众参加。活动现场，社区工作人员为前来咨询的居民群众发放宣传资料，讲解“移风易俗倡新风”政策，倡导殡葬新风，抵制丧事大操大办，杜绝丧事扰民现象的发生。通过宣传展板、悬挂横幅、发放宣传单等多种形式，对“殡改”政策进行宣传。活动共发放宣传资料及宣传品200余份。该活动，有利于增强群众的文明意识，让广大居民更好更直接地了解殡改新政策，形成文明治丧的良好氛围。（卢金慧）

【张敏调研左家塘街道】 2018年4月16日，区委书记张敏到左家塘街道调研项目建设、城市管理、基层党建等工作情况，实地察看桂花社区智慧党建、长沙衡器厂棚改项目、街道数字网格化服务指挥中心，询问棚改项目征拆、基层党建、网格化工作推进情况。座谈会上，张敏强调，做好基层工作，要有正确的工作方法；要有高标准的城市形象，做实网格化工作，做好社区、党员、楼栋长的结合文章；要有扎实的工作作风，以工作成效检验工作水平；要有高昂的干事激情，发挥班子成员带头作用。（卢金慧）

【乐帮集市开张】 2018年4月2日，左家塘街道荷叶塘社区“乐帮集市”开张。“乐帮集市”将有一技之长的党员志愿者聚集在一起，现场为居民帮解各类难题。集市分工有：就业加油站及10家企业带来近200个岗位，是社区根据居民需求进行挑选，门槛不高且离家近；快修点，专门维修小家电；义剪台、专为老人设置的智能手机教学室。“乐帮集市”开张前发出的能人招募令，20余名有一技之长的志愿者报名，除每月举行一至两次“乐帮集市”集中服务外，志愿者们还提供日常帮扶，从义诊、义剪到义务维修以及入户探访等。（卢金慧）

【牛角塘社区精准扶贫活动】 2018年5月20日，左家塘街道牛角塘社区举办精准扶贫活动，来自苗族、侗族、土家族等百余种民族特色农产品走进社区，吸引众多居民购买。活动吸引湖南锦泰农业发展有限公司等来自全省各县的10多家代表企业参展，时间为期一天，现场有民族特色表演以及抽奖活动。牛角塘社区有7个族别的少数民族居民100余人（含流动人口），社区注重少数民族精准帮扶工作，有少数民族新市民在社区经商开店，长沙市民族联谊会企业家分会入驻社区，成立民湘汇贵邻帮帮志愿者工作站和精准扶贫服务站。（卢金慧）

【垃圾分类工作】 2018年7月10日，左家塘街道在五楼会议室组织召开社区（小区）生活垃圾分类工作动员大会，街道党政办、城管办、社会事务办、城管执法中队、环卫办相关负责人以及各社区书记参加会议。街道工委委员、办事处副主任李德祥做安排部署：高度重视，统一思想；加强领导，形成推进垃圾分类工作的强大合力；深入宣传，营造全社会参与垃圾分类的氛围；强化管理，建立行之有效的垃圾分类长效机制。街道工委副书记、办事处主任聂文涛指出，各试点社区要要结合自身职能，制定方案，明确职责，细化、量化、具体化任务，确保责任到具体责任人，工作有序推进、取得成效。9月28日，曙光社区举办以“垃圾分类·从我做起”为主题的活动。活动中，社区书记黄雪枚向党员和居民发放垃圾分类宣传册，讲解垃圾分类的小知识。区城管局副局长周祖辉发出“垃圾分类，势在必行，垃圾减量，人人有责”的倡议。活动现场，曙光家园支部书记刘超表达提高社区垃圾分类的工作成效，倡导居民积极参与垃圾分类，树立环保低碳理念的决心。（卢金慧）

【安全宣传活动】 2018年11月2日，左家塘街道官塘冲社区与湖南电视台公共频道“欢乐社区行”栏目与联合举办“欢乐社区行，安全意识记在心”主题大型现场活动。活动上演综艺魔术、乐器演奏、戏曲等节目，包括安全知识有奖抢答环节。活动现场开设法律咨询、禁毒知识宣传区、安全知识宣传区等民生服务和宣传点位，工作人员向路过的居民群众免费发放各式各样的宣传物品。（卢金慧）

【法治宣传活动】 2018年12月4日，左家塘街道开展“弘扬宪法精神，培育公民法治信仰”主题活动。活动现场，摆放宣传展板6块、宣传横幅4条，来往驻足学习的群众100余人次，接待群众咨询6人次。左家塘司法所发放法制环保袋100余件，宪法宣传册100余份。湘达律师事务所社区法律顾问文然、周金艳两位律师全程参与并现场解答群众法律咨询。该次宪法宣传日活动，有利于提高群众的参与度与知晓度。（卢金慧）

【文化艺术节闭幕式】 2018年12月28日，左家塘街道曙光社区和长郡雨花外国语学校在湖南大剧院共同举办第十六届“郡苑缤纷，雨外艺美”外语文化艺术节闭幕式。该次艺术节活动既保留传统项目，又有所创新，包括艺“树”有为、翰墨丹青书画展、郡雨艺苑个人专场、英语百家小讲坛等艺术节目形式新颖。在文艺会演中，上演舞蹈公益培训班的《俏花旦》、英语配音节目《埃尔文与花栗鼠》、相声《万“相”归春》、萨克斯演奏《暗香》等节目，以及教师的舞蹈节目《我在春天等你》。（卢金慧）

侯家塘街道

【概况】 雨花区侯家塘街道东起韶山北路，南至劳动西路，西到芙蓉中路，北抵人民中路，总面积1.78平方千米，辖梓园、廖家湾、湘农桥、水院、韶山路、侯家塘、麻园湾、活力、广济桥、电院、枫树岸、泉塘12个社区，常住人口7万余人，流动人口近3万人。街道内设党政综合办公室、财政所、经济发展办公室、社会管理综合治理办公室、城市管理办公室、人口和计划生育办公室、社会事务办公室。二级事业单位6个：综合文化服务中心、公共服务中心、安全监督管理中心、计划生育服务所、征收安置服务中心、人民来访接待暨矛盾纠纷调处中心。核定行政编制15名，领导职数11名，后勤服务人员事业编1名，核定二级事业单位事业编制36名。

2018年，侯家塘街道紧扣“项目大攻坚，管理大提质”工作主题，获评长沙市经济社会发展“十快”街道。工作做法和先进经验被中央电视台《新闻联播》、《人民日报》、中国文明网、《湖南日报》等媒体推介100余次，红星云、《长沙通讯》《长沙组工通讯》等刊物登载侯家塘街道基层党建、社会治理经验文章6篇。（杨　杨）

【街域经济】 2018年，侯家塘街道完成全口径财税收入10.36亿元，固定资产投资5亿元，限额以上社会消费品零售总额29亿元，实现规模工业总产值18.06亿元。重启停滞6年的东上一品二期项目，小林子冲棚改项目实现“三通一平”（水通、电通、路通和场地平整），对接中南建设、招商蛇口等企业，助力项目招商。嘉熙中心项目观摩排名全区内街第二。以引进税源型项目为重点，迁回国网电力公司几家下属二级机构，引进注册资金2000万元以上公司3家、注册资金500万元以上企业68家。（杨　杨）

【城建城管】 2018年，侯家塘街道打好污染防治攻坚战，推进“蓝天保卫战四进”活动30余次，开展燃煤污染、餐厨油烟专项整治等行动60余次，在十五中楼顶建设空气质量检测小微站，国网湖南省电力公司电能替代与节能服务展示厅正式挂牌，成立湘农桥社区节能环保宣教基地。顺利办结中央环保督察“回头看”交办件10件、省级环保督察案件11件。理城管数字化案卷8000余件，结案率100%，教育整改违规夜市行为100余起，拆除违章建筑415平方米，完成餐饮单位油烟净化器安装300余家。全面提质枫树岸片区（含水院社区）及小林子冲路、梓园路南段、长岭巷。（杨　杨）

【社会事业】 2018年，侯家塘街道发放优抚、高龄津贴等各类补助、慰问金、低保金600万余元，新创企业730家，带动就业1561人，摸底采集退役军人和其他优抚对象1733人，廖家湾、侯家塘、广济桥社区获评市级残疾人工作五星社区，枫树岸社区获评市级残疾人工作四星社区。顺利完成水利、电力等单位“三供一业”移交。区、街筹集专项资金3962万元，对梓园、活力、枫树岸、水院社区93个提质提档项目进行改造，实施道路“白改黑”2万余平方米，绿化提质1.67万平方米，疏浚下水道2500米，改造活力生鲜市场，新建上城军天立体停车场，完成红旗区3片老旧小区道闸安装等，增补路灯、垃圾桶、休闲椅等设施。通过与省政府宿舍管理科、省国土资源规划院等单位租赁、共享以及改扩建，实现社区服务阵地扩容提质。4个社区全部完成提质提档市级验收，水院社区获评长沙市提质提档示范社区、枫树岸社区获评长沙市全面提质提档工作先进社区。开展护考工作，确保“三考”(高考、学考、中考)顺利进行。开展校外培训机构专项整治，取缔关停违规办学机构6家，规范办证14家。深入跳马村扶贫，采取免费送蜂种、技术指导等方式进行产业扶贫，帮助5户贫困户实现脱贫。实施幸福家园计生特殊家庭服务项目，创建电院社区中天枫景健康步道、省水利厅幼儿园等8个健康场所。（杨　杨）

【综合治理】　2018年，侯家塘街道将综治中心延伸建设到社区，完善预防和处置群体性事件工作预案，顺利协调湖南省儿童医院8年的医患纠纷以及华程大酒店、博大医院等矛盾纠纷，韶山路社区获评省级城市和谐社区建设示范社区，湘农桥社区获评市级和谐示范社区。开展领导干部带队安全检查260余次，建立微型消防站15个，开展安全生产宣传教育“四进”活动，下达现场检查记录86份，实施简易处罚6例罚款5700元，实现街道全年安全生产责任“零事故”。巡查涉食门店1500余次，提质改造小餐饮“透明厨房”40家，建设示范粉面店4家，推进中型餐饮门店“明厨亮灶”工程建设，打造“视频厨房”门店15家，完成食品安全示范城市创建迎省检任务。推进非洲猪瘟防控工作，确保无疫情发生。（杨　杨）

【基层党建】　2018年，侯家塘街道出台《关于以党建引领创新社会治理的十项工程的实施方案》，以基层党建引领基层治理。推进习近平新时代中国特色社会主义思想学习，建立讲习所、讲习点55个，开展“讲网格故事”、观看学习《平语近人》等活动。提质党群服务阵地，打造侯家塘社区心视界等党群邻里中心12个，建立汇富中心、兴威名座等商务楼宇党群服务中心。建立“四定四联”街道大工委、社区大党委工作机制，聘请街道大工委兼职委员9名，社区大党委兼职委员46名。成立天泽红楼、地泰御景苑等功能性党支部，破解居民用水、惠民资金使用等难题。韶山路社区在中央、省直在长单位离退休干部党支部书记培训班上作经验发言。活力康城小区作为全区小区党建工作推进会观摩点，并作经验介绍。（杨　杨）

【“蓝天保卫战”工作】　2018年3月2日，侯家塘街道蓝天办向全街居民倡议“向污染宣战”，积极参与“蓝天保卫战”。发动开展“蓝天保卫战”宣讲，成立群众监督队伍，成立志愿者劝导队伍，开展监督和劝导工作并要求店主签订承诺书。工作人员和志愿者们佩戴“保卫蓝天　人人有责”蓝袖章，在全街范围发放倡议书，宣传手册等。3月15日，侯家塘街道“蓝天保卫战”工作推进会在街道办事处六楼会议室召开。会议由工委副书记、办事处主任刘助斌主持。办事处副主任陈志刚宣读“蓝天保卫战”工作方案。与会的7名代表作表态发言。侯家塘街道工委书记王青春要求提高认识突出重点，加大打击处罚力度推进“蓝天保卫战”工作。街道党政班子成员，街道各大办、驻街科所队负责人，各社区书记、主任、城管专干，辖区门店代表、驻街单位代表120余人参加会议。5月24日，区政协副主席康长萍一行到侯家塘街道调研评议“蓝天保卫战”工作。调研评议组查看小林子冲餐饮门店油烟净化设施、城南路沿线“蓝天保卫战”宣传点建设情况。座谈会上，街道蓝天办副主任付林汇报“六控”“十个严禁”宣传发动等工作情况。调研评议组对侯家塘街道“蓝天保卫战”工作给提出建议。（杨　杨）

【基层党建和社会治理工作交流座谈会】　2018年3月2日，侯家塘街道组织召开基层党建和社会治理工作交流座谈会，街道工委书记王青春，工委委员、人大工委主任喻伯正，工委副书记、纪工委书记李勇，各社区党委（总支）书记、党建专干30人参加会议。会上，韶山路社区书记欧阳晓琦介绍党建微家“六微”管理模式，讲解党建引领基层治理在社区落地生根的先进经验。喻伯正解读《侯家塘街道关于加强党建引领创新社会治理的实施意见（征求意见稿）》，要求推动社区治理向精准治理、协同治理、专业治理转变。各社区书记围绕基层党建和社会治理工作中的存在问题、建议等发言。王青春要求各社区党组织强化书记意识，聚焦主职主业；规范日常工作，抓实中心工作，创新特色工作；坚持问题导向，实现争先进位。（杨　杨）

【省台办调研侯家塘街道】　2018年3月7日，省台办新闻宣传处处长杨金定一行30余人来，实地调研廖家湾社区涉台教育工作。省台办交流交往处处长李瑾瑾、投诉协调中心处长粟力、市台办秘书处处长李薇、雨花区侯家塘街道党工委书记王青春、区台办主任唐荣欢及雨花区各涉台教育基地主要负责人、专干等参加调研。考察团到社区崇德广场、志愿者广场、“雷锋号”志愿者工作站、孟妈妈青护园、鲁爷爷爱心室和社区点子广场，听取廖家湾社区书记刘映先介绍社区志愿服务和涉台教育工作特色亮点。在鲁爷爷工作室，杨金定与鲁遐龄进行交流。在社区三楼多功能活动室，杨金定一行听取区台办对全区涉台教育工作、对台经贸、文化交流交往和联谊交友等方面工作的汇报。会后，杨金定一行加入社区组织的“三八”妇女节主题插花活动。（杨　杨）

【社区工作人员招聘考试】　2018年3月11日，侯家塘街道社区工作人员招聘考试（笔试）在长沙市十五中举行，通过资格初审的260名考生参加笔试，竞逐15个社区工作者的工作岗位。侯家塘街道工委、办事处提前谋划，由党政办牵头，纪工委、社会事务办工作人员各司其职，保证笔试工作顺利安全举行。专门出台监考员、考生纪律，严格校验考生证件，集中保管通讯工具。3月17日，根据笔试成绩从高分到低分，按1∶2的比例确定面试对象，进行面试，确定15个社区工作者名单。社区工作者招聘，有利于加强基层基础，优化社区人员配备。（杨　杨）

【食品安全培训会议】　2018年3月20日，侯家塘街道食安办召开侯家塘街道学校（幼儿园）食品安全工作责任状签署暨食品安全培训会议，会议召集辖区6所中小学，7所幼儿园，和12个社区共同签署“食品安全责任状”，集体承诺对幼儿，对学生，对辖区居民食品安全负责。会上由区食药监局刘勇对校园及校园周边的食品安全工作进行总结和点评，对进货台帐和消毒记录的填写进行讲解。（杨　杨）

【侯家塘街道平安雨花活动】　2018年4月24日，侯家塘街道“志愿助推平安，共建法治街道”——2018年“法润三湘”公共法律服务暨平安雨花活动举办，旨在助推学雷锋志愿服务，助力平安雨花、法治雨花建设。志愿者代表“中国好人”肖卓、“第五届全国道德模范提名奖”孟繁英、全国奉献之星优秀社区志愿者鲁遐龄、全国岗位学雷锋标兵刘映先参加活动并分享志愿服务心得体会。律师事务所志愿者在现场解答法律知识，司法所、派出所发放普法资料、平安系列手册。现场进行法律知识、平安知识抢答赛，将综治工作、平安创建、法律知识等融入其中。（杨　杨）

【五四沙龙活动】　2018年5月3日，“我是团员我带头，创新创业当先锋”主题沙龙活动在街道六楼会议室举行。侯家塘街道工委书记王青春、团区委副书记钟之兴，30余位街道团员代表参加活动。大家学习习近平的书籍《知之深，爱之切》和5月2日在北京大学师生座谈会上的讲话；30位街道青年代表轮流发言。街道工委委员、人大工委主任喻伯正将大家的发言凝聚为四个词"奋斗、梦想、拼搏、奉献"。钟之兴书记对青年代表提出建议：不要妄自菲薄、丧失奋斗目标和激情；学会明辨是非，随时保持清醒；要奋斗自强，相信自己、相信时代。王青春对青年们提出要求：要立志，做有理想有追求的青年；要求真，练好本领，增强学问；要阳光，砥砺品格，乐于奉献。（杨　杨）

2018年2月6日，侯家塘街道2017年度年终总结大会　（杨杨／提供）

【张敏调研侯家塘街道】　2018年6月5日，雨花区委书记张敏到侯家塘街道调研基层党建、社会治理等工作。张敏察看侯家塘社区网格化管理工作、梓园社区心悦养老机构、湘农桥社区“错时工作制”“蓝天保卫战”环保教育基地等，了解基层党建、社会治理等情况，和社区居民现场交流；参观社区与辖区企业共驻共建的节能环保宣教基地——国网湖南省电力公司电能替代与节能服务展示厅。座谈会上，张敏强调，要围绕建设“实力更强、品质更高、民生更好”的幸福侯家塘为目标，要打造精美、干净、整洁、大气的“长沙客厅”，探索内街转型发展之路，要突出项目建设，扩展发展空间，要突出治理创新，打造精美形象，要突出民生普惠，确保平安稳定，要突出党建引领，建设一流队伍。（杨　杨）

【错时上班推进会】　2018年7月6日，侯家塘街道错时上班推进会在街道办事处三楼会议室召开，辖区12个社区开始全面推进此项工作。湘农桥社区、电院社区分享试点工作经验：社区公共服务中心延时服务、节假日服务、预约服务、“AB岗”责任制。各社区书记对该工作的全面实行发表看法和建议。社区着力打造“三点带十面”错时工作制社区工作模式，从服务时间、服务内容、服务对象三点出发，将辐射窗口、预约、常规、应急、特殊、品牌、自助、互助、上门、定期服务等“十大方面”作为主要内容，使社区作息时间符合群众办事需求，确保社区365日天天开门办公。（杨　杨）

【创建“三零”社区现场推进会】　2018年9月11日，雨花区召开党建引领问题化解创建“三零”社区现场推进会，会前全体与会人员实地观摩调研“三零”社区——韶山路社区。韶山路社区实现党建引领问题化解创建“三零”社区的做法是：将楼栋架空层变成党建服务阵地，建起“党建微家”议家门事、解邻里难，守望互助，社区由此成为零上访、零发案、零事故的“三零”社区。“党建微家”内设有议事厅、读书吧，“回音壁”将居民诉求和解决落实情况亮相墙上。社区在26个楼栋单元内设立“微家站”，公布该楼栋的党员联系方式、设置“金点子”箱收集居民建议诉求。（杨　杨）

【保健品防欺诈"护老行动"】 2018年11月26日，侯家塘街道组织各社区在侯家塘社区红旗法治广场开展保健品防欺诈"护老行动"暨非洲猪瘟防控宣传活动。活动现场，街道食安办、食药监所通过发放宣传资料、设置群众咨询台、摆放食品安全宣传展板、播放"小喇叭"录音，深入宣传食品安全法律法规和保健品知识。活动特别设立有奖竞答环节，有奖竞答一共有30道题。活动发放《食品药品安全知识手册》200余本、《关于防范保健食品功能声称虚假宣传的消费提示》200余份、《非洲猪瘟防控宣传知识》200余份，摆放食品安全宣传展板15块，接待咨询群众100余人，通过宣传，有利于使辖区居民树立正确的健康观念和保健意识，增强老年人识别假冒伪劣产品的能力，扩大非洲猪瘟防控知识知晓率。 （杨　杨）

砂子塘街道

【概况】 雨花区砂子塘街道地处东塘商圈东南角，沿韶山路和劳动路成扇形打开，一直至环线，面积2.6平方千米，人口7万人。辖区内有曙光南路、韶山南路、劳动东路、新建东路、赤黄路"三横二纵"五条主次干道，有长沙卷烟厂、沃尔玛、中医药大学等驻街单位60余家。辖砂子塘、桔园、茶园坡、白沙、金地、金科园、梨子山、野坡8个社区居委会，其中2个单位型社区、6个纯居民社区。街道内设党建办公室、党政综合办公室、公共服务中心、卫生和计划生育办公室、纪检监察室、城市管理办公室、综合治理办公室、征收安置服务中心、社会事务办、网格管理中心、食品安全办公室、安全生产监督管理中心、区域发展办公室13个大办，核定编制36人，其中行政编15人，事业编21人，在职干部189人，党员124人。办公地点在曙光南路1号。

2018年，砂子塘街道按照党建引领、改革引航，法治引路，文明引导原则，全面实施"八大行动"（即网格党建亮旗行动、网格管理深化行动、社区服务提标行动、精品社区营运行动、平安社区创建行动、文化认同强化行动、特色街区提质行动、产业项目攻坚行动），围绕"砂子塘幸福家"目标，推动街域各项事业发展。砂子塘街道获评长沙市2018年"扫黄打非"优秀集体。 （文　涛）

【街域经济】 2018年，砂子塘街道完成财政总收入11.49亿元，完成社会消费品零售总额15.75亿元，完成固定资产投资总额6.21亿元，完成营利性服务业营业收入4.56亿元，实际到位外资5402万美元。雅戈尔旗舰店、金吉鸟健身、中国人寿长沙分公司、中南影院、华美达酒店等10余家企业入驻万博汇·云谷、顺天国际金融中心，泰禹国际项目完成消防验收。完成新增企业8家，其中月度新增2家，年度新增6家。主动与顺天国际金融中心、潇影大厦、万博汇3期和泰禹国际等商务楼宇招商负责人联系，定期走访楼宇，街道重点楼宇招商面积完成4.23万平方米。 （文　涛）

【城建城管】 2018年，砂子塘街道强化街道云指挥中心建设，升级智慧社区云管理平台，把城管执法中队、环卫、城管协管员等专业力量下沉到网格，将全街工作全部纳入系统派单处理。探索"集中整治、日常巡视、守点监控相结合"的管控模式，对露天烧烤、违规夜市"零容忍"，取缔存在20余年的砂子塘社区夜宵一条街。拆除历史违章88处，10867平方米。开展各类环境执法专项整治980余次，处罚违规行为500余起，收缴煤炉606个，销毁散煤约4吨，罚款金额近3万元，实现燃煤"清零"。办理解决中央、省、市环保案卷19件，完成中央环保督察组驻湘期间交办的各项环保问题督办件，无负面清单。发放《我们在行动——砂子塘街道"蓝天保卫战"工作集锦》2万份，组织辖区居民代表200余人参观白沙卷烟厂生产流程。开展大型宣传活动8次，配置家用分类桶2712个，二分类驿站52组，四分类驿站3组，智能驿站1组，积分卡868张，打造白沙社区、金科园社区、茶园坡社区生活垃圾分类工作示范、试点小区。完成馨安苑、建丰公寓围挡施工的征收任务和围挡施工任务。梨子山长电宿舍棚户区改造项目实现全面清零。车站南路（劳动路—曙光路）道路建设项目的南华物流实现腾房交地。完成长沙量具厂企业改制资产清算工作，非经营性资产全部移交，实现成功签约。通过省、市文明指数测评，成功举办"我们的节日"系列主题文化活动，开展各类大型活动15次。 （文　涛）

【社会事业】 2018年，砂子塘街道坚持"就业创业联姻会"品牌创新发展，实现新增就业1304人，完成110%。失业人员再就业634人，完成124%。就业困难人员再就业384人，完成192%。新增创业主体772户，完成106%。企业养老保险新增参保人数1774人，城乡居民医疗保险缴费人数13197人。城乡居民养老保险个人缴费34万元，完成311%。深化"区级社会组织孵化中心—街道社会组织实践园—社区社会组织服务站"三级联动发展模式，在8个社区构建服务站。投入100万元与"孝为先""尚景公益"等8个社会组织签订关于失独家庭关爱、孤寡空巢老人帮扶、残疾人救助、心理咨询、"430"课堂等服务协议，开展20余类社区服务100余场。对金科园、砂子塘社区进行提质提档，完成梨子山党建示范社区、茶园坡党群服务中心、野坡小游园等项目建设，推进白沙、金科园社区"三供一业"移交工作，实施砂子塘社区阵地改造、白沙共享书屋、金科园社区阵地和居家养老中心等建设工程。围绕"一圈两场三道"建设要求，完成砂子塘社区农贸市场改造、维一地块停车场建设工程，启动砂子塘路文化步道建设，完成市社区全面提质提档验收。推进街道治理机制改革工作，探索将社区前台全部收回街道。 （文　涛）

【综合治理】 2018年，砂子塘街道开展扫黑除恶、防黄赌毒、防诈骗、砂石土方工程摸排、平安家庭、平安单位等宣传清查行动，做好涉军、涉拆等重点群体的稳控和疏导工作，全年未发生一起重大黑势力斗争、重大刑事案件、群体性事件、非正常上访。

对社会重点人群实施有效帮扶，定期组织社矫、社戒人员进行学习、劳动，对困难对象实施点对点救助，对心理障碍对象引入社会组织开展心理干预；开展安全教育培训5次，参训人员1000余人，发放各类宣传折页1万余份，开展5次打非治违专项行动，消防安全类隐患4处，整改建构筑物和危墙护坡隐患6处，对9家企业开具简易行政处罚（共罚款6500元），全年无安全生产责任事故发生。设置食品安全“红牌榜”，壮大“食安妈妈监督团”，加大对重难点区域的检查整治，开展各类涉食人员集中培训42次，开展食安大型巡查10次，开展宣讲活动18次，上报问题142起，解决问题115起，接到投诉78起，处理投诉75起，立案3件，全年无重大食品安全事故发生，打造砂子塘路食品安全示范商业街。推进“家庭健康促进”工程，多次联合中医附一组织“治未病”和“名医进社区”活动。作为卫生计生综合监督“三级网络”示范单位，承办省、市基层卫生计生综合监督体系建设现场会各1次，市卫生计生综合监督执法局以砂子塘街道作为基层网格化管理党建示范基地。完成产前检查584人，“两癌”筛查837人，妇女常见病筛查1893人，新生儿疾病筛查351人。（文　涛）

【党建工作】 2018年，砂子塘街道党建引领“街区制改革”新举措，引领“最多跑一次”改革，实施错时上下班，完善社会事务“一口受理、全街通办”，居民办事时间平均缩短80%以上。建设社会组织党支部5个，构建党组织引领社会组织服务模式，开展志愿服务活动38场次。结合网格党建，调整69个党支部。按照“四个必走”原则，全街党员干部深入21个小区了解社情民意，收集问题清单177条，需求清单87条，资源清单33条，全部解决或回复到位。依托“议事协商、联动协商、听证协商”三级平台，发动群众开展议事协商100余次，解决困难问题近100个，成功创建梨子山社区、野坡社区以及金科园社区3个“三零社区”。成立12个讲习所，25个讲习点，组织集中学习活动70次，覆盖4000余人次。开展党建知识测试两次，编写发放党员应知应会手册3本，拍摄微党课视频20余个。召开大工委联席会议两次，各社区组织大党委联席会议两次，与大工委成员单位一起共同解决居民群众关注的问题100余个，打造共筑共建共享现代化基层治理格局。构建五级网格党建体系，成立社区网格党建指导队8个，单元网格党建指导队42个，全部实现党建指导覆盖。化解“大班额”党支部，建成“五化”支部64个，达标率91.4%，野坡社区明珠国际旅游党支部、梨子山社区万博汇宏轩党支部创建为区级五化示范党支部。开展网格党建亮旗行动，设立116块党建公示牌，组织主题党日活动11次，通过网格派单，完成五类党员台账摸底，落实直管党员积分管理、失联党员组织处置、在职党员社区服务等工作。落实“三会一课”、直管党员积分管理、失联党员组织处置、在职党员社区服务等系列工作。推进“四方联动、交叉任职”模式，实现全街27个物业小区党建全覆盖。打造12个党群“邻里中心”，为小区居民提供日间照料、亲子早教、裁缝修补等便民服务。打造潇影大厦楼宇党建、指导明珠旅游、贝雷德物业党支部组织建设，抓好“两新”组织党建工作。委派3名青年干部到社区担任党组织书记。完成社区书记建档和社区员额管理工作，落实“三岗十六级”政策。依托书记职业化，每季度组织党建工作述职测评，落实奖惩，纳入系统。全年接待各级各地学习交流3次，《湖南日报》《长沙晚报》、红星云、长沙党建等媒体报道10余次。开展“我是党员、先锋是我”系列主题活动，推选出身边的优秀书记、优秀党员。推出傅强为“中国好人”。（文　涛）

2018年2月6日，湖湘文化进万家志愿服务活动　（康丽洁／提供）

【湖湘文化进万家志愿服务活动】 2018年2月6日，砂子塘街道开展以“崇德向善迎新春，红红火火过大年”为主题的湖湘文化进万家志愿服务活动。广场舞、太极拳社会体育指导员队伍对居民进行专业传授和指导。市书法协会的书法家们现场展示笔墨才艺，为居民们书写对联。志愿者展示和传授剪窗花艺术，将剪出的窗花均赠送给居民群众。开展饺子和健康饮食宣传等活动。通过此次活动，有利于弘扬中国传统文化，宣传志愿精神，营造浓浓年味。（文　涛）

【刘素月调研民生工作】 2018年2月28日，雨花区委副书记、区长刘素月调研砂子塘街道“一圈两场三道”建设工作。刘素月一行到砂子塘智能停车场和砂子塘街道老年人日间照料中心，考察运行情况和管理情况。刘素月指出，要办好“一圈两场三道”等民生实事，让群众享受更便捷、高效、优质、实惠的民生福利。（文　涛）

【张敏调研砂子塘街道】 2018年5月14日，雨花区委书记张敏到砂子塘街道调研基层党建、社会治理和项目建设工作。张敏一行调研茶园坡社区党群服务中心、街道社会组织实践园以及泰禹国际楼宇项目。在街道五楼会议室，砂子塘街道工委书记刘燕妮作专题汇报。张敏提出要做好“稳”“常”“实”“严”四字文章的要求。（文　涛）

【潇湘影城挂牌全国“扫黄打非”示范点】 2018年5月31日，“扫黄打非”全国示范点揭牌仪式暨暑期"护苗行动"启动仪式在砂子塘街道潇湘国际影城东塘店举行。省“扫黄打非”办公室、区教育局、区“扫黄打非”办、砂子塘街道办事处、潇湘电影集团有限公司等相关负责人参加仪式。该次活动旨在通过持续宣传“扫黄打非”，让广大市民了解“扫黄打非”对青少年健康成长的重要性，发挥影城示范点的示范作用。揭牌仪式上，省“扫黄打非”办副主任、调研员谭玮与潇湘电影集团有限公司副总经理欧阳翀为全国“扫黄打非”进基层示范点潇湘国际影城揭牌，省“扫黄打非”办公室为全省“扫黄打非”进基层示范点砂子塘街道授牌。（文　涛）

【庆祝建党97周年活动】　2018年，砂子塘街道将7月确定为“红色月”“党建推进月”，集中开展“红色党旗下”系列活动。系列活动有三个部分。“红色经典”板块，开展习近平新时代中国特色社会主义思想巡回大宣讲，由街道大工委和社区大党委、社会组织共同组织宣讲员进单位、进社区、进支部巡回宣讲新思想。“我是党员”板块，组织“我是党员·先锋是我”评选活动和党员大走访活动。“党旗引领”板块，开展“党建＋社会组织”服务活动，在职党员进社区志愿服务活动。6月21日，砂子塘街道白沙社区在高层小区开展中国共产党成立97周年大型文艺会演活动。砂子塘街道相关负责人、社区党员干部、居民群众等400多人观看汇演节目。活动以“不忘初心、牢记使命”为主题，在舞蹈《祖国的好江南》中开场，展演舞蹈《祝福祖国》、大合唱《母亲是中华》、演讲《蓝天保卫》、朗诵经典《星火燎原.井冈山》等11个节目。7月24日，砂子塘街道在凯德广场举办“我是党员　先锋是我”庆祝建党97周年主题活动。区委组织部，区文明办，街道等相关负责人，以及党员群众代表200余人参加。活动为党群邻里中心授牌，表演舞蹈《红色党旗下》、沙画《党在我心　党助我行》、歌舞《中国脊梁》、微宣讲《不忘初心　牢记使命》等节目；表彰先进基层党组织、优秀基层党组织书记、优秀党务工作者、优秀党员。（文　涛）

【清廉文化活动】　2018年8月10日，“文明风‘扇’行·清廉幸福家”活动在砂子塘街道金地社区阳光锦城前坪举办，市、区相关负责人，砂子塘街道全体机关干部、部分社区工作人员及居民群众参加。活动包含扇子舞表演，“好家风”家庭讲述的清廉故事，清廉主题的诗歌朗诵，街道城管中队的绿色呼吁、省级“扫黄打非”示范街道授牌仪式。该次活动，有利于弘扬清风正气，展示街道的风貌，文明、清廉的理念更加深入人心。（文　涛）

【“双联双创”活动】　2018年8月30日，砂子塘街道在潇湘影城创意文化园举行“双联双创”项目建设推进活动，区台办主任唐荣欢，区知联会会长、区卫计局副局长陈军，区残联副理事长蒙正国，砂子塘街道党工委书记刘燕妮及辖区内10余名各行业代表参加活动。活动分为两项议程：举办“同心同行”商务沙龙和筹备知联会砂子塘街道分会。该次活动就“街域经济发展方向”和新社会阶层人士参与社会管理进行探讨，为经济发展和社会事业出谋划策，研究知联会会员队伍建设及2018年度下半年工作。11月23日，砂子塘街道、区知联会在街道五楼会议室联合举办“双联双创”活动暨“同心同行”商务沙龙，潇湘电影集团、长沙明珠旅游等20家企业参与。唐荣欢、陈军、蒙正国及砂子塘街道办事处副主任丁志勇等参加。区知联会会员、湖南南燕律师事务所律师汪爱国进行“社保入税痛点与应对”授课，与参会人员进行互动，解答问题疑惑。与会人员分享企业经营中的一些经验体会，互相交流一些行业特点。通过此次活动，有利于加强政府与企业之间的联系，搭建企业间沟通的桥梁。（文　涛）

【环保经验交流会议】　2018年10月26日，砂子塘街道大工委单位湖南中烟公司集团长沙卷烟厂邀请街道领导，各社区党委（支部）书记和居民代表，在长沙卷烟厂办公楼11楼召开“惠民生·促和谐·扬生态”主题会议。会上，各社区就环保工作交流经验，长沙卷烟厂介绍企业环保工作，就环保问题进行解答。会议结束后，与会人员观摩长沙卷烟厂的生产活动及环保设施运行情况。该次活动，有利于架起企业和居民群众沟通的桥梁，增进居民群众对企业的了解。（文　涛）

【社区全面提质提档工作观摩活动】　2018年11月15日，砂子塘街道开展迎接雨花区社区全面提质提档工作观摩活动，区委副书记陈永高，区政府副调研员段仁华、孙夙，相关区直部门主要负责人，全区各街道、镇相关负责人，45个提质提档社区负责人及区提质提档办等一行百余人实地观摩砂子塘社区，了解社区提质提档工作，并进行指导。在街道召开区提质提档工作座谈会。区民政局局长尹江华对全区社区全面提质提档工作情况进行工作汇报。陈永高强调，要始终以人民为中心的发展思想，凝心聚力、真抓实干，善始善终、善作善成，坚决打赢社区全面提质提档收官战。（文　涛）

【全省计生监督规范化建设工作观摩】　2018年12月28日，湖南省卫生计生监督机构规范化建设现场会在雨花区举行，省卫健委副主任彭振国率全省14个地州市卫计委和卫计执法局相关负责人200余人观摩砂子塘街道网格化中心卫生计生综合监督演示现场、卫生计生监督执法询问调查室工作现场、“党建引领综合监督卫生计生网格化管理示范基地”梨子山社区卫生计生综合监督协管操作现场。（文　涛）

东塘街道

【概况】　雨花区东塘街道地处东塘广场西南角，四周韶山路、劳动路、芙蓉路、二环线环绕，新建西路、雨花路贯穿其中。辖区内有东塘、省人大、枫树山、牛婆塘、芙蓉南路、浦沅、华银园、政院、新雨、七里庙10个社区居委会。街道内设党政、安监、综治、重点、经济、财政所、社会事务、城管、政务中心、卫计10个部门，建有共青团街道工作委员会、工会、妇女联合会等群众组织。街道核定编制53名，其中行政编16人，实有13人，事业编制36人，实有26人，工勤编制1人，实有0人，街道雇员核定编制38人，实有35人，其中领导职数11　名，其中引进人才1人，退休干部17人，入库党员1163　人，退役军人服务中心支部委员会　7个，机关支部委员会47个。办公地点设在雨花区新建西路188号。

2018年，东塘街道紧扣“项目大攻坚、管理大提质”工作主题，围绕“雨花标杆，全市一流”工作目标，以经济建设“五个一工程”、民生服务“五大民生工程”20件民生实事为抓手，推动街域经济社会发展。省委常委、市委书记胡衡华两次到东塘街道调研，党建引领基层治理工作经验被中央《组织人事报》、省委《工作情况交流》重点推介。政院社区获评省级文明社区、全民健康生活方式行动“健康社区”、市级绿色示范社区，新雨社区获评长沙市文明社区。（宋彧颖）

【街域经济】 2018年，东塘街道全街（全口径）税收确保完成序时进度81839万元，冲刺目标数92700万元。完成全社会固定资产投资7亿元，其中现代服务业投资7亿元，占比100%。社会零售消费品销售总额（限上）17亿万元，较2017年同期增长8%。规模工业总产值完成2600万元，较上年增长10%左右。新增税收超亿元商务楼宇中机国际，超10亿元产业项目建发央玺住宅售罄，超高标准商务楼宇建鸿达IEC大楼封顶招商，税收过亿企业项目兴业银行湖南总部招商落地，重大产业项目华狮棚改项目腾地清零。天心煤建项目私房签约清零腾地。鼓励开发商自持物业，整租整卖，招大引强，品质招商，带动集约式发展。创新推行“楼长制”，实现“心中有楼、政策进楼、服务上楼、企业满楼”。培育2栋亿元楼宇、3栋千万元楼宇，吸引湖南东轩网络科技有限公司、湖南微算互联网信息技术有限公司等51家企业纷纷入驻。完成招商去库存23787平方米，完成年度任务的109.38%。完成全国第四次经济普查全市综合试点任务。（宋彧颖）

【城管工作】 2018年，东塘街道推行网格化巡查、标准化执法、科学化分析“智慧城管”机制，与“智慧城管”平台有机结合。全年上报处理环保案卷2000个、城管问题6000个。垃圾分类回收形成分类投放、分类收集、分类运输、分类处理机制，逐步实现辖区垃圾减量化、资源化、无害化处理。4月、6月城管考核全市第一。实施“蓝天工程”，走好无煤、控尘、控烟三步曲，成功创建全市首个无燃煤散煤街道。（宋彧颖）

【社会事业】 2018年，东塘街道办理“12345”热线612件，回访满意率96.74%。推行“互联网＋政务”试点工作，打造“三中心一超市”，试行社区错时服务，实现“群众办事最多跑一次”。涉及金额达235万元50个惠民资金项目落实落地。社区提质提档“三年行动计划”完成，10个社区全面达标。90家社会组织扎根东塘，华衡公益、爱乐社工、优善园社工等新社会组织深入社区，举办大中型公益活动累计50余场次，提供服务2000人次，“学雷锋社区陪伴”获省级“优秀志愿服务项目”。实施“幸福工程”，开辟东塘商圈首个24小时自助书屋，打造“六都邻亲”邻里中心，建设全省首个“社区健康生活馆”、健康超市、老年健康餐桌，评为市流动人口基本公共卫生服务均等化优秀单位。实施“品质工程”，推进“一圈两场三道”建设，成功创建全区示范性15分钟生活圈，完成4个社区阵地改造，推动10个老旧宿舍提质提档，建设标准化垃圾站、家庭化公共厕所，推广垃圾分类。实施“放心工程”，提质改造40家小餐饮门店透明厨房，打造“好口碑”药店、“金枕头”酒店、“银筷子”饭店。实施“满意工程”，七里庙路南沿线拉通，建发项目幼儿园顺利封顶，打造10个示范性“小而全”小区菜店。（宋彧颖）

【综合治理】 2018年，东塘街道推进“红袖章”工程，组建“老口子”“红犁”“金枫”等义务巡逻队伍。退役军人服务中心提供接待、沟通、帮扶等服务326人次。物业管理办有效处理群众投诉100余起。实行“一社区一法律顾问”制度，联系社区288次，提供法律咨询185次。依法调解各类矛盾纠纷217起，调解成功率100%，其中调处重特大死亡纠纷5起、防止群体性事件3起。“丁哆哆调解室”作为“枫桥经验”学习典型被10余家媒体采访。街道人民调解委员会被评为“省级优秀调委会。”（宋彧颖）

【基层党建】 2018年，东塘街道深化网格党建“一二三四五”工作模式，延伸“两新”党建，形成新芙蓉之都鑫融汇“金领驿站”、湖南商会大厦“四三”模式等“楼宇党建”品牌以及“金牌帮女郎”“老口子亲情服务队”等社会组织支部明星。涌现政院小区“四联四共”模式、中江小区“5280党员服务自助餐”等“小区党建”特色。“区域党建”典型枫树山社区“红枫家园”被红星网报道。提供“东小二”系列服务，走访困难家庭1000余次，解决民生问题406个。形成“红色物业”破解老旧小区停车难、“党员五包”工作法破解小区信访积案化解难等东塘特色经验。（宋彧颖）

【东塘街道健康生活馆开馆】 2018年1月31日，雨花区打造的首个健康场所——东塘街道健康生活馆开馆，并举办为期9天的“参与健康行动，把健康带回家”流动人口关怀关爱宣传活动。活动以生命健康教育为主，采取“讲座＋游戏”、现场演练等鲜活趣味的形式，吸引众多学生和家长参加。活动开展应急救护和健康教育知识培训，长沙市红十字协会志愿服务队的志愿者现场演练心肺复苏、创伤救护、紧急救护等方法，给在场学生家长派送150余份含体温计、限油壶、限盐勺、限盐瓶等物品在内的“健康包”，发放流动人口均等化服务指南、流动人口和留守儿童健康教育核心信息、健康素养66条等宣传折页。东塘街道健康生活馆实用面积240平方米，设置合理膳食区、健康生活区、健康教育区、疾病防控区、医疗互动区等功能区，致力于打造集健康信息交流、健康教育课堂、健康知识展示、医务人员义诊等于一体的健康公益平台。（宋彧颖）

【省人大调研省人大社区】 2018年5月9日，省人大法制委、省人大常委会法工委调研组到东塘街道省人大社区，就《湖南省物业管理条例（草案）》组织街道物业办、社区居委会、小区业委会、物业公司、业主等20余名代表召开修改立法调研工作座谈会，征求各方代表的意见和建议。会上，省人大法制委副主任曾东楼在座谈介绍物业管理条例修改工作的意义和工作进展。与会人员随后围绕《湖南省物业管理条例（草案）》的修改工作提出意见和建议，就物业的承接查验工作、业委会的选举程序、专项维修基金的使用和监管等问题现场进行讨论。（宋彧颖）

【中共长沙市红十字会志愿服务队支部成立】 2018年5月23日，中共长沙市红十字会志愿服务队支部成立大会在东塘街道牛婆塘社区召开，党员志愿者张述铭当选支部书记。区委组织部副部长刘虎，东塘街道工委书记黄金，东塘街道工委委员、人大工委主任黄利萍等参加会议。长沙市红十字会志愿服务队队长陈旭介绍，服务队成立于2005年，培育并实施绿色湘依、微孝扶老、农夫市集、社区陪伴、大爱清尘等近30个公益项目，开展扶贫帮困、应急救护、心理疏导、两型环保、公益传播等相关工作，发展成拥有注册志愿者近3000名，帮扶对象达20万人次的志愿者平台。（宋彧颖）

【浦沅社区"同乐荟"志愿服务启动式】 2018年7月23日，东塘街道浦沅社区"同乐荟"志愿服务暨"24小时书屋"启动式在社区二楼活动中心和匠心园同步举行，东塘商圈首个集自助办证、借还书的全智能管理的"24小时书屋"于当天对外开放，"24小时书屋"位于浦沅社区匠心园内，有各类图书2000册，为居民提供24小时不关门的自由阅读体验。活动现场，两新党支部党员代表、社区居民代表和砂子塘小学第六都校区学生代表上台宣读全民学习阅读倡议书。九三学社和社区志愿者上台认领社区志愿服务岗位，宣读志愿服务倡议书；区委统战部、九三学社雨花区工委、区民宗外侨局、东塘街道办事处为社区同心书屋和"24小时书屋"捐赠书籍500余册。九三学社成员、省政协副主席、全国工商联常委、省工商联主席张健，省工商联办公室主任陈夕林，区委常委、统战部部长成钢，民盟雨花区工委主委、区人大常委会副主任、区工商联（总商会）主席叶松，九三学社雨花区工委副主任、区文体新局局长王琳，东塘街道党工委书记黄金为"24小时书屋"揭牌，宣布"24小时书屋"正式对广大居民群众免费开放。 浦沅社区"24小时书屋"的启动，有利于推动全民阅读的新时代。（宋彧颖）

【省妇联调研区域化建设工作】 2018年8月29日，省妇联党组书记、主席姜欣调研东塘街道妇联区域化建设工作。省妇联兼职副主席、东塘街道党工委书记黄金以及相关街道人员陪同调研。姜欣一行走访浦沅社区、政院社区、枫树山温尔登超市粉领驿站和鑫融汇金领驿站，听取街道、社区负责人的情况介绍。姜欣表示，东塘街道妇联要进一步深化妇联组织改革，增强广泛性和代表性，理顺职能和创新机制，把妇联组织建设得更加充满活力、更加坚强有力，更有效地联系和服务妇女。东塘街道坚持"党建带妇建，妇建促党建"的原则，形成"街道—社区—小区—楼栋"四级妇联组织网络，在商务楼宇、居民小区、医院、超市等地建立特色妇联驿站，培育或引进"金牌帮女郎"工作室、锋蜜帮帮团、"执紫之手"公益服务中心等妇女儿童服务社会组织20余家。开发运营"智慧东塘"——"凤e超市"项目，为东塘街道妇女群众量身打造电视功能服务应用，"凤e超市"设置她组织、她就业、她维权、她风采、她教育、她健康等栏目，提供区域化地图、妇女儿童之家、流动人口之家、我们的节日等服务互动，结合线下的健康、就业、维权等活动，让辖区的妇女群众享受"线上+线下"的全方位服务。（宋彧颖）

【华银园社区安装微型空气监测仪】 2018年9月20日，雨花区第一台微型空气检测仪落户东塘华银园社区，区环保局工作人员在社区范围内选址并投放安装一台微型空气监测站的仪器。该仪器属于环境空气质量监测系统，其功能就是针对一定范围内的环境空气自动监测，监测数据连接后台可供工作人员监测记录，并且数据会实时更新。华银园社区作为空气质量监测点，填补了东塘街道环境监测数据的空白。华银园社区地处南二环以北，韶山路以西，地理位置有利于环境空气质量监测，监测数据具有代表性。（宋彧颖）

【长沙市首个公办居家养老服务中心】 2018年12月1日，长沙市首个公办居家养老服务中心在长沙市第一社会福利院启动。东塘街道辖区芙蓉南路社区、牛婆塘社区、新雨社区、七里庙

2018年11月1日，东塘街道会议室 （周红/摄）

社区20位失独、空巢老人一起参加启动仪式，享受第一福利院提供的居家养老志愿服务。作为公办养老机构向社区延伸服务的示范项目，主要为60周岁以上、无传染性疾病及精神疾病的轻度失能或高龄空巢、生活基本自理老人服务，提供慢病管理、生活照料、文化娱乐、膳食供应、保健康复、教育咨询、精神慰藉等服务。有专业的养老、社工、医护和志愿者服务队伍，可为老年人提供上门或基地集中服务。

（宋彧颖）

圭塘街道

【概况】 雨花区圭塘街道为雨花区区治所在地，东连京珠高速公路，南抵省森林植物园，西临京广铁路，北靠机场高速、高桥大市场。街道面积12.6平方千米，下辖12个社区、2个集体资产管理委员会（圭塘村集体资产管理委员会、月塘村集体资产管理委员会）和1个实业有限公司（大塘湾实业有限公司），户籍人口5.8万余人，常住人口（居住半年以上的）11.6万余人，流动人口2万余人，法人单位1200家，个体户2300家，中央驻街单位8家，厅、处级驻街单位11家。街道内设党政综合办公室（党建办、纪检监察室）、经济发展办公室（统计站）、社会事务办公室、社会管理综合治理办公室、城市管理办公室（打赢“蓝天保卫战”办公室）、卫生与计划生育办公室、财政所（“三资”监管服务中心、审计站）、公共服务中心（政务服务中心）、综合文化服务中心、安全监督管理中心（河长制办公室）、征收安置服务中心和人民来访接待暨矛盾纠纷调处中心。机关核定行政编制16名，后勤服务人员编制1名，事业编制36名，其中科级实职领导11人，退休干部12人。

2018年，圭塘街道围绕“政治要街、经济强街、品质兴街”工作目标，全面加强党的领导，推进项目大攻坚、管理大提质，提升街道经济社会高质量发展综合水平。落实精准扶贫战略，组成13个扶贫工作小组，成立2人驻村扶贫小组，精准扶贫跳马镇三仙岭村，为43户112人扶贫对象建档立卡，送出慰问资金和物资25万元，其中产业扶贫资金15万元；联系辖区物业公司、绿化施工单位帮助精准扶贫对象销售200棵树木及2万株苗木；合作开发种植容器苗产业项目，该项目被列入2018年湖南省重点产业扶贫项目。

（吴　伟）

【街域经济】 2018年，圭塘街道完成税收15.8亿元，超额完成2.23亿元，超出年度任务16.43%。社会消费品零售总额完成限额以上零售总额12.15亿元，较2017年同期增长5%。完成固定资产投资61亿元，超年度目标任务10.9%。规模以上其他营利性服务业营业收入达到10.5亿元，完成年度目标任务的125%；外贸进出口1.29亿美元，完成年度目标任务的102%；实际到位外资4696万美元，完成年度目标任务的102%。完成地铁4号线树木岭站、地铁5号线木莲路站、雨花广场站、曲塘路站、劳动东路站5个地铁口的按期腾地，实现城投27号地、泰禹7号、8号地的拆除清零和圭塘河综合整治项目顺利交地。全年涉及扫尾清零16户，完成签约13户，拆除合法建筑13栋，拆除违章建筑6处，面积3000余平方米。出台《圭塘街道2018年重点帮扶项目联点安排表》，对全街24个产业项目（其中新建项目6个，续建项目9个，待建项目7个，待招商项目2个，预计年度总投资50亿元）构建起区、街领导与项目点对点帮扶模式，为项目解决困难、问题及诉求40余个，成功帮促保利·大都汇等7个楼盘顺利开盘。在持续限购限贷限价的政策宏观调控下，完成房地产销售面积约36万平方米，实现销售额近34亿元。协助知识产权“双打”工作，配合完成整治案件12件，扶植8家高新技术企业完成奖励申报，有效组织打击遣散传销人员69人次。喜盈门范城引入世界500强阿里巴巴集团旗下的“盒马鲜生”超市，龙湖·冠寓长租公寓整栋入驻欧亚达广场2号栋，友阿城市奥莱入驻喜乐地，旭辉国际城市综合体项目逐步做大做强。完成楼宇招商3.37万平方米，超年度任务66.45%。新增企业单位814家，其中注册资金500万元以上的203家，2000万元以上的23家。

（吴　伟）

【城市管理】 2018年，圭塘街道受理数字化案卷1.15万件，同比下降8个百分点，按期处置率100%；网格化上报处置案卷2.6万条，完成考核任务；办理行政处罚案件252件，其中环保类案件21件；拆除各类违章建筑8542平方米，完成国土卫星图斑4处，拆除违规占地建筑4593平方米，城管考核上半年在雨花区排名第一。率全区之先打造首个标准化蓝天办公室。开展“蓝天保卫战”及环境保护宣传活动45次，被中央媒体报道两次，省级媒体报道5次，市级媒体报道20次；执法行动百余次，依法动态整治问题1700余起，指导餐饮门店安装油烟净化器覆盖率99%，摸排污染源企业407家，燃煤污染和燃放烟花基本清零。在4个垃圾分类试点小区投放分类垃圾桶297个，综合垃圾箱体36个，可回收垃圾减量25474.9千克、有害垃圾减量382.9千克。招募民间河长、小河长和义工，组织发动党员群众参与河道、河水治理等工作，其中招募的10位志愿民间小河长参与守卫圭塘河的活动，多家媒体报道，被省委网信办主办的《涉湘舆情》刊物正面推介。中央环保督察“回头看”工作期间，受理中央信访件7件，省级环保督查案件10件，区内信访件9件，全部办结。

（吴　伟）

【社会事业】 2018年，圭塘街道开展各类精神文明、未成年思想道德建设活动52场次，其中获得市文明办批文5场，获得区文明办批文11场。市民对创建活动知晓率95%、活动参与率90%。联合“和+”共享图书馆开展阅读活动，助推“书香雨花”建设；推选社区广场舞队伍参与“欢乐潇湘·舞动雨花”全民健身广场舞大赛，获雨花区特别奖、长沙市金奖。推进“一圈两场三道”建设，完成雨花家园社区公共服务中心等4个涉“圈”项目，东二环1号停车场等4个涉“场”项目建设，推进香樟路等6个涉“道”项目。完成高龄老人生活津贴签字认证1384人，发放高龄津贴126万元；

春节慰问低收入家庭、优抚对象、残疾人对象 831户，慰问资金36万元，慰问物资340份；及时足额发放优抚金64万余元，发放解困资金和慰问经费18万余元。落实3名退役士兵安置工作，完成千余名退役军人信息采集和登记工作。开展"最多只跑一次"改革，按要求落实平台设备配置标准，做好街道、社区政务网络及硬件设备的保障工作，落实A、B岗工作人员；举办"最多只跑一次"改革、"互联网+政务服务"工作业务培训班。"12345"市民服务热线办结工单568件，按时办结率100%，回访工单555件，办结满意率96.40%。保障农民工工资支付，及时调解10起农民工工资纠纷事件，涉及金额百万余元。完成民生收集问题52个、省市为民办实事11项、老旧小区家庭油烟净化治理250户，推进《电力三年行动计划》工作，城市山水豪园小区完成电表更改，推进丽景香山小区电表改革。完成11个社区党组织、居民委员会和公共服务中心专职工作人员的岗位等级核定和资料归档，指导11个社区完成44个惠民资金项目的备案和实施工作。坚持"共建共享多方参与、重点突破示范带动、微改造强服务"的工作思路，对5个提质提档社区铺排项目48个，总投资611.1万元，自筹辖区企业单位投入资金5000万余元，督促中南院、航空职业学院等辖区单位完成生活小区的公共设施、绿化等提质工作。打造"美林夕阳红""365党员天天工作室"等社区服务品牌，"五彩一家""幸福港湾"等居民自治服务品牌。中南院、中航、中盐、中烟、中邮等央企签订职工小区物业分离移交及物业接管协议，中南院作为长沙市推进国有企业退休人员试点单位开展工作试点。完成12所城镇小区配套幼儿园移交工作，清理整治无证办学机构，关停无证幼儿园2所，督促办证8所。投入并指导圭塘小学成功申报国家级"流动人口健康促进学校"。省计生协会推荐社会组织温心家园申报中国计生协会暖心家园建设项目。组织人大代表考察社区提质提档工作，就街辖学校、道路建设等撰写人大议案。向贫困地区、圭塘河共享图书馆捐书及向桑植

2018年11月23日，圭塘街道青年干部在"和+"共享图书馆开展读书活动

（吴伟/提供）

贫困地区捐款行动。开展"厚养薄葬"改革，制定《圭塘街道农村集体经济组织成员殡葬费进行适当补助办法（试行）》等文件，对3个村集体经济组织成员过世后采取文明治丧行为的家庭给予1万元补助，补助奖励共38万元，全年死亡报告100%，搭棚治丧直线下降，"12345""96321"举报搭棚治丧行为投诉率为零。组建"三村"集体产权制度改革办公室，大塘村在雨花区率先完成合作组织社的选举工作，成功选出新一届董事会班子。

（吴　伟）

【综合治理】　2018年，圭塘街道食安宣传教育排名雨花区第一；落实透明厨房提质改造工作，遴选提质改造对象45家。落实明厨亮灶工作，超额完成"明厨亮灶"监管平台对接任务。落实非洲猪瘟专项督查工作，发放工作手册和宣传单700余份，处置月塘村过渡房新调入24头生猪等问题。发现和处置各类安全隐患百余个。组织开展综治宣传月活动，创建雨花区平安家庭示范户6户，组建"红袖章"义务巡逻队伍10支，实现"小喇叭"工程圭塘全覆盖。开展扫黑除恶工作，组织对黑恶势力违法犯罪线索进行深度摸排3次，组织14个社区（村）"两委"成员谈话，投放举报箱，公布举报电话。完成特护期专项排查稳控，成功处置20余起群体突发事件。化解信访积案7件，签订息访息诉协议5件。

（吴　伟）

【基层党建】　2018年，圭塘街道打造"党建六大工程"，推进支部"五化"建设，市委"基层党建年"及区委党建重点任务全面落实。制定出台《圭塘街道工委会会议工作规则（试行）》《圭塘街道工委关于加强班子自身建设实施办法》。推进宣传报道工作，在中央及省、市级主流媒体发稿300余篇，其中中央级媒体15篇，省级媒体120余篇。加强舆论引导工作，开展各类网络清理整治行动，多次对各类阵地进行排查。全街26个城市住宅小区党支部覆盖率100%，金福社区成立全区第一个由在职党员担任书记的小区党支部。各党支部牵头解决小区治理难题50余件，建设11个邻里中心，"红袖章巡逻队""夕阳红服务团"等党建服务小分队活跃在各个小区。选聘17名辖区单位负责人担任街道大工委委员、43人担任社区党委兼职委员，召开2次党建联席会议，确定6个党建合作项目。落实廉政提醒短信、廉政专项检查、机关作风建设专项整治、违法违纪案件办理、区委第一巡察组反馈问题整改等工作，监督执纪函询 2人，处理违纪人员4人。开展廉政文化活动等特色工作，开展新修订的《中国共产党纪律处分条例》集中学习。打造干部履职能力提升工程，搭建"圭塘头雁讲习所""青年讲习所"等学习交流平台，共享图书馆组织读书分享会、开展传帮带"拜师"活动、检验党建知识掌握程度、提供岗位进行压岗锻炼。构建"党建引领，

多方共治”小区治理模式，雨花家园社区成立退休党员干部“红管家”志愿服务队，“5+2”“白＋黑”义务巡逻，小区治安案发率下降60%，多发性案件下降100%。吸纳旭辉国际、中烟公司等单位加入街道区域化党建队伍，建立资源、问题、项目三张清单，探索开展红色蜂巢党群服务中心、“和＋共享”等6个共建项目。建成一批社区党建服务中心和小区党建服务站（党员之家）。开展在职党员到居住社区报到，党政领导蹲点直联支部开展“大走访”，开展亮身份、强服务、争先锋活动。（吴 伟）

【张敏调研圭塘街道】 2018年5月9日，区委书记张敏到圭塘街道调研相关工作，就有关问题现场办公。张敏一行察看雨花家园社区社区老年课堂、办事大厅等，了解社区党建活动开展情况，要求做好“在职党员进社区”工作；与美林景园社区基层工作人员、业委会负责人交流小区管理情况；要求月塘片区项目指挥部加快拆迁扫尾和项目引进。座谈会上，张敏对圭塘街道的工作提出要求，要着力推进项目建设；着力提升城市管理；着力解决村级经济发展中的矛盾；着力抓好平安稳定；着力攻坚污染防治。

（吴 伟）

【冠军志愿者工作室成立】 2018年5月29日，由杨霞、刘英芝、王明娟等奥运冠军，唐九红等近50名世界冠军以及200余名亚洲和全国冠军组建的体院路社区阳光运动驿站之“冠军志愿者工作室”在圭塘街道五环广场成立。冠军之声、冠军课堂、冠军帮扶、冠军奉献四大板块内容传递冠军精神，发扬榜样力量，倡导全民健身，传递正能量。冠军志愿者工作室开展“党建引领树旗帜，冠军志愿进网格”“我们的节日·端午节”等活动，杨霞等在职党员和冠军志愿者多次对长沙“十佳五老”刘正德、“孝老爱亲”周树根等社区居民进行慰问。工作室在基层党建创新、“蓝天保卫战”、文明创建、社区治理等方面参与社区活动，全面服务社区发展。（吴 伟）

【庆祝建党97周年大会】 2018年6月29日，圭塘街道召开庆祝中国共产党成立97周年大会。区政府副区长王明玖，街道全体党政班子成员、机关党员，社区（村）书记、主任、党总支委员，两新组织、小区党组织、离退休党支部书记、新进党员及表彰对象参加，会议由圭塘街道党工委副书记、办事处主任刘明生主持。会上，全体党员面向党旗进行宣誓；对先进基层党组织、“五化”党支部、优秀党组织书记、优秀党务工作者、优秀共产党员、优秀宣讲员、优秀兼职委员进行表彰，对半年度党建八项重点任务进行点评；雨花家园社区、美林景园社区党组织书记分别上台做党建工作经验交流。街道党工委书记肖向东以《不忘初心——担当起新时代赋予的新使命》为题讲党课。王明玖对街道提出要求，牢记宗旨，一心为民；牢记身份，一身正气；牢记纪律，衣袖清风。（吴 伟）

【圭塘街道开展党员兜底管理】 2018年7月，圭塘街道推行“314工作法”（“三找”：寻找改制企业党员、寻找失联党员、寻找“隐形”党员；“一进”：党员进网格；“四同步”：教育同步、管理同步、服务同步、关怀同步），加强小区直管党员、在职党员、流动党员和离退休党员兜底管理，摸底“四类党员”党员3641人，集中组建城市住宅小区党支部26个，解决星雨心苑小区物业交接、雨花家园小区樟树白蚁防止等具体问题近百个，实现党员教育管理全覆盖，发挥党员在小区治理中的先锋模范作用。（吴 伟）

【大塘湾实业有限公司完成换届选举】 2018年7月5日至9月8日，在圭塘街道的全程指导下，大塘湾实业有限公司完成换届选举。选举前，成立换届选举委员会（以下简称“选委会”），由选委会全程按照相关程序开展换届工作，形成换届选举办法初稿，随后召开全体股东代表大会逐条商议，并通过举手表决方式形成集体决策。通过海选和正式选举，王军伟分别以695票（第二名501票）和846票（第二名775票）最高票当选为董事会董事。9月8日，大塘湾实业有限公司召开第二届董事会第一次会议，通过董事会成员无记名投票，王军伟全票当选为公司董事长。（吴 伟）

【省市检查组检查圭塘街道】 2018年12月13日，省市场监督管理局局长向曙光、市政府副市长邱继兴，以及省特检院、省质检院、省纤检局相关专家一行10余人到砂子塘泰禹小学，对学校及周边儿童用品安全进行检查。检查组一行重点查看校园内塑胶跑道和校服质量状况，以及校园外周边门店的文具、玩具和眼睛产品质量情况，对相关工作表示肯定。（吴 伟）

【盒马鲜生超市开业】 2018年12月28日，阿里巴巴集团旗下的盒马鲜生超市在圭塘街道喜盈门范城开业，是“盒马鲜生”超市湖南首省家门店，长沙成为继广州、成都、南京等9个城市之后，盒马鲜生今年新进驻的第10个城市。盒马鲜生集超市、餐饮、物流、线上服务为一体，是以云数据和信息技术驱动的新型零售平台，具有门店3千米范围内30分钟送货上门的快速配送服务。此次开业的“盒马鲜生”超市是上海盒马网络科技有限公司的全资子公司，位于喜盈门范城内，总建筑面积6000平方米，提供就业岗位500余个，年销售额1亿元。

（吴 伟）

黎托街道

【概况】 长沙市雨花区黎托街道位于长沙高铁新城核心片区，是长沙东大门入城口，东西北三面为浏阳河、圭塘河环绕，辖区内长沙大道、劳动东路、沙湾路、花侯路、曲塘路等构成纵横交错的交通路网。街道总面积15.5平方千米，辖区人口6.3万人，其中，常住人口3.3万人，流动人口3.0万人。辖内有广益、东澜湾、体育新城、黎锦苑4个社区居委会，潭阳、川河、合丰、粟塘4个社区筹委会，花桥、大桥、平阳3个集体资产管理委员会（简称“集资委”）。街道内设党政综合办、纪检监察室、基层党建工作领导小组办、经济发展办、社会事务办、农村工作与涉农改革办、社会管理综合治理办、卫生和计划生育办、城市管理办、财政所、征收安置服务中心一（拆迁）、征收安置服务中心二（安置）、安全监督管理中心、人民来访接待暨矛盾纠纷调处中心14个部门，街道行政机关编制16名，实际15人；工勤编1名，实际无；事业单位编制36名，实际31人；退休干部30人（含集体退休干部）。全街党员1187人。

2018年，黎托街道坚持“围绕中心抓攻坚，全面转型求突破，努力开创黎托建设管理发展崭新局面”的工作思路，征地拆迁实现突破，交地21.67公顷，拆除合法房屋216栋，清零扫尾6个项目；完成税收入库15.58亿元；城市品质不断提升，污染防治成效显著，社会管理优化提质，街道安全稳定全面保障；民生福祉增强。2018年，黎托街道获评2017年度全市综治工作优秀等次乡镇（街道），2018年度红十字会无偿献血工作先进单位。（陈　月）

【街域经济】 2018年，黎托街道税收入库15.58亿元，同比增长11%；完成限额以上社会消费品零售总额24亿元，总体增速3%；完成固定资产年度总投资53亿元，现代服务业总投资完成占比100%；新增入框规模服务业企业12家。帮扶10个重点项目，纳入市重大项目的明昇壹城年度总投资17.6亿元，投资完成率117%；运达中央广场三期申报区重大观摩项目，总投资超20亿元。重点对运达中央广场三期、明昇壹城、东旭国际等几个城市综合体进行帮扶，以服务企业为抓手，摸排整理困难问题，建立台账、持续跟进，协调、答复、解决项目问题10个。楼宇招商去库存竞赛签约面积35037.89平方米，完成年度任务169.6%，商务楼宇招商去库存完成总量在全区位居第三。江河湾中心开业。（陈　月）

【城建城管】 2018年，黎托街道完成腾地21.67公顷，拆除合法房屋216栋，花容路、嘉胜路、合丰两安商业地、合丰合作开发地、花桥生活安置地（花桥村范围内）、片区4号地合丰片（平阳社区）项目实现合法建筑全部拆除清零，全年签约量、拆屋量、项目腾地数排全区第一。成立合丰、粟塘、平阳、园博家园、川河南片、花桥6个项目分指挥部和潭阳项目扫尾工作队，分村梳理项目，盯准节点推进。花桥安置地一周之内合法建筑签订协议24栋。入户约谈上百次，合丰安置地项目按时清零腾地。区重点工程花容路拆迁项目4栋建筑全部拆除。园博家园项目成为全区首个试点“新标准、新程序、阳光征拆”的项目，20天完成签约拆房63栋。组织136次联合执法专项行动，开出全市工地（单位）焚烧垃圾顶格处罚和个人焚烧垃圾处罚“双第一”，立案查处、扣押违规渣土车辆49台次，在工地、拆迁区域等裸露黄土、砖渣上覆盖防尘网83万余平方米，拆除77处历史违建1.4万平方米，清除各类牛皮癣5万余条，拆除户外大型招牌40余处，处置各类案卷30958条。新增绿地11公顷，面积居雨花区第一。完成中央环保督察“回头看”工作，受理中央环保督查案件9件，省级环保督查案件8件。组建全区唯一一支街镇级专职巡河队伍，有队员6名，乡级河长月均巡河次数超9次，全年劝离、销毁僵尸船11艘，清理河堤垃圾50余吨，收缴非法捕鱼、电打鱼工具30余套。组织各涉河社区（筹委会）、集资委开展河堤大型保洁活动9次。承办市、区级文明创建活动12次，开展社会主义核心价值观及创建宣传20余次，参与群众1万余人次。成功推荐杨智远为“长沙好人，身边雷锋”。推进移风易俗工作，11个社区（筹委会）、集资委基本成立红白理事会，完成村规民约、居民公约的制定。（陈　月）

【综合治理】 2018年，黎托街道开展“打非治违”专项行动95次，收缴大小烟花、鞭炮1093件，收缴危险化学品3658件，打击非法流动黑加油点3家，安全转移15846.34升成品油。开展各级各类安全生产活动和培训14次，参加人员1600余人次。加强食品安全宣传教育，完成小餐饮透明厨房改造35家，大中型餐饮视频厨房系统接入8家，取缔“一桌餐”“私房菜”12家，全年查处查办食品安全案件10起，下达责令整改书132份，取缔黑作坊、假酒作坊8处。化解各类信访矛盾，成功化解部分积案，全年进京上访、非访登记、非访数量较2017年下降，完成区、市、省及全国“两会”等特护期信访维稳工作。打好信访重点领域、重点群体、重点问题、重点人员的化解攻坚战。（陈　月）

【社会事业】 2018年，黎托街道打造“就业高铁站”特色服务品牌，近400人参加该项目，全年召开4场招聘会，305人与用人单位达成就业意向。推进“一圈两场三道”建设，完成“15分钟生活圈”任务2个，改造升级村卫生院2所，建成黎托基成社区卫生服务中心；完成停车场建设2个，比原目标多提供500个停车位；新建或提质改造农贸市场2家。上半年核实发放延期过渡费778万余元；下半年延期过渡费涉及38个项目，共计金额1509万余元。完成潭阳整村拆迁项目最后一批安置资格联合会审工作。开展保障住房申购资格联合会审，川河、平阳、合丰、粟塘共计269户安置指标得到落实。被征地农民医社保纳入745人，发放征地农民生活保障金6549万余元。调处劳动纠纷9起，涉及农民工工资1240万余元。推进物业管理改革工作，加强住宅小区业主基层自治组织建设，成立3家物业联动服务中心。指导黎锦苑小区顺利召开业主大会，成立小区首届业委会并顺利在区建设局备案登记。明昇壹城小区代表雨花区迎接市对区物业管理绩效考核检查零扣分，取得第一名的成绩。整治无证办学机构11所，移交配套幼儿园10所。配备卫生计生综合监督巡查员12名，对6类402家应监管单位全面摸底建档，组织联合监督行动6次，下达整改意见书62份，对有违反法律规定情形的10家医疗机构给予简易程序处罚，处理突发疫情9起，在孕产妇产前筛查、新生儿疾病筛查、“两癌”筛查、耳聋基因筛查等省市重点民生项目中均超额完成任务。联点新田村开展养蜂产业扶贫，帮扶18户扶贫对象养蜂80余箱，创造直接收

益逾 10 万元，拨付 10 万元资金完成 3 户危房改造。（陈　月）

【基层党建】 2018 年，黎托街道党工委组织集中学习 4 次。规范开展民主生活会、民主评议党员工作，民主评议党员 1065 名。广益社区支部“五化”建设树立典范，接待龙山县石牌镇干部参观考察。新成立 5 个小区党支部，依托小区党支部打造“邻里中心”，全面铺开街道大工委和社区大党委制，将兼职委员纳入社区治理和志愿服务，探索建立 4 个纯社区“六方联动”社区治理机制。推进楼宇商圈党建工作，加强保利 MALL 阵地建设。强化廉洁从政意识，开展各类督查 28 次，组织专题学习 10 次，900 余人次党员干部参与。查办党员违纪案件 10 人，政务处分 4 人，环保问责 1 人。针对越级信访件召开信访见面会 5 次、公开答复会 4 次，化解 12 件越级信访件。加强意识形态建设，11 个社区（筹委会）、集资委全面签订责任书。做好正面宣传，中央、省、市媒体正面报道稿件 148 篇。（陈　月）

【“夜莺行动”小组】 “夜莺行动”小组是黎托街道安监队伍中的重要监管力量，2016 年 3 月开始，“夜莺行动”小组在八小时工作之外，深入重点区域开展安全巡查，处置安全隐患。2018 年，收缴烟花爆竹 1093 件，危化品 3658 件，处置非法成品油 15846 升，整治隐患问题 164 处。“夜莺行动”得到市安监局的肯定，被《长沙晚报》等报道。10 月 11 日晚，“夜莺行动”小组 12 名安监执法人员巡视合丰物流市场，发现一家近百平方米的临时小物流仓库内存在将生产、生活、经营混杂在一起的“三合一”行为。行动小组收缴液化气罐并查看可疑油罐。（陈　月）

【“就业高铁站”】 2018 年，黎托街道尝试搭建有效求职招聘平台“就业高铁站”，针对性筛选用人单位和求职需求，提供现场求职指导、岗前培训、选择签约（购票进站、候车、上车）一条龙式服务，相对集中促成专门行业、专门岗位的上岗就业。7 月 26 日，黎托街道举办“就业高铁站”第一期失地农民就业培训签约会，80 余名失地农民报名并参加培训签约会。街道办事处副主任邹铁亮作开班动员。人力资源培训资深专家王祝连对失地农民观念就业转变、提升就业技巧等方面进行培训。丰彩好润佳公司人事经理周启则站在企业角度对劳动职业技能进行现场指导。培训后紧接着进入现场招聘环节，经过前期摸底、征集，该次招聘会以“保安、保洁、保姆（服务员）”为主力岗位。20 家用工单位，220 余个岗位供培训学员自主挑选。手持“就业高铁站”培训证书的失地农民学员，达成就业意向 56 人，签约 22 人。招聘会现场设立人社政策咨询台，为学员提供就业创业、创业担保贷款、社保医保、劳动法规等方面政策咨询服务，发放用工服务指南、社保医保等宣传资料 100 余份。11 月 9 日，黎托街道“就业高铁站”—黎锦苑站失地农民招聘会在黎锦苑社区中心广场举办。该次招聘会吸引到场求职人员 300 余人，近 30 家用人单位提供岗位 500 余个，42 人与用人单位达成就业意向。（陈　月）

【黎锦苑社区文艺汇演活动】 2018 年 2 月 6 日，伴随开场舞《共圆中国梦》，“走进新时代·共筑中国梦”全国社区网络春晚之“家在黎锦·爱满社区”黎锦苑社区文艺汇演拉开帷幕。该次文艺汇演由中国社区发展协会、中国志愿服务联合会、中国志愿服务基金会、社会志愿服务全国联络站主办，中国社区网、中国社区志愿服务网、雨花区委群工办、区文明办、区文体新局、黎托街道办事处承办。整场晚会分为“幸福黎锦”表彰大会和“家在黎锦·爱满社区”春节联欢晚会两个篇章。“幸福黎锦”表彰优秀家庭、最美志愿者、诚信经营户、最佳社会组织、“共筑共建”单位、优秀单元长、最美女性、最美物业人。春节联欢晚会上演黎锦苑社区原创情景剧《逛黎锦》、民歌独唱《大地飞歌》、黎锦苑社区文体协会“七彩秀色”模特队的旗袍秀《缥湘醉》、舞蹈和跆拳道的组合节目《黎锦活力》、舞蹈《花儿为什么这样红》、三句半《夸夸咱们的黎锦苑》、合唱《共筑中国梦》等节目，在《难忘今宵》的歌声中落下帷幕。（陈　月）

【农村集体产权制度改革工作会议】 2018 年 2 月 24 日，黎托街道农村集体产权制度改革工作专题调度会召开。2 月 27 日，黎托街道农村集体产权制度改革工作培训会召开。3 月 20 日，黎托街道召开产权制度改革工作推进会。街道党工委委员、组织委员陈朔参加会议。会上，针对农改工作推进中的难点和问题，农改办负责人员对农村集体产权制度改革工作再次作培训，对前段改制工作进行总结汇报，明确由改制单位联点街道党政班子成员、

2018 年 12 月 8 日，黎托街道 2018 年度绩效考核述职测评大会（陈　月/提供）

大办主任和联络员成立三人工作组。现场发放改制工作文件汇编，对后段工作进行部署安排。陈朔指出，各改制单位要按照街道农改办的部署要求，严格按时间节点完成清产核资、成员认定等工作。4月25日，黎托街道召开农村集体产权制度改革工作调度会。街道党工委书记王润虎，涉改单位联点党政领导参加会议。会议由街道办事处副主任张文斌主持。张文斌通报街道改制工作进展情况，对后段工作进行安排部署。各涉改单位负责人就改制工作完成情况、存在的问题及下一步工作安排作简要汇报与交流。相关街道大办负责人就改制工作中存在的重点问题进行汇报发言。王润虎提出要求，要清醒认识形势；要责任上肩、加强调度，统筹推进改制工作；严格执行改制工作周调度制度；在规定时间完成改制，确保效果。9月27日，黎托街道召开集体产权制度改革工作推进会。陈朔汇报全街第二阶段工作情况，并铺排下段工作。各村书记、主任就本村改制情况作汇报。区农林水局副局长周文就改制工作的意义、方法及后阶段工作提出意见。段灿军对各村改制工作指出不足，对具体原因分析研判，并提出要求。王润虎指出，要进一步统一思想，要冷静、稳妥的处理好各类矛盾，就第三阶段的工作以及第二阶段特殊成员身份认定、清产核资等具体问题，对各村作指导。（陈　月）

【雨花区首例个人焚烧垃圾罚单】2018年3月12日，黎托街道对长沙市高桥副食品老板詹某开出雨花区进入“禁燃期”后的首张个人焚烧垃圾顶格罚单。3月9日晚，黎托街道蓝天办主任兰川烨在巡查时发现詹某在火焰路旁空地焚烧纸箱、票据等纸质垃圾，上前将火势扑灭，对其进行批评教育，通知黎托城管执法中队赴现场进行执法，黎托城管执法中队对当事人进行拟处罚500元的行政处罚。（陈　月）

【萤火虫爱心公益助学】2018年4月，由黎托街道党员们发起成立的萤火虫爱心公益组织发起爱心助学行动，收到百余份申请帮助的资料，并吸引诸多志愿者伸出援手。“萤火虫”志愿者走遍上百户申请家庭，为他们送去慰问金以及米油，并从中确定16名贫困中小学生作为资助对象。6月11日，“萤火虫爱心助学”公益会义卖在黎托街道合丰社区筹委会举行，贫困家庭的腊肉（拍出8000元的爱心价）、土鸡蛋，居民收藏的书画作品等登台义卖，所有拍品最后筹得2.6万元。16名贫困学子获领1000元到3000元的助学金，黎托街道党员干部现场和他们结对，以实现上门帮解各种难题。（陈　月）

【防汛工作会议】2018年4月11日，黎托街道召开防汛抗旱暨河长制工作会议。街道全体党政领导、各大办负责人，各社区（筹委会）、集资委书记、主任、专干，黎托派出所、黎托城管中队主要负责人共计60余人参加会议。街道党工委委员陈朔传达省、市、区防汛抗旱、河长制电视电话会议精神，汇报2018年街道防汛抗旱、河长制工作开展情况；各社区（筹委会）、集资委负责人就防汛抗旱、河长制工作中的重、难点问题及工作铺排进行汇报，向街道工委书记现场递交防涝排渍及防汛工作责任状。合丰堤委会主任周亮平介绍合丰堤委会职能职责和目前主堤段穿堤设施工作进展，表态将与街道共同落实防汛、河长制工作。街道党工委副书记、办事处主任段灿军提出要求，各成员单位思想上高度统一，责任上肩；各社区（筹委会）、集资委要完善方案的制定；严格落实汛期防汛24小时不间断值班要求。黎托街道党工委书记、防汛指挥部总指挥长、街道总河长王润虎要求，各成员单位要高度重视，准备好自己的抢险队伍和防汛物资；要对防汛隐患点进行更全面的摸排、处理；各河段长严格落实巡河制度，发现问题并及时处理。6月7日，黎托街道组织召开河长制工作部署会。合丰堤委会（王家咀泵站）、花桥污水处理厂（竹沙桥泵站）、沙湾公园、黎托派出所、党政办、农改办、城管办相关负责人和各涉水社区（筹委会）、集资委河段长参加会议，会议由段灿军主持。陈朔对上半年来河长制工作推进情况、存在的问题、后段打算、责任分解进行通报，明确推行一截河道三级管控（即街道河长办专职巡河员、城管办巡河员、社区（村）巡河员交叉巡河，及时发现问题，限时整改）的工作方式。辖区各涉水单位负责人对当前河长制工作的开展、遇到的困难进行汇报、并表态发言。段灿军要求街道河长办跟进处理各涉水单位提出的问题，要求各涉水单位共同维护辖区“两河五沟一池”生态环境。王润虎提出要求，提高认识、责任到人；明确目标、强化措施，明确辖区浏阳河、圭塘河最终水质达到三类水的目标；形成多方联动的合力，共同推进河长制工作的开展。（陈　月）

【失地农民招聘会】2018年4月26日，“失地不失业，岗位送到家”——黎托街道“春风吹动”失地农民系列招聘会在花桥安置小区举行。该次招聘会由花桥集体资产管理委员会、合丰社区筹委会、东澜湾社区联合举办，35家用人单位现场提供400余个岗位。针对失地农民年龄结构大、学历不高的特点，招聘会上的岗位大多都是普工、技工、服务员、保洁、家政等针对性较强的岗位，受到失地农民的普遍欢迎。现场设立政策咨询台，提供就业创业、创业担保贷款、社保医保、劳动法规等方面政策咨询，当场发放用工服务指南、社保医保等宣传资料1000余份。吸引到场求职人员235人，现场达成就业意向36人。通过该招聘会，有利于实现一对一“订单式”上岗就业，实现失地农民在家门口上岗就业。（陈　月）

【社区卫生服务中心运营】2018年5月，黎托街道基成社区卫生服务中心完成验收，6月1日起试运营。该中心由国家发改委批复立项、拨款筹建，引进1500万元民间资本建成。该中心位于沙湾路与曲塘路交汇东南临街处，业务用房面积2778平方米，是集临床与社区预防、医疗、保健、康复、健康教育、计划生育于一体的综合性非营利医疗机构，下辖4个村或社区卫生服务站。有职工61人，其中执业医师16人。科室门类齐全，医疗救护设施完备，具备满足人民群众多样化、多层次医疗卫生服务需求的条件。该中心是长沙市城镇职工（城乡居民）基本医疗保险定点医疗机构；长沙市城镇职工生育保险门诊报销定点医疗机构；城乡低保住院医疗救助定点医疗机构；城镇居民医疗保险门诊统筹定点医疗机构；与长沙市妇幼保健院享受“两癌”转诊、与长沙市中心医院享受“双向转诊”医保住院“一免二减三提”优惠政策。（陈　月）

【张敏调研黎托街道】　2018年5月4日，雨花区委书记张敏一行到黎托街道调研经济社会发展情况，强调要清晰看到当前的困难挑战，坚定信心，鼓足干劲，团结进取，夺取新的一年骄人业绩。区政协主席、党组书记冯聪龙参加调研。黎托街道全体党政班子成员参加调研或座谈。张敏一行实地考察东旭国际临时售楼部，询问开工、开盘和交房等相关情况；到园博家园拆迁指挥部，了解拆迁进度；到花桥两安用地项目，对开发商提出意见建议。座谈会上，张敏一行听取黎托街道工作情况汇报。冯聪龙要求街道咬住目标，攻克难关，加强自身建设和社会治理，守住底线。张敏提出要求，要抓好平安稳定；要全力攻坚重点，聚焦征地拆迁、农村集体产权制度改革、“蓝天保卫战”、项目建设、社会治理等重点工作和关键环节；要加强党的建设。（陈　月）

【庆祝建党97周年大会】　2018年6月28日，黎托街道庆祝中国共产党成立97周年大会召开。区政协党组书记、主席冯聪龙，街道全体党政班子成员、街道机关支部党员，各社区（筹委会）、集资委“两委”成员，机关离退休支部、“两新”组织支部书记及代表，受表彰对象，新发展党员等近240人参加会议。会议由街道党工委副书记、人大工委主任胡国强主持。会上，新发展党员入党宣誓，与会党员重温入党誓词。街道党工委书记王润虎要求全街党员干部要做讲团结的表率，要做敢担当的表率，要做有作为的表率；传达全市基层党建工作重点任务暨城市基层党建年工作推进会议精神，对全街下一步城市基层党建工作作部署。冯聪龙提出要求，要求大家做政治坚定的真先锋、做履职尽责的实干家、做攻坚克难的担当者、做真情为民的服务员。胡国强作总结讲话。街道党工委委员、政协联络处负责人邹鹏宣读表彰决定，表彰先进基层党组织3个、优秀党小组长8名、优秀党务工作者12名和优秀共产党员88名。（陈　月）

【“阳光征拆”试点】　2018年10月12日，“新标准、新程序、阳光征拆”试点黎托街道园博家园项目。“阳光征拆”在黎托拉开序幕，由原来的“两榜公示”增至“三榜公示”，面积认定、补偿标准、奖励阶段、大补困补等等信息如实公开；征拆内容全部在协议书中明确，严格电子打印，杜绝手写修改；在项目现场公布各级相关部门与纪委举报电话，畅通民意诉求渠道。扫尾的67户签约63栋，完成总任务94%，拆除率90%。（陈　月）

洞井街道

【概况】　雨花区洞井街道东连武广新城，西通湘江生态产业经济带，北融红星商圈，南接雨花经济开发区，洞井　“三纵三横”　（“三纵”即湘府路，时代阳光大道，绕城高速；“三横”即万芙路，中意路，万家丽路）的路网覆盖全街，长株潭城际轻轨在辖区设置汽车南站、湘府路两个站点，地铁5号线经辖区，综合交通体系成型；辖区内有省森林植物园、圭塘河风光带。街道总面积22平方千米，总人口近20万人，辖高升、新城、商贸城、丰园、新裕、湘天、植物园、南庭、龙庭、歇马亭、星苑社区、天际岭社区12个社区，牛头、洞井、天华、桃花、和平、板塘、鄱阳7个社区筹委会。洞井街道内设党政综合办、经济发展办、社会事务办、社会管理综合治理办、城市管理办、人口与计划生育办、财政所，二级机构有公共服务中心、综合文化服务中心、安全监督管理中心、计划生育服务所、征收安置服务中心、人民来访接待暨矛盾纠纷调处中心。街道机关核定编制53名，实有在职在编41人（其中领导16人）、引进人才1人、随军参编家属1人、退休18人。设立一个机关党总支部、离退休干部党支部，共有党员76人。

2018年，洞井街道坚持“攻坚克难当先锋，转型提质促发展”工作主题和“全面建设实力美丽幸福新洞井”奋斗目标，抢抓新机遇，应对新挑战，推动全街经济社会事业健康发展。

（张丽云）

【街域经济】　2018年，洞井街道完成财税收入10.3亿元、固定资产投资50亿元、限额以上社会消费品零售总额16.6亿元；“四上”单位新增数量11家，外出口资金、商务商业楼宇招标竞赛46842.71平方米，非税收入高新技术产业产值等都超额完成目标任务92亿元。全街有31个产业项目，实施领导干部联点重点项目制度，全年走访项目60次，为项目解决困难问题20个。裕天国际、复地星光等在建设项目按计划推进。开展第四次全国经济普查，清查个体经营户9000户，法人单位4000家。（张丽云）

【城建城管】　2018年，洞井街道完成雨花区下达的7个项目拆迁。狮子山体育休闲公园、地铁5号线天际岭变电站、高升路、仙岭游园、桂花坪路、汽车南站综合交通枢纽、鄱阳城改等项目拆迁腾地工作顺利完成，先锋路等重点城建项目建设启动。主动对接红星片区城市更新项目，配合做好天华村片的前期准备工作。鄱阳D区安置房、和平高层安置房、星城新宇桃花苑二期安置房均完成建设，分房交房工作基本完成。高升、天华等单位的农村集体产权制度改革工作顺利推进，房屋拆迁、“两安”人口截止、清产核资、股份经济合作组织成立、股权证发放等工作稳步推进。网格化终端全年受理案卷1.4万条，均按质按量处置到位。实施“蓝天保卫战”，立案75起，处罚金额16万元；开展禁止燃放烟花爆竹、散煤整治、扬尘整治、露天烧烤整治等综合执法行动340次，发现并整改问题2000余个，拆除三溪桥违规散煤转售点；红星花卉市场内65个越冬供暖燃煤锅炉全面

2018年10月12日，洞井街道文明创建工作推进会议　（张丽云/提供）

改造使用环保油或电等清洁能源。做好省级环保督察迎检工作，12起环保案件全部办结；迎接中央环保督察“回头看”，辖区8起环保案卷件件有落实。街道总河长带队巡河20余次，发现并整改问题42个；加快推进圭塘河黑臭水体治理工作，对48个排污口和洞井段黄土裸露问题进行整治；完成中央环保部、住建部对圭塘河黑臭水体专项督查任务。对汽车南站过渡站、商贸城等重点区域开展环境卫生综合整治，办理各类行政处罚案件879件，罚款33.19万元，拆除招牌669块。全年拆除违法建筑共261处3万余平方米。（张丽云）

【社会事业】 2018年，洞井街道办理就业失业证480本、认定就业困难对象165人、城镇新增创业主体720户、带动城镇就业1436人，城乡居民医疗保险缴费总额389.031万元，企业养老保险新增参保963人，城乡基本养老保险个人缴费99.93万元。就业困难人员灵活就业社会保险补贴发放、创业担保贷款、农村籍退役士兵老年生活补助发放、残疾人生活补贴发放、重度残疾人护理补贴发放、临时救助、低收入对象认定、精神病人住院救助及医后救助、保障住房办理等工作按要求全部到位。开展医疗机构的专项工作督查12次；新建8个健康场所，举办健康知识讲座、应急救护培训等宣传活动74场次，参与无偿献血281人；协同处置聚集性疫情18起，全年未发生重大传染病疫情流行和重大突发公卫事件；落实计划生育奖励扶助政策，对3182人发放各类奖励扶助金265.26万元；为52户重病大病家庭申报每户1000元的健康卡。两癌“筛查”完成2669人，完成比例329.91%。推进政务服务一体化管理平台建设和“最多跑一次”改革工作，街道政务服务中心接待群众1万余人次，受理各类办事1.3万余件，办结率100%，公开政府信息544条。“12345”市民服务热线受理工单800余件。按照“互联网+政务服务”工作要求，设立4个综合服务窗口，配齐AB岗工作人员，对网络设备线路进行改造升级。举办文明创建活动70余场。24所小区配套幼儿园，促成移交17所。取缔关停无证办学机构11个，开展校园周边综合整治，探索“校社共建”；建立明德洞井中学和牛头村两个“洞井龙舞”传承基地，开展“非遗进社区”“非遗进学校”“非遗进企业”等系列活动，洞井龙舞走近居民。街道获“湖南民间文化艺术之乡”称号。5个文体民生实事工程项目完成建设并投入使用。组织开展各类文体活动100余次，参与居民群众2.5万人次。南庭、新裕等6个社区的全面提质提档规划提质项目共93个，统筹投入资金近1亿元；和平小区、华美家园C区等农安小区提质改造有序推进。街道有15分钟生活圈建设项目4个，省林科院内多功能运动场项目、宏聚地中海小区星光幼儿园项目和歇马亭社区居家养老服务站项目完成建设并投入使用，板塘小区公共厕所项目实施建设。桃花农贸市场完成提质改造后投入使用，高升星光等4个停车场基本建成。街道结对帮扶跳马镇冬斯港村，贫困户34户64人，实现脱贫13户45人。（张丽云）

【综合治理】 2018年，洞井街道投入60万元，建设150平方米的社区戒毒康复中心，成功创建为长沙市社区戒毒社区康复工作示范点。成立退役军人服务中心，安排7名复退军人在“护学岗”“护河岗”再就业。开展扫黑除恶、打击传销等行动。完成各级“两会”等特护期信访维稳任务，全年接待来访群众150余批次、2000余人次；中央第八巡视组交办的9件信访案件，全部实现程序办结；4件历史积案妥善化解。开展法治宣传教育13次，调解社会矛盾纠纷157件，接收社区矫正人员287名，安置帮教45人。高升、丰园、新城、星苑4个单位成功创建为“三零”社区。综治民调成绩排名全区第一。开展“落实企业安全生产主体责任”“复工复产”“打非治违”等系列工作，开展“春雷”“飓风”等打非治违专项行动；实施领导带队检查“周工作制度”，完成计划内执法检查102家次；约谈重点企业57家，责令7家单位限期整改，共处罚金13490元；清退21家烟花爆竹经营单位。完成35家小餐饮“透明厨房”提质改造，15家视频厨房对接远程监管平台；开展“一桌餐”“私房菜”整治行动、非洲猪瘟防控工作等专项整治工作，执法检查370余次，检查食品经营门店12897家次，对检查发现的问题逐一整改，限期清零。（张丽云）

【基层党建】 2018年，洞井街道创建植物园社区红色展览馆、丰园社区流动直通车等“家门口的教育基地”系列，成立16个“初心讲习所”，组建13个宣讲团。打造一批楼宇党建项目，提质高升金典商务楼党建阵地。升格6个社区党支部为党总支，新成立43个小区党支部。在城市社区选聘街道“大工委”兼职委员和社区党组织兼职委员34人。新发展党员22名。规范社区（筹委会）党组织建设。推进“民情大走访，实事大联办”活动。制定街道党风廉政建设和反腐败工作要点，处置问题线索23件。对1人进行函询谈话，对4人进行提醒谈话，对1人进行诫勉谈话，1人受到问责通报批评。立案件中1人受到留党察看一年处分、3人受到党内严重警告处分、6人受到党内警告处分。接受区委巡察。组织人大代表、政协委员开展调研活动8次，主动接受监督。全年没有发生重大舆情事件。（张丽云）

【区委巡察】 2018年3月21日，雨花区委第四巡察洞井街道工作动员会召开。区委巡察办主任章志刚、区委第四巡察组组长蒲新林及第四巡察组全体工作人员，洞井街道机关全体干部职工，各社区（筹委会）主要负责人，近三年离退休老干部，辖区区级以上党代表、人大代表、政协委员参加会议。街道党工委书记张小军表示街道将全力配合保障巡察工作开展。6月5日，雨花区委第四巡察组巡察洞井街道意见反馈会议召开。蒲新林代表巡察组反馈意见，指出洞井街道党工委在党的政治建设、党的思想建设、党的组织建设、党的作风建设、党的纪律建设以及夺取反腐败斗争压倒性胜利6个方面存在的问题，并提出相应的意见建议。张小军表示街道一定诚恳接收、深刻反思、认真剖析、立行立改。（张丽云）

【环保主题活动】 2018年3月25日，洞井街道植物园社区联合省森林植物园在省森林植物园樱花湖畔举行开展“绿色生活在行动·文明旅游树新风·护卫蓝天全上阵”主题活动。活动现场，社区志愿者和居民代表演唱歌曲《歌唱社会主义核心价值观》，社区瑞景祥云舞蹈队和樱花舞蹈队表演舞蹈，书画志愿者现场作画，亲子家庭通过跳蚤市场进行义卖，蓝天护卫队现场倡导文明环保，工作人员和辖区家庭组成的近100名蓝天志愿者队伍，现场发放500余张保卫蓝天行动宣传单。植物园社区投入40万余元，打造200余平米的环保教育阵地，引进两家环保社会组织，开展系列环保宣传活动。5月5日，“筑梦蓝天——守护青山绿水，畅享两型生活”主题活动在洞井街道辖区湖南省林业科技示范园举办。该活动由由省林业厅，省林业科学院指导，区发改委，区两型办，区文明办，区蓝天办，区文广新局，区委群工办主办，洞井街道办事处，龙庭社区，天际岭社区，长雨花区小龙人青少年成长中心承办。通过活动，雨洞井街道与湖南省林业科技示范园达成共建共享合作伙伴，活动现场举行共建共享揭牌仪式。（张丽云）

【庆祝建党97周年系列活动】 2018年6月28日，洞井街道开展“不忘初心铸忠魂·牢记使命当先锋”系列活动，纪念中国共产党成立97周年，展示中共十九大以来全街各级党组织和广大党员贯彻全面从严治党要求、深入推进城市社区党建工作重点任务等各调战线、各个领域、各项工作中取得的成果，激励各级党组织和广大党员坚定信念、对党员忠诚、履职履责、奋发有为。（张丽云）

【禁毒文艺会演活动】 2018年11月5日，洞井街道举办以“健康人生、绿色无毒，崇尚科学、远离邪教”为主题的“平安雨花.禁毒反邪专场”文艺会演活动。街道、社区（筹委会）的党员干部和居民群众共500余人参加活动。洞井街道成立禁毒工作领导小组和社会禁毒协会，采取电子显示屏幕播放宣传片及禁毒标语，悬挂禁毒横幅，征集发动学生制作禁毒手抄报，发放禁毒宣传资料、禁毒倡议书，微信公众号、微信群、QQ群新媒体开展宣传等多种形式开展日常禁毒宣传教育。2018年，街道专门投入近50万元，在洞井派出所建设150平方米的社区戒毒康复中心，8月，社区戒毒康复中心申报创建长沙好社区　戒毒社区康复工作示范点。（张丽云）

【刘素月调研洞井街道】 2018年6月29日，区委副书记、区长刘素月走访慰问洞井街道新城社区老干部、困难老党员。9月28日，刘素月督查洞井街道安全生产工作。12月6日，刘素月到洞井街道讲党课，街道机关党员干部，社区（筹委会）书记、主任和部分两新组织党组织书记代表等120名基层党员聆听党课。刘素月勉励基层党员学习革命先辈精神，做合格共产党员。党课后，刘素月调研丰园社区党支部“五化”建设工作，实地走访鄱阳小区党支部活动中心和党支部党建宣传阵地、社区中心文化广场、雨花区首个自助书屋、党建引领社会组织项目、社区家庭医生工作室、社区政务服务大厅等，现场督查文明创建工作。刘素月要求，发挥基层党组织的战斗堡垒作用和基层党员的先锋模范作用，创新党建引领社会基层治理新模式。（张丽云）

井湾子街道

【概况】 雨花区井湾子街道东临圭塘河，西靠韶山路，南至红星美凯龙，北抵香樟路，紧邻湖南省政府新址，长株潭轻轨、长沙地铁纵贯其间。街道下辖冯家冲、赤岗岭、三湘、香樟路、德馨园、井湾子、融城苑、红星村、井湘、井圭路、井巷、井旺、湘莲、农博社区14个社区，辖区面积9.8平方千米，常住人口近12万人。街道内设党政综合办公室、经济发展办公室、社会事务办公室、社会管理综合治理办公室、城市管理办公室、人口与计划生育办公室、财政所、人民武装部8个机构。设公共服务中心、综合文化服务中心、安全监督管理中心、计划生育服务所、征收安置服务中心、人民来访接待暨矛盾纠纷调处中心6个二级事业单位，司法所派驻。街道党政机关行政编制核定16名，后勤编制1名，事业编制36名，领导职数9名。2018年，机关在职在编干部42人（其中：行政编15人，参公事业编3人，事业编制23人，后勤服务事业编制1人），随军家属1人，转业士官5人，挂编学生6人，两保人员8人，职业化工会工作者1人；机关雇员53人，社区工作人员152人。街道内设立1个党总支、两个党支部，有党员77人，预备党员2人。办公地点设在雨花区井湾路与洞井路交汇处东南角湖南省煤炭科学研究所院内。

2018年，井湾子街道以“项目大攻坚、管理大提质”“当雨花建设主力·做南城发展核心”为主题，以党建为引领，紧紧抓住红星片区“城市双修”、“蓝天保卫战”、征收拆迁、社区提质提档、经济发展、信访维稳6项重点工作，做好文明创建、城市管理等基础工作。获得“湖南省创新创业带动就业示范街道”“湖南省2018年度星级乡镇财政所”“湖南省卫生计生依法办事示范窗口”“长沙市先进舆情信息报送点”等称号。

（唐良云）

【街域经济】 2018年，井湾子街道实现财税收入14.8亿元，完成年度任务的104%，总量和增量排名全区第二；实现社会消费零售总额24.84亿元，同比增长14.2%；引进外资7068.9万美元，占全年任务156%；完成楼宇去库存面积34930平方米，占年度任务的129%，排名全区第一。完成第四次全国经济普查前期准备工作，清查企业5638家，清查个体户13224户。华融湘江银行长沙支行、浙商中拓等入驻。实现中建总部国际项目封顶，仁和医院开工建设，正荣华悦广场复工，红星联合广场项目封顶。成功实现红莲广场项目挂牌出让，实现紫檀一品、中海公寓、红星怡景苑、红莲广场等产业项目竣工收尾。正荣华悦广场成为长沙南城都会新地标；中建总部国际项目成为湖南首个建筑行业总部基地和湖湘建筑产业示范基地。（唐良云）

【城建城管】 2018年，井湾子街道完成莲湖村6号地、莲湖村4号地的签约拆除清零。长橡棚改项目D地块公房征收28天实现签约清零；省机械化东地块30天内实现签约清零；长仪地块45天内实现签约99%。推进“蓝天保卫战”工作，完成2.42万余平方米的裸露工地黄土覆盖，督促全街5个烟花爆竹门店全部退出烟花爆竹经营，取缔散乱污企业1家，取缔夜市规范点4个，整治夜市规范点2个，实现重点区域油烟净化器安装率100%，全街范围内锅炉清除率100%，重点区域燃煤整治率100%。抓好河长制、数字化、拆控违等工作，完成冯家冲组、双塘组小巷、万西湾小巷、卉园路、老圭塘路等背街小巷提质改造，做好6个社区创建垃圾分类工作。解决涉及红星实业集团问题10余个，涉及莲源汽配城重大问题1个，促成莲湖一路、二路的移交。投入30万余元更换160个垃圾桶，在工地围档上张贴100幅大型公益宣传海报，在主次干道投放200余块公益宣传展板围。

（唐良云）

【社会事业】 2018年，井湾子街道推进井湾子、井圭路、香樟路、湘莲、三湘、赤岗岭6个社区提质提档，沟通协调民政学院提供一栋600平方米两层楼商铺，用作香樟路社区办公阵地。协调女子监狱提供1400平方米办公用房，作为新成立金盾社区办公阵地。协调中铁十八局提供1栋楼房，作为井湾子社区社区党建活动室。吸纳社会资金100万元，与仁和医院共同打造“湘莲仁和居家养老日间照料中心”。打造红星村社区、湘莲社区2个社区综合文化服务中心，建设融城苑社区等3个新停车场，完善“15分钟生活圈”“一圈两场三道”建设。组织5场招聘会，实现城镇新增就业人数800余人，就业困难人员就业375人。组织帮扶人员赴跳马镇实地走访4次，慰问资金和物资10万余元。帮助72名农民工讨薪99.4万元，成功协调农民工劳务纠纷案3起。完成妇幼指标孕优、新筛产筛、出生缺陷干预、献血任务。建立融城苑、湘莲、井旺、井湘四家家庭医生工作室，累计服务3000余个流动人口家庭。实施暖心工程，依托“520帮帮志愿服务队”、美人鱼工作室、小水滴志愿者等社会公益组织和志愿者团队，提高对流动人口及困难家庭的关怀帮扶力度。街道被评为“全省计划生育基层群众自治示范乡镇街道”“湖南省依法办事示范窗口单位”“长沙市计划生育基层群众自治示范乡镇街道”，湖南嘉盛物业服务有限公司被评为“全国流动人口健康促进示范企业”。推荐6人参选首届区级道德模范评选，井巷社区被确定为区精神文明建设品牌阵地打造，2人被评为“长沙好人”。开展“我们的节日”“社区网络春晚”等系列活动，其中井盖“变形记”“绿色环保行·约绘蓝天下”百米长卷手绘活动等被中央文明网要闻版块报道。

（唐良云）

【综合治理】 2018年，井湾子街道排查调处各类矛盾纠纷261起，挽回经济损失180万余元。稳控涉拆群体、涉军群体和汇景豪庭、华悦城、红星美凯龙、融程花园业主群体，共接待、处理信访总量176件/人次，完成上级及网上交办件128件，办结率100%，化解信访积案6起。组建退役军人服务中心，组织老兵活动7次，走访慰问老兵100余人次，救济特困老兵20余个，排除化解矛盾纠纷2起，解决公益性岗位22个。落实街道领导、安委会成员带队安全检查共80余人次，督促全街5个烟花爆竹门店全部退出烟花爆竹经营。全年开展安全检查督查220余次，检查辖区单位1600余家/次，发现整改隐患328处；开展联合执法12次，下达行政处罚文书12份，共处罚金1.08万元。创建“井安堂”安全知识培训平台，在各社区、农贸市场推行食品安全“红黑榜”制度，全年开展8次整治行动，完成45家“透明厨房”提质提档；完成17家视频厨房建设；取缔全部21家无照无证“一桌餐”“私房菜”；处理食安投诉156起，执法办案16起，不合格处置22起，查封关停12起，为老百姓筑牢舌尖安全防线。（唐良云）

【基层党建】 2018年，井湾子街道抓好城市基层党建八项重点任务落实，实施周调度26次，集中督查社区工作进度30次。分类制定“四类党员”管理台账，建立社区书记档案数13份，举办社区书记培训班13期共计174人次。新建小区党支部36个，两新组织党支部4个。申报创建市、区两级示范化党支部8个，规范化党支部6个。协管员解决雇员身份3名，14名雇员担任机关大办主任、副主任，26名担任社区主职。组织81名党员干部到湖南省女子监狱实地观摩，听取2名服刑人员现身说法和书记上廉政党课。全年诫勉谈话5人，提醒谈话10人，约谈6人，立案4件，处分3人；发现问题线索41条，严格落实问题线索五类处置办法；受理信访举报7件，纯正了党内政治生态。全年推送51期微信，向区政务网报送372条政务信息，在市级以上媒体发表文章207篇，处理负面网络舆情19起，没有发生一起意识形态领域严重问题。6月29日，井湾子街道举行庆祝中国共产党成立97周年大会，5个先进基层党组织、5名优秀基层党组织书记、7名优秀党务工作者、32名优秀共产党员受到表彰。

（唐良云）

【“儿童快乐家园”】 “儿童快乐家园”是全国妇联、中国儿童少年基金会实施的一项旨在为包括留守儿童在内的广大城乡儿童提供阅读、游戏、艺术、体育、互联网学习等综合性服务与支持的公益项目。2018年7月19日，全国妇联，中国儿童少年基金会“儿童快乐家园”项目湖南启动仪式在井湾子街道井湘社区举行。中国儿童少年基金会崔冠华、孙灵馨、李珊珊，井湾子街道党工委委员曾频、办事处副主任黄芳，湖南省社会组织孵化基地负责人李丽以及湖南省七家承接2018年儿童快乐家园落地机构代表参加活动。启动仪式上，李丽表示会从提供儿童乐园能力建设培训、监测评估服务、为社会组织提供更多的优质资源三个方面持续引导儿童快乐家园健康发展；崔冠华介绍“儿童快乐家园”的项目，基金会服务儿童的初衷，对湖南省7家已申报成功的"儿童快乐家园"的社会组织表示祝贺，提出要充分发挥“儿童快乐家园”的引导和服务功能。黄芳表示将支持与引导“儿童快乐家园”项目有序开展服务。井湘社区书记从“大家长”、社区儿童需求、“情怀”三个故事分享与社区居民、社会组织、“儿童快乐家园”项目落地故事。活动现场开放儿童快乐家园，爱阅读、爱学习、爱智慧、爱运动、爱音乐、爱书画等各大板块吸引社区家长儿童20余人。7月22日，长沙首个“儿童快乐家园”亮相井湘社区。该“儿童快乐家园”为社区儿童提供一个健康干预、学习娱乐、互动交流、文化活动的平台，包括学习书籍、运动器材、电子琴、电脑等10万元的文娱用具。9月30日，“全民阅读润万家·书香社区惠民情”全民阅读暨“儿童快乐家园”“优儿健康驿站”授牌大型公益活动举行。区妇联主席周智婷为“儿童快乐家园”授牌，井湾子街道党工委书记龙峥嵘为“优儿健康驿站”授牌。湖南省匠璞国学书院表演《国学文化表演》。现场专门设置全民阅读图书漂流区、优儿健康驿站义诊体验区、垃圾分类宣传区、妇女儿童之家手工活动区、知识挑战赛区。

（唐良云）

【“蓝天保卫战”工作】 2018年，井湾子街道推进“蓝天保卫战”，尝试和探索建立健全组织、科技、宣传和行动 “四个链条”。健全“组织链条”，打造街道牵头+社区+社会组织+社工+社员+社团“1+5”蓝天守护模式，街道成立由党工委书记任组长，全体党政班子成员任副组长，各大办主任、各社区书记为组员的领导小组，领导小组下设蓝天办；各社区相应建立领导小组，明确蓝天保卫专干。发动社会组织、社工、社员和社团参与， “360雷锋家族”“青山绿水”“自然睦邻”“蓝天小喇叭”等13个社会组织、200余名社工和居民群众加入到“蓝天保卫战”行动中。提升“科技链条”，井湾子街道与辖区内长沙环境保护职业技术学院、中南林业科技大学和长沙民政职业技术学院合作，邀请学校专家教授带领技术骨干到辖区宣讲授课、分析测算和实地指导，为打赢“蓝天保卫战”提供科学依据和智力支持。3月14日，长沙环境保护职业技术学院、长沙民政职业技术学院、中南林业科技大学的专家，以及相关社会组织负责人参加井湾子街道“蓝天保卫战”联席会议，指导街道“蓝天保卫战”工作。3月15日，长沙环境保护职业技术学院教师谭新昊带领学校学生骨干到井巷社区进行现场勘察，综合会诊后给出“蓝天保卫战”工作建议；长沙环境保护职业技术学院“生态守望者”环保发展教育中心各部门负责任人入驻井湾子街道井巷社区蓝天办。拓展“宣传链条”，向街道工作人员、辖区居民招募志愿者20余人组成宣讲组，每月开展至少一次环保知识“四进”（进社区、进家庭、进企业、进学校）活动。结合实际开展系列主题宣传活动：在主次干道广泛张贴宣传通告、围挡海报，在重点区域安装宣传板块及标语；发放宣传资料（通告、文件、册）入户到家、门店、单位、企业等场所；在各社区开展多类型环保知识竞赛活动；开展“创绿、爱绿、护绿”创意、实践体验系列活动；开展原创诗文、小说有奖征集活动，开展亲子阅读优秀征文活动；举行“绿水青山环保秀”；评选表彰一批先进集体、优秀个人。利用网络阵地（QQ、微博、微信朋友圈和“长沙井湾”微信公众号），舆情员和网络评论员两支队伍向辖区内居民群众推送“蓝天保卫战”政策宣传相关内容。鼓励居民群众曝光焚烧

2018年5月9日，中央统战部第一期自由职业代表人士理论研讨班人员考察调研湖南雨花非遗馆 （唐良云/提供）

垃圾、乱丢垃圾等不良行为。强化“行动链条”，将“蓝天保卫战”细化分解为宣传发动战、分析会商战、垃圾战、裸露黄土战、散煤取缔战、禁放烟花爆竹战、禁止焚烧垃圾战、禁止露天烧烤战、禁止拖拉机战和渣土车违规战等十场小战，通过打赢每一场小战，积小胜为大胜。截至3月18日，开展专项执法23次，出动人数3083人次，检查执法对象1238个，发放宣传资料3000余份，处置道路扬尘污染38起，收缴烧烤炉（架）59台，煤炉66个，藕煤4000余个，清运垃圾80余车，工地裸露黄土复绿约2000平方米，禁放烟花爆竹30余起，禁止焚烧垃圾26起。5月15日，井湾子街道井巷社区党总支、雷锋超市联合长沙民政职业技术学院校电子协会学生志愿者，开展“雷锋超市＋变废为宝”“蓝天保卫战”活动。学生志愿者们维修、调试包括电水壶、洗衣机、电视机、电脑在内的故障电器40余个，重装电脑系统3个，笔记本电脑除尘服务4台。对无法修理须返厂的家电，提出相应建议。志愿者们介绍诸如油烟机定期更换过滤网、电视信号接收等家电使用、保养等方面的问题，普及安全用电的常识。（唐良云）

【井湘社区网络春晚】 2018年1月12日，井湾子街道井湘社区携手金林欣艺术培训学校在湖南大剧院开展《走进新时代　共筑中国梦》的网络春晚活动。这台网络春晚也是民意快线之——《我们的中国梦　湖湘文化进万家》主题活动的一部分。该次活动由中国社区发展协会、中国志愿服务联合会、中国志愿服务基金会、社区志愿服务全国联络总站、市文明办主办，中国社区网、中国社区志愿务网、区文体新局、区文明办、井湾子街道、井湾子街道综合文化站协办。为打造好社区网络春晚，井湘社区对报送的节目内容进行认真筛选，选出由金林欣艺术学校、舞虹工作室、水滴志愿队、社区文艺爱好者提供的7个优秀节目参加该次网络春晚的录制。活动现场，上演舞蹈《亲吻祖国》、舞蹈《我长大了》、钢琴表演等节目；社区表彰2017年度优秀志愿者，表彰六名“最美志愿者”。（唐良云）

【廉政文化广场落成】 2018年2月1日，井湾子街道在德馨园社区举行廉政文化广场落成仪式。仪式邀请多位书法名家现场为居民书写廉政春联，湖南省硬笔书法家协会主席团成员、中国书法培训考试副主任李付飞，中国书法家协会会员、长沙好汉字教育首席讲师吴朝阳等书法家，书写“廉洁奉公”“风清气正”等一幅幅廉政春联。社区福娃志愿者为辖区孤寡老人、老党员、贫困户、高龄老人上门送春联贴福字，共送出300余幅对联。该广场原为社区的一个居民娱乐广场，街道和社区投资对广场进行改造升级，融入廉洁文化元素，配有廉政文化主题标志、廉政对联、廉政名言警句等。（唐良云）

【第二届爱心年货节】 2018年2月3日，“德馨帮扶·第二届爱心年货节”在井湾子街道德馨园社区“德善好人街”举办。社区居民、爱心人士等1000余人参加活动。湘西、邵阳、怀化、株洲等地区的贫困农户自家种植及制作的的碰柑、冰糖橙、小米、红枣、香干等60余个种类特产放在社区进行集中销售。德馨园小学的小志愿者，通过现场吆喝、上门推销、才艺展示、送货上门等方式开展爱心义卖。该次爱心帮扶所有利润均归属贫困村民，爱心年货节成本均由组织方承担，受雨花区纪检部门及广大爱心人士的监督。（唐良云）

【长沙首块三维党建宣传栏】 2018年2月5日，井湾子街道创新“互联网＋党建”，长沙首块三维党建宣传栏在该街道亮相。宣传栏与电脑连接，前端播放党建宣传片，后端可进行党建书籍等实物展示。有三维党建宣传栏，党建APP包括党建地图、工作动态、评议结果、积分排名等。（唐良云）

【“中国好人”分享交流会】 2018年3月22日，井湾子街道举办长沙市“名师经典进基层”市民学习活动暨“中国好人分享交流会”。邀请“中国好人”刘国兴、“快乐美人鱼”中国好人肖卓作、“名师经典进基层”湖南大学岳麓书院教授、博士生导师陈力祥，为街道100余名党员群众讲课。5月4日，井湾子街道组织召开“青春启航，放飞梦想”五四青年节主题座谈会，新进物业社工们从心得体会、工作计划及工作建议等方面发言。肖卓作结合自身经历，分享励志故事，传播正能量。（唐良云）

【绿色骑行宣传活动】 2018年4月3日，井湾子街道举行“绿色骑行进机关、进企业、进学校、进家庭”主题宣传活动。长沙环境保护职业技术学院师生、社区居民、社会热心人士等数百人，组成4支队伍，深入机关、企业、学校、家庭等，开展“保卫蓝天·低碳生活”宣传活动。绿色骑行从长沙环境保护职业技术学院出发，沿木莲冲路、圭塘路、莲湖路、洞井路、井湾路绕行1圈，途经四个宣传点：井湘社区餐饮门店、莲湖小学、珑璟台小区、煤炭科学研究所，最后回到出发点。志愿者沿途进机关、进企业、进学校、进社区、进家庭，向居民群众发放宣传资料，推介“保卫蓝天，低碳生活”理念。该次活动，有利于强化机关干部、企事业单位职工、中小学生、社会组织各界人士保护环境的意识，吸引社区居民融入到倡导低碳环保生活理念的队伍中来。（唐良云）

【防灾减灾日集中宣传活动】 2018年5月12日，湖南省第十个全国防灾减灾日集中宣传活动在井湾子街道井湘社区举行。活动由省地震局局长燕为民主持。省减灾委副主任、省民政厅厅长唐白玉，省应急办主任鲁明共同为社区群众代表发放防灾减灾宣传应急包，鲁明宣读倡议书，省民政厅副厅长杨薇讲话并宣布活动启动。省减灾委、省应急委各成员单位以及全省各市县人民政府广泛开展防灾减灾宣传教育和应急演练活动。井湾子街道和长沙市绿舟防灾减灾促进中心等开展防灾减灾知识抢答赛和趣味互动游戏。相关政府职能部门、企事业单位和社会组织、志愿者设置防灾减灾宣传展位，向市民发放防灾减灾宣传资料并提供咨询服务。区政府副区长

陈怀宇，省市区的相关领导和联络员，社会组织和志愿者、街道社区的居民群众共500余人参加仪式。（唐良云）

【井巷社区“垃圾银行”成立】 2018年6月11日，井湾子街道井巷社区雷锋超市“垃圾银行”正式成立。井巷社区的雷锋超市通过免费领、优惠卖、公益行方式聚集一批优秀志愿者实现志愿服务，“垃圾银行”为引导居民养成垃圾收集分类与投放的良好习惯，从而最大限度地变废为宝和回收再利用，解决垃圾“围城”、促进资源循环利用。每当社区居民收集、分类或投放垃圾，便可在“垃圾银行”存折上记录，根据收集、分类或投放垃圾的种类、数量多少进行积分，累计到一定积分即可在“雷锋超市”换取对应奖品，并可以享受购物折扣。

（唐良云）

【华盛世纪新城小区党支部成立】 2018年6月27日，井湾子街道井湘社区华盛世纪新城小区党支部成立。民意快线联盟之“唱红歌、庆‘七一’、新时代、跟党走”的文艺会演活动同时举行。活动在开场舞《敬爱的毛主席》中拉开序幕。井湘社区党总支副书记胡金花宣读井湘社区华盛世纪新城小区党支部的成立批复，并介绍党支部委员会的成员。（唐良云）

【融城苑社区获评“全国和谐示范社区”】 2018年7月3日，井湾子街道融城苑社区获评“全国和谐示范社区”。融城苑社区设立“党员360”工作室、建立“党员360”服务队、搭建“党员360”便民服务网络，设立跑腿服务队，快嘴娭毑宣传队（讲解政策）、妈咪宝贝护绿队、小区交通疏导队等7支服务队，每周一到周日全天候开展服务，志愿服务实现常态化。融城苑小区总结出党建“五位一体”、四方联动的“微治理”模式，即在社区党总支的统领下，整合居委会、业委会、监事会、物业四方力量，形成成员交叉任职、分工明确、相互协作的局面。通过协商联动，小区实现零上访、零发案、零事故的“三零”目标。

（唐良云）

【幼儿园安全管理培训】 2018年12月7日，井湾子街道召开2018年辖区幼儿园园长及安全管理员安全系列培训工作会。工作会从食品安全、消防安全、卫生安全三个维度对辖区31所幼儿园园长及安全管理员进行培训。井湾子街道食药监所所长于向光分别从食品安全法律、法规、规范性文件及食品安全基本知识、管理技能、事故应急处置等方面进行讲解。湖南协成消防教官吕勇从消除火灾隐患、组织扑救初起火灾、组织人员疏散逃生、消防宣传教育培训四个方面进行解说和示范。（唐良云）

东山街道

【概况】 雨花区东山街道办事处南起劳动东路，北至湘府路，西到京珠高速，境内主要道路包括：劳动东路、新花侯路、香樟东路、曲塘路、北支路、南支路、杜花路以及下穿京珠高速路。街道辖长托、黎托、东山、边山、侯照、渔场6个社区便民服务点，东山镇、南雅、黎郡、黎雅4个社区。街道内设机构：党政综合办公室（加挂纪检监察室的牌子）、经济发展办公室（加挂统计站的牌子）、社会事务办公室、社会管理综合治理办公室（加挂高速铁路协调管理中心的牌子）、城市管理办公室、人口与计划生育办公室、财政所（加挂“三资”监管服务中心、审计站的牌子）；二级事业单位：公共服务中心（加挂政务服务中心的牌子）、综合文化服务中心、安全监督管理中心（加挂水务农业生态服务中心的牌子）、计划生育服务所、征收安置服务中心、人民来访接待暨矛盾纠纷调处中心；派驻机构：司法所。街道党政机关行政核定编制16名，其中领导职数9名；后勤服编制1名；核定事业编制为36名。2018年年末，街道有行政编制16人；事业编制30人；工勤编制1人。党政领导9人；在职在编干部47人；机关直管党员61人。街道办事处办公地点位于花侯路黎雅苑东山大厦。

2018年，东山街道以实现“四有东山”为总目标，凝心聚力、攻坚克难，整合街村力量，科学铺排工作，强化工作举措，务求取得实效。（胡　琼）

【街域经济】 2018年，东山街道预计完成财税全口径收入37800万元、社会消费品零售总额800万元、固定资产投资52亿元，主要经济指标平稳增长。商务商业楼宇去库存完成28910.38平方米，完成比例111%。确保普洛斯长沙雨花物流园等市属重大项目顺利推进；高铁新城吾悦广场、长沙城际空间站等高铁会展新城大型综合体项目开工建设。对辖区重点企业定期上门走访，两家企业新增入库，3家企业申报待审。组织实施单位清查“百日会战”和第四次全国经济普查清查摸底，对655家法人及产业活动单位、1586家个体户进行填表上报。

（胡　琼）

【城建城管】 2018年，东山街道“410”项目共8个，顺利完成5个项目的清零任务，剩余3个项目进入司法程序。完成11个项目清零，累计签约56栋、拆除75栋，腾地面积42.91公顷。辖区内有湘府路快速化改造红旗路立交、战备路扩征、侯照路、杨子路、黎托南路等重点项目。街道在一个月内完成湘府路快速化改造红旗路立交项目的全面清零腾地，确保项目顺利施工。完成战备路扩征、侯家冲路、侯照南路、侯照北路、杨子路、牛角冲路等项目拆迁任务，完成物流园区路网拆迁。深化城市网格化管理，开展网格员培训4次。全年上报城管、环保网格案卷1.06万余条。配合卫星图斑等管控违章，全年拆违70处、16442.4平方米，新建违章零增长。全年处置市、区数字化案卷5761条，按时结案率分别100%、99%。三年造绿大行动，新增园林绿化面积6.4公顷。（胡　琼）

【社会事业】 2018年，东山街道发放低保金124万余元、困难救助金34万余元、高龄补贴28万余元，药物救助153人次。举办招聘会6场，城镇新增就业1261人、失业再就业422人、就业困难对象再就业186人。街道日间照料中心及南雅社区居家养老服务中心为老人提供服务3560次。为患病困难群众、特困家庭大学生、残疾人等申请或提供相应援助。推进“一圈两场三道”建设，打造“15分钟生活圈”、建成3处停车场、黎托农贸市场提质改造完成并营业。计生特别扶助对象14人完成家庭医生签约服务，打造居民健康场所7家。推进农村产权制度改革。统筹推进5平方米物业移交与公开招租、20平方米物业招商运营。投入1700万余元提质提档黎雅社区，打造“连心桥”和“邻聚黎”品牌。推进“最多跑一次”改革，全面推行首席代表制、综合窗口AB岗。（胡　琼）

【综合治理】 2018年，东山街道化解矛盾纠纷392起、信访矛盾11起。开展扫黑除恶行动，严厉打击项目阻工和强揽工程行为。取缔3家脏乱差小餐饮门店、4家“黑窝点”。狠抓安全生产责任落实，排查安全隐患263处。开展执法检查136次，行政处罚14起，罚款13990元。全年未发生一起重特大安全责任事故。开展“蓝天保卫战”专项整治行动30余次、执法检查对象3566家、“六控”总数327个、取缔“散、乱、污”企业3家，覆盖裸露黄土70万余平方米。配合中央环保督察“回头看”、省级环保督察，办结群众举报主办件5件，办结率100%。落实“河长制”，有效解决浏阳河羊古老排口源头水质污染等问题。开展城市管理突出问题专项整治行动20余次，整治店外经营和违章占道经营行为1500余起、规范基建工地围挡100余处。清理垃圾、堆物等750余处。推进垃圾分类试点，新增四分类垃圾桶68个、垃圾暂存点3个。严格管控渣土乱倾乱倒，暂扣车辆移交执法处罚50余起，处罚金9万余元。全街签订各类安全生产责任书2187份，开展安全生产督查检查200余次，各社区书记、主任每月带队开展安全生产检查3次以上。组织200余家企业单位负责人和安全生产管理人员参加街道企业主要负责人安全管理人员安全生产大培训。悬挂安全生产主体责任宣传横幅220余条，制作宣传美篇（微页）7篇。确定辖区27家企业为压实企业安全生产主体责任重点示范培育对象；对其中4家未按照要求落实的企业单位，依法对其进行行政处罚，罚款金额3996元，责令整改2家。组织各类安全生产专题培训11场，参训人员共1200余人；邀请专家对辖区200余家企业单位负责人和安全生产管理人员进行点对点培训；以社区为单元，分生产安全、建筑工地、消防安全、居民、校园生产安全等行业开展6场安全应急演练活动。翻印1万份《湖南省生产经营单位安全生产主体责任规定》，悬挂宣传横幅220条，制作宣传展板40张，印制“安全生产提示牌”3000余份。开展安全生产大检查，出动人员1811人次，检查经营单位1620家次，排查安全事故隐患463处。（胡　琼）

【基层党建】 2018年，东山街道创建习近平新时代中国特色社会主义思想学习载体10个，党员参训2000余人次；推进党支部“五化”建设，新建功能型小区党支部1个；登记城市社区四类党员698人，579名在职党员进社区报到并参与活动；选聘大工委兼职委员6名，打造邻里中心3个，规范发展党员12名。解决农安小区问题30余个。推行农安小区党员双重积分管理，拆迁安置党员到社区报到312人，开展志愿服务活动3批次。党情民意“大走访”1138人，收集意见211条，回复办结169条。加大基层党员干部违纪案件查处，对6名违纪党员进行党纪处分，对10名党员进行诫勉谈话，提醒谈话20人。对市委联动交叉巡察第五组提出的6个方面16项问题立行立改。（胡　琼）

【三社联动活动建设】 2018年，东山街道黎雅社区培育扬帆青少年志愿服务中心组织，联合建立扬帆青少年蓝天保卫队，开展上门家庭走访宣传、青少年培训等系列活动。黎郡社区与长沙市雨花区扬帆青少年志愿服务中心签订心理健康服务项目，开展7场关于青少年家庭教育、创新创业等多形式活动，成功申报区民政局三社联动示范项目。南雅社区与长沙市雨花区温心家园社会工作服务中心签订家庭综合服务项目，开展9场关于青少年教育活动、失业人员就业、居民兴趣发展等多形式活动。东山孵化制作月报6张，开展5次主题活动，指导黎郡、黎雅和南雅三社联动项目和社会组织的活动开展，完成1家社会组织注册，11家社会组织备案。（胡　琼）

【“蓝天保卫战”工作】 2018年1月18日，东山街道打赢“蓝天保卫战”工作推进会召开。相关党政班子成员、各相关大办主任、各社区（筹委会、资产管理委员会）主要负责人、环保专干以及环保站全体工作人员共50余人参加会议。街道党工委副书记刘泳麟主持，对“蓝天保卫战·东山在行动”进行动员和部署。1月26日，东山街道“蓝天保卫战”工作推进会召开。刘泳麟对前段工作做总结，对接下来的工作进行铺排。东山街道为打赢“蓝天保卫战”先后召开工作调度会3次、专项整治行动3次、出动300余人次、出动车辆10余台次、整改露天烧烤摊点17家、检查运输渣土车14台、制止焚烧野草5起、扑灭焚烧垃圾2起。3月1日，为进一步，东山街道召开落实区“蓝天保卫战”工作讲评大会会议精神专题会议，对“蓝天保卫战”工作进行研究、部署。3月6日，东山街道召开在建工地“蓝天保卫战”、安全生产工作业务培训及工作部署会。市武广公司、区电子商务物流园、辖区内在建工地相关负责人以及各社区拆迁专干共60余人参加会议。3月21日，东山街道组织召开“蓝天保卫战”“三个月治标”目标任务冲刺会。3月29日，东山街道蓝天办召开烟花爆竹禁止和限放工作推进会。4月4日，东山街道召开专题会议，对清明节期间“蓝天保卫战”、项目征拆、应急值班、作风纪律、森林防火、安全生产、信访维稳等工作进行安排部署。4月28日，东山街道机关党支部组织开展“蓝天保卫战党员当先锋”主题活动。7月4日，黎雅社区党支部、黎雅社区聚心先锋服务党支部、扬帆少年社会组织、民意快线联盟单位在职党员开展“入户宣传蓝天保卫”活动，社区直管党员、在职党员、青年志愿者共计40余人分为六个志愿服务小组，到黎雅社区居民群众的家中进行蓝天保卫宣传活动。（胡　琼）

2018 年 5 月 8 日，雨花区委书记张敏（左二）调研东山街道　（胡琼／提供）

【征拆工作清零扫尾动员会】　2018 年 3 月 13 日，东山街道 2018 年征拆工作清零扫尾动员会暨业务培训会召开。区委常委、常务副区长邹春林，区政府副区长易静，副调研员余慧明、刘贤宏、陈立，区征地办、区国土分局的主要负责人以及 22 个区直部门、街道的抽调干部，街道全体工作人员以及参与 7 个社区筹委会拆迁工作的干部共 200 余人参加会议。会上，街道党工委书记杨钦涵回顾 2017 年东山征拆成绩，从责任上肩与责任下压相结合、全面推进与重点突破相结合、综合施策与严守政策相结合 3 个方面对 2018 年征拆工作提出要求。易静指出，街道务必高度重视、全力攻坚、加快扫尾、全面清零。邹春林指出，各攻坚队要抓紧、抓实、抓好目标责任，齐心协力做好拆迁工作，坚决打赢 2018 年东山拆迁攻坚战。区国土分局拆迁事务所所长吴志坚从集体土地征拆的政策依据、相关程序流程、补偿标准等方面讲解征拆相关业务知识，区征地办副主任黄子洋从保障住房安置及回购等方面进行征拆业务培训。该次动员会暨业务培训会议的召开，有利于提高东山征拆工作人员对政策方案的了解，加速推动东山征拆工作进程。（胡　琼）

【市委巡察第五组巡察】　2018 年 3 月 16 日，市委联动交叉巡察第五组正式进驻东山街道，开始为期两个月左右的常规巡察，巡察工作动员会在东山街道五楼会议室召开。区委常委、区纪委书记、区监察委主任、区委巡察工作领导小组组长王清政，市委巡察办业务处处长刘东平，市委联动交叉巡察第五组组长肖斌，副组长王恒及全体组员，区委巡察办全体同志，东山街道全体班子成员及干部职工、各社区（筹委会、集体资产管理委员会）书记及主任、离退休干部代表参加会议。东山街道党工委书记杨钦涵主持会议。会上，肖斌指出，要坚决落实管党治党政治责任，坚守政治巡察职能定位，增强自觉接受监督的政治意识。王恒宣读巡察工作纪律并作工作要求。刘东平提出要切实提高接受巡察工作的政治站位、坚定落实政治巡察的各项要求、全力支持巡察组开展工作三点意见。王清政强调，要充分认识巡察工作的重要意义，增强接受市委联动交叉巡察的政治自觉、思想自觉和行动自觉，支持配合市委联动交叉巡察组开展工作，做到接受巡察监督与推进东山工作两手抓、两促进。杨钦涵作表态发言。会议对东山街道党工委领导班子和领导干部进行民主测评，对街道党工委加强意识形态工作责任制落实情况进行问卷测评。（胡　琼）

【曲塘路农贸市场提质设计方案评审会】　2018 年 3 月 27 日，曲塘路农贸市场 2018 年提质初步设计方案评审会在东山街道四楼党政会议室召开。区商务和旅游局副局长李泽友主持会议。长沙海墨文化设计公司负责人介绍市场的设计要点，该次设计改造的曲塘路农贸市场面积约 1500 平方米，共 26 个摊位，主体工程为钢管框架结构，分为水产区、活禽区、鲜蔬区、鲜肉区、食品快速检测区等区域。区工商分局对营业执照、公平秤的摆放、证照统一悬挂、文明创建的宣传提出要求；区环保局要求农贸市场环保手续必须在网上备案和审批，排水系统、生活垃圾处理必须按照相关要求进行；区食药监局建议，豆制品的商铺不宜过多，1~2 个即可，活禽宰杀、水产区摊位应分区，以保证该区域内部环境卫生达标。区城乡建设局、区财政局、区城管执法局、区环保局、区食药监局、区工商分局、区公安消防大队等职能部门发表农贸市场改造意见和建议。东山街道办事处副主任杨国辉表示，一定配合各级职能部门，督促社区和农贸市场将这项民生工程落到实处，把好事办好。区政府副区长易静要求，各相关职能部门务必做好规划，明确责任，积极配合，齐抓共管，倒排时间按质按量完成农贸市场提质改造工作，打造一个居民群众满意的农贸市场。东山街道、黎托集体资产管理委员会及曲塘路农贸市场相关负责人参加会议。（胡　琼）

【单位清查工作部署会】　2018 年 4 月 10 日，东山街道 2018 年单位清查“百日会战”工作部署暨业务培训会召开。街道党工委副书记、办事处主任周少敏，街道办事处副主任杨国辉，工商、国税、地税等部门负责人及各社区（筹委会、集体资产管委会）相关人员参加会议，会议由杨国辉主持。会上，街道经济发展办主任张丽宣读东山街道单位清查“百日会战”工作方案，就清查工作的对象、范围、时间、清查方式、工作要求等进行安排部署。街道统计站站长杨娜针对清查的实施步骤对与会人员开展培训和业务指导，对网格化管理监测平台进行操作演示。周少敏提出意见，高度重视，压实责任；保障力量，形成合力；精心组织，确保效果。（胡　琼）

【国家安全主题宣传教育】 2018年4月15日，东山街道在武广火车南站西广场组织开展以“筑牢人民防线，维护国家安全”为主题的宣传教育和现场签名活动。区、街道、社区的干部和工作人员，辖区单位居民群众以及过往旅客约2000余人参加宣传和签名活动。活动通过横幅标语、宣传栏、宣传展板、现场咨询、发放资料、承诺签名等多种形式，宣传《中华人民共和国国家安全法》《中华人民共和国反间谍法》等法律法规，工作人员从国家安全的概念、公民维护国家安全的义务等方面进行宣传和讲解。该次国家安全日宣传活动展出宣传展板10块，社区法治宣传专栏10块，发放宣传资料和手提袋1600余份，悬挂横幅15条，前来现场咨询的群众300余人次。（胡 琼）

【张敏调研东山街道】 2018年5月8日，雨花区委书记张敏调研东山街道道路征拆、项目建设、小区党建、民生普惠等相关工作。张敏一行到东山全民健身中心，询问项目建设、运营理念及企业党组织建设情况；到黎郡社区小区党员活动中心，询问小区党支部建设、工作开展、车库管理、门店门前三包等情况；到新城吾悦广场项目，叮嘱负责人加强对建筑工地裸露黄土、材料堆放、进出施工现场车辆的监管，加快项目推进进度；到电商物流园路网征拆现场，了解了项目进度，提出相关指导意见。张敏强调，要营造良好的营商环境；加快征拆扫尾清零；确保社会平安稳定；切实抓好城市管理，重点抓好香樟路、劳动路、红旗路、花侯路、川河路等主要道路的管理；坚决打赢“蓝天保卫战”，严加监管在建工地，有效控制污染源；牢牢抓好基层党建。（胡 琼）

【扬帆青少年志愿服务中心揭牌】 2018年6月6日，东山街道首个社区青少年志愿者项目——黎雅社区“扬帆青少年志愿服务中心”揭牌。区环卫局副局长周吉成，街道党委副书记、办事处主任周少敏，黎郡小学校长辛晓明、黎雅社区支部书记吴国良、黎郡小学部分学生及家长200人参加揭牌仪式。作为有多个学校的农安社区，黎雅社区通过整合政府、学校、物业、社会组织等四方优势资源，打造青少年志愿服务的品牌项目，建设社区未成年人温馨、温暖的聚集地。“扬帆青少年志愿服务中心”致力于社区未成年人志愿服务活动，包括“蓝天保卫战”、学雷锋、社区道德讲堂、家长学校等等主题系列活动，贯穿青少年成长始终。该项目秉承真心为社区居民服务的宗旨，围绕未成年人的核心教育理念，为黎雅社区的青少年提供专业服务和成长锻炼的平台机会，致力于发挥志愿力量、培养青少年品德、协力青少年成长、助力亲子教育，共同打造和谐黎雅。（胡 琼）

【聚心先锋服务党支部成立】 2018年6月21日，东山街道黎雅社区召开聚心先锋服务党支部成立暨首次支委选举会议，黎雅社区党支部第一书记吴国良主持会议并宣读《关于同意成立黎雅社区聚心先锋服务党支部的批复》文件。全体参会党员表决通过大会选举办法、监票人、计票人、唱票人名单，并按照相关规定和程序，采取无记名投票、差额选举方式选举蒋华异、黄英、柳莲为第一届支部委员会委员。随后召开第一届支部委员会会议，推选支部书记并明确责任分工。新当选的支部书记蒋华异作表态发言，承诺将在黎雅社区全面提质提档之际，牵头物业公司及即将成立的业主委员会、业主监事会等共同参与推进小区治理工作。（胡 琼）

【庆祝建党97周年大会】 2018年7月12日，东山街道举行庆祝建党97周年暨基层党建工作重点任务推进会，街道全体党政班子成员、大工委兼职委员、机关全体工作人员、各社区（筹委会、集体资产管理委员会、筹备组）两委成员、街属两新党组织书记及组织委员等约200人参加会议。街道党工委副书记、办事处主任周少敏主持会议。大会在国际歌中开幕，14名新发展党员在现场进行入党宣誓，全体与会党员重温入党誓词。街道党工委副书记刘泳麟宣读《关于表彰2018年“先进基层党组织、优秀党组织书记、优秀党务工作者、优秀共产党员”的决定》。街道党工委委员、人大工委主任张浩宣读《东山街道聘任大工委制兼职委员的决定》，颁发聘书。街道党工委委员、政协联络处主任李继回顾总结2018年基层党建工作开展情况，部署推进基层党建工作重点任务落实。街道党工委书记杨钦涵提出要求，要提高站位、凝聚共识，深刻领会基层党建工作的深刻内涵；明确目标、有的放矢，充分形成基层党建工作的强大合力，做实“一二三四”工程（即围绕党建引领下的基层治理一个中心，“四位一体”小区治理和农安小区党员双重积分管理两个抓手；“一区一支、一城一农、一社一特”三项目标；突出抓党建的意识、抓党建的氛围、抓党建的举措和抓党建的效果四个重点）；要紧抓重点、共建共治，切实提升基层党建工作的实际效果。会后，东山街道组织召开大工委党建工作第一次联席会议。会议就强化抓区域党建的共识、发挥街道“大工委”作用、落实“大工委”运行机制等事宜进行探讨，6名兼职委员表态发言。（胡 琼）

【黎雅社区法治宣传活动】 2018年11月30日，东山街道黎雅社区“弘扬法治精神、增强法制观念”法治宣传活动举行。区司法局党组成员贺立云，法制宣传教育科科长龙迪参加活动。活动中，东山街道政协联络处主任李继、司法所工作人员及社区工作人员向来往群众发放法制宣传手册、法制地图、宣传杯子等宣传品。东山街道法律顾问陈云梅律师、湖南仲声律师事务所任律师在现场为辖区居民答疑解惑，为他们提供各类法律咨询和法律服务。通过该次法治宣传活动，有利于提高居民群众的法律素质和法治意识，增强社区居民法治观念和依法办事的自觉性，营造良好的法治环境。（胡 琼）

同升街道

【概况】 长沙市雨花区同升街道地处长沙市东南角，东与跳马镇接壤，西南与天心区先锋街道、暮云街道为邻，北邻洞井街道，绕城高速、京珠高速、武广高铁、沪昆高铁从中穿过，拥有李家塘、绕城互通和万家丽路三个入城口，总面积23.3平方千米，户籍人口1.8万余人，流动人口2.8万余人（不包括学生，春季比亚迪招工人数），辖白田、洪塘、新兴、同升、金井、桃阳6个社区筹委会，景环、同升湖、古樟树、联盟、新聚园、仙姑岭6个社区。街道机关核定行政编制16名，领导职数11人，事业编制36名，机关后勤服务人员事业编制1人。街道内设党政综合办公室、纪检监察室、财政所、经济发展办公室、社会管理综合治理办公室、城市管理办公室、安全生产监督管理中心、社会事务办、劳动与社会保障办公室、卫生与计划生育办公室、国土城建与拆迁安置办公室、司法所、城管中队，设公共服务中心（政务服务中心）、综合文化服务中心、计划生育服务所、征收安置服务中心（城乡一体化服务中心）、人民来访接待暨矛盾纠纷调处中心6个二级事业单位。干部职工总人数202 人，其中，在职在编干部行政编14人，事业编24人，引进人才1人，随军家属无编聘用1人，雇员46人，退休12人。街道机关党支部分为两个党小组，党员48人。

2018年，同升街道紧扣“党建统揽全局、社会治理创新”两大指导方针，突出“党建引领、品质提升、民生保障、平安稳定”四大工作板块，围绕“抓党建、抓环保、抓征拆、抓城管、抓项目、抓改革、抓文化、抓民生、抓安全、抓稳定”十个重点任务，推进“和谐、秀美、幸福”同升建设，各项工作取得成效。（陈　岚）

【街域经济】 2018年，同升街道完成财税入库9.9亿元，占全年任务的94.83%；社会消费品零售总额完成620684万元，同比增速12.7%；固定资产投资完284017万元，完成全年任务的56.8%；营利性服务业增速69.07%。实地走访项目70余次，解决项目施工环境、业主子女入学、居民投诉等各类重点难点问题近30个，中建凤凰台、中建璟和城、誉景华府等项目有序推进，中南国际眼镜、碧桂园南城首府、汇金城项目、博长山水香颐二期等续建项目进展顺利；打造第五届雨花区同升商圈汽车消费节，20家汽车销售企业举办节会期间销售汽车1704辆。（陈　岚）

【城建城管】 2018年，同升街道推进白田变电站、环保大道东延线和农民安置保障住房三个项目征拆工作，实行“阳光拆迁”新政，历时一个月拆除房屋99户、腾地25.73公顷，实现项目拆迁清零。清退飞雪制冷有限公司、加成料场（游国忠三合料场）、张国强三合料厂、晶炬钣金等10家工业企业；绍成物流园（违规项目）拆除违规厂房1.2万平方米并完成复绿，拆除违章房屋面积1800平方米。开展各类市容整治，城管执法立案945条，数字化市平台受理案卷5365条，处置5357条；区平台受理案卷3670条，处置3665条。7月、8月份城管考核中，同升街道排名全市第一。组织“安全生产宣传周”等各类宣教演练活动40余场，排查整改各类隐患273项，开展打击非法改装加油车、非法加油，非法销售等专项整治行动20余次，处罚企业7家，向区移交问题6起（立案2起），完成绕城高速下护坡隐患整治、粟塘小区西侧护坡滑坡隐患治理工程，全年实现安全“零”事故。办理中央环保督察案件4件，办理区信访件3件。顺利迎接中央“两部委”黑臭水治理工作检查，确保圭塘河上游水源水质无污染，河道及两岸环境卫生干净整洁；重点对圭塘河支流同升湖沟渠黑臭水问题进行整治，完成同升湖泄洪渠施工工作。（陈　岚）

【综合治理】 2018年，同升街道开展“积案清零”行动，狠抓春节、全国两会等特护期信访维稳工作，推进禁毒工作、“扫黑除恶”专项斗争，接访群众100批次、1200余人次，受理信访案件28起；排查各类矛盾纠纷86件，调处成功22起，2018年上半年市对街综治民调考评中，街道排名全区第2名。（陈　岚）

【社会事业】 2018年，同升街道做好大病救助、临时救助、同心圆救助三个救助工作，发放救助资金80万余元，慰问各类困难对象1196户；累积走访群众1744人次，解决民生问题228件，化解矛盾纠纷52件。推进社区提质提档建设，直接投入资金4200万元，撬动社会资金近2000万元对景环社区、同升湖社区和金井社区筹委会进行提质改造。投资1800万元。新建白田停车场、古樟树停车场、联盟停车场，分别设有泊车位208个、97个、80个。重点项目“菜蓝子”工程鑫乐升农贸市场、新兴农贸市场及洪塘示范莱店完成建设，共计投资8000万元。新增新湘小学，“新世纪小学”重建并提质为砂子塘中建小学，完成19家无证办学机构整改工作、向区教育局移交8所配套幼儿园。全年开展各类文化活动100场，第六届湖南省艺术节长沙专场（舞蹈类），同升街道参赛节目《妈妈的爱》获冠军并作为雨花区唯一代表参加省级决赛；雨花区歌唱社会主义核心价值观广场舞比赛同升街道连续两年获一等奖，长沙市“走进新时代·共筑中国梦”离退休干部广场舞比赛获市级一等奖、省级二等奖。深化“农民、社区学校、职教城及企业”“四位一体”社区教育平台，2018年，同升街道作为雨花区唯一代表再次获“第二批全国城乡社区教育特色学校”称号。全年开展“文明共创建·青春志愿行”等市级活动12次，区级活动20余次；辖区居民梁腾文入选湖南好人、长沙好人候选人；微爱公益服务中心、雨滴儿成长乐园、电亮青春志愿服务总队入围2018年长沙市文明风尚引领十大最佳品牌候选；联盟社区砂子塘嘉和小学（原新世纪实验学校），古樟树社区、联盟社区获市级文明单位。利用同升街道微信公众号等平台讲好同升故事，全年党委信息上稿超过30篇，在各主流媒体上稿120余篇，在区政务网站上稿450余篇，推出《“空巢儿童”的乐园——长沙雨花区雨滴儿成长乐园演绎爱的故事》《“阳光党建”成就美好家园》等报道。街道搭建民意快线服务联盟平台，将77家单位纳入服务联盟，服务联盟成员单位共认领99个公益岗位。街道承诺为群众办理24件实事，完成

24 件；街道领导干部与 30 名余名群众建立结对帮扶关系，定期联系、走访，收集民情民意，街道联点领导和群工队员全街累计走访群众 1744 人次，收集解决群众切实关心的民生问题 102 件，群工站解决群众反映问题 228 件，化解矛盾纠纷 52 件。（陈　岚）

【基层党建】 2018 年，同升街道组织党员轮训 59 批次，“书记讲党课、主任谈社会治理”开讲 27 场；抓住党建骨干队伍“关键少数”，开设党务培训班，开展培训 4 场；建立新聚园社区公共服务中心党支部、联盟社区党总支、桃阳党支部“五化”支部示范点；推动大工委制、兼职委员制，搭建区域党建的基本框架，国家税务总局湖南省税务局党委副书记、副局长彭爱华等 7 名“大工委”兼职委员、长沙商贸旅游职业技术学院团委书记韩金涛 28 名社区（筹委会）兼职委员通过任务认领、定时议事等制度积极履职；联盟社区“网格党建”经验得到省委常委、市委书记胡衡华肯定；采取“公推直选”的方式完成金井班子成员补选工作，高票选举书记员 1 名、委员 2 名。促进辖区黄谷路汽车 6S 街区、南庭城果、富春山、绿地新都会等楼宇商圈以联合组建、独立组建、临时组建的“三组共建”模式，成立党群服务中心，建立黄谷路汽车 6S 街区党总支，对两新党组织实施动态管理。整合辖区党建资源，做好“同心圆”平台，依托“同心圆”党建基金，在新聚园社区启动长沙首个“童新屋”项目，助力困境儿童社会支持体系，为首批 4 户困境儿童家庭提供居住空间修缮与改造，并开展一对一走访与陪伴。（陈　岚）

【三共合作成果展示】 2018 年 1 月 23 日，同升街道 2017 年“文明共创建·青春志愿行”三共合作成果展示暨 2018 年“崇德向善迎新春·红红火火过大年”学雷锋志愿服务系列活动在长沙职教基地汇美馆举行。同升街道市民、长沙商贸旅游职业技术学院、长沙市信息职业技术学校、长沙财经学校等 9 家学校师生代表参加活动。现场上演《党员的名义》《我们的公约》《我们是青年志愿者》等节目，呈现出共鉴、共赢、共享“三共”的内涵。（陈　岚）

【区委巡察组巡视】 2018 年 3 月至 5 月，同升街道接受区委巡察组第一组驻街督查，为期 50 余天。期间，区委巡察组对同升街道的各项工作开展提供意见和建议。巡察过程中，发现涵盖“党的政治建设方面”“党的思想建设方面”“党的组织建设方面”“党的作风建设方面”“党的纪律建设方面”和“夺取反腐败斗争压倒性胜利方面”等 6 个方面共 45 项问题。由街道纪工委牵头，举全街之力，落实整改情况。其中，在区委巡察、审计及同升街道自查自纠过程中，共退缴 70 万余元。（陈　岚）

2018 年 7 月 19 日，同升街道大工委会议　（陈岚／提供）

【张敏调研同升街道】 2018 年 5 月 15 日，雨花区委书记张敏深入同升街道调研。张敏一行实地查看辖区小区党建、民生普惠、社会治理等相关工作，到街道召开座谈会。张敏从突出抓好平安建设，用心服务园区发展，努力提升同升形象，切实加强党的建设四个方面作重点要求。（陈　岚）

【同升党校开班】 2018 年 5 月 22 日，“同升党校—党务干部培训班”开班典礼在同升街道 305 会议室举行，街道党工委副书记陈乾坤主持会议，区委常委、组织部部长龚畅参加会议并讲话。街道党工委副书记、办事处主任邓星宣读《同升街道 2018 年基层党务干部培训方案》。龚畅对 2018 年城市社区党建工作八项重点任务进行辅导，重点对目标进行细化，明确责任人和落实人，将目标责任考核指标层层落实，使每项任务落到实处。（陈　岚）

【庆祝建党 97 周年大会】 2018 年 6 月 28 日，同升街道在同升湖国际实验学校多功能报告厅举办庆祝中国共产党建党 97 周年大会。同升街道全体党政班子成员、全体机关干部、社区（筹委会）两委成员、社区工作人员、街道各基层党组织全体党员近 1000 人参加。会上，街道党政领导班子对优秀基层党组织、优秀基层党组织书记、优秀共产党员等进行表彰和颁奖。获优秀基层党组织的新聚园社区公共服务中心党支部书记李琦以“不忘初心、牢记使命“为主题对粟塘小区廉租房治理作经验交流，获优秀共产党员的邹明举进行党性成长的汇报并作表态发言。同升街道党工委书记刘昌军以《当表率，做示范，为建设和谐秀美幸福同升凝聚强大合力》为题讲党课，以“焕发激情要有朝气、争当表率要有正气、实干善为要有底气、凝聚合力要有和气”为主线，阐述如何加强基层党组织和党的队伍建设，如何为建设和谐秀美幸福同升凝聚合力。（陈　岚）

【白田变电站项目签约清零】 2018 年 7 月 17 日，为实现白田变电站工程项目系省、市重点工程“630 攻坚”项目拆迁工作目标，同升街道狠抓“细处、合力、实效”三个关键点，指挥部领导和工作人员用5天时间（6月25日至29日的集中签约时间）顺利完成该项目12栋房屋的签约清零。（陈　岚）

【新一届大工委全体会议】　2018年7月19日，同升街道新一届大工委第一次全体会议召开，街道党工委全体成员、大工委兼职委员、各社区（筹委会）党组织书记及党建副书记40余人参会，区委常委、雨花经开区党工委书记、区联点街道领导郭四军参加会议并讲话。会议围绕新时代大工委在促进地方党建，服务社会发展、推进民生建设进行交流发言，对同升街道大工委工作章程进行交流讨论。与会兼职委员建言献策，进行项目认领，表示将协调各方资源，更好发挥街道大工委的作用。（陈　岚）

【第五届同升商圈汽车消费节】　2018年9月19日，“约惠金秋　乐购雨花”暨第五届雨花区同升商圈汽车消费节在黄谷路奥迪4S展厅开启。该次消费节由市商务局和区政府指导，雨花经开区管委会与区商旅局主办，同升街道、洞井街道、圭塘街道联合承办。该次同升商圈汽车消费节增加“一元购车　嗨翻全城”的众筹购车、“助力雨花　为我加油”等线上活动；引进洞井街道、圭塘街道的5家汽车经销商来参与活动。活动现场，“同升汽车小宝贝”大赛冠军小宝贝进行相声表演与沙画表演。（陈　岚）

【依法依纪治村专项教育会议】　2018年12月6日，同升街道召开依法依纪治村专项教育会议，中共湖南省委党校、湖南行政学院党建教研部教授王芝华专题解读《中国共产党处分条例》的重要性、内容及实施，从党员形象、程序规范、作风建设、政治纪律、理想信念、责任担当六个条块对依法依纪治理、保持党的先进性、纯洁性、维护党中央领导提出相应的要求，对“问题”党员、“宗教”党员、“失职”党员的纪律处置作解读。同升街道党工委书记刘昌军以“知敬畏、守底线、严作风”为主题讲党课。（陈　岚）

【“传承雷锋精神　共建蓝天白云”活动启动仪式】　2018年3月27日，由长沙市文明办、市教育局、雨花区文明委主办，长沙市电子工业学校与同升街道共同承办的“传承雷锋精神·共建蓝天白云”活动启动仪式在长沙市电子工业学校开慧厅举行，拉开“三共合作新时代暨打响“蓝天保卫战””的帷幕。同升街道与长沙市电子工业学校等9所学校，在健全组织、宣传和行动体系方面进行积极尝试和探索，最终建立健全“倡低碳生活、保绿色家园、传健康运动”三大常态活动。（陈　岚）

跳马镇

【概况】　雨花区跳马镇位于长株潭“两型社会”综合配套改革试验区核心区域，处于湖南省长沙市雨花区南部的丘陵地带，东与株洲市云龙新城、株洲市石峰区龙头铺街道、株洲市石峰区井龙街道相邻，南与株洲市石峰区白马镇和湘潭市昭山镇接壤，西与长沙市雨花区同升街道、天心区暮云街道、南托街道相接，北部紧邻雨花经开区、长沙县黄兴镇。镇域东西最大距离17千米，南北最大距离23千米，纳入生态绿心保护区面积172平方千米，占全镇总面积的97%，占全市生态绿心区面积的56%，占长株潭绿心保护区面积的33%。有全国花木之乡、省级百里花木走廊、国家级生态乡镇、长沙市首届“魅力乡镇”等称号。全镇总面积183平方千米，总人口近10万人，户籍人口6.9万余人，全镇辖13个村2个社区，423个村民小组。有186个党小组，党员总数2848人。机关在职在编共81人，其中行政编46人，事业编35人；党政领导干部12人，其中挂职1人。镇政府所在地在斑竹塘。

2018年，跳马镇围绕全镇“攻坚克难争第一，打造品牌出亮点”的工作目标，抓住工业企业退出、环保督查、乡村振兴、全域旅游、项目建设、污染防治、基层党建等重点工作，进取，奋发有为，完成2018年年初制定确定的目标任务。田心桥村成功创建“省级卫生示范村”。（刘希贤）

【镇域经济】　2018年，跳马镇完成财政总收入9463万元；完成规模以上工业总产值4.62亿元，全社会固定资产投资和城镇固投共15.24亿元，社会消费品零售额225.6万元，规模以上建筑业产值2.05亿元，完成规模以上的服务业2.96亿元；实现农林牧渔总产值8.24亿元。湖南星沙农村商业银行股份有限公司跳马支行全年贷款余额22800.87万元，较年初净增2841万元。贷款利息收入1594.24万元，任务数1584万元。各项存款余额184159.02万元，净增20094.02万元，完成全年任务的112%。当前信贷基础客户1993户，较年初净增130户。电子银行替代率超额完成全年任务。中国邮政储蓄银行跳马支行储蓄规模突破4亿元，有三个营业所，其中跳马营业所1.2亿元，团然营业所1.3亿元，田心桥营业所1.5亿元。（刘希贤）

【工程项目建设】　2018年，跳马镇成功申报农村公路修建指标约37千米，启动省道S210、县道X050、乡道Y320提质改造工程建设；完成复兴村道路、金屏安置区3.7千米的路灯亮化工程和金屏社区提质改造工程建设；老洞株公路、李白路、白斯路3条道路提质改造工程建设加快推进。完成红星农副产品全球采购中心项目一期主体工程；时代阳光大道边坡扩征完成欧逸莎、白竹砖厂拆迁腾地，浏阳河曙光垸区段堤防整治工程建设项目完成27户房屋拆迁腾地工作；白竹安置区（一期）相关手续及土方施工基本完成，跳马、喜雨安置地完成两型准入及规划蓝线办理工作。加快对龟坡废弃矿山边坡实施生态修复，龟坡生态修复工程完成。实施小型农田水利建设项目355处，投资1000万余元。其中，山塘清淤整治197处，山塘清淤25处，沟渠疏浚69处，高效节水灌溉工程61处，机埠改造3处。曙光垸3处受损堤防、25处水利设施基本完成重建任务，浏阳河曙光垸大堤建设工程高压旋喷灌浆全线完工，大堤缺口处土方回填碾压建设完成。

（刘希贤）

【乡村振兴建设】　2018年，跳马镇

制定《跳马镇乡村振兴战略三年行动计划》，把曹家冲、天石山庄周边作为全镇乡村振兴示范片来打造，全年铺排石燕湖村13个乡村振兴试点项目建设，完成石燕湖村道路花海项目和天石山庄、曹家冲和辰午山庄道路提质改造、曹家冲污水处理工程等项目建设。（刘希贤）

【乡村治理】2018年，跳马镇完成农村旱厕改造437座，全镇卫生厕所普及率95.9%；完成15个村（社区）垃圾分类回收中心建设，田心桥村成功创建“省级卫生示范村”，喜雨村、复兴村成功创建“市级卫生示范村”，跳马镇在全市城区涉农乡镇环境卫生整洁行动考核中排名一类第一名，获评2018年度全市城乡环境卫生整洁行动“四星乡镇”称号；全年办理乡村建房规划许可证约600本；整治镇域黑臭水体，加强粪污处理设施标准化建设；制定《文明节俭操办婚丧喜庆事宜工作方案》，组织镇、村（社区）党员干部签订文明节俭操办婚丧喜庆事宜承诺书，推动移风易俗工作。（刘希贤）

【环境保护】2018年，跳马镇完成136家工业企业的退出任务。制定《雨花区跳马镇矿山矿坑生态修复实施方案》，协调相关手续办理。鑫旺采石场、龟坡片石场等9个项目（涉及11个矿）获批绿心准入，4个项目进行修复，1个项目（龟坡片石场）完成主体施工。出动网格化巡查人员10380人，检查对象2039个，处理问题748个。开展污染源普查，配合区环保局对全镇企业进行上门取证、填表、GPS定位圈地。实现圭塘河跳马段全线清淤；完成金屏安置小区污水截流，对箱涵和鱼塘进行清淤并杜绝污水直排现象。自中央环保督察进驻湖南后，受理案件19件，完成主办案件的办理任务。（刘希贤）

【社会事业】2018年，跳马镇组织开展3次贫困劳动力技能培训和人才招聘活动。对所有因病致贫对象进行健康状况摸底，完成与乡村医生签约服务。2018年年末，跳马有中学1所，小学14所，15所幼儿园，中小学在岗教职员工395人，幼师职工238人。中、小学生人数3990人，幼儿2049人。总投资600万余元，对全镇15所中、小学进行标准化建设。适龄儿童入学率保持100%，辍学率为零；中学巩固率100%，初中生毕业率100%。石燕湖中学2018年获得“党建示范点”和“先进基层党组织”。辖区内长沙航空职业技术学院航空馆被授予“2018—2022年度湖南省科普教育基地”称号。举办迎新春（春节、元宵节）学雷锋志愿服务活动、“欢乐潇湘”系列活动、三湘群星奖跳马专场等一系列活动。重点维修左宗棠墓的大门、大门前的石柱，对在左宗棠墓附近挖掘出的石羊进行修护和安置；对全镇监控设备进行维修维护并加装左宗棠、杨家山两处王陵墓监控，全年文物重点维修10余次。跳马中心卫生院创建老百姓满意卫生院，将中心卫生院门诊收费室及门诊诊室及团然分院围墙、食堂、职工宿舍进行提质改造。引进一台CT机及肺功能检测仪、输液泵、多功能彩超仪等大小型设备。派出8名优秀专业技术人才到上级医院进修学习。全年门诊人次10万人次，增长率38%，出院人次3832余人次，增长率40%，业务总收入2054万余元，增长率40%以上。2018年度全镇出生人口718人，其中男孩384人；政策生育率99.30%。完成免费孕前优生检测240对，完成年度任务的100%；出生缺陷干预送检8对，100%完成任务；有序推进免费产前筛查、新生儿筛查工作，产筛完成457人。完成全镇500余户原有低保户、新申请低保户的入户调查和民主评议；低保清理动态管理退出172户414人；新增36户53人；提标57户，有低保户387户，728人，其中纳入社会保障兜底保障对象392人。医疗救助244人次，救助金额194万余元。跳马镇有居家养老服务中心7所，在建2所；失能、半失能老人集中供养率77%；高龄津贴覆盖率100%。对遭遇强风暴雨极端天气因灾受损住房维修补助共计8户，发放救灾资金总额1.3万元。8月份因强风导致村民房屋受损34户，发放救灾款14万余元。敬老院打造特护区，成功创建市级示范敬老院。全镇实行100%火化，对凤凰山陵园开展专项整治，15个村、社区成立红白理事会。为全镇289个贫困劳动力提供3次岗位推荐、1次就业指导、1次就业培训等服务。开展跳马就业扶贫技能培训4期、全域旅游创业意识培训2期，培训学员900余人次。开展现场招聘会2场，吸引80余家企业参会，1400余个就业岗位全部面向建档立卡贫困劳动力。全镇有346人为就业扶贫对象，其中289人正常劳动力，289人中，187人就业，102人未就业（28人有就业意愿）。2018年参保人数22452人，缴费基金目标任务数339.7万元，收缴基金374.4万元，完成比例110.21%，8月底完成基金收缴工作。全年成功处理两处由区人社局交办拖欠农民工工资的案件，全镇未出现大型拖欠农民工工资问题。跳马邮政支局年投递党报党刊27万份，年投递快递包裹13万件，年投递平常信函4万封，汇票700张，年收寄各类邮件2万封。2018年建设便民服务点4个。跳马镇电信局2018年全年完成营业收入1407万元；建设电信社会渠道10个。打造斑竹塘社区和金屏社区的15分钟生活圈项目建设，分别以“如城如意、知暖知你”和“大美民生，灿烂金屏”为主题，对两个社区中心进行提质提档建设。建设位于跳马镇斑竹塘社区佳兆业水岸新都小区的市场，建设面积约1000平方米，设计有29个摊位，包含干货区、水产区、冻货区、活禽区、自产自销区等9种品牌，能满足周边2~3万人基本日常生活所需，通过消防、安监、食药等部门的联合验收，12月8日投入使用。（刘希贤）

【综合治理】2018年，跳马镇组织开展集贸市场、交通秩序等各类整治行动126次，处理各类市容环卫、门前三包、渣土砂石、市政道路、占道经营、乱吐乱扔等违法行为为550起，实施行政处罚344起。拆除市“五年拆违大行动”年度任务5400平方米，完成率100%，获评全区拆控违一类乡镇。处置佳兆业小区居民用水等事件，做好森林防火工作，组织开展为期三个月的“交通整治”大行动。做好网络舆情实时监控，提高应对突发公共事件新闻报道快速反应能力和负面网络舆情的应急管控能力。开展“非洲猪瘟”防治，镇出动宣传车80台次/天，村出动宣传车近3000台次/天，悬挂宣传横幅120条，发放宣传资料近6万份（每户3份，全镇18221户）。签订“非洲猪瘟防控暨畜禽退养承诺书”2604份（全镇饲养户868户，一式三份，户主、村、镇各一份），明确专门防控责任人17人（镇2人，每村（社区）各1名）。设置非洲猪瘟防控哨卡11个，安排镇正式职工11人，安排巡防队员66人，安排交通12人，动监部门人员22人，实行全天候24小时值班防守。开展为期一周的打击私屠乱宰和“白板肉”销售行动，收缴白板肉近百斤，打击不法商贩5人次，对全镇868户饲养户下发喂养明白书，并签字签收备案。（刘希贤）

【基层党建】 2018年，跳马镇组织开展习近平新时代中国特色社会主义思想“天天见”“天天新”“天天深”主题宣讲、征文、演讲等系列活动50余场次，在中央和省、市、区各类媒体刊发或转载稿件450余篇。完成15个村（社区）及机关“大班额”支部升格及下属73个党支部设立和选举工作。完成村（社区）“两委”，全体党小组长、村民组长的线索摸排及全镇党员涉“黄赌毒”违法违纪案件处置工作，创新打造“党建+精准扶贫”和“党建+乡村振兴”模式，推动民宿项目发展及花卉苗木产业升级。以乡村振兴、农村环境整治、涉农政策为主要内容，举办村（社区）组级干部培训班。培养后备干部，将热爱基层工作，乐于奉献并具有一定文化程度的年轻干部纳入后备干部数据库。组织开展党员领导干部各类专项治理工作，从严查处发生在群众身边的“四风”和腐败问题。跳马镇13个建制村、2个社区以及机关支部党员人数均超过50人，于2018年10月底全部升格为党总支。16个党总支根据人数下设74个党支部。原有3个事业单位党支部撤销并入机关总支进行管理。截至2018年12月，跳马镇有党组织105个，其中党委1个，党总支16个，党支部88个。（刘希贤）

【农村土地确权工作】 2018年，跳马镇农业人口约6万人。跳马镇在全镇全面开展农村土地确权登记颁证工作，年底完成383个组的确权颁证工作，发证1.38万余本。其中11个村民小组因征地拆迁工作或组内矛盾纠纷不要求进行确权工作；12个村民小组由于组内矛盾纠纷前期未进行外调、公示，经镇、村领导协调沟通，组内要求重新进行确权颁证工作，导致这些组合同、权证尚未发放；18个村民小组因组内矛盾纠纷合同未签订完成；15个村民小组因技术公司数据库问题，权证漏打，待技术公司打证即可完成确权颁证工作。（刘希贤）

【全域旅游】 2018年，跳马镇顺利完成镇区规划优化调整工作，释放城镇建设用地133.33公顷（2000亩）。与红星美凯龙、华夏幸福、中冶二局等企业商洽打造金屏特色小镇相关事宜，与苏商集团对接镇全域绿道体系建设相关工作。制定《跳马镇美丽乡村建设乡村民居改造“以奖代补”试点方案》，43个农户提交改造申请，曹家冲民宿项目建设稳步推进，天石山庄民宿示范户建设完成，天石特色民宿体验活动启动。（刘希贤）

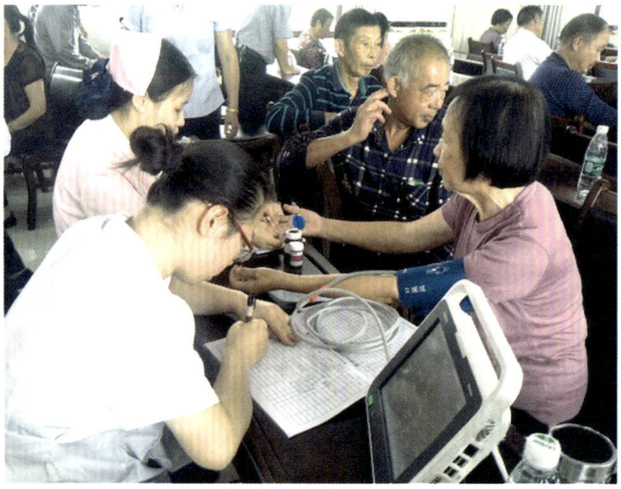

2018年9月17日，跳马镇举办义诊服务活动（刘希贤/提供）

【精准扶贫工作】 2018年，跳马镇建档立卡贫困户为377户1076人，其中：已脱贫（享受政策）有333户1017人，未脱贫有44户59人，纳入2020年兜底脱贫计划。投入20万余元，各类走访帮扶320余次，帮助贫困户发展产业，聘请专家为贫困户开展花卉苗木种植技能培训，在复兴村新屋坡组和彭家塘组打造10公顷的芦笋种植基地，增强村级集体经济的造血功能。发展蜜蜂养殖产业扶贫项目，由跳马镇、黎托街道、侯家塘街道、雨花亭街道4个帮扶单位分别出资支持联点的复兴村、新田村、跳马村、关刀新村的结对的65户贫困户从事蜜蜂养殖。为271个贫困劳动力提供3次岗位推荐、1次就业指导、1次就业培训等服务，每年组织开展现场招聘会2次，就业扶贫技能培训3期，培训学员300余人次。推进“雨露计划”，2018年为140名贫困幼儿、73名贫困小学生和143名贫困中学生发放生活补助28.8万余元，春季及秋季共给予110人次贫困职校学生每人发放1500元补助，通过慈善助学资助贫困大学新生32人，发放助学金13.2万余元。推进医疗保险和医疗救助脱贫，对建档立卡贫困户个人住院自费部分全额补助享受医疗救助，落实“一人一册”，家庭医生签约全覆盖，并按时提供上门服务，贫困户就医实施“三提高、两补贴、一减免、一兜底”综合保障措施及住院患者先诊疗后付费“一站式”结算。推进“中国社会扶贫网”上线工作，每村设一名村级信息管理员，对本村贫困家庭的需求信息进行采集、审核、发布，所有村级信息管理员进村帮助贫困户进行下载注册，贫困户注册率80%以上。（刘希贤）

【退役军人服务管理工作站成立】 2018年7月25日，跳马镇退役军人服务管理工作站挂牌成立，同时成立退役军人服务中心临时党支部、参战老兵议事会，并选举产生17名参战老兵议事会成员，会长和秘书长各1名。跳马镇辖15个村（社区），有486名享受抚恤补助待遇的优抚对象。其中在镇老复员军人10人，三属6人，参战132人，伤残军人21人，带病回乡20人，退伍回乡3人，农村籍60周岁以上退役士兵294人。（刘希贤）

【义诊服务活动】 2018年9月17日，跳马镇卫生和计生办联合跳马镇中心卫生院围绕“服务百姓健康行动”主题跳马镇跳马村开展义诊咨询活动。活动通过设立健康咨询点、中医讲解点，悬挂横幅，发放宣传资料，医生一对一签约，免费体检等多种形式，开展有针对性的义诊服务活动。医护人员为大家体检并提供养身意见，解答提出的问题。该次义诊共服务100余人，发放老年人中医保健、预防癌症、常见慢性病、中医健康指导、糖尿病中医保健、公共卫生服务等健康宣传资料600余份。（刘希贤）

【特色民宿体验活动启动】 2018年12月18日，跳马镇天石特色民宿体验活动启动。区政府副区长陈怀宇，跳马镇党委书记谭爱兵，镇党委副书记、镇长刘志平参加启动仪式。通过线上宣传慕名而来的自驾游团友、旅游达人、民宿爱好者等100余人参与活动。跳马镇重点打造天石民宿项目园区范围内的石燕湖村曹家冲组30余栋农房和新田村曾家塘组20余栋农房。天石民宿项目园区规划面积200公顷，预计总投资2亿元，计划在三年内完成300栋民宿，园区规划的每栋民宿都是在原有的房屋基础上进行改建，形成政府支持、合作社统筹、山庄运营、农家收益相结合的模式。民宿民居的建立，为雨花区贡献“绿色GDP”、全域发力、打造跳马“特色小镇”和“田园综合体”创造良好环境。（刘希贤）

人　物

蔡泽敏

蔡泽敏，湖南望城人，1976年2月出生，1995年6月加入中国共产党，硕士研究生学历。

1995年7月至1996年月8月，任长沙市南区曙光小学教师。1996年8月至1997年10月，任长沙市天心区曙光小学教师。1997年10月至2001年4月，任中共长沙市天心区委员会组织部干部。2001年4月至2002年1月，任中共长沙市天心区委员会组织部副科级组织员。2002年1月至2003年8月，任中共长沙市天心区城南路街道工作委员会副书记、纪委书记。2003年8月至2004年8月，任中共长沙市天心区城南路街道工作委员会副书记，其中2003年4月至2004年2月，借调长沙市委组织部工作。2004年8月至2006年3月，任中共长沙市天心区金盆岭街道工作委员会副书记、办事处副主任，（其间：2005年7月至2005年11月，区委选派到宁波科技园区挂职锻炼。2006年3月至2008年2月，任长沙市天心区人民政府办公室副主任、主任科员。2008年2月至2012年7月，任中共长沙市天心区大托镇委员会委员、副书记、副镇长（主任科员）。2012年7月至2013年8月，任中共长沙市天心区大托铺街道工作委员会委员、副书记、办事处主任。2013年8月至2015年6月，任中共长沙市天心区裕南街街道工作委员会委员、副书记、办事处主任。2015年6月至2016年3月，任长沙市天心区人民政府党组成员、政府办主任。2016年3月至2018年2月，任长沙市天心区人民政府党组成员、区政府办党组书记、主任。2018年2月，任长沙市雨花区人民政府副区长。主管城市管理和行政执法、户外广告管理、拆违控违、环保、环卫、园林、市政、爱卫、文明创建工作。联系工会、共青团、妇联、长沙火车南站地区综合管理办公室工作。

（柳　旻）

郭存勇

郭存勇，54岁，湖南永州市人，湖南雨花非遗馆创始人。

郭存勇13岁起拜师学习木雕，1986年开始自己做手艺谋生。2012年，郭存勇夫妇从家乡永州到长沙，在雨花区红星商圈租赁场地做家具和木雕生意。2014年，郭存勇和妻子邓运姣决定，放弃红火的家具生意，变卖老家数十亩地和房产，将原有的家具馆场地，改造成“非遗”项目集聚点。2014年至2015年，筹备雨花“非遗”馆期间，郭存勇走遍14个省份，拜访300多位民间艺人或知名传承人。2015年8月，雨花“非遗”馆成立，成为全国首家民营“非遗”馆。2016年6月，“雨花非遗民俗艺术特色街区”项目成立，雨花“非遗”馆成为项目核心，并成为雨花区委、区政府“一把手”工程，雨花区委、区政府成立“雨花非遗民俗艺术特色街区”项目指挥部进行指导，给予部分财政支持，雨花“非遗”馆开启“民办公助”的运营模式。郭存勇十分重视对“非遗”传承人的扶持，首创“非遗”文化产业“创建平台＋‘非遗’传承人＋博览展销＋体验学习”的“活”态传承模式，雨花“非遗”馆聚集来自全国的“非遗”项目359个，其中，世界级10个，国家级55个；常驻“非遗”传承人200余名。“非遗”传承人工作室120多个，开设“非遗”传习所20余家，开发“非遗”手工体验项目32个，打造精品“非遗”节目20多个，开发“非遗”文创产品万余种。12家“非遗”传习所，

"非遗"研学体验平台，形成"看非遗、品非遗、玩非遗、学非遗、买非遗"的"非遗"产业链。雨花"非遗"馆创建大学生创业基地入驻项目10个，创建湖南省巾帼巧手创业就业孵化基地，入驻企业16家，带动5000余人就业，其中女性4000余人，精准帮扶建档立卡贫困户400余人。雨花"非遗"馆开展文化惠民活动300余场，接待省内外中小学生传统文化研学体验10万余人次，接待外宾12万余人次、中央及省内外各级政府考察团300批次、游客接待总量50万人次。2018年，开设雨花"非遗"书院、"非遗"夜市、雨花"非遗"书院名人讲堂，组织开展"我们的中国梦·非遗闹元宵"暨第二届"飞梦雨花"文化艺术节启动仪式、2018雨花区"非遗雨花"消费季活动启动式、弘扬中华优秀传统文化·传承特色民族技艺——2018年雨花区"非遗进校园"主题活动启动仪式、"多彩非遗·美好生活"——2018年湖南省"文化和自然遗产日"主场活动启动式暨长沙雨花"非遗"展演周活动、"新时代·新生活·新传承"——2018长沙市文化和自然遗产日暨雨花"非遗"展演周活动、"我们的节日·中秋"——雨花"非遗"夜市启幕暨雨花"非遗"书院揭牌活动、2018年湖南长沙西藏山南文化交流等一系列形式多样、影响广泛的"非遗"保护传承活动。雨花"非遗"馆获评全国首批新的社会阶层人士统战工作实践创新基地重点项目、全国中小学生研学实践教育基地、湖南省非物质文化遗产展示基地等荣誉40余项。郭存勇入选2018"中国非遗年度人物100强"。（柳　旻）

丁红波

丁红波，1978年4月出生，湖南沅江人，德馨园书吧公益组织负责人。

大学毕业后，丁红波与朋友开始做建材生意，有了一定的经济来源后，便开始藏书。2011年考取国家二级心理咨询师资格证。2012起，丁红波被湖南大学等高校聘为专业的心理咨询师。2015年，丁红波成立湖南广通发展教育咨询有限公司，5月，响应雨花区井湾子街道"书香社区"号召，丁红波捐出家中的6000余册藏书，湖南广通发展教育咨询有限公司相继与德馨园社区、井巷社区、香樟路社区等多家社区联合打造的省内首家24小时社区图书馆"德馨读书吧"，免费为居民开放，丁红波在社区图书馆的平台上定期开展读书会、公益讲座、心理援助等活动，主题涉及邻里和谐、环保教育、亲子健康、技能培训等，很受社区居民欢迎，因此获得"湖南书香之家"的称号。2016年9月，丁红波联合湖南老兵之家的好朋友郭钰、王成成立"德馨帮扶会"，发起"一本书点燃一个梦想"的公益活动，针对贫困山区的学生捐书助学，售卖滞销农副产品等，选定20所学校，按5000元每所的配置，进行爱心图书助学活动。2017年，丁红波获评长沙市最美志愿者。2018年，丁红波获评湘鄂赣"最美读书人"。（柳　旻）

陈丽琼

陈丽琼，女，汉族，1970年出生，大学文化，中共党员。1994年，进入长沙市南区环卫局任一线清扫员。1996年区划调整，陈丽琼分配到雨花区环卫局，从事一线清扫员、业务督查员。2004年高桥环卫所成立，陈丽琼被选聘为业务管理员。她不怕脏和累，任劳任怨，埋头苦干，以一个普通劳动者的身份为城市市容环境倾注了自己的全部心血，用自己的实际行动为长沙创建全国文明城市增砖添瓦，赢得了群众和领导的一致好评，先后获评"2004年度雨花区百岗明星""2005年度长沙市先进个人""高桥街道经济工作先进个人""2007年度区城管系统先进工作者""2010年度区城管系统维护作业先进个人"。2013年，任高桥环卫所所长。2016年，她带领的高桥环卫所被评为区环卫局绩效考核先进单位。2017年，高桥环卫所被区妇联评为"三八红旗集体"，陈丽琼被评为雨花区"劳动模范"及区环卫局年度先进工作者。2018年，被授予长沙市"三八红旗手"称号。（吴峥嵘）

统计资料

表 1　　行政区域一览表

指标	单位	社区居民委员会	社区筹委会	行政村
总计	个	126	15	13
雨花亭街道办事处	个	10	1	0
高桥街道办事处	个	8	0	0
左家塘街道办事处	个	21	0	0
侯家塘街道办事处	个	12	0	0
砂子塘街道办事处	个	8	0	0
东塘街道办事处	个	10	0	0
圭塘街道办事处	个	12	0	0
黎托街道办事处	个	4	4	0
洞井街道办事处	个	13	5	0
井湾子街道办事处	个	14	0	0
东山街道办事处	个	6	2	0
同升街道办事处	个	6	2	0
跳马镇	个	2	0	13

表 2　　经济社会发展主要指标统计表

指标	单　位	2018 年	2017 年	增长（%）
一、土地面积	平方千米	292.20	292.20	0
二、年末总人口（户籍人口）	万人	72.08	69.0	4.5
三、地区生产总值	亿元	1340.74	1230.87	8.8
第一产业	亿元	5.28	5.74	-4.5
第二产业	亿元	396.76	403.97	3.6
第三产业	亿元	938.7	821.22	11.5
四、工业总产值	亿元	—	—	—
规模工业总产值	亿元	614.75	634.58	17.2
五、农林牧渔总产值	亿元	8.24	8.82	-4.5
#农业	亿元	7.54	8.09	-4.8

续表 2　　经济社会发展主要指标统计表

指标	单　位	2018 年	2017 年	增长（%）
六、粮食产量	吨	1760	1741	1.09
七、全社会固定资产投资	亿元	—	619.34	10
#城镇固定资产投资	亿元	—	396.44	—
八、社会消费品零售总额	亿元	761.24	712.61	8.4
九、进出口总额	亿美元	11.87	10.5	13
#出口总额	亿美元	10.87	9.5	14.3
十、实际利用外资金额	亿美元	7.44	6.91	7.6
十一、引进市外境内项目固定资产投资	亿元	342.96	306.2	12
十二、地方一般公共财政预算收入	亿元	54.69	53.63	2
地方公共财政预算支出	亿元	85.00	88.83	-4.3
十三、城市居民人均可支配收入	元	54522	50327	8.3
十四、高新技术产值	亿元	2037.6	1660.93	—
高新技术产业增加值	亿元	788.77	601.52	—
十五、城镇化率	%	97.7	97.7	—

表 3　　经济社会发展综合指标统计表

指标	单位	2018 年	2017 年	增长（%）
科学技术支出	亿元	1.35	1.23	9.7
认定国家级企业（集团）技术中心	家	0	0	—
省部级以上科技成果	项	22	27	-18.5
专利申请	件	4395	3823	14.8
授权专利	件	2733	2399	13.9
签订产学研技术合同	项	561	552	1.6
年技术市场成交合作合同金额	亿元	33.97	30.00	13.2
产学研科技人员服务企业人数	人	13170	12915	2.0
人均水资源	立方米	1375	1375	—
平均年降水量	毫米	1685.5	1632	3.3
总用水量	亿立方米	2.06	3.98	-48.2
人均用水量	立方米	448	448	—
森林覆盖率	%	33.38	44.47	-24.9
完成造林面积	公顷	54.7	80	-31.6
园内企业个数	个	852	745	14.4
园内企业产值（不含中烟公司）	亿元	335	256	30.9
新签约企业数	个	80	72	11.1
合同签约总额	万元	88426	85084	4.0
登记个体工商户个数	个	14732	18236	-19.2
新登记企业户数	个	17525	14560	20.4
新修市政道路	千米	8.3	7.8	6.4
基础设施投资总额	万元	66175	59800	10.7
维修路面及人行道	万平方米	22	23	-4.3
计划投资立项数	个	236	268	-11.9

续表 3 经济社会发展综合指标统计表

指标	单位	2018 年	2017 年	增长（%）
备案数	个	178	105	69.5
计划立项总额	亿元	70.76	245.66	–71.2
备案总额	亿元	681.15	364.37	86.9
社区改造	个	18	11	63.6
拆违面积	万平方米	20.5	32.6	–37.1
高新技术产值	亿元	2037.6	1660.93	28.7
高新技术产业增加值	亿元	788.77	601.52	31.1

表 4 地区生产总值统计表

指标	单位	2018 年	2017 年	增长（%）
地区生产总值	亿元	1340.74	1230.87	8.8
第一产业	亿元	5.28	5.74	–4.5
第二产业	亿元	396.76	403.91	–3.6
工业	亿元	267.62	282.06	5.0
建筑业	亿元	130.45	123.05	0.2
第三产业	亿元	938.70	821.22	11.5
交通运输、仓储邮政业	亿元	21.73	20.92	2.7
批发和零售业	亿元	114.40	108.00	3.3
住宿和餐饮业	亿元	32.88	30.97	3.7
金融业	亿元	118.83	82.22	6.4
房地产业	亿元	51.62	41.38	–3.9
其他服务业	亿元	597.71	536.31	16.2
营利性服务业	亿元	338.74	274.50	22.8
非营利性服务业	亿元	258.97	261.81	8.4
人均地区生产总值	元／人	147707	142759	—

表 5 财政收支情况表

指标	单位	2018 年	2017 年	同比增长（%）
一、一般公共预算收入	万元	1583062	1487122	6.5
上划中央两税	万元	115911	120173	–3.5
其中：地方一般公共预算收入	万元	546864	536262	2.0
二、地方一般公共预算支出	万元	849978	888316	–4.3

表 6 招商引资情况表

指标	单位	2018 年	2017 年	同比增长（%）
一、进出口总值	万美元	118734	105031	13.0
其中：出口	万美元	108737	95128	14.3
二、当年新签项目（合同）个数	个	5	30	–83.3

续表 6 招商引资情况表

指标	单位	2018 年	2017 年	同比增长（%）
三、实际到位外资	万美元	74357	69134	7.6
其中：已投产（开业）企业	个	2	0	—
四、引进市外境内项目固定资产投资	亿元	342.96	306.20	12.0
海关进出口总额	亿美元	11.87	10.50	13
出口	亿美元	10.87	9.51	14.3
进口	万美元	9997.0	9903.0	0.9
一般贸易	亿美元	11.83	10.45	13.2
加工贸易	万美元	478.1	520	-8.1
外商直接投资额	亿美元	0.34	0.25	39.8
实际利用外资金额	亿美元	7.44	6.91	7.6
对外承包工程和劳务合作合同金额	亿美元	1.85	0.41	349.1
对外承包工程和劳务合作完成营业额	亿美元	3.62	2.52	43.9
实际引进省外境内资金	亿元	145.07	123.51	17.5
国内旅游人数	万人次	3156.41	2858.67	10.4
国内旅游收入	亿元	372.49	362.31	2.8
境外入境人数	万人次	27.48	27.1	1.4
旅游业总收入（人民币）	亿元	381.14	374.41	1.8
国内旅游收入（人民币）	万人次	372.49	362.31	2.8
旅行社总数	个	60	56	7.1
星级饭店总数	个	8	10	-20.0
其中：五星级	个	1	1	0.0
四星级	个	3	4	-25.0
三星级	个	4	5	-20.0
二星级	个	0	0	—
星级饭店客房总数	间	1702	1981	-14.1

表 7 教育事业基本情况表

指标	单位	2018 年	2017 年	同比增长（%）
一、中等专业学校数	所	0	0	0
1. 中等专业招生数	人	0	0	0
2. 中等专业毕业生数	人	0	0	0
3. 中等专业在校学生数	人	0	0	0
二、普通中学学校数	所	4	4	0
普通高中在校生	人	5277	5434	-2.9
三、普通初中学校数	所	15	14	7.1
普通初中在校生	人	20555	19508	5.4
四、小学学校数	所	73	71	2.8
其中：小学在校学生数	人	82196	75980	8.2
五、幼儿园数	所	200	187	7.0
其中：幼儿园在园幼儿	人	35970	32133	11.9
教职工数	人	5400	4955	9.0

续表 7 教育事业基本情况表

指标	单位	2018 年	2017 年	同比增长（%）
六、小学生初中入学率	%	100	100	—
七、高中阶段毛入学率	%	100	100	—
八、义务教育阶段合格学校建设	所	8	3	166.7

表 8 文化体育事业基本情况表

指　　标	单位	2018 年	2017 年	同比增长（%）
艺术表演团体	个	26	26	—
文化馆	个	1	1	—
公共图书馆	个	1	1	—
放映农村公益电影	场	700	678	3.2
全区共有体育场地	万平方米	199.9	179.1	11.6
体育场	个	16	16	—
体育馆	座	11	11	—
运动场	个	40	40	—
游泳场	个	30	24	25.0
各种训练房	个	393	369	6.5
全区全民健身运动参加人数	万人	60.5	60.5	0
全区开展全民健身项目	项次	43	33	30.3

表 9 卫生事业基本情况表

指标	单位	2018 年	2017 年	同比增长（%）
卫生机构数	个	535	536	−3.8
医院、卫生院	个	56	70	−20
妇幼保健院（所、站）（区内发证）	个	1	1	—
专科疾病防治院（所、站）（区内发证）	个	0	0	—
医院、卫生院床位数（区内发证）	张	1607	1678	−4.2
卫生技术人员	人	18333	16738	9.5
执业医师和执业助理医师（区内发证）	人	2718	5847	−53.3
注册护士（区内发证）	人	2829	2360	19.8
全区疾病预防控制中心（防疫站）（区内发证）	个	1	1	0
全区疾病预防控制中心（防疫站）卫生技术人员（区内发证）	人	39	41	−4.9
卫生监督检验机构（区级）	个	1	1	—
卫生监督检验机构卫生技术人员（区内发证）	人	24	24	—
社区卫生服务中心	个	11	10	10
社区卫生服务中心床位数	张	590	529	11.5
社区卫生服务中心卫生技术人员	人	594	548	8.4

表 10 环境卫生事业基本情况表

指标	单位	2018年	2017年	同比增长（%）
一、完成工作量				
收运垃圾	万吨	49.03	57.29	-14.4
清扫街道	万平方米	1158	1094	5.9
保洁从业人数	人	2026	2060	-1.7
二、环卫专用设备				
垃圾运输车	辆	119	88	35.2
扫路车	辆	50	44	13.6
洒水车	辆	186	149	24.8
三、环卫设备				
公共厕所	座	79	76	3.9
其中：本年新建	座	4	7	-42.9
垃圾站	个	135	135	—
其中：本年新建	个	2	7	-71.4

表 11 园林绿化基本情况表

指标	单位	2018年	2017年	同比增长（%）
园林绿化覆盖面积	万平方米	2711.5	2689.0	0.8
绿化覆盖率	%	40.77	40.4	0.9
绿地面积	万平方米	2465	2430	1.4
新增绿地面积	万平方米	34.55	79.95	-56.8
绿地率	%	37.07	36.55	1.4
公共绿地面积	万平方米	1178.9	1165.9	1.1
公园个数	个	46	43	7.0
公园面积	万平方米	350	337	3.9

表 12 环境保护基本情况表

指标	单位	2015年	2014年	同比增长（%）
工业废水排放总量	万吨	151	153.3	-1.5
工业废气排放总量	万标立方米	157521	199754	-21.1
工业固体废物产生量	万吨	8.42	2.69	213
其中：工业固体废物综合利用率	%	100	100	—
水质满足Ⅲ类标准的断面比例	%	33.3	33.3	—
水质满足Ⅳ类标准的断面比例	%	33.3	33.3	—
城市污水处理率	%	97.7	96.88	0.82
空气质量达到二级标准的城市（区）	个	1	1	—
烟尘控制区	个	5	5	—
其中：烟尘控制面积	平方千米	47.6	47.6	—
区域环境噪声功能达到二级标准的城市（区）	个	1	1	—
环境噪声控制区	个	3	3	—
其中：环境噪声控制面积	平米千米	28	28	—
全省已批准国家生态示范区个数	个	1	1	—

表 13

劳动就业和社会保障情况表

指标	单位	2018 年	2017 年	同比增长（%）
城镇新增就业人员	人	15529	15216	2.1
城镇登记失业人员	人	5816	5334	9.0
城镇登记失业率	%	206	2.5	-17.6
安排下岗失业人员再就业	人	7757	6509	19.2
其中：大龄就业困难对象再就业	人	3519	2933	20.0
农村富余劳动力转移就业增加人数	人	454	625	-27.4
农村劳动力转移培训	人	469	795	-41.0
年末企业职工参加基本养老保险人数	人	177948	133772	33.0
在职人员	人	158438	124143	27.6
退休人员	人	19510	18074	7.9
农村社会养老保险投保人数	人	67037	67039	—
年末参加工伤保险职工人数	人	130963	106490	31.2
年末参加失业保险职工人数	人	121160	93261	38.6
年末领取失业保险金职工人数	人	2100	2846	-26.2
年末参加生育保险职工人数	人	135397	106660	26.9

表 14

人事工作基本情况表

指标	单位	2018 年	2017 年	同比增长（%）
一、各类专业技术人员总计	人	4519	4209	7.4
其中：工程技术人员	人	35	32	9.4
农业技术人员	人	7	6	16.7
卫生技术人员	人	228	209	9.1
教学人员	人	4264	3935	8.4
会计人员	人	15	12	25.0
经济人员	人	6	5	20.0
二、各类专业技术人员构成				
其中：工程技术人员	%	0.77	0.76	1.9
农业技术人员	%	0.15	0.14	10.6
卫生技术人员	%	5.05	4.97	1.5
教学人员	%	94.36	93.50	0.9
会计人员	%	0.35	0.29	14.5
经济人员	%	0.13	0.12	10.6

表 15

安全监督基本情况表

指标	单位	2018 年	2017 年	同比增长（%）
一、特殊行业人员培训（全区总计）	人	1469	1416	3.7
其中：雨花亭街道	人	67	60	11.7
高桥街道	人	109	117	-6.8
左家塘街道	人	55	47	17.0

续表 15　　安全监督基本情况表

指标	单位	2018 年	2017 年	同比增长（%）
侯家塘街道	人	80	80	0
砂子塘街道	人	100	90	11.1
东塘街道	人	100	90	11.1
圭塘街道	人	25	89	–71.9
黎托街道	人	110	125	–12.0
洞井街道	人	65	23	182.6
井湾子街道	人	70	68	2.9
东山街道	人	50	40	25.0
同升街道	人	50	24	108.3
雨花经开区	人	570	560	1.8
二、重大危险源监控率（全区总计）	%	2 处	3 处	–33.3
其中：井湾子街道	%	0	1 处	
同升街道	%	2 处	2 处	

表 16　　民政工作及社会救助情况表

指标	单位	2018 年	2017 年	同比增长（%）
一、登记结婚数	对	5807	5491	5.8
二、离婚总数	对	—	—	—
登记离婚	对	3272	3301	–0.9
三、城镇居民得到政府最低生活保障	人	3792	3976	–4.6
四、各类收养性社会福利单位床位数	张	1395	1274	9.5
五、各类收养性社会福利单位收养人员数	人	941	885	6.3
六、城镇各种社区服务设施	个	1019	1075	–5.2
七、财政预算安排“低保”资金	万元	2850	2850	—
八、社会救济总人数	人	5254	5950	–11.7
城镇居民最低生活保障人数	人	3792	3796	–4.6
农村“三无”人员低保	人	914	1416	–35.5
九、综合性社区服务中心	个	126	121	4.1
十、接受社会捐赠资金	万元	83	900	–90.8
直接接收社会捐赠	万元	83	900	–90.8
十二、销售社会福利彩票	万元	8612	8394	2.6
十三、筹集社会福利资金	万元	430.6	419	2.8

表 17　　档案事业与馆藏情况表

指标	单位	2018 年	2017 年	同比增长（%）
机构数	个	1	1	—
专（兼）职工作人员	人	14	14	—
馆藏档案				
全宗	个	126	126	—

续表 17

档案事业与馆藏情况表

指标	单位	2018 年	2017 年	同比增长（%）
案卷	卷	59601	58476	1.9
录音、录像、影片	盘	155	155	—
照片	张	6361	6300	1.0
资料数量	册	4220	3820	10.5
利用人数	人次	3200	4300	-25.6
利用档案	卷次	3850	6000	-35.8
利用资料	册次	145	500	-71.0
利用档案资料	页	4350	25000	-82.6
公开出版	种	2	2	—
公开出版字数	万字	246.8	128.6	91.9
内部参考	种	1	—	
内部参考字数	万字	29.8	—	

表 18

农林牧渔总产值统计表

项目	单位	2018 年	2017 年
一、按现价计算			
农林牧渔服务业总产值	万元	82421	88166
农业产值	万元	75407	80885
林业产值	万元	133	0
牧业产值	万元	1468	2379
渔业产值	万元	1463	1554
服务业产值	万元	3950	3348
二、按可比价计算			
农林牧渔服务业总产值	万元	82384	90278
农业产值	万元	75487	82973
林业产值	万元	123	0
牧业产值	万元	1456	2448
渔业产值	万元	1427	1509
服务业产值	万元	3892	3348
农林牧渔服务业总产值速度	%	12.8	3.6

说明：速度 =（本年现价 / 价格指数—上年同期数）/ 上年同期数

表 19

主要农作物生产情况表

项目	单位	2018 年	2017 年
农作物总播种面积	千公顷	0.88	0.75
一、粮食作物播种面积	千公顷	0.23	0.23
总产量	吨	1760	1741
谷物播种面积	千公顷	0.23	0.23
总产量	吨	1760	1741

续表 19　　主要农作物生产情况表

项目	单位	2018 年	2017 年
稻谷播种面积	千公顷	0.23	0.23
总产量	吨	1760	1741
（1）早稻播种面积	千公顷	0	0
总产量	吨	0	0
其中：优质稻面积	千公顷	0	0
总产量	吨	0	0
（2）中稻与一季晚稻播种面积	千公顷	0.23	0.23
总产量	吨	1760	1741
优质稻面积	千公顷	0	0.01
总产量	吨	0	0
（3）晚稻播种面积	千公顷	0	0
总产量	吨	0	0
优质稻面积	千公顷	0	0
总产量	吨	0	0
二、蔬菜播种面积（含菜用瓜）	千公顷	0.62	0.49
总产量	吨	12523	12116

表 20　　茶叶、水果生产情况表

项目	单位	2018 年	2017 年
一、茶叶产量	吨	0	0
绿毛茶	吨	0	0
二、水果产量	吨	107	99.98
1、园林水果	吨	0	0
柑	吨	0	0
橘	吨	0	0
柚	吨	0	0
葡萄	吨	0	0
其他园林水果	吨	0	0
2、瓜果类水果（西瓜、甜瓜、草莓）	吨	107	99.98
三、年末果园面积	千公顷	0	0
其中：柑橘园面积	千公顷	0	0

表 21　　畜牧业生产情况表

项目	单位	2018 年	2017 年
当年出栏猪头数	万头	0.51	0.52
出栏肉猪	万头	0.51	0.52
当年出售和自宰的家禽（鸡鸭鹅）	万羽	4.56	4.39
当年出售和自宰的的肉用羊	万只	0	0
当年肉类总产量	吨	489.14	540.65

续表 21　　畜牧业生产情况表

项目	单位	2018 年	2017 年
猪肉产量	吨	408	462.3
牛肉产量	吨	0	0
羊肉产量	吨	3.62	3.91
禽肉产量	吨	77.52	74.52
其他肉产量	吨	0	0
当年禽蛋产量	吨	213.57	217
生猪存栏	万头	0.32	0.31
家禽存笼	万羽	6.21	6.81

表 22　　渔业生产情况表

项目	单位	2018 年	2017 年
水产品总产量	吨	903	850
淡水产品养殖产品	吨	903	850
鱼类（含鳝鱼、泥鳅）	吨	903	850
淡水养殖面积合计	千公顷	0.2	0.18
池塘养殖	千公顷	0.15	0.13
其中：精养池塘	千公顷	0	0
水库养殖	千公顷	0.05	0.05

表 23　　规模工业企业主要经济指标统计表

指标	单位	2018 年	2017 年
企业单位数	个	85	104
工业总产值（现价）	万元	6147522	6345765
工业销售产值（现价）	万元	6131521	6323736
工业增加值（现价）	万元	3007284	2775443

表 24　　建筑业企业生产情况（综合）表

指标	单位	总计	国有及国有控股企业
一、企业个数	个	127	25
有工作量的企业个数	个	124	25
二、建筑业合同情况			
签订的合同额	千元	679110609	638661038
1. 上年结转合同额	千元	376221959	354938386
2. 本年新签合同额	千元	302888650	283722652
三、承包工程完成情况			
1. 直接从建设单位承揽工程完成的产值	千元	166925119	143330125
（1）自行完成施工产值	千元	165956636	143330125
（2）分包出去工程的产值	千元	968483	

续表 24　　建筑业企业生产情况（综合）表

指标	单位	总计	国有及国有控股企业
2. 从建设单位以外承揽工程完成的产值	千元	2189484	1636053
四、建筑业总产值	千元	168146120	144966178
其中：装饰装修产值	千元	3171172	4596651
其中：在外省完成的产值	千元	104560671	799798663
1. 建筑工程产值	千元	159673514	139982466
2. 安装工程产值	千元	5509910	3488978
3. 其他产值	千元	2962696	1494734
五、竣工产值	千元	82769215	70697973
六、房屋建筑施工面积	平方米	155602397	142676667
其中：本年新开工面积	平方米	26235184	22635006
其中：实行投标承包面积	平方米	92355020	84090578
七、从业人员情况			
从业人员期末人数	人	313115	262041
其中：工程技术人员	人	35877	24827

表 25　　房地产企业统计表

指标	单位	2018 年	2017 年
房地产企业数	个	140	124
计划总投资	万元	18630625	13974815
自开始建设累计完成投资	万元	11131859	10086347
本年完成投资	万元	2545091	2229041
本年新增固定资产	万元	710815	622614
本年购置土地面积	平方米	408016	129154
房屋施工面积	平方米	15251190	15985954
竣工面积	平方米	1665692	1412063
竣工价值	万元	634054	553904
商品房销售面积	平方米	2739074	3351796
商品房销售额	万元	2895328	3077913

表 26　　全社会固定资产投资完成情况表

指标	同比增长（%）
固定资产投资	10.0
城镇 500 万元以下固定资产投资	—
城镇 500 万 ~5000 万元固定资产投资	—
城镇 5000 万元以上固定资产投资	−22.5
房地产投资	14.18
二、商品房销售情况	
1. 商品房销售面积	−18.28
其中：住宅销售面积	−12.82

续表 26

全社会固定资产投资完成情况表

指标	同比增长（%）
2. 商品房销售额	–5.93
其中：住宅销售额	1.33
附一：工业投资	1.92
附二：工业技术改造投资	–5.46
附三：建安工程投资	—
其中：生产性服务业投资（占比）	94.47
园区总投资（含房地产）	26.87
园区工业投资	16.56

表 27

2000—2018 年社会消费品零售总额及增速统计表

年份	总额（万元）	增幅 %
2018	7612440.6	8.40
2017	7126054.9	4.80
2016	6932847.4	8.20
2015	6407559.3	7.88
2014	5939602	9.5
2013	5264307.3	12.67
2012	4672148.8	14.95
2011	4072964.8	19.15
2010	3441217.4	20.80
2009	2853144.0	20.16
2008	2374522.2	21.57
2007	1953167.0	19.60
2006	1633073.2	16.96
2005	1396301.0	16.96
2004	1193827.8	17
2003	1020365.6	17
2002	872107.4	15.48
2001	755202.1	16.21
2000	649860	16.08

表 28

全社会消费品零售总额分类统计表

项目	金额（万元）	增幅 %
社会消费品零售总额	7612440.6	8.4
一、按销售单位所在地		
1. 城镇	7506653.1	8.3
2. 乡村	105787.5	15.7
二、按行业分组		
1. 批发业	898778.6	8.2
限额以上企业	160485.6	–2.1
限额以下及个体户	738.293.0	10.8

续表 28　　全社会消费品零售总额分类统计表

项目	金额（万元）	增幅 %
社会消费品零售总额	7612440.6	8.4
一、按销售单位所在地		
1. 城镇	7506653.1	8.3
2. 乡村	105787.5	15.7
二、按行业分组		
1. 批发业	898778.6	8.2
限额以上企业	160485.6	—2.1
限额以下及个体户	738.293.0	10.8

表 29　　2018 年商品交易额亿元以上市场一览表

序号	市场名称	商品交易额（万元）
1	湖南高桥大市场	5227200
2	长沙市红星实业集团有限公司农副产品大市场	3271680
3	长沙市雨花区五金机电大市场	238000
4	长沙市大都市商业街	29573
5	长沙市红星建材交易中心	28000
6	长沙市红星糖酒批发大市场	23645
7	长沙红星花卉大市场	23500
8	长沙市高桥建筑装饰材料市场	21600
9	长沙市雨花区高焰物业管理有限公司	19710
10	湖南瑞思商业管理有限公司	14430
11	红星实业集团有限公司湖南井湾子家具广场	10800
合计		8908138

表 30　　2018 年大型会展情况表

序号	会展名称	举办时间	举办级别
1	2018“春之约”第六届红星年货物资交易会	1 月 26—2 月 12 日	省级
2	“狗年大吉，现场开门红”2018 新春大型人才招聘会	2 月　24 日	省级
3	2018 第十九届湖南昊天广告四新及 LED 照明展览会	3 月 9—11 日	省级
4	2018 新春・兔狗家装节・长沙站	3 月 10—11 日	省级
5	第 15 届美容美发化妆品博览会	3 月 16—18 日	国家级
6	第九届中国（长沙）国际孕婴童产业博览会	4 月 20—23 日	省级
7	2018 第十届湖南春季浩天钓具用品展览会	4 月 27—29 日	省级
8	国驰民风长沙麻将机展销会	5 月 10 日	省级
9	2018 年第十七届湖南智慧安防产品与技术博览会	5 月 17—19 日	国家级
10	2018 中国（湖南）教育博览会	6 月 26—27 日	国家级
11	2018 大数据空间信息应用博览会	7 月 19—21 日	省级
12	2018 第十一届湖南秋季浩天钓具用品博览会	9 月 1—3 日	省级
13	2018 第十届湖南茶业博览会	9 月 7—10 日	省级

续表 30

2018 年大型会展情况表

序号	会展名称	举办时间	举办级别
14	第三届贝熊 XX 杯购物狂欢节暨大型亲子运动会	9 月 13—16 日	国家级
15	第三届东盟·湖南名优产品交易会	9 月 20—24 日	国家级
16	第四届中国果业品牌大会·第二届中国（长沙）优质果品博览会·第二届全国果业扶贫大会暨贫困地区果品产销对接会	9 月 27—29 日	国家级
17	2018 湖南国际老年产业博览会	10 月 11—13 日	国家级
18	第十届中国（长沙）国际孕婴童产业博览会	10 月 26—29 日	国家级
19	第二十六届中国国际农产品交易会暨第二十届中国中部（湖南）农业博览会	11 月 1—5 日	国家级
20	2018 湖南（长沙）婚嫁文化产业博览会	12 月 7—9 日	省级
21	长株潭第三届孕婴童博览会	12 月 14—19 日	省级

说明：以上会展的承办单位均为长沙红星国际会展中心

表 31

2018 年星级宾馆一览表

序号	宾馆名称	星级	地址	联系电话
1	长沙神农大酒店管理有限公司	五星	芙蓉南路 298 号	15874817257
2	湖南五华酒店有限公司	四星	芙蓉南路 308 号	13787155004
3	湖南省大华宾馆	四星	劳动西路 528 号	13574119818
4	湖南金源阳光酒店有限公司	四星	芙蓉中路 465 号	13100318888
5	湖南金叶神农大酒店	三星	曙光中路 249 号	15200769930
6	湖南金赋大酒店	三星	芙蓉中路 641 号	13723881199
7	长沙市华宇酒店有限责任公司	三星	劳动中路 87 号	13755043808
8	长沙市天洋大酒店管理有限公司	三星	劳动中路 98 号	13787154910

表 32

城乡一体化城镇住户收支调查表

项目	单位	附加单位	2018 年	2017 年	增幅 %
调查户月数	户		1080	840	—
可支配收入	元	人	54522.33	50327.37	8.34
消费性支出	元	人	44948.10	42472.57	5.83
恩格尔系数	—	%	25.0	23.0	—
一、家庭总收入	元	人	59131.8	85223.50	-30.60
#可支配收入	元	人	54522.33	50327.37	8.34
工资性收入	元	人	28259.31	25615.81	10.32
经营净收入	元	人	8134.70	8376.87	-2.89
财产净收入	元	人	4812.78	4213.61	14.22
转移净收入	元	人	13315.54	12121.09	9.85

续表 32　　城乡一体化城镇住户收支调查

项目	单位	附加单位	2018 年	2017 年	增幅（%）
二、家庭人均总支出	元	人	64159.30	82238.00	-21.98
（一）消费性支出	元	人	44948.09	42472.57	5.83
1. 食品烟酒	元	人	11354.20	9649.70	17.66
2. 衣着	元	人	2734.03	2494.21	9.62
3. 居住	元	人	8502.89	8145.45	4.39
4. 生活用品及服务	元	人	5776.41	5933.26	-2.97
5. 交通和通讯	元	人	4086.60	4258.26	-4.03
6. 教育文化娱乐服务	元	人	8488.39	7915.86	7.23
7. 医疗保健	元	人	3158.17	3191.91	-1.06
8. 其它用品和服务	元	人	847.40	863.92	-1.91
（二）财产性支出	元	人	—	—	—
（三）转移性支出	元	人	3595.90	973.66	269.32
（四）购置资产及非经常性转移支出	元	人	9909.10	4386.64	125.89
（五）生产经营费用支出	元	人	—	—	—
（六）部分商业保险支出	元	人	444.10	210.52	110.95
（七）借贷性支出	元	人	4428.80	457.92	867.16
主要消费品拥有量					
1. 汽车	辆	百户	65.50	54.59	19.99
2. 助力车	辆	百户	16.40	33.97	-51.87
3. 洗衣机	台	百户	106.80	100.61	6.14
4. 电冰箱	台	百户	103.00	103.49	-0.52
5. 彩色电视机	台	百户	125.80	134.76	-6.65
6. 家用电脑	台	百户	120.00	110.25	8.80
7. 摄像机	架	百户	—	—	—
8. 微波炉	台	百户	63.90	70.31	-9.14
9. 空调器	台	百户	255.20	237.87	7.27
10. 淋浴热水器	台	百户	100.50	89.46	12.31
11. 消毒碗柜	台	百户	—	—	—
12. 健身器材	套	百户	17.10	14.55	17.36
13. 固定电话	部	百户	14.5	58.73	-75.23
14. 移动电话	部	百户	254.10	226.64	12.10
15. 接入互联网的移动电话	部	百户	237.90	212.39	12.01
16. 接入有线电视网络的电视机	台	百户	118.60	118.3	0.02
17. 接入互联网的计算机	台	百户	116.70	108.96	7.09
住房情况					
1. 家庭居住人口	人	户	3.00	3.03	-0.99
2. 现住房总建筑面积	平方米	人	40.40	40.13	0.67

附 录

强化党建引领 攻坚项目建设 奋力开创财富品质幸福雨花建设新局面

——在区委五届十六次全体(扩大)会议上的讲话

张 敏

(2018 年 12 月 15 日)

同志们：

这次会议的主要任务是：以习近平新时代中国特色社会主义思想为指导，深入贯彻落实党的十九大精神和中央、省委、市委决策部署，回顾总结2018年工作，安排部署2019年工作，动员全区上下统一思想、坚定信心，鼓足干劲、担当作为，奋力开创财富品质幸福雨花建设新局面。现在，我受区委常委会委托，向全会报告工作。

一、务实进取，砥砺奋进，2018年雨花各项事业在攻坚克难中阔步向前

2018 年，是改革开放 40 周年，是贯彻落实党的十九大精神的开局之年，也是大事要事、急事难事交织集中的特殊一年。一年来，区委常委会总揽全局、协调各方，忠诚履职、奋发作为，和全区广大干部群众一起，以强烈的担当精神推动经济、政治、文化、社会、生态文明建设和党的建设取得了新成效，主要做了九个方面的工作。

1. 深入学习贯彻落实习近平新时代中国特色社会主义思想和党的十九大精神。把学习贯彻落实习近平新时代中国特色社会主义思想和党的十九大精神作为首要政治任务，持续推进、兴起热潮。**在学懂上下功夫，**区委常委会带头学习，通过科级领导干部轮训、中青班、集中宣讲等，对 840 名科级干部、1.8 万名在职党员进行培训。**在弄通上下功夫，**开展“抓重点、补短板、强弱项”大调研，区委常委带头，围绕党的建设、乡村振兴、“一圈两场三道”等，形成一批高质量调研成果。**在做实上下功夫，**习近平总书记视察湖南后，区委结合实际，出台《坚持生态优先绿色发展在深入实施长江经济带发展战略中推动雨花高质量发展的实施方案》，推动各项工作落实见效。

2. 全力打好“三大攻坚战”。风险防控方面，严控政府债务风险，“停、缓、调、撤”政府投资项目 28 个。配合国家统计局执法检查。提前化解非法集资风险 7 起。推进反炒房攻坚战，房地产市场平稳健康发展。**污染防治方面，**打好“蓝天保卫战”、“碧水保卫战”。圭塘河流域综合治理井塘段开工建设；圭塘河水质连续 4 个月达Ⅲ、Ⅳ类水标准，黑臭水体整治通过生态环境部、住建部专项督查，治理经验获得推介。截至 12 月 13 日，全区空气优良天数同比增加 9 天。中央环保督察“回头看”和省环保督察问题整改成效明显，绿心地区 154 家工业企业全面实现退出。**脱贫攻坚方面，**突出精准帮扶，因户施策，跳马镇建档立卡贫困户除政策兜底外，其他全部实现脱贫，桑植县、龙山县等对口帮扶工作扎实推进。

3. 推动经济高质量发展。预计全年完成地区生产总值 1330 亿元(含长烟，下同)，增长 8.5%；完成一般公共预算收入 158.2 亿元，增长 7%，税收占比 86.27%，比区委换届前提升了 13 个百分点；固定资产投资增长10%。主要经济指标稳居中部省会城区前列，综合实力、工业经济、投资潜力分别跻身全国百强区第30位、19位、15位，全面小康连续5年保持全省一类地区第一，高质量发展实现良好开局。**发展动能加快转换**，围绕产业项目建设年，推进“五个10”工程，大族激光、晓光模具等重点项目进展顺利。比亚迪、长沙卷烟厂等重点企业态势良好。深耕“一主一特”产业链，新能源汽车及零部件产值增长37%，人工智能和机器人产值增长28%。高桥大市场“市场采购贸易方式试点”成功获批，服务业增加值占比达67%。**片区开发持续发力**，高铁会展新城、红星、雅塘等片区开发进展顺利，跳马镇纳入长沙南部新城战略规划，新城控股、绿地、步步高、苏商集团等抢滩入驻。**营商环境不断优化**，深化“最多跑一次”改革，推进网上办、就近办、减证办、帮代办。开展“千人帮千企百日大行动”，以“店小二”精神服务企业、解决问题。严打强揽工程、阻工闹事等违法犯罪行为，为企业提供优良发展环境。**乡村振兴稳步推进**，出台乡村振兴战略实施方案，完成农村集体产权制度改革试点任务，务实推进乡村“五治”，深入开展美丽乡村建设，喜雨村、石燕湖村等4个村成功创建市级示范村。

4. 全面推进改革开放。以纪念改革开放40周年为契机，有序推进10项重点改革事项和28项统筹实施改革事项，经济体制、司法体制、基层治理创新等方面改革取得显著成效。放大交通枢纽优势，主动融入“一带一路”、长江经济带、粤港澳大湾区建设，第十六届农交会暨第二十届农博会、全球农业南南合作高层论坛成功举办，“开放雨花、梦想直达”的区域形象深入人心。

5. 发展社会主义民主政治。落实地方党委工作条例，区人大常委会、区政协和“一府两院”党组按要求向区委常委会报告工作。支持区人大及其常委会、区政协主动依法履职，引导代表、委员积极参与项目建设、民生改善等工作，切实发挥作用。扎实推进统战工作，开展纪念“五一口号”发布70周年系列活动，多党合作事业再上新台阶。推出“双联双创”活动，积极做好民族宗教、侨务、港澳台海外代表人士和新社会阶层人士等工作。抓好工青妇等群团改革和老干工作。加强党对武装工作领导，实施军民融合，开辟党政军民同心协力新局面。

6. 加强宣传思想文化工作。把宣传思想文化工作牢牢抓在手上，唱响主旋律、凝聚正能量。开展区委理论中心组集体学习13次，开展微宣讲进基层和群众宣讲活动160余场。牢牢掌握意识形态工作领导权，坚守网络舆论阵地，健全网信工作机制，积极应对网上舆情，确保反应及时、行动快速、处置果断。大力培育和践行社会主义核心价值观，成功推评出一批中国好人、湖南好人和长沙好人。深入实施文化惠民工程，打造雨花非遗馆等文化名片，文化强区建设不断加快。

7. 切实改善民生和维护稳定。坚持以人民为中心的发展思想，从小事、实事和人民群众关心的事抓起，让雨花人民有更多幸福感、获得感、安全感。坚持将新增财力的80%以上用于民生。社会保险、社会福利、社会救助等全面推进。新建扩建学校及公办幼儿园12所，移交配套幼儿园52所，全面消除超大班额；全省首家区级健康教育馆投入使用，成功创建全国健康促进区。洞井路和曙光路雅塘村段等一批市政道路建成通车或即将通车。完成18个老旧社区提质改造和45个社区提质提档，“一圈两场三道”建设精准实施。智慧雨花调度中心完成建设，城市网格化管理、生活垃圾分类试点等取得实效。曙光垸大堤等防汛工程推进有力。加强党对政法工作的领导，突出基层治理，小区物业管理改革、110非警务事项分流处理等有效推广。强力推进扫黑除恶专项斗争，依法打击“黄赌毒”“盗抢骗”等各类违法犯罪，狠抓食品药品监管、安全生产和信访维稳等工作，社会大局保持和谐稳定。

8. 配合中央和省委巡视推动问题整改。积极配合做好中央和省委巡视工作，交出“政治体检”满意答卷。针对中央巡视组反馈意见，对标聚焦10个方面17大项问题，确保整改到位。省委巡视长沙以来，加快举报件和信访件办理，部署污染防治不担当不作为、利用领导干部职务影响力“提篮子”等专项整治行动，以实际成效体现对党绝对忠诚。

9. 纵深推进全面从严治党。落实新时代党的建设总要求，以永远在路上的执着和韧劲把全面从严治党引向深入。**把政治建设摆在首位**，落实党内政治生活若干准则、党内报告工作制度等，配合完成省委对区县市党政正职政治建设考察。出台《关于开展违反中央八项规定精神突出问题专项治理工作的实施细则》，开展违规收送红包礼金、“雁过拔毛”式腐败问题等整治。**选好用好管好干部**，践行新时代党的组织路线，坚持“好干部”标准，一大批政治可靠、作风优良、敢于担当的干部得到提拔或重用。坚持严管与厚爱并重，激励广大干部新时代新担当新作为，干事创业呈现风正劲足的良好局面。**推进城市基层党建年建设**，落实8项重点任务，党员教育管理监督有力，基层党组织战斗堡垒作用和党员先锋模范作用持续发挥。以党建引领基层治理，涌现了侯家塘街道、融城苑社区等一批“零上访、零事故、零发案”街道和社区。**深化党风廉政建设和反腐败斗争**，对17家单位进行巡察。把握运用监督执纪“四种形态”，做到早抓早小、防微杜渐。无禁区、全覆盖、零容忍查处腐败案件，2018年以来立案161件，党纪政纪处分153人，保持惩治腐败的高压态势。

在统筹推进各项工作的同时，区委常委会始终重视加强自身建设，旗帜鲜明讲政治，带头树牢“四个意识”、坚定“四个自信”，推动党中央和省委、市委决策部署全面落实。严肃党内政治生活，严守党的组织原则和议事规则，区委常委会工作更加科学化、制度化、规范化。

事非经过不知难。一年来，雨花之所以能够实现新变化、取得新成绩、迈上新台阶，得益于中央和省委、市委的坚强领导，是全区广大党员干部、老同志和人民群众同心协力、奋力拼搏的结果。在此，我谨代表区委常委会，向关心、支持和参与雨花改革发展的全区广大党员干部群众，表示衷心的感谢并致以崇高的敬意！

在总结工作的同时，区委常委会也分析了当前存在的不足。党建基层基础还需进一步夯实，转变作风仍需持续发力；产业转型和片区建设有待进一步提速，推进高质量发展面临较大压力；基层治理、城市建管、民生普惠、公共服务水平与人民日益增长的美好生活需要还有差距，持续提升群众满意度还需进一步努力，等等。对此，区委常委会将认真研究，切实加以解决。

二、精准研判，科学分析，切实增强“三个雨花”建设的使命感和紧迫感

时代总是成就拼博者、奋进者，摒弃观望者、徘徊者。2019年是新中国成立70周年，是决胜全面建成小康社会第一个百年奋斗目标的关键之年，也是“三个雨花”建设的攻坚之年。只有科学分析发展形势，广泛凝聚发展合力，才能牢牢把握建设“三个雨花”、推动高质量发展的主动权。

一方面，要积极应对复杂多变形势、抢抓发展机遇。当前，世界经济仍处于复苏过程中，但不确定因素在增加，单边主义和贸易保护主义抬头，增加了世界经济风险。国内经济保持了持续健康发展，但发展不平衡不充分问题仍然突出。从雨花来看，经济发展持续高位运行，产业转型、品质提升、生态保护等面临不少挑战。当然，我们更要看到，宏观经济长期向好的基本面没有变，国家宏观政策连续稳定，经济结构重大变革，经济韧性更强、活力更足。特别是“一带一路”、长江经济带等国家战略深入实施，省委持续推进创新引领、开放崛起，市委全面建设现代化长沙，将为我们提供更多政策红利和发展契机。大环境良好、小气候适宜，雨花必须抢抓机遇，加快发展。

另一方面，要牢牢把握高质量发展要求、提振发展信心。经济由高速增长阶段转向高质量发展阶段，是习近平新时代中国特色社会主义经济思想的核心要义。当前雨花正处于经济跨越转型、城市品质不断提升、基层治理向现代化迈进、生态建设不断加强的攻坚期。要在攻坚期实现突破、取得实效，就必须贯彻落实新发展理念，把握高质量发展要求，持续强化改革精神、创新思维、机遇意识，开拓进取，求真务实，蹄疾步稳，创造性落实党中央方针政策和工作部署，推动雨花“强身”与“壮骨”并进。

基于以上判断，区委确定2019年指导思想是：**以习近平新时代中国特色社会主义思想为指引，深入贯彻落实党的十九大精神和中央、省委、市委决策部署，坚持稳中求进工作总基调，坚持新发展理念，坚持推进高质量发展，坚持和加强党的全面领导，围绕“强化党建引领、攻坚项目建设”工作主题，致力于稳增长、促改革、调结构、惠民生、防风险，统一思想、坚定信心，鼓足干劲、担当作为，奋力开创财富品质幸福雨花建设新局面，以优异成绩庆祝中华人民共和国成立70周年。**

主要预期目标：地区生产总值增长8%以上；一般公共预算收入增长8%以上；固定资产投资增长10%以上；社会消费品零售总额增长10%以上；城镇居民人均可支配收入增长8%以上；城镇登记失业率控制在4%以内；节能减排等约束性指标全面完成。

区委提出上述目标，既是自加压力，更有实现可能，是一个稳中求进、突出高质量发展的目标。2017年以来，长沙迈入了“过万亿、再出发”的新征程，雨花作为中心城区，实现上述目标责无旁贷、理所应当。全区上下一定要把思想和行动统一到区委的工作部署上来，咬定目标、卯足干劲，担当作为、干出实绩。

做好2019年工作，要把握好五个方面。**一要夯实党建强引领。**坚持党对一切工作的领导，把政治建设摆在首位，以高质量的党建工作引领雨花高质量发展。**二要凝心聚力抓发展。**坚持发展第一要务，切实把全部心思和精力都汇聚到发展上来，心无旁骛办好雨花自己的事。**三要紧贴需求惠民生。**牢固树立需求导向，力求民生“供需”精准对接，集中抓好一批可复制、可推广、可持续的民生实事。**四要敢于担当破难题。**始终坚持问题导向，鼓励干部担当作为，让合力在实干中凝聚，让作风在攻坚中锤炼，让干部在奋斗中成长。**五要统筹协调保底线。**扭住关键重点、分清轻重缓急，统筹抓好引领性、基础性、重点性工作；继续打好“三大攻坚战”，坚决守住金融风险、生态环境、安全稳定等底线，切实营造平安和谐的发展环境。

三、凝心聚力，担当作为，奋力推动雨花各项事业再上新台阶

做好2019年的工作，要理清思路，紧盯重点，务实举措，以十分投入、百倍努力推动各项工作实现新突破。

1. 在产业发展上再上新水平。要以质量和效益为导向，构建现代化产业体系。**做大实体经济，**抢抓长株潭衡“中国制造2025”试点示范城市群建设契机，推进先进制造业与现代服务业深度融合，发挥园区主战场作用，壮大“一主一特”产业集群，推动“腾笼换鸟”，提升亩产效应和项目履约率，朝千亿级园区不断迈进。要做强以总部经济、楼宇经济为载体的现代金融、文化创意、健康养老等服务业，加快传统商贸业和物流业升级。要融合观光休闲、花卉园艺、家庭农庄等业态，让全域旅游全面升级。**加快项目推进，**科学铺排、务实举措，推动项目建设攻坚突破，稳步实施一批重点产业项目和重点基础设施建设项目，力争比亚迪新能源汽车整车扩产项目建成投产，实现普洛斯正式投入运营，加快湖南工业4.0创新中心、宝湾、万科物流等项目建设。**精准招商引资，**继续把招商引资作为经济工作的“一号工程”，在精准、舍得、执着上下功夫，发挥招商顾问作用，精准招商、以商招商，着力引进一批世界500强、国内100强、行业20强企业和项目，提高开放发展水平。**优化营商环境，**着眼政策梳理、执行与创新，充分释放政策红利，提振市场信心。推动“千人帮千企”工作常态化，加强政企沟通，切实帮助企业解决问题。纵深推进“最多跑一次”改革，优化项目审批流程，缩短审批周期。做实项目联点制度，点对点精准服务、精细服务。弘扬企业家精神，旗帜鲜明鼓励、支持、引导和保护民营经济发展。

2. 在片区攻坚上力求新突破。片区开发是深度挖掘发展潜力、全面拓展增长空间、整体提升城市品位的重要抓手，必须始终坚定不移，牢牢抓住不放。**加大征拆力度，**把握全市集体土地征拆政策全面实施的有利契机，深入推进阳光征拆模式，加快重点片区和项目征拆清零，确保拆得快、稳得住，政策刚性执行，力求群众满意。聚焦解决项目建设、村级发展等遗留问题，依法依规稳妥推进。**紧盯重点任务，高铁会展新城**要加强项目引进和服务，加快推进吾悦广场、绿地长沙城际空间站等建设，抓好片区管理，展示新城形象。**雅塘片区**要加大招商和建设力度，完成井塘段示范公园主体工程，致力打造城中村和棚户区改造示范。**红星片区**要启动天华拆迁建设，加快实施城市更新试点。**跳马片区**要抓住纳入长沙南部新城战略规划契机，在文旅特色小镇、民宿示范片区建设上取得突破。**开展比学赶超，**实施片区指挥部负责制，完善机制、强化考核，各重点片区通过比进度、赛成效，营造你追我赶、竞相发展的浓厚氛围。

3. 在城乡品质上打造新亮点。坚持功能优先、品质为本，继续下大力气、用真功夫抓规划、建设和管理，打造品质雨花新亮点。**提升建设品质，**不好高骛远、贪大求全，在尊重群众意愿、保留城市记忆的基础上，统筹城市的规划建设。要加强建设全过程监管，确保程序合规、质量优良。要防范和化解债务风险，科学精准铺排项目，杜绝“半拉子”工程。**深化精细管理，**推进城市管理网格化、精细化、智慧化、人性化，进一步将管理触角延伸到背街小巷，把建筑工地管理、围挡设置、摊担规范、渣土运输、施工作业等抓实抓好。**建设美丽乡村，**深入开展农村环境“五治”工作，强化农村建房规划管理，整治畜禽养殖污染，形成移风易俗新风尚。

4. 在民生普惠上彰显新成效。坚持尽力而为、量力而行，注重保基本、均衡性、普惠化，重点解决群众“急难愁盼”民生问题，不断提升群众的获得感、幸福感和安全感。**突出生态建设，**健全污染防治的监管、治理和问责机制。狠抓“蓝天保卫战”、“碧水保卫战”、净土保卫战，推动标本兼治。落实绿心地区建设项目准入制度，构建绿心保护长效机制，留住更多好山好水。**聚力脱贫攻坚，**紧盯产业扶贫、就业扶贫等举措，统筹抓好扶贫扶志扶智，实现高质量脱贫、可持续脱贫，确保经得起历史、实践和人民的检验。深化农村集体产权制度改革，依托花卉苗木产业转型，探索合作社新模式，引导村级集体经济发展壮大。**坚持共建共享，**推进社保兜底、就业托底。科学铺排“一圈两场三道”建设，加快教育文化、健康养老、住房保障均衡发展。扎实做好退役军人服务工作。推进全面深化改革各项工作，着力破解社会最关注、群众最期盼、制约发展最突出的顽疾。持续打好反炒房攻坚战，保持房地产市场平稳。**确保安全稳定，**持续加强法治雨花、平安雨花建设，完善社会治安防控体系，深入开展扫黑除恶专项斗争，打击违法犯罪行为，提高社会治理水平。狠抓信访维稳、应急管理、食品药品安全等工作，切实维护大局稳定。

四、持之以恒，从严从实，持续推进全面从严治党向纵深发展向基层延伸

严格落实全面从严治党各项要求，不断提升执政能力和领导水平，为雨花各项事业发展提供坚强政治保障。

1. 始终突出政治建设。把准政治方向，开展“不忘初心、牢记使命”主题教育，树牢“四个意识”、坚定“四个自信”，做到党中央提倡的坚决响应，党中央决定的坚决照办，党中央禁止的坚决杜绝，用实际行动维护党中央定于一尊、一锤定音的权威。**提高政治能力，**深入学习习近平新时代中国特色社会主义思想，在学习中寻方法、找答案，破难题、推工作，加大干部教育培训力度，切实增强把握方向、驾驭全局、应对挑战、防范风险等能力。**强化政治引领，**坚持用党的创新理论武装头脑，落实意识形态工作责任制，科学做好舆情应对工作，推进县级融媒体中心和新时代文明实践中心建设，守正创新，推动宣传思想工作不断强起来。加强党对统战、武装、群团、老干等工作的领导，营造和衷共济、心齐气顺的发展局面。

2. 稳妥推进机构改革。推进地方机构改革是一项重大政治任务。全区各级党组织**必须提高政治站位，**坚决落实中央和省委、市委要求，把握时间节点，坚定不移抓实抓好。**必须稳步推动实施，**各部门要各司其职、通力协作，推动改革任务落实。新机构组建之前，原有机构及干部要积极履职，确保不出现“空档期”。**必须严肃工作纪律，**严格执行政治纪律、组织纪律、机构编制纪律、干部人事纪律、财经纪律和保密纪律，确保改革期间思想不乱、工作不断、队伍不散、干劲不减。

3. 全面夯实基层基础。加强党的组织体系建设，抓基础、促提升。**提升组织力，**突出政治功能，严把政治标准，把基层党组织建设成为宣传党的主张、贯彻党的决定、领导基层治理、团结动员群众、推动改革发展的坚强战斗堡垒。**确保覆盖面，**紧盯城市基层党建工作，深化党支部“五化”建设，抓好小区党建、商圈党建、楼宇党建、企业党建等，确保改革发展稳定工作推进到哪里，党的组织和党的工作就覆盖到哪里。**突出引领性，**注重结合，在“三大攻坚战”、产业链建设、综治维稳等工作中发挥党建引领作用，彰显党建工作实效。

4. 切实锤炼过硬队伍。抓好干部培育、选拔、管理、使用工作，建设忠诚干净担当的高素质干部队伍。**严格政治标准，**把政治标准放在干部选任“第一位”，注重政治考察，选出政治上过得硬、靠得住的干部。**坚持事业为上，**加强干部交流和竞争上岗，增强干部事业心，提振队伍精气神，使更多真心为民、干事创业、业绩突出的干部脱颖而出、成长成才。**注重严管厚爱，**对干部进行全方位管理和监督。完善干部考核评价机制。建立健全容错纠错、澄清保护等机制，旗帜鲜明为敢于担当的干部撑腰鼓劲。**培养年轻干部，**把优秀年轻干部放到吃劲岗位、艰苦岗位上，让他们积累经验、增长才干，使全区干部队伍结构更加合理、焕发生机活力。

5. 提升监督执纪实效。认真落实党风廉政建设责任制，强化“一岗双责”，将“严”字长期坚持下去。**持续转变作风，**贯彻落实中央八项规定实施细则，紧盯不敬畏、不在乎、喊口号、装样子的问题，坚决破除形式主义、官僚主义，决不让“四风”问题反弹回潮。**高悬反腐利剑，**开展中央、省委巡视问题“回头看”，巩固整治成果，扎实推进巡察工作。重遏制、强高压、长震慑，构筑源头预防腐败体制机制。**确保常态长效，**加强和规范党内政治生活，以良好党风带动政风民风。全区党员领导干部要带头遵守党纪国法，带头改进工作作风，以身作则，示范带动，营造雨花山清水秀的政治生态。

同志们，欣逢伟大时代，展望前进道路，植根雨花人民，我们推进全区各项事业发展，既有坚实基础，又有广阔舞台，更有力量支撑。让我们高举习近平新时代中国特色社会主义思想伟大旗帜，在党中央和省委、市委的坚强领导下，统一思想、坚定信心，鼓足干劲、担当作为，奋力开创财富品质幸福雨花建设新局面，以优异成绩庆祝中华人民共和国成立70周年。

长沙市雨花区人民代表大会常务委员会工作报告

——在长沙市雨花区第五届人民代表大会第三次会议上

区人大常委会主任　龚景顺

（2018年12月27日）

各位代表：

我受区五届人大常委会委托，向大会报告工作，请予审议。

2018年的主要工作

2018年，是改革开放40周年，是全面贯彻落实党的十九大精神的开局之年。区人大常委会立足于中国特色社会主义新时代这个大背景，认真学习贯彻党的十九大精神和习近平新时代中国特色社会主义思想，依法履职，探索创新，紧紧围绕区委决策部署开展工作，圆满完成了区五届人大二次会议确定的目标任务。全年共召开常委会议10次、主任会议16次，听取审议专项工作报告10项，作出决议决定11项，开展专项工作评议1次、专题询问1次，组织视察和调研13次，开创了区人大常委会工作新局面，为加快推进财富品质幸福雨花建设作出了新贡献。

一、这一年，我们紧扣重点，督政行权彰显新作为

常委会坚持党的领导、坚持以人民为中心、坚持问题导向，紧扣重点，有力行使宪法赋予的监督权、决定权、任免权，推动了全区经济社会持续发展、民主法治不断进步、民生事业有效改善。

1. 经济工作监督不断加强。坚决贯彻中央、省委、市委关于经济工作的决策部署，有效落实区委提出的“项目大攻坚、管理大提质”工作主题，着力推动区域经济高质量发展。将经济工作监督的重点放在监督支持政府铺排的项目上，开展“项目推进雨花行”活动，推动东方红小学如期拆迁建设，圭塘路四标项目完成提质改造；组织代表调研视察高铁会展新城片区征拆招商及项目建设等3个重点项目，助力解决项目实施中的问题和困难；主任会议成员及部分委室负责人参与10多个项目建设，为“项目大攻坚”贡献人大智慧和力量。听取区税收收入和征管工作情况汇报，督促提高财政收入质量。听取区商务和旅游工作情况汇报，考察区电商物流园、新城控股吾悦广场等4个项目，支持招商工作招大引强选优，服务高质量发展。听取区经济和信息化工作汇报，调研湖南联盛网络科技股份有限公司等3家企业，督促区人民政府支持推动企业自主创新、搭建企业孵化平台、提升服务水平和管理实效。听取全区2018年1—6月政府性债务及平台公司债务资金情况和2018年防范化解政府债务风险工作汇报，督促区人民政府健全管理机制，主动防范化解债务风险。

2. 预算审查监督更加深入。预算审查监督是《中华人民共和国宪法》《中华人民共和国预算法》《中华人民共和国监督法》赋予常委会的重要职责。常委会健全工作机制，推动预算审查监督工作向深度和广度拓展。完善全口径预算监督体系，将一般公共预算、政府性基金预算、国有资本经营预算、社会保障基金预算全部纳入审查监督范围。建立全流程预算审查工作机制，严把预算审查“四大关口”：邀请部分区人大代表、预算审查代表小组成员和预算审查专家库成员，提前介入、深度参与预算编制工作，严把预算编制“初审关”；听取审议预算执行和审计工作等报告，严把预算执行“监督关”；听取审议预算调整情况报告，严把预算调整“批准关”；听取审议批准决算报告，严把预算审批“结算关”。深入推进审计监督工作，督促政府完善管理机制和通报制度，听取审议区人民政府关于2017年度审计查出问题整改情况报告和审计查出问题的11个责任单位69个问题整改情况报告，并进行满意度测评，确保审计查出问题有效整改。创新开展预算联网监督工作，在全市区（县）率先建成并正式开通集查询、预警、分析、服务为一体的财政预算联网监督系统，实现人大对政府全口径预算由事前事后监督转变为实时在线全程监督，提升了预算审查监督的及时性、针对性、有效性。

3. 民生工作监督持续发力。常委会始终把推进解决人民群众最关心、最直接、最现实的利益问题，作为依法履职的出发点和落脚点。落实中央、省委、市委、区委关于精准扶贫工作部署，加大对雨花区对口扶贫地区及跳马镇精准扶贫工作的监督支持力度，开展“民族团结进步行暨精准扶贫桑植行”活动，组织部分人大代表捐赠资金52.3万元、护林服200件，送去扶贫项目1个；督促区人社局为跳马镇举办精准扶贫专场招聘会3场、培训农民工920人，将1078名建档立卡贫困人员全部纳入城乡居民医疗保险和大病保险范围。开展城市黑臭水治理及圭塘河流域治污、跳马镇绿心地区保护和工业企业有序退出、建安行业及项目工地降尘治噪工作调研，督促推进以“蓝天保卫战”为重点的环境保护工作。针对去年特大汛情所暴露出防汛救灾工作的不足，回应群众重大关切，开展防汛救灾工作专题询问，向区人民政府及其12个区直部门和有关单位提出18个问题，并督促基本整改到位。基层医疗卫生工作事关民生福祉。在走访医疗单位86家、发放调查问卷3920张、调查3个月的基础上，召开基层医疗卫生专项工作评议大会，提出加大财政投入、落实配套政策、创新优化管理等3大建议，对区卫计局、财政局等8个单位开展了满意度测评，推动解决我区基层医疗卫生工作存在的薄弱环节和问题。持续开展“三湘农产品质量安全行”“三湘环保世纪行”“三湘农民健康行”“三湘民族团结进步行”等活动，保障群众生命健康，推动农业农村发展，维护民族大团结。

4. 法治工作监督成效显著。落实全面依法治国战略，营造严格执法、公正司法、全民守法的法治环境。在推进“司法公正长沙　雨花行”活动中，主任会议成员深入区人民法院，听取关于推进“基本解决执行难”及立案、信访工作汇报，督促区人民法院加大对解决执行难工作的探索和创新力度；深入区人民检察院，听取关于检察机关恢复重建40周年暨司法改革工作情况汇报，支持深入推进司法改革。推进社会治理体系和治理能力建设，主任会议成员听取关于扫黑除恶专项斗争进展情况、防范和打击非法集资类案件情况汇报，推动扫黑除恶专项斗争取得阶段性成效，有效防范区域性金融风险。配合市人大对《公共文化保障法》等3部法律的实施情况开展执法检查，完成对《长沙市养犬管理条例（草案）》等2部条例的征求意见活动，推动立良法、促善治。对区人民政府报备的8件规范性文件进行备案审查，维护了国家法制的统一。受理信访案件25件，全部依法按政策转办、交办和督办，保障了群众的合法权益。

5. 重大事项依法审议决定。重大事项决定权，是区人大常委会重要的职权。一年来，根据区委的重大决策部署、“一府一委两院”的工作需要和人民群众的关切，共作出决议决定11项。特别是执行难，是长期制约人民法院工作发展的老大难问题。常委会在调研区人民法院执行难工作的基础上，作出《长沙市雨花区人民代表大会常务委员会关于进一步监督支持人民法院解决执行难工作的决议》，明确提出要充分认识执行难的重要性，着力健全监督协调机制，严格履行法院主办职责，增强部门工作合力，形成“党委领导、人大监督、政府支持、政法委协调、法院主办、部门配合、社会各界参与”的工作格局，为解决执行难问题提供坚强的法治保障。

6. 人事任免工作严谨有序。常委会始终坚持党管干部和人大依法任免干部相统一的原则，在严把拟任命人员任前法律考试、任前调查、任前陈词、颁发任命书、向宪法宣誓等法定程序的基础上，完善人事任免程序，增加奏唱国歌仪式，确保程序更完善、任免更规范。全年共接受市、区人大代表辞职10人、自行终止代表资格5人、补选14人，任命国家机关工作人员32人、免职34人。

二、这一年，我们突出主体，代表工作呈现新面貌

人大工作的主体是代表，人大工作的开展靠代表，人大工作的活力来源于代表。常委会强化服务保障，扎实开展代表活动，认真督办代表建议，引领代表努力为人民掌好权、履好职、服好务。

1. 代表管理更加严格。落实代表履职档案工作，完善代表述职、代表履职登记办法和考勤考绩等制度，实现代表管理科学化、制度化、规范化。常委会创新作为，把代表述职拓展到我区选举产生的市人大代表，首次组织10名市人大代表雨花联组代表向区人大常委会述职，开展评议和满意度测评，增强了市人大代表对原选举单位的关注度和履职责任感。继续开展区人大代表向选民述职，组织64名区人大代表向原选区选民述职并开展民主评议，增强了人大代表的代表意识、履职意识、接受监督意识。

2、代表活动更加丰富。常委会注重抓实闭会期间代表活动，激发了代表履职的积极性、主动性。规范全区代表活动室和社区代表联络站建设，实现13个街镇人大代表活动室的全覆盖。运用线上线下履职平台，结合群众工作日，扎实推进“双联”活动，保障引领代表更好地为群众办好事、办实事、解难事。扩大代表对常委会工作的参与，全年共邀请代表列席常委会议35人次，参加防汛救灾专题询问、基层医疗卫生工作评议、长沙南部城市规划修编征求意见座谈、贯彻落实《人防法》情况调研等活动205人次。开展市代表联组活动4次；组织市、区两级人大代表分别听取市、区“一府两院”上半年政情通报，共交办审议意见171件，保障了代表的知情权、监督权、建议权。围绕扶贫帮困、生态环境、医疗、教育等主题，指导各代表小组开展代表活动96次，践行了“人民选我当代表、我当代表为人民”的庄严承诺。

3、代表建议更加务实。组织指导市人大代表雨花联组代表向市人大提出高质量的建议，其中罗跃等7名代表提出的5个建议，被评为长沙市人大代表优秀建议。创新建立代表建议网上办理平台，完善“牵头领办、重点交办、跟踪查办、全面督办”工作机制，区五届人大二次会议期间和闭会期间代表提出的102件议案、建议都已办理完毕，一批人民群众反映强烈的热点难点问题得到有效解决。如229路公交车延伸至航空职业技术学院；劳动路美林景园段人行地下通道完成提质改造；区人民政府出台《关于明确三局维护作业边界有关事项的补充通知》，为社区拨付维护作业经费514万元，并将该维护经费纳入今后年度财政预算；推动社区提质改造45个，督促建立区、街镇、社区三级物业监管机制，完善了住宅小区“四方联动”服务机制。

三、这一年，我们规范管理，自身建设展现新气象

打铁必须自身硬。常委会始终贯彻落实全面从严治党方针，注重思想建设、能力建设、作风建设并举，打造了一支政治过硬、业务精湛、作风优良的人大干部队伍。

1.思想武装进一步强化。制定《区人大常委会党组理论学习中心组学习重点内容安排》，开展集体学习研讨活动5次，用习近平新时代中国特色社会主义思想武装头脑、指导实践、推动工作。以“两学一做”学习教育制度化常态化为抓手，开展“不忘初心、牢记使命”主题教育活动，严肃党内政治生活，切实规范和落实领导干部双重组织生活制度，组织学习活动8次、主题党日活动12次。扎实开展民主生活会、组织生活会，从学习贯彻习近平新时代中国特色社会主义思想等“六个方面”对标对表，认真开展批评与自我批评，增强政治意识、大局意识、核心意识、看齐意识。

2.履职能力进一步提升。为适应新时代人大工作新要求，组织人大代表和人大工作者共62人，到四川大学开展为期一周的“民主法制建设”履职学习，提升人大代表和人大工作者的履职能力。以《中华人民共和国宪法》《中华人民共和国监察法》《关于人大预算审查监督重点向支出预算和政策拓展的指导意见》等法律文件为重点，组织常委会组成人员集体学习2次，增强常委会组成人员的审议决策能力。注重对上联系和对外交流，参加省、市人大常委会举办的学习培训2次，赴杭州等地开展学习考察活动7次，完成江苏省扬州市邗江区人大等9批次来我区的学习交流活动，在互学互鉴中提升常委会的履职能力。

3.作风建设进一步抓实。制定《区人大常委会党组关于进一步加强自身建设的意见》，从坚持党的领导、坚持民主集中制等5个方面作出明确规定，强化党组的领导责任。组织机关干部学习传达了《中国共产党章程》《中央八项规定实施细则》等党纪党规新要求，重申会议、接待、财务等机关制度，开展办公用房清理、禁止领导干部“提篮子”等4个专项整治，用制度管权管人管事。到左家塘街道湖橡社区开展“民情大走访、实事大联办”活动，结对帮扶群众28户，为社区解决资金10万元。召开街镇人大工作联系会议4次，邀请街镇人大负责人列席常委会议，参加学习、视察、调研等活动，提升街镇人大工作整体水平。注重人大工作研究和宣传，理论文章《深入学习贯彻宪法　开创依法治区工作新局面》获2018年度全省人大系统征文二等奖；在区人大常委会门户网站等媒体杂志上刊发信息180余篇。

各位代表！区人大常委会2018年工作取得的良好成绩，得益于区委的正确领导，得益于全体区人大代表和人大工作者的辛勤努力，得益于“一府一委两院”的密切配合，得益于全区人民和社会各界的关心支持。在此，我谨代表区人大常委会，向大家表示衷心的感谢和崇高的敬意！

区人大常委会2018年工作虽然取得了长足进步，但与新时代的要求、与人民群众的期待还有不少差距，比如监督实效有待进一步增强，代表履职服务保障水平有待进一步提高，自身建设有待进一步抓实，等等。我们将虚心听取意见建议，自觉接受监督，认真加以改进。

2019年的主要任务

2019年，是新中国成立70周年，是决胜全面建成小康社会第一个百年奋斗目标的关键之年。区人大常委会工作的总体思路是：高举习近平新时代中国特色社会主义思想伟大旗帜，深入学习贯彻党的十九大精神，以雨花人大工作高质量发展为主线，坚持党的领导、人民当家作主、依法治国有机统一，建设始终坚持党的领导的政治机关，建设全面担负起宪法法律赋予的各项职责的工作机关，建设同人民群众保持密切联系的代表机关，建设让党中央放心、让人民群众满意的模范机关，为开创财富品质幸福雨花建设新局面提供法治保障。

一、坚持提高站位，建设始终坚持党的领导的政治机关

人大及其常委会是党领导下的重要政治机关。要始终坚持党的领导、人民当家作主、依法治国的真正打通、有机统一，为高质量做好人大工作提供坚强的政治保障。

1.全面坚持党的领导。坚持党的领导，是做好新时代人大工作的根本保障。要牢固树立“四个意识”，坚决维护习近平总书记党中央的核心、全党的核心地位，坚决维护党中央权威和集中统一领导。深入贯彻习近平总书记对湖南工作的重要指示精神，围绕省委确立的建设富饶美丽幸福新湖南、市委提出的全面建设现代化长沙的战略部署，发挥省会城市应有的担当。紧扣区委确立的“强化党建引领、攻坚项目建设”工作主题，依法行使监督权、决定权、任免权，努力把区委部署的任务做出成效，把监督议题抓出质量，把中心工作干出水平。

2.全面保障人民民主。宪法确立的人民代表大会制度，是人民行使当家作主权利的根本途径和最高实现形式。要深入学习贯彻习近平总书记关于人民代表大会制度的重要思想，推动新时代人大制度和人大工作完善发展，把国家和民族的前途命运牢牢掌握在人民手中。贯彻以人民为中心的发展思想，推动高质量发展，办好民生实事，满足人民美好生活新期待。组织人大代表列席常委会议，邀请市民旁听常委会议，多渠道广泛听取群众的意见建议，不断满足群众对公平正义的追求、对和谐稳定的期盼、对良好规则的向往。

3.全面坚持依法治国。党的十九大报告指出，要深化依法治国实践。宪法是我国的根本大法，是治国安邦的总章程。全面坚持依法治国，首先要坚持依宪治国。要以学习宣传贯彻宪法修正案为契机，运用法律思维、法治方式、法治武器推进人大工作，用群众喜闻乐见的形式，深入开展普法宣传教育，营造尊法、学法、守法、用法的法治氛围，做宪法的尊崇者、遵守者、捍卫者，在依法治区工作中更好发挥人大职能作用。监督支持“一府一委两院”依法行政、依法监察、公正司法，保障宪法和法律在我区的有效实施。

二、坚持增强实效，建设全面担负起宪法法律赋予的各项职责的工作机关

以党的十九大报告提出的“使各级人大及其常委会成为全面担负起宪法法律赋予的各项职责的工作机关”

新定位，紧扣党委重大决策部署、紧扣人民群众重大关切、紧扣厉行法治，开展正确监督、有效监督，为高质量做好人大工作提供根本路径。

1. 围绕高质量发展强化监督。将高质量发展作为监督的主攻方向，以“项目推进雨花行”为抓手，加强对雅塘、跳马等重点片区产业布局、项目建设和配套功能的监督。听取审议区人民政府关于实施乡村振兴战略工作情况报告，统筹推动城乡协调发展。建立政府向人大常委会报告国有资产管理情况的制度，督促进一步完善国有资产监管体系，理顺国有资产监管机制。全面落实《关于人大预算审查监督重点向支出预算和政策拓展的指导意见》，听取防控化解政府性债务风险工作情况汇报，听取审议区本级财政预决算、预算调整、审计查出问题整改、政府国有资产管理情况等报告，加强对公共项目资金、政府重大投资项目和政府债务的监督，实现人大对政府预算审查监督的重点转向，确保预算支出符合上级政策、保障区域发展、体现人民意志。落实《长沙市人大常委会关于推进预算联网监督工作实施方案》，进一步完善财政预算联网监督系统功能，提高预算监督水平，打造“透明钱柜”“阳光财政”。

2. 围绕民生改善推进监督。人民群众对美好生活的向往，就是我们的奋斗目标。把脱贫攻坚作为重大政治任务、首要民生工程和头等大事来抓，督促政府高质量开展雨花区对口扶贫地区及跳马镇的精准扶贫工作，坚决打赢脱贫攻坚战。听取关于全区生态环境保护、“最多跑一次”改革、棚改、物业管理、民政救灾救济等工作情况报告，监督农村集体产权制度改革，支持区人社局开展创新创业就业工作，开展教育工作专项评议，督查防汛救灾专题询问、基层医疗卫生专项工作评议整改的全面落实情况，督促支持政府在生态环境、公共服务、民生实事等重点领域强弱项、补短板、惠民生，增强人民群众的获得感、幸福感、安全感。开展农民“两安”工作专题询问，加快推进失地农民的生产、生活安置相关问题的解决。深入开展“三湘农产品质量安全行”“三湘环保世纪行”“三湘民族团结进步行”活动，保障改善民生，维护民族团结。

3. 围绕厉行法治深化监督。配合上级人大开展执法检查，更好保障法律法规在我区的正确有效实施。加大司法监督力度，听取区人民检察院关于民事行政检察工作和区人民法院关于“基本解决执行难”工作攻坚情况汇报，推进公正司法，维护国家和人民利益。听取“谁执法谁普法”责任制落实情况的报告，推进普法工作责任落实。组织“司法公正长沙·雨花行”组委会成员单位，开展“基本解决执行难”主题交流，建立涉农共性案件审前会商机制，赴浙江诸暨学习枫桥经验，提升基层社会治理体系和治理能力。办理好涉法涉诉信访案件，切实维护当事人合法权益。加强规范性文件备案审查工作，做到有件必备、有备必审、有错必纠。

三、坚持人民至上，建设同人民群众保持密切联系的代表机关

紧扣党的十九大报告提出的“使各级人大及其常委会成为同人民群众保持密切联系的代表机关”新定位，更加注重尊重代表主体地位、提升代表素质能力、发挥代表履职作用，为高质量做好人大工作提供动力源泉。

1. 抓学习提素质。把代表履职学习作为代表工作的基础性工程，在改进代表履职学习的对象、方式、内容上下功夫。在对象上，更加重视基层代表的学习，实现本届内人大代表履职学习的全覆盖；在方式上，实施走出去战略，组织代表开展形式多样的学习活动，进一步开阔代表视野、提升代表履职水平；在内容上，以提升代表思想政治作风能力建设为目标，重点学习习近平新时代中国特色社会主义思想、推动地方经济高质量发展、撰写高质量的建议议案等课程，引导代表作讲政治的表率、守法纪的表率、为人民的表率。

2. 抓服务强履职。深入开展“双联”活动，定期组织代表接待走访选民活动，开展好每月一次的主任接待代表日工作，密切常委会组成人员与代表、代表与群众的联系。落实《长沙市人大常委会联工委关于进一步规范人大代表活动室建设的意见》，加强活动室平台的建设、运行和管理，打造成为学习的场所、履职交流的场所、服务选民的场所。继续开展代表向选民述职活动，有序组织区人大代表向选民述职并接受评议，继续组织市人大代表雨花联组代表在区人大常委会上进行述职评议。组织代表列席常委会议，参加调研、执法检查、工作评议、专题询问、政情通报会、法院庭审等活动，做好驻区省、市代表联络服务工作。开展优秀代表、优秀人大工作者、优秀建议、优秀议案等评比活动，提升代表履职积极性。

3. 抓督办显作为。组织召开代表建议交办会，及时将代表建议转交“一府一委两院”及有关部门办理。组织代表集中视察议案建议办理情况，听取审议区人民政府关于代表议案、建议、批评和意见办理工作情况的汇报，加大跟踪督办力度，使建议办理过程成为地方国家机关密切联系群众的过程、接受监督的过程、改进工作的过程，以人民的名义办理好每一件代表建议。创新代表建议跨年度滚动办理机制，不因年度变更、负责人变动影响办理效果，提高代表建议办理的最终落实率。深入开展代表建议办理绩效评估，提升代表建议办理水平。探索开展民生实事项目人大代表“票决制”，实现“百姓的事情，百姓作主”。

四、坚持全面从严治党，建设让党中央放心、让人民群众满意的模范机关

贯彻落实习近平总书记提出的“建设让党中央放心、让人民满意的模范机关”新要求，从严从实强化自身建设，内抓管理、外树形象，为高质量做好人大工作提供组织保障。

1. 打造政治过硬的模范机关。坚持以政治建设为统领，始终高举习近平新时代中国特色社会主义思想这面光辉旗帜，始终坚持中国特色社会主义这个政治发展道路，始终坚持党的领导这个政治原则。围绕中央、省委、市委、区委战略部署，安排年度工作计划，将坚持党的领导贯穿到人大工作各方面、全过程。坚持请示报告制度，重大活动、重要工作、重大事项及时向区委汇报，赢得区委的重视支持。加强常委会党组建设，充分发挥

党组的领导作用，牢牢把握人大工作正确的政治方向。加强机关党建工作，开展富有政治性、时代性、创新性的主题活动，用党建引领人大依法高效履职。切实落实全面从严治党和党风廉政建设主体责任，营造风清气正的政治生态。

2. 打造能力过硬的模范机关。学深悟透笃行习近平新时代中国特色社会主义思想，深入学习人大制度基本理论、宪法法律、各方面履职知识，培养专业作风，倡导专业精神。健全完善组织制度、工作制度、会议制度，探索建立代表约见制度、跟踪督办制度。贯彻《关于进一步激励广大干部新时代新担当新作为的意见》，树立重实干、重实绩的鲜明导向，营造爱岗敬业、团结协作、创先争优的干事氛围。健全上下人大联动机制，加强与上级人大的联系沟通，通过组织街镇人大负责人到外地学习、交流工作经验等形式，推动街镇人大工作高质量发展。运用好人大门户网、微信公众号、代表QQ群，充分发挥举旗帜、聚民心、展形象的作用。

3. 打造作风过硬的模范机关。大兴密切联系群众之风，始终把群众呼声作为第一信号、把群众需要作为第一选择、把群众满意作为第一标准，将群众所盼所思所想，融入到制度设计、依法履职中，始终与人民群众面对面、心连心。大兴调查研究之风，深入基层、深入群众、深入矛盾焦点处开展调查研究，在落实党委工作重点，解决“一府一委两院”工作难点，回应群众关注的热点上彰显人大作为。大兴遵纪守法之风，认真遵守《中央八项规定实施细则》，严格遵守新修订的《中国共产党章程》《中国共产党纪律处分条例》，模范遵守宪法法律，打造政治过硬、业务过硬、作风过硬的人大干部队伍。

各位代表！新思想引领新征程，新作为成就新伟业。让我们紧密团结在以习近平总书记为核心的党中央周围，在区委的坚强领导下，不忘初心、依法履职、砥砺前行，不断推动我区人大工作高质量发展，在建设财富品质幸福雨花新征程中做出新的更大贡献！

政府工作报告

——在长沙市雨花区第五届人民代表大会第三次会议上

刘素月

（2018年12月26日）

各位代表：

现在，我代表区人民政府向大会报告工作，请予审议，并请各位政协委员和其他列席人员提出意见。

一、2018年工作回顾

2018年，是贯彻落实党的十九大精神的开局之年，是改革开放40周年，也是大事要事、急事难事交织集中的特殊一年。一年来，在市委、市政府和区委的坚强领导下，在区人大、区政协的监督支持下，我们坚持以习近平新时代中国特色社会主义思想为指导，深入贯彻落实党的十九大精神，牢牢把握稳中求进工作总基调，紧扣“项目大攻坚、管理大提质”工作主题，攻坚克难，砥砺奋进，主动接受了中央和省委巡视“政治体检”，全面完成了中央环保督察“回头看”和省级环保督察问题整改，扎实推进了三大攻坚战，实现了跳马绿心地区工业企业全部退出，成功举办了第十六届农交会暨第二十届农博会、全球农业南南合作高层论坛三大盛会，成功获批了市场采购贸易方式试点。通过全区上下共同努力，较好完成了区五届人大二次会议确定的各项目标任务，开创了“三个雨花”建设的崭新局面。

（一）综合实力稳步提升。全年完成地区生产总值1330亿元（含长烟，预计数，下同），增长8.5%。完成一般公共预算收入158.2亿元，增长7%；全口径税收达136.5亿元，增长11%，税收占比86.27%，较去年提升3.3个百分点，非税下降14%。固定资产投资增长10%。实现社会消费品零售总额778亿元，增长9%。城镇居民人均可支配收入达54360元，增长8%。主要指标稳居中部省会城区前列，综合实力、工业实力、投资潜力分别位居全国百强区第30位、第19位、第15位，排名全省第一；全面小康连续5年保持全省一类地区第一。

（二）产业升级步伐加快。以“产业项目建设年”为抓手，认真抓好“五个100”项目，全年完成重大项目投资260亿元，为年度计划的130%。雨花经开区“一主一特”产业链建设加快推进，比亚迪乘用车改扩建项目改建工程基本完工，晓光新能源汽车车身装备及零配件智能制造工厂达产放量，新能源汽车及零配件产业实现产值302亿元，增长37%。大族激光智能制造基地建成投产，中南智能开业运营，人工智能及机器人企业增至190家，实现产值87亿元，增长28%。现代服务业加快发展，规模以上服务业单位增至280家，服务业增加值占GDP比重达67.7%。“1+2+1”产业扶植政策落地见效，兑现扶植奖励7238万元，帮助企业争取国家、省市扶植奖励补贴6亿余元。出台企业上市扶植政策，助推企业上市。完善楼宇经济扶植政策，楼宇去库存达36.85万平方米。

（三）重点片区取得进展。纵深推进高铁会展新城项目拆迁扫尾，合丰两安商业地、合丰合作开发地、红旗路立交、黎托南路等一批重点项目实现清零；新城控股吾悦广场、绿地长沙城际空间站等启动建设。红星片区城市设计和控规修编取得阶段性成果，社会资本招标、征拆前期工作有序推进，城投9号地成功出让。圭塘河井塘段城市双修及海绵示范公园开工建设，生态景观区二期、三期工程全面竣工。雅塘片区洞井路、曙光路即将建成通车，雅塘冲路、车站南路启动建设，中城苑保障住房一区基本建成，雅塘村社区棚改项目完成拆迁腾地，石马公墓、回民公墓全部实现外迁，石马文化公园启动建设，东方红小学主体完工。跳马片区全面落实乡村振兴战略，成功纳入长沙南部片区战略规划，全面完成全国农村集体产权制度改革试点。以全域旅游为统揽，建设美丽乡村，稳步推进“五治”，喜雨村、石燕湖村等4个村创建市级美丽乡村示范村。社会资本参与精品民宿建设来势良好，天石山庄民宿正式营业。浏阳河曙光垸大堤整治工程有序推进。电商物流园项目建设成效初显，新平路、柳树塘路、侯照北路建成通车，牛角冲路、侯照南路、侯家冲路基本建成。普洛斯、红星全球采购中心项目一期基本建成，宝湾、万科物流项目开工建设。

（四）开放创新不断深入。市场采购贸易方式试点正式获批。成功举办第十六届农交会暨第二十届农博会、全球农业南南合作高层论坛，国际国内影响日益扩大。引进航天科技、西门子工业4.0创新中心、新城控股、绿地集团、苏商集团、万科泊寓、步步高、大族激光等500强项目8个。新增市场主体2.6万户，其中企业新增1.05万户，市场主体总量达16.17万户。新认定高新技术企业120家，高新技术产业增加值占GDP比重提升4个百分点。稳步推进省知识产权强区创建，出台发明专利扶植政策，完成发明专利申请1350件，办结假冒专利案件74件。

（五）营商环境持续改善。加速推进“最多跑一次”改革。全面推行首席代表制、综合窗口AB岗、专用印章，统筹整合街道、社区政务服务载体，在全市率先实现“互联网+政务服务”平台区、街镇、社区（村）三级同步上线，实现网上可办依申请类事项426项，就近可办事项236项，减少各类证明材料56项，全面推行帮代办服务，企业和群众办事更加便捷。持续推进政务公开，区政府网站在第十七届中国政府网站绩效评估中排名全省第一。深化县级领导联点帮扶企业制度，扎实开展“千人帮千企百日大行动”，推动政策精准入企、落地惠企，妥善解决各类问题200余个。完成“630攻坚”项目4个，200余套人才公寓投入使用，帮助企业招工3600余人。严厉打击强揽工程、阻工闹事等违法犯罪行为，切实为企业发展保驾护航。

（六）城市功能有效提升。主动服务地铁、湘府路快速化改造等省、市重点工程建设，扎实做好征拆、交通组织、施工环境保障等工作。圭塘路四标、嘉胜路、美联路等10条市政道路建成通车，小林子冲路、玉竹路、紫薇路等14条支路街巷完成提质改造，X047、X049改造任务基本完成。白田变电站、地铁5号线变电站、花容路等20个集体土地项目拆除腾地；华云、小林子冲、华狮二期等10个棚改项目拆除腾地。高桥、大塘等4个城中村完成改造，63个社区完成改造、实现提质。精准实施“一圈两场三道”建设，打造“15分钟生活圈”31个，完成项目建设200余个；新（改）建农贸市场15个、停车场36个；建成人行道118千米、自行车道57千米、文化步道1.7千米、健身步道1条；建成及提质改造垃圾站19座、公共厕所24座；在全市率先推出“15分钟生活圈”电子地图。提质京港澳雨花北互通绿化，完成新河路、鑫雅路等林荫道路建设，建成和平社区公园、雨花游园、仙岭游园等休憩场所，新增绿地34.55公顷。深化城市网格化管理，持续开展最严城管执法，严管重罚垃圾焚烧、渣土乱倾乱倒、违法建设和影响市容秩序行为，办理案件1.2万件，拆违20.1万平米，整改违法用地77宗，清理闲置土地21宗。完成装修与大件垃圾资源化利用项目建设，公共机构垃圾分类、53个社区生活垃圾分类试点有序推进，生活垃圾量同比下降14.73%。雨花经开区完成环保大道、万家丽路等主干道提质改造，园区形象明显提升。

（七）生态治理扎实推进。全力配合中央环保督察“回头看”和省级环保督察，高度重视问题整改，群众举报件办结率100%。全面完成第二次全国污染源普查清查、入户、录入工作。全面完成绿心地区155家工业企业退出任务，落实生态基础性补偿区级资金1300余万元，推进矿山矿洞生态修复9处。打好“蓝天保卫战”，推进环保网格化管理，全面落实“六控”“十严禁”举措，狠抓特护期污染防治。截至12月22日，累计空气优良天数270天，优良率76.9%，$PM_{2.5}$同比下降8.3%，PM_{10}同比下降20.3%。打好“碧水保卫战”，压实区、街镇、社区（村）三级河长责任，发现并办结各类问题237个。完成圭塘河清淤疏浚9.2公里，实现跳马集镇全截污，全面启动同升湖片区综合整治、石碑大港智能化排口改造、劳动路北泵站建设。圭塘河水质连续4个月达到Ⅲ、Ⅳ类，浏阳河（雨花段）水质稳定达到Ⅲ类。圭塘河黑臭水体治理通过生态环境部、住建部专项督查，治理经验在全国推介。

（八）民生福祉更加普惠。顺应人民美好生活新期待，民生支出占一般公共预算支出的80%以上，为民办实事项目全面完成。跳马镇建档立卡贫困户除政策兜底外，其他全部实现脱贫；对口帮扶桑植县、龙山县石牌镇、浏阳市社港镇工作扎实推进。新增城镇就业1.55万人，城镇登记失业率控制在3%以内。城乡居民医疗保险覆盖率达98.7%。统筹推进城乡低保、医疗救助、临时救助和特困人员供养，在全市率先实现特困供养人员住院、门诊等费用兜底。保障住房桃花苑二期、川河苑竣工，稳步推进城镇基本住房保障常住人口全覆盖。坚决打好反炒房攻坚战，房地产市场保持平稳健康发展。深入开展全国社区和居家养老服务改革试点，新建民办养老机构3家、社区居家养老服务中心10家、嵌入式社区养老机构2家。新（扩）建学校及公办幼儿园12所，提质改造标准化学校26所，新增优质学（园）位1.3万个。收回小区配套幼儿园53所，新增普惠制幼儿园学位9600个。超大班额全部化解。入选全国2018年校园足球“满天星”训练营，获评全国中小学校责任督学挂牌督导创新区。全力推进“书香雨花”建设，建成社区示范性综合文化服务中心10个，雨花非遗书院、和+共享图书馆投入使用。完善基层医疗卫生体系，组建家庭医生工作室20家、家庭医生团队145个。实施居民健康“百千万”行动，打造居民健康场所100个，全省首家区级健康教育馆投入使用，成功创建全国流动人口基本公共卫生计生均等化服务示范区、全省首个全国健康促进区。深化国家食品安全示范城市创建，打造示范米粉面店50家，提质改造“透明厨房”480家。全面压实企业安全生产主体责任，大力开展危化品、道路交通、建设施工、烟花爆竹、物流市场、人员密集场所等安全生产专项整治，安全生产形势持续向好。依法严厉打击各类违法犯罪，强力推进扫黑除恶专项斗争，打击整治非法集资、传销等涉众型经济犯罪，扎实做好禁毒、信访维稳、社会综治等工作，社会大局和谐稳定。

（九）自身建设全面加强。深入学习贯彻习近平新时代中国特色社会主义思想和党的十九大精神，不断提升用理论武装头脑、指导实践、推动工作的能力。主动配合中央巡视湖南、省委巡视长沙“政治体检”。区政府党组主动向区委常委会报告工作，出台《区政府党组工作规则》，政府运转更加规范、科学、高效。严格落实党风廉政建设责任制，坚决执行作风建设各项规定，驰而不息纠正“四风”。自觉接受人大法律监督和工作监督，主动接受政协民主监督，办理并回复人大代表建议和政协委员提案205件，办结率100%。全面实施“七五”普法。坚持对重大行政决策进行合法性审查，审查政府文件、合同326份。深入推进审计监督，完成审计项目13个，通过审计完善各类制度19个。出台规范街镇财务管理操作细则，政府性资金使用更加规范高效。积极防范化解政府债务风险，推动平台公司整合转型，政府债务风险等级处于绿色安全区域。

同时，我们积极支持国防和军队改革，国防动员和后备力量建设得到加强；人事编制、史志档案、保密、民族宗教、外事侨务、对台、人防、机关事务管理等工作成效显著；工会、共青团、妇联、工商联、残联、侨联、科协、红十字会、老干、老龄、关工委等组织作用有力发挥。

各位代表！即将过去的2018年，我们在新时代的伟大浪潮中同舟共济、逐梦前行，实现了新变化，取得了新成效。这是市委、市政府和区委坚强领导的结果，是区人大、区政协监督支持的结果，是全区上下齐心协力、攻坚克难、努力奋斗的结果。在此，我谨代表区人民政府，向在各个岗位辛勤劳动、无私奉献的雨花人民，向给予政府工作大力支持的各民主党派、工商联、人民团体、驻区单位，向各位人大代表、政协委员、老领导、老同志和社会各界人士，表示衷心的感谢，并致以崇高的敬意！

在肯定成绩的同时，我们也清醒地看到，推动高质量发展还存在一些困难和问题。主要是：现代产业体系有待完善，发展质量和效益有待提升；片区开发步伐需进一步加快；城市建设管理精细化水平有待提高；打赢污染防治攻坚战任务依然艰巨；教育、医疗、养老等公共服务与群众期待还有差距；安全生产和社会治理还面临不少压力；政府行政效能仍需进一步提升等等。对于这些困难和问题，我们将高度重视，认真研究，采取有效措施切实加以解决。

二、2019年工作建议

2019年是新中国成立70周年，是决胜全面建成小康社会第一个百年奋斗目标的关键之年，也是实施“十三五”规划承上启下的攻坚之年。

当前，我国经济由高速增长阶段转向高质量发展阶段，经济发展健康稳定的基本面没有变，支撑高质量发展的生产要素条件没有变，长期稳中向好的总体势头没有变。中央坚持稳中求进的工作总基调，做好“六稳”工作，经济平稳运行的基础更加坚实，增长韧性持续加强。省委大力推进长江经济带战略落实，推动长株潭城市群一体化发展，启动“三干两轨”等交通一体化项目建设，必将加速形成长株潭城市群半小时交通圈、经济圈、生活圈。长沙市加快推进“六大片区”建设，尤其是南部片区将打造成长沙新的经济增长点，为雨花发展带来了新的机遇和动能。同时，经过全区上下多年的努力，雨花的区位、生态、资源等优势叠加释放，产业基础更加夯实，城市品质日益提升，营商环境持续优化，发展动能加快转换。只要我们牢牢把握大有可为的发展机遇，主动担当，奋勇开拓，就一定能当好全面建设现代化长沙的排头兵、先行者。

2019年政府工作的总体要求是：**以习近平新时代中国特色社会主义思想为指导，深入贯彻党的十九大精神，坚决落实中央、省市和区委决策部署，坚持稳中求进工作总基调，坚持新发展理念，坚持推进高质量发展，坚持以供给侧结构性改革为主线，坚持深化市场化改革、扩大高水平开放，持续打好三大攻坚战，紧扣“强化党建引领、攻坚项目建设”工作主题，重点抓好产业升级、开放创新、城市建管、环境治理、民生改善，奋力开创新时代财富品质幸福雨花建设新局面。**

2019年经济社会发展主要预期目标是：地区生产总值增长7.5%以上；一般公共预算收入增长7%以上；社会消费品零售总额增长10%以上；固定资产投资增长8.5%以上；城镇居民人均可支配收入增长7.5%以上；城镇登记失业率控制在4%以内；全社会研发经费投入占地区生产总值比重稳步提升；节能减排等约束性指标全面完成。

围绕上述目标，重点抓好以下五个方面工作：

（一）突出产业升级，培育经济发展新动能

坚持质量第一、效益优先，推动园区、片区、商圈腾笼换鸟，加快传统产业转型升级，大力发展“四新”经济，推进先进制造业和现代服务业深度融合，努力构建支撑高质量发展的现代产业体系。

加快推动智能制造。以长株潭衡“中国制造2025”试点示范城市群建设为契机，以智能制造为统领，紧盯“一主一特”方向，持续抓好建链、延链、补链、强链，加快形成产业集群，加快推动制造业高质量发展。深耕比亚迪，推动产业智能化改造，加强产业横向集聚和垂直整合，引导汽车配套企业发展，提高产业配套率和集中度，力争比亚迪新能源汽车整车扩产项目建成投产，做大做强新能源汽车及零配件主导产业。主攻机器人，加快智能产业化步伐，充分发挥航天九院、大族激光行业龙头带动优势，紧盯上下游产业链，引进优质人工智能传感器及机器人产业链项目30个。推进人工智能和传感器产业园、西门子工业4.0创新中心、长步道智能光学总生产线项目建设，做优做精人工智能传感器及机器人特色产业。加快腾笼换鸟，以园区绿心工业企业退出为契机，推动二次开发，提高亩产效益。加快园区综合改革，理顺体制机制，不断提升园区管理能力和服务水平。

做大做强现代服务业。围绕提升服务业比重和质量，实施服务业占比提升两年计划。做大做强商贸业，全力推动“个转企、企升规、规改股、股上市”，激发市场主体活力，提升市场主体质量，培育一批规模以上商贸企业。紧盯新业态、新品牌、新商业模式，着力引进一批总部型商贸企业，提升城市综合体引进门槛。增强消费内生动力，发挥雨花流动人口大区的优势，聚焦消费新零售业态，支持线下线上、内贸外贸融合发展，举办形式多样的消费节活动，形成新的消费增长点。深入开展示范楼宇创建，培育一批配套齐全、功能完善、专业性强的特色楼宇、品质楼宇，引导高技术服务、现代商贸、现代金融、会议会展、文化创意、健康养老等服务业向楼宇集聚，打造“立起来的园区”，完成楼宇去库存35万平方米。加快电商物流园建设，切实为本地总部型商贸企业提供物流配套服务。

大力发展都市生态农业。以乡村振兴战略为引领，培育扶植新型农业经营主体，发展壮大新型村级集体经济。以绿心地区工业企业退出为契机，放大跳马绿心生态优势和区位优势，推动一、三产业融合发展。以全域旅游为统揽，按照“康旅绿谷”的产业定位，加快金屏特色小镇招商，引进集都市文旅、观光休闲、农业博览为一体的田园综合体项目，打造一批精品农庄和民宿示范项目。按照规模化、市场化、专业化、特色化的发展方向，推行“公司＋合作社＋农户”等模式，促进花卉苗木产业转型升级。

（二）突出开放创新，激发持续发展新活力

深入贯彻落实创新引领、开放崛起战略，以开放的视野谋创新，以创新的思路抓开放，不断提升区域竞争力和经济开放度。

深化开放合作。主动对接“一带一路”、长江经济带战略，坚持“走出去”与“引进来”相结合，发挥临铁临空优势，争当长沙对外开放排头兵。瞄准世界500强、中国500强、中国民营500强等优质企业，以园区、片区、商圈、楼宇为载体，坚持产业链招商、以商招商，更好地发挥商会、协会作用，着力引进一批战略投资者。深入推进市场采购贸易方式试点工作，协调推动省内特色出口产品向市场集聚，加大国际采购商引进力度，加快湖南产品境外展销中心和高桥大市场全球贸易中心建设，打造湖南对外开放的新窗口。鼓励支持企业参加境内外展会，充分发挥农博会、东盟湖南名优产品交易会等平台作用。

强化创新驱动。培育创新龙头，加大高新技术企业培育力度，发掘、推荐、认定一批高新技术企业。夯实创新基础，支持各类重点实验室、工程技术研究中心、企业技术中心等创新平台建设，提升企业自主创新能力。支持小微企业创业创新基地建设，以阿里巴巴创新中心、中国（长沙）创新设计产业园为示范，培育一批省级示范众创空间和公共研发平台。优化创新环境，推进省知识产权强区创建，支持企业申请发明专利，加强知识产权保护，打通知识产权创造、运用、保护、管理、服务全链条。吸纳创新人才，紧盯产业、企业的人才需求，引进一批高端人才、青年人才和工匠人才。

着力优化环境。旗帜鲜明鼓励、支持民营经济发展。积极搭建常态化政企沟通平台，坚决落实减税降负措施。持续推进“千人帮千企百日大行动”，主动兑现各类惠企政策，着力解决融资、市场、人才等问题和困难，切实营造亲商、重商、爱商、护商的浓厚氛围。纵深推进“最多跑一次”改革，优化完善“互联网＋政务服务”平台，拓宽“网上办”领域，增加“就近办”事项，加大“减证办”力度，创新“帮代办”形式，跑出雨花“加速度”，打造国内一流的营商环境。

（三）突出建设管理，构建城市发展新格局

积极顺应城市发展规律，树牢“精明增长、紧凑城市”的理念，完善城市功能，推动有机更新，强化精细管理，在宜居、特色、品位上下功夫。

持续抓好片区开发。积极拓宽发展空间，统筹推进内城区、主城区、新城区、开发区、生态区五大组团发展，持续抓好重点片区开发建设，加快形成多极支撑、协同发展的局面。攻坚高铁会展新城征拆扫尾清零，加快新城控股吾悦广场、绿地长沙城际空间站等项目建设。推动红星片区城市设计与控规落地，完成天华一期合作地块征拆、挂牌，推动城投9号地开发建设。围绕打造“全国海绵城市建设4.0版”目标，推进圭塘河流域综合治理，加快井塘段示范公园建设，启动植物园段综合治理项目。加快雅塘片区征拆扫尾清零，启动竹塘路、环线小学项目，完成雅塘冲路、车站南路、石马文化公园、市第一福利院等建设，推动1、2号地招商落地。跳马片区主动融入长株潭城市群一体化、长沙南部片区建设，积极推动洞株公路快速化改造、红旗路南延线建设，提升片区基础设施水平。全面落实片区指挥部负责制，推进阳光征拆，突出量化考核，强化激励约束，形成你追我赶、竞相发展的浓厚氛围。

加快完善城市功能。继续做好省、市重点工程服务工作，保障地铁4号线投入运营、湘府路快速化改造工程建成通车。完善城区交通路网，持续推进紫薇路、景观路、川河路、官寺冲路等市政道路建设；完成沙湾路（曲塘路至长沙大道）提质改造；完成洞和路、梓园路、同升湖周边道路等支路街巷改造；打通一批断头路、瓶颈路。以东塘商圈、红星商圈、高铁会展新城、区政府周边及圭塘河风光带为重点，推进自行车道建设成环成网。加大人行道建设、管理、维护力度，打造人行道示范路。新建高标准站厕31套、公共厕所2座，升级改造公共垃圾站66座、公共厕所31座。加快推进雅塘片区、省机械化施工公司片区等棚改工作，启动省话剧团、梨子山、小林子冲项目建设。持续开展大桥、板塘、合丰等10个城中村改造。

强化城市精细管理。充分发挥城管环保网格化平台决策、指挥、调度、考核、评价、监督等作用，持续推动管理重心下移、人员力量下沉。加强市容秩序常态化管控，深入开展火车南站、汽车南站、城郊结合部等重点区域综合治理，扎实推进门前三包、拆违控违、围挡标准化等日常管理，持续抓好广告招牌、渣土整治、流动摊贩、交通乱象等专项治理。完成老旧小区居民餐厨油烟治理1万户。全面推进生活垃圾分类减量，构建分类投放、收集、运输、处理体系，探索建立垃圾分类激励机制，营造全社会共同参与的良好氛围。深化推广“四位一体”物业管理模式，压实街镇、社区对物业服务企业的监督责任，积极引导成立业主委员会、业主监事会，开展物业管理行业诚信体系建设，进一步提升物业管理水平，努力让人民群众的幸福感在家门口升级。

（四）突出环境治理，打造绿色发展新名片

强化“绿水青山就是金山银山”的理念，以咬定青山不放松的毅力和韧劲，大力推进生态文明建设，努力让雨花天更蓝、地更绿、水更清。

着力解决突出问题。认真开展中央环保督察“回头看”、省级环保督察反馈问题整改工作。紧盯餐饮油烟、噪音扰民、垃圾异味等问题，消除存量、严控增量，在常态长效上下功夫，坚决防止反弹反复。持续打好“蓝天保卫战”，全面落实大气污染防治行动计划。聚焦颗粒物、臭氧治理，紧盯高排放领域、高排放企业、高排放车辆，持之以恒抓好“六控”“十严禁”。探索运用人工智能、云计算、大数据等监管举措，推动全区空气质量持续改善。突出打好“碧水保卫战”，坚持“截污、提标、调水、监管”，推进王家咀雨污分流、时代阳光大道截污改造等重点工程，力争圭塘河年度水质达到Ⅳ类标准，浏阳河（雨花段）年度水质保持Ⅲ类标准。继续打好净土保卫战，严格落实生态绿心保护责任，严控违法违规建设行为，扎实做好绿心地区矿山矿洞生态修复。

提升城乡生态水平。坚持增绿与提质并重，推进“规而未建”公园、游园建设，抓好绿化精细管护，开展道路绿化增绿提质；完成“五边”植树绿化2000亩，创建绿色示范村3个、绿色示范庭院20个，新增乡村公园3个。深入开展农村人居环境“五治”，全面完成旱厕改造，实现生活垃圾分类减量行政村比例达到80%，扎实推进黑臭水体治理和小微水体管护，严格规范农村建房行为，巩固跳马畜禽养殖退出成果，实现农村人居环境“洁、净、美”。

切实加强长效管理。加大执法力度，实施最严环境保护，用顶格处罚倒逼企业主体责任落实。开展联合执法行动，完善公检法联动机制，严肃查处环境违法违规行为。夯实基层基础，加强基层环保队伍建设，配强执法力量，配齐监测、治理、执法等装备，加大培训力度，提升执法监管专业化水平。健全督查、考核、问责机制，用好空气小微站、水质监测点等监测数据，定期进行通报、考评，压紧压实全区各级环境保护责任，形成一级抓一级、协同抓推进、全面抓落实的良好格局。

（五）突出民生改善，满足美好生活新向往

坚持以人民为中心的发展思想，突出解决人民群众最关心、最直接、最现实的利益问题，让人民群众更有获得感、幸福感、安全感。

加强民生保障。抓好“一圈两场三道”建设，全面完成64个“15分钟生活圈”、13个停车场、15家农贸市场、73.8公里自行车道、55公里人行道、1公里文化步道、1条健身步道建设，积极引导公共服务设施开放共享。落实教育扶贫、健康扶贫、产业扶贫等扶贫政策，推进跳马镇贫困户稳定脱贫；继续做好对口帮扶桑植县、龙山县石牌镇、浏阳市社港镇扶贫工作。开展创新创业带动就业示范创建工作，统筹推动被征地农民、高校毕业生、农村贫困劳动力等群体就业，新增城镇就业1.39万人以上。全力推进社会救助标准化，加大对孤寡老人、留守儿童、特困人员、失独家庭等弱势群体的保障力度，保障妇女儿童权益，支持残疾人事业发展。扎实做好双拥优抚安置工作，落实优抚安置政策。打好反炒房攻坚战，推进限价商品房建设，加快中城苑、自然苑、东升家园、园博家园等保障住房建设，有序发展住房租赁市场。

发展社会事业。坚持教育优质均衡发展，完成东方红小学、圭星小学建设及长郡雨外扩建，新建10所普惠性幼儿园，逐步化解大班额，推进教师幸福实事工程和卓越教师队伍建设，办好人民满意教育。深化全国居家和社区养老服务改革试点，新建民办养老机构2个、社区居家养老服务中心4个。完善基层医疗卫生体系，加快黎托、同升街道卫生服务中心建设，开展“名医、名科”建设，深入推进家庭医生签约服务，抓好卫生应急和疾控工作，创建国家慢性病综合防控示范区。深化全民阅读活动，加大24小时书店和农家书屋建设力度，继续加强“非遗”保护。扎实开展全民健身运动，不断提升人民群众健康水平。

提升治理水平。围绕共建共治共享目标，统筹各方力量，加快打造社会治理新格局。强化街镇（社区）做好群众工作、化解社会矛盾的主责主业意识，深入推进“三零”街道（社区）创建，不断提升“三零”街道（社区）覆盖率。走近群众，认真倾听群众心声，为群众代言；高度重视，认真对待，积极回应群众合理诉求；妥善化解一批信访积案。深化国家食品安全示范城市创建工作，提升群众知晓率和满意度，确保人民群众“舌尖上的安全”。大力弘扬社会主义核心价值观，使之成为雨花人民的行动自觉。深入推进移风易俗，有效遏制大操大办、厚葬薄养、人情攀比等陈规陋习，倡导文明生活新风尚。加快推进“一村一辅警”“星城快警”建设，建立“互联网+群防群治”机制，完善“巡、防、查、打”一体化的治安防控体系。积极创建禁毒示范城市，开展毒品问题专项治理。深化扫黑除恶专项斗争，始终保持对各类违法犯罪行为的高压态势。完善安全生产责任体系，落实安全生产领域改革，加强危化品、道路交通、建设施工、烟花爆竹、物流市场、人员密集场所等重点行业领域隐患排查整治，确保社会大局安定有序、人民群众安居乐业。

三、全面加强政府自身建设

重任千钧惟担当，打铁必须自身硬。面对繁重的改革发展稳定任务，我们将坚持刀刃向内、自我革命，加强自身建设，提高履职能力，努力建设人民满意的服务型政府。

坚持忠诚为政。始终把政治建设摆在首位，持续深入学习习近平新时代中国特色社会主义思想，深入贯彻党的十九大精神，切实增强“四个意识”，坚定“四个自信”，坚决做到“两个维护”。严守政治纪律和政治规矩，全面落实意识形态工作责任制，创造性贯彻落实中央、省市和区委决策部署，确保政令畅通、令行禁止。

坚持依法行政。加强法治政府建设，深入推进“七五”普法，强化政府公职人员法治意识，自觉运用法治思维、法治方式推动工作。健全科学民主决策机制，坚持“三重一大”事项集体研究，确保科学、民主、依法决策。自觉接受人大法律监督、工作监督和政协民主监督，认真抓好议案建议和提案办理。加强重大决策合法性审查，落实政府文件审查全覆盖，促进政府管理规范化、法治化。

坚持高效理政。以机构改革为契机，全面优化政府职能、流程、人员配备。加快智慧雨花建设，推动大数据、云计算、物联网等信息技术广泛应用，促进政府决策科学化、社会治理精准化、公共服务高效化。将精致精细精美理念融入到城市建管、基层治理各个领域和环节，践行工匠精神，拿出绣花功夫，减少低效投入，让每一项工作都经得起时间的检验。

坚持实干勤政。大力倡导“一线工作法”，扑下身子，沉到一线，察民情、听民意、解民忧，始终与群众站在一起、想在一起、干在一起，真心实意为人民群众办实事、办好事。善于运用“系统工作法”，强化顶层设计，着力解决“头痛医头、脚痛医脚”等碎片化、救火式、应急式的工作方式。认真把握“重点工作法”，学会在复杂繁重的工作中，突出重点，弹好钢琴。紧跟上级决策部署抓重点，围绕区委工作铺排抓重点，结合工作实际抓重点，统筹兼顾、科学铺排，分清轻重缓急，确保井然有序。

坚持从严治政。严字当头，把从严要求贯穿政府工作全过程，严格落实党风廉政建设责任制，坚定不移执行作风建设各项规定，锲而不舍纠正“四风”。加强对公共权力、公共资金、公共资源等领域审计监督，重点强化工程变更、渣土管理等领域的审计监督，强化廉政风险防控。完善干部考核评价机制，健全正向激励和容错纠错机制，切实为敢于担当的干部撑腰鼓劲，让广大干部愿干事、敢干事、能干成事。

各位代表！回顾过去，我们豪情满怀；展望未来，我们信心百倍。让我们更加紧密地团结在以习近平同志为核心的党中央周围，在市委、市政府和区委的坚强领导下，凝心聚力，锐意进取，为建设财富品质幸福雨花，打造中部领先国内一流的现代化强区继续奋斗！

名词解释

1.5 个 100：省委、省政府决定，2018 年在全省开展“产业项目建设年”活动，重点抓好“五个 100”，即着力抓好 100 个重大产业建设项目、100 个科技创新项目和 100 个重大产品创新，引进 100 个五百强企业和 100 个科技创新人才。

2. 一主一特：即雨花经开区重点发展的新能源汽车及零配件主导产业、人工智能传感器及机器人特色产业。

3.“1+2+1”产业扶植政策：“1”即《长沙市雨花区促进区域产业发展扶植政策办法》；“2”即《长沙市雨花区促进文化产业发展扶植奖励办法》《长沙市雨花区关于支持创客空间发展办法》；“1”即《长沙雨花经济开发区关于振兴工业实体经济扶植奖励办法》。

4. 五治：即治厕、治垃圾、治房、治水、治风。

5. 最多跑一次改革：利用互联网、大数据、云计算等新思想、新技术、新方法，实现“线上线下一体化、一窗办成多项事”，让政府服务变得更高效、更智慧，实现企业和群众办事“最多跑一次”。

6. 千人帮千企百日大行动：市委、市政府决定，从 2018 年 10 月 24 日起至 2019 年 2 月上旬，从全市范围内抽调 1000 名干部，深入 1000 家重点企业，推动各项政策入企惠企、落地落实。

7.“630 攻坚”：市委、市政府决定，从 2017 年 6 月 30 日起，计划用三年时间，建成一批、开工一批、储备一批电网工程项目，实现城区电网充分保障、园区电网适度超前、农村电网安全稳定。

8. 一圈两场三道：一圈即 15 分钟生活圈；两场即停车场、农贸市场；三道即人行道、自行车道、历史文化步道。

9. 六控、十严禁：六控即控尘、控车、控排、控烧、控煤、控油。十严禁即严禁渣土车、混凝土搅拌车、运砂车等各类车辆带泥上路，严禁违法倾倒渣土，严禁工地裸露黄土，严禁重污染天气下土石方施工，严禁燃烧散煤，严禁露天焚烧垃圾，严禁露天烧烤，严禁露天焚烧秸秆，严禁拖拉机等高排放车辆进城，严禁在禁燃区域、时段燃放烟花爆竹。

10. 居民健康百千万行动：即打造百个健康场所、发放千户特困家庭医疗健康卡、为万名妇女儿童免费提供相关健康项目服务。

11. 六稳：即稳就业、稳金融、稳外贸、稳外资、稳投资、稳预期。

12. 三干两轨：三干即芙蓉南路长沙和湘潭段以及湘潭境内接株洲段快捷化改造，洞株公路长沙段快捷化改造和洞株路至株洲北环路快速化建设，潭州大道至湘潭九华大道快速化。两轨即长沙西—湘潭北—株洲西，长沙南—株洲西两条轨道快线。

13. 四新经济：即新技术、新产业、新业态、新模式。

14. 康旅绿谷：即以跳马镇绿心区域和特色小镇、美丽乡村为支撑，开发特色生态景观，发展绿色生态农业，引进品牌文旅康养项目，打造绿色康养旅游休闲产业中心。

15. 一带一路：即“丝绸之路经济带”和“21 世纪海上丝绸之路”。

16. 四位一体物业管理模式：即小区党组织、业委会、监事会、物业公司共同参与的业主自治管理。

17. 三零街道（社区）：即零上访、零事故、零发案的街道（社区）。

强化党建引领　聚力助推发展 为财富品质幸福雨花建设作出新贡献

——在政协长沙市雨花区第五届委员会第三次会议上

冯聪龙

（2018 年 12 月 25 日）

各位委员，同志们：

我受政协长沙市雨花区第五届委员会常务委员会委托，向大会报告工作，请予审议，并请列席的同志提出意见。

2018 年工作回顾

2018 年，全区政协系统以习近平新时代中国特色社会主义思想为指引，在省市政协的指导和中共雨花区委的坚强领导下，严格依章履职，以“坚定政治站位、提升工作定位、落实作为到位”为己任，聚焦发展大局，情系民本民生，注重发挥委员作用，加强履职载体建设，为财富品质幸福雨花建设作出了积极贡献。

一年来，中共雨花区委高度重视政协工作，区委常委会议专题听取和研究政协工作，区委、区政府领导多次参加政协重要活动和会议，为人民政协事业发展提供了坚强保障。我们充分发挥党组示范作用，认真组织“红心向党　务实为民　助力雨花”主题活动。我们扎实开展“蓝天保卫战”民主评议，加强了民主监督。我们做实基层民情专题协商，实现了有事好商量，众人的事情由众人商量。我们着力推动省市政协重点提案落实，助力“绿心”地区高质量发展。我们精心调研，充分协商，把脉雨花公共文化服务发展方向，助推文化强区建设。

一、聚焦“三个雨花”，助推高质量发展有实招

紧扣“项目大攻坚，管理大提质”年度工作主题，精准选题，主动作为，务实履职。

（一）服务财富雨花，积极参与项目大攻坚。主席会议围绕全区发展与改革工作、招商引资、项目建设等开展专题调研。组织委员参与南部片区规划专题协商，10 余条建议得到采纳。积极参与市政协“以共享理念构筑长沙智能制造生态体系，促进实体经济高质量发展”专题协商调研，各专委会就雨花重点片区“多规合一”、运用大数据推进交通物流融合发展等，开展对口协商、界别协商 10 余次，形成了一批主题明、观念新、质量高、可操作的调研成果和意见建议，上报市政协和区委、区政府。积极参与“千人帮千企百日大行动”，真心实意帮助企业解决实际问题。

（二）服务品质雨花，高度关注管理大提质。我们一直关注雨花的内涵发展、精明增长。针对圭塘河生态引水工程及生态治理、“一圈两场三道”建设、城市管理大提质等工作开展主席会议视察，不断创新形式，每次调研视察均邀请部分专家学者和政协委员参与，同时邀请区政府领导、相关单位和部门负责人座谈协商，提出对策建议。协同市政协“加强基层医疗卫生服务体系建设”民主评议，组织市、区政协委员深入跳马镇卫生院、东山街道卫生服务中心等实地了解情况，多条意见、建议纳入市政协专题评议协商。组织对嵌入式家庭养老、住房保障、食品安全、现代农庄建设与特色农业发展等工作开展界别、对口协商，协商意见通过社情民意反映到市、区政府及相关部门，推动了多个难点问题的解决。

（三）服务幸福雨花，深入开展公共文化服务调研。按照“党政所需、政协所能、群众所盼”的原则，结合区“抓重点、补短板、强弱项”大调研活动，我们将“夯实公共文化服务基础，助推雨花文化强区建设”作为年度重点调研协商课题，组建了以政协委员为主体，民主党派成员、专家学者和党政部门负责人参加的课题组。我们历时半年对全区 13 个街镇进行了走访调研，分批组织区直相关部门、文化机构召开座谈会，赴兄弟区县及外地公共文化服务先进地区学习，形成 1 个主报告 6 个分报告，提出“九个更加”建议 27 条，并将在本次全会上专题协商。

二、围绕中心大局，履行“三大职能”有作为

充分发挥人民政协作为协商民主重要渠道和专门协商机构的作用，认真履职，不断提升协商议政实效。

（一）做实了基层协商工作。我们出台了《基层民情专题协商会实施办法》，针对基层群众反映强烈、矛盾较多的民情热点问题，构建了以政协委员为核心的“5+X”多元协商主体，依托“和”系列智慧委员工作室开展“基层民情专题协商”。以东塘街道政院社区“和馨园”智慧委员工作室为试点，举行了首场关于老旧小区停车难问题的专题协商会，政协委员、政协之友、区相关职能部门负责人和居民群众共

聚一堂，面对面谈看法、肩并肩想办法，提出中肯建议10余条，通过协商有效解决了小区停车难问题。由各街镇政协联络处搭平台，围绕全区校园周边环境问题、产教融合、社区居家养老等10多个问题开展民情协商，有效解决居民群众身边突出问题20多个，让群众真切感受到委员就在身边，政协真有作为。我区基层民情协商工作的经验在省市多个媒体刊发，《立足基层、立足实际，协商于民、协商为民》获得省政协理论征文三等奖。

（二）**深化了民主评议监督**。我们致力于探索创新政协民主监督的机制、形式，融协商、监督、参与、合作于一体，寓监督于各类政协履职活动之中，在参与中支持、在支持中服务、在服务中监督。围绕"打好污染防治攻坚战"，将"强力推进环境大治理、坚决打赢蓝天保卫战"作为贯穿全年的民主评议主题，通过召开专题座谈会、实地调研、专项监督、民主测评等方式，深入扎实开展民主监督。以"开门评议"为原则，以政协委员为主体，特邀省内高校和环保企业组成专家组，吸纳善飞公益等十余家公益组织100余名公益人士共同参与。以现场找问题精准发力为导向，主席会议成员分别率评议组成员对13个街镇开展专题监督视察。组织210余名政协委员、政协之友开展"集中察看日"活动，现场督促解决问题68个，提出整改意见52条。以推动工作为评议目的，邀请省、市、区三级政协委员对全区"蓝天保卫战"进行民主测评、现场打分，进一步巩固"蓝天保卫战"成果，得到省市媒体多次推介，助推雨花"蓝天保卫战"工作走在全市前列。

（三）**提升了参政议政实效**。区政协五届二次会议以来，共提交提案153件，经审查立案118件，合并后109件，办复率100%，满意和基本满意率98.2%。九三学社雨花区工委《关于促进我区集体土地103号令安置工作的建议》，民进雨花区工委《关于整合力量成立火车站地区综合管养公司的建议》，宁丽、钟思婷、曹海强、宁世平、陈群粮、蒙正国等11位委员《关于老旧楼房小区安装电梯的建议》，陈军、蒙正国、汪爱国委员《关于进一步优化我区中小学法制副校长管理，加强预防和遏制校园欺凌事件的建议》以及井湾子街道政协联络处《关于新建农贸市场的建议》等5件区重点提案，分别由区委书记、区长批办，主席会议督办，解决了一批群众反应强烈的热点难点问题。发挥驻区市政协委员的资源优势，将7份提案提交到市政协，其中《关于加快红旗路南延至洞株路建设的提案》被评为市级优秀提案。《关于绿心地区保护与发展》被省市政协列为重点提案，在市政协十二届二次会议上作专题发言，引起市委、市政府重视。省政协专题组织召开了"绿心"集体提案省市区三级联合办理会议，省政协副主席赖明勇、市政协副主席段安娜等到会督办，促成了《长株潭生态绿心地区保护工作职责分工方案》《长株潭生态绿心地区建设项目准入管理方法》和《长株潭生态绿心地区总体规划实施督查制度》等文件的出台。同时，组织对2017年重点调研协商开展"回头看"。针对"关于加快社区筹委会向社区居委会转变"的课题，我们高度关注政策制定，紧密跟进任务分解；"关于统筹推进高铁会展新城建设"的调研报告获得省政协二等奖。我们积极建言，争取将雨花电商物流园融入长沙临空经济区和南部片区规划，助推高铁会展新城片区重要项目建设加速，协商成果逐步得到转化。

三、不忘初心使命，多行惠民之举有口碑

全区政协系统笃定践行为民宗旨，进一步密切政协委员同人民群众的联系。

（一）**"和"系列智慧委员工作室更加务实**。结合"政协云"平台，全区各街镇"和"系列智慧委员工作室建设向纵深、常态稳步推进。邀请50多名省市政协委员进驻区"和"系列智慧委员工作室，并召开专题联席座谈会，实现了"三级联进、三级联动"。在侯家塘社区建立了以周湘玉个人名字命名的委员工作室，基层民情协商"四微活动"（微协商、微建议、微讲堂、微帮扶）初见成效。打造了东塘街道"和馨园"、井湾子街道"和享园"等一批"五佳"（规范运行佳、活动开展佳、化解矛盾佳、学习宣传佳、社会评价佳）智慧委员工作室，切实提升了委员工作室的履职水平。

（二）**"真情五助+"系列活动更加丰富**。结合省、市政协"三个一"扶贫行动及公益活动，深化"真情五助+"品牌，推出"真情五助+增智　温暖　幸福雨花"系列活动，由政协委员牵头，益友会、群英会、帮女郎等公益组织发动社会各界人士参与。今年以来，累计开展活动150余场次，为失地农民提供就业岗位300余个，走访困难家庭200多户，资助困难群众慰问物资金额近300万元，帮扶残疾人200余万元，资助孤儿就学160余人。黎托街道联络处持续关注失地农民就业，组织了"真情五助+春风行动"；东山街道联络处心系环卫工人，开展了"真情五助+温暖行动"；砂子塘街道联络处关爱残疾困难群体，举行了"小康路上·与爱同行"助残主题活动，通过这些活动，拓展了真情五助帮扶领域，彰显了政协委员为民情怀。

（三）**社情民意信息工作更加有效**。全年共收到社情民意121篇，上报上级政协90篇，民革省委和民革中央各采用1篇。黄晖、吴建安、邓子云等委员撰写的《关于进一步优化我市住房公积金合理使用的几点建议》《将我市出租车逐步电动化的建议》《调整花桥污水处理厂三期（远期）控规用地规划的建议》《建议对网约车进行实时监控》《未到期科研经费被收走的情况应引起高度重视》等10多篇信息被市政协采用和转办，引起了市委、市政府的高度重视，相关建议被市直有关部门采纳。我们对《关于加强基层食药监所装备配备，提升执法监管效率的建议》实施跟踪问效，助推雨花区落实长沙市创建食品安全示范城市工作。同时，区政协就委员关注的优化机关大院停车等多个问题及时编发区级《社情民意》，均得到区政府主要领导的批示，一些建议得到实施。委员们通过政协云"微建议"专栏共提交70多条民情信息，并通过"微建议"与"12345"市民服务热线的及时对接，得到了市、区的高度重视，做到了反应快、处置快、回复快、效果好。王东华、何新海、王振新等委员“微建议”反映的关于韶山路中医附一医院附近地下通道提早开放等一批问题得到妥善解决，有效地回应了群众关切，展现了微建议的大力量。

（四）“同心互助·携手奔小康”初见成效。在参与全区对口帮扶跳马镇贫困户活动的基础上，我们制定了“同心互助·携手奔小康”行动方案，以“同心助困”“同心助学”“同心助业”“同心同行”行动为契机，助力桑植县脱贫攻坚和全面小康建设。主席会议成员和部分政协委员、政协之友赴桑植开展互助行动，全区政协系统捐款捐物135万余元，帮扶项目10余个，捐赠3个同心绿色书屋，对55名贫困学子实行就学帮扶。我们还密切关注桑植县、龙山县石牌镇、浏阳市社港镇新光村企业发展以及脱贫攻坚进展情况，把握农交农博会契机，开展产业对口帮扶，为全区对口扶贫工作贡献政协力量。

四、加强队伍建设，强化履职之基有力度

始终注重政协委员、政协之友和政协机关队伍建设，不断加强各界别合作共事，营造聚合协同的良好履职氛围。

（一）深入学习贯彻中共十九大精神。坚持深入学习贯彻中共十九大精神，邀请省委十九大精神宣讲团专家向全体政协委员作专题辅导讲座。组织学习《政协章程修正案》，将《习近平关于加强和改进人民政协工作的重要思想专题摘编》发至政协委员和政协之友。在全区政协系统开展“红心向党·务实为民·助力雨花”系列主题活动，组织部分委员、基层联络处主任分赴文家市镇、梁家河村等地开展党性主题教育，进一步筑牢同心聚力、共同奋斗的思想之基。评选出东塘、井湾子、高桥、同升、侯家塘5个街道“三好”政协联络处，各街镇基层政协联络处的平台载体和桥梁纽带作用得到充分发挥。

（二）充分发挥委员主体作用。我们坚持以学习培训提高履职能力，组织常委、委员赴四川大学，举办了“民主法制建设专题培训班”，委员撰写建议文章和学习心得40余篇。邀请省政协云管理中心专家开展专题培训，杨建明、曾建勋等一批委员坚持通过“政协云”履职，我区的“政协云”履职排名在全省稳步提升。我们搭建多个活动平台激发履职热情，委员自发成立各类兴趣活动小组，开展健步走、摄影、艺术品文物收藏、乒乓球等活动30余次。成立“雨花区政协读书会”，开展“品味经典·与你有阅”读书分享活动。全年开展专委会、街镇委员培训18次，组织委员学习、交流35次。委员参与全区政协系统各项活动千余人次。涌现了一大批实干善为的政协委员，推选出18名“六优”政协委员和一批“真情五助”活动先进个人。彭知委员发挥科协界别优势，推动我省首个科普中国校园e站落户雨花；残联界别张福新委员积极为残疾人代言，争取政策，热心帮扶，推进我区多项残疾人工作走在全国、全省前列；工商联界别彭拥军委员关注环保，积极当好“民间河长”，践行公益，为雨花生态文明建设献计出力；吴尚、朱移生委员组织20多个志愿者开办的全公益和+共享图书馆成为长沙一道亮丽的文化名片；区政协常委刘雄先后捐建益友书屋、中山书屋、绿色同心书屋30多个，结对帮扶贫困学生近百名，带动许多爱心人士为公益出资出物出力，得到社会各界一致好评。陈旭、周智婷等一批委员长期致力于扶贫助学、爱心帮扶，凸显了雨花政协人的社会责任担当。一年来，广大委员立足岗位、履职奉献，在推动全区经济社会发展、服务民生事业方面真是蛮拼的，我们应该向你们致敬、为你们点赞！

（三）不断扩大政协“朋友圈”。一年来的实践证明，政协之友已经全面融入政协“大家庭”，我们持续开展了专题走访、法制座谈、健康专场沙龙、“雨花精英献良策”等系列活动，在“同心互助·携手奔小康”活动中，刘金华、彭旭、吴勇等一批成员解囊相助，形成了在广泛联谊中增进团结促进和谐、在服务发展服务民生中释放光热的良好氛围。一年来，我们还先后接待北京、天津、广东等10余个省、市、区政协组织就湿地生态修复、非遗文化传承保护、智能制造等学习考察30多批次。同时与成都市武侯区、西安市雁塔区、重庆市北碚区等地区政协组织就基层民主协商、委员工作室建设、界别作用发挥等进行了深入学习交流，宣传了雨花正能量，扩大了雨花影响力。

（四）切实加强组织能力建设。我们一直注重以提高服务能力为目标，加强机关自身建设。严格落实全面从严治党和中央八项规定精神的要求，支持派驻纪检组工作，加强纪律建设。推进“两学一做”学习教育常态化制度化，开展“不忘初心、牢记使命”主题教育以及“五化”党支部创建，组织机关党员干部到湖南红色教育基地开展主题党日活动。在“政协云”开设“我身边的‘六优’委员”专栏，适时编发动态资讯62条，多条信息被选推到省级版面首页；全面接入“飞梦雨花”官微，更加广泛地宣传雨花好声音，扩大委员知情明政的渠道。我们全年在《湖南日报》《湘声报》等各大主流媒体宣传报道152篇次，政协工作的社会影响力不断扩大，履职成果得到广泛认可。

各位委员，同志们！一年来，区政协工作取得了较好成绩，这是省市政协有力指导、中共雨花区委坚强领导的结果，是区人大、区政府大力支持的结果，是各位老领导、老同志倾情关心的结果，是社会各界切实帮助的结果，凝结着政协各参加单位、广大政协委员、政协之友和机关工作人员的智慧、心血和汗水。在此，我代表区政协常委会表示衷心感谢、致以崇高敬意！

同时，我们也清醒地看到，区政协工作还存在一些不足，比如：调研视察和协商建言的质量仍需进一步提升；履职成果的转化运用仍需进一步跟进；委员履职活动参与率仍需进一步提高，这些问题，我们将在今后的工作中切实加以重视、努力加以改进。真诚希望广大委员和同志们提出意见和建议，共同把工作做得更好。

2019年工作思路

2019年，我们将迎来中华人民共和国成立70周年和人民政协成立70周年，做好全区政协工作责任重大，影响深远。2019年全区政协工作的指导思想是：**以习近平新时代中国特色社会主义思想为指引，在中共雨花区委坚强领导下，围绕“强化党建引领，攻坚项目建设”工作主题，坚持以人民为中心的思想，坚持团结和民主两大主题，旗帜鲜明讲政治、求真务实强协商、恪尽职守为人民、凝心聚力促发展，全力当好新时代政协人，为建设财富品质幸福雨花贡献政协力量。**

一、强化党建抓引领，做讲政治顾大局的政协人

加强新时代人民政协党的建设，是学习贯彻习近平新时代中国特色社会主义思想的根本要求。我们要突出政治建设，压实意识形态工作责任，牢牢坚持党对政协工作的全面领导和做好政协工作必须抓好党的建设的根本原则。**一是抓好党组这个“关键少数”**。政协党组要发挥好把方向、管大局、保落实的重要作用，切实抓好政协系统党的建设。要坚决服从和维护区委领导，坚决做好大团结、大和谐文章，深入开展“红心向党·务实为民·助力雨花”主题活动，尽最大的努力，凝聚最多的力量，发挥政协优势，谱写政协新篇。要持续推进政协党的作风建设和纪律建设，在思想上对标、行为上自觉、执行上坚决，带动广大政协委员和政协之友守纪律、讲规矩、重品行，维护政协系统良好形象。**二是抓好机关党员、基层联络处和党员委员这个“骨干力量”**。政协机关和各街镇政协联络处要以“抓党建、促履职、提实效”为目标，进一步提升服务水平和保障效能。扎实开展“不忘初心、牢记使命”主题教育，推动“两学一做”学习教育常态化、制度化。要按照中共中央印发的《中国共产党支部工作条例（试行）》要求，不断深化政协机关“五化”党支部创建。要进一步健全政协党的组织体系和工作机制，实现党的组织对党员委员的全覆盖、党的工作对政协工作的全覆盖。**三是抓好政协队伍这个“绝大多数”**。推进“党建＋履职”工程，以党建推动全体委员聚焦党政中心，服务雨花发展。通过培训、沙龙，以及“政协云”、微信群等“线上＋线下”相结合的方式，引导全体政协委员和政协之友旗帜鲜明讲政治，守正创新，牢固树立“四个意识”，坚定“四个自信”，推动新时代党的建设总要求在雨花政协全面落地生根。

二、服务中心抓协商，做懂政协会协商的政协人

我们要始终坚持围绕中心、找准靶心，致力于提升建言献策的专业深度和社会广度，力求一项建议产生一个效果，一个意见推动一项工作。**一是切实做好协商选题**。围绕当前经济社会、民生发展选准选好“课题”，把调研重点和工作重心放在促进民营企业和实体经济的发展上，认真开展调查研究和专题协商，向区委、区政府提出更实、更好的举措和建议。**二是建立全面协商架构**。围绕机构改革、“最多跑一次”“一圈两场三道”建设、重点提案督办、基础教育等方面，开展主席会议、常委会议、专委会议等形式的调研视察和协商。加大对口、界别协商以及各街镇政协联络处基层协商力度，形成全方位、多角度的协商格局。**三是尽力推动成果转化**。协商重在落实，贵在成效。要将协商成果通过调研报告、提案、社情民意信息、“微建议”等多种形式向党委政府反映，在建议落实上多关注，跟踪反馈上多沟通，不能让“黄花菜凉了”。重点组织对去年和今年的重点调研协商课题“回头看”，采取多种方式把协商成果转化为党政决策的思路、推动发展的举措。

三、紧盯重点抓监督，做会监督善督促的政协人

严格落实中办发〔2017〕13号和湘办发〔2018〕18号文件精神，不断加强和改进人民政协民主监督工作，不断拓展民主监督的形式，提升委员参与民主监督的组织化程度，真正做到监到点子上、督在关键处，更好地形成共识、推动工作。**一是继续开展民主评议工作**。在总结今年民主评议“蓝天保卫战”工作的基础上，根据新一年“污染防治攻坚战”的工作要点确定评议对象和范围，组织委员和政协之友重点参与集中调研、集中察看、集中督促整改和评议等工作。**二是更多发挥提案的监督功能**。要坚持提升提案“提”与“办”的质量，加强重点提案的遴选与领导批办、主席督办、协商促办的机制，加大提案办理的宣传。要对“绿心”提案持续关注，对办理落实情况开展贴身跟踪。要探索对提案办理情况的测评，并将评议结果适当公示，增强提案办理质量。**三是用好“互联网＋监督”**。根据委员履职进入“掌上时代”，根据网络协商民主、网络民主监督的新要求，所有委员要通过“政协云”手机APP开展网上汇集民意诉求，随时随地提交“微建议”、参与“微协商”、实施“微监督”，帮助群众解决“微困难”“微需求”，办成一些顺民心、合民意、聚民力的好事、实事。

四、立足基层抓履职，做有责任有情怀的政协人

以人民为中心是政协履职的初心使命，我们要立足基层、聚焦基层、服务基层，在基层一线访民生、知民情、议民事、解民难，打通政协履职与居民群众的“最后一公里”。**一是把服务民生作为第一任务**。学习和借鉴新时代“枫桥经验”，各街镇政协联络处要紧贴基层社会治理工作实际，以问题为导向，组织委员和政协之友开展1—2次高质量的基层民情协商，实现多渠道掌握民情、多层次研究议题、多角度商议对策、多方位公示结果。通过基层民情协商，引导居民群众、社会组织多元共治，把矛盾在基层化解、问题在基层解决、和谐在基层形成。**二是把委员工作室作为第一阵地**。要切实做好“和”系列智慧委员工作室，继续开展“五佳”智慧委员工作室创建。参与“省市区三级政协委员联动协作”，探索建立更多界别委员工作室和更多以委员个人名字命名的委员工作室，引导委员深入基层、深入群众、深入问题现场。**三是把务实有效作为第一目标**。全体委员要通过社情民意信息、“微建议”等方式，为切实解决群众热点难点问题鼓与呼。要号召委员和政协之友继续参与“同心互助·携手奔小康”行动、“真情五助＋”、公益帮扶等活动，用真心、真情、实干、实绩赢得群众口碑。

五、激发热情抓队伍，做善团结守规矩的政协人

2019年是本届政协履职的第三年，

我们的委员已经基本适应了新时代的政协工作要求，政协履职平台日趋完善，履职方式更加多元。但对照新时代、新常态、新要求，我们仍需下更大力气激发委员履职热情，以改革精神、开放理念、创新举措、务实行动，发挥委员主体作用。**一是以事业和责任激励委员担当。**当了政协委员就要充分认识自己所肩负的职责使命，要把委员责任扛在肩上，把政协事业放在心上，积极参加政协组织的各项调研视察及相关会议，建言献策、服务大局。**二是以彰显情怀的丰富活动凝聚好队伍。**以人民政协成立70周年为契机，组织“看雨花、知雨花、建雨花、爱雨花”系列活动，开展系统的学习培训、讲座、沙龙，组织“雨花政协读书会”和兴趣小组等活动，在活动中凝智聚力。**三是以经常走访贴心沟通联系好各界别。**坚持主席会议走访委员，引导鼓励政协委员在各自领域发挥优势、施展本领。重视发挥政协之友的团体作用，加强与社会各界的沟通联系，提升合作共事的能力，找到最大公约数、画出最大同心圆、汇聚最强正能量。**四是以严格要求落实考评办法管理好委员。**政协工作要紧起来、严起来、实起来、活起来。定期通报委员登录、使用“政协云”的情况，重点关注使用频率较低的委员，并将该项工作纳入考评体系，让“政协云”成为委员了解政协的“窗口”、履职服务的“帮手”。加强对委员完成各项履职“作业”的考核，对连续三年考评不合格委员要予以通报，淘汰长期“哑巴委员”“缺席委员”。同时，要通过“三好”政协联络处和“六优”政协委员的示范带动，营造各街镇政协联络处和广大政协委员对标先进比学赶超的浓厚氛围，努力建设一支政治素质好、履职能力强、群众认可度高、作风形象好的高素质政协工作队伍。

各位委员，同志们！“行之力则知愈进，知之深则行愈达。”面对人民政协事业发展的广阔前景，唯有使命堪担当！让我们紧密团结在以习近平同志为核心的中共中央周围，在中共雨花区委的坚强领导下，在财富品质幸福雨花的征程中扬鞭奋进、再立新功！

2018年中共雨花区委雨发〔2018〕文件目录

▲雨发〔2018〕1号　印发《关于深入学习贯彻党的十九大精神加快建设财富品质幸福雨花的意见》的通知

▲雨发〔2018〕2号　关于印发《长沙市雨花区促进区域产业发展扶植奖励办法》的通知

▲雨发〔2018〕3号　关于印发《雨花区开展扫黑除恶专项斗争实施方案》的通知

▲雨发〔2018〕4号　关于印发《中共长沙市雨花区委全会工作规则（试行）》《中共长沙市雨花区委常委会工作规则》《中共长沙市雨花区委关于加强常委会自身建设的意见》的通知

▲雨发〔2018〕5号　关于印发《长沙市雨花区“强力推进环境大治理坚决打赢蓝天保卫战”三年行动计划（2018—2020年）》的通知

▲雨发〔2018〕6号　印发《中共长沙市雨花区委常委会关于坚决维护党中央集中统一领导的十条规定》的通知

▲雨发〔2018〕7号　印发《中共长沙市雨花区委关于进一步贯彻落实中央八项规定精神的实施办法》的通知

▲雨发〔2018〕8号　印发《中共长沙市雨花区委关于加强新形势下党的督促检查工作的实施意见》的通知

▲雨发〔2018〕9号　关于转发《政协长沙市雨花区委员会2018年工作要点》的通知

▲雨发〔2018〕10号　关于印发《雨花区全面落实乡村振兴战略的实施方案》的通知

▲雨发〔2018〕11号　关于印发《坚持生态优先绿色发展在深入实施长江经济带发展战略中推动雨花高质量发展的实施方案》的通知

▲雨发〔2018〕12号　印发《关于推进安全生产领域改革发展的实施方案》的通知

2018年雨花区政府雨政发〔2018〕文件目录

▲　1号　关于进一步加强对黎托东山片区临时仓储场所消防安全隐患整治工作的通告（1月2日）

▲　2号　关于裕天国际商汇中心一期项目建设工地“10·28”坠亡事故调查报告的批复（1月2日）

▲　3号　关于《嘉胜路（长沙大道—石坝路）项目大桥社区筹委会征地补偿安置方案》的批复（1月7日）

▲　4号　兵役登记通告(1月10日）

▲　5号　关于《星光游园配套用房项目石马社区筹委会征地补偿安置方案》的批复（1月12日）

▲　6号　关于长沙市雨花区交通运输局2018年度安全生产监督检查计划的批复（1月18日）

▲　7号　关于长沙市雨花区公安消防大队2018年度消防监督检查计划的批复（1月18日）

▲　8号　关于长沙市雨花区安全生产监督管理局2018年度安全生产监督检查计划的批复（1月18日）

▲　9号　关于开展“僵尸船”、非法船舶专项清理整治的通告（1月30日）

▲10号关于长沙市雨花区农业林业水利局2018年度安全生产监督检查计划的批复（2月1日）

▲11号　关于长沙市雨花区发展和改革局2018年度油气管道安全生产监督检查计划的批复（2月1日）

▲12号　关于长沙市国土资源局雨花区分局2018年度安全生产监督检查计划的批复（2月1日）

▲13号　关于长沙市雨花区城乡建设局2018年度安全生产监督检查计划的批复（2月1日）

▲14号　关于长沙市公安局交通警察支队雨花交警大队2018年度安全

生产监督检查计划的批复（2 月 2 日）

▲ 15 号 关于《黎托片节约集约试点项目 18、20 号地（沪昆配套）黎明渔场社区筹委会征地补偿安置方案》的批复（2 月 11 日）

▲ 16 号 关于长沙市雨花区教育局 2018 年度学校安全生产监督检查计划的批复（2 月 2 日

▲ 17 号 关于 2017 年度促进区域产业发展政策兑现的决定（2 月 5 日）

▲ 18 号 关于将招商引资作为经济工作第一抓手推进财富雨花建设的工作意见（2 月 7 日）

▲ 19 号 关于依法强制拆除违法建筑的通知（3 月 26 日）

▲ 20 号 关于成立香樟路“3·22”道路交通事故、大塘湾实业有限公司鑫天 7 号栋“3.31”坠亡事故调查组的批复（4 月 17 日）

▲ 21 号 关于对金凤滩家园实行挂牌督办整改的通知（5 月 9 日）

▲ 22 号 关于实施社区环境综合提质改造工程的通告（4 月 26 日）

▲ 23 号 关于印发《长沙市雨花区推进“最多跑一次”改革试行工作方案》的通知（5 月 23 日）

▲ 24 号 关于雨花区香樟路“3·22”道路交通事故调查报告和雨花区大塘湾公寓 7 号栋“3·31”坠亡事故调查报告的批复（5 月 28 日）

▲ 25 号 长沙市雨花区人民政府通告（5 月 30 日）

▲ 26 号 关于《长沙市轨道交通 5 号线天际岭主变电站项目板塘社区筹委会征地补偿安置方案》的批复（6 月 21 日）

▲ 27 号 长沙市雨花区人民政府通告（6 月 26 日）

▲ 28 号 关于长沙市雨花区城中村改造投资有限公司、长沙市圭塘河流域开发建设有限公司退出政府融资平台职能的批复（6 月 3 日）

▲ 29 号 关于《长沙市石马安置住房补征项目石马社区筹委会征地补偿安置方案》的批复（6 月 29 日）

▲ 30 号 关于《黎托片节约集约试点项目 5 号地（核心区）平阳社区筹委会征地补偿安置方案》的批复（6 月 29 日）

▲ 31 号 关于一般不可移动文物张文忠墓迁移保护的批复（7 月 5 日）

▲ 32 号 关于延长雨花区万家丽路“5·3”道路交通事故调查期限的批复（7 月 5 日）

▲ 33 号 关于《花容路（大港路—京珠高速东西辅道）项目合丰社区筹委会征地补偿安置方案》的批复（7 月 15 日）

▲ 34 号 关于雨花区万家丽路“5·3”道路交通事故调查报告和雨花区 047 县道“6·12”道路交通事故调查报告的批复（8 月 20 日）

▲ 35 号 关于《侯家冲路（红旗路—杨子路）项目侯照社区筹委会征地补偿安置方案》的批复（8 月 31 日）

▲ 36 号 关于《嘉胜路（长沙大道—石坝路）项目粟塘社区筹委会征地补偿安置方案》的批复 8 月 31 日）

▲ 37 号 森林防火禁火通告（9 月 6 日）

▲ 38 号 关于《黎托片节约集约试点项目 2 号地（合丰两安地合作开发）合丰社区筹委会征地补偿安置方案》的批复（9 月 10 日）

▲ 39 号 关于《黎托片节约集约试点项目 2 号地（合丰两安用地商业开发）合丰社区筹委会征地补偿安置方案》的批复（9 月 10 日）

▲ 40 号 关于实施社区环境综合提质改造工程的通告（9 月 21 日）

▲ 41 号 关于《黎托片节约集约试点项目 2 号地（合丰路）合丰社区筹委会征地补偿安置方案》的批复（9 月 29 日）

▲ 42 号 关于《黎托片节约集约试点项目 2 号地合丰社区筹委会征地补偿安置方案》的批复（9 月 29 日）

▲ 43 号 关于《花容路（大港路—京珠高速西辅道）项目花桥社区筹委会征地补偿安置方案》的批复（10 月 11 日）

▲ 44 号 关于《侯家冲路（红旗路—杨子路）项目边山社区筹委会征地补偿安置方案》的批复（10 月 11 日）

▲ 45 号 长沙市雨花区人民政府通告（10 月 11 日）

▲ 46 号 关于严厉打击电鱼、毒鱼、炸鱼等非法捕捞行为的通告（10 月 22 日）

▲ 47 号 关于加强餐厨剩余物（泔水）管理的通告（11 月 28 日）

▲ 48 号 关于印发《长沙市雨花区促进楼宇经济发展扶植奖励办法》的通知（11 月 30 日）

▲ 50 号 关于雨花区 2018 年度贫困退出的公告（12 月 10 日）

▲ 51 号 关于对重大火灾隐患单位实行挂牌督办整改的通知（12 月 12 日）

▲ 52 号 关于公布规范性文件清理结果的通告（12 月 19 日）

▲ 53 号 关于印发《雨花区集体土地拆迁安置对象保障住房建设及申购办法》的通知（12 月 20 日）

▲ 54 号 关于进一步规范全区集体土地征拆工作的通知（12 月 20 日）

▲ 55 号 关于《车站南路（曙光路—劳动路）项目石马社区筹委会征地补偿安置方案》的批复（12 月 27 日）

▲ 56 号 关于长沙市雨花棚改投资有限责任公司、长沙市润雨棚户改造投资有限责任公司、长沙市雨花现代物流中心开发建设有限公司退出政府融资平台职能的批复（12 月 28 日）

▲ 57 号 关于《建盛加油站项目金屏社区征地补偿安置方案》的批复（7 月 17 日）

▲ 58 号 关于同意设立仙岭社区居民委员会的批复（12 月 28 日）

▲ 59 号 关于同意设立仙岭社区居民委员会的批复（12 月 28 日）

▲ 60 号 关于同意设立升达社区居民委员会的批复（12 月 28 日）

长沙市雨花区
促进区域产业发展扶植奖励办法

第一章 总 则

第一条 目的

为贯彻落实创新、协调、绿色、开放、共享发展理念，推动供给侧结构性改革，构建质量与效益并重、特点与优势突出的现代产业体系，加快建设财富、品质、幸福雨花，打造中部领先、国内一流的现代化强区，根据国家、省、市相关政策并结合我区实际，制定本办法。

第二条 适用范围

（一）扶植对象为在辖区内（不含雨花经开区，雨花经开区另行制定政策并组织实施，下同）进行商事登记且符合本办法规定的企业，辖区内符合本办法规定的单位，符合本办法规定的个人。

（二）本办法规定的新入驻企业为在辖区内新注册成立（不含以更名、股改等形式变更的企业）或由区外迁入且在辖区内进行商事登记的企业。

（三）本办法投资建设奖仅适用于社会投资类项目投资主体。

（四）本办法重点扶植总部型、品牌型等企业，重大片区、商务楼宇、特色街市等载体，总部经济、会议经济、建筑安装、现代商贸、现代金融、专业服务、旅游康养、电商物流、智能制造等业态。

第三条 奖励原则

（一）招商引资或扶植奖励的企业应为独立法人，必须严格按照相关统计制度纳入区域统计范围并产生区级经济贡献。

（二）符合促进区域产业发展扶植奖励办法的对象按从优、从高、同类别不重复计算的原则享受扶植奖励。

（三）对重大企业、重点项目、具有特殊贡献的企业或个人，一事一议另行确定扶植政策。

（四）落户辖区的企业或其投资方、股东等关联方已享受区文化产业发展扶植政策、“一事一议”等特殊政策（含土地优惠政策）的，不再依本办法进行扶植。

（五）《长沙市人民政府关于加强规模企业跨区县（市）搬迁管理的通知》（长政函〔2013〕41号）、《长沙市人民政府关于加强对市内已建金融机构跨区搬迁管理的通知》（长政函〔2012〕67号）涉及的各类企业转入辖区前产生的经济贡献不适用于本办法。

第四条 资金来源

扶植资金主要从区经济发展奖励资金中列支，由区级财政承担。

第二章 招商引资奖

第五条 引进企业总部

（一）新引进一家世界500强企业[1]中国总部[2]、区域性总部[3]，引入当年或次年产生区级经济贡献300万元以上，一次性分别奖励招商引资中介人[4]200万元、100万元。

（二）新引进一家国内100强企业[5]中国总部、区域性总部，引入当年或次年产生区级经济贡献200万元以上，一次性分别奖励招商引资中介人150万元、80万元。

（三）新引进一家传统金融机构[6]中国总部、区域性总部、独立纳税分支机构，引入当年或次年产生区级经济贡献分别达300万元、200万元、100万元，一次性分别奖励招商引资中介人150万元、100万元、50万元。新引进一家新型金融机构[7]，实收资本1亿元以上，引入当年或次年产生区级经济贡献50万元以上，一次性奖励招商引资中介人10万元。

（四）新引进一家国内主板[8]、国内创业板[9]、香港上市公司（不含子公司、分支机构），引入当年或次年产生区级经济贡献300万元以上，一次性奖励招商引资中介人100万元。新引进一家新三板[10]上市公司，引入当年或次年产生区级经济贡献200万元以上，一次性奖励招商引资中介人50万元。

第六条 引进品牌企业

（一）新引进国内外高端知名酒店[11]管理集团管理且委托管理期达3年以上的休闲度假酒店或商务酒店，新建或提质改造实际投资额（不含购地费，本章下同）3亿元以上，一次性奖励招商引资中介人20万元。

（二）新引进一家特级总承包资质建安企业，引入当年或次年产生区级经济贡献300万元以上，一次性奖励招商引资中介人100万元。新引进一级总承包资质建安企业，引入当年或次年产生区级经济贡献100万元以上，一次性奖励招商引资中介人20万元。

（三）新引进符合区域产业发展规划的新型工业化[12]企业或战略性新兴产业[13]企业，实际投资额2500万元以上、5000万元以上，项目完成竣工验收并投入使用当年一次性分别奖励招商引资中介人10万元、20万元。

（四）新引进电商物流（仓储）企业[14]，在雨花现代电子商务产业园购地面积100亩以上，生产性固定资产投入（不含购地费）2亿元以上，一次性奖励招商引资中介人20万元。

（五）新引进符合区域产业发展规划的现代服务业企业，实际投资额1000万元以上，开业经营当年一次性奖励招商引资中介人10万元。

（六）新引进外商直接投资[15]企业，当年累计到位外资（不含购地费，以外汇数据为准）1000万美元以上，开业经营当年一次性奖励招商引资中介人 10 万元。

第三章 投资建设奖

第七条 重点片区开发

（一）在高铁会展新城、红星商圈、雅塘片区、圭塘河生态经济带新建单体商务楼宇[16]，实际投资额（不含购地费，本章下同）5000 万元以上，项目完成竣工验收并投入使用后，单个独立法人企业购买或租赁商务办公面积（不含附属和配套用房，本章下同）500 平方米以上，或单个独立法人企业购买或租赁商务办公面积不足 500 平方米但新入驻当年或次年产生区级经济贡献 50 万元以上，按自持首次出租、出售商务办公面积分别给予商务楼宇开发主体 70 元 / 平方米、50 元 / 平方米扶植。

（二）在跳马片区新建项目，实际投资额 2000 万元以上、5000 万元以上、1 亿元以上，项目完成竣工验收当年一次性分别给予投资主体 50 万元、100 万元、150 万元扶植。

（三）新入驻企业当年或次年入规“四上企业[17]”，按照 3 万元 / 家的标准一次性给予商务楼宇开发主体扶植。

第八条 商务楼宇建设

（一）在辖区内新建商务面积 3 万平方米以上的单体商务楼宇，项目完成竣工验收并投入使用后，单个独立法人企业购买或租赁商务办公面积 500 平方米以上，或单个独立法人企业购买或租赁商务办公面积不足 500 平方米但新入驻当年或次年产生区级经济贡献 50 万元以上，按自持首次出租、出售商务办公面积分别给予商务楼宇开发主体 40 元 / 平方米、30 元 / 平方米扶植。

（二）在辖区内整体提质改造建筑面积 1 万平方米以上的原有商务楼宇，改造公共部分和公共设施设备投入 5000 万元以上，楼宇配套设施完善、服务功能齐全，完成竣工验收并投入使用当年按照商务办公面积一次性给予投资主体 20 元 / 平方米扶植。

第九条 特色商业楼宇及街市建设

（一）在辖区内新建单体建筑面积 2 万平方米以上的商业楼宇[18]，实际投资额 5000 万元以上，完成竣工验收并投入使用后，经营户入驻率 80% 以上、工商税务登记率 95% 以上且独立法人比例 20% 以上，按照投入使用的商业面积一次性给予投资主体 20 元 / 平方米扶植。

（二）在辖区内新建、改建长度 200 米以上，且营业面积 3 万平方米以上的特色商业街市，实际投资额 5000 万元以上，完成竣工验收并投入使用后，经营户入驻率 80% 以上、工商税务登记率 95% 以上且独立法人比例 20% 以上，按照投入使用的商业面积一次性给予投资主体 30 元 / 平方米扶植。

第十条 品牌市场建设

在辖区内新建或整体提质改造建筑面积 5 万平方米以上的市场，实际投资额 1 亿元以上，完成竣工验收并投入使用后，经营管理规范，配套设施完善，经营户入驻率 80% 以上、工商税务登记率 95% 以上且独立法人比例 30% 以上，按照投入使用的商业面积一次性给予投资主体 30 元 / 平方米扶植，最高不超过 200 万元。

第十一条 旅游景区建设

在辖区内投资新建（含提质改造）旅游景区[19]或为辖区内旅游景区投资开发（含运营）旅游线路的企业，实际投资额 5000 万元以上、1 亿元以上、1.5 亿元以上，项目完成竣工验收或旅游线路开发成功当年一次性分别给予投资主体 50 万元、100 万元、200 万元扶植。

第十二条 文体设施建设

在辖区内建设群众文化、体育、艺术、图书、博物、演艺等文体场所设施，实际投资额（不含购地费及人力资本等经营成本）200 万元以上，项目开放经营当年一次性给予投资主体 10 万元扶植。

第十三条 电子交易平台建设

在辖区内建立独立电子交易平台[20]并投入使用，实际投资额（不含购地费、购租房产费用及人力资本）200 万元以上，一次性给予投资主体 20 万元扶植。

第十四条 健康服务业投资

新入驻且经营管理规范的高端健康服务业[21]企业，实际投资额 5000 万元以上，开业经营当年一次性给予投资主体 50 万元扶植。

第十五条 装配式建筑投资

在辖区内建设装配式建筑[22]生产基地，实际投资额 5000 万元以上，实现投产当年一次性给予投资主体 50 万元扶植。

第十六条 外商直接投资

在辖区内投资的外商企业，年度外商直接投资累计到位 1000 万美元以上、2000 万美元以上、5000 万美元以上，当年一次性分别给予投资主体 10 万元、15 万元、20 万元扶植。

第四章 企业入驻奖

第十七条 购地自建办公用房补贴

（一）新入驻的世界 500 强或国内 100 强企业中国总部、区域性总部在辖区内购地自建办公用房，按自持自用面积（不含附属和配套用房，本章下同）一次性分别给予 1500 元 / 平方米、1000 元 / 平方米扶植。

（二）新入驻的传统金融机构中国总部、区域性总部、独立纳税分支机构在辖区内购地自建办公用房，按自持自用面积一次性分别给予 1800 元 / 平方米、1600 元 / 平方米、500 元 / 平方米扶植。

（三）新入驻的国内主板、国内创业板、香港上市公司在辖区内购地自建办公用房，按自持自用面积一次性给予 1500 元 / 平方米扶植。

（四）扶植资金超过该企业当年区级经济贡献的，实行分年兑现，每年兑现金额不超过当年区级经济贡献，兑现期不超过三年。

第十八条 购房补

（一）新入驻的世界 500 强或国内 100 强企业中国总部、区域性总部在辖区内购买办公用房，购房面积 500 平方米以上，按购房面积一次性分别给予 1200 元 / 平方米、800 元 / 平方米扶植。

（二）新入驻的传统金融机构中国总部、区域性总部、独立纳税分支机构在辖区内购买办公用房，购房面积 500 平方米以上，按购房面积一次性分别给予 1500 元 / 平方米、1200 元 / 平方米、400 元 / 平方米扶植。

（三）新入驻的国内主板、国内创业板、香港上市公司在辖区内购买办公用房，购房面积500平方米以上，按购房面积一次性给予1000元/平方米扶植。

（四）扶植资金超过该企业当年区级经济贡献的，实行分年兑现，每年兑现金额不超过当年区级经济贡献，兑现期不超过三年。先租后买的，享受购房补贴时须扣除已享受的租赁补贴。

第十九条　租赁补贴

（一）新入驻的世界500强或国内100强企业中国总部、区域性总部在辖区内租赁办公用房，实际租赁面积500平方米以上，按实际租赁面积一次性分别给予800元/平方米、400元/平方米扶植。

（二）新入驻的传统金融机构中国总部、区域性总部、独立纳税分支机构在辖区内租赁办公用房，实际租赁面积500平方米以上，按实际租赁面积一次性分别给予1200元/平方米、800元/平方米、300元/平方米扶植。

（三）新入驻的国内主板、国内创业板、香港上市公司在辖区内租赁办公用房，实际租赁面积500平方米以上，按实际租赁面积一次性给予500元/平方米扶植。

（四）扶植资金超过该企业当年区级经济贡献的，实行分年兑现，每年兑现金额不超过当年区级经济贡献，兑现期不超过三年。

第二十条　示范楼宇入驻奖

新入驻经区人民政府认定的现代服务业示范楼宇的服务业企业，享受以下扶植政策：

（一）购房补贴

采取买受形式新入驻的，购房面积200平方米以上，入驻当年按购房面积一次性给予600元/平方米扶植；购房面积1000平方米以上，入驻当年按购房面积一次性给予750元/平方米扶植。扶植资金超过该企业当年区级经济贡献的，实行分年兑现，每年兑现金额不超过当年区级经济贡献，兑现期不超过三年。先租后买的，享受购房补贴时须扣除已享受的租赁补贴。

（二）租赁补贴

1. 采取租赁方式新入驻的，实际租赁面积200平方米以上，自入驻之日起三个年度内，每年按实际租赁面积给予200元/平方米扶植。

2. 扶植资金超过该企业当年区级经济贡献的，每年兑现金额不超过当年区级经济贡献。

（三）装修补贴

首次进行装修且装修面积200平方米以上的，装修工程完成竣工验收并投入使用当年按实际装修面积一次性给予100元/平方米扶植。

第二十一条　示范楼宇物业服务奖

自示范楼宇认定之日起三个年度内，物业管理企业为示范楼宇提供优质物业服务，满意率90%以上，并积极协助招商引资、税收摸底等工作，现代服务业企业入驻率（按面积计算）50%以上、80%以上，每年分别给予5万元、10万元扶植。

第二十二条　高铁会展新城会展企业入驻奖

新入驻高铁会展新城的会展企业，享受以下扶植政策：

（一）购房补贴

采取买受方式新入驻的，购房面积200平方米以上，入驻当年按购房面积一次性给予500元/平方米扶植。扶植资金超过该企业当年区级经济贡献的，实行分年兑现，每年兑现金额不超过当年区级经济贡献，兑现期不超过三年。先租后买的，享受购房补贴时须扣除已享受的租赁补贴。

（二）租赁补贴

采取租赁方式新入驻的，实际租赁面积200平方米以上，入驻当年按实际租赁面积一次性给予200元/平方米扶植。扶植资金超过该企业当年区级经济贡献的，实行分年兑现，每年兑现金额不超过当年区级经济贡献，兑现期不超过三年。

第二十三条　雨花现代电子商务产业园企业入驻奖

新入驻雨花现代电子商务产业园的企业，享受以下扶植政策：

（一）购房补贴

1. 采取买受方式新入驻的电子商务业、信息服务业企业，购房面积200平方米以上，入驻当年按购房面积一次性给予200元/平方米扶植；购房面积1000平方米以上，入驻当年按购房面积一次性给予300元/平方米扶植。

2. 采取买受方式新入驻的电商物流（仓储）企业，仓储面积1000平方米以上，入驻当年一次性给予10万元扶植。

3. 扶植资金超过该企业当年区级经济贡献的，实行分年兑现，每年兑现金额不超过当年区级经济贡献，兑现期不超过三年。先租后买的，享受购房补贴时须扣除已享受的租赁补贴。

（二）租赁补贴

1. 采取租赁方式新入驻的电子商务业、信息服务业企业，实际租赁面积200平方米以上，自入驻之日起三个年度内，每年按实际租赁面积给予60元/平方米扶植；实际租赁面积1000平方米以上，自入驻之日起三个年度内，每年按实际租赁面积给予90元/平方米扶植。

2. 采取租赁方式新入驻的电商物流（仓储）企业，仓储面积2000平方米以上，入驻当年一次性给予10万元扶植。

3. 扶植资金超过该企业当年区级经济贡献的，每年兑现金额不超过当年区级经济贡献。

（三）平台服务费用补贴

与园区内电商平台签订电子商务服务协议的，经认定后按2万元/家的标准一次性给予扶植，最高不超过当年实际服务费用总额。

（四）APP软件开发补贴

电子商务业、信息服务业企业独立开发APP软件[23]，单个APP软件合约注册用户50万个以上，经认定后一次性给予2万元扶植。

（五）数据专线补贴

使用由雨花现代物流中心开发建设有限公司提供的独享互联网接通数据专线（100兆以上），每年按实际支出费用的40%给予扶植，最高不超过30万元。

第二十四条　培育补贴

（一）新入驻企业（不含房地产企业，本条下同）自入驻之日起三个年度内，年度区级经济贡献50万元以上，分别按其当年区级经济贡献的30%、20%、10%给予扶植；年度区级经济贡献500万元以上，分别按其当年区级经济贡献的50%、40%、30%

给予扶植。

（二）新入驻跳马片区的企业自入驻之日起三个年度内，年度区级经济贡献10万元以上，分别按其当年区级经济贡献的40%、30%、20%给予扶植；年度区级经济贡献100万元以上，分别按其当年区级经济贡献的50%、30%、20%给予扶植。

第五章　发展贡献奖

第二十五条　经济贡献台阶奖

（一）企业（不含房地产企业，本条下同）年度区级经济贡献首次达200万元、500万元、1000万元、2000万元，当年分别给予20万元、30万元、40万元、50万元扶植。

（二）企业年度区级经济贡献1000万元以上，当年对其高管（不超过10人）以年度个人区级经济贡献为参照数给予奖励，年度区级经济贡献每增加500万元，递增5名高管名额。合计最高不超过50名。

第二十六条　经济贡献增长奖

企业（不含房地产企业）年度区级经济贡献100万元以上且同比增长20%以上、500万元以上且同比增长15%以上，当年按其年度区级经济贡献增长部分的50%给予扶植，最高不超过200万元。

第二十七条　“四上企业”进规入库奖

新增纳入规模以上统计单位的规模以上工业企业、限额以上批发零售和住宿餐饮企业、资质等级建筑业企业、规模以上服务业企业，当年一次性给予3万元扶植。

第二十八条　规模工业发展奖

规模以上新型工业企业年度销售收入5亿元以上、10亿元以上、20亿元以上，且同比增速达全市规模工业增加值同比增速，当年分别给予2万元、3万元、5万元扶植。

第二十九条　商贸流通发展奖

（一）限额以上批发零售企业年度社会消费品零售总额（集团分解企业为区留存部分）1亿元以上、2亿元以上、5亿元以上，且同比增速达全市限额以上社会消费品零售总额同比增速，当年分别给予2万元、3万元、5万元扶植。

（二）限额以上住宿餐饮企业年度社会消费品零售总额3000万元以上、5000万元以上、1亿元以上，且同比增速达全市限额以上社会消费品零售总额同比增速，当年分别给予2万元、3万元、5万元扶植。

第三十条　资质等级建筑业发展奖

（一）资质升级补贴。建安企业总承包资质晋升为一级、特级，升级成功当年一次性分别给予20万元、100万元扶植；建安企业晋升为专业承包资质一级，获得城乡建设部颁发证书当年一次性给予10万元扶植；建安企业新增隧道、桥梁、机场、港口等稀缺专业承包资质，新增当年一次性给予20万元扶植。

（二）外拓业务补贴。资质等级建筑企业年度外拓建筑产值[24]5亿元以上、10亿元以上，当年分别给予10万元、20万元扶植。

（三）品牌工程补贴。建安企业获得市级绿色工程、安康杯工程，当年一次性给予10万元扶植；建安企业获得芙蓉奖[25]、省级质量标准化工地，当年一次性给予20万元扶植；建安企业获得鲁班奖[26]、中国市政金杯奖[27]，当年一次性给予50万元扶植。

第三十一条　服务业发展奖

（一）规模以上营利性服务业企业年度营业收入5000万元以上、8000万元以上、1亿元以上，且同比增速达全市规模以上营利性服务业增加值同比增速，当年分别给予2万元、3万元、5万元扶植。

（二）品牌商场[28]。新开业品牌零售商场（超市），经营管理规范，营业面积5000平方米以上，独立法人比例40%以上，开业经营当年一次性给予经营管理单位40万元扶植。

（三）星级酒店。首次被评为四星级酒店、五星级（含铂金五星级）酒店，获得标志（证书）当年一次性分别给予经营管理单位10万元、50万元扶植。

（四）旅游业。首次被评为国家4A、5A级旅游景区的，获得标志（证书）当年一次性分别给予10万元、20万元扶植。首次被评为省级五星级旅行社、国家百强旅行社的，且总部在辖区内，获评当年一次性分别给予5万元、10万元扶植。首次获批省级、国家级工业旅游示范点的，获批当年一次性分别给予20万元、50万元扶植。首次获批省级、国家级休闲农业示范园（示范点或品牌农庄、乡村旅游创客基地）的，获批当年一次性分别给予10万元、20万元扶植。

（五）现代物流业。首次获评为国家AAAA、AAAAA级物流企业的，获评当年一次性分别给予10万元、20万元扶植。

（六）电子商务业。经市级以上商务部门认定并开展电子商务的，开业经营当年一次性给予1万元扶植；首次进入全国百强或全市同行业十强的，一次性给予10万元扶植。

（七）信息服务业。新通过CMM3、CMM4、CMM5等级认证[29]的，当年一次性分别给予5万元、10万元、20万元扶植。与辖区内第三方B2B、B2C电子商务平台[30]签订服务协议，并支付1年（含）以上服务费用的，一次性给予2万元扶植，最高不超过当年实际服务费用总额。

（八）服务外包业。经市级以上商务部门认定并开展服务外包业务的，开业经营当年一次性给予1万元扶植；首次进入全市同行业十强的，一次性给予5万元扶植。

第三十二条　新型金融机构扶植

（一）股权投资

股权投资类企业[31]当年发生投资额占实缴资本（募集资金，下同）50%以上，投资额50%以上投向辖区内企业，实缴资本1亿元以上、5亿元以上、10亿元以上，一次性分别给予100万元、200万元、300万元扶植。

（二）融资担保

取得《融资性担保机构经营许可证》且合法经营的融资性担保公司，按其当年对辖区内企业、企业法人代表、个体工商户担保的年度日均业务量的30%给予扶植。

（三）小额贷款

1. 合法经营的小额贷款公司贷款对象为辖区内企业、企业法人代表、个体工商户，综合贷款年利率（含综合费和管理费，下同）低于12%，按其当年实收贷款利息的20%给予扶植，每年最高不超过30万元。

2. 合法经营的小额贷款公司，按其当年对辖区内企业、企业法人代表、个体工商户的年度日均放贷量的20%给予扶植。

第三十三条 会展经济发展奖

（一）会议补贴

1. 在辖区内举办会期2天以上的国际性、全国性大型商务或学术会议[32][33]，住宿辖区内独立法人形式的五星级酒店（或国内外高端知名酒店，本条下同）房间数量（房间数*天数，本条下同）800间以上，一次性给予组委会12万元扶植，房间数量每增加100间，递增1万元。合计最高不超过15万元。

2. 在辖区内举办会期2天以上国际性中型商务或学术会议[34]，住宿辖区内独立法人形式的五星级酒店房间数量200间以上，一次性给予组委会6万元扶植，房间数量每增加100间，递增1万元。合计最高不超过12万元。

3. 在辖区内举办会期2天以上全国性中型商务或学术会议[35]，住宿辖区内独立法人形式的五星级酒店数量200间以上，一次性给予组委会4万元奖励，房间数量每增加100间，递增1万元。合计最高不超过10万元。

4. 符合以上条件，住宿酒店为四星级的，按对应标准的80%给予扶植。

（二）认证补贴

加入国际展览业协会（UFI）、国际会议和大会协会（ICCA）、亚洲展览会议联盟（AFECA）等国际性会展组织，或会展项目取得上述组织认证的，一次性给予20万元扶植。

第三十四条 企业上市扶植

（一）在国内主板、国内创业板首发上市的，分两次给予总额200万元扶植。向中国证监会递交上市材料并获受理后，当年一次性给予100万元扶植；经中国证监会审核并批准发行上市后，当年一次性给予100万元扶植。

（二）在香港、新三板首发上市的，上市当年一次性分别给予200万元、80万元扶植。

（三）在湖南股交所标准板[36]挂牌的，挂牌当年实现融资（非股权转让和发行私募债）300万元以上或主营业务收入1000万元以上且净利润100万元以上，一次性给予20万元扶植。

（四）扶植资金超过该企业当年区级经济贡献的，实行分年兑现，每年兑现金额不超过当年区级经济贡献，兑现期不超过三年。

第六章 创新提质奖

第三十五条 高新技术企业认定补贴

获得高新技术企业认定，当年或次年主营业务收入2000万元以上、5000万元以上、1亿元以上的，一次性分别给予2万元、5万元、10万元扶植。

第三十六条 投资促进奖

新入驻的高新技术企业或战略性新兴产业企业，生产性固定资产投入（不含购地费）1000万元以上，项目完成竣工验收投产当年按其实际投资额的2%一次性给予投资主体扶植，最高不超过50万元。

第三十七条 研发投入奖

规模以上工业企业（或资质等级建筑业企业、规模以上服务业企业中的高新技术企业），年度研究与开发经费总投入区排名前十或年度研究与开发经费投入占主营业务收入比例区排名前十的，当年分别给予前五名10万元扶植，其他5万元扶植，不重复扶植。

第三十八条 技术交易奖

技术交易机构的技术交易合同年度累计成交额2000万元以上、1亿元以上、5亿元以上，当年分别给予5万元、10万元、15万元扶植。

第三十九条 成果转化奖

企业自主研发发明专利获得授权且实现产业化，自获得授权之日起的当年或次年实现年度销售收入800万元以上且年度产生区级经济贡献50万元以上、年度销售收入2000万元以上且年度产生区级经济贡献120万元以上，一次性分别给予10万元、15万元扶植。

第四十条 平台建设奖

在辖区内新设立经市级及以上科技部门认定的市级、省级、国家级科技创新平台（含重点实验室、工程技术研究中心、科技孵化器），认定当年一次性分别给予5万元、15万元、25万元扶植。

第四十一条 产业升级奖

（一）获评市级、省级、国家级技术创新示范的新型工业化企业，当年产生区级经济贡献50万元以上，一次性分别给予20万元、30万元、50万元扶植。

（二）新纳入湖南省中小企业“专精特新[37]”示范企业名单的新型工业化企业，一次性给予3万元扶植。关键共性技术[38]列入当年湖南省战略性新兴产业重大关键共性技术发展导向目录的新型工业化企业，一次性给予5万元扶植。符合首次研制或应用湖南省首台（套）重大技术装备[39]的新型工业化企业，一次性给予5万元扶植。

第四十二条 质量提升补贴

获评长沙市长质量奖[40]、湖南名牌[41]、湖南省长质量奖[42]、中国质量奖[43]的，当年一次性分别给予4万元、6万元、30万元、50万元扶植。

第四十三条 标准创新补贴

（一）辖区内单位承担行业（或省级）标准化专业技术委员会、国家标准化专业技术委员会、国际标准化专业技术委员会秘书处（或工作组）工作，一次性分别给予3万元、5万元、10万元扶植。

（二）辖区内单位主导制（修）订行业标准（地方标准）、国家标准、国际标准，制（修）订完成当年一次性分别按照3万元/项、5万元/项、10万元/项的标准给予扶植；参与制（修）订的，制（修）订完成当年一次性分别按以上标准的50%给予扶植。

（三）辖区内单位成体系实施标准，推动制造新模式应用且成效显著，经认定后连续三个年度每年给予10万元扶植。

第七章 附则

第四十四条 符合上述扶植条件的对象，当年有下列情形之一者，不予扶植奖励：

（一）存在偷税、逃税、抗税等违反税法行为的；

（二）发生安全责任事故的；

（三）发生劳资纠纷并造成严重不良社会影响的；

（四）社会治安综合治理、环境保护、计划生育等被一票否决的；

（五）有其他违反法律法规或相关政策行为的。

第四十五条　其他

（一）凡享受购地自建、购房、租赁、装修类扶植的企业，须签订五年内不迁出雨花区的协议，如有违反须退还已享受的扶植资金。

（二）符合本办法规定条件的扶植对象，须在规定时限内向雨花现代电商物流管理委员会、所属街道办事处（镇人民政府）申报，由雨花现代电商物流管理委员会、所属街道办事处（镇人民政府）统一向区产业建设领导小组办公室提出申请，由区产业建设领导小组组织审核，经区人民政府审定后给予奖励兑现。

（三）申请扶植奖励对象必须保证申报资料的真实性，如有弄虚作假行为或拒绝配合监督检查的，将取消或收回扶植资金，同时三年内不再将其列入扶植范围。

（四）本办法自 2018 年 1 月 1 日起施行，同时《长沙市雨花区人民政府关于长沙市雨花区促进区域产业发展扶植奖励办法（修订稿）》（雨政发〔2014〕65 号）、《长沙市雨花区人民政府关于长沙市雨花区加快推进新型工业化发展和信息化建设的扶植奖励操作办法》（雨政发〔2015〕66 号）和 2016 年 9 月 1 日长沙市雨花区人民政府下发的《长沙市雨花区促进金融业发展扶植办法》《长沙市雨花区促进文化产业发展扶植办法》《长沙市雨花区促进专业服务业发展扶植办法》《长沙市雨花区电子商务业和信息服务业示范园区、示范楼宇扶植办法》停止执行。

（五）本办法由区产业建设领导小组办公室负责解释。

名词解释

[1] 世界 500 强企业：最新被《财富》杂志或《福布斯》杂志评为世界 500 强的企业。

[2] 中国总部：在全国以上范围内开展业务，具备中国大陆境内总结算资格的企业。

[3] 区域性总部：在全省范围内开展业务，具备湖南境内总结算资格的企业。

[4] 招商引资中介人：项目签约前在区商务和旅游局进行了备案登记，经被引进企业确认，最终促成项目落户我区的直接引进人。

[5] 国内 100 强企业：最新被中国企业联合会或中国企业家协会评为中国 500 强企业的前 100 强。

[6] 传统金融机构：主要指银行、证券公司、保险公司。其中，银行指经中国银行业监督管理委员会批准，依法成立的经营货币信贷业务的金融机构；证券公司指经国务院证券监督管理机构审查批准，依法成立的专门经营证券业务，具有独立法人地位的有限责任公司或者股份有限公司；保险公司指经中国保险监督管理机构批准，依法登记注册的商业保险公司，包括直接保险公司和再保险公司。

[7] 新型金融机构：主要指基金管理公司、资产管理公司、股权投资公司、信托投资公司、期货公司、私募投资公司、风险投资公司、融资性担保公司、财务咨询公司、小额贷款公司、金融租赁公司、消费金融公司、互联网金融机构等从事货币信用活动的中介组织。

[8] 国内主板：也称为一板市场，是中国证券发行、上市及交易的主要场所，即上海证券交易所和深圳证券交易所。本办法所称国内主板市场含中小企业板市场，中小企业板块是深圳证券交易所主板市场的一个组成部分，上市的基本条件与主板市场完全一致。

[9] 创业板：也称为二板市场，是专为暂时无法在主板上市的创业型企业、中小企业和高科技产业企业等需要进行融资和发展的企业提供融资途径和成长空间的证券交易市场，本办法特指深圳证券交易所创业板。

[10] 新三板：特指中关村科技园区非上市股份有限公司进入代办股份系统进行转让试点。

[11] 国内外高端知名酒店：最新被《HOTELS》杂志评为世界“全球酒店集团”前 100 强的酒店管理企业。

[12] 新型工业化：坚持以信息化带动工业化，以工业化促进信息化，充分发挥科技含量高、经济效益好、资源消耗低、环境污染少、人力资源优势的工业化。

[13] 战略性新兴产业：体现新兴科技和新兴产业深度融合的代表科技创新方向和产业发展方向，对经济社会发展具有较强关联带动作用的一类新兴产业。我区战略性新兴产业主要指先进装备制造、新材料、生物医药、新能源、信息技术、节能环保等六大产业。

[14] 电商物流（仓储）企业：采取信息化、自动化、网络化、智能化手段，专门服务于电子商务的各类自营物流、物流联盟、第三方物流、第四方物流、仓配一体化物流的企业。

[15] 外商直接投资：又称国际直接投资，是指外国企业和经济组织或个人（包括华侨、港澳台胞以及我国在境外注册的企业）按我国有关政策、法规，用现汇、实物、技术等在我国境内开办外商独资企业、与我国境内的企业或经济组织共同举办中外合资经营企业、合作经营企业或合作开发资源的投资（包括外商投资收益的再投资），以及经政府有关部门批准的项目投资总额内企业从境外借入的资金。

[16] 商务楼宇：以商务性质报建的，使用用途为企业办公的写字楼。

[17] 四上企业：现阶段我国经济统计系统专用称谓，包括规模以上工业企业、限额以上批发零售和住宿餐饮企业、资质等级建筑业企业、规模以上服务业企业。

[18] 商业楼宇：以商业性质报建的，使用用途为商业营业场所的楼宇（包括商场、百货、超市、酒店、餐饮等）。

[19] 旅游景区：又称景区、景点、旅游景点，是指以旅游及其相关活动为主要功能或主要功能之一的区域场所，能够满足游客参观游览、休闲度假、康乐健身等旅游需求，具备相应的旅游设施并提供相应的旅游服务的独立管理区。

[20] 电子交易平台：建立在信息技术应用基础上，利用虚拟网络空间开

展商务活动，协调整合信息流、货物流、资金流有序关联高效流动的场所。本办法所称电子交易平台包含电子商务平台、支付平台、安全平台、管理平台、移动互联网平台。

[21] 高端健康服务业：以生命技术和生物技术为先导，以健康至上理念为指导，服务人的生命健康，涵盖健康检查、健康疗养、健康运动、三甲医院等多个领域多产业集合，具有较强的综合性，不包含诊所、药店、高尔夫俱乐部。

[22] 装配式建筑：采用建筑、装修一体化设计、施工，由预制部品部件在工地装配而成的建筑。

[23]APP 软件：即应用软件，通常指智能手机的第三方应用程序，通过第三方针对企业（个人消费者）提供相应服务，起到双向需求汇聚、营销分发、效率提升、成本降低的效用。

[24] 外拓建筑产值：辖区内建安企业在长沙地区以外开展业务并在辖区内产生相应经济贡献的建筑业产值。

[25] 芙蓉奖：全称为“湖南省建设工程芙蓉奖”，是湖南省建筑行业工程质量方面的最高奖。“芙蓉奖”的评选范围为已获得上年度“湖南省优质工程奖”的工程，每年评选一次，奖励数额为 35 个。

[26] 鲁班奖：全称为“中国建设工程鲁班奖（国家优质工程）”，是中国建筑行业工程质量的最高奖项，每年评审一次，两年颁奖一次。

[27] 中国市政金杯奖：是我国市政行业工程质量的最高奖项，由中国市政工程协会组织评选，每年评选一次。

[28] 品牌商场：上规模、有影响、效益好、形象佳的零售商业企业，主要包括全国性连锁商场、大型超市和百货大楼。

[29]CMM3、CMM4、CMM5 等级认证：CMM（Capability Maturity Model 软件能力成熟度模型）是由美国卡内基梅隆大学的软件工程研究所（SEI）创立的 CMM 认证评估，共有五个等级，分别标志着软件企业能力成熟度的五个层次。从低到高，软件开发生产计划精度逐级升高，单位工程生产周期逐级缩短，单位工程成本逐级降低。

[30]B2B、B2C 电子商务平台：B2B 即 Business—to—Business，指企业之间的营销关系。企业将内部网通过 B2B 网站与客户紧密结合起来，通过网络的快速反应，为客户提供更好的服务，从而促进企业的业务发展。B2C 即 Business—to—Customer 或“商对客”，企业通过互联网为消费者提供一个新型的购物环境——网上商店，直接面向消费者销售产品和服务。

[31] 股权投资类企业：包括股权投资企业和股权投资管理企业。股权投资企业是指依法设立并以股权投资为主要经营业务的企业。股权投资管理企业是指受股权投资企业委托，以股权投资管理为主要经营业务的企业。

[32] 国际性大型商务或学术会议：总参会人数 800 人以上且境外参会人数达 30 人以上（来自境外 3 个以上国家或地区，含港澳台地区）的国际性商务或学术会议。

[33] 全国性大型商务或学术会议：总参会人数达 800 人以上且省外参会人数达 30 人以上（来自省外 3 个以上省、自治区、直辖市）的全国性商务或学术会议。

[34] 国际性中型商务或学术会议：总参会人数 200 人以上且境外参会人数达 30 人以上（来自境外 3 个以上国家或地区，含港澳台地区）的国际性商务或学术会议。

[35] 全国性中型商务或学术会议：总参会人数达 200 人以上且省外参会人数达 30 人以上（来自省外 3 个以上省、自治区、直辖市）的全国性商务或学术会议。

[36] 湖南股交所标准板：湖南股权交易所有限责任公司最高挂牌交易板块。标准板的挂牌公司应当为业务明确、信息披露质量较高的股份有限公司，传统行业年营收达 1000 万，报告期内不能有亏损，新型行业无营收要求，满足《湖南股权交易所标准板（E1板）业务管理规则》条件，达到一定的经营期限及实缴资本不低于注册资本的 60% 等要求。

[37] 专精特新：“专”指专业化生产、服务和协作配套的能力；“精”指精细化生产、精细化管理、精细化服务；“特”指利用特色资源，弘扬传统技艺和地域文化，采用独特工艺、技术、配方或原料，研制生产具有地方或企业特色的产品；“新”指开展技术创新、管理创新和商业模式创新，培育新的增长点，形成新的竞争优势。

[38] 关键共性技术：湖南省加速推进新型工业化工作领导小组办公室发布的《湖南省战略性新兴产业重大关键共性技术发展导向目录（2015）》内的 30 项重大技术。

[39] 湖南省首台（套）重大技术装备：省内企业首次自主研发或国产化制造的重大技术装备及关键部件。

[40] 长沙市长质量奖：长沙市人民政府设立的最高质量荣誉，主要授予市内具有法人资格，已实施卓越绩效管理模式，有广泛的社会知名度与影响力，在行业内处于领先地位，取得显著质量效益的生产型、服务型企业或组织，以及为质量强市作出突出贡献的个人。

[41] 湖南名牌：根据《中华人民共和国产品质量法》《湖南省名牌产品认定和保护办法》等法律、法规，由湖南省名牌产品审定委员会认定的湖南省境内生产，质量水平、市场占有率、用户满意度和知名度居本省同类产品前列的产品。

[42] 湖南省长质量奖：湖南省人民政府设立的最高质量荣誉，主要授予在湖南省登记注册、有广泛的社会知名度和影响力、实施卓越绩效管理模式、质量管理水平和自主创新能力在国内同行业处于领先地位、取得显著经济效益和社会效益的单位，以及为湖南省质量振兴作出突出贡献的个人。

[43] 中国质量奖：中国质量领域的最高荣誉，设中国质量奖和中国质量奖提名奖，每两年评选一次，旨在表彰在质量管理模式、管理方法和管理制度领域取得重大创新成就的组织和为推进质量管理理论、方法和措施创新做突出贡献的个人。

长沙市雨花区人民政府关于将招商引资作为经济工作第一抓手推进财富雨花建设的工作意见

雨花经开区，火车南站地区综管办，镇人民政府，各街道办事处，区直各部门单位：

为进一步落实“创新引领、开放崛起”战略，加快创建国家中心城市，推动经济转型升级和供给侧结构性改革，健全完善招商引资体制机制，全面建设中部领先、全国一流的现代化强区，根据国家、省、市相关精神和文件，现就全力推进我区招商引资工作提出以下工作意见。

一、进一步提高招商引资工作地位

各级各部门要始终将招商引资工作摆在突出重要的位置，把招商引资作为赶超发展的“一号工程”来对待，按照“一把手抓，抓一把手”的要求，落实招商引资“第一抓手”责任制。区委组织部要把招商引资工作成效作为检验领导干部尤其是主要负责干部工作能力的重要指标。区委宣传部要加强舆论引导，配合做好招商引资工作的宣传推介，营造全区浓厚的招商氛围。区发改局、区财政局、区商务和旅游局等经济要素部门要将“精准、舍得、执着”理念融入招商引资工作中，通过政策激励等举措，把各行各业的力量聚焦到招商引资上来，把招商引资网络延伸到更大范围、更宽领域、更高层次，形成领导带动、部门联动、企业主动的招商引资工作新格局。

二、进一步明确招商引资工作目标

（一）结合我区现有产业优势和未来产业发展方向，重点发展以智能制造、新能源汽车、机器人为主导的先进制造业，以总部经济、楼宇经济为载体的现代商贸、现代物流、现代金融、文化创意、会议会展、健康养老等现代服务业，拓宽延伸上下游产业链，打造产业集群。重点突出“内城区、主城区、新城区、开发区、生态区”组团发展，立足高铁会展新城·中央商务区、红星森林公园商务区、雅塘现代商贸区、跳马全域旅游示范区、雨花经济开发区及雨花现代电子商务物流园等六大重点片区，通过片区建设加强产业承载能力，通过招大引强强化片区功能属性。

（二）加快发展先进制造业，以智能制造为统领，以“一主一特”为方向，抓紧完善补强新能源汽车产业和机器人产业链，建设机器人产业和新能源汽车产业集聚示范区。在新能源汽车产业上重点引进新能源乘用车整车研发生产企业或生产线，及电池、电机、控制器等新能源汽车关键零部件研发生产企业；在机器人产业上重点铺排引进工业机器人本体、集成应用、核心零部件、研发培训等上下游企业及配套项目，着力引进“特种特型”机器人龙头企业。通过“建链、强链、补链、延链”，推动雨花经开区对标国家级开发区、瞄准千亿园区转型升级。

（三）集聚发展现代服务业，紧扣区域发展定位，补齐现代服务业短板，加快培育和推动现代商贸、现代物流、现代金融、文化创意、会议会展、健康养老等新兴产业向重点片区、重点商圈、重点楼宇集聚。着力培育总部经济，深化专业示范楼宇创建，继续推进商务楼宇去库存。瞄准电商物流行业龙头，打造电商聚集区和现代物流核心区。以全域旅游为统揽，积极培育观光体验、运动休闲、森林康养等产业链，促进产城融合发展。

（四）雨花经开区、区经信局、区城建投、区征地办、区现服办、区电商物流园、区金融办、区棚改办、区国土分局、区文产办、各街道（镇）、各大片区指挥部及相关平台公司、社区（筹委会）、村要全面梳理具备招商引资条件的土地、楼宇、厂房、融资需求、发包项目，并进行登记造册、动态更新，以一流的项目包装推进招大引强。区商务和旅游局制订雨花区2018年重点引进500强企业项目表，精准对接符合产业导向的世界500强、中国500强、民企500强和行业100强等企业，全年要力争引进10家500强企业项目。

三、进一步明晰招商引资工作职责

按照“管行业必须管招商”的原则，在区招商引资工作领导小组的统一领导下，认真落实“一岗双抓”主体责任，由分管区领导牵头成立产业和片区招商引资工作组，加强对招商引资工作的统筹协调、项目招引和项目落地。

（一）成立雅塘片区招商工作组

组长：王清政　区委常委、纪委书记

责任单位：长沙市雨花区雅塘新城三年改造指挥部（牵头）、区商务和旅游局、区城建投、区棚改办、区征收办、雨花亭街道

负责推进雅塘片区的土地征拆、产业导入工作，招引大型地产开发商，率先启动雅塘一期（1号地、2号地）地块建设，围绕“一年打基础，两年现雏形，三年见成效”的总体改造目标，凝心聚力、奋力攻坚、狠抓突破。

（二）成立人工智能及机器人产业链招商工作组

组长：郭四军　区委常委、雨花经开区党工委书记

责任单位：雨花经开区招商局（牵头）、区发改局、区科技局、区商务和旅游局、区环保局、区经信局

负责力争2年内进入全国机器人产业园区五强、全国新能源汽车基地前十强。

（三）成立文化创意产业招商工

作组

组长：余宏卿　区委常委、宣传部部长

责任单位：区委宣传部（牵头）、区文产办、区商务和旅游局、区文体新局、区现服办、区棚改办

负责加快全区文创产业整合升级，浓厚文创产业发展氛围，推进雨花文化创意产业园建设。

（四）跳马片区全域旅游招商工作组

组长：周海毅　区委常委、区委办主任

责任单位：长沙市雨花区全域旅游开发建设指挥部（牵头）、区农林水局、区商务和旅游局、跳马镇

负责建设跳马两型示范区，积极培育观光体验、运动休闲、森林康养等产业链，打造金屏特色小镇，加速发展全域旅游。

（五）成立商贸流通及电商物流产业招商工作组

组长：张良欣　副区长

责任单位：区商务和旅游局（牵头）、区电商物流园、区现服办、区金融办

负责在全区力争实现10家以上500强企业落户，实现楼宇去库存30万平方米以上，加强现代服务业企业向高端楼宇和重点片区的集聚度，打造电商聚集区和现代物流核心区。

（六）成立综合协调落地组

组长：邹春林　区委常委、常务副区长

责任单位：区政府办（牵头），区发改局、区财政局、区人社局、区商务和旅游局、区城管执法局、区城建投、区法制办、区工商分局、区国税局、区地税局、区国土分局、区规划分局、区消防大队

负责推进项目在谈、签约、开工、建成全过程动态监管与服务，加强对重大项目的政策支持，推动项目快速落地。

各街道（镇）、社区（筹委会）、村要加强与企业和项目的服务对接，在加快拆迁腾地、优化营商环境、加强沟通协调、加速楼宇去库存上主动作为。全区上下要通过明确工作责任，对标世界500强、中国500强、民营500强、行业100强等企业，引进一批具有广泛示范性、引领性、效益性和影响性的大型知名战略投资者，推动重点片区、重点项目的招商引资和开发建设取得重大突破

四、进一步丰富招商引资工作手段

（一）负有招商职能的园区、片区和部门要抓住关键链条、关键技术、关键环节、关键企业、关键人才，制定推出产业链招商“地图”，重点引进产业链、价值链上的高端项目，以“水平产业链”上各龙头企业为核心，面向龙头企业上下游关联环节“纵向”引进配套项目，巩固、强化产业链，加速形成产业集聚和产业集群。要建立起在谈项目、签约项目、落地项目电子工作台账，全区要形成多部门协作的工作机制，按照“一个项目、一套班子、一跟到底”的要求，从前期洽谈到后期建设，做到专人盯办、专题研究、专项督查。

（二）区商务和旅游局要认真分析雨花区产业发展方向，锁定500强企业，以打造现代服务业集聚区为目标，开展精准招商；要加强项目包装，树立“互联网＋招商引资”的思维，经常性开展主题推介和产业链专题沙龙活动，开展策划招商；要以小分队等形式主动出击，赴北京、上海、深圳等一线城市，开展敲门招商；要积极参加湖南省人民政府、长沙市人民政府等主办的“沪洽周”、“港洽周”、湘商大会等大型综合性招商推介活动，开展活动招商；聘请一批专家学者、知名企业家和有影响力的社会人士担任招商顾问，开展专业招商；要主动对接使领馆、商协会、驻外办等机构，第一时间获取企业信息动态，打通跨区域招商资源的融汇融合，开展委托招商；要加强全区重点龙头企业走访，配合企业引进其上下游生产链的配套企业及项目，提供便利条件和政策指引，开展以商招商；要在全区商务楼宇中继续开展招商竞赛活动，推进商务楼宇去库存和楼宇经济转型升级，开展楼宇招商。

五、进一步优化招商引资工作环境

（一）严格落实《雨花区招商工作领导小组会议制度》、《雨花区重点在谈项目县级领导跟踪联系制度》、《雨花区重大签约项目跟踪落实工作制度》，每月由组长或副组长组织召开一次全区重点项目推进会，统筹协调项目招商引资，专题研究和切实解决项目招商引资和推进中的重点难点问题，营造开放、开明、公平的营商环境，确保全区重点招商项目落地实施。要以“雨花经验”推动“雨花速度”，加大征地拆迁和基础设施建设力度，为重大项目招商引资和落地建设提供优质平台，引导重点产业、重大项目向重点片区集聚，实现项目招商和建设进度取得实质进展与重大突破。要加大主体单位协同，形成招商引资合力，建立制度化、规范化的长效联络机制，做到资源共享、信息互通、项目互促，按照“专人、专项、专业、专注”要求，全面负责重大项目全程跟踪服务，确保项目引得来、落得下、发展好。

（二）强化政策支持，出台新一轮《长沙市雨花经开区产业发展扶植奖励办法》《长沙市雨花区促进区域产业发展扶植奖励办法》《长沙市雨花区关于支持创客空间发展办法》《长沙市雨花区促进文化产业扶植奖励办法》等，鼓励以资源换项目，以市场换项目，采取“一事一议”“一企一策”等措施，加强对重大项目在财政、土地、税收、人才等方面的重点支持，对成功引进重大项目的中介机构、个人（不含国家公职人员）给予奖励；区纪检监察部门、区委督查室、区政府督查室加大对招商引资工作中慢作为、不作为、乱作为人员的执纪力度，对影响区域发展的干部坚决追责；区人社局认真落实《长沙市建设创新创业人才高地的若干措施》，通过引进领军型创新创业人才及技术，实现“引资”与“引智”的双向共赢发展；区经信局落实好《关于振兴长沙工业实体经济的若干意见》，为企业持续壮大发展营造良好生态；区教育局、区卫计局、区环保局、区城管执法局、区公安分局、区工商分局、区国税局、区地税局、区消防大队等行政执法、审批部门要依法依规保障企业合法权益，为重要项目在证照办理、行政审批等方面依法依规加快办理审批进度，提高行政效能，提供优质服务；区纪委、

区委组织部、区财政局、区商务和旅游局共同会商，不断提升招商引资活动出国出境、国内差旅、商务接待的便利化和保障水平。

六、进一步加强招商引资工作考核

要落实项目跟踪服务督办机制，实施重大招商项目领导负责和专项落实制，对招商引资重点项目进展情况实施“周调度、月通报、季讲评、年总结”的工作机制。区委组织部、区绩考办将招商引资工作纳入全区绩效考核，对重大招商引资项目出现的失职渎职行为严格问责。要把招商引资工作作为检验干部抓经济工作、推动经济发展的重要标准，在招商引资和项目建设一线考察提拔使用干部，对招商引资成效显著的单位、个人，可给予表彰和奖励。

长沙市雨花区人民政府

2018 年 2 月 7 日

长沙市雨花区优化营商环境三年行动方案（2018—2020 年）

为深入贯彻落实中央、省、市关于优化营商环境指示精神，营造一流营商环境，结合我区实际，制定本方案。

一、总体要求

全面贯彻落实新发展理念，以法治化、国际化、便利化为导向，以建设服务型政府、提高服务企业能力和水平为重点，精准施策、持续推进，力争三年内，打造稳定、公平、透明的一流营商环境。

二、基本原则

（一）对标先进。对标国际一流标准，借鉴先进经验，结合我区实际，有针对性地予以重点突破。

（二）问题导向。紧扣突出问题，发扬钉钉子精神，不断完善固化制度，形成长效机制。

（三）依法依规。依法行政、依法用权、依法办事，切实做到法无授权不可为、法定职责必须为。

（四）部门联动。部门之间紧密配合，同频共振，形成强大工作合力。

三、行动目标

分三个阶段统筹推进：

（一）全面对标阶段（2018 年）：找准差距，突出工作重点，有针对性地落实措施，力争实现全区营商环境较大提升。

（二）全面提升阶段（2019 年）：二次对标，紧扣突出问题，深入组织开展专项整治，促进全区营商环境全面提升。

（三）制度化阶段（2020 年）：全面强化各项制度措施，实现制度化、规范化、常态化、长效化。

四、重点工作

重点工作实施动态管理。2018 年，主要围绕提升施工许可办理、信贷获得、投资者益保护、合同履行等营商环境指数，落实“放管服”、“只跑一次”要求，全面推行“马上办、网上办、一次办”。2019 年、2020 年重点工作将根据实际情况调整。2018 年，重点抓好以下工作：

（一）优化审批服务

1. 推进公平准入。严格实行市场准入公平竞争审查制度，除法律法规明确禁止准入的行业和领域外，不得对民企、外资等社会资本设立任何附加条件；不得在规范性文件、会议纪要、招标文件、政府采购文件中非法设置限制、排斥潜在投资人的条款。（牵头单位：区发改局，责任单位：区科技局、区城乡建设局、区财政局、区农林水局、区商务和旅游局、区卫计局、区环保局、区经信局、区交通运输局、区法制办、区工商分局、区国土分局、区质监分局、各街镇）

2. 落实投资建设项目“一次性”审批。严格落实“首次入窗登记”、一次告知、部门内部审批环节合并、部门间并联审批、在线审批、模拟审批、园区“捆绑”审批、“零土地”审批、审批监管机、规范中介服务等措施。（牵头单位：区发改局，责任单位：雨花经开区、区编办、区城乡建设局、区政务服务中心、区国土分局、区规划分局、各街镇）

3. 推行“多规合一”。严格按市行政审批（审查）事项统一程序、内容、格式与标准执行；统一使用“项目号”关联全过程各部门的项目办理信息；统一形成各部门经批准的法定规划空间管控一张图。（牵头单位：区规划分局，责任单位：雨花经开区、区直相关部门单位、各街镇）

（二）优化营商服务

1. 加快推进“互联网 + 政务服务”。推广政务服务移动端，开展网上咨询、网上预约、网上办理、网上评价、网上支付、快递送达、自助终端办理等便民服务。试行“基层受理 + 网上审核 + 快递送达”方式，开展区、街镇、社区（筹委会、村）业务联审，促进上下级部门服务相互衔接。（牵头单位：区政务服务中心，责任单位：雨花经开区、区人社局、区电子政务办、

各街镇）

2. 加大投资者权益保护力度。深入开展工程项目建设环境治理专项行动，严打强揽工程、强买强卖、强行阻工等行为。开展知识产权侵权假冒专项整治，严厉打击侵犯知识产权、制售假冒伪劣商品等行为。严厉打击侵犯、侵占他人产权、股权及其他经济权益的违法犯罪行为。严格规范涉案财产处置程序，严禁超期限、超标的、超范围查封、扣押、冻结财产，依法依规及时处置涉案财产。严禁利益驱动办案，严禁办关系案、金钱案、人情案。（牵头单位：区公安分局，责任单位：雨花经开区、区知识产权局、具有行政执法权的相关部门、各街镇）

3. 改进窗口工作作风。实行首问负责、一次告知、领办代办等制度，建立健全办事群众即时评价窗口工作人员机制，整治“门好进、脸好看、事依然难办”等不良作风。（牵头单位：区政务服务中心，责任单位：雨花经开区、区民政局、区人社局、各街镇）

4. 加强诚信建设。一是加强政务诚信建设。严格依法依规向企业作出、兑现政策承诺，不得随意改变约定；全面清理政府违约失信问题。二是加强行业诚信建设。加强宣传，督促引导企业强化诚信观念，依法诚信经营。三是开展联合奖惩工作。探索建立失信联合惩戒和守信联合激励机制，实现“一处失信、处处受限”和“守信者一路绿灯”。（牵头单位：区发改局，责任单位：雨花经开区、区直相关部门、各街镇）

（三）强化要素保障

提升获得信贷便捷度。鼓励和引导金融机构加大企业信贷投放力度，进一步降低融资成本；鼓励推进小微企业“过桥”转贷和小额贷款服务；加大对金融机构为小微企业提供信用贷款、质押贷款等的风险分担支持。（牵头单位：区发改局、区金融办，责任单位：雨花经开区、区财政局、区经信局）

（四）深化商事制度改革

严格执行“双随机、一公开”实施意见，制定“双随机、一公开”实施细则和抽查事项清单，建立执法人员和抽查对象名录库；建立“双随机、一公开”监管平台，实施跨部门联合抽查，市场监管部门的双随机抽查需达本部门行政执法检查事项 70% 以上。（牵头单位：区工商分局，责任单位：区人社局、区环保局、区国税局、区地税局、区食药监局、各街镇）

（五）夯实工作基础

1. 加快智慧政务云平台建设。按市级要求建立建设管理机制、基础设施和大数据平台；按照“上云为原则、不上云为例外”要求，整合迁移各类政务应用，建设统一的“政务云”门户。（牵头单位：区电子政务办，责任单位：雨花经开区、区直相关部门、各街镇）

2. 落实“两集中、两到位”改革。按照“一个行政机关只有一个科室管审批、行政审批科室集中在服务中心办公”的要求，保障进驻政务服务中心的审批事项到位、审批权限到位，严禁“体外循环”。（牵头单位：区编办、区政务服务中心，责任单位：雨花经开区、区直相关部门）

五、工作要求

（一）加强领导。成立长沙市雨花区优化营商环境领导小组，由区委副书记、区长任组长，区委常委、常务副区长任常务副组长，雨花经开区管委会主任、相关副区长任副组长，相关部门主要负责人为成员，加强对全区优化营商环境工作的组织领导和统筹协调。各单位由行政主要负责同志牵头抓总、分管领导具体负责，明确专门科室负责联络和协调解决具体问题。

（二）强化宣传。加大优化营商环境的宣传，向企业和社会充分展示我区推进优化营商环境工作的决心和力度，营造优化营商环境的良好社会氛围。

（三）严格考核。建立优化大环境投诉举报和协调解决机制，加强考核，强化过程监管，严厉问责。

六、本方案自 2018 年 5 月 29 日起施行。

长沙市雨花区关于支持创客空间发展办法

为认真落实国家、省、市关于“大众创业、万众创新”的相关要求，通过发展以创客空间为代表的新型创业创新服务平台，营造良好的创业创新生态环境，激发我区多元主体参与创业创新工作，构建质量与效益并重、特点与优势突出的现代产业体系，建设财富品质幸福雨花，打造中部领先国内一流的现代化强区，参照《长沙市人民政府办公厅关于支持发展创客空间的若干意见》（长政办发〔2015〕26 号）文件相关规定，结合我区实际，特制定本办法。

第一条　适用范围

扶植对象为在雨花区辖区内进行商事登记，纳入统计范畴且符合本办法规定的创客空间建设运营单位或企业、天使和创业投资基金、孵化的中小微企业、中小微企业公共服务平台运营主体。

第二条　认定条件

创客空间是以创业咖啡吧等开放式空间为载体，整合创业资源要素，为早期创业者搭建的一个具有共享办公、人才交流、技术分享、市场拓展、项目对接等“一站式”服务的创新型创业孵化平台。要求满足以下基本条件：

（一）空间布局。创客空间实际使用面积应在500平方米（含）以上，配备必要的集群办公设备（含投影、音响、100兆<含>以上的公共网络服务等），并设有公共会议、沙龙交流、隔间或卡座办公等功能区域，其中头脑风暴间、公共会议室、创业项目路演对接区等公共服务区域面积不得少于实际使用面积的50%。

（二）服务内容。配备或引进专业管理团队（规模在5人<含>以上），提供工商注册代办、法律财务服务、品牌营销代理、创业培训辅导、投融资对接、创业创新交流等服务，定期开展资源对接、创业技能培训、创业项目路演等活动。

（三）公益导向。创客空间公共服务区域和公共网络免费向创客群体开放，集群办公区域以低于市场价格面向创业团队开放入驻。创客空间提供的物业、办公等其他配套服务价格不得高于市场平均水平，不得提供高档餐饮服务，不得以创客空间名义进行会所性质的经营。

第三条　奖励原则

（一）符合本办法的创客空间须被评为区级示范创客空间。

（二）符合本办法的扶植对象按从优、从高、同类别不重复计算的原则享受扶植。

（三）对具有特殊经济贡献的创客空间项目，采取“一事一议”方式确定扶植。

（四）扶植对象已享受“一事一议”等特殊政策（含土地优惠政策）的，不再依本办法进行扶植。

第四条　资金来源

扶植资金主要从区经济发展奖励资金中列支，由区级财政承担。

第五条　平台类扶植

（一）建设补贴。鼓励各类社会主体建设创客空间，对创客空间场地装修和设备购置费用，按实际投入使用面积500平方米（含）以上2000平方米以下、2000平方米（含）以上5000平方米以下、5000平方米（含）以上的，当年一次性分别给予10万元、20万元、30万元的建设补贴。

（二）运营补贴。对创客空间服务人员、水电、网络等运营费用，按实际投入使用面积（同上），每年分别给予5万元、10万元、15万元的运营补贴。

（三）租金补贴。对创客空间场地租金补贴，按实际投入使用面积（同上），每年分别给予10万元、20万元、30万元的租金补贴。

（四）对已按上级政策享受资金补贴及区级资金配套的，在享受政策期间不再享受以上（一）（二）（三）项补贴。

（五）示范奖励。运营方获得国家级、省级和市级示范创客空间（众创空间）称号的，一次性分别给予30万元、20万元和10万元奖励，逐级申报的，扣除已发放奖励。

第六条　培育类扶植

（一）培训补贴。支持创客空间运营方围绕提升创客团队生存与发展能力和规范经营管理行为，开展财务、税务、法律、管理、营销等专业性培训活动，且对创客团队培训辅导时间在半年以上的，按照入驻培训的创客团队个数，每年给予运营方每个团队1万元的培训补贴，每年单个创客空间补贴总额不超过30万元。

（二）活动补贴。支持创客空间运营方独立举办或联合开展各种创业创新活动。对主办和承办具有全国性较大影响活动的，报区人民政府备案后，给予每次10万元的活动补贴；对全年每月开展有质量和效果的活动4次（含）以上的，每年单个创客空间给予不超过5万元的活动补贴。

第七条　入驻类扶植

（一）优秀创业企业（项目）奖励。对获得全国性创业大赛一、二、三名的创业企业（项目），当年分别给予10万元、5万元、3万元奖励。对项目前景好、平台运营方评价好、获得A轮及以上融资或在国家、省、市获奖的创业企业（项目），按照不高于创客空间内入驻创业团队总数3%的比例评定优秀创业企业（项目），对获评的优秀创业企业（项目）一次性给予每个2万元的奖励。

（二）孵化毕业入驻扶植。经认定，在创客空间成功融资或孵化毕业、当年注册落户在辖区的企业（项目），一次性给予每个3万元的扶植补贴；当年纳入规模以上企业入框统计的，一次性给予每个5万元的扶植补贴。该扶植补贴资金，按照50%的比例分别给予孵化创客空间运营方和孵化毕业企业（项目）。

第八条　天使投资奖励

鼓励创客空间投资单位设立或引进天使和创业投资基金。当年投资基金投入创客空间初创企业实际投资额累计首次达1000万元的，给予其实际投资额3‰的奖励；次年实际投资额新增部分超过1000万元的，给予其实际投资额新增部分5‰的奖励。每年单个投资主体最高奖励额度不超过20万元。

第九条　符合上述扶植条件的对象，当年有下列情形之一者，不予扶植奖励：

（一）存在偷税、逃税、抗税等违反税法行为的；

（二）发生较大及以上安全责任事故的；

（三）发生劳资纠纷并造成严重不良社会影响的；

（四）社会治安综合治理、环境保护等被一票否决的；

（五）有其他违反法律法规或相关政策行为的。

第十条　附则

（一）凡享受扶植奖励的创客空间运营方及企业，必须签订5年内不得迁出雨花区的协议，如有违反则须退还已享受的创客空间扶植奖励资金。

（二）符合本办法规定条件的扶植对象，须在规定时限内向所属街道（镇）申报，由街道（镇）统一向区产业建设领导小组办公室提出申请，由区产业建设领导小组组织审核，经区人民政府审定后给予奖励兑现。申请扶植奖励对象必须保证申报资料的真实性，如弄虚作假或拒绝配合监督检查，将取消或收回扶植奖励资金，同时三年内不再将其列入扶植奖励范围。

（三）本办法自公布之日起施行，《长沙市雨花区人民政府关于支持创客空间发展办法的通知》（雨政发〔2016〕26号）同时废止。如遇国家和省、市财税体制重大调整或因区域经济发展需要，本办法另行调整修订。

长沙雨花经济开发区
关于振兴工业实体经济扶植奖励办法

第一章 总则

第一条 目的

为振兴工业实体经济，促进长沙雨花经济开发区（以下简称园区）“一主一特”[1]产业实现智能集聚、跨越发展，根据国家和省、市相关政策并结合园区实际，特制定本办法。

第二条 适用范围

（一）扶植奖励对象为在辖区内进行商事登记且符合本办法规定的企业（房地产企业除外），辖区内符合本办法规定的单位，符合本办法规定的个人。

（二）本办法规定的新入驻企业为在辖区内新注册成立（不含以更名、股改等形式变更的企业）或由外迁入且在辖区内进行商事登记关系的企业。

第三条 奖励原则

（一）招商引资或扶植奖励的企业应为独立法人企业，必须严格按照相关统计制度纳入园区统计范围并产生区级经济贡献[2]。

（二）符合本办法扶植奖励的对象按从优、从高、同类别不重复计算的原则享受扶植奖励，获得的年度扶植奖励资金额度不超过其当年区级经济贡献。

（三）对重点企业、重大项目、具有特殊贡献的企业或个人，一事一议另行确定扶植政策。

（四）落户辖区的企业或其投资方、股东等关联方，已享受“一事一议”等特殊政策（含土地优惠政策）的，不再依本办法进行扶植。

第二章 “一主一特”招商引资奖

第四条 引进生产型龙头项目

（一）新引进一家世界500强企业[3]（包括区域总部、运营中心等），投资额1亿元以上的（或等值外币，不含购地、购房款），一次性给予市场化招商引资人[4]50万元奖励。

（二）新引进一家国内智能制造50强企业[5]，投资额1亿元以上的（或等值外币，不含购地、购房款），一次性给予市场化招商引资人30万元奖励。

第五条 引进大型先进制造项目

新引进大型先进制造项目，投资额5000万元以上、1亿元以上、5亿元以上、10亿元以上（或等值外币，不含购地、购房款），在完成商事登记并投产运营当年，分别给予市场化招商引资人10万元、20万元、30万元、50万元奖励。

第六条 引进智能制造研发机构

（一）新引进国际著名科研机构、世界500强企业研发机构或国际同行业中排名前10名的知名企业研发机构，按机构研发投入、专家及人才配置和实际效果等，给予市场化招商引资人不超过30万元奖励。

（二）新引进国家级、省级和市级技术研发机构（包括实验室、技术开发中心、工程中心、检测中心、认证中心等），分别给予市场化招商引资人20万元、10万元、5万元奖励。

第七条 引进智能制造科研产业化项目

新引进智能制造行业重要专家和领军人物主持、负责的项目（包括研发型项目和生产型项目）或国家重点基础研究计划成果产业化项目，给予市场化招商引资人20万元奖励。

第三章 “一主一特”项目落户奖

第八条 生产型龙头项目落户

（一）新落户的世界500强企业（包括区域总部、运营中心等），投资额1亿元（或等值外币，不含购地、购房款）以上，按实际到位核定投资额（不含购地、购房款）的2%给予扶植，单个项目最高不超过1000万元。

（二）新落户的国内智能制造50强企业，投资额1亿元（或等值外币，不含购地、购房款）以上，按实际到位核定投资额（不含购地、购房款）的1%给予扶植，单个项目最高不超过1000万元。

第九条 大型先进制造项目落户

新落户的大型先进制造项目，投资额5000万元以上、1亿元以上、5亿元以上（或等值外币，不含购地、购房款）的，在项目投产运营当年，分别一次性给予实际到位核定投资额（不含购地、购房款）0.4%、0.6%、0.8%的扶植，最高不超过800万元。

第十条 产业研发机构落户

（一）新落户的国际著名科研机构、世界500强企业研发机构或国际同行业中排名前10名的知名企业研发机构，按机构研发投入、专家及人才配置和实际效果等，给予不超过100万元扶植。

（二）新落户的国家级、省级、和市级技术研发机构（包括实验室、技术开发中心、工程中心、检测中心、认证中心等），分别给予60万元、30万元、10万元扶植。

第十一条 科研项目产业化落户

新落户的“一主一特”行业重要专家和领军人物主持、负责的项目（包括研发型项目和生产型项目）或国家重点基础研究计划成果产业化项目，给予60万元扶植。

第四章 “一主一特”产业发展奖

第十二条 工业地产承接“一主

一特”产业奖励

（一）工业地产建设奖鼓励工业地产承接“一主一特”产业。凡一次性投资开发1万平方米以上，三层以上或单体高度15米以上的工业地产（不含自建自用），项目竣工验收合格，产业落户当年，给予扶植：

1. 单层厂房，层高≥7.5米，且配备行车的，给予投资主体400元/平方米的扶植；

2. 多层厂房，每层层高≥4.5米，且活荷载1吨/平方米的，给予投资主体300元/平方米的扶植。

（二）工业地产入驻奖

1. 符合园区“一主一特”产业发展方向的工业企业，通过购房入驻园区工业地产，按100元/平方米给予购房补贴（不含附属和配套用房），单个企业最高补贴金额不超过500万元。上述购房补贴从企业投产并开始形成产值当年起，按照50%、30%、20%的比例分三年补贴到位；

2. 符合园区“一主一特”产业发展导向的工业企业，通过租房入驻园区工业地产，从投产并形成产值起前三年分别按照40元/平方米、30元/平方米、20元/平方米的标准给予企业租房补贴。先租赁后购买的，在享受购房补贴时，需扣除已享受的租赁补贴。

第十三条　企业技术升级奖

符合园区“一主一特”产业发展导向的工业企业，采用新技术（含信息化技术）、新工艺、新设备、新材料提升产品品质档次或实现产品换代升级，实施技术改造后，生产能力显著增强，年度销售产值与实缴税额同步增长20%以上，且当年技术改造投资额（不含基建投入，投资额度按计税发票计算）500万元以上，按实际投资额的3%给予投资主体奖励，最高不超过100万元。

第十四条　主导产业集聚奖

鼓励工业地产项目引进符合园区“一主一特”产业发展导向的企业，并形成集聚。对总面积3万（含）~5万平方米的工业地产项目，其中“一主一特”产业面积占总面积70%、80%、100%的，分别一次性给予企业或有功人员30万元、40万元、50万元奖励；对总面积达到5万平方米以上的工业地产项目，其中“一主一特”产业面积占总面积50%以上的，一次性给予企业或有功人员50万元的奖励。

第十五条　会展补贴

（一）园区企业举办符合园区“一主一特”产业发展导向的相关会展（沙龙、大赛、论坛、产业对接活动），经向管委会申报备案并经审核通过后，根据活动实际效果及影响力，在活动实际支出费用的50%以内给予活动主办方补贴。国际级、国家级最高不超过50万元/场，省级最高不超过30万元/场，单个企业一年补助不超过两次。

（二）鼓励企业“走出去”参加境内外有影响力的专业品牌会展。经向管委会申报备案并经审核通过后，给予企业参展费用（包括展位费、设备运输费、交通费）50%补贴。境内单次参展补助不超过10万元，境外单次参展补助不超过20万元，单个企业一年补助不超过两次。

第十六条　平台建设扶植

（一）机器人及智能装备制造检测平台扶植取得CMA资质[6]的第三方检测机构，为园区机器人及装备制造企业提供相关检测服务做出贡献且承担国家、省、市等重点检测项目的，分别给予20万元、10万元、5万元奖励。

（二）电子交易平台建设扶植在园区内建立独立电子交易平台[7]并投入使用，实际投资额（不含购地费、购租房产费用及人力资本）200万元以上，一次性给予投资主体20万元扶植。

（三）中介平台扶植设立优质服务奖，鼓励中介服务机构（需在园区备案）为园区企业提供优质服务，对在金融融资、技术咨询、管理咨询、知识产权、市场营销、高新技术企业申报等方面做出突出贡献的服务机构，每年择优推选10家，每家给予2万元奖励。

第五章　发展贡献奖

第十七条　统计新入规奖

对当年内新入框的规模工业企业[8]给予企业相关负责人员5万元奖励。

第十八条　经济发展效益奖

（一）鼓励园区工业企业“做大做强”，对当年工业企业主营业务收入达到2亿元、5亿元、10亿元和50亿元、100亿元、200亿元，且产值同比增速达到15%的企业，分别给予企业相关负责人员1万元、2万元、5万元、8万元、10万元和30万元奖励。

（二）对产值过亿元且税收过500万元的工业企业，在未来3年内企业承诺产值与税收能实现倍增，并制定分年度发展目标规划，且每年复合增长率不低于26%的，园区每年度按照企业税收增量本级部分的50%对企业进行事后奖补。

第十九条　经济发展贡献奖

（一）新增企业贡献奖。凡新入驻的工业企业，年度区级经济贡献200万元以上的，前三年从投产第一年开始分别按年度区级经济贡献所得的15%、10%、5%奖励企业或企业有功人员。

（二）存量企业贡献奖。鼓励入驻园区三年以上工业企业不断发展壮大，设立增速贡献奖、总量贡献奖和上台阶奖。

1. 增速贡献奖。企业年度区级经济贡献100万元以上且同比增长15%以上，当年按其年度区级经济贡献增长部分的50%给予扶植，最高不超过200万元；

2. 上台阶奖。企业年度区级经济贡献首次达100万元、200万元、500万元、1000万元、2000万元，当年分别给予10万元、20万元、30万元、40万元、50万元扶植；

3. 总量贡献奖。企业年度区级经济贡献5000万元以上、1亿元以上、2亿元以上、3亿元以上、4亿元以上，分别一次性奖励企业或企业有功人员60万元、100万元、150万元、200万元、300万元。

第二十条　商事变更贡献奖

对于生产经营在园区，但工商税务关系不在园区，现将工商、税务地址变更到园区且当年为园区作出经济贡献的，奖励企业或有功人员5000元。

第二十一条　总部经济发展奖

（一）对新迁入园区且经园区管委会认定的企业总部，注册后第一年度纳税额超过1000万元的，按年度区级经济贡献的60%对企业进行事后奖励（需承诺5年内不外迁）。次年起三年内，其年度区级经济贡献环比新增 10%以上的，按该新增量的40%对企业进行事后奖励。

（二）对第一年度纳税额超过1000万元的总部企业，在园区购置一定商业地产作自用办公用房（不包括附属和配套用房），按每平方米最高500元的标准一次性给予补助；租用办公用房（不包括附属和配套用房）的，按租金市场指导价的最高30%给予1~3年的补助。

（三）对将设在园区的分支机构改制为子公司的制造业企业，其在长沙市缴纳的增值税、企业所得税区级分成部分，总额达到500万元以上且年度环比新增10%以上的，在2年内按该新增量的40%对企业进行事后奖励。

（四）对于工商税务关系已在园区且贡献特殊的纳税总部企业，参照执行。

第六章　科技创新扶植奖

第二十二条　鼓励科技创新

（一）对建立国家、省、市三级院士工作站、博士后科研工作站并实际开展工作一年以上的，分别一次性给予100万元、50万元、30万元扶植。对经主管部门认定的国家级、省级、市级的技术中心、重点（工程）实验室、工程技术研究中心，分别给予50万元、20万元、5万元扶植；设立国家科学院省级分院的，给予20万元扶植。

（二）对当年经科技主管部门认定的高新技术企业，且总产值达2000万元以上、5000万元以上、1亿元以上的，分别一次性给予2万元、5万元、10万元扶植。

（三）对经科技主管部门新认定的市级、省级、国家级孵化器分别一次性给予30万元、20万元、10万元扶植。

第二十三条　技术交易扶植

技术交易机构技术交易合同年度累计成交额达2000万元、1亿元以上、5亿元以上的，分别给予5万元、10万元、15万元扶植。

第二十四条　知识产权扶植

（一）对企业年度内获授权的发明专利，5件以下，每件奖励1万元；5件以上的，每件奖励2万元。

（二）对通过专利合作协定（PCT）[9]途径申请国外专利并且取得授权的或者通过其他途径申请国外专利授权的，每件一次性奖励5万元，单件专利申请获得多个国家授权的不重复奖励。

（三）对被评为市、省、国家知识产权优势企业或者示范企业的，分别给予5万元、10万元、15万元扶植。

第二十五条　自主品牌培育

（一）对当年新获世界名牌、中国名牌和中国驰名商标的园区企业，一次性奖励30万元。对园区企业当年新获的湖南省名牌产品、湖南省著名商标，每件一次性奖励5万元。

（二）对首次在欧盟注册国际商标的园区企业，一次性奖励5万元；对首次在美国、日本、英国、加拿大、澳大利亚注册国际商标的园区企业，一次性奖励3万元；对首次通过马德里体系注册国际商标的园区企业，一次性奖励2万元。

第二十六条　鼓励企业加大研发投入

鼓励企业持续加大研发经费投入。当年有新项目、新产品、新成果研发的企业，将研发项目备案至园区后，其年度研发经费投入（经统计主管部门审定）同比增幅30%以上，且占主营业务收入比重不低于3%的，按年度研发经费投入500万元以上、5000万元以上、1亿元以上，分别给予企业或企业有功人员1万元、5万元、10万元的奖励。

第二十七条　新型工业化企业奖

（一）获评市级、省级、国家级技术创新示范的新型工业化企业，当年区级经济贡献50万元以上，分别一次性给予20万元、30万元、50万元扶植。

（二）新纳入湖南省中小企业“专精特新”[10]示范企业名单的新型工业化企业，一次性给予3万元扶植。关键共性技术[11]列入当年湖南省战略性新兴产业重大关键共性技术发展导向目录的新型工业化企业，一次性给予5万元扶植。符合首次研制或应用湖南省首台（套）重大技术装备[12]的新型工业化企业，一次性给予5万元奖励。

第七章　上级政策配套奖励及其他

第二十八条　清洁生产补助

凡当年通过省、市清洁生产审核并验收的企业，给予企业5万元补助。

第二十九条　鼓励军民融合

凡新取得“民参军”四证[13]的企业，一次性奖励50万元。

第三十条　鼓励智能制造

对获评国家工信部、省、市级智能制造示范企业（示范车间）的，园区分别一次性给予100万元、20万元、10万元奖励。

第三十一条　企业用电补助

符合行业能耗标准，年度区级经济贡献20万元以上的工业企业或年度区级经济贡献10万元以上的“一主一特”工业企业，根据实际用电量给予电费补贴，但补贴总额不得超过其当年区级经济贡献的30%。

1. 年用电量200万千瓦时（含）以内的企业，补贴企业0.1元/千瓦时；

2. 年用电量200万千瓦时~1000万千瓦时（含）的企业，200万千瓦时（含）以内部分按0.1元/千瓦时补贴，超过200万千瓦时的部分，按0.2元/千瓦时补贴；

3. 年用电量1000万以上的企业，200万千瓦时（含）以内部分按0.1元/千瓦时补贴，200万~1000万千瓦时（含）的部分，按0.2元/千瓦时补贴；1000万千瓦时以上部分按0.3元/千瓦时补贴，单个企业补贴最高不超过200万元。

第三十二条　企业上市扶植

（一）在国内主板、国内创业板首发上市的，除获得上级奖励外，园区额外分阶段给予总额200万元扶植。

1. 完成股份制改造并与有资质的会计师事务所、律师事务所、券商分别签订协议并支付了首期费用后，当年一次性给予30万元扶植；

2. 从有资质的会计师事务所、律师事务所、券商进行辅导至完成辅导备案后，当年一次性给予30万元扶植；

3. 从完成辅导备案至证监部门正式受理企业发行上市申报材料后，当年一次性给予40万元扶植；

4. 经中国证监会审核并批准发行上市后，当年一次性给予100万元扶植。

（二）在香港、新三板[14]首发上市的，上市当年分别一次性给予200万元、80万元扶植。

（三）扶植资金超过该企业当年区级经济贡献的，实行分年兑现，每年兑现金额不超过当年区级经济贡献，兑现期不超过三年。

第三十三条 鼓励大健康产业创新与发展

根据《药品注册管理办法》《医疗器械注册管理办法》《体外诊断试剂注册管理办法》规定，园区企业自主研发新申请注册药品和医疗器械（含体外诊断试剂），在企业投产并产生效益的当年，一次性给予50万元的奖励；对获得二类、三类医疗器械注册且拥有自主知识产权证，在企业投产并产生效益的当年，一次性给予10万元、20万元的奖励。

第三十四条 优秀人才奖

（一）园区企业引进的人才，入选国家“千人计划”[15]、省“百人计划”[16]或市“3635 计划”[17]的，除获得国家、省、市各级奖励外，园区额外分别一次性给予20万元、15万元、10万元奖励。对企业引进和新获得技师、高级技师职业资格的职工，在市级财政分别给予2000元、5000元的奖励基础上，园区给予1 ：1配套奖励。

（二）符合园区重点产业发展导向[18]、为园区企业研发生产作出突出贡献但未纳入国家、省、市人才引进计划的专业人才，可纳入园区“高精尖人才”评选范围，经管委会评定后，给予每人5万元奖励。

（三）对未享受园区人才公寓优惠政策，且新落户长沙并在园区企业工作的博士、硕士、本科等全日制高校毕业生，两年内分别给予3万元、2万元、1.2万元的租房和生活补贴，具体发放补贴额度以实际在园区工作时限为准。

（四）对新引进的符合园区重点产业发展导向的优质项目和重点团队，按园区人才公寓管理办法给予住房定向支持。

第三十五条 创新型专家（团队）奖

新获得国家级和省级科技进步奖的领衔专家（团队）且科技成果在园区实现产业化并产生良好效益的，在项目投产年度，按国家级一、二、三等奖分别奖励50万元、20万元、15万元，省级一、二、三等奖分别奖励15万元、10万元、5万元标准一次性奖给领衔专家（团队）。

第三十六条 优秀企业家奖

发挥企业高级管理人才示范作用，每年根据企业发展情况，将其高层管理人员纳入“优秀企业家”评选范围，经管委会评定后，给予每人5万元奖励。

第三十七条 科技带头人奖

鼓励企业培养科技创新人才，将园区企业在科技攻关、新技术应用研究方面做出突出贡献的人员纳入“科技带头人”评选范围，经管委会评定后，给予每人5万元奖励。

第三十八条 雨花工匠奖

鼓励企业培训优秀技术工人，将园区企业优秀技术工人纳入“雨花工匠”评选范围，经管委会评定后，给予每人1万元奖励。

第三十九条 稳增长先进个人奖

对取得较好经济和社会效益，发展来势好，为园区经济发展作出积极贡献，且年度区级税收达到200万元的企业，将其负责人或高层管理人员纳入“稳增长先进个人”评选范围，经管委会评定后，给予每人1万元奖励。

第四十条 营商环境奖

鼓励要素保障单位为提升园区营商环境提供优质服务，将其纳入“营商环境奖”评选范围，经园区企业及园区管委会综合评定后，给予单位（含有功人员）5万元奖励。

第四十一条 人力资源及就业贡献奖

职业学校、培训机构或人力资源代理机构为园区工业企业培养和输送一线员工达到10人且已在企业签订劳动合同一年以上的，园区对学校、培训机构或有功人员按照用工人数给予300元 / 人的奖补。

第八章 附则

第四十二条 符合上述扶植条件的对象，当年有下列情形之一者，不予扶植奖励：

（一）发生安全责任事故的。

（二）违反环境保护一票否决制度的。

（三）存在偷税、逃税、抗税等违反税法行为的。

（四）发生劳资纠纷并造成严重不良社会影响的。

（五）有其他违反法律法规或相关政策行为的。

第四十三条 其他

（一）凡享受招商引资、项目落户、购房、租赁、上市类扶植的企业，必须签订5年内不得迁出园区的协议，如有违反须退还已享受的扶植奖励资金。

（二）符合本办法规定条件的扶植奖励对象，须在规定时限内向园区管委会“一站式服务中心”申报，由“一站式服务中心”负责对申报资料进行初审，由园区产业政策资金领导小组组织审核，经园区管委会办公会议审定后给予扶植奖励兑现。

（三）根据本办法奖励到企业的奖金可主要用于奖励企业高级管理人员及相关有功人员，做到专款专用。申请扶植奖励对象必须保证申报资料的真实性，如有弄虚作假行为或拒绝配合监督检查的，将取消或收回扶植奖励资金，同时列入园区诚信“黑名单”进行公示，且五年内不再将其列入扶植奖励范围。

（四）本办法不与雨花区产业政策重复享受，自印发之日起施行，如遇国家、省、市财税体制重大调整或因区域经济发展需要，本办法可另行调整修订。

（五）本办法由园区管委会负责解释。

附：名词解释

[1]“一主一特”：指园区重点发展的主导产业和特色产业，主导产业是新能源汽车及零配件产业，特色产业是机器人及智能装备产业。

[2] 区级经济贡献：指园区企业缴纳的税收区级分成部分。

[3] 世界500强企业：指近三年被《财富》杂志或《福布斯》杂志评为世界500强的企业。

[4] 市场化招商引资人：指对项目引进发挥了较大作用的企业、机构、团体和个人，其所引进的项目应符合园区“一主一特”产业导向，且项目落户园区前已在园区招商合作局办理市场化招商引资人奖励备案，按所引进项目的知名度、规模和对区级经济贡献大小给予奖励。

[5] 国内智能制造50强企业：指近三年被国家工信部智能制造协会评选为国内智能制造50强的企业。

[6]CMA 资质：中国计量认证简称“CMA”，英文译名为“China Metrology Accreditation”的缩写。是根据中华人民共和国计量法的规定，由省级以上人民政府计量行政部门对检测机构的检测能力及可靠性进行的一种全面的认证及评价。这种认证对象是所有对社会出具公正数据的产品质量监督检验机构及其它各类实验室；如各种产品质量监督检验站、环境检测站、疾病预防控制中心等等。

[7] 电子交易平台：建立在信息技术应用基础上，利用虚拟网络空间开展商务活动，协调整合信息流、货物流、资金流有序关联高效流动的场所。本办法所称电子交易平台包含电子商务平台、支付平台、安全平台、管理平台、移动互联网平台。

[8] 新入框的规模工业企业：指累计工业总产值 2000 万元以上的工业企业，本年度按相应程序进入规模以上工业企业统计范围。已纳入统计口径的工业企业，必须依据《工业企业基层统计一套表报表制度》等相关统计制度，进行相应统计报表数据上报。

[9] 专利合作协定（PCT）：Patent Cooperation Treaty，专利合作条约是专利领域的一项国际合作条约。它主要涉及专利申请的提交，检索及审查以及其中包括的技术信息的传播的合作性和合理性的一个条约。

[10] 专精特新：“专”指专业化生产、服务和协作配套的能力；“精”指精细化生产、精细化管理、精细化服务；“特”指利用特色资源，弘扬传统技艺和地域文化，采用独特工艺、技术、配方或原料，研制生产具有地方或企业特色的产品；“新” 指开展技术创新、管理创新和商业模式创新，培育新的增长点，形成新的竞争优势。

[11] 关键共性技术：湖南省加速推进新型工业化工作领导小组办公室发布的湖南省战略性新兴产业重大关键共性技术发展导向目录（2015）内的 30 项重大技术。

[12] 湖南省首台（套）重大技术装备：省内企业首次自主研发或国产化制造的重大技术装备及关键部件。

[13]“民参军”四证：指武器装备科研生产保密资格证书、武器装备质量管理体系证书、武器装备科研生产许可证、装备承制单位资格证书。

[14] 新三板：“新三板”市场原指中关村科技园区非上市股份有限公司进入代办股份系统进行转让试点，因挂牌企业均为高科技企业而不同于原转让系统内的退市企业及原 STAQ、NET 系统挂牌公司，故形象地称为“新三板”。

[15]“千人计划”：海外高层次人才引进计划，主要是围绕国家发展战略目标，从 2008 年开始，在国家重点创新项目、学科、实验室以及中央企业和国有商业金融机构、以高新技术产业开发区为主的各类园区等，引进 2000 名左右人才并有重点地支持一批能够突破关键技术、发展高新产业、带动新兴学科的战略科学家和领军人才来华创新创业。

[16] 省“百人计划”：海外高层次人才引进计划，主要是围绕国家发展战略目标，各省（自治区、直辖市）也结合本地区经济社会发展和产业结构调整的需要，有针对性地引进一批海外高层次人才，即地方“百人计划”。

[17] 市“3635 计划”：长沙“3635”人才引进计划即长沙市引进紧缺急需和战略型人才计划，于 2014 年 2 月 19 日正式出台，用三年时间，支持鼓励以企业为主体的用人单位，在工程机械、汽车及零部件、生物医药、电子信息及现代物流、新能源及新材料、文化创意等 6 个重点产业领域，引进 500 名左右经济社会发展紧缺急需和战略型人才（其中，领军人才 50 名左右，高级经营管理和研发人才 100 名左右，专业技术骨干人才 350 名），使长沙成为全国重要的产业基地、创业基地和现代化人才集聚中心。

[18] 符合园区重点产业发展导向：特指符合园区“一主一特”产业、大健康产业、环保检测产业、创新设计产业及现代服务业五大产业发展导向。

让农民生活得更美好

——雨花区实施乡村振兴战略纪实

记者 姚学文 熊 灿

（原载于2018年1月3日“华声在线”）

2017年12月18日，长沙市雨花区在跳马镇跳马村举行首批“农村土地承包经营权证”颁发仪式。很快，跳马镇的1.5万农户将领到这一代表土地身份证的“农村土地承包经营权证”。

“以前，农村土地是集体所有的土地，大家只有使用权。”雨花区副区长刘江红介绍：“拿到《农村土地承包经营权证》以后，意味着农民拥有了包括土地承包经营权、使用权、收入和处分权等多种权利，相当于把土地承包经营权变成了他们的"活资产"，可以享受国家相关惠农政策，还能用来抵押贷款，扩大经营规模。”

这里的农民笑了：“有了这份农村土地承包经营权证，我们真正成了土地的主人。以后，钱不够，凭证可以去做抵押贷款，还可以流转呢！”

2017年，在雨花区，令农民兄弟开心的远不止这一件事情。党的十九大提出“坚持农业农村优先发展，实施乡村振兴战略”的伟大构想。雨花区委、区政府快速落实党的十九大精神，推出一系列乡村振兴举措，开启美丽乡村建设蓝图，引领雨花农村幸福巨变。

脱贫致富“一个都不能少”

——“金饭碗”一定要装上“好食材”

【故事】

“跳马是全省的绿心，长株潭三市的中心，加快跳马的两型发展、绿色发展，意义重大。”时间追溯到2016年8月2日，刚刚履新没几天的雨花区委书记张敏，第一站便来到跳马镇调研。这里凝聚着张敏浓浓的牵挂。

2015年1月，跳马镇整体划入雨花区，迎来了全新的发展起点。跳马镇是长株潭生态绿心保护区的核心，占长沙市绿心绿肺面积的三分之二，占湖南省绿心绿肺面积的三分之一，地处长株潭三市20分钟旅游圈的圆心。然而，与雨花区其他街道相比，跳马经济基础条件薄弱、产业发展单一。如何跟上城区发展的节奏，求得更大的发展机遇、发展空间和发展动力，是摆在当前的重要课题。

在跳马调研期间，张敏进农户，下田地，与跳马镇的党政班子一起共商良策，共谋发展。“跳马镇各类资源非常丰富，是个‘金饭碗’，但‘金饭碗’一定要装上‘好食材’。”张敏一声声叮嘱，拳拳之心，溢于言表。

【延伸】

为了让跳马这个“金饭碗”装上“好食材”，2017年，雨花区先后开展了一系列卓有成效的举措，精准扶贫就是其中之一。区里共为444户贫困户1257人建档立卡。建立一户一档，一户一册的贫困户档案。扎实推进产业发展、易地移民、危房改造、医疗救助、教育助学、社会兜底、生态补偿等“七个一批”工程。12个街道、跳马镇和红星实业集团对口帮扶444户建档立卡贫困户，建立283名干部与444户贫困户帮扶对子。到2017年底，在全国扶贫开发系统已有394户1175人标识脱贫。黎托街道帮助新田村贫困户发展养蜂21户，提供蜂箱44箱，取蜜100千克，每户年可增收1.8万元。

为对口帮扶的龙华村，建档立卡贫困户111户、贫困人口351人。区政府先后投入扶贫资金160万元，12个区直部门、72名领导干部与60户贫困户组成帮扶对子，开展“一对一”结对帮扶活动，先后完成29户贫困户易地搬迁。联合75户贫困户与长沙红星市场合作，组建龙华绿星种植合作社，引进推广秀珍菇、迷迭香、蔬菜特色种植50余亩，支持蜜蜂、黑山羊、土鸡规模养殖，形成“合作社+基地+贫困户”发展模式。投资新建一座40千伏安光伏发电站，拓宽村道5公里，美化、绿化、亮化移民安置小区，栽种绿化树木1000株，安装路灯300盏；培育发展2家专业合作社，引进新型农民经营主体，成立了农业专业合作社，加快了土地流转，解决了70多户贫困户劳动就业；易地集中安置22户，分散安置4户，改造危房11户；完善村级卫生室建设，改建了三义学校为医疗救助站，增设了药房和医疗器械，并通过浏阳市卫生局验收，为建档立卡户和当地群众提供方便快捷的医疗保障。2017年，该村成功实现贫困村“摘帽”，贫困户脱贫。

试点农村集体产权制度改革

——让农民共享财产性收入增长

【故事】

2017年10月25日，长沙市雨花区会议中心，农村集体产权制度改革工作会议在这里召开。会上启动农村集体产权制度改革试点，宣布通过一系列改革，让农民获得更多的财产性收入。这是长沙市首个启动该项改革的区县。

为什么要开展农村集体产权制度改革？

雨花区委副书记、区长刘素月在接受媒体采访时说，农村集体资产产权不清晰，农村集体资产的运营管理往往由村委会或村民小组来代行，政企不分，一直是制约农村集体发展的根源之一。产权不清晰，必将影响产权主体积极性、主动性和创造性的发挥，必将影响集体经济的发展，影响农民财产性收入的提高。农村集体产权制度改革，就是要通过核定资产，明确资产产权，激发主体的积极性和创造性，做大做强农村集体经济。

改革怎么改？会议提出，改革将完成以下任务：清产核资，将集体资产存量调查核实清楚；确权，即科学确定成员身份，把农村集体资产的所有权确权到不同层级的农村集体经济组织成员集体；配置股份和建立集体经济组织，合理配置股权，成立农村集体股份经济合作社或经济合作社这一特殊法人组织；发展集体经济以及健全各项制度。

改革将给农民带来哪些利好？改革后，村级集体资产将被量化，农民变股东，让资产变财产。成立农村集体股份经济合作社，作为特别法人开展经营活动，按照市场规律进行运营，农民将按照股份从合作社获得财产性收入。

据悉，2017年6月，雨花区被确定为全国100个农村集体产权制度改革试点县区之一，将在两年内完成改革试点。

【延伸】

随着城市化步伐的加快，一方面使城市周边的农村、农民快速富裕起来，集体财产快速增值。另一方面，农村变成城区，村委会转变为城市社区居委会（筹委会）后，本来就严重存在的农村集体资产产权不清晰现象，变得更加突出。就雨花区而言，至今还有29个村、17个集体资产管理委员会和7个公司，这些地方都存在集体资产归宿和收益分配问题。

据悉，集体资产包括经营性资产、非经营性资产和资源性资产三个方面。经营性资产主要是指房屋、门面等。非经营性资产，主要是学校、道路等。资源性资产，主要是土地等。

这些年，雨花区在探索农村集体产权改革上进行过一些努力，但是因为受到政策、顶层设计等方面的制约，没有取得实质性的进展。2016年，全区17个社区筹委会转化为社区，但是资产问题并没有解决。为了解决面临的资产问题，一些村（社区）专门成立集体资产管理委员会，但是这个委员会没有独立的法人资格。有7个村通过产权改制实施股权量化并成立了公司，但作为公司运营，税费负担又很重。何况按照公司法规定，有限责任公司的股东只能在50人以下，而一个村通常都超过了2000人。为了避开公司法的限定，往往就采取委托持股的形式，即一些村民将自己的股份委托给名义上的股东代持。这样一来，又存在连带责任风险。

据介绍，这些集体资产产权不清晰，市场主体地位没有确定，既无法与市场接轨，资产的效益难以发挥出来，又不能与现代城镇化建设相配套，对城市化的建设和发展具有一定的阻碍作用。

“农村集体产权制度改革，就是要通过明晰产权，确立市场经济的主体地位，让老百姓更加受益。”雨花区副区长刘江红说：“总体思路，就是要在明晰产权的基础上，成立集体股份经济合作社，使其与市场经济相对接。”

全面“河长制”推动全民治水
——河水变清了，环境变美了

【故事】

2017年6月19日，湖南城市黑臭水体整治工作现场会在雨花区召开，省委常委、副省长张剑飞，长沙市副市长廖建华以及省政府有关部门、各地级以上城市有关负责人出席会议。

湖南省13个市州共有黑臭水体170个，位列全国第三，整治任务艰巨，其中长沙市雨花区将城市“双修”和海绵城市建设理念运用到圭塘河治理的经验，得到了有关部门充分肯定。在当天的会议上，圭塘河作为全省黑臭水体整治工作现场会唯一参观点，接受了与会代表们的观摩。美轮美奂的圭塘河，给与会代表留下了深刻而美好的印象：悠闲的船夫在水面泛舟，精致的景观设计随处可见，悠游小镇的欧式建筑令人称羡。与会人员听取了圭塘河流域综合治理的经验介绍，详细了解了圭塘河“6+”治河模式——治理+精准治污、九龙治水+一龙统筹、政府河长+民间河长、生态整治+产业融合、中国智慧+德国技术、平台融资+市场化运作。会上，张剑飞充分肯定了长沙市雨花区圭塘河在内源污染治理、外源污染控制、生态景观建设方面的做法及成效，并对未来流域两岸海绵小区建设提出了期望。

【延伸】

圭塘河是长沙市唯一的城市内河，是浏阳河的一级支流。过去，圭塘河曾因污水直排造成了严重污染，成为长沙有名的“龙须沟”，水质黑臭、垃圾成堆。

近几年，长沙市雨花区铁腕治污，实施“6+”治河模式，成立了圭塘河流域综合治理指挥部，副区长陈怀宇任指挥长。2017年，全省全面推行河长制后，区委副书记、区长刘素月担任雨花区总河长，陈怀宇担任圭塘河河长，实施“一河一策”。雨花区还从民间聘请数十位志愿者担任民间河长，“官兵合一”共同治理、维护圭塘河。引入德国汉诺威水协，共同治理圭塘河。生态引水工程实现通水，黑臭水体治理经验在全省推介。创新市场融资模式，在圭塘河推行“生态整治+产业融合”模式，政府与企业联手，开发沿河商业项目，在沿河两岸规划建设了8.65万平方米的特色商业街区，依靠项目经营性物业收入，实现以河治河、以河养河。

在黑臭水体治理过程中，该区坚持截污清淤双管齐下，将“控源截污”作为整治的根本措施，并以“零容忍”“零盲区”“零失误”的态度，清理圭塘河河道淤泥与沉积物。如今，市政管网清淤疏浚已完成234千米，改造小型积水点32处，重点对石坝路、长塘路箱涵排口及树木岭堵点进行改造、截污，铺设管道195米，清掏疏浚下水井5万座。

与此同时，该区全力推进引水工程和开展生态修复。目前，引水工程已经通水。启动9千米河岸景观建设，涉及项目总投资约20亿元。立足长远，建立长效管理机制。雨花区成立了专门的流域水环境执法巡防队伍，负责对流域全线进行专项执法督查，每日一巡查、每周一调度、每月一简报，做到有问题及时沟通、及时通报、及时整改。

通过综合治理，如今的圭塘河变了模样，河水清清，河岸一村一景，处处焕发生机。在阳光明媚、清风和煦的日子里，可以看到不少市民在圭塘河岸滨水公园锻炼、游玩。住在圭塘河岸的市民纷纷感慨：真没想到，现在这里变成了雨花区最美的滨水公园。隆冬时节，圭塘河水像被水洗过一样，碧蓝清透。沿岸柳条摇曳，亭台廊道，天蓝水清，浑成一色，仿佛一幅洇开的生态水墨画。

开启美丽乡村建设
——让农村变得和城市一样美

【故事】

2018年1月3日，雨花区跳马镇团然村。走在乡间的小路上，垃圾和散养的鸡鸭不见踪影，只有青绿的田埂、整洁的庭院，还有怒放的花朵……

垃圾，一直是农民心中的痛。它影响了环境，污染了空气。为了改变这一现状，几年前，团然村开始探索垃圾分类管理，开展垃圾回收。笔者看到，在雨花区跳马镇团然村的垃圾回收中心，一间占地600多平方米的房子内，整齐地摆放着茶色、白色、深色等废弃的玻璃瓶子及其他回收物品，每个类别都有清晰的标识牌，物品繁杂却干净有序。

一人一台垃圾车，早7点、晚8点，专职人员都会去村民家里回收垃圾，且垃圾分类已在团然村100%推行，目前团然村已经建成长沙市最大的村级垃圾回收中心。通过建立“户分类、村收集、乡镇集中处理”的收运体系，引导村民自主分类收集，生活垃圾整治工作成效显著，有效地减少了农村废弃生活垃圾总量，提高了农村生活垃圾可利用资源的回收利用率，最终将团然村打造成极具特色的美丽乡村。

截至2017年6月，长沙市雨花区已新建公共垃圾回收池47座、维修提质垃圾分类回收站10座、采购配备农户分类垃圾桶18000套，并在13个村开展了农户垃圾分类上门回收试点工作，杜绝了污水横流、垃圾焚烧的现象，减少了地下水、地表水和大气环境的污染，使农村生活垃圾处置实现全覆盖。

垃圾不见了，跳马镇的环境变得更美了。石燕湖风光碧旋，长株潭绿心山清水净。

【延伸】

实施垃圾回收，只是雨花区开启美丽乡村建设众多举措之一。为了使跳马变得更美、更好，2017年，雨花区在这里启动美丽乡村建设，全域旅游建设是其中又一大手笔。2017年6月21日，在湖南省人民政府于北京主办的“央企湘企暨＂一带一路＂产能合作对接活动”上，刘素月与中国建筑股份有限公司负责人成功签订《长沙市跳马生态片区两型保护与发展项目投资合作框架协议》。根据协议，中国建筑将在长沙市助推雨花区跳马生态片区两型保护与发展项目，该项目是中国建筑目前投资额最大的生态保护与发展综合开发项目，也是湖南省最大的绿心保护与发展创新和试点项目。

自签订战略框架协议以来，雨花区与中国建筑对接进一步加强。目前中国建筑旗下专业最全、规模最大的国有甲级建筑设计院——中国建筑西南设计研究院，聚集其精英力量，着手雨花全域旅游顶层设计方案的起草。顶层设计历经3个月的雕琢与打磨，于2017年9月初已基本成型，以生态保护为前提，以本土产业为基础，以文体游艺为拓展，形成涵盖生态、文化、旅游的全域生态旅游+特色小镇集群。总体目标定位于轻旅游共享生态田园绿心、到访长株潭游客必须前往的生态旅游胜地、环绿心区域居民的郊野公园。

风生水起　踏浪而行
——长沙市雨花区改革开放40年发展综述

记者　欧阳倩

（原载于2018年12月3日“华声在线”）

四十而不惑，不惑而心定。

以1978年党的十一届三中全会为标志，中国共产党带领中国人民进行的改革开放已走过40个年头。

对一个区域而言，只有看清自己所走过的路，才能在千变万化的现实中，更加从容不迫，更加步履坚定。

雨花区，是改革开放大业的倡导者、见证者，更是改革开放大业的亲历者、实践者。

改革开放以来，雨花区全面深化改革的举措一茬接着一茬，新的声势一浪高过一浪，一幅风生水起、蹄疾步稳的改革画面跃然如见！

回溯雨花区发展轨迹，需把时间指针回拨至1996年。1996年，长沙市区划调整设立雨花区，建制改革于长沙市郊区。

——这是新雨花开始的一年；这是雨花人追逐新梦想起航的一年；这更是雨花发展史上具有里程碑意义的一年！

从1996年至今，在雨花区历届区委、区政府的努力下，特别是近年来，在新一届区委、区政府的坚强领导下，雨花人爬坡过坎、砥砺奋进。

从位居长沙东南一隅，到跻身全国综合实力百强区；从承担城市功能的“服务者”，到引领城市开放崛起的“弄潮儿”。雨花人在300余平方千米的土地上，谱写了一曲又一曲创业创新创优的动人乐章，取得了一个又一个经济社会发展的丰硕成果。

今天的雨花，产业结构优化升级，区域综合实力迈上新台阶；

今天的雨花，城乡面貌日新月异，区域发展格局发生着深刻变化；

今天的雨花，民生事业不断完善，区域温度与广度延伸壮大。

一叶轻舟穿峡越谷经万山，涓涓细流汇成浩瀚大海！

雨花，未曾辜负改革开放以来的40年，也更不会辜负这个前所未有的新时代！

1　一个重大命题，确立全新定位

——改革开放以来，雨花区委、区政府以“跳起来摘桃子”的决心谋篇布局，区域发展出现深刻转型

若从卫星上俯瞰，1978年的长沙，市区灯火稠密，郊区则一片昏暗。现在“国际范”十足的长沙，彼时形同“跛脚巨人”。

改革春风已起，但长沙郊区依然泥足。

长沙郊区环绕长沙城区四周，西与望城接壤，东、南、北三面与长沙县毗邻。郊区建制于1938年，虽几经撤并仍不断扩大。在长沙现代化建设中，她肩负着“服务省会、致富城郊”的双重任务。

党的十一届三中全会以后，城郊型经济发展进入黄金时期。

发展商品农业、提高副食品供给能力，满足城市居民“菜篮子”的需求是重中之重。郊区的规划也是以服务于城市整体建设为前提，保证城市开发和建设的顺利进行。

郊区的变迁发展，摊开了雨花新城区建设与繁荣的画卷：1996年7月，长沙市区划调整，撤销郊区。郊区政府保留部分乡、镇，接收部分城区，组建城乡一体的雨花新城。

雨花区西北部，为繁华的市区，主要由原南区侯家塘、左家塘、井湾子、圭塘划入组成；雨花区东南部，以城郊农村为主体，由原郊区黎托乡、洞井乡全部和雨花亭乡等部分构成。1996年底，雨花区划微调，按路网块状分置街道。

以发展的眼光审视，从郊区到雨花区并非简单行政区划变换的概念，而是秉承郊区发展的思路和经验，主动融入省会城市建设在有形空间上的升华和前进。

雨花建区后，发挥区位优势，确定了“规划建区、科技兴区、改革强区、开放活区、兴市富区、依法治区”的发展思路。

我们可以通过几个数据，探究改革以来雨花经济结构变化的历程。

一份1981年的资料显示，当年郊区蔬菜上市12600万千克、鲜鱼上市56740担。鲜奶产量为392万千克，整个郊区的社会总产值为1.77亿元。

建区后的第一年，即1997年，雨花区地区生产总值为12.85亿元，其中，第一产业增加值1070万元、第二产业增加值为5580万元、第三产业增加值为15420万元。产业结构为10.8 ∶ 39.2 ∶ 50.0。

时间掠过5年光阴。2002年雨花区实现地区生产总值24.25亿元，为1997年的1.89倍，年均递增13.6%，产业结构比例变为8.9 ∶ 33.6 ∶ 57.5。此时，第三产业占全区GDP比重57.5%，在市内5区中排名第一，成为支柱产业，明显呈现大都市城区经济结构。

又是一个5年过去，2007年全区地区生产总值突破350亿元，三次产业结构比约为0.9 ∶ 51.1 ∶ 48.0。工业占据主导地位，规模工业增加值120亿元，逐步形成了烟草食品、机械制造、床具服装、新材料等支柱产业。

第三产业占比GDP超过60%则发生在下一个5年。2012年，雨花区地区生产总值达740亿元(含长烟)，人均GDP达1.6万美元。三次产业结构比调整为0.4 ∶ 38.4 ∶ 61.2。

2015年，雨花区地区生产总值迈入千亿行列，达到1018.2亿元(含长烟)，三产结构比由2010年的0.5 ∶ 41.5 ∶ 58.0调整为2015年的0.7 ∶ 37.5 ∶ 61.8。

整体来看，改革开放以来雨花区产业结构总体呈现由“二三一”到“三二一”的演变。

数据是枯燥的。但从数据的变化，我们可以感知雨花改革经济篇章的焦点与成就。

——农业早就抖落了泥土成为孵化平台。从1996年开始举办的农博会，今年已走过20个春秋，成为农产品交易、农业技术展示的“现象级”展会；传统农业退出历史舞台，现代都市农业逐步成为方向，游绿心、赏花卉、逛农博、看非遗，这才是雨花农业的新面貌。北部跳马镇，初步形成布局美、产业美、环境美、生活美、风尚美的乡村格局；中心城区神农茶都文化产业园，更是做茶业运营平台，打造集购物、品茗、休闲、旅游为一体的文化消费综合体。

——园区成为新型工业滋生的沃土。2003年，建立第一个工业园区——湖南环保科技产业园，随后壮大为雨花区经开区，重点打造了新能源汽车、机器人、电子信息等产业集群；围绕“互联网+”，促进以云计算、物联网、大数据等新信息、新技术与现代制造业的融合发展。如今，雨花经开区跻身全省一类园区，成为“国家新型工业化产业示范基地(汽车产业)”、全省唯一的“机器人产业集聚区”。

——现代服务业蓬勃发展。1996年以来，相继建成的高桥大市场、红星农副产品大市场、井湾子家具大市场等如雨后春笋，“全省市场看长沙，长沙市场看雨花”的局面逐步形成。以市场和特色街市为主的商圈日益崛起，高桥商圈、东塘商圈、红星商圈、黎托商圈、同升商圈声名鹊起。“十二五”期间，现代服务业增加值年均增长10.5%。累计20个项目纳入国家现代服务业综合试点，培育顺天

国际金融中心、湖南商会大厦、双塔国际广场等14栋示范楼宇，德思勤城市广场、喜盈门范城等一批城市综合体建成运营。

自信与辉煌，探索与奋斗。

在21世纪的第二个十年，雨花区更加接近实现自己的荣光与梦想：2017年地区生产总值1230.87亿元，是1997年的977倍！

2 一场城市再造，绘就重大转变

——改革开放以来，雨花区委、区政府以“精品城区”建设为核心，实现从“外延式扩张”到“内涵式提升”的转变

奠基、点火，通车，揭牌，建设……宏图起，雨花新！

40年来，一个个城市建设项目落地，天堑变通途，水域荡碧波，荒山披青衣，公园悄点缀。在长沙市发展宏伟版图上，没有哪项改革能像城市建设的如椽大笔这样，带来如此巨大的改变。

关注，惊叹，参与，共享……梦想通，笑颜开！

40年来，一项项筑基工程以建设精品城区为目标，一项项暖心工程以城市管理体系建设为抓手，一项项精神培育工程以城市文明为宗旨。历史长河中，没有哪个举措像城市建设这样，凝聚如此广泛民心。

40年来，穿过崇山峻岭，越过浩瀚长河，目光所致，山河大不同。

——交通大提质，雨花血脉偾张。

1978年，整个长沙市仅有3条国道、10条省道，域内总里程不到700余公里。1987年，郊区有乡村公路63条，共206公里。

当时，唯一的南向交通动脉为长潭公路，郊区段从东塘广场起，经雨花亭、井湾子、洞井铺至机场口。经过郊区境内的铁路有京广铁路，自北向南由捞刀河入境，过浏阳河铁桥后，直穿市中心区，经雨花亭乡、大蚝乡出境，郊区境内设有4个车站。

1996年以后，新建、改建城市主次干道是其重要方向。“十五”“十一五”“十二五”期间，分别新建改造城市主次干道89.09千米、150千米、40.5千米。

此时，“七纵八横”的路网骨架逐步形成，城市格局也以此拉伸。

通过机场高速、人民路、长沙大道、劳动路、香樟路、木莲冲路、湘府路等，实现了城区东西的延伸。

通过韶山路、洞井路、万家丽路、沙湾路、新花侯路、红旗路等的建设，实现了城区南北的拓展。

通过借助武广高铁、沪昆高铁、渝厦高铁等，雨花区成为中国中部“六省通衢”的一个起点。航空、高铁、地铁、轻轨、国道和高速公路“六元一体”的交通格局，拉开了城区骨架。

——区域品质大提质，雨花脱胎换骨。

对外城区的违章建筑，拆！

20世纪90年代以来，雨花区陆续启动谭阳洲、东山两大片区的拆违行动，突出抓好高铁新城、雅塘片区、棚户区、城中村四大板块的征拆工作。拆违腾地、拆迁腾地，拉通了全新的城市框架，腹地开发向纵深推进。新片区的崛起，带来了产业的延伸，新的经济增长点不断凸现。

对内城区的棚户区及老旧社区，改！

以东塘、侯家塘、砂子塘、左家塘为主体的内城区，随着时间的推移，房屋道路老旧破损，路网管网设施老化，停车问题，成为雨花执政者的心病。里子与面子、地上与地下、硬件与软件相统筹，推动城市建设由外延式扩张向内涵式提升转变。

老旧社区老龄自来水管置换一新，解决让居民堵心的停水问题；天然气地下管网铺设完毕，大伙告别背着煤气罐上楼的日子。与此同时，破损楼面修正、绿地花坛修建、停车位扩容增减等配套改造全面推进。城区品质在改造中一步步实现温情蜕变。

对重点区域的薄弱环节，治！

提升长沙火车南站、汽车南站、高桥大市场、红星市场等服务窗口和重点市场品质。疏通路网，铺设沥青路面，打通交通微循环，使通行更加顺畅；部分电力线路下地，增容电力满足用电需求；配套货梯、客梯、自动扶梯等，并对其周边区域整体规划设置门面招牌，在细节处体现品质。

对区域绿化面积，增！

1996年建区后雨花绿化主要依托自然景观，拥有市区最大的“绿肺”湖南省森林植物园，绿树成荫、游人如织。1998—2002年，重点在主干道两厢绿化，先后对曙光路、梓园路、广济桥等辖区内主次干道20条，进行高标准的绿化改造工程，道路绿地面积达32万平方米。随后，雨花区对社区绿化情况进行全面摸底调查，补栽缺损苗木，社区绿化环境得到显著改善。2009年，率长沙市之先建成首个开放式社区公园——树木岭社区公园。

2010年以后，绿化建设“点线面”全面开花。“十二五”期间，提质改造老旧社区29个、背街小巷16条，建成特色景观街3条，社区公园及小游园33个。2014年起启动“三年造绿大行动”，城区绿化覆盖率已达40.84%。

——碧水大行动，雨花哺育泽润。

圭塘河穿雨花而过。作为长沙唯一的内流河，圭塘河哺育了一代又一代的市民。可她也承受着生命不堪承受之重：工业污水、生活污水，日积月累，原本清澈的河水变得又黑又臭。

群众扼腕痛惜，政府牵肠挂肚。从1996年建区以来，雨花区对圭塘河的治理从未停歇。2000年以前，治理侧重在防洪度汛方面，强调洪水快排，却未对100多个排口末端截污。长年累积，清水变“墨水”。再加上上下游落差小、流量小、自净能力差等“先天不足”，历史的“欠账”越来越多。

“十二五”以来，逐步确定全流域治理方案。对上游，把截污纳管建设作为基础性工作，加强跳马片区、同升地区的干支管网、老旧小区、棚户区等改造，全面推进污水管网配套，从源头上切断污水入河。对中下游，针对不同污染来源，采取不同截污手段：流域周边居民小区，实施雨水立管改造，杜绝生活污水入河；沿河餐饮商铺，建立餐厨垃圾回收体系，杜绝乱排乱放进入河道。

近20年来不懈探索，雨花区创新“6+”治河模式，即理念创新：“系统治理+精准治污”；体制创新：“九龙治水+一龙统筹”；机制创新：“政

府河长+民间河长”；模式创新：“生态整治+产业融合”；技术创新：“中国智慧+德国技术”；投融资创新：“平台融资+市场化运作”。

以理念创新为例，雨花区投资300万元委托专业测绘机构对125平方千米流域的管网、地形、河道、河岸进行全面调查，搜集了大量水温、气象、洪涝等数据，建立了治理模型，可精准地计算出隔断治理需求。相关负责人介绍：“根据大数据平台，每逢下雨，平台根据雨量自动模拟圭塘河水域水文情况，我们再有针对性地进行整治。”

以投融资创新为例，在先后投入100亿元后，雨花区引进社会资本，成立长沙中建圭塘河建设开发责任有限公司，构建“建—融—管—还”的体系。即，由公司建设，由社会资本主导融资，由经营性物业收入来弥补管理投入，再建立合理偿还计划，确保项目参与各方共赢。

2014年12月圭塘河生态景观区一期建成开放，2017年10月二期圭塘河滨水公园开园，一座河岸城市微旅行度假地“圭塘河悠游小镇”惊艳亮相。

改革开放以来，雨花人用汗水和智慧，用意志和精神，还长沙一河碧水！

我们甚至可以说，圭塘河的蝶变，就是整个雨花区生态巨变的缩影！

3 一份心中牵挂，满腔百姓情怀

——改革开放以来，雨花区委、区政府以百姓最关心的问题为导向，不断增强人民群众获得感和幸福感

优势的经济主场，强力的产业集聚；精致的城区结构，精细的城市管理……改革的成果，由民众共建，更应该由民众共享。

一句句誓言铿锵有力：“百姓的事，再小也是大事；百姓所需的，就是我们为之努力的。”“把财力向民生项目倾斜，向公共服务领域倾斜，向基层困难群众倾斜，让人们的幸福指数随着GDP一同增长。”“围绕民生谋改革，发展顺，力量大。”

一项项荣誉接踵而至：1999年，以最高评分成为全省唯一素质教育和“普九”双优县区；2013年起，全面小康实现程度连续三年排名全省第一，成为全省首批全面小康达标县（市）区；2004年起，连续9年保持省“平安县（区）称号”；2016年，群众工作民调满意度排名长沙市第一；荣获2016—2020年度全国科普示范区；从2004年起，连续9年保持全国计生优质服务先进区称号。

一个个数字拔节生长：1988年的郊区，全区农民年人均收入957元，职工年人均收入1333.6元；到1998年，全区年人均收入3671元；2008年，城乡居民人均可支配收入分别达19054元和11636元；2017年，城镇居民人均可支配收入达50150元。

——这些成就，是雨花区鲜明的人民立场、深沉的为民情怀的最佳诠释！

比荣耀更为真切的，是人们的获得感。

获得感，来自家门口的优质教育资源。“十五”“十一五”“十二五”期间，分别新建改造学校39所、21所、39所，“十三五”以来，新建学校19所，新增学位2.8万个。同时，该区充分发挥优质教育品牌效应，通过组建教育集团，带动新建学校和薄弱学校快速发展，如长郡雨外教育集团发展为“一校四址”，砂子塘教育集团为“一校十一址”，枫树山教育集团为“一校九址”等，进一步提升优质教育的覆盖率。

获得感，来自低费用、高水平的医疗服务。以2014年为例，当年雨花区门诊、住院人次虽增长82.38%、49.10%，但门诊、住院均次药费分别下降48.74%、16.5%。目前，“小病进社区、大病到医院、康复回社区”的就医新格局已初步形成，大大降低了市民看病费用，免去市民到大医院排队的烦恼。2015年启动的雨花区公共卫生大楼，更是配备了一流的疾控实验室，具备了11类201项检测硬件能力，应对禽流感、诺如病毒等病毒感染疫情，实现自行快速鉴定，大大提升政府应对突发公共卫生事件的工作效率。

获得感，来自润物细无声的文化体系。在文化阵地建设上，仅“十二五”期间，就投入2300万元，社区阵地面积平均达到300平方米；在文化传承保护上，建设了湖南首个非遗街区——雨花非遗馆，竹雕、剪纸、棕编等上千种濒临失传的非遗老手艺在这里焕发青春；在产业活力上，德思勤城市广场、汇艺文创中心、圭塘河生态景观带、浏阳河文化旅游产业带等，让居民有所看、有所学、有所玩、有所成。

获得感，来自不断完善的精细生活圈。曾经杂乱的农贸市场变得“高大上”；曾经寥寥无几的公园如今“遍地开花”；曾经的老仓库变身创意空间；曾经的“有女莫嫁洞井铺”已成历史；曾经单调的道路如今以不同颜色区分出骑行道、跑步道、步行道、绿化带……今年，雨花区出台两年行动计划，两年内将打造95个15分钟生活圈，建设37个停车场，新（改）建30处农贸市场，建设177.76千米人行道、130.4千米自行车道，打造2条健身步道、2.7千米文化步道。

……

城市的温度，不断升华，不断凝聚，不断弥漫！

对一项项民生改革进行梳理时，我们不难发现，在民生工程的宏伟叙事中，雨花区之所以能跨过一个又一个难关，实现一次又一次跨域，一个重要的原因，就是得益于崇尚务实、以人为本的良好导向，得益于狠抓落实、热忱服务的工作作风，得益于细致入微、一抓到底的实干精神。

4 一盘宏伟棋局，展示光明未来

——改革开放以来，雨花区委、区政府以大视野、大格局布棋落子，“雨润之花”必将更加璀璨辉煌

40年的积累，40年的蓄势，为雨花区发展打下了坚实基础。

我们可以感知雨花区勇于改革、善于突破的创新；我们可以感受雨花区敢为人先、锐意争优的担当；我们可以看到雨花区和衷共济、荣辱与共的团结；我们也可以感叹雨花区为民爱民、勤政务实的公仆意识！

今天的雨花，决心更大、方向更明、动力更足！

今天的雨花，不管风吹浪打，犹

似闲庭信步！

思想上，更加坚定——

全面深化从严治党，强化政治意识，增强政治定力，严把政治方向，压实管党责任。着眼凝神聚魂，增强理论自觉和行动自觉，教育引导党员干部筑牢信仰之基、补足精神之钙、把稳思想之舵。

理念上，更加清晰——

发展是第一要务，用“创新、协调、绿色、开放、共享”的新理念谋划新发展，实现新跨越。强化项目首位意识，优化营商环境，不断培育新动能，拓宽新空间，形成新优势。

行动上，更加坚决——

激活体制机制，大刀阔斧简政放权，全面推进行政审批制度改革，以开放的胸襟，以包容的胸怀，在提升服务水平中赢得区域竞争主动权。

时光在2018年迸发耀眼光芒，再次照亮雨花人的伟大征途！

历史与现实的交汇，区域与世界的交融，理念与行动的交织，将汇聚起创新创业、精致精美、共建共享的时代洪流！书写出财富、品质、幸福雨花的时代愿景！

乘风破浪　直挂云帆济沧海

——雨花区改革开放一线奋斗者掠影

记者　欧阳倩

（原载于2018年12月3日“华声在线”）

“独有豪情，天际悬明月，风雷磅礴。”

生机勃发的改革开放，是所有奋斗者的事业。

在雨花区这片崭新的天地里，无数奋斗者挥洒着汗水，燃烧着激情，不畏困难而拼搏向前。

高桥大市场、雨花经开区、德思勤文化广场、红星大市场……一个个光辉的坐标，凝结的是一代代人的奋斗！

商贸升级，流通改革，文化惠民，基层自治，精神文明培育……一个个精彩的转型，彰显的是一代代人的智慧！

改革成就从何而来？来自每一个基层奋斗者付出的每分每秒，来自每一个创业者的拼搏进步，来自每一个道德好人的榜样力量……他们的勤劳，他们的意气风发，如涓涓细流，鲜活、欢跃而顽强，汇聚成奔腾向前、气势恢弘的改革之河、时代潮流！

今天，我们撷取了改革开放历程中部分奋斗者的身影，他们有的来自外地，独身闯市场，在雨花区取得成就；有的是“80”后、“90”后，创业的同时希望能扩大文化的传承；有的是身体不便的残障人士，从以前的“被爱”到传播爱；有的是基层工作人员，身赴一线，为引进项目久久“痴缠”……

他们的故事，给人力量，催人振奋！

他们的奋斗，是一群人的缩影，是一代人的担当！

今天，我们希望能用他们的故事，试图回答雨花改革硕果从何而来。

改革开放以来，雨花区高度重视项目建设，抓布局、抓引进、抓储备、抓落地、抓服务、抓进度、抓培育，干部队伍工作力度不断向项目倾斜。以抓大项目、好项目为主线，以提速、提效为内涵，项目建设风生水起。

“招商就是谈恋爱，不能‘无果而终’”

奋斗者：胡译方　雨花区经开区工作人员

从进场到投产，大族激光智能装备集团仅花了39天。这是长沙市雨花经开区在服务项目创下的“雨花速度”。鲜有人知的是，这个项目雨花区经开工作人员从接触到落地，前后花了4年时间。

2015年，经省政府批准，雨花经开区设立了全省第一家也是唯一的机器人产业集聚区，重点引进机器人全产业链关联企业。

“不是什么企业、什么产业都往里面装。”园区招商其实并不愁，但雨花经开区招商团队轮番往来北、上、广、深等地，为的就是能引进一批优质机器人企业。

招商团队“看中了”大族激光。但“郎有情妾无意”，大族激光那时并没有落户中西南地区的布局意向。

2014年深圳洽谈会期间，长沙市主要负责人带队考察深圳大族激光生产基地时，提出问题的专业程度令大族激光总经理陈焱印象颇深。原以为只是“浏览”一下车间，走一下过场，预计半小时的行程，最后双方一见面就“来了电”，交流了2小时还意犹未尽。

雨花区迅速把握这次“升温”的会谈，正式开展“追求”。

付出满腔热情，“佳人”却兴致不高。2016年，洽谈多次遇到瓶颈。同年，雨花区经开区在北京、上海、深圳成立外办小组，主动通过邮件、微信等多种形式，向企业负责人介绍园区的发展动态。双方感情逐步进入“热恋”阶段。

参与招商的雨花经开区工作人员胡译方说：“招商不能‘半路失踪’、不能‘无疾而终’，要始终抱着恋爱精神，‘你若不离不弃，我必生死相依'。"

胡译方等人在接触中了解到，不少机器人智能制造企业中意“前面办公、后面厂房”的模式。得知这一情况，雨花经开区提前谋划，把厂房、办公研发用房分开建设好。同时，还依托园区开发公司专门为机器人智能制造产业建设了两个相邻的工业地产项目——康庭园和智庭园。

到2017年，大族激光工作人员再次应邀来园区考察时，厂房、办公房、地产项目都有，与该公司预想基地要素高度吻合。双方一拍即合，在2017年先成立了运营中心。

2018年9月，大族激光把公司中西南地区最大的研发、制造与服务基地落地到雨花经开区。“我们从签约到建成投产，只用了3个月时间，5.6亿元的投资3个月见到效益。这得益于园区提前谋划布局，把基础设施先期完成建设，只待企业入驻。”该公司相关负责人说。

改革开放以来，雨花区通过释放市场活力，培育市场主体，优化市场环境，破障碍、去繁苛、筑坦途，雨花区已然成为创新创业乐土。

“我从汉正街来，高桥大市场给我事业新生”

奋斗者：袁长江　高桥大市场商户

提起劳动服的采购，不少人总会想去高桥大市场看看。对商户袁长江来说，1999年的“一看”，成就了他今天2亿元的生意。

1999年7月，袁长江从湖北来长沙，为地处武汉汉正街的制衣家族企业寻找转型之路。

“我第一眼看到高桥，我就知道这个地方符合我选址的所有条件，它面积大，人流多。”同年9月，20岁出头的袁长江，从家里拉了一车衣服样品，来到了高桥大市场。

袁长江很大胆，货到了高桥，既没有找好门面，也没有找好住所，更没有客户源。最后在高桥的油脂市场找了处24平方米的门店，吃、住都在其中。

因为产品和门店位置差异过大，袁长江的生意显得有些“尴尬”。很快他就找到了门道：找到高桥劳动制衣门店的同行。以这种思路，开店第二天卖出去了350双帆布手套，赚了525元钱。

“高桥的门面‘一店难求’。直到2001年，我才有机会在服装市场找到一家别人转让的店。”但这处24平方米的门店转让费就要47500元。袁长江那两年的利润也才5万元。

“我还是决定搬。原因在于服装市场同行齐聚，客流会更大。”事实证明了他的判断。到他门店采购的企业慢慢多了起来。

2003年元旦，袁长江决定再搬一次。原因是，彼时高桥大市场正经过提质改造，新建的皮具城，比之前的规划得更好，路更宽。这一次，19平方米的门店，租金5.8万元一年。

“租金的飞涨，其实侧面说明市民对高桥大市场的认可。来的人多，门面旺，租金才会水涨船高。”1月2日，新门面开张的第二天，袁长江接下了单笔400件工作服订单。

2010年，袁长江找了86平方米的大门店。“如果说2010年我们还只是个夫妻店，那么2010年后我们已经是个小规模的公司了。有了稳定客户群，有了自己生产基地。”

客户结构也在此时发生改变。2010年后，山河智能、蓝思科技、三一重工等省内知名企业，与袁长江签订年度合同，预订工厂制服。到2013年，公司已有7000万元的产值。

2013年，我省工程机械类企业发展出现波动，袁长江产量遭受“断崖式”下跌。袁长江明白，“这是公司过度依靠几个大客户带来的弊端。”

如何转型？需重新找回以前的小客户。“高桥市场的繁荣，再次让我们东山再起。依靠高桥密织人流，我们依靠进店采购商实现平稳过渡。”目前，公司已向平台型公司转型，整合行业上下游资源，为同行提供优质服务。

改革开放以来，雨花区以包容的心态，开放的姿态，不断引导、推动青年成长进步。支持文化创意项目、支持小微企业成长、培育创业项目，可以说，今天的雨花有更优良的条件，让青年有“立志做大事”的激情和期待。不少青年在这里用青春作桨，驶向梦想彼岸。

“文化的传承在产业兴旺中浓厚、发酵”

奋斗者：王志高　神农茶都文化产业园运营者

神农茶都文化园的所在地，是火焰村村民的安置区。

2013年，“80后”王志高在附近市场寻找商机时，一个想法慢慢形成：或许，他可以集中把村民空置门面盘活，由他创立公司进行统一招商，吸引国内顶尖茶企入驻。

王志高来自福建茶乡，对茶文化有着浓厚情结。创业的思路也很清晰：一枝独秀难成春。要把茶文化传承就必须走产业化道路，而只有茶企业集聚才能迸发“1+1>2”的力量。

创业之初，王志高困难重重。人生地不熟，为发展客源只能发传单，抱着电话本一个个上门去拜访。

甚至2014年除夕，王志高和他的团队没有在家过年，跑遍福建、广州、云南等中国著名的产茶地。付出很快就带来了收获，仅100天时间，就引入百家茶企签约入驻。

“5年来，雨花区委区政府给了我们很大支持。”王志高介绍，政府不断加大对火焰社区的提质提档，如今，“不少市民在采购产业的同时，也纷纷与园区地标合影‘打卡’。”

王志高提及的“网红”地标是指一尊9.98米高的茶祖神农像。充满浪漫想象的神农神像屹立在步行街广场中央，与镌刻有神农赋、介绍茶叶起源和发展的文化长墙互为呼应。茶文化步行街两侧，雅致怡人、彰显古韵的茶品牌形象店林立。

在王志高及其团队的运作下，不少企业在这里发展壮大。销售茶叶不再是“主打目标”。有的企业自主研发出智能煮茶机；有的企业依托茶叶基地发展旅游；有的企业转型做茶玩……

茶企的发展，也成就了王志高的茶文化传承梦。王志高团队不断举办各种活动，让市民、学生等群体参与茶的制作。

“越来越多的人爱喝茶，会喝茶，

茶的制作手艺在神农茶都传播、分享，茶的文化、茶的传承氛围在神农茶都浓厚、发酵。”

据介绍，神农茶都成立5年来，不仅将火焰社区内的安置房小区蝶变成文化产业名片，更为当地居民带来租金收入超过1亿元，解决2600余人的就业问题。

改革开放以来，尤其是党的十八大以来，雨花区精神文明建设以培育和践行社会主义核心价值观为根本，引导推动全社会树立文明观念、争当文明公民、展示文明形象。以更加坚定的主流价值、更加高扬的道德旗帜、更加清朗的社会风气，聚合起同心同德的磅礴伟力。

“社会给我力量，我也要给其他人力量”

奋斗者：肖卓作　“中国好人”获得者

2008年，命运给了肖卓作一记重击：那年8月，结婚前夕，因患脊椎血管瘤，肖卓作变成高位截瘫残疾人。

——如果你在这样的处境，你的生活会怎样？肖卓作经营得很好：开网店，作讲座。更重要的是，在她的发起下，成功举办了“全国轮椅马拉松。”她带着其他瘫痪的小伙伴，乘着轮椅自由“奔跑”。

肖卓作也曾痛苦过。2008年的一天，一群爱心人士再次来家里为肖卓作送来一些物资。

肖卓作问：“我们素不相识，你们对我这么好，我无以为报？”

“我刚进来的时候看到你笑了，这就是一种回报，这就是一种力量！”

力量？肖卓作久久思考这个词。最后她找到红十字会：“我可以加入志愿者队伍吗？我也想给其他处在困境的人带来力量。”

很快，她如愿以偿地加入了中国红十字会，红会有一家义卖网店，她成为网店客服。而后又在淘宝网开了一家名为“加油吧，卓作”的网店，热心帮助残疾朋友在网上卖工艺品，还教一些残疾朋友开网店创业。

肖卓作还将自己义卖的爱心款送给需要帮助的人，时常探望孤残儿童，支持灾区救援，通过网络耐心为失意的人做心理疏导。同时，到学校、监狱、部队做演讲，以自己的故事激励、感染更多的人。

2012年3月，肖卓作加入中国好人网，申请成为志愿者。同年11月，经网友投票，她荣登中央文明办“中国好人榜”。

长沙市雨花区宣传办为肖卓作送来一台定制的可以运动的轮椅。“我还有梦，我想去追逐，去飞翔。”

2014年，她报名参加了长沙马拉松。“马拉松传递的挑战自我、坚韧不拔、永不放弃精神，这不就是我们需要秉持的吗？”

她不是一个人跑，而是带动她身边的残障人士一起奔跑。2014年，肖卓作向长沙马拉松组委会申请，在湖南举办一场轮椅马拉松。

这件事做起来并不易。出于安全考虑，组委会犹豫再三，肖卓作再三争取，并展示香港轮椅马拉松的模式。组委会同意后，肖卓作又积极寻求捐款和赞助。最终，百余名轮友成功参加。

2015年，长沙举行国际马拉松5公里迷你赛，肖卓作说服组委会，第一次让轮友们取得参赛资格。她组织一支特殊队伍——“美人鱼跑团”，带领15位重度残疾的轮友参加比赛。

“我们希望通过跑马拉松来传递一种力量，让更多的残疾人士振作起来，站起来。”

“10年了，我从最初的被爱转变为施爱，能帮助到更多人，这是我最幸福的事。”

圭塘河流淌幸福歌

——看长沙市雨花区水系治理新作为

欧阳倩

（原载于2018年11月26日“华声在线”）

一条河流从城里穿过，是自然给城市的馈赠，更是市民的福祉。

对长沙市老城区雨花区而言，圭塘河就是一条这样的河流。

然而，河流可以添景，也可以“添忧”。曾几何时，圭塘河水质黑臭，被市民称为“龙须沟”。近年来，在长沙市雨花区委区政府的整治改造下，如今的圭塘河，白鹭在河中嬉闹，碧波荡漾着幸福。

10月中旬，圭塘河井塘段示范公园全面动工。建成后将串联起圭塘河全流域风貌，拉通一条城市滨水微旅行长廊。

治理，体现担当的精神

作为长沙唯一的内流河，圭塘河哺育了一代又一代市民。可她也曾不堪重负：工业污水、生活污水，日积月累，原本清澈的河水变得又黑又臭。

群众扼腕痛惜，政府牵肠挂肚。从1996年建区以来，雨花区对圭塘河的治理从未停歇。虽有一定成效，但并未彻底“改头换面”。

“既要还老账，也不能欠新账。治理圭塘河，担当是第一要义。”雨花区委书记张敏的话，彰显着区委区政府的决心。

——先要把历史的“账”算清楚。圭塘河全长28.2千米，经商贸区，过住宅区，穿棚户区，2000年以前，治理侧重在防洪度汛方面，强调洪水快排，却未对100多个排口末端截污。长年累计，清水变“墨水”。再加之上下游落差小、流量小、自净能力差等“先天不足”，历史的“欠账”越来越多。

——再把现在的“家底”弄明白。按照大多数人的想法，上游跳马镇为农村地区，山清水秀，风景秀丽。而中下游城市生活污水、工业企业排污应该是“罪魁祸首”。但治了很多年效果始终不尽人意，原因到底在哪？

今年初，雨花区委区政府决定，对圭塘河全流域进行全面排查，把之前被忽视的上游也纳入排查范围。得出的结果是：上游表面生态宜人，但地下管网严重缺失，有些管网管径太小及老化破损，污水处理能力极其薄弱。

至此，治理的思路，逐步清晰。

治理，凸显严厉的作风

圭塘河畔，治理的攻坚战打响。

关！对排污企业、工地全面关停。上游跳马镇绿心地区退出工业企业10家，计划总关停、退出98家，对违规排污、工地排污等违法行为采取执法行动140余起，立案处理9件。

截！针对不同污染来源，采取不同截污手段：流域周边居民小区，实施雨水立管改造，杜绝生活污水入河；沿河餐饮商铺，建立餐厨垃圾回收体系，杜绝乱排乱放进入河道。

改！对上游，把截污纳管建设作为基础性工作，加强跳马片区、同升地区的干支管网、老旧小区、棚户区等改造，全面推进污水管网配套，从源头上切断污水入河。

雨花区还投资300万元委托专业测绘机构对125平方千米流域的管网、地形、河道、河岸进行全面调查，搜集了大量水温、气象、洪涝等数据，建立了治理模型，可精准地计算出隔断治理需求。相关负责人介绍：“根据大数据平台，每逢下雨，平台根据雨量自动模拟圭塘河水域水文情况，我们再有针对性地采取措施。”

治理得有持续的投入做保障。雨花区在先后投入100多亿元后，引进社会资本，成立长沙中建圭塘河建设开发责任有限公司，构建“建—融—管—还”的体系。即，由公司建设，由社会资本主导融资，由经营性物业收入来弥补管理投入，再建立合理偿还计划，确保项目参与各方共赢。

多管齐下，水清了，河畅了，岸绿了，圭塘河变美了。

治理，绽放惠民的花朵

圭塘河的“容光焕发”，是政府主治、企业参与、社会大众努力的共同结果。

2016年，长沙市卷烟厂无偿捐赠500万元，在圭塘河羽燕湖段建设了一个共享书屋。在完成主体工程建设后，并没有购置任何书籍，而是发动市民捐赠书籍。短短2个月，共捐出上万册书籍。有人打趣：“这恐怕是全国第一家没有出钱购买一本书的书屋。”随后，长沙民间公益组织——益友会主动承担起日常维护和管理。

60多名民间河长“请缨”，组成“护河志愿者服务队”，自发开展巡逻、保洁等。50多岁的志愿者冷昭群，每周风雨无阻地参加志愿巡河活动。面对家人相劝他断然拒绝：“我是这里长大的，圭塘河养育了我，现在能为她做一点力所能及的事，很高兴！”志愿者刘科，跟踪拍摄圭塘河8年，对圭塘河环保做影像保留。他说：“圭塘河的角角落落我都走过，我想用一张张照片，呼吁市民参与环保，让他们感受圭塘河的变化。”

从“伤痛”中逐渐恢复的圭塘河，如今又开始无私哺育起两岸的人们。

居民李爹爹说，现在住在圭塘河边是一种自豪，自己早上都是被鸟叫声吵醒的。“圭塘河的巨大变化给他和附近的人们带来的不仅是河水变了，河边上的人也变了。”

随着水越来越清澈，生活随之也热闹有趣起来。圭塘河畔晨操、晨跑、晨读参与者众多，文艺会演、公益演出精彩纷呈。“现在邻里更加和睦，业余生活方式也越来越多样化、健康化。”

投资者、创业者也纷至沓来。从悠游小镇滨水商业街到湖南省森林植物园，再到石燕湖生态旅游景区，圭塘河串联起生态、人文、艺术、运动、商业多个业态。

如今的圭塘河，是景观带，更是经济带！

雨花区：文化惠民，让百姓获得感升级

——雨花区改革开放一线奋斗者掠影

记者　胡媛媛

（原载于2018年12月29日《长沙晚报》）

一座充盈着文化底蕴和文化活力的城市，永远彰显蓬勃向上的力量。

车水马龙的红星商圈内，300余种濒临失传的非遗老手艺，在雨花非遗馆焕发青春，传统文化在新时代的春风中，演绎传承与创新；

岸芷汀兰的圭塘河畔，你不仅能环河而行、沐浴绿色，更能在和+共享图书馆品一杯咖啡、阅一本好书，让自然清香、书墨馨香浸润心灵；

沿湘府东路一路慢行，影视传媒、数字出版、创意设计、演艺娱乐等文化产业交相辉映，一条文化产业带，正变成流金淌银的财富带。

文化的血液在雨花加速流淌。近年来，该区奏响文化惠民的主旋律，不断完善公共文化服务体系，加强传统文化传播与非物质文化遗产挖掘，强力推进文化产业发展。厚重的文化积淀、丰富的文化业态，正化为区域发展的内生动力。

“在城乡建设中彰显文化引领，在惠及全民中促进文化繁荣，在创新融合中做强文化产业。”雨花区委书记张敏不止一次提到，要以文化为核，在财富品质幸福雨花建设中进一步丰富文化内涵、展示文化特质；以文化驱动，推进转型创新发展，在产业文化化、文化产业化上迈出更大步伐；以文化滋养，满足群众精神需求，提供更多更优的精神产品。

雨花区委副书记、区长刘素月表示，要始终突出雨花文化惠民、利民、便民的根本宗旨，通过持续推进文化基础设施建设，完善公共文化服务体系，加速文化产业的集聚发展、跨界融合，积极实现以文化人、以文聚力、以文兴业。

文化为雨花的快速发展注入活力，雨花腾飞在灿烂的文化星河之中。

发展与传承，传统文化焕发青春

灯光璀璨的非遗大舞台上，头戴大红帽子、身着明黄风衣的变脸艺人猛一回头，一张孙悟空的面孔出现，举手投足之间，荷花脸、诸葛太极脸、熊猫脸……一张张脸谱魔术般地变化着，看得观众目不转睛。舞台下，雨花非遗夜市红火开锣，一字排开的摊点或展示扎染、剪纸等非遗技能，或晒出城步油茶、铜官窑小吃等湖湘美食，让夜幕下的市民们流连忘返。

感受完夜市的热闹，不妨去非遗书院里澄净心灵。这里，2万余册书籍讲述着湖湘文化的源远流长，更有传统工艺体验、对话非遗传承人系列活动举行，让非遗成为人们心中挥之不去的精神滋养。

自今年9月全国首个非遗夜市、非遗书院在雨花非遗馆亮相以来，这场定期举行的民俗大集，已成为市民们了解非遗技能、感受传统文化的“打卡地”。

“民间手艺很宝贵，特别是那些非遗项目，一旦流失就捡不回来了。”因为这份初心，曾经是一名老木雕匠人的郭存勇，在雨花区扶持下打造了近5万平方米的雨花非遗馆，让全国359个非遗项目、200多名非遗传承人纷至沓来，更让渐行渐远的老手艺与市场对接、焕发新生。如今走进雨花非遗馆，你既能欣赏到栩栩如生的根雕、一刀挥就的剪纸，也能发现二维码竹筐、年画手机壳等文创产品，更能亲手体验非遗技能，雨花非遗馆也因此成为长沙文化新地标。

开辟非遗阵地，寻找“中心据点”，让更多“藏在深山人未识”的非遗项目和非遗传人更好地释放价值。不仅仅打造了雨花非遗馆，如今雨花区正通过更多积极作为，不断筑就民族文化的希望之道。

“传承了几千年的中国汉字，不仅是可读的符号，更是可看的形体，沉淀着深刻的文化内涵和丰富的情感意蕴。”在位于雨花区的宋旦汉字艺术博物馆内，带着孙子一同而来的市民曹清明如此感慨。今年8月试开馆的宋旦汉字艺术博物馆，是中国首家以汉字艺术为主题的博物馆，在这里，你既可以了解汉字起源，也可以获悉百家姓背后的寓意，传统与科技相结合的汉字艺术体验项目，更能让你在拼汉字、组汉字、刻汉字等12项汉字体验中，感受中国汉字的博大精深。知晓汉字的前世今生，触摸汉字艺术的智慧结晶，开馆至今，博物馆每日吸引数百人参观。

文化是一个国家、一个民族的灵魂，文化兴国运兴，文化强民族强。五千年文明历史，孕育了中华优秀传统文化，其蕴含丰富的智慧，是民族的瑰宝。雨花区高度重视中华优秀传统文化的传承和发展，推动其创造性转化、创新性发展，开拓了传统文化传播的新格局。

3个月前，该区出台《传承发展中华优秀传统文化实施方案》，从传统文化经典研究阐释、湖湘文化遗产保护传承、优秀传统文化“六进”工程、优秀传统文化精品创作、优秀传统文化传播交流平台建设、雨花文化“走出去”工程等多个维度，让核心思想理念深入人心，让中华传统美德广泛弘扬、中华人文精神充分彰显。

传统文化的继承与发展，更从娃娃抓起。舞龙、谜语、茶艺、剪纸……雨花区不仅组织非遗传人进校园授课，并培养了一批非遗小传人，打造了桔园小学、三仙岭小学、圭塘小学等一批非遗项目传承基地。同时，“少年传承中华传统美德”活动、“中华经典诵读进校园”等系列活动举行，让经典文化浸润童心、助力成长。

文化是一条奔腾不息的河流。之所以回溯来处，发掘精神的河床，最终是为了向广阔未来奔涌而去。雨花正以不懈作为，做好优秀传统文化的守护者、传承者，当好创造性转化、创新性发展的探路者、先行者。

文化惠民，为幸福雨花加油

书页翻动，缕缕清新的书香从圭塘河畔开始蔓延，将雨花好学气质慢慢舒展。

今年7月，一家特殊的图书馆在雨花区圭塘河羽燕湖畔开馆。作为雨花区打造的长沙首家“共享图书馆”，其与传统图书馆的不同之处在于：开馆时所有书架空位以待，不仅书籍需由市民捐赠，上架后每本书都有一个二维码“身份证”，微信一扫就能轻松借书还书，更能在线留下读后感。

“不到半年时间，市民捐赠的书籍就达到15000册，每天超过200人次来这里阅读。”和+共享图书馆年轻的女馆长吴尚开心报数。坐在落地窗前，面对一湖风景，慢品一杯咖啡，翻阅一本爱书，这样的阅读场景，如今在930平方米的和+共享图书馆比比皆是。说是图书馆，其实这里更像开放式的悦读空间，高高低低的书柜穿插在木质桌椅之间，心灵成长类、综合图书类、亲子阅读类等书籍分类明晰而丰富，馆内还能提供咖啡和饮品。每天前来捐书、阅读的市民络绎不绝，羽燕湖畔，好一幅勤学尚学的动人风景。

笔墨芬芳、书页馨香不仅拂动在清新水岸，更浸润在城市家园、现代商圈、美丽乡村。

霓虹闪烁中的一盏书灯，能让你在繁华中感受不一样的澄净。走进位于浦沅社区的东塘商圈“24小时书屋”，林立书架上近2000册书籍任选，拥有自助办证和借还书功能的智能书屋，让市民感慨：“在商圈买买买之余，还能获得24小时不打烊的阅读体验。”

好学气质，源自于千年文化底蕴的厚积薄发，也源自雨花区积极推进“书香雨花”建设的不懈作为：目前，全区建立文化信息共享工程基层服务点128个、街道(镇)级图书分馆13个、24小时自助图书馆4个、绿色上网场所58处、农家书屋(图书室)48个，丰园社区、花侯公园“阅读花园”等一批知名的书香社区、公园图书馆涌现。

加速推进文化惠民工程，不断健全公共文化服务体系，积极完善文化设施建设，实现读有书屋、演有舞台、跳有广场、学有辅导，让每个雨花人都分享文化红利。以此为遵循，雨花正不断抢占公共文化建设制高点——

硬件建设与软件提升相结合，文化基础设施建设与活跃群众文化生活相辅相成。“36个地下通道变新颜，湖湘文化的展示有了更新更丰富的载体。”雨花区让36个地下通道换上新装，行走在这里的市民惊喜发现，从三湘人杰到湖湘文化，从中华非遗到老长沙印象，10个主题36个系列，让地下通道原本阴暗灰色的水泥墙呈现出多姿多彩的浓浓“湘味”。不只如此，如今雨花已建成区级公共文化活动中心1个，示范性街道(镇)文化站13个，示范性社区(村、筹)综合文化服务中心84个。全区166个社区(村、筹)均已投放健身路径，体育器材社区覆盖率达100%，全区公共文化体育设施面积达281.3万平方米。

坚持从群众中来，到群众中去，激发群众参与热情、共享文化发展成果。雨花连续5年举办“欢乐潇湘 品质长沙 幸福雨花”群众文艺汇演，惠及群众15万余人。“飞梦雨花”文化艺术节、雨花区首届农民工春晚等活动举行，变身草根明星争先参与的“星光大道”，奏响群文欢腾的交响曲。

文艺创造硕果累累，涌现一批有品位、有特色的文艺精品。近年来，雨花区先后推出了《守望》《雨花亭》《妈妈的爱》《半条被子》等精品力作，其中《半条被子》获第27届金鸡百花电影节少数民族题材电影剧本征集优秀剧本奖(第一名)；原创音乐作品《入党宣誓》《善行天下》MTV在央视播出；《鸡盒子花》等多件作品荣获中国工艺美术文化创意奖金奖。

传统文化、新型文化、群众文化精彩对唱，雨花无处不飞歌！

产业助力，“文艺范雨花”崛起

特色文化建设是一座城市发展的根基。文化产业焕发的经济活力，势必会催生区域发展新的增长点、增长带、增长极。

在流金淌银的高桥商圈内，雨花区精心打造的占地120亩的茶文化产业园区——神农茶都犹如一处安定的绿洲，给予人们心灵的栖息与净化。步入其中，茶文化步行街两侧雅致怡人、彰显古韵的茶品牌形象店林立，300多家茶企汇聚；9.98米高的茶祖神农像屹立在步行街广场中央，与镌刻有神农赋、介绍茶叶起源和发展的文化长墙互为呼应；黑茶一条街、禅茶大道等特色街市交相辉映，在这里，你既能淘到心爱的茶叶和茶主题物品，也能静坐下来听丝琴绕耳、品清茗芬芳。

茶的温情、茶的力量、茶的创新，在神农茶都这股热流中不断释放，园区更引导企业在科技创新之路上疾行。在湖南易泡智慧科技饮有限公司，一台随时让你喝上热茶的智能自助茶饮机格外引人瞩目，扫描机器上的二维码，选择茶饮品类、甜度、温度，仅两分钟，机器就自动冲泡好茶水，提醒对方取杯品饮。神农茶都文化产业园负责人罗亚纯介绍，由产业园内企业自主研发的智能自助茶饮机系全国首创，目前已亮相长沙多处公共场所，为中国茶业发展助力。

党的十九大报告要求，健全现代文化产业体系和市场体系，创新生产经营机制，完善文化经济政策，培育新型文化业态。而精心打造茶文化产业园，精雕细琢茶文化名片，正是雨花区内外兼修，推动文化产业发展的一个生动注解。

近年来，在努力建设财富品质幸福雨花的征程中，文化创意产业不仅助推雨花区朝着目标渐行渐近，还在潜移默化中改变城东南的精神气质。随着"一路两河"文化产业带打造成型，一个"文艺范雨花"强势崛起。

"一路两河"，即以湘府东路文化产业走廊为核心，西起德思勤城市广场，东至长沙新广电中心，串起汇艺文创中心、御才天晟和圭塘河生态景观带、浏阳河文化旅游产业带，形成影视传媒业、数字出版业、创意设计业和演艺娱乐业四大板块。其中汇艺文创中心被誉为"垂直的文创产业街"，加拿大环球传媒、韩国 CJ 集团、湖南省演艺集团等 20 多家文化产业龙头企业入驻，一栋楼年产值逾 10 亿元。

此外，中国（长沙）创新设计产业园、夸克仓库创客空间……更多的文化创意产业基地亮相雨花，数据显示，雨花区文化企业数量从 2012 年的不足 300 家，增长至目前的 3000 余家，GDP 占比从不到 4% 到现在的 8% 左右，2017 年雨花区文化创意产业增加值增至 98 亿元，雨花正朝着文化产业强区大步迈进。

文化产业勃兴的背后，是政策之手营造的宜人软环境。雨花成立区文化创意产业协会，70 余家重点文化企业加入协会；率先全市制定促进文化产业发展的扶植奖励办法，文化企业入驻雨花可享税收贡献奖励、租金补贴、购房补贴、装修奖励、高管奖励等方面的支持，一系列扶持力度甚至超过沿海发达地区。目前，全区已有 85 家企业、117 个项目累计获得省市区级扶持奖励金额 8095 万元。

《雨花区打造创新创意文化高地三年行动计划》也旋即出台，拟通过产业发展大升级行动、产业集聚大推进行动、产业融合大提速行动，力争到 2020 年，全区文化创意产业增加值超过 100 亿元，占地区生产总值比重超过 10%。

修复历史文脉、创新现代人文、激活文化产业，雨花，正是在这一次次传承、创新与实践中，为城区品质内涵的彰显提供深层次平台支撑，为长沙现代文明的辐射与传播提供更坚实载体！

2018年新闻存目

序号	时间	报道媒体	标题
1	1月2日	《长沙晚报》	2017年，长沙城管部门着力改善城市环境、优化城市秩序、提升城市品质、完善城市功能——重拳治理乱象　共享民生乐园
2	1月3日	《湖南日报》、新华网、新湖南、华声在线	挺进“万亿俱乐部”——长沙市，回眸2017年
3	1月3日	《长沙晚报》	长沙经济总量迈入“万亿俱乐部”——陈文浩市长所作《政府工作报告》解读·成就篇
4	1月4日	《长沙晚报》、掌上长沙、红网、星辰在线、东方网	陈文浩参加雨花区、望城区代表团审议时要求，把准特色定位　注重差异化发展
5	1月5日	《长沙晚报》、红网	八大年度字　盘点新雨花，综合实力更“强”、片区开发创“新”、产业转型有“型”、城乡提质有“品”、重点改革突“破”、民生福祉改“善”、抗洪救灾担“责”、治党治吏从“严”——八大年度字　盘点新雨花
6	1月5日	《长沙晚报》、红网	长沙驶入“互联网＋科普”快车道，科普e站打通服务基层“最后一公里”，科普进社区进乡村进校园
7	1月6日	人民网	环保数字网格化管理　长沙市雨花区环保问题“一网打尽”
8	1月8日	《湖南日报》、人民网、新华网、新湖南、华声在线、红网、新浪网	雨花区城区综合实力全省第一
9	1月8日	《湖南日报》、红网	实力更强　形象更美　民生更爽——2017年长沙市雨花区亮点工作回眸
10	1月10日	人民网	长沙（红星）进口肉类指定查验场通过国家质检总局验收
11	1月10日	人民网、新湖南、掌上长沙	用朗读致敬新时代　长沙左家塘街道开展学习十九大精神原创诗文朗诵比赛
12	1月11日	《长沙晚报》、中国经济网、红网、腾讯网	高铁会展“双引擎”　打造湖南城市会客厅
13	1月12日	中新网	全国大V齐聚长沙雨花区　点赞区域发展新气象
14	1月12日	人民网	全国大V齐聚雨花　晒出区域发展新气象
15	1月15日	《光明日报》、光明网、东方网、中国文明网	“空巢儿童”的乐园——长沙雨花区雨滴儿成长乐园演绎爱的故事
16	1月15日	《湖南日报》、新湖南、华声在线、搜狐网	驰众　跻身工业移动机器人第一方阵
17	1月15日	人民网	湖南发布《2017湖南县域旅游经济增长质量报告》　助推全域旅游与县域经济发展
18	1月17日	《湖南日报》、红网、新浪网、搜狐网	让农民生活得更美好——雨花区实施乡村振兴战略纪实
19	1月17日	中新网	长沙市雨花区规范村务公开栏　小举措有大成效
20	1月20日	《长沙晚报》、红网、新湖南	壮大新能源汽车产业　抢占未来产业发展制高点，徐宏源调研雨花经开区汽车产业链建设及产业招商工作
21	1月24日	《长沙晚报》	浏阳河岸绵延234.8公里文旅产业带，浏阳河滨水区总体城市设计方案公示，以“九道湾”为中心打造特色体验点

序号	时间	报道媒体	标　题
22	1月26日	湖南日报、红网	花儿为什么这样红——解读提质提速中的“财富雨花”“品质雨花”“幸福雨花”
23	1月26日	新华网	【网络媒体走转改】寒冬时节　总有一些故事让你倍感温暖
24	1月27日	《长沙晚报》	逾千台纯电动公交车昨上路，长沙纯电动公交车占比超过三分之一
25	1月27日	新华社	最冷的天　最暖的情——湖南迎战雨雪冰冻天气见闻
26	1月28日	人民网	天寒地冻风雪冷　长沙电力抢修暖人心
27	1月29日	新华社	不避寒雪，不求回报——长沙六旬党员5年义务巡山护林3000余次
28	1月29日	人民网	长沙雨花经开区加快铺就金融服务“高速通道“
29	1月29日	人民网	雨花经开区：联勤联动，全力铲冰除雪排险保安全
30	1月30日	《长沙晚报》、红网	长沙：“雷锋家乡”好人多
31	1月30日	《长沙晚报》	街巷小人物书写家国大情怀
32	1月30日	《长沙晚报》、红网	筑牢禁毒防线　守护一方净土，雨花区创新机制打出禁毒工作“组合拳”，全民禁毒锻造平安家园
33	1月30日	人民网、凤凰网	冰冻天气　中粮可口可乐志愿者送上一杯“温暖”
34	1月31日	《长沙晚报》、红网	长沙各级党组织广泛发动、聚焦民生，数以万计共产党员走上街头铲雪除冰“浴雪”奋战，共产党员冲在前
35	1月31日	人民网	长沙市雨花区：路灯下的东塘铲雪人　温暖寒冬的清晨
36	2月1日	人民网	长沙雨花区举行“喜迎中国年，欢庆小年节”计生特殊家庭小年活动
37	2月2日	新华每日电讯、人民网、光明网、华声在线、星辰在线、搜狐网	潇湘有诗会，聚诵传弦歌
38	2月3日	新华社、搜狐网、新浪网	长沙警方捣毁一特大跨省电信网络诈骗团伙　刑拘61人
39	2月3日	人民网	长沙雨花警方打掉特大电信网络诈骗团伙　涉案金额超千万元
40	2月3日	中新网	玩迷信诈骗4000余人　长沙警方侦破一跨省电信网络诈骗案
41	2月3日	新华社	长沙文明建设新添机器人“合唱团”
42	2月4日	《湖南日报》、新湖南	农民变股东　资产变财产，雨花区农村集体产权制度改革破题
43	2月7日	《长沙晚报》、红网	程水泉一行到雨花区开展春节走访慰问，新春慰问送祝福　浓情关怀暖人心
44	2月7日	人民网	长沙雨花区老人临终嘱托　社区先锋陪伴队员兑现承诺照顾两孩子
45	2月8日	《长沙晚报》、掌上长沙、红网	胡衡华慰问全国岗位学雷锋标兵　检查春运、市场供应及安全生产工作，一切为了市民群众的舒心
46	2月8日	《长沙晚报》	昼夜巡查，守护旅客回家路——高铁护路巡防警员的二十四小时
47	2月8日	人民网	长沙雨花区牛角塘社区举办文化节　多种形式共同营造春节氛围
48	2月9日	《湖南日报》、红网、新浪网、搜狐网	一路探索一路歌——长沙市雨花区实体经济强势崛起

序号	时间	报道媒体	标　题
49	2月9日	《长沙晚报》、掌上长沙、红网	产业引擎加速　财富雨花绽放，雨花区7200万元重奖经济发展功臣，今年将通过片区发展、产业转型、项目攻坚打造经济发展新高地
50	2月9日	《湖南日报》、新湖南、新浪网	在城市，孩子们“四点半”放学后去哪里，困扰着很多家长和孩子。长沙市雨花区爱心人士张岚，创办公益教育机构，让这些孩子得到关爱——“雨滴儿”，有学有爱有陪伴
51	2月9日	人民网、东方网	长沙雨花区留守社区年味浓　合拢宴上幸福年
52	2月9日	光明网	湖南长沙：留守社区年味浓
53	2月9日	光明网	湖南第七届农民工春晚走进雨花区
54	2月9日	人民网	长沙东塘街道：这个小年，我们与困难居民一起过
55	2月9日	新华网	【网络媒体走转改】家门口的小微型养老院让老人舒心子女放心
56	2月10日	《长沙晚报》、掌上长沙	7200万元奖励贯穿“产业全链条”　今年雨花区着力推进“项目大攻坚、管理大提质”
57	2月11日	《湖南日报》、红网、中国网	不让爆竹开花　好让蓝天露脸，我省多地加大春节期间烟花爆竹禁限放力度
58	2月11日	中国经济网、经济日报客户端	2018年，长沙雨花区经济工作这样干！
59	2月12日	新华网	长沙民政职院获评职业院校教育信息化试点优秀单位
60	2月13日	《长沙晚报》、红网、掌上长沙	农闲时节学习忙 15.2万农村党员热火朝天冬春训
61	2月14日	人民网、红网、东方网	新春走基层：寻找年味　感受“湘”愁
62	2月19日	《长沙晚报》、华声在线、凤凰网、新浪网、搜狐网、腾讯网	今年春节烟花爆竹纸屑大幅减少，长沙空气质量较去年同期明显改善“禁燃令”让年味更清新
63	2月20日	《长沙晚报》、红网、掌上长沙、新浪网、东方网	洁净家园 1500名“橙衣侠”清洁街巷
64	2月22日	《湖南日报》	铁路迎来返程高峰
65	2月23日	人民网	春节后第一天：长沙东塘街道推出“十大工程”强势开局
66	2月24日	《长沙晚报》	开门炮减少了　环保味变浓了，昨日正月初八，长沙空气质量为良，较去年明显提升
67	2月26日	《长沙晚报》、掌上长沙、红网、华声在线、星辰在线、和讯网	“我们就像多了一群贴心儿女”长沙首批社区“养老管家”亮相雨花区桂花社区
68	2月27日	《长沙晚报》、红网、掌上长沙、华声在线、星辰在线	全国首台套产品在长沙接力赛跑，从全国首台套到“产品4.0”，长沙智造加速产业化
69	2月28日	《长沙晚报》、掌上长沙、红网	突出“四个建设”　打造国内一流现代化强区，胡忠雄调研雨花区
70	2月28日	人民网	长沙雨花区牛角塘社区开展“做有担当的新时期党员”主题讲座
71	3月1日	光明网	长沙：欢欢喜喜闹元宵志愿服务暖新春

序号	时间	报道媒体	标 题
72	3 月 1 日	人民网	长沙荷叶塘社区闹元宵 志愿者为困难家庭送汤圆
73	3 月 3 日	中新网	第二届“飞梦雨花”文化艺术节启动
74	3 月 5 日	人民网	湖南长沙：校园开启廉洁文化建设第一课
75	3 月 5 日	中新网	长沙雨花区十万学子同上环保主题“开学第一课”
76	3 月 7 日	中新网	长沙市雨花区举办“圭塘河岸”品牌推介会 助力打造黄金水岸
77	3 月 8 日	中国网	湖南长沙雨花区委书记张敏：各级各部门要责任上肩
78	3 月 8 日	人民网	长沙雨花经开区结合入党积极分子培训开展主题党日活动
79	3 月 8 日	人民交通网	长沙火车南站派出所：弘扬雷锋精神 打造雷锋式警队
80	3 月 10 日	《长沙晚报》	胡忠雄调研全市教育工作时强调，发挥教育优势 服务地方经济发展
81	3 月 11 日	《半月谈》	【两会观察】新时代民生探索新亮点
82	3 月 13 日	中新网	让心愿与树苗一同成长——长沙市雨花区跳马镇开展 3.12 植树节主题活动
83	3 月 13 日	人民网	长沙“电雷锋”植树播新绿
84	3 月 14 日	《长沙晚报》、红网、掌上长沙	胡衡华在雨花区调研社区党建引领社区治理工作时强调：创新基层党建 提升治理水准
85	3 月 16 日	人民网	长沙雨花区左家塘街道：和煦春风送岗位 就业扶贫惠民生
86	3 月 17 日	《长沙晚报》、掌上长沙、新湖南、星辰在线、东方网	“身边雷锋”感动星城 长沙市“新时代身边雷锋”先进事迹首场报告会举行，胡衡华为“长沙好人·身边雷锋”颁奖
87	3 月 17 日	人民网	长沙 25 名律师走进省人大社区 掀起“3·15”普法维权热潮
88	3 月 21 日	人民网、人民交通网	长沙市公安局雨花分局学雷锋见行动
89	3 月 22 日	《湖南日报》	许达哲在省水利厅调研时强调：加满油 把稳舵 鼓足劲推动水利高质量发展
90	3 月 22 日	中新网	长沙雨花区举办农民专场招聘会 引导其就近就业
91	3 月 23 日	《长沙晚报》、红网	“礼让小天使”街头倡文明
92	3 月 26 日	《长沙晚报》、新华网、掌上长沙、红网、星辰在线、新浪网、腾讯网	长沙工业成全国典范，入围国内 15 个工业稳增长和转型升级成效明显的城市名单
93	3 月 27 日	《光明日报》	增强宪法意识 弘扬宪法精神——全国各地政法系统掀起学习贯彻宪法修正案热潮
94	3 月 27 日	《中国社区报》	育乐学文化 享品味生活
95	3 月 27 日	人民网	长沙市雨花区动员群众参与“蓝天保卫战”
96	3 月 27 日	中新网	长沙雨花区号召全民参与“蓝天保卫战”
97	3 月 28 日	《湖南日报》	做实“四篇文章” 书写时代之速——长沙市雨花区东山街道发展纪实
98	3 月 28 日	《长沙晚报》	抓好重点片区建设 推动高质量发展，胡忠雄主持市长办公会议 集中研究高铁会展新城建设等工作

序号	时间	报道媒体	标　题
99	4月1日	《湖南日报》	长沙湘府路快速化改造提速
100	4月2日	《长沙晚报》	“网格党支部”服务居民零距离，雨花区砂子塘街道创新城市基层党建
101	4月2日	《长沙晚报》、红网	创新“党建+”　成就幸福家，雨花区砂子塘街道以党建为引领，实现社会治理创新、民生服务贴心
102	4月2日	《长沙晚报》、红网、星辰在线	长沙党员干部掀起党的十九大精神“大学习”热潮，为“不忘初心、牢记使命”主题教育筑牢思想之基——一次党性灵魂的“充电蓄力”
103	4月2日	人民网	16大奖项1500万奖励　长沙雨花经开区召开2018年产业发展大会
104	4月2日	人民交通网	旅客遗失3万现金　长沙高铁南站铁警快速找回
105	4月4日	《长沙晚报》	比亚迪新能源汽车智能工厂改（扩）建项目开工建设，胡衡华宣布开工胡忠雄王传福出席
106	4月4日	中新网	雨花区80余所中小学校开展“童心看两会”教育实践活动
107	4月4日	人民网	长沙市雨花区率先实现公共法律服务三级实体平台全覆盖
108	4月4日	中国网	湖南省文化改革发展办主任一行调研长沙市雨花区文化产业
109	4月4日	人民网	长沙市雨花区开展“童心看两会　”　引导青少年关心家国大事
110	4月5日	《湖南日报》	脚踏黄土　情牵蓝天——记湖南首位专职环保志愿者
111	4月5日	《长沙晚报》	今日铁路迎客流最高峰，火车南站将增开临客44趟次　长沙火车站计划加开临客20.5对
112	4月5日	人民网、东方网	湖南省首家社区健康生活馆开馆　满足居民多元化健康需求
113	4月6日	《长沙晚报》	生态葬理念渐入人心
114	4月7日	《长沙晚报》	清明小长假长沙多个景区游客“井喷”踏青赏花　共享春光
115	4月7日	人民网	长沙市雨花区启动秋季中小学招生工作
116	4月10日	《湖南日报》	长沙首个4.0版海绵城市示范公园启建
117	4月10日	《长沙晚报》	雨花区东山街道居民自建全民健身中心，他们相信“身心健康才能奔小康”昔日“农大哥”　今日健身忙
118	4月10日	《长沙晚报》、人民网、新湖南、红网、掌上长沙、星辰在线、华声在线、腾讯网	长沙今年新建五座人行过街设施，其中四座为人行天桥，一座为地下通道　预计6月初全面开工
119	4月12日	人民网	2018中华茶祖节开幕式将于20日在长沙举行
120	4月12日	中新网	2018中华茶祖节将于4月20日在长沙开幕
121	4月13日	《光明日报》、光明网、新浪网、搜狐网	缅怀革命先烈　赓续红色基因
122	4月13日	《长沙晚报》、掌上长沙、红网	做好四篇发展文章　打造现代化特色化企业集团，胡忠雄调研市城投集团
123	4月13日	人民网	第十一届“雨花　鲁能　德馨杯”国际少儿足球邀请赛4月29日开战
124	4月13日	新华网、搜狐网、中国网	长沙雨花区：菜单式培训开启学校德育工作新常态

序号	时间	报道媒体	标 题
126	4 月 16 日	《湖南日报》、新湖南、华声在线、腾讯网	雨花区打响“蓝天保卫战”
127	4 月 17 日	中国网	湖南师大法律硕士“法律助理联合培养计划”成功签约
128	4 月 18 日	《光明日报》	榜样力量激励前行
129	4 月 19 日	《长沙晚报》	每小时组装 65 台车，长沙造机器人“牛”长沙完善政策支撑体系抢占人工智能发展高地，本地企业自主研发的机器人受国际市场热捧
130	4 月 19 日	《长沙晚报》	品雨花好茶　醉文化馨香，雨花区文化特色产业发展蓬勃，本月 20 日邀你来赏“中华茶祖节”开幕式
131	4 月 19 日	人民网	长沙一社区掀起廉政诗词热　传递廉政文化
132	4 月 20 日	中新网	玩转飞花令　长沙社区掀起廉政诗词热
133	4 月 21 日	《长沙晚报》、掌上长沙、星辰在线、网易、智慧长沙	胡衡华深入长沙高新区长沙县雨花区浏阳市调研时强调：强力推动工作落地生根　在实现高质量发展上展示新作为
134	4 月 23 日	《长沙晚报》、新华网、华声在线、星辰在线、和讯网、东方网	自主创新造就机器人“中国大脑”
135	4 月 24 日	人民网	长沙南站开展读书日特别活动
136	4 月 26 日	《长沙晚报》	聚焦重点片区建设　助推高质量发展，胡忠雄专题研究长沙“六大片区”建设工作
137	4 月 29 日	人民网、红网	长沙雨花区赤岗社区举办庆“五一”诗词书画展联欢会
138	4 月 29 日	人民网	长沙市雨花区开展“党群齐心　共护蓝天”宣传
139	4 月 30 日	《长沙晚报》	观动物玩游戏　尽享“玫瑰之约”
140	4 月 30 日	《长沙晚报》	70 万游客雨中游星城　“五一”小长假首日长沙笑迎八方游客，各景区活动丰富多彩井然有序
141	4 月 30 日	中新网、红网、搜狐网、新浪网、凤凰网、大众网	东升竞体 2018　第十一届“雨花·鲁能·德馨杯”国际少儿足球邀请赛开幕
142	4 月 30 日	中央电视台新闻频道《新闻直播间》	圭塘河：昔日臭水沟变身生态河
143	5 月 3 日	中新网	雨花区在湖南率先应用 3D 可视型激光雷达探测大气污染
144	5 月 4 日	《湖南日报》、人民网、中国网、红网、新湖南、华声在线、湖南教育网、新浪网、凤凰网	湖南 3 名个人 1 个集体入选“全国向上向善好青年”
145	5 月 4 日	《长沙晚报》、红网	打响全民战，呵护雨花蓝天碧水，雨花区多措并举推进“蓝天保卫战”，“三个月治标”成效明显
146	5 月 4 日	中新网	“雨花·鲁能·德馨杯”国际少儿足球邀请赛闭幕
147	5 月 7 日	《湖南日报》、中新网、人民网、新湖南、华声在线、新浪网、凤凰网、网易	“贴地飞行”168 万余公里，发送旅客近 560 万人次，长沙磁浮快线安全运营 2 周年
148	5 月 8 日	人民网	湖南教育信息化建设成果亮相第三届全国基础教育信息化盛会

序号	时间	报道媒体	标　题
149	5月11日	人民网	长沙推进“禁燃限放”“电子鞭炮”渐成市民新宠
150	5月13日	《长沙晚报》	2018年全国防灾减灾日湖南省集中宣传演练活动启动，多学点防灾技能多一份安全保护
151	5月13日	中新网	银发族餐厅暖胃暖心　营养午餐汇聚万千爱心
152	5月14日	《长沙晚报》、红网、华声在线	全民行动，呵护雨花好“气质”雨花区“蓝天保卫战”“三个月治标”成效明显，“雨花群众”成环境治理最强助力
153	5月14日	《长沙晚报》	南部片区发展请你建言献策，今起正式面向社会有奖征集“金点子”
154	5月17日	《长沙晚报》、人民网、光明网、华声在线、星辰在线	曙光路开启“跨铁之旅”预计年底全线贯通，上跨京广铁路箱梁昨日启动架设
155	5月18日	《长沙晚报》	文化创意游雨花　绿心里微旅行
156	5月20日	人民网	“心脏灭火器”AED入驻长沙高铁南站　你也能成为急诊科医生
157	5月22日	中新网	长沙首条牛羊屠宰标准生产线投产
158	5月23日	新华网、搜狐网	长沙航院助推教育精准扶贫
159	5月23日	中新网	长沙航院联合政府行业企业助推教育精准扶贫
160	5月24日	《湖南日报》	湘江长流　精“品”常在——写在首届长株潭一体化区域合作联席会议召开之际
161	5月25日	《湖南日报》	山水聚秀，雨润花开
162	5月25日	《湖南日报》、人民网、红网、新湖南、华声在线	雨花区“最多跑一次”跑出便民新速度
163	5月26日	《长沙晚报》	共商三市融合发展“一盘棋” 首届长株潭一体化区域合作联席会议昨召开　张绍军徐宏源出席
164	5月26日	人民网	长沙洞井街道：让好家风好民风在社区落地生根
165	5月26日	人民网	长沙雨花区“微宣讲”竞赛进火车南站　市民赞接地气
166	5月26日	央广网	长株潭一体化区域合作　中部“超级板块”向国家级城市群迈进
167	5月26日	人民网	首届长株潭一体化区域合作联席会议召开　共话发展与机遇
168	5月27日	中央人民广播电台《新闻晚高峰》	儿童节将至　多地加强困境儿童保障
169	5月28日	《长沙晚报》	办这1307件事“最多跑一次”长沙公布清单，强化“互联网+政务服务”应用
170	5月28日	人民网	长沙雨花区“微宣讲”竞赛进火车南站
171	5月29日	《中国妇女报》	湖南逐步拓展保障对象和内容　以制度作保障　让困境儿童走出困境
172	5月30日	《长沙晚报》、红网、掌上长沙、搜狐网、凤凰网、星辰在线、和讯网	胡衡华在调研高铁会展新城时强调，以只争朝夕的精神加快推进重点项目建设
173	5月30日	《长沙晚报》、新华网、人民网、中新网、红网、搜狐网、凤凰网、网易、掌上长沙	聚焦园区项目　优化园区环境　培育园区精神，胡忠雄调研浏阳经开区、浏阳高新区和雨花经开区

序号	时间	报道媒体	标　题
174	5月30日	新华社	湖南："每一个身处困境的孩子，我们都很重视"
175	5月30日	人民网	长沙市圭塘街道体院路社区党建引领树标杆　冠军志愿进网格
176	5月31日	《中国青年报》、人民网、新浪网	长沙市雨花区：建立困境儿童分类保障体系
177	6月2日	《人民日报》、人民网、新华网、央广网、中工网、红网、新湖南、新浪网、湖南经济网、搜狐网、北平网、大众网	湖南：给困境儿童家的温暖
178	6月2日	人民交通网	长沙高铁南站铁警驱车护送走失智障女回家
179	6月2日	中央电视台英文频道	困境儿童：缺爱的"花朵"该如何守护
180	6月3日	新华每日电讯	"每个身处困境的孩子，我们都很重视"
181	6月3日	《长沙晚报》、红网	14市州晒"非遗"——2018湖南省"文化和自然遗产日"主场活动昨启动
182	6月3日	《长沙晚报》	湘府路高架施工进入新阶段，二标项目主线高架首联预制钢板组合梁吊装成功
183	6月3日	人民网、搜狐网	湖南省"文化和自然遗产日"主场活动在长沙启动　多彩非遗等你体验
184	6月3日	央广网	湖南"文化和自然遗产日"主场活动今日启幕
185	6月3日	新华网、光明网	2018年湖南省"文化和自然遗产日"主场活动今日启动
186	6月3日	中新网	湖南启动"文化和自然遗产日"活动　让人们感受多样非遗
187	6月3日	中新网、新浪网、凤凰网、搜狐网、东方网	多位专家齐聚长沙　探讨非遗助力乡村振兴
188	6月3日	中新网	湖南非遗创新孵化器揭牌
189	6月5日	《湖南日报》、红网、华声在线、新湖南、网易、新浪网、绿网	前行！为了天更蓝人民更幸福　——　长沙市"打赢蓝天保卫战"综述
190	6月5日	新华网	长沙航院开展"军营开放日"活动迎特殊小客人
191	6月7日	《经济日报》、中国经济网、新浪网、搜狐网	力争实现规划一张图、基础一张网、产业一条龙、市场一体化，长株潭致力城市群融合发展"四个一"
192	6月7日	《长沙晚报》	在长沙同升湖实验学校，考生们坐上大巴奔赴考场
193	6月8日	《长沙晚报》	着力夯实服务群众基层基础，徐宏源调研社区全面提质提档和城市基层党建工作
194	6月8日	经济日报客户端	看长沙市雨花区如何打好"蓝天保卫战"
195	6月8日	人民网	党员现场讲"课"　环保知识视频科普形式多
196	6月11日	人民网	长沙雨花区井湾环保再出招：垃圾回收换积分　环保服务两不误
197	6月12日	《长沙晚报》	长沙天气晴好，在圭塘河风光带上，市民们在"绿肺"中开心地玩耍
198	6月14日	《长沙晚报》、红网	守望鲲鹏志，齐心书鸿篇

序号	时间	报道媒体	标　题
199	6月14日	《长沙晚报》、红网	走出高铁　邂逅现代服务业集聚新区
200	6月14日	《长沙晚报》、红网、东方网	浏阳河畔，长沙会展“航母”起航
201	6月14日	人民网	长沙圭塘社区摆“百家宴”　与失独老人共叙端午情
202	6月15日	中新网	长沙雨花区今年将新增15个智慧农贸市场
203	6月15日	人民网	长沙左家塘街道安全生产请你代言
204	6月16日	中央电视台新闻频道《朝闻天下》	2018俄罗斯世界杯　中国足球少年亮相世界杯
205	6月17日	《湖南日报》、人民网、中新网、华声在线	“龙须沟”蝶变滨水公园，全省地级城市170处黑臭水体整治完成131处，长沙市整治完成比例达100%
206	6月21日	《长沙晚报》	用法治力量守护生态，刘莲玉率队来长开展绿心保护条例执法检查
207	6月22日	光明网	长沙雨花区多措并举打赢“蓝天保卫战”
208	6月24日	人民网	长沙雨花区红星村开展党的十九大精神知识抢答赛　学深悟透十九大精神
209	6月25日	《经济日报》、新华网、中工网、新浪网、网易	长沙市雨花区压实责任、科技助力、全民“参战”环保发三箭　共护“雨花蓝”
210	6月27日	《长沙晚报》	红色引擎助力　雨花加速跨越，雨花区积极推进城市社区党建工作重点任务建设，基层党建创新惠民生促发展
211	6月29日	《长沙晚报》	雨花区启动“幸福雨花微旅行”年度活动，发布首季三条精品深度文化创意体验游线路，城市微旅行，慢读幸福雨花
212	6月30日	中央人民广播电台《新闻和报纸摘要》	【奋斗者的新时代】湖南长沙左家塘街道探索小区党建模式　化解都市冷漠症
213	7月1日	《长沙晚报》	长沙城区小升初微机派位昨举行，3万多名小学生通过派位每人获得一个公办学校学位，新增6所初中招生，增加3000多个学位
214	7月4日	人民网	长沙雨花区荷叶塘社区：关注女性生殖健康“两癌”筛查进万家
215	7月6日	人民网	长沙雨花区环保管控“天罗地网”　多措并举打赢“蓝天保卫战”
216	7月19日	《长沙晚报》、掌上长沙、星辰在线	胡衡华调研督查绿心保护问题整改工作，严格按要求完成绿心地区工业企业退出
217	7月19日	《长沙晚报》、网易	扎实推进民生实事建设　让百姓生活更加美好，胡忠雄调研全市“一圈两场三道”建设工作
218	7月20日	《湖南日报》	“农交会”首次在长沙举办
219	7月21日	《长沙晚报》	全力以赴保安全保畅通，周农来长看望慰问高温下一线交警　徐宏源参加
220	7月21日	人民网	长沙一社区居民两万余元医药费无着落　社区汇聚点点爱心生命接力
221	7月22日	《长沙晚报》、掌上长沙	强力推进环境治理　保护蓝天碧水净土，胡忠雄督查长沙生态环保工作
222	7月25日	《长沙晚报》	湖南开放强省建设暨优势产业链　项目推介会在沪举行，许达哲致辞并见证签约　24个签约项目投资金额1129亿元
223	7月25日	《长沙晚报》	加快汽车产业转型创新发展，徐宏源主持召开全市汽车产业链建设工作推进会

序号	时间	报道媒体	标　题
224	7月25日	央广网	湖南雨花区重点片区及“一主一特”产业链招商推介会在上海举行　计划签约205亿
225	7月30日	《长沙晚报》、人民网湖南频道、新湖南、红网、华声在线、星辰在线	湘府路快速化改造工程全面进入上部结构施工阶段，系全省首个采用装配式工艺的桥梁施工项目，花侯路以西主线预计年内贯通
226	7月31日	《长沙晚报》	程水泉调研雨花经开区　部分机器人企业，加大技术攻坚力度　铺就发展快车道
227	8月4日	人民网、搜狐网	长沙长钢社区为地铁建设者送健康　进行健康义诊
228	8月6日	《长沙晚报》	喝一口古井泉　比冷饮还韵味，雨花区跳马镇6户村民捐资11万元修缮井坡古井
229	8月12日	《长沙晚报》	全力尽职履责　守住城市管理底线，胡忠雄调研杨家湾撇洪渠水环境综合治理和星沙、花桥污水处理厂提标扩容工作
230	8月15日	《长沙晚报》	90后小伙烈日下用无人机查污纠违，直面阳光　汗泪齐飞
231	8月16日	《长沙晚报》	抢占新能源汽车领域发展先机，徐宏源调研雨花经开区汽车产业链及重大项目建设
232	8月16日	《湖南日报》	“神农”挥笔城中村——从长沙市雨花区火焰村的蝶变看城市化的市场改造
233	8月25日	《长沙晚报》	胡衡华深入芙蓉区开福区雨花区调研时要求，在推动高质量发展中展现新作为
234	8月25日	《长沙晚报》	肩负新使命新任务　展示新担当新作为——长沙各界热议习近平总书记在全国宣传思想工作会议上的重要讲话精神
235	8月26日	《长沙晚报》	织密城南路网　便利市民出行，洞井路（劳动路—雅塘冲路）、　曙光路（车站南路—雅塘冲路）预计年内通车
236	9月1日	《长沙晚报》	发挥党建引领作用　助推国企做大做优做强，徐宏源调研市属国有企业党建工作
237	9月1日	《长沙晚报》	长沙集中开展“一桌餐”“私房菜”专项治理一周以来，检查核处213家　47家主动关停
238	9月1日	《人民日报》	湖南长沙建立餐厨垃圾收运处置体系　源头可溯　守住餐桌安全线
239	9月2日	《长沙晚报》	铿锵踏浪行　红星耀星城，雨花区红星村顺应改革开放大潮，持续打造兴业富民升级版，谱写豪迈的“春天故事”
240	9月2日	《潇湘晨报》	小伙伴又见面了长沙中小学生报到
241	9月5日	中新网湖南频道	网络名人走基层访妇情活动在湖南雨花非遗馆启动
242	9月9日	《湖南日报》	茗崇四“旦”　优茶产业竞香逐彩
243	9月9日	《湖南日报》	叶思一“根”　茶祖文化源远流长
244	9月10日	《人民日报》	长沙“千户计划”免费为特困老人改造居家环境“过去只能扶墙走，现在墙上有扶手”（民生调查·一线新探索）
245	9月11日	人民网	长沙荷叶塘社区献礼教师节开展文艺汇演活
246	9月15日	《湖南日报》	爬坡过坎活力来——长沙市雨花区红星村改革开放40年蜕变探究

序号	时间	报道媒体	标　题
247	9月15日	人民网	首届“健康雨花”全民健身旅游节在石燕湖举行
248	9月16日	《长沙晚报》	2018年全国群众登山健身大会（湖南雨花站）昨日举行
249	9月16日	人民网湖南频道	首届“健康雨花”全民健身旅游节在石燕湖举行
250	9月16日	中新网湖南频道、搜狐网	2000余名登山爱好者长沙参与全国群众登山健身大会
251	9月17日	《长沙晚报》	街企校牵手，画出党建“同心圆”雨花区同升街道创新城市基层党建
252	9月28日	《长沙晚报》	胡衡华在全市教育工作座谈会上强调，下更大力气办好人民满意的教育
253	9月28日	《长沙晚报》	打造成果丰硕的品牌盛会，第四届中国果业品牌大会在长沙启动　李春生肖雅瑜徐宏源出席
254	9月28日	央广网	第四届中国果业品牌大会在长沙开幕
255	9月28日	中新网湖南频道	国企、民企、社会组织联手打造长沙应急救援工作新品牌
256	9月29日	中新网湖南频道	医疗义诊进跳马　健康扶贫暖人心 ——长沙市雨花区跳马镇开展扶贫日健康扶贫活动
257	10月3日	《长沙晚报》	邻里好　赛金宝，雨花区东塘街道以“邻亲行动”构筑新型文明邻里圈，楼栋里、小区内的人情味越来越浓
258	10月4日	澎湃新闻	许显辉：始终坚持以人民为中心的发展思想，践行人民 ...
259	10月4日	中国警察网	湖南省市两级公安机关领导干部全部下沉基层一线检查督导
260	10月4日	人民网湖南频道	许显辉赴长沙检查国庆节安保维稳工作
261	10月5日	《长沙晚报》	快乐长沙迎客逾463万人次，乡村游火、红色旅游热，国庆长假前4天长沙实现旅游总收入41.05亿元
262	10月10日	《长沙晚报》	倒排时间挂图作战　确保展会圆满成功，第十六届中国国际农产品交易会暨第二十届中国中部（湖南）农业博览会全市工作调度会议召开，徐宏源出席
263	10月11日	人民网湖南频道	长沙：严查违纪违法行为　全面围堵“提篮子”行为
264	10月14日	人民网湖南频道	“群文之花”点亮智慧课堂　教你如何让孩子爱上阅读
265	10月14日	《法制周报》	为梦想坚守　半年办案567件——记长沙市雨花区人民法院法官靳晓
266	10月17日	人民网湖南频道	长沙左家塘街道牛角塘社区明星老人“放肆秀”　特色活动共迎重阳佳节
267	10月17日	央广网	长沙社区喜迎重阳节　明星老人“放肆秀”
268	10月17日	中央电视台新闻频道《新闻直播间》	退休老党员活跃社区送温暖
269	10月19日	《人民日报》	藏身住宅小区无证无照经营，长沙查处“一桌餐”“私房菜”
270	10月19日	人民网湖南频道	湖南长沙市雨花区：坚持问题导向创建“三零”社区
271	10月19日	人民网湖南频道、新华网、红网、中国质量新闻网、新浪网	长沙查处“一桌餐”“私房菜
272	10月21日	《经济日报》、人民网湖南频道、新湖南、新浪网、凤凰网	长沙：创新创意进活力

序号	时间	报道媒体	标　题
273	10月22日	《人民日报》《长沙晚报》	实体经济不松劲　幸福家园更宜居　文化惠民高标准，长沙：城市发展处处见“人”（庆祝改革开放40年·百城百县百企调研行）
274	10月22日	正义网、新浪网	41个首次丨评选首届全国十佳检察院
275	10月22日	人民网、新华网、星辰在线、新浪网、中华网、环球网、中国网、中新网湖南频道、中国日报网、华声在线、红网、海外网、中国青年网、央视网、中国军网	长沙：城市发展处处见“人”
276	10月25日	《光明日报》	幸福都是奋斗出来的
277	10月25日	光明网、新浪网、央视网、人民网、法制网、中华网、环球网、中央广播网	“弘扬伟大民族精神　奋斗创造美好生活”幸福都是奋斗出来的
278	10月26日	中新网湖南频道、红网	长沙市雨花区跳马镇：创新信贷产品　助推全域旅游
279	10月30日	《长沙晚报》	坚决守住生态底线　打赢绿心环境保卫战，胡忠雄现场督察绿心问题整改工作
280	10月31日	《长沙晚报》	开放雨花　梦想直达
281	10月31日	《长沙晚报》	下好改革先手棋　奋发雨花新作为
282	10月31日	《长沙晚报》	40年改革之变　温暖你我他
283	10月31日	中国日报网	第二十届农博会即将在长沙开幕　八大亮点邀您体验
284	11月1日	《经济日报》	湖南高桥大市场试点“市场采购贸易方式”在业务流程、监管模式和信息化建设等方面先行先试
285	11月1日	人民网湖南频道	农业盛会精彩纷呈　第十六届中国农交会布展就绪
286	11月1日	中新网	中国乡村振兴战略高峰论坛召开　专家领导建言乡村发展
287	11月1日	新华网	携手中国推广中国减贫减饥经验——专访联合国世界粮食计划署执行干事比斯利
288	11月1日	经济日报客户端	中国乡村振兴战略高峰论坛在长沙举行
289	11月2日	《潇湘晨报》	第十六届中国国际农产品交易会暨第二十届中国中部（湖南）农业博览会在长沙国际会展中心开馆
290	11月2日	中新网、中国经济网	第十六届农交会开幕　一亩田等电商企业扶贫成就引关注
291	11月2日	人民网湖南频道、新浪网、央广网	第十六届中国国际农产品交易会举行　新疆农产品在湘受追捧
292	11月2日	新华社	4000家企业参展第十六届农交会
293	11月2日	新华网	万余种农产品亮相　新老“面孔”汇聚农交
294	11月2日	中国交通广播905	中国乡村振兴战略高峰论坛在长沙举行　袁隆平分享项目进展
295	11月2日	中国交通广播905	这个周末去逛农业盛会吧　八大亮点邀您体验
296	11月2日	中国交通广播905	中国乡村振兴战略高峰论坛1号在湖南长沙举办
297	11月2日	光明日报客户端	全球农业南南合作高层论坛在湖南举行

序号	时间	报道媒体	标　题
298	11 月 2 日	中新社	第十六届农交会开幕　4000 多家企业参展
299	11 月 2 日	经济日报客户端	第十六届农交会暨第二十届农博会在长沙举行
300	11 月 2 日	中央电视台《晚间新闻》	胡春华出席第十六届中国国际农产品交易会等活动
301	11 月 2 日	央视 7 套	“农”缩的精华　聚焦农交会　产业扶贫开启共赢模式
302	11 月 2 日	新华社图片	长沙：第十六届农交会开幕
303	11 月 2 日	人民网湖南频道	“永州之野”谱新篇　湖南首个市级全品类农业公用品牌亮相农交会
304	11 月 2 日	中国新闻网	湖南首个市级农业公用品牌发布　“永州之野”亮相农博会
305	11 月 2 日	央视网	聚焦农交会：中国乡村振兴战略高峰论坛在湖南长沙举行
306	11 月 2 日	人民网湖南频道	第十六届中国国际农产品交易会今日开幕
307	11 月 2 日	新华网	胡春华出席第十六届中国国际农产品交易会、第二十届中国中部（湖南）农业博览会和全球农业南南合作高层论坛开幕式并作主旨演讲
308	11 月 3 日	《经济日报》	第十六届中国国际农产品交易会开幕，胡春华出席开幕式并作主旨演讲
309	11 月 3 日	《人民日报》	第十六届中国国际农产品交易会和全球农业南南合作高层论坛开幕，胡春华出席开幕式并作主旨演讲　会见来华出席论坛的国际组织负责人
310	11 月 3 日	《中国食品安全报》	湖南“农博会”搭建农业国际交流平台
311	11 月 3 日	《湖南日报》《长沙晚报》	第十六届农交会第二十届农博会和全球农业南南合作高层论坛在长沙开幕，胡春华出席并作主旨演讲，韩长赋主持　杜家毫格拉齐亚诺致辞　许达哲乌兰等出席
312	11 月 3 日	《湖南日报》《长沙晚报》	让更多优质农产品走出湖南走向世界，韩长赋许达哲巡视第十六届农交会暨第二十届中国中部（湖南）农博会展馆
313	11 月 3 日	《潇湘晨报》	洞井路成功跨过南二环
314	11 月 3 日	人民网湖南频道、新浪网、凤凰网	第十六届中国国际农产品交易会今日开幕
315	11 月 3 日	央广网	张北扶贫农产品登场中国国际农产品交易会
316	11 月 3 日	人民网湖南频道	精彩农交会助力乡村振兴
317	11 月 3 日	中新网	第十六届农交会开幕　4000 多家企业参展
318	11 月 3 日	新华网	长沙：第十六届农交会开幕
319	11 月 4 日	《长沙晚报》	全力建设好百姓家门口的温暖工程幸福工程，胡忠雄主持全市“一圈两场三道”工作现场推进会
320	11 月 4 日	《湖南日报》	杜家毫参观第十六届农交会暨第二十届农博会时强调，充分展示农业农村发展成就，以展会为媒助推湖南开放崛起
321	11 月 4 日	《长沙晚报》	杜家毫参观第十六届农交会暨第二十届农博会时强调，充分展示农业农村发展成就　以展会为媒助推湖南开放崛起，胡衡华谢建辉一同参观
322	11 月 4 日	《湖南日报》	农交会　国际范
323	11 月 4 日	《长沙晚报》	深化友好合作　共建美好明天，胡忠雄分别会见乌干达恩德培市和芬兰塞伊奈约基市友好经贸代表团

序号	时间	报道媒体	标　题
324	11月4日	中新网湖南频道	长沙市雨花区跳马镇第四次全国经济普查工作顺利推进
325	11月5日	《长沙晚报》	国际范高桥轻松“卖全球”湖南高桥大市场成国家级市场采购贸易方式试点，推动长沙外向型经济升级发展
326	11月6日	《长沙晚报》	逾40万人次赶现代农业“大集”第十六届农交会暨第二十届农博会收官，交易火爆更留下满满温情
327	11月6日	中新网	第十六届农交会交易额达416亿元
328	11月6日	央广网	第十六届农交会实现交易额337亿元
329	11月7日	《长沙晚报》	农产品走出去　新农村旺起来，第十六届农交会暨第二十届农博会吸引40万人次观展，交易额超600亿元
330	11月7日	《长沙晚报》	聚焦重点难点　提升城市品质，胡忠雄专题研究长沙国际会议中心　建筑设计等工作
331	11月8日	《长沙晚报》	建“世界商港”　助湘品出海，雨花区积极打造外向型经济发展新引擎，高桥大市场变身内外贸融合的“千亿级商贸产业集群”
332	11月8日	新华网、网易、中华网、新浪网、东方网	绿色、品牌、优质——从农交会看科技进步给农业带来的新变化
333	11月9日	中新网、智慧长沙、凤凰网	长沙市雨花区跳马镇金屏社区开展“光明·关爱”眼疾筛查活动
334	11月12日	《经济日报》	第十六届中国国际农产品交易会落幕，成交额达337亿元——农交会上农事新
335	11月13日	《长沙晚报》	振兴长沙实体经济　激发强劲发展动力，胡忠雄到雨花区、天心区督导“千人帮千企百日大行动”工作
336	11月13日	《长沙晚报》	用干部的辛苦换来百姓的幸福，胡忠雄督办雨花区、天心区中央生态环保督察“回头看”信访问题整改工作
337	11月13日	中新网湖南频道	长沙市雨花区跳马镇：文艺晚会＋志愿服务　共促“平安进社区”
338	11月15日	中新网湖南频道	平江县“增减挂钩”再次“牵手”雨花区
339	11月15日	中新网湖南频道	长沙雨花区食药监局突击检查市场猪肉经营户
340	11月17日	《经济日报》	农村集体产权制度改革稳步推进——农村集体经济组织首次领到“身份证”（湖南省长沙市雨花区井塘股份经济合作社）
341	11月17日	经济网、新浪网、网易、红网、人民网、凤凰网、中国网、大众网	农村集体经济组织首次领到“身份证”
342	11月17日	央视网	农业农村部首次向农村集体经济组织颁发“身份证”
343	11月19日	《长沙晚报》	排队礼让，星城市民上演“文明接力”长沙持续推进排队礼让活动，排队礼让已在全市蔚然成风，变成市民的自觉行动和文明习惯
344	11月21日	《人民日报》	长沙市雨花区以党建引领社区治理，小区有支部　百姓更安居
345	11月21日	人民网、北方网、党建网、新湖南	长沙市雨花区以党建引领社区治理 小区有支部　百姓更安居
346	11月22日	《长沙晚报》	整改工作经得起检验　整改效果让群众满意，胡忠雄现场督查中央生态环保督察“回头看”　重点件整改工作

序号	时间	报道媒体	标 题
347	11月23日	人民网	让全市1.6万基层党组织和43.3万党员就近就便受教育，长沙——党性教育圈 点燃初心火焰
348	11月23日	人民网湖南频道	湖南长沙：街道 “两新”党建工作迎“联考” 补齐基层“责任短板”
349	11月25日	人民网湖南频道	长沙开展“祭孔典礼”：弘扬传统文化 坚定文化自信
350	11月26日	《湖南日报》	圭塘河流淌幸福歌——看长沙市雨花区水系治理新作为
351	11月26日	农民日报网	“真金白银”惠及全体股东
352	11月27日	中国网、央广网、未来网、中国青年网、红网、中青在线、中国日报网、长城网、中新网、新浪网、凤凰网、中华网、北青网、人民网、海外网	千年学府弦歌不绝 非遗项目彰显文化底蕴
353	11月28日	《长沙晚报》	帮扶“大行动” 激活“小细胞”——写在长沙市“千人帮千企百日大行动”实施一月之际
354	11月30日	人民网	长沙首批便民电瓶车充电桩进社区
355	12月3日	《湖南日报》	在伟大历史征程中继续汲取奋进的力量
356	12月3日	《湖南日报》	风生水起 踏浪而行——长沙市雨花区改革开放40年发展综述
357	12月3日	《湖南日报》	新知新觉 实干绘就发展宏图
358	12月3日	《湖南日报》	乘风破浪 直挂云帆济沧海——雨花区改革开放一线奋斗者掠影
359	12月4日	掌上长沙、红网、新浪网、人民网、智慧长沙	快处快赔左家塘点要搬迁吗?
360	12月5日	《长沙晚报》	全力支持国家试点 推动外向型经济发展，胡忠雄到高桥大市场调研市场采购贸易方式试点工作
361	12月5日	掌上长沙、人民网、腾讯大湘网	长沙物业新规征求意见，你有什么话说?
362	12月7日	《湖南日报》	开放高桥 真诚拥抱世界——湖南高桥大市场市场采购贸易方式试点启动
363	12月7日	《长沙晚报》	婚嫁喜事全套 让你一站搞定，2018湖南婚博会 今日在长沙红星国际会展中心盛大启幕
364	12月7日	人民网	长沙市雨花区支部进楼 服务上楼
365	12月8日	《长沙晚报》	美丽盛宴 为爱定制，2018湖南婚博会昨拉开大幕
366	12月8日	掌上长沙、红网、新湖南、人民网湖南频道	雨花区发放全省首张“告知承诺制”公共场所卫生许可证
367	12月9日	《长沙晚报》	长沙市比亚迪汽车有限公司通过对生产线进行智能化改造后，产能大幅提升，每隔60秒就下线一辆乘用车
368	12月10日	《长沙晚报》	五个“10” 按下发展快进键，今年以来雨花区以五个“10” 工程为抓手，实现项目大攻坚、管理大提质
369	12月10日	《三湘都市报》、新浪网、红网、人民网	我省首张“告知承诺制”许可证颁发

序号	时间	报道媒体	标　题
370	12 月 10 日	湖南日报网、星辰在线、中新网湖南频道	长沙火车南站启动 24 小时值班制
371	12 月 10 日	中新网湖南频道	雨花区跳马镇深入开展志愿服务　助力乡村振兴
372	12 月 11 日	《长沙晚报》	同行业产销两位数下降，这里却实现正向增长“智造”加油，长沙汽车产业逆势上扬
373	12 月 11 日	中新网湖南频道	“五聚”绘风雅　南庭和美家——看长沙市雨花区洞井街道南庭社区如何在家门口提升居民的幸福感
374	12 月 12 日	华声在线、湖南日报网、新湖南、人民网	平台越多，舞台越大——长沙市文化魅力展示之三
375	12 月 12 日	人民网	手绘明信片记录家园华丽蝶变　雨花区怡园社区提质提档焕新颜
376	12 月 12 日	人民网、掌上长沙	冰雪变白银，冷经济激发热活力
377	12 月 13 日	光明网	雨花区开展“平安雨花·禁毒专场”文艺汇演活动
378	12 月 14 日	《长沙晚报》	勇当智造先锋　激光改变世界，湖南大族智能装备制造基地加速投产，助力长沙智能制造业发展
379	12 月 14 日	掌上长沙、人民网湖南频道	雨润山水秀　花开幸福来 雨花区推进旅游业与一二三产业融合发展，发布“幸福雨花微旅行”手绘地图，邀市民游客共享全域旅游建设成果
380	12 月 15 日	红网、新浪网、新华网、网易、华声在线、人民网湖南频道	长沙发布 30 个休闲旅游优秀项目
381	12 月 17 日	人民网湖南频道、东方网、红网	第三届湖南省青少年创客展示交流在长举行
382	12 月 18 日	《湖南日报》	用“光速”跑出智能制造新高度——湖南大族激光智能装备集团的追求与梦想
383	12 月 19 日	《三湘都市报》、星辰在线、华声在线、掌上长沙、中新网湖南频道、红网、新浪网	长沙跳马镇绿色转型首栋民宿开门迎客
384	12 月 20 日	《光明日报》	2018“中国非遗年度人物”100 人候选名单公布（郭存勇　湖南雨花非遗文化传播有限公司董事长）
385	12 月 20 日	《湖南日报》	项目决战势如虹——长沙市雨花区超额完成项目投资年度目标任务
386	12 月 20 日	《长沙晚报》	项目建设“六心”作为　开放雨花梦想直达，雨花区以项目建设为推手，加速实现产业转型、品质提升、民生改善
387	12 月 20 日	光明网	2018“中国非遗年度人物”100 人候选名单公布
388	12 月 21 日	《长沙晚报》	全市项目建设“比实绩排座次”，胡衡华胡忠雄参加观摩点评，始终坚持以高质量项目推动高质量发展
389	12 月 21 日	《长沙晚报》、掌上长沙、中新网湖南频道	家园精彩蝶变　幸福雨花绽放，雨花区今年积极推动 45 个社区提质提档，实现环境更宜居、功能更完善、服务更贴心
390	12 月 21 日	光明网、新湖南、人民网、中国网	郭存勇和他的雨花非遗馆

序号	时间	报道媒体	标 题
392	12月23日	《长沙晚报》	非遗＋科技，庙会更有味，冬至非遗庙会亮相雨花非遗馆
393	12月23日	掌上长沙、红网、华声在线、新华网湖南频道、搜狐网、星辰在线、人民网湖南频道、腾讯网、	冬至非遗庙会亮相雨花非遗馆　一起来穿越
394	12月25日	《湖南日报》	用奋斗定义2018年——长沙市雨花区社会经济发展扫描
395	12月26日	《长沙晚报》	“强、智、新、品、通、蓝、惠、暖、改、实”十大年度字，成为今年雨花区砥砺奋进、加速发展的生动表达——字述雨花这一年　财富品质幸福共享
396	12月26日	华声在线、掌上长沙、人民网、东方网	长沙今年新建改造便民生鲜农产品市场76个　建设社区门店46个
397	12月27日	人民网湖南频道、中新网湖南频道	海棠公园、狮子山公园开放　长沙今年新增公园75个
398	12月27日	新华网湖南频道、人民网湖南频道	湖南首家航空馆在长沙开馆　免费对外开放
399	12月29日	《湖南日报》	立德树人　静待花开——长沙市雨花区以“新三好”为抓手创新育人举措
400	12月29日	《长沙晚报》	文化惠民，让百姓获得感升级，雨花区积极完善公共文化服务体系，加速文化产业集聚发展，实现以文化人、以文聚力、以文兴业
401	12月31日	《长沙晚报》	满足群众生活需求　确保出行安全畅通，胡忠雄现场督查调度全市应对低温雨雪冰冻天气工作
402	12月31日	新湖南、掌上长沙、人民网湖南频道	奋战3小时，为进站旅客扫出安全通道

索　引

说明：

1. 本索引采用分析索引方法，按索引词首字汉语拼音顺序排列（阿拉伯数字开头的索引词转成对应的汉语再按拼音顺序排列），首字母音序相同者，按第二音序排列，依次类推。
2. 类目、分目、人名作索引词的用黑体字标明。
3. 索引词后的阿拉伯数字表示内容所在页码，拉丁字母 a、b、c 表示左、中、右栏。
4. “大事记”“统计资料”“附录”中内容未作索引。

A

B

D

J

K

R

S